Direito Ambiental do Trabalho

Apontamentos para uma Teoria Geral

Volume 2

Volume 1 — Junho, 2013
Volume 2 — Setembro, 2015

GUILHERME GUIMARÃES FELICIANO
JOÃO URIAS
NEY MARANHÃO
VALDETE SOUTO SEVERO

Coordenadores

DIREITO AMBIENTAL DO TRABALHO

Apontamentos para uma Teoria Geral

Volume 2

EDITORA LTDA.

© Todos os direitos reservados

Rua Jaguaribe, 571
CEP 01224-001
São Paulo, SP — Brasil
Fone (11) 2167-1101
www.ltr.com.br
Setembro, 2015

versão impressa — LTr 5201.5 — ISBN 978-85-361-8600-9
versão digital   — LTr 8811.3 — ISBN 978-85-361-8614-6

Dados Internacionais de Catalogação na Publicação (CIP)
(Câmara Brasileira do Livro, SP, Brasil)

Direito ambiental do trabalho; v. 2: apontamento para uma teoria geral / Guilherme Guimarães Feliciano [et al.], coordenadores. — São Paulo : LTr, 2015.

Outros coordenadores: João Urias, Ney Maranhão, Valdete Souto Severo
Vários autores
Bibliografia.

1. Ambiente de trabalho 2. Direito ambiental 3. Direito do trabalho I. Feliciano, Guilherme Guimarães. II. Urias, João. III. Maranhão, Ney. IV. Severo, Valdete Souto.

15-08001   CDU-34:331.042

Índice para catálogo sistemático:
1. Direito ambiental do trabalho   34:331.042

SUMÁRIO

Apresentação 9

Seção 1
O conceito de meio ambiente do trabalho

Direito ambiental do trabalho: o meio ambiente do trabalho, uma aproximação interdisciplinar
Ingrid Cruz de Souza Neves, Isabelli Cruz de Souza Neves, Rinaldo Mouzalas de Souza e Silva 13

Meio ambiente do trabalho e saúde do trabalhador
Vicente José Malheiros da Fonseca 21

Seção 2
A Dimensão Jusfundamental da Questão Labor-Ambiental

Saúde do trabalhador: desafios da institucionalização de um direito humano
Karen Artur 55

Meio ambiente do trabalho: uma visão sistêmica de um direito humano e fundamental
Valdete Souto Severo 63

Ambientes saudáveis de trabalho
José Augusto Rodrigues Pinto 81

Saúde Mental para e pelo trabalho
Ricardo Tadeu Marques da Fonseca 89

Meio Ambiente do Trabalho: o diálogo entre o direito do trabalho e o direito ambiental
Norma Sueli Padilha 105

A PROTEÇÃO JURÍDICA DA VIDA E DA SAÚDE DO TRABALHADOR NO SISTEMA JURÍDICO BRASILEIRO SOB A PERSPECTIVA DOS DIREITOS HUMANOS FUNDAMENTAIS
Eliegi Tebaldi 123

Seção 3
A Dimensão Preventiva da Tutela Labor-Ambiental

TUTELA COLETIVA INIBITÓRIA PARA PROTEÇÃO DO MEIO AMBIENTE DO TRABALHO SAUDÁVEL
Carlos Henrique Bezerra Leite 137

OS BENEFÍCIOS DO FAP — FATOR ACIDENTÁRIO DE PREVENÇÃO AO MEIO AMBIENTE DO TRABALHO
Ana Carolina Galleas Levandoski e Rodrigo Fortunato Goulart 153

TUTELA INIBITÓRIA E MEIO AMBIENTE DO TRABALHO — ALGUNS ASPECTOS PROCESSUAIS RELEVANTES
Bruno Campos Silva 167

Seção 4
Casos Notáveis. Dimensão Repressiva da Tutela Labor-Ambiental

A FLEXIBILIZAÇÃO DA JORNADA DE TRABALHO E SEUS REFLEXOS NA SAÚDE DO TRABALHADOR: UMA QUESTÃO DE TUTELA AMBIENTAL
José Antônio Ribeiro de Oliveira Silva 183

GREVE AMBIENTAL TRABALHISTA
Georgenor de Sousa Franco Filho 203

A RESTRIÇÃO DA RESCISÃO CONTRATUAL DO TRABALHADOR VÍTIMA DE ACIDENTE DE TRABALHO E/OU DOENÇA OCUPACIONAL A PARTIR DE UM NOVO VIÉS INTERPRETATIVO DO ART. 7º, INCISO I, DA CONSTITUIÇÃO FEDERAL (DIÁLOGO DAS FONTES)
Rosita de Nazaré Sidrim Nassar e Francisco Milton Araújo Júnior 211

ASPECTO REPRESSIVO DA TUTELA LABOR-AMBIENTAL: UM ESTUDO SOBRE O DANO MORAL COLETIVO
Tadeu Henrique Lopes da Cunha 225

A PARTICIPAÇÃO DE CRIANÇAS E ADOLESCENTES NO *SHOW-BUSINESS:* DESAFIOS PARA A SAÚDE E O DIREITO
Sandra Regina Cavalcante 261

OS PARADOXOS DA VIOLÊNCIA NA ADMINISTRAÇÃO PÚBLICA: O ASSÉDIO MORAL NO ÂMBITO DO PODER JUDICIÁRIO
Erika Maeoka 273

Notas sobre o sistema jurídico vigente e a necessidade de uma reflexão sobre a proteção do meio ambiente de trabalho
Jouberto de Quadros Pessoa Cavalcante e Francisco Ferreira Jorge Neto 293

Sustentabilidade humana: estudo zetético e dogmático do meio ambiente do trabalho com enfoque especial na construção civil
Lorena Rezende Colnago 303

A regulamentação do estresse relacionado ao trabalho na Itália
Gianni Vantini 313

Assédio moral virtual e as suas consequências sobre o meio ambiente do trabalho
Cristiane de Fátima Aparecida Souza De Sicco 321

Fatores psicossociais e a caracterização do tratamento desumano e degradante
Laís de Oliveira Penido 339

O trabalho do cortador de cana-de-açúcar sob a lente do Direito Ambiental do Trabalho
Mariana Benevides da Costa e Sílvia Codelo Nascimento 351

Pacto Federativo de Cooperação Ambiental e proteção do meio ambiente do trabalho: o papel das associações locais de magistrados trabalhistas no âmbito do poder público municipal
Flávio Leme Gonçalves, Guilherme Guimarães Feliciano e Ney Maranhão 373

O combate ao trabalho análogo ao de escravo e a tutela labor-ambiental
Márcia Cunha Teixeira 377

O trabalho estressante e os impactos adversos na saúde do trabalhador
Ana Luiza Leitão Martins, Juliana Ramalho Lousas Cesarini e Taissa Luizari Fontoura da Silva de Almeida 393

A presunção *juris tantum* dos limites de tolerância fixados na NR-15. O caso emblemático do mercúrio
Paulo Roberto Lemgruber Ebert 41

Seção 5
Dimensão Reparatória da Tutela Labor-Ambiental

Direito fundamental ao meio ambiente do trabalho hígido: responsabilidade civil do empregador
Gustavo Filipe Barbosa Garcia ....

A RESPONSABILIDADE PATRONAL DIANTE DAS DOENÇAS OCUPACIONAIS
    Carolina Masotti Monteiro 441

RESPONSABILIDADE DO EMPREGADOR PELOS ACIDENTES DE TRABALHO – EVOLUÇÃO HISTÓRICA E LEGISLATIVA
    Raimundo Simão de Melo 453

ATO INSEGURO, CULPABILIZAÇÃO DAS VÍTIMAS E O PAPEL DO NEXO DE CAUSALIDADE NA RESPONSABILIDADE POR ACIDENTES DO TRABALHO
    Alessandro da Silva ....

SEÇÃO 6
AS CONEXÕES DO DIREITO AMBIENTAL DO TRABALHO COM AS CIÊNCIAS AFINS

MEIO AMBIENTE DO TRABALHO E PRINCÍPIOS DA GESTÃO ECOLÓGICA
    Elizabeth de Mello Rezende Colnago 481

SAÚDE MENTAL NO TRABALHO: ESCLARECIMENTOS METODOLÓGICOS PARA JURISTAS
    Laís de Oliveira Penido e Giancarlo Perone 499

AS RELAÇÕES CONTEMPORÂNEAS ENTRE MEIO AMBIENTE, TRABALHO E SAÚDE MENTAL
    Edith Seligmann-Silva, Marcelo Figueiredo e Tânia Franco 507

ESTILOS DE GESTÃO DE PESSOAS E SOFRIMENTO PSÍQUICO: A IMPORTÂNCIA DA SOCIO-DINÂMICA DO TRABALHO
    Hilda M. R. Alevato 549

FATORES PSICOSSOCIAIS DE RISCO NO TRABALHO: ATUALIZAÇÕES
    Liliana Andolpho Magalhães Guimarães 569

APRESENTAÇÃO

Cumprindo uma vez mais a sua missão editorial de oferecer ao público nacional o que há de mais vanguardeiro e ousado no campo do Direito Social, a Editora LTr publica este *"Direito Ambiental do Trabalho: Apontamentos para uma Teoria Geral"*, v. 2, seguindo basicamente os mesmos moldes do v. 1, publicado em 2013. Os capítulos foram divididos em quatro seções representativas dos principais eixos epistemológicos da disciplina — dimensão propedêutica (conceito e que tais), dimensão jusfundamental, dimensão preventiva, dimensão repressiva — que neste volume se desenvolve juntamente com os casos notáveis estudados pelos autores (flexibilização de jornada, rescisão contratual do acidentado, trabalho infantil artístico, cana-de-açúcar, construção civil etc.) —, dimensão reparatória e transversalidade (conexões com as ciências afins).

No presente volume, dividi os esforços de seleção, organização e uniformização dos textos com três valorosos autores: o juiz do Trabalho NEY STANY MARANHÃO (TRT da 8ª Região), a quem orientei no Doutorado da Universidade de São Paulo; a juíza do Trabalho VALDETE SOUTO SEVERO (TRT da 4ª Região), minha aluna na disciplina "Saúde, Ambiente e Trabalho: Novos Rumos para a Regulamentação Jurídica do Trabalho", em 2013; e o advogado trabalhista JOÃO DIOGO URIAS, que orientei no Mestrado da USP e com quem já havia compartido a coordenação do volume anterior.

Outra vez, o leitor encontrará aqui, na perspectiva brasileira e também na estrangeira, abordagens inovadoras, entendimentos polêmicos e recensões substantivas para os principais tópicos ligados ao tema da saúde e da segurança do trabalho. Todas elas sistematizadas, como antes, em torno daqueles cinco eixos básicos de sentido. Não deve temer se aventurar.

Boa leitura!

São Paulo, julho de 2015.

Guilherme Guimarães Feliciano
Professor Associado II do Departamento de Direito do Trabalho e da Seguridade Social
da Faculdade de Direito da Universidade de São Paulo.
Juiz Vice-Presidente da Associação Nacional dos Magistrados da Justiça do Trabalho (2015-2017).
Juiz Titular da 1ª Vara do Trabalho de Taubaté/SP.

SEÇÃO 1

O CONCEITO DE MEIO AMBIENTE DO TRABALHO

DIREITO AMBIENTAL DO TRABALHO: O MEIO AMBIENTE DO TRABALHO, UMA APROXIMAÇÃO INTERDISCIPLINAR

Ingrid Cruz de Souza Neves[*]
Isabelli Cruz de Souza Neves[**]
Rinaldo Mouzalas de Souza e Silva[***]

1 INTRODUÇÃO

A produção acadêmica moderna vem sendo marcada por uma clara tendência dita "especializante". A questão ambiental, vista pela ótica laboral, assume considerável relevância na atualidade e introduz mudanças significativas nesse cenário, apontando para a necessária abordagem interdisciplinar ou "desespecializante".

Identifica-se, assim, que o estudo do meio ambiente do trabalho se insere no contexto de uma nova ciência jurídica, o Direito Ambiental do Trabalho, ramo do Direito que se caracteriza como uma reorientação da tutela ambiental, propondo a discussão e reflexão a respeito da proteção jurídica do trabalhador no seu ambiente laboral diante de uma perspectiva de dignidade da pessoa humana.

Apesar de reconhecida autonomia científica, o tema, que agora se apresenta, não pode ser concebido de maneira isolada, porque possui alcance multidisciplinar e abrange aspectos do Direito Ambiental, do Direito Constitucional, do Direito do Trabalho — sobretudo no que se refere à Segurança e Medicina

---

[*] Doutoranda em Cooperação Jurídica Internacional e Mestre em Cooperação Internacional para o Desenvolvimento pela Universidade de Salamanca, Espanha — Usal. Especialista em Direito Material e Processual do Trabalho pela Escola da Magistratura do Trabalho da Paraíba. Graduada em Ciências Jurídicas pelo Centro Universitário de João Pessoa da Paraíba. Advogada do escritório Mouzalas, Borba & Azevedo Advogados Associados.

[**] Mestranda em Direito Econômico da Universidade Federal de João Pessoa. Especialista em Direito Constitucional pela Escola Superior de Advocacia da Paraíba. Graduada em Ciências Jurídicas pelo Centro Universitário de João Pessoa da Paraíba. Advogada do escritório Mouzalas, Borba & Azevedo Advogados Associados.

[***] Mestre em Processo e Cidadania pela Universidade Católica de Pernambuco. Especialista em Processo Civil pela Universidade Potiguar. Graduado em ciências jurídicas e sociais pela Universidade Federal da Paraíba. Membro da Associação Norte e Nordeste dos Professores de Processo. Advogado do escritório Mouzalas, Borba & Azevedo Advogados Associados. Consultor jurídico.

do Trabalho e ao Direito Internacional do Trabalho —, do Direito da Seguridade Social... todos estes de maneira mais delimitada, mas sem se olvidar de reflexos noutros ramos jurídicos e, até mesmo, de outras ciências, como a Medicina (em suas diversas ramificações) e a Engenharia.

2 DIREITO AMBIENTAL E MEIO AMBIENTE DO TRABALHO

Em uma conceituação jurídica mais usual de meio ambiente, podemos distinguir perspectivas principais: uma estrita e outra ampla. Numa visão estrita, o meio ambiente nada mais é que expressão do patrimônio natural e as relações com e entre os seres vivos. Numa concepção ampla, que vai os limites estreitos fixados pela Ecologia tradicional, o meio ambiente abrange toda a natureza original assim como os bens culturais correlatos. Logo, o meio ambiente artificial ou humano está formado pelas edificações, equipamentos e alterações produzidos pelo homem[1].

Nosso legislador adotou o conceito amplo e relacional de meio ambiente, o que, por consequência, permite uma regulamentação jurídica em um campo de aplicação mais extenso que aquele de outros países[2], na medida em que garante o direito ao meio ambiente de forma expressa no corpo da atual Constituição Federal e lho qualifica como direito fundamental, pela própria intelecção da conjugação dos seus arts. 1º, inciso III, e 225, *caput*:

> Art. 1º A República Federativa do Brasil, formada pela união indissolúvel dos Estados e Municípios e do Distrito Federal, constitui-se em Estado Democrático de Direito e tem como fundamentos:
>
> (...)
>
> III — a dignidade da pessoa humana;
>
> (...)
>
> Art. 225. Todos têm direito ao meio ambiente ecologicamente equilibrado, bem de uso comum do povo e essencial à sadia qualidade de vida, impondo-se ao Poder Público e à coletividade o dever de defendê-lo e preservá-lo para as presentes e futuras gerações.

A vestimenta constitucional dada ao tema exige uma análise sistemática desses reflexos e consequências no ordenamento jurídico, visto que a questão ambiental não encontra fronteiras enquanto bem essencial a uma saudável qualidade de vida, possuindo, portanto, uma conotação multidisciplinar.

O Direito Ambiental envolve temas de profunda abrangência sobre toda a organização da sociedade, exigindo, como reflexos, a revisão e o redimensionamento de conceitos, dentro da multiplicidade das relações sociais, principalmente, naquilo que envolve o meio ambiente de trabalho, quando se busca a melhoria da qualidade de vida para todos. Exemplo disso são as normas de proteção ao meio ambiente, as quais partem do conflito de interesses gerados nas relações do homem com a natureza e do homem com os processos produtivos, refletindo em todas as demais ações sociais e estando, dessa maneira, a questão ambiental envolta no cerne da problemática da sociedade moderna.

Por outro lado, sendo o ambiente natural do ser humano uma das bases da sua sobrevivência, visto que fornece todos os bens naturais necessários à sua subsistência, e, de outra parte, sendo o trabalho a atividade que lhe permite a transformação desses bens em recursos essenciais à sua sobrevivência, forma-se o conceito de meio ambiente de trabalho sadio e equilibrado em todos os aspectos.

---
(1) MILARÉ, Édis. *Direito do ambiente*. 8. ed. São Paulo: 2013. p. 133-137.
(2) MILARÉ, Édis e MACHADO, Paulo Affonso Leme. *Direito ambiental brasileiro*. 20. ed. São Paulo: Malheiros, 2012. p. 6.3.

3 FUNDAMENTAÇÃO CONSTITUCIONAL

Cabe à Constituição, enquanto lei fundamental e suprema do país, traçar o conteúdo, os rumos e os limites da ordem jurídica. A inserção do meio ambiente em seu texto, conforme já abordado no item anterior, como realidade natural e, ao mesmo tempo, social, "deixa claro pela manifestação do constituinte o escopo de tratar o assunto como *res maximi momenti*, isto é, de suma importância para a nação brasileira"[3].

A proteção constitucional do meio ambiente significa, em uma de suas interpretações, a defesa da humanização do trabalho, não se limitando à preocupação com as concepções econômicas que envolvem a atividade laboral, mas sim com a finalidade do trabalho como espaço de construção do bem-estar, de identidade e de dignidade daquele que trabalha.

Nessa linha, destaca-se a preocupação e proteção do meio ambiente de trabalho, como sendo um direito assegurado constitucionalmente (art. 225, *caput*) e um dever do Estado e da coletividade em preservá-lo, com vista à promoção eficaz da dignidade da pessoa humana (art. 1º, III). A tutela constitucional assegurada ao meio ambiente do trabalho, com enfoque ao seu equilíbrio, abrange os direitos humanos da pessoa do trabalhador, consubstanciando-se sua efetividade na própria garantia desse direito fundamental.

4 DIREITO DO TRABALHO E CONTORNOS DO MEIO AMBIENTE DO TRABALHO

Temos que o Direito do Trabalho existe com a finalidade primeira de promover a proteção da vida e da saúde dos trabalhadores, por meio dos seus princípios básicos e formadores, destacando-se o Princípio da Proteção ou Princípio da Tutela do Trabalhador, parte hipossuficiente na relação laboral.

O marco inicial da profunda transformação do meio ambiente de trabalho se deu por meio da Revolução Industrial. Com ela, necessariamente, surgiu uma nova classe de operários, classificados como "proletariado", e, conjuntamente, houve a degradação do meio ambiente de trabalho.

O crescimento da população e as instalações das unidades produtivas provocaram uma concentração desordenada dos espaços, que resultou na construção de edifícios, casas e galpões.

A formação do meio ambiente urbano gerou a imediata necessidade de criação de novas formas de produção e distribuição de água, alimentos, energia e transporte. O resultado global foi um grave desequilíbrio ecológico no planeta.

A degradação ambiental desenfreada coincide com o pensamento dominante, na época, fruto do capitalismo que, pouco a pouco, ia se instalando. Tal corrente adotava uma forte e infeliz tese que afirmava ser, o desenvolvimento de um país, medido pela quantidade de chaminés e de fumaça que delas saíam, em outras palavras, "quanto mais fumaça, mais desenvolvimento".

O professor e teólogo Leonardo Boff, em um de seus trabalhos ecológico-filosóficos, afirma com propriedade que:

"... desde doze mil anos antes de Cristo, todas as sociedades históricas foram energívoras, consumindo de forma sistemática e crescente as energias naturais. No entanto, a sociedade moderna está estruturada ao redor do eixo da economia, entendida como arte e técnica da produção ilimitada de riqueza mediante a exploração dos 'recursos' da natureza e da invenção tecnológica da espécie humana. Por consequência, nas sociedades modernas a economia não é mais entendida em seu sentido originário como gestão racional da escassez, mas como a ciência do crescimento ilimitado"[4].

---
(3) MILARÉ, Édis. *Direito do ambiente*. 8. ed. São Paulo: 2013. p. 238-244.
(4) BOFF, Leonardo. *Ecologia: grito da terra, grito dos pobres*. 2. ed. São Paulo: Ática, 1996. p. 109.

Diante do panorama de puro capitalismo expansionista, o meio ambiente de trabalho e a consciência para a preservação ambiental ficaram esquecidos pelos líderes empregadores e, também, pela população trabalhadora, justificada, talvez, pela preocupação em ter um salário ao fim do mês, sujeitando-se, na grande maioria dos casos, a condições desumanas (e, por que não, análogas à condição de escravos) tendo, inclusive, que se preocupar com a prevenção aos acidentes de trabalho, lesões e demais enfermidades ocasionadas no ambiente de trabalho, pois a responsabilidade de prevenção desses eventuais acidentes era exclusivamente do operário, e não do empregador.

Dessa maneira "desresponsabilizada," foi crescendo a classe operária, os doentes, os mutilados e a grave miséria da população, em contraposição ao aparecimento da nova classe dominante, qual seja, a burguesia industrial, detentora do poder econômico e preocupada com o conceito de lucro cessante decorrente de seus investimentos, sem se sensibilizar pela saúde e pela vida de um simples operário.

O pensamento reinante à época era de que o desenvolvimento tecnológico e econômico seria a solução para combater a crescente miséria da população, e, erroneamente, que os recursos naturais seriam infinitos, sendo a natureza subjugada pelo homem.

As doenças ocupacionais, o envenenamento por agrotóxicos, os sombrios ambientes de trabalho, os acidentes fatais na construção civil, nas fábricas e nos portos, decorrentes da falta de qualificação técnica no manuseio das máquinas e da falta de proteção por parte dos trabalhadores, eram o preço que a sociedade pagava pelo desenvolvimento desordenado. Tal quadro nos revela, ainda, que a produção em série trouxe à margem toda a fragilidade do homem na competição desleal com a máquina.

Passado esse primeiro momento, verificou-se que tal pensamento estava envolto em equívocos, já que a miséria e o desemprego cresceram, e, desse modo, todos, sem exceção, quer empregadores, quer trabalhadores, sofreram as sérias consequências da degradação ambiental.

Entretanto, nem tudo pode ser descartado desse período tão voraz. Um aspecto positivo da Revolução Industrial, que foi fortalecido pelo avanço desenfreado do capitalismo, merece destaque: ocorreu desenvolvimento tecnológico significativo, o qual desencadeou o surgimento das cidades e incorporou a ciência e a tecnologia ao processo produtivo, assim como a adoção de novas bases materiais de produção, novas formas de gestão e organização do trabalho.

O Estado despertou para a questão social envolvida e para seu consequente papel tutelar, em termos gerais, traduzido pela promoção da dignidade dos seres humanos, neste caso específico, de todos os operários (homens, mulheres e crianças) que sacrificavam suas vidas nas indústrias.

Atualmente, reconhece-se um forte movimento social dos trabalhadores, que atuam como verdadeiros protagonistas nas transformações da realidade laboral em paralelo ao papel estatal. De outra parte, o progresso da automação e da informatização vem provocado crescente desemprego associado ao trabalho informal. Nessa informalidade no trabalho, não são considerados valores como segurança, saúde e meio ambiente do trabalho digno.

4.1 Delineamento do meio ambiente do trabalho na perspectiva estrita laboral

A título de definição e enquadramento doutrinário, o meio ambiente é considerado como um direito fundamental de terceira geração, pois que conforma os direitos de solidariedade e fraternidade, como a paz mundial, o desenvolvimento econômico dos países, a preservação do patrimônio comum da humanidade e da comunicação, que são imprescindíveis à condição humana e merecem a proteção do Estado e da sociedade em geral.

O conceito de meio ambiente foi legalmente definido, pela primeira vez, por meio do art. 3º, inciso I, da Lei n. 6.938/91[5]. Tal definição trouxe vários conceitos referentes ao meio ambiente em si e instituiu a Política Nacional do Meio Ambiente.

Uma importante observação deve ser feita: apesar de a atual Carta Constitucional Brasileira não haver definido o que vem a ser meio ambiente, é a primeira Constituição, dentre as outras sete anteriores, que dispõe de um capítulo destinado exclusivamente ao meio ambiente, conforme se denota do Capítulo VI — "Do Meio Ambiente", inserido no Título VIII — "Da Ordem Social".

A definição de meio ambiente é bastante ampla, uma vez que o legislador optou por um conceito jurídico aberto, criando um espaço positivo de incidência da norma legal, em perfeita harmonia com a Constituição Federal, a qual, em seu art. 225, tutela os aspectos do meio ambiente natural, artificial, cultural e, também, do trabalho.

Destaque-se que a definição de meio ambiente do trabalho não se limita, tão somente, ao trabalhador que possui uma carteira profissional do trabalho devidamente assinada e registrada. É geral, ampla e irrestrita, do ponto de vista da aplicabilidade a qualquer trabalhador que desempenhe uma atividade, inclusive, não remunerada. Todos estão compreendidos pela proteção constitucional e têm assegurado um ambiente de trabalho adequado, seguro e coerente com a digna e sadia qualidade de vida.

Para José Afonso da Silva[6], o meio ambiente do trabalho corresponde "ao complexo de bens imóveis e móveis de uma empresa e de uma sociedade, objeto de direitos subjetivos privados, e de direitos invioláveis da saúde e da integridade física dos trabalhadores que o frequentam".

Amauri Mascaro Nascimento[7] entende que o meio ambiente de trabalho é, exatamente, "o complexo máquina-trabalho, as edificações do estabelecimento, equipamentos de proteção individual, iluminação, conforto térmico, instalações elétricas, condições de salubridade ou insalubridade, de periculosidade ou não, meios de prevenção à fadiga, e outras medidas de proteção ao trabalhador".

Diante das modificações pelas quais passa o trabalho, o meio ambiente laboral não se restringiria ao espaço interno da fábrica ou da empresa, mas se estenderia ao próprio local de moradia ou ao ambiente urbano, essa é a opinião do jurista Julio Cesar de Sá da Rocha, quando afirma "o meio ambiente do trabalho caracteriza-se como a ambiência na qual se desenvolvem as atividades do trabalho humano".

Portanto, o meio ambiente de trabalho pode ser considerado como o local onde as pessoas desempenham suas atividades laborais, sejam remuneradas ou não, cujo equilíbrio baseia-se na salubridade do meio e na ausência de agentes que comprometam a incolumidade físico-psíquica dos trabalhadores, independente da condição que ostentam (homens ou mulheres, maiores ou menores de idade, celetistas, servidores públicos, autônomos etc.).

Diante das definições mencionadas, percebemos a autonomia do tema meio ambiente de trabalho, possuindo como objeto a salvaguarda do homem no seu ambiente de trabalho contra as formas de degradação da sua sadia qualidade de vida.

O meio ambiente do trabalho, conforme demonstrado, insere-se na seara comum dos ramos jurídicos Direito Ambiental e Direito do Trabalho. Todavia, são distintos os bens tutelados: enquanto o primeiro busca a proteção do ser humano trabalhador contra qualquer forma de degradação do ambiente onde exerce suas atividades, o segundo se ocupa com as relações jurídicas existentes entre empregado e empregador, nos limites da relação contratual trabalhista.

---

[5] "Art. 3º Para os fins previstos nesta Lei, entende-se por: I — meio ambiente, o conjunto de condições, leis, influências e interações de ordem física, química e biológica, que permite, abriga e rege a vida em todas as suas formas;".
[6] SILVA, José Afonso da. *Direito ambiental constitucional*. 2. ed. São Paulo: Malheiros, 2003. p. 5.
[7] NASCIMENTO, Amauri Mascaro. A defesa processual do meio ambiente do trabalho. *Revista LTr*, 63/584.

4.2 O meio ambiente do trabalho enquanto direito laboral transindividual

Como o direito ao meio ambiente é tido como um direito difuso, metaindividual e indivisível, de sorte que nenhum indivíduo é, de forma isolada, seu titular, mas sim toda a sociedade, considerada como um todo, sem distinções. O meio ambiente do trabalho adequado, saudável e seguro é um direito fundamental de todos os cidadãos trabalhadores igualmente considerados na sua totalidade. É direito essencialmente difuso, aquele cujo conceito legal é de interesse transindividual, de natureza indivisível, no qual os titulares são pessoas indeterminadas e ligadas por circunstâncias de fato.

Essa ideia se apresenta corroborada pelo disposto no art. 81, inciso I, do Código de Defesa do Consumidor — instituído pela Lei n. 8.078/90[8].

Nesse sentido, trazemos o entendimento de Celso Antonio Pacheco Fiorillo[9], que entende que "a salvaguarda do homem trabalhador, enquanto ser vivo, das formas de degradação e poluição do meio ambiente onde exerce seu labuto, que é essencial à sua sadia qualidade de vida, é, sem dúvida, um direito difuso".

5 MEIO AMBIENTE DO TRABALHO E DIREITO À SEGURANÇA E MEDICINA DO TRABALHO

A Segurança e Medicina do Trabalho tem sido um importante segmento da ciência, vinculado ao Direito do Trabalho, que assume papel de oferecer condições de proteção à saúde do trabalhador no local de trabalho[10].

As primeiras preocupações no campo do meio ambiente do trabalho foram com a segurança do trabalhador, reflexo da própria degradação de sua saúde à época da Revolução Industrial, com o intuito de afastar a agressão dos acidentes do trabalho.

Posteriormente, passou-se a perceber uma atenção à medicina do trabalho no intuito de curar determinados tipos de doenças e, assim, ampliou-se a pesquisa para a higiene pessoal, visando à saúde do trabalhador, na busca do bem-estar físico, mental e social.

É bastante nítida a interdependência entre o meio ambiente do trabalho, a Segurança e Medicina do Trabalho, o Direito do Trabalho, os direitos sociais, os direitos fundamentais e o Direito Constitucional. E, a partir de um estudo das conquistas laborais ao longo do tempo, verifica-se que importantes direitos trabalhistas relacionados à Segurança e Medicina do Trabalho fazem parte dos direitos sociais, os quais também figuram como direitos humanos fundamentais de terceira geração ou dimensão[11], a exemplo dos adicionais de insalubridade e de periculosidade[12].

Atualmente, a pretensão é avançar além da saúde do trabalhador, em vista da integração deste com o ser humano dignificado, que tem vida dentro e fora do ambiente do trabalho.

6 MEIO AMBIENTE DO TRABALHO NO PLANO INTERNACIONAL

O século XX, marcado pelo desenvolvimento acentuado das mais diversas tecnologias e pelo nascer da globalização, percorreu um trajeto acelerado em busca de adequações para essa nova ordem mundial.

---

(8) Art. 81. A defesa dos interesses e direitos dos consumidores e das vítimas poderá ser exercida em juízo individualmente, ou a título coletivo. Parágrafo único. A defesa coletiva será exercida quando se tratar de:
I — interesses ou direitos difusos, assim entendidos, para efeitos deste código, os transindividuais, de natureza indivisível, de que sejam titulares pessoas indeterminadas e ligadas por circunstâncias de fato;
(9) Cf. FIORILLO, Celso Antonio Pacheco. *Manual de direito ambiental e legislação aplicável*. 5. ed. São Paulo: Saraiva, 2004. p. 66.
(10) Cf. MARTINS, Sergio Pinto. *Direito do trabalho*. 22. ed. São Paulo: Atlas, 2006. p. 622.
(11) Cf. RAMOS, André de Carvalho. *Teoria geral dos direitos Humanos na ordem internacional*. Rio de Janeiro: Renovar, 2005. p. 84-85.
(12) Cf. MAGANO, Octavio Bueno. *Manual de direito do trabalho: direito tutelar do trabalho*. 2. ed. São Paulo: LTr, 1992, v. 4. p. 155-174.

Nesse cenário, no século XXI a questão ambiental, mais do que nunca, terá um papel de relevo pela sua característica global[13].

A normativa internacional amplamente conhecida, o Tratado de Versailles, de 1919, ao criar a Organização Internacional do Trabalho (OIT) incluiu, como uma de suas competências específicas, a proteção contra os acidentes no meio ambiente de trabalho e as doenças profissionais dele decorrentes, cujos riscos devem ser eliminados, neutralizados ou reduzidos por medidas apropriadas da engenharia de segurança e medicina do trabalho[14].

Algumas dessas normas internacionais, que tratam sobre diferentes aspectos dessa matéria, podem ser citadas, a saber: a) Convenção n. 12, de 1921, sobre acidentes do trabalho na agricultura; b) Convenção n. 120, de 1964, referente à higiene no comércio e nos escritórios; c) Convenção n. 148, de 1977, pertinente à proteção dos trabalhadores contra os riscos profissionais em razão da contaminação do ar, ruído e vibrações no local de trabalho; d) Convenção de 152, de 1979, referente à segurança e higiene nos trabalhos portuários; e) Convenção n. 155, de 1981, referente à segurança e saúde dos trabalhadores e meio ambiente do trabalho, ratificada; f) Convenção n. 167, de 1988, sobre segurança e saúde na construção; g) Convenção n. 176, de 1995, quanto à segurança e saúde nas minas[15].

Merece destaque, particularmente, a Convenção n. 155, que foi concluída em Genebra, em 22 de junho de 1981, por versar sobre a segurança e saúde dos trabalhadores e sobre o meio ambiente do trabalho, sobretudo, por haver sido ratificada e promulgada pelo Brasil por meio do Decreto n. 1.254, em 29 de setembro de 1994. Em seu texto, estabelece que, para fins de interpretação, fica determinado que a expressão "local de trabalho" abrange todos os lugares onde os trabalhadores devem permanecer ou onde têm que comparecer, e que esteja sob o controle, direto ou indireto, do empregador.

Ela estabelece, também, dois princípios a serem observados pela política nacional, a saber:

Art. 4º

1. Todo Membro deverá, em consulta às organizações mais representativas de empregadores e de trabalhadores, e levando em conta as condições e a prática nacionais, formular, pôr em prática e reexaminar periodicamente uma política nacional coerente em matéria de segurança e saúde dos trabalhadores e o meio ambiente de trabalho.

2. Essa política terá como objetivo prevenir os acidentes e os danos à saúde que forem consequência do trabalho, tenham relação com a atividade de trabalho, ou se apresentarem durante o trabalho, reduzindo ao mínimo, na medida em que for razoável e possível, as causas dos riscos inerentes ao meio ambiente de trabalho.

O Estado Nacional Brasileiro recebeu orientações, de ordem internacional, no sentido de formular políticas de prevenção a acidentes e danos ocorridos no meio ambiente do trabalho. Não, apenas, recebeu orientações, mas comprometeu-se a implementá-las, desde o momento que ratificou a referida normativa internacional.

7 MEIO AMBIENTE DO TRABALHO E A PERSPECTIVA DE DIREITOS SECURITÁRIOS

A Seguridade Social compreende um conjunto de ações que visam a assegurar direitos relacionados à saúde, à previdência e à assistência social, tomando por base princípios voltados ao indivíduo e lhe garantindo meios de subsistência e de saúde[16].

---

(13) Cf. MILARÉ, Edis. *Direito do Ambiente*. 8. ed. São Paulo: RT, 2013. p. 155-157.
(14) Cf. SÜSSEKIND, Arnaldo. *Direito internacional do trabalho*. 3. ed. São Paulo: LTr, 2000. p. 388.
(15) Cf. Organização Internacional do Trabalho no Brasil, disponível em: <http://www.oitbrasil.org.br>. Acesso em: 20.3.2014.
(16) VIANA, Cláudia Salles Vilela. *Previdência social, custeios e benefícios*. 2. ed. São Paulo: LTr, 2008. p. 48.

Para alcançar tais objetivos, especificamente em âmbito previdenciário, a Seguridade prevê o risco ocupacional, enquanto probabilidade de ocorrência de dano à saúde ou à integridade física do trabalhador.

Os riscos que advêm de uma relação laboral estão intimamente ligados à exposição a fatores de risco, próprios do ambiente do trabalho. Segundo classificação do Ministério da Saúde, estes se subdividem em três: riscos ambientais, riscos ergonômicos e psicossociais, mecânicos e de acidentes[17].

Nesse contexto, percebe-se que o meio ambiente do trabalho influencia diretamente o estabelecimento de várias regras e benefícios previdenciários, a título de exemplo, temos: a aposentadoria especial, o auxílio-doença e o auxílio-acidente[18].

8 CONCLUSÃO

Partindo-se de uma concepção multidisciplinar do Direito Ambiental do Trabalho, postura ora adotada, conclui-se que a abrangência do direito ao meio ambiente ecologicamente equilibrado é bastante ampla e irrestrita, uma vez que produz efeitos por múltiplas fases e de variadas consequências.

Nesse sentido, imperiosa se faz a necessidade da uma análise conjunta das ramificações do Direito para melhor entender o alcance e a aplicabilidade das regras de Direito Ambiental do Trabalho, no que se refere às relações e conexões do meio ambiente de trabalho e às esferas com as quais possui afinidade.

9 REFERÊNCIAS BIBLIOGRÁFICAS

BOFF, Leonardo. *Ecologia: grito da terra, grito dos pobres*. 2. ed. São Paulo: Ática, 1996.
FIORILLO, Celso Antonio Pacheco. *Manual de direito ambiental e legislação aplicável*. 5. ed. São Paulo: Saraiva, 2004.
GARCIA, Gustavo Filipe Barbosa. *Curso de Direito do Trabalho*. 6. ed. Rio de Janeiro: Forense, 2012.
KERTZMAN, Ivan. *Curso Prático de direito previdenciário*. 9. ed. Bahia: Juspodivm, 2012.
MANCUSO, Rodolfo de Camargo. *Ação civil pública trabalhista*. 5. ed. São Paulo: RT, 2002.
MILARÉ, Édis. *Direito do ambiente*. 8. ed. São Paulo: RT, 2013.
_____ e MACHADO, Paulo Affonso Leme. *Direito ambiental brasileiro*. 20. ed. São Paulo: Malheiros, 2012.
NASCIMENTO, Amauri Mascaro. A defesa processual do meio ambiente do trabalho. *Revista LTr*, 63/584.
ROCHA, Júlio César de Sá da. *A defesa processual do meio ambiente do trabalho*: dano, prevenção e proteção jurídica. São Paulo: LTr, 2002.
SILVA, José Afonso da. *Direito ambiental constitucional*. 2. ed. São Paulo: Malheiros, 2003.
VIANA, Cláudia Salles Vilela. *Previdência social, custeios e benefícios*. 2. ed. São Paulo: LTr, 2008.

---

(17) *Ibid*, p. 335.
(18) KERTZMAN, Ivan. *Curso Prático de Direito Previdenciário*. 9. ed. Bahia: Juspodivm, 2012. p. 383-426.

MEIO AMBIENTE DO TRABALHO E SAÚDE DO TRABALHADOR

Vicente José Malheiros da Fonseca[*]

"Todas as pessoas nascem livres e iguais em dignidade e direitos. São dotadas de razão e consciência e devem agir em relação umas às outras com espírito de fraternidade" (art. I da Declaração Universal dos Direitos Humanos, 1948).

"O homem tem o direito fundamental à liberdade, à igualdade e ao desfrute de condições de vida adequadas, em um meio ambiente de qualidade tal que lhe permita levar uma vida digna e gozar de bem-estar, e é portador solene da obrigação de proteger e melhorar o meio ambiente, para as gerações presentes e futuras" (Declaração de Estocolmo, 1972).

"Os seres humanos têm direito a uma vida saudável e produtiva em harmonia com a natureza" (Eco-92, Rio).

1 INTRODUÇÃO

No ano de 2000 pronunciei-me sobre o tema "*Meio Ambiente do Trabalho (Proteção jurídica, legitimidade para as ações e competência da Justiça do Trabalho)*", em conferência proferida no 3º Seminário Regional de Direito do Trabalho, realizado em Manaus (AM), promovido pela Associação dos Magistrados Trabalhistas da 11ª Região e Universidade Nilton Lins, sob o tema central "Justiça do Trabalho — Perspectivas para o Terceiro Milênio"[1].

Em 2008, voltei a escrever sobre a matéria, em certo tópico do artigo "*A eficácia dos direitos humanos na Justiça do Trabalho*"[2].

(*) Vicente José Malheiros da Fonseca é Desembargador do Trabalho, Decano e ex-Presidente do Tribunal Regional do Trabalho da 8ª Região (Belém-PA). Professor Emérito da Universidade da Amazônia (UNAMA). Compositor. Membro da Associação dos Magistrados Brasileiros, da Associação Nacional dos Magistrados da Justiça do Trabalho, da Academia Nacional de Direito do Trabalho, da Academia Paraense de Música, da Academia de Letras e Artes de Santarém, do Instituto Histórico e Geográfico do Pará e do Instituto Histórico e Geográfico do Tapajós.
(1) Texto publicado na Revista do TRT-11ª Região (Manaus-AM), ed. n. 9 (janeiro-dezembro/2001). p. 41-104; e na Revista n. 65, do TRT-8ª Região (Belém-PA), v. 33 (julho-dezembro/2000). p. 55-98.
(2) Texto elaborado para o Suplemento Especial da Revista do Tribunal Regional do Trabalho da 8ª Região n. 81 (que completava 40 anos), em comemoração aos 60 anos da Declaração Universal dos Direitos Humanos (1948) e aos 20 anos da Constituição Federal de 1988. Tema: *Poder*

Em 10 de dezembro de 1948, a Assembleia Geral das Nações Unidas aprovou a *Declaração Universal dos Direitos do Homem*, em que foram incluídos preceitos que consagram a filosofia social do Direito do Trabalho.

Entretanto...

"Cada ano são produzidos no mundo, unicamente na indústria, aproximadamente 50 milhões de acidentes, isto é, uma média de 160.000 ao dia; destes acidentes, aproximadamente uns 100.000 são mortais, e esta avaliação é muito provavelmente inferior à realidade. Cada ano 1.500.000 trabalhadores ficam inválidos para o resto de suas vidas. A estas cifras devem-se acrescentar os milhões de trabalhadores vítimas de enfermidades contraídas nos postos de trabalho.

Dever-se-ia também somar, se o total fosse conhecido, os acidentes, graves e numerosos em todos os países, que se produzem na agricultura, nos trabalhos florestais e nas plantações. Nos países industrializados, na média anual, um em cada dez trabalhadores da indústria sofre lesões no trabalho, e se estima que em alguns ramos essa relação seja, no mundo todo, de um a cada três; em outras palavras, nesses ramos cada trabalhador sofre, num prazo médio, uma lesão uma vez a cada três anos. Trata-se de tragédias humanas que poderiam ser evitadas, mas que ocorrem em todo o mundo"[3].

Como acentua Liliana Allodi Rossit, "o que acabamos de transcrever resume a angústia que cerca todo aquele que se envolve com a questão do meio ambiente de trabalho, porque sabe que as tragédias, proporcionadas por um ambiente degradado, poderiam ser evitadas, se houvesse efetivo empenho" (*op. cit.*, p. 175).

O direito ambiental é a ciência que estuda os problemas ambientais e suas interligações com o homem, visando à proteção do meio ambiente para a melhoria das condições de vida como um todo.

Essa ciência teve origem nos primeiros estudos de *ecologia*, passou pelo surgimento da ciência *educacional* ambiental, até chegar à sua formação como *mecanismo de proteção* do meio ambiente.

O direito ambiental tem como base estudos complexos que envolvem várias ciências como biologia, antropologia, sistemas educacionais, ciências sociais, princípios de direito internacional, entre outras. Por conseguinte, é fundamental que se tenha uma *visão holística* para o desenvolvimento de seu estudo. O conhecimento fragmentado da matéria impede que se possa atingir a finalidade principal, qual seja a efetiva proteção do meio ambiente.

O direito ao meio ambiente, a sua definição, o seu regime jurídico, os princípios e objetivos da Política Nacional do Meio Ambiente são os mais destacados fundamentos do direito ambiental, além das definições e conceitos de ecologia, biologia, antropologia, botânica e educação ambiental.

A preocupação com a saúde dos trabalhadores remonta há muito tempo. Há notícia de que na Grécia clássica os lábios dos flautistas deveriam ser protegidos com a colocação de uma bandagem de couro. Os romanos protegiam seus escravos contra longas jornadas de trabalho em minas[4].

As preocupações com o meio ambiente adquiriram suprema importância no final do século XX e a cada dia se fala mais no tema, em razão do perigo iminente de destruição da biosfera, afetada principalmente pela exploração descontrolada de nossos recursos naturais. A pior crise é a dos recursos renováveis. Em todo o planeta, as espécies marinhas, os bosques, as florestas tropicais e sua reserva genética, a camada superior do solo, a água potável, enfim, estão em um movimento acelerado de diminuição, já que a explo-

---

Judiciário, Direito e Dignidade Humana. Publicado no Suplemento Especial Comemorativo da Revista n. 81 do TRT-8ª Região, v. n. 41 (julho--dezembro/2008). p. 15/32.
(3) J. M. Clerc, *Introducción a las condiciones y el medio ambiente de trabajo*. Tradução livre por Liliana Allodi Rossit, *apud O meio ambiente de trabalho no direito ambiental brasileiro*. São Paulo: LTr, 2001. p. 175.
(4) ROCHA, Julio Cesar de Sá da. *Direito ambiental e meio ambiente do trabalho — dano, prevenção e proteção jurídica*. São Paulo: LTr, 1997. p. 28.

ração é maior que a renovação. Essa crise acrescida da mudança climática e da destruição da atmosfera afeta a vida humana e de todos os seres vivos, de forma alarmante e talvez irreversível.

No Brasil, a Lei da Política Nacional do Meio Ambiente (Lei n. 6.938, de 31.8.1981) é um marco histórico no desenvolvimento desse novo ramo da ciência jurídica. Ali podem ser encontradas definições importantes sobre meio ambiente, degradação da qualidade ambiental, poluição, poluidor e recursos ambientais, bem como o mecanismo de proteção ambiental denominado de "estudo prévio de impacto ambiental" (EPIA) e seu respectivo relatório (RIMA), instrumentos eficazes e modernos em termos ambientais mundiais.

Depois, surgiu a Lei da Ação Civil Pública (Lei n. 7.347, de 24.7.1985), que tutela os valores ambientais, disciplinando a ação civil pública de responsabilidade por danos causados ao meio ambiente, ao consumidor, a bens e direitos de valor artístico, estético, histórico, turístico e paisagístico.

A Constituição Federal de 1988, em seu Título VIII (Da Ordem Social), mais precisamente no Capítulo VI (art. 225), contém normas direcionais da problemática ambiental, dando as diretrizes de preservação e proteção dos recursos naturais, incluindo nelas a fauna e a flora, bem como, entre outras medidas, normas de promoção da educação ambiental, além de definir o meio ambiente como bem de uso comum do povo.

O período mais importante para questões ambientais sem dúvida teve seu início na década de 70, principalmente a partir da Conferência da ONU em 1972.

A Conferência Internacional de Estocolmo, em 1972, foi marcada pela oposição do Brasil e outros países, em desenvolvimento, em acatarem as diretrizes internacionais de controle à poluição. A justificativa dada foi que a pior poluição era a *pobreza*, sendo necessário o *desenvolvimento econômico* a qualquer preço.

Quase todas as leis que dispõem sobre o meio ambiente foram editadas nesse período, quando o país estava voltado apenas para o crescimento econômico, o que legitimava certas agressões à natureza, como, por exemplo, alguns incentivos fiscais à lavra e ao esgotamento mineral.

As leis ambientais, em sua maioria, são reflexos da "necessidade" desenvolvimentista da época. Pressões, principalmente da sociedade civil e internacional, fizeram com que, em 31 de agosto de 1981, surgisse a primeira lei genérica para sistematizar as leis específicas já existentes, a Lei n. 6.938/81, antes mencionada.

Vinte anos após a Declaração de Estocolmo, a Conferência das Nações Unidas sobre Meio Ambiente e Desenvolvimento, realizada no Rio de Janeiro, em junho de 1992, reafirmou os princípios enunciados em 1972. No entanto, adicionou a ideia de *desenvolvimento sustentável* e de uma natureza interdependente e integral da Terra; contribuiu para a mudança do paradigma de desenvolvimento existente; e preconizou, ainda, o *princípio* de que os seres humanos estão no centro das preocupações com o desenvolvimento sustentável e têm direito a uma *vida saudável e produtiva, em harmonia com a natureza.*

A ideia *poluidor-pagador*, consagrada na Declaração Oficial da RIO/92, insere a teoria do risco-proveito, ensejando transformações na teoria da responsabilidade no direito brasileiro, tornando-se a principal contribuinte para a responsabilização objetiva.

A Declaração de Estocolmo abriu caminho para que as Constituições supervenientes reconhecessem o meio ambiente ecologicamente equilibrado como um direito fundamental entre os direitos sociais do homem, com suas características de direitos a serem realizados e direitos a não serem perturbados[5].

A Conferência da ONU (Organização das Nações Unidas) sobre o Meio Ambiente e Desenvolvimento, realizada no Rio de Janeiro (Rio-92), sacramentou, em termos mundiais, a preocupação com a problemática, reforçando os princípios e regras para o combate à degradação ambiental. Nesse evento, foi elaborada a "Agenda 21", instrumento diretriz do desenvolvimento sustentável.

---
(5) SILVA, José Afonso da. *Direito ambiental constitucional.* 2. ed. São Paulo: Malheiros, 1995. p. 14.

O direito ambiental é, pois, conquista importante para a garantia da *qualidade de vida* de nossa sociedade, ao mesmo tempo em que se propõe a assegurar a *preservação* das demais formas de vida, bem como dos recursos florestais, hídricos e minerais de nosso país.

Portanto, seu estudo deve ser difundido nos cursos universitários de direito, a fim de que seja proporcionada, aos profissionais da área jurídica, uma noção básica de preservação do ambiente em que vivem e a forma de sua proteção, sendo esta um dever de todos os cidadãos, conforme prevê a Constituição Federal em seu art. 225, de observância obrigatória para o Poder Público e a coletividade.

Além disso, a participação da sociedade na problemática ambiental, mais do que um preceito legal, deve ser incentivada. Devemos lembrar que o Brasil ainda possui grandes reservas florestais que guardam enorme potencial econômico e biológico, objeto de estudos no mundo todo. Nosso país — e especialmente a nossa região amazônica — tem condições de projetar seu desenvolvimento em harmonia com a exploração de seus recursos naturais, preservando-os o melhor possível. Jamais devemos esquecer dos exemplos desastrosos de muitos países, chamados "desenvolvidos", que se encontram em lastimável situação de degradação natural. Seus tristes exemplos não nos servem, mas podem ser tomados como parâmetros para se evitar o mesmo caminho que seguiram.

Enfim, o direito ambiental é de suma importância e deve merecer atenção de todos nós.

Para compreender o universo da ética ou do *direito* (dever ser) é imprescindível o entendimento da *realidade* (ser).

Para tratar de demandas ambientais, é fundamental a compreensão do que significa *meio ambiente*.

O estudo do direito ambiental não pode prescindir do auxílio de outras ciências.

O direito ambiental traz um novo conceito de comportamento: a necessidade de solidariedade como um instituto jurídico norteador, um princípio ético que abstrai a reciprocidade, já que a responsabilidade dos atos ocorre não apenas com as gerações presentes, mas, principalmente, com as futuras.

O meio ambiente representa um desafio cultural para a moral contemporânea, pois deve justificar um marco moral, de comportamento, que pode ser compartilhado por pessoas de concepções diferentes, notadamente em uma época de fragmentação, como a atual.

2 CONCEITO DE MEIO AMBIENTE

2.1 Considerações genéricas

A conceituação é importante, não para restringir posteriores informações, mas para proporcionar uma interpretação coerente, evitando-se distorções de sentido e manobra ideológica. Se o conceito não absorver toda a significação do objeto, nem incorporar a necessidade de transdisciplinariedade, todo o sistema provido dele incorrerá em parcialidade. Torna-se limitado, eis que não contempla o todo.

A palavra **ambiente** tem origem latina: *ambiens* e *entis* — "aquilo que rodeia". Entre seus significados encontra-se *"meio em que vivemos"*.

A palavra *meio ambiente* foi utilizada por primeira vez pelo biólogo e pioneiro ecologista **Jakob Von Uexkull**, em 1909, conforme informam os estudiosos da matéria.

Autores portugueses[6] acentuam que a expressão *meio ambiente* não é a mais adequada, pois constitui um pleonasmo. Acontece que *ambiente* e *meio* são sinônimos porque *meio* é precisamente aquilo que envolve, ou seja, o *ambiente*.

---
(6) MACHADO, Paulo Affonso Leme. *O direito ambiental brasileiro*. 3. ed. São Paulo: Revista dos Tribunais, 1991. p. 70.

Para Aloísio Ely[7], meio ambiente significa "*todo o meio exterior ao organismo que afeta o seu integral desenvolvimento*". Como meio exterior o autor engloba tudo o que cerca o organismo[8]. O integral desenvolvimento ocorre através dos meios físico, social e psíquico, que, no seu equilíbrio e correlação, possibilitam o desenvolvimento pleno, do ponto de vista biológico, social e psíquico. Há, indiscutivelmente, uma transdisciplinariedade entre os elementos que compõem a organização social, a tal ponto que o entendimento de *meio ambiente* vai além da ideia de *ecologia*.

O meio ambiente é, assim, a interação do conjunto de elementos naturais, artificiais e culturais que propiciem o desenvolvimento equilibrado da vida em todas as suas formas, como afirma Paula Brugger[9].

2.2 Conceito econômico de meio ambiente

A economia e o meio ambiente compõem um binômio indissociável. De fato, o problema central da economia é buscar alternativas eficientes para alocar[10] os recursos escassos da sociedade, a fim de melhorar as condições de vida humana. O meio ambiente, de fonte inesgotável, tornou-se um recurso escasso. Preocupa-se com o meio ambiente no seu sentido mais amplo, inclusive as influências externas que afetam o ser humano, daí os efeitos que a economia denomina *externalidades*[11].

O novo paradigma tecnológico e econômico vai exigir uma revisão profunda na ordem econômica e social. À ciência econômica impõe-se a revisão de seus princípios básicos, desde as relações entre o homem e a natureza, com a introdução de valores de bens naturais até aqui não considerados economicamente. Trata-se da internalização das externalidades, que se constituem nos custos sociais dos processos produtivos não incorporados, até então, pelas atividades econômicas[12].

Na perspectiva econômica, o conceito geral do meio ambiente enquadra-se entre dois limites de avaliação: o primeiro corresponde às mudanças de produção e de consumo, o impacto sobre o ser humano no curto e longo prazo; o segundo é visto como um patrimônio ou um *tipo de capital não renovável que produz uma cadeia de vários serviços para o homem*[13].

Dessa forma pode-se perceber que a economia do meio ambiente coloca o **homem** como peça central das preocupações no processo de desenvolvimento e organização econômica. No entanto, a satisfação das necessidades básicas, autodeterminação e participação do indivíduo no processo de organização político-social e respeito ecológico devem ser satisfeitos por um sistema econômico para garantir o bem-estar social.

2.3 Conceito jurídico de meio ambiente

O direito estuda as normas de conduta na sociedade e regula as relações humanas. Disciplina também a relação entre os homens e as coisas e entre as próprias coisas, quando traduzem aspirações humanas e até as relações de relações, quando refletem valores humanos[14]. Mas, interessam ao direito as relações que envolvem bens[15] juridicamente protegidos.

---

(7) ELY, Aloísio. *Economia do meio ambiente*. 4. ed. Porto Alegre: FEE, 1990. p. 4-8.
(8) Seja *físico* (água, ar, terra, bens tangíveis feitos pelo homem etc.), seja o *social* (valores, cultura, hábitos, costumes, crenças etc.), seja o *psíquico* (sentimentos do homem e suas expectativas, segurança, angústia, estabilidade etc.).
(9) *In Ciência Hoje*, SBPC, v. 24, n. 141 — agosto/1998 [63-65].
(10) Alocar no sentido de *destinar a um fim específico ou a uma entidade*.
(11) Entende-se como *externalidades* os efeitos das relações individuais e coletivas, oriundas das escolhas humanas. Tudo aquilo que é produzido a partir do poder de manipulação e transformação do homem. Resultados que afetam toda a sociedade e o meio, independentemente dessa coletividade ter ou não participado do processo que gerou os resultados. O que onera a todos, mesmo que decorrente de processos privados.
(12) ELY, Aloísio. *Economia do meio ambiente*, 4. ed. Porto Alegre: FEE, 1990. p. 9.
(13) *Idem*, p. 10.
(14) TOSTES, André. *Sistema de legislação ambiental*. p. 16 (cf. Samantha Buglione, *in* As flores não resistem a canhões: o desafio de tutelar o meio ambiente. extraído da *home page Jus Navigandi*, na *Internet*: <http://www.jus.com.br>).
(15) Entende-se *bem* como tudo que recebeu uma valoração humana positiva, aquilo que possui um *valor* moral ou físico positivo, constituindo o objeto ou fim da ação humana.

O processo de sensibilização para determinar algo como um *bem jurídico* está estritamente relacionado, ou condicionado, pelo paradigma da dogmática jurídica, constituída pela comunidade de juristas e operadores do direito. Seja pela ideia que se tem do objeto (bem), seja pela postura ou valores daqueles que elegem os bens jurídicos.

Segundo Giannini[16], inexiste uma noção unitária de ambiente, porque pode ser considerado como paisagem, bem sanitário ou ordenamento do território. Por isso, a importância de circunscrever a cultura sobre o significado de meio ambiente ou de ambiente, apontando o *locus* de onde provem a eleição dos bens jurídicos merecedores da tutela do ordenamento jurídico e do poder estatal.

É possível extrair do direito positivo alguma definição de ambiente, como sendo "o conjunto de condições, leis, influências e interações de ordem física, química e biológica, que permite, abriga e rege a vida em todas as suas formas (art. 3º, I, da Lei n. 6.938, de 31.8.1981, que dispõe sobre a Política Nacional do Meio Ambiente).

A Constituição Federal de 1988 determina que *todos têm direito ao meio ambiente ecologicamente equilibrado, bem de uso comum do povo e essencial* à *sadia qualidade de vida, impondo-se ao Poder Público e* à *coletividade o dever de defendê-lo e preservá-lo para as presentes e futuras gerações* (art. 225).

Esses dispositivos legais traduzem a ideia de *equilíbrio* e *bem*, de *conjunto* e *interação*, afastando do conceito de meio ambiente o sentido de "coisa", eis que coisa é tudo aquilo que possui existência individual e concreta, que pressupõe separatividade, individualização, ideia diversa da de conjunto. Ademais, coisa se opõe a interação porque esta pressupõe influência recíproca e afasta a noção de equilíbrio, que significa a combinação de forças ou de elementos[17].

Assim, o meio ambiente é entendido pelo direito como um **bem jurídico**.

Na doutrina, a natureza jurídica do meio ambiente se estruturou, enquanto relação jurídica, na categoria de *interesses difusos*. Diz respeito à proteção de interesses plurindividuais que superam as noções tradicionais de interesses individuais ou coletivos, dado que concernem a bens indivisíveis e inindividualizáveis, que interessam a todos. Sua nota essencial é o conceito de *difuso*[18], ou seja, aquilo em que há difusão, propagação, divulgação, espalhamento.

Logo, do conceito jurídico de meio ambiente deduz-se constituir um *bem de massa*, que rompe com a ideia de apropriação individual e instaura a necessidade de limitação das condutas individuais que tendam ao dano ambiental[19].

Enfim, o equilíbrio do meio ambiente laboral, a qualidade de vida do trabalhador e a sua saúde são pressupostos de uma vida com dignidade e expressão de cidadania.

3 ÉTICA AMBIENTAL

A palavra ética vem do grego — "*ethos*" —, que significa modo de ser, caráter enquanto forma de vida do homem.

---

(16) GIANNINI, Mássimo Severo. Ambiente: saggio sui diversi suoi aspetti giuridici. *passim, Riv. Trim. Dir. Pubbl.*, 1973.
(17) TOSTES, André. *Sistema de legislação ambiental*, p. 17 e 18.
(18) O Código de Defesa do Consumidor (Lei n. 8.078, de 11.9.1990) conceitua interesses ou direitos **difusos** como *os transindividuais, de natureza indivisível, de que sejam titulares pessoas indeterminadas e ligadas por circunstâncias de fato*; os interesses ou direitos **coletivos** como *os transindividuais de natureza indivisível de que seja titular grupo, categoria ou classe de pessoas ligadas entre si ou com a parte contrária por uma relação jurídica base*; e os interesses ou direitos **individuais homogêneos**, *os decorrentes de origem comum* (art. 81, parágrafo único, I, II e III). O interesse **difuso** é o interesse que cada indivíduo possui pelo fato de pertencer à pluralidade de sujeitos a que se refere a norma. Tampouco é o interesse próprio de uma comunidade organizada, constituída pela soma dos interesses (ou de alguns deles) dos indivíduos concretos que a compõem e, portanto, exclusivo. (MUKAI, Toshio. *Direito ambiental sistematizado*. 2. ed. Rio de Janeiro: Forense Universitária, 1994. p. 6-7).
(19) MOLL, Luiza. *Uma ferramenta para executar políticas públicas ecológicas: orçamento participativo*. Passim, MIMEO, 1997.

Ética é a forma de proceder ou de se comportar do ser humano no seu meio social, sendo portanto uma relação intersocial do homem. Seus parâmetros são as condutas aceitas no meio social. A ética tem raízes na moral como sistema de regulamentação das relações intersociais humanas, assentando-se em um modo de comportamento.

Portanto, a ética é uma ciência da moral e pode ser definida como a teoria ou ciência do comportamento moral dos homens em sociedade[20].

A ética comporta a seguinte divisão: a) ética *normativa*, que são as recomendações; e b) ética *teórica*, quando explica a natureza da moral relacionada às necessidades sociais. Enquanto teoria, a ética estuda e investiga o comportamento moral dos homens. Neste sentido, o seu valor está naquilo que explica e não no fato que recomenda ou prescreve.

Atualmente, ante as correntes *intuitivas, positivas* e *analíticas*, a ética foi reduzida à análise da linguagem moral, abstraindo-se as questões morais, ensina Vasquez. Resultado disso é que a moral e a ética perderam significado social. Hoje, é dada importância à obtenção finalista do sucesso pessoal e material a qualquer custo, ficando, assim, reduzidas a preceitos delimitadores das relações profissionais (*Códigos* Éticos). Desse modo, há quem diga que subsiste apenas a ética normatizada e direcionada às profissões, não havendo mais uma "ética universal". De fato, passamos por uma *crise* ética e moral, pois falta uma orientação ética geral.

Considerada ciência da moral, a ética, como conhecemos, está relegada a um plano inferior social, deixando de ser uma orientadora do comportamento humano como dantes. Todavia, uma *nova forma de relação* ética vem surgindo, como se pretende demonstrar, em virtude da degradação ambiental em larga escala e o desenvolvimento científico, que se propõe a desvendar a origem do homem, cuja situação de "espécie superior" é posta em dúvida.

Toda a sociedade é responsável pela degradação ambiental. O rico polui com sua atividade industrial, comercial etc.; o pobre polui por falta de condições econômicas de viver condignamente e por falta de informações, já que a maioria é semianalfabeta; e o Estado polui por falta de informações ecológicas de seus administradores, gerando uma política desvinculada dos compromissos com o meio ambiente.

Somando-se isso aos novos conhecimentos científicos — que concluem que o homem faz parte da natureza (por exemplo, a teoria evolucionista de Darwin, segundo a qual a raça humana tem origem no mesmo ancestral dos grandes macacos e evolui como todos os demais seres viventes; e, ainda, a teoria de Gaia de Lovelock, para a qual a Terra, Gaia, é um "ser vivo" que pulsa em vida plena com todos os seus seres, incluindo o homem, em igualdade de condições) —, surgiu a necessidade de o ser humano rever a sua ação predatória e, consequentemente, seu comportamento integral, fazendo com que a visão antropocêntrica, que rege a conduta humana, tendo o homem como o centro do universo, comece a perder força.

A ética *antropocêntrica*, defendida principalmente por Kant, que orientou e deu base para as doutrinas posteriores, estuda o comportamento social do homem entre si, levando-o à condição de "espécie superior" pela razão, perde campo para uma nova visão: a **visão ecocêntrica**.

Esta nova *visão ecocêntrica*, que se pode definir como o homem centrado em sua casa — "oikos" (= casa, em grego), ou seja, o homem centrado no tudo ou no planeta como sua morada, permite o surgimento de uma ética que estuda também o comportamento do homem em relação à natureza global. Com ela, o ser humano passa a entender melhor a sua atuação e responsabilidade para com os demais seres vivos.

Então, o homem está diante da necessidade desta nova forma de conduta em relação à *natureza*. Uma nova concepção filosófica homem-natureza. A ética passa a ser também, neste caso, um estudo extrassocial e extrapola os limites intersociais do homem, nascendo, assim, uma *nova* ética diversa da ética tradicional. Surge a ética **ambiental**.

---
(20) VASQUEZ, Adolfo Sanches. *Ética*. Rio de Janeiro: Civilização Brasileira, 14. ed. 1993.

A ética *ambiental* nos permite ter mais "humildade zoológica", e, por conseguinte, passamos a ter um novo entendimento da vida.

Mas, para que isso ocorra, é necessário que tenhamos uma perfeita *conscientização* da problemática ambiental, que se caracteriza pela possibilidade do pleno conhecimento do universo que nos cerca, com reflexos nas nossas ações.

Essa nova *filosofia ecocêntrica* e a *conscientização* fazem com que o ser humano passe a se preocupar com suas ações, compreendendo que ele é parte integrante da natureza. Não é o "dono da natureza". Compreende que a natureza não existe apenas para servi-lo, mas para que ele possa sobreviver em *harmonia* com os demais seres. Ao perceber isso, o homem passará a se preocupar com suas ações, agirá de modo coerente em relação à natureza e os seus procedimentos intersociais serão direcionados à causa da preservação da vida global. Então, desenvolveremos, cada vez mais, uma "visão holística" do mundo, ou seja, uma *visão global*, sobretudo numa época de globalização ou mundialização dos fenômenos humanos.

Essa *nova consciência* e *visão global* trazem a necessidade de desenvolver uma nova linha de conduta ética com a natureza, formando uma nova interligação ética: **homem-natureza**.

Podemos definir essa ética ambiental como o estudo da conduta, ou a própria conduta, comportamental do ser humano em relação à natureza, decorrente da conscientização ambiental e consequente compromisso personalíssimo preservacionista, tendo como objetivo a conservação da vida global.

Com essa nova ética, diferente da ética tradicional, a nossa vida estará pautada em um compromisso mais autêntico. Compromisso criado por nós; dentro de nós. Sem nenhuma lei que não seja a nossa *consciência*.

Esse *compromisso* ético é personalíssimo, de modo que não está adstrito a nenhum outro compromisso. É um compromisso de todos os conscientes. É um compromisso da sociedade consciente. É ético, não apenas legal. Não se trata de obrigação legal, mas moral e ética de cada um.

O compromisso ético reflete-se em ações éticas, isto é, em ações coerentes com os princípios éticos da pessoa, de modo que as ações impulsionadas por essa nova ética homem-natureza trarão resultados favoráveis à preservação ambiental e, consequentemente, à melhoria da *qualidade de vida*, ficando, assim, criada uma couraça ética, capaz de proteger a natureza como um todo.

A ética ambiental será o início de uma nova ordem mundial, uma nova filosofia de vida do homem, alicerçada em novos valores extrassociais humanos. Sua base científica é o estudo da relação homem-natureza, que engloba, nesse binômio, todas as raças humanas e todos os seres existentes, abrangendo também os inanimados, como o solo, o ar e a água. Tudo que existe tem sua importância e passa a fazer parte dessa nova relação ética.

Essa nova ética ajudará a formar uma humanidade consciente de sua posição perante a vida no planeta Terra e dará origem a uma nova postura, um novo comportamento calcado na *preservação global da natureza*, enfim, uma nova esperança de vida.

A colocação, em prática, dessa nova forma de comportamento ético, propiciará uma enorme satisfação subjetiva e íntima em cada indivíduo, e, portanto, da sociedade humana, de estar contribuindo, com responsabilidade, para a preservação do maior bem material que existe, a natureza como um todo. E isso nos dará a esperança de que poderemos prolongar a existência de nossa espécie neste planeta, com condições mais dignas, permitindo que possamos usufruir plenamente, junto com os demais seres, deste bem que é a vida, uma dádiva de Deus. Uma nova forma *comportamental* e uma *nova esperança de vida*, daí a importância de se conscientizar todos os segmentos da sociedade para essa *nova relação* ética.

4　PRINCÍPIOS GERAIS. RESPONSABILIDADE OBJETIVA DO EMPREGADOR

Podemos indicar alguns princípios gerais do direito ambiental, dentre outros:

1. Princípio da indisponibilidade do interesse público na proteção do meio ambiente (art. 225, da CF);

2. Princípio da prevenção (art. 2º, da Lei n. 6.938/81);

3. Princípio da cooperação ou participação (art. 225, da CF);

4. Princípio da legalidade (art. 5º, II, da CF);

5. Princípio da publicidade — EPIA/Rima (Resolução-Conama n. 1/86);

6. Princípio da informação (art. 6º, § 3º, da Lei n. 6.938/81);

7. Princípio do poluidor-pagador (art. 4º, da Lei n. 6.938/81 e Lei n. 9.433/97);

8. Princípio da responsabilidade por danos ambientais (art. 225, § 3º, da CF, e Lei n. 9.605/98);

9. Princípio da soberania dos Estados na política ambiental ("Agenda 21");

10. Princípio do desenvolvimento sustentável ("Agenda 21");

11. Princípio da educação ambiental ("Agenda 21").

Ligeiras considerações sobre a matéria são oportunas.

As regras que constituem o direito ambiental, em sua maioria, são de natureza pública, mais precisamente manifestações do poder de polícia do Estado. Estão submetidas a princípios de Direito Público e Administrativo[21]. Portanto, condicionam o exercício do Estado na preservação direta do meio ambiente.

Os princípios são importante instrumento para direcionar a formação, interpretação e aplicação da norma, principalmente em face da imprecisão do conceito de dano ambiental.

Outro aspecto importante é destacar os princípios constitucionais da ordem econômica, o que está estritamente relacionado à proteção do meio ambiente, a tal ponto que o direito ambiental é considerado um verdadeiro Direito Econômico[22].

A Constituição Federal de 1988 consagra como princípios gerais da ordem econômica a *soberania nacional, a propriedade privada, a função social da propriedade, a livre concorrência, a defesa do consumidor, **a defesa do meio ambiente**, a redução das desigualdades regionais e sociais, a busca do pleno emprego, o tratamento favorecido para as empresas brasileiras de capital nacional de pequeno porte.*

Manoel Gonçalves Ferreira Filho[23] afirma que a ordem econômica estabelecida pela atual Constituição é extremamente ambígua, ao ponto de haver contradição de princípios no texto constitucional, baralhando *fundamentos* com *finalidades*. Isso, de fato, ocorre porque a redação do art. 170 do texto constitucional tem o vício típico dos grandes colegiados[24].

Contudo, tal argumento do constitucionalismo pátrio é emblemático de uma ideologia liberal, pois ignora o pensamento complexo, próprio das *sociedades de massa*, do fim do milênio, que exige a compreensão pluri e multidisciplinar.

---

(21) Princípios de Direito Público: primazia do interesse público (o Estado se justifica pela satisfação do interesse público); legalidade administrativa (o agente público só pode fazer o que está autorizado e for de acordo com o direito); igualdade do cidadão (o Estado deve tratar todos igualmente, pois todos são iguais perante a lei. Entretanto, deve tratar igualmente os iguais e desigualmente os desiguais); liberdade do cidadão (o cidadão deve ser garantido em sua liberdade pelo Estado); o da proporcionalidade dos meios afins (o legislador e a administração não podem impor à liberdade restrições que excedam ao que é necessário para atender ao fim perseguido). Princípios de Direito Administrativo: indisponibilidade do interesse público (o Estado é titular do interesse público); especialidade administrativa (informa o tema fundamental da competência, o ato praticado por agente incompetente é nulo de pleno direito); poder do administrador público (corolário do princípio da primazia do interesse público); finalidade administrativa (corolário do princípio da legalidade); impessoalidade (toda atuação do agente público deve ser impessoal); moralidade pública (é dever do administrador público gerir a coisa pública com eficiência, probidade e senso de economia); publicidade (todo ato da administração, para ter validade jurídica, terá que ser publicado no órgão oficial ou por outros meios). Esses princípios variam conforme a doutrina.
(22) *Direito ambiental*. Rio de Janeiro: Lumen Juris, 1996 [8-20].
(23) *Direito constitucional econômico*. São Paulo: Saraiva, 1990. p. 80.
(24) MOREIRA NETO, Diogo de Figueiredo. *Ordem econômica e desenvolvimento da Constituição Federal de 1988*, p. 57 (cf. Samantha Buglione, *in* As flores não resistem a canhões: o desafio de tutelar o meio ambiente, extraído da *home page Jus Navigandi*, na *Internet*: <http://www.jus.com.br>).

De qualquer modo, o texto constitucional criticado dá mostras de ser precursor, de vez que, em sua declaração de princípios conformadores da ordem econômica, contempla a necessária e indispensável harmonia, não só com o ambiente, mas com a solidariedade e seguridade sociais[25].

O *princípio da democracia econômica e social* contém uma imposição obrigatória dirigida aos órgãos de direção política (legislativo e executivo), no sentido de desenvolverem uma atividade econômica e social conformadora, transformadora e planificadora das estruturas socioeconômicas, de forma a evoluir-se para uma sociedade democrática[26]. O legislador, a administração e os Tribunais terão de considerar o princípio da democracia econômica e social como princípio obrigatório de interpretação para avaliar a conformidade dos atos do poder público com a Constituição.

Dessa forma, pode-se afirmar que o princípio da propriedade privada só é legítimo e constitucional na medida em que seu uso estiver conforme os demais princípios, notadamente o da *função social*.

A livre concorrência só será legítima se seu exercício se conformar ao princípio da *defesa do consumidor*, da *busca do pleno emprego* etc., uma vez que é assegurado a todos o livre exercício de qualquer atividade econômica, salvo nos casos previstos em lei[27], e que, por imposição constitucional[28], incumbe à coletividade o dever de defender e preservar o meio ambiente para as presentes e futuras gerações[29].

Resulta, assim, a difícil questão de compatibilizar o *desenvolvimento econômico* com a proteção do *meio ambiente*.

Cabe ressaltar que o uso do meio ambiente não é bem do Estado nem bem privado, mas pertence a toda a coletividade. Desse modo, não pode sua apropriação estar dissociada do interesse social e do bem comum, em que pese toda carga valorativa desses conceitos no contexto liberal. É patente a necessidade de redefinição conceitual, no interesse de uma coletividade ecologicamente equilibrada[30].

O *princípio da preservação* pode e deve ser visto como um quadro orientador de qualquer política moderna do ambiente. São prioritárias as medidas que evitem o nascimento de atentados ao meio ambiente.

O *princípio do poluidor-pagador*, que alguns preferem chamar de *princípio da responsabilização*, destaca a obrigação, por parte do poluidor, de corrigir ou recuperar o ambiente e suportar os encargos daí resultantes, além de proibir a continuação da ação poluente. Esse princípio se exterioriza na responsabilidade civil objetiva do poluidor, cuja obrigação de indenizar independe da culpa, sempre que o agente tenha causado dano significativo ao ambiente, em virtude de uma ação especialmente perigosa. Ressalta Julio Cesar de Sá da Rocha[31] que, "da mesma forma, é irrelevante a licitude da atividade e não há que se falar em qualquer excludente de responsabilidade. O poluidor deve assumir o risco integral da sua atividade". No Brasil, esse princípio está previsto no art. 4º, VII, e, também, no art. 14, § 3º, da Lei n. 6.938/81.

A respeito desse princípio, parece oportuno refletir sobre a opinião de Andreas Joachim Krell[32], acerca de algumas objeções à teoria do "risco integral":

"No caso da provocação de um dano ambiental difuso apesar da existência de uma licença/autorização pública válida para obra/atividade desenvolvida é decisiva a questão se o causador do prejuízo ecológico agiu com *boa-fé*,

---

(25) MOLL, Luiza. *Op. cit.*, *passim*, MIMEO, 1997.
(26) CANOTILHO, José Joaquim Gomes. *Direito constitucional*. 5. ed. Coimbra: Almedina, 1991. p. 474.
(27) Art. 170, parágrafo único, da Constituição Federal.
(28) Art. 225, da Constituição Federal.
(29) MUKAI, Toshio. *Direito ambiental sistematizado*, 2. ed. Rio de Janeiro: Forense Universitária, 1994. p. 30-32.
(30) MOLL, Luiza. *Op. cit.*, *passim*, MIMEO, 1997.
(31) ROCHA, Julio Cesar de Sá da. *Direito ambiental e meio ambiente do trabalho — dano, prevenção e proteção jurídica*. São Paulo: LTr, 1997. p. 66.
(32) KRELL, Andreas Joachim (doutor em Direito pela Universidade Livre de Berlim (PhD) e professor visitante de Direito Ambiental das Universidades Federais de Alagoas e Pernambuco, pós-graduação). *Concretização do dano ambiental* (texto parcialmente extraído da *home page Jus Navigandi*, na *Internet*: <http://www.jus.com.br>): Algumas objeções à teoria do risco integral. *In: Revista Direito & Deveres*. Maceió: Centro de Ciências Jurídicas da Universidade Federal de Alagoas, p. 1-32.

acreditando na certidão e legalidade do seu comportamento. Na indagação da existência dessa boa-fé, devem ser considerados o poder econômico do poluidor, a sua capacidade técnica e estrutura administrativa, que podem levar à presunção da sua "má-fé" em relação a seu comportamento.

Para evitar os danos ao meio ambiente, a solução adequada nos parece ser a melhoria das condições de trabalho dos órgãos da *Administração Pública* incumbidos da defesa do meio ambiente, seu equipamento com recursos humanos e materiais suficientes para o exercício mais eficiente de suas tarefas legais.

Nesse processo é indispensável a participação das populações atingidas pelos problemas ambientais, que devem exercer uma maior *pressão política* em relação aos governantes, parlamentares e administradores de todas três esferas federativas para que estes apertem as exigências técnicas nos licenciamentos e na fiscalização das atividades poluidoras.

Outro caminho de uma aplicação mais consequente do princípio do "poluidor-pagador" no direito ambiental brasileiro seria a cobrança de *impostos e taxas* pelo fato de determinada atividade poluir o meio ambiente (Ricardo de Angel Yáguez, *Algunas previsiones sobre el futuro de la responsabilidad civil*, 1995, Madrid: Editoral Civitas, p. 54; José Marcos Domingues de Oliveira, *Direito tributário e meio ambiente*, 1995, Edit. Renovar, p. 19ss. *passim*). Esses instrumentos, por enquanto, dificilmente estão sendo utilizados por parte dos governos nos três níveis da federação brasileira. Há também necessidade da exigência legal de um *seguro obrigatório* para atividades potencialmente causadoras de danos ambientais, com a fixação de valores mínimos de indenização.

Uma responsabilização indiscriminada de pretensos "poluidores" não parece ser a solução adequada para um Estado de Direito, onde existe o princípio da *segurança* e previsibilidade da situação jurídica e patrimonial do cidadão. Podendo ser justa a responsabilização do poluidor particular em alguns casos, pode se tornar esta solução *injusta* em outros como nos que envolvem pequenos produtores e fazendeiros bem como donos de pequenos e médios empreendimentos".

Preleciona Laura Martins Maia de Andrade que "a responsabilidade ambiental é sempre **objetiva**, munindo-se, desta forma, o trabalhador de instrumento adequado no confronto com o poder econômico, para prevenir ou reparar lesões à sua saúde, ocorridas no meio laboral, liberando-se da necessidade de comprovar culpa, tarefa complexa dada a sua hipossuficiência diante do contendor"[33].

Entendo que é irrelevante investigar a culpa subjetiva patronal.

De fato, o art. 2º, da CLT, dispõe que incumbe ao empregador assumir "**os riscos da atividade econômica**".

Logo, no âmbito do direito do trabalho, muito mais do que em outros ramos da ciência jurídica, prevalece a tese da responsabilidade *objetiva*.

A obrigação de indenizar, imposta por lei, nem sempre depende da prática de ato ilícito. Por isso, a doutrina consagrou a responsabilidade por danos **sem culpa**. Daí a teoria da **responsabilidade objetiva**, profundamente desenvolvida pela ciência jurídica.

Na verdade, como alerta Orlando Gomes, "o dever de indenizar o dano produzido sem culpa é antes uma *garantia* do que propriamente *responsabilidade*" (*in Obrigações*. 3. ed. Rio de Janeiro: Forense, p. 353).

Preleciona, Gomes, a obrigação de indenizar sem culpa por ministério da lei, para certos casos, por duas razões: primeira, "a consideração de que certas atividades do homem criam um *risco* especial para os outros"; e segunda, "a consideração de que o exercício de determinados direitos deve implicar a obrigação de ressarcir os danos que origina".

---
(33) *Meio ambiente do trabalho e ação civil pública trabalhista*, 1. ed. São Paulo: Juarez de Oliveira, 2003. p. 167.

Na primeira categoria, acentua o saudoso mestre baiano, incluem-se os casos de *responsabilidade objetiva* propriamente dita, "que se explicam pela *teoria do risco*".

Um dos casos mais evidentes da responsabilidade *sem culpa* é justamente a que decorre de **acidente de trabalho**, ao qual se equiparam as doenças profissionais ou do trabalho.

Desde o Código Civil de 1916, a responsabilidade objetiva estava consagrada pelo menos nos seguintes dispositivos: art. 1.528 (que responsabiliza o dono do edifício ou construção pelos danos que resultarem de sua ruína); art. 1.529 (que obriga o morador de uma casa a indenizar o dano proveniente das coisas que dela caírem, ou forem lançadas em lugar indevido); e art. 1.546 (que declara o farmacêutico solidariamente responsável pelos erros e enganos de seu preposto).

A legislação posterior ao Código Civil evoluiu bastante sobre o tema, sempre no sentido da responsabilidade objetiva, como é o caso, por exemplo, do Código Brasileiro do Ar.

Sebastião Geraldo de Oliveira, em seu excelente livro *Proteção jurídica à saúde do trabalhador*, São Paulo: LTr, 1996, estuda a matéria com proficiência (p. 181):

"O instituto da responsabilidade civil, apesar de suas raízes longínquas, continua desafiando os estudiosos e ocupando espaço considerável na literatura jurídica, pelas inúmeras discussões que ainda suscita. Antigas ideias são invocadas a todo momento para solucionar novas ocorrências, mantendo a efervescência saudável do debate jurídico.

Onde houver dano ou prejuízo, a responsabilidade civil é chamada para fundamentar a pretensão de ressarcimento, por parte daquele que sofreu as consequências do infortúnio. É, por isso, instrumento de manutenção da harmonia social, na medida em que socorre ao que foi lesado, utilizando do patrimônio do causador do dano para restauração do equilíbrio rompido. Com isso, além de corrigir o desvio de conduta, amparando a vítima do prejuízo, serve para desestimular o violador potencial, o qual pode antever e até mensurar o peso da reposição que seu ato ou omissão poderá acarretar".

A norma central da responsabilidade civil, no direito positivo brasileiro, estava insculpida no art. 159, do Código Civil de 1916:

"Aquele que, por ação ou omissão voluntária, negligência, ou imprudência, violar direito, ou causar prejuízo a outrem, fica obrigado a reparar o dano. A verificação da culpa e a avaliação da responsabilidade regulam-se pelo disposto neste Código, arts. 1.518 a 1.532 e 1.537 a 1.553".

A doutrina e a legislação evoluíram no tratamento jurídico do tema, desde a responsabilidade subjetiva até a responsabilidade objetiva.

Daniela Christóvão, em artigo publicado no jornal eletrônico "Valor Econômico", na *Internet* (extraído do clipping da *home page* da Amatra-V: (Disponível em: <http://www.svn.com.br/amatra5/>. Acesso em: 10 maio 2001), sob o título *Contratos assumem função social*, discorre sobre a questão, com informações bem atualizadas acerca da matéria, como se lê abaixo:

"O projeto de lei do novo Código Civil revoluciona a teoria da responsabilidade civil. Para especialistas que estão se debruçando sobre o projeto antes da sua aprovação no Congresso Nacional, a **responsabilidade objetiva**, ou seja, a obrigação de indenizar o dano **independentemente de culpa** do agente, é uma **tendência universal** que está sendo incorporada ao ordenamento jurídico brasileiro em casos como a *atividade de risco*. 'Esse é um movimento para garantir benefícios para a vítima', diz o sócio do escritório de advocacia Demarest & Almeida, Silvio Salvo Venosa, afirmando que o dispositivo é uma mudança significativa dentro do civilismo brasileiro.

O novo código apresenta um dispositivo que deixa na mão do Poder Judiciário a avaliação do dano e da gradação da culpa que o causou, influenciando, consequentemente, a estipulação do valor da indenização. 'Se por um lado houve um **avanço na responsabilidade objetiva** para determinados casos, ao avaliar a culpa e o dano causado observa-se um retrocesso em relação ao direito da vítima', analisa Venosa."

A doutrina da **responsabilidade objetiva** surgiu da necessidade de se assegurar àquele que foi lesado maior cobertura pelo dano sofrido, não se fundamenta apenas na culpa, mas também no risco, de quem desenvolve a atividade.

Danielle Rénne Gomes Machado, Edson Vitor de Oliveira Santos Filho, Fabiany Luna dos Santos, Hirão Fernandes Cinha e Souza, José Edson de Godoy, Larissa Lins da Rocha, Leila Régia Nicássio Amorim, Sâmia de Melo Luz, Sammyer Moura Tenório e Sinésio Ferreira da Silva, todos acadêmicos de Direito em Alagoas, reuniram-se para produzir o artigo intitulado "**RESPONSABILIDADE CIVIL E TEORIA DA IMPREVISÃO**", publicado na *Internet* (Disponível em: <http://www.jus.com.br/>. Acesso em: 10 maio. 2001). Nesse trabalho, os jovens estudantes abordam o tema da "Responsabilidade Objetiva e a Culpa Presumida", com estas palavras:

"A princípio, a responsabilidade civil fundou-se na doutrina da culpa, adotada pelo nosso Código Civil de 1916. A multiplicação das oportunidades e das causas de danos evidenciaram que a responsabilidade subjetiva mostrou-se inadequada para cobrir todos os casos de reparação.

A doutrina objetiva nasceu devido às técnicas de juristas que sentiram a necessidade desse novo elemento para desempenhar mais ampla cobertura para a reparação do dano.

A corrente da responsabilidade objetiva é aquela que defende a responsabilidade civil como fundamento não apenas da culpa, mas também do risco, ou seja, quem desenvolve determinada atividade deve arcar com os riscos da atividade que podem, inclusive, criar riscos para terceiros. Temos, então, que a responsabilidade objetiva visa à estimulação do cuidado que as pessoas devem possuir com estados e condições adquiridas. Essa corrente tem **caráter predominantemente social**.

Como disse Stoco, '(...) *A teoria da 'culpa presumida' é um dos meios técnicos que se identifica com essa doutrina. Trata-se de uma espécie de solução transacional ou escala intermediária, em que se considera não perder a culpa a condição de suporte da responsabilidade civil, embora aí já se deparem indícios de sua degradação (...) e aflorem fatores de consideração da vítima como centro da estrutura ressarcitória, para atentar diretamente para as condições do lesado e a necessidade de ser indenizado.*'

E, ainda, '(...) *A responsabilidade objetiva difere da culpa presumida. Na tese da presunção de culpa subsiste o conceito genérico de culpa como fundamento da responsabilidade civil. Onde se distancia da concepção subjetiva tradicional é no que concerne ao* 'ônus **da prova**'.'

Dentro da teoria clássica da culpa, a vítima tem de demonstrar a existência dos elementos fundamentais de sua pretensão, sobressaindo ao comportamento culposo do demandado. Na culpa presumida ocorre uma **inversão do *onus probandi***. Em certas circunstâncias, presume-se o comportamento culposo do causador do dano, cabendo-lhe demonstrar a ausência de culpa, para se eximir do dever de indenizar. Foi um modo de afirmar a responsabilidade civil, sem necessidade de provar o lesado a conduta culposa do agente, mas sem repelir o pressuposto subjetivo da doutrina tradicional.

Diz Stoco, ainda, que: '(...) *Em determinadas circunstâncias é a lei que enuncia a presunção. Em outras, é a **elaboração jurisprudencial** que, partindo de uma ideia tipicamente assentada na culpa, inverte a situação impondo o dever ressarcitório, a não ser que o acusado demonstre que o dano foi causado pelo comportamento da própria vítima.*'

Pode-se afirmar ainda, que a impossibilidade de ciência sobre o infrator, não prejudica a ação a ser proposta, posto que **responderá aquele que assumiu o risco da atividade**."

Hoje, o direito reconhece a responsabilidade objetiva até mesmo quanto aos atos do Estado, em relação ao qual prevalecia, nos primórdios, a teoria de irresponsabilidade.

É o que se infere da norma disposta no art. 37, § 6º, da Lei Fundamental de 1988:

"As pessoas jurídicas de direito público e as de direito privado prestadoras de serviços públicos responderão pelos danos que seus agentes, nessa qualidade, causarem a terceiros, assegurado o direito de regresso contra o responsável nos casos de dolo ou culpa".

Ora, se isso ocorre com o Estado, com muito mais razão deve ocorrer com pessoas jurídicas de direito privado, sendo irrelevante que o empregador, no caso, seja uma entidade sem fins lucrativos, à luz do art. 2º, § 1º, da CLT.

Ligeira abordagem sobre a responsabilidade civil do Estado também servirá para melhor compreensão do tema.

Discorrendo, pois, a respeito do assunto, Kiyoshi Harada tece comentários sobre a evolução da matéria, no âmbito de nossas Constituições, em artigo publicado na *Internet* (Disponível em: <http://www.jus.com.br/>. Acesso em: 10 maio 2001):

"Verifica-se que pelas duas primeiras Cartas Políticas, a de 1824 e a de 1891, os funcionários públicos eram direta e exclusivamente responsáveis por prejuízos decorrentes de omissão ou abuso no exercício de seus cargos. O Estado **nenhuma** responsabilidade assumia perante terceiros prejudicados por atos de seus servidores. Imperava a teoria da irresponsabilidade do Estado por atos de seus servidores.

Na vigência das Constituições de 1934 e de 1937 passou a vigorar o princípio da **responsabilidade solidária**. O prejudicado podia mover a ação contra o Estado ou contra o servidor público, ou contra ambos, bem como, promover a execução de sentença contra ambos ou contra um deles, segundo o seu critério de conveniência e oportunidade.

A partir da Constituição Federal de 1946 adotou-se o princípio da **responsabilidade em ação regressiva**. Desapareceu a figura da responsabilidade direta do servidor ou da responsabilidade solidária; não há mais o litisconsórcio necessário. Com o advento do Código Civil, prevendo, expressamente, em seu art. 15, o princípio da regressividade, este acabou ganhando corpo na doutrina, refletindo na elaboração de textos constitucionais a partir da Carta Política de 1946, que adotou a teoria da **responsabilidade objetiva** do Estado.

Interessante notar que desde a Constituição de 1967 houve um **alargamento na responsabilização** das pessoas jurídicas de direito público por atos de seus servidores. É que houve a supressão da palavra *interno*, passando a abranger tanto as entidades políticas nacionais, como as estrangeiras.

Logo, entidades de direito público de potências estrangeiras, também, são responsáveis por atos de seus servidores, exceto nas hipóteses de aplicação do princípio da extraterritorialidade. É o princípio da territorialidade, que tem seu legítimo fundamento na soberania de cada Estado.

Esse alargamento acentuou-se na Constituição de 1988, que passou a estender a **responsabilidade civil objetiva** às pessoas jurídicas de direito privado, prestadoras de serviços públicos. Determinados serviços públicos, os não essenciais, ao contrário dos essenciais — como concernentes à administração da justiça, à segurança pública etc. — podem ter as respectivas execuções delegadas aos particulares. Com o advento do regime militar, na década de sessenta, inúmeras empresas estatais foram criadas com a missão precípua de executarem esses serviços públicos, sob o regime de concessão. Essas estatais, hoje, estão sendo privatizadas. Mas isso nenhuma alteração traz no que tange à responsabilidade civil dessas empresas prestadoras de serviços públicos. O que submete essas empresas ao regime da responsabilidade objetiva, previsto no Texto Magno, não é a natureza do capital, público, privado ou misto, mas, o fato de executar o serviço público. De fato, não seria justo, nem jurídico, submeter o terceiro, vítima da ação ou omissão do concessionário, à difícil tarefa de comprovar a culpa do agente só porque o Estado delegou ao particular a execução da obra ou do serviço. Por isso, as empresas concessionárias, permissionárias e autorizatárias de serviços públicos respondem objetivamente pelos danos causados por atos ou omissões de seus diretores, gerentes ou empregados.

Responsabilidade objetiva do Estado

A responsabilidade civil do Estado, por atos comissivos ou omissivos de seus agentes, é de **natureza objetiva**, isto é, **prescinde da comprovação de culpa**. Nesse particular, houve uma *evolução* da responsabilidade civilística, que não prescinde da culpa subjetiva do agente, para a responsabilidade pública, isto é, responsabilidade objetiva. Essa teoria é a única compatível com a posição do Poder Público ante os seus súditos, pois, o Estado dispõe de uma força infinitamente maior que o particular. Aquele, além de privilégios e prerrogativas que o cidadão não possui, dispõe de toda uma infraestrutura material e pessoal para a movimentação da máquina judiciária e de órgãos que devam atuar na apuração da verdade processual. Se colocasse o cidadão em posição de igualdade com o Estado, em uma relação jurídica processual, evidentemente, haveria um desequilíbrio de tal ordem que comprometeria a correta distribuição da justiça.

A doutrina da responsabilidade objetiva do Estado comporta exame sob o ângulo de **três teorias objetivas**: a teoria da culpa administrativa, a teoria do risco administrativo e a teoria do risco integral, conforme preleciona Hely Lopes Meirelles.

Pela **teoria da culpa administrativa** a obrigação de o Estado indenizar decorre **da ausência objetiva do serviço público** em si. Não se trata de culpa do agente público, mas de culpa especial do Poder Público, caracterizada pela falta de serviço público. Cabe à vítima comprovar a inexistência do serviço, seu mau funcionamento ou seu retardamento. Representa o estágio de transição entre a doutrina da responsabilidade civilística e a tese objetiva do risco administrativo.

Pela **teoria do risco administrativo** basta tão só o ato lesivo e injusto imputável à Administração Pública. Não se indaga da culpa do Poder Público mesmo porque ela é inferida do ato lesivo da Administração. Basta a comprovação pela vítima, do fato danoso e injusto decorrente de ação ou omissão do agente público.

Essa teoria, como o próprio nome está a indicar, é fundada no risco que o Estado gera para os administrados no cumprimento de suas finalidades que, em última análise, resume-se na obtenção do bem comum. Alguns membros da sociedade atingidos pela Administração Pública, no desempenho regular de suas missões, são ressarcidos pelo regime da **despesa pública**, isto é, a sociedade como um todo concorre para realização daquela despesa, representada pelo pagamento de tributos. Daí porque, pode-se afirmar, o risco e a solidariedade fundamentam essa doutrina, que vem sendo prestigiada, entre nós, desde a Carta Política de 1946. Ela se assenta exatamente na substituição da responsabilidade individual do agente público pela responsabilidade genérica da Administração Pública. Cumpre lembrar, entretanto, que a dispensa de comprovação de culpa da Administração pelo administrado não quer dizer que o Poder Público esteja proibido de comprovar a culpa total ou parcial da vítima para excluir ou atenuar a indenização.

Finalmente, pela **teoria do risco integral** a Administração responde invariavelmente pelo dano suportado por terceiro, ainda que decorrente de culpa exclusiva deste, ou, até mesmo de dolo. É a exacerbação da teoria do risco administrativo que conduz ao abuso e à iniquidade social, como bem lembrado por *Hely Lopes Meirelles* na obra retrocitada.

Essa teoria jamais vincou na doutrina e na jurisprudência e por isso mesmo nunca foi acolhida pelas diferentes Cartas Políticas de nosso país.

O sentido do § 6º do art. 37 da CF

Como já assinalamos, desde a Constituição de 1946 (art. 194) vem sendo adotada a teoria do risco administrativo, combinada com o princípio da ação regressiva. A Carta política de 1988 estendeu, acertadamente, a **responsabilidade objetiva** do Estado às pessoas jurídicas de direito privado, prestadoras de serviços públicos.

Outrossim, qualquer pessoa de direito público, nacional ou estrangeira, submeter-se-á ao preceito do § 6º do art. 37 da Carta Política.

O Estado responde objetivamente por dano causado por seu agente, em substituição à responsabilidade deste, **sem indagação de culpa**. E o ônus financeiro da assumpção dessa responsabilidade objetiva é suportado por toda a sociedade, que provê os cofres públicos por meio de tributos. Os tributos são pagos pelos cidadãos para propiciar ao Estado recursos financeiros necessários ao cumprimento de suas atribuições, inclusive para indenizar os danos por ele causados, a terceiros, no desempenho dessas atribuições. Daí a teoria do risco administrativo, que fundamenta toda a doutrina da responsabilidade objetiva do Estado.

O prejudicado pela ação estatal sempre terá o direito à indenização a ser pleiteada contra a Fazenda Pública ou contra a pessoa jurídica privada prestadora de serviço público a que pertencer o agente causador do dano. A ação nunca é dirigida contra o agente público ou de quem faz as suas vezes. Estes limitam-se a responder regressivamente em casos de dolo ou culpa.

Para a caracterização do direito à indenização segundo a doutrina da responsabilidade civil objetiva do Estado devem concorrer as seguintes condições:

a) A efetividade do **dano**. Deve existir concretamente o dano de natureza material ou moral suportado pela vítima. Como se sabe, a Constituição Federal de 1988 consagrou, expressamente, a **indenização por dano moral**, prescrevendo a inviolabilidade da intimidade, da honra e da imagem das pessoas (art. 5º, V).

b) O **nexo causal**. Deve haver nexo de causalidade, isto é, uma relação de causa e efeito entre a conduta do agente e o dano que se pretende reparar. Inexistindo o nexo causal, ainda que haja prejuízo sofrido pelo credor, não cabe cogitação de indenização. Por exemplo, empresa concessionária de transporte coletivo urbano de passageiros emprega um motorista não habilitado que, ao passar por uma ponte construída e mantida pelo DER vem a desabar. Os passageiros sofrem ferimentos, mas nenhuma responsabilidade cabe à empresa de ônibus, por que o dano não resultou daquela irregularidade de contratar motorista não habilitado.

c) Oficialidade da atividade causal e lesiva imputável ao agente do Poder Público. A responsabilidade civil objetiva do Estado, que é distinta da responsabilidade legal ou contratual, decorre da conduta comissiva ou omissiva de seu agente no desempenho de suas atribuições ou a pretexto de exercê-las. Indispensável que o agente pratique o ato no exercício da função pública ou a pretexto de exercê-la, sendo juridicamente irrelevante se o ato é praticado em caráter individual. Outrossim, já decidiu o Colendo STF que é irrelevante a questão da licitude ou não do comportamento funcional do agente que tenha incorrido em conduta omissiva ou comissiva, causadora do dano. Também, não tem, atualmente, menor relevância jurídica a distinção outrora feita entre atos de gestão e atos de império para excluir a responsabilidade do Estado em se tratando desses últimos. Essa divisão não se justifica, porque uno é o Estado, descabendo a ideia de duas pessoas distintas: uma civil e outra política. Aliás, quer o ato comissivo ou omissivo provenha do *jus imperii* ou do *jus gestionis* sempre será uma forma de atuação do Estado. Daí a irrelevância proclamada pela jurisprudência quanto a essa singular distinção doutrinária, que não se coaduna com o direito positivo.

d) **Ausência de causas excludentes**. A doutrina da responsabilidade objetiva adotada pela Carta Política está fundada na teoria do risco administrativo e não na teoria do risco integral. Por isso a responsabilidade do Estado não é absoluta. Ela cede na hipótese de *força maior* ou de *caso fortuito*. Da mesma forma, não haverá responsabilidade do Estado em havendo *culpa exclusiva da vítima*. No caso de culpa parcial da vítima impõe-se a redução da indenização devida pelo Estado.

Resumindo, o Estado sempre responderá objetivamente pelo dano causado ao administrado, por ação ou omissão de seus agentes, desde que **injustamente** causado.

Logo, essa responsabilização civil deve abranger o dano emergente e os lucros cessantes, conforme arts. 1059 a 1061 do Código Civil. Indeniza-se o credor do dano efetivamente verificado, isto é, a diminuição do patrimônio sofrido pelo credor, bem como a privação de um ganho que deixou de auferir ou de que foi privado o referido credor, em razão do comportamento comissivo ou omissivo do agente público ou daquele que faz as suas vezes.

Por isso o texto do art.1059 do CC refere-se às *perdas e danos* e ao que *razoavelmente deixou de lucrar*. Essa última expressão está a exigir bases seguras e fundadas para a indenização dos lucros cessantes. Não são indenizáveis os lucros imaginários, sob pena de propiciar locupletamento ilícito ao credor. Outrossim, a indenização deve abranger os juros moratórios, os honorários advocatícios arbitrados pelo juiz, bem como a atualização monetária, segundo pronunciamento pacífico de nossos tribunais.

Finalmente, a indenização **não** se limita aos danos materiais. Por expressa disposição do inciso V do art. 5º da Constituição Federal abrange os danos de natureza **moral**. A maior dificuldade quanto a esses últimos está na fixação do *quantum* da indenização à vista de ausências de normas para aferição objetiva desses danos. Entretanto, pouco a pouco, doutrina e jurisprudência estão construindo parâmetros adequados para esse tipo de indenização, levando-se em conta a gravidade do dano moral infringido, a formação da vítima, a quantificação do dano material e a situação patrimonial do ofensor, essa última inaplicável em relação ao Estado."

A jurisprudência do Supremo Tribunal Federal já vinha entendendo que "*a indenização acidentária não exclui a do direito comum em caso de dolo ou culpa grave do empregador*" (Súmula n. 229).

Em 1988, verificou-se mais um avanço no tratamento do tema, uma vez que a atual Constituição Federal consagrou, em seu art. 7º, XXVIII, que constitui direito dos trabalhadores:

"*seguro contra acidentes de trabalho, a cargo do empregador, sem excluir a indenização a que está obrigado, quando incorrer em dolo ou culpa*".

Merece, então, destaque a garantia da *acumulação* da indenização previdenciária com a indenização civil a cargo do empregador, "abrangendo as reparações por danos materiais e morais", como adverte Sebastião Geraldo de Oliveira (*op. cit.*, p. 290).

É evidente que esse direito, assegurado ao lado de tantos outros consagrados no art. 7º da Constituição da República, decorre da relação de emprego e pode ser reivindicado na Justiça do Trabalho, à luz do art. 114, da Carta Magna.

Sebastião Geraldo de Oliveira ensina que "foi ampliado o entendimento da Súmula n. 229/STF, que só deferia a indenização no caso de dolo ou culpa *grave*. Agora, havendo culpa do empregador, de qualquer grau, mesmo na culpa levíssima, o acidentado faz jus à reparação civil" (*op. cit.*, p. 183).

Ao discorrer sobre a culpa do empregador no acidente de trabalho e após demonstrar que os benefícios previdenciários são independentes da responsabilidade patronal, dado que, à luz do texto constitucional (art. 7º, XXVIII), são direitos distintos, de modo que uma indenização não exclui a outra, conclui o ilustre magistrado trabalhista mineiro:

"É importante registrar a tendência na doutrina e leis recentes de avançar para a culpa objetiva, mesmo no caso da responsabilidade civil. Por essa teoria basta a ocorrência do dano para gerar o direito à reparação. Isso já ocorre, por exemplo, nos danos nucleares, cuja responsabilidade civil independe de culpa, conforme disposição do art. 21, XXIII, *c*, da Constituição da República. Também o art. 225, § 3º, estabelece a obrigação de reparar os danos causados pelas atividades lesivas ao meio ambiente, sem cogitar da existência de dolo ou culpa. Aliás, o art. 14, § 1º, da Lei n. 6.938, de 31 de agosto de 1981, estabelece que '... é o poluidor obrigado, independentemente da existência de culpa, a indenizar ou reparar os danos causados ao meio ambiente e a terceiros, afetados por sua atividade'" (*op. cit.*, 187).

O ilustre doutrinador reporta-se, em nota de rodapé, às oportunas observações de Maria Helena Diniz, no sentido de que existe "um processo de *humanização* e *objetivação* da teoria da responsabilidade civil, sob a 'ideia de que todo risco deve ser garantido, visando a proteção jurídica à pessoa humana, **em particular aos trabalhadores** e às vítimas de acidentes, contra a insegurança material, e todo dano deve ter um responsável. A noção de risco prescinde da prova da culpa do lesante, contentando-se com a simples causação externa, bastando a prova de que o evento decorreu do exercício da atividade, para que o prejuízo por ela criado seja indenizado. Baseia-se no princípio do *ubi emolumentum, ibi us* (ou *ibi onus*), isto é, a pessoa que se aproveitar dos riscos ocasionados deverá arcar com suas consequências'. Cf. Curso de Direito Civil Brasileiro, 1994, v. 7, p. 10" (*in op. cit.*, p. 187, nota n. 60).

Como se sabe, as doenças ocupacionais, equiparadas a acidente do trabalho, subdividem-se em "doenças profissionais" e "doenças do trabalho". Nas primeiras, a doença está ligada à profissão do trabalhador, de modo que a presunção imediata é de que a sua causa está vinculada ao trabalho. As doenças do trabalho, porém, surgem em virtude das condições especiais em que o labor é executado, havendo, pois, necessidade da prova do nexo de causa e efeito para sua caracterização.

As chamadas Lesões por Esforços Repetitivos (LER), cuja incidência cresceu assustadoramente nos últimos anos, como uma epidemia, são doenças do trabalho.

Louvando-me, ainda, da obra de Sebastião Geraldo de Oliveira, registro que "LER é a denominação genérica que engloba todas as afecções que podem acometer tendões, sinóvias, músculos, fáscias, ligamentos e nervos, decorrentes do uso repetido de grupos musculares, uso forçado de grupos musculares ou manutenção de postura inadequada. As espécies de LER mais comuns e frequentes são as tenossinovites e as tendinites, sendo que aquelas são também conhecidas como 'doença do digitador', em razão da sua maior incidência nos trabalhadores que atuam na entrada de dados para processamento eletrônico. A alta repetitividade dos esforços praticados pelo digitador, frequentemente, provoca inflamação da bainha que envolve e mantém lubrificados, pelo líquido sinovial, os tendões dos músculos do punho, na mão e no dorso da mão" (*op. cit.*, p. 172-173).

De Oliveira, também, este alerta:

"O avanço significativo da LER incentivou os profissionais das categorias mais expostas, bem como empresários e autoridades na busca das soluções e das estratégias de prevenção. Os especialistas garantem que o tratamento eficaz deve estar estruturado em três pilares básicos: o diagnóstico clínico, o diagnóstico psicológico e o diagnóstico organizacional. Assevera *Maria Celeste Almeida* que o diagnóstico correto, efetivo, só pode ser realizado levando em consideração esse tripé" (*op. cit.*, p. 175).

De certa forma, a legislação brasileira oferece alguma solução para o enfrentamento da matéria. Por exemplo, a NR-17 da Portaria n. 3.214/78, alterada pela Portaria n. 3.751, de 23.11.1990, determina que sejam estabelecidos parâmetros que permitam a adaptação das condições de trabalho às características psicofisiológicas dos trabalhadores, de modo a proporcionar um máximo de conforto, segurança e desempenho eficiente.

Por outro lado, cabe ao empregador fazer a análise ergonômica do trabalho, que abrange, como anota Sebastião Geraldo de Oliveira, "levantamento, transporte e descarga individual de materiais; mobiliários e equipamentos dos postos de trabalho; condições ambientais do trabalho e organização do trabalho".

Por isso, o Tribunal de Alçada de Minas Gerais concluiu que "age com culpa o empregador, ante a inobservância das normas regulamentadoras da atividade laborativa, respondendo civilmente na hipótese de doença profissional conhecida como tenossinovite, adquirida pelo empregado, sendo devida a indenização a partir da data em que iniciou o tratamento médico" (7ª Câmara Civil, Apelação Cível n. 166.096-0, Relator: Juiz José Brandão, AC de 18.11.1993, Revista de Julgados do TAMG, Belo Horizonte, v. 53, p. 174, out./dez.-1993, cf. Sebastião Oliveira, *op. cit.*, p. 176 e nota n. 24).

A indenização por dano moral constitui direito previsto, atualmente, no art. 5º, X, da Constituição da República, segundo o qual "são invioláveis a intimidade, a vida privada, a honra e a imagem das pessoas, assegurado o direito à indenização por dano material ou moral decorrente de sua violação".

No âmbito do direito do trabalho, contudo, já havia previsão expressa do tema na letra dos arts. 482, alíneas *j* e *k*, e 483, alínea *e*, da CLT, que podem funcionar como causas da ruptura do vínculo empregatício, de modo direto ou indireto ou, ainda, por culpa recíproca (art. 484, da CLT).

Estamos diante de motivo relacionado à saúde do trabalhador, cuja proteção jurídica é indiscutível. O dano, porventura causado a esse patrimônio, merece ser reparado.

A reparação do dano moral, nos dias atuais, ganhou um perfil peculiar. De fato, "na medida do progresso da civilização e do aprimoramento da dignidade da pessoa humana, não se pode mais ignorar a repercussão ou abalo moral dos atos ilícitos, que para muitos tem maior relevo do que o prejuízo material", como assinala Sebastião Oliveira (*op. cit.*, p. 189).

Para Roberto Ferreira — citado por Oliveira —, "os bens morais consistem no equilíbrio psicológico, no bem-estar, na normalidade da vida, na reputação, na liberdade, no relacionamento social, e a sua danificação resulta em desequilíbrio psicológico, desânimo, dor, medo, angústia, abatimento, baixa da consideração à pessoa, dificuldade de relacionamento social" (*op. cit.*, p. 190-191).

E Aguiar Dias, citando Minozzi, adverte que o dano moral "não é o dinheiro nem coisa comercialmente reduzida a dinheiro, mas a dor, o espanto, a emoção, a vergonha, a injúria física ou moral, em geral uma dolorosa sensação experimentada pela pessoa, atribuída à palavra dor o mais largo significado" (cf. Oliveira, *op. cit.*, p. 191).

A doença ocupacional, equiparada a acidente de trabalho, pode provocar danos materiais e morais, conforme o magistério de Sebastião Geraldo de Oliveira:

> "Não há dúvida de que a condenação por dano moral tem inteira pertinência nas hipóteses de acidentes do trabalho ou doenças ocupacionais, causadas por dolo ou culpa do empregador. A postulação reiterada dessa indenização, cumulada com o dano material já estudado, acabará por despertar no empregador negligente maior preocupação com a vida e a saúde dos trabalhadores, uma vez que as consequências financeiras poderão atingir cifras consideráveis".

Entendo que a responsabilidade independe do elemento subjetivo, dado que se trata de *culpa presumida*, porque objetiva, como vimos.

Atualmente, o Código Civil de 2002 dispõe:

"Art. 927. Aquele que, por ato ilícito (arts. 186 e 187), causar dano a outrem, fica obrigado a repará-lo.

Parágrafo único. Haverá obrigação de reparar o dano, independentemente de culpa, nos casos especificados em lei, ou quando a atividade normalmente desenvolvida pelo autor do dano implicar, por sua natureza, risco para os direitos de outrem.

Art. 949. No caso de lesão ou outra ofensa à saúde, o ofensor indenizará o ofendido das despesas do tratamento e dos lucros cessantes até ao fim da convalescença, além de algum outro prejuízo que o ofendido prove haver sofrido.

Art. 950. Se da ofensa resultar defeito pelo qual o ofendido não possa exercer o seu ofício ou profissão, ou se lhe diminua a capacidade de trabalho, a indenização, além das despesas do tratamento e lucros cessantes até ao fim da convalescença, incluirá pensão correspondente à importância do trabalho para que se inabilitou, ou da depreciação que ele sofreu.

Parágrafo único. O prejudicado, se preferir, poderá exigir que a indenização seja arbitrada e paga de uma só vez."

Por outro lado, o ônus *da prova* dos fatos excludentes incumbe à empresa demandada, e não ao trabalhador demandante.

A proteção jurídica da saúde e da dignidade do trabalhador, que tem respaldo constitucional, uma vez provado que a doença ocupacional (*verbi gratia*, a LER/DORT) decorre do exercício da atividade laboral, assegura o direito à indenização por danos morais, considerando, em última análise, a dor sofrida pela demandante, resultante dos abalos daí decorrentes.

Em meu livro "*Em Defesa da Justiça do Trabalho e Outros Estudos*", São Paulo: LTr, 2001, discorro sobre tema semelhante, no tópico intitulado "*Meio Ambiente do Trabalho*" (p. 438-490).[34]

É oportuno consignar que, em outra ocasião, apreciei pedido de indenização por danos morais, quando entendi que a responsabilidade patronal é *objetiva*. Tratava-se de caso de doença ocupacional (LER/DORT), em reclamação trabalhista.

Em síntese, adotei a tese de que a doença ocupacional, resultante de lesões por esforços repetitivos (LER) ou distúrbios osteomusculares relacionados ao trabalho (DORT), é capaz de justificar o direito a indenização por danos morais, na Justiça do Trabalho, sem prejuízo da indenização previdenciária, à luz da teoria da responsabilidade patronal objetiva, dado que o empregador assume os riscos da atividade econômica e o ônus da prova de causas excludentes da culpa presumida.[35]

A demandante alegara que havia trabalhado durante longo tempo em serviço de digitação, sem que a reclamada tivesse tomado as devidas precauções quanto à organização de um ambiente de trabalho que atendesse às medidas de proteção à saúde dos trabalhadores, o que trouxe sérias e danosas consequências à sua condição física.

O *princípio da cooperação* expressa a ideia de que para a resolução dos problemas do ambiente deve ser dada especial ênfase à cooperação entre o Estado e a sociedade, mediante a participação dos diferentes grupos sociais na formulação e execução da política do ambiente.

5 MEIO AMBIENTE DO TRABALHO. ABRANGÊNCIA DO TEMA

Conforme Sebastião Geraldo de Oliveira[36], "o marco histórico da maior relevância na análise da relação trabalho-saúde remonta ao lançamento do livro *De Morbis Artificum Diatriba*, no ano de 1700, pelo médico italiano *Bernardino Ramazzini*, cujas lições, preciosas para a época, permaneceram como o texto básico da medicina preventiva por quase dois séculos".

Era preciso, entretanto, progredir do simples *atendimento médico* para a *higiene ocupacional*, depois para a *ergonomia*, posteriormente para os programas de *saúde ocupacional* até chegar à etapa de valorização da *saúde do trabalhador*, que prega a filosofia do meio ambiente saudável e equilibrado.

O próprio direito ambiental evoluiu da simples proteção à paisagem, à flora e à fauna para a ecologia, com a proteção do ar, da água e do ruído, até a edição, como ocorre atualmente, de normas mais abrangentes sobre o tema.

Hoje, o conceito de *saúde* é bastante amplo. É um estado de completo bem-estar físico, mental e social, e não somente a ausência de doença ou enfermidade.

O termo "saúde", com relação ao *trabalho*, "abrange não só a ausência de afecções ou de doenças, mas também os elementos físicos e mentais que afetam a saúde e estão diretamente relacionados com a segurança

---

(34) Artigo também publicado na Revista n. 65, do TRT-8ª Região, julho-dezembro/2000. p. 55-98.
(35) V. Acórdão n. TRT/2ª T. RO n. 978/2001, julgado em 16.5.2001 e publicado no DOE/PA, em 18.5.2001, do qual fui prolator. Esse Acórdão consta publicado, na íntegra, na Revista n. 67 do TRT-8ª Região, julho-dezembro/2001. p. 263-288.
(36) OLIVEIRA, Sebastião Geraldo de. *Proteção jurídica à saúde do trabalhador*. São Paulo: LTr, 1996. p. 286.

e higiene no trabalho", segundo o art. 3º, alínea *e*, da Convenção n. 155, da Organização Internacional do Trabalho, que trata da Segurança e Saúde dos Trabalhadores e o Meio Ambiente de Trabalho[37].

A mesma Convenção estabelece que os Estados deverão adotar uma "política nacional coerente em matéria de segurança e saúde dos trabalhadores e o meio ambiente de trabalho"[38]. Essa política terá como objetivo "*prevenir* os acidentes e os danos à saúde que forem consequência do trabalho, tenham relação com a atividade de trabalho, ou se apresentarem durante o trabalho, reduzindo ao mínimo, na medida que for razoável e possível, as *causas* dos riscos inerentes ao meio ambiente de trabalho"[39]. Para tanto, a *cooperação* entre os empregadores e os trabalhadores ou seus representantes na empresa constitui um elemento essencial das medidas preconizadas na Convenção n. 155 da OIT, as quais não deverão implicar nenhum ônus financeiro para os operários[40].

A Convenção n. 161 da OIT[41] recomenda a instituição de Serviços de Saúde no Trabalho, investidos de funções essencialmente *preventivas* e encarregados de aconselhar o empregador, os trabalhadores e seus representantes na empresa, sobre "os requisitos necessários para estabelecer e manter um ambiente de trabalho seguro e salubre, de molde a favorecer uma saúde física e mental ótima em relação com o trabalho; e a adaptação do trabalho às capacidades dos trabalhadores, levando em conta seu estado de sanidade física e mental" (art. 1º, I e II).

Já a Convenção n. 148 da OIT[42] reza que os trabalhadores ou seus representantes terão direito a apresentar propostas, receber informações e orientação, e a recorrer a instâncias apropriadas, a fim de assegurar a *proteção* contra riscos profissionais devidos à contaminação do ar, ao ruído e às vibrações no local de trabalho (art. 7º, item 2).

O direito positivo vem acolhendo o conceito moderno de saúde. É o trabalho que se deve adaptar ao homem e não o homem ao trabalho (*ergonomia*).

Assim, o objetivo principal é eliminar os riscos profissionais na origem, ao invés de tentar neutralizá-lo por meio de equipamentos de proteção.

Da mesma forma, devem ser criticados os adicionais de insalubridade, periculosidade ou penosidade, eis que a saúde não tem preço. Por isso, na impossibilidade de eliminar o risco ou o agente agressivo, deve ser implantada a política de reduzir a jornada de trabalho, sem prejuízo do salário integral.

O critério, estabelecido pela legislação brasileira — talvez único no mundo —, de estipular adicionais de remuneração para trabalhos periculosos, insalubres ou penosos, representa uma condenável "*monetarização do risco*" ou "*mercantilização da saúde do trabalhador*". Basta ver que o art. 60 da CLT permite a realização de sobrejornada em locais insalubres.

Por outro lado, a possibilidade da prática de "*horas extras habituais*" constitui um paradoxo, porque consagra aquilo que deveria ser rigorosamente excepcional, além de comprometer a saúde do trabalhador e contribuir para o índice de desemprego.

Há outros equívocos na legislação nacional. Por exemplo, o *adicional de insalubridade*, segundo o art. 192 da CLT, deveria ser calculado sobre o *salário mínimo*, o que transparece ilógico e insustentável.

O Tribunal Regional do Trabalho da 8ª Região, em sua composição plenária, aprovou, na sessão de 17 de fevereiro de 2011, o **Enunciado n. 12** da Súmula da Jurisprudência predominante desta Corte Regional Trabalhista, conforme os termos do v. **Acórdão TRT-8ª/PL/IUJ n. 2.371-41.2010.5.8.0000**, de minha lavra,

---
(37) Aprovada pelo Decreto Legislativo n. 2, de 17.3.1992, e promulgada pelo Decreto n. 1.254, de 29.9.1994.
(38) Convenção n. 155 da OIT (art. 4º, item 1).
(39) Convenção n. 155 da OIT (art. 4º, item 2).
(40) Convenção n. 155 da OIT (arts. 20 e 21).
(41) Aprovada pelo Decreto Legislativo n. 86, de 14.12.1989, e promulgada pelo Decreto n. 127, de 22.5.1991.
(42) Aprovada pelo Decreto Legislativo n. 56, de 9.10.1981, e promulgada pelo Decreto n. 93.413, de 15.10.1986.

publicado no Diário Eletrônico da Justiça do Trabalho n. 676/2011, divulgado em 23.2.2011, p. 1, com a seguinte redação:

> "**ADICIONAL DE INSALUBRIDADE. BASE DE CÁLCULO. A base de cálculo do adicional de insalubridade é o salário contratual ou normativo, fixado pelas partes, conforme o disposto no art. 7º, IV, da Constituição da República, que veda a vinculação ao salário mínimo.**"

Outra norma equivocada é a disposta no art. 193, § 2º, da CLT. O preceito consolidado, sem nenhum respaldo biológico, lógico ou jurídico, veda a percepção *cumulativa* de adicionais de risco, ainda que presentes diversos agentes prejudiciais no local de trabalho. Ora, a lei, no particular, beneficia o infrator e prejudica o trabalhador submetido a mais de um agente agressivo, além de contrariar as Convenções 148 (art. 8º, item 3) e 155 (art. 11, alínea *b*) da OIT, ambas em vigor no Brasil, as quais determinam que, na fixação dos limites de tolerância, a exposição simultânea seja considerada.

Ultimamente, temos visto crescer em muitos setores da sociedade a preocupação com os inúmeros acidentes do trabalho que vitimam nossos trabalhadores, principalmente pelas consequências desastrosas que impõem ao acidentado, à sua família e à sociedade como um todo, inclusive com reflexos econômicos à nação.

Com o desenvolvimento da temática ambiental, também tem aumentado a conscientização da existência de um verdadeiro *meio ambiente do trabalho*, de maneira que, se este não for saudável, poderá trazer problemas graves aos trabalhadores.

Isso vem gerando uma nova forma de *proteção* ao labor. O direito ao trabalho saudável. "Não basta proteger o trabalho como atividade, é preciso implementar as medidas para preservar e conservar aquele que produz todo trabalho: o homem", segundo a recomendação adequada de Sebastião Geraldo de Oliveira[43].

A questão ambiental é preocupação de todos os povos civilizados. O desenvolvimento econômico e social não pode ser realizado em detrimento dos *recursos naturais* e da perda da *qualidade de vida*, ao ponto de pôr em risco a própria sobrevivência humana e do planeta.

A dimensão do problema pode ser avaliada por fenômenos do cotidiano, como a contaminação das águas, o uso imoderado de agrotóxicos, a transformação de rios em corredores de esgotos a céu aberto, as chuvas ácidas, a destruição da vegetação natural, a desertificação de grandes regiões desmatadas, os altos índices de desemprego, o crescimento da criminalidade, a exclusão de seres humanos, o aumento dos cinturões de miséria, a falta de acesso à educação e à saúde, a fome, a banalização para mortes humanas, enfim, tantos e tantos horrores que revelam a ineficácia de mecanismos jurídicos, principalmente aqueles destinados a *evitar* a degradação ambiental.

Afinal de contas, temos que reconhecer a limitação jurídica para atender às demandas ambientais. De fato, parece que a ciência jurídica é impotente para garantir a *preservação* do meio ambiente.

Não há dúvida de que é necessário repensar o modelo jurídico, a partir da necessidade de uma visão moderna e interdisciplinar, dentro de um contexto mais amplo do conhecimento humano, que não pode prescindir de sua estrita relação com o universo do direito, até porque as suas fontes materiais alimentam-se da própria realidade.

O meio ambiente tem sido considerado como algo à parte das relações humanas. Não raro, confunde-se apenas com uma fonte aparentemente inesgotável de *recursos naturais*. Essa ideia norteou a construção de um modelo de desenvolvimento abstraído de qualquer preocupação com os efeitos gerados dos seus processos.

---

(43) OLIVEIRA, Sebastião Geraldo de. *Proteção jurídica* à *saúde do trabalhador*. São Paulo: LTr, 1996. p. 285.

Não obstante o *progresso* verificado na civilização humana, mais de um bilhão de pessoas ainda vivem em regime de extrema pobreza, sem acesso adequado aos recursos oferecidos aos mais privilegiados (educação, saúde, infraestrutura, terra e crédito), ou seja, sem direito a uma vida digna.

O papel fundamental do desenvolvimento é propiciar oportunidades para que esses excluídos possam concretizar o seu potencial.

O componente social do meio ambiente é de vital importância para a sobrevivência. O sistema natural e sua preservação não podem ser estudados apenas sob a ótica das ciências naturais, mas também das ciências sociais e humanas. O novo paradigma tecnológico e econômico requer uma profunda revisão na ordem econômica e social.

Necessário, pois, repensar os princípios básicos da economia, no trato das relações entre o homem e a natureza. Cabe ao direito, então, regular e orientar as relações sociais na preservação da natureza, pois os processos de produção e desenvolvimento estão diretamente relacionados com os recursos naturais.

O conceito de meio ambiente era restrito ao estudo dos *recursos naturais.*

Após a Conferência sobre o Meio Ambiente e Desenvolvimento (Rio-92), o ***fator humano*** passou a integrar o contexto ambiental, uma vez que esta problemática está diretamente relacionada com a pobreza, o urbanismo, a saúde e outras questões de vital interesse da sociedade, conforme, aliás, consta da "Agenda 21", síntese das diretrizes, aprovadas naquele conclave internacional, para o século que se avizinha.

O meio ambiente, segundo a Constituição Federal de 1988, compreende os aspectos físico ou natural, cultural, artificial e *do trabalho.*

Meio ambiente físico ou natural é constituído pela flora, fauna, solo, água, atmosfera e todos os demais elementos naturais responsáveis pelo equilíbrio dinâmico entre os seres vivos e o meio em que vivem, inclusive os ecossistemas (art. 225, *caput*, § 1º, I a VII).

Meio ambiente cultural é aquele composto pelo patrimônio histórico, artístico, arqueológico, paisagístico, turístico, científico e pelas sínteses culturais que integram o universo das práticas sociais das relações de intercâmbio entre homem e natureza (arts. 215 e 216).

Meio ambiente artificial é o constituído pelo conjunto de edificações, equipamentos, rodovias e demais elementos que formam o espaço urbano construído (arts. 21, XX, 182 e segs., e 225).

Meio ambiente do trabalho é o conjunto de condições existentes no local de trabalho relativas à qualidade de vida do trabalhador; ou, ainda, é o integrado pelo conjunto de bens, instrumentos e meios, de natureza material e imaterial, em face dos quais o ser humano exerce as atividades laborais (arts. 7º, XXXIII, e 200, VIII).

Podemos, ainda, conceituar ***meio ambiente do trabalho*** como o conjunto de fatores físicos, climáticos ou qualquer outro que, interligados, ou não, estão presentes e envolvem o local de trabalho da pessoa.

Assim, o ***homem*** é parte integrante do meio ambiente, na busca do desenvolvimento sustentável desejado pela nova ordem ambiental.

Por isso, o ***meio ambiente do trabalho*** deve ser necessariamente incluído na conceituação ampla e moderna do conceito de *meio ambiente.*

O *trabalho humano*, então, deve ser considerado como **bem** sujeito à **proteção do direito**, a fim de que o trabalhador possa usufruir de uma melhor *qualidade de vida.*

Ao dispor sobre os ***direitos sociais***, a Constituição da República estabelece que deve ser assegurada aos trabalhadores a redução dos riscos inerentes ao trabalho, por meio de normas de saúde, higiene e segurança (art. 7º, XXII), e determinou que no sistema de saúde o ***meio ambiente do trabalho*** deve ser protegido (art. 200, VIII).

Isso revela que a matéria referente ao meio ambiente do trabalho transcende à questão de *saúde* dos próprios trabalhadores, dado que o tema é de interesse de toda a sociedade.

No plano da legislação infraconstitucional, podemos mencionar a Consolidação das Leis do Trabalho (CLT), que trata da segurança e saúde do trabalhador nos arts. 154 e seguintes e no Título III (Normas Especiais de Tutela do Trabalho), diversas Portarias do Ministério do Trabalho, particularmente a Portaria n. 3.214/78, e a Lei Orgânica da Saúde (Lei n. 8.080, de 19.9.1990, que trata do Sistema Único de Saúde — SUS).

Merecem destaque o Programa de Controle Médico e de Saúde Ocupacional e o Programa de Prevenção de Riscos Ambientais, bem como as Comissões Internas de Prevenção de Acidentes — CIPAs (art. 163, da CLT). São mecanismos que visam à preservação da qualidade ambiental do local de trabalho.

O direito à saúde do trabalhador no meio ambiente de trabalho foi também assegurado em Constituições Estaduais. A Constituição do Estado do Amazonas, por exemplo, estabelece que "todos têm direito ao meio ambiente equilibrado, essencial à sadia qualidade de vida, impondo-se ao Poder Público e à coletividade o dever de defendê-lo e preservá-lo, e estende esse direito ao ambiente de trabalho, ficando o Poder Público obrigado a garantir essa condição contra qualquer ação nociva à saúde física e mental"[44].

Como se vê, o **meio ambiente do trabalho** é um *direito transindividual*, porque garantia de todo trabalhador, sem qualquer discriminação. Desse modo, constitui uma obrigação social do Estado, dado o seu interesse difuso ou coletivo, quando se tratar de determinado grupo de trabalhadores.

6 PROTEÇÃO JURÍDICA

O tema é complexo demais e exige reflexões multidisciplinares. Dados impressionantes nos mostram a premente necessidade de proteção do meio ambiente. Basta ver que ocorre a destruição de 21 hectares de florestas tropicais a cada minuto; a transformação de 685 hortas produtivas em deserto a cada hora; e o nascimento de 230.000 pessoas por dia[45].

A constitucionalização da matéria (arts. 225 e seguintes da Constituição Federal) implicou a impossibilidade de o Estado privatizar o meio ambiente, o que significa que não pode transferir somente para a iniciativa privada a responsabilidade pela sua preservação e conservação.

No campo jurídico, a discussão ainda é incipiente. Em nosso país, onde se encontra a maior floresta tropical do mundo, certamente, muitas ações e iniciativas deverão ser tomadas para a evolução da possibilidade de tributação relacionada ao meio ambiente.

Por outro lado, faz-se necessário destacar que não se trata apenas da visão simplista escancarada no chamado princípio do *"poluidor-pagador"* (quem poluiu, deve pagar), mas, sim, de uma ideia evoluída em relação a esse princípio.

A busca do equilíbrio entre o desenvolvimento econômico e o meio ambiente passa, necessariamente, por uma série de *ações preventivas* do direito.

Constituem exemplos de *procedimentos preventivos*:

Estudo Prévio de Impacto Ambiental (EPIA), um dos instrumentos mais importantes da Política Nacional de Meio Ambiente, exigido na instalação de obra ou atividade potencialmente causadora de signifi-

---

(44) Capítulo XI — art. 229, *caput* e § 2º, cf. ROCHA, Julio Cesar de Sá da. *Direito ambiental e meio ambiente do trabalho — dano, prevenção e proteção jurídica*. São Paulo: LTr, 1997. p. 40.
(45) WEIL, Pierre. *Apud* A Global Awareness in Actions Inc. Anse St.-Jean — Quebec, Gov. IJO — in: Organizações e Tecnologias para o Terceiro Milênio (cf. Gonzaga Adolfo, in *Direito e meio ambiente*, extraído da home page *Jus Navigandi*, na *Internet*: <http://www.jus.com.br>).

cativa degradação do meio ambiente (Lei n. 6.938/81, art. 9º, III), a fim de assegurar a qualidade ambiental, garantia de efetividade de um meio ambiente ecologicamente equilibrado (art. 225, § 1º, IV, da Constituição);

Licenciamento Ambiental, ato administrativo pelo qual o Poder Público, ao verificar o atendimento das exigências legais pelo interessado, faculta-lhe o desempenho das atividades (Lei n. 6.938/81, art. 10), podendo haver a *Licença Prévia* (LP), a *Licença de Instalação* (LI) e a *Licença de Operação* (LO), segundo o Decreto n. 88.351/83;

Direito à Informação, que o Poder Público é obrigado a produzi-la (Lei n. 6.938/81, art. 9º, XI) e a empresa tem o dever de prestar, especialmente sobre os riscos da operação a executar e do produto a manipular (Lei n. 8.213/91, art. 19, § 3º), bem como comunicar ao operário sobre o resultado dos *exames médicos* (admissional, periódico e demissional), consoante o art. 168, § 5º, da CLT, sendo também importantes as informações sobre a atuação das *Comissões Internas de Prevenção de Acidentes* (CIPAs);

Auditorias Ambientais, facultativas ou obrigatórias, recentemente implantadas em alguns Estados brasileiros[46], incumbidas de realizar estudo posterior ao EPIA, a fim de avaliar se as orientações contidas no Estudo Prévio estão sendo observadas e se o controle ambiental está sendo eficiente, mediante estudos, avaliações ou exames periciais.

Como vimos, o direito ambiental é relativo às regras jurídicas que concernem à natureza, à poluição e danos aos sítios, monumentos e paisagens e aos recursos naturais. O direito ambiental, portanto, não só se apropria dos setores que, até então, não constituíam objeto de qualquer ramo do direito, nem estavam ligados a qualquer disciplina jurídica determinada (poluição, degradação, monumentos históricos etc.), mas se utiliza, também, dos setores já constituídos em corpos jurídicos mais ou menos homogêneos, como o direito florestal, por exemplo[47]. O mesmo fenômeno ocorre no *direito ambiental do trabalho*.

Destaca-se, no direito ambiental, o *princípio da prevenção*, que busca evitar o dano ou perigo ao meio ambiente, uma vez que, em muitos casos, os acidentes ecológicos terão consequências irreparáveis.

O problema da *tutela do meio ambiente* se manifesta a partir do momento em que sua degradação passa a ameaçar não só o bem-estar, mas a qualidade da vida humana, se não a própria sobrevivência do ser humano.

Lembra Sebastião Geraldo de Oliveira[48] que "os litígios que tradicionalmente eram analisados na ótica individualista, caso a caso, passaram a despertar interesse nos aspectos globais, envolvendo toda uma coletividade". Reportando-se a Milton Flaks, acentua que, "convertida a sociedade civil em 'sociedade de massa', defrontaram-se os juristas e legisladores com o desafio da 'massificação dos litígios', na medida em que uma única e mesma conduta ilícita poderia lesar direitos ou interesses de centenas e até milhares de indivíduos"[49].

Por isso, "a orientação diretora das reformas processuais deste final de século aponta para a universalização da tutela jurisdicional e a consequente criação de instrumentos modernos, hábeis para solucionar os conflitos resultantes dos interesses difusos, coletivos ou individuais homogêneos", diz, ainda, Sebastião Geraldo de Oliveira[50]. "Para lograr êxito nessas mudanças", — conclui o mesmo autor, com amparo no magistério de Ada Pellegrini Grinover — "era preciso adaptar os esquemas de um processo individualista,

---

(46) Rio de Janeiro (art. 258, § 1º, IX, da Constituição do Estado, e Lei Estadual n. 1.898/91), São Paulo (art. 193, IV, da Constituição do Estado) e Espírito Santo (Lei Estadual n. 4.802/93), cf. ROCHA, Julio Cesar de Sá da. *Direito ambiental e meio ambiente do trabalho — dano, prevenção e proteção jurídica*. São Paulo: LTr, 1997. p. 60-61.
(47) SILVA, José Afonso da. *Op. cit.*, p. 22.
(48) OLIVEIRA, Sebastião Geraldo de. *Proteção jurídica à saúde do trabalhador*. São Paulo: LTr, 1996. p. 279.
(49) *Idem*, p. 279 (*Apud* FLAKS, Milton. Instrumentos processuais de defesa coletiva. *Revista de Direito Administrativo*, v. 190. p. 61, 1992).
(50) *Idem*, p. 279.

pensado apenas para acudir aos conflitos de interesses intraindividuais, às exigências de uma sociedade em transformação, em que surgem, a cada passo, interesses e conflitos de massa, igualmente dignos de tutela jurisdicional"[51].

Na análise percuciente de Kazuo Watanabe, "a mudança significa passar dos conflitos fragmentados, ou 'demandas-átomo', para alcançar os conflitos coletivos numa dimensão molecular"[52].

A tutela do meio ambiente poderá se verificar extrajudicialmente ou judicialmente. As políticas desenvolvidas pelo Poder Público e pela sociedade civil organizada são essenciais para a proteção do meio ambiente. No âmbito judicial pode ser pleiteada a tutela preventiva e a reparatória. Em regra, apenas esta última tem sido implementada. Nesse particular, deve ser ressaltada a importância da ação civil pública.

7 UMA REFLEXÃO FINAL

Muito embora a abordagem deste trabalho tenha sido centrada nas atividades que envolvem o ambiente de trabalho nas empresas privadas, creio ser razoável refletir sobre as condições de labor dos servidores e magistrados da Justiça do Trabalho, quando menos a título de autocrítica sobre um tema tão importante.

Com mais de quarenta anos de magistratura trabalhista, posso dizer que a qualidade de vida dos juízes e funcionários do Poder Judiciário é bastante sacrificada, não só em virtude do volume de processos como também em razão dos métodos adotados na administração da justiça, deveras arcaicos e inadequados, não raro como decorrência de uma legislação processual que carece de modernização.

Por isso, alguns tópicos do excelente livro de Sebastião Geraldo de Oliveira[53] transparecem conselhos que devemos, se possível, obedecer:

"As pesquisas recentes, especialmente das cronobiologia, comprovam os *malefícios do trabalho noturno*, que agride os ritmos circadianos[54] do trabalhador, deixando-o vulnerável a várias doenças. Com revezamento ou não, o desgaste de seis horas de trabalho noturno equivale a oito horas de atividade diurna, razão pela qual a redução prevista no art. 7º, XIV, da Constituição da República, deveria ser estendida a qualquer trabalho noturno.

A recomendação dos médicos de algumas empresas para que o trabalhador noturno continue dormindo durante o dia, mesmo nos feriados, finais de semana e por ocasião das férias, representa a coisificação do homem, com desprezo pelos valores afetivos dos laços familiares e da convivência em sociedade, reduzindo o empregado a uma máquina bruta que produz e consome.

(...) O *estresse* como fato anormal nas relações trabalhistas vem despertando o legislador em diversos países para a fixação das regras de conduta adequadas, de modo a garantir o ambiente de trabalho psicologicamente sadio, mormente porque o bem-estar mental integra o conceito moderno de saúde".

---

(51) *Op. cit.*, p. 279 (cf. GRINOVER, Ada Pellegrini. O acesso à Justiça no ano 2000. *In*: MARINONI, Luiz Guilherme (org.). *O processo civil contemporâneo*. Curitiba: Juruá, 1994. p. 38).
(52) OLIVEIRA, Sebastião Geraldo de. *Op. cit.*, p. 279 (cf. GRINOVER, Ada Pellegrini *et al. Código Brasileiro de Defesa do Consumidor: comentado pelos autores do anteprojeto*. Rio de Janeiro: Forense Universitária, 1992. p. 498).
(53) OLIVEIRA, Sebastião Geraldo de. *Proteção jurídica à saúde do trabalhador*. São Paulo: LTr, 1996. p. 289.
(54) Ritmo *circadiano* significa "a sincronia corporal ao ciclo diário de 24 horas, com a adaptação orgânica dos variados fatores externos, como as sensações de claro-escuro, a noção de tempo, a adaptação ao ritmo da estrutura familiar e das exigências sociais" (Cf. MACIEL JÚNIOR, Vicente de Paula. *Proteção Jurídica à Saúde do Trabalhador. In: Fundamentos do direito do trabalho*. São Paulo: LTr, 2000, obra coletiva intitulada *Estudos em homenagem ao Ministro Milton de Moura França*, coord. p/Francisco Alberto da Motta Peixoto Giordani, Melchíades Rodrigues Martins e Tarcio José Vidotti, p. 685).

8 CONCLUSÕES

8.1. — *Visão holística*: o estudo do direito ambiental não pode prescindir do auxílio de outras ciências.

8.2. — *Conceito jurídico*: o meio ambiente é entendido pelo direito como um **bem jurídico**.

8.3. — *Natureza jurídica*: enquanto relação jurídica, o meio ambiente se estruturou na categoria de *interesses difusos*.

8.4. — Ética *ambiental*: o direito ambiental traz um novo conceito de comportamento: a necessidade de solidariedade como um instituto jurídico norteador, um princípio ético que abstrai a reciprocidade, já que a responsabilidade dos atos ocorre não apenas com as gerações presentes, mas, principalmente, com as futuras.

8.5. — *Desafio cultural*: o meio ambiente representa um desafio cultural para a moral contemporânea, pois deve justificar um marco moral, de comportamento, que pode ser compartido por pessoas de concepções diferentes, notadamente em uma época de fragmentação, como a atual.

8.6. — *Dignidade e cidadania*: o equilíbrio do meio ambiente laboral, a qualidade de vida do trabalhador e a sua saúde são pressupostos de uma vida com dignidade e expressão de cidadania.

8.7. — *Princípio da prevenção*: destaca-se, no direito ambiental, o *princípio da prevenção*, que busca evitar o dano ou perigo ao meio ambiente, uma vez que, em muitos casos, os acidentes ecológicos terão consequências irreparáveis.

8.8. — *Procedimentos preventivos*: Estudo Prévio de Impacto Ambiental (EPIA), Licenciamento Ambiental, Direito à Informação e Auditorias Ambientais.

8.9. — *Meio ambiente do trabalho*: é o conjunto de condições existentes no local de trabalho relativas à qualidade de vida do trabalhador; ou, ainda, é o integrado pelo conjunto de bens, instrumentos e meios, de natureza material e imaterial, em face dos quais o ser humano exerce as atividades laborais (arts. 7º, XXXIII e 200, VIII, da Constituição Federal).

8.10. — *Abrangência do tema*: a matéria referente ao meio ambiente do trabalho transcende à questão de *saúde* dos próprios trabalhadores, dado que o tema é de interesse de toda a sociedade.

8.11. — *Adicionais de risco*: o critério, estabelecido pela legislação brasileira — talvez único no mundo —, de estipular adicionais de remuneração para trabalhos periculosos, insalubres ou penosos, representa uma condenável "*monetarização do risco*" ou "*mercantilização da saúde do trabalhador*". Basta ver que o art. 60 da CLT permite a realização de sobrejornada em locais insalubres.

8.12. — *Adicional de insalubridade*: o cálculo deste adicional sobre o salário mínimo contraria o disposto no art. 7º, IV, da Constituição Federal, segundo a jurisprudência do STF. Segundo o Enunciado n. 12 da Súmula da Jurisprudência Predominante do TRT-8ª Região, "a base de cálculo do adicional de insalubridade é o salário contratual ou normativo, fixado pelas partes, conforme o disposto no art. 7º, IV, da Constituição da República, que veda a vinculação ao salário mínimo".

8.13. — *Percepção cumulativa de adicionais de risco*: é equivocada a disposta no art. 193, § 2º, da CLT, que, sem nenhum respaldo biológico, lógico ou jurídico, veda a percepção *cumulativa* de adicionais de risco, ainda que presentes diversos agentes prejudiciais no local de trabalho, a beneficiar o infrator e prejudicar o trabalhador submetido a mais de um agente agressivo, além de contrariar as Convenções 148 (art. 8º, item 3) e 155 (art. 11, alínea *b*) da OIT, ambas em vigor no Brasil, as quais determinam que, na fixação dos limites de tolerância, a exposição simultânea seja considerada.

8.14. — Paradoxo da legislação brasileira: a possibilidade da prática de "*horas extras habituais*" constitui um paradoxo, porque consagra aquilo que deveria ser rigorosamente excepcional, além de comprometer a saúde do trabalhador e contribuir para o índice de desemprego.

8.15. — Responsabilidades: tanto as pessoas físicas como as pessoas *jurídicas* têm responsabilidade *penal* (crime ecológico), além da *civil* (em que se inclui a trabalhista) e *administrativa*, pelo dano ambiental.

8.16. — Teoria da responsabilidade patronal objetiva. A responsabilidade ambiental é sempre objetiva, dado que o empregador assume os riscos da atividade econômica e o ônus da prova de causas excludentes da culpa presumida.

8.17. — Ação civil pública: o conceito de meio ambiente evoluiu e hoje abrange, além do fator natural e físico, o cultural, o artificial e o meio ambiente do trabalho. O meio ambiente do trabalho tomou conotação transindividual e de interesse difuso, de modo que a sua *proteção* pode ser obtida por meio da ação civil pública, com fundamento na Lei n. 7.347/85, na medida em que se trata de um importante direito de todos os trabalhadores e da sociedade como um todo, que ao Estado incumbe assegurar. Por conseguinte, esse tipo de demanda é *cabível* para resguardar os direitos dos trabalhadores a um ambiente de trabalho sadio e ecologicamente equilibrado, tal como previsto no art. 225 da Carta Magna.

8.18. — Competência: "Condições de trabalho. Tendo a *ação civil pública* como causas de pedir disposições trabalhistas e pedidos voltados à preservação do meio ambiente do trabalho e, portanto, aos interesses dos empregados, a *competência* para julgá-la é da **Justiça do Trabalho**", à luz do art. 114 da Constituição Federal, conforme jurisprudência do Supremo Tribunal Federal. Enfim, as questões ambientais não passam de "lides sobre **condições de trabalho** no sentido das regras de segurança e medicina do trabalho" e que entram no âmbito da competência do Judiciário Trabalhista, por força de norma constitucional.

8.19. — Explicitação da competência trabalhista: é, porém, recomendável que seja mais bem explicitada a competência da Justiça do Trabalho para o julgamento das *ações relativas a acidentes de trabalho, doença profissional e de adequação ambiental para resguardo da saúde e da segurança do trabalhador*.

8.20. — Competência funcional (originária): a competência originária para conhecer e julgar a ação civil pública ambiental trabalhista é da *Vara do Trabalho* do local do dano ou de sua ameaça, salvo se de âmbito *regional* ou *nacional*, hipóteses em que a questão será apreciada pela *Vara do Trabalho da Capital do Estado ou do Distrito Federal* onde o dano ou a ameaça se verificou.

8.21. — Legitimidade ativa: a *legitimidade* para a propositura da ação civil pública ambiental trabalhista pode ser exercitada pelo Ministério Público do Trabalho ou pelos sindicatos.

8.22. — Conflitos de massa: como os conflitos acerca do meio ambiente de trabalho geralmente envolvem um *bem de massa*, o direito deve oferecer mecanismos compatíveis e adequados para resolver a "macrolesão", daí o cabimento de ações coletivas, plúrimas e a substituição processual (legitimação extraordinária), por iniciativa do Ministério Público ou das entidades sindicais, legitimadas para as demandas que exigem soluções capazes de abranger todo aquele universo.

8.23. — Legitimidade passiva: podem ser demandadas na ação civil pública ambiental trabalhista as empresas poluidoras e a Administração Pública.

8.24. — Objeto da demanda: pode ser pleiteada obrigação de fazer e não fazer ou a condenação em dinheiro, como também pode ser instaurada qualquer ação capaz de obter a proteção, adequada e efetiva, dos interesses e direitos tutelados por lei.

8.25. — Prescrição: a ação civil pública é imprescritível, dada a natureza do bem jurídico tutelado, ou seja, a preservação ambiental, indisponível, por questão de ordem pública. O prazo prescricional conta-se apenas para fins de exigibilidade da indenização.

8.26. — Cautelar e antecipação da tutela: configurados os pressupostos de concessão de medidas cautelares, uma vez presentes o *fumus boni iuris* e o *periculum in mora*, bem assim os requisitos exigidos para antecipação da tutela (art. 273 e seus parágrafos, do CPC), pode o juiz deferir tais provimentos de urgência, à luz do art. 769, da CLT, inclusive a fixação de *astreintes* (multa-diária) em sede liminar, independentemente de pedido do demandante, conforme prazo estabelecido pelo julgador.

8.27. — Pedido cominatório (multa-diária ou astreintes): é aconselhável a formulação de pedido com preceito *cominatório*, com o propósito de obter do empregador o cumprimento da *obrigação específica* (de fazer ou não fazer), destinada a manter o ambiente de trabalho saudável. Em caráter alternativo, pode ser requerida a conversão da obrigação em perdas e danos. A obrigação somente se converterá em perdas e danos se o demandante o requerer ou se restar impossível a tutela específica ou a obtenção do *resultado prático correspondente* (art. 461, § 5º, do CPC). A indenização por perdas e danos far-se-á sem prejuízo da multa e de eventual indenização por *dano moral*.

8.28. — Termo de ajuste de conduta: antes da propositura da ação civil pública, o Ministério Público pode chamar a empresa para tentar solucionar a questão mediante *compromisso de ajustamento*, que tem eficácia de título executivo extrajudicial trabalhista (art. 876, da CLT, com a redação dada pela Lei n. 9.958, de 12.1.2000).

8.29. — Destino do valor da condenação: o valor da condenação judicial em dinheiro, a título de indenização e/ou multa pelo dano provocado ao meio ambiente do trabalho, que tem sido revertido para o Fundo de Amparo ao Trabalhador (FAT), deve ser recolhido, futuramente, para o Fundo de Garantia das Execuções Trabalhistas (FUNGET), consagrado no art. 3º da Emenda Constitucional n. 45/2004.

8.30. — Remessa de peças: se, no exercício de suas funções, os *Juízes e Tribunais do Trabalho* tiverem conhecimento de fatos que possam ensejar a propositura da *ação civil pública*, deverão remeter peças ao Ministério Público do Trabalho, para as providências cabíveis, especialmente quanto aos danos ou ameaças do meio ambiente de trabalho. Idêntica medida pode ser tomada pelas entidades sindicais.

8.31. — Procedimento Sumaríssimo: somente será possível aplicar o procedimento sumaríssimo trabalhista, instituído pela Lei n. 9.957, de 12.1.2000, na ação civil pública, se o demandante apresentar pedido certo ou determinado e indicar o *valor correspondente* (art. 852-B, da CLT), o que exige a prolação de *sentença em valor líquido* (parágrafo único do art. 459, do CPC, e parágrafo único do art. 38 da Lei n. 9.099, de 26.9.1995), não obstante a condenação, em caso de procedência do pedido, deva ser *genérica* (art. 95 da Lei n. 8.078/90), considerando a natureza da demanda coletiva e seus efeitos *erga omnes*.

8.32. — Outros instrumentos jurídicos: outros instrumentos jurídicos de proteção ao meio ambiente de trabalho são a reclamação trabalhista (simples ou plúrima); o mandado de segurança coletivo ambiental; o mandado de injunção ambiental; a ação popular ambiental; o dissídio coletivo; a convenção ou o acordo coletivo (importante mecanismo de prevenção do dano ambiental); o regulamento interno de empresa; e a inspeção do trabalho.

8.33. — Meio ambiente de trabalho no Poder Judiciário: a qualidade de vida dos magistrados e servidores do Poder Judiciário é bastante sacrificada, não só em virtude do volume de processos como também em razão dos métodos adotados na administração da justiça, deveras arcaicos e inadequados, não raro como decorrência de uma legislação processual que carece de modernização.

8.34. — Proteção jurídica efetiva: já existem normas jurídicas válidas de proteção ao meio ambiente do trabalho, no Brasil. Contudo, a *efetividade*, a eficácia ou o melhor resultado dessas normas depende da eficiente fiscalização estatal e de medidas criativas capazes de tornar realidade a tutela jurídica que preserve a *dignidade* do trabalhador, sem nenhuma discriminação. A *real proteção jurídica* ao meio ambiente do trabalho — terceira geração dos direitos humanos — está no respeito que todos devemos às *conquistas da civilização*, pela luta constante na busca e na construção de um mundo sem violências, sem fome, menos desigual, mais livre, mais fraterno, mais saudável e mais feliz.

9 REFERÊNCIAS BIBLIOGRÁFICAS

ADOLFO, Gonzaga. *Direito e meio ambiente*: home page Jus Navigandi. na Internet: <http://www.jus.com.br>.

ANDRADE, Laura Martins Maia de. *Meio ambiente do trabalho e ação civil pública trabalhista*. 1. ed. São Paulo: Juarez de Oliveira, 2003.

BUGLIONE, Samantha. *As flores não resistem a canhões: o desafio de tutelar o meio ambiente*: home page Jus Navigandi na Internet: <http://www.jus.com.br>.

CANOTILHO, José Joaquim Gomes. *Direito constitucional*. 5. ed. Coimbra: Almedina, 1991.

DALAZEN, João Oreste. *Competência material trabalhista*. São Paulo: LTr, 1994.

DINAMARCO, Cândido Rangel. *A reforma do Código de Processo Civil*. 2. ed., revista e ampliada. São Paulo: Malheiros, 1995.

ELY, Aloísio. *Economia do meio ambiente*. 4. ed. Porto Alegre: FEE, 1990.

FERREIRA FILHO, Manoel Gonçalves. *Direito constitucional econômico*. São Paulo: Saraiva, 1990.

FLAKS, Milton. Instrumentos processuais de defesa coletiva. *Revista de Direito Administrativo*, v. 190, 1992.

FONSECA, Vicente José Malheiros da. *Reforma da execução trabalhista e outros estudos*. São Paulo: LTr, 1993.

_____ . Procedimento sumaríssimo e comissões de conciliação prévia. *In: Revista do TRT da 8ª Região*, v. 33, n. 64, janeiro/junho-2000.

FÜHRER, Maximilianus Cláudio Américo *et al. Resumo de direito administrativo*. Coleção Resumos, v. 7, 9. ed. São Paulo: Malheiros Editores, 2000.

GIANNINI, Mássimo Severo. Ambiente: saggio sui diversi suoi aspetti giuridici. *passim, Riv. Trim. Dir. Pubbl.*, 1973.

GRINOVER, Ada Pellegrini *et al. Código Brasileiro de Defesa do Consumidor: comentado pelos autores do anteprojeto*. Rio de Janeiro: Forense Universitária, 1992.

GRINOVER, Ada Pellegrini. *O acesso à justiça no ano 2000. In*: MARINONI, Luiz Guilherme (org.). *O processo civil contemporâneo*. Curitiba: Juruá, 1994.

KRELL, Andreas Joachim. *Concretização do dano ambiental* (texto parcialmente extraído da *home page Jus Navigandi*, na Internet: <http://www.jus.com.br>): Algumas objeções à teoria do risco integral. *In: Revista Direito & Deveres*. Maceió: Centro de Ciências Jurídicas da Universidade Federal de Alagoas.

LISBOA, Roberto Senise. *Contratos difusos e coletivos (consumidor, meio ambiente, trabalho, agrário, locação, autor)*. São Paulo: Revista dos Tribunais, 2. ed. revista, atualizada e ampliada, 2000.

MACHADO, Paulo Affonso Leme. *O direito ambiental brasileiro*. 3. ed. São Paulo: Revista dos Tribunais, 1991.

MACIEL JÚNIOR, Vicente de Paula. Proteção jurídica à saúde do trabalhador. *In: Fundamentos do Direito do Trabalho*. São Paulo: LTr, 2000, obra coletiva intitulada *Estudos em homenagem ao Ministro Milton de Moura França*, coord. p/ Francisco Alberto da Motta Peixoto Giordani, Melchíades Rodrigues Martins e Tarcio José Vidotti.

MARTINS FILHO, Ives Gandra da Silva. Ação civil pública e ação civil coletiva. *In: Revista LTr*, v. 59, n. 11, p. 1450, 1995. (cf. OLIVEIRA, Sebastião Geraldo de. *Proteção jurídica à saúde do trabalhador*. São Paulo: LTr, 1996).

MATEO, Ramón Martin. *Derecho ambiental*. Madri: IEAL, 1977.

MELO, Demis Roberto Correia de. *Manual de meio ambiente do trabalho*. São Paulo: LTr, 2010.

MINARDI, Fabio Freitas. *Meio ambiente do trabalho — proteção jurídica à saúde mental*. Curitiba: Juruá, 2010.

MOLL, Luiza. *Uma ferramenta para executar políticas públicas ecológicas: orçamento participativo. passim*, MIMEO, 1997.

MOREIRA NETO, Diogo de Figueiredo. *Ordem econômica e desenvolvimento da Constituição Federal de 1988*. Rio de Janeiro: APEC, 1989.

MOREIRA, José Carlos Barbosa. Tutela sancionatória e tutela preventiva. *In: Temas de Direito Processual*, segunda série. 2. ed. São Paulo: Saraiva, 1988 p. 24 (cf. OLIVEIRA, Sebastião Geraldo de. *Proteção jurídica à saúde do trabalhador*. São Paulo: LTr, 1996).

_____ . A proteção jurídica dos interesses coletivos. *In: Temas de direito processual*. terceira série, São Paulo: Saraiva, 1984 (cf. OLIVEIRA, Sebastião Geraldo de. *Proteção jurídica à saúde do trabalhador*. São Paulo: LTr, 1996).

MUKAI, Toshio. *Direito ambiental sistematizado*. 2. ed. Rio de Janeiro: Forense Universitária, 1994.

NASCIMENTO, Amauri Mascaro. A defesa do meio ambiente do trabalho. *Revista LTr*, v. 63, maio de 1999, p. 584, cf.

NASSAR, Rosita de Nazaré Sidrim. *In:* Competência da Justiça do Trabalho e ação civil relativa ao meio ambiente na obra coletiva em homenagem a Roberto Araújo de Oliveira Santos (*Presente e futuro das relações de trabalho*), coord. p/ Georgenor de Sousa Franco Filho.

_____ . Competência da Justiça do Trabalho e ação civil relativa ao meio ambiente. *In: Presente e futuro das relações de trabalho.* Obra coletiva em homenagem a Roberto A. O. Santos, coord. p/Georgenor de Sousa Franco Filho. São Paulo: LTr, 2000.

OLIVEIRA, Sebastião Geraldo de. *Proteção jurídica* à *saúde do trabalhador*. 1. ed. e 5. ed. São Paulo: LTr, 1996 e 2010.

ROCHA, Julio Cesar de Sá da. *Direito ambiental e meio ambiente do trabalho — dano, prevenção e proteção jurídica*. São Paulo: LTr, 1997.

ROSSIT, Liliana Allodi. *O meio ambiente de trabalho no direito ambiental brasileiro*. São Paulo: LTr, 2001.

SILVA, José Afonso da. *Direito ambiental constitucional*. 2. ed. São Paulo: Malheiros, 1995.

SÜSSEKIND, Arnaldo *et al. Instituições de direito do trabalho*. São Paulo: LTr, 1995.

TOSTES, André. *Sistema de legislação ambiental*. Rio de Janeiro: Vozes, 1992.

VASQUEZ, Adolfo Sanches. *Ética*. São Paulo: Civilização Brasileira, 14. ed. 1993.

WEIL, Pierre (*apud A global awareness in actions Inc.* Anse St.-Jean — Quebec, Gov. IJO — *in* Organizações e Tecnologias para o Terceiro Milênio).

Ciência Hoje. SBPC, v. 24, n. 141 — agosto/1998 [63-65].

Direito Ambiental. Rio de Janeiro: Lumen Juris, 1996 [8-20].

Revista do TRT da 8ª Região (Belém-PA), v. 33, n. 64, janeiro/junho-2000.

Revista LTr, vs. 52 (setembro/1988), 57 (dezembro/1993), 59 (novembro/1995) e 63 (maio/1999).

Supremo Tribunal Federal (*home page*, na *Internet*: <http://www.stf.jus.br>).

Tribunal Superior do Trabalho (*home page*, na *Internet*: <http://www.tst.jus.br>).

SEÇÃO 2

A Dimensão Jusfundamental da Questão Labor-Ambiental

SAÚDE DO TRABALHADOR: DESAFIOS DA INSTITUCIONALIZAÇÃO DE UM DIREITO HUMANO

Karen Artur[*]

1. INTRODUÇÃO

Segundo informações do Ministério da Previdência, cerca de 700 mil casos de acidentes de trabalho são registrados em média no Brasil todos os anos, sem contar os casos não notificados oficialmente. O País gasta cerca de R$ 70 bilhões nesse tipo de acidente, anualmente. Entre as causas desses acidentes estão maquinário velho e desprotegido, tecnologia ultrapassada, mobiliário inadequado, ritmo acelerado, assédio moral, cobrança exagerada e desrespeito a diversos direitos[1].

Defendendo que a saúde do trabalhador é um direito humano, encontrado não apenas no marco institucional, mas como objeto da política (Koerner, 2002), este capítulo defende a necessidade da sustentação de valores e práticas em favor da construção social desse direito humano. Ao lado das convenções internacionais e dos dispositivos constitucionais e legais que devem informar as decisões judiciais em prol de um meio ambiente de trabalho sadio e protetivo da coletividade, devem ser consideradas as políticas nacionais e as diretrizes das conferências nacionais, bem como as demandas trazidas pela sociedade e compostas com os operadores do direito. Trata-se, portanto, de superar o paradigma da separação entre Estado e Sociedade, tendo-se em consideração que "o melhor *locus* para o desencadeamento de dinâmicas de emancipação é a sociedade civil", sem, contudo, abandonar-se o Estado, uma vez que sem o mesmo o social "desvincula-se da ideia republicana, convertendo-se em espaço de exacerbação de interesses e não de direitos" (Nogueira, 2007, p. 55).

Na primeira parte, apresentamos o delineamento das normativas sobre saúde do trabalhador encontradas nas conferências da área, na Política Nacional de Saúde do Trabalhador e da Trabalhadora (PNSTT) e na Política Nacional de Segurança e Saúde no Trabalho (PNSST). Na segunda parte, trazemos ideias

---

[*] Pós-doutoranda no Centro de Estudos em Direito e Desigualdades (CEDD), Faculdade de Direito da USP Ribeirão Preto.
[1] <http://www.brasil.gov.br/saude/2012.4.acidentes-de-trabalho>. 17.4.2012. Acesso em: 20.1.2014.

centrais do campo da saúde do trabalhador, as estratégias dos trabalhadores na defesa da saúde do trabalhador e um caso emblemático de construção coletiva de sentença em prol de trabalhadores adoecidos por prática de contaminação ambiental. Nas considerações finais, reforçamos a necessidade da adoção de um modelo que priorize o coletivo na efetivação do direito à saúde do trabalhador.

2 AS CONFERÊNCIAS DE SAÚDE DO TRABALHADOR E AS POLÍTICAS DE SAÚDE E DE SEGURANÇA DO TRABALHADOR

Como parte da grande mobilização social pela afirmação do direito à saúde como um direito de cidadania, duas conferências ocorridas em 1986 — a 8ª Conferência Nacional de Saúde e a 1ª Conferência Nacional de Saúde do Trabalhador (CNST) — contribuíram para a incorporação das reivindicações sobre a saúde do trabalhador na Constituição Federal de 1988 (Ministério da Saúde, 2011).

Por sua vez, a 2ª CNST, ocorrida em 1994, constituiu-se como um espaço de debates sobre a implementação das disposições acerca da saúde do trabalhador, tendo como tema central: Construindo uma Política de Saúde do Trabalhador. Em 2004, por meio do Grupo de Trabalho Interministerial, o qual teve como uma de suas atribuições a elaboração da Política Nacional de Saúde e Segurança do Trabalhador, foi convocada a 3ª CNST (Ministério da Saúde, 2011).

A 3ª Conferência Nacional de Saúde do Trabalhador (CNST), em 2005, teve por objetivo definir as novas diretrizes da PNST. Três eixos temáticos foram definidos para orientar o debate da 3ª CNST: Como garantir a integralidade e a transversalidade da ação do Estado em saúde dos(as) trabalhadores(as)? Como incorporar a saúde dos(as) trabalhadores(as) nas políticas de desenvolvimento sustentável no País? Como efetivar e ampliar o controle social em saúde dos(as) trabalhadores(as)? Tal conferência teve alto grau de mobilização popular e contou com devolutivas dos Estados (Ministério da Saúde, 2011).

O relatório do Ministério da Saúde (2011) lembra que o contexto da 2ª CNST foi de grandes mudanças nas relações de trabalho que acompanharam o movimento mundial de reestruturação produtiva, com ênfase na globalização dos mercados, na privatização dos serviços públicos, nas terceirizações, nas mudanças de gestão, as quais conviveram com formas mais tradicionais de produção. Pode-se acrescentar que, em um país em que o Estado de Bem-Estar Social jamais se concretizou nos moldes de países desenvolvidos, o aumento do desemprego, da informalidade e da exclusão social desestabilizaram ainda mais uma classe trabalhadora dividida e pressionada pelas práticas contra os direitos do trabalho. Por outro lado, o documento destaca que, em todo o mundo, cresceram as preocupações com os modelos de desenvolvimento, que têm implicações no mundo do trabalho.[2]

Assim, todos esses aspectos trazem consequências para a saúde dos trabalhadores e foram os desafios para a efetivação das proposições da 3ª CNST e da 4ª CNST, que ocorreu em 2014[3], pois, ainda que os espaços de participação tenham aumentado, as novas políticas do campo de saúde do trabalhador tenham finalmente sido publicadas, existem desafios para a efetivação de tais políticas em um ambiente econômico que continua pressionando pela precarização dos trabalhadores e pela não viabilidade das políticas sociais.

O tema da saúde do trabalhador é tratado como um direito humano. Dentre as deliberações da 11ª Conferência Nacional de Direitos Humanos, "Democracia, Desenvolvimento e Direitos Humanos: supe-

---

(2) Como exemplo, tem-se o processo de ambientalização dos movimentos sociais e as pressões capitalistas pela desqualificação das regulações relativas ao meio ambiente, inclusive no âmbito do trabalho (ACSELRAD, 2010; COMISSÃO INTERNACIONAL DE JURISTAS, 2011).

(3) 4ª Conferência Nacional de Saúde do Trabalhador e da Trabalhadora "IMPLEMENTAÇÃO DA POLÍTICA NACIONAL DE SAÚDE DO TRABALHADOR E DA TRABALHADORA", cujos sub-eixos foram: I — o desenvolvimento socioeconômico e seus reflexos na saúde do trabalhador e da trabalhadora; II — fortalecer a participação dos trabalhadores e das trabalhadoras, da comunidade e do controle social nas ações de saúde do trabalhador e da trabalhadora; III — efetivação da Política Nacional de Saúde do Trabalhador e da Trabalhadora, considerando os princípios da integralidade e intersetorialidade nas três esferas de governo; e IV — financiamento da Política Nacional de Saúde do Trabalhador, nos Municípios, Estados e União. Tal conferência ocorreu em dezembro de 2014, em Brasília.

rando as desigualdades", ocorrida em 2008, está a efetivação das Deliberações da 13ª Conferência Nacional de Saúde, ocorrida em 2007.

De maneira geral, as deliberações das 12ª e 13ª Conferências Nacionais de Saúde que tratam da saúde do trabalhador estão contempladas na Política Nacional de Saúde do Trabalhador (PNST) e são dependentes da gestão das três esferas do governo (Ministério da Saúde, s/d; 2008). A 12ª Conferência apresenta reivindicações de expansão e garantia dos serviços do Sistema Único de Saúde (SUS), como vigilância da saúde do trabalhador; prevenção e atenção de doenças ocupacionais; elaboração de instrumentos informativos e criação de Centros de Referência de Saúde do Trabalhador (CERESTs), tema também presente na 13ª. As duas Conferências propõem garantir a relação intersetorial entre a saúde do trabalhador e a previdência social, com a implantação de ações com o objetivo de agilizar o acesso a benefícios previdenciários. Os dois eventos também propõem recomendações direcionadas ao controle social, contemplando temas como a criação de Comissões Intersetoriais de Saúde do Trabalhador (CISTs) nos Conselhos Municipais de Saúde e o desenvolvimento de processos de formação sobre saúde do trabalhador. A 13ª Conferência, por sua vez, traz um número maior de deliberações, as quais são focadas na expansão dos serviços para garantir a integralidade na assistência e reabilitação dos portadores de doenças ocupacionais, na regulamentação do uso de produtos que trazem riscos para a saúde, na intensificação da integração com o Ministério do Trabalho, em implantar procedimentos técnicos para a notificação compulsória de agravos à saúde do trabalhador, além de regulamentar a Política de Saúde do Trabalhador com a participação dos Conselhos de Saúde. A 13ª Conferência traz também uma deliberação sobre a expansão de financiamento, com o objetivo de garantir os recursos necessários para a efetivação das ações em saúde do trabalhador no âmbito do SUS. Por fim, a 14ª Conferência, ocorrida em 2011, reforça e desenvolve as deliberações acima, defendendo a importância da discussão do financiamento do SUS, do controle social e da educação para a saúde do trabalhador, além de ações favoráveis aos trabalhadores do setor (Ministério da Saúde, Conselho Nacional de Saúde, 2012).

Tais deliberações, em grande parte, são contidas na atual Política Nacional de Saúde do Trabalhador e da Trabalhadora (PNSTT), instituída pela Portaria n. 1.823, de 23 de agosto de 2012, a qual compreende o conjunto de ações normativas e práticas desenvolvidas nas três esferas de gestão, a partir da institucionalização do campo da Saúde do Trabalhador no SUS na Constituição Federal de 1988. Na política, estão destacados como princípios e diretrizes: universalidade; integralidade; participação da comunidade, dos trabalhadores e do controle social; descentralização; hierarquização; equidade e precaução. Entre os objetivos desta política estão o de fortalecer a vigilância em saúde do trabalhador; promover a saúde e ambientes e processos de trabalhos saudáveis; garantir a integralidade na atenção à saúde do trabalhador; e ampliar o entendimento de que a saúde do trabalhador deve ser concebida como uma ação transversal.

Uma das estratégias da PNSTT é a Rede Nacional de Atenção Integral à Saúde do Trabalhador (RENAST), que responde pela execução de ações assistenciais, de vigilância, prevenção e de promoção da saúde do trabalhador brasileiro. Criada em 2002, pela Portaria n. 1.679/GM, com objetivo de disseminar ações de saúde do trabalhador articuladas às demais redes do SUS, teve suas metas de ampliação definidas na Portaria n. 2.437, de 2005. Sua atual conformação institucional é prevista na Portaria n. 2.728, de 11 de novembro de 2009. A RENAST deve integrar a rede de serviços do SUS por meio de Centros de Referência em Saúde do Trabalhador (CERESTs) e deve ser implementada de forma articulada entre o Ministério da Saúde, as Secretarias de Saúde dos Estados e do Distrito Federal, e os municípios, com o envolvimento de outros setores também participantes da execução dessas ações. Os desafios, portanto, estão na institucionalização dessa rede.

Ainda, a Política Nacional de Saúde do Trabalhador e da Trabalhadora (PNSTT) deve articular-se com a Política Nacional de Segurança e Saúde no Trabalho (PNSST), instituída pelo Decreto n. 7.602, de 7 de novembro de 2011, a qual tem por princípios: a) universalidade; b) prevenção; c) precedência das ações de promoção, proteção e prevenção sobre as de assistência, reabilitação e reparação; d) diálogo social; e e) integralidade e, como diretrizes: a) inclusão de todos os trabalhadores brasileiros no Sistema Nacional de Promoção e Proteção da Saúde; b) harmonização da legislação e articulação das ações de promoção, proteção, prevenção, assistência, reabilitação e reparação da saúde do trabalhador; c) adoção de medidas especiais para atividades laborais de alto risco; d) estruturação de rede integrada de informações em saúde do trabalhador; e) promoção da implantação de sistemas e programas de gestão da segurança e saúde nos locais de trabalho; f) reestruturação da formação em saúde do trabalhador e em segurança no trabalho e o estímulo à capacitação e à educação continuada de trabalhadores; e g) promoção de agenda integrada de estudos e pesquisas em segurança e saúde no trabalho (Comissão Tripartide de Saúde e Segurança no Trabalho, 2012).

Portanto, o objetivo central da nova Política Nacional de Segurança e Saúde no Trabalho é a prevenção, com ações combinadas de três Ministérios: Previdência, Trabalho e Saúde. Resta acompanhar se tais ações ocorrerão de modo integrado.

A interconexão entre instituições para que as políticas referidas sejam efetivadas também tem sido privilegiada. Nesse sentido, por exemplo, estão as estratégias como o Comitê Interinstitucional do TST[4], que tem como atribuições: propor, planejar e acompanhar os programas e as ações pactuados; implementar políticas públicas permanentes em defesa do meio ambiente do trabalho; promover estudos e pesquisas sobre causas e consequências dos acidentes de trabalho, a fim de auxiliar na prevenção e na redução dos custos sociais e econômicos decorrentes; fomentar ações educativas e pedagógicas a fim de sensibilizar a sociedade civil sobre a necessidade de combater os riscos no trabalho; promover e conferir efetividade às Convenções Internacionais ratificadas pelo Brasil que versem sobre segurança e saúde do trabalhador; criar e alimentar um banco de dados comum, com informações necessárias ao alcance do objeto do Protocolo.

Interessante notar que as empresas se valem da fragilidade da intersetorialidade em saúde do trabalhador. Durante inspeção na Pirelli Pneus Ltda, em Campinas-SP, agentes do Centro de Referência em Saúde do Trabalhador (Cerest), órgão da Secretaria Municipal de Saúde, descobriram que a empresa deixou de emitir a Comunicação de Acidentes para um funcionário com osteartrose. Na Justiça do Trabalho, a Pirelli alegou que o Cerest (SUS) não teria competência para autuar e multar empresas, pois tais atribuições seriam apenas dos fiscais do Ministério do Trabalho e Emprego. O Juiz do trabalho da 11ª Vara do Trabalho de Campinas-SP reconheceu a competência legal do SUS em relação às questões de saúde e trabalho[5].

3 IDEIAS, ATORES E INSTITUIÇÕES — A CONSTRUÇÃO SOCIAL DO DIREITO À SAÚDE DO TRABALHADOR

O campo da saúde do trabalhador representou uma ruptura epistemológica, uma vez que saiu do foco da doença para ser orientado pela concepção de saúde como produzida socialmente, por meio não apenas da influência do modo de produção capitalista e dos modelos de organização do trabalho no processo mas também pelo enfrentamento dos problemas deles advindos pela classe trabalhadora (Gómez, Machado, Pena, 2011).

A profunda mudança cultural, política e institucional que o movimento sanitarista brasileiro propôs deve ser entendida a partir das diretrizes que orientam o processo de construção da saúde como um bem público:

> (...) um princípio ético-normativo que insere a saúde como parte dos direitos humanos; um princípio científico que compreende a determinação social do processo saúde-doença; um princípio político que assume a saúde como direito universal inerente à cidadania em uma sociedade democrática; um princípio sanitário que entende a proteção à saúde de forma integral, desde a promoção, passando pela ação curativa até a reabilitação (Fleury, 2009, p. 748).

---

(4) <http://www.tst.jus.br/web/trabalhoseguro/o-que-sao-acidentes-de-trabalho-1>.
(5) <http://www.contracs.org.br/destaque-central/9228/justica-reconhece-que-sus-tem-competencia-legal-para-fiscalizar-e-autuar-empresas>. 20.9.2012. Acesso em: 18.9.2013.

Nesse sentido, o campo da saúde do trabalhador propõe que se rompa "com a cultura reducionista de cada setor", o que demanda ultrapassar as fronteiras do setor de saúde para atender às necessidades dos trabalhadores. Defende-se, por exemplo, que a perícia médica, a fiscalização do trabalho, a educação envolvam-se com as questões trazidas pelo campo da saúde do trabalhador (Vasconcellos, 2007).

Os artigos da área têm apontado para ações institucionais desarticuladas, em que grandes contingentes de trabalhadores estão fora do alcance da política, em que os trabalhadores são desconsiderados como protagonistas na condução dos processos da política nacional e nas quais as informações não têm caráter epidemiológico (Gómez, Lacaz, 2005; Lacaz, 2007; Gómez, Machado, Pena, 2011; Hoefel, 2011, Gómez, 2013). Tais questões conduziram a elaboração da PNSTT e PNSST.

Sendo a participação dos trabalhadores um elemento central do campo da saúde do trabalhador, necessário apontar as estratégias dos trabalhadores na defesa da saúde do trabalhador.

Nas publicações da CUT[6], central que tem um histórico no movimento sanitarista, explicita-se que não basta a política de Estado e que, apesar de a Central ter participado da formulação das políticas públicas aqui tratadas, nos espaços de controle social, no parlamento, nos espaços tripartides para formulação de normas regulamentadoras para diversos setores, nos tribunais pelo banimento do amianto e nas conferências da Organização Internacional do Trabalho (OIT), o tema da democratização das relações de trabalho precisa ser discutido.

Nesse sentido, durante a Conferência Estadual da Saúde do Trabalhador e da Trabalhadora, ocorrida em dezembro de 2013, reafirmaram a necessidade de organizar os trabalhadores nos locais de trabalho, combater a rotatividade e fortalecer os direitos coletivos, enfatizando a necessidade de ratificação da Convenção n. 158 da OIT contra demissão injustificada. Ainda, afirmaram a postura de combater os projetos de lei que ampliam a terceirização no país, a qual provoca a precarização do trabalho.

Observa-se, assim, que tais atores participam de espaços institucionais sem deixar de fazer a crítica necessária. Trata-se de uma dinâmica de busca de consensos, contudo, sem abandonar as mobilizações para que haja o afastamento em relação à dominação.

Defendemos, portanto, a partir das normativas, das ideias do campo de saúde e das estratégias dos trabalhadores para defesa da saúde do trabalhador, que a efetivação desse direito humano depende de um tratamento coletivo para a questão, o que exige condições institucionais para efetiva participação dos trabalhadores organizados para prevenção dos riscos, doenças e acidentes nas empresas, bem como na defesa dos interesses dos acometidos por doenças e acidentes[7].

A participação cidadã, questionadora do conceito limitado de cidadania reduzida às eleições periódicas, está institucionalizada, por exemplo, no modelo cívico do Sistema Único de Saúde e nos princípios do direito ambiental que informam a legislação, tais como o direito à informação e à participação, mas também pode ser encontrada na construção coletiva da sentença que condenou a Shell Brasil e a Basf S.A, ao cumprimento de uma série de obrigações junto a seus ex-trabalhadores e à comunidade da região de Paulínia-SP, por causa da contaminação ambiental e humana cometida.

---

(6) CUT/Nacional: Balanço 2012: Constituir e fortalecer a organização nos locais de trabalho é fundamental. 14.12.2012. <http://www.cut-ma.org.br/destaques-nac/22824/saude-do-trabalhador-em-movimento-e-fundamental-constituir-e-fortalecer-a-organizacao-nos-locais-de-trabalho>. Acesso em: 10.9.2013.

(7) Como exemplo de interpretação nesse sentido, tem-se a decisão do TST que reconheceu ao sindicato dos trabalhadores nas indústrias de artefatos de borracha de Gravataí o direito de acompanhar inspeções técnicas do INSS em uma fabricante de pneus. A ministra Delaíde considerou restritiva a interpretação de que a legitimidade sindical contida no art. 8º, inciso III, da Constituição Federal limita-se à defesa da categoria em questões jurídicas ou administrativas, defendendo que também extrajudicialmente o sindicato desempenha papel relevante na representação dos trabalhadores, tanto individualmente como coletivamente. Sindicato pode acompanhar perícia do INSS, decide TST. Revista *Consultor Jurídico*, 17 de abril de 2013. Acesso em: 20.8.2013.

Tal decisão foi fruto da atuação de associações, de sindicatos, de especialistas, do Ministério Público e de juízes abertos para o uso da lógica dos princípios para defender a dignidade dos atingidos. Segundo Vianna e Burgos (2005), a partir princípios e valores da Constituição, a sociedade pode ser parte de uma permanente recriação do direito ao acionar os mecanismos judiciais existentes, sendo que não se deve ver nisso um ativismo jurídico, mas sim a apropriação que a cidadania faz da própria Carta Magna.

4 CONSIDERAÇÕES FINAIS

Em sociedades como a brasileira, nas quais a dimensão cívica e igualitária da cidadania não foi generalizada, o papel do Estado é fundamental para a indução de processos sociais nesse sentido. Portanto, a publicação da PNSTT e da PNSST é um passo importante para a concretização das normas constitucionais de saúde do trabalhador e das deliberações desenvolvidas pelas conferências.

Necessário apontar que o Estado, por meio de seus Poderes, tem tido um papel contraditório no processo de construção do direito à saúde do trabalhador. Como exemplos, tem-se o subfinanciamento da área da saúde, bem como a não existência de uma institucionalidade de real democratização das relações de trabalho.

A adoção de uma concepção ampliada de saúde exige o reconhecimento institucionalizado dos trabalhadores como sujeitos políticos. Portanto, verifica-se a importância da discussão e da participação dos cidadãos, não apenas por meio das Comissões Intersetoriais de Saúde e demais espaços de controle social, mas também dentro das empresas e no próprio Judiciário. Assim, tanto as práticas sociais, como as do mercado e as do Estado devem estar focadas no coletivo.

Por isso, defendemos que a efetivação da saúde do trabalhador envolve a abertura para as ideias e projetos da esfera pública sobre o que deve ser entendido por meio ambiente do trabalho sadio e protetivo da coletividade.

Entendemos, assim, que as ações judiciais que sobre o meio ambiente, aqui incluído o do trabalho, têm colocado os operadores do direito diante de um novo modelo de judicialização[8], aberto à deliberação e à participação cidadã (Nobre, 2011), no qual o direito revela-se como construção social a partir das demandas da sociedade e da necessidade da aplicação de princípios, para além das regras, para resolução dos conflitos em prol da coletividade.

5 REFERÊNCIAS BIBLIOGRÁFICAS

COMISSÃO INTERNACIONAL DE JURISTAS. *Acesso à justiça: violações de direitos humanos por empresas — Brasil.* Genebra, 2011.

COMISSÃO TRIPARTIDE DE SAÚDE E SEGURANÇA NO TRABALHO. *Plano Nacional de Saúde e Segurança no Trabalho.* Brasília, 2012.

CONSELHO NACIONAL DE SAÚDE. *CNS EM REVISTA.* Ano 2, n. 3, Brasília, fevereiro de 2012.

COSTA, Danilo (*et al*). Saúde do trabalhador no SUS: desafios para uma política pública *Rev. Bras. Saúde Ocup.* São Paulo, 38 (127): 11-30, 2013.

CUT/Nacional: Balanço 2012: Constituir e fortalecer a organização nos locais de trabalho é fundamental. 14.12.2012. <http://www.cut-ma.org.br/destaques-nac/22824/saude-do-trabalhador-em-movimento-e-fundamental-constituir-
-e-fortalecer-a-organizacao-nos-locais-de-trabalho>. Acesso em: 10.9.2013.

---

(8) Para o sentido de judicialização aqui empregado, ver (KOERNER; INATOMI; BARATTO, 2011).

CUT/SP: organização no local de trabalho resulta em avanços nas políticas públicas de saúde do trabalhador. 12.12.2013. <http://www.cutsp.org.br/noticias/2013.12.12/cut-sp-organizacao-no-local-de-trabalho-resulta-em-avancos-nas--politicas-publicas-de-saude-do-trabalhador>. Acesso em: 10.1.2014.

FLEUY, Sonia. Reforma sanitária brasileira: dilemas entre o instituinte e o instituído. *Ciênc. Saúde Coletiva.* v. 14, n. 3. Rio de Janeiro May/June 2009.

GÓMEZ, Carlos Minayo. Avanços e entraves na implementação da Política Nacional de Saúde do Trabalhador. *Rev. Bras. Saúde Ocup.* São Paulo, 38 (127): 11-30, 2013.

_____ ; LACAZ, Francisco Antonio de Castro. Saúde do trabalhador: novas — velhas questões. *Ciência & Saúde Coletiva* 10 (4): 707-897, 2005.

_____ ; MACHADO, JMH; PENA, PGL (orgs) *Saúde do trabalhador na sociedade brasileira contemporânea.* Rio de Janeiro: Fiocruz, 2011.

HOEFEL, Maria da Graça Luderitz; SEVERO Denise Osório. Participação social em saúde do trabalhador: Avanços, desafios e perspectivas contemporâneas. *Tempus — Actas de Saúde Coletiva.* v. 5, n. 4, 2011, p. 120-138.

KOERNER, Andrei. O papel dos Direitos humanos na política democrática — uma análise preliminar. *XVI Encontro da ANPOCS* — Associação Nacional de Pós-Graduação em Ciências Sociais, 2002.

_____ ; INATOMI; Celly Cook; BARATTO, Márcia. Sobre o Judiciário e a judicialização. *Nuevos paradigmas de las ciencias sociales latinoamericanas.* v. II, n. 4, julio-diciembre 2011, p. 17 a 52. Disponível em: <http://www.ilae.edu.co/Publicaciones/files/Vol.II-Nro4-2011-17.pdf>.

LACAZ, Francisco Antonio de Castro. O campo saúde do trabalhador: resgatando conhecimentos e práticas sobre as relações trabalho-saúde. *Cad. Saúde Pública*, Rio de Janeiro, 23(4):757-766, abr, 2007.

MINISTÉRIO DA SAÚDE, CONSELHO NACIONAL DE SAÚDE. A Política Nacional de Educação Permanente para o Controle Social no SUS. Brasília, 2007.

_____ . *Relatório final da 13ª Conferência Nacional de Saúde: saúde e qualidade de vida: políticas de Estado e desenvolvimento/*Brasília, 2008.

_____ . *Relatório final da 14ª Conferência Nacional de Saúde: Todos usam o SUS — SUS na seguridade social política pública, patrimônio do povo brasileiro.* Brasília, 2012.

MINISTÉRIO DA SAÚDE. *Trabalhar, sim! Adoecer, não!*: o processo de construção e realização da Terceira Conferência Nacional de Saúde do Trabalhador: relatório ampliado da 3 CNST. Brasília, 2011.

_____ . *Das deliberações participativas* à *política de saúde concreta* — Análise da 12ª Conferência Nacional de Saúde e da 13ª Conferência Nacional de Saúde. Brasília: s/d.

NOBRE, Marcos; RODRIGUEZ, José Rodrigo. Judicialização da política: déficits explicativos e bloqueios normativistas. *Novos estudos CEBRAP.* 91, novembro, p. 5-20, 2011.

NOGUEIRA, Marco Aurélio. Bem mais que pós-moderno: poder, sociedade civil e democracia na modernidade periférica radicalizada. *Ciências Sociais Unisinos* 43(1):46-56. janeiro/abril 2007.

SECRETARIA DE DIREITOS HUMANOS DA PRESIDÊNCIA DA REPÚBLICA. *Programa Nacional de Direitos Humanos (PNDH-3).* Brasília, 2010.

SECRETARIA ESPECIAL DOS DIREITOS HUMANOS DA PRESIDÊNCIA DA REPÚBLICA, COMISSÃO DE DIREITOS HUMANOS E MINORIAS DA CÂMARA DOS DEPUTADOS, FÓRUM DE ENTIDADES NACIONAIS DE DIREITOS HUMANOS. *Anais da 11ª Conferência Nacional dos Direitos Humanos: Democracia, desenvolvimento e direitos humanos: superando as desigualdades.* Brasília, 2009.

SIQUEIRA, Carlos Eduardo. et al. A experiência do Observatório de Saúde do Trabalhador (*Observatoriost*) no Brasil. *Revista Bras. Saúde Ocup.* São Paulo, 38 (127): 139-148, 2013.

VASCONCELLOS, Luiz Carlos Fadel de. *Saúde, trabalho e desenvolvimento sustentável*: apontamentos para uma Política de Estado. Tese de Doutorado apresentada à Escola Nacional de Saúde Pública Sergio Arouca, Rio de Janeiro, 2007.

VIANNA, Luiz Werneck; BURGOS, Marcelo Baumann. *Entre princípios e regras*: cinco estudos de caso de Ação Civil Pública. *Dados*, v. 48, n. 4, p. 777-843, 2005.

MEIO AMBIENTE DO TRABALHO: UMA VISÃO SISTÊMICA DE UM DIREITO HUMANO E FUNDAMENTAL

Valdete Souto Severo[(*)]

1 INTRODUÇÃO

O Direito do Trabalho se inscreve como direito humano que, em âmbito nacional, é classificado como direito fundamental de segunda geração. Está diretamente relacionado à saúde e à existência digna[(1)]. Tem, pois, dimensão individual e social que não se dissociam. Bem por isso, cada vez tem sido mais recorrente a compreensão de que o Direito do Trabalho deve ser examinado de forma sistêmica, a partir de sua percepção como um meio ambiente, na dicção expressa do art. 200 da Constituição.

O direito de proteção ao meio ambiente, cujo caráter de direito humano fundamental não se discute, constitui matéria que também entrelaça direito privado e direito público e interage com todos os ramos do direito. Os riscos de que novos equilíbrios não deixem espaço para a raça humana, faz com que a humanidade sinta necessidade de regular suas atividades em conformidade com essa ameaça.

O direito ambiental obedece, portanto, a uma nova lógica: de ruptura das dicotomias, de conciliação entre direito e ciência, em função de seus objetivos, "que não se reduzem às limitações do progresso da ciência, à construção de um direito da natureza ou à perenização de um direito contra a poluição e os danos ambientais"[(2)].

É justamente aí que o Direito Ambiental contribui para uma melhor compreensão do Direito Social do Trabalho. A necessidade de compreender o todo e, especialmente, compreender que o todo não se resume

---

(*) Juíza do Trabalho Titular da 3ª Vara de Erechim, Professora da FEMARGS — Fundação Escola da Magistratura do Trabalho do RS, Professora de Especialização em Direito e Processo do Trabalho na PUC/RS, no IMED e na UNOCHAPECÓ, Graduada em Direito pela Universidade do Vale do Rio dos Sinos — UNISINOS, Especialista em Direito Processual Civil pela Universidade do Vale do Rio dos Sinos — UNISINOS, Especialista em Direito do Trabalho e Processo do Trabalho pela Universidade de Santa Cruz do Sul — UNISC, Especialista em Direito e Processo do Trabalho pela Universidade do Uruguai — UDELAR, Master in Diritto del Lavoro e della Previdenza Sociale presso la Università Europea di Roma, Mestre em Direitos Fundamentais pela Pontifícia Universidade Católica — PUC/RS, Doutoranda em Direito pela Universidade de São Paulo — USP.

(1) SARLET, Ingo Wolfgang. *Dignidade da pessoa humana e direitos fundamentais na Constituição Federal de 1988*. 3. ed. Porto Alegre: Livraria do Advogado, 2004.

(2) ROMI, Raphaël. *Droit et administration de l'environnement*. 2ª édition. Paris: Montchrestien, 1997.

à soma de suas partes[3], que é inerente à própria criação do Direito Ambiental, é também o elemento que distingue e identifica o Direito Social, como tentaremos demonstrar.

2 A VISÃO SISTÊMICA DO DIREITO: O CONCEITO DE GESTALT

Os autores que se dedicam ao tema do meio ambiente e, notadamente, à questão do meio ambiente de trabalho e suas implicações, fazem referência a um conceito que surge na psicologia[4].

Trata-se do conceito de *Gestalt*, que considera os fenômenos psicológicos como conjuntos interligados, organizados e indivisíveis, que formam um *todo* que não se resume a sua soma. O pensamento sistêmico, segundo Fritjof Capra, consiste justamente nessa "mudança das partes para o todo", na concepção dos sistemas vivos como totalidades integradas cujas propriedades não podem ser reduzidas a partes menores.

Consiste, ainda, em sua capacidade "de deslocar a própria atenção de um lado para o outro em níveis sistêmicos"; "sua necessidade de contextualizar em vez de analisar" e seu reconhecimento de que não existem partes em absoluto. O que chamamos parte é "apenas um padrão numa teia inseparável de relações"[5]. Esse conceito se assemelha àquele de Gestalt. Ambos propugnam uma visão interligada das realidades, sem desconsiderar as peculiaridades de cada uma das partes do *problema*.

Trata-se de uma noção que também é impregnada dos conceitos da física quântica, quando questiona a visão mecanicista do mundo, baseada sobretudo na obra de Descartes, que pretende tornar exatas mesmo as ciências hoje denominadas humanas[6].

Leonel Severo Rocha, em obra na qual examina a doutrina de Luhmann, refere que para lidar com a realidade cada vez mais complexa e globalizada precisamos trabalhar com matrizes teóricas diferentes daquelas tradicionais, "buscando o sentido social da interpretação jurídica, para reconstruir a teoria jurídica contemporânea"[7].

Nesse mesmo sentido da necessidade de uma concepção mais ampla dos problemas que envolvem a vida humana, desenvolveu-se na educação a noção do construtivismo. O conhecimento não se baseia na correspondência com a realidade externa, mas nas construções de observador, na sua inter-relação com o mundo[8].

No âmbito da filosofia, o conceito de sistema é referido por Edgar Morin, quando refere a necessidade de interdisciplinaridade ou transversalidade, a fim de que abandonemos os "saberes separados". E propugna que é necessário "esforçar-se em conceber as solidariedades entre os elementos de um todo",

---

(3) No âmbito da ciência, Fritjof Capra absorve o conceito de Gestalt em sua compreensão de mundo, referindo que "a teia da vida consiste em redes dentro de redes. Em cada escala, sob estreito e minucioso exame, os nodos da rede se revelam como redes menores". (CAPRA, Fritjof. *A teia da vida*. São Paulo: Cultrix, 1997. p. 45).
(4) Por todos: FELICIANO, Guilherme Guimarães. *Tópicos avançados de direito material do trabalho*. São Paulo: Editora Damásio de Jesus, 2006.
(5) CAPRA, Fritjof. *A teia da vida*. São Paulo: Cultrix, 1997. p. 49.
(6) ALMEIDA, Almiro Eduardo. JUNIOR BALDO, Iumar. Meio ambiente do trabalho: aspectos zetéticos e dogmáticos para uma efetiva tutela jurídica. In *Meio Ambiente, Constituição e Políticas Públicas II*. André Viana Custódio e Iumar Junior Baldo (org). Curitiba: Multideia, 2012. p. 25-41. Ovídio Baptista também menciona que o racionalismo pretendeu segurança jurídica "através da utilização da metodologia das ciências da natureza ou da matemática", fato que gerou, dentre outras coisas, um ensino baseado em normas, eliminando o estudo dos fatos. É o que, no âmbito do Direito, costumamos referir como a separação entre direito e fato, exaltada pelo ensino do direito, "mesmo que ninguém tenha dúvida de que o Direito, como ciência da compreensão, exista no fato hermeneuticamente interpretado".(BAPTISTA DA SILVA, Ovídio A. *Processo e ideologia*. O Paradigma Racionalista. Rio de Janeiro: Forense, 2004. p. 36)
(7) ROCHA, Leonel Severo; SCHWARTZ. CLAM, Jean. *Introdução à teoria do sistema autopoiético do direito*. Porto Alegre: Livraria do Advogado, 2005. p. 29.
(8) Para Piaget, o conhecimento se dá mediante descobertas feitas pelo próprio ser em aprendizagem. O aprendizado é, portanto, construído pelo aluno, por meio das provocações naturais e artificiais do meio e de sua relação com o mundo. PIAGET, Jean. *A situação das ciências do homem no sistema das ciências*. Trad. Isabel Cardigos dos Reis. Amadora: Bertrand, v. I, 1970.

reconhecendo que existe uma "ecologia da ação"[9]. Morin observa que também Marx trabalhava "atravessando as fronteiras das disciplinas", procurando transversalidades, "complementaridades no domínio do saber". Só assim, diz o filósofo, é possível a compreensão que permite integrar "o que o saber universitário separa, em particular as ciências da natureza e as ciências do homem"[10]. Do mesmo modo, Freud busca, por meio da psicanálise, que propõe como ciência, resgatar a mitologia e compreender o homem como um ser complexo[11].

O conceito de Gestalt ou a visão sistêmica percebe a sociedade como um sistema social que se torna possível pela comunicação. E comunicação é linguagem. A importância do direito se inscreve aqui. Direito é discurso que busca persuadir, convencer e determinar as relações sociais. Esse discurso deve estar conectado à realidade a sua volta. Portanto, a maior contribuição do Direito Ambiental e da noção de Gestalt para o Direito do Trabalho é justamente fazer perceber a sociedade como algo complexo e necessariamente contextualizado, no qual o risco se tornou elemento inarredável[12].

A noção sistêmica do Direito Social do Trabalho melhor apreende seu caráter de direito humano fundamental, concebendo-o como um conjunto de conhecimentos, de diferentes áreas, necessários à efetiva proteção do trabalhador.

Vivemos em uma sociedade de risco, e esse risco é potencializado ao grau máximo pelo sistema capitalista de produção que adotamos[13]. Esses conflitos precisam ser enfrentados pelo direito e as outras áreas de conhecimento contribuem para isso. Aqui ressai, também, a necessidade de, nada obstante identificarmos as diferenças entre normas técnicas e normas jurídicas, compreendermos que mesmo normas tidas como técnicas devem observar a proibição de retrocesso social, servindo à melhoria das condições sociais do trabalhador[14].

A questão relevante, então, passa a ser o "perguntar-se pelo mundo", compreendendo-o como sistema a partir da compreensão de um "meio ambiente do mundo". É interessante verificar que também é essa noção do uso da linguagem como meio de interrogar-se sobre as coisas a sua volta, que orienta as investigações de Wittgenstein[15] e, por decorrência, a teoria desenvolvida por Gadamer.

Hans Georg Gadamer, examinando o saber e a ciência sob a perspectiva hermenêutica, refere que esse modo de compreender o mundo buscou na retórica a regra "segundo a qual é preciso compreender o todo a partir do individual e o individual a partir do todo", evidenciando uma relação circular, da qual também não se pode extrair uma soma exata, mas a sobreposição de sentidos[16].

A noção de círculo hermenêutico, que Gadamer desenvolve, pretende a concepção de um movimento constante da compreensão, do todo para a parte e das partes para o todo, concebendo-os como coisas distintas, embora inseparáveis. Por isso, ele afirma que "a tarefa é ir ampliando a unidade de sentidos com-

---

[9] Rousseau, citado por Morin, diz ainda que "é preciso abordar a ideia de vontade geral" compreendendo que "a vontade geral não é a soma das vontades particulares, que ela é uma emergência, uma qualidade nova em relação ao todo que as vontades particulares dos cidadãos formam". MORIN, Edgar. *Meus filósofos*. Porto Alegre: Sulina, 2012. p. 71.
[10] *Idem*, p. 90. Esse pensamento é encontrado especialmente em MARX, Karl. *Manuscritos econômico-filosóficos*. São Paulo: Boitempo, 2004.
[11] FREUD, Sigmund. *O futuro de uma ilusão, o mal-estar na civilização e outros trabalhos*. Rio de Janeiro: Imago, 2006.
[12] Para Leonel Severo Rocha. Cria-se um paradoxo, que reside no fato de que a sociedade possui modos de controlar as indeterminações na mesma medida em que as produz. Diz que a sociologia luhmanniana permite observar o direito no sentido de que é preciso ver a sociedade como tentativa de construção do futuro, a partir de uma epistemologia circular. (*Op. cit.*, p. 31)
[13] LUIZ, Olinda do Carmo; COHN, Amélia. *Sociedade de risco e risco epidemiológico*. Cad. Saúde Pública, Rio de Janeiro, v. 22, n. 11, nov. 2006.
[14] Niklas Luhmann, em um texto chamado "Sociologia como teoria dos sistemas sociais", menciona que "nos sistemas há lugar para a mudança e para o conflito" e aqui insere a noção de transversalidade. A análise sistêmica, portanto, para Luhmann, deve ser funcional, ou seja, "pressupõe um ponto de referência, em relação ao qual se leva a cabo uma função". Assim, por sistema social deve-se entender "uma conexão de sentido das ações sociais, que se referem umas às outras e se podem delimitar de um meio ambiente de ações não pertinentes", incluindo, pois, no caso específico do Direito do Trabalho, tanto as normas jurídicas quanto as técnicas, e bem assim as contribuições das demais áreas do direito. Texto inserido na obra: SANTOS, José Manuel (org.) *O pensamento de NIKLAS LUHMANN*. Covilhã: Universidade da Beira Interior, 2005.
[15] WITTGENSTEIN, Ludwig. *Investigações filosóficas*. 7. ed. Rio de Janeiro: Vozes, 2012.
[16] O autor refere que "A antecipação de sentido que visa o todo chega a uma compreensão explícita através do fato de que as partes que se determinam a partir do todo determinam, por sua vez, a esse todo". (GADAMER, Hans Georg. *Verdade e método I*. 12. ed. Rio de Janeiro: Vozes, 2012 p. 385).

preendidos em círculos concêntricos. O critério correspondente para a justeza da compreensão é sempre a concordância de cada particularidade com o todo"[17].

Hermenêutica e teoria sistêmica não propõem exatamente a mesma forma de ver o Direito ou mesmo de compreender o saber. Ainda assim, ambas evidenciam o que está por trás de todas essas concepções, e que verdadeiramente importa ao Direito: não podemos considerar fatos isolados, nem circunstâncias específicas, como se estivessem desconectadas de tudo o que implica nossa realidade[18].

Temos de perceber que o mundo *tem um ambiente*, pois do contrário, sequer podemos compreender a medida em que ele pode estar ameaçado. Essa é a grande contribuição que a teoria do Direito Ambiental dá ao Direito do Trabalho, embora seja necessário sublinhar que alguns autores desde há tempo insistem na necessidade de uma visão sistêmica do direito também em nosso campo de atuação.

Temos de superar as dicotomias: âmbito público e privado; direito individual ou coletivo, norma material ou processual. Essas dicotomias são legatárias de uma visão liberal clássica, que não mais se coaduna com a visão sistêmica imposta pela lógica social do Direito.

Como afirma Luhmann, no texto antes mencionado, todo o perigo da existência deve ser pensado em sua contextualização, como algo no mundo. E, desse modo, o mundo torna-se problema, sob a perspectiva de sua complexidade. Aqui é importante lembrar que Heidegger também insiste, desta feita ao tratar do homem/sujeito, que somos seres no mundo[19].

Na realidade, como refere Raphael Römi, não é por acaso que no debate entre ciência e Direito, o Direito Ambiental venha ocupando um lugar delicado. Segundo o autor, o meio ambiente está em perigo em grande medida porque a ciência deu à humanidade a ilusão de poder superar a natureza. O cientificismo permitiu ao homem a criação de armas nucleares e de tantos outros novos perigos (é só pensarmos na questão dos alimentos transgênicos), que tornam grande a tendência em acreditar que o Direito Ambiental é inimigo da ciência[20]. O mesmo, em âmbito diverso, ocorre com o Direito do Trabalho, visto por muitos como inimigo da economia.

O autor francês menciona que a colaboração entre Direito Ambiental e ciência é inevitável, justamente por se tratar de um direito que aspira à autonomia e interdisciplinaridade. Mais uma vez a similitude com o Direito do Trabalho se sobressai, legitimando inclusive entendimentos de que devemos construir e desenvolver a ideia de Direito Ambiental do Trabalho ou Direito Labor-ambiental.

2.1 A Gestalt numa visão Ambiental do Direito Humano do Trabalho

No âmbito do Direito do Trabalho, mesmo sem se referir ao termo, em obra datada de 1986, o francês François Ewald, apresenta uma contrução da função desse ramo do direito, sob uma perspectiva sistêmica. Ao tratar do Estado Providência, o autor refere que a passagem do Estado Liberal para uma lógica de Estado Social teve no acidente de trabalho (e na forma como lidamos com ele) sua melhor expressão[21]. Relaciona,

---

(17) *Idem*, p. 386.
(18) Na mesma linha, o jurista gaúcho Juarez Freitas tem obra em que enfrenta especificamente a análise sistêmica no âmbito do Direito. Para ele, o conceito de sistema deve ser rigoroso, mas permeável, aberto. É "inacabado e inacabável, donde se infere que todo intérprete precisa assumir a condição de permanente vivificador do sistema e de superador das suas antinomias axiológicas", em razão da "continuidade de contradições valorativas". FREITAS, Juarez. *A interpretação sistêmica do direito*. 4. ed. São Paulo: Malheiros, 2004. p. 47.
(19) HEIDEGGER, Martin. *Ser e tempo*. Partes I e II. Rio de Janeiro: Vozes, 1986.
(20) ROMI, Raphaël. *Droit et administration de L'environnement*. 2ª édition. Paris: Montchrestien, 1997. p. 12.
(21) O autor questiona a própria expressão acidente de trabalho, ressaltando a necessidade de conceber o direito a partir da noção de Estado. Explica que o termo "acidente de trabalho" surge no contexto do Estado Liberal. A ideia de responsabilidade em um Estado Liberal se apoia sobre a noção de autorregulação, autogestão dos riscos. A razão liberal é impregnada do problema do mal, da insegurança. E a regra da responsabilidade fornece a possibilidade de um julgamento liberal relativo à pobreza: a pobreza é uma conduta, é culpa de quem é pobre. Por isso, desenvolve-se, ao lado da caridade liberal, o dever de trabalhar. EWALD, François. *L'état providence*. Paris: Grasset, 1986.

pois, a mudança na concepção do Estado como fator a ser considerado, quando aplicamos regras (novas ou antigas), e, com isso, ressalta a importância da contextualização, da historicização do Direito[22].

Dentro de uma lógica liberal, a responsabilidade pelos danos causados pela atividade produtiva, por exemplo, seria impensável. Permitir, no contexto liberal, que outro tivesse responsabilidade por si, implicaria renegar a liberdade, aceitar a condição de escravo. Bem por isso, toda a noção de responsabilidade assentava-se no pressuposto da culpa[23].

Há, então, segundo o autor francês, um duplo fundamento da ordem social: a responsabilidade, que é individual por princípio e cria o dever de cada um, de prover para si mesmo suas necessidades. E, de outro lado, gera a noção de caridade "que ultrapassa a ideia de contrato, cujo esforço é maior que o da relação contratual, reconhecendo a desigualdade, para unir e reunir o que de outra forma permaneceria permanentemente separado"[24].

A caridade, assim como a assistência, são compatíveis com a noção liberal de Estado, e são vistas como dever moral, pois se todos são iguais perante a lei, ricos e pobres têm uma tal identidade, que a pobreza só pode ser um "acidente"[25]. As questões relativas ao mundo ao nosso redor eram examinadas como algo separado das questões humanas, morais, filosóficas.

Já enfatizamos a separação entre moral e direito, que de certo modo vem sendo denunciada à exaustão em textos mais recentes. O que talvez ainda devamos pontuar, e aqui a contribuição do Direito Ambiental é fundamental, é quanto essa noção *liberal* dos mais diversos institutos jurídicos contribui para uma visão míope, que resiste à compreensão sistêmica dos direitos humanos e, em especial, do Direito do Trabalho.

A filosofia liberal compartilha, especializa, separa os saberes e os poderes[26]. De acordo com François Ewald, a lógica liberal torna objetivas as causas da insegurança, na forma geral de acidentes, atribuindo-as ao mundo e aos atos humanos (responsabilidade por culpa), mas ao mesmo tempo se depara, como um de seus principais pontos de problematização, com o aumento gradual e expressivo de acidentes de trabalho, que, com a industrialização, tornam-se corriqueiros. O risco é *normalizado*, como se o acidente fosse parte natural da nova realidade. Segundo o autor, "no coração das indústrias aparece a necessária regularidade do mal"[27].

Essa regularidade acaba provocando o que o sociólogo francês Christophe Dejours denomina 'banalização da injustiça social'[28]. A própria denominação "acidente" revela essa banalização. Nada há de acidental no número expressivo de mortes, mutilações e doenças que o trabalho provoca. Entretanto, ao assim denominarmos, retiramos a gravidade do fato e reconhecemos nele algo cuja responsabilidade pode ser atribuída exclusivamente à vítima.

Slavoj Zizek enfatiza que o que torna algo aceitável não é o reconhecimento do sofrimento do Outro como pessoa, mas o reconhecimento da condição do Outro frente à nossa realidade[29], e é exatamente isso que a lógica liberal anestesia, inclusive por meio da linguagem.

---

(22) Nesse mesmo sentido, Leonel Severo Rocha pontua que é possível perceber "a amplitude das transformações que provoca no Direito a constatação de que o Estado deixou de ser o fundamento único de validade do poder e da lei", quando trata da passagem do Estado Liberal para o Estado Social. ROCHA, Leonel Severo; SCHWARTZ, Germano; CLAM, Jean. *Introdução à teoria do sistema autopoiético do direito*. Porto Alegre: Livraria do Advogado, 2005. p. 46.
(23) Refere que "a noção de culpa designa uma regra de seleção e de gestão dos danos que deve permitir a redução do conflito que o princípio liberal de responsabilidade organiza entre a liberdade que o constitui, e o direito de garantir a existência, e a necessária reparação dos danos causados aos outros". (EWALD, François. *L'état providence*. Paris: Grasset, 1986. p. 69).
(24) *Op. cit.*, p. 71.
(25) O autor pontua que no final do século XVIII fé e saber estavam definitivamente separados. O acidente era, então, uma forma de mal laico e secular que correspondia à nova relação entre homem e mundo. (*Idem*, p. 88)
(26) Como refere Mézsaros, "o Estado burguês só pode realizar sua função 'protetora' em prol dos grupos de trabalho fragmentados e divididos até o ponto em que o exercício dessa função corresponde objetivamente aos interesses da classe dominante como um todo". (MÉSZAROS, Istvan. *O poder da ideologia*. São Paulo: Boitempo, 2004. p. 354).
(27) EWALD, François. *L'état providence*. Paris: Grasset, 1986.
(28) DEJOURS, Christophe. *A banalização da injustiça social*. São Paulo: LTr, 2010.
(29) ZIZEK, Slavoj. *Em defesa das causas perdidas*. Trad. Maria Beatriz de Medina. São Paulo: Boitempo, 2011. p. 66.

A nossa capacidade de identificação, de nos colocarmos no lugar do próximo, de reconhecê-lo como parte de nós mesmos, enquanto membros de uma comunidade, é o que torna insuportável a sustentação de práticas destrutivas, como a submissão dos trabalhadores a doenças e acidentes no ambiente de trabalho. Temos de realizar um "exercício de humanidade", que passa inclusive pela negação do uso da linguagem como meio anestésico, capaz de justificar tudo.

Já escrevemos sobre isso em outra obra, em que pontuamos que a nossa capacidade de indignação com a banalização da injustiça social "está diretamente relacionada ao que pensamos ser papel do Estado, enquanto "coisa pública" e o nosso papel, enquanto membros de uma comunidade"[30].

Em um de seus imperativos categóricos, Kant condena o uso do Outro como meio para atingir um resultado. Esse imperativo é de certo modo reproduzido na Constituição da Organização Internacional do Trabalho — OIT, em 1919, ao referir que trabalho não é mercadoria e, portanto, que *homem não é mercadoria*. Decorrência disso é desejarmos para o Outro o mesmo que desejamos para nós, reconhecendo-o como parte do meio ambiente e, mais especificamente, do meio ambiente de trabalho.

A passagem da lógica estritamente liberal para a lógica de Estado Social determina um discurso praticamente unânime de que o mal deve ser combatido como problema de todos, como questão social[31]. Deve, portanto, ser enfrentado de forma sistêmica e a partir da perspectiva de que estamos diante de um direito humano fundamental.

3 O ESTADO SOCIAL E A IMPORTÂNCIA DA VISÃO SISTÊMICA DO MEIO AMBIENTE DE TRABALHO

O direito deve ser visto como uma das formas de problematização das relações de poder e, portanto, como modo de reflexão. Por isso, teve de lidar, para chegar ao Estado Social, com a noção liberal de mérito (quem é pobre, o é porque não batalhou suficientemente por sua riqueza) e de liberdade como oposição a qualquer forma de garantia estatal (a seguridade era considerada, e ainda hoje é, um incentivo à criminalidade, à preguiça).

O desenvolvimento do sistema capitalista multiplica situações em que as atividades regulares, lucrativas e úteis, são causas de danos. E esses danos não podem ser atribuídos à conduta culposa. Uma visão compartimentada do Direito não nos permite dimensionar as consequências sociais, psíquicas e ecológicas dos danos causados por essas atividades regulares[32].

A divisão das ciências em exatas e humanas e a separação dos âmbitos de conhecimento fundamentou noções teóricas desconectadas da realidade fática. Permitiu nosso sistema de remuneração do dano efetivo

---

(30) SEVERO, Valdete Souto; SOUTO MAIOR, Jorge Luiz; MENDES MOREIRA, Ranulio. *O dumping social nas relações de trabalho*. São Paulo: LTr, 2012. Referimos: "A capacidade de indignar-se com atrocidades ou mesmo com pequenas maldades cotidianas, passa por essa condição de reconhecer leis morais individuais como leis universais, desejando o bem comum, ou seja, estabelecendo os valores fundantes, sem os quais não é possível cogitar um programa social inclusivo e comprometido. (...) A capacidade de assumir responsabilidades depende, para Rawls, da capacidade de ter senso de justiça e de ter uma concepção do bem. (...) É interessante notar que a noção de "bem" volta a dominar o discurso, inclusive aquele francamente liberal, como uma necessidade diante das consequências inerentes ao sistema capitalista. Tratar de democracia inclusiva passa a ser, também, tratar de moralidade.(...) Não se trata de reconhecer a índole positiva do ser humano. O debate não passa por um discurso jusnaturalista. Pelo contrário, as instituições são apresentadas como instrumentos capazes de reforçar a noção de justiça que o ser humano deve cultivar porque vive com os outros. Uma noção que no contexto atual torna-se indispensável, sob pena de permitirmos a ruptura do próprio sistema. Por isso não deve impressionar o apelo dos liberais por uma "moral de inclusão social", trata-se de uma exigência do sistema. Uma exigência que se aguça com a constatação da anestesia geral a que estamos supostamente submetidos".
(31) Nas palavras de François Ewald: "Assim, entre a natureza e o homem, com sua ajuda, a indústria faz aparecer uma nova forma de acidente, propriamente social. Há um modo de objetivação do social bem diferente do que poderia suportar estruturas jurídicas tradicionais, com base em contrato" (*Op. cit.*, p. 90).
(32) O autor francês conta que na França, a lei sobre acidentes de trabalho de 9 avril 1898 propõe uma nova maneira de afrontar a relação entre causalidade e responsabilidade. Inscreve o acidente como causa objetiva, em que a conduta do trabalhador é considerada um elemento objetivo do processo de produção, do qual ele depende. "Causalidade puramente material que, por si mesma, não pode mais se assemelhar à subjetividade da culpa". (*Idem*, p. 440).

(adicional de insalubridade), por exemplo[33]. É essa a lógica que justifica que nossa sociedade atual, entre interditar a atividade ou obrigar o empregador a reparar o dano, como risco inerente, tenha optado pela mera reparação.

O Direito Social surge, dentro desse contexto, como uma alternativa ao Direito Civil e a sua lógica, pois compreende uma função diversa para o Estado: uma função de intervenção e de promoção da igualdade material. Logo, o Direito Social baseia-se em uma nova concepção das obrigações e, sobretudo, da responsabilidade[34].

O que muda, do Direito Civil para o Direito Social, "é a regra social de julgamento", que de acordo com François Ewald passa a se orientar por três concepções. Em primeiro lugar, o tipo de racionalidade política através da qual se deve pensar a regulação das relações sociais modifica-se, e com isso a categoria de direitos humanos se fundamenta e ganha destaque. Em segundo lugar, modifica-se a "definição da competência do direito na esfera das obrigações sociais — que traça o limite entre direito e não direito, entre a maior ou menor jurisdicização das relações e dos sujeitos sociais". Por fim, modifica-se o olhar para as "regras segundo as quais irão ser julgados os conflitos"[35].

Por isso, concordamos com Souto Maior quando afirma que buscar o Direito Civil e suas regras para tratar do acidente do trabalho, limitando seus direitos, equivale a negar toda a história das construções jurídicas que se desenvolveram para não permitir que o capitalismo continuasse produzindo mutilados impunemente[36].

Note-se que a noção de responsabilidade, contaminada pela questão social relativa aos acidentes, implicou modificações profundas no Direito Civil[37]. Curioso é perceber que, dando-se conta da injustiça de se aplicar uma teoria da responsabilidade fundada na culpa para os casos de acidentes de trabalho, o Direito Civil tenha evoluído, enquanto o Direito do Trabalho continua estagnado, exigindo a evidência da culpa do empregador para configurar a sua responsabilidade, utilizando como argumento justamente um dos incisos do art. 7º da Constituição, que elenca os direitos fundamentais dos trabalhadores. É mais uma hipótese do uso do direito contra ele mesmo.

Ao contratar, explorando tempo de vida e força de trabalho, para com isso obter vantagem financeira, o empregador assume o risco do resultado lesivo que seu empreendimento pode provocar nos seres humanos que emprega. É importante perceber que a teoria do risco prevista no parágrafo único do art. 927 do Código Civil de 2002 apenas ratifica a compreensão de responsabilidade prevista na CLT.

Essa mudança de racionalidade é bem identificada no Brasil pela Constituição de 1988[38], que não escapa do movimento neoliberal em que está historicamente inscrita, mas pela qual a solidariedade assume o lugar da vontade e a finalidade social passa a ter um papel especial nessa espécie de pacto entre o liberalismo e o solidarismo social.

Os direitos humanos figuram como direitos fundamentais do Estado Democrático, considerados cláusulas pétreas e, pois, infensos mesmo à ação erosiva do legislador derivado.

---

(33) Questão enfrentada por Guilherme Guimarães Feliciano, em: FELICIANO, Guilherme Guimarães. *Tópicos avançados de direito material do trabalho*. São Paulo: Damásio de Jesus, 2006.
(34) Souto Maior também salienta que os danos decorrentes dos acidentes de trabalho representam "a questão social mais decisiva para a formação da racionalidade do Direito Social e que motivou a transformação da teoria da responsabilidade no próprio âmbito do Direito Civil". SOUTO MAIOR, Jorge Luiz. *Curso de direito do trabalho: teoria geral do direito do trabalho*. v. I: parte I. São Paulo: LTr, 2011. p. 682.
(35) EWALD, François. *L'état providence*. Paris: Grasset, 1986. p. 436.
(36) SOUTO MAIOR, Jorge Luiz. *Curso de direito do trabalho: teoria geral do direito do trabalho*. v. I: parte I. São Paulo: LTr, 2011. p. 682.
(37) Nesse sentido também: CAVALIERI FILHO, Sergio. *Programa de responsabilidade civil*. 10. ed. São Paulo: Atlas, 2012. p. 151.
(38) A Constituição de 1988 tem regra que estabelece o dever do empregador para com a "redução dos riscos inerentes ao trabalho, por meio de normas de saúde, higiene e segurança" (artigo sétimo, XXII). A CLT determina seja dever do empregador "cumprir e fazer cumprir as normas de segurança e medicina do trabalho", bem como "instruir os empregados, através de ordens de serviço, quanto às precauções a tomar no sentido de evitar acidentes do trabalho ou doenças ocupacionais" (art. 157). A saúde é "direito de todos e dever do Estado, garantido mediante políticas sociais e econômicas que visem à redução do risco de doença e de outros agravos e ao acesso universal e igualitário às ações e serviços para sua promoção, proteção e recuperação" (art. 196). Trata-se do que a doutrina vem denominando *direito a um meio ambiente seguro de trabalho*.

A introjeção do conceito de ambiente de trabalho naquele de meio ambiente[39], como uma espécie que não se dissocia do gênero, agrega argumentos em favor da proteção intransigente à saúde do trabalhador, não apenas como dever do Estado, mas sobretudo como dever diretamente exigível do empregador.

Nos termos da Constituição de 1988, "todos têm direito ao meio ambiente ecologicamente equilibrado, bem de uso comum do povo e essencial à sadia qualidade de vida, impondo-se ao Poder Público e à coletividade o dever de defendê-lo e preservá-lo para as presentes e futuras gerações" (art. 225).

Não há como dissociar as noções de ambiente de trabalho e de meio ambiente. Empresas que submetem trabalhadores a contato com amianto ou fumo, apenas para citar dois exemplos de produtos que, nocivos à saúde, comprometem a segurança do ambiente de trabalho, estão atingindo diretamente o homem e seu meio ambiente. Comprometem a saúde da comunidade em que estão inseridos, e não apenas dos trabalhadores que contratam.

É nesse contexto que Guilherme Guimarães Feliciano, por exemplo, pontua que o direito a um meio ambiente saudável de trabalho encontra melhor compreensão na categoria dos direitos difusos, que pertencem à coletividade e, inclusive, às gerações futuras[40]. Talvez estejamos mesmo diante de uma nova categoria de direitos, que rompe não apenas com a ideia racional de repartição do direito em ramos, mas também com a dicotomia entre interesse individual e coletivo.

O direito a um meio ambiente saudável de trabalho é direito difuso, se quisermos utilizar as expressões vigentes para categorizar direitos, mas é também um direito individual do trabalhador. Tem, pois, viés social e individual, na exata medida em que essas esferas se entrelaçam, quando tratamos de questões sociais como aquelas aqui envolvidas.

Nesse tópico, além de situar o direito social a um meio ambiente saudável do trabalho, trataremos de duas questões a ele relacionadas: a) o aspecto que assume a responsabilidade por acidente e doença, no âmbito de um Estado Social e b) as relações cada vez mais íntimas e controversas, dos diversos âmbitos do Direito, para a solução de questões sociais ligadas à relação capital/trabalho.

3.1 A Responsabilidade Objetiva como decorrência da compreensão do Meio Ambiente de Trabalho

A cláusula geral de responsabilidade do art. 2º da CLT já alberga a teoria do risco, explicitando um pacto que está na gênese do Direito do Trabalho e que apenas posteriormente se reconhece no campo do Direito Ambiental (Lei n. 6.938/81) e no âmbito das relações em que se pressupõe igualdade.

O Código Civil de 2002 traz cláusulas gerais de proteção, como aquela contida no art. 187, quando expressamente refere que "também comete ato ilícito o titular de um direito que, ao exercê-lo, excede manifestamente os limites impostos pelo seu fim econômico ou social, pela boa-fé ou pelos bons costumes". Trata-se de uma mudança radical e importante na própria noção de ilícito civil.

Com o abandono da centralidade do conceito de culpa e a prevalência da finalidade social para configuração da responsabilidade[41], o direito comum — parte do sistema que tem por escopo refletir sobre as complexidades sociais e de certo modo enfrentá-las — absorveu, portanto, um conceito tipicamente trabalhista.

A responsabilidade por prevenir acidentes e doenças possíveis ou imagináveis no ambiente de trabalho, colocando a saúde dos empregados em situação de preferência em relação ao lucro do empreendimento, constitui dever (fundamental, nos termos da Constituição) do empregador.

---

(39) Constituição, art. 200, VIII — colaborar na proteção do meio ambiente, nele compreendido o do trabalho.
(40) *Op. cit.*, p. 123.
(41) No caso da empresa, o atendimento de sua finalidade social está caracterizado pela oferta de emprego digno ou, para usar a expressão adotada pela OIT, de trabalho decente. E trabalho decente é trabalho seguro.

Apesar da clareza da CLT e do que se impõe por uma visão sistêmica do direito, ainda se discute a necessidade da "culpa patronal" para a configuração do dever de indenizar o trabalhador mutilado[42]. Esse entendimento, a partir de uma compreensão da norma constitucional, limita as hipóteses de prevenção e ressarcimento de danos à saúde, comprometendo, com isso, o meio ambiente de trabalho, seja para os atuais trabalhadores, seja para as gerações futuras.

A conclusão acerca da necessidade de transversalidade quando do enfrentamento do tema 'responsabilidade' não é nova. Há muito tempo, autores alertam para os efeitos sociais, psíquicos e físicos que os prejuízos ao meio ambiente de trabalho provocam, individual e coletivamente, justificando aí a noção de responsabilidade objetiva.[43]

Em obra publicada em 1919, Evaristo de Moraes menciona que na teoria do risco profissional, que advoga aplicável às hipóteses de acidentes e doenças, cabem inclusive as hipóteses de "negligência ou imprudência do patrão, os vícios ignorados do maquinismo, os casos de origem completamente desconhecida, e, até mesmo, os oriundos de imprudência do operário.[44]

Evaristo de Moraes já tratava do dever de prevenção e precaução, que atualmente vem elencado como princípio do Direito Ambiental[45], e o compreendia como pressuposto de uma necessária responsabilidade objetiva por qualquer dano ao trabalhador[46]. No mesmo sentido, Pontes de Miranda já destacava que o empregador deve responder pelo fato "sem culpa, porque a causa está na exploração da indústria; a ofensa é à relação jurídica do direito lesado, e não à relação jurídica da permissão publicística da indústria"[47].

A visão sistêmica põe luz sobre esse caráter objetivo da responsabilidade trabalhista e sobre a necessidade de preservação da saúde do trabalhador, como elemento de um meio ambiente, o meio ambiente de trabalho.

O direito à reparação independentemente de relações de causalidade, e, pois, a cisão entre causalidade e imputação, prestigia a solidariedade, que figura como objetivo central da República, em nossa Constituição.

Dentre as vantagens da concepção da responsabilidade independentemente de culpa, destaca-se a questão do ônus da prova, que passa a ser sempre da parte que representa o empreendimento em que ocorreu o dano. Nesse sentido, enunciado aprovado na Primeira Jornada de Direito Material e Processual do Trabalho, organizada pelo TST e pela ANAMATRA, em 2007, com a seguinte ementa:

41. RESPONSABILIDADE CIVIL. ACIDENTE DO TRABALHO. ÔNUS DA PROVA. Cabe a inversão do ônus da prova em favor da vítima nas ações indenizatórias por acidente do trabalho.

---

(42) Interessante observar que tanto a doutrina quanto a jurisprudência aplicam a teoria da responsabilidade objetiva na modalidade do risco integral para a proteção dos animais, como decorrência do art. 225 da Constituição e da Lei n. 6.938/81, que dispõe sobre a Política Nacional do Meio Ambiente e no parágrafo primeiro do art. 14 dispõe: "Sem obstar a aplicação das penalidades previstas neste artigo, é o poluidor obrigado, independentemente da existência de culpa, a indenizar ou reparar os danos causados ao meio ambiente e a terceiros, afetados por sua atividade. [...]". Quando propôs a emenda aditiva ao texto da Constituição Federal para prever a responsabilidade do empregador em caso de dolo ou culpa, o Deputado Constituinte Antônio Carlos Mendes Thame enfatizou: "A realidade é que o Brasil registra um dos mais altos índices de acidentes de trabalho. [...] Defendemos uma Constituição em que haja uma escala de prioridades: em primeiro lugar o homem, em segundo a produção e em terceiro a propriedade. [...] O que a emenda propõe é pouquíssimo, é quase nada. É menos do que já existe para o meio ambiente". OLIVEIRA, Sebastião Geraldo de. *Indenizações por acidente do trabalho ou doença ocupacional*. São Paulo: LTr, 2005. p. 71.
(43) MAGANO, Octávio Bueno. *Lineamentos de infortunística*. São Paulo: José Bushatsky, 1976. p. 10.
(44) MORAES, Evaristo de. *Os accidentes no trabalho e a sua reparação*. Edição fac-similada. São Paulo: LTr, 2009. p. 35.
(45) CAMARGO, Thaísa Rodrigues Lustosa de; MELO, Sandro Nahmias. *Princípios do direito ambiental do trabalho*. São Paulo: LTr, 2013.
(46) "Ora, ninguem nega, em princípio, a semelhança econômica do trabalho e da mercadoria; mas tem-se de attender a que, si o trabalho é mercadoria, distingue-se das outras por seus aspectos social, moral e jurídico. [...] Andam, pois, errados os que, ainda hoje, pretendem attribuir ao Estado simples funcções de conservação, de coordenação e de segurança, querendo que o indivíduo, como unico e exclusivo motor do progresso, promova, por si só, a sua felicidade econômica. Os factos tornaram palpavel a inexactidão desta theoria; porque o que se observou foi o esmagamento do operariado, dada sua impotência para reagir contra a pressão do capitalismo. Chamar livre, economicamente falando, o productor que tem de se sujeitar, para não morrer de fome, a vender o seu trabalho por um salario insufficiente, ou a ficar desoccupado — é flagrante abominação. Louvar as condições do trabalho, sob a acção da ampla liberdade, quando se sabe a dominação effectiva em que vivem os trabalhadores — é escarnecer do infortúnio, é chasquear da penuria alheia. (*Idem*, p. 13.4).
(47) MIRANDA, Pontes. *Tratado de direito privado*. Parte geral. Tomo V. Campinas, SP: Bookseller, 2000. p. 484 e 488.

A concepção da responsabilidade objetiva do empregador implica considerar irrelevante, também, a discussão acerca da culpa para a configuração da responsabilidade. Sendo irrelevante, a prova não é apenas desnecessária, mas deve mesmo ser impedida pelo juiz, conforme se depreende dos arts. 130 do CPC, 765 e 852-D, ambos da CLT.

Trata-se de um dever das partes, como se depreende do art. 14, inciso IV, do CPC. A culpa pode (e deve) ser considerada, entretanto, para a quantificação da indenização devida nos casos de lesão a direito de personalidade, mas será irrelevante para o reconhecimento da responsabilidade, desde a perspectiva do art. 2º, que a atribui de forma objetiva, ao empregador.

A impossibilidade de exoneração da responsabilidade por "culpa da vítima" ou caso fortuito também é algo que decorre justamente da irrelevância da culpa na aferição da responsabilidade.

A compreensão do Direito do Trabalho como sistema, inserido na lógica do direito social e de uma visão social de Estado — preocupada com a proteção dos direitos humanos —, é precursora na adoção da teoria do risco integral. Nesse sentido, os Enunciados de ns. 37, 38, 39, 40 e 44, da Primeira Jornada de Direito Material e Processual do Trabalho, realizada em Brasília, em 2007, pela ANAMATRA — Associação Nacional dos Juízes do Trabalho — e pelo TST:

> 37. RESPONSABILIDADE CIVIL OBJETIVA NO ACIDENTE DE TRABALHO. ATIVIDADE DE RISCO. Aplica-se o art. 927, parágrafo único, do Código Civil nos acidentes do trabalho. O art. 7º, XXVIII, da Constituição da República, não constitui óbice à aplicação desse dispositivo legal, visto que seu *caput* garante a inclusão de outros direitos que visem à melhoria da condição social dos trabalhadores.

> 38. RESPONSABILIDADE CIVIL. DOENÇAS OCUPACIONAIS DECORRENTES DOS DANOS AO MEIO AMBIENTE DO TRABALHO. Nas doenças ocupacionais decorrentes dos danos ao meio ambiente do trabalho, a responsabilidade do empregador é objetiva. Interpretação sistêmica dos arts. 7º, XXVIII, 200, VIII, 225, § 3º, da Constituição Federal e do art. 14, § 1º, da Lei n. 6.938/81.

> 39. MEIO AMBIENTE DE TRABALHO. SAÚDE MENTAL. DEVER DO EMPREGADOR. É dever do empregador e do tomador dos serviços zelar por um ambiente de trabalho saudável também do ponto de vista da saúde mental, coibindo práticas tendentes ou aptas a gerar danos de natureza moral ou emocional aos seus trabalhadores, passíveis de indenização.

> 40. RESPONSABILIDADE CIVIL. ACIDENTE DO TRABALHO. EMPREGADO PÚBLICO. A responsabilidade civil nos acidentes do trabalho envolvendo empregados de pessoas jurídicas de Direito Público interno é objetiva. Inteligência do art. 37, § 6º da Constituição Federal e do art. 43 do Código Civil.

> 42. ACIDENTE DO TRABALHO. NEXO TÉCNICO EPIDEMIOLÓGICO. Presume-se a ocorrência de acidente do trabalho, mesmo sem a emissão da CAT — Comunicação de Acidente de Trabalho, quando houver nexo técnico epidemiológico conforme art. 21-A da Lei n. 8.213/1991

Trata-se de considerar o processo de produção onde ele se inscreve, ou seja em seus aspectos técnicos e sociais. Cuida-se de julgar as condutas e as responsabilidades não como faltas individuais, restritas a certas atividades, mas como peças ou elementos de um processo de produção sempre coletivo[48]. Trata-se, pois, de uma visão sistêmica, a partir da noção de meio ambiente de trabalho, e do acidente como decorrência desse ambiente artificialmente imposto ao trabalhador.

---

(48) EWALD, François Ewald. *L'état providence*. Paris: Grasset, 1986. p. 438.

3.2 Os Limites entre Ciência e Direito

Os limites entre ciência e direito encontram no tema do meio ambiente de trabalho um campo fértil à reflexão. Transformar o direito em ciência exata (ou a tentativa do positivismo nesse sentido) acabou fazendo com que nos denominássemos "operadores do direito". Quem opera, não cria, mexe com algo que já está pronto. Como operadores, passamos a ser essencialmente técnicos, a aplicar regras e, especialmente em caso de meio ambiente de trabalho, a buscar nas ciências exatas respostas também exatas para questões sociais.

Alguns exemplos rápidos dão a medida do que estamos afirmando. O percentual de invalidez utilizado nos processos que discutem consequências de acidentes de trabalho parte de um pressuposto técnico-científico, que despreza completamente as circunstâncias que envolvem o trabalhador atingido.

Os laudos médicos apresentam um "percentual de invalidez", baseado na tabela da SUSEP, do Ministério da Fazenda[49], como se todas as pessoas fossem iguais. Essa tabela tem sido utilizada inclusive para a fixação da danos morais em razão de acidente ou doença profissional.

A visão estritamente técnica prejudica a efetividade do direito à saúde. É exemplo, também, o caso de vários hospitais da capital gaúcha. A fim de elidir a incidência da NR-15, que relaciona atividades e operações insalubres, dentre as quais, em seu Anexo XIV, trabalho ou operações, em contato permanente com "pacientes em isolamento por doenças infecto-contagiosas", esses hospitais retiraram as áreas de isolamento. Com isso, à custa do cuidado com a saúde dos pacientes, conseguem obter laudos favoráveis à tese de que, ausente a situação de isolamento, ausente estará a circunstância insalubre.

Ainda, decisões que, partindo do pressuposto exclusivo da dicção da NR 16, acerca da periculosidade, referem que o adicional de periculosidade não pode ser cumulado com o de insalubridade, ou mesmo que deverá incidir apenas sobre o salário básico[50]. Não podemos esquecer que o dever de pagamento de adicionais de remuneração para atividades insalubres ou perigosas está longe do ideal preconizado pela Constituição, de elisão das causas nocivas à saúde, mas ainda assim constitui uma forma (tímida) de desmotivar o empregador a submeter seus trabalhadores a risco.

Há, também, a questão relativa ao direito a pagamento de adicional de insalubridade em caso de trabalho de telefonista ou operadora de *telemarketing* sob a alegação de recepção de sinais por intermédio de telefone. O Anexo 13 da NR 15 da Portaria n. 3.214/78 considera como insalubres as atividades de "telegrafia e radiotelegrafia, manipulação em aparelho do tipo Morse e recepção de sinais em fones". Com o argumento da literalidade da norma regulamentar, o TST vem indeferindo o pagamento, como se observa na seguinte ementa:

RECURSO DE REVISTA — ADICIONAL DE INSALUBRIDADE — TELEATENDIMENTO — USO DE FONES DE OUVIDO — AUSÊNCIA DE CLASSIFICAÇÃO DA ATIVIDADE COMO INSALUBRE NA RELAÇÃO OFICIAL DO MINISTÉRIO DO TRABALHO — ORIENTAÇÃO JURISPRUDENCIAL N. 4, ITEM I, DA SBDI-1 As atividades de teleatendimento e/ou telemarketing não se enquadram nas hipóteses arroladas no Anexo 13 da NR 15 da Portaria n. 3.214/78 do Ministério do Trabalho, razão pela qual não ensejam o pagamento de adicional de insalubridade. Inteligência da Orientação Jurisprudencial n. 4, item I, da SBDI-1. Precedentes. INTERVALO INTRAJORNADA — CONCESSÃO PARCIAL — PAGAMENTO TOTAL DO PERÍODO CORRESPONDENTE — NATUREZA SALARIAL O acórdão regional está conforme à Súmula n. 437, I e III, do TST. HONORÁRIOS ADVOCATÍCIOS O acórdão regional está conforme à Súmula n. 219 do TST c/c Orientação Jurisprudencial n. 304 da SBDI-1. Recurso de Revista conhecido parcialmente e provido.

---
(49) <http://www2.susep.gov.br/menuatendimento/seguro_pessoas_consumidor.asp#ac_pessoais>.
(50) Em seu Anexo 1 a NR-16 refere "2. O trabalhador, cuja atividade esteja enquadrada nas hipóteses acima discriminadas, faz jus ao adicional de 30% (trinta por cento) sobre o salário, sem os acréscimos resultantes de gratificações, prêmios ou participações nos lucros da empresa, sendo-lhe ressalvado o direito de opção por adicional de insalubridade eventualmente devido".

(RR n. 38.700-64.2009.05.04.0011, Relator Desembargador Convocado: João Pedro Silvestrin, Data de Julgamento: 22.5.2013, 8ª Turma, Data de Publicação: 24.5.2013).

Ora, parece mesmo evidente que a utilização continuada de *head-set* implica dano auditivo similar àquele anteriormente provocado pela recepção de sinais por telefone. Abrigar-se na literalidade da lei, ignorando o atual estado da técnica (hoje não há mais telegrafia ou mesmo utilização de telefone), é incompatível com a proteção que deve informar o meio ambiente de trabalho.

Ainda assim, a Súmula n. 460 do STF menciona que "para efeito do adicional de insalubridade, a perícia judicial, em reclamação trabalhista, não dispensa o enquadramento da atividade entre as insalubres, que é o ato de competência do Ministério do Trabalho e Previdência Social". No mesmo sentido, a Orientação Jurisprudencial 4, I, da SBDI-1 do TST, afirma que "não basta a constatação da insalubridade por meio de um laudo pericial para que o empregado tenha direito ao respectivo adicional, sendo necessária a classificação da atividade insalubre na relação oficial elaborada pelo Ministério do Trabalho".

Essa é a jurisprudência que fundamenta decisões como a antes colacionada, no sentido de que não há enquadramento de situação insalubre para a hipótese do trabalho da pessoa que faz trabalho de *telemarketing*[51].

Trata-se de atividade extremamente penosa, na qual o assédio moral tem constituído prática contumaz, gerando, além de doenças auditivas, doenças de caráter emocional e neurológico. Além disso, más condições ergonômicas causam uma série de doenças relacionadas à postura, à coluna e aos movimentos repetitivos[52].

É preciso pontuar, porém, que esse entendimento dominante encontra resistência, como se evidencia na decisão a seguir transcrita:

ADICIONAL DE INSALUBRIDADE. OPERADOR DE "TELEMARKETING". Em que pese não se tratar de serviço de telegrafia ou radiotelegrafia, o trabalho de operador de telemarketing implica a percepção intermitente de sinais sonoros de chamadas telefônicas, cujo enquadramento deve ocorrer no item "operações diversas — recepção de sinais em fones" do Anexo n. 13 da NR-15 da Portaria n. 3.214/78. (3ª Turma, Tribunal Regional do Trabalho da 4ª Região, RO n. 991-28.2011.05.04.0333).

---

(51) Sérgio Pinto Martins posiciona-se nesse sentido, como se verifica em <http://www.cartaforense.com.br/conteudo/colunas/adicional-de-insalubridade-para-trabalho-de-telemarketing/7590>.
(52) Nesse sentido: "O telemarketing emprega 5 milhões de pessoas nos Estados Unidos e 1,5 milhão na Europa. Na Inglaterra, existe mais gente empregada nesse setor do que nas indústrias de carvão, aço e automóveis juntas. No Brasil, o telemarketing já absorve cerca de 400 mil trabalhadores e a expectativa é de crescimento e geração de novos empregos. Estima-se que essa atividade movimente em torno de R$ 65 bilhões por ano no mercado nacional. Mas é preciso ter atenção: tantas cifras favoráveis ao telemarketing podem camuflar problemas relacionados a esse trabalho, como baixos salários e doenças ocupacionais, tanto físicas como psicossociais.(...) Os operadores de telemarketing executam tarefas muito repetitivas. Ao falarem com o cliente, eles têm que seguir um script predeterminado e são rigidamente supervisionados, já que toda a conversa é gravada. "O serviço de telemarketing quase não permite que o trabalhador expresse sua subjetividade, o que provoca estresse emocional — base de várias patologias", comenta a pesquisadora. "Em alguns tipos de ocupação, a relação entre a causa e o efeito na saúde é imediata. É o caso, por exemplo, de trabalhadores expostos a substâncias tóxicas. Porém, como essa relação não é tão óbvia para os operadores de telemarketing, o sofrimento ao qual eles são submetidos não é encarado como um problema". (<http://www.fiocruz.br/ccs/cgi/cgilua.exe/sys/start.htm?infoid=182&sid=9); "A PAIR (Perda Auditiva Induzida por Ruído) é um mal que pode atingir todos os trabalhadores expostos a sons acima de 80 decibéis. Pode ser considerada uma doença ocupacional e vem chamando a atenção principalmente dos otorrinos e fonoaudiólogos. O que mais preocupa os especialistas, em relação ao ambiente de trabalho, é a rotina dos operadores de telemarketing, que precisam usar fone de ouvido unilateral, com o volume variando de 60 a 90dB. Esse equipamento pode causar danos irreversíveis para a audição se não for usado corretamente. Os estudos comprovam que muitos desses trabalhadores desenvolvem primeiro perdas auditivas unilaterais progressivas, tornando-se depois bilaterais. (...) Com relação ao uso correto do headset (tipo de fone utilizado na função), muitos operadores revelam que não realizam a troca de ouvido por hábito, por sentirem maior conforto em determinada orelha ou ainda por terem a sensação de ouvir melhor de um lado do que de outro. O uso excessivo do fone em apenas uma orelha pode causar fadiga auditiva no lado usado e, como consequência, perda auditiva. Outro grave problema constatado é que a maioria dos funcionários de call center prefere aumentar o volume do headset para ouvir melhor o cliente, visto que normalmente o ambiente de trabalho é bastante ruidoso. Tais descuidos podem prejudicar para sempre a audição do profissional, comprometendo a qualidade de seu trabalho e seus anseios de melhoria profissional" (<http://medicinadotrabalho.com.br/2012/06.5.doenca-ocupacional-operadores-de-call-center-sofrem-com--problemas-auditivos/>).

Temos decidido nesse sentido, com base inclusive em prova técnica, que esclarece que embora os índices médios de ruído na atividade de *telemarketing* sejam inferiores a 80 dB(A), elidindo a insalubridade pelo critério quantitativo, há efeitos extra-auditivos, de caráter qualitativo, que não podem ser aferidos por tais medições. Tais efeitos extra-auditivos podem provocar ações sobre o sistema cardiovascular, alterações endócrinas, desordens físicas e dificuldades mentais e emocionais, entre as quais, irritabilidade e fadiga.

É nesse sentido um estudo realizado pelo Ministério do Trabalho em 2006[53], em que foi ressaltado que a perda auditiva não é a única doença que pode ser ocasionada pelo ruído:

Podemos concluir que, como o ruído é um agente de risco potencialmente estressor, pode trazer, como efeitos nocivos à saúde, não só os auditivos, mas toda uma gama de sintomatologia relacionada ao estresse, e que faz parte dos chamados efeitos não auditivos.

Esse tecnicismo é próprio da lógica liberal de Estado, que incentiva a fragmentação dos conhecimentos e que vem sendo ultrapassado, como vimos, tanto pela doutrina quanto pela prática, nos mais diferentes âmbitos do saber, mediante uma teoria dos direitos humanos fundamentais e uma concepção Gestalt do Direito.

Uma visão sistêmica do Direito implica compreender que as normas técnicas importam e servem ao Direito, mas não podem ser aplicadas/interpretadas de forma isolada, como se fossem suficientes em si. A imbricação entre normas técnicas e jurídicas, que nos parece evidente, não supera a diferença entre ambas. Não estamos, pois, afirmando tratar-se da mesma coisa. Estamos, isso sim, reconhecendo a importância jurídica de algumas normas técnicas, notadamente na área de proteção à saúde do trabalho.

As normas regulamentares expedidas pelo Ministério do Trabalho podem servir (e servem) para elucidar situações insalubres ou perigosas, e mesmo para agregar direitos. Não podem, porém, constituir limitação à compreensão e à extensão dos direitos humanos fundamentais trabalhistas.

Podemos mesmo questionar a limitação das hipóteses de insalubridade e de periculosidade àquelas expressamente previstas nas normas regulamentares expedidas pelo Poder Executivo. Essa visão estreita do direito é o que faz com que até hoje o adicional de penosidade não tenha saído do texto da Constituição para a realidade da vida. As normas técnicas, repita-se, importam ao Direito, mas não o limitam. Não é razoável interpretar restritivamente a norma em razão de determinada regulação de ordem meramente técnica.

Nesse sentido, é preciso ter presente a noção de proibição de retrocesso social, que em nosso Estado está positivada no art. 7º da Constituição, quando refere que os direitos ali elencados não excluem outros que visem à "melhoria da condição social", e que representa o limite para a atuação, também, do Ministério do Trabalho.

3.3 A Proibição do Retrocesso Social e o Confronto entre Normas Técnicas e Jurídicas

A noção de proibição de retrocesso social vê a linguagem (jurídica) como condição de possibilidade da ordem social. Alerta para a necessidade de um "acordo semântico", pelo qual todos concordemos seja necessário respeitar o ser humano, seja ele de qualquer classe social, raça ou religião[54].

A doutrina constitucional, com forte tendência ao resgate de valores primários como a dignidade, o trabalho e a pluralidade humana, constitui resposta ao horror mundial vivenciado na primeira metade do século XX. Está historicamente comprometida com a necessidade de superá-lo, tornando a dignidade humana um "postulado evidente".

---

(53) <http://bvsms.saude.gov.br/bvs/publicacoes/protocolo_perda_auditiva.pdf>.
(54) SARLET, Ingo Wolfgang. A eficácia do direito fundamental à segurança jurídica: dignidade da pessoa humana e proibição de retrocesso no direito constitucional brasileiro. *Revista Latino-Americana de Estudos Constitucionais*. n. 4, jul/dez 2004. p. 317-366.

Por isso, ao tratar do tema da dignidade da pessoa humana, Ingo Sarlet observa que ela "constitui um dos critérios materiais para a aferição da incidência de uma proibição de retrocesso em matéria de direitos fundamentais", sobretudo na esfera dos direitos fundamentais sociais[55].

A ideia nuclear é a de que eventuais medidas que restringem ou suprimem conquistas sociais implementadas devem ser consideradas inconstitucionais, por violação do princípio da proibição de retrocesso. O autor observa que essa proibição incide, sobretudo, nas hipóteses em que resultar "uma afetação da dignidade da pessoa humana no sentido de um comprometimento das condições materiais indispensáveis para uma vida com dignidade"[56].

A noção de proibição de retrocesso parte do pressuposto de que a dimensão plural do homem deve ser garantida mesmo à custa da noção humana individual de necessidade de sobrevivência ou de busca de satisfação imediata. Visa a impedir o retorno à racionalidade pela qual o homem podia ser visto como meio para o atingimento de um resultado desejado.

Desse modo, compreendemos que também e especialmente no âmbito do meio ambiente de trabalho, as conquistas já galgadas pelos trabalhadores não podem retroceder. Uma Norma Regulamentar que estabeleça limite de intensidade acústica não pode ser alterada para aumentar esse limite, sob o argumento de que novos estudos comprovam a suportabilidade, pelo ouvido humano, de ruídos mais intensos.

Questão interessante, relacionada à necessidade de manter os padrões já conquistados de proteção, diz com a utilização de EPI's que, nada obstante indicados nas normas regulamentares, não elidem a existência reiterada de doenças profissionais.

Trata-se de hipótese em que a dicção normativa não tem o condão de alterar o que a ciência demonstra, a incapacidade dos equipamentos de proteção para efetivamente protegerem o trabalhador. É exemplo disso o fornecimento de japona térmica como EPI indicado para o trabalho em ambientes frios ou resfriados.

Em um estudo sobre essa atividade, constatou-se que "as lesões por esforço repetitivo e doenças da coluna estão entre as principais doenças ocupacionais que acometem os empregados desse setor". Um número excessivo de casos reconhecidos pelo INSS, de doenças do trabalho, principalmente nos pulsos, mãos e ombros, estão identificados com o esforço repetitivo e a exposição ao frio. De acordo com a reportagem, "a baixa temperatura diminui o aporte de sangue às extremidades do corpo. Se o trabalho exige esforço das mãos, por exemplo, a tendência é ele sofrer rapidamente lesões nessa parte do corpo"[57].

É importante observar aqui, uma vez mais, que estamos tratando da saúde do trabalhador, direito que é individual mas é também social e se inscreve na noção de direito humano fundamental a um meio ambiente seguro e saudável de trabalho.

Os exemplos mencionados, em que outras áreas do Direito acabam servindo à mitigação ou supressão de direitos humanos fundamentais, não afeta a inconteste importância da interdisciplinariedade. Ao contrário, vários exemplos podem ser dados, de como os demais campos de conhecimento auxiliam o trabalho de interpretação/aplicação da lei.

3.4 *As Contribuições da Técnica*

Muitos juízes estão determinando perícia psicológica quando há alegação de assédio moral, sobretudo de natureza sexual, a fim de obter um parecer técnico sobre a compatibilidade da versão da vítima com suas condições psíquicas, bem como das condições psiquiátricas do suposto assediador.

---

(55) SARLET, Ingo Wolfgang. *Dignidade da pessoa humana e direitos fundamentais na Constituição Federal de 1988*. 3. ed. Porto Alegre: Livraria do Advogado, 2004. p. 120.
(56) *Idem*, p. 121.
(57) A notícia dá conta de que todos os frigoríficos apresentam alto índice de doenças ocupacionais. <http://www.reporterbrasil.com.br/pacto/noticias/view/11>. A situação é tão grave que motivou documentários sobre os trabalhos com corte de carne e frango, como o "Moendo Gente" e o "Carne e Osso" (disponível em: <http://globotv.globo.com/globo-news/globo-news-documentario/v/carne-e-osso-mostra-a-dura-rotina-de-quem-trabalha-em-frigorificos-no-brasil/2557412/>).

As hipóteses de assédio sexual são via de regra situações em que não há condições de produzir prova testemunhal. Os fatos relacionados ao assédio são praticados de forma privada, sem a presença de outro trabalhador, que não aquele objeto do assédio. É nesse aspecto que a realização de perícia mediante entrevista com profissional técnico habilitado para melhor perceber reações emocionais e físicas que denotem a veracidade da versão apresentada em juízo, tem sido cada vez mais utilizada.

Do mesmo modo, as pesquisas, no campo da medicina e da sociologia, cada vez mais revelam a conexão entre um ambiente não saudável de trabalho e o aumento do número de doenças ocupacionais[58].

A tecnologia também tem auxiliado a realização do trabalho, seja simplificando tarefas, seja dinamizando procedimentos. Seu auxílio, porém, muitas vezes revela-se, também ele, prejudicial à saúde do trabalhador. Um dos legados da tecnologia é a LER-Lesões por Esforços Repetitivos, uma doença ocasionada por movimentos repetitivos, em alta frequência e em posição ergonômica incorreta. Suas consequências são lesões de estruturas do sistema tendíneo, muscular e ligamentar[59].

Muitos relatórios demonstram que essa doença é um mal social que não está necessariamente relacionado à tecnologia, mas à mecanização das atividades, atacando especialmente soldadores, chapeadores, trabalhadores em linha de montagem e expostos a atividades industriais repetitivas, trabalhadores de abatedouros, cortadores de carne, empacotadoras, entre outros[60]. Também aqui, portanto, a ciência auxilia o Direito, afastando mitos e dando indicações sobre a possibilidade de superação desse dano à saúde do trabalhador.

Um dos problemas que vem sendo insistentemente relacionado ao uso da tecnologia é o aumento de doenças psiquiátricas envolvendo atividades como a de *call-center*[61]. Aqui, a medicina ajuda e a utilização de perícia, como já mencionado, tem sido cada vez mais eficiente como meio de prova da relação entre a doença e o trabalho.

Todos esses exemplos, positivos e negativos, apenas somam argumentos em favor da necessária transversalidade do Direito Social do Trabalho.

4 CONCLUSÃO

A relação entre Direito Ambiental e Direito do Trabalho é estreita. Ambos tratam de questões sociais, que extrapolam a esfera de direitos individuais e se inscrevem na noção de direitos humanos fundamentais.

A crescente referência a um Direito Ambiental do Trabalho tem justamente o condão de evidenciar esse fato, trazendo para as relações de trabalho vantagens já consagradas na aplicação das normas atinentes ao meio ambiente.

Parte-se do reconhecimento, de resto positivado em nossa Constituição, de que há um meio ambiente de trabalho, e de que é do empregador o dever de mantê-lo hígido, seguro e saudável.

Uma visão sistêmica do Direito, a partir da perspectiva de Gestalt, que inclusive a psicologia e a educação descobriram e utilizam em suas áreas de conhecimento, permite a intersecção entre ciência e direito, a fim de conceber a proteção do trabalhador de forma mais ampla e efetiva.

Vimos que uma visão estritamente liberal do Estado e do Direito não é apenas contrária à noção de responsabilidade por risco, que hoje já sedimentamos inclusive no âmbito do direito comum (art. 927,

---

(58) Nesse sentido: CORRÊA JACQUES, Maria da Graça. *Trabalho bancário e saúde mental no paradigma da excelência* (BANKING WORK AND MENTAL HEALTH IN THE PARADIGM OF EXCELLENCE). <http://www.esp.rs.gov.br/img2/v20n1_09TrabBancario.pdf>. Escola de Saúde Pública (ESP-SES/RS), Porto Alegre, v. 20, Número 1, Jan./Jun.2006; GRADELLA JÚNIOR, Osvaldo. Sofrimento psíquico e trabalho intelectual. *Cadernos de Psicologia Social do Trabalho*, 2010, v. 13, n. 1. p. 133-148.
(59) Em 1998, o INSS introduziu o termo DORT — Doenças Osteoarticulares Relacionadas ao Trabalho, equiparando-o a LER.
(60) <http://bvsms.saude.gov.br/bvs/publicacoes/dor_relacionada_trabalho_ler_dort.pdf>.
(61) <http://www.adm.ufba.br/sites/default/files/publicacao/arquivo/dissertacao_de_sandra_cristina_da_silva_rego.pdf>.

parágrafo único, do Código Civil), mas é também incompatível com a noção sistêmica do Direito. Essa visão, entretanto, já foi superada, justamente pela necessidade de enfrentamento social da questão relativa ao aumento gradual e expressivo dos acidentes e doenças profissionais.

A visão do meio ambiente do trabalho como um sistema que interliga Direito e outros campos do conhecimento, tem a vantagem de permitir esse olhar mais amplo para as questões sociais aí envolvidas. Os vários exemplos trabalhados no texto demonstram essa intersecção e seus limites.

O atual estado da técnica, portanto, deve servir a majorar a proteção à saúde humana, e não a mitigá-la sob o pretexto da adaptação do organismo humano às condições que lhe são impostas por um modo artificial de vida.

5 REFERÊNCIAS BIBLIOGRÁFICAS

ALMEIDA, Almiro Eduardo. BALDO JUNIOR, Iumar. Meio ambiente do trabalho: aspectos zetéticos e dogmáticos para uma efetiva tutela jurídica. *In Meio Ambiente, Constituição e Políticas Públicas II*. André Viana Custódio e Iumar Junior Baldo (org). Curitiba: Multideia, 2012.

BAPTISTA DA SILVA, Ovício A. *Processo e ideologia*. O paradigma racionalista. Rio de Janeiro: Forense, 2004.

CAMARGO, Thaísa Rodrigues Lustosa de; MELO, Sandro Nahmias. *Princípios do direito ambiental do trabalho*. São Paulo: LTr, 2013.

CAPRA, Fritjof. *A teia da vida*. São Paulo: Cultrix, 1997.

CAVALIERI FILHO, Sergio. *Programa de responsabilidade civil*. 10. ed. São Paulo: Atlas, 2012.

CORRÊA JACQUES, Maria da Graça. Trabalho bancário e saúde mental no paradigma da excelência (BANKING WORK AND MENTAL HEALTH IN THE PARADIGM OF EXCELLENCE). *Escola de Saúde Pública* (ESP-SES/RS), Porto Alegre, v. 20, n. 1, Jan./Jun.2006.

DEJOURS, Christophe. *A banalização da injustiça social*. São Paulo: LTr, 2010.

EWALD, François. *L'état providence*. Paris: Grasset, 1986.

FELICIANO, Guilherme Guimarães. *Tópicos avançados de direito material do trabalho*. São Paulo: Damásio de Jesus, 2006.

FREITAS, Juarez. *A interpretação sistêmica do direito*. 4. ed. São Paulo: Malheiros, 2004.

FREUD, Sigmund. *O futuro de uma ilusão, o mal-estar na civilização e outros trabalhos*. Rio de Janeiro: Imago, 2006.

GADAMER, Hans Georg. *Verdade e método I*. 12. ed. Rio de Janeiro: Vozes, 2012.

GRADELLA JÚNIOR, Osvaldo. Sofrimento psíquico e trabalho intelectual. *Cadernos de Psicologia Social do Trabalho*, v. 13, n. 1, p. 133-148, 2010.

HEIDEGGER, Martin. *Ser e tempo*. Partes I e II. Rio de Janeiro: Vozes, 1986.

LUIZ, Olinda do Carmo; COHN, Amélia. Sociedade de risco e risco epidemiológico. *Cad. Saúde Pública*. v. 22, n. 11, Rio de Janeiro, nov. 2006.

MAGANO, Octávio Bueno. *Lineamentos de infortunística*. São Paulo: José Bushatsky, 1976.

MARX, Karl. *Manuscritos econômico-filosóficos*. São Paulo: Boitempo, 2004.

MÉSZAROS, Istvan. *O poder da ideologia*. São Paulo: Boitempo, 2004.

MIRANDA, Pontes. *Tratado de direito privado*. Parte geral. Tomo V. Campinas, SP: Bookseller, 2000.

MORAES, Evaristo de. *Os accidentes no trabalho e a sua reparação*. Edição fac-similada. São Paulo: LTr, 2009.

MORIN, Edgar. *Meus filósofos*. Porto Alegre: Sulina, 2012.

OLIVEIRA, Sebastião Geraldo de. *Indenizações por acidente do trabalho ou doença ocupacional*. São Paulo: LTr, 2005.

PIAGET, Jean. *A situação das ciências do homem no sistema das ciências*. Trad. Isabel Cardigos dos Reis. Amadora: Bertrand, v. I, 1970.

ROCHA, Leonel Severo; SCHWARTZ, Germano; CLAM, Jean. *Introdução à teoria do sistema autopoiético do direito*. Porto Alegre: Livraria do Advogado, 2005.

ROMI, Raphaël. *Droit et administration de l'environnement*. 2ª édition. Paris: Montchrestien, 1997.

SANTOS, José Manuel (org). *O pensamento de Niklas Luhmann*. Covilhã: Universidade da Beira Interior, 2005.

SARLET, Ingo Wolfgang. A eficácia do direito fundamental à segurança jurídica: dignidade da pessoa humana e proibição de retrocesso no direito constitucional brasileiro. *Revista Latino-Americada de Estudos Constitucionais*. n. 4, jul/dez 2004, p. 317-366.

_____ . *Dignidade da pessoa humana e direitos fundamentais na Constituição Federal de 1988*. 3. ed. Porto Alegre: Livraria do Advogado, 2004.

SEVERO, Valdete Souto; SOUTO MAIOR, Jorge Luiz; MENDES MOREIRA, Ranulio. *O dumping social nas relações de trabalho*. São Paulo: LTr, 2012.

SOUTO MAIOR, Jorge Luiz. *Curso de direito do trabalho*: teoria geral do direito do trabalho, v. I: parte I. São Paulo: LTr, 2011.

WITTGENSTEIN, Ludwig. *Investigações filosóficas*. 7. ed. Rio de Janeiro: Vozes, 2012.

ZIZEK, Slavoj. *Em defesa das causas perdidas*. Trad. Maria Beatriz de Medina. São Paulo: Boitempo, 2011.

Sites Consultados:

<http://bvsms.saude.gov.br/bvs/publicacoes/dor_relacionada_trabalho_ler_dort.pdf>.

<http://bvsms.saude.gov.br/bvs/publicacoes/protocolo_perda_auditiva.pdf>.

<http://globotv.globo.com/globo-news/globo-news-documentario/v/carne-e-osso-mostra-a-dura-rotina-de-quem--trabalha-em-frigorificos-no-brasil/2557412/)>.

<http://medicinadotrabalho.com.br/2012/06.5.doenca-ocupacional-operadores-de-call-center-sofrem-com-problemas-auditivos/>.

<http://www.adm.ufba.br/sites/default/files/publicacao/arquivo/dissertacao_de_sandra_cristina_da_silva_rego.pdf>.

<http://www.cartaforense.com.br/conteudo/colunas/adicional-de-insalubridade-para-trabalho-de-telemarketing/7590>.

<http://www.fiocruz.br/ccs/cgi/cgilua.exe/sys/start.htm?infoid=182&sid=9>.

<http://www.reporterbrasil.com.br/pacto/noticias/view/11>.

<http://www2.susep.gov.br/menuatendimento/seguro_pessoas_consumidor.asp#ac_pessoais>.

<http://www.esp.rs.gov.br/img2/v20n1_09TrabBancario.pdf>.

AMBIENTES SAUDÁVEIS DE TRABALHO

José Augusto Rodrigues Pinto[*]

1. PREMISSAS DO TEMA

A contribuição dos ambientes saudáveis de trabalho para o êxito da empresa e a realização social do trabalhador tem sido objeto de permanente preocupação de organismos mundiais e de intelectuais da melhor cepa que se debruçam no estudo das relações humanas dentro da relação de trabalho. Sua meta comum é conceber e propor medidas para elevar a relação de trabalho a níveis de excelência que a coloquem à altura da necessidade e da conveniência de fazer do labor um predicado dos direitos fundamentais à saúde e ao bem-estar.

Essa intensa atividade já colocou um rico acervo de elaboração teórica, aplicação prática e análise de resultados à disposição de juristas, sociólogos, médicos e psicólogos, profissionais diretamente comprometidos com a natureza multidisciplinar do tema. Nele se encontram informações exaustivas de como podem os múltiplos ambientes nos quais passamos nossa vida, desde que saudáveis, permitir a alquimia de tornar realidade definitiva a utopia da sociedade perfeita.

Por isso, não pretendo aqui inovar a matéria com vistosas proposições, *pour épater le bourgeois*, como dizem os franceses. Menos ainda promover um inócuo desfile de repetições do que já foi dito por outros, como fazem os papagaios. Prefiro, com a franciscana pobreza das reflexões singelas, servir-me da experiência que me deu uma longa vivência com o assunto para adiantar a conclusão de que essa alquimia já é do completo domínio humano. Sua plena realização depende somente da boa compreensão e da junção destas três premissas:

"A riqueza de uma empresa depende da saúde dos trabalhadores" *(Dra. Maria Neira, Diretora do Dpto. de Saúde Pública e Ambiente da OMS).*

---

[*] Desembargador Federal do Trabalho da 5ª Região (aposentado). Professor Adjunto IV da Faculdade de Direito da Universidade Federal da Bahia. Titular da Academia de Letras Jurídicas da Bahia e titular e presidente honorário da Academia Nacional de Direito do Trabalho.

Os gastos empresariais com a formação de ambientes saudáveis de trabalho não constituem despesa, e sim investimento.

O Estado tem o dever de proporcionar por todos os meios legais e administrativos disponíveis a criação e manutenção de ambientes saudáveis de trabalho.

2 CONCEITO DE AMBIENTE

Ambiente é o que cerca ou envolve os seres vivos e as coisas, dizem-nos os dicionários. Como o homem é um ser vivo que não vagueia sozinho num espaço etéreo, logo se viu cercado ou envolvido pela natureza na própria origem de sua espécie. A natureza foi, portanto, o primeiro ambiente que ele conheceu. A necessidade de sobreviver, por sua vez, lhe deu as primeiras lições de como se esquivar da hostilidade desse ambiente e aproveitar-se das bondades por ele oferecidas.

Aderindo ao gregarismo, único meio de resistir às agressões de seu primitivo ambiente, achegou-se aos seus semelhantes e passou a ser cercado ou envolvido por um ambiente novo, o do convívio condicionado pela sociedade, organismo que ele mesmo criou para reger a convivência.

Inserindo na sociedade a instituição da família, um modelo de micro-organismo social de seu uso privativo, passou a ser cercado ou envolvido pelo ambiente dos seres em que se multiplicou ou que a ele se agregaram.

Precisando invocar divindades que o protegessem do medo instintivo do desconhecido, logo se viu cercado ou envolvido por mais um ambiente, o do misticismo e da penitência.

Por último — para não cansar com a infinitude de desdobramentos possíveis — tendo sido compelido a trabalhar para subsistir, terminou cercado ou envolvido pelo ambiente de trabalho e seu amálgama de fatores humano e material.

Em suma, exatamente no outro extremo da ideação e do desejo de gozar da liberdade pura, que o primórdio de seu pequeno mundo individual lhe sugeria, o homem é um ser cercado ou envolvido, por todos os lados, pela pressão de múltiplos ambientes que, adore ou deteste, adstringem cada passo do seu livre-arbítrio. Curvado a esse determinismo, só lhe resta uma alternativa: ou tenta ser feliz, tornando saudáveis os ambientes de que depende, ou mergulha no desvario sob a coação de suas forças descontroladas.

Eis aí, sem tirar nem pôr, o significado de "ambiente", em toda a miríade de variações possíveis. Eis também a razão da premência de adjetivá-lo com o qualificativo de "saudável" para não ser asfixiado pelo potencial de malignidade de sua essência.

3 INTERAÇÃO E INTERINFLUÊNCIA DOS AMBIENTES

É cada vez mais difícil aceitar que o homem do século XXI consiga estar cercado e envolvido apenas pelo ambiente da natureza, como teria acontecido com Robinson Crusoe, no século XVII, segundo a narração de Daniel Defoe. Afinal, a aventura daquele marujo é tão fantasiosa para as crianças atuais como as histórias da carochinha o foram para as crianças da nossa infância.

Entretanto, o que não pode deixar de ser compreendido e aceito é que o homem do século XXI vive desenganadamente cercado (acuado, seria mais exato dizer) ou envolvido por múltiplos e distintos ambientes, que atuam sobre ele, em paralelo ou sucessivamente.

Com um sistema similar ao dos vasos comunicantes, esses ambientes formam círculos interagentes que, numa decorrência lógica, se expõem a interinfluências. Isso quer dizer que a pureza ou a degeneração de qualquer deles repercute nos demais, alterando, para melhor ou para pior, as relações estabelecidas no seu interior, ainda que digam respeito a áreas totalmente diversas de atividade, como, num exemplo que interessa à nossa análise, a dos negócios e a das religiões.

Mais importante, ainda, é observar que o trânsito de influências flui em mão dupla. Quer dizer: o bom ou mau perfil de determinado ambiente, repercutindo sobre o ânimo dos seres que o habitam, pode depurar ou deteriorar a qualidade de suas relações; do mesmo modo, a inquietação anímica de um único ser humano pela degenerescência das relações que mantém com os demais num determinado ambiente contamina a todos que porventura o acessem.

Ilustrando: são comuns os casos de um ambiente familiar exemplarmente saudável se desarvorar por problemas que, no ambiente de trabalho, perturbam algum de seus integrantes. Em sentido inverso, há recorrentes registros de perda de eficiência do trabalhador, num ambiente saudável de trabalho, pelos conflitos que deterioram seu ambiente familiar.

O fenômeno de interação e de interinfluência de ambientes díspares desempenha, desse modo, papel fundamental para a compreensão da problemática do tema.

4 PERFIL GENÉTICO DO AMBIENTE DE TRABALHO

O capitalismo globalizado do nosso tempo confirma em toda a linha a ideia realista que fazemos da empresa pela ótica da relação de trabalho. Ela é uma comunidade que une dois segmentos afins da sociedade pelo objetivo comum de produzir riqueza e os desune pela medida oposta da ambição de cada um: o lucro, senha de acesso do empreendedor ao fausto do poder econômico, e o salário, senha de acesso do executor ao nirvana da dignidade humana.

Não surpreende que o divórcio entre a medida da ambição e o peso da dignidade insufle no ânimo do trabalhador um sentimento de estar sendo esbulhado em sua dignidade pelo empreendedor e, em contrapartida, insufle no ânimo do empreendedor o sentimento de estar tentando o trabalhador esbulhar seu lucro sob a pressão de uma repartição mais equânime. É por aí que o ambiente de trabalho se converte num cárcere em cujo espaço os dois protagonistas se sentem agrilhoados por uma relação de que não conseguem libertar-se, por mais que se repilam, pois nenhum deles alcançará seu propósito sem o concurso do outro.

Esse perfil genético do ambiente é o ponto crítico do transe permanente da relação do capital com o trabalho, uma projeção amplificada da relação da empresa com o trabalhador. A única saída para o impasse é estabelecer um *modus vivendi* que, mesmo não o eliminando, amorteça o choque dos sentimentos antagônicos. Ela é obtida com a formação de ambientes saudáveis para a convivência inevitável.

5 QUE FAZ SAUDÁVEL O AMBIENTE DE TRABALHO?

Entendido o que é "ambiente de trabalho" e desenhado seu perfil genético, o cuidado seguinte é perceber o modo de elevá-lo ao *status* de "ambiente saudável de trabalho".

Isso se consegue por um esforço sincronizado de Estado, empresa e trabalhador, comprometidos com o êxito do processo produtivo de riqueza, para a promoção de programas destinados a apor nos ambientes da prestação do trabalho o selo de garantia da preservação da saúde, segurança e bem-estar do trabalhador.

Desse modo, não estamos diante de simples adjetivação qualificativa do "ambiente de trabalho", mas de um valioso *upgrade*, pois os cuidados com a conservação da validade efetiva da garantia repercutem fundamente no melhor desempenho da empresa, na mais completa satisfação do trabalhador e na maior solidez econômica da sociedade.

A promoção dos programas referidos tem em mira dois fatores:

O fator físico, delineado no conjunto de problemas estruturais concernentes à aeração e iluminação, à higiene, ao maquinário e equipamentos, aos métodos de produção e à manipulação de materiais e produtos nos locais de trabalho, itens de grande potencial agressivo tanto à saúde física e mental quanto à segurança do trabalhador;

Fator psicossocial, delineado no conjunto de problemas estruturais concernentes a atitudes, crenças, valores, práticas empresariais e individuais, métodos, procedimentos e comportamentos concorrentes nos locais de trabalho, itens de grande potencial estimulante do conforto moral e espiritual do trabalhador.

6 INTERESSES E RESPONSABILIDADES: DISTRIBUIÇÃO

Os interesses do Estado, da empresa e do trabalhador em qualificar os ambientes de trabalho, por meio de programas que os tornem "saudáveis", são convergentes, já que servem a um mesmo *ensemble* de resultados. Entretanto, as metas específicas são diferentes, embora intercomplementares: o poder público quer o progresso da sociedade, beneficiária indireta de toda riqueza produzida; a empresa quer o lucro, *leitmotiv* de todo esforço de produção; o trabalhador quer o respeito à dignidade pessoal e familiar, fundamento básico da proteção do trabalho.

Já a responsabilidade e os custos de sua efetivação são tripartidos de acordo com o alvo específico de cada interesse.

O Estado assume a responsabilidade de construir e aplicar um conjunto justo e consistente de normas de cumprimento obrigatório pela empresa e pelo trabalhador, jungindo-os à obediência de condicionamentos que até podem soar contrários às suas conveniências individuais, porém transpiram a sensatez indispensável à normalidade da relação de trabalho.

Só para exemplificar, é o que acontece com a rigidez da proteção preventiva da segurança do trabalho e da prevenção, eliminação ou diminuição da insalubridade de ambientes, substâncias e materiais, imposta à empresa, e com o rigor dos preceitos de uso de equipamentos de proteção individual, impostos ao trabalhador.

A empresa assume uma responsabilidade dividida em duas vertentes: a física, por onde flui o cuidado de organizar racionalmente o trabalho, e a ética, por onde flui o dever de humanizar o estilo de comando e gestão e de harmonizar a comunidade gerada pela relação jurídica. As medidas tomadas no dia a dia de cada vertente, objetivando atingir os desideratos dos programas de qualificação dos ambientes de trabalho, constituem seu núcleo positivo. Em sentido oposto, as atitudes colidentes com esses desideratos constituem seu núcleo negativo, como uma cunha desagregadora da salubridade dos ambientes de trabalho.

Por fim, o trabalhador assume a responsabilidade de pautar a conduta pessoal e profissional pelos padrões morais da convivência social civilizada e prover os gastos de conservação da aparência exterior, da higidez física e do equilíbrio psíquico asseguratórios da plena produtividade.

Uma enumeração não exaustiva de medidas e atitudes positivas e negativas mais relevantes que, a nosso ver, se explicam por si mesmas, será feita mais adiante (ver n. 8 *infra*).

Há duas outras observações pertinentes sobre a responsabilidade da empresa e do trabalhador porque, sendo eles os sujeitos diretos da relação de trabalho, são também os convivas dos respectivos ambientes.

A primeira delas enfoca a margem de flexibilidade dos programas de responsabilidade da empresa, em razão do ônus que representam. O pressuposto de seu modelo teórico é que eles sejam dirigidos a grandes corporações de países industrialmente avançados. Por isso, os estudos mais completos sobre a saúde no trabalho soem ressalvar que "países desenvolvidos e em desenvolvimento e empresas de menor e maior porte têm necessidades e desafios diferentes".[1] Em consequência, ao considerar pequenas empresas, sobretudo de países subdesenvolvidos ou em desenvolvimento, esses estudos costumam limitar-se à recomendação básica no sentido "da adoção de boas práticas" e a acrescentar a ponderação de que "consultar especialistas locais ou visitar empresas que já equacionaram questões similares é uma boa maneira de descobrir o que pode ser feito e ter ideias de como fazer".[2]

A segunda reflexão enfoca os encargos financeiros inerentes a qualquer programa, por mais modesto que seja, de conversão dos "ambientes de trabalho" em "ambientes saudáveis de trabalho". Esse é um aspecto tão mal compreendido pelas empresas — no Brasil, possivelmente, a maioria — e tão lamentavelmente descurado pelo poder público que merece análise destacada, objeto da epígrafe seguinte.

7 GASTOS DE MANUTENÇÃO DOS AMBIENTES SAUDÁVEIS DE TRABALHO

Comecemos o raciocínio, nesse particular, pelo trabalhador e pela empresa, por estarem diretamente conectados ao problema, que vivenciam no cotidiano de sua relação jurídica. E ao trabalhador afastemos logo, pois seria incoerente pensar em imputar-lhe gastos para trabalhar, senão os relativos à sua própria pessoa.

Quanto à empresa, é muito comum que ela restrinja ou mesmo omita iniciativas voltadas para criar e manter ambientes saudáveis de trabalho, sob o pretexto de contenção de despesas ou, pior ainda, de considerá-las supérfluas. Tal tipo de comportamento é sintomático de falta de percepção dos fatos e — o que é mais grave — de maciça ignorância da natureza dos recursos alocados para esse fim.

A falta de percepção dos fatos se evidencia na total desatenção para a correlação dos ambientes saudáveis de trabalho com o aumento de produtividade do trabalhador e a diminuição de afastamentos por doenças, principalmente de etiologia psíquica em razão da forte contribuição da degenerescência do ambiente para a eclosão e o agravamento do estresse. Os males físicos se manifestam com igual intensidade em face da mais variada sorte de descuidos determinantes de insalubridade ambiental, *stricto sensu*, ou no sentido amplo do que o constituinte batizou, sem até hoje definir, de penosidade, raiz do que podemos chamar apropriadamente de "doenças da Revolução Industrial", a exemplo da LER, dos desvios de coluna, do reumatismo e do câncer.

A ignorância se evidencia na errônea caracterização da natureza desses gastos, supostamente considerados "despesa", quando são, na verdade, "investimento", cujo retorno, fartamente compensador e estatisticamente comprovado, se mostra claramente na drástica economia proporcionada pela diminuição de (aí, sim) despesas provocadas pelas doenças profissionais e pelos acidentes no trabalho.

Todavia, ainda que esses gastos coubessem na rubrica "despesa" do orçamento empresarial, o balanço final da relação custo/benefício ainda lhe seria generosamente favorável, oferecendo ademais o bônus da melhoria de qualidade de vida da sociedade como um todo.

Portanto, não há margem para duvidar, por todos os ângulos de exame deste aspecto do tema, do vantajoso que é para a empresa proporcionar ao trabalhador ambientes favoráveis de trabalho. Isso sem falar no profundo senso humanitário que revela.

No tocante ao poder público, indiretamente responsável pelo bem-estar do trabalhador nos ambientes de trabalho, em face da tutela social de sua cidadania, não lhe basta o dever de aparelhar um sistema legal que assegure a salubridade de todos os ambientes de trabalho, em todos os sentidos. Cumpre-lhe mais a prestação de eficientes serviços públicos umbilicalmente ligados à complexa estrutura da relação de trabalho, como os relativos à mobilidade urbana, acessibilidade aos locais de trabalho, segurança e assistência do trabalhador. Tais itens, no entanto, são, atualmente, uma vergonha nacional pelo descalabro a que os lançaram a incúria

---

[1] *Ambientes saudáveis de trabalho*, World Health Organization, <www.int/entity/occupationhealth/>. Consultado em: 15.9.2012.
[2] *Idem*, consultado em 15.9.2012.

dos administradores e a desonestidade dos políticos. Cumpre-lhe, por fim, o dever oblíquo, mas fundamental, de proporcionar educação pública de qualidade, base da formação do conhecimento dos contingentes de mão de obra que ano a ano ingressam no mercado de trabalho, e de dar-lhes qualificação profissional em cursos técnicos que permitam progredir pelo mérito do esforço e da inteligência e não pelo assistencialismo demagógico da incapacidade e do comodismo, nos quais pensa esconder sua própria falência.

8 ASCENSÃO E DEGRADAÇÃO DOS AMBIENTES DE TRABALHO

Trata esta epígrafe de irremissíveis compromissos da empresa, por seus dirigentes, e do trabalhador, pessoalmente, com medidas e atitudes de otimização do ambiente de trabalho e, a *contrario sensu*, impedientes de sua degradação. Elas constituem um núcleo positivo, do qual depende a formação de ambientes saudáveis, e outro negativo, que os degrada.

Grupados em enumeração exemplificativa dos itens mais importantes, proporcionam o seguinte quadro:

Empresa — Núcleo positivo:
Inspirar confiança e motivar os subordinados.
Ser honesto nas avaliações e decisões.
Tratar com respeito e cortesia.
Ser coerente nos seus julgamentos.
Saber ouvir.
Elogiar o trabalho bem feito.
Promover reuniões de trabalho e de lazer coletivo.

Empregado — Núcleo positivo
Ser participativo.
Reconhecer os erros e receber as críticas com humildade.
Ouvir e assimilar as boas sugestões dos superiores e colegas.
Ajudar e aceitar ajuda, quando necessária.
Repelir intrigas e maledicências.
Não trazer os aborrecimentos sofridos em outros ambientes.
Procurar relacionar-se socialmente com os colegas fora do ambiente de trabalho.

Empresa — Núcleo negativo:
Ser agressivo e descortês.
Exteriorizar arrogância e autoritarismo.
Censurar o trabalhador publicamente e criticar seu desempenho, estando ausente.
Não honrar compromissos e promessas.
Desprezar o engajamento com a comunidade externa.

Trabalhador — Núcleo Negativo:
Ser deselegante e deseducado.
Mostrar-se mal-humorado e insatisfeito.
Dissimular as deficiências pela prática da "vitimização".

Manter comportamento arredio no trabalho e insociável fora dele.

Praticar a delação espontânea ou estimulada dos colegas de trabalho.

Encarar com apatia as possibilidades de progressão na empresa.

9 REFLEXÕES CONCLUSIVAS

Nossas primeiras palavras destacaram a sensação atávica do capital e do trabalho de serem prisioneiros no cárcere da relação de trabalho sem chance de libertar-se dos grilhões que os prendem um ao outro.

Tal mentalidade, absolutamente distorcida, traz à empresa e ao trabalhador a visão de serem inimigos, quando a tessitura do elo entre eles é de enlace e não de algema. Coincidentemente, quando estávamos coligindo dados para textualizar nosso pensamento, nos deparamos com uma lúcida crítica a tal mentalidade, pelo lado do trabalhador e de sua representação sindical, numa entrevista de Ferreira Gullar, poeta e ensaísta insuspeito pela marca registrada de inteligência e pela cultura acumulada em oitenta anos de intensa atividade, em grande parte sob a bandeira do mais radical socialismo. Eis o que ele disse:

"O capitalismo do século XIX era realmente uma coisa abominável, com um nível de exploração inaceitável. As pessoas com espírito de solidariedade e com sentimento de justiça se revoltaram contra aquilo. O *Manifesto Comunista* de Marx, em 1848, e o movimento que se seguiu tiveram um papel importante para mudar a sociedade. A luta dos trabalhadores, o movimento sindical, a tomada de consciência dos direitos, tudo isso fez melhorar a relação capital-trabalho. O que está errado é achar, como Marx diz, que quem produz a riqueza é o trabalhador e o capitalista só o explora. É bobagem. Sem a empresa não existe riqueza. Um depende do outro."[3]

Em distorção inversa incorrem os empreendedores e seus porta-vozes que, vivendo no século XXI, entendem ser possível pensar e agir como no século XIX, em termos de relação de trabalho: o trabalhador é mera peça da engrenagem da produção, a ser usado até se exaurir e ser substituído por outro ou, simplesmente, pela própria máquina, como permite o assombroso avanço da tecnologia. É bobagem também. Se, como lembra Ferreira Gullar, sem a empresa não existe riqueza, convém completar que sem o trabalhador não existe empresa. Tudo porque um depende do outro. Para o bem (não para o mal) de ambos e da sociedade de que são partes.

Realçamos também que, a esta altura do conhecimento amealhado pela civilização, o ser humano já domina a alquimia capaz de realizar, pelo labor em ambientes saudáveis, a utopia da sociedade perfeita. Cremos que tudo que acabamos de dizer traz à luz elementos suficientes para demonstrar isso.

Então, só lhe falta a consciência, em todos os sentidos da palavra. Pois que Deus o ilumine para que, encontrando-a, chegue à beatitude existencial que jamais conseguiu tocar, mesmo estando tão próxima de suas mãos.

10 REFERÊNCIAS BIBLIOGRÁFICAS

GULLAR, Ferreira. *Entrevista* à *Revista Veja*, edição 2288, ano 45, n. 39, p. 20.

WORLD HEALTH ORGANIZATION. *Ambientes saudáveis de trabalho*. Disponível em: <www.int/entity/occupation health/>. Consultado em: 15.9.2012.

---

[3] Entrevista à *Revista VEJA*, ed. 2288, ano 45, n. 39. p. 20.

SAÚDE MENTAL PARA E PELO TRABALHO[*]

Ricardo Tadeu Marques da Fonseca[**]

1 CONTEXTUALIZAÇÃO DO TEMA

A medicina do trabalho somente se apercebeu da importância do ambiente relacional do trabalho e dos efeitos que propicia na saúde mental dos trabalhadores a partir do último terço do século XX.

Durante o século XIX até a Primeira Guerra Mundial, a medicina laboral voltou-se à proteção da própria vida dos trabalhadores frente às máquinas extremamente agressivas e o meio ambiente físico que a ceifavam. Os sindicatos reivindicavam regras mínimas de proteção e de defesa do valor máximo que é, de fato, a própria vida. Apenas após o início da Primeira Guerra Mundial, época em que a classe operária ocupa espaço definitivo de proteção, em razão da importância estratégica que conquistara, seja para sustentar as economias e os soldados nas frentes de batalha, seja para que o sistema capitalista fizesse frente à ameaça "socialista" emergente da Revolução de outubro de 1917, passou-se a reivindicar com sucesso uma medicina do trabalho voltada para a manutenção da qualidade de vida no trabalho[1].

Dirigiu-se, a medicina do trabalho, destarte, segundo Christophe Dejours[2], para o ambiente físico, químico e biológico por ele descritos como: a) ambiente físico: temperatura, pressão, barulho, vibração, irradiação, altitude etc.; b) ambiente químico: produtos manipulados, vapores e gases tóxicos, poeiras, fumaças etc.; c) ambiente biológico: vírus, bactérias, parasitas, fungos etc., além das condições de higiene, de segurança, e as características antropométricas do posto de trabalho.

---

[*] Artigo publicado: na Gênesis — Revista de Direito do Trabalho, n. 123, de março de 2003. p. 383-398; na LTr — Revista Legislação do Trabalho, ano 67, de junho de 2003. p. 670-679; na Revista da Faculdade de Direito de são Bernardo do Campo, ano 7, n. 9, de 2003. p. 341-359; no Caderno da Escola de Direito e Relações Internacionais da Faculdades do Brasil, v. 2, n. 2, jan/jun. 2003. p. 73-93; na Revista O Trabalho — Doutrina em fascículos mensais, ano 22, n. 269, dezembro/2004. p. 2480-2492; na Revista Synthesis, n. 38/2004. p. 139-141.

[**] Desembargador do Trabalho da 9ª Região.

(1) DEJOURS, Christophe. *A loucura do trabalho* — estudo de psicopatologia do trabalho. 5. ed. São Paulo: Cortez — Oboré, 1992. p. 14-25.
(2) DEJOURS, ob. cit., p. 25.

Estabelece-se, deste modo, uma relação entre o homem e as máquinas de uma forma ergonômica, preventiva de riscos à própria saúde física, corporal. O calor, o ruído, os gases, os agentes biológicos e químicos também foram identificados, quantificados e balizados para que se pudesse melhorar os aspectos agressivos do ambiente físico das indústrias.

Em 1968, porém, a luta que mobilizou a ação sindical voltou-se para medidas preventivas da higidez mental do trabalhador. A organização do trabalho foi identificada como agressiva à saúde mental dos trabalhadores. Por organização do trabalho entende-se "a divisão do trabalho, o conteúdo da tarefa (na medida em que ele dela deriva), o sistema hierárquico, as modalidades de comando, as relações de poder, as questões de responsabilidade etc."[3]

Os valores tutelados, então, pela medicina laboral, transcenderam à própria saúde corporal e abarcaram cuidados com a intimidade, a personalidade, a autoestima e a saúde psicológica do trabalhador.

Desde meados do século XX, com a criação na Europa da psicopatologia do trabalho, já se sabe que:

"A física gestual e comportamental do 'operário-massa' está para sua personalidade assim como o aparelho administrativo do ocupante está para as estruturas do país invadido. As relações de um e de outro são primeiramente de *dominação*, e depois de *ocultação*. Dominação da vida mental do operário pela organização do trabalho. Ocultação e coarctação de seus desejos no esconderijo secreto de uma clandestinidade imposta."[4]

Essa afirmação de Christophe Dejours revela uma preocupação científica com os efeitos da dinâmica "taylorista" da organização do trabalho. O campo de análise do autor francês restringe-se às consequências da automatização repetida e cronometrada dos gestos dos trabalhadores na linha de produção, em relação ao querer corporal submetido às imposições do modo capitalista de produção.

Essa escola doutrinária da psicologia do trabalho estuda as relações entre o trabalhador e o meio, bem como seus efeitos na psique dos trabalhadores, reconhecendo que a organização do trabalho impõe condições tão peculiares que atinge o comportamento interior dos obreiros e propicia tensões, angústias, expectativas capazes de afetar o livre curso dos desejos e das ações.

Ao analisar os aspectos que conformam a relação entre o homem e a organização do trabalho, Christophe Dejours indica três perspectivas de estudos: a primeira delas é "a fadiga, que faz com que o aparelho mental perca sua versatilidade"; a segunda é o "sistema frustração-agressividade reativa, que deixa sem saída uma parte importante da energia pulsional"; e, finalmente, a "organização do trabalho, como correia de transmissão de uma vontade externa, que se opõe aos investimentos das pulsões e às sublimações"[5].

As pesquisas desenvolvidas pela psicopatologia do trabalho comprovaram, assim, que a atividade produtiva repercute na autoestima e mesmo na sobrevivência do trabalhador, ocupando papel central no quadro de composição da estrutura de sua personalidade, imprimindo sobre ela reações específicas que desencadeiam os mais diversos sintomas.

A inclusão de enfermidades psicossomáticas, psicológicas e psíquicas, no âmbito das doenças ocupacionais, é o resultado das pesquisas desenvolvidas no campo da psicopatologia do trabalho.

Christophe Dejours migrou seu enfoque "homem-máquina" para as relações intersubjetivas no trabalho, fato que se tornou, segundo ele, mais notório a partir da automação do processo produtivo. Lançou, destarte, outra perspectiva de verificação, por ele denominada psicodinâmica do trabalho. Justifica essa opção depois de constatar que as bases lançadas pela psicopatologia eram incontestáveis, mas insuficientes para explicar o fenômeno atinente às relações psíquicas do homem com a organização do trabalho e aduz:

---

[3] DEJOURS, ob. cit., p. 25.
[4] DEJOURS, ob. cit., p. 26.
[5] DEJOURS, ob. cit., p. 122.

"Nenhum argumento até hoje foi capaz de contestar este núcleo da clínica do trabalho, que levou a definir a psicopatologia do trabalho como 'a análise do sofrimento psíquico resultante do confronto dos homens com a organização do trabalho'. Outra definição poderia hoje parecer mais conveniente: 'a análise psicodinâmica dos processos intersubjetivos mobilizados pelas situações de trabalho'"[6].

Explica, outrossim, que a psicodinâmica do trabalho não se ocupa dos efeitos deletérios que a organização laboral impõe inexoravelmente aos trabalhadores, levando-lhes, também inexoravelmente, ao adoecimento. Volta-se, primordialmente, às estratégias de resistência adotadas individual ou coletivamente pelos trabalhadores, garantindo-lhes a sanidade mental, apesar das agressões. Seu campo de análise é, portanto, o da normalidade.

Emerge desses estudos uma gama de constatações tomando os trabalhadores como sujeitos ativos, os quais conhecem os caminhos e devem ser respeitados por isso, na medida em que está neles a resposta para a prevenção em face dos males que os ameaçam.

Também é reconhecido por outros pesquisadores, além do mais, que não apenas a dinâmica relacional "homem-máquina" é capaz de afetar a saúde mental; as relações interpessoais, coletivas, inerentes à organização do trabalho somadas ao próprio ambiente estético e à forma de exercício do comando pelas chefias no local de trabalho e, ainda, às circunstâncias gerais referentes à própria manutenção do trabalho e a de seus resultados concretos, implicam um campo específico ao qual se dedicou a psicóloga do trabalho brasileira Hilda Alevato[7].

As pesquisas sobre a "Síndrome Loco-Neurótica"[8], identificada pela professora Hilda Alevato, decorrem da sua observação de que o mundo informatizado, a onipotência das informações controladas generalizam a ideia de crise de valores e respostas no trabalho. Todos se conformam com a crise, vendo nela mesma a causa e a solução para todos os problemas.

Enfocando as chamadas crises do desemprego estrutural, da globalização, dos valores nacionais, da tecnologia, tanto no nível macro, quanto no nível da psique de cada indivíduo, Hilda Alevato distingue as consequências universais das crises, dos seus efeitos em cada um dos indivíduos, sendo esses efeitos absolutamente diferenciados e afetos às particularidades pessoais.

O objeto central de sua análise é a dinâmica inter-relacional dos grupos empresariais entre seus componentes e os respectivos subgrupos. Destaca o efeito das dinâmicas grupais sobre a saúde dos indivíduos e dos próprios grupos, como entidades psíquicas coletivas.

Observa, ademais, que ao longo do século XX o trabalho industrial pautou a orientação da vida social, disciplinando o tempo, o modo de vida e a própria valoração moral do labor humano.

Sua contribuição é justamente a identificação do grupo de trabalho como ente psicológico coletivo e autônomo. Dirige-se, portanto, à dinâmica coletiva desses grupos de trabalho e a toda fenomenologia psicológica e material que a cerca. Busca demonstrar a influência do ambiente sobre o homem, entendendo por "ambiente" todo o conjunto significativo, simbólico e comunicativo que orienta os comportamentos. São pessoas, cores, sons, objetos, disposições espaciais, relações etc.

Voltaremos a tratar da "Síndrome Loco-Neurótica" oportunamente, eis que se configura como o tema central deste trabalho, que buscará traçar um estudo voltado a uma proposta de uma norma jurídica de proteção à saúde mental do trabalhador, justamente para evitar os riscos que estão sendo reconhecidos como riscos do ambiente psicológico do trabalho.

---

(6) LANCMAN, Selma & SZNELWAR, Laerte Idal. *Christophe Dejours:* da psicopatologia à psicodinâmica do trabalho. Brasília: Paralelo 15/Rio de Janeiro: Fiocruz, 2011.
(7) ALVES, Rodrigo. Vamos nos acostumando às mazelas. *Jornal do Brasil*, Rio de Janeiro, 3 de julho de 1999, Caderno de Ideias/Livros, p. 3.
(8) ALEVATO, Hilda. *Trabalho e neurose:* enfrentando a tortura de um ambiente em crise. Rio de Janeiro: Quartet, 1999.

A sociedade pós-industrial, como se sabe, liberta os movimentos do trabalhador da correia "taylorista" de produção. Livra seus gestos corporais, mas exige total integração da mente, da alma do trabalhador. Os programas de qualidade total, da tolerância zero ao erro, o aparente afrouxamento da vinculação do trabalhador com o espaço de trabalho e a flexibilização do tempo de trabalho, têm gerado novas questões que se acrescem às experiências da psicopatologia do trabalho, posto que a fronteira entre a postura assumida pelo indivíduo no trabalho e aquela referente a sua vida privada está cada vez mais tênue. As novas formas de organização do trabalho afetam mais profundamente, portanto, o desejo, o querer, fato que se comprova na ideia corrente de que o responsável pela própria empregabilidade é o obreiro; os empregadores têm-se eximido do zelo pela manutenção do vínculo laboral, buscando estabelecer relações laterais de coordenação com seus colaboradores.

Nosso país vive realidade peculiar porque concentra todas as fases do processo histórico a um só tempo. Em algumas regiões não superou o período pré-industrial, vigendo o modelo medieval de produção rural; em grande parte dos centros urbanos, porém, atingiu a segunda fase da revolução industrial, com indústrias de bens de produção conduzidas pelo processo taylorista de trabalho; e em outras localidades, a sociedade pós-industrial[9] encontra-se plenamente desenvolvida.

Observe-se, ademais, que no Brasil não se transpuseram com sucesso as fases históricas da medicina do trabalho, de vez que nossos trabalhadores são largamente vitimados por acidentes típicos relacionados à segurança do ambiente físico do trabalho. A preocupação com a prevenção psicológica relacional, entretanto, também merece destaque, mormente porque as consequências da globalização da economia e do processo de automação da produção se fazem sentir profundamente em nossa terra.

Com efeito, o Decreto presidencial n. 3.048/99, regulamentando o art. 20 da Lei n. 8.213/91, criou amplo rol de doenças ocupacionais, inovando em muitos aspectos. Destaque-se o fato de que doenças que sempre foram relegadas pelos médicos do trabalho, por não decorrerem diretamente deste, passaram a ser consideradas até mesmo quando a atividade laboral tão somente se faz sentir como o fator agravante dos sintomas a elas inerentes. A hipertensão, a depressão e outras doenças, desde que demonstrado o nexo de causalidade, são agora vistas pela Previdência como enfermidades do trabalho.

Chama mais ainda a atenção a inclusão do estresse ocupacional e do seu agravamento, ou de seu estado mais agudo, conhecido como "Síndrome de *Burnout*", nesse mesmo rol.[10] Há que se frisar, outrossim, que se abriu um capítulo específico justamente para contemplar os "Transtornos Mentais e do Comportamento Relacionados com o Trabalho". Enumeram-se patologias de natureza psicológica ou psíquica, suas manifestações comportamentais ou psicossomáticas, as alterações de conduta ligadas ao alcoolismo ou à dependência química, a depressão e seus efeitos etc.[11]

Releva notar, portanto, que a legislação brasileira passa a reconhecer que os esforços no trabalho podem propiciar desequilíbrio de ordem mental, fato que já se sabia existir, mas que não ensejava, até a edição do Decreto, consequências junto à Seguridade, sob a ótica da infortunística. Benefícios acidentários são agora possíveis em face de situações antes atribuídas somente a fatores inerentes à personalidade de cada trabalhador.

---

[9] Embora reconheça a coexistência da sociedade pré-industrial com os fenômenos da segunda fase da revolução industrial *fordista-taylorista*, De Masi entende que a automação e a robotização da produção, bem como o rápido fluxo das informações e decisões possibilitados pela informática vão transformar o mundo, pois os países de ponta acabarão por impor o modo de comportamento em que predominará o trabalho no setor de serviços, crítico e intelectualizado, as indústrias serão movidas por robôs, sendo imprescindível a redução da jornada e a fruição do que De Masi denomina "ócio criativo cultural" por todas as pessoas. No mesmo sentido Jeremy Rifkin ("O fim dos empregos". São Paulo: Makron Books, 1995. p. 244-245.) demonstra que na sociedade feudal o módulo semanal de trabalho era de 80 horas; na primeira fase da Revolução Industrial, 60 horas; após a segunda fase, 40 horas e, para se enfrentar as mudanças no processo produtivo, faz-se necessário a redução como já ocorre em alguns países da Europa. (DE MASI, Domenico. *O futuro do trabalho*. Rio de Janeiro: José Olympio; Brasília, DF: UnB, 1999)

[10] BRASIL. Decreto n. 3.048/99, Regulamento da Previdência Social em apenso, Anexo II, Grupo V — CID-10, item XII.

[11] Existem doze itens, cuja enumeração dispensamos, dada a natureza deste trabalho que se voltará aos aspectos jurídicos da questão. (Decreto n. 3.048/99, ob. cit.)

O Brasil vem ocupando posição destacada entre os países onde o *stress* ocupacional tem-se manifestado. Numa pesquisa[12] recente patrocinada pela "ISMA" (*International Stress Management Association*), que verificou a questão nos Estados Unidos, Alemanha, França, Brasil, Israel, Japão, China, Hong Kong e em Fiji, demonstrou-se que ocupamos o segundo lugar em número de trabalhadores acometidos pela "Síndrome de *Burnout*". Entre os trabalhadores brasileiros, apurou-se que 70% são afetados pelo *stress* ocupacional e 30% do total estão vitimados pela "Síndrome de *Burnout*". No Japão estes números se elevam. Na terra do sol nascente 85% dos trabalhadores são estressados crônicos e 70% deles manifestam a "Síndrome de *Burnout*".

Aspectos como: tensão no relacionamento entre os trabalhadores e seus chefes, expectativa quanto à manutenção do posto de trabalho, elevada exigência e pressão profissional com excesso de trabalho e sobrejornada são os fatores que a pesquisa aponta como geradores do alto número de trabalhadores afetados. Os sintomas apresentados são, em consequência, alto índice de depressão nos funcionários, drogadicção, alcoolismo, baixa de rendimento e, em casos extremos, o suicídio.

A "ISMA" norte-americana afirma que, em média, são gastos US$ 300 bilhões de dólares por ano naquele país, pelas empresas, em razão das ausências por motivos de saúde e por indenizações pagas a profissionais que as acionam judicialmente pelos danos causados pelo *stress* profissional.

É evidente que qualquer afetação física ou mental só poderá ocorrer dependendo das condições individuais para o estabelecimento de mecanismos de autodefesa. Cada pessoa reage a seu modo ante as adversidades. O que se quer sublinhar neste estudo é a institucionalização dos riscos ambientais no trabalho concernentemente ao campo psíquico, psicológico, relacional.

Acrescente-se que o valor da dignidade da pessoa humana, inclusive no trabalho, toca diretamente aos aspectos da sua personalidade, de seu mundo interior e exterior. Assim, o art. 1º da Constituição Federal de 1988 enumera como fundamentos da República, dentre outros, o respeito à cidadania, à dignidade da pessoa humana, os valores sociais do trabalho e da livre iniciativa. O art. 5º, também da Constituição, consagra como direito fundamental, nos incisos V e X, a proteção à esfera moral das pessoas e indenização por danos dessa natureza. O art. 7º, inciso XXII, protege a saúde e a segurança dos trabalhadores em relação ao ambiente de trabalho, inclusive sobre o aspecto preventivo.

Na esfera ordinária há que se sublinhar a dicção expressa do art. 11 do Código Civil no sentido de impor caráter de indisponibilidade aos direitos inerentes à personalidade, nos seguintes termos: "Com exceção dos casos previstos em lei, os direitos da personalidade são intransmissíveis e irrenunciáveis, não podendo o seu exercício sofrer limitação voluntária." Em consequência, o próprio Código Civil prevê a possibilidade de reparação de dano moral e material, no seu art. 186.

Considerando-se ainda o princípio constitucional da norma mais favorável, contido no *caput* do art. 7º da CF, que garante providências que visem à melhoria da condição social dos trabalhadores, pensamos que a inclusão das doenças de fundo psicológico ou psíquico, resultantes do trabalho, no rol das enfermidades ocupacionais, adquiriu *status* de conquista definitiva da medicina do trabalho brasileira que não conta, no entanto, com aparato legal e regulamentar para a efetiva prevenção.

O capítulo da CLT referente à medicina e segurança do trabalho contém diversos dispositivos voltados ao ambiente físico do trabalho; as normas de higiene laboral, outrossim, limitam-se a assegurar descansos diários, semanais e anuais, nada dizendo acerca do âmbito da personalidade dos trabalhadores.

Em síntese lapidar, o professor Amauri Mascaro Nascimento observa que o direito do trabalho transcende o campo das relações econômicas laborais; trata, na verdade, da dignidade do trabalhador, sujeito do qual emana a força de trabalho, de valores indisponíveis, entre os quais aqueles pertencentes à esfera da personalidade. Assim se pronuncia:

---

(12) DOMENICH, Mirella. Síndrome de burnout. *Folha de São Paulo*, São Paulo, 30 de junho de 2002, Caderno Empregos, p. 1.

"Esses valores dizem respeito não só à defesa biológica, além da proteção econômica fundamental para o trabalhador, e que se volta para a indispensabilidade de dotar a sociedade de mecanismos estatais para proteger a sua saúde e integridade física no trabalho, mas, também, à defesa da sua personalidade para cujo fim deve ser cercado de garantias legais mínimas, cuja preservação é necessária para que possa crescer como pessoa digna e participante integral do processo ético-cultural em que devem estar inseridas todas as pessoas, segundo uma perspectiva de concepção do trabalho como valor fundante da democracia e do progresso das civilizações"[13].

2 OS RISCOS DAS NOVAS FORMAS DA ORGANIZAÇÃO DO TRABALHO

A sociedade automatizada, informatizada, rompe as fronteiras continentais e as medidas temporais do fluxo da produção. Nas chamadas empresas transnacionais decisões imediatas e rápidas coordenam a divisão da produção de forma transoceânica. O próprio trabalho não está mais vinculado ao local, visto que o teletrabalho possibilita a tomada de serviços a distância e a consequente redução do custo dos salários em relação aos países centrais. O processo de flexibilização hierárquica nas empresas também torna mais voláteis as relações entre o trabalhador e o dador de serviço. Ademais, a substituição do homem pelo robô nas linhas de produção impõe uma intervenção cada vez mais intelectualmente severa dos trabalhadores. Por outro lado, causa, ainda, o desemprego estrutural que atemoriza a maior parte das pessoas.

Progressivamente, assim, regras disciplinadoras quanto à jornada e às formas de rescisão contratual são necessárias. A história já demonstrou, de sobejo, que o livre mercado não é capaz de reger as relações de trabalho e, tão pouco, as relações econômicas de produção. A ausência estatal poderá levar a naufragar todo o processo produtivo frente aos efeitos nefastos do capital especulativo internacional. De outra parte, há que se garantir critérios de distribuição de riquezas para que o crescente impulso qualitativo e quantitativo da capacidade produtiva não se inviabilize pela derrocada da capacidade de consumo do também crescente exército de reserva.

Esse panorama socioeconômico, agravado pela violência urbana que dele decorre, por crises internacionais que se potencializam, justamente pela compactação do mundo econômico, induz nas consciências permanente estado de alerta. As demandas pela qualificação profissional intensa e as relações extremamente fluidas, imediatistas, impedem a possibilidade de previsão dos rumos pessoais dos trabalhadores a médio e longo prazo.

A instabilidade é o mote generalizado; instabilidade na vida profissional, pessoal e familiar.

Conforme bem demonstra Richard Sennet[14] em sua célebre obra "A corrosão do caráter", o modelo de produção neoliberal anglo-saxônico, que se pretende hegemônico, estrutura-se por relações de curto prazo em que as pessoas não se vinculam mais a uma carreira profissional identificada com uma determinada empresa ou categoria. A formação coordenada em redes empresariais destrói os elos de compromissos a longo prazo.

Tal se reflete na própria vida comunitária e familiar. Acrescenta Sennet que não há identificação entre o trabalhador e seu trabalho, posto que o resultado depende de máquinas sobre as quais ele pouco interfere; não se identifica também com o outro que pode ser uma ameaça. Mesmo nas empresas em que se estimula o chamado trabalho em equipe, participativo, observa-se uma competição atroz, velada, em que não há verdadeira confiança recíproca. Em suas palavras:

---
(13) NASCIMENTO, Amauri Mascaro. O novo âmbito do protecionismo no direito do trabalho. *Revista LTr Legislação do Trabalho*. São Paulo: LTr, n. 8, ano 66. p. 905, 2002.
(14) SENNET, Richard. *A corrosão do caráter*. 5. ed. Rio de Janeiro: Record, 2001. p. 169-176.

"A falta de responsividade é uma reação lógica ao sentimento de que não somos necessários. Isso se aplica tanto às comunidades de trabalho quanto aos mercados de mão de obra que demitem os trabalhadores de meia-idade. As redes e equipes enfraquecem o caráter — o caráter como Horácio o descreveu pela primeira vez, como ligação com o mundo, como ser necessário aos outros. Ou, mais uma vez, nos conflitos comunais é difícil nos engajarmos se nosso antagonista declara, como o administrador da ATT: 'Somos todos vítimas da época e do lugar'"[15].

Desse modo, todos se eximem da responsabilidade relacional; a conjuntura seria a grande condutora dos destinos, todos orientados pelas leis do mercado, da oferta e da procura, que são aéticas. Esse processo, segundo Sennet, corromperia os vínculos éticos inter-relacionais no trabalho, na família e na comunidade.

Também a informatização tem alterado o ritmo de transmissão de informações e de tomada de decisões impondo intensa concentração e rapidez excessiva de raciocínio e, consequentemente, altos níveis de *stress* no trabalho. Jeremy Rifkin ressalta que os níveis de *stress* ocupacional têm se agravado de forma preocupante, porque o fluxo intenso de informações tem exigido graus de atenção nunca antes dedicados ao trabalho; o *stress* físico, muscular, do período industrial, está sendo hoje substituído pelo *stress* mental. "As novas tecnologias baseadas no computador aceleraram tanto o volume, o fluxo e o ritmo da informação que milhões de trabalhadores estão passando por 'sobrecarga' mental e 'fundindo-se'"[16]. Rifkin, dessa maneira, sublinha que as vantagens prometidas pela informática, no sentido de preservar o trabalho de atividades penosas ou intensas, não foram atendidas, visto que outros desgastes profissionais se impõem por exigências da própria computação.

Adverte, outrossim, que a reengenharia empresarial, inspirada no modelo de enxugamento "toyotista", com a delegação de responsabilidades às equipes, está "achatando" a pirâmide empresarial, eliminando as chefias intermediárias e agravando o desemprego estrutural, tornando-se, assim, alto fator de *stress* e "sobrecarga" aos trabalhadores[17].

O teletrabalho, que se define como trabalho prestado a distância por intermédio de sistemas de computadores e telecomunicações, foi apresentado como um meio de libertação do trabalhador dos rígidos horários e da frequência obrigatória ao local de trabalho, poupando-lhe dos gastos com locomoção, alimentação e vestuários. Suas vantagens, lembra Javier Thibault Aranda[18], em muitos caso, estão presentes. Propicia novas oportunidades de desenvolvimento para regiões periféricas, isoladas, reduz o consumo de energia e a poluição ambiental, abre oportunidades para trabalhadores com deficiência e, finalmente, diminui os custos para a empresa com maior flexibilidade nas formas de prestação de serviços, utilização do tempo de trabalho e rapidez de adaptação da produção às exigências do mercado.

A realidade, todavia, tem demonstrado que o teletrabalho pode acarretar sérios riscos como perdas e malefícios concernentes ao solapamento da vida familiar ou privada, isolamento do trabalhador e, consequentemente, maior temor de fracasso, de perda de *status* e possibilidades de promoção, desmobilização sindical, *stress* e as consequências do descontrole da atividade de trabalho, bem retratadas na figura do *workaholic*. O teletrabalho vem, outrossim, se revelando como um mecanismo de precarização, com rebaixamento salarial, exploração de minorias, aplicação do "*dumping* social", com a incorporação de trabalhadores mal remunerados de países distantes, por meio dos recursos da teleinformática.

Problemas, sobretudo, surgem com relação ao controle da atividade desses empregados a distância, que se faz eletronicamente. A subordinação jurídica se intensifica de tal forma que a vida íntima do trabalhador passa a não ter o seu espaço e tempo próprios, sendo necessária rigorosa disciplina legal para a preservação do tempo do não trabalho. Entende, por isso, o autor espanhol, que as regras do Estatuto do

---
(15) SENNET, ob. cit., p. 175.
(16) RIFKIN, Jeremy. *O fim dos empregos*. São Paulo: Makron Books, 1995. p. 205-209.
(17) RIFKIN, ob. cit., p. 107-113.
(18) ARANDA, Javier Thibault. *El teletrabajo — análisis jurídico-laboral*. 2. ed. atual. Espanha: Consejo Económico y Social, 2001. p. 19.

Trabalhador, inerentes ao contrato a domicílio e referentes ao controle de jornada e à remuneração, são plenamente aplicáveis à espécie, que também deve merecer atenção com relação aos dados pessoais e profissionais do trabalhador e a utilização que deles possa ser feita, tanto que na Espanha há uma lei específica sobre controle de dados, Lei de Proteção de Dados de Caráter Pessoal (Lei n. 15/1999 — LOPDCP)[19], cuja incidência é inquestionável.

O assédio moral e o assédio sexual também são riscos claramente perceptíveis no ambiente de trabalho e afetam exatamente a autoestima, a dignidade pessoal do trabalhador. Sempre ocorreram, mas hoje são mais perceptíveis, seja em razão da evolução dos direitos da personalidade, seja em consequência do espaço que as mulheres vêm ocupando na sociedade. Voltamos a insistir que a prevalência da postura aética na rigorosa competição interpessoal e econômica, influenciada pelas concepções de absenteísmo legal do novo *laissez-faire*, imprimiu uma reação justamente em defesa dos últimos bastiões da dignidade da pessoa no trabalho. A psicóloga francesa Marie-France Hirigoyen[20] apontou os traços iniciais do assédio moral que hoje repercute, inclusive, na jurisprudência e doutrina trabalhista brasileira. Falta, entretanto, uma sistematização legal acerca das condutas lesivas e de suas consequências.

Maria José Giannella Cataldi[21], caracteriza o assédio moral como uma "degradação deliberada das condições de trabalho onde prevalecem atitudes e condutas negativas dos chefes em relação aos seus subordinados, constituindo uma experiência subjetiva que acarreta prejuízos emocionais para o trabalhador e a organização". As próximas décadas, sublinha a autora, fazendo referência à pesquisa da Organização Internacional do Trabalho, "serão as décadas do 'mal-estar na globalização', onde predominarão depressões, angústias, e outros danos psíquicos, relacionados com as novas políticas de gestão na organização de trabalho e que estão vinculadas às políticas neoliberais"[22].

O assédio moral passou a ser relevante no Brasil juridicamente desde 1988, quando a Carta Maior de nosso ordenamento, como dissemos, inseriu a defesa da personalidade como um dos direitos fundamentais do homem e tornou jurídicos os danos morais. Na esfera dos direitos moralmente tutelados encontra-se também a liberdade sexual que pode ser anulada por comportamentos agressivos conhecidos como assédio sexual.

A Portaria n. 9, da Secretaria de Inspeção do Trabalho do Ministério do Trabalho e Emprego, de 30 de março de 2007, acrescenta o anexo II à NR 17. No item 5, essa norma regulamentar indica referências interessantes para a prevenção do assédio moral organizacional no setor de *telemarketing*. Pensamos que tal regulamentação poderia ser aplicada genericamente, como, por exemplo, dá-se com os itens a seguir enumerados:

NR 17, Anexo II, 5.10. "Para fins de elaboração de programas preventivos devem ser considerados os seguintes aspectos da organização do trabalho:

a) compatibilização de metas com as condições de trabalho e tempo oferecidas;

b) monitoramento de desempenho;

c) repercussões sobre a saúde dos trabalhadores decorrentes de todo e qualquer sistema de avaliação para efeito de remuneração e vantagens de qualquer espécie;

d) pressões aumentadas de tempo em horários de maior demanda;

e) períodos para adaptação ao trabalho".

---

(19) ARANDA, ob. cit., p. 151-164.
(20) HIRIGOYEN, Marie France. *Harcèlement moral: la violence perverse au quotidien*. In: CATALDI, Maria José Giannella. *O stress no meio ambiente de trabalho*. São Paulo: LTr, 2002. p. 84.
(21) CATALDI, Maria José Giannella. *O stress no meio ambiente de trabalho*, p. 85.
(22) CATALDI, ob. cit., p. 85.

NR 17, Anexo II, 5.13. "É vedada a utilização de métodos que causem assédio moral, medo ou constrangimento, tais como:

a) estímulo abusivo à competição entre trabalhadores ou grupos/equipes de trabalho;

b) exigência de que os trabalhadores usem, de forma permanente ou temporária, adereços, acessórios, fantasias e vestimentas com o objetivo de punição, promoção e propaganda;

c) exposição pública das avaliações de desempenho dos operadores".

Essas referências elaboradas pelo Ministério do Trabalho são um começo promissor para a prevenção do assédio moral, mas parecem insuficientes. Seria interessante que houvesse uma norma específica genérica e mais detalhada para a prevenção do assédio moral e punição dos agressores.

Em alteração do Código Penal, por meio da Lei n. 10.224/2001, o art. 216-A preceitua: "Art. 216-A. Constranger alguém com o intuito de obter vantagem ou favorecimento sexual, prevalecendo-se o agente de sua condição de superior hierárquico ou ascendência inerentes ao exercício de emprego, cargo ou função."

A inclusão do tema na esfera penal não é suficiente para abarcar todos os aspectos a ela comuns e muito menos para resolver as questões de prevenção e reparação de danos morais advindos do assédio sexual. A conduta penal serve como mera referência que, no entanto, não exclui a gravidade do assédio sexual cometido por colegas do mesmo nível hierárquico e mesmo de subordinados para superiores. A doutrina e a jurisprudência vêm reconhecendo a culpa da empresa por não vigiar adequadamente a conduta de seus trabalhadores ou de não ter critérios adequados de seleção de pessoal, ou seja, a conhecida culpa *in eligiendo* ou *in vigilando*.[23]

Fernando Vicente Pachés[24] desenvolve profundo estudo sobre o assédio sexual e apresenta propostas para preveni-lo. Sugere a previsão regulamentar nas empresas definindo-se o que é assédio sexual, vedando-se a sua prática e se criando um procedimento de apuração sigilosa e segura sobre as denúncias referentes ao assunto; propõe, também, o tratamento sério da questão ante o caso concreto, com a preservação da vítima, do agressor e das testemunhas, mas com consequências severas, para servir de referência a todos na empresa; atendimento especializado das vítimas de assédio; inclusão da matéria em negociação coletiva; e, finalmente, exorta para que a sociedade, em geral, atente para o problema.

Parece-nos que as sugestões de Pachés são plenamente aplicáveis ao próprio assédio moral. Tanto num caso como no outro os desdobramentos são de índole psicológica e moral, restando, portanto, prementes as medidas de enfrentamento.

O *stress* ocupacional e a "Síndrome de *Burnout*" são apontados pelos estudiosos da psicologia e da psiquiatria do trabalho como fenômenos tipicamente laborais que decorrem das pressões excessivas da sociedade atual.

O *stress* ocupacional é um estado crônico de desgaste físico e mental para e pelo trabalho. Todos nos estressamos, nas situações mais diversas, mas, em condições normais, cessada a causa, suspendem-se os efeitos fisiológicos e psicológicos do *stress*. A gravidade do *stress* ocupacional reside justamente na sua permanência diária. O local de trabalho, o ritmo das tarefas e o relacionamento interpessoal tornam-se fatores que diariamente renovam as emoções que ensejam o *stress*.

Biologicamente o *stress* se manifesta como um estado de alerta mental e corporal ante uma situação que escapa aos padrões normais da convivência. Logo, mesmo fatos que são positivos, que propiciariam muita alegria ou expectativa, geram *stress*. O mais comum, contudo, é o *stress* frente às situações de ameaça: a perda do sono, alterações cardiovasculares, respiratórias e de atenção e concentração são estimuladas pela forte presença da adrenalina no sangue, fato que ocorre quando estamos em estado de prontidão.

---
(23) NASCIMENTO, ob. cit., p. 913-916.
(24) PACHÉS, Fernando Vicente. *El derecho del trabajador al respeto de su intimidad*. Madrid: Consejo Econômico y Social, 1998. p. 230-233.

A permanência desse estado acaba por induzir a manifestações psicossomáticas as mais diversas ou a profundos estados de depressão, drogadicção e, até mesmo, ao suicídio.

Dejours[25], afirma que "a organização do trabalho, fixada externamente pelas chefias, pode, em certos casos, entrar em confronto com o compromisso operatório favorável, que o trabalhador teria instituído espontaneamente. 'A organização do trabalho, neste sentido, pode comprometer imediatamente o equilíbrio psicossomático.'" E prossegue: "A organização do trabalho é causa de uma fragilização somática, na medida em que ela pode bloquear os esforços do trabalhador para adequar o modo operatório às necessidades de sua estrutura mental".

Flávia Pietá P. da Silva[26], a seu turno, ressalta que o *stress* ocupacional tem ocasionado diversos fatores de absenteísmo e elevados custos às empresas e, ainda, muitas enfermidades de natureza psicossomáticas. Assinala que o *stress* decorre da inadequação relacional entre a organização do trabalho e o homem. A ruptura do fluxo de interação homem-trabalho traz consequências gravíssimas. Ressalta, ainda, que a "Síndrome de *Burnout*" é o processo de agudização do *stress* ocupacional crônico, uma "resposta" ao *stress* laboral, descrevendo sintomas que se evidenciam pela "decepção e perda de interesse pela atividade de trabalho que surge nas profissões que trabalham em contato direto com pessoas em prestação de serviço como consequência desse contato diário no seu trabalho"[27].

A diferenciação entre o *stress* ocupacional crônico e a Síndrome tem sido apontada pelos autores mediante o surgimento de fadiga emocional, física e mental, sentimentos de impotência e inutilidade, falta de entusiasmo pelo trabalho, pela vida em geral e baixa autoestima.

Esta Síndrome foi identificada em meados dos anos 70 e, inicialmente, atribuída a profissionais da área de saúde. Hoje, no entanto, já é consenso que qualquer área de atividade pode ensejar tanto o *stress* ocupacional como a "Síndrome de *Burnout*". Amorim e Turbay[28] sugerem, assim, que se desenvolva estudo fisiológico da natureza humana ligada à dinâmica inter-relacional na organização do trabalho, eis que já se compreende que a Síndrome em estudo tem um alto potencial de contaminação entre colegas, por implicar modelos de comportamentos assimiláveis. Sob o ponto de vista psicossocial, o *Burnout* revela-se pelo esgotamento emocional, despersonalização e baixa realização pessoal no trabalho. A organização do trabalho como que "suga" as energias físicas, mentais e emocionais do trabalhador, fazendo com que este realize seu trabalho de forma fria e desinteressada, despersonalizando as pessoas por ele atendidas e, consequentemente, impondo baixíssimos níveis de realização profissional.

O processo de instalação da "Síndrome de *Burnout*" tem sido descrito em três momentos: no primeiro, "o indivíduo percebe a evidência de uma tensão, o *stress*. No segundo momento, aparecem sintomas de fadiga e esgotamento emocional, concomitantemente a um aumento do nível de ansiedade e, finalmente, o indivíduo desenvolve estratégias de defesa, que utiliza de maneira constante".[29]

França e Rodrigues, citados por Pietá, propõem a seguinte estratégia de prevenção à "Síndrome de *Burnout*": "a) aumentar a variedade de rotinas, para evitar a monotonia; b) prevenir o excesso de horas extras; c) dar melhor suporte social às pessoas; d) melhorar as condições sociais e físicas de trabalho; e e) investir no aperfeiçoamento profissional e pessoal dos trabalhadores."[30]

Observa-se, destarte, que o trabalho já é cenário de várias questões que afetam a psique do trabalhador e que urge a prevenção sobre o meio ambiente relacional do trabalho ou dos chamados riscos que podem sobre ele incidir.

---

(25) DEJOURS, ob. cit., p. 128.
(26) SILVA, Flávia Pietá Paulo da. *Burnout: um desafio à saúde do trabalhador*. PSI — Revista de psicologia social e institucional. Londrina, v. 2, n. 1, jun. 2000. Disponível em: <http://2.uel.br/ccb/psicologia/revista/textov2n15.htm>. Acesso em: 10 de jan. 2003.
(27) SILVA, ob. cit.
(28) AMORIM, C.; TURBAY, J. *Qualidade de vida no trabalho e síndrome de Burnout*. In: SILVA, ob. cit.
(29) SILVA, ob. cit.
(30) SILVA, ob. cit.

A "Síndrome Loco-Neurótica" (SLN) bem o revela e será, doravante, objeto de nossa análise.

"Síndrome Loco-Neurótica"

Ao estudar a Síndrome em questão, Hilda Alevato[31] pretende demonstrar as relações do homem com o meio social, sua história, seu ambiente físico e grupal. O homem utiliza um repertório de comportamentos os quais aplica em cada meio em que circula.

O choque entre o que cada um pensa ser e o que efetivamente é, no meio profissional, repercute profundamente em sua autoimagem e seu desempenho. Cita Lefebvre[32] para lembrar que "o que o homem produz com seu trabalho é mais que um produto", "é a sua Obra".

A imagem social do resultado do trabalho coletivo se reflete na autoestima do trabalhador; sendo ela desfavorável, este se desmotiva e se isola, buscando alento no convívio com outros grupos.

A pretexto da crise, abdica-se de buscar alternativas de soluções, justificando-se eventuais fracassos.

Segundo Anzieu[33] grupo se define como um "objeto pulsional vivo, criador da ilusão da extensão do eu". O grupo se fortalece e se defende com a criação de um aparelho psíquico grupal, o qual se compõe de aparelhos psíquicos individuais e de representações coletivas que materializam o consenso.

Anzieu ainda estabelece duas relações entre os indivíduos e os grupos: o "isomorfismo" que é a identidade psicológica entre o indivíduo e o grupo e o "homomorfismo" que se revela pelas diferenças entre a psique individual e a coletiva. Acentuadas as diferenças rompem-se os elos do grupo.

Hilda Alevato busca, ademais, pautar-se nos ensinamentos de Freud[34] que defende que a interação das ações emocionais dos membros do grupo gera um comportamento coletivo com características dos emocionais do ente grupal. Os elos materializam-se por meio de relações de "identificação libidinosa". Trava-se um vínculo entre os membros do grupo, o indivíduo e o líder. Se, por alguma razão, os elos se rompem, implode-se a própria existência do grupo.

Citando Cooley[35], a autora ressalta que há dois tipos de grupos: o primeiro é aquele que se forma por impulsos exclusivamente afetivos; o segundo possui vinculações circunstanciais, episódicas, exatamente como se dá com os grupos profissionais, cuja análise a preocupa.

Além do aspecto das relações subjetivas do grupo, ressalta-se, por relevante, a interação entre o ambiente externo e os indivíduos, como se aquela revelasse a exteriorização da conduta destes.

Define-se o ambiente pelo conjunto de objetos, suas características, pessoas e suas posturas, condutas e vestuários, os quais também moldam os comportamentos numa relação de fluxo e refluxo.

Para delinear o perfil do grupo, volta-se, a autora à análise da autoridade do líder e à influencia que esta imprime no grupo. Louva-se do conceito "weberiano" de autoridade, sublinhando o papel norteador do grupo que o líder desempenha. Traça uma dicotomia entre autoridade e poder, sendo a primeira concernente à legitimação do indivíduo perante os demais e o segundo referente à submissão da vontade geral aos desígnios do líder.

Deve o chefe manifestar e conduzir a palavra oficial do grupo. Quanto mais aberta a relação interindividual, mais representativa esta palavra o será. Não se deve olvidar, porém, que também se espera do chefe uma firmeza tal, que possa orientar os caminhos a seguir nos momentos de crise.

Em caso de agravamento da crise, corre-se o risco de banalização da palavra oficial do grupo, com a consequente perda de referência dos objetivos. Nessa hipótese, a palavra oficial não submete a vontade coletiva.

---

(31) ALEVATO, ob. cit., p. 87-130.
(32) LEFEBVRE, H. *A vida cotidiana no mundo moderno*. IN: ALEVATO, ob. cit., p. 26.
(33) ANZIEU, D. *O grupo e o inconsciente: o imaginário grupal*. IN: ALEVATO, ob. cit., p. 29-30.
(34) FREUD, S. *Obras completas*. IN: ALEVATO. Ob. cit., p. 35.
(35) ALEVATO, ob. cit., p. 36.

Aproximando a teria psicanalítica do grupo enquanto sujeito específico, Hilda Alevato dirige seu olhar sobre as perdas que afetam a saúde emocional do indivíduo e, consequentemente, do próprio grupo.

Assim, a perda é um mecanismo psicológico que se utiliza para presentificar o objeto perdido e se faz muito intensa na análise da SLN, sendo mesmo a sua principal causa.

A teoria psicanalítica nos fala em três formas de perdas: a) frustração social, que diz respeito ao aspecto subjetivo da perda e à consequente sensação de culpa; b) privação social, referente à perda de si mesmo em razão da impossibilidade de atingir os objetivos almejados; c) castração social, pertinente à perda do objeto desejado.

A principal consequência das perdas sociais para o indivíduo é a ausência de avaliação de suas potencialidades, de seus ganhos, das forças que poderá amealhar para superar as perdas. Implica, por isso, alto grau de depressão e desamparo.

Durante o processo de SLN observa-se a incidência das três perdas, simultânea e intensamente. A representação da depressão coletiva se reforça, não pela sensação de morte do grupo, mas, isto sim, pelo merecimento dessa morte anunciada. Além disso, os efeitos das perdas coletivas repercutem na saúde mental dos membros que compõem o grupo.

Hilda Alevato define "Síndrome Loco-Neurótica" (SLN) como "um conjunto de sintomas, atitudes e reações identificadas de forma difusa mas restrita a determinado espaço físico e social, comuns aos sujeitos do coletivo (que não as apresentam em outros espaços sociais), cujas manifestações se assemelham às formas neuróticas de reagir às situações e aos problemas do cotidiano"[36].

As características do grupo acometido pela SLN são as consequências sistematizadas pelo grande acúmulo de perdas que finda por projetar no intergrupal, não mais uma expectativa de potência; em seu lugar surge a sensação de que o local e as pessoas ali presentes contribuem para novas perdas.

A busca de soluções individuais ou salvaguardas encontradas em pequenos subgrupos leva à cisão e ao esvaziamento do grupo original.

Os indivíduos e o meio ambiente passam a incorporar os efeitos negativos da desagregação, emergindo a expectativa de que as soluções se projetam para uma força externa idealizada, psicologicamente equiparável ao apelo dos bebês ao afeto materno, em razão, inclusive, do crescente impacto das frustrações e privações no trabalho. A efetividade psicológica da autoridade do empregador sobre o trabalhador também encontra respaldo no conceito de oralidade. Segundo Fenichel[37] cumpre-se o brocardo "se obedeceres serás protegido". Este é revelador da relação primária de dependência dos bebês com as mães, associação esta que se protrai ao longo da vida para os vínculos de poder da autoridade.

Um dos efeitos mais marcantes da SLN sobre os indivíduos é a angústia represada e ocasionada pelas perdas sucessivas. Tal represamento gera alta descarga hormonal, alterando quimicamente as funções corporais.

A depressão, as afetações do sistema digestivo, respiratório, ou circulatório são manifestações físicas vividas, cuja origem está estritamente ligada ao trabalho.

Problemas com a falta de sono também são bastante evidenciados, gerando cansaço crônico, pois a mente não repousa; constrói um sistema de vigília que a mantém constantemente alerta contra as ameaças reais ou imaginárias advindas dos problemas profissionais.

As pesquisas da psicanálise quanto à neurose profissional referem quatro situações específicas:

> Associação do trabalho à independência. Os conflitos atinentes à independência econômica e profissional tocam diretamente nas relações de oralidade, podendo gerar inibição laboral;

---
[36] ALEVATO, ob. cit., p. 22.
[37] FENICHEL, O. *Teoria psicanalítica das neuroses.* ALEVATO, ob. cit., p, 92.

A associação do trabalho ao dever em oposição ao prazer. Os conflitos internos relacionados ao poder da autoridade, a submissão, ou a rebeldia, associam-se ao trabalho;

Substituição ideológica dos instintos pelo trabalho. Esta gera trabalho incessante e robotizado, desprovido de prazer. A consequência pode ser a queda na produtividade, justamente pela somatização dos instintos reprimidos;

Transtornos neuróticos da concentração e da atenção. O esforço exagerado da atividade mental pode comprometer os processos cognitivos pelo desgaste dessa energia;

Muitos grupos implementam um ritual de "suicídio de seus ideais internos", assumindo a falência da instituição e dos valores outrora cultuados. Reproduzem, assim, os sintomas que caracterizam a neurose que leva ao suicídio, justamente pela perda da autoestima, inclusive no próprio trabalho e no valor dele resultante.

A SLN origina-se e se instala em razão das constantes perdas vividas na realidade do trabalho.

A crise do mercado de trabalho, as alterações da CLT, com sucessivas perdas de direitos arduamente conquistados pelo conjunto dos trabalhadores, produzem uma sensação de frustração, privação e castração.

Na falta de elementos de coesão com os objetivos traçados e da identificação de inimigos comuns, bem como da interação dos indivíduos com o grupo, este se esvai.

A psicóloga do trabalho evidencia, então, as características da SLN. Segundo Alevato, são as seguintes as exteriorizações da neurose coletiva:

1) Origem inespecífica do sentimento de angústia;

2) Limitação geográfica da incidência;

3) Renitência;

4) Semelhança dos sintomas entre os sujeitos do grupo;

5) Visão restrita da realidade e bloqueadora das soluções possíveis;

6) Dúvida generalizada, perda na referência dos pares;

7) Desconfiança e isolamento dos indivíduos com instalação de canais paralelos de comunicação, como o chamado "rádio corredor";

8) Representação do coletivo-negativo;

9) Indiferente submissão de todos à inevitabilidade da crise;

10) Regressão, significando uma infantilização atitudinal, que leva à agressão ao meio físico e pessoal e à procura de uma autoridade parental, mítica;

11) Perda do referencial institucional, na qual os rituais do grupo são banalizados e os esforços se desviam para a contemplação passiva das mazelas existentes;

12) Perda no sentido da teia inter-relacional;

13) Esvaziamento das energias do grupo, com o desencorajamento dos mais novos pelos mais velhos;

14) Atitude resistente e reacionária contra as renovações;

15) Publicação dos bastidores, que dá a todos o conhecimento dos problemas do grupo;

16) A simetria que reflete uma distorção no senso de justiça, por meio da qual se contrapõem valores bipolares — bom, mal, certo, errado — numa perspectiva de ruptura dos valores construtivos.

Dessa forma, conclui Hilda Alevato que a dinâmica psíquica-coletiva dos grupos sociais adquire autonomia, reagindo de forma pulsional, ora de maneira positiva, ora de modo negativo. O conjunto das perdas sociais pode gerar uma série de comprometimentos nessa dinâmica, afetando, não só os próprios grupos, como a saúde dos indivíduos que os compõem.

Mister se faz, portanto, detectar os problemas específicos do grupo na incessante procura de soluções coletivas que possam libertar os homens e mulheres das consequências sociais mórbidas de determinada situação específica.

Propõe, assim, uma estética grupal articulada por três mecanismos de avaliação e superação das dificuldades coletivas.

A primeira delas é o equilíbrio. Realça-se, aqui, a responsabilidade da liderança do grupo acerca da dinâmica a ele peculiar, cabendo ao líder exercer a autoridade de modo adequado às demandas específicas, valorizando-se os impulsos agregadores e criativos.

A segunda linha estratégica é o estímulo ao envolvimento. Para se alcançar o envolvimento, a autora aponta três princípios metodológicos de ação: antecipação, coerência e pessoalidade. O princípio da antecipação sugere uma atenção voltada para a condução das expectativas grupais favoráveis e mobilizadoras; o princípio da coerência materializa, por sua vez, os pactos coletivos de vinculação, ou seja, a lógica grupal que imprime nas condutas dos indivíduos as expectativas recíprocas; finalmente, o princípio da pessoalidade que exterioriza a vinculação afetiva entre o indivíduo e o grupo, o trabalho a ser empreendido e os resultados desse trabalho.

Conforme se vê, a estratégia do envolvimento induz à oxigenação e ao investimento no coletivo. Explica Hilda Alevato que "da qualidade do envolvimento depende a energia necessária ao grupo para formular ou não seus desejos e investir ou não em sua realização." E acrescenta: "Portanto, é o exame dos princípios que sustentam o envolvimento dos membros naquele grupo que pode oferecer um panorama dos caminhos a serem seguidos na superação das dificuldades".[38]

O terceiro modo de apreensão das dificuldades do grupo e de indicação de alternativas para superá-las é o "espetáculo", que consiste na avaliação do "jogo cênico" relacional entre os membros do grupo e os usuários e beneficiários do seu trabalho. Pode-se, por meio desse jogo, encontrar as manifestações que expressam os problemas crônicos, bem como, ao se interferir nesse "jogo cênico" mobilizar-se energias positivas de aproximação coletiva.

3 CONCLUSÃO

A história da medicina do trabalho, a Constituição brasileira e a legislação ordinária, exteriorizam um aspecto cada vez mais evidente da saúde mental no trabalho. A informatização tem poupado fisicamente um grande número de trabalhadores, mas, em contrapartida, tem demandado esforço mental sem precedente.

Logo, a organização do trabalho vem sendo percebida como um grave fator de risco contra a higidez da psique.

A natural vocação do Direito do Trabalho para a valorização e dignificação do ser humano e de sua força produtiva, encontra no presente tema fértil terreno a ser semeado. Embora a legislação já preveja cuidados decorrentes de enfermidades psicológicas, psíquicas e psicossomáticas, com relação ao trabalho, nada dedica aos cuidados preventivos.

O *stress* laboral e a "Síndrome de *Burnout*" são manifestações tipicamente geradas no mundo do trabalho e trazem consequências avassaladoras à saúde de um número cada vez mais crescente de pessoas; o assédio moral, o assédio sexual também são questões que vêm sendo tratadas timidamente pela legislação e pela jurisprudência, revelando problemas da dinâmica relacional no trabalho, diretamente ligados à defesa da integridade da personalidade.

---
(38) ALEVATO, ob. cit., p. 137.

A "Síndrome Loco-Neurótica" (SLN), profundamente estudada no Brasil, por sua vez, é a demonstração inequívoca de que o grupo profissional, o meio ambiente relacional é objeto passível de análise psicológica independente dos indivíduos que o compõem, mas com eles interage, afetando-os. A incidência reiterada de doenças mentais ou psicológicas em indivíduos que compõem grupos específicos é fato cada vez mais comum.

Não se pode olvidar, finalmente, a dimensão libertadora, dignificante e essencial do trabalho para a própria autoafirmação da pessoa humana, eis que o fruto dele advindo afirma todos os impulsos vitais da saúde psíquica, física e moral. Experiência bastante enaltecedora desses valores é a que se faz em diversas localidades em todo o mundo, que no Brasil se notabiliza em Campinas-SP, visando à desospitalização de doentes mentais em que o trabalho assume papel de ponta.

Pessoas antes afastadas do convívio social e tidas por irremediavelmente loucas, estão sendo reinseridas na sociedade, reassumindo o protagonismo de suas vidas e na comunidade, utilizando-se de atividades profissionais coletivas e nelas materializando a potência de suas capacidades[39].

Destarte, o trabalho é simultânea e dialeticamente fator de risco e de valorização dos impulsos psicossociais e merece urgente atenção de todos.

Os fatos são candentes, a lei já os contempla e tipifica, mas não os previne.

Urge, dessa forma, uma legislação preventiva voltada aos comportamentos éticos e inter-relacionais no trabalho. O objeto de incidência foi minudenciado por Hilda Alevato e por todos quantos estudaram a questão para que deixem de existir as vítimas da desagregação ética laboral, e para que a ética libertária do respeito ao outro, preconizado por Emmanuel Levinás[40], em todas as suas dimensões físicas, morais e psicológicas, encontre no trabalho uma de suas faces.

4 REFERÊNCIAS BIBLIOGRÁFICAS

ALEVATO, Hilda. *Trabalho e neurose:* enfrentando a tortura de um ambiente em crise. Rio de Janeiro: Quartet, 1999.

ALVES, Rodrigo. Vamos nos acostumando às mazelas. *Jornal do Brasil*, Rio de Janeiro, 3 de julho de 1999, Caderno de Ideias/Livros.

AMORIM, C.; TURBAY, J. Qualidade de vida no trabalho e síndrome de *Burnout*. In: SILVA, Flávia Pietá Paulo da. *Burnout:* um desafio à saúde do trabalhador. *PSI — Revista de psicologia social e institucional*. Londrina, v. 2, n. 1, jun. 2000. Disponível em: <http://2.uel.br/ccb/psicologia/revista/textov2n15.htm>. Acesso em: 10 de jan. 2003.

ANZIEU, D. *O grupo e o inconsciente:* o imaginário grupal. In: ALEVATO, Hilda. *Trabalho e Neurose:* enfrentando a tortura de um ambiente em crise. Rio de Janeiro: Quartet, 1999.

ARANDA, Javier Thibault. *El teletrabajo — análisis jurídico-laboral.* 2. ed. atual. Espanha: Consejo Económico y Social, 2001.

CATALDI, Maria José Giannella. *O stress no meio ambiente de trabalho.* São Paulo: LTr, 2011.

CAYRES, Cleusa Ogera, *et. al. O desafio da reabilitação profissional.* In: HARARI, Angelina; VALENTINI, Willians (orgs.). *A reforma psiquiátrica no cotidiano.* São Paulo: Hucitec, 2001.

DEJOURS, Christophe. *A loucura do trabalho — estudo de psicopatologia do trabalho.* 5. ed. São Paulo: Cortez — Oboré, 1992.

DE MASI, Domenico. *O futuro do trabalho.* Rio de Janeiro: José Olympio; Brasília, DF: UnB, 1999.

DOMENICH, Mirella. Síndrome de *Burnout*. *Folha de São Paulo*, São Paulo, 30 de junho de 2002, Caderno Empregos, p. 1.

FENICHEL, O. *Teoria psicanalítica das neuroses.* In: ALEVATO, Hilda. *Trabalho e neurose:* enfrentando a tortura de um ambiente em crise. Rio de Janeiro: Quartet, 1999.

---

(39) CAYRES, Cleusa Ogera, *et. al. O desafio da reabilitação profissional.* In: HARARI, Angelina; VALENTINI, Willians (orgs.). *A reforma psiquiátrica no cotidiano.* São Paulo: Hucitec, 2001.
(40) LEVINÁS, Emmanuel. *Totalidade e infinito.* Lisboa: Edições 70, 2000.

FREUD, S. *Obras completas.* In: ALEVATO, Hilda. *Trabalho e neurose:* enfrentando a tortura de um ambiente em crise. Rio de Janeiro: Quartet, 1999.

HIRIGOYEN, Marie France. *Harcèlement moral:* La violence perverse au quotidien. In: CATALDI, Maria José Giannella. *O stress no meio ambiente de trabalho.* São Paulo: LTr, 2002.

LANCMAN, Selma & SZNELWAR, Laerte Idal. *Christophe Dejours:* da psicopatologia à psicodinâmica do trabalho. Brasília: Paralelo 15/Rio de Janeiro: Fiocruz, 2011.

LEFEBVRE, H. *A vida cotidiana no mundo moderno.* IN: ALEVATO, Hilda. *Trabalho e neurose:* enfrentando a tortura de um ambiente em crise. Rio de Janeiro: Quartet, 1999.

LEVINÁS, Emmanuel. *Totalidade e infinito.* Lisboa: Edições 70, 2000.

NASCIMENTO, Amauri Mascaro. O novo âmbito do protecionismo no direito do trabalho. *Revista LTr Legislação do Trabalho.* São Paulo: LTr, n. 8, ano 66, p. 905, 2002.

PACHÉS, Fernando Vicente. *El derecho del trabalhador al respeto de su intimidad.* Madrid: Consejo Econômico y Social, 1998.

RIFKIN, JEREMY. *O fim dos empregos.* São Paulo: Makron Books, 1995.

SENNET, Richard. *A corrosão do caráter.* 5. ed. Rio de Janeiro: Record, 2001.

SILVA, Flávia Pietá Paulo da. *Burnout:* um desafio à saúde do trabalhador. *PSI — Revista de Psicologia Social e Institucional.* Londrina, v. 2, n. 1, jun. 2000. Disponível em: <http://2.uel.br/ccb/psicologia/revista/textov2n15.htm>. Acesso em: 10 de jan. 2003.

MEIO AMBIENTE DO TRABALHO: O DIÁLOGO ENTRE O DIREITO DO TRABALHO E O DIREITO AMBIENTAL

Norma Sueli Padilha[(*)]

1 INTRODUÇÃO

Em tempos de pressão sobre o ordenamento jurídico trabalhista e sua função tutelar dos direitos humanos do trabalhador, a presente análise pretende contribuir para alicerçar e consolidar a proteção da pessoa do trabalhador no seu ambiente de trabalho, de forma mais ampla e mais eficaz, abrangendo a sua saúde física, mental e psicológica, por meio de mecanismos jurídicos que venham contribuir com o sistema jurídico laboral, somando-se ao arcabouço de normas de proteção àquele, que pela Constituição Federal, deve estar colocado em ordem de prioridade, acima e antes, dos meios de produção: o ser humano trabalhador e sua dignidade como pessoa humana.

O meio ambiente do trabalho equilibrado é tema de profunda importância e atualidade, cuja sistematização e construção normativa foi propiciada pela Constituição Federal de 1988, em decorrência da ampla e abrangente proteção constitucional dada ao meio ambiente, albergando todos os seus inúmeros aspectos, quer do meio ambiente natural seja do meio ambiente artificial, nele incluído o do trabalho.

Referido expressamente pela Carta Constitucional de 1988[(1)], o meio ambiente do trabalho compreende o *habitat laboral* onde o ser humano trabalhador passa a maior parte de sua vida produtiva, provendo o necessário para a sua sobrevivência e desenvolvimento por meio do exercício de uma atividade laborativa, abrange a segurança e a saúde dos trabalhadores, protegendo-o contra todas as formas de degradação e/ou poluição geradas no ambiente de trabalho.

(*) Advogada, mestre e doutora em Direito pela Pontifícia Universidade Católica de São Paulo — PUC/SP, Pós-doutora pela UNICAMP; Professora Adjunta da UFMS, Professora do Programa de Mestrado em Direito da Universidade Católica de Santos — UNISANTOS, pesquisadora do CNPq e líder de Grupos de Pesquisa, autora dos livros: *Do meio ambiente do trabalho equilibrado*, Editora LTr, *Colisão de direitos metaindividuais e a decisão judicial*, Sergio Antonio Fabris; *Gramática dos direitos fundamentais na Constituição Federal de 1988*; *Fundamentos constitucionais do direito ambiental brasileiro*, Editora Campus Elsevier — obra laureada com o PRÊMIO JABUTI 2011 na categoria Direito.

(1) Conforme o Art. 200 do texto constitucional que dispõe que: "Ao Sistema Único de Saúde compete, além de outras atribuições, nos termos da lei: VIII — colaborar na proteção do meio ambiente, nele compreendido o do trabalho".

A previsão constante no Direito do Trabalho, anteriormente à Constituição Federal de 1988, referente ao regramento das condições do local ou meio no qual o trabalhador exerce sua atividade profissional, estava contida nos estreitos limites da previsão legal a que se refere a Consolidação das Leis do Trabalho, no Capítulo destinado à Segurança e Medicina do Trabalho.

Entretanto, o meio ambiente do trabalho estende sua abrangência para além da seara do Direito do Trabalho, uma vez que está inserido dentro do contexto de um dos maiores e mais graves problemas da atual sociedade globalizada e de alta tecnologia, qual seja, a questão ambiental. Os problemas ambientais suscitados pela atual sociedade de risco global não se limitam às agressões e degradação sistemática do meio ambiente natural, mas atinge o ser humano em todos os seus ambientes artificialmente construídos, desde o espaço urbano das cidades até o espaço laboral das atividades produtivas.

O ambiente do trabalho encontra-se atualmente inserido em um mercado econômico altamente agressivo e centrado na busca de altas taxas de produtividade por meio de constantes inovações tecnológicas, no qual a finalidade primordial, a busca pelo lucro, se dá, senão em detrimento da qualidade de vida do ser humano trabalhador e de sua dignidade, com certeza desconsiderando tais valores de forma prioritária.

Nesse sentido, a extensão da problemática ambiental suscitada na atualidade demanda uma nova maneira de conceber a tutela do trabalhador no seu meio ambiente de trabalho, ampliada sobremaneira em seus limites e contornos, pela proteção constitucional, geradora da real concepção do "meio ambiente do trabalho", não mais abrangida na sua ampla e complexa dimensão, pela previsão legal mínima da Consolidação das Leis do Trabalho, mas referida a realidade qualitativa e quantitativamente extremamente diversa, cuja adequada proteção exige novos mecanismos de tutela jurídica, mais abrangentes e complexos, em busca de uma concreta efetividade.

Dessa forma, a nova e ampla roupagem constitucional referida à proteção do "meio ambiente" impõe um novo paradigma de proteção do ser humano trabalhador no seu ambiente de trabalho, exigindo uma análise de seus reflexos e consequências no ordenamento jurídico trabalhista, na busca de uma sistematização da real dimensão de tutela jurídica desse direito essencial à sadia qualidade de vida do homem trabalhador: o direito ao "meio ambiente do trabalho equilibrado".[2]

A proposta da presente pesquisa é uma reflexão sobre a imperiosa necessidade de se compreender o espaço de diálogo e interdisciplinaridade entre o Direito do Trabalho e o Direito Ambiental, demonstrando seus pontos de intersecção e interação, que abrem caminho para uma cooperação e parceria por meio desta seara comum a ambos — o meio ambiente do trabalho, propiciadora da ampliação de proteção da qualidade de vida do ser humano enquanto exerce sua atividade laboral.

2 ELEMENTOS TÍPICOS DOS SISTEMAS LABORAL E AMBIENTAL PROPICIADORES DA INTERDISCIPLINARIDADE

Direito do trabalho e direito ambiental: fenômenos da massificação dos direitos

O fenômeno da massificação dos direitos tem estreita correlação com o desenvolvimento da ideia de um tipo especial de Estado, a qual se pode denominar de Estado Social de Direito, que, por sua vez, ocorreu como resultado de um acontecimento histórico de importância fundamental, a Revolução Industrial, deflagradora de profundas consequências e transformações sociais, econômicas, culturais, políticas e ambientais.

Essa grandiosa revolução tornou hegemônico o modelo de produção capitalista, caracterizado por uma organização de produção, distribuição e consumo de proporções de massa.

---

[2] Conforme já referido pela autora na obra *Do meio ambiente do trabalho equilibrado*. São Paulo: LTr: 2002.

Os valores tradicionais da sociedade contemporânea moderna foram sendo sobrepujados em correlação direta com a evolução da sociedade industrial e aceleração do ritmo do sistema de produção, franqueado pela descoberta de novas fontes energéticas. Desenvolve-se a economia de mercado, baseada na livre iniciativa e no acúmulo de capital, produzindo concomitantemente dois fenômenos que vão exigir uma nova postura do Direito — a questão social e a questão ambiental —, pois o modelo capitalista de produção, ao mesmo tempo em que provocou a degradação da qualidade de vida e da saúde da grande massa de trabalhadores, também causou um processo de degradação e devastação sem precedentes dos recursos naturais.

A produção em massa, com diminuição de custos e concentração de lucros, relegou os valores da vida, da saúde e da dignidade do ser humano trabalhador a segundo plano, diante das inovações tecnológicas e força produtiva da máquina. Por sua vez, a evolução das descobertas de novas fontes de energia, a propulsionar o ritmo crescente no modo de produção e acumulação de riquezas, também impôs uma agressividade sem precedentes na extração de recursos naturais, propiciando avançados estágios de dominação das forças da natureza e extensa produção de resíduos tóxicos.

Conforme o alerta de Norberto Bobbio[3], "os direitos não nascem todos de uma vez. Nascem quando devem e podem nascer". Nesse sentido, o progresso técnico, gerador de inúmeras ameaças à integridade da saúde do trabalhador, gerou uma nova concepção de direitos e um novo paradigma jurídico, o Direito do Trabalho, enquanto um fenômeno da derrocada do Estado Liberal, e da necessária intervenção na vida social e econômica do Estado Social, como forma de reação à opressão imposta pelo mercado capitalista à massa dos trabalhadores.

As liberdades sociais afirmadas pelo Estado Social foram indubitavelmente decorrentes do crescimento e do amadurecimento do movimento dos trabalhadores, enquanto grupo; portanto, pode-se afirmar que a origem do Direito do Trabalho está umbilicalmente ligada a uma conotação de **coletivização de direitos**, enquanto resultado da luta de um grupo, o dos trabalhadores. Verifica-se, assim, o pioneirismo do Direito do Trabalho na abordagem inédita de um direito coletivo, o da classe dos trabalhadores, numa ótica diversa do tratamento aplicável ao simples interesse individual da cada trabalhador singularmente considerado.[4]

Nesse sentido, tanto a degradação da qualidade de vida e da saúde do trabalhador quanto a degradação do meio ambiente, estão inseridas no mesmo contexto econômico-social, entretanto, enquanto para o trabalhador essa degradação resulta em doenças ocupacionais e acidentes do trabalho, para o meio ambiente natural a degradação significa a perda irreparável do equilíbrio dos ecossistemas, a destruição de biomas, a poluição de águas, de solos férteis, a extinção de espécies.

Contra a degradação da saúde e proteção da segurança do trabalhador surgiram as primeiras normas do Direito do Trabalho, com forte influência da Organização Internacional do Trabalho, resultado de um processo de luta de classe, decorrente de uma *consciência coletiva* do movimento de trabalhadores desde o início do século XX.

Por sua vez, a proteção jurídica do meio ambiente, como resultado da afirmação do Direito Internacional do Meio Ambiente, é fenômeno que só se manifesta em meados da década de setenta, tendo como marco a Conferencia de Estocolmo de 1972 que, segundo José Afonso da Silva, "abriu caminho para que as Constituições supervenientes reconhecessem o meio ambiente ecologicamente equilibrado como um direito fundamental entre os direitos sociais do Homem". [5]

A reação social que provocou o início da proteção jurídica ao meio ambiente também se baseia em uma consciência coletiva, a da *cidadania ambiental*, decorrente da extensão global dos problemas ambientais.

---

[3] BOBBIO, Norberto. *A era dos direitos.* Tradução Carlos Nelson Coutinho. 8. ed. Rio de Janeiro: Campus, 1992. p. 6.
[4] Conforme já defendido pela autora na obra: PADILHA, Norma Sueli. *Colisão de direitos metaindividuais e a decisão judicial.* Porto Alegre: Sergio Antonio Fabris, 2006. p. 32.
[5] SILVA, José Afonso da. *Direito ambiental constitucional.* 6. ed. São Paulo: Malheiros, 2007. p. 69-70.

A partir deste ponto de vista de reflexão de uma matéria tão abrangente, pode-se afirmar que *o meio ambiente e o trabalhador*, desde a Revolução Industrial e seu desaguar na presente Revolução Tecnológica, que nos transformou na atual sociedade de risco global, estão no centro dos conflitos desta inescapável relação da sociedade com o ambiente e os processos produtivos, conflitos acirrados e não minimizados com o transcurso do século XX e início do século XXI. O processo agressivo e irracional de produção continua a vitimar tanto o meio ambiente quanto o ser humano trabalhador.

Nesse sentido, embora a sistematização do Direito do Trabalho tenha sido construída e afirmada anteriormente à do Direito Ambiental, mais tardia e ainda em construção, e, embora também se possa afirmar que tanto o sistema jurídico laboral quanto o ambiental possuem farta e forte produção legislativa, destacada pela importância e qualidade, ocorre que, hodiernamente, ambos os sistemas se veem sob forte pressão para o desmantelamento de suas funções primordiais — a proteção do trabalhador e a proteção da qualidade do meio ambiente —, pressão ainda mais acentuada em tempos de crise econômica global.[6]

O avanço de argumentos contra o sistema de proteção "labor ambiental" baseia-se também na falta de eficácia social da legislação que, na verdade, apenas comprova que a falha não está na proteção jurídica, mas na ausência de sua efetiva aplicabilidade, pois a realidade brasileira insiste no descarte de patrimônios insubstituíveis e inigualáveis: por um lado, a natureza e sua biodiversidade violada e, de outro, o trabalhador e sua saúde reduzida no ambiente de trabalho, ambos objeto de descarte pela agressividade do mercado.

Por fim, nessa pequena referência à evolução do modelo econômico capitalista até o modelo atual adotado pelo texto constitucional, por meio da evidente correlação entre a evolução dos meios de produção e sua afetação no meio ambiente, seja o ecológico, seja o do trabalho, quer-se destacar que a efetiva reação contra as condições adversas criadas pela Revolução Industrial deu-se inicialmente na *seara coletiva*. A partir daí nasceu a **consciência ecológica** como fenômeno de cidadania e, por sua vez, o Direito do Trabalho como fenômeno de **consciência de classe**.[7]

Direito do trabalho e o direito ambiental: A quebra da dicotomia público/privado

A discussão da natureza jurídica quer do Direito do Trabalho, quer do Direito Ambiental, possuem pontos extremamente semelhantes que denotam a originalidade e pioneirismo de ambos os sistemas jurídicos.

A própria sistematização do Direito do Trabalho, enquanto disciplina autônoma denota a inoperância prática da clássica divisão binária entre direito público e direito privado, uma vez que o enquadramento de sua natureza jurídica em um desses campos estanques se demonstrou inoperante. Nesse sentido afirma Sussekind[8] que "nada mais relativo, portanto, do que a divisão do direito em público e privado e o enquadramento dos seus ramos autônomos numa das categorias desse binômio", razão por que sempre se debateu a doutrina trabalhista a respeito da natureza jurídica do Direito do Trabalho.

Nesse contexto há os que defendem seu enquadramento num *tertium genus*, como ramo de um direito social, em decorrência da característica socializante em oposição ao individualismo dos direitos clássicos, afirmando-se a supremacia ou o primado do direito coletivo. Entretanto, a maior corrente sobre a natureza

---

(6) Nesse sentido o entendimento de Purvin de Figueiredo, que afirma: *"Ao discorrer sobre as origens históricas da questão ambiental, aponto a coincidência com a questão social. A busca da qualidade de vida é objeto de dois diferentes ramos do Direito: o Direito Ambiental e o Direito do Trabalho. Todavia, a despeito de idêntico seu objeto, motivos de ordem econômica e política ensejaram a evolução do Direito do Trabalho com muito maior rapidez do que a do Direito Ambiental. Isso se deve, quiçá, ao fato de que as lesões à saúde e os riscos para a vida dos trabalhadores sempre foram muito mais intensos e flagrantes do que os similares riscos e lesões ambientais que o restante da população viria a sofrer mais de um século e meio após o advento da Revolução Industrial — ou seja, quando os recursos naturais (ar, água e solo não contaminados, por exemplo) passaram a escassear."* In: FIGUEIREDO, Guilherme José Purvin. *Direito ambiental e a saúde dos trabalhadores*. 2. ed. São Paulo: LTr, 2007. p. 19-20.

(7) Orlando Gomes afirma que "Sob esse aspecto pode afirmar-se que surgiu, primeiro, um Direito Coletivo impulsionado pela Consciência de Classe e, em seguida, um Direito Individual do Trabalho". In: GOMES, Orlando. *Introdução ao direito civil*. 12. ed. Rio de Janeiro: Forense, 1997. p. 3.

(8) SUSSEKIND, Arnaldo Lopes; MARANHÃO, Délio; VIANNA, Segadas. *Instituições de direito do trabalho*. 14. ed. v. 1. São Paulo: LTr, 1993. p. 126-133.

jurídica do Direito do Trabalho é formada por aqueles que afirmam constituir-se ele de regras mistas. Não obstante, outros defendem ainda que, por não constituir-se de regras estanques, que devam ser aplicadas segundo critérios doutrinários distintos, deve-se reconhecer sua unidade conceitual, como síntese do caráter público e privado, concernentes ao contrato de trabalho, afirmando assim a natureza jurídica unitária do Direito do Trabalho.

Na verdade, a interminável discussão a respeito da natureza jurídica do Direito do Trabalho é um excelente ponto de análise a partir do qual se pode denotar que em decorrência do acolhimento de direitos sociais, de segunda geração, tais como o referido à coletividade dos trabalhadores, o ordenamento jurídico nacional sofreu profundas e necessárias mudanças no intuito de adequar-se a um novo modelo de sistema jurídico que, diferentemente do modelo tradicional, se identifica com uma nítida **conotação coletiva.** Mudanças ocasionadas, portanto, pelo acesso à jurisdição de direitos não mais voltados à concepção tradicional da construção normativa de defesa de direitos meramente individuais, daí a dificuldade de enquadrá-lo na divisão binária de público ou privado.

Registre-se, ainda, que o Direito do Trabalho é o primeiro sistema jurídico nacional a adotar uma ação coletiva, e que hoje se insere no contexto da **tutela processual coletiva**, qual seja, o **dissídio coletivo**, uma forma de tutela jurisdicional de direitos referidos a uma coletividade, pioneira na quebra da concepção tradicional da *legitimidade de parte*, enquanto condição de ação que impunha o vínculo direto do autor da ação com a titularidade do direito material, criando a possibilidade de uma *legitimidade adequada*, referida a um grupo, uma classe, uma categoria, além de ampliar sobremaneira os efeitos da coisa julgada. Sem dúvida nenhuma, o dissídio coletivo é pioneiro dentre as ações coletivas do país, anterior à previsão nesse sentido constante da própria Lei da Ação Popular (Lei n. 4.717/65) e da Ação Civil Pública (Lei n. 7.347/85).

Entretanto, o processo de coletivização de direitos não se esgota nos direitos sociais, de segunda geração, mas continua a se manifestar até o reconhecimento de direitos de **natureza difusa**, como o direito ao meio ambiente. Registre-se que o acolhimento pelo ordenamento jurídico nacional de direitos com diferentes níveis ou graus de coletivização é referido por Rodolfo de Camargo Mancuso como um fenômeno de ocorrência de uma 'escala crescente de coletivização', sem olvidar que diferentes tipos de interesses sempre existiram e interagiram, todavia a complexidade do fenômeno jurídico, na atual sociedade de massa, contempla formas mais recentes de uma classe diversificada de direitos, denominados de **meta ou transindividuais.**[9]

Ocorre vivermos, desde as duas últimas décadas do século XX, uma nova revolução industrial, a revolução da informática, da microeletrônica e das telecomunicações. A realidade social do nosso cotidiano é moldada pelas transformações acarretadas por essa *nova revolução*. Uma *nova realidade* reclama um *novo direito*. Mais do que isso: o direito de nosso tempo já é outro, apesar da doutrina jurídica, apesar dos juristas, apesar do ensino ministrado nas faculdades de direito. Recorrendo aos versos da canção, *o futuro já começou*.[10]

É nesse contexto que se depreende o surgimento dos denominados direitos de **terceira geração,** providos de uma abrangência que não se limita tão somente aos contornos individuais ou mesmo coletivos. Segundo Paulo Bonavides, são direitos "dotados de altíssimo teor de humanismo e universalidade", fundamentados na fraternidade, emergindo da reflexão sobre temas referentes "[...] ao desenvolvimento, à paz, ao meio ambiente, à comunicação e ao patrimônio comum da humanidade".[11]

Dessa forma, trata-se dos denominados **direitos metaindividuais**, portadores de alta complexidade na sua identificação, até porque, de impossível delimitação em contornos definidos, seu reconhecimento

---

[9] MANCUSO, Rodolfo de Camargo. *Interesses difusos: conceito e legitimação para agir.* 5. ed. São Paulo: Revista dos Tribunais, 2000. p. 54.
[10] GRAU, Eros Roberto. *A ordem econômica na Constituição de 1988 (interpretação e crítica).* 2. ed. São Paulo: Revista dos Tribunais, 1991. p. 79-80.
[11] BONAVIDES, Paulo. *Curso de direito constitucional.* 8. ed. Rev. ampl. atual. São Paulo: Malheiros, 1999. p. 522-523.

advém da atual concepção de sociedade de massa, não possuindo titular certo nem objeto divisível, mas sempre referidos ao bem-estar. E cabe ao "direito ao meio ambiente", concebido como um direito de *terceira dimensão*, consagrado em meio a um processo de massificação de uma sociedade globalizada e altamente complexa em todos os sentidos, um papel de destaque dentre os direitos metaindividuais, na mesma medida que se reconhece para a classe dos trabalhadores o papel de destaque na consagração dos direitos de segunda dimensão.

O direito de viver em um ambiente despoluído, enquanto reconhecido, como tal, por um ordenamento jurídico, não era sequer cogitado quando foram propostos os direitos de segunda dimensão, da mesma forma que esses não foram concebidos, quando foram reconhecidas as primeiras declarações de direitos dos homens. De acordo com Bobbio, "essas exigências nascem somente quando nascem determinados carecimentos, novos carecimentos nascem em função da mudança das condições sociais e quando o desenvolvimento técnico permite satisfazê-los".[12]

Portanto, os direitos nascem quando podem e devem nascer; nesse sentido, o Direito do Trabalho atende ao clamor da necessidade de defesa do trabalhador hipossuficiente, inaugurando os direitos de segunda dimensão. E, por sua vez, o Direito Ambiental nasce da necessidade de proteção ao meio ambiente, vítima da exploração e agressão crescente e desproporcional, inaugurando uma nova dimensão aos direitos até então conhecidos, numa elevação crescente de coletivização que os identifica como metaindividuais e de terceira dimensão.[13]

Nesse sentido, a partir do progresso tecnológico decorrente da Revolução Industrial, pode-se verificar, na análise da sucessão das diferentes etapas de afirmação dos direitos em sua conotação coletiva, um "[...] sincronismo entre as grandes declarações de direitos e as grandes descobertas científicas ou invenções técnicas", como já afirmado por Comparato, que esclarece ainda que, sem a contribuição do progresso técnico, não haveria como se consolidarem as condições materiais indispensáveis ao "fortalecimento universal da comunhão humana", que, na história moderna, tem sido impulsionado por dois grandes fatores da solidariedade humana, quais sejam: pelas invenções técnico-científicas e pela afirmação dos direitos humanos, uma vez que a evolução tecnológica, responsável pelas transformações na forma de vida social e econômica, mas alheia aos fins, precisa ser completada pela harmonização ética, para impedir o imperativo fatal da prevalência dos mais fortes sobre os mais fracos, mediante a busca do valor supremo da justiça.

A solidariedade técnica traduz-se pela padronização de costumes e modos de vida, pela homogeneização universal das formas de trabalho, de produção e troca de bens, pela globalização dos meios de transporte e de comunicação. Paralelamente, a solidariedade ética, fundada sobre o respeito aos direitos humanos, estabelece as bases para a construção de uma cidadania mundial, em que já não há relações de dominação, individual ou coletiva.[14]

Direito do Trabalho e Direito Ambiental: Características peculiares

Dentre inúmeras características identificadoras das várias peculiaridades, quer do Direito do Trabalho quanto do Direito Ambiental, ambos microssistemas jurídicos inovadores e instigantes, destaque-se, para

---

(12) BOBBIO, Norberto. *Op. cit.*,1992. p. 7.
(13) O Supremo Tribunal Federal reconhece o meio ambiente na qualidade de um direito fundamental de terceira dimensão, conforme o seguinte julgado: *"... o direito à integridade do meio ambiente — típico direito de terceira geração — constitui prerrogativa jurídica de titularidade coletiva, refletindo, dentro do processo de afirmação dos direitos humanos, a expressão significativa de um poder atribuído, não ao indivíduo identificado em sua singularidade, mas, num sentido verdadeiramente mais abrangente, à própria coletividade social. Enquanto os direitos de primeira geração (direitos civis e políticos) — que compreendem as liberdades clássicas, negativas ou formais — realçam o princípio da liberdade e os direitos de segunda geração (direitos econômicos, sociais e culturais) — que se identificam com as liberdades positivas, reais ou concretas — acentuam o princípio da igualdade, os direitos de terceira geração, que materializam poderes de titularidade coletiva atribuídos genericamente a todas as formações sociais, consagram o princípio da solidariedade e constituem um momento importante no processo de desenvolvimento, expansão e reconhecimento dos direitos humanos, caracterizados, enquanto valores fundamentais indisponíveis, pela nota de uma essencial exauribilidade."* (STF, DJU 30.10.1995. p. 39206, MS n. 22.164-SP, Rel. Min. Celso de Mello).
(14) COMPARATO, Fábio Konder. *A afirmação histórica dos direitos humanos*. 3. ed. Rev. ampl. São Paulo: Saraiva, 2003. p. 37-38.

efeito da intersecção que ora se pretende demonstrar entre ambos, o **plurinormativismo** do Direito do Trabalho e a **transversalidade** e **multidisciplinaridade** do Direito Ambiental.

No Direito do Trabalho o sistema binário de fontes formais admite tanto as decorrentes de iniciativa heterônoma quanto as de iniciativa autônoma, o que o torna um sistema jurídico **plurinormativo** no qual a função das fontes formais não é cobrir lacunas, mas melhorar as condições de vida do trabalhador. Nesse sentido, de forma peculiar e diferentemente dos outros ramos do Direito, o vértice da pirâmide normativa no Direito do Trabalho, para efeito da hierarquia das normas trabalhistas, será sempre ocupado pela norma mais favorável ou vantajosa ao trabalhador.

Tal possibilidade de pluralismo no processo de formação do Direito do Trabalho, que permite normas jurídicas de origem estatal, mas também aquelas de origem não estatal criadas pelos grupos profissionais e econômicos, por meio dos ajustes de natureza normativa consignados nas convenções e acordos coletivos decorrentes da negociação coletiva promovida pela tutela sindical, bem demonstram a peculiaridade do Direito do Trabalho que permite a construção de direitos pela via coletiva a incidirem sobre a relação contratual individual, numa manifestação de efeito *erga omnes* do contrato coletivo, o que demonstra o pioneirismo da ideia de coletivização de direitos iniciada pelo sistema juslaboral.

O próprio art. 7º da Constituição Federal ao estabelecer os direitos dos trabalhadores no âmbito constitucional admite além dos nele referidos "outros que visem à melhoria de sua condição social".

Assim é que o Direito do Trabalho não só se adapta perfeitamente ao diálogo interdisciplinar com o Direito Ambiental, como o facilita por seu plurinormativismo que irá se adequar perfeitamente com a característica peculiar do Direito ao Meio Ambiente, sua transversalidade e multidisciplinaridade.

A questão ambiental hodiernamente envolve temas de suma importância em todas as áreas do conhecimento humano, produzindo um saber ambiental multidisciplinar, ao qual não se impõe uma delimitação rígida e estática, envolvendo a persecução de seu objetivo — o equilíbrio ambiental — os mais diversos campos da atividade humana. [15]

O "meio ambiente", ou seja, *"o conjunto de condições naturais e de influências que atuam sobre os organismos vivos e os seres humanos"*,[16] é, pela própria definição, uma temática de natureza multidisciplinar.

Pode-se afirmar que o meio ambiente é tudo aquilo que cerca um organismo (o homem é um organismo vivo), seja o físico (água, ar, terra, bens tangíveis pelo homem), seja o social (valores culturais, hábitos, costumes, crenças), seja o psíquico (sentimento do homem e suas expectativas, segurança, angústia, estabilidade), uma vez que os meios físico, social e psíquico são os que dão as condições interdependentes necessárias e suficientes para que o organismo vivo (planta ou animal) se desenvolva na sua plenitude. No meio ambiente é possível enquadrar-se praticamente tudo, ou seja, o ambiente físico, social e o psicológico; na verdade, todo o meio exterior ao organismo que afeta o seu integral desenvolvimento.

Todos esses fatores que compõem o meio ambiente, tais como os fatores bióticos e abióticos, os fatores sociais, culturais e psicológicos, dão ao meio ambiente o caráter de integração e multidisciplinaridade que, indubitavelmente, ele possui, e que exige, em qualquer questionamento sobre a matéria, uma visão global, sistêmica e abrangente. [17]

A sadia qualidade de vida, elevada em nível constitucional como direito fundamental, não é uma questão isolada, restrita a determinadas áreas, tampouco é de interesse exclusivo de ecologistas ou biologistas. Assim, o reconhecimento da necessidade dessa visão de sistema global, do qual é constituído o meio ambiente, é de vital importância para a promoção da qualidade de vida.

---

(15) PADILHA, Norma Sueli. *Fundamentos constitucionais do direito ambiental brasileiro*. Rio de Janeiro: Campus/Elsevier, 2010. p. 229.
(16) FERREIRA, Aurélio Buarque de Holanda. *Novo dicionário Aurélio da língua portuguesa*. 2. ed. ver. amp. Rio de Janeiro: Nova Fronteira, 1986. p. 1113.
(17) ELY, Aloísio. *Economia do meio ambiente*, uma apreciação introdutória interdisciplinar da poluição, ecologia e qualidade ambiental. Porto Alegre: Fundação de Economia e Estatística, 1986. p. 3.

A multidisciplinaridade[18] se reflete na abertura ao saber ambiental do Direito e pelo Direito, obrigando-o a que respeite o conhecimento científico produzido nas demais ciências que estudam o meio ambiente, sob pena de não alicerçar as suas normas reguladoras em fundamentos aptos a lhe propiciar o enfrentamento dos enormes desafios do Direito Ambiental e da eficácia de seus instrumentos.

O Direito Ambiental é, assim, um direito em movimento, envolvendo a persecução de seu objetivo — o equilíbrio ambiental — os mais diversos campos da atividade humana.

Por outro lado, em decorrência de seu objeto multidisciplinar e revigorado pela nova roupagem constitucional dada ao tema do meio ambiente pela Constituição de 1988, é que se destaca também o caráter **transversal** do Direito Ambiental, pois lhe cabe atuar sobre toda e qualquer área jurídica que envolva tal temática, impondo a reformulação de conceitos, institutos e princípios, exigindo a adaptação e reestruturação do modelo socioeconômico atual com o necessário equilíbrio do meio ambiente, tendo em vista a sadia qualidade de vida.

Assim é que, nessa imensa variedade de problemas ambientais da sociedade moderna, o Direito Ambiental abrange todas aquelas normas jurídicas que já tradicionalmente protegiam isoladamente determinados aspectos da natureza e do meio ambiente, impondo sobre as mesmas a direção determinada por seus princípios, na busca da viabilização da proteção ambiental, coordenando os interesses conflitantes e concorrentes, inclusive, reescrevendo com seu caráter reformulador, conceitos e institutos que se encontram nos mais diversos ramos do direito.

Dessa forma, o Direito Ambiental perpassa **transversalmente** todo o ordenamento jurídico, não se lhe impondo uma delimitação rígida e estática, uma vez que o seu objeto — a qualidade do meio ambiente — reflete-se em todas as demais áreas do direito, mantendo intensas relações com os principais ramos do Direito Público e do Direito Privado, influenciando os seus rumos na medida em que carreia para o interior dos núcleos tradicionais do Direito a preocupação com a tutela jurídica do meio ambiente.

Tal relação transversal obriga que se leve em conta a proteção ambiental em cada um dos diversos ramos do Direito, inclusive no campo afeto ao Direito do Trabalho, pois o meio ambiente do trabalho não se satisfaz apenas com a proteção jurídica referente às normas contratuais mas necessita do auxílio do regime sistemático do Direito Ambiental.

3 MEIO AMBIENTE DO TRABALHO: SEARA COMUM DO DIREITO DO TRABALHO E DO DIREITO AMBIENTAL

A valorização do meio ambiente do trabalho implica numa **mudança de postura** ética, ou seja, na consideração de que **o homem está à frente dos meios de produção**. O meio ambiente do trabalho deve garantir o exercício da atividade produtiva do indivíduo, não considerado como máquina produtora de bens e serviços, mas sim como ser humano ao qual são asseguradas bases dignas para manutenção de uma sadia qualidade de vida. As interações do homem com o meio ambiente, no qual se dá a implementação de uma atividade produtiva, não podem, por si só, comprometer esse direito albergado constitucionalmente.

A concepção de meio ambiente envolve sempre a existência de *ecossistemas*, que por sua vez, implicam na *"circulação, transformação, e acumulação de energia e matéria por meio de inter-relações das coisas vivas e de suas atividades"*.[19] Ao transportarmos tal concepção para o meio ambiente do trabalho, podemos então vislumbrá-lo como o **ecossistema** que envolve as inter-relações da força do trabalho com os meios e formas

---

(18) O fenômeno da multidisciplinaridade entre o conhecimento científico de diversas ciências (disciplinas), diz respeito ao estudo de um objeto de uma única e mesma disciplina, efetuado por diversas disciplinas ao mesmo tempo.
(19) ELY, Aloísio. *Economia do meio ambiente, uma apreciação introdutória interdisciplinar da poluição, ecologia e qualidade ambiental*. Porto Alegre: Fundação de Economia e Estatística, 1986. p. 25.

de produção, e sua afetação no meio ambiente em que é gerada. O meio ambiente do trabalho compreenderia assim, a inter-relação da força do trabalho humano (energia) e sua atividade no plano econômico por meio da produção (matéria), afetando o seu meio (ecossistema).[20]

Portanto, quando o *"habitat laboral"* se revela inidôneo a assegurar condições mínimas para uma razoável qualidade de vida do trabalhador, teremos aí uma lesão ao meio ambiente do trabalho, e esse complexo de bens materiais e imateriais pode ser agredido e lesado tanto por fontes poluidoras externas como internas, provenientes de outros empreendimentos, trazendo à tona, inclusive, a questão da responsabilização pelos danos, uma vez que os danos ao meio ambiente do trabalho não ficam restritos ao ambiente em que o trabalhador exerce seu labuto, mas o acompanham após o fim do expediente.[21]

É por isso que a interligação entre os vários aspectos do meio ambiente é incontestável, pois, conforme acentuado por José Afonso da Silva[22], a proteção da segurança do meio ambiente do trabalho significa também proteção do meio ambiente e da saúde das populações externas aos estabelecimentos industriais, já que a um meio ambiente poluído e inseguro não se impõem fronteiras, pois esta é uma característica da poluição, ela simplesmente se expande.

Portanto, a real dimensão do direito ao meio ambiente do trabalho equilibrado não se limita, em absoluto, à relação obrigacional, nem tampouco aos limites físicos dos empreendimentos industriais, uma vez que se está apenas pontuando um dos múltiplos aspectos do meio ambiente e, meio ambiente equilibrado é, por natureza, um direito difuso.

Assim, é relevante destacar que o meio ambiente do trabalho embora se encontre numa seara comum ao Direito do Trabalho e ao Direito Ambiental, distintos serão os bens juridicamente tutelados por ambos, uma vez que enquanto o primeiro ocupa-se preponderantemente das relações jurídicas havidas entre empregado e empregador, nos limites de uma relação contratual privatística, o Direito Ambiental, por sua vez, irá buscar a proteção do ser humano trabalhador contra qualquer forma de degradação do ambiente onde exerce sua atividade laborativa.

Corrobora nosso entendimento nesse sentido o ensinamento de Celso Antonio Pacheco Fiorillo e Marcelo Abelha Rodrigues: *"O que se procura salvaguardar é, pois, o homem trabalhador, enquanto ser vivo, das formas de degradação e poluição do meio ambiente onde exerce seu labuto, que é essencial à sua sadia qualidade de vida"*.[23]

Esclarecem os autores supracitados que a proteção ao "meio ambiente do trabalho" é distinta da proteção do "direito do trabalho", uma vez que a proteção do meio ambiente do trabalho tem por objeto a saúde e a segurança do trabalhador, a fim de que este possa desfrutar de uma vida com qualidade; além disso, jamais se deve restringir a proteção ambiental trabalhista a relações de natureza unicamente empregatícia, já que as regras acerca da prevenção e da medicina do trabalho não são somente aplicadas a relações laborais de natureza subordinada, nos termos da CLT, mas, na verdade: *"... toda vez que existir qualquer trabalho, ofício ou profissão relacionada à ordem econômica capitalista, haverá a incidência das normas destinadas a garantir um meio ambiente do trabalho saudável e, por consequência, a incolumidade física e psíquica do trabalhador"*.[24]

---

(20) PADILHA, Norma Sueli. *Fundamentos constitucionais do direito ambiental brasileiro.* Op. cit., p. 377.
(21) Segundo esse enfoque global do meio ambiente do trabalho, Sebastião Geraldo de Oliveira preleciona alguns fatores que interferem no bem-estar do empregado, afirmando: *"Não só o posto de trabalho, mas tudo que está em volta, o ambiente do trabalho. E não só o ambiente físico, mas todo o complexo de relações humanas na empresa, a forma de organização do trabalho, sua duração, os ritmos, os turnos, os critérios de remuneração, as possibilidades de progresso, a satisfação dos trabalhadores etc."* OLIVEIRA, Sebastião Geraldo de. *Proteção jurídica à saúde dos trabalhadores.* 2. ed. São Paulo: LTr, 1998. p. 82.
(22) SILVA, José Afonso da. Op. cit., p. 24.
(23) FIORILLO, Celso Antonio Pacheco; ABELHA RODRIGUES, Marcelo. *Manual de direito ambiental e legislação aplicável.* São Paulo: Max Limonad, 1997. p. 66.
(24) Idem, p. 66.

Importante frisar, ainda, que na Constituição Federal de 1988 a verdadeira acepção da palavra "trabalho", engloba muitos outros fatores além das normas que regulam as relações individuais e coletivas entre empregados e empregadores. Na verdade, representa um contexto e uma visão muito mais abrangente, que situa, inclusive, o primado do trabalho como base da ordem social brasileira, objetivando o bem-estar e a justiça sociais (art. 193 da CF).

Nesse sentido também o entendimento de Washington Luis da Trindade, para quem *"já se vê que as questões de riscos ambientais deixam o campo restrito do Direito do Trabalho e ganham nova dimensão, certamente mais interessante aos trabalhadores que passam a contar com outros instrumentos normativos, já que o risco que cobre o autor da poluição e da devastação é o mesmo que cobre a floresta e os recursos ao seu redor."*[25]

Destaque-se, ainda, o alerta de Sebastião Geraldo de Oliveira, ao afirmar que, atualmente, o homem não busca apenas a saúde no sentido estrito, anseia por qualidade de vida e, como profissional, não deseja só condições higiênicas para desempenhar sua atividade, mas pretende qualidade de vida no trabalho:

> As primeiras preocupações foram com a segurança do trabalhador, para afastar a agressão mais visível dos acidentes do trabalho; posteriormente, preocupou-se também com a medicina do trabalho para curar as doenças; em seguida, ampliou-se a pesquisa para a higiene industrial, visando a prevenir as doenças e garantir a saúde do trabalhador, na busca do bem-estar físico, mental e social. Agora, pretende-se avançar além da saúde do trabalhador: busca-se a integração deste com o homem, o ser humano dignificado, que tem vida dentro e fora do ambiente do trabalho, que pretende, enfim, qualidade de vida.[26]

4 DA PRINCIPIOLOGIA AMBIENTAL E A AMPLIAÇÃO DA TUTELA JURÍDICA DO MEIO AMBIENTE DO TRABALHO

A Constituição Federal de 1988 consolidou um novo paradigma de proteção ao "meio ambiente", termo sequer citado em qualquer outro texto constitucional brasileiro que a tenha antecedido. E ao se referir, em seu art. 225, ao direito de "todos" ao **meio ambiente ecologicamente equilibrado**, enquanto um bem jurídico diferenciado, de uso comum do povo, e essencial à sadia qualidade de vida não só das presentes, mas também das futuras gerações, albergou um direito fundamental, referido aos direitos de solidariedade, enquanto um direito humano de terceira dimensão.

Na leitura principiológica dos valores protegidos pelo art. 225 do texto constitucional, não resta dúvida que dentre "todos" incluem-se o ser humano na sua qualidade de trabalhador, pois no exercício desta condição submete diariamente sua saúde e energia vitais a um ambiente, que embora artificialmente construído, deve também proporcionar-lhe sadia qualidade de vida, por meio de controle de agentes degradadores que possam afetar sua saúde em todos os seus múltiplos aspectos.

Portanto, a rede de proteção jurídica do ser humano trabalhador no seu ambiente de trabalho foi sobremaneira ampliada pela Constituição Federal de 1988 e sua ampla abordagem do meio ambiente do trabalho. Dessa forma, toda a sistemática de proteção da qualidade de vida decorrente da legislação ambiental incide hodiernamente sobre o meio ambiente do trabalho. Nesse sentido, a aplicação dos princípios do Direito Ambiental faz-se necessária para a reestruturação e revisão dos meios e formas da implementação da atividade econômica e do modo como o trabalhador se insere nesse processo, na busca de sua salvaguarda contra qualquer forma de degradação e poluição do meio ambiente onde exerce seu labuto.

---
(25) TRINDADE, Washington Luis da. *Riscos do trabalho*. São Paulo: LTr, 1998. p. 25.
(26) OLIVEIRA, Sebastião Geraldo de. *Op. cit.*, p. 81.

1. A precaução e prevenção no meio ambiente do trabalho

A aplicação dos princípios ambientais é de suma utilidade na ampliação da rede de proteção jurídica do ser humano trabalhador no seu ambiente de trabalho, pois a ótica que orienta todo o Direito Ambiental assenta-se na prevenção. É o direito que não se contenta, assim, em reparar e reprimir o dano ambiental, uma vez que a degradação ambiental, como regra, é irreparável. Prevenir a ocorrência de danos ambientais é a pedra fundamental do Direito Ambiental para o alcance de seu objetivo primordial, a proteção e melhoria da qualidade do meio ambiente. O simples "direito do dano" não tem condições de responder às indagações trazidas pela irreparabilidade e irreversibilidade do dano ambiental, só um novo modelo jurídico — o do "direito do risco" — pode solucionar a ameaça coletiva do dano ambiental, prevenindo-o.

Os princípios de prevenção de danos e da precaução são colocados no centro da principiologia do Direito Ambiental, pois é preciso priorizar as medidas que evitem danos ao meio ambiente ou eliminem as causas de risco à qualidade ambiental. A precaução e a prevenção se inserem na maioria dos instrumentos jurídicos internacionais desde a Conferência de Estocolmo de 1972, sendo adotadas também na Declaração de Princípios da Conferência das Nações Unidas sobre meio ambiente e desenvolvimento do Rio de Janeiro em 1992, que assim ressalta o "princípio da precaução" (n. 15):

> Com o fim de proteger o meio ambiente, os Estados deverão aplicar amplamente o critério de precaução conforme suas capacidades. Quando houver perigo de dano grave ou irreparável, a falta de certeza científica absoluta não deverá ser utilizada como razão para se adiar a adoção de medidas eficazes em função dos custos para impedir a degradação do meio ambiente.[27]

Na verdade, o princípio da precaução, segundo Cristiane Derani, corresponde à própria *"essência do Direito Ambiental"*, acrescentando a autora, ainda, que *"precaução ambiental é necessariamente modificação do modo de desenvolvimento da atividade econômica"*.[28]

Nossa atual Constituição Federal prevê expressamente o princípio da prevenção como fundamento do Direito Ambiental, ao dispor em seu art. 225, *caput*, que cabe ao Poder Público e à coletividade o dever de defesa e preservação do meio ambiente, no qual, evidentemente, inclui-se o do trabalho.

Portanto, pode-se concluir que o Direito Ambiental orientado, fundamentalmente, pelos princípios da prevenção de danos e pela precaução, impõe uma nova visão dos meios e instrumentos de proteção do próprio meio ambiente do trabalho, uma vez que prioriza medidas que evite o nascimento de atentados à qualidade de vida do trabalhador no meio ambiente laboral, exigindo a avaliação prévia de tais atividades por meio de instrumentos jurídicos, tais como o *Estudo Prévio de Impacto Ambiental* para o devido diagnóstico do risco, ponderando-se sobre os meios para evitar danos ambientais.

A prevenção engloba a precaução, aplicando-se a impactos ambientais já conhecidos para evitar o dano ambiental, enquanto a precaução refere-se a reflexos ao ambiente ainda não conhecidos cientificamente, no intuito de evitar riscos ambientais irreversíveis à saúde humana ou ao ambiente. Nesse contexto, tais princípios exigem que as empresas adotem políticas sérias e previdentes de gestão ambiental, não apenas para controle de fontes de poluição ou degradação ambiental já existente, mas também com ações preventivas que concretizem o princípio da precaução.[29]

---

(27) Observe-se, por oportuno, que também a "Carta da Terra" de 1997 inscreveu entre os seus princípios o da precaução: "Importar-se com a Terra, protegendo e restaurando a diversidade, a integridade e a beleza dos ecossistemas do planeta. Onde há risco de dano irreversível ou sério ao meio ambiente, deve ser tomada uma ação de precaução para prevenir prejuízos" (cf. princípio 2).

(28) DERANI, Cristiane. *Direito ambiental econômico*. São Paulo: Max Limonad, 1997. p. 166.

(29) Nesse contexto cite-se o exemplo do *PPRA — Programa de Prevenção de Riscos Ambientais*, instituído pela NR n. 9 (Portaria n. 24 de 15.2.1995 do Ministério do Trabalho) para orientação das empresas na adoção de medidas de proteção dos trabalhadores contra os riscos ambientais, exigindo a adoção de política gerencial de avaliação e controle da ocorrência de riscos ambientais existentes ou que venham a existir no ambiente de trabalho, possuindo, assim, a característica de prevenção, e em apenas não sendo possível a eliminação é que se admitem medidas para redução. Prevê, inclusive, a interrupção das atividades pelo empregado, na ocorrência de riscos ambientais nos locais de trabalho que o coloquem em situação de risco.

Para Paulo Affonso Leme Machado, *"o posicionamento preventivo tem por fundamento a responsabilidade no causar perigo ao meio ambiente. É um aspecto da responsabilidade negligenciado por aqueles que se acostumaram a somente visualizar a responsabilidade pelos danos causados"*. Acrescenta, ainda, o autor que *"da responsabilidade jurídica de prevenir decorrem obrigações de fazer e de não fazer"*.[30]

Dessa forma, a aplicação do princípio da prevenção implica em posicionamentos no sentido de inibir ou limitar a possibilidade de criação de danos ambientais, implica em manter-se o risco residual para a população e para o ambiente nos patamares mínimos.

O princípio da precaução, na verdade, exige que ao objetivo de toda atividade deva-se contrapor o grau de risco ao ambiente e à saúde. O início da prática do princípio da precaução se colocaria no questionamento sobre a própria razão de existir de uma determinada atividade. Em resumo, *"o critério geral para a realização de determinada atividade seria a sua 'necessidade' sob o ponto de vista de melhora e não prejudicialidade da qualidade de vida"*.[31]

Assim, a mera iminência de dano ao meio ambiente deve ser suficiente para mobilizar a Administração Pública, os Sindicatos, o Ministério Público, o Poder Judiciário etc., na aplicação das medidas mais eficazes para impedir que a ameaça de lesão ambiental se concretize, uma vez que a materialização do dano ambiental torna-se, mais das vezes, irreversível, sendo o papel da responsabilidade civil insuficiente, especialmente quando se trata de mera indenização. De que valerá a indenização, por exemplo, aos trabalhadores que perderam a audição em decorrência da exposição, no ambiente de trabalho, a ruídos acima dos níveis tolerados? Na verdade, cada vez que um dano ambiental ocorre, o que se perde é a qualidade de vida.[32]

Destaque-se, ainda, que quando dispõe a Constituição Federal, em seu art. 7º, inciso XXII, ser direito dos trabalhadores a *"redução dos riscos inerentes ao trabalho, por meio de normas de saúde, higiene e segurança"*, tal dispositivo, conforme lucidamente esclarece Celso Antonio Pacheco Fiorillo[33], mais do que mera hipótese de proteção dos trabalhadores, ilumina todo um *"sistema normativo"*, plenamente adaptado aos fundamentos da República do Brasil (art. 1º), ou seja, os valores sociais do trabalho, da livre iniciativa e da dignidade da pessoa humana.

2. O princípio do poluidor-pagador e a responsabilidade civil pela degradação ambiental no ambiente do trabalho

A proteção do meio ambiente do trabalho, como bem essencialmente difuso, exige a ampliação das medidas de proteção, segurança, bem como da saúde do trabalhador, que devem superar os limites dos contornos meramente individuais da questão, bem como privilegiar a **prevenção** dos riscos do exercício do trabalho e não apenas a **reparação** que, quando necessária, impõe-se no patamar da responsabilidade objetiva e não no nível de pagamento de meros adicionais.

Nesse sentido é preciso compreender o papel do princípio do poluidor-pagador na juridicidade ambiental, uma vez que não se refere a uma autorização para produção de poluição (pagador-poluidor), na verdade tal princípio significa nada mais do que promover a internalização do custo ambiental, transmudando-o de uma externalidade negativa, ou custo social, num custo privado imposto diretamente ao poluidor responsável pela degradação, com o intuito de estimular o exercício das atividades econômicas de forma menos agressiva à qualidade de vida das pessoas e do meio ambiente.

O princípio do poluidor-pagador é um princípio de equidade, pois impõe que aquele que lucra com a atividade econômica deve responder pelos riscos ou desvantagens dela resultantes, evitando a socialização

---
(30) MACHADO, Paulo Affonso Leme. *Direito ambiental brasileiro*. 6. ed. São Paulo: Malheiros, 1996. p. 398.
(31) DERANI, Cristiane. *Op. cit.*, p. 168.
(32) Edis Milaré assevera que "o dano ambiental é de difícil reparação. Daí que o papel da responsabilidade civil, especialmente quando se trata de mera indenização, é sempre insuficiente. A prevenção nesta matéria aliás, como quase em todos os aspectos da sociedade industrial é a melhor, quando não a única solução". In: MILARÉ, Edis. Tutela jurídico-civil do ambiente. *Revista de Direito Ambiental*, São Paulo, p. 30, out./dez., 1995.
(33) FIORILLO, Celso Antonio Pacheco. *Os sindicatos e a defesa dos interesses difusos no direito processual civil brasileiro*. São Paulo: Revista dos Tribunais, 1995. p. 96-97.

do prejuízo que deve ser totalmente assumido pelo agente. Desta forma, o poluidor deve arcar com os custos necessários a diminuição, eliminação ou neutralização do dano.[34]

Destaque-se nesse contexto a importante contribuição da Lei de Política Nacional do Meio Ambiente, **Lei n. 6.938, 31.8.1981** recepcionada pela ordem constitucional vigente. Além de oferecer uma definição legal de meio ambiente (art. 3º, inciso I), também define como **poluição** "*a degradação da qualidade ambiental resultante de atividades que direta ou indiretamente: prejudiquem a saúde, a segurança e o bem-estar da população ou afetem as condições estéticas ou sanitárias do meio ambiente*" e como **poluidor** "*a pessoa física ou jurídica, de direito público ou privado, responsável, direta ou indiretamente, por atividade causadora de degradação ambiental*"(art. 3º. IV).

Portanto, a degradação do meio ambiente do trabalho, resultante de atividades que prejudiquem a saúde, a segurança e o bem-estar dos trabalhadores, sem dúvida alguma, caracteriza-se como *poluição* do meio ambiente do trabalho, de acordo com o tratamento constitucional dado à matéria.

É o entendimento de Julio Cesar de Sá da Rocha, que a poluição do meio ambiente de trabalho deve ser entendida como:

> [...] a degradação da salubridade do ambiente que afeta diretamente a saúde dos próprios trabalhadores. Inúmeras situações alteram o estado de equilíbrio do ambiente: os gases, as poeiras, as altas temperaturas, os produtos tóxicos, as irradiações, os ruídos, a própria organização do trabalho, assim como o tipo de regime de trabalho, as condições estressantes em que ele é desempenhado (trabalhos noturnos, em turnos de revezamento), enfim, tudo aquilo que prejudica a saúde, o bem-estar e a segurança dos trabalhadores.[35]

Nesse sentido, segundo o enfoque do Direito Ambiental, as **doenças profissionais**, ou seja, aquelas produzidas ou desencadeadas pelo exercício do trabalho peculiar a determinada atividade, bem como, as **doenças do trabalho**, aquelas adquiridas ou desencadeadas em função de condições especiais em que o trabalho é realizado, e com ele se relacionando diretamente, não devem ser consideradas apenas para fins previdenciários. Para além dessas disposições que beneficiam o trabalhador afetado pela poluição de seu ambiente de trabalho, deve também ser aplicado o regime sistemático do meio ambiente, consoante o enfoque constitucional da matéria e as disposições da Lei de Política Nacional do Meio Ambiente.[36]

O tratamento constitucional dado ao tema do meio ambiente é hoje o adequado para propiciar não só a prevenção contra as consequências, individuais e/ou coletivas, de um meio ambiente de trabalho insalubre, como também a reparação do dano dos obreiros afetados por qualquer tipo de poluição degradadora do seu meio ambiente de trabalho, seja no plano individual, seja no coletivo.[37]

Nesse sentido, a disposição da Lei n. 6.938/81 ao atribuir ao provocador do dano ao meio ambiente a **responsabilidade objetiva** de indenizar, demonstrando apenas a existência do dano e o nexo causal, é plenamente aplicável ao poluidor do meio ambiente do trabalho.

A adoção da responsabilidade objetiva, que tem como pressuposto do dever de indenizar, apenas o evento danoso e o nexo de causalidade, traz como consequências: a prescindibilidade da culpa e do dolo para que haja o dever de reparar o dano; a irrelevância da licitude da conduta causadora do dano; e, a ina-

---

(34) Algumas diretrizes da responsabilização pelos danos causados ao meio ambiente do trabalho e à saúde dos trabalhadores: art. 225 e § 3º da CF; art. 14, § 1º da Lei n. 6.938/81; art. 157 da CLT, art. 19, §§ 1º e 3º da Lei n. 8.213/91 e o art. 927, parágrafo único, do atual Código Civil, que introduz cláusula geral de responsabilidade civil objetiva adotando a teoria do risco, se aproximando da responsabilidade civil ambiental.
(35) ROCHA, Júlio Cesar de Sá da. *Direito ambiental e meio ambiente do trabalho*: dano, prevenção e proteção jurídica. São Paulo: LTr, 1997. p. 47.
(36) PADILHA, Norma Sueli. *Do meio ambiente do trabalho equilibrado. Op. cit.*, p. 66.
(37) É importante frisarmos que a negligência dos empregadores com as normas relativas a segurança e saúde no trabalho está diretamente relacionada com o elevado índice de acidentes de trabalho no país, devendo o empregador, e não o Estado, ser diretamente responsabilizado pelos danos oriundos do meio ambiente laboral.

plicabilidade em favor do causador do dano, das causas de exclusão da responsabilidade civil (caso fortuito, força maior, cláusulas de não indenizar).[38]

É de se ressaltar, ainda, que a Lei n. 6.938/81 define como crime a conduta do poluidor em expor a perigo a incolumidade humana, animal ou vegetal, ou que esteja tornando mais grave a situação de perigo existente, determinando que a pena seja aumentada até o dobro, se a poluição for decorrente de atividade industrial ou de transporte (art. 15).

A Lei de Política Nacional do Meio Ambiente estabelece, assim, a **responsabilidade objetiva do poluidor** que prescinde da existência de culpa para reparar o dano ambiental (art. 14, § 1º). Da mesma forma, é irrelevante a licitude da atividade e não há que se falar em qualquer excludente de responsabilidade.[39]

É forçoso lembrar que a Lei de Política Nacional do Meio Ambiente foi totalmente recepcionada pela Constituição Federal, que adotou amplo sistema de responsabilidade por danos ambientais, que abrange a administrativa, a penal e a civil (art. 225, § 3º).

Entretanto, se a Constituição Federal não exige conduta culposa alguma para a responsabilização civil do dano ambiental, por outro lado, em seu art. 7º, XXVIII, menciona ser direito dos trabalhadores *"seguro contra acidentes do trabalho, a cargo do empregador, sem excluir a indenização a que está obrigado quando incorrer em dolo ou culpa"*.

Da análise dos dois dispositivos supracitados parece surgir um confronto quanto a responsabilidade civil, ou seja, quanto ao dano ambiental a responsabilidade seria objetiva, mas quanto ao acidente de trabalho a responsabilidade se fundamenta na culpa (subjetiva).

Entretanto, tais dispositivos não colidem entre si, uma vez que se referem a diferentes tipos e causas de acidente do trabalho, pois o acidente de trabalho referido no art. 7º, XXVIII, da Constitucional Federal é aquele decorrente de acidentes de trabalho típicos, decorrente de causas não relacionadas à degradação ao meio ambiente do trabalho, onde a regra geral da responsabilidade é a subjetiva. Mas na hipótese de ocorrência de danos à saúde do trabalhador decorrente de poluição no ambiente de trabalho, incide a aplicação da responsabilidade objetiva, pois este é o regime de responsabilidade aplicável aos danos decorrentes de lesão ao equilíbrio do meio ambiente (nele incluído o do trabalho), um direito nitidamente de natureza difusa que atrai a aplicação do sistema de responsabilidade ambiental integral (art. 225, § 3º).

A degradação ambiental no ambiente do trabalho configura-se como violação ao direito "ao meio ecologicamente equilibrado", que indubitavelmente é um direito eminentemente metaindividual. Portanto, quando a Constituição Federal fala na responsabilidade civil subjetiva refere-se apenas ao acidente de trabalho afeto a direitos tradicionais, de natureza individual, decorrente de atividades normais inerentes à atividade produtiva, diferente da poluição no ambiente do trabalho, que é o desequilíbrio ecológico no "habitat" laboral, que ocasiona as doenças ocupacionais.[40]

No que se refere, assim, a qualquer forma de poluição degradadora do meio ambiente do trabalho, o tratamento legal dado ao tema, com todas as suas consequências, deve ser aquele previsto na seara ambiental com a incidência da responsabilidade objetiva do art. 225, § 3º, do texto constitucional.

Nesse sentido é preciso superar o conservadorismo da hermenêutica tradicional, pois a interpretação constitucional deve observar os princípios da **unidade**, buscando evitar contradições, antinomias e antagonismos aparentes entre normas constitucionais, bem como, o da **máxima efetividade** que propicia a

---

[38] Segundo o ensinamento de NERY JUNIOR, Nelson; NERY, Rosa Maria Barreto Borriello de Andrade. O Ministério Público e a responsabilidade civil por dano ambiental. *Justitia*, São Paulo, v. 161. p. 62, jan./mar., 1993.
[39] Segundo, ainda, os mesmos autores citados na nota anterior, "mesmo que a conduta do agente causador do dano seja lícita, autorizada pelo poder competente e obedecendo aos padrões técnicos para o exercício de sua atividade, se dessa atividade advier dano ao meio ambiente há o dever de indenizar. Esse princípio, pelo qual a licitude da atividade não exclui o dever de indenizar, existe de há muito, tanto no direito público quanto no direito privado". *Idem*, p. 64.
[40] PADILHA, Norma Sueli. *Do meio ambiente do trabalho equilibrado*. Op. cit., p. 67.

maior eficácia possível ao texto constitucional. A concretização do sistema de responsabilidades ambientais impostas pela proposta constitucional exige que se leve em conta as especificidades do caso concreto e a diversidade das atividades laborativas, bem como dos ambientes e riscos no trabalho, pois a responsabilidade subjetiva não atinge todas as hipóteses de acidentes do trabalho.

Nesse sentido, deve-se considerar o disposto no art. 7º, inciso XXIII, apenas como um mínimo de proteção em situação específica, que não confronta em absoluto com o regime próprio da tutela ambiental do ambiente do trabalho que amplia a proteção da saúde e segurança do trabalhador no meio ambiente laboral.

3. Dos princípios da participação e da informação e o dever solidário de preservação do meio ambiente do trabalho

A Constituição Federal de 1988 impõe o dever de defesa e preservação do direito ao meio ambiente equilibrado, como bem ambiental, ao Poder Público e à Coletividade. Tal comando constitucional consubstancia-se numa ordem dirigida, concomitantemente, a todo o complexo da Administração Pública, em todos os Poderes, bem como a toda sociedade civil organizada, no sentido da prevalência da prevenção, na defesa desse direito difuso, considerado essencial para a sadia qualidade de vida, ou seja, o bem ambiental.

No que se refere a proteção e defesa do meio ambiente do trabalho equilibrado, é de fácil constatação que os Sindicatos, nesta seara, ocupam relevante posição, como legitimados naturais que são na defesa dos direitos dos trabalhadores. Entretanto, a posição de destaque cabe também ao Ministério Público do Trabalho, pois consoante dispõe a Lei Complementar n. 75/93, é legitimado para *"promover a ação civil pública no âmbito da Justiça do Trabalho, para a defesa de interesses coletivos, quando desrespeitados os direitos sociais constitucionalmente garantidos"*.

Papel não de somenos importância cabe também aos empregados e empregadores na defesa e preservação do meio ambiente do trabalho equilibrado. E nesse sentido é que dispõe a Consolidação das Leis do Trabalho (arts. 157-158).

Tais normas de proteção à higidez do ambiente do trabalho devem ser observadas, portanto, tanto pelos empregadores como por empregados. E conforme menciona Octavio Bueno Magano:

> [...] trata-se de dever primordial de ambos os sujeitos do contrato de trabalho perante o Estado. Sucede que tais normas de proteção aderem ao contrato de trabalho, convertendo-se em direitos e deveres recíprocos das partes. Se o empregador as desrespeita, o empregado pode considerar rescindido o contrato; se as infringe o empregado incide em falta grave, dando ensejo à sua despedida[41].

Interessante destacar sobre as várias maneiras de proteção ao meio ambiente do trabalho, a opinião de Rodolfo de Camargo Mancuso, para quem o meio ambiente laboral há de ser assegurado segundo três maneiras básicas: a) numa instância primária, pelo próprio trabalhador, quando ele mesmo dirige sua atividade, organiza seu local de trabalho, provê por conta própria os meios para levar a bom termo sua atividade, assim o trabalhador autônomo, o profissional liberal, o microempresário, o homem de negócios; b) num outro plano, quando a adequação do meio ambiente do trabalho passa a depender de atividade alheia: do dono da obra, do empresário, do próprio Sindicato, enquanto entidade encarregada da defesa e representação institucional da categoria laboral, e, enfim, do Estado-fiscalizador, por meio de seus órgãos voltados à segurança e higiene do trabalho; c) numa instância substitutiva ou supletiva, quando o meio ambiente laboral é assegurado, impositivamente, pela Justiça do Trabalho, no exercício da jurisdição coletiva em sentido largo, ou ainda no âmbito de seu poder normativo, nos dissídios coletivos e ações de cumprimento, quando estabelece novas condições para o exercício do trabalho de certas categorias profissionais.[42]

---

(41) MAGANO, Octávio Bueno. *Manual de direito do trabalho*. 2. ed. São Paulo: LTr, 1986. p. 170.
(42) MANCUSO, Rodolfo de Camargo. *Ação Civil Pública Trabalhista:* análise de alguns pontos controvertidos, *op. cit.*, p. 161-162.

5 CONCLUSÃO

A contínua evolução do modelo econômico inaugurado pela Revolução Industrial e proporcionado pelas descobertas de novas fontes de energia, desde a máquina a vapor, o motor elétrico e o motor a explosão, a automação por meio de aparelhos eletrônicos até culminar com a atual revolução tecnológica, acirrada vertiginosamente por meio da microeletrônica, da energia atômica, das telecomunicações, da biotecnologia, enfim, por transformações tecnológicas que, conquistando desenvolvimento, conhecimento científico e riquezas para a sociedade global, provocam, concomitantemente e paradoxalmente, inúmeras preocupações referidas à qualidade de vida, atingindo diretamente a preservação ambiental, quer do meio ambiente natural, quer do meio ambiente artificial onde se insere o *habitat laboral*.

Variadas são as agressões e pressões sobre o equilíbrio do meio ambiente do trabalho, acirradas pelas mudanças profundas no mundo do trabalho, geradas pelo crescente avanço tecnológico e as diferentes causas de instabilidade econômica, principalmente em tempos de crise mundial sem precedentes, com consequências nefastas para a qualidade de vida do ser humano no seu ambiente de trabalho, atingindo diretamente sua saúde física, mental e psicológica. Nesse contexto, buscar uma maior rede de proteção jurídica deste direito fundamental do trabalhador — o equilíbrio de seu ambiente de trabalho —, que atinge diretamente sua dignidade e qualidade de vida, é um dever que se impõe aos implementadores da proteção dos direitos do trabalhador.

Nesse sentido, a elevação do nível de proteção do *equilíbrio do ambiente de trabalho*, enquanto um direito fundamental de ser humano trabalhador, conferida pela ampla concepção da tutela ao meio ambiente propiciada pela Constituição Federal de 1988, destaca a importância do diálogo, da interação e integração entre o Direito do Trabalho e o Direito Ambiental para a solidificação de uma ampla rede de proteção jurídica propiciadora da defesa da qualidade de vida no ambiente de trabalho. Pois da mesma forma que o Direito do Trabalho propicia a proteção do ser humano trabalhador na relação contratual que envolve o universo do trabalho, a dimensão desse espaço atrai também a aplicabilidade do Direito Ambiental, uma vez que o meio ambiente do trabalho é uma seara comum a esses dois ramos do Direito que se interligam e se somam para propiciar a mais completa e ampla proteção do trabalhador e de sua saúde contra todas as formas de agressão contra sua dignidade e saúde no ambiente em que labora.

Para a conquista da sadia qualidade de vida, a ser alcançada por meio da fruição de um meio ambiente ecologicamente equilibrado, não existem soluções parciais, ou seja, em toda e qualquer atividade humana deve estar presente, como princípio irrefutável, o respeito ecológico. O meio ambiente do trabalho, segundo o redimensionamento imposto pela Constituição Federal à questão do equilíbrio ambiental, compreende o próprio "ecossistema" que envolve as inter-relações da força do trabalho humano com os meios e formas de produção, e sua afetação no meio ambiente em que é gerada.

Assim, reitere-se que a proteção constitucional dada ao meio ambiente traduz-se também como defesa da humanização do trabalho, exigindo uma mudança de postura ética, na consideração de que o homem está à frente dos meios de produção, resgatando-se o *"habitat laboral"* como espaço de construção de bem-estar e dignidade daquele que labora. Destaque-se que a dignidade humana, como princípio de caráter absoluto, norteador de toda a atividade econômica, consoante o art. 170 da Constituição Federal, além de consubstanciar-se em um dos fundamentos da República (art. 1º, III), está no cerne da proteção ao meio ambiente do trabalho.

Pelas considerações levantadas na presente análise, pretendeu-se destacar a relevância desse importante aspecto da proteção ao equilíbrio ambiental, cuja concepção foi revigorada e reestruturada pela ampla proteção constitucional dada ao tema, ao qual impõe-se, assim, a aplicação do regime sistemático do Direito Ambiental mediante todos os seus princípios e instrumentos aptos a atuar de forma mais adequada, na prevenção e reparação, contra os processos de degradação desse *meio ambiente do trabalho*.

Nesse contexto, o Direito Ambiental representa hodiernamente um instrumento hábil na defesa dos princípios erigidos pela Constituição Federal, como transformadores da ordem econômica ao novo modelo, capaz de propiciar ao ser humano trabalhador primazia sobre os demais valores do mercado, na busca de uma vida digna.

6 REFERÊNCIAS BIBLIOGRÁFICAS

ANTUNES, Paulo de Bessa. *Direito ambiental.* 2. ed. Rio de Janeiro: Lumen Juris, 1998.

BENJAMIN, Antonio Hermann V. *Dano ambiental:* prevenção, reparação e repressão. São Paulo: Revista dos Tribunais, 1993.

BOBBIO, Norberto. *A era dos direitos.* Tradução Carlos Nelson Coutinho. 8. ed. Rio de Janeiro: Campus, 1992.

BONAVIDES, Paulo. *Curso de direito constitucional.* 8. ed., rev. ampl. atual., São Paulo: Malheiros, 1999.

CAPPELLETTI, Mauro. Formações sociais e interesses coletivos diante da justiça civil. *In: Revista de Processo.* São Paulo: Revista dos Tribunais, n. 5, 1977.

COMPARATO, Fábio Konder. *A afirmação histórica dos direitos humanos.* 3. ed. rev. ampl. São Paulo: Saraiva, 2003.

DERANI, Cristiane. *Direito ambiental econômico.* São Paulo: Max Limonad, 1997.

FIORILLO, Celso Antonio Pacheco. *Os sindicatos e a defesa dos interesses difusos no direito processual civil brasileiro.* São Paulo: Revista dos Tribunais, 1995.

_____ ; ABELHA RODRIGUES, Marcelo. *Manual de direito ambiental e legislação aplicável.* São Paulo: Max Limonad, 1997.

FIGUEIREDO, Guilherme José Purvin. *Direito ambiental e a saúde dos trabalhadores.* 2. ed. São Paulo: LTr, 2007.

GOMES, Orlando. *Introdução ao direito civil.* 12. ed. Rio de Janeiro: Forense, 1997.

GRAU, Eros Roberto. *A ordem econômica na constituição de 1988 (interpretação e crítica),* 2. ed. São Paulo: Revista dos Tribunais, 1991.

MACHADO, Paulo Affonso Leme. *Direito ambiental brasileiro.* 6. ed. São Paulo: Malheiros, 1996.

MAGANO, Octávio Bueno. *Manual de direito do trabalho.* 2. ed. São Paulo: LTr, 1986. v. 2.

MANCUSO, Rodolfo de Camargo. *Interesses difusos:* conceito e legitimação para agir. 5. ed. São Paulo: Revista dos Tribunais, 2000.

_____ . Ação Civil Pública Trabalhista: análise de alguns pontos controvertidos. *In: Revista do Processo.* São Paulo: Revista dos Tribunais, n. 93, ano 24, jan./mar., p. 151-178, 1999.

MELO, Raimundo Simão de. *Direito ambiental do trabalho e a saúde do trabalhador:* responsabilidades legais, dano material, dano moral, dano estético, indenização pela perda de uma chance, prescrição. 3. ed. São Paulo: LTr, 2008.

MILARÉ, Edis. Direito do ambiente: um direito adulto. *In: Revista de Direito Ambiental.* São Paulo: Revista do Tribunais, n. 15, ano 4, jul./set., p. 35-55, 1999.

_____ . Tutela jurídico-civil do ambiente. *In: Revista de Direito Ambiental.* Out./dez., 1995, n./30.

NERY JUNIOR, Nelson; NERY, Rosa Maria Barreto Borriello de Andrade. O Ministério Público e a responsabilidade civil por dano ambiental. *In: Justitia.* São Paulo: 161 v., jan./mar., p. 61-74, 1993.

OLIVEIRA, Sebastião Geraldo de. *Proteção jurídica à saúde dos trabalhadores.* 2. ed. São Paulo: LTr, 1998.

PADILHA, Norma Sueli. *Do meio ambiente do trabalho equilibrado.* São Paulo: LTr, 2002.

_____ . *Colisão de direitos metaindividuais e a decisão judicial.* Porto Alegre: Sergio Antonio Fabris, 2006.

_____ . *Fundamentos constitucionais do direito ambiental brasileiro.* Rio de Janeiro: Campus/Elsevier, 2010.

ROCHA, Júlio Cesar de Sá da. *Direito ambiental e meio ambiente do trabalho:* dano, prevenção e proteção jurídica. São Paulo: LTr, 1997.

SILVA, José Afonso da. *Direito ambiental constitucional.* 2. ed. São Paulo: Malheiros, 1995.

_____ . *Direito ambiental constitucional.* 6. ed. São Paulo: Malheiros, 2007.

TRINDADE, Washington Luis da. *Riscos do trabalho.* São Paulo: LTr, 1998.

A PROTEÇÃO JURÍDICA DA VIDA E DA SAÚDE DO TRABALHADOR NO SISTEMA JURÍDICO BRASILEIRO SOB A PERSPECTIVA DOS DIREITOS HUMANOS FUNDAMENTAIS

Eliegi Tebaldi[*]

1 INTRODUÇÃO

O presente estudo é fruto de pesquisa com enfoque nos direitos humanos sob a perspectiva da proteção jurídica da vida e da saúde do trabalhador no sistema jurídico brasileiro e internacional.

O artigo analisará primeiramente a evolução histórica dos direitos humanos, suas teorias, suas características, suas gerações ou dimensões, dentre outros aspectos. Posteriormente, será analisado o direito à vida e à saúde sob a perspectiva da normatização internacional. Finalmente, o estudo tratará do sistema normativo brasileiro que consagra a proteção do direito à vida e à saúde do trabalhador.

Observe-se que o termo mais recorrente encontrado na doutrina trata-se de "direitos humanos". Todavia há outras terminologias adotadas, dentre elas, "direitos do homem" utilizada por José Joaquim Gomes Canotilho[1], bem como "direitos humanos fundamentais" adotada por Manoel Gonçalves Ferreira Filho[2] e Alexandre de Moraes[3].

Os direitos humanos serão analisados com enfoque no direito à vida e à saúde do trabalhador sob a perspectiva da normatização internacional e do sistema jurídico brasileiro.

A proteção da saúde tutelada pela normatização internacional e nacional objetiva a proteção da vida. Silmara Juny de Abreu Chinellato assevera que "o Direito primordial do ser humano é o direito à vida, por isso denominado direito condicionante, já que dele dependem os demais".[4]

(*) Doutoranda e mestre em Direito do Trabalho e da Seguridade Social pela Faculdade de Direito da USP. Especialista em Direito Empresarial pela Universidade Presbiteriana Mackenzie. Advogada.
(1) CANOTILHO, José Joaquim Gomes. *Direito constitucional e teoria da constituição*. 7. ed. Coimbra: Almedina, 2003.
(2) FERREIRA FILHO, Manoel Gonçalves. *Direitos humanos fundamentais*. 14. ed. São Paulo: Saraiva, 2012.
(3) MORAES, Alexandre de. *Direitos humanos fundamentais*: teoria geral, comentários aos arts. 1º e 5º da Constituição da República Federativa do Brasil, doutrina e jurisprudência. 9. ed. São Paulo: Atlas, 2011.
(4) CHINELLATO, Silmara Juny de Abreu. Bioética e dano pré-natal. *Revista do Advogado*. São Paulo: Associação dos Advogados de São Paulo, n. 58. p. 62-77, 2000. p. 69.

O direito à vida corresponde a um direito humano consagrado no art. 3º da Declaração Universal dos Direitos do Homem de 1948, protegido pela Constituição da República de 1988, assim como consagrado no Código Civil de 2002.

2 BREVE HISTÓRICO DOS DIREITOS HUMANOS

Na evolução histórica dos direitos humanos encontramos diversos antecedentes históricos. A Lei das Doze Tábuas é considerada a origem dos textos escritos que consagram a proteção dos cidadãos, da liberdade e da propriedade. Todavia, o mais importante antecedente histórico trata-se da *Magna Carta* da Inglaterra de 15 de junho de 1215. Posteriormente, a *Petition of Right* de 1628, o *Habeas Corpus Act* de 1679, o *Bill of Rights* de 1689 e o *Act of Settlement* de 1701, também são citados como instrumentos fundamentais na evolução dos direitos humanos.[5]

O Código de Hammurabi de 1690 a.C. é considerado importante antecedente histórico na concepção dos direitos humanos, que prevê a proteção do direito a vida, dignidade, honra, propriedade, dentre outros direitos.[6]

Posteriormente, em 1776, a Declaração de Direitos da Virgínia proclama diversos direitos, dentre eles o direito à vida, à liberdade e à propriedade. Sucessivamente, em 25 de setembro de 1780 os direitos humanos são consagrados na Constituição dos Estados Unidos.

Ressalta-se que a Declaração Francesa dos Direitos do Homem e do Cidadão de 26 de agosto de 1789 trata-se do instrumento mais famoso sobre direitos humanos. Todavia, foi a Constituição Francesa de 1791 e principalmente a Constituição Francesa de 1793 que regulamentaram os direitos humanos.

Outras Constituições também contribuíram para a evolução dos direitos humanos, dentre elas: Constituição Espanhola de 1812; Constituição Portuguesa de 1822; Constituição Belga de 1831; Constituição do México de 1917; Declaração Soviética dos Direitos do Povo Trabalhador e Explorado de 1918; e, Constituição de Weimer de 1919.[7]

Flávia Piovesan assevera que os primeiros marcos do processo de internacionalização dos direitos humanos são o Direito Humanitário, a Liga das Nações e a Organização Internacional do Trabalho.[8]

Após o final da Primeira Guerra Mundial, o Tratado de Versalhes cria a Organização Internacional do Trabalho (OIT), em 1919.[9] Todavia, foi com o final de Segunda Guerra Mundial que se vislumbrou um novo paradigma: os direitos humanos.

Segundo Flávia Piovesan "a verdadeira consolidação do Direito Internacional dos Direitos Humanos surge em meados do século XX, em decorrência da Segunda Guerra Mundial".[10]

Note-se que o conceito de direitos humanos tem se universalizado e vem ganhando importância internacional com a criação da Organização das Nações Unidas (ONU) que ocorreu em 1945.

Observe-se que o Tribunal de Nuremberg de 1945/1946 impulsionou o movimento de internacionalização dos direitos humanos ao julgar e responsabilizar os criminosos de guerra.[11]

---

(5) MORAES, Alexandre de. *Op. cit.*, p. 6 *et seq.*
(6) *Idem, ibidem*, p. 6.
(7) *Idem, ibidem*, p. 10 *et seq.*
(8) PIOVESAN, Flávia. *Direitos humanos e o direito constitucional internacional.* 9. ed. São Paulo: Saraiva, 2008. p. 111 *et seq.*
(9) TEBALDI, Eliegi. *A redução da jornada de trabalho e seus impactos no direito do trabalho.* Dissertação (Mestrado em Direito do Trabalho). Faculdade de Direito da USP, São Paulo, 2012. 146 p., p. 20.
(10) PIOVESAN, Flávia. *Op. cit.*, p. 117.
(11) *Idem, ibidem*, p. 120.

Em 1948 a Declaração Universal dos Direitos Humanos consagra um rol de direitos humanos, iniciando um processo de constitucionalização e positivização dos direitos humanos. Note-se que a Declaração de Direitos da Virgínia de 1776, a Constituição dos Estados Unidos de 1780 e a Declaração Francesa dos Direitos do Homem e do Cidadão de 1789 influenciaram na elaboração da Declaração Universal dos Direitos do Homem.

A Declaração Universal dos Direitos Humanos[12] foi adotada pela Assembleia Geral da Organização das Nações Unidas (ONU) em 10 de dezembro de 1948 e trata-se do principal marco no "[...] desenvolvimento da ideia contemporânea de direitos humanos".[13] Tal Declaração é "um ideal comum a atingir por todos os povos e todas as nações"[14], composta por 30 artigos, que preveem direito à vida, à segurança, à liberdade, à propriedade, à liberdade de reunião, dentre outros.

Para Boaventura de Souza Santos a concretização dos direitos humanos parece ser utópica, mas segundo Sartre "[...] antes de ser concretizada, uma ideia tem uma estranha semelhança com a utopia".[15]

3 O QUE SÃO DIREITOS HUMANOS?

Alexandre de Moraes afirma que:

O conjunto institucionalizado de direitos e garantias do ser humano que tem por finalidade básica o respeito a sua dignidade, por meio de sua proteção contra o arbítrio do poder estatal, e o estabelecimento de condições mínimas de vida e desenvolvimento da personalidade humana pode ser definido com 'direitos humanos fundamentais'.[16]

Os direitos humanos estão interligados e são interdependentes da paz, da democracia e da tolerância. Maria Victória de Mesquita Benevides Soares assevera que:

falar em democracia, em tolerância, em direitos humanos e paz pode ser entendido como redundância, uma vez que não podemos imaginar democracia sem respeito aos direitos humanos, democracia sem tolerância [...] democracia sem justiça e justiça é uma condição para a paz.

Mas nenhum outro tema desperta tanta polêmica como os direitos humanos, muitas vez tem referência com sentido pejorativo ou excludente. Em um primeiro momento é identificado como os direitos dos bandidos.[17]

Para tal autora "[...] associar direitos humanos com a bandidagem, com a criminalidade é uma deturpação".[18]

Sustenta Maria Victória de Mesquita Benevides Soares:

É bom lembrar também que, nas sociedades democráticas do chamado mundo desenvolvido, a ideia, a prática, a defesa e a promoção dos direitos humanos, de uma certa maneira, já estão incorporadas à vida política. Já se

---

(12) Observe-se que René Cassin, considerado o pai dos direitos humanos, foi o principal redator da Declaração Universal dos Direitos Humanos de 1948, que foi traduzida em 406 idiomas e trata-se do documento mais traduzido atualmente. Note-se que o Brasil foi representado na III Assembleia Geral das Nações Unidas e na Comissão Redatora da Declaração Universal dos Direitos do Homem por Austregésilo de Athayde, nascido em 25 de setembro de 1898 e faleceu em 13 de setembro de 1993, posteriormente foi membro da Academia Brasileira de Letras.
(13) BITTAR, Eduardo C. B.; ALMEIDA, Guilherme Assis de (org.). *Minicódigo de direitos humanos*. Brasília: Teixeira, 2010. p. 43.
(14) FERREIRA FILHO, Manoel Gonçalves. *Op. cit.*, p. 49.
(15) SANTOS, Boaventura de Souza. Por uma concepção multicultural de direitos humanos. *In:* SANTOS, Boaventura de Souza (org.). *Reconhecer para libertar os caminhos do cosmopolitismo multicultural*. Rio de Janeiro: Civilização Brasileira, 2003.
(16) MORAES, Alexandre de. *Op. cit.*, p. 20.
(17) SOARES, Maria Victoria de Mesquita Benevides. Cidadania e direitos humanos. *Cadernos de Pesquisa* (Fundação Carlos Chagas), Direitos Humanos, Cidadania e Educação, 1998, n. 104. p. 2.
(18) *Idem, ibidem*, p. 3.

incorporaram no elenco de valores, de um povo, de uma nação. Mas, pelo contrário, é justamente nos países que mais violam os direitos humanos, nas sociedades que são mais marcadas pela discriminação, pelo preconceito e pelas mais variadas formas de racismo e intolerância, que a ideia de direitos humanos permanece ambígua e deturpada.[19]

Direitos humanos são a garantia do direito à vida, garantia do direito à justiça, garantia do direito à liberdade de opinião e expressão, de crença e culto, de orientação sexual, garantia do direito à igualdade, garantia do direito das crianças e adolescentes, das mulheres, dos afrodescendentes, dos povos indígenas, dos estrangeiros, dos refugiados e migrantes, dos ciganos, das pessoas portadoras de deficiência, dos idosos, garantia do direito à educação, garantia do direito à saúde, à previdência e à assistência social, à saúde mental, garantia do direito ao trabalho, acesso à terra, garantia do direito à moradia, garantia do direito a um meio ambiente saudável, garantia do direito à alimentação, garantia do direito à cultura e ao lazer, educação, conscientização e mobilização.[20]

Os direitos humanos são direitos e liberdades básicos de todos os seres humanos, que quando reconhecidos pelo ordenamento jurídico também são direitos fundamentais. Os direitos fundamentais são garantidos e limitados no espaço e no tempo, sendo que muitos direitos fundamentais são direitos da personalidade, mas nem todos os direitos de personalidade são direitos fundamentais. Os direitos fundamentais são os direitos humanos reconhecidos por uma determinada ordem jurídica positiva. Por sua vez, os direitos da personalidade são os direitos humanos e os direitos fundamentais vistos sob a ótica privada, enquanto que os direitos humanos são os direitos da personalidade na esfera internacional.

Maria Victória de Mesquita Benevides Soares afirma "o núcleo fundamental dos Direitos Humanos é, evidentemente, o direito à vida, porque de nada adiantaria os outros Direitos Humanos se não valesse o direito à vida.[21]

4 TEORIAS DOS DIREITOS HUMANOS

Os direitos humanos comportam três teorias: a teoria jusnaturalista a teoria positivista e a teoria moralista.

A teoria jusnaturalista fundamenta os direitos humanos em uma ordem universal e imutável. Os direitos humanos são considerados direitos naturais, ou seja, não se fundamentam na criação por legisladores, tribunais ou juristas. "Esses direitos declarados são os que derivam da natureza humana, são naturais".[22] Rubens Limongi França e Silmara Juny de Abreu Chinellato adotam tal corrente.

Já a teoria positivista fundamenta a existência dos direitos humanos em uma ordem normativa, isto é, ordenamento jurídico positivado.

Finalmente, a teoria moralista entende que os direitos humanos se fundamentam na experiência e consciência moral de um determinado povo.

5 CARACTERÍSTICAS DOS DIREITOS HUMANOS

Os direitos humanos têm diversas características, quais sejam: (*i*) naturais, ou seja, são intrínsecos à natureza humana; (*ii*) universais: são comuns a todos; (*iii*) históricos: evoluiram com as mudanças históricas,

---
(19) *Idem, ibidem*, p. 2.
(20) Programa Nacional de Direitos Humanos (PNDH I) — Decreto n. 1.904 de 1996.
(21) SOARES, Maria Victoria de Mesquita Benevides. *Op. cit.*, p. 7.
(22) FERREIRA FILHO, Manoel Gonçalves. *Op. cit.*, p. 40.

por exemplo, atualmente não se admite o direito de escravizar uma pessoa e anteriormente não se pensava em direito ao meio ambiente, à descoberta científica, à orientação sexual; (*iv*) indivisíveis: direitos que não podem ser fracionados; e, (*v*) interdependentes.[23]

Flávia Piovesan assevera que os direitos humanos são universais, indivisíveis, interdependentes e inter-relacionados. Para tal autora "todos os direitos humanos constituem um complexo íntegro, único e indivisível, no qual os diferentes direitos estão necessariamente inter-relacionados e são interdependentes entre si".[24]

6 GERAÇÕES OU DIMENSÕES DOS DIREITOS HUMANOS?

Os termos 'gerações', bem como 'dimensões' comportam análise mais detalhada.

A expressão 'geração' foi criticada pela doutrina nacional e estrangeira, pois para alguns autores dá ideia de que uma nova geração superaria a geração anterior.

Não podemos negar que há um reconhecimento progressivo de novos direitos, tendo um caráter cumulativo de complementaridade e não de alternância de direitos.

Karel Vasak[25] propõe em 1979 a classificação dos direitos humanos em três gerações, inspirada no lema da Revolução Francesa: liberdade, igualdade e fraternidade. Segundo tal autor, os direitos humanos de primeira geração são relativos às liberdades públicas, enquanto que os direitos de segunda geração são os direitos sociais e, finalmente, os direitos de terceira geração são os direitos coletivos.

O termo 'gerações' indica "[...] os grandes momentos de conscientização em que se reconhecem 'famílias' de direitos".[26]

Arion Sayão Romita[27] prefere o termo 'família' a 'geração'. Para tal autor "várias críticas têm sido apresentadas à noção de gerações de direitos fundamentais. Realmente, não se trata de gerações, mas sim de famílias, naipes ou grupos [...]".

Todavia, José Joaquim Gomes Canotilho[28] e Ingo Wolfgang Sarlet[29] entendem que o termo 'dimensão' dos direitos humanos é mais apropriado. Pois o uso da expressão 'geração' trata-se de imprecisão terminológica conduzindo ao entendimento equivocado de que os direitos se substituem ao longo do tempo, embora haja um processo de expansão, cumulação e fortalecimento dos direitos humanos.

O presente estudo adotará o termo 'dimensão" consagrado pela corrente dominante e também por entendermos que se trata da expressão mais apropriada.

Os direitos de primeira dimensão correspondem aos direitos civis e políticos que versam sobre as liberdades individuais, quais sejam, direito a vida, liberdade, propriedade, locomoção, segurança, acesso à Justiça, de opinião, de crença, de integridade física e direitos da personalidade.

A segunda dimensão dos direitos humanos refere-se aos direitos sociais, quais sejam, direito ao salário, seguridade social, férias, previdência, dentre outros.

---

(23) SOARES, Maria Victoria de Mesquita Benevides. *Op. cit.*, p. 7 *et seq.*
(24) PIOVESAN, Flávia. *Op. cit.*, p. 142.
(25) SARLET, Ingo Wolfgang. *A eficácia dos direitos fundamentais*. 9. ed. Porto Alegre: Livraria do Advogado, 2007. p. 52.
(26) FERREIRA FILHO, Manoel Gonçalves. *Op. cit.*, p. 24.
(27) ROMITA, Arion Sayão. *Direitos fundamentais nas relações de trabalho*. 3. ed. São Paulo: LTr, 2008. p. 121 e 136.
(28) CANOTILHO, José Joaquim Gomes. *Direito constitucional e teoria da constituição*. 7. ed. Coimbra: Almedina, 2003.
(29) SARLET, Ingo Wolfgang. *Op. cit.*, p. 52.

A terceira dimensão dos direitos humanos corresponde aos direitos coletivos, quais sejam, direito ao meio ambiente, direito à defesa ecológica, direito à paz, direito ao desenvolvimento, direito à autodeterminação dos povos, direito cultural e tecnológico, liberdade de informação, direito de informática.

A quarta dimensão dos direitos humanos[30] refere-se às descobertas científicas, quais sejam: novas descobertas científicas, reconhecimento da diversidade cultural e mudanças políticas; avanços decorrentes da *internet*; direito à democracia; engenharia genética; manipulação genética; proteção ao genoma humano (Declaração dos Direitos do Homem e do Genoma Humano de 1997); proteção ao patrimônio genético (Declaração Universal sobre os Direitos Genéticos Humanos de 2003); reprodução assistida; biodireito; transplante de órgãos; transformação de sexo; e direito à morte.

Arion Sayão Romita entende que a quarta família dos direitos humanos decorre dos direitos de manipulação genética, fecundação *in vitro*, bioética, dentre outros. Para tal autor a quinta família refere-se aos direitos derivados da utilização da cibernética e da informática, enquanto que a sexta família corresponde aos direitos emergentes da globalização, quais sejam, direitos à democracia, à informação correta e ao pluralismo.[31]

Manoel Gonçalves Ferreira Filho assevera que "a enumeração dos direitos não nega outros, é sempre exemplificativa, jamais taxativa".[32]

Todavia, mais relevante do que a tentativa de considerar um direito de uma ou outra geração ou dimensão, correndo-se o risco da supervalorização histórica, importante é a afirmação e a efetivação dos direitos humanos.[33]

7 TEMAS CONTROVERTIDOS DOS DIREITOS HUMANOS

7.1 Direitos humanos: universais ou universalizáveis

Será que os direitos humanos são realmente universais?

Menschenrechte: ein westliches Konstrukt mit beschränkter Anwendbarkeit[34]. Estudo de Heiner Bielefeldt demonstra a relativização cultural dos direitos humanos para alicerçar a "[...] ideia do caráter primordialmente 'ocidental' dos direitos humanos e sua aplicabilidade restrita em relação a outras culturas".[35] Portanto, há quem nega a universalização dos direitos humanos, por entender que são uma construção ocidental da Europa e da América do Norte. Entende também que se trata de um termo eurocêntrico.

Alain Supiot salienta que há duas correntes: uma que acredita na universalidade e outra que não acredita na universalidade dos direitos do homem.[36]

Para uns, os direitos do Homem fornecem ao mundo globalizado as Tábuas de lei universal de que ele necessita, enquanto os outros apenas veem aí 'direitos do homem branco', que servem para legitimar a dominação do Ocidente sobre o resto do mundo".[37]

Sami A. Aldeeb Abu-Salieh[38] assevera que há um fosso entre a concepção islâmica e a Declaração Universal dos Direitos Humanos de 1948. Note-se que na concepção islâmica não há o princípio da igualdade

---
(30) SARLET, Ingo Wolfgang. *Op. cit.*, p. 58 *et seq.*
(31) ROMITA, Arion Sayão. *Op. cit.*, p. 122 *et seq.*
(32) FERREIRA FILHO, Manoel Gonçalves. *Op. cit.*, p. 48.
(33) SARLET, Ingo Wolfgang. *Op. cit.*, p. 66.
(34) Tradução proposta: Direitos humanos: uma construção ocidental de aplicabilidade restrita. Cf. BIELEFELDT, Heiner. *Filosofia dos direitos humanos*. São Leopoldo: Unisinos, 1998. p. 141.
(35) BIELEFELDT, Heiner. *Op. cit.* p. 141.
(36) SUPIOT, Alain. *Homo juridicus*: ensaio sobre a função antropológica do direito. Tradução Dorindo Carvalho. Lisboa: Instituto Piaget, 2005. p. 211.
(37) *Idem, ibidem*, p. 211 *et seq.*
(38) FERREIRA FILHO, Manoel Gonçalves. *Op. cit.*, p. 222.

entre fiéis e infiéis; não há o princípio da igualdade entre homens e mulheres; não há o princípio de liberdade de crença; proíbe-se o casamento de mulher muçulmana com homem não muçulmano; permite-se casamento do homem muçulmano com mulher não muçulmana desde que sua religião tenha reconhecido os livros sagrados como, por exemplo, o cristianismo; permite-se a poligamia; e tolera a escravidão.

Segundo a doutrina islâmica os direitos humanos foram reconhecidos pelo Islã no Corão, sendo que tais direitos têm origem divina e somente depois de 14 séculos foram incorporados na Declaração Universal dos Direitos Humanos de 1948. Note-se que em 1981 foi publicada a Declaração dos Direitos Humanos no Islã.

Heiner Bielefeldt salienta que "a afirmação de que os direitos humanos tenham sido formulados pela primeira vez no islamismo encontra-se não só em muitos autores islâmicos, mas também em documentos semioficiais de conferências e organismos islâmicos".[39]

Alain Supiot afirma que "os direitos do Homem, que são uma das mais belas expressões do pensamento ocidental, e que procedem a este título dos saberes da humanidade sobre si mesma, merecem em todo o caso um melhor tratamento".[40]

Tal autor entende que:

Pensar a europeização ou a mundialização como processos de apagamento das diferenças e de uniformização das convicções, é preparar-se futuros mortíferos. Julgar universais as suas categorias de pensamento e pretender impô-las ao mundo é o caminho mais certo para o desastre.[41]

Alain Supiot salienta que se "[...] pressupõe que os países do Norte renunciem a impor sempre e em todo o lado as suas próprias concepções e sigam os ensinamentos dos outros, num trabalho comum de interrogação do Homem sobre si mesmo".[42]

Os direitos humanos foram contestados e considerados como "[...] produto da história ocidental, instrumento de neocolonialismo e imperialismo cultural".[43]

Norberto Bobbio sustenta, em 1967, que toda pesquisa sobre um fundamento absoluto dos direitos humanos é infundada, afirma que a expressão direitos humanos é muito vaga, varia historicamente e é indefinível.[44] Todavia, "[...] os direitos humanos estão cada vez mais difundidos no mundo inteiro".[45]

Por fim, apesar da grande polêmica acerca dos direitos humanos, entendemos que são direitos universalizáveis. Enquanto que o direito à vida, à saúde e ao meio ambiente do trabalho equilibrado é um direito humano universal.

7.2 Banalização dos direitos humanos

Outro tema tormentoso trata-se da banalização dos direitos humanos ao considerar como direitos humanos uma vasta gama de direitos, dentre eles: direito ao turismo, direito ao desarmamento, direito ao sono, direito de não ser morto em guerra, direito de não ser sujeito a trabalho aborrecido, dentre outros.[46]

---

(39) BIELEFELDT, Heiner. *Op. cit.*, p. 165.
(40) SUPIOT, Alain. *Op. cit.*, p. 219.
(41) *Idem, ibidem*, p. 22 e 23.
(42) *Idem, ibidem*, p. 243.
(43) FACCHI, Alessandra. Tradução Silvia Debetto C. Reis. *Breve história dos direitos humanos*. São Paulo: Loyola, 2011. p. 146.
(44) COMPARATO, Fábio Konder. Fundamentos dos direitos humanos. *In:* BOITEUX, Elza Antonia Pereira Cunha (coord.). *Direitos humanos*: estudos em homenagem ao Professor Fábio Koder Comparato. Salvador: Jus Podivm, 2010. p. 18.
(45) FACCHI, Alessandra. *Op. cit.*, p. 146.
(46) FERREIRA FILHO, Manoel Gonçalves. *Op. cit.*, p. 85.

8. A PROTEÇÃO DA VIDA E DA SAÚDE À LUZ DA NORMATIZAÇÃO INTERNACIONAL

O direito à vida trata-se de direito humano e está expressamente previsto no art. 3º da Declaração Universal de Direitos Humanos de 1948.[47] Enquanto que o art. 6º do Pacto Internacional dos Direitos Civis e Políticos de 1966 prevê que o direito à vida é inerente à pessoa humana e deverá ser protegido pelas leis.

O art. 12 do Pacto Internacional dos Direitos Culturais e Sociais de 1966 reconhece o direito de toda pessoa de desfrutar o mais elevado nível de saúde física e mental.

A proteção da vida também está prevista na Convenção Americana de Direitos Humanos, conhecida como Pacto de San José da Costa Rica, de 22 de novembro de 1969, que entrou em vigência internacional em 18 de julho de 1978 e foi ratificado pelo Brasil em 25 de setembro de 1992.

O Pacto de San José da Costa Rica, que ingressou no Direito interno em 6 de novembro de 1992 por meio do Decreto n. 678, reafirma o direito à vida em seu art. 4º.[48]

Art. 4º Direito à vida.

1. Toda pessoa tem o direito de que se respeite sua vida. Esse direito deve ser protegido pela lei e, em geral, desde o momento da concepção. Ninguém pode ser privado da vida arbitrariamente.

A Declaração Americana de Direitos e Deveres do Homem, aprovada na IX Conferência Internacional Americana, em Bogotá, em abril de 1948, com vigência em 6 de novembro de 1992, vem reafirmar os direitos previstos na Declaração Universal de Direitos Humanos de 1948, dentre eles o direito à vida e à saúde.

Art. 1º Todo ser humano tem direito à vida, à liberdade e à segurança de sua pessoa.

Art. 11. Toda pessoa tem direito a que sua saúde seja resguardada por medidas sanitárias e sociais relativas a alimentação, vestuário, habitação e cuidados médicos correspondentes ao nível permitido pelos recursos públicos e da coletividade.

Por fim, o Protocolo de San Salvador, Protocolo Adicional à Convenção Interamericana sobre Direitos Humanos em matéria de Direitos Econômicos, Sociais e Culturais, prevê o direito à saúde em seu art. 10.

Art. 10. Direito à saúde

1. Toda pessoa tem direito à saúde, entendida como o gozo do mais alto nível de bem-estar físico, mental e social.

Portanto, o direito à vida e à saúde, consagrados no ordenamento internacional, adotam *status* de direitos humanos.

9. A PROTEÇÃO DA VIDA E DA SAÚDE DO TRABALHADOR À LUZ DA NORMATIZAÇÃO NACIONAL

O direito à vida corresponde a um direito fundamental previsto no art. 5º da Constituição da República de 1988.[49]

---

(47) Art. 3º da Declaração Universal dos Direitos Humanos. Toda pessoa tem direito à vida, à liberdade e à segurança pessoal.
(48) CHINELLATO, Silmara Juny de Abreu. Bioética e dano pré-natal. *Revista do Advogado*. São Paulo: Associação dos Advogados de São Paulo, n. 58, p. 62-77, 2000. p. 70.
(49) Art. 5º, da Constituição da República de 1988. Todos são iguais perante a lei, sem distinção de qualquer natureza, garantindo-se aos brasileiros e aos estrangeiros residentes no País a inviolabilidade do direito à vida, à liberdade, à igualdade, à segurança e à propriedade, nos termos seguintes:

A saúde encontra-se dentre os direitos e as garantias fundamentais previstos no art. 6º da Constituição Federal[50]. José Antônio Ribeiro de Oliveira Silva assevera que, pela primeira vez, o legislador positivou a saúde como direito fundamental.[51]

A Constituição da República prevê a proteção da saúde do trabalhador e do meio ambiente de trabalho (art. 200, II e VIII). O art. 200, da Constituição Federal, refere-se ao Sistema Único de Saúde (SUS), que tem como atribuição proteger a saúde do trabalhador por meio de ações de vigilância epidemiológica e sanitária, bem como proteger o meio ambiente do trabalho. O SUS foi instituído pela Lei n. 8080, de 19 de setembro de 1990. A referida lei é conhecida como Lei Orgânica da Saúde (LOS), que dispõe sobre as condições para a promoção, proteção e recuperação da saúde, a organização e o funcionamento dos serviços correspondentes, regulando, em todo o território nacional, as ações e os serviços de saúde, executados isolada ou conjuntamente, em caráter permanente ou eventual, por pessoas naturais ou jurídicas de direito público ou privado. A Lei n. 8.080, de 1990, ratifica a disposição de que a saúde é direito fundamental do ser humano e dever do Estado (art. 2º, da Lei n. 8.080, de 1990).[52]

O art. 2º da Lei n. 8.080 de 1990 prevê que saúde é um direito fundamental do ser humano, devendo o Estado prover as condições indispensáveis ao seu pleno exercício.[53]

A saúde e a vida dos trabalhadores são direitos humanos consagrados em Declarações e Pactos Internacionais, também são direitos fundamentais previstos na Constituição da República de 1988 e, em última análise, são direitos da personalidade consagrados no Código Civil.

10 CONCLUSÃO

Ao longo do estudo, inclusive com a análise da evolução histórica dos direitos humanos, ficou demonstrado que a Declaração Universal dos Direitos do Homem, de 1948, o Pacto Internacional dos Direitos Civil e Políticos, de 1966, o Pacto Internacional dos Direitos Culturais e Sociais, de 1966, a Convenção Americana de Direitos Humanos ou Pacto de San José da Costa Rica, de 1969, assim como a Declaração Americana de Direitos e Deveres do Homem, de 1948, protegem o direito à vida e à saúde: direitos humanos fundamentais.

O direito à vida e à saúde tratam-se de direitos humanos vistos sob a ótica do ordenamento internacional, mas são direitos fundamentais quando previstos na Constituição da República de 1988; por fim, em última análise, também são direitos da personalidade analisados na esfera privada, previstos no Código Civil de 2002.

O ordenamento internacional, assim como o ordenamento nacional, busca incessantemente a proteção dos Direitos Humanos, dentre eles a proteção da vida e da saúde do trabalhador.

A proteção da vida do trabalhador trata-se de direito humano de primeira dimensão, enquanto que o meio ambiente do trabalho equilibrado corresponde à terceira dimensão dos direitos humanos. Todavia, pouco importa em qual dimensão o direito à vida, à saúde e ao meio ambiente do trabalho estão circunscritos, pois o que é relevante é a afirmação, assim como a efetivação dos direitos humanos dos trabalhadores.

---

(50) Art. 6º da Constituição da República de 1988. São direitos sociais a educação, a saúde, o trabalho, a moradia, o lazer, a segurança, a previdência social, a proteção à maternidade e à infância, a assistência aos desamparados, na forma desta Constituição.

(51) SILVA, José Antônio Ribeiro de Oliveira. *A saúde do trabalhador como um direito humano*: conteúdo essencial da dignidade humana. São Paulo: LTr, 2008. p. 94.

(52) TEBALDI, Eliegi. *Op. cit.*, p. 128.

(53) Art. 2º da Lei n. 8.080 de 1990. A saúde é um direito fundamental do ser humano, devendo o Estado prover as condições indispensáveis ao seu pleno exercício.

§ 1º O dever do Estado de garantir a saúde consiste na reformulação e execução de políticas econômicas e sociais que visem à redução de riscos de doenças e de outros agravos no estabelecimento de condições que assegurem acesso universal e igualitário às ações e aos serviços para a sua promoção, proteção e recuperação.

Finalmente, entendemos que os mecanismos constantes do ordenamento internacional e brasileiro certamente são instrumentos eficazes para a proteção direitos humanos fundamentais em busca da efetividade do direito à saúde e à vida do trabalhador, assim como em busca da proteção do meio ambiente do trabalho.

11 REFERÊNCIAS BIBLIOGRÁFICAS

ALMEIDA, Guilherme Assis de. Conflitos interpessoais, constituição do sujeito de direito e promoção dos direitos humanos. In: *Esferas da justiça para convivência*: constituição do sujeito de direito e promoção dos direitos humanos. São Paulo: [s. e.], 2011. p. 43/82.

ASSOCIAÇÃO NACIONAL DE DIREITOS HUMANOS. ANDHEP. Disponível em: <http://www.andhep.org.br/index.php?option=com_content&view=article&id=119&Itemid=100019>. Acesso em: 17 mar. 2013.

BELTRAN, Ari Possidonio. *Direito do trabalho e direitos fundamentais*. São Paulo: LTr, 2002.

BIELEFELDT, Heiner. *Filosofia dos direitos humanos*. Tradução Dankwart Bernsmuller. São Leopoldo: Unisinos, 1998.

BITTAR, Carlos Alberto. *Os direitos da personalidade*. 3. ed. atualizada por Eduardo Bianca Bittar. São Paulo: Forense Universitária, 1999.

BITTAR, Eduardo C. B.; ALMEIDA, Guilherme Assis de (org.). *Minicódigo de direitos humanos*. Brasília: Teixeira, 2010.

BOBBIO, Norberto. *A era dos direitos*. Tradução de Carlos Nelson Coutinho. São Paulo: Campus, 1992.

BONAVIDES, Paulo. *Curso de direito constitucional*. 16. ed. São Paulo: Malheiros, 2005.

CANOTILHO, José Joaquim Gomes. *Direito constitucional e teoria da constituição*. 7. ed. Coimbra: Almedina, 2003.

CHINELLATO, Silmara Juny de Abreu. Pessoa natural e novas tecnologias. *Revista do IASP*. São Paulo: Revista dos Tribunais, ano 14, n. 27, p. 45-63, jan./jun. 2011.

_____ . Bioética e dano pré-natal. *Revista do Advogado*. São Paulo: Associação dos Advogados de São Paulo, n. 58, p. 62-77, 2000.

COMPARATO, Fábio Konder. Fundamentos dos direitos humanos. *In:* BOITEUX, Elza Antonia Pereira Cunha (coord.). *Direitos Humanos*: estudos em homenagem ao Professor Fábio Koder Comparato. Salvador: Jus Podivm, 2010.

DE CUPIS, Adriano. *Os direitos da personalidade*. Tradução de Adriano Vera Jardim e Antonio Miguel Caieiro. Lisboa: Morais, 1961.

FACCHI, Alessandra. Tradução Silvia Debetto C. Reis. *Breve história dos direitos humanos*. São Paulo: Loyola, 2011.

FERREIRA FILHO, Manoel Gonçalves. *Direitos humanos fundamentais*. 14. ed. São Paulo: Saraiva, 2012.

FRANÇA, Rubens Limongi. Direitos da personalidade: coordenadas fundamentais. *Revista dos Tribunais*, São Paulo, v. 567, p. 9-16, 1983.

GOGLIANO, Daisy. *Direitos privados da personalidade*. Dissertação (Mestrado em Direito Civil). Faculdade de Direito da USP, São Paulo. 1982.

LAFER, Celso. *A reconstrução dos direitos humanos*: um diálogo com o pensamento de Hannah Arendt. São Paulo: Companhia das Letras, 2006.

MAZUR, Maurício. A dicotomia entre os direitos de personalidade e os direitos fundamentais. *In:* MIRANDA, Jorge; Rodrigues Junior, Otavio Luiz; FRUET, Gustavo Bonato. *Direitos da personalidade*. São Paulo: Atlas, 2012.

MENDES, Gilmar Ferreira. Colisão de direitos fundamentais. Liberdade de expressão e de comunicação e direito à honra e à imagem. *Revista de Informação Legislativa*, Brasília, v.31, n. 122, p. 297-302, abr./jun. 1994.

MORAES, Alexandre de. *Direitos humanos fundamentais*: teoria geral, comentários aos arts. 1º e 5º da Constituição da República Federativa do Brasil, doutrina e jurisprudência. 9. ed. São Paulo: Atlas, 2011.

MORATO, Antonio Carlos. Direito à voz: reflexões sobre sua proteção no âmbito da Sociedade da Informação. *In:* Liliana Minardi Paesani. (Org.). *O direito na sociedade da informação*. São Paulo: Atlas, 2007.

ORGANIZAÇÃO DAS NAÇÕES UNIDAS. ONU. Disponível em: <http://www.onu.org.br/a-onu-em-acao/a-onu-e-os-direitos-humanos/>. Acesso em: 17 mar. 2013.

PIOVESAN, Flávia. *Direitos humanos e o direito constitucional internacional.* 9. ed. São Paulo: Saraiva, 2009.

ROMITA, Arion Sayão. *Direitos fundamentais nas relações de trabalho.* 3. ed. São Paulo: LTr, 2008.

SANTOS, Boaventura de Souza. Por uma concepção multicultural de direitos humanos. *In:* SANTOS, Boaventura de Souza (org.). *Reconhecer para libertar os caminhos do cosmopolitismo multicultural.* Rio de Janeiro: Civilização Brasileira, 2003.

SARLET, Ingo Wolfgang. *A eficácia dos direitos fundamentais.* 9. ed. Porto Alegre, Livraria do Advogado, 2007.

SILVA, José Antônio Ribeiro de Oliveira. *A saúde do trabalhador como um direito humano*: conteúdo essencial da dignidade humana. São Paulo: LTr, 2008.

SOARES, Maria Victoria de Mesquita Benevides. Cidadania e direitos humanos. *Cadernos de Pesquisa* (Fundação Carlos Chagas) Direitos Humanos, Cidadania e Educação, n. 104, 1998.

SUPIOT, Alain. *Homo juridicus*: ensaio sobre a função antropológica do direito. Tradução Dorindo Carvalho. Lisboa: Instituto Piaget, 2005.

TEBALDI, Eliegi. *A redução da jornada de trabalho e seus impactos no direito do trabalho.* Dissertação (Mestrado em Direito do Trabalho). Faculdade de Direito da USP, São Paulo, 2012.

SEÇÃO 3

A Dimensão Preventiva da Tutela Labor-Ambiental

TUTELA COLETIVA INIBITÓRIA PARA PROTEÇÃO DO MEIO AMBIENTE DO TRABALHO SAUDÁVEL

Carlos Henrique Bezerra Leite[*]

1 INTRODUÇÃO

A globalização econômica e a explosão demográfica mundial propiciaram o surgimento de uma sociedade de massa que traz como consequência inexorável uma cadeia de degradação em massa. É dizer, o mundo inteiro vem sofrendo com os problemas gerados pela degradação ambiental em massa, pela produção industrial em massa, pela distribuição produtiva em massa e pelo consumo em massa.

Na seara das relações sociais trabalhistas, a mudança do modelo *fordista* para o *toyotista* de produção e distribuição de bens e serviços implicou novas formas de trabalho, como a robotização, o teletrabalho e o trabalho a distância, além de o próprio Direito do Trabalho sofrer influências estruturais com os fenômenos decorrentes da globalização, como a flexibilização das normas de proteção ao trabalho humano subordinado, gerando, igualmente, a degradação em massa dos direitos sociais dos trabalhadores, especialmente os direitos relativos à sadia qualidade de vida no meio ambiente laboral.

Com a promulgação da Constituição Federal de 1988, que assegura o acesso — individual e metaindividual — ao Poder Judiciário, tanto nas lesões quanto nas ameaças a direito (art. 5º, XXXV), o legislador constituinte reconheceu, definitivamente, a necessidade de se buscar novos meios que pudessem tornar o processo mais ágil e útil à sociedade de massa, por meio de uma prestação jurisdicional coletiva, efetiva e tempestiva, o que foi reforçado pela Emenda Constitucional n. 45/2004, que introduziu o princípio da duração razoável do processo.

Para assegurar a defesa dos direitos ou interesses metaindividuais, a Constituição brasileira de 1988 previu a ação civil pública, "para a proteção do patrimônio público e social, do meio ambiente e de outros interesses difusos e coletivos" (CF, art. 129, III).

---

[*] Desembargador do Tribunal Regional do Trabalho da 17ª Região. Doutor e Mestre em Direito (PUC/SP). Professor de Direito Processual do Trabalho e Direitos Fundamentais Sociais da FDV. Graduação e pós-graduação em Direito da FDV. Titular da Cadeira n. 44 da Academia Brasileira de Direito do Trabalho.

O presente estudo, portanto, tem por escopo analisar a tutela coletiva inibitória para a proteção do direito fundamental ao meio ambiente do trabalho saudável no ordenamento jurídico brasileiro.

Para tanto, buscar-se-á, sem a pretensão de esgotar a temática pertinente, responder às seguintes indagações: o que é meio ambiente do trabalho e qual o seu fundamento constitucional? O que é tutela coletiva inibitória, qual o seu fundamento e natureza jurídica? É possível a tutela coletiva inibitória de urgência? Como a tutela coletiva inibitória de urgência pode contribuir para a proteção do meio ambiente do trabalho? Quais os requisitos para a concessão da tutela coletiva inibitória de urgência? É possível a tutela coletiva inibitória de urgência *ex officio* para proteção do meio ambiente do trabalho?

2 O MEIO AMBIENTE NA CONSTITUIÇÃO FEDERAL DE 1988

A Constituição brasileira de 1988 contempla inúmeros aspectos a respeito do meio ambiente, reservando, de forma inédita no constitucionalismo brasileiro, um capítulo específico sobre o tema, o qual não deve ser interpretado isoladamente. Ao revés, a compreensão holística do meio ambiente requer a interpretação sistemática de todos os princípios e normas contidas na própria Constituição e dos Tratados Internacionais.

O conceito fundamental de meio ambiente é extraído do art. 225 da CF, *in verbis*:

> Todos têm direito ao meio ambiente ecologicamente equilibrado, bem de uso comum do povo e essencial à sadia qualidade de vida, impondo-se ao Poder Público e à coletividade o dever de defendê-lo e preservá-lo para as presentes e futuras gerações.

Esse conceito foi recepcionado do art. 3º, I, da Lei n. 6.938/81, que define o meio ambiente como "o conjunto de condições, leis, influências e interações de ordem física, química e biológica, que permite, abriga e rege a vida em todas as suas formas".

Vê-se, assim, que a definição de meio ambiente é bastante ampla, constituindo, na verdade, um conceito jurídico indeterminado, permitindo, de tal arte, a abertura no ordenamento jurídico para a sua concretização na perspectiva da terceira dimensão dos direitos humanos.

Visando à efetivação do conceito de meio ambiente, a doutrina classifica-o, para fins meramente didáticos, em: meio ambiente natural, meio ambiente artificial, meio ambiente cultural e meio ambiente do trabalho, sendo este último objeto específico deste estudo.

3 O MEIO AMBIENTE DO TRABALHO SAUDÁVEL COMO DIREITO E DEVER FUNDAMENTAL

A compreensão (e efetivação) do direito humano e fundamental ao meio ambiente do trabalho saudável requer do intérprete a conjugação apriorística dos princípios e regras:

a) da Constituição Federal — arts. 1º, III e IV, 6º, 7º, XXII, XXIII, XXVIII, XXXIII, 200, VIII, 225 (a saúde como bem ambiental);
b) dos Tratados Internacionais — especialmente as Convenções da Organização Internacional do Trabalho ns. 148, 155, 161 e 170 (que são, no mínimo, para acompanhar o recente entendimento do STF, normas de natureza supralegal).

Destarte, as normas relativas à segurança e medicina do trabalho previstas no Título II, Capítulo V (arts. 154 a 223) da CLT, na Lei n. 6.514/77 e na Portaria n. 3.214/78 com as suas respectivas Normas Regulamentares, devem ser interpretadas conforme os princípios e regras previstos na Constituição Federal e nos tratados internacionais acima referidos.

A concepção moderna de meio ambiente do trabalho, portanto, está relacionada aos direitos humanos e fundamentais, notadamente os direitos à vida, à segurança e à saúde dos trabalhadores. Esses direitos, na verdade, devem ser interpretados e aplicados com arrimo nos princípios fundamentais da dignidade da pessoa humana, do valor social do trabalho (e da livre iniciativa) e da cidadania.

Nesse sentido, adverte Paulo Roberto Lemgruber Ebert:

> Supera-se, assim, a concepção tradicional da doutrina juslaboralista pátria, calcada apenas nas normas técnicas da CLT e nas Normas Regulamentadoras do Ministério do Trabalho e Emprego, que preconizam o meio ambiente do trabalho tão somente sob a perspectiva dogmática e formal da medicina, higiene e segurança do trabalho.
>
> No atual contexto de evolução alucinante dos riscos laborais, a falência do modelo casuístico-legalista, pautado pela subsunção mecânica das previsões normativas em abstrato aos fatos, é notória. Em tal realidade, somente o desvelamento do conteúdo histórico-institucional das normas principiológicas de direitos fundamentais à luz das nuances dos casos concretos, na acepção formulada por Dworkin e Zagrebelsky, é capaz de responder a tais desafios com um mínimo de eficiência.
>
> Para que isso seja possível, faz-se necessário, em primeiro lugar, superar aquela concepção clássica (e positivista) que enxerga as diretrizes normativas pertinentes à segurança e à medicina do trabalho como meros adendos legais aos contratos laborais definidos de forma estrita, casuística e em *numerus clausus*. Nesse sentido, a incorporação do conceito de "meio ambiente do trabalho" e de sua principiologia à regulamentação de tais aspectos e à resolução em concreto das controvérsias é de substancial auxílio para o tratamento eficiente dos riscos laborais a que os obreiros estão expostos.
>
> Para tanto, as diretrizes constantes da Lei n. 6.938, de 31.8.1981 e da Constituição Federal de 1988, oferecem amplo manancial principiológico e conceitual que permite inserir os locais e as condições de trabalho no conceito de "meio ambiente" expandindo, também para essa seara, os mecanismos preventivos, inibitórios e repressivos que tutelam os indivíduos contra os riscos à vida e à integridade física, independentemente da natureza do vínculo mantido com o detentor dos meios de produção.[1]

Vale dizer, o novo conceito de meio ambiente do trabalho há de ser extraído da interpretação sistemática das referidas normas em cotejo com as previstas nos arts. 200, VII, 7º, XXII e XXVIII, da CF, *in verbis*:

> Art. 200. Ao Sistema Único de Saúde compete, além de outras atribuições, nos termos da lei:
>
> (...)
>
> VIII — colaborar na proteção do meio ambiente, nele compreendido o do trabalho.
>
> Art. 7º São direitos dos trabalhadores urbanos e rurais, além de outros que visem à melhoria de sua condição social:
>
> (...)
>
> XXII — redução dos riscos inerentes ao trabalho, por meio de normas de saúde, higiene e segurança;
>
> (...)
>
> XXVIII — seguro contra acidentes de trabalho, a cargo do empregador, sem excluir a indenização a que este está obrigado, quando incorrer em dolo ou culpa;

Em seguida, chega-se ao conceito de meio ambiente do trabalho, que passa a ser, segundo Sidnei Machado, o "conjunto das condições internas e externas do local de trabalho e sua relação com a saúde dos trabalhadores."[2]

---

[1] EBERT, Paulo Roberto Lemgruber. O meio ambiente do trabalho. Conceito, responsabilidade civil e tutela. *Jus Navigandi*, Teresina, ano 17, n. 3377, 29 set. 2012. Disponível em: <http://jus.com.br/revista/texto/22694>. Acesso em: 16 jun. 2013.
[2] *O direito à proteção ao meio ambiente de trabalho no Brasil*. São Paulo: LTr, 2001.

Consequentemente, para o mundo do trabalho — prossegue o citado autor:

"essa aproximação do meio ambiente com a saúde do trabalhador, numa perspectiva antropocêntrica, coloca a ecologia dentro da política. O produtivismo é a lógica do modo de produção capitalista, cuja irracionalidade dilapida a natureza para sua reprodução. Essa é a verdadeira fonte da crise ecológica, que também gera a exploração desenfreada da força de trabalho que coloca em perigo a vida, a saúde ou o equilíbrio psíquico dos trabalhadores."[3]

A nosso sentir, portanto, **meio ambiente do trabalho ecologicamente equilibrado é um direito humano e fundamental dos trabalhadores à sadia qualidade de vida física, psíquica, social e moral no ambiente laboral.**

No Estado Democrático de Direito ou, como prefere Ingo W. Sarlet, no Estado Socioambiental e Democrático de Direito, aos direitos fundamentais correspondem os deveres fundamentais, pois a CF88 (art. 225, *caput*, c/c, art. 5º, § 2º) atribuiu à proteção ambiental e — pelo menos em sintonia com a posição prevalente no seio da doutrina e jurisprudência — o *status* de direito fundamental do indivíduo e da coletividade, além de consagrar a proteção ambiental como um dos objetivos ou tarefas fundamentais do Estado — Socioambiental — de Direito brasileiro, sem prejuízo dos deveres fundamentais em matéria socioambiental. Há, portanto, o reconhecimento, pela ordem constitucional, da dupla funcionalidade da proteção ambiental no ordenamento jurídico brasileiro, a qual toma forma simultaneamente de um objetivo e tarefa estatal e de um direito (e dever) fundamental do indivíduo e da coletividade, implicando todo um complexo de direitos e deveres fundamentais de cunho ecológico...

No mesmo sentido, lembra Paulo Roberto Lemgruber Ebert:

pode-se afirmar que o conceito em abstrato da expressão "meio ambiente do trabalho"resultará da análise sistemática dos arts. 225, 7º, XXII e 170 da Constituição Federal. Note-se, a propósito, que o primeiro dos referidos dispositivos assegura à totalidade dos indivíduos o direito fundamental ao "meio ambiente equilibrado", impondo-se ao poder público, nesse desiderato, o controle efetivo das "técnicas, métodos e substâncias que comportem risco para a vida, a qualidade de vida e o meio ambiente" (inciso V). O segundo dos sobreditos dispositivos (art. 7º, XXII), por sua vez, assegura expressamente ser direito dos trabalhadores, no intuito de promover a melhoria de sua "condição social", a "redução dos riscos inerentes ao trabalho", enquanto o terceiro (art. 170) fundamenta a ordem econômica na "valorização do trabalho humano" e condiciona o livre exercício das atividades privadas à "função social da propriedade" (inciso III) e à "defesa do meio ambiente" (inciso VI).[4]

De tal arte, é factível asseverar que em relação ao direito fundamental (individual e metaindividual) dos trabalhadores ao meio ambiente do trabalho saudável a ordem constitucional impõe ao empregador (e aos tomadores de serviços em geral) o dever fundamental, decorrente da função socioambiental da empresa, de assegurar a sadia qualidade de vida (física, psíquica e moral) dos trabalhadores, cumprindo, efetivamente, as normas de proteção à vida, à saúde, à higiene e à segurança pertinentes ao meio ambiente do trabalho (CF, arts. 225 e 200, VIII, c/c art. 7º, XXII e XXVIII).

Nesse sentido, colecionamos o seguinte verbete:

ACIDENTE DE TRABALHO. DANOS MORAL, MATERIAL E ESTÉTICO. Tendo o empregador descumprido normas de segurança, negligenciando quanto às medidas necessárias à neutralização do risco, responde por

---
(3) *Op. cit.*, p. 67.
(4) EBERT, Paulo Roberto Lemgruber. O meio ambiente do trabalho. Conceito, responsabilidade civil e tutela. *Jus Navigandi*, Teresina, ano 17, n. 3.377, 29 set. 2012 . Disponível em: <http://jus.com.br/revista/texto/22694>. Acesso em: 16 jun. 2013.

danos morais, materiais e estéticos decorrentes de acidente do trabalho, pois o trabalhador tem direito a um meio ambiente do trabalho sadio, sendo a proteção de sua integridade física, moral e psíquica um dos deveres fundamentais do empregador (TRT 17ª R., RO n. 256.900-43.2009.05.17.0151, 3ª T., Rel. Des. Carlos Henrique Bezerra Leite, DEJT 4.10.2011).

4 A JURISDIÇÃO TRABALHISTA E O ACESSO COLETIVO À JUSTIÇA

Durante muito tempo, a *jurisdição trabalhista* foi exercida por meio de dois sistemas: o *primeiro*, destinado aos tradicionais *dissídios individuais*; o *segundo*, voltado para os *dissídios coletivos de trabalho*, nos quais se busca, por intermédio do Poder Normativo, a criação (ou interpretação) de normas trabalhistas coletivas destinadas aos grupos sociais representados pelas partes que figuram em tal espécie de processo coletivo (CF, art. 114, § 2º).

Todavia, o surgimento de novos conflitos de massa no mundo do trabalho passou a exigir uma nova postura dos juristas e operadores do direito processual trabalhista, diversa da adotada nas lides individuais e no "velho" dissídio coletivo.

Essa nova postura teve como norte a necessidade de efetivação do moderno sistema de acesso metaindividual, não apenas ao aparelho judiciário e à democratização das suas decisões, mas, sobretudo, a uma ordem jurídica justa.

Com a vigência da Constituição de 1988, do CDC, que deu nova redação ao art. 1º, inciso IV, da LACP, alargando o espectro tutelar da ação civil pública, e da LOMPU (Lei Complementar n. 75/93, art. 83, III c/c art. 6º, VII, *a* e *d*), que acabou com a antiga polêmica a respeito da competência da Justiça do Trabalho para a referida ação coletiva, não há mais dúvida de que a jurisdição trabalhista passa a abarcar um *terceiro sistema*, que é o vocacionado à *tutela preventiva* ou *reparatória dos direitos ou interesses metaindividuais*, a saber: os difusos, os coletivos *stricto sensu* e os individuais homogêneos.

O fundamento desse novo sistema de acesso coletivo ao Judiciário trabalhista repousa nos princípios constitucionais da indeclinabilidade da jurisdição (CF, art. 5º, XXXV) e do devido processo legal (*idem*, incisos LIV e LV), pois, como bem observa Marcelo Abelha Rodrigues,

> tratar-se-ia de, por certo, se assim fosse, uma hedionda forma de inconstitucionalidade, na medida em que impede o acesso efetivo à justiça e fere, em todos os sentidos, o direito processual do devido processo legal. Isto porque, falar-se em devido processo legal, em sede de direitos coletivos *lato sensu*, é, inexoravelmente, fazer menção ao sistema integrado de tutela processual trazido pelo CDC (Lei n. 8.078/90) e LACP (Lei n. 7.347/85).[5]

Para efetivar essa nova "*jurisdição civil coletiva*"[6], portanto, é condição *sine qua non* observar, aprioristicamente, o sistema integrado de tutela coletiva instituído conjuntamente pela LACP (art. 21) e pelo CDC (arts. 83 e 90).

Noutro falar, somente na hipótese de lacuna no sistema integrado de acesso coletivo à Justiça (LACP e CDC), aí, sim, poderá o juiz do trabalho se socorrer da aplicação subsidiária da CLT, do CPC e de outros diplomas normativos pertinentes desde que haja compatibilidade principiológica da norma a ser migrada com o sistema do processo coletivo, como se depreende da dicção do art. 19 da LACP, segundo o qual:

> Aplica-se à ação civil pública, prevista nesta Lei, o Código de Processo Civil, aprovado pela Lei n. 5.869, de 11 de janeiro de 1973, naquilo em que não contrarie suas disposições.

---
[5] *Elementos de direito processual civil*. v. 1. p. 73.
[6] FIORILLO, Celso Antônio Pacheco. *Direito processual ambiental brasileiro*. p. 98-114.

No mesmo sentido, dispõe o art. 90 do CDC, *in verbis*:

> Aplicam-se às ações previstas neste título as normas do Código de Processo Civil e da Lei n. 7.347, de 24 de julho de 1985, inclusive no que respeita ao inquérito civil, naquilo que não contrariar suas disposições.

Como se sabe, é no terceiro sistema de acesso coletivo à Justiça do Trabalho que reside o grande entrave à efetivação da tutela coletiva dos direitos metaindividuais trabalhistas, mormente os relacionados ao meio ambiente laboral. Para operacionalizá-lo, é preciso uma mudança cultural dos juízes e procuradores do trabalho, bem como dos sindicalistas e demais operadores do direito laboral, pois a realização do acesso coletivo à justiça exige, sobretudo, um "pensar coletivo".

Assim, dada a inexistência de norma legal que trate especificamente dos aspectos procedimentais da ação civil pública no âmbito da Justiça do Trabalho, pensamos que tanto as regras de direito material quanto as de direito processual contidas na LACP e no CDC devem ser observadas em primeiro lugar.

Na seara trabalhista, Nelson Nery Junior lembra que:

> A ação coletiva destinada a obrigar a empresa a colocar dispositivos de segurança em suas máquinas, para evitar acidentes do trabalho (ação de obrigação de fazer — meio ambiente do trabalho), pode ser ou pode envolver pretensão de direito difuso ou coletivo, pois esses dispositivos de segurança poderão melhorar as condições de trabalho, beneficiando todo o grupo de trabalhadores da empresa (direito coletivo), ao mesmo tempo em que reduziria o custo do produto final para o consumidor, indeterminado e indeterminável (direito difuso). O direito que têm os trabalhadores a determinado reajuste salarial legal, que não foi implementado pelo empregador, pode ser buscado em juízo por meio de ação coletiva. Dependendo da especificidade do pedido, pode caracterizar-se ou como direito coletivo (a conduta da empresa foi ilegal e o grupo dos trabalhadores de toda a empresa tem direito ao reajuste), ou como direito individual homogêneo (a omissão ilegal da empresa, que é o fato comum do qual se originaram os direitos dos trabalhadores, fez nascer para cada um de seus trabalhadores o direito individual de reajuste salarial, divisível, pois cada um deles tem parcela certa para receber em atraso).[7]

Em suma, a não adoção do microssistema do processo coletivo importa negativa de vigência aos referidos dispositivos constitucionais (CF, art. 129, III) e infraconstitucionais supracitados, os quais, interpretados sistematicamente, reconhecem a legitimidade do Ministério Público do Trabalho para promover a ação civil pública no âmbito da Justiça do Trabalho (Lompu, art. 83, III, c/c art. 6º, VII, *a* e *b*) e, o que é mais grave, maltrata os princípios constitucionais que asseguram o efetivo acesso (coletivo) à Justiça.

5. A TUTELA COLETIVA INIBITÓRIA

Além das ações que veiculam tutelas declaratórias, constitutivas, condenatórias, mandamentais e executivas *lato sensu*, existem, ainda, as ações que visam à concessão de tutela inibitória.

A chamada tutela inibitória é, segundo Marinoni, uma:

> Ação de conhecimento de natureza preventiva, destinada a impedir a prática, a repetição ou a continuação do ilícito. A sua importância deriva do fato de que constitui ação de conhecimento que, efetivamente, pode inibir

---

(7) NERY JR., Nelson. O processo do trabalho e os direitos individuais homogêneos. Um estudo sobre a ação civil pública trabalhista. São Paulo, *Revista LTr* 64-02/155.

o ilícito. Dessa forma, distancia-se, em primeiro lugar, da ação cautelar, a qual é caracterizada por sua ligação com uma ação principal, e, depois, da ação declaratória, a qual já foi pensada como 'preventiva', ainda que destituída de mecanismos de execução realmente capazes de impedir o ilícito".[8]

Com efeito, o Estado Liberal não reconhecia a possibilidade de uma ação de conhecimento que possibilitasse ao juiz um poder "executivo" para atuar judicialmente antes da lesão a um direito, ou seja, antes da violação de uma norma jurídica, pois isso implicaria a violação do direito de liberdade do réu.

Demonstração clara dessa ideologia do Estado Liberal é extraída do art. 153, § 4º, da Constituição brasileira de 1969 (EC n. 1/1969), *in verbis*: "A lei não poderá excluir da apreciação do Poder Judiciário qualquer lesão de direito individual".

Ocorre que, no atual paradigma do Estado Democrático de Direito, a lei não poderá excluir da apreciação do Judiciário qualquer "lesão ou ameaça a direito". É o que dispõe, textualmente, o inciso XXXV do art. 5º da CF/1988, que também passa a ser fundamento da tutela (ação) inibitória em nosso ordenamento jurídico.

A tutela inibitória, portanto, é destinada a impedir a possibilidade da prática do ato ilícito, pois, como destaca Marinoni, "ainda que se trate de repetição ou continuação. Assim, é voltada para o futuro, e não para o passado. De modo que nada tem a ver com o ressarcimento do dano e, por consequência, com os elementos para a imputação ressarcitória — os chamados elementos subjetivos, culpa ou dolo"[9].

Além disso — obtempera Marinoni — "essa ação não requer nem mesmo a probabilidade do dano, contentando-se com a simples probabilidade da prática do ilícito (ato contrário ao direito). Isso por uma razão simples: imaginar que a ação inibitória se destina a inibir o dano implica na suposição de que nada existe antes dele que possa ser qualificado de ilícito civil".[10]

Podemos mencionar, no processo do trabalho, alguns exemplos de cabimento da ação (tutela) inibitória para impedir a prática de ato ilícito, como a prevista no art. 659, IX, da CLT, segundo o qual o juiz pode conceder tutela inibitória para que o empregador se abstenha de transferir (CLT, art. 543) um dirigente sindical para localidade que impeça ou dificulte a sua atuação na defesa dos interesses coletivos ou individuais da categoria (CF, art. 8º, III). Nota-se, neste caso, que a transferência, ou seja, o dano ao direito do empregado dirigente sindical, sequer ocorrera, mas o empregado já possui elementos indiciários que revelam a probabilidade da sua ilegal transferência.

No que tange à proteção do meio ambiente do trabalho, é perfeitamente factível a utilização da tutela coletiva inibitória para impedir a prática, a repetição ou a continuação de ato ilícito patronal, como na hipótese em que se verifica a simples probabilidade de o empregador praticar (repetir ou continuar praticando) ato contrário ao direito dos trabalhadores de não serem expostos a trabalhar em ambiente perigoso com evidente risco de morte sem a utilização de EPIs adequados e eficientes; de não serem discriminados por motivo de sexo, idade, raça, cor, estado civil ou orientação sexual; de não serem compelidos a cumprir metas inatingíveis ou que os exponham a doenças físicas e psíquicas (assédio moral) etc.

Outra situação que comporta tutela inibitória ambiental é a da empresa que exige continuamente o cumprimento de horas extras dos seus empregados, além do limite legal de duas horas diárias. Trata-se, como observa Cesário, de

> um ilícito que se sucede no tempo, de modo a impedir, na prática, a concretização da norma tuitiva da saúde do trabalhador. Com efeito, ainda que não existindo notícias de que a sobrejornada esteja a causar um dano à saúde

---

(8) MARINONI, Luiz Guilherme. *Técnica processual e tutela dos direitos*. São Paulo: Revista dos Tribunais, 2008. p. 192.
(9) MARINONI, Luiz Guilherme, *op. cit.*, p. 195.
(10) *Ibidem*, mesma página.

dos obreiros, a simples notícia do ato contrário ao direito justificará, a mancheias, a utilização da ação inibitória visando à reafirmação da tutela normativa inadimplida.[11]

Recentemente, o TST reconheceu a aplicabilidade da tutela coletiva inibitória no processo do trabalho para impedir a repetição de ato ilícito, nos seguintes termos:

> RECURSO DE REVISTA. 1. AÇÃO CIVIL PÚBLICA. DIREITOS DIFUSOS, COLETIVOS E INDIVIDUAIS HOMOGÊNEOS. LEGITIMIDADE DO MINISTÉRIO PÚBLICO DO TRABALHO. TUTELA INIBITÓRIA. ABSTENÇÃO DE INCLUSÃO DE CLÁUSULA EM CONVENÇÃO COLETIVA PREVENDO CONTRIBUIÇÃO ASSISTENCIAL A NÃO ASSOCIADOS. O Ministério Público do Trabalho detém legitimidade para pleitear, em ação civil pública, tutela inibitória na defesa de direitos difusos, coletivos e individuais homogêneos, especialmente quando relacionados à livre associação e sindicalização (CF, arts. 5º, II, e 8º, *caput*, e V), nos exatos limites dos arts. 127 e 129, III e IX, da Constituição Federal, 6º, VII, alíneas *a* e *d* e 84 da Lei Complementar n. 75/93, 1º, IV, e 3º da Lei n. 7.347/85. Recurso de revista conhecido e provido. 2. CONTRIBUIÇÕES ASSISTENCIAIS. DEVOLUÇÃO DE DESCONTOS. A Constituição da República, em seus arts. 5º, XX, e 8º, V, assegura o direito de livre associação e sindicalização. É ofensiva a essa modalidade de liberdade cláusula constante de acordo, convenção coletiva ou sentença normativa estabelecendo contribuição em favor de entidade sindical a título de taxa para custeio do sistema confederativo, assistencial, revigoramento ou fortalecimento sindical e outras da mesma espécie, obrigando trabalhadores não sindicalizados. Sendo nulas as estipulações que inobservem tal restrição, tornam-se passíveis de devolução os valores irregularmente descontados (Precedente Normativo n. 119 e OJ 17, ambos da SDC/TST e Súmula n. 666/STF). Recurso de revista conhecido e provido (TST-RR n. 624-04.2010.5.09.0655, j. 14.12.2011, Rel. Min. Alberto Luiz Bresciani de Fontan Pereira, 3ª T., DEJT 19.12.2011).

6 A TUTELA COLETIVA DE REMOÇÃO DO ILÍCITO

Outra ação de conhecimento bastante importante no Estado Democrático de Direito é a ação de remoção do ilícito. Leciona Marinoni:

> Se a ação inibitória se destina a impedir a prática, a repetição ou a continuação do ilícito, a ação de remoção do ilícito, como o próprio nome indica, dirige-se a remover os efeitos de uma ação ilícita que já ocorreu. Esclareça-se que a ação inibitória, quando voltada a impedir a repetição do ilícito, tem por fim evitar a ocorrência de outro ilícito. Quando a ação inibitória objetiva inibir a continuação do ilícito, a tutela tem por escopo evitar o prosseguimento de um agir ou de uma atividade ilícita. Perceba-se que a ação inibitória somente cabe quando se teme um agir ou uma atividade. Ou melhor, a ação inibitória somente pode ser utilizada quando a providência jurisdicional for capaz de inibir o agir ou o seu prosseguimento, e não quando esse já houver sido praticado, estando presentes apenas os seus efeitos. Há diferença entre temer o prosseguimento de uma atividade ilícita e temer que os efeitos ilícitos de uma ação já praticada continuem a se propagar. Se o infrator já cometeu a ação cujos efeitos ilícitos permanecem, basta a remoção da situação de ilicitude. Nesse caso, ao contrário do que ocorre com a ação inibitória, o ilícito que se deseja atingir está no passado, e não no futuro.[10-A]

Assim, enquanto a ação inibitória tem natureza preventiva, a ação de remoção do ilícito tem por escopo eliminar ou remover os efeitos concretos decorrentes de um ato ilícito já praticado.

À guisa de exemplo, se um empregador está na iminência de instalar um equipamento altamente tóxico que coloca em risco a vida e a saúde dos trabalhadores, o MPT (ou o sindicato da categoria profissional)

(10-A) *Idem, Ibidem.*

(11) CESÁRIO, João Humberto. *Técnica processual e tutela coletiva de interesses ambientais trabalhistas.* São Paulo: LTr, 2012. p. 225.

pode ajuizar ação coletiva inibitória, inclusive com requerimento de tutela antecipada, para que o réu se abstenha de instalar o equipamento antes de adotar as medidas de saúde e segurança exigidas pelos órgãos públicos competentes.

Caso, porém, o réu já tenha instalado o equipamento, os efeitos nocivos à vida e à saúde podem se perpetuar no tempo, o que empolga uma ação de remoção dos efeitos do ato ilícito perpetrado no passado.

7 IMPORTÂNCIA E CONTEÚDO DA TUTELA COLETIVA INIBITÓRIA DE URGÊNCIA ANTECIPATÓRIA

É importante apontar, desde logo, que tanto a tutela inibitória quanto a tutela para remoção do ilícito podem ser deferidas antecipada ou cautelarmente ou, ainda, em caráter definitivo (CPC, arts. 287, 461, *caput* e § 3º; CDC, art. 84), podendo o juiz fixar multa, independentemente de requerimento do autor.

Em se tratando de ações destinadas à defesa de interesses difusos, coletivos e individuais homogêneos dois aspectos devem ser salientados. O primeiro, diz respeito à importância dos direitos e interesses tutelados e às consequências nefastas que um provimento jurisdicional tardio pode proporcionar a esses interesses, já que não raro os danos são irreparáveis ou de difícil reparação.

Disso resulta que a liminar prevista no art. 12 da LACP deve conter, primordialmente, autêntica tutela antecipatória específica, isto é, aquela que tem por objeto o cumprimento adiantado de uma obrigação de fazer ou não fazer, porquanto parece-nos razoável a ilação de que o autor da ação coletiva deve perseguir, com a antecipação da tutela, o retorno, ainda que provisório, ao *statu quo ante* da situação que deu ensejo ao ajuizamento da demanda. Somente na hipótese em que isso não seja possível, aí sim, abre-se a possibilidade da opção pelo pleito reparatório.

Chegamos a essa conclusão pela interpretação sistemática dos arts. 11 e 12 da LACP e 84, §§ 1º e 3º, do CDC, uma vez que não nos parece razoável que a liminar seja concedida apenas com base no *caput* do art. 12 da LACP, o qual nada alude a respeito dos requisitos imprescindíveis à concessão da tutela antecipatória.

O segundo aspecto guarda pertinência com o conteúdo do pedido antecipatório, pois na liminar cautelar não há (salvo nas chamadas cautelares satisfativas) necessidade de identidade entre o pedido e o bem da vida almejado no processo principal.

Já na antecipação da tutela inserta no art. 12 da LACP (e art. 84, § 3º, do CDC), a liminar deve equivaler ao julgamento provisório de procedência de um, alguns ou todos os pedidos contidos na petição inicial da ação coletiva.

8 REQUISITOS PARA A CONCESSÃO DA TUTELA COLETIVA INIBITÓRIA DE URGÊNCIA ANTECIPATÓRIA

O art. 12 da LACP não faz qualquer alusão aos requisitos que possibilitam a concessão do "mandado liminar",

> não bastasse isso, possibilitou que, ainda quando configurados os pressupostos que por construção jurispru-dencial-doutrinária se vier a eleger, sua concessão repouse em avaliação discricionária [...] em vez de fazê-la um dever do juiz (como ocorre no mandado de segurança).[12]

---

[12] FERRAZ, Sérgio. *op. cit.*, p. 455.

Alguns autores, à falta de previsão expressa no art. 12 da LACP, sustentam que os requisitos exigidos para a liminar nas ações coletivas devem ser similares aos da liminar do MS[13]. Outros advogam que os requisitos para a concessão da liminar da ACP são os que constam do art. 84, § 3º, do CDC[14]. Há, ainda, os que invocam as disposições dos arts. 273 e 461 do CPC[15]. Existem, finalmente, os que defendem a autonomia do art. 12 da LACP, ficando a concessão do "mandado" liminar ao "prudente arbítrio" do juiz[16].

Já ressaltamos em linhas pretéritas que, com o advento da Lei n. 8.078/90, a tutela dos interesses metaindividuais passou a contar com um sistema integrado que deu origem à chamada "jurisdição civil coletiva"[17].

Disso resulta que tanto a tutela definitiva como a tutela antecipada, em tema de interesses metaindividuais, devem seguir, sistematicamente, as prescrições dos arts. 11 e 12 da LACP e art. 84, § 3º, do CDC.

Nesse passo, sublinha Nelson Nery Junior:

Consoante autoriza o CDC 84 § 3º, aplicável à ACP proposta com base na LACP por força da LACP 21, pode o juiz conceder liminarmente a tutela de mérito, sempre que for relevante o fundamento da demanda e houver justificado receio da ineficácia do provimento jurisdicional, se concedido a final. A concessão liminar da tutela de mérito pode ser feita com ou sem justificação prévia, *inaudita altera parte* ou com a ouvida do réu[18].

Na mesma linha, lecionam Celso Antonio Pacheco Fiorillo, Marcelo Abelha Rodrigues e Rosa Maria Nery:

Dentro do sistema da Jurisdição Civil Coletiva (LACP + CDC) para as ações coletivas destinadas à defesa de direitos *coletivos lato sensu*, é possível a concessão tanto de liminar cautelar quanto antecipatória do mérito. Chegamos a essa insofismática conclusão pelos diversos mecanismos postos à disposição dos jurisdicionados. No art. 12 da LACP temos a regra geral para a concessão da liminar antecipatória do direito, onde se faz mister o preenchimento dos requisitos do *periculum in mora* e *fumus boni juris*. Também se configura como liminar antecipatória do direito aquela prevista no art. 84, § 3º, do CDC (ações que tenham por objeto o cumprimento de obrigação de fazer e não fazer), possuindo como requisitos os mesmos mencionados no art. 12 da LACP. Também há a possibilidade de concessão de liminar antecipatória do direito no sistema da jurisdição civil coletivo, tendo por base o art. 273 do Código de Processo Civil. Entretanto, como no inciso I do art. 273 do Código de Processo Civil o grau de cognição para convencimento do juiz (*provas inequívocas para que se convença da verossimilhança da alegação*) é mais vertical que o previsto no sistema da jurisdição civil coletiva, sendo, pois, mais dificultoso para o requerente convencer o magistrado a conceder a medida, temos que somente com base no inciso II deste mesmo artigo (*fique caracterizado o abuso do direito de defesa ou o manifesto propósito protelatório do réu*) é que será possível a concessão da liminar antecipatória do mérito[19].

Os requisitos para a concessão da tutela antecipada nas ações coletivas *lato sensu* são, portanto, os constantes do art. 84, § 3º, do CDC, ou seja: a) relevância do fundamento da demanda (*fumus boni iuris*) e b) justificado receio de ineficácia do provimento final (*periculum in mora*).

---

(13) FERRAZ, Sérgio. *op. cit.*, mesma página.
(14) NERY JUNIOR, Nelson. *Código de Processo Civil comentado*. p. 1530.
(15) CASTELO, Jorge Pinheiro. *Tutela antecipada no processo do trabalho*. v. II, p. 249-254.
(16) TEIXEIRA FILHO, Manoel Antonio. *Ação civil pública*. p. 33.
(17) FIORILLO, Celso Antonio Pacheco. *Direito processual ambiental brasileiro*. p. 98-114.
(18) NERY JUNIOR, Nelson. *op. cit.*, p. 1530.
(19) FIORILLO, Celso Antonio Pacheco. *Direito processual ambiental brasileiro*. p. 134-135.

Em outros termos, em sede de demanda coletiva, não é permitido ao juiz[20], para antecipar a tutela de mérito, exigir o cumprimento dos requisitos insertos no art. 273 do CPC: a) requerimento expresso do autor (*caput*); b) prova inequívoca para convencimento da verossimilhança da alegação do autor (*idem*); c) fundado receio de dano irreparável ou de difícil reparação (inciso I); d) que não haja perigo de irreversibilidade do provimento antecipado (§ 2º).

Poderá o juiz, no entanto, antecipar a tutela meritória na hipótese do inciso II do art. 273 do CPC (a chamada tutela de evidência), uma vez que, neste caso, há omissão tanto da LACP como do CDC a respeito do abuso do direito de defesa ou manifesto propósito protelatório do réu, sendo perfeitamente compatível a aplicação subsidiária do CPC, mesmo porque o comportamento deplorável do réu, *in casu*, macula a própria imagem do Poder Judiciário e a dignidade da administração da justiça, o que revela a conexão entre o preceptivo em causa e a litigância de má-fé, prevista no art. 17 do CPC.

Resumindo, os arts. 273 e 461 do CPC, que sofrem influência marcante da concepção individualista do direito, só poderão ser aplicados subsidiariamente (LACP, art. 19), isto é, em caso de lacuna e desde que isso não haja contrariedade, de alguma forma, às normas (princípios e regras) que compõem o sistema integrado (LACP e CDC) de proteção aos interesses metaindividuais.

9 TUTELA COLETIVA INIBITÓRIA DE URGÊNCIA ANTECIPATÓRIA *EX OFFICIO*

Não há uniformidade doutrinária a respeito da (im)possibilidade de antecipação de tutela *ex officio* nas ações coletivas. Duas correntes se apresentam. A primeira, capitaneada por Sérgio Ferraz[21], não a admite, pois o fato de o art. 12 da LACP mencionar que é lícito ao juiz "conceder" a tutela antecipada, já deixa implícito que há pedido do autor em tal sentido, diferentemente do que se dá com a liminar do mandado de segurança, no qual o juiz "ordenará" que se suspenda o ato que deu motivo à impetração do *mandamus* (Lei n. 12.016/2009, art. 7º, III).

A segunda — à qual nos filiamos — sustenta que não há vedação legal para a concessão da tutela antecipada em ações coletivas, independentemente de pedido expresso do autor[22].

Ressalte-se, inicialmente, que os dispositivos que autorizam a liminar na LACP (art. 12) e no CDC (art. 84, § 3º) não exigem, ao contrário da tutela antecipada do art. 273 do CPC, o requerimento do autor. E nem seria de bom alvitre tal exigência, uma vez que os interesses em jogo nas ações coletivas são interesses sociais que transcendem os interesses meramente individuais. Nesse sentido, Belinda Pereira da Cunha observa que a previsão constitucional de sua concessão encontra-se no inciso XXXV do art. 5º, em que prevê o legislador que a lei não excluirá da apreciação do Judiciário lesão ou ameaça a direito, podendo o juiz concedê-la de ofício, uma vez que não explicitou o legislador o dever de requerê-la o autor da ação civil pública[23].

De outra parte, a ação civil pública (assim como o mandado de segurança, individual e coletivo), há de ser entendida não como simples ação prevista nas leis ordinárias. Antes, é preciso compreendê-la como remédio de índole constitucional, destinado à proteção de direitos fundamentais que alicerçam o Estado Democrático de Direito.

Ora, se a Lei n. 12.016/2009 regula tanto o mandado de segurança individual quanto o coletivo, não nos parece lógico admitir que a antecipação da tutela dos interesses coletivos protegidos por este último remédio possa ser concedida *ex officio* e a dos demais interesses coletivos objeto de defesa por outras ações coletivas não o possam.

---

(20) O art. 90 do CDC manda aplicar as normas da LACP e do CDC "naquilo que não contrariar suas disposições". Logo, não pode o juiz exigir algo diverso do constante no sistema integrado da jurisdição coletiva (LACP+CDC).
(21) FERRAZ, Sérgio. *Op. cit.*, p. 455-456; Hugo Nigro Mazzilli. *A defesa dos interesses difusos em juízo*. p. 147-148.
(22) TEIXEIRA FILHO, Manoel Antonio. *Ação civil pública*. p. 32-34. No mesmo sentido: CUNHA, Belinda Pereira da. *Antecipação da tutela no Código de Defesa do Consumidor*. p. 144-145.
(23) CUNHA, Belinda Pereira da. *Antecipação de tutela no Código de Defesa do Consumidor*. p. 144.

Aliás, se a lei ordinária, hierarquicamente inferior à Constituição, já prevê a possibilidade de concessão da liminar de ofício (Lei n. 12.016/2009, art. 7º, III) para a proteção de direitos individuais, não seria razoável restringir a atuação do juiz diante de uma demanda que tenha por escopo a proteção de interesses que às vezes se confundem com o próprio interesse público.

Não há como negar, igualmente, que a antecipação de tutela nas ações coletivas (LACP, art. 12; CDC, art. 84, § 3º) constitui uma medida de urgência, cujo fim precípuo é salvaguardar interesses muito mais importantes que os tradicionais direitos individuais, que poderão ser concretizados na sentença.

Parece-nos, portanto, que o legislador houve por bem conferir ao juiz, desde que presentes o *fumus boni iuris* e o *periculum in mora*, a função-dever-poder de antecipar, até mesmo de ofício, o provimento de mérito, com ou sem justificação prévia, após citado o réu, máxime em se tratando de direitos sociais trabalhistas, a prestação jurisdicional há de observar, com maior ênfase, o princípio inquisitório, de larga aplicabilidade no processo do trabalho[24].

Ademais, se a natureza jurídica do provimento antecipatório é mandamental ou executiva *lato sensu*, deverá o juiz, dentro do ordenamento jurídico, buscar a norma cuja natureza mais se assemelhe à da liminar prevista para a ACP.

Para tanto, duas considerações merecem ser feitas. A primeira decorre da natureza mandamental da liminar constante do art. 12 da LACP, que é idêntica à da liminar prevista no art. 7º, inciso III, da Lei n. 12.016/2009. Logo, se nesta é possível a concessão de ofício da liminar, o mesmo raciocínio deve ser utilizado em relação àquela. Em outros termos, a natureza mandamental da liminar na ACP permite o seu deferimento *ex officio*, a exemplo do que ocorre com a liminar do MS.

A segunda repousa na natureza executiva *lato sensu* e a especificidade do processo do trabalho, porquanto a regra contida no art. 878 da CLT, permite que a execução trabalhista seja promovida *ex officio*, pelo próprio juiz.

No que diz respeito à justificação prévia, colhe-se o magistério de Nelson Nery Junior, para quem, preenchidos:

> os pressupostos legais do *periculum in mora* e do *fumus boni iuris*, deve o juiz conceder a liminar, não havendo necessidade de justificação prévia. Ausentes os pressupostos legais, deve o juiz indeferir a liminar. Sendo necessária a realização de audiência para a comprovação dos requisitos legais, deve o magistrado designar justificação prévia determinando a citação do requerido[25].

10 FUNGIBILIDADE DAS TUTELAS DE URGÊNCIA

Examinando com profundidade o disposto no art. 4º da LACP, verificamos que, a rigor, de tutela cautelar não se trata, e sim de tutela antecipatória, em função do que assiste razão a Eduardo Henrique Raymundo von Adamovich, para quem:

> As providências com que procura exemplificar o art. 4º, ao falar em 'evitar o dano', na verdade não têm natureza propriamente cautelar. A tutela que evita a consumação do dano, a rigor, não é cautelar, mas antecipatória. Evitando o dano, estará evidentemente satisfeito o objeto imediato da ação principal, considerando tratar-se de

---

(24) É importante destacar que alguns autores admitem, no processo do trabalho, a concessão, até mesmo de ofício, da tutela antecipada do art. 273/CPC, a despeito da expressa determinação deste dispositivo, principalmente quando o autor estiver litigando sem a assistência de um advogado. NERY JUNIOR, Nelson. *Código de Processo Civil comentado*. p. 748-749; OLIVEIRA, Francisco Antonio de. LTr 60-03/335; MENEZES, Cláudio Armando Couce de. *Tutela antecipada e ação monitória na Justiça do Trabalho*. p. 34-35.
(25) NERY JUNIOR, Nelson. *Código de Processo Civil comentado*. p. 1531.

dano iminente, mas ainda não consumado. Neste caso, a única razão que poderia justificar o prosseguimento do ação seria o regramento definitivo da situação que insinuou o dano.[26]

Daí porque salienta o referido autor:

> As ações cautelares cabíveis em caráter preparatório ou incidental na ação civil pública são aquelas do Livro III, do CPC, em que, dado o caso concreto, cabíveis, valendo a referência exemplificativa do art. 4º também para a antecipação dos efeitos da tutela jurisdicional.

De toda a sorte, parece-nos que, em tais casos, em função da inexistência de incompatibilidade com a jurisdição trabalhista metaindividual, é possível a aplicação subsidiária do § 7º do art. 273 do CPC[27], segundo o qual se o autor, a título de antecipação de tutela, requerer providência de natureza cautelar, poderá o juiz, quando presentes os respectivos pressupostos, deferir a medida cautelar em caráter incidental do processo ajuizado.

O inverso também é verdadeiro, ou seja, se o autor ajuíza ação cautelar com pedido de tutela de urgência e, inadvertidamente, postula, em essência, antecipação de tutela, poderá o juiz deferir esta sem necessidade de instauração de um outro processo, desde que seja possível a correspondente adaptação. Nesse sentido, é a posição de Nelson Nery Junior:

> Caso o autor ajuíze ação cautelar incidental, mas o juiz verifique ser caso de tutela antecipada, deverá transformar o pedido cautelar em pedido de tutela antecipada. Isso ocorre, por exemplo, quando a cautelar tem natureza satisfativa. Dado que os requisitos da tutela antecipada são mais rígidos que os da cautelar, ao receber o pedido cautelar como antecipação de tutela o juiz deve dar oportunidade ao requerente par que adapte o seu requerimento, inclusive para que possa demonstrar e comprovar a existência dos requisitos legais para a obtenção da tutela antecipada. A cautelar só deverá ser indeferida quando não puder ser adaptada ao pedido de tutela antecipada ou se o autor se negar a proceder à adaptação.[28]

11 CONSIDERAÇÕES FINAIS

Além das conclusões tópicas já lançadas ao longo do desenvolvimento deste artigo, podemos dizer, como síntese de todo o exposto, que em relação ao direito fundamental (individual e metaindividual) dos trabalhadores ao meio ambiente do trabalho saudável a ordem constitucional impõe ao empregador (e aos tomadores de serviços em geral) o dever fundamental, decorrente da função socioambiental da empresa, de assegurar a sadia qualidade de vida (física, psíquica, social e moral) dos trabalhadores, por meio do cumprimento efetivo das normas de proteção à saúde, à segurança e à higiene pertinentes ao meio ambiente do trabalho (CF, arts. 225 e 200, VIII, c/c art. 7º, XXII e XXVIII).

A tutela coletiva inibitória — definitiva, cautelar ou antecipatória — é uma das mais importantes técnicas processuais para impedir a prática, a repetição ou a continuação do ato ilícito voltado para a degradação do meio ambiente do trabalho, contribuindo, assim, para a efetivação do direito fundamental dos trabalhadores à sadia qualidade de vida física, mental, social e moral no *habitat laboral*.

A consolidação desse instrumento no processo do trabalho exige, necessariamente, a formação de uma nova mentalidade e um aperfeiçoamento constante dos juízes, procuradores, sindicalistas e advogados trabalhistas, enfim, de todos os que lidam com esse ramo especializado da árvore jurídica.

---

(26) *Sistema da ação civil pública no processo do trabalho*. p. 344.
(27) § 8º incluído pela Lei n. 10.444, de 2002.
(28) *Código de Processo Civil e legislação extravagante*, 8. ed. p. 724.

Para tanto, é preciso exaltar a função socioambiental do processo e o seu verdadeiro escopo, qual seja o de estar a serviço, em menor espaço de tempo possível, não apenas dos tradicionais direitos individuais, mas, igualmente, dos interesses metaindividuais trabalhistas.

Afinal, todos os trabalhadores, como cidadãos, têm o direito fundamental a uma ordem jurídica política, jurídica, social e ambientalmente justa.

12 REFERÊNCIAS BIBLIOGRÁFICAS

ADOMOVICH, Eduardo Henrique Raymundo von. *Sistema da ação civil pública no processo do trabalho*. São Paulo: LTr, 2005.

BEDAQUE, José Roberto dos Santos. *Direito e processo*: influência do direito material sobre o processo. 3. ed. São Paulo: Malheiros, 2003.

BOBBIO, Norberto. *A era dos direitos*. trad. Carlos Nelson Coutinho. Rio de Janeiro: Campos, 1992.

CAPPELLETTI, Mauro; GARTH, Briant. *Acesso à Justiça*. Porto Alegre: Sérgio Antônio Fabris, 1988.

CARVALHO FILHO, José dos Santos. *Ação civil pública*: comentário por artigo. Rio de Janeiro: Freitas Bastos, 1995.

CASTELO, Jorge Pinheiro. *Tutela antecipada no processo do trabalho*. São Paulo: LTr, 1999. v. 2.

CESÁRIO, João Humberto. *Técnica processual e tutela coletiva de interesses ambientais trabalhistas*. São Paulo: LTr, 2012.

CUNHA, Belinda Pereira da. *Antecipação da tutela no código de defesa do consumidor*: tutela individual e coletiva. São Paulo: Saraiva, 1999.

EBERT, Paulo Roberto Lemgruber. *O meio ambiente do trabalho*. Conceito, responsabilidade civil e tutela. *Jus Navigandi*, Teresina, ano 17, n. 3.377, 29 set. 2012. Disponível em: <http://jus.com.br/revista/texto/22694>. Acesso em: 16 jun. 2013.

FERNANDES, Iara de Toledo. Tutela de urgência na ação civil pública. *In*: MAZZEI, Rodrigo; NOLASCO, Rita Dias. *Processo civil coletivo*. São Paulo: Quartier Latin, 2005.

FERRAZ, Sérgio. Provimentos antecipatórios na ação civil pública. *In: Ação civil pública*: Lei n. 7.347/85 — reminiscências e reflexões após dez anos de aplicação. coord. Édis Milaré. São Paulo: Revista dos Tribunais, 1995.

FIORILLO, Celso Antonio Pacheco et al. *Direito processual ambiental brasileiro*. Belo Horizonte: Del Rey, 1996.

GIGLIO, Wagner D. *Direito processual do trabalho*. São Paulo: Saraiva, 1997.

GRINOVER, Ada et al. *Código Brasilerio de Defesa do Consumidor*: comentado pelos autores do anteprojeto. 5. ed. Rio de Janeiro: Forense Universitária, 1998.

LEAL, Márcio Flávio Mafra. *Ações coletivas*: história, teoria e prática. Porto Alegre: Sergio Antonio Fabris, 1998.

LEITE, Carlos Henrique Bezerra. *Ação civil pública na perspectiva dos direitos humanos*. 2. ed. São Paulo: LTr, 2008.

_____ . *Curso de direito processual do trabalho*. 11. ed. São Paulo: LTr, 2013.

_____ . *Direitos humanos*. 2. ed. Rio de Janeiro: Lumen Juris, 2011.

_____ . *Ministério Público do Trabalho*: doutrina, jurisprudência e prática. 5. ed. São Paulo: LTr, 2011.

MACEDO JÚNIOR, Ronaldo Porto. Ministério Público brasileiro: um novo ator político. *In: Ministério Público II*: democracia. São Paulo: Atlas, 1999.

MACHADO, Antônio Cláudio da Costa. *Tutela antecipada*. 3. ed. São Paulo: Editora Juarez de Oliveira, 1999.

MALLET, Estêvão. *A antecipação de tutela no processo do trabalho*. São Paulo: LTr, 1998.

MANCUSO, Rodolfo de Camargo. *Ação civil pública*. 4. ed. São Paulo: Editora Revista dos Tribunais, 1996.

MAZZILLI, Hugo Nigro. *A defesa dos interesses difusos em juízo*. 9. ed. São Paulo: Saraiva, 1997.

MENEZES, Cláudio Armando Couce; BORGES, Leonardo Dias. *Tutela antecipada e ação monitória na Justiça do Trabalho*. São Paulo: LTr, 1998.

NERY JUNIOR, Nelson. *Código de Processo Civil anotado*. 4. ed. São Paulo: Revista dos Tribunais, 1999. 8. ed. 2004.

_____ . *Princípios do Processo Civil na Constituição Federal*. 4. ed. São Paulo: Revista dos Tribunais, 1997.

OLIVEIRA, Francisco Antonio de. *Ação civil pública*: enfoques trabalhistas. São Paulo: Revista dos Tribunais, 1998.

RODRIGUES, Marcelo Abelha. *Elementos de direito processual civil*. São Paulo: Revista dos Tribunais. v. 1, 2. ed. 2000, v. 2, 2000.

_____. *Ação civil pública e meio ambiente*. Rio de Janeiro: Forense Universitária, 2003.

SAUWEN FILHO, João Francisco. *Ministério Público brasileiro e o estado democrático de direito*. Rio de Janeiro: Renovar, 1999.

TEIXEIRA FILHO, Manoel Antonio. *Ação civil pública*. São Paulo: LTr, 1998.

VIGLIAR, José Marcelo Menezes. *Ação civil pública*. 2. ed. São Paulo: Atlas, 1998.

WATANABE, Kazuo. Apontamentos sobre tutela jurisdicional dos interesses difusos (necessidade de processo dotado de efetividade e aperfeiçoamento permanente dos juízes e apoio dos órgãos superiores da Justiça em termos de infraestrutura material e pessoal). *In*: *Ação civil pública*: Lei n. 7.347/85 — reminiscências e reflexões após dez anos de aplicação. Coord. Édis Milaré. São Paulo: Revista dos Tribunais, 1995.

_____. *Cognição no processo civil*. São Paulo: Revista dos Tribunais, 1987.

ZAVASCKI, Teori Abino. *Antecipação de tutela*. 2. ed. São Paulo: Saraiva, 1999.

OS BENEFÍCIOS DO FAP — FATOR ACIDENTÁRIO DE PREVENÇÃO AO MEIO AMBIENTE DO TRABALHO

Ana Carolina Galleas Levandoski[*]
Rodrigo Fortunato Goulart[**]

1 INTRODUÇÃO

As transformações da sociedade através do tempo, em âmbito econômico ou social, repercutiram de forma severa no trabalho humano. O ambiente laborativo sofreu inúmeras mudanças advindas de certos eventos do sistema capitalista, inserindo no universo laboral novas tecnologias capazes de chegar ao resultado desejado, ao passo que se vislumbra um número menor de mão de obra humana.

Essas novas tecnologias alteraram a organização do trabalho, aumentando a concorrência, e requerendo uma adaptação constante às novas condições. No entanto, com as novas tecnologias implantadas, ainda observa-se um desprestígio à figura humana do trabalhador, que passou a sofrer uma grande pressão para atender à demanda requerida pelo capital. Com a jornada de trabalho elástica, e sem o treinamento necessário para o uso dos novos equipamentos, em local de trabalho muitas vezes hostil, tem resultado ao trabalhador um ambiente propício a doenças e acidentes.

Com o alto índice de acidentes de trabalho, a chamada CAT (Comunicação de Acidente de Trabalho) era o meio que dispunha o Poder Público para tomar ciência dos sinistros, para que os trabalhadores lesionados pudessem fazer jus ao benefício previdenciário acidentário enquanto estivessem incapacitados.

Contudo, a CAT não transmitia a real situação dos trabalhadores, pois o medo dos empregadores em informar ao Poder Público o acidente ocorrido, para que a responsabilidade não recaísse sobre eles, era maior que o direito dos obreiros em ter seu benefício concedido.

---

[*] Advogada, Bacharel em Direito pela Faculdade Dom Bosco (PR), Especialista em Direito e Processo do Trabalho pela Pontifícia Universidade Católica do Paraná (PUC-PR). <anagalleas@yahoo.com.br>.
[**] Advogado em Curitiba-PR. Mestre (2006) e Doutor (2011) em Direito pela Pontifícia Universidade Católica do Paraná (PUC-PR). Professor de Graduação e Pós-Graduação nas disciplinas de Direito do Trabalho, Direito Processual do Trabalho e Direito Previdenciário (EMATRA IX, PUC--PR, UNICURITIBA, ABDConst). Membro do Instituto dos Advogados do Paraná e do Instituto de Direito Social Cesarino Júnior, Seção brasileira da *International Society for Labour and Social Security Law*. Atual coordenador da Câmara de Trabalho e Previdência da Associação Comercial do Paraná — ACP. <goulartrodrigo@hotmail.com>.

Infelizmente a sonegação da CAT por parte dos empregadores é grande e prejudica o meio ambiente do trabalho, pois gera um comodismo do empregador em relação à proteção da integridade dos trabalhadores, uma vez que os possíveis acidentes somente se tornarão públicos se por eles comunicados, o que na prática não se consolida, impulsionando a CAT ao livre arbítrio do empregador[1].

O ambiente de trabalho se mostra então mais uma vez desprotegido e frágil, prejudicando os obreiros que, no quadro atual, se submetem a qualquer condição para se manterem empregados, não se vislumbrando as normas de saúde e segurança, direito dos trabalhadores consagrado pela Constituição Federal.

Assim, objetivando resolver o problema apresentado, é que o Decreto n. 6.042/2007 implementou o Fator Acidentário de Prevenção (FAP) e o Nexo Técnico Epidemiológico Previdenciário (NTEP), para modificar o quadro de omissão das empresas em relação aos acidentes de trabalho sofridos pelos trabalhadores, e, ao mesmo tempo, incentivar o implemento de políticas de prevenção e proteção no meio ambiente do trabalho, no sentido de almejar o meio ambiente equilibrado, seguro, saudável e salubre.

O meio ambiente equilibrado, visando proporcionar qualidade de vida para o trabalhador, com a tutela da sua dignidade e boas condições de trabalho, é algo extremamente complexo diante de um mundo do trabalho no qual se busca basicamente o lucro.

Assim, existe a necessidade de compatibilizar determinados princípios no meio ambiente do trabalho, podendo-se verificar que as novas políticas de proteção à saúde e segurança do trabalhador seguem as linhas preconizadas pelos Princípios do Direito Ambiental da Prevenção e do Poluidor-Pagador. Nesse diálogo interdisciplinar, o Direito Ambiental do Trabalho se une com o Direito Previdenciário, uma vez que este último cuida dos benefícios provenientes de afastamentos por doenças ocupacionais e provenientes de acidentes, ofertados pela Previdência Social aos segurados incapacitados para o trabalho que possivelmente não tiveram a tutela adequada pelo empregador no meio ambiente de trabalho. A respeito, veremos a seguir como o meio ambiente equilibrado se faz presente à busca pela eficácia das normas de proteção à integridade do trabalhador e da sociedade, protegido pela nossa Constituição.

2 MEIO AMBIENTE DO TRABALHO

O Meio Ambiente é constituído por elementos naturais, culturais e artificiais necessários à vida do homem, motivo pelo qual danos a eles gerados podem comprometer a sadia qualidade de vida das presentes e futuras gerações. Conceitua Moraes (2002. p. 24):

> (...) toda forma de vida (meio ambiente físico ou natural — flora, fauna, solo, água, atmosfera etc., incluindo os ecossistemas), bem como os valores integrantes do chamado patrimônio cultural, os bens e direitos de valor artístico, arqueológico, estético, histórico, turístico e paisagístico (meio ambiente cultural), e o conjunto de edificações particulares ou públicas (meio ambiente artificial — interação do homem com o meio ambiente) constituem e formam o conceito de meio ambiente.

Conforme Grott (2003), o meio ambiente tem que ser pensando com base em uma visão holística do ser humano, que está inserido em um todo organizado, ou seja, sua vida profissional é uma das partes integrantes de todo, a qual deve, portanto, ser equilibrada.

É com base nessa visão holística que se percebe que o meio ambiente do trabalho está inserido no meio ambiente como um todo, tendo em vista ser um dos espaços ocupados pelo homem em sua vida, onde presta atividades laborais para uma determinada atividade econômica, a fim de gerar o seu sustento, o que

---

[1] Salvo o disposto no § 3º do art. 336 *caput* do Decreto n. 3.048/99, que dispõe sobre a possibilidade de preenchimento da CAT pelo acidentado ou seus dependentes, pelo sindicato, pelo médico que o atendeu ou qualquer autoridade pública.

então também recebe a proteção da Constituição Federal em seu art. 225, devendo ser equilibrado para que se alcance uma qualidade digna de vida.

Não seria possível conseguir uma qualidade de vida razoável sem condições dignas de trabalho, vez que é no ambiente de trabalho que o homem passa a maior parte de seu tempo. Assim, o meio ambiente laboral equilibrado constitui um direito da massa dos trabalhadores e não tão somente dos empregados, sendo então um direito difuso, imprescindível à tutela do meio ambiente.

Ambas as esferas (social e ambiental) não podem ser consideradas isoladamente, pois as agressões ao meio ambiente (custos ambientais) afetam o cidadão que dele depende para viver e trabalhar, conforme sua vinculação ao modelo de produção predominante. É por meio do trabalho que a natureza se transforma.

Assim sendo, o Meio Ambiente do Trabalho não pode ser abordado por um prisma apenas trabalhista, devendo sofrer grande influência do Direito Ambiental, principalmente no que tange à aplicação dos seus princípios, para que se alcance um meio ambiente sadio e equilibrado.

Segundo Antunes (2001. p. 25):

> Os princípios de direito ambiental estão voltados para a finalidade básica de proteger a vida, em qualquer forma que esta se apresente, e garantir um padrão de existência digna para os seres humanos destas e das futuras gerações, bem como de conciliar os dois elementos anteriores com o desenvolvimento econômico ambientalmente sustentado.

Contudo, as grandes mudanças sociais e econômicas das últimas décadas repercutiram severamente no ambiente laboral, alterando a rotina e as condições de trabalho, sendo que para que se possa buscar o previsto na Constituição Federal, no que tange à qualidade de vida advinda de um meio ambiente ecologicamente equilibrado, exigem-se estudos interdisciplinares mais profundos, em uma colaboração dos vários ramos do direito, envolvidos juntos por um único objetivo, a proteção da integridade do trabalhador.

A qualidade de vida se faz presente se a saúde e a segurança dos trabalhadores são tuteladas, contudo, em um contexto voltado para o lucro e produtividade em grande escala, não resulta na maioria das vezes em um ambiente de trabalho com boas condições.

O direito ao meio ambiente saudável advém da dignidade da pessoa humana, princípio norteador, o qual é afetado quando as empresas não respeitam a saúde e segurança do empregado, configurando abuso no poder, pois a hipossuficiência de seus subordinados, e a situação em que se encontra hoje o trabalhador no Brasil, faz com que se submetam a qualquer determinação.

Ressalta Moraes (2002. p. 30):

> (...) temos que meio ambiente saudável é direito de todos, indiscriminadamente, constituindo-se como elemento instransponível para que o indivíduo possa alcançar o direito à saúde e segurança, pois o homem é produto do meio no qual vive e trabalha, estando em interação diária e contínua com o conjunto de fatores que formam seu habitat. Sem meio ambiente saudável prejudica-se a qualidade de vida e, consequentemente, o próprio direito a segurança.

Assim sendo, o meio ambiente equilibrado é um bem jurídico de toda a sociedade, protegido pela nossa Constituição. Com o crescimento da preocupação com a proteção do meio ambiente do trabalho, se faz presente a busca pela eficácia das normas de proteção à integridade do trabalhador, bem como à implantação de políticas públicas capazes de proteger a saúde e a segurança dos mesmos, conforme já aludido, com a colaboração dos vários ramos do direito.

A Constituição Federal, em seu art. 7º, inciso XXII, prevê como direito social do trabalhador, a *"redução dos riscos inerentes ao trabalho, por meio de normas de saúde, higiene e segurança"* sendo necessário portanto, um olhar mais intenso naquilo que a Consolidação das Leis do Trabalho chama de Segurança e Medicina do Trabalho que, conforme Carrion (1997. p. 157) *"é a denominação que trata da proteção física e mental do homem, com ênfase especial para as modificações que lhes possam advir do seu trabalho profissional. Visa, principalmente, às doenças profissionais e aos acidentes de trabalho"*.

Livrar o meio ambiente do trabalho de riscos, tais como de acidentes provocados pelo prolongamento constante da jornada de trabalho, ou outros que possam prejudicar a sadia qualidade de vida do ser humano, é o que se busca com as normas de proteção à saúde e segurança. Meio ambiente de trabalho digno é aquele que respeita todos os direitos sociais que beneficiam o hipossuficiente na relação laboral, ou seja, o trabalhador.

Contudo, nota-se que os novos processos produtivos caminharam em sentido contrário a esta ideia. Nas palavras de Antunes, *"apesar do significativo avanço tecnológico encontrado (que poderia possibilitar, em escala mundial, uma real redução da jornada ou do tempo de trabalho), pode-se presenciar, em vários países, como a Inglaterra e o Japão, para citar países do centro do sistema, uma política de prolongamento da jornada de trabalho"*[2]. Segundo o autor, quanto mais aumenta a competitividade e a concorrência, mais problemáticas são as consequências trazidas pelo capital, dentre as mais significativas, a precarização do trabalho humano e a degradação do meio ambiente.

2.1 Meio ambiente do trabalho e as transformações trazidas pelo capitalismo

Neste início de século XXI, o ciclo produtivo no qual se baseia o crescimento industrial tem mostrado sinais de esgotamento. O sistema capitalista não tem promovido de forma eficiente uma vida digna, saudável e com qualidade àqueles que trabalham. O "supertrabalho" ou a intensificação da exploração tem reduzido o tempo de lazer e descanso e as demais atividades da vida social[3].

Entretanto, os diagnósticos contemporâneos sobre a crise ambiental nem sempre consideram as implicações do capital sobre o trabalho como parte dos problemas ambientais propriamente ditos, isto é, o alto grau de degradação do meio ambiente é amplamente reconhecido, contudo, não é possível entender os problemas da degradação sem investigar um dos pilares sobre o qual se mantém a produção: *o trabalho ao lado do capital e da terra* (Foladori: 2001. p. 164).

Retornando aos malefícios das relações capitalistas, observa-se o sistema de concorrência como grande propulsor da pressão sobre o meio ambiente. A concorrência se manifesta em diferentes níveis, porém, todos têm como consequência os mesmos efeitos, que é a degradação e/ou poluição ambiental.

Os efeitos dos meios produtivos sobre as relações sociais e, por conseguinte, o meio ambiente, conduzem ao debate acerca da inserção de tecnologia no trabalho humano e seus resultados nefastos sobre a sociedade. O desemprego e a exclusão social são consequências desse modelo voltado exclusivamente para o lucro, sem se preocupar com a comunidade na qual o trabalhador está inserido. A concorrência, mola propulsora do capitalismo, pressiona pela redução de custos, e o trabalho é seu componente mais frágil.

Por outro lado, o padrão produtivo no qual se fundou o labor humano remunerado, baseado em um modelo flexível excludente (subemprego[4]) é uma das piores formas de exclusão social (Gutberlet: 1998. p. 16). A promoção dessas profundas transformações nos processos de produção e nas relações de trabalho tem como atores principais as grandes corporações, responsáveis pela formação de novas divisões de trabalho, cujo objetivo é a rápida redução dos custos e a maximização do lucro. E, uma vez operando em escala mundial, não há fronteiras geográficas capazes de "segurar" uma grande empresa por muito tempo

---

(2) ANTUNES, Ricardo. *Os sentidos do trabalho*. 1. ed. (8ª Reimpressão, junho/2006). São Paulo: Boitempo Editorial, 1999. p. 33.
(3) Libertar a sociedade da labuta do trabalho é um velho sonho utópico que tem sido subtraído pela ideologia do crescimento do consumo nas sociedades industriais modernas. In: SCHOR, Juliet B. *The overspent american — why we want what we don't need*. New York: Harper Perenial, 1998.
(4) Referimo-nos aos trabalhadores terceirizados.

em determinado local, se não houver uma contrapartida vantajosa, tais como, vantagens salariais (mão de obra abundante e barata) e incentivos fiscais dos governos. O capital reage quase que instantaneamente e sem se limitar às antigas fronteiras geográficas. O resultado socioeconômico do novo padrão de produção no qual assentou o trabalho é a desigualdade social criada pelo racionalismo econômico, voltado exclusivamente para o lucro.

Assim, é fundamental compreender o Direito Ambiental não apenas como simples proteção aos bens naturais, mas partindo da superação dessa tradicional dicotomia artificial/natural. O Direito Ambiental envolve tanto a esfera natural (terra, água, ar, fogo etc.), como o meio ambiente humano ou cultural (saúde, trabalho, educação e as demais condições sociais produzidas pelo homem e que afetam os seres humanos), cumprindo a função de integrar os direitos a uma qualidade de vida saudável como o desenvolvimento econômico e a proteção à natureza.

Vale afirmar, o Direito Ambiental do Trabalho busca ser o instrumento de uma melhor qualidade de vida para todos, com progresso econômico, justiça social e preservação da natureza — pilares da sustentabilidade. Mais do que isso, pretende trazer aos cidadãos a ideia de construir uma sociedade sobre um patamar diverso, aliando qualidade de vida, progresso econômico e preservação da natureza, capazes de propiciar uma maior participação na distribuição do bem-estar social e das riquezas, da renda e das liberdades (Almeida: 2003. p. 22).

O conceito de desenvolvimento sustentável é considerado pilar fundamental e mola propulsora de mudança para um mundo ecologicamente protegido e socialmente mais justo. Não obstante, oportuno destacar que o socioambientalismo não visa romper com a estrutura capitalista, mas procura condicioná-la. Para isso, este novel patamar de desenvolvimento é realizado sobre uma base mais responsável, ou seja, dentro da concepção socioambiental de progresso econômico.

Esse novo paradigma de desenvolvimento tem por escopo demonstrar que políticas públicas devem não apenas proteger a natureza em sentido estrito (espécies, ecossistemas e processos ecológicos), mas proporcionar a redução da pobreza e desigualdades sociais, com justiça distributiva. Nas palavras de Boaventura de Souza Santos, trata-se de um novo paradigma de desenvolvimento, ou seja, "... *o desenvolvimento social é aferido pelo modo como são satisfeitas as necessidades humanas fundamentais*" (*apud* Santilli, Juliana: 2005. p. 34).

Diante desse quadro, o socioambientalismo — por meio da noção de desenvolvimento sustentável — busca formular uma proposta nova, porém, sem romper com o modelo econômico capitalista vigente. Baseado no Relatório *Brundtland*, o atendimento das necessidades do presente sem comprometer a possibilidade de as gerações futuras atenderem a suas próprias necessidades, não afasta a livre iniciativa econômica, mas a condiciona, propondo uma nova relação entre produção, meio ambiente e desenvolvimento, sem comprometer o livre ciclo do capital (investimento-lucro-investimento). Com fundamento no princípio da justiça social e na superação da desigualdade socioeconômica, essa concepção de desenvolvimento sustentável reconhece que o sistema produtivo capitalista de concorrência tem como vício intrínseco a partilha desigual da geração de riqueza (perspectiva marxista), causas da exclusão social e da degradação do meio ambiente.

Nesse contexto, o que se busca é uma harmonia entre o desenvolvimento econômico e a proteção do meio ambiente, visando a uma vida digna para o homem e assegurando que o processo de produção continue. Para tanto, imperioso que políticas públicas sejam voltadas a incentivar e beneficiar empregadores que procuram estar de acordo com esses novos padrões sustentáveis, de base responsável, ou seja, dentro da concepção socioambiental, para punir os transgressores que não respeitam as normas do meio ambiente laboral sadio, seguro e saudável, e beneficiar aqueles que cumprem reiteradamente as regras de preocupação e preservação da vida do trabalhador. Vejamos como a sonegação da Comunicação de Acidente de Trabalho (CAT) interfere neste processo.

3 A PROBLEMÁTICA DA SONEGAÇÃO DA CAT — COMUNICAÇÃO DE ACIDENTE DE TRABALHO

Desde a Antiguidade o homem produz coisas úteis para sua necessidade, com objetivos claros de consumo direto e imediato. Há séculos o indivíduo semeia a terra para colher o sustento de sua família, porém, com o capitalismo, este limite expandiu-se: produzindo excedentes de produção, agora, além de sustentar a família, o agricultor pode obter lucratividade com o excedente. Enquanto a produção pré-capitalista de valores de uso tem seu limite na satisfação de necessidades, a produção mercantil, para incrementar o lucro, não tem limite algum. Assim, "...*à diferença de todas as formas de produção pré-capitalistas, nas quais o incremento da produção caminha a passos lentos, acompanhando, compassadamente, o ritmo de crescimento demográfico e o avanço da técnica, na produção capitalista o incremento da produção é um fim em si mesmo*" (Foladori: 2001. p. 168).

Afirma Foladori que:

... existem diferenças radicais entre a depredação e a poluição pré-capitalistas e as que acontecem no mundo contemporâneo: *as causas* que guiam a depredação ou a poluição são diferentes. Nas sociedades pré-capitalistas, o *escasso desenvolvimento das forças produtivas* levava à produção depredadora (como o sistema de roça e queima da agricultura, ou a extinção de grandes mamíferos). Na sociedade capitalista, ao contrário, é o *tremendo desenvolvimento das forças produtivas* que tem permitido uma pilhagem da natureza em grande escala; o *ritmo*, ou velocidade, é, por certo, muito maior no sistema capitalista, já que a tendência a produzir sempre mais é (...) intrínseca à dinâmica econômica (...). (Foladori: 2001. p. 165).

Assim sendo, em um universo capitalista, onde se visa intensificar a produção, busca-se um desenvolvimento tecnológico, contudo, segundo Ribeiro (2009. p. 105) "*(...) A falta de treinamento adequado trouxe consigo a evolução do quadro de empregados lesionados e incapacitados*", decorrente desse avanço da tecnologia no setor industrial.

O meio que se dispunha para que o Poder Público tivesse ciência do acidente de trabalho sofrido era a CAT — Comunicação de Acidente de Trabalho, entretanto, este documento é de responsabilidade do empregador, o qual por muitas vezes não emitia o referido comunicado para se isentar do acidente sofrido pelo obreiro no ambiente de trabalho.

A CAT seria extremamente eficaz se não fosse um único motivo: o receio do empregador. Este, dentre outros motivos, omitia o preenchimento da CAT para que não viesse a aparecer em suas estatísticas oficiais a quantidade de acidentes sofridos pelos empregados, para que não fosse reconhecida a estabilidade de um ano no emprego a partir do retorno do trabalhador, podendo despedi-lo a qualquer tempo, para que não fosse obrigado a contribuir com o FGTS (Fundo de Garantia por Tempo de Serviço) durante o tempo em que o empregado permanecesse afastado, para que não fosse reconhecida a presença de agente nocivo causador da doença do trabalho profissional e para não se recolher a contribuição específica correspondente ao custeio da aposentadoria especial para os trabalhadores expostos a agentes noviços. (Ribeiro: 2009. p. 105)

Ademais, a CAT emitida pelo empregador é o documento apto a gerar o benefício acidentário junto ao INSS, que o admitia tão somente nesses termos, mesmo diante do disposto no art. 336 *caput* e § 3º do Decreto n. 3.048/99[5], que prevê a possibilidade de emissão da CAT por qualquer pessoa na falta da empresa.

---
(5) Art. 336. "Para fins estatísticos e epidemiológicos, a empresa deverá comunicar à previdência social o acidente de que tratam os arts. 19, 20, 21 e 23 da Lei n. 8.213, de 1991, ocorrido com o segurado empregado, exceto o doméstico, e o trabalhador avulso, até o primeiro dia útil seguinte ao da ocorrência e, em caso de morte, de imediato, à autoridade competente, sob pena da multa aplicada e cobrada na forma do art. 286. (...) § 3º Na falta de comunicação por parte da empresa, ou quando se tratar de segurado especial, podem formalizá-la o próprio acidentado, seus dependentes, a entidade sindical competente, o médico que o assistiu ou qualquer autoridade pública, não prevalecendo nestes casos o prazo previsto neste artigo".

Conforme menciona Moraes (2002), esse quadro de omissão da CAT prejudica a Previdência Social, que é a detentora dos registros de acidentes na aquisição de dados estáticos dos acidentes de trabalho ocorridos no Brasil, o que limita o incentivo da instalação de políticas de prevenção pelo Poder Público.

É nítido que a postura adotada pelo INSS favorecia muito o empregador que se omitia de gerar a CAT, pois administrativamente esgotava-se a oportunidade de o empregado obter a concessão de seu benefício acidentário, o qual teria então que enfrentar uma lide judicial para tentar reverter esse quadro, gerando a esse o ônus da prova.

Ainda, conforme explica Ribeiro (2009), a CAT era apenas o primeiro passo para a concessão de um benefício acidentário, pois posterior ao requerimento junto ao INSS o obreiro se submetia a uma perícia médica que deveria atestar a incapacidade e o nexo desta com o trabalho, conforme previsão do art. 337 do Decreto n. 3.048/99.

Insta mencionar que são quatro os benefícios acidentários (relação direta entre o sinistro e o trabalho) que podem ser concedidos pelo INSS: auxílio-doença acidentário, aposentadoria por invalidez, auxílio-acidente e pensão por morte.

Assim sendo, conclui-se que a CAT não era absolutamente eficaz na concessão do direito do obreiro que sofre um acidente de trabalho, e ainda, percebeu-se que a mesma apenas analisa o caso concreto não trazendo uma visão ampla do ambiente de trabalho que possa ser aproveitada por todos.

Assim, cumprindo a função prevista na Constituição/88 de integrar os direitos do trabalhador a uma qualidade de vida saudável com o desenvolvimento econômico e a proteção ao meio ambiente e justiça social é que surgem o FAP (Fator Acidentário de Prevenção) e o NTEP (Nexo Técnico Epidemiológico Previdenciário) via Decreto n. 6.042/2007, os quais objetivam uma mudança profunda na área da saúde e segurança do trabalho.

4 METODOLOGIA NTEP — NEXO TÉCNICO EPIDEMIOLÓGICO PREVIDENCIÁRIO

O NTEP consiste em um levantamento epidemiológico para se verificar quais as doenças mais frequentes em determinadas atividades econômicas, pelo qual se estabeleceu um indicativo entre o fator de risco que no caso é pertencer a certo CNAE (Classificação Nacional de Atividades Econômicas) e o resultado aqui instituído pelo diagnóstico da CID-10 (Classificação Internacional de Doenças).

Assim sendo, pode-se fazer uma análise do todo, e não tão somente de um determinado empregado lesionado, favorecendo o obreiro que não mais depende da emissão da CAT para ter direito à concessão de um benefício acidentário, uma vez que, agora, existe a *presunção* de que determinado ramo de trabalho tem relação com a doença desenvolvida pelo trabalhador mediante cruzamento de dados gerado pelo NTEP. Segundo Ribeiro (2009. p. 110, 11) esta situação ocorre da seguinte forma:

> O cruzamento de dados propiciado pelo NTEP consiste em captar, através de um programa de computador, os dados da empresa, através de seu CNPJ, e do número identificador de sua atividade (CNAE), e cruzá-los com o número identificador do trabalhador (NIT) e a patologia diagnosticada pelo médico do trabalho (CID-10). Havendo uma ligação entre estes dados, tem-se estabelecido o Nexo Epidemiológico Previdenciário. O primeiro cruzamento, entre o NIT e o CNPJ identificará se há vínculo empregatício entre empregado e empregador (João da Silva e Plásticos Ltda.), Já o segundo cruzamento entre a CID-10 e a CNAE identificará se há relação entre a doença diagnosticada pelo médico e a atividade explorada pela empresa e/ou exercida pelo segurado. (...)

Assim sendo, com o NTEP, o benefício previdenciário requerido em favor do obreiro, automaticamente será caracterizado como benefício acidentário, ou seja, gerado por motivo de uma doença ou acidente laboral, quando o mesmo apresentar CID correlacionada com o CNAE da empresa.

Contudo, a referida presunção não é absoluta, admitindo prova em contrário, respeitando os princípios do contraditório e da ampla defesa. Com essa nova abordagem, *inverte-se o ônus da prova*, passando à empresa, o dever de provar que não causou a enfermidade adquirida pelo obreiro.

A empresa poderá requerer a não aplicação do Nexo Técnico Epidemiológico (NTE) ao caso concreto mediante a demonstração de inexistência de nexo causal entre o trabalho e o agravo (poderá ser apresentado no prazo de 15 dias). O INSS informará ao segurado sobre a contestação da empresa, para, querendo, impugná-la (formulando alegações e apresentando provas), sempre que a instrução do pedido evidenciar a possibilidade de reconhecimento de inexistência do nexo causal entre o trabalho e o agravo. (Morais: 2008. p. 225)

Assim sendo, esse estudo que estabelece o nexo de causa entre uma doença e o trabalho, com base em determinada atividade desenvolvida, objetivando a concessão de benefício acidentário, consiste em uma forma de combate à omissão de acidentes relacionados ao trabalho, favorecendo os empregados e beneficiando toda a sociedade.

5 METODOLOGIA FAP — FATOR ACIDENTÁRIO DE PREVENÇÃO

O Decreto n. 6.042/2007 implementou o FAP que vem regulamentar a ideia introduzida pelo art. 10 da Lei n. 10.666/03, a qual prevê a redução pela metade ou aumento em 100% da alíquota de contribuição dos benefícios previdenciários gerados por motivo de incapacidade laboral advinda de riscos ambientais do trabalho.

É o que estabelece o Decreto n. 3.048/99 em ser art. 202-A, *in verbis*:

> Art. 202-A. As alíquotas constantes nos incisos I a III do art. 202 serão reduzidas em até cinquenta por cento ou aumentadas em até cem por cento, em razão do desempenho da empresa em relação à sua respectiva atividade, aferido pelo Fator Acidentário de Prevenção — FAP (Incluído pelo Decreto n. 6.042, de 2007).
>
> § 1º O FAP consiste num multiplicador variável num intervalo contínuo de cinco décimos (0,5000) a dois inteiros (2,0000), aplicado com quatro casas decimais, considerado o critério de arredondamento na quarta casa decimal, a ser aplicado à respectiva alíquota (Redação dada pelo Decreto n. 6.957, de 2009).
>
> § 2º Para fins da redução ou majoração a que se refere o *caput*, proceder-se-á à discriminação do desempenho da empresa, dentro da respectiva atividade econômica, a partir da criação de um índice composto pelos índices de gravidade, de frequência e de custo que pondera os respectivos *percentis* com pesos de cinquenta por cento, de trinta e cinco por cento e de quinze por cento, respectivamente.

Cada ramo de atividade econômica será classificado pelo risco de acidente de trabalho em 1% (grau leve), 2% (grau médio) ou 3% (grau grave), e cada empresa será monitorada por ramo de atividade, ganhando uma classificação por ano. Assim sendo, as empresas que apresentarem baixo índice de ocorrência de acidentes de trabalho terão uma redução pela metade na contribuição, e as que tiverem o índice maior que o da classificação geral, terão que recolher a contribuição dobrada.

Com o FAP os empregadores que zelarem pelo meio ambiente laboral sadio, seguro e equilibrado, terão a redução do percentual pago ao RAT, antiga contribuição SAT (Seguro de Acidente de Trabalho), conforme explica Vieira (2010. p. 498):

> (...) Assim, podemos dizer que com o FAP, as empresas com mais acidentes do trabalho e com infortúnios laborais mais graves em uma subclasse CNAE passarão a contribuir com um valor maior porque o multiplicador do FAP, que incidirá sobre a alíquota do RAT, será maior, ao passo que as empresas com menor índice de acidentalidade terão uma redução no valor de contribuição justamente pelo fato de o multiplicador do FAP, que incidirá sobre a alíquota do RAT, ser menor.

A alíquota do Risco de Acidente de Trabalho — RAT é calculada de forma individual por empresa, que, segundo Vieira (2010), tem a seguinte formula: FAP da empresa x RAT da Subclasse do CNAE.

Nitidamente o FAP incentiva as empresas a adotar cuidados no que tange à segurança e saúde do obreiro, proporcionando que o meio ambiente laborativo se adapte ao desenvolvimento tecnológico e ao ritmo produtivo no qual o obreiro é submetido, mas de forma a proteger a dignidade do trabalhador, trazendo vantagens não tão somente a ele, como a toda a sociedade.

Outrossim, as empresas que não investirem em prevenção dos riscos para a saúde e segurança do trabalhador irão gerar maior índice de benefícios previdenciários a serem custeados pela Previdência Social, desequilibrando o seu sistema financeiro, o que é maléfico para toda a sociedade, devendo então arcar com uma contribuição maior do RAT.

As Resoluções ns. 1.308/2009 e 1.309/2009, ambas do Conselho Nacional de Previdência Social (CNPS), ratificadas pelo Decreto n. 6.957/2009, trouxeram uma nova metodologia ao FAP, que consiste, Segundo Vieira (2010. p. 500), em:

> (...) O FAP atribui pesos diferentes para as acidentalidades. A pensão por morte e a aposentadoria por invalidez, por exemplo, têm peso maior do que os registros de auxílio-acidente, mas cada uma com pesos diferenciados. Com essa nova metodologia houve a criação da trava de mortalidade e de invalidez. As empresas com óbitos ou invalidez permanente não serão credoras da redução do FAP. A atribuição de pesos diferenciados para morte e invalidez segue indicações de Normas Técnicas Brasileiras. Além disso, a experiência internacional mostra que os procedimentos adotados visam prevenir ou reduzir, prioritariamente, acidentes com morte e invalidez.

Assim sendo, dentro da nova metodologia trazida pela Resolução n. 1.308/09 verifica-se que o FAP será calculado com base nos índices de frequência, gravidade e custo. Sendo a frequência os registros de acidente e doença do trabalho, tanto os comunicados pela CAT, quanto os advindos do NTEP. A gravidade, por sua vez, se fulcra justamente no grau de gravidade dos sinistros, ou seja, a cada ocorrência acidentária se estabelecerá um valor diferenciado, que são de: 0,50 o peso dado para morte, 0,30 para invalidez, 0,10 para afastamento temporário e auxílio-acidente. E, por fim, o índice que consiste no custo desembolsado pela Previdência em relação aos benefícios acidentários. Segundo Ribeiro (2009), vale evidenciar que o auxílio-acidente não se computa para a consagração dos resultados do índice de frequência, tendo em vista preceder o auxílio-doença acidentário, o qual já estaria na base de dados.

Analisa-se, ainda, a ligação do NTEP com o cálculo do FAP, uma vez que, conforme já vislumbrado, o estudo feito pelo NTEP gera automaticamente a presunção de que a doença ou a incapacidade foram motivadas pelo trabalho, incidindo sobre o índice de frequência, e majorando o FAP, o que eleva a alíquota do RAT.

Para gerar os coeficientes de frequência, gravidade e custo, Ribeiro (2009) afirma que se partiu de três aspectos, quer sejam: probabilístico, social e econômico, respectivamente.

O cálculo dos índices de frequência, gravidade e custo, bem como o do FAP, segundo Vieira (2010), será obtido por meio dos Comunicados de Acidente de Trabalho (CAT) e pelos benefícios acidentários concedidos aos trabalhadores contabilizados no CNPJ da empresa responsável pelo acidente do seu obreiro, que foram registrados.

Após a realização do cálculo dos índices de frequência, gravidade e custo, se constituem os percentuais de ordem para as empresas por setor em relação a cada um dos índices, sendo que pelos percentuais de ordem se estabelece um índice composto, que, nas palavras de Vieira (2010. p. 501), consiste em:

> A partir dos *percentis* de ordem é criado um índice composto, que atribui ponderações aos *percentis* de ordem de cada índice (frequência, gravidade e custo). As ponderações para a criação do índice composto têm como

critério dar peso maior para a gravidade (cinquenta por cento ou 0,50), de modo que os infortúnios laborais que geraram a morte (B93) e a invalidez (B92) tenham maior influência neste índice composto. A frequência recebe o segundo maior peso, qual seja, trinta e cinco por cento (ou 0,35), de forma a garantir que a frequência da acidentalidade também seja relevante para a definição do índice composto. O menor peso, qual seja, quinze por cento (ou 0,15) é atribuído ao custo, demonstrando que o custo que a acidentalidade representa faz parte do índice composto, mas sem se sobrepor à frequência e à gravidade. O custo social com os infortúnios laborais é considerado o elemento mais importante a ser atribuído um peso, mas sem deixarmos de considerar, também, o equilíbrio financeiro e atuarial do sistema previdenciário. Por isso, independentemente dos valores da renda mensal de benefício de um segurado empregado, a sua morte ou a invalidez sempre terá um peso significativo no cálculo do índice composto. A criação deste índice composto pelos índices de gravidade, de frequência e de custo, e que pondera os respectivos *percentis* com pesos de cinquenta por cento, de trinta e cinco por cento e de quinze por cento, respectivamente, está prevista na Resolução n. 1.308/09, do Conselho Nacional da Previdência Social, e, também, no art. 202-A, § 2º do Decreto n. 3.048/99, cuja redação foi dada pelo Decreto n. 6.957/09.

Assim sendo, insta mencionar que é com base nos *percentis* de ordem que basicamente se classifica as empresas do menor índice para o maior a fim de lhes dar o percentual de acordo com a sua colocação nessa ordem ascendente, que se calcula o índice composto, sendo que o seu resultado é o valor do FAP que será dado a determinada empresa.

Outra importante conotação trazida pelo FAP é a questão da publicidade, uma vez que o Ministério da Previdência Social fará a publicação anual dos resultados de frequência, gravidade e custo de cada subclasse, bem como do FAP de cada empresa por meio da *internet*, possibilitando acompanhar o desempenho das empresas no que tange à melhoria das condições de trabalho, conforme art. 202-A, § 5º, do Decreto n. 3.048/99, *in verbis*:

> § 5º O Ministério da Previdência Social publicará anualmente, sempre no mesmo mês, no Diário Oficial da União, os róis dos *percentis* de frequência, gravidade e custo por Subclasse da Classificação Nacional de Atividades Econômicas — CNAE e divulgará na rede mundial de computadores o FAP de cada empresa, com as respectivas ordens de frequência, gravidade, custo e demais elementos que possibilitem a esta verificar o respectivo desempenho dentro da sua CNAE-Subclasse. (Redação dada pelo Decreto n. 6.957, de 2009)

Desse modo, o FAP é uma metodologia que cria a possibilidade de se ajustar as contribuições pagas pelas empresas, em relação ao risco do trabalho, tendo em vista a adoção por políticas de saúde e segurança no trabalho, ou seja, da consagração das normas de segurança e medicina do trabalho, idealizadas pelo novo patamar constitucional de sustentabilidade.

6 FAP E O PRINCÍPIO DO POLUIDOR-PAGADOR

Partindo dessa lógica, pode-se fazer uma relação entre o sistema adotado pelo FAP e o princípio do Direito Ambiental denominado Princípio do Poluidor-Pagador, que se fundamenta na ideia de que os recursos ambientais são escassos sendo que seu uso sem medidas pode comprometer o meio ambiente equilibrado.

O Princípio do Poluidor-Pagador direciona ônus da degradação ambiental ao causador do dano, sendo de suma importância na preservação do meio ambiente. Nesse sentido assevera Grott (2003, p. 177) que *"todos têm o direito de usar o meio ambiente, mas todos têm também o dever de preservá-lo, recuperá-lo. Se não o fizerem serão punidos, justamente por não terem ainda se conscientizado de que o meio ambiente é fator preponderante à vida dos seres vivos."*

Ao analisar a Constituição Federal em seu art. 225 percebe-se em seu *caput* que *"todos têm direito ao meio ambiente ecologicamente equilibrado, bem de uso comum do povo e essencial à sadia qualidade de vida, impondo-se ao Poder Público e à coletividade o dever de defendê-lo e preservá-lo para as presentes e futuras gerações"*, de modo que é possível afirmar existir, então, um dever geral de tutela pelo meio ambiente, bem como de recuperação.

Vale ainda ressaltar que o § 3º do mesmo dispositivo prevê que *"as condutas e atividades consideradas lesivas ao meio ambiente sujeitarão os infratores, pessoas físicas ou jurídicas, a sanções penais e administrativas, independentemente da obrigação de reparar os danos causados"*, consagrando ainda uma punição ao prejuízo gerado ao meio ambiente.

Assim, a Constituição visa cuidar do meio ambiente para que se garanta uma qualidade de vida para o homem, e somente se poder tutelar tal objetivo se o ambiente de trabalho do homem for sadio, ou seja, salubre e seguro. Não atendidas essas considerações, se agride nitidamente a dignidade da pessoa humana.

No que tange ao meio ambiente laboral, também se deve utilizar do princípio ora discutido, pois se o ambiente laboral gera danos ao obreiro, ao empregador caberá arcar com uma possível indenização. O dano gerado ao obreiro, segundo Grott (2003. p. 117), é então *"... uma poluição que impõe ao poluidor a obrigação de indenizar..."*.

Por outro lado, juntamente com o dever de indenizar, o FAP destina-se a verificar o agir da empresa no que tange ao meio ambiente laboral, em razão da atividade econômica que desenvolve, favorecendo os empregadores que adotaram melhores condições de trabalho para seus empregados, para que assim ocorra a *redução* nos índices de acidente e doenças laborais, pois majora a alíquota de contribuição dos benefícios previdenciários aos empregadores que mostram um aumento de acidentes em relação à média de seu ramo de atividade.

Portanto, se o FAP aumenta em 100% a alíquota de contribuição dos benefícios previdenciários aos empregadores que não demonstrarem empenho nas melhorias de condições ambientais de trabalho para seus obreiros, e consequentemente geram mais acidentes e doenças laborais, é nítido que está punindo o empregador que causa danos à saúde e segurança de seu empregado, tendo um ônus pela poluição que gera. A poluição é gerada no ambiente laboral, pelos danos que sofrem os empregados por se submeterem a um ambiente de trabalho desprovido de boas condições ergonômicas, sendo o poluidor o empregador que não possibilitou tal condição ao meio ambiente laboral, o causador do dano e, portanto, deverá arcar com o ônus de sua postura.

7　FAP E O PRINCÍPIO DA PREVENÇÃO

O Princípio da Prevenção rege um contexto de prudência com o uso do meio ambiente, tendendo a impedir que seja o mesmo lesionado, sendo a abordagem mais adequada à tutela em questão, que é também prevista no art. 225 da Constituição Federal, o qual deve ser aplicado às relações laborais, pois evitar danos à integridade do obreiro é mais interessante do que reparar, o que, muitas vezes, sequer é possível. Explica Moraes (2002. p. 30):

> (...) A responsabilidade pelo meio ambiente saudável, hodiernamente, tem-se caracterizado pela implantação de medidas preventivas, em que vale muito mais evitar do que reparar os danos, conscientizando-se todos sobre a relevância do meio ambiente para a saúde e segurança dos trabalhadores.

Conforme Grott (2003. p. 165), *"a melhor garantia ao trabalhador é prevenir coletivamente e, para tanto, há necessidade de conscientização de que o ambiente de trabalho salubre e seguro é um dos mais importantes direitos do cidadão empregado, a ser respeitado pelo empregador."*

Se assim é, podemos identificar a falha trazida no contexto adotado pela CAT. Se a análise é feita de forma individual, caso a caso, não beneficia a coletividade; ademais não existe prevenção do dano, e sim uma possível "indenização" pela concessão de benefício acidentário pelo INSS que pode, inclusive, ser indeferido.

Por outro lado, a metodologia adotada pelo FAP busca *impedir* que o dano ao obreiro ocorra, ou seja, visa eliminar os riscos que a atividade desenvolvida pela empresa possa gerar, pois incentiva as empresas a *adotarem políticas de segurança e saúde do trabalhador*, para que tenham redução na alíquota do RAT prevenindo acidentes e doenças laborais.

Sobre a importância da cultura de prevenção, explica Grott (2003. p. 165, 166):

De outra parte, a prudência e a cautela constituem princípios de prevenção de acidentes que irá se traduzir em melhor qualidade, maior produtividade e competitividade do produto. O adequado meio ambiente do trabalho, considerado como um dos mais importantes direitos do cidadão trabalhador, ao ser desrespeitado agride a toda a sociedade que, afinal, é quem paga a conta da previdência social. Dentro desse contexto o princípio da prudência e da cautela extrapola a individualização do trabalhador e passa a pertencer à coletividade.

Atualmente, as empresas devem identificar os agentes de risco no meio ambiente de trabalho e tentar eliminá-los ou reduzi-los para que não restem em prejuízo à integridade dos trabalhadores. Dessa maneira, evita-se que o acidente aconteça, e a utilização do Princípio da Prevenção é de suma importância, pois muitas vezes a lesão sofrida pelo obreiro é de difícil ou impossível reparação.

Se, em alguns casos, não cabe um estudo integral sobre o impacto ambiental, deve-se no mínimo incluir estudos, avaliações e auditorias ambientais, itens que possibilitem um maior controle sobre as questões e agentes agressivos que agridem o meio e os trabalhadores. Somente atitudes como estas, que apresentam características de prevenção e precaução, podem mudar a característica monetarizante do risco que toma conta hoje do meio ambiente do trabalho. (Grott: 2003. p. 88, 89)

Assim, a metodologia do FAP, em sua integralidade, proporciona uma melhoria no ambiente laboral, na medida em que protege a saúde e a segurança do trabalhador, pois o empregador, querendo reduzir sua alíquota de contribuição, tomará medidas de prevenção para que os acidentes do trabalho não venham a ocorrer, fato que repercute no cálculo do FAP pelos índices de frequência, gravidade e custo. De outra parte, a falta de uma política eficaz de prevenção coloca o trabalhador em um contexto de insegurança, pois a incapacidade para o trabalho é uma situação extremamente difícil que ninguém quer vivenciar, cujo nenhum benefício previdenciário ou indenização civil seriam capazes de neutralizar seu dano.

8 CONSIDERAÇÕES FINAIS

A baixa fiscalização ambiental e a ausência de preocupação no cumprimento da legislação trabalhista é resultado do sistema capitalista de concorrência, que pressiona ao máximo o crescimento expansionista sem limites, tendo como fundamento a redução de custos.

O descuido das empresas para com a saúde e segurança dos trabalhadores ocasiona acidentes laborais ou doenças ocupacionais que incapacitam o obreiro para o trabalho, gerando benefícios acidentários, que deverão ser arcados pela Previdência Social, resultando em um desequilíbrio financeiro do sistema previdenciário, o que agride toda a sociedade.

Com a implantação dos programas previdenciários, em especial, FAP e NTEP, pode-se vislumbrar que o direito dos trabalhadores em ter um ambiente de trabalho digno começa a ser tutelado, buscando-se um melhor ambiente de trabalho para os obreiros, e incentivando as empresas a implantarem políticas de prevenção a acidentes de trabalho.

O FAP é um estímulo às empresas para que suprimam os riscos gerados aos trabalhadores por sua atividade empresarial, gerando um ambiente laborativo ecologicamente equilibrado, que resulta em um benefício para a sociedade como um todo, diminuindo as mazelas trazidas pelo antigo descaso com a segurança e saúde das pessoas.

Pode-se verificar que os institutos do NTEP, FAP e RAT estão interligados, sendo que um interfere no outro. O reconhecimento de um acidente de trabalho pelo NTEP é considerado pelo índice de frequência obtido para o cálculo do FAP, que consequentemente majora o FAP, sendo que com a majoração do FAP eleva-se a alíquota do RAT, aumentando o valor do tributo pago pelas empresas para fins de financiamento dos benefícios acidentários ofertados pela Previdência Social.

Dessa forma, conclui-se que as novas metodologias previdenciárias impactaram de forma positiva no desiderato constitucional assentado na melhor qualidade de vida para todos, com progresso econômico, justiça social e preservação da natureza — pilares da sustentabilidade. O conceito de desenvolvimento sustentável é considerado pilar fundamental e mola propulsora de mudança para um mundo ecologicamente protegido e socialmente mais justo. Esse novo paradigma de desenvolvimento tem por escopo demonstrar que políticas públicas devem não apenas proteger a natureza em sentido estrito (espécies, ecossistemas e processos ecológicos), mas proporcionar a redução da pobreza e desigualdades sociais, com justiça distributiva.

Ademais, de certa forma, as empresas que apresentam maior índice de acidentes e doenças laborais, tendo em vista seu ramo de atividade, e não se mostram cuidadosas com a integridade de seus trabalhadores, serão punidas pelo desrespeito com as normas de segurança e medicina do trabalho, corolário de um meio ambiente sadio e equilibrado.

Por fim, a metodologia adotada pelo FAP é válida e tende a contribuir com a fiscalização das empresas, no que tange às medidas tomadas para a tutela da saúde e da segurança dos trabalhadores, desvinculando a concessão de benefício acidentário da comunicação do acidente por parte da empresa (CAT), gerando uma maior transparência no índice de acidentes sofridos pelos trabalhadores, e se mostrando eficaz no combate ou minoração às más condições de trabalho a que muitos são submetidos no Brasil.

9 REFERÊNCIAS BIBLIOGRÁFICAS

ALMEIDA, Dean Fábio Bueno de. *Direito socioambiental:* o significado da eficácia e da legitimidade. Curitiba: Juruá, 2003.

ANTUNES, Paulo de Bessa. *Direito ambiental.* 4. ed. Rio de Janeiro: Lumen Juris, 2000.

CARRION, Valentin. *Comentários à Consolidação das Leis do Trabalho.* 22. ed. São Paulo: Saraiva, 1997.

BRASIL. Consolidação das Leis do Trabalho. *Vade Mecum.* São Paulo: Saraiva, 2007.

_____. Constituição Federal (1988). *Constituição da República Federativa do Brasil.* Brasília DF: Senado 1998.

_____. Decreto n. 3.048 de 6 de maio de 1999. Aprova o Regulamento da Previdência Social, e dá outras providências. DOU de 7.5.1999. Disponível em: <http://www010.dataprev.gov.br/sislex/paginas/23/1999/3048.htm>. Acesso em: 30 jan. 2014.

_____. Decreto n. 6.042 de 12 de fevereiro de 2007. Altera o Regulamento da Previdência Social, aprovado pelo Decreto n. 3.048, de 6 de maio de 1999, disciplina a aplicação, acompanhamento e avaliação do Fator Acidentário de Prevenção — FAP e do Nexo Técnico Epidemiológico, e dá outras providências. DOU de 13.2.2007 e retificado no DOU 23.2.2007. Disponível em: <http://www.planalto.gov.br/ccivil_03/_ato2007-2010/2007/decreto/d6042.htm>. Acesso em: 30 jan. 2014.

_____. Lei Federal n. 10.666/03, de 8 de maio de 2003. Dispõe sobre a concessão da aposentadoria especial ao cooperado de cooperativa de trabalho ou de produção e dá outras providências. DOU 9.5.2003. Disponível em: <http://www.planalto.gov.br/ccivil_03/leis/2003/L10.666.htm>. Acesso em: 2 fev. 2014.

_____. Resolução Conselho Nacional de Previdência Social — CNPS n. 1.308 de 27 de maio de 2009. Dispõe sobre a nova metodologia para o cálculo do Fator Acidentário de Prevenção — FAP, em substituição à Resolução MPS/CNPS n. 1.269/2006.. DOU 5.6.2009. Disponível em: <http://www.normaslegais.com.br/legislacao/rescnps1308_2009.htm>. Acesso em: 2 fev. 2014.

_____. Resolução MPS/CNPS n. 1.309, de 24 de junho de 2009 — DOU de 7 de julho de 2009. DOU 24.6.2009 Disponível em: <http://www010.dataprev.gov.br/sislex/paginas/72/MPS-CNPS/2009/1309.htm>. Acesso em: 2 fev. 2014.

FOLADORI, Guilhermo. Trad. Marise Manoel. *Limites do desenvolvimento econômico sustentável.* Campinas: Unicamp, São Paulo: Imprensa Oficial, 2001.

GROTT, João Manoel. *Meio ambiente do trabalho:* prevenção: a salvaguarda do trabalhador. Curitiba: Juruá, 2003.

GUTBERLET, Jutta. *Desenvolvimento desigual:* impasses para a sustentabilidade n. 14. São Paulo: Fundação Konrad Adenauer Stiftung, Centro de Estudos, 1998.

MORAES, Monica Maria Lauzid de. *O direito e à saúde e segurança no meio ambiente do trabalho.* São Paulo: LTr, 2002.

MORAIS, Leonardo Bianchini. Fator acidentário previdenciário (FAP) e o nexo técnico epidemológico (NTE). *Revista de Previdência Social*. n. 328. São Paulo: 2008.

RIBEIRO, Juliana de Oliveira Xavier. *Auxílio-doença acidentário:* como ficam o empregado e o empregador com o NTEP e o FAP. Curitiba: Juruá, 2009.

SANTILLI, Márcio. *Transversalidade na corda bamba.* Apresentação a um balanço dos seis meses do governo Lula na área socioambiental, realizado pelo Instituto Socioambiental (ISA). Disponível em: <www.socioambiental.org>.

VIEIRA, Adriana Alves. O fator acidentário previdenciário — FAP. *Revista de previdência social.* v. 34, n. 355, São Paulo: 2010.

TUTELA INIBITÓRIA E MEIO AMBIENTE DO TRABALHO — ALGUNS ASPECTOS PROCESSUAIS RELEVANTES[*]

Bruno Campos Silva[**]

1 INTRODUÇÃO

No presente despretensioso estudo, trataremos da tutela inibitória a ser utilizada no meio ambiente do trabalho, notadamente em processos voltados à resolução de demandas trabalhistas, as quais necessitam de prontas respostas preventivas.

Para tanto, iniciaremos, *grosso modo*, com a conceituação de "meio ambiente do trabalho", para, após, traçarmos o conteúdo normativo processual protetivo preventivo.

Defenderemos a aplicabilidade da tutela jurisdicional inibitória ao direito processual do trabalho, para, em seguida, tratarmos da antecipação da tutela inibitória e seus aspectos estrutural e funcional.

E, ao final, em senso crítico, analisaremos a escorreita concretização e interpretação/aplicação das normas relacionadas à inibição do ato ilícito (ameaça de ilícito: prática, reiteração ou continuação), para além

---

[*] Gostaríamos de consignar nossos sinceros agradecimentos aos ilustres Professores Guilherme Guimarães Feliciano, João Urias, Ney Maranhão e Valdete Severo, pela honrosa oportunidade de participação em substanciosa obra coletiva versada sobre inúmeros aspectos inerentes ao meio ambiente do trabalho, os quais, sem sombra de dúvidas, escritos por renomados juristas, contribuirão ao aperfeiçoamento da ciência jurídica.

[**] Advogado em Minas Gerais e Brasília. Diretor Adjunto do Departamento de Direito Ambiental do Instituto dos Advogados de Minas Gerais — IAMG. Presidente da Comissão de Direito Ambiental da 14ª Subseção da OAB-MG. Sócio fundador do escritório "Bruno Campos Silva Advocacia". Especialista em Direito Processual Civil pelo CEU-SP. Professor de Direito Processual Civil do Centro de Ensino Superior de São Gotardo-MG (CESG). Membro do Instituto Brasileiro de Direito Processual — IBDP. Membro da Academia Brasileira de Direito Processual Civil. Membro do Conselho Editorial da Revista Magister de Direito Civil e Processual Civil. Membro do Conselho de Redação da Revista Brasileira de Direito Processual — RBDPro. Coautor de obras coletivas na área do Direito Processual Civil. Especialista em Mercado de Carbono pela Proenco-SP. Membro da Associação dos Professores de Direito Ambiental do Brasil — APRODAB. Membro da Deutsch-Brasilianische Juristenvereinigung. Membro do Instituto dos Advogados de Minas Gerais — IAMG. Membro da Comissão de Sustentabilidade do Instituto Brasileiro de Governança Corporativa — IBGC-SP. Membro do Conselho Editorial da Revista Internacional REID do IEDC. Membro do Conselho Editorial da Revista Fórum de Direito Urbano e Ambiental — FDUA. Membro do Conselho Editorial da Revista Magister de Direito Ambiental e Urbanístico. Membro do Conselho Editorial da Revista Brasileira de Direito do Agronegócio — RBDAgro. Diretor Jurídico da Revista Elitte Rural. Coordenador e coautor de obras coletivas nas áreas do Direito Ambiental e Urbanístico. Membro do Instituto Brasileiro de Advocacia Pública — IBAP.

(verdadeiro ultrapasse) de simples ressarcimento; tendo em vista que a *praxe*, infelizmente ainda tímida, dá sinais de salutar mudança de paradigma, condizente com o nosso Estado Democrático de Direito.

2 O MEIO AMBIENTE DO TRABALHO

O meio ambiente ganhou expressivos contornos protetivos em nosso texto constitucional (*ex vi* do art. 225).

Dos referidos contornos, despontam dois principais princípios, o da *prevenção* e o da *precaução*, cujas diferenças e particularidades deverão ser canalizadas à defesa/preservação ambiental, de maneira preventiva; seja por conhecimento científico ou previsão da ocorrência de determinado dano ambiental — *certeza científica* (*prevenção*) ou por desconhecimento científico ou imprevisão de determinado dano ambiental — *incerteza científica* (*precaução*).

Na verdade, do conteúdo normativo do texto constitucional (*ex vi* do art. 225, CF/88) deve-se abstrair a escorreita concretização e a interpretação/aplicação da norma ali constante, para, *eficientemente*, contemplar a defesa/preservação do meio ambiente do trabalho.

Quando se diz, "*meio ambiente ecologicamente equilibrado*", "*sadia qualidade de vida*" (*ex vi* do art. 225, *caput*, CF/88)[1], pode-se destacar, com certeza, nuances relacionadas ao meio ambiente do trabalho; verdadeiro e imprescindível "*direito ao sadio equilíbrio labor-ambiental*", muito bem desenhado por Guilherme Guimarães Feliciano[2].

Então, não menos importante será a *garantia de meios adequados à eficiente tutela do meio ambiente do trabalho*, e, daí, a imprescindível necessidade de se manejar instrumentos eficazes capazes de garantir a vida de cada trabalhador, eis que inserida no local onde o mesmo exercita suas atividades.

De acordo com Guilherme Guimarães Feliciano: "A tutela jurídica do trabalhador manifesta-se em três planos distintos de concreção: a *tutela individual* (inclusos os direitos individuais do art. 7º da CRFB e da CLT, ainda quanto dispostos como interesses individuais homogêneos, *ut* art. 81, parágrafo único, III, do CDC), a *tutela coletiva* (patrocinada pelos sindicatos profissionais, na esteira do art. 84, III, da CRFB, do art. 81, parágrafo único, II, do CDC e do Enunciado 310 do TST) e a *tutela* difusa (acepção do art. 81, parágrafo único, I, do CDC). No presente tópico, interessa-nos apenas a tutela difusa. Dessa natureza é a tutela jurídica do meio ambiente do trabalho, que tem expressão constitucional, *ex vi* do art. 200, VIII, da CRFB.

É certo que o inciso VIII do art. 200 da CRFB consagra a expressão 'meio ambiente do trabalho' no âmbito do Sistema Único de Saúde. Essa locução não se repete em outro lugar; nada obstante, os seus consectários espraiam-se pelo texto constitucional. No art. 7º, a *redução dos riscos inerentes ao trabalho*, por meio de normas de saúde, higiene e segurança no trabalho (inciso XXII), é arrolada entre os direitos sociais dos trabalhadores urbanos e rurais, assim como os adicionais de remuneração para atividades penosas, insalubres ou perigosas (inciso XXIII), e as compensações financeiras — seguro e indenização — em caso de acidente de trabalho (XXVIII). Do mesmo modo, a valorização do trabalho humano exsurge como fundamento da ordem econômica nacional, cuja realização pressupõe a observação dos ditames de justiça social e a defesa do meio ambiente (art. 170, *caput* e inciso VI)".[3]

O meio ambiente é vida, *direito fundamental*. E isso, com toda certeza, inclui a vida de todos os trabalhadores, *sem distinção alguma*, bem como o modo de exercer as suas respectivas atividades laborais, portanto, inconteste *direito fundamental*.

---
(1) Art. 225. Todos têm direito ao meio ambiente ecologicamente equilibrado, bem de uso comum do povo e essencial à sadia qualidade de vida, impondo-se ao Poder Público e à coletividade o dever de defendê-lo e preservá-lo para as presentes e futuras gerações.
(2) Tutela inibitória em matéria labor-ambiental. In: *Rev. TST*. Brasília, v. 77, n. 4, out/dez 2011. p. 141.
(3) Tutela inibitória em matéria labor-ambiental. In: *Rev. TST*. Brasília, v. 77, n. 4, out/dez 2011. p. 145.

Sem distinção alguma?

A mesma proteção jurídica deverá ser estendida a todos os trabalhadores (*concretização e interpretação/ aplicação da dignidade da pessoa humana, como um dos fundamentos da República Federativa do Brasil* — ex vi *do art. 1º, III*), em se tratando de meio ambiente do trabalho.

Nesse mesmo sentido o perfeito posicionamento de Guilherme Guimarães Feliciano: "Não há o mesmo, contudo, quando se trata do meio ambiente do trabalho. O bom-senso vulgar pode dizê-lo: não é razoável entender que a empresa deva fornecer EPIs aos seus empregados e possa recusá-los aos empregados do terceirizador, que se ativam no mesmo local e se sujeitam aos mesmos agentes insalubres. Afirmar aquele direito de recusa seria negar, a esses últimos, a própria dignidade humana. Dessarte, se o interesse prossegue indivisível (um ambiente insalubre o será para todos os que ativam no local), a identificação dos titulares não parte de uma relação jurídica de base, mas de uma identidade factual baseada em 'fatores conjunturais ou extremamente genéricos' (na espécie, a própria condição de ser humano). Significa dizer que a salubridade daquele espaço fechado interessa aos empregados da empresa 'A', mas também interessa aos terceirizados e sócios-cooperantes que trabalham no local, ou até mesmo aos quotistas da sociedade (se o negócio exigir-lhes presença constante na unidade), em função da nota de *humanidade* que é comum a todos — e apenas por isso.

Logo, o meio ambiente do trabalho equilibrado é um pressuposto constitucional da sadia qualidade de vida do trabalhador, e o interesse correspondente não é um interesse coletivo, mas um *interesse difuso in abstrato*, ut art. 81, I, do CDC".[4]

Com relação à conceituação e previsão legal do "*meio ambiente do trabalho*", importantes doutrinadores estabeleceram os seus destacados pontos de vista; dentre eles Guilherme José Purvin de Figueiredo.

Eis o entendimento de Guilherme José Purvin de Figueiredo: "Por *meio ambiente do trabalho* devemos entender não apenas um espaço físico determinado (por exemplo, o espaço geográfico ocupado por uma indústria), aquilo que costumeiramente denominamos de *estabelecimento*, mas *o conjunto de condições, leis, influências de ordem física, química, biológica e social presentes no espaço físico onde se desenvolve a ação laboral e que afetam os trabalhadores no exercício dessa ação e, indiretamente, as pessoas de seu círculo de convivência*.

Não estamos tratando, portanto, exclusivamente dos bens imóveis e móveis de uma empresa que contrate trabalhadores e da redução dos riscos que estes bens possam causar à saúde e à integridade física desses trabalhadores. Cuida-se da interação de um conjunto de fatores, inclusive sociais, e que abarca até mesmo os riscos provenientes e outras empresas que de alguma forma se relacionem com o empregador no processo produtivo".[5]

A precitada conceituação elaborada por Guilherme José Purvin de Figueiredo advém da Lei de Política Nacional do Meio Ambiente (*ex vi* do art. 3º, I, Lei n. 6.938/81).

O jurista Guilherme Guimarães Feliciano, com base nas lições de José Afonso da Silva, Guilherme José Purvin de Figueiredo e Franco Giampietro, assim manifestou: "O meio do trabalho pode ser definido como 'o local em que se desenrola boa parte da vida do trabalhador, cuja qualidade de vida está, por isso, em íntima dependência com a qualidade daquele ambiente'. Trabalhador, aqui, há de ser tanto os subordinados (empregados, avulsos) quanto os não subordinados (autônomos, eventuais, sócios-cooperantes etc.,), os prepostos do empregador e ainda ele próprio, pessoa física, se inserido habitualmente no local de trabalho. Nessa ensancha, o conceito de Purvin de Figueiredo soa mais explícito, baseando-se no art. 3º, I, do Lei n. 6.938/81: meio ambiente do trabalho é o 'conjunto de condições, leis, influências e interações de ordem física, química e biológica, que incidem sobre *o homem em sua atividade laboral*', esteja ou não submetido ao poder hierárquico de outrem. Eloquente ainda é o conceito de Giampietro, para quem o meio

---
(4) *Idem*, p. 146-147.
(5) *Curso de direito ambiental*. 5. ed. São Paulo: Revista dos Tribunais, 2012. p. 244.

ambiente do trabalho é o complexo de bens móveis e imóveis que, sendo objeto de direito subjetivo privado (propriedade de uma empresa ou de uma sociedade civil), é frequentado por trabalhadores cujos direitos invioláveis à saúde e à integridade física não podem ser agredidos ou ameaçados por atividades poluentes próprias ou provenientes de outra empresa ou estabelecimento civil. Em suma: o direito subjetivo privado do empregador (direito de propriedade) é inoponível ao direito subjetivo público dos trabalhadores a um sadio meio ambiente de trabalho".[6]

3 A EFETIVA TUTELA JURISDICIONAL INIBITÓRIA E O PROCESSO DO TRABALHO

Antes de adentrarmos aos aspectos inerentes à *efetiva tutela jurisdicional no âmbito do processo do trabalho*, importante trazermos à baila a noção de *jurisdição* e *processo* no Estado Democrático de Direito.

Dentro de uma visão clássica e, um tanto individualista, a *jurisdição* seria o poder-dever do Estado para solucionar as lides (*lide*, como dizia Carnelutti, *conflito de interesses qualificado por uma pretensão resistida*).

Entretanto, como se percebe, a conceituação clássica de jurisdição, na contemporaneidade, encontra-se ultrapassada/superada por necessidades de se tutelar direitos individuais homogêneos, coletivos e difusos, e não mais, tão somente, direitos individuais.

Nessa quadra, poderíamos dizer que a *jurisdição* seria um dever-poder do Estado-juiz (*imprescindível comprometimento social e, sobretudo, político — garantia de eficiência das decisões judiciais*) para se implementar, ou melhor, *concretizar os direitos fundamentais em sua plenitude*, com a resolução pacífica dos conflitos sociais.

Disso, pode-se constatar uma nítida *função social da jurisdição e, em consequência, do processo*. Tal posicionamento restou muito bem desenhado por Arlete Inês Aurelli.[7]

Eis as escorreitas palavras da precitada jurista:

> É preciso indagar sobre a importância da atividade jurisdicional para a manutenção da ordem no seio da sociedade. Na verdade, o exercício da jurisdição, respeitando os princípios constitucionais, é que tem por função manter a ordem jurídica justa e a paz social.
>
> Urge que o órgão julgador reconheça a importância do papel de pacificador social e deixe de ser mero aplicador da lei, distante da realidade que o cerca. O juiz deve adotar uma postura crítica, como intérprete, aliando lei e Direito, procurando obter a pacificação social através da redução das desigualdades sociais, por harmonização de direitos antagônicos, justo equilíbrio de relações jurídicas, entre o individual e o social.
>
> Para obter a efetividade da jurisdição, o processo deve atuar em perfeita sintonia com o direito material, com a realidade social, através de meios adequados a garantir os direitos do indivíduo.
>
> Todo conflito que traga consequências para o seio da sociedade deve ser resolvido pensando no todo, e não somente nas partes envolvidas. Muitas vezes, ao solucionar um conflito entre particulares, a sentença judicial traz reflexos para toda a sociedade, podendo se tornar instrumento de revolta, inclusive. É por essa razão que se diz que a jurisdição é instrumento de pacificação social. Portanto, o órgão julgador deve ter consciência da relevância do papel que exerce.
>
> É imperioso que o juiz tenha ciência de que, ao resolver um conflito de interesses, notadamente os fundiários, envolvendo pessoas carentes, deve se pautar pela função social da própria jurisdição.[8]

---

(6) Tutela inibitória em matéria labor-ambiental. In: *Rev. TST*. Brasília, v. 77, n. 4, out/dez 2011. p. 147-148.
(7) A função social da jurisdição e do processo. In: *40 anos da teoria geral do processo no Brasil*. Org. YARSHELL, Flávio Luiz; ZUFELATO, Camilo. São Paulo: Malheiros, 2013. p. 124-128-129-144.
(8) A função social da jurisdição e do processo. In: *40 anos da teoria geral do processo no Brasil*. Org. YARSHELL, Flávio Luiz; ZUFELATO, Camilo. São Paulo: Malheiros, 2013. p. 128-129.

E, o meio para se atingir um *nível ótimo* à efetiva implementação dos direitos fundamentais seria o *processo*, visto como um ambiente/espaço público destinado a viabilizar o amplo e democrático diálogo entre todos aqueles detentores de direitos e garantias fundamentais.

No caso, a tutela jurisdicional guardaria estreita relação com a concretização dos direitos fundamentais e, aqui, em especial, com os direitos de todos os trabalhadores.

Seria, *grosso modo*, a *proteção* desempenhada pelo Estado-juiz por intermédio da *jurisdição*, com a salutar utilização do *processo*.

Em se tratando de *meio ambiente do trabalho*, no qual os direitos a serem tutelados possuem nítida natureza difusa, desponta de suma importância a utilização de técnicas processuais voltadas à inibição da prática de ato ilícito (*ameaça de ilícito*), bem como de sua reiteração ou continuidade.

O próprio texto constitucional em seu art. 5º, XXXV, traz a perspectiva de proteção preventiva (*ameaça*) e ressarcitória/reparatória, após consumado o dano (*lesão*): "*a lei não excluirá da apreciação do Poder Judiciário lesão ou ameaça a direito*".

Daí a necessidade de utilização de instrumentos capazes de inibir a prática, reiteração ou continuação de atos ilícitos (*ameaça de ilícitos*), e não somente a utilização da técnica ressarcitória, como se tem visto na prática forense trabalhista, s.m.j.

Nesse contexto, a tutela jurisdicional voltada à prevenção (*rectius*: inibição) de atos ilícitos, em sede labor-ambiental, deverá atender aos anseios dos cidadãos, principalmente quando se tem em jogo a própria dignidade da pessoa humana (e isso inclui, *v. g.*: saúde do trabalhador, condições de trabalho).

A tutela jurisdicional inibitória, para ser efetiva, deve possuir estrutura e funcionalidade diferenciadas, a fim de proporcionar resposta rápida contrária e eficiente à ameaça a direito e sua reiteração ou continuidade.

No processo do trabalho, também, devem ser utilizadas as técnicas desenhadas à *inibição* de uma real e concreta ameaça a direitos dos trabalhadores (*ameaça de ilícito*), seja *individual* ou *coletiva*.

Imperioso ressaltar a correta aplicabilidade das normas constantes do Código de Processo Civil ao processo do trabalho; basta verificar a norma inserta no art. 769, CLT, para tal constatação.[9]

De acordo com Guilherme Guimarães Feliciano: "A Consolidação das Leis Trabalhistas, como se sabe, não se preocupou em disciplinar sistematicamente as tutelas abreviadas — de urgência ou de evidência — no texto de 1º.5.1943 (mesmo porque é anterior ao próprio Código Buzaid, de 1973, que sistematizaria a tutela processual cautelar no Brasil). Assim, a resposta àquela indagação passa inapelavelmente pelo diálogo das fontes formais e pela subsidiariedade da legislação processual civil, *ex vi* do art. 769 da CLT. Por essa via, reconhecida a omissão legislativa no universo celetário e admitindo-se que não há quaisquer tensões relevantes, de fundo principiológico, entre as tutelas de urgência e de evidência do sistema processual civil e o processo do trabalho (que, ao revés, é cultural e historicamente informado pelos princípios da celeridade e da efetividade da jurisdição), abre-se desde logo à jurisdição trabalhista as seguintes modalidades de tutela:

a) a tutela cautelar (arts. 798 e ss. do CPC);
b) a tutela inibitória propriamente dita (*e. g.*, art. 11 da Lei n. 7.347/85, art. 84 do CDC, art. 461 do CPC);
c) a tutela antecipatória *stricto sensu* (art. 273 do CPC).

De fato, há décadas a tutela cautelar e a tutela antecipatória (essa mais recentemente) têm sido largamente aplicadas no âmbito da Justiça do Trabalho. Já a tutela inibitória tem sido (re)descoberta com mais cautela, em especial nas abordagens que propõem a superação do viés contratualista e patrimonialista que

---

(9) Art. 769: "*Nos casos omissos, o direito processual comum será fonte subsidiária do direito processual do trabalho, exceto naquilo em que for incompatível com as normas deste Título*".

colonizou o processo do trabalho na segunda metade do século XX. Veja-se que, a rigor, ela sempre esteve direta ou indiretamente chancelada pela legislação celetária; nada obstante, ausentara-se por décadas da massa média de demandas apreciadas pela Justiça do Trabalho. Basta examinar, para se chegar a tal conclusão, os exemplos mais comuns da doutrina nacional para a tutela inibitória ou de remoção do ilícito no campo trabalhista".[10]

Então, perfeitamente aplicáveis ao direito processual do trabalho as normas relacionadas à tutela jurisdicional inibitória, inclusive, em sede de cognição sumária, em que os efeitos da efetiva inibição deverão ser antecipados diante da objetiva, concreta, atual e grave ameaça a direito.

Nesse caso, aplicam-se os dispositivos constantes do art. 461, CPC, além daquele previsto no art. 84, do Código de Proteção e Defesa do Consumidor.

4 A ANTECIPAÇÃO DA TUTELA INIBITÓRIA: ASPECTOS ESTRUTURAL E FUNCIONAL

Para se atingir a finalidade desejada, ou seja, a efetiva tutela inibitória contra o ato ilícito (*ameaça de ilícito*), a sua reiteração ou continuação, imprescindível a eficaz e eficiente estruturação da referida tutela, além, é claro, de se desenhar a correta funcionalidade do meio inibitório protetivo.

Senão, vejamos.

A técnica inibitória no processo do trabalho, para se tornar eficaz e eficiente, deverá ser utilizada de modo a propiciar uma resposta rápida e contrária ao ato ilícito (*ameaça de ilícito*), como dito anteriormente.

Para tanto, necessária a utilização da cognição sumária (em plano vertical cognitivo — plano de convicção), para a antecipação dos efeitos da tutela inibitória.

De acordo com Daniel Mitidiero: "A necessidade de pensar o processo a partir do direito material — isto é, pensar a técnica processual pelo ângulo da tutela do direito — impõe a compreensão da *técnica antecipatória* a partir da *tutela do direito* que se pretende efetivar pelo processo. Não basta pensar a antecipação de tutela tão somente em *termos processuais*, como se o direito material pouco ou nada importasse para o processo civil.

Diante disso, surge a imprescindibilidade de termos presente que o processo civil do Estado Constitucional está muito longe daquele modelo de processo que só se preocupava em prestar uma *tutela repressiva e ressarcitória* aos direitos. O processo civil do Estado Constitucional não é indiferente às necessidades dos *novos direitos* e daquelas posições jurídicas que não podem ser bem tuteladas senão pela *tutela específica* — que muitas vezes demandam *tutela preventiva* para sua realização.

E é justamente aí que ganha ainda maior especificidade o problema do juízo de probabilidade no terreno da antecipação da tutela. Para obtenção da *tutela inibitória* — que é uma tutela preventiva, voltada para o futuro, que visa a inibir a prática, a reiteração ou a continuação de um ato ilícito — mediante provimento sumário é preciso alegar e provar o *fato temido*. Vale dizer: para concessão da antecipação da tutela inibitória o juiz deve realizar um *juízo prognóstico*, isto é, tem de fazer *previsões* envolvendo eventos futuros.

Nesse caso, a prova da alegação obviamente não pode recair sobre o fato futuro — pela singela razão de que esse ainda não ocorreu. O que se tem de provar é a ameaça de ilícito, isto é, o que realmente interessa é a *prova da ameaça*. Para que isso ocorra é necessário *individualizar o evento futuro* que se pretende evitar e *valorar a probabilidade da previsão* realizada pela parte interessada na obtenção da tutela do direito.

A *valoração da alegação da ameaça de ilícito* pode ocorrer mediante emprego de *presunção judicial*. Nesse caso, extrai-se da prova sobre a alegação de fato conhecida a possibilidade de ocorrência de um fato

---

[10] Tutela inibitória em matéria labor-ambiental. In: *Rev. TST*. Brasília, v. 77, n. 4, out/dez 2011. p. 150-151.

futuro. É imprescindível que se caracterize a ameaça em termos *objetivos*, consubstanciada em alegações de fatos que levem à provável ocorrência do ilícito. No limite, no entanto, diante da *absoluta impossibilidade* da prova de fatos conhecidos para a extração de consequências a respeito de situações ainda não ocorridas, pode a ordem jurídica contentar-se com a valoração da alegação em termos de *mera credibilidade* a partir da *coerência narrativa* e das *máximas de experiência*. Em semelhantes situações, não há propriamente prova da alegação, mas simples valoração da hipótese à luz de critérios racionais de controle discursivo".[11]

No direito processual do trabalho não será diferente.

O juiz trabalhista, em sede de cognição sumária, com grau de certeza menos robusto, poderá antecipar os efeitos da tutela inibitória, concedendo-se liminar preventiva, com a utilização de critérios objetivos para a valoração da ameaça de ilícito e sua consequente neutralização.

Interessante trazer à baila posicionamento de Daniel Mitidiero: "A diferença está, portanto, no *grau de confirmação* da hipótese — no *grau de certeza* ofertado pelo resultado da cognição judicial. Enquanto a sentença fundada em cognição exauriente fornece *maior grau de certeza sobre a veracidade* da alegação de fato, a decisão sobre a antecipação de tutela oferece *grau de certeza menos robusto sobre a veracidade* da hipótese afirmada pelas partes".[12]

Assim, o *perigo na demora* tem relação direta com a estruturação do processo, para bem definir o emprego da técnica processual *expedita*, segura e adequada à inibição da ameaça de ilícito, via *cognição sumária*.

Já o aspecto funcional da técnica de antecipação da tutela inibitória possui estreita relação com o *perigo de infrutuosidade*.

Tais aspectos (perfis estrutural e funcional) restaram muito bem destacados por Daniel Mitidiero, em especial a questão relacionada ao perigo de infrutuosidade.[13]

Eis o posicionamento de Luiz Guilherme Marinoni: "A ação adequada, em todos esses casos, é a inibitória, pois voltada, mediante um não fazer, a impedir a prática ou a continuação do ilícito, ou dirigida, através de um fazer, a realizar o desejo preventivo da norma de proteção. Contudo, mo caso de *ilícito de eficácia continuada — ou seja, na hipótese de um agir já exaurido, mas cujos efeitos ilícitos ainda se propagam, abrindo oportunidade a danos —*, é necessária apenas a remoção do ilícito, vale dizer, a ação de remoção do ilícito.

Essas duas ações — a inibitória e a de remoção do ilícito — têm base, em termos de instrumental processual, no art. 84 do CDC. Esse artigo permite que o juiz ordene um não fazer ou um fazer sob pena de multa, na sentença ou em sede de tutela antecipatória. Além disso, o § 5º do art. 84 do CDC exemplifica as medidas executivas que podem ser requeridas pelo autor, incluindo entre elas a busca e apreensão.

Tal artigo, apesar de inserido no CDC, *abre oportunidade para a proteção de qualquer espécie de direito difuso*, como deixa claro o art. 21 da Lei da Ação Civil Pública. Assim, os legitimados à ação coletiva, previstos no art. 5º da Lei da Ação Civil Pública, podem propor ação coletiva inibitória e ação coletiva de remoção do ilícito, conforme o caso".[14]

---

(11) *Antecipação da tutela:* da tutela cautelar à técnica antecipatória. São Paulo: Revista dos Tribunais, 2013. p. 107-108-109.
(12) *Idem*, p. 105.
(13) "O conceito de perigo de infrutuosidade não está no mesmo plano do conceito de perigo de tardança. Enquanto o perigo na demora concerne à *estruturação do processo*, o *perigo de infrutuosidade* diz respeito à *tutela do direito*. O perigo de infrutuosidade concerne à possibilidade de obtenção de *tutela específica* e, portanto, diz respeito à *integridade da tutela do direito*. A infrutuosidade é conceito ligado diretamente ao plano do direito material. O direito só é útil se dele se pode fruir, isto é, se pode ser exercido. O direito ameaçado por um ilícito é um direito cuja frutuosidade é ameaçada. O direito atacado por um ato ilícito é um direito que não se pode fruir. O fato danoso é, em geral, resultado eventual de um ato ilícito, cuja reparação ou ressarcimento pressupõe a adoção de comportamentos ou a existência de bens que sirvam à frutuosidade do direito à tutela contra o dano. E, nessa linha, é possível combater a *situação de infrutuosidade do direito* tanto mediante *tutela conservativa*, visando à realização futura, como mediante *tutela satisfativa*, que desde logo viabilize a concreta fruição do direito". (*Antecipação da tutela: da tutela cautelar à técnica antecipatória*. São Paulo: Revista dos Tribunais, 2013. p. 131).
(14) O direito ambiental e as ações inibitória e de remoção do ilícito. In: SILVA, Bruno Campos *et all* (coordenadores). *O direito ambiental visto por nós advogados*. Belo Horizonte: Del Rey, 2005. p. 654.

Em regra geral, por intermédio da tutela inibitória (decisão ou sentença), impõe-se um não fazer (*non facere*) ou um fazer (*facere*) diante da *ameaça de ilícito* que irá frustrar a frutuosidade do direito da parte, do trabalhador; e, em se tratando de perigo na demora, a tutela inibitória, em sede de processo trabalhista, deverá ser prestada de maneira a salvaguardar os direitos dos trabalhadores, de forma expedita (*rectius*: urgente), por meio dos efeitos da antecipação que visam inibir a prática, reiteração ou continuação do ato ilícito (*ameaça de ilícito*).

Nesse sentido, uma vez mais, a lição de Daniel Mitidiero: "O perigo na demora denota a *urgência* na obtenção da tutela jurisdicional. A antecipação da tutela fundada na urgência deve ser concedida na medida em que existe *impossibilidade de espera*. Trata-se de *infrutuosidade* oriunda do *retardo* que pode tanto consentir com a ocorrência do ato ilícito, sua continuação ou reiteração, pela ocorrência ou agravamento do dano, como com o desaparecimento dos bens que podem servir à tutela do direito.

Para que o perigo na demora seja capaz de determinar a antecipação de tutela, esse tem de ser objetivo, concreto, atual e grave. O perigo é *objetivo* quando não decorre de *simples temor subjetivo* da parte. Vale dizer: quando está apoiado em elementos da realidade. É *concreto* quando não é *meramente aleatório*, de ocorrência *hipotética*. É *atual* quando a infrutuosidade da tutela do direito é *iminente*. É *grave* quando capaz de colocar em risco a frutuosidade do direito. Fora daí a antecipação da tutela fundada no perigo não é *necessária*, representando a sua eventual concessão *indevida restrição* da esfera da parte contrária".[15]

Não se pode olvidar que a técnica antecipatória à *tutela inibitória contra a ameaça de prática, reiteração ou continuação de ato ilícito* é aquela com previsão legal no art. 461, § 3º, CPC,[16] e não a do art. 273, I, CPC;[17] vez que a tutela contra o ato ilícito independe da ocorrência de dano.

No processo trabalhista, também, deverá ser aplicada a norma constante do art. 461, § 3º, CPC, e não a do art. 273, I, CPC, em se tratando de *tutela preventiva contrária à ameaça a direito*, já que não se trata da ocorrência ou não de dano, e sim da efetiva inibição do próprio ato ilícito (prática, reiteração ou continuação), s.m.j.

A antecipação de *tutela contra o dano* encontra-se ancorada no art. 273, I, CPC.

Nessa quadra, se o magistrado, em cognição sumária (antecipação de tutela inibitória), concede liminarmente a pretendida inibição, a mesma deverá ser com base no art. 461, § 3º, CPC, pois, *em casos de ameaça a direito, não há falar em ocorrência de dano*, daí a imprescindível necessidade de se aplicar a tutela corretamente, sob pena de se ultrajar a frutuosidade do direito ameaçado do trabalhador.

Corrobora o nosso entendimento, posição de Daniel Mitidiero: "Obviamente, se a antecipação de tutela visa à realização do direito à *tutela contra o ilícito*, sua concessão só depende i) da caracterização do ato ilícito temido ou consumado e ii) da sua imputação ao demandado. Não entram no *thema decidendum* e no *thema probandum* questões ligadas à existência ou não de dano e à valoração da conduta do demandado — que refogem à seara do ato ilícito e concernem propriamente ao campo da responsabilidade civil. Vale dizer: a parte não tem o ônus de alegar e provar dano ou perigo de dano para obtenção da antecipação de tutela, assim como não tem o ônus de alegar e provar dolo ou culpa do demandado na iminência ou na prática do ato ilícito. É por essa razão que a técnica antecipatória que visa à obtenção de antecipação de tutela contra o ilícito deve ser deferida mediante alegação e prova de 'justificado receio de ineficácia do provimento final' (art. 461, § 3º, CPC) e não mediante alegação e prova de perigo de 'dano irreparável ou de difícil reparação'

---

(15) *Antecipação da tutela:* da tutela cautelar à técnica antecipatória. São Paulo: Revista dos Tribunais, 2013. p. 132-133.
(16) Art. 461. Na ação que tenha por objeto o cumprimento de obrigação de fazer ou não fazer, o juiz concederá a tutela específica da obrigação ou, se procedente o pedido, determinará providências que assegurem o resultado prático equivalente ao do adimplemento. (*omissis*) § 3º Sendo relevante o fundamento da demanda e havendo justificado receio de ineficácia do provimento final, é lícito ao juiz conceder a tutela liminarmente ou mediante justificação prévia, citado o réu. A medida liminar poderá ser revogada ou modificada, a qualquer tempo, em decisão fundamentada".
(17) Art. 273. O juiz poderá, a requerimento da parte, antecipar, total ou parcialmente, os efeitos da tutela pretendida no pedido inicial, desde que, existindo prova inequívoca, se convença da verossimilhança da alegação e: I — haja fundado receio de dano irreparável ou de difícil reparação; ou...".

(art. 273, I, CPC). Como é evidente, se a tutela é contra o ilícito, pouco importa a ocorrência ou não de dano para sua concessão".[18]

A antecipação da tutela inibitória, no direito brasileiro, realiza-se de maneira atípica, podendo, o juiz lançar mão de medidas coercitivas necessárias à garantia da eficácia da decisão proferida liminarmente (*v. g.*, multa coercitiva).

A *aplicação da multa coercitiva* (*astreintes*) *deverá ser proporcional* (adequada, necessária e proporcional em sentido estrito) — *ex vi* dos §§ 2º, 4º e 6º do art. 461, CPC.[19]

De acordo com Guilherme Guimarães Feliciano:

"Assim, os únicos meios idôneos de coerção à disposição do Juiz do Trabalho serão mesmo as *cominações pecuniárias* e as *astreintes* em particular. As multas diárias a rigor não buscam recompor o prejuízo, mas estimular o ordenado à prática de certa conduta. Logo, são perfeitamente *cumuláveis* com as indenizações que acaso couberem (v., analogicamente, o art. 84, § 2º, do CDC). Tem, ademais, grande plasticidade, como se lê no texto do art. 461, § 6º, do CPC. Para bem aplicá-las, porém, o Juiz do Trabalho deve observar as seguintes balizas: (a) a capacidade econômica do demandado; (b) a capacidade de resistência do demandado; (c) o comportamento mais ou menos culposo do réu; e (d) a repercussão individual e social da conduta indesejada. A partir desses critérios, o juiz fixará o valor da multa e o regime de acréscimo diário".

Chama-se atenção à aplicabilidade da *pauta normativa da proporcionalidade* na interpretação/aplicação do direito e princípios, sem, contudo, maiores aprofundamentos, eis que a temática dotada de contornos complexos refoge ao presente e despretensioso estudo.

Não defendemos a proporcionalidade como princípio, mas, sim, como pauta normativa a ser utilizada na interpretação/aplicação do direito, e, para tanto, imprescindíveis as advertências de Eros Roberto Grau: "Se a captura da *exceção* inclui, o recurso à *proporcionalidade* e à *razoabilidade* exclui determinadas situações do sistema.

Uma e outra, *proporcionalidade* e *razoabilidade*, são *pautas de aplicação* do direito. A doutrina e a jurisprudência, porém, as tomam como se princípios fossem, deles alguns se servindo para ousar corrigir o legislador. (...)

Tanto uma quanto outra — proporcionalidade e razoabilidade — não consubstanciam princípios (= regras). São pautas normativas de aplicação do direito. ...

Ambas são rotineiramente banalizadas, a ponto de se pretender aplicá-las não exclusivamente na fase da definição de cada norma de decisão, mas no primeiro momento da interpretação/aplicação do direito, o da produção das *normas jurídicas gerais* — o que conferiria ao Poder Judiciário a faculdade de corrigir o legislador, invadindo-lhe a competência.

(...) Não me cansarei de repeti-lo: a atuação das pautas da *proporcionalidade* e da *razoabilidade* apenas é admissível no momento da *norma de decisão*, pena de, sendo adotada no primeiro deles (o da produção das normas jurídicas gerais), o intérprete substituir o *controle de constitucionalidade* das leis por um controle de outra espécie, *controle de proporcionalidade* ou *controle de razoabilidade das leis*.

Aqui a transgressão é escancarada, praticando-a frequentemente os tribunais, para excluir determinadas situações da incidência das normas do sistema. Os textos a que correspondem essas normas que sobre essas situações incidiriam são interpretados a partir da proporcionalidade e/ou da razoabilidade,

---

(18) *Antecipação da tutela:* da tutela cautelar à técnica antecipatória. São Paulo: Revista dos Tribunais, 2013. p. 139-140.
(19) "O tratamento legislativo da multa coercitiva é tímido. O legislador dela se ocupa apenas nos §§ 2º, 4º e 6º do art. 461, CPC. Pelo primeiro, 'a indenização por perdas e danos dar-se-á sem prejuízo da multa'. Pelo segundo, 'o juiz poderá, na hipótese do parágrafo anterior ou na sentença, impor multa diária ao réu, independentemente de pedido do autor, se for suficiente ou compatível com a obrigação, fixando-lhe prazo razoável para o cumprimento do preceito'. Pelo terceiro, 'o juiz poderá, de ofício, modificar o valor ou a periodicidade da multa, caso verifique que se tornou insuficiente ou excessiva'." (*Antecipação da tutela: da tutela cautelar à técnica antecipatória*. São Paulo: Revista dos Tribunais, 2013. p. 157).

consumando-se, então, essa exclusão. Esse tipo de transgressão tem sido praticado reiteradamente pelo STF, no exercício de insustentável controle da proporcionalidade e da razoabilidade das leis".[20]

A tutela inibitória dirigida à prática, reiteração ou à continuação de ilícito restou prevista no texto do Projeto do Novo Código de Processo Civil, já aprovado na Câmara dos Deputados, no qual constaram dispositivos inerentes à desnecessidade de demonstração de ocorrência de dano ou existência de culpa ou dolo do demandado (*ex vi* dos §§ 1º e 2º do art. 508 do Projeto aprovado na Câmara).[21]

Já as tutelas de urgência e de evidência encontram-se previstas nos arts. 295 e seguintes do texto projetado de Novo Código de Processo Civil, recentemente aprovado na Câmara dos Deputados.

5 APLICAÇÃO DA TUTELA INIBITÓRIA NO ÂMBITO DA JUSTIÇA DO TRABALHO (AO PROCESSO DO TRABALHO): IMPRESCINDÍVEL NECESSIDADE DE SUPERAÇÃO DE VELHOS PARADIGMAS

Com já afirmado, a técnica processual prevista no direito processual civil aplica-se ao direito processual do trabalho (*ex vi* do art. 769, CLT).

Ocorre que, infelizmente, na prática, a técnica processual direcionada a debelar a ameaça de ilícito vem sendo utilizada de forma tímida, cedendo lugar às tutelas ressarcitória e reparatória voltadas contra o dano e não contra o ilícito.

O jurista Guilherme Guimarães Feliciano, com a acuidade que lhe é peculiar, notou o desprezo à utilização das tutelas preventivas na Justiça do Trabalho: "Com efeito, a tradição celetária infelizmente legou ao Direito do Trabalho um viés *contratualista* — a despeito da tentativa de contemporização do art. 442, *caput*, da CLT (que buscou equivaler, no contexto nacional, as visões de mundo contratualistas e anticontratualistas) — e sobretudo *patrimonialista*, encaminhando respostas monetárias — com inúmeros ensejos para multas, indenizações e reparações em pecúnia — onde a rigor caberiam *tutelas preventivas* ou *reparações específicas* (i. e., a recomposição do *status quo ante* e a garantia do direito *a se*, não de seu sucedâneo monetário). Essa tendência recrudesceu-se no foro, ao longo de meio século, a tal ponto que as próprias soluções não monetizantes da Consolidação foram ofuscadas e praticamente não se veem na prática forense. Mais recentemente, a reboque dos novos ares pós-positivistas e, sobretudo, da atuação do Ministério Público do Trabalho em seara de tutela judicial coletiva, encorpou-se paulatinamente um movimento de *retorno às soluções judiciais não monetizantes* — notadamente aquelas providas por *tutelas inibitórias* e de *remoção de ilícito* —, que indubitavelmente melhor atendem tanto ao escopo contemporâneo da função jurisdicional (função de tutela) como ainda, em relação às questões labor-ambientais, o próprio perfil ontológico do bem da vida em crise".[22]

Para que a jurisdição e o processo cumpram verdadeiramente a sua função social, imprescindível a superação de velhos paradigmas, a começar pela visão contratualista/patrimonialista ainda impregnada no Direito do Trabalho; para se combater a ideia de que tudo se resolve com soluções monetizantes.

A *tutela inibitória voltada contra o ilícito* não guarda relação com situações monetizantes, já que *não se volve contra o dano e sua respectiva reparação*.

---

(20) *Por que tenho medo dos juízes (a interpretação/aplicação do direito e os princípios)*. 6. ed. refundida do *Ensaio e discurso sobre a interpretação/aplicação do direito*. São Paulo: Malheiros, 2013. p. 132-133-135-136.
(21) Art. 508. Na ação que tenha por objeto a prestação de fazer ou de não fazer, o juiz, se procedente o pedido, concederá a tutela específica ou determinará providências que assegurem a obtenção de tutela pelo resultado prático equivalente. § 1º A tutela específica serve para inibir a prática, a reiteração ou a continuação de um ilícito, ou a sua remoção; serve, também, para o ressarcimento de um dano. § 2º Para a concessão da tutela específica que serve para inibir a prática, reiteração ou a continuação de um ilícito, é irrelevante a demonstração da ocorrência de dano ou da existência de culpa ou dolo.
(22) Tutela inibitória em matéria labor-ambiental. In: *Rev. TST*. Brasília, v. 77, n. 4, out/dez 2011. p. 142.

Eis a advertência de Julio Cesar de Sá da Rocha: "Por conseguinte, padrões de conduta, equipamentos de proteção e *performances* são estabelecidos com a finalidade de (pelo menos) estabelecer o controle da problemática dos riscos no trabalho, dos acidentes e doenças ocupacionais.

No entanto, não se tem evitado a incidência de impactos à vida, às condições de vida no trabalho e à saúde dos trabalhadores. Em verdade, determinadas experiências estatais possuem um paradigma utilitário-monetarista em relação ao tema da insalubridade dos ambientes de trabalho.

Dito de outro modo, o sofrimento no trabalho não foi extinto nem sequer atenuado com a automação (mecanização e robotização) da produção. Pelo contrário, trabalhadores continuam sendo expostos a malefícios de toda ordem, como, por exemplo, a agentes agressivos, como amianto, benzeno; a imposições severas na organização do trabalho; e ao receio constante do desligamento do posto de trabalho.

Decerto que existe uma grande distância entre as primeiras leis das fábricas que protegiam crianças e mulheres e a disciplina legal estabelecida nos atuais ordenamentos de saúde e segurança do trabalho. Não paira qualquer dúvida sobre isso.

Entretanto, ao lado da tutela tradicional, existe uma diversidade de modelos de proteção, que possuem um *modus operandi* apropriado e respondem de forma diferente ao desafio da proteção da saúde dos trabalhadores. Por conseguinte, emergem abordagens sobre o tema que revelam opções protetivas totalmente diferenciadas.

Observe-se que, após análise de campos jurídicos estatais, regionais e globais, surge, no momento contemporâneo, um enfoque de tutela (denominado de paradigma emergente) que toma em consideração aspectos físicos e psicológicos sobre condições de trabalho, procurando, antes de tudo, prevenir o dano e garantir bem-estar no trabalho".[23]

Hoje, já se tem visto, na Justiça do Trabalho, decisões proferidas liminarmente, concedendo-se a antecipação de tutela inibitória, para imposição de um fazer ou um não fazer (*ex vi* do art. 461, CPC), inclusive com aplicação da multa coercitiva.[24]

Para a efetiva superação de velhos paradigmas ainda presentes na Justiça do Trabalho, interessante a proposta lançada pelo jurista Guilherme Guimarães Feliciano, de que, em se tratando de acidentes de trabalho, seria necessário o estímulo à coletivização de demandas de caráter preventivo, por intermédio de sindicatos e associações; sugestão, aliás, de suma importância e, em perfeita sintonia com a dignidade da pessoa humana.

Em outro caso paradigmático e interessante, houve a concessão de tutela inibitória para impedir a dispensa coletiva.[25]

De se ressaltar, uma vez mais, que *a tutela inibitória não se volta contra o dano, mas contra o ato ilícito*. E, isso, parece não ser bem assimilado pelos magistrados, com o devido respeito, ao utilizarem a técnica inibitória expedita contrária à prática, reiteração ou continuação do ato ilícito (ameaça de ilícito).

Guilherme Guimarães Feliciano, em utilização dos exemplos trazidos por Paulo Ricardo Pozzolo, traz o seguinte: "Assim, p. exemplo, em Pozzolo: 'Vejamos alguns exemplos práticos, diante e tantos: a transferência ilegal de empregado pode ser obstada pelo trabalhador a qualquer tempo, pois o ato contrário ao direito se renova dia a dia. O empregador que contrata empregado sem anotação na CTPS comete ilícito continuado, violando o art. 29 da CLT, que estabelece o prazo de 48 horas para anotação. A qualquer tempo, o empregado pode pedir tutela inibitória positiva para que o empregador cumpra a obrigação, cessando a

---

[23] *Direito ambiental do trabalho:* mudanças de paradigma na tutela jurídica à saúde do trabalhador. 2. ed. São Paulo: Atlas, 2013. p. 116-117.
[24] Verificar: TRT 1ª Região, RTOrd n. 931-63.2010.5.01.0013, 2ª Turma. "Ementa — *TUTELA INIBITÓRIA*. A concessão liminar de tutela inibitória em nada prejudica a empregadora, que simplesmente deverá abster-se de praticar atos que, de qualquer sorte, são vedados pelo ordenamento jurídico".
[25] Verificar: Processo n. 11001-78.2013.5.18.0008 — 8ª Vara do Trabalho de Goiânia, juiz Luiz Eduardo Paraguassu.

continuação do ilícito. As férias devem ser concedidas no período de doze meses subsequentes ao primeiro ano trabalhado, ou seja, após o período aquisitivo. Se o empregado não recebe suas férias no período legal de concessão, pode pleitear judicialmente a tutela inibitória, inclusive com as *astreintes* previstas no § 2º do art. 137 da CLT'.

São todas possibilidades que, a rigor, nasceram com a Consolidação das Leis do Trabalho (em especial as três primeiras, *ut* arts. 659, IX, 39, § 2º, e 137, § 2º, da CLT — *vide, supra*, a nota n. 6). Em geral, porém, o ilícito é reparado ou elidido apenas *ao final*, após terminado o vínculo empregatício: somente então, juntamente com os demais haveres trabalhistas pendentes, o ex-empregado reclama a anotação da CTPS (= tutela tardia de remoção do ilícito), a indenização dobrada das férias (= tutela ressarcitória) ou a indenização por danos biológicos, materiais ou morais pela transferência indevida ou pelo não fornecimento de equipamentos de proteção individual (= tutela ressarcitória/compensatória). Esse é o pendor cultural que demanda imediata superação, com vista à construção de um novo paradigma de processo laboral. Felizmente, o emprego mais recorrente da tutela inibitória e de remoção do ilícito na Justiça do Trabalho tem sinalizado nessa direção. Mas ainda como fiapos de luz na negritude do alvorecer".[26]

Na seara labor-ambiental, devem prevalecer contra o ilícito (*ameaça de ilícito*) as *técnicas processuais de tutela preventiva* (p. ex., inibitória, remoção do ilícito), pois a continuar convertendo direitos, ou melhor, a frutuosidade de direitos em pecúnia, com toda certeza, não se estará privilegiando a tutela dos direitos ameaçados, em claro prejuízo aos trabalhadores e ao meio ambiente do trabalho como um todo; daí a extrema necessidade de superação de velhos paradigmas impregnados na Justiça do Trabalho e, que, depende, ao certo, da conscientização dos juízes na escorreita interpretação/aplicação do direito e princípios.

Nesse aspecto, também, propugnamos por uma *renovada teoria da decisão judicial*, em que há de prevalecer o efetivo diálogo entre todos os partícipes do processo, afastando-se o pernicioso ativismo judicial e o protagonismo do magistrado (dá ensejo ao juiz solipsista), o que, de certa forma, vulgariza a judicialização, em verdadeira afronta ao Estado Democrático de Direito.

6 CONCLUSÃO

O *meio ambiente do trabalho* precisa mais do que nunca ser tutelado de forma eficaz e eficiente, por intermédio de técnicas de tutela que, de certa forma, consigam *preventivamente* combater a *ameaça de ilícito*, e não somente, com a utilização tardia de tutelas voltadas contra o dano e sua reparação.

Nesse contexto, imprescindível a escorreita utilização de *tutelas preventivas* dispostas no sistema processual civil no âmbito do direito processual do trabalho, e, para tanto, existe permissivo legal (*ex vi* do art. 769, CLT).

Os magistrados devem lançar mão de técnicas apropriadas a debelar o ilícito (no caso, a *tutela inibitória*), e, dependendo da *urgência*, antecipar liminarmente os efeitos da inibição (*ex vi* do art. 461, § 3º, CPC), no intuito de resguardar a *frutuosidade do direito ameaçado* diante do *perigo na demora* da prestação jurisdicional.

Daí, perfeitamente aplicáveis ao direito processual do trabalho as normas insertas no art. 461, CPC, e art. 84, CDC; em caso de antecipação dos efeitos da tutela inibitória (*ex vi* do art. 461, § 3º, CPC); tanto em demandas individuais como coletivas.

Os velhos paradigmas do Direito do Trabalho (contratualista/patrimonialista), de forma alguma, atendem à necessidade de tutela preventiva de novos direitos, os quais necessitam de uma resposta imediata à ameaça de ilícito.

---

(26) Tutela inibitória em matéria labor-ambiental. In: *Rev. TST*. Brasília, v. 77, n. 4, out/dez 2011. p. 152-153.

Disso, pode-se constatar que, com a conscientização de todos e, sobretudo dos juízes na interpretação/aplicação do direito e princípios, a tutela preventiva (*inibitória*) do meio ambiente do trabalho será mais eficaz e eficiente, condizente com o nosso Estado Democrático de Direito.

7 REFERÊNCIAS BIBLIOGRÁFICAS[27]

ARENHART, Sérgio Cruz. *A tutela inibitória da vida privada*. São Paulo: Revista dos Tribunais, 2000.

_____. *Perfis da tutela inibitória coletiva*. São Paulo: Revista dos Tribunais, 2003.

AURELLI, Arlete Inês. A função social da jurisdição e do processo. In: *40 anos da teoria geral do processo no Brasil*. Org. YARSHELL, Flávio Luiz; ZUFELATO, Camilo. São Paulo: Malheiros, 2013.

FELICIANO, Guilherme Guimarães. *Curso crítico de direito do trabalho:* teoria geral do direito do trabalho. São Paulo: Saraiva, 2013.

_____. Tutela inibitória em matéria labor-ambiental. In: *Rev. TST*. Brasília, v. 77, n. 4, out/dez 2011.

GRAU, Eros Roberto. *Por que tenho medo dos juízes (a interpretação/aplicação do direito e os princípios)*. 6. ed. refundida do *Ensaio e discurso sobre a interpretação/aplicação do direito*. São Paulo: Malheiros, 2013.

MARINONI, Luiz Guilherme. O direito ambiental e as ações inibitória e de remoção do ilícito. In: SILVA, Bruno Campos et all (coordenadores). *O direito ambiental visto por nós advogados*. Belo Horizonte: Del Rey, 2005.

_____. *Técnica processual e tutela de direitos*. 2. ed. São Paulo: Revista dos Tribunais, 2008.

_____. *Tutela inibitória: individual e coletiva*. São Paulo: Revista dos Tribunais, 1998.

MITIDIERO, Daniel. *Antecipação da tutela:* da tutela cautelar à técnica antecipatória. São Paulo: Revista dos Tribunais, 2013.

POZZOLO, Paulo Ricardo. *Aplicação da tutela inibitória no processo do trabalho*. <http://www.apej.com.br/artigos_doutrina_prp_01.asp>.

ROCHA, Julio Cesar de Sá da. *Direito ambiental do trabalho:* mudanças de paradigma na tutela jurídica à saúde do trabalhador. 2. ed. São Paulo: Atlas, 2013.

SILVA, Bruno Campos. As tutelas de urgência no âmbito da ação civil pública ambiental. Tutelas antecipada e cautelar. In: SILVA, Bruno Campos (organizador). *Direito ambiental:* enfoques variados. São Paulo: Lemos & Cruz, 2004.

TESSLER, Luciana Gonçalves. *Tutelas jurisdicionais do meio ambiente:* tutela inibitória, tutela de remoção, tutela de ressarcimento na forma específica. São Paulo: Revista dos Tribunais, 2004.

---

[27] A bibliografia contém obras consultadas e obras sugeridas à consulta, todas de importante relevância à temática abordada, sem prejuízo de outras obras de notáveis juristas.

SEÇÃO 4

CASOS NOTÁVEIS. DIMENSÃO REPRESSIVA DA TUTELA LABOR-AMBIENTAL

A FLEXIBILIZAÇÃO DA JORNADA DE TRABALHO E SEUS REFLEXOS NA SAÚDE DO TRABALHADOR: UMA QUESTÃO DE TUTELA AMBIENTAL

José Antônio Ribeiro de Oliveira Silva[(*)(**)]

1 INTRODUÇÃO

De saída, cabe o registro de que o maior *escopo* da tutela ao meio ambiente de trabalho é garantir a proteção à saúde do trabalhador, um direito humano fundamental. No entanto, há muito se tem afirmado que a saúde do trabalhador pode ser afetada por inúmeros fatores no curso da relação de emprego, por vezes desaguando em acidentes do trabalho ou adoecimentos ocupacionais.

Sendo assim, não há como separar a questão *acidente do trabalho* do tema *dimensão preventiva da tutela labor-ambiental*. Vale dizer, a tutela do meio ambiente de trabalho passa, necessariamente, pela adoção dos princípios inerentes a essa faceta do Direito, em especial do *princípio da prevenção*. Ora, não há como prevenir um fenômeno sem conhecer a fundo suas causas. Por isso, para uma proteção eficaz ao meio ambiente de trabalho, de modo a evitar acidentes do trabalho, há de se identificar o que tem causado a maior quantidade de infortúnios laborais.

Por certo que o acidente do trabalho é um fenômeno multicausal[(1)]. E não cabe neste pequeno artigo uma análise de todas as causas possíveis. De modo que a investigação levará em conta o tema *excesso de*

(*) Juiz do Trabalho, Titular da 2ª Vara do Trabalho de Araraquara (SP), Gestor Regional (1º grau) do Programa de Prevenção de Acidentes do Trabalho instituído pelo Tribunal Superior do Trabalho, Mestre em Direito das Obrigações pela UNESP/SP, Doutor em Direito Social pela Universidad de Castilla-La Mancha (Espanha), Membro do Conselho Técnico da Revista do Tribunal Regional do Trabalho da 15ª Região (Subcomissão de Doutrina Internacional), Professor da Escola Judicial do TRT da 15ª Região.
(**) Este artigo é um brevíssimo resumo de minha tese de doutorado, que culminou na publicação de um livro pela Editora LTr. SILVA, José Antônio Ribeiro de Oliveira. *A flexibilização da jornada de trabalho e a violação do direito à saúde do trabalhador*: uma análise comparativa dos sistemas jurídicos brasileiro e espanhol. São Paulo: LTr, 2013.
(1) Por isso se afirma que o método denominado Árvore de Causas (ADC), desenvolvido na França na década de 1970, é o mais correto para a análise do problema. Esse método parte da premissa da compreensão dos acidentes como *fenômenos multicausais*, constituindo um método "clínico" de investigação que "propicia a identificação da rede de fatores envolvidos na gênese do acidente", com base no estudo das variações do desenvolvimento normal das tarefas, bem como das atividades dos sujeitos envolvidos e do ambiente físico e inclusive social no qual ocorrem as atividades de produção da empresa. PEREIRA BINDER, M. C. e MUNIZ DE ALMEIDA, I. Acidentes do Trabalho: Acaso ou Descaso? Em: MENDES, R. *Patologia do trabalho*. v. 1, 2. ed. atual. e ampl. São Paulo: Atheneu, 2005. p. 779-786.

jornada de trabalho e sua contribuição para a dura realidade de infortúnios laborais que tem sido vivenciada pelos trabalhadores.

Pois bem, há uma voz corrente no segmento juslaboral no sentido de que o excesso de tempo de trabalho, decorrente das extensas jornadas praticadas pelos trabalhadores, é uma das causas do surgimento de acidentes e doenças do trabalho. O que se pretende investigar neste breve artigo é a coerência dessas afirmações, à luz dos entendimentos jurídico-científicos sobre o tema, mas principalmente com a análise das estatísticas correspondentes.

De se recordar que a medição do trabalho prestado por conta alheia, desde os primórdios, levou em consideração, entre outras coisas, a *extensão temporal* em que o trabalho é destinado a outra pessoa. Por isso, o tempo apresenta tamanha importância para o Direito do Trabalho, pois o tempo de trabalho ocupa uma *posição de centralidade* na normatização deste ramo do Direito. É possível sustentar que o tempo de trabalho, mais precisamente sua limitação pela normativa estatal, é parte inseparável da própria *gênese* do Direito do Trabalho. Daí porque ainda hoje os dois *temas fundamentais* dessa disciplina são o salário e a limitação do tempo de trabalho, assim como o era no surgimento das primeiras normas que procuraram estabelecer limites à obtenção do lucro empresarial.

Francisco Trillo[2] afirma que a relação entre o tempo de trabalho e o lucro empresarial é a *quinta-essência* do processo de produção capitalista. Daí existir uma "demanda empresarial do maior tempo de trabalho possível". Como se sabe, a busca por maior lucro empresarial propiciou o surgimento de jornadas extenuantes de trabalho, as quais motivaram, "através da luta do movimento obreiro, a fixação progressiva de uma regulação do tempo de trabalho que albergasse em seu código genético, entre outros e fundamentalmente, o objetivo da proteção à saúde dos trabalhadores".

Não se pode olvidar de que o trabalhador não deixa de ser pessoa quando entrega parte de seu tempo de vida ao empregador, para que seja possível a prestação dos serviços pactuados no contrato de trabalho. É dizer, o trabalhador vende sua força de trabalho, física e/ou intelectual, porém, *não perde sua condição humana*.

De se questionar: por que existem limites de jornada de trabalho? Neste passo, torna-se necessária uma abordagem sobre a *evolução histórica da normatização da jornada de trabalho*, para que se possa compreender a necessária relação entre as normas postas e a devida proteção à saúde do trabalhador, para a tutela eficaz do meio ambiente laboral.

2 ASPECTOS HISTÓRICOS DA LUTA PELA LIMITAÇÃO DA JORNADA DE TRABALHO

Como é sabido, *a Revolução Industrial*, no final do séc. XVIII e início do séc. XIX, ainda que tenha produzido uma história de êxito incontestável e progresso fantástico, também produziu uma "segunda história". Essa se refere ao *aumento intensivo e extensivo da jornada de trabalho*, à incorporação das mulheres e crianças à força de trabalho industrial, à expulsão dos trabalhadores das terras onde viviam e trabalhavam, à precarização das condições de trabalho etc. Houve, assim, à margem do progresso do capitalismo, uma incontestável "epidemia da pobreza", no período de afirmação do modelo capitalista de produção[3].

Por isso, Karl Marx, em sua obra clássica *O Capital*, narra inúmeros trechos dos relatórios oficiais de saúde pública inglesa, tratando dos efeitos negativos do martírio de jornadas de trabalho de até 18 horas, inclusive para mulheres e crianças, do trabalho noturno, em regime de turnos de revezamento, aos

---

[2] TRILLO PÁRRAGA. F. J. *La construcción social y normativa del tiempo de trabajo*: identidades y trayectorias laborales. Valladolid: Lex Nova, 2010. p. 30-31.
[3] GOMES MEDEIROS, J. L. *A economia diante do horror econômico*. 2004, 204 p. Tese (Doutorado em Economia). Instituto de Economia da Universidade Federal do Rio de Janeiro, Rio de Janeiro, 2004. p. 15.

domingos, sem férias e sem nenhuma garantia trabalhista. Marx[4] faz um minucioso estudo dos ramos da indústria inglesa nos quais não havia limites legais de jornada de trabalho, narrando situações desumanas de exploração dos trabalhadores, sobretudo das crianças. Houve declarações de crianças de sete anos que trabalhavam 15 horas por dia. E no relatório da Comissão Parlamentar de Inquérito, de 13 de junho de 1863, um médico denunciava:

> Como classe, os trabalhadores de cerâmica, homens e mulheres, [...] representam uma população física e moralmente degenerada. São em regra franzinos, de má construção física, e frequentemente têm o tórax deformado. Envelhecem prematuramente e vivem pouco, fleumáticos e anêmicos. Patenteiam a fraqueza de sua constituição através de contínuos ataques de dispepsia, perturbações hepáticas e renais e reumatismo. Estão especialmente sujeitos a doenças do peito: pneumonia, tísica, bronquite e asma.

E *a principal causa* de tantas doenças era a extenuante carga de trabalho.

Porém, foi assim que teve início a luta humana pela diminuição da jornada de trabalho, que foi considerada *"a luta humana pela vida e a luta por uma vida humana"*[5]. Por isso, afirma-se que a jornada de trabalho tem sido historicamente uma *reivindicação-chave* dos trabalhadores.

Com efeito, violentas greves ocorridas na Grã-Bretanha, de 1833 a 1847, resultaram na aprovação, pelo Parlamento, da lei das 10 horas, pela qual se havia lutado tanto tempo[6]. A Lei de 1847 foi a *primeira lei geral limitadora* da jornada de trabalho, fixada em 10 horas diárias para as indústrias têxteis da Grã-Bretanha.

Depois dessa conquista, os operários ingleses passaram a lutar pela fixação da jornada em oito horas diárias, cantando o seguinte estribilho: *"Eigth hours to work; Eigth hours to play; Eigth hours to sleep; Eigth shillings a day"*. Essa luta se intensificou a partir de 1866, na Grã-Bretanha e nos Estados Unidos, com a constituição da "Associação Internacional dos Trabalhadores" — conhecida como a Primeira Internacional. E em 1º de maio de 1886 se realizou uma manifestação de trabalhadores nas ruas de Chicago, com a finalidade de reivindicar a redução da jornada de trabalho para oito horas diárias, dando início a uma greve geral nos EUA[7].

Anos depois, já durante a Primeira Guerra Mundial, os sindicatos começaram a se mobilizar para que o futuro Tratado de Paz contivesse um estatuto com normas de proteção ao trabalhador. E em 1916 foi aprovada em Leeds (Grã-Bretanha) uma resolução por representantes de organizações sindicais, a qual constitui a essência da *Parte XIII do Tratado de Versalhes*, pela qual se criou a OIT[8]. A criação da OIT foi *um marco* na proteção dos direitos dos trabalhadores, em nível internacional. De se destacar a norma do art. 427 do Tratado, a qual assinala que *o trabalho não deve ser considerado como uma mercadoria ou um artigo de comércio*, encontrando-se aí a essência do princípio da proteção.

Finalmente, a OIT, na primeira reunião da Conferência Internacional do Trabalho, *ainda em 1919*, aprovou a Convenção n. 1, fixando a *jornada máxima de oito horas diárias e 48 horas semanais*, fazendo restrições ao trabalho extraordinário. Então, "não é por acaso que a primeira convenção internacional da OIT fosse a Convenção sobre as Horas de Trabalho na Indústria (Convenção núm. 1, do ano de 1919), que já estipulava que o tempo de trabalho diário não poderia superar as oito horas diárias nem as 48 semanais"[9].

---

(4) MARX, K. *O capital*: crítica da economia política. Livro I. Tradução de Reginaldo Sant'Anna. 22. ed. Rio de Janeiro: Civilização Brasileira, 2004. p. 283-304.
(5) GOMES, Orlando e GOTTSCHALK, Elson. *Curso de direito do trabalho*. 3. ed. Rio de Janeiro: Forense, 1968. p. 275.
(6) MARX, K. *O capital*: crítica da economia política, p. 324-326.
(7) SÜSSEKIND, Arnaldo. *Direito internacional do trabalho*. 3. ed. atual. e com novos textos. São Paulo: LTr, 2000. p. 87. Nos dias seguintes houve confronto com a polícia, que simplesmente começou a disparar contra a multidão de manifestantes, matando mais de uma dezena de pessoas e ferindo inúmeras. Eis a origem do *Primeiro de Maio*, data à qual não se tem dado a devida importância atualmente.
(8) SÜSSEKIND, Arnaldo. *Direito internacional do trabalho*, p. 95-99.
(9) CHACARTERGUI JÁVEGA, C. Tiempo de trabajo, racionalidad horaria y género: un análisis en el contexto europeo. *Relaciones Laborales*, n. 19, ano XXII, Madrid, outubro de 2006. p. 96.

3. OS FUNDAMENTOS DA NORMATIZAÇÃO DA JORNADA DE TRABALHO

Como se vê, a luta histórica pela redução da jornada de trabalho tem acompanhado a própria trajetória do Direito do Trabalho.

Com efeito, durante um largo período da história da humanidade não houve limites específicos às jornadas de trabalho, já que por muitos séculos sua delimitação era regida pelo mecanismo das "leis naturais". Foi ao final do séc. XIX e principalmente no início do séc. XX que os *estudos científicos* demonstraram a necessidade de instituição de descansos e de tempo livre para a preservação dos direitos fundamentais do trabalhador, o que tem uma justificação sob *tríplice aspecto:* 1º) fisiológico; 2º) moral e social; e 3º) econômico[10].

Arnaldo Süssekind[11] pontifica que *os fundamentos para a limitação do tempo de trabalho* são os seguintes:

a) *de natureza biológica*, pois que visa combater os problemas psicofisiológicos oriundos da fadiga e da excessiva racionalização do serviço;

b) *de caráter social*, pois que possibilita ao trabalhador viver, como ser humano, na coletividade à qual pertence, gozando dos prazeres materiais e espirituais criados pela civilização, entregando-se à prática de atividades recreativas, culturais ou físicas, aprimorando seus conhecimentos e convivendo, enfim, com sua família;

c) *de índole econômica*, pois que restringe o desemprego e acarreta, pelo combate à fadiga, um rendimento superior na execução do trabalho.

No que se refere ao primeiro desses fundamentos, os aportes da *Fisiologia* têm demonstrado satisfatoriamente a necessidade da limitação do tempo de trabalho, com critérios *puramente* científicos. "De fato, cientistas verificaram que o organismo humano sofre desgastes quando se põe em atividade, queimando as energias acumuladas numa maior proporção". Os fisiologistas têm descrito, com detalhes, o processo pelo qual *a fadiga* se instala insidiosamente no organismo humano quando se desenvolve uma atividade prolongada.

A perda de oxigenação do sangue, o aumento de sua taxa hidrogênica, a formação excessiva de ácido láctico e de CO_3H_2 são alguns dos fatores que concorrem para a formação das toxinas da fadiga. A acidemia que se forma excita a respiração e aumenta a ventilação pulmonar produzindo os sintomas subjetivos de mal-estar ou dispineia[12].

Com efeito, o esforço adicional, como ocorre, por exemplo, no trabalho *constante* em horas extraordinárias, aciona o consumo das reservas de energia da pessoa e provoca o aceleramento da fadiga, que pode deixá-la exausta ou esgotada[13].

Ademais, se não há o descanso necessário para a recuperação da fadiga, esta se converte em *fadiga crônica*, o que pode levar a doenças que conduzem à incapacidade ou inclusive à abreviação da morte. Daí que o excesso de tempo de trabalho deságua no surgimento de doenças ocupacionais e inclusive de acidentes do trabalho, o que pode levar à morte do trabalhador. E não é somente a fadiga muscular que desencadeia

---
(10) GOMES, Orlando e GOTTSCHALK, Elson. *Curso de direito do trabalho*, p. 270.
(11) SÜSSEKIND, Arnaldo *et al. Instituições de direito do trabalho*. v. 2, 16. ed. atual. por Arnaldo Süssekind e João de Lima Teixeira Filho. São Paulo: LTr, 1996. p. 774.
(12) GOMES, Orlando e GOTTSCHALK, Elson. *Curso de direito do trabalho*, p. 270.
(13) OLIVEIRA, Sebastião Geraldo de. *Proteção jurídica à saúde do trabalhador*. 4. ed. São Paulo: LTr, 2002. p. 159.

o problema de saúde, pois a continuidade do uso dos músculos extenuados conduz à irritação do sistema nervoso central. Finalmente, a continuidade dessa "operação" produz tamanho desgaste que dá origem à *fadiga cerebral*, com as suas consequências perniciosas ao organismo humano[14].

Por isso, tem-se verificado um aumento considerável das *doenças mentais dos trabalhadores*, submetidos cada vez mais a uma maior carga de trabalho e num tempo excessivo. Pesquisas realizadas têm revelado o crescente índice de estresse, sobretudo a partir da década de 1990, bem como de doenças mentais relacionadas ao trabalho.

Não obstante, não é apenas o aspecto fisiológico que se deve observar, pois há outro tão importante como esse. Há, portanto, um *aspecto moral* para justificar a limitação temporal do trabalho. É que o trabalhador tem legitimamente direito a desfrutar de uma *vida pessoal*, fora da vida profissional, na qual possa cumprir sua função social, desenvolvendo-se intelectual, moral e fisicamente. E não se pode dissociar a vida pessoal da vida profissional do trabalhador se não se lhe concede um *tempo livre, razoável*, para tanto.

Destarte, há fundamentos *cientificamente comprovados* para a limitação da jornada de trabalho. Compreendendo-se referidos fundamentos fica mais fácil entender porque não se pode permitir extensas jornadas de trabalho e, por outro lado, qual é o significado e a necessidade dos períodos de descanso, para a tutela da saúde do trabalhador, como uma questão labor-ambiental.

4 A FLEXIBILIZAÇÃO DA JORNADA DE TRABALHO NAS LEGISLAÇÕES ESPANHOLA E BRASILEIRA

Conquanto inconteste a conclusão anterior, as *grandes mudanças* levadas a efeito na organização das empresas, sobretudo a partir da década de 1990, com uma *intensa reestruturação* do sistema produtivo e uma *forte flexibilização* das relações trabalhistas, principalmente quanto à jornada de trabalho, têm provocado um aumento considerável do estresse laboral, bem como de inúmeras doenças do trabalho. Tudo isso conduz à conclusão de que há uma *necessária relação* entre a limitação da jornada de trabalho e a saúde dos trabalhadores. Isso quer dizer que o trabalho em condições precárias, principalmente em jornadas extensas ou sem as pausas adequadas, deságua em maior taxa de acidentes trabalhistas, *lato sensu*.

No entanto, o estudo dos efeitos da jornada de trabalho excessiva no desfrute dos direitos fundamentais dos trabalhadores, sobretudo do direito à saúde, necessita ter em conta os *dois aspectos* da ordenação do tempo de trabalho: o aspecto *quantitativo*, que diz respeito a sua "duração" (quantidade de tempo de trabalho), assim como o chamado de *qualitativo*, que se refere à "distribuição" da jornada ao longo do dia, da semana, do mês ou inclusive do ano, na perversa *anualização* do tempo de trabalho.

Com efeito, hoje em dia a vertente *qualitativa* da jornada de trabalho vai adquirindo cada vez maior importância, não sendo mais suficiente a tradicional classificação do tempo de trabalho em jornada ordinária, horas extraordinárias e jornadas especiais. De modo que se torna extremamente relevante a análise de *outras categorias* relacionadas ao tema, como a prorrogação derivada dos acordos de compensação (banco de horas), o tempo à disposição do empregador, o tempo de mera presença, *o tempo de espera* — veja-se a recente legislação do motorista profissional — e tantas outras.

Ademais, há que se dar atenção especial a uma dimensão do tempo de trabalho que não tem sido objeto de maiores estudos por parte da doutrina: *o aumento considerável da produtividade dos trabalhadores*, com o progresso da tecnologia, mas principalmente pelo aumento do ritmo de trabalho. É dizer, as empresas estão exigindo cada vez mais dos trabalhadores uma produtividade crescente, numa *intensificação do trabalho* que pode ser equiparada às exigências do período obscuro da Revolução Industrial. Pois bem, o *fator produtividade* "é absolutamente determinante como terceiro vértice da secular dialética entre empregadores

---
(14) GOMES, Orlando e GOTTSCHALK, Elson. *Curso de direito do trabalho*, p. 270-271.

e trabalhadores, que não pode ser reduzida ao binômio jornada/salário"[15]. Esse problema — da produtividade — também está relacionado ao *aspecto qualitativo* da jornada de trabalho.

Nesse contexto, cabe apontar que desde a década de 1980 e, sobretudo, a partir da de 1990, a *Espanha* tem promovido uma *forte flexibilização* das normas de proteção aos direitos básicos dos trabalhadores, acompanhando, por certo, uma tendência dos países do primeiro mundo, com claras repercussões nos países em desenvolvimento.

Quando da reforma de seu Estatuto dos Trabalhadores, levada a efeito pelo Real Decreto Legislativo n. 1/1995 — que incorpora a Lei n. 11/1994, o pontapé inicial da reforma —, propôs-se uma revisão do sistema de relações trabalhistas, presidida em grande medida pelo *critério da flexibilidade*, com o argumento da necessária adaptação dos recursos humanos às circunstâncias produtivas das empresas, principalmente em termos de ordenação do tempo de trabalho. "Os objetivos, valorados em termos de competitividade e garantia de conservação dos postos de trabalho, são os argumentos que, desde as concepções legais, fundamentam o recurso à flexibilidade como critério inspirador da reforma nessa matéria"[16].

Por isso, Valdéz Dal-Ré[17] aponta com maestria que "o termo flexibilidade, aplicado no âmbito dos sistemas de relações laborais, tem se convertido no Leviatã das sociedades pós-industriais". Prados de Reyes[18] já havia destacado que a revisão do sistema de relações laborais na Espanha foi presidida "pelo critério da flexibilidade e a capacidade de adaptação dos recursos humanos às circunstâncias produtivas da empresa", sendo que a ordenação do tempo de trabalho tem sido um dos *instrumentos mais significativos* de tal flexibilização.

Não obstante, o caminho seguido pela Espanha foi demasiado extenso, eis que fez desaparecer o limite da jornada *diária* de trabalho, *a maior conquista dos trabalhadores,* de todos os tempos, comemorada ainda no início do séc. XX (Convenção n. 1 da OIT). É certo que já havia uma relativa flexibilidade nesse aspecto, com a permissão de realização de horas extras e também com a autorização de compensação (semanal) de horário de trabalho. No entanto, a extensão desse regime de compensação a períodos de referência superiores ao semanal, em uma escala ampliada, até que foi alcançada, finalmente, a referência anual — a *anualização do tempo de trabalho —*, constitui verdadeira negação daquela conquista histórica.

Ademais, para tal compensação havia um limite diário, de modo a evitar abusos por parte dos empregadores na exigência de trabalho além do ordinário. Na Espanha, havia um *limite de nove horas diárias de trabalho efetivo,* "como um limite de ordem pública e indisponível pelas partes", que deveria ser respeitado por toda negociação coletiva sobre distribuição irregular de horários de trabalho. Ocorre que a Lei n. 11/1994 fez desaparecer tal limite, de modo que, a partir daí, "a referência das nove horas ordinárias de trabalho efetivo já não tem um caráter de ordem pública". Portanto, agora são as partes, em atenção ao *princípio da autonomia da vontade,* individual ou coletiva, que determinam a duração da jornada de trabalho, como expressa o art. 34 do ET — Estatuto dos Trabalhadores —, desde que se observe o limite máximo de 40 horas semanais de trabalho efetivo, *em média, na contagem anual,* bem como o descanso mínimo de 12 horas entrejornadas (§ 3º do art. 34)[19].

Assim, na Espanha, que tem levado a flexibilização da jornada de trabalho às últimas consequências, não há mais limite diário, fato que tem dado aos períodos de descanso um significado extraordinário. E, quanto ao intervalo intrajornada, o art. 34.4 do ET estabelece que apenas nas jornadas diárias continuadas de *mais de seis horas* é que será necessário um período de descanso "de duração não inferior a quinze minutos". Enfim, o art. 37 do ET permite acumular o descanso semanal por até 14 dias.

---

(15) ALARCÓN CARACUEL, M. R. La jornada ordinaria de trabajo y su distribución. En: APARÍCIO TOVAR, J. y López Gandía, J. (Coord.). *Tiempo de trabajo*. Albacete: Bomarzo, 2007. p. 41-43.
(16) PRADOS DE REYES, F. J. La ordenación del tiempo de trabajo en la Reforma del Estatuto de los Trabajadores. *Relaciones laborales*, n. 8, ano 12, Madrid, 23 de abril de 1996. p. 12.
(17) VALDÉZ DAL-RÉ, F. La flexibilidad del tiempo de trabajo: un viejo, inacabado y cambiante debate. *Relaciones laborales*, n. 2, ano 15, Madrid, 23 de janeiro de 1999. p. 1.
(18) PRADOS DE REYES, F. J. La ordenación del tiempo de trabajo en la Reforma del Estatuto de los Trabajadores, p. 12.
(19) FITA ORTEGA, F. *Límites legales a la jornada de trabajo*. Valencia: Tirant lo Blanch, 1999. p. 41-42.

Ocorre que essa disciplina legal possibilita que o trabalhador se dedique ao trabalho por *até 66 horas semanais* (respeitado o descanso de um dia e meio, na Espanha) em certos períodos do ano, o que é um verdadeiro absurdo. Por exemplo, pode-se exigir do trabalhador que se ative em 12 horas diárias — em respeito ao descanso mínimo de 12 horas entrejornadas — durante 17 semanas (quatro meses), cuja somatória alcança a impressionante cifra de 1.122 horas. Ocorre que se fosse respeitada a jornada semanal de 40 horas, em tal período o trabalhador não teria trabalhado mais do que 680 horas. Isso permite a conclusão de que nesse período de referência o trabalhador pode chegar a trabalhar *65% a mais* do que a jornada normal. Depois, o empregador promoverá a compensação do excesso absurdo quando melhor lhe aproveite.

Essa situação é ainda pior nos *contratos temporários* (por prazo determinado). Ora, se o trabalhador mantém dois contratos de trabalho temporários por ano, cada um de seis meses, por exemplo, com uma jornada de 66 horas semanais em cada um e sem compensação, isso resulta numa *jornada anual de mais de 3.000 horas* (66 horas x 48 semanas = 3.168 horas anuais), limite acima do qual há um grave risco de morte por excesso de trabalho, como tem considerado a OIT, nos estudos a respeito do *karoshi*.

No *Brasil*, como se sabe, há um limite de oito horas diárias de trabalho, limite esse que é reduzido para seis horas diárias no trabalho em turnos ininterruptos de revezamento (art. 7º, incisos XIII e XIV, da CR/88). Assim, a única maneira de se prorrogar diariamente a jornada de trabalho, autorizada pela própria Constituição, é a permissão de *compensação de horários*, mediante acordo ou convenção coletiva de trabalho. Ocorre que essa compensação, já prevista na CLT desde 1943, era apenas e tão somente a efetuada por meio do módulo semanal (44 horas semanais).

Não obstante, a *flexibilização* que vem dominando o cenário europeu e, sobretudo, o espanhol, atravessou o Atlântico e veio aportar em terras brasileiras. Assim, o art. 6º da Lei n. 9.601/98, em vigor desde 22 de janeiro de 1998, promoveu a alteração do § 2º do art. 59 da CLT, que passou a permitir a perversa compensação quadrimestral de horários, denominada de "banco de horas". Como se não bastasse, finalmente foi adotada pelo Brasil a *ainda mais perversa compensação, a anual*, segundo a qual o excesso de horas trabalhadas pode ser objeto de compensação no período de até um ano, desde que seja observado o limite máximo de dez horas diárias. Ficou estabelecido, assim, o *cômputo anual* da jornada de trabalho também no Brasil.

Entretanto, parte da doutrina brasileira, com reflexos na jurisprudência, tem rechaçado tal instituto, porque o denominado "banco de horas", que passou a ser objeto de negociação coletiva em diversas categorias profissionais e econômicas, apresenta-se, em verdade, como um *completo desvirtuamento do instituto da compensação*. Permitir que o empregador exija trabalho suplementar dos empregados durante vários meses do ano, com a faculdade de compensar a "sobrejornada" mediante a redução do horário de trabalho em outros dias — quase sempre da maneira que melhor lhe convier —, significa, simplesmente, a *transferência dos riscos da atividade econômica para o trabalhador*, em manifesta violação da norma de ordem pública prevista no *caput* do art. 2º da Consolidação. A toda evidência, o capitalista exigirá a prestação de horas suplementares nos períodos de "pico" de produção ou de vendas e as compensará nos períodos de baixa produtividade ou de escassez nas vendas.

De tudo isso resulta que o trabalhador terá duplo prejuízo com o chamado "banco de horas": primeiro, porque prestará inúmeras horas extras ou suplementares sem receber o adicional correspondente; segundo, porque essa prestação continuada de horas extras ou suplementares certamente afetará a sua saúde. Não resta, portanto, alternativa que não seja a de acusar a flagrante *inconstitucionalidade da Medida Provisória n. 2.164-41*, de 24 de agosto de 2001, a qual deu nova redação ao § 2º do art. 59 da CLT, para permitir o banco de horas no período de um ano.

A permissão do banco de horas vem a se tratar, pois, de uma violação irresponsável da Constituição, tanto à norma particular a respeito da compensação (semanal) quanto aos princípios que são a base da sociedade brasileira (art. 1º da CR/88).

5 OS RESULTADOS PERVERSOS NA SAÚDE DOS TRABALHADORES

O resultado dessa flexibilização da jornada de trabalho, nos aspectos quantitativo e qualitativo, tem sido o aumento do número de acidentes do trabalho e *principalmente de doenças ocupacionais*, as quais têm conduzido, inclusive, a mortes e até suicídios relacionados ao estresse laboral.

Na *Espanha*, país no qual se promoveu a fortíssima flexibilização já mencionada, com a propaganda de combate às crises econômicas, o que se tem verificado é justamente o contrário. Como divulgam quase diariamente os mais diversos meios de comunicação, a Espanha tem atualmente o maior índice de desemprego da zona do euro, com mais de 25% de sua população economicamente ativa nessa triste situação. E quanto mais se acentuam as duras medidas contra os direitos sociais — e trabalhistas —, mais grave se torna a crise. Não obstante, outro reflexo pode ser constatado, sendo de suma importância para os efeitos deste artigo. Em 2008, houve 804.959 acidentes do trabalho na Espanha, sem contar os 90.720 acidentes *in itinere*[20]. É um número *assustador*, pois a quantidade de trabalhadores afiliados naquele país é infinitamente menor do que a do Brasil, pois a Espanha conta com cerca de 14 milhões de trabalhadores sujeitos à cobertura por acidente do trabalho.

No *Brasil*, houve um aumento de 60%, de 2001 a 2008, no número de acidentes do trabalho. E um aumento absurdo de 586% de LER/DORT apenas de 2006 a 2008, com um custo aproximado de R$ 2,1 bilhões, cerca de 1/5 do que se gastou com bolsa-família por ano, um dos programas sociais mais difundidos nos últimos governos. De acordo com o Anuário Estatístico de Acidentes do Trabalho[21], houve 551.023 acidentes com CAT emitida em 2008, sendo 80% (441.925) de acidentes típicos. Onde estão as doenças ocupacionais? Segundo as estatísticas, elas representam pouco mais de 3% (20.356) das CATs emitidas. Isso não corresponde à realidade, pois a maior parte dos processos trabalhistas que envolvem a questão traz à tona casos de doenças ocupacionais, não de acidentes típicos. Isso já permite concluir que há, mesmo, uma *acentuada subnotificação* de acidentes, mormente de adoecimentos relacionados ao trabalho. Para se ter a clareza dessa afirmação, basta constatar que o Anuário referido aponta a quantia de 204.957 acidentes sem CAT emitida, principalmente pela presunção estabelecida a partir do NTEP — Nexo Técnico Epidemiológico Previdenciário. Assim, houve no Brasil, somente no ano de 2008, um total de 755.980 acidentes e adoecimentos laborais, dos quais 27% nem foram notificados.

Isso é, sem dúvida, resultado da *intensificação do trabalho*, quantitativa e qualitativa, razão pela qual todos os organismos sociais devem lutar pela diminuição da carga horária efetivamente trabalhada (horas extras) e do nível de produtividade (ritmicidade) exigido atualmente pelas empresas.

No entanto, poder-se-ia objetar essas afirmações invocando a tese de que não há estudos científicos contemporâneos que demonstrem essa relação entre excesso de jornada de trabalho e acidentes e adoecimentos ocupacionais. Aos aportes científicos, portanto.

Pois bem, num profundo estudo sobre a *influência do excesso de tempo de trabalho na segurança e na saúde dos trabalhadores*, Anne Spurgeon[22] asseverou que a preocupação central em relação ao número de horas trabalhadas é o desenvolvimento da fadiga e, associado a isso, do estresse ocupacional, sendo que a exposição cumulativa à fadiga e ao estresse desemboca em problemas de doenças mentais e cardiovasculares. A situação é ainda mais grave quando os trabalhadores são submetidos *rotineiramente* ao regime de horas extraordinárias.

---

(20) Informe Anual sobre Daños a la Salud en el Trabajo, do Instituto Nacional de Seguridad e Higiene en el Trabajo, órgão vinculado ao MTIN — Ministerio de Trabajo e Inmigración. Disponível em: <http://www.insht.es/Observatorio/Contenidos/InformesPropios/Siniestralidad/Ficheros/DA%C3%91OS%20A%20LA%20SALUD%202008.pdf>. Acesso em: 6 out. 2010.
(21) MINISTÉRIO DO TRABALHO E EMPREGO (MTE) *et al. Anuário Estatístico de Acidentes do Trabalho* — AEAT 2008. v.1. Brasília: MTE: MPS, 2008. Disponível em: <http://www.previdenciasocial.gov.br/arquivos/office/3_091125-174455-479.pdf>. Acesso em: 1º set. 2010.
(22) SPURGEON, A. *Working time:* its impact on safety and health. OIT y Korean Occupational Safety and Health Research Institute, Genebra, 2003.

O estudo dessa autora revela que os trabalhadores da indústria, no Japão, quando se ativaram em horas extras, tiveram aumentados os riscos de problemas de saúde mental. Com efeito, é impressionante o número de mortes súbitas e suicídios naquele país, na ocorrência do *karoshi* — morte súbita por excesso de trabalho —, sendo que houve 1.257 casos *oficiais* de suicídio relacionado ao trabalho, já em 1996. Um estudo de 203 casos de *karoshi* constatou que 2/3 deles ocorreram porque os trabalhadores se ativaram *regularmente em mais de 60 horas por semana*, mais de 50 horas extras por mês ou mais da metade de suas férias antes dos ataques cardiovasculares fatais.

O *karoshi* se trata de um grande problema social no Japão, porque os japoneses — segundo estudo da década de 1990 — trabalham muito mais horas do que os trabalhadores dos países industrializados ocidentais. O *karoshi* é, em verdade, resultado de um modo de gestão empresarial, o chamado modelo de gestão japonesa — vulgarizado no Ocidente com a expressão *toyotismo* —, que hoje em dia está difundido em praticamente todos os países, no chamado *pós-fordismo*. Esse modelo é singularizado pela busca de cada vez maior redução do custo do trabalho, apresentando como característica no âmbito laboral a promoção da individualização das relações laborais ou, dito de outra maneira, a eliminação dos valores coletivos dos trabalhadores. Por isso especialistas no tema, como Dejours, têm afirmado que *a avaliação individualizada do rendimento* e *a exigência de qualidade total*, duas das principais características do toyotismo, provocam uma sobrecarga de trabalho que conduz a uma explosão de doenças, dentre as quais o *burn out*, o *karoshi* e os transtornos músculo-esqueléticos.

Com respeito ao *karoshi*, veja-se sua extensão:

> O termo é compreensivo tanto das mortes ou incapacidades laborais de origem cardiovascular devidas à sobrecarga de trabalho (acidente cerebrovascular, infarto do miocárdio, insuficiência cardíaca aguda,...) como de outras mortes súbitas (por exemplo, as relacionadas com a demora no tratamento médico por causa da falta de tempo livre para consultas) e também dos suicídios atribuídos ao excesso de trabalho. Em sentido estrito, recebe o nome de *karo-jisatu* ou suicídio por excesso de trabalho [...] Em 2006 foram reconhecidas no Japão 560 indenizações por danos à saúde (213 delas foram por falecimentos) ligados à sobrecarga de trabalho, incluindo tanto as doenças cerebrovasculares como os distúrbios mentais (incluindo a morte por suicídio). É relevante precisar que 40% dos trabalhadores afetados tinham menos de 30 anos. Dado o caráter extremamente restritivo destes reconhecimentos se tem estimado que na realidade o *karoshi* (e o *karo-jisatu*) ocasionam a morte de 10.000 trabalhadores anualmente[23].

O jornal *Japan Press Week* noticiava, em 28.3.1998, a morte de um jovem programador de computador em razão do excesso de trabalho, pois na sentença do Tribunal Distrital de Tóquio ficou consignado que o tempo médio de trabalho anual desse jovem era superior a 3 mil horas, sendo que nos três meses anteriores à sua morte ele chegou a trabalhar 300 horas por mês, já que estava trabalhando no desenvolvimento de um sistema de *software* para bancos. Na edição de 4.4.1998 o citado jornal relatava outro caso de um jovem que morreu de ataque do coração em razão do excesso de trabalho, já que nas duas semanas anteriores à sua morte trabalhou em média 16 horas e 19 minutos por dia[24].

Não obstante, essa situação não é um "privilégio" do Japão, pois estudos das décadas de 1960 e 1970 revelaram que nos Estados Unidos as doenças cardíacas eram *frequentes* nos trabalhadores que trabalhavam mais de 60 horas por semana. Ademais disso, estudos verificaram que os motoristas de caminhão, que tra-

---

(23) URRUTIKOETXEA BARRUTIA, M. Vivir para trabajar: la excesiva jornada de trabajo como factor de riesgo laboral. *Gestión Práctica de Riesgos Laborales*, n. 77, dezembro de 2010. p. 36-37. O autor relata o suicídio de um jovem de 23 anos, resultado de uma depressão originada do sobre-trabalho, pois o trabalhador temporário realizava jornadas de 250 horas mensais, trabalhando 11 horas diárias e inclusive 15 dias seguidos sem descanso. Cita, ainda, este autor, a estimativa de 5.000 suicídios anuais no Japão, derivados de depressões por excesso de trabalho. *Ibidem*.
(24) ANTUNES, R. *Riqueza e miséria do trabalho no Brasil*. São Paulo: Boitempo, 2006. p. 35.

balhavam 11 ou 12 horas por dia, tiveram um aumento impressionante dos casos de fadiga e de problemas músculo-esqueléticos, resultantes da postura prolongada em condições precárias ao dirigir sentados em pelo menos 50% de sua jornada, além do aumento das doenças do coração. Muito importante também um estudo realizado na Alemanha, no qual se constatou, na análise de 1,2 milhões acidentes do trabalho, que o risco de acidente aumentou exponencialmente depois da nona hora de trabalho, com um percentual três vezes maior nas jornadas de 16 horas de trabalho diárias. *A conclusão*, como não poderia deixar de ser, é a de que *trabalhar regularmente mais de 50 horas por semana aumenta o risco de doenças*, especialmente as cardiovasculares[25].

Mais recentemente, a morte por excesso de trabalho tem ocorrido em larga escala nas relações laborais dos trabalhadores estrangeiros irregulares ou "sem papéis", na Europa, ao que a Comunidade Europeia tem feito "vista grossa". A morte por excesso de trabalho, na atualidade, é um fenômeno que "tem se estendido a outros países asiáticos como a China", país em que esse tipo de morte "se denomina *guolaosi*" e se tornou notícia em todo o mundo "o suicídio por sobrecarga de trabalho de nove empregados jovens da empresa que produz e monta o IPad e outros produtos da empresa Apple"[26].

E poderiam ser citadas, ainda, as mortes de cortadores de cana-de-açúcar, em 2005 e 2006, no Estado de São Paulo, o mais rico do país, como noticiaram os jornais. Ainda que as investigações estejam em curso, há indícios de que as mortes derivam da fadiga provocada pelo excesso de atividade laborativa. O jornal Folha de S. Paulo noticiou, em 18 de maio de 2007, que a investigação realizada pelo Ministério Público do Trabalho da 15ª Região concluiu: "O trabalhador Juraci Barbosa, que morreu com 39 anos em 29 de junho de 2006, trabalhou 70 dias sem folga entre 15 de abril e 26 de junho. Além disso, ele cortou um volume de cana bem superior à média diária de dez toneladas nos dias que antecederam sua morte". Os dados foram extraídos da "ficha" do trabalhador, que morreu depois de sentir-se mal em casa e ser levado ao hospital de Jaborandi. "Chama a atenção o fato de, no dia 21 de abril, ele ter cortado 24,6 toneladas de cana em apenas um dia. E no dia 28 de junho, um dia antes da morte, 17,4 toneladas", de acordo com o médico que avaliou os documentos apresentados pela empregadora do trabalhador falecido[27].

Daí se vê que tanto o aspecto *quantitativo* como o *qualitativo* (distribuição irregular da jornada e aumento da produtividade) são importantes nessa luta pela limitação do tempo de trabalho, de modo a evitar doenças e mortes súbitas por excesso de trabalho.

Não obstante, não se encontram estudos que busquem demonstrar de modo conclusivo a *relação necessária* entre tempo de trabalho, mais precisamente *extensas* jornadas de trabalho, e danos à saúde do trabalhador, lacuna que pretendi suplantar em minha tese de doutorado. Na tese há um estudo das estatísticas de jornadas de trabalho excessivas, bem como de acidentes do trabalho e doenças ocupacionais, na busca de se estabelecer uma relação de causa e efeito entre esses dois fatores. O objetivo, portanto, foi o de se analisar os *efeitos perversos* da flexibilização da jornada de trabalho na saúde laboral, mais precisamente, os sinistros laborais. Os três primeiros capítulos da tese foram publicados em obra recente, citada no início deste artigo[28].

Neste espaço, por se tratar de um breve artigo, proponho-me a analisar apenas alguns dados de estatísticas brasileiras, com base no NTEP, esta excepcional ferramenta que precisa ser mais bem estudada pelos atores jurídicos e demais profissionais ocupados em estabelecer parâmetros para a proteção à saúde do trabalhador, na tutela difusa ao meio ambiente laboral.

---

(25) SPURGEON, A. *Working time*: its impact on safety and health.
(26) URRUTIKOETXEA BARRUTIA, M. Vivir para trabajar: la excesiva jornada de trabajo como factor de riesgo laboral, p. 37.
(27) FOLHA DE S. PAULO. Cortador de cana morreu após 70 dias de trabalho. *Folha de S. Paulo*, São Paulo, 18 mai. 2007. Folha Dinheiro, Caderno B, p. B9.
(28) SILVA, José Antônio Ribeiro de Oliveira. *A flexibilização da jornada de trabalho e a violação do direito à saúde do trabalhador*: uma análise comparativa dos sistemas jurídicos brasileiro e espanhol. São Paulo: LTr, 2013.

6 SINISTRALIDADE NO BRASIL — AS DOENÇAS OCUPACIONAIS

Ao se confrontar os dados das jornadas mais extensas por setor da atividade econômica com os dados disponíveis a respeito de acidentes do trabalho nesses mesmos setores, verifica-se um indicativo de que a duração do tempo de trabalho pode contribuir para o surgimento dos acidentes laborais e, sobretudo, das doenças do trabalho.

O que se pretende demonstrar adiante é que, *de alguma maneira*, o tempo de trabalho muito além do normal ou recomendado conduz a uma grande quantidade de *doenças ocupacionais*, o que se mostra muito difícil de explicar na grande maioria dos países nos quais não se dispõe de dados confiáveis a respeito das doenças diretamente relacionadas ao trabalho. No Brasil, como se poderá ver na sequência, foi criado um mecanismo muito interessante para se descobrir os índices reais ou mais aproximados dessas doenças, denominado *Nexo Técnico Epidemiológico Previdenciário* — NTEP —, o qual logrou que o número de doenças ocupacionais tivesse um "aumento" de mais de 1.000% (de 20.356 para 204.957, como já referido) em 2008.

Com efeito, a verificação das doenças ocupacionais de acordo com as presunções derivadas do NTEP tem revelado um número expressivo de doenças ocupacionais não declaradas. Daí que se faz necessária uma investigação profunda desses dados para que se possa aproveitá-los da melhor maneira possível. Penso que é interessante *identificar as atividades econômicas que registraram o maior índice de doenças não declaradas* e, a partir desses dados, buscar uma (possível) correlação de tais atividades ou setores empresariais com as excessivas jornadas de trabalho.

6.1 As taxas de doenças ocupacionais

Em números absolutos, algumas atividades econômicas tiveram registrada a maior quantidade de doenças ocupacionais em 2008. Na análise do NTEP, a Administração Pública teve 8.922 doenças *não* notificadas, seguida dos hiper e supermercados com 5.478 doenças, da construção de edifícios com 4.869, do transporte de cargas com 4.430, do transporte urbano com 4.408 e do atendimento hospitalar com 4.404.

Verificando-se os casos notificados, observa-se que os bancos múltiplos declararam 2.053 doenças ocupacionais por meio de CAT, ao passo que o setor de frigoríficos de suínos e aves declarou 827 doenças e o setor de atendimento hospitalar 555 casos. Veja-se que o número de doenças não declaradas é muito superior ao das notificações, as quais são obrigatórias. Assim, somados os casos notificados e os não declarados se tem o seguinte quadro, com mais de 4.000 doenças ocupacionais, em 2008 (quadro 1). De se notar que, *somados os casos dos transportes de cargas e urbano*, a quantidade chega a 9.228, maior que a quantidade de casos da Administração Pública.

Quadro 1. Total de doenças — mais de 4.000 casos —, por CNAE, em 2008

CNAE*	Não notificados	Notificados	Total	Atividade
8411	8.922	230	9.152	administração pública
4711	5.478	401	5.879	hiper e supermercados
4120	4.869	319	5.188	construção de edifícios
8610	4.404	555	4.959	atendimento hospitalar
1012	4.042	827	4.869	frigoríficos de suínos e aves

CNAE*	Não notificados	Notificados	Total	Atividade
4930	4.430	219	4.649	transporte de cargas
4921	4.408	171	4.579	transporte urbano
6422	2.234	2.053	4.287	bancos múltiplos

* CNAE — Classificação Nacional de Atividade Econômica. Fonte: Base de dados Anuário Estatístico de Acidentes do Trabalho — AEAT 2008 — Ministério do Trabalho e Emprego; Ministério da Previdência Social. Elaboração: autor do artigo.

Não obstante, não se pode considerar somente os números absolutos nas atividades econômicas isoladas, pois isso pode conduzir o investigador a conclusões equivocadas. É suficiente a esta afirmação a consideração de que a Administração Pública, ainda que apareça em primeiro lugar na quantidade de doenças, tem uma *taxa de sinistralidade muito baixa*, quando observada a quantidade de trabalhadores nesse setor.

Assim, a Administração Pública tinha 21,1% do total de 39.441.566 trabalhadores formais de todos os setores das atividades econômicas do Brasil, em 2008, segundo dados do DIEESE — Departamento Intersindical de Estudos Econômicos e Socioeconômicos —, ou seja, mais de 8.300.000 empregados públicos naquele ano[29]. Se considerados todos os casos dos serviços públicos, tem-se um total de 16.179 doenças não notificadas, o que corresponde a uma *taxa de somente 194,69 doenças não declaradas* para cada 100.000 trabalhadores (quadro 2).

Ora, no setor da indústria da transformação — que abrange vários grupos da CNAE, do 10 ao 33, tantas são as atividades industriais —, houve um total de 54.259 doenças não declaradas, o que corresponde a uma *taxa impressionante de 742,17 doenças não notificadas* para cada 100.000 trabalhadores, considerando-se que esse setor tinha 7.310.840 empregados em 2008, de acordo com o MTE, com base na RAIS.

Utilizando o mesmo raciocínio, nos grupos dos transportes, armazenamento e correios — do 49 ao 53 da CNAE —, houve 13.574 doenças ocupacionais não declaradas e descobertas pelo NTEP. Ocorre que nem sequer no Ministério do Trabalho e Emprego se consegue obter dados seguros sobre a quantidade de trabalhadores formais nos transportes. Porém, segundo o estudo denominado "Perfil do Trabalho Decente no Brasil", da OIT, em 2007 houve um porcentual de 50,5% de informalidade no Brasil[30]. Considerando que essa taxa foi de 50% em 2008, é possível estimar um total de 1.800.000 trabalhadores formais no setor dos transportes naquele ano. Se assim era, *a taxa de doenças não notificadas para cada 100.000 trabalhadores nos transportes foi de 754,11*, sem dúvida alguma a mais alta de todos os setores das atividades econômicas (quadro 2).

Quadro 2. Taxas de doenças para 100.000 trabalhadores, em 2008

Atividades	CNAE	Doenças	Taxa de doenças
Transportes, armazen. e correios	49 — 53	13.574	754,11
Indústria da transformação	10 — 33	54.259	742,17
Construção	41 — 43	11.514	601,38

(29) Precisamente 8.310.136, de acordo com o Ministério do Trabalho e Emprego (MTE). Fonte: RAIS — *Relação Anual de Informações Sociais*. Elaboração: CGET/DES/SPPE/MTE — Coordenação Geral de Estatísticas do Trabalho; *Declaração Eletrônica de Serviços*; SPPE/MTE. Disponível em: <www.mte.gov.br/rais/resultado_2008.pdf>. Acesso em: 2 set. 2010.
(30) OIT. *Perfil do Trabalho Decente no Brasil*. 2009. Disponível em: <http://www.ilo.org/wcmsp5/groups/public/---dgreports/---integration/documents/publication/wcm_041773.pdf>. Acesso em: 4 out. 2010.

Atividades	CNAE	Doenças	Taxa de doenças
Comércio	45 — 47	29.161	398,15
Serviços em geral	55 — 82; 87 — 99	33.203	307,96
Administração Pública	84 — 86	16.179	194,69

Fonte: Base de dados Anuário Estatístico de Acidentes do Trabalho — AEAT 2008 — Ministério do Trabalho e Emprego; Ministério da Previdência Social. Elaboração: autor do artigo.

Talvez isso tenha ocorrido por causa das excessivas jornadas de trabalho nesse setor, pois todas as estatísticas revelam que *o setor dos transportes é o setor no qual ocorrem as maiores jornadas de trabalho no Brasil*. Assim, em 2007 a jornada semanal média (oficial) nesse setor foi de 46,2 horas. Há um estudo no qual se demonstra que a jornada média dos trabalhadores do setor de transportes era, em 2003, de 47,1 horas por semana, no Brasil. Ademais, que a jornada média dos motoristas de caminhão era de 52,6 horas semanais, naquele mesmo ano[31]. Parece evidente que essas longas jornadas têm contribuído para o surgimento de tantas e tantas doenças ocupacionais nesse setor.

6.2 Os grupos de atividades econômicas

Tudo isso demonstra que é necessário estudar a possível correlação entre doenças ocupacionais e extensas jornadas de trabalho, levando em conta os *grupos de atividades econômicas*.

Ainda investigando as taxas de sinistralidade com base no NTEP, de se pontuar o seguinte quadro: taxas de 15,68 — por 1.000 trabalhadores — na fabricação de locomotivas e vagões, de 9,76 na fabricação de equipamentos e instrumentos óticos, fotográficos e cinematográficos, de 8,57 na fabricação de caminhões e ônibus e de 6,73 nos bancos múltiplos, com carteira comercial (quadro 3).

Quadro 3. Taxa de doenças por atividade

Atividade	CNAE	Taxa de enfermidade
Fabricação de locomotivas e vagões	3031	15,68
Fabricação de equip. e instrumentos óticos, fotográficos e cinematográficos	2670	9,76
Fabricação de caminhões e ônibus	2920	8,57
Bancos múltiplos, com carteira comercial	6422	6,73

Fonte: Anuário Estatístico de Acidentes do Trabalho — AEAT 2008 — Ministério do Trabalho e Emprego; Ministério da Previdência Social. Elaboração: autor do artigo.

Assim, consideradas as atividades *isoladamente*, destacam-se *três do grande setor da indústria nos primeiros lugares*, com altas taxas de enfermidade relacionada ao trabalho. Outrossim, de se considerar a *alarmante taxa das instituições financeiras (bancos)* — a quarta maior —, nas quais há uma previsão de jornada especial no Direito do Trabalho brasileiro — limite de seis horas diárias[32], com pausa de pelo menos 15 minutos —, a qual, não obstante, não tem sido respeitada, como demonstram as inúmeras ações ajuizadas

---

(31) WEISHAUPT PRONI, M. Diferenciais da jornada de trabalho no Brasil. *Em:* DARI KREIN, J.; BARROS BIAVASCHI, M.; OLIVEIRA ZANELLA, E. B. de; SOUZA FERREIRA, J. O. de (Org.). *As transformações no mundo do trabalho e os direitos dos trabalhadores*. São Paulo: LTr, 2006. p. 131-133.
(32) Apenas os bancários que exercem cargo de confiança (bancária) podem estar sujeitos a jornada de oito horas diárias (art. 224, § 2º, da CLT).

em face dos bancos. É mais que comum verificar em tais processos que os trabalhadores se ativam em mais de 6 horas por dia nessa atividade, às vezes até 8, 10 ou mais horas, num trabalho altamente repetitivo e que demanda uma intensa concentração, com somente 15 minutos de pausa para a refeição. Talvez isso ajude a explicar a referida taxa de sinistralidade nos bancos (quadro 3).

A propósito, Sadi Dal Rosso[33], num estudo aprofundado sobre a *intensificação do trabalho dos trabalhadores brasileiros*, por ramo de atividade econômica, com base em minuciosas pesquisas realizadas junto aos trabalhadores, constata que a intensidade do trabalho é *impressionante* no setor bancário e financeiro, no qual 72,5% dos trabalhadores consideram que seu trabalho hoje em dia é mais intenso do que o executado na época em que começaram a trabalhar. Aí está a constatação de que um grande número de trabalhadores está se ativando em horas extras no país, especialmente nos bancos e financeiras, nos quais 62,5% dos trabalhadores têm afirmado trabalhar mais tempo na atualidade, quando comparado com as jornadas de trabalho do início de sua atividade profissional.

A pesquisa se torna ainda mais interessante quando o autor constata que 57,2% dos trabalhadores afirmam que o ritmo e a velocidade do trabalho atual são maiores que no passado. Uma vez mais, aparecem *nos primeiros lugares bancos e financeiras* — o segundo lugar — com 85% dos trabalhadores. Quando se lhes foi perguntado se acumulavam tarefas antes executadas por mais de uma pessoa, os trabalhadores do setor bancário e financeiro responderam positivamente em 75% dos casos. Isso é a mais clara demonstração da *intensificação do trabalho dos bancários*[34]. Outra forma de medir a intensidade do trabalho é a averiguação da chamada *gestão por resultados*, nova prática empresarial neste período pós-fordista. Uma vez mais, os trabalhadores do setor bancário foram os que mais se queixaram da questão "obtenção" de resultados (97,5%)[35].

Não obstante, ao se analisar os *grupos de atividades econômicas*, numa perspectiva mais global, observa-se que a soma de todas as atividades do grupo 10 — indústria da produção de alimentos, que tem 31 atividades — atinge um total absurdo de 23,59 casos de doenças não declaradas por 1.000 trabalhadores, com destaque para o código 1012 — frigoríficos de suínos e aves —, no qual a taxa de enfermidade é de 3,61 (quadro 4). Então, *os frigoríficos* que desenvolvem sua atividade utilizando somente suínos e aves, principalmente frangos, *são as empresas que mais causam doenças ocupacionais em todo o grande setor da indústria alimentícia*. Por isso, é muito importante estudar as jornadas e as formas de sua distribuição nesse ramo empresarial, no qual *não se tem concedido as pausas intrajornada necessárias* ao combate do estresse laboral e à prevenção da fadiga, ocasionando numerosos casos de afastamentos para tratamento de doenças. É dizer, o meio ambiente laboral nos frigoríficos não tem sido o mais propício.

Quadro 4. Doenças por grupo de atividade econômica

Atividade	Grupo	Taxa de enfermidade	CNAE*	Taxa de enfermidade**
Produção de alimentos	10	23,59	1012	3,61
Comércio varejista	47	8,42	4713	1,59
Vestuário e calçados	14 e 15	8,35	1539	1,47
Transportes	49	6,28	4912	2,23

* CNAE com as maiores taxas de enfermidade no grupo;

** taxa da CNAE destacada no grupo de atividade. Fonte: Anuário Estatístico de Acidentes do Trabalho — AEAT 2008 — Ministério do Trabalho e Emprego; Ministério da Previdência Social. Elaboração: autor do artigo.

---

(33) DAL ROSSO, S. *Mais trabalho!*: a intensificação do labor na sociedade contemporânea. São Paulo: Boitempo, 2008. p. 104-112.
(34) *Ibidem*, p. 114-126.
(35) *Ibidem*, p. 131-134.

Outrossim, a se considerar o grande grupo 47 — comércio varejista —, verifica-se uma soma de 8,42 casos de enfermidade por 1.000 trabalhadores, destacando-se a atividade do comércio varejista de mercadorias em geral, sem predominância de produtos alimentícios (4713), com a taxa de enfermidade de 1,59. De se registrar, igualmente, que o comércio varejista foi responsável por 68,9% de todas as doenças do grande setor do comércio — G 45 a 47 —, mais precisamente por 20.088 das 29.161 doenças não declaradas em 2008.

Na sequência, os grupos 14 e 15 — indústria do vestuário e da fabricação de calçados —, com a soma de 8,35 casos por 1.000 trabalhadores, com especial atenção para a fabricação de calçados (1539), na qual houve uma taxa de enfermidade de 1,47. Convém notar que somente a confecção de vestuário e acessórios e a fabricação de calçados e outros artefatos de couro foram as responsáveis por 13,4% de todas as doenças não declaradas do grande setor da indústria — 7.267 de 54.259. Aqui se verifica um problema similar ao noticiado para a indústria frigorífica, pois *tanto a atividade têxtil quanto a de calçados são muito repetitivas*, desenvolvidas em "linhas" de produção, nas quais não se pode permitir extensas jornadas de trabalho e se deve distribuir os horários de modo que o trabalhador tenha momentos de recuperação da fadiga e do estresse. Daí *a importância das pausas intrajornada*, para refeição e *descansos*, nesse tipo de atividade empresarial, para a proteção da saúde do trabalhador.

Finalmente, há que se destacar, uma vez mais, os *transportes terrestres*, pois a soma do G 49 — que conta com somente 10 atividades — atinge 6,28 doenças não declaradas por 1.000 trabalhadores, sendo que a atividade de transporte metroferroviário (4912) tem a impressionante taxa de enfermidade de 2,23. É impressionante a quantidade de doenças não declaradas nos transportes, pois foram 4.408 casos no transporte rodoviário coletivo de passageiros municipal e em região metropolitana, 1.036 nesse mesmo transporte, porém intermunicipal, interestadual e internacional, e *assustadores* 4.430 casos no transporte rodoviário de cargas. Somente a soma dessas três atividades registra um total de 9.874 casos, *95,6% do total do subsetor de transporte terrestre*, que inclui o metroferroviário.

Uma última observação: quando se analisa somente a quantidade de casos de doenças ocupacionais, a Administração Pública (8411) responde por 9.152 casos — 8.922 não declarados e 230 notificados —, sem dúvida, o número mais alto, se considerado isoladamente, como já visto. Não obstante, sua taxa de incidência de doenças por 1.000 trabalhadores é de somente 0,08, até insignificante quando comparada a outras atividades. Por exemplo, *a taxa dos bancos múltiplos é de 6,73* — dado retromencionado —, ou seja, uma taxa *84 vezes maior* que a da Administração Pública. Igualmente, a taxa do abate de suínos e aves foi de 3,61, como já visto. Então, o índice de doenças ocupacionais nos frigoríficos é *45 vezes maior que na Administração*. Tudo isso é muito preocupante e deve encontrar uma pronta resposta dos estudiosos da matéria.

6.3 *As cidades com a maior quantidade de doenças ocupacionais*

Em continuação, pretende-se fazer um estudo das cidades que apresentaram, em 2008, a maior quantidade de doenças ocupacionais não declaradas, com o intuito de investigar quais apresentaram o maior índice de sinistralidade em relação ao seu número de empregados, para, em seguida, analisar as atividades econômicas predominantes nessas cidades. A partir daí, será possível investigar se as condições de trabalho, em especial as jornadas de trabalho, têm algo a ver com essa realidade.

Assim, analisando as estatísticas de doenças ocupacionais não declaradas do ano de 2008, segundo o NTEP, verifica-se que a cidade recorde, de longe, é São Paulo, em número de doenças presumidas, ou seja, não notificadas, com 14.603 casos. Não obstante, São Paulo é a capital econômica do país, com uma população empregada consideravelmente maior — 4.489.076 empregos formais em 2008[36]. Por isso, sua taxa

---

(36) *Informações para o Sistema Público de Emprego e Renda — Dados por Município*. Disponível em: <http://perfildomunicipio.caged.gov.br/resultado_SPER_impressao...>. Acesso em: 4 out. 2010. Todos os dados mencionados na sequência foram extraídos da RAIS/2008 e 2009, por meio destas informações citadas.

foi de apenas 325,3 doenças por 100.000 empregados. Na sequência surgem as cidades do Rio de Janeiro e Salvador.

Porém, o surpreendente é que, *em quarto lugar*, não aparece nenhuma outra capital, mas *a cidade de Blumenau (SC)*, com 3.163 casos. Ocorre que Blumenau tinha, em 2008, tão somente 116.135 empregos devidamente anotados no registro do MTE, com base na RAIS/2008 e 2009.

É assombrosa a quantidade de casos dessa cidade, quando comparada com o número de empregos formais — 3.163 doenças por 116.135 trabalhadores. Fazendo a conta, como sempre o faz a OIT, — número de doenças do trabalho dividido entre a população afiliada (no caso, a quantidade de empregos formais), multiplicado por 100.000 —, os casos de Blumenau revelam *uma taxa de 2.723,5 doenças por 100.000 empregados* (quadro 5). Ora, em Florianópolis, a capital do Estado, houve somente 656 casos não declarados, para um total de 244.253 empregados, o que significa uma taxa muito menor, de 268,6 doenças por 100.000 empregados.

Quadro 5. Cidades brasileiras com as maiores taxas de doenças ocupacionais

Cidade	N. de doenças ocupacionais	Total de empregados	Taxa de enfermidade	Atividade principal	% da atividade econômica
Nuporanga	179	3.777	4.739,2	Indústria	68,6
Erechim	1.355	33.152	4.087,2	Indústria	36,8
São Vicente	1.054	32.624	3.230,7	Serviços	47,2
				Comércio	31,8
Chapecó	1.800	63.024	2.856,0	Indústria	33,9
Blumenau	3.163	116.135	2.723,5	Indústria	41,6
Itajaí	1.004	62.780	1.599,2	Serviços	43,2
Cotia	1.059	66.448	1.593,7	Serviços	36,3
				Indústria	28,9
São Paulo	14.603	4.489.076	325,3	Serviços	44,8
Florianópolis	656	244.253	268,6	Serviços	40,8

Fonte: Anuário Estatístico de Acidentes do Trabalho — AEAT 2008 — Ministério do Trabalho e Emprego; Ministério da Previdência Social. Elaboração: autor do artigo.

Isso conduz à necessidade de investigações sobre a referida realidade por especialistas da saúde pública e das condições de trabalho. Neste momento, o que se pode fazer é apontar algumas considerações, na tentativa de oferecer um aporte um pouco mais fundamentado ao debate em torno da questão. Assim, analisando os indicadores de quantidade de emprego formal nos ramos de atividade de Blumenau — ainda segundo as estatísticas do MTE, fonte RAIS/2008 e 2009 —, verifica-se que *41,6% dos trabalhadores* se ativavam, em 2008, *na indústria da transformação*. Então, pode-se concluir que a indústria é a que mais tem empregados em Blumenau, mais precisamente a *indústria têxtil*[37]. Daí se pode chegar a uma conclusão,

---

(37) Tanto é assim que as próprias informações oficiais o demonstram, anunciando que a principal atividade econômica de Blumenau é a indústria têxtil e do vestuário, pois cerca de 70% da arrecadação de impostos do município é oriunda desse setor. Ademais, as maiores companhias desse setor mantêm fábricas na cidade. Disponível em: <http://guiasantacatarina.com.br/blumenau/cidade.php3>. Acesso em: 26 out. 2010.

seguindo o raciocínio já desenvolvido no curso deste artigo: *as intensas jornadas de trabalho na indústria, tanto quantitativas — excessivas jornadas de trabalho — quanto qualitativas — má distribuição dos horários, sem as pausas necessárias —, tem desaguado numa maior sinistralidade laboral.*

Não obstante, é interessante notar que na sequência das cidades que apresentaram mais de 1.000 casos de doenças não declaradas em 2008, surge, *em oitavo lugar, a cidade de Chapecó (SC)*, com 1.800 casos. É de impressionar que esta cidade tivesse tão somente 63.024 empregos formais em 2008, sendo 21.383 na *indústria da transformação*, com 33,9% do total. Assim, *a taxa de sinistralidade de doenças não declaradas de Chapecó foi de 2.856,0 por 100.000 trabalhadores*, ainda mais alta que a de Blumenau (quadro 5). Um dado importante é o fato de Chapecó ser considerada a capital brasileira da agroindústria, em cuja região se encontram as principais empresas processadoras e exportadoras de carnes de suínos, aves e derivados da América Latina[38].

Não é necessário comentar, outra vez, acerca das consequências negativas da *intensificação do trabalho na indústria*, principalmente pela intensidade das jornadas de trabalho, quantitativa e qualitativa, sobre a saúde dos trabalhadores. Os números de sinistralidade laboral falam por si.

Pretende-se chamar a atenção para a *cidade de Erechim (RS)*, pois ainda que apareça em 16º lugar nos indicadores de quantidade de doenças não declaradas, com 1.355 casos, quando é verificada sua taxa de sinistralidade se descobre algo espantoso, alarmante. Como Erechim tinha somente 33.152 empregos formais em 2008, *sua taxa é de 4.087,2 por 100.000 trabalhadores, a mais alta de todas as 25 cidades referidas* (quadro 5). O que ocorre em Erechim? Vejamos: *36,8% de seus empregados — 12.187 — trabalham na indústria da transformação*, o setor da atividade econômica que mais oferece emprego naquela cidade[39], estando lá uma grande montadora de ônibus. Uma vez mais a indústria, sendo prescindível tecer maiores considerações a respeito.

Em continuação, de se destacar a cidade de *Cotia (SP)*, com 1.059 casos, porém *com uma taxa de 1.593,7*. Destaca-se, ainda, *São Vicente (SP)*, cidade que teve 1.054 casos de doenças não declaradas em 2008. Não obstante, segundo dados da RAIS, São Vicente tinha somente 32.624 empregos formais naquele ano, o que aponta para uma *taxa de 3.230,7 casos por 100.000 trabalhadores*.

O vigésimo quinto colocado nesta avaliação é o município de *Itajaí (SC)*, com 1.004 casos não declarados, para um total de 62.780 empregos, logrando que *sua taxa seja de 1.599,2 por 100.000 trabalhadores*. Interessante notar que não é a indústria o maior empregador em Itajaí, mas *os serviços*, com 43,2% do total[40]. De se ter em conta que esse município possui o principal porto de Santa Catarina, que é o segundo colocado no *ranking* nacional de movimentação de contêineres. Outrossim, Itajaí é o maior exportador de frios do Brasil, sendo que, por isso, a atividade portuária é sua maior expoente[41]. Não obstante, não se pode olvidar de que *o transporte de mercadorias* até o porto no Brasil é quase todo feito pelas rodovias, com um número gigantesco de caminhões e incontáveis acidentes envolvendo esse meio de transporte — um dos motivos da nova Lei do Motorista Profissional. Ademais disso, as jornadas dos trabalhadores dos transportes, sobretudo do subsetor de *cargas*, é muito longa, havendo uma quantidade acentuada de casos de doenças laborais, inclusive por problemas posturais — aliados às *excessivas jornadas, com pausas insuficientes* —, o que merece uma atenção especial do governo.

---

(38) Os grandes frigoríficos brasileiros têm unidade fabril no território de Chapecó, incluindo a maior indústria de produtos alimentícios do Brasil e a maior exportadora de carne de porco do mundo. Disponível em: <http://pt.wikipedia.org/wiki/Chapec%C3%B3>. Acesso em: 26 out. 2010.
(39) Nota-se que somente alimentadores da linha da produção havia 1.841 em 2008, o que representa 15,1% dos trabalhadores da indústria de Erechim. E a economia erechinense se baseia principalmente no setor industrial, cuja representatividade é atualmente de 37,53%, segundo os dados oficiais desse município, de acordo com os quais a expansão do parque industrial logrou que a cidade crescesse quatro vezes mais que a média do Brasil e quase três vezes mais que a média do Rio Grande do Sul, com destaque para o ramo de metal-mecânico. Disponível em: <http://www.pmerechim.rs.gov.br/municipio/economia>. Acesso em: 26.10.2010.
(40) Destaque para a ocupação *motorista de caminhão* (rotas regionais e internacionais), que tinha 2.393 empregos formais em 2009, uma única ocupação que representa quase 4% do total de todas as ocupações de tantas atividades econômicas, em Itajaí.
(41) Disponível em: <http://pt.wikipedia.org/wiki/Itajai>. Acesso em: 26.10.2010.

Para finalizar, penso ser importante que essa investigação traga à colação minha experiência como juiz. Fui juiz titular da Vara do Trabalho de Orlândia (SP) de outubro de 2005 a setembro de 2010, sendo que a maior quantidade de processos que tramitavam naquele juízo era, de longe, de uma só empresa, um frigorífico. Nesses processos era possível verificar uma *desproporcional* quantidade de pedidos de indenizações de danos provocados por doença do trabalho. Ocorre que o frigorífico dessa empresa tem sede na *pequena cidade de Nuporanga (SP)*, que tinha tão somente 3.777 empregos formais em 2008, segundo dados da RAIS/2008 e 2009, do MTE. Pois bem, essa empresa contava com 2.300 empregados, aproximadamente, o que representava quase 90% dos 2.591 trabalhadores do setor da indústria daquela cidade (dados de 2008)[42]. Então, pode-se afirmar que a economia dessa cidade gira em torno dessa empresa. Ocorre que *a taxa de enfermidade de Nuporanga foi de 4.739,2.*[43] Um número absurdo, *alarmante*, que assusta quando se o compara a outras cidades (quadro 5).

Outrossim, a única atividade dessa empresa, em Nuporanga, é o abate de frangos, e o número de processos judiciais de Orlândia, cuja jurisdição abarca aquela cidade, aponta para muito mais que 179 casos de doenças do trabalho por ano, o que torna a situação muito mais grave. E qual é a razão de tantas doenças? Como já dito, os acidentes típicos, assim como as doenças laborais, são fenômenos multicausais. Não obstante, as extensas jornadas de trabalho nessa empresa, ao que se soma a exigência de alta produtividade, têm levado a essas cifras desumanas. Por isso se faz necessário estudar a relação entre estes dois temas: *doenças e jornadas de trabalho inadequadas.*

Além do mais, essa é uma realidade de *praticamente todos os frigoríficos brasileiros*, com o ritmo alucinante das esteiras de produção, surgindo um número desproporcional de doenças ocupacionais. A situação é tão grave que ultimamente a Justiça do Trabalho tem condenado — ainda que timidamente — as indústrias desse subsetor à concessão de *pausas extras*, para que haja uma diminuição do número de doenças ocupacionais e se respeite o direito fundamental do trabalhador à saúde no meio ambiente laboral[44].

7 CONCLUSÃO

Em definitivo, *a intensificação do trabalho* — que envolve também o aspecto qualitativo da jornada de trabalho, pois implica uma maior extração de mais-valia relativa, inclusive pela inadequada distribuição do tempo de trabalho —, levada a um nível insuportável *na indústria e nalguns subsetores dos serviços*, especialmente *nos transportes e instituições financeiras*, tem conduzido a um número preocupante de doenças ocupacionais, o que deve ser objeto de atenção especial por parte do governo brasileiro.

Com efeito, as extensas jornadas de trabalho — nos aspectos quantitativo e qualitativo — e a pressão constante por horas extraordinárias têm feito com que os trabalhadores se sintam impotentes, e vão percebendo, dia a dia, que a situação não melhora, somente se agrava, diante da ameaça de dispensa, fato que os remete a uma situação de total descontrole sobre sua vida pessoal e familiar. Quando percebem que já não têm mais vida, que vivem para trabalhar, ou que já perderam sua saúde ou inclusive sofrido um acidente, às vezes vêm as ideias suicidas.

Diante dessa situação de extremo perigo à tão anunciada harmonia social, urge que o governo, os órgãos que regulam as relações laborais, os estudiosos do tema etc., comecem uma *cruzada pela restauração dos limites efetivos de jornada de trabalho*, a fim de que as pessoas trabalhadoras recuperem sua situação de pessoas, para o que se faz imprescindível o respeito a seus direitos fundamentais.

---

(42) Outro dado: havia, em 2008, 2.011 trabalhadores registrados como alimentadores da linha de produção, 77,6% de todos os empregados da indústria de Nuporanga.
(43) 179 casos, divididos por 3.777 empregos, e multiplicados por 100.000 trabalhadores.
(44) **Na Ação Civil Pública n. 3497-2008-038-12-00-0**, promovida pelo Ministério Público do Trabalho, a empresa demandada foi condenada a conceder um total de 49 minutos diários em pausas para a recuperação da fadiga aos empregados que trabalham na atividade de desossa de frangos (cerca de 700 trabalhadores), no estabelecimento de Chapecó (SC). MINISTÉRIO PÚBLICO DO TRABALHO (MPT) — PRT 12. *Empresa X terá que conceder pausas de recuperação de fadiga e não demitir empregados doentes.* Disponível em: <http://www.prt12.mpt.gov.br/prt/noticias/2010_09/2010_09_29.php>. Acesso em: 10 set. 2011.

É dizer, sem uma efetiva limitação da jornada de trabalho não haverá uma tutela adequada ao meio ambiente de trabalho, que vai muito além do ambiente físico. Na chamada *dimensão preventiva da tutela labor-ambiental* por certo que se encontra presente a questão da *prevenção* de acidentes do trabalho. E, para essa prevenção, há que se impor limites rígidos — e fazê-los cumprir — ao tempo de trabalho. Somente assim se dará proteção efetiva à saúde do trabalhador.

Para que isso seja alcançado, mister que o governo e os empregadores entendam que *a saúde do trabalhador é um bem jurídico imprescindível à propagada dignidade humana*. É chegado o tempo de se promover uma filosofia da vida, todos e cada um de nós, pois é *necessário trabalhar para viver, não viver para o trabalho, tampouco para adoecer ou morrer no trabalho.*

8 REFERÊNCIAS BIBLIOGRÁFICAS

ALARCÓN CARACUEL, M. R. La jornada ordinaria de trabajo y su distribución. Em: APARÍCIO TOVAR, J. y López Gandía, J. (Coord.). *Tiempo de trabajo*. Albacete: Bomarzo, 2007.

ANTUNES, Ricardo. *Riqueza e miséria do trabalho no Brasil*. São Paulo: Boitempo, 2006.

CAGED. *Informações para o Sistema Público de Emprego e Renda — Dados por Município*. Disponível em: <http://perfildomunicipio.caged.gov.br/resultado_SPER_impressao..>. Acesso em: 4 out. 2010.

CHACARTERGUI JÁVEGA, C. Tiempo de trabajo, racionalidad horaria y género: un análisis en el contexto europeo. *Relaciones laborales*, n. 19, ano XXII, Madrid, outubro de 2006.

DAL ROSSO, Sadi. *Mais trabalho!:* a intensificação do labor na sociedade contemporânea. São Paulo: Boitempo, 2008.

FITA ORTEGA, F. *Límites legales a la jornada de trabajo*. Valencia: Tirant lo Blanch, 1999.

FOLHA DE S. PAULO. Cortador de cana morreu após 70 dias de trabalho. *Folha de S. Paulo*, Folha Dinheiro, Caderno B, p. B9. São Paulo, 18 maio 2007.

GOMES MEDEIROS, J. L. *A economia diante do horror econômico*. 2004, 204 p. Tese (Doutorado em Economia). Instituto de Economia da Universidade Federal do Rio de Janeiro, Rio de Janeiro, 2004.

GOMES, Orlando e GOTTSCHALK, Elson. *Curso de direito do trabalho*. 3. ed. Rio de Janeiro: Forense, 1968.

INSHT — MTIN. *Informe Anual sobre Daños a la Salud en el Trabajo*, do Instituto Nacional de Seguridad e Higiene en el Trabajo, órgão vinculado ao MTIN — Ministerio de Trabajo e Inmigración. Acesso em: 6 out. 2010. Disponível em: <http://www.insht.es/Observatorio/Contenidos/InformesPropios/Siniestralidad/Ficheros/DA%C3%91OS%20A%20 LA%20SALUD%202008.pdf>.

MARX, Karl. *O capital:* crítica da economia política. Livro I. Tradução de Reginaldo Sant'Anna. 22. ed. Rio de Janeiro: Civilização Brasileira, 2004.

MINISTÉRIO DO TRABALHO E EMPREGO (MTE) et al. *Anuário Estatístico de Acidentes do Trabalho — AEAT 2008*. v.1. Brasília: MTE: MPS, 2008. Acesso em: 1º set. 2010. Disponível em: <http://www.previdenciasocial.gov.br/arquivos/office/3_091125-174455-479.pdf>.

MINISTÉRIO PÚBLICO DO TRABALHO (MPT) — PRT 12. *Empresa X terá que conceder pausas de recuperação de fadiga e não demitir empregados doentes*. Disponível em: <http://www.prt12.mpt.gov.br/prt/noticias/2010_09/2010_09_29.php>. Acesso em: 10 set. 2011.

OIT. *Perfil do Trabalho Decente no Brasil*. 2009. Disponível em: <http://www.ilo.org/wcmsp5/groups/public/---dgreports/---integration/documents/publication/wcm_041773.pdf>. Acesso em: 4 out. 2010.

OLIVEIRA, Sebastião Geraldo de. *Proteção jurídica à saúde do trabalhador*. 4. ed. São Paulo: LTr, 2002.

PEREIRA BINDER, M. C. e MUNIZ DE ALMEIDA, I. Acidentes do trabalho: acaso ou descaso? Em: MENDES, R. *Patologia do trabalho*. v. 1, 2. ed. atual. e ampl. São Paulo: Atheneu, 2005.

PRADOS DE REYES, F. J. La ordenación del tiempo de trabajo en la Reforma del Estatuto de los Trabajadores. *Relaciones laborales*, n. 8, ano 12, Madrid, 23 de abril de 1996.

RAIS. *Relação Anual de Informações Sociais*. Elaboração: CGET/DES/SPPE/MTE — Coordenação Geral de Estatísticas do Trabalho; Declaração Eletrônica de Serviços; SPPE/MTE. Disponível em: <http://www.mte.gov.br/rais/resultado_2008.pdf>. Acesso em: 2 set. 2010.

SILVA, José Antônio Ribeiro de Oliveira. *A flexibilização da jornada de trabalho e a violação do direito à saúde do trabalhador:* uma análise comparativa dos sistemas jurídicos brasileiro e espanhol. São Paulo: LTr, 2013.

SPURGEON, A. *Working time:* its impact on safety and health. OIT y Korean Occupational Safety and Health Research Institute, Genebra, 2003.

SÜSSEKIND, Arnaldo. *Direito internacional do trabalho*. 3. ed. atual. e com novos textos. São Paulo: LTr, 2000.

SÜSSEKIND, Arnaldo *et al*. *Instituições de direito do trabalho*. v. 2, 16. ed. atual. por Arnaldo Süssekind e João de Lima Teixeira Filho. São Paulo: LTr, 1996.

TRILLO PÁRRAGA. F. J. *La construcción social y normativa del tiempo de trabajo:* identidades y trayectorias laborales. Valladolid: Lex Nova, 2010.

URRUTIKOETXEA BARRUTIA, M. Vivir para trabajar: la excesiva jornada de trabajo como factor de riesgo laboral. *Gestión Práctica de Riesgos Laborales*, n. 77, dezembro de 2010.

VALDÉZ DAL-RÉ, F. La flexibilidad del tiempo de trabajo: un viejo, inacabado y cambiante debate. *Relaciones laborales*, n. 2, ano 15, Madrid, 23 de janeiro de 1999.

WEISHAUPT PRONI, M. Diferenciais da jornada de trabalho no Brasil. Em: DARI KREIN, J.; BARROS BIAVASCHI, M.; OLIVEIRA ZANELLA, E. B. de; SOUZA FERREIRA, J. O. de (Org.). *As transformações no mundo do trabalho e os diretos dos trabalhadores*. São Paulo: LTr, 2006.

GREVE AMBIENTAL TRABALHISTA

Georgenor de Sousa Franco Filho[*]

1 TIPOS DE MEIO AMBIENTE, INCLUSIVE O DO TRABALHO

Modernamente, o mundo inteiro tem olhado com preocupação para o meio ambiente do planeta. O homem tem, reconhecidamente, direito a um meio ambiente equilibrado, sadio, desenvolvido dentro de padrões sustentáveis. Trata-se de um direito que costumo enquadrar na terceira geração dos direitos fundamentais, os de solidariedade ou fraternidade.

No princípio, falava-se em *meio ambiente natural*, especialmente flora e fauna, os mananciais hidrográficos, as belezas do planeta que o homem não deveria destruir. Adiante, acrescentou-se o *meio ambiente artificial*, aquele que o ser humano, usando sua própria capacidade criadora, concebeu e com sua força de trabalho, construiu. Depois, olhou-se para o pretérito e todos passamos a conservar e preservar nossa memória, no que alguns chamam de *meio ambiente arqueológico*. A eles, foi somado o *meio ambiente cultural*, envolvendo muito dos usos e costumes do povo, seus falares, seus hábitos religiosos e alimentares, dentre outros. Mais recentemente, o *meio ambiente do trabalho*, que se relaciona com o local onde o trabalhador desenvolve sua atividade laborativa, direta ou indiretamente controlado por seu empregador. E, nesses últimos tempos, podemos identificar um novo tipo de meio ambiente, acerca do qual pouco ou nada se escreveu, mas que está a merecer bastante atenção: o *meio ambiente espiritual*, que envolve, dentre outras coisas, os sentimentos de serenidade, afeto, fé, amor, de que seriam exemplos manifestações religiosas como o Círio de Nossa Senhora de Nazaré, em Belém do Pará, ou as peregrinações dos muçulmanos à Meca (o *hadjdj)*, onde nasceu Maomé, o profeta do Islã.

(*) Desembargador do Trabalho de carreira do TRT da 8ª Região, Doutor *honoris causa* e Professor Titular de Direito Internacional e Direito do Trabalho da Universidade da Amazônia (UNAMA), Doutor em Direito pela Universidade de São Paulo, Presidente Honorário da Academia Brasileira de Direito do Trabalho.

Aqui se trata de tema específico, dentro do meio ambiente do trabalho: a *greve ambiental trabalhista* que, embora não prevista expressamente como tal na legislação interna brasileira e seja carente de exame pela grande maioria da doutrina, além de não existirem notícias de precedentes jurisprudenciais, está na ordem do dia de qualquer relação de trabalho, ainda que a quase totalidade dos empregadores e empregados desconheça esse direito trabalhista, expressamente consagrado na Convenção n. 115 da Organização Internacional do Trabalho (OIT).

2 GREVE TRADICIONAL E GREVE AMBIENTAL

Ensina Amauri Mascaro Nascimento, reportando-se à greve tradicional, que se trata de *um direito individual de exercício coletivo, manifestando-se como autodefesa*, e que *exerce uma pressão necessária que leva à reconstrução do direito do trabalho quando as normas vigentes não atendem às exigências do grupo social*[1].

O Mestre das Arcadas Paulistas assinala, ainda, que *o que caracteriza doutrinariamente a greve é a recusa de trabalho que rompe com o quotidiano, bem como o seu caráter coletivo. Não há greve de uma só pessoa. Nem haverá, também, sem o elemento subjetivo, a intenção de se pôr fora do contrato para obter uma vantagem trabalhista*[2].

Na França, Michel Despax escreveu que a greve é *l'arme syndicale per excelence*,[3] porque é o único recurso de que dispõe o grupo de trabalhadores para obter atendimento às suas reivindicações.

A greve que estamos habituados a conhecer é a que está descrita acima. Existe, todavia, outra que se chama de *greve ambiental trabalhista*, que, como anota Raimundo Simão de Melo, é diferente da paralisação clássica do trabalho[4], e a conceitua como *a paralisação coletiva ou individual, temporária, parcial ou total, da prestação de trabalho a um tomador, qualquer que seja a relação de trabalho, com a finalidade de preservar e defender o meio ambiente do trabalho e a saúde do trabalhador*[5].

Não se trata, de modo algum, do exemplo referido por Salvador Perez del Castillo, quando escreve: *a greve de um só é admitida teoricamente enquanto exista uma outra greve realizada em lugar distinto, isto é, requer um grupo de trabalhadores que estejam em outras empresas fazendo greve pela mesma causa. Trata-se, pois, de um só neste lugar e não de um único trabalhador participando da medida. Para este empregador haverá somente um grevista, entretanto, na mesma unidade de negociação, um grupo de grevistas está fazendo greve frente a um grupo de empregadores e, sendo assim, aquele indivíduo deverá ser reconhecido, também, como grevista*[6]. E não se trata dessa hipótese, porque, na greve ambiental, não há necessidade de, em outras empresas, existir qualquer tipo de paralisação pelo mesmo motivo.

3 PREVISÕES LEGAIS SOBRE PARALISAÇÕES AMBIENTAIS

Existem diversas normas legais que cuidam de proteção do meio ambiente do trabalho e de greve ambiental trabalhista, tanto no Direito Internacional como em nível nacional, inclusive no Brasil, nunca sem esquecer que a proteção referida, como recordam Celso Fiorillo & Marcelo Rodrigues, é coisa diversa da proteção do direito do trabalho[7].

---
(1) NASCIMENTO, Amauri Mascaro. *Curso de direito do trabalho*. 24. ed. São Paulo: Saraiva, 2009. p. 1318-19.
(2) NASCIMENTO, A. M. *Idem*, p. 1321.
(3) DESPAX, Michel. *Droit du travail*. 5. ed. Paris: Presses Universitaires, 1981. p. 73.
(4) MELO, Raimundo Simão de. *A greve no direito brasileiro*. 3. ed. São Paulo: LTr, 2011. p. 109.
(5) MELO, R. S. de. *Idem*, p. 110.
(6) PEREZ DEL CASTILLO, Salvador. *O direito de greve*. Trad. Irany Ferrari. São Paulo: LTr, 1994. p. 24.
(7) FIORILLO, Celso Antônio Pacheco & RODRIGUES, Marcelo Abelha. *Manual de direito ambiental e legislação aplicável*. São Paulo: Max Limonad, 1997. p. 65.

No Direito Internacional, a partir de 1972, na I Conferência das Nações sobre o Meio Ambiente Humano, em Estocolmo, foi adotada a pioneira Declaração de 16.6, que equivale para o meio ambiente o mesmo que a Declaração Universal dos Direitos do Homem de 1948 para a humanidade como um todo. Adiante, em Nova York, a 9.5.1992, foi aprovada a Convenção-Quadro das Nações Unidas sobre Mudança do Clima, e, por ocasião da II Conferência das Nações Unidas para o Meio Ambiente e o Desenvolvimento (CNUMAD), no Rio de Janeiro, foi a vez da Convenção sobre Diversidade Biológica (05.junho.1992), ambas ratificadas pelo Brasil, não sendo, todavia, nenhuma direcionada a meio ambiente do trabalho, embora sejam normas de *hard-law*, e, portanto, de grande significado, diferente da de Estocolmo, que é norma de *soft law*.

Especificamente quanto ao meio ambiente do trabalho, embora existam outras convenções ligadas ao tema[8], a principal é a Convenção n. 155, sobre Segurança e Saúde dos Trabalhadores, aprovada na 67ª reunião da Conferência Internacional do Trabalho, em Genebra, a 22.6.1981, e que entrou em vigor no plano internacional em 11.8.83 [9], e que é aplicável a todas as áreas da atividade econômica (art. 1,1), e, para seus fins, trabalhadores são *todas as pessoas empregadas, incluindo os funcionários públicos* (art. 3, b).

O art. 13 da Convenção n. 155 dispõe:

Art. 13. Em conformidade com a prática e as condições nacionais deverá ser protegido, de consequências injustificadas, todo trabalhador que julgar necessário interromper uma situação de trabalho por considerar, por motivos razoáveis, que ela envolve um perigo iminente e grave para sua vida ou sua saúde.

Trata-se da consagração internacional da greve ambiental trabalhista, e essa norma, incorporada ao Direito brasileiro e, portanto, lei no Brasil, é o próprio direito à greve ambiental.

No Direito estrangeiro, a Itália possui lei de greve negociada junto às centrais sindicais, a Lei n. 146, de 12.6.1990, que, embora não cuide expressamente da greve ambiental, dispensa os trabalhadores de pré-avisarem empregadores e usuários de seus serviços do movimento, caso este se destine a defender a Constituição e em protestos por graves lesões à incolumidade e à segurança dos trabalhadores. É assim o art. 2,7, da Lei de Greve italiana:

Art. 2º, § 7º As disposições do presente artigo em relação ao pré-aviso mínimo e à indicação da duração da greve não se aplicam em casos de abstenção ao trabalho em defesa da ordem constitucional ou em protesto a graves acontecimentos lesivos à incolumidade e à segurança dos trabalhadores[10].

Em nosso país, de acordo com o art. 170 da Constituição de 1988, a ordem econômica é fundada na valorização do trabalho humano, observado, dentre outros, no inciso VI, o princípio da defesa do meio ambiente, considerando o impacto ambiental dos produtos e serviços e de seus processos de elaboração e prestação. Antes, ao reconhecer os direitos trabalhistas, garante que deve haver redução dos riscos inerentes ao trabalho, por meio de normas de saúde, higiene e segurança (inciso XXII do art. 7º), e que ao Sistema Único de Saúde (SUS) compete, dentre outras atribuições, colaborar na proteção do meio ambiente, nele compreendido o do trabalho (art. 200, n. VIII).

O art. 161, § 6º, da CLT, admite a paralisação do trabalho quando houver laudo da Superintendência Regional do Trabalho e Emprego constando que existe grave e iminente risco para o trabalhador. É que o dispositivo consolidado admite que a SRTE interdite estabelecimento, setor de serviço, máquina ou equipamento, ou embargue obra, determinando as providências que devem ser adotadas para prevenir os infortúnios do trabalho.

---

(8) V. os nossos *Globalização do trabalho: rua sem saída*. São Paulo, LTr, 2001. p. 209-16, e, *Avaliando o Direito do Trabalho*. São Paulo: LTr, 2010. p. 22-28.
(9) No Brasil, foi aprovada pelo Decreto Legislativo n. 2, de 17.3.1992, do Congresso Nacional; ratificada a 18.5.1992; promulgada pelo Decreto n. 1.254, de 29.9.1994; tendo entrado em vigor internamente a 18.5.1993.
(10) Disponível *in* GIUGNI, Gino. *Direito sindical*. Trad. Eiko Lucia Itioka. São Paulo: LTr, 1991. p. 317.

Para desenvolver essa interdição, a Superintendência Regional do Trabalho e Emprego (SRTE) contará com o apoio de autoridades federais, estaduais e municipais (§ 1º), podendo a providência ser tomada a requerimento do serviço competente da Superintendência, de auditor-fiscal do trabalho ou de entidade sindical (§ 2º).

Em decorrência da interdição ou embargo por motivo de irregularidades detectadas no ambiente de trabalho, os serviços podem ser paralisados e os trabalhadores receberão, pelos dias de paralisação, os seus salários normalmente, *como se estivessem em efetivo exercício*, como destaca o § 6º do mesmo dispositivo consolidado.

No Estado de São Paulo, o § 2º do art. 229 da Constituição Estadual é expresso:

§ 2º *Em condições de risco grave ou iminente no local de trabalho, será lícito ao empregado interromper suas atividades, sem prejuízo de quaisquer direitos, até a eliminação do risco.*

Esse dispositivo é praticamente repetido, na sua literalidade, pelo art. 9º da Lei estadual n. 9.505, de 11.3.1997, que disciplina as ações e os serviços de saúde dos trabalhadores no Sistema Único de Saúde:

Art. 9º Em condições de risco grave ou iminente no local de trabalho, será lícito ao empregado interromper suas atividades, sem prejuízo de quaisquer direitos, até a eliminação da adversidade.

Na esfera administrativa federal, a Portaria n. 3.214/78 aprovou as Normas Regulamentares que cuidam de higiene, saúde e segurança do trabalho. A NR n. 22, que trata da *segurança e saúde ocupacional na mineração*, com o *objetivo de disciplinar os preceitos a serem observados na organização e no ambiente de trabalho, de forma a tornar compatível o planejamento e o desenvolvimento da atividade mineira com a busca permanente da segurança e saúde dos trabalhadores* (n. 22.1.1), tem aplicação em minerações subterrâneas; minerações a céu aberto; garimpos, no que couber; beneficiamentos minerais e pesquisa mineral.

É esta NR 22 que, no n. 22.5.1 reconhece, dentre os direitos dos trabalhadores os de:

(a) interromper suas tarefas sempre que constatar evidências que representem riscos graves e iminentes para sua segurança e saúde ou de terceiros, comunicando imediatamente o fato a seu superior hierárquico que diligenciará as medidas cabíveis e

(b) ser informados sobre os riscos existentes no local de trabalho que possam afetar sua segurança e saúde.

É a alínea *a* do n. 22.5.1 da NR n. 22 que reconhece o direito à greve ambiental para os trabalhadores no setor minerário, o que não afasta a possibilidade de, por analogia, ser aplicada aos demais.

Deve ser enfatizado um aspecto primordial nesse instituto. Comumente, a greve é causa de **suspensão** do contrato de trabalho, em que, porque não há prestação de serviços, os empregados não recebem suas remunerações[11]. É assim a greve tradicional. No caso que se examina, trata-se de **interrupção**, como todas as normas acima mencionadas referem, e, como tal, os obreiros têm direito a receber integralmente, sem desconto de qualquer natureza, todas as suas verbas remuneratórias, nos expressos termos do art. 21 da Convenção n. 155.

4 IDENTIFICAÇÃO DA GREVE AMBIENTAL

Para que uma greve seja considerada efetiva e exclusivamente *ambiental* é indispensável que as reivindicações dos trabalhadores sejam, *todas*, ligadas a regularizar condições ou situações que estejam colocando em perigo iminente e grave para sua vida ou sua saúde.

---

(11) N. sent. inexiste divergência doutrinária. V., por todos, PEREZ DEL CASTILLO, S. *Ob. cit.*, p. 99 e segs.

Esse requisito é essencial e indispensável. Ausente, a greve será apenas uma paralisação comum, igual a qualquer outro movimento paredista, mas nunca será uma greve ambiental.

Não se deve cogitar de abuso do direito de greve no caso de greve ambiental, invocando o *caput* do art. 14 da Lei n. 7.783, de 28.6.1989. A paralisação em comento visa pôr fim a situações que causam dano ao trabalhador, e persistirá até que isso seja superado, salvo, evidente, que o que foi celebrado autonomamente (acordo ou convenção coletiva de trabalho) ou decidido heteronomamente (sentença normativa da Justiça do Trabalho) efetivamente façam desaparecer aquelas condições.

Pode, sim, ser perfeitamente admitida a hipótese de inexistência de abuso de direito, a partir das duas hipóteses do parágrafo único do mencionado dispositivo, na vigência de norma coletiva. Ou seja, exigir cumprimento de cláusula ou condição referente à saúde e segurança do trabalhador (inciso I), ou existência de fato superveniente ou acontecimento imprevisto que promova mudança substancial na relação de trabalho, com prejuízos à saúde e segurança dos trabalhadores (inciso II).

Para que exista uma greve tradicional, é indispensável a paralisação coletiva do trabalho. Na ambiental, a paralisação pode ser também individual, como se constatou acima, na conceituação feita por Raimundo Simão de Mello. Esse aspecto é característica desse tipo de manifestação.

Devem ser observadas essas, então, duas peculiaridades da greve ambiental: a possibilidade de ser praticada individualmente e os requisitos que devem ser obedecidos para sua deflagração.

Pode ser individual, porque o que se pretende é defender a saúde do trabalhador e, em consequência, sua própria vida, o mais fundamental de todos os direitos. Assim, um só obreiro pode interromper seu trabalho se existirem riscos à sua saúde.

Isto não significa que não possa ser praticada coletivamente. Ao contrário, a greve "individual" é uma exceção ao próprio instituto clássico da greve, como conceituado acima. E, sendo praticada coletivamente, não deve ser exigida a observância aos requisitos da Lei n. 7.783/89, porque, ao contrário, *são dispensados, como o aviso-prévio ao empregador, porque se trata de proteger a vida e a saúde do trabalhador, e a comunicação formal da deflagração do movimento é dispensável ante a gravidade e iminência do risco*[12].

Sua previsão efetiva não está na lei interna original brasileira, mas em tratado internacional, representado pela Convenção n. 155 da OIT, incorporada a nosso ordenamento jurídico. É o seu art. 13 que confere ao empregado o direito de interromper sua atividade laboral se, considerando motivos razoáveis, constate a possibilidade de estar em perigo iminente e grave para a sua vida ou sua saúde.

A quando dessa paralisação, nenhuma punição, decorrente do exercício desse direito, lhe poderá ser aplicada, inclusive não há faltas a descontar, porque, como prevê o art. 21 da mesma Convenção, *as medidas de segurança e higiene do trabalho não deverão implicar nenhum ônus financeiro para os trabalhadores*.

Importante que, para a greve ambiental ser admitida, é imperioso que o trabalhador cumpra uma obrigação que é sua, e, pelo art. 19, *f*, da Convenção, é fundamental, qual a de que *informará imediatamente o seu superior hierárquico direto sobre qualquer situação de trabalho que, a seu ver e por motivos razoáveis, envolva um perigo iminente e grave para sua vida ou sua saúde; enquanto o empregador não tiver tomado medidas corretivas, se forem necessárias, não poderá exigir dos trabalhadores a sua volta a uma situação de trabalho onde exista, em caráter contínuo, um perigo grave ou iminente para sua vida ou sua saúde*. Em outros termos, informada a condição danosa de trabalho o empregado pode iniciar a paralisação que durará até que aquela situação tenha desaparecido.

5 POSSIBILIDADES DE SEU REGULAR EXERCÍCIO NO BRASIL

Questão que deve ser esclarecida é acerca do efetivo direito de os trabalhadores brasileiros poderem, com fulcro na Convenção n. 155 da OIT, realizar uma greve ambiental.

---

(12) MELLO, R. S. de. *Ob. cit.*, p. 119.

Sem dúvida, a resposta é afirmativa. E existem diversas situações que, coletiva ou individualmente, podem ser justificadoras de sua prática. É Raimundo Simão de Melo quem elenca alguns desses pressupostos para a greve ambiental trabalhista, chamando-os de riscos comuns e riscos incomuns.

No rol dos primeiros estão: implantação do Programa de Prevenção de Riscos Ambientais (PPRA), de que trata a NR 9, e do Programa de Controle Médico de Saúde Ocupacional (PCMSO), objeto da NR 7; criação instalação de Comissão Interna de Prevenção de Acidentes (CIPA); eliminação ou diminuição de agentes físicos, químicos ou biológicos causadores de doenças do trabalho pela longa exposição; diminuição da jornada de trabalho em certas condições causadoras de doenças profissionais tipo LER-DORT[13]; implementação de intervalos intra e interjornadas; estabilidade para acidentados acima dos limites do art. 118 da Lei n. 8.213/91[14].

De outro lado, seriam incomuns aqueles riscos que podem causar danos ao trabalhador se não forem eliminados[15].

A grande dúvida, certamente, é a possibilidade da prática individual desse tipo de greve, tendo em conta que, por tradição, esse mecanismo sempre foi entendido como de exercício coletivo. Pois bem, inúmeros exemplos de *greve individual* podem ser encontrados. Vejamos: admitamos um posto de saúde, em uma cidade do interior, onde exista apenas um médico. Esse profissional, porque o local de seu trabalho não possui as mínimas condições de higiene e existe constante falta de material para as diversas atividades que deve desenvolver, prejudicando sua atividade e, consequentemente, pondo em risco a saúde de terceiros (os pacientes), pode promover a interrupção de seu trabalho. Ele estará exercendo sua greve ambiental trabalhista individual.

Outro caso: o único responsável pelo sistema de manutenção de uma usina termoelétrica não possui condições de continuar exercendo sua atividade porque faltam os equipamentos de proteção individual necessários e, por isso, paralisa seu serviço até que o material de segurança lhe seja fornecido. Igualmente estará exercendo sua greve ambiental trabalhista individual, porque a segurança de que trata a Convenção n. 155 não deve ser vista apenas no sentido de garantir a saúde do empregado, mas de proteger sua vida, indispensável para que se possa falar em saúde.

Igualmente poderia ser verificada a seguinte situação: em um determinado local, um estabelecimento bancário instalou um posto avançado de atendimento, designando um único empregado para trabalhar ali, onde havia diversos caixas eletrônicos. Não foram colocadas câmeras de monitoramento, nem havia qualquer espécie de segurança para proteger o trabalhador. Ante o iminente risco para sua vida e segurança, esse empregado paralisou as atividades do posto até que condições mínimas de proteção fossem implementadas. Note-se que a falta de segurança e um eventual assalto no qual o bancário fosse vitimado poderia, como tem acontecido com bastante frequência, gerar indenização por danos morais. Isso poderia ser evitado se, em tendo havido a paralisação individual, fossem atendidas as reivindicações do trabalhador relativamente à sua segurança pessoal para manter incólumes sua saúde e sua vida.

Esses exemplos podem ser, igualmente, vistos sob o aspecto coletivo, o que é mais comum, embora os casos hipotéticos individuais citados acima devam ser considerados, desde que constatada alguma causa de possibilidade de dano à saúde do trabalhador ou de terceiros (caso do médico que paralisa no posto de saúde).

6 CONCLUSÃO

A greve ambiental trabalhista é perfeitamente compatível com o Direito brasileiro. Está implícita em diversas normas internas do ordenamento jurídico do Brasil, como o art. 161, § 6º, da CLT, e a NR n. 22

---
(13) Trata-se de desgaste de estuturas do sistema músculo-esquelético. Por LER entenda-se as Lesões por Esforço Repetitivo. Por DORT, o Distúrbio ósteomuscular relacionado ao trabalho.
(14) MELLO, R. S. de. *Idem*, p. 113-4.
(15) MELLO, R. S. de. *Ibidem*, p. 114.

da Portaria n. 3.214/74, especialmente seu n. 22.5.1. E na legislação de alguns Estados, como São Paulo, no § 2º do art. 229 da sua Constituição, e o art. 9º da Lei estadual n. 9.505/97.

Porém, como podem ser suscitadas dúvidas, a greve ambiental está expressamente prevista no art. 13 da Convenção n. 155 da OIT, que, porque ratificada regularmente por nosso país, embora antes da Emenda Constitucional n. 45, e, portanto, fora do alcance da regra contida no § 3º do art. 5º da Constituição de 1988, equivale à lei ordinária federal.

Com efeito, para sua implementação, os seguintes pontos precisam ser observados com rigor:

1. Não precisa haver intervenção do sindicato de trabalhadores;
2. Pode ser praticada individual ou coletivamente;
3. Deve ser destinada apenas a cuidar de temas ligados a condições ambientais de trabalho, sem qualquer outro tipo de reivindicação;
4. Trata-se de hipótese de interrupção do trabalho, com direito ao salário do período de paralisação, não se tratando de suspensão do contrato, que se aplica apenas às greves tradicionais;
5. É indispensável que haja pré-aviso ao empregador da condição danosa, motivo da paralisação que vai ser iniciada;
6. Retorno às atividades tão logo seja superada a situação de perigo para o trabalhador ou para terceiros.

É certo que haverá alguma dificuldade para ser entendida a possibilidade da prática dessa greve. No entanto, o bem-estar do trabalhador e de terceiros que dependam de sua atividade, justifica a sua realização, devendo, para evitá-la, o empregador implementar todos os instrumentos indispensáveis à garantia da completa saúde, segurança, higiene do ambiente de trabalho. Os beneficiados serão todos: o trabalhador, que não correrá risco de adquirir doenças profissionais e danos maiores à sua saúde; o empregador, que terá mão de obra mais qualificada e disposta a melhor produtividade; a sociedade, que não sofrerá com atividades que, ao cabo, poderão também lhe atingir.

PUBLICADO EM:

Revista Jurídica Consulex, Brasília, v. 19, p. 4-8, 2013.

LTr. Suplemento Trabalhista, São Paulo, v. 13, p. 535-539, 2013.

Seleções jurídicas ADV-COAD. Rio de Janeiro, 2013, v. 18, p. 8-13.

7 REFERÊNCIAS BIBLIOGRÁFICAS

DESPAX, Michel. *Droit du travail*. 5. ed. Paris: Presses Universitaires, 1981.

FIORILLO, Celso Antônio Pacheco & RODRIGUES, Marcelo Abelha. *Manual de direito ambiental e legislação aplicável*. São Paulo: Max Limonad, 1997.

FRANCO FILHO, Georgenor de Sousa. *Globalização do trabalho: rua sem saída*. São Paulo, LTr, 2001.

_____ . *Avaliando o direito do trabalho*. São Paulo: LTr, 2010.

GIUGNI, Gino. *Direito sindical*. Trad. Eiko Lucia Itioka. São Paulo: LTr, 1991.

MELO, Raimundo Simão de. *A greve no direito brasileiro*. 3. ed. São Paulo: LTr, 2011.

NASCIMENTO, Amauri Mascaro. *Curso de direito do trabalho*. 24. ed. São Paulo: Saraiva, 2009.

PEREZ DEL CASTILLO, Salvador. *O direito de greve*. Trad. Irany Ferrari. São Paulo: LTr, 1994.

A RESTRIÇÃO DA RESCISÃO CONTRATUAL DO TRABALHADOR VÍTIMA DE ACIDENTE DE TRABALHO E/OU DOENÇA OCUPACIONAL A PARTIR DE UM NOVO VIÉS INTERPRETATIVO DO ART. 7º, INCISO I, DA CONSTITUIÇÃO FEDERAL (DIÁLOGO DAS FONTES)

Rosita de Nazaré Sidrim Nassar[*]
Francisco Milton Araújo Júnior[**]

"Se você pensa que tudo o que faz é certo, lembre que o SENHOR julga as suas intenções. Faça o que é direito e justo, pois isso agrada mais a Deus do que lhe oferecer sacrifícios". (Provérbios, Capítulo 21, v. 2-3).

1 CONSIDERAÇÕES INICIAIS

As dolorosas notícias de ocorrência de acidentes[1] no ambiente de trabalho encontram-se cada vez mais presentes na sociedade contemporânea e afligem todas as nações do Globo.

Notícias como soterramento de 89 (oitenta e nove) mineiros no dia 30 de março de 2013, na China[2], ou da morte do alemão Moritz Erhardt no dia 15 de agosto de 2013, estagiário de 21 anos do Bank of America-Merril Lynch, em Londres, que, de acordo com o jornal britânico "The Independent", estava praticamente sem dormir há três dias conectado nas atividades profissionais[3], ou mesmo a morte de Marcleudo de Melo Ferreira, de 22 anos, natural de Limoeiro do Norte, no Ceará, no dia 14 de dezembro de 2013, que

---

[*] Professora da Universidade Federal do Pará — UFPa. Mestre pela Pontifícia Universidade Católica do Rio de Janeiro PUC — RJ. Doutora pela Universidade de São Paulo — USP. Juíza do Tribunal Regional do Trabalho da 8ª Região. Membro da Academia Nacional de Direito do Trabalho.
[**] Juiz Federal do Trabalho — Titular da 5ª Vara do Trabalho de Macapá/Ap. Mestre em Direito do Trabalho pela Universidade Federal do Pará — UFPa. Especialista em Higiene Ocupacional pela Universidade de São Paulo — USP. Professor das disciplinas de Direito do Trabalho e Processo do Trabalho na Faculdade SEAMA/AP e colaborador da Escola Judicial do TRT da 8ª Região — EJUD8.
(1) No presente estudo será utilizada expressão acidente de trabalho em sentido lato, de modo a abranger as formas de acidente típico como também as doenças ocupacionais, consoante preceituam os arts. 19 e 20, da Lei n. 8.213/91.
(2) <http://noticias.terra.com.br/mundo/asia/china-chance-de-sobrevivencia-de-83-mineiros-soterrados-e-minima,7f9ff8587a2bd310VgnCLD-2000000dc6eb0aRCRD.html>. Acesso em: 3.2.2014.
(3) Fonte: <http://www1.folha.uol.com.br/mundo/2013.8.1329403-estagiario-de-banco-morre-apos-trabalhar-tres-dias-seguidos.shtml>. Acesso em: 3.2.2014.

caiu de uma altura de 35 (trinta e cinco) metros quando trabalhava na montagem da cobertura do estádio que deverá sediar a Copa do Mundo, em Manaus[4], integram o cotidiano da mídia nacional e internacional, demonstrando a realidade nefasta das precárias condições de labor a que são submetidos os trabalhadores.

O trabalho, como meio de materialização de conquistas pessoais, tem se tornado motivo de dor, sofrimento e desestruturação familiar, seja por provocar sequelas de ordem física e/ou psicológicas no trabalhador, seja por propiciar a ocorrência do próprio óbito do trabalhador.

Nessa dramática realidade aflora a busca de mecanismos para tornar o *habitat* laboral mais hígido, seguro e saudável, como forma de assegurar a concretude da garantia constitucional da dignidade humana.

Em reação à legítima busca da gestão humanizada do empreendimento econômico, vozes pragmáticas representando o capital estabelecem o contraponto a partir do discurso de que o acidente do trabalho é fruto do acaso ou do descuido do próprio trabalhador, e que a solução deve ser pelo viés da reparação pecuniária da vítima.

Nessa perspectiva, pode-se destacar a entrevista do secretário da Copa em Manaus, Miguel Capobiango, à BBC de Londres, na qual é categórico em afirmar que a "preguiça" dos trabalhadores é a causa dos acidentes de trabalho ocorridos na Arena construída em Manaus.

Nas palavras do próprio Miguel Capobiango: "Usar o equipamento de segurança às vezes é chato e nem todos gostam de estar usando. O operário às vezes abre mão por preguiça, então ele relaxa ... infelizmente, os dois acidentes aconteceram por uma questão básica de não cuidado do trabalhador no uso correto do equipamento"[5].

Ainda que, por delimitação temática, não se aprofunde na análise das causas dos acidentes de trabalho, cabe destacar que o prognóstico limitado da ocorrência do acidente de trabalho como decorrente de ato isolado do trabalhador encontra-se suplantado pela compreensão da multiplicidade de elementos desencadeadores de acidentes a que se encontra exposto o trabalhador[6].

Sobre a perspectiva da solução reducionista da reparação pecuniária do acidente de trabalho, Tom Dwyer explicita a ótica do capital ao comentar que "na área da indenização, a vida humana, os braços e as pernas são reduzidos a quantias calculadas que têm como referência as tabelas legalmente padronizadas ou determinadas pelo segurador. Cálculos atuariais induzem muitos empregadores a considerar os acidentes e sua indenização como parte normal do negócio"[7].

Observa-se que a frieza do capital em reconhecer as consequências do acidente de trabalho como mero componente que integra os custos do empreendimento econômico deve ser suplantada pela busca de instrumentos jurídicos adequados que assegurem a efetividade dos princípios estruturantes da ordem econômica no Brasil, em especial da otimização da valorização do trabalho humano e função social da propriedade, conforme estabelece o art. 170, da Constituição Federal.

Dessa forma, objetivando prevenir a ocorrência de acidentes de trabalho, deve-se priorizar a implementação dos mecanimos de segurança no trabalho pelo empreendimento econômico, mecanismos estes que perpassam pelas fases de antecipação, identificação, avaliação e controle dos riscos ocupacionais[8].

---

(4) Fonte: <http://g1.globo.com/am/amazonas/noticia/2013.12.operario-morre-ao-despencar-em-obra-na-arena-da-amazonia.html>. Acesso em: 3.2.2014.
(5) Fonte: <http://www.bbc.co.uk/portuguese/noticias/2014.1.140124_estadio_manaus_rm.shtml>. Acesso em: 3.2.2014.
(6) Para aprofundamento sobre o assunto, *vide* em PEREIRA BINDER, M. C. e MUNIZ DE ALMEIDA, I. Acidentes do trabalho: acaso ou descaso?. In: *Patologia do trabalho*. Organizado por René Mendes. v. I, 2. ed. São Paulo: Atheneu, 2005. p. 779-786.
(7) DWYER, Tom. *Vida e morte no trabalho*: acidente do trabalho e a produção social do erro. Campinas: Unicamp, 2006. p. 60.
(8) Para aprofundamento sobre o assunto, *vide* em ARAÚJO JUNIOR, Francisco Milton. *Doença ocupacional e acidente de trabalho. Análise multidisciplinar*. 2. ed. São Paulo: LTr, 2013. p. 29/35.

Em caso da ocorrência do acidente de trabalho que resulte em limitação da capacidade laborativa, deve-se buscar a implementação de garantias constitucionais que possam assegurar ao obreiro o direito ao "primado do trabalho", estabelecido no art. 193 da Constituição Federal.

Concentrando-se nesse último aspecto, Elisabete Cestari comenta que o trabalhador acidentado com limitação da capacidade laborativa sofre dupla exclusão, ou seja, "a primeira é econômica, uma vez que o indivíduo perde a sua condição de trabalhador produtivo e ganha a denominação de 'segunda classe'. E a segunda é a social, pois o trabalhador deixa de ser um sujeito autônomo, torna-se inválido, dependente e vítima de preconceitos"[9].

O trabalho, como afirmação social do cidadão perante o próprio indivíduo, a sua família e a comunidade em geral, passa também a agregar sentimentos de inutilidade e desprezo para os trabalhadores acidentados com limitação na capacidade laborativa em face da frágil manutenção do trabalho, haja vista que a análise isolada das normas jurídicas e, por conseguinte, desarraigadas da principiologia constitucional, apenas reconhece a garantia de emprego para esses trabalhadores por 12 (doze) meses (art. 118 da Lei n. 8.213/91), de modo que, após esse período de estabilidade acidentária, teoricamente a empresa poderia livremente rescindir o contrato de trabalho.

Registra-se que o art. 93 da Lei n. 8.213/91, reconhece a esse trabalhador acidentado, quando enquadrado como reabilitado ou pessoa portadora de deficiência, garantia de emprego nas empresas com mais de 100 (cem) empregados, desde que inserido no percentual de 2% (dois por cento) a 5% (cinco por cento) do número de empregados.

Findada a estabilidade acidentária de 12 (doze) meses e não sendo o trabalhador beneficiário da garantia de emprego fixada pelo art. 93 da Lei n. 8.213/91, seja porque a empresa possui menos de 100 (cem), seja porque o trabalhador não se enquadra como reabilitado ou pessoa portadora de deficiência, seja porque a empresa contratou outro trabalhador reabilitado ou portador de deficiência para integrar a cota legal do mencionado dispositivo legal, teoricamente, repetimos, com base na análise isolada das normas jurídicas e, por conseguinte, desarraigada da principiologia constitucional, poderá a empresa livremente rescindir o contrato de trabalho.

A realidade do "descarte" do trabalhador acidentado pela empresa é algo comum e, de acordo com Helcio Davi de Freitas, ocorre mediante uma ação sincronizada do órgão previdenciário e do empregador, haja vista que o INSS "apressa o retorno do trabalhador às suas atividades laborais, muitas vezes sem que haja uma recuperação total, e o empregador, percebendo a fragilidade do trabalhador, o despede logo ao final do período de estabilidade, a fim de 'evitar maiores complicações', ou até mesmo antes, confiando na desinformação do empregado"[10].

Nesse ponto, a partir da compreensão da fragilização do pacto laboral dos trabalhadores acidentados com limitação na capacidade laborativa e da necessidade do resgate da garantia constitucional de que "a ordem social tem como base o primado do trabalho" (art. 193, da Constituição Federal), propõem-se no presente artigo a construção de uma base interpretativa constitucional consubstanciada na Teoria do Diálogo das Fontes que possibilite fixar parâmetros que restrinjam a rescisão contratual dos trabalhadores com sequelas acidentárias.

2 ACIDENTADO DE TRABALHO: DIMENSÕES DA "CHAGA SOCIAL"

Os dados da Organização Internacional do Trabalho (OIT) demonstram que cerca de 2,34 milhões de acidentes de trabalho com vítimas fatais ocorrem por ano em todo o mundo, o que equivale a uma média

---

(9) CESTARI, Elisabete e CARLOTTO, Mary Sandra. Reabilitação profissional: o que pensa o trabalhador sobre sua reinserção. Rio de Janeiro: *Revista de Estudos e Pesquisa em Psicologia*, v. 12, n. 1, 2012. p. 95.
(10) FREITAS, Helcio David de. A Estabilidade Acidentária e a Súmula n. 378 do Tribunal Superior do Trabalho. Fonte: <http://www.trt9.jus.br/internet_base/pagina_geral.do?secao=31&pagina=Revista_57_n_2_2006>. Acesso em: 3.2.2014.

diária de 5.500 mortes e representa um gasto de 4% do produto interno bruto (PIB) mundial ou cerca de 2,8 trilhões de dólares[11].

A análise das repercussões do acidente de trabalho na sociedade brasileira pode ser iniciada a partir dos dados estatísticos do Ministério da Previdência e Assistência Social (MPAS) que demonstram que o Brasil figura entre os recordistas mundiais em acidentes laborais, estando na quarta colocação mundial em número de acidentes fatais de trabalho, com média de uma morte a cada 3,5 horas de jornada de trabalho e com gastos de cerca de R$ 14 bilhões por ano com acidentes de trabalho[12].

Cabe destacar que as estatísticas do Ministério da Previdência e Assistência Social (MPAS) não refletem a quantidade real de acidentes e das doenças laborais ocorridas no país, haja vista que apenas consideram as comunicações regulares ao órgão previdenciário que afetaram trabalhadores com Carteira de Trabalho e Previdência Social (CTPS) devidamente anotada, de modo que, de acordo com Caio Zinet[13], em razão das subnotificações, os dados oficiais de acidente de trabalho tendem a ser 30% (trinta por cento) inferiores ao real quantitativo de acidentes.

Analisando propriamente os dados do Ministério da Previdência e Assistência Social, verifica-se que no ano de 2006[14] foram concedidos 2.454.719 (dois milhões, quatrocentos e cinquenta e quatro mil e setecentos e dezenove) benefícios previdenciários e no ano de 2012[15] foram concedidos 4.957.681 (quatro milhões, novecentos e cinquenta e sete mil e seiscentos e oitenta e um), o que corresponde a um aumento de 99,81% em 6 (seis) anos.

As estatísticas do Ministério da Previdência e Assistência Social de 2006 a 2012 demonstram que as ocorrências dos acidentes laborais continuam crescendo no país, com a elevação, por exemplo, de 200.199 (duzentos mil, cento e noventa e nove) benefícios de pensão por morte em 2006 para 399.295 (trezentos e noventa e nove mil, duzentos e noventa e cinco) em 2012 e de 118.006 (cento e dezoito mil e seis) benefícios de aposentadoria por invalidez em 2006 para 182.818 (cento e oitenta e dois mil, oitocentos e dezoito) em 2012, o que corresponde a um aumento, respectivamente, de 99,12% na concessão de benefícios de pensão por morte e de 54,18% na concessão de benefícios de aposentadoria por invalidez no ano de 2012.

Os números, ainda que alarmantes, demonstram uma realidade fria e objetiva que talvez não permita transparecer a dor e o sofrimento que afligem milhares de pessoas, como a de um trabalhador acidentado, de 20 anos, que teve queimaduras generalizadas por todo o corpo e perdeu um braço na altura do ombro, que relata, com suas próprias palavras, a dramática realidade: "Fiz outra cirurgia (a terceira) para enxerto, fiquei três dias internado; aí passei por outra perícia média. Aí o médico perguntou que se eu quisesse aposentar arrumava os papéis para mim, aí o médico que amputou disse que eu não precisava aposentar que a firma ia ficar comigo. Eu não queria aposentar. Se eu desse produção para a firma em algum serviço que ela me arranjasse ... Aí eu tô esperando"[16].

Observa-se que a narração do jovem trabalhador acidentado vai além da descrição das terríveis marcas físicas e psicológicas do malfadado processo produtivo, pois, muito mais do que o lamento pelas sequelas do acidente, esse trabalhador, como as demais vítimas de graves acidentes laborais, manifesta o seu desejo de viver com esperança e dignidade mediante o desempenho do seu trabalho ou, em outras palavras, o trabalhador, com o corpo mutilado, permanece com a esperança de que a sua dignidade, enquanto cidadão e trabalhador, não seja ceifada.

---

(11) Fonte: <http://www.oit.org.br/content/oit-pede-acao-mundial-urgente-para-combater-doencas-relacionadas-com-o-trabalho>. Acesso em: 3.2.2014.
(12) Fonte: <http://www.brasil.gov.br/defesa-e-seguranca/2013.4.acoes-marcam-o-dia-mundial-da-seguranca-e-saude-no-trabalho>. Acesso em: 3.2.2014.
(13) ZINET, Caio. Condições pioram, acidentes aumentam: número de acidentes de trabalho aumenta na última década, preocupa sindicatos e organismos internacionais, que culpam a forma de produção. Fonte: <https://www.sinait.org.br/arquivos/artigos/artigoaaaf5fe5b423f847831c-33897ce50c3a.pdf>. Acesso em: 3.2.2014.
(14) Fonte: <http://www1.previdencia.gov.br/aeps2006/15_01_20_01.asp>. Acesso em: 3.2.2014.
(15) Fonte: <http://www.previdencia.gov.br/estatisticas/aeps-2012-anuario-estatistico-da-previdencia-social-2012/aeps-2012-secao-i-beneficios/aeps-2012-secao-i-beneficios-subsecao-a/aeps-2012-secao-i-beneficios-subsecao-a-beneficios-concedidos-tabelas/>. Acesso em: 3.2.2014.
(16) COHN, Amélia, et alii. Acidentes do trabalho. Uma forma de violência. São Paulo: Brasiliense, 1985. p. 56.

A situação de fragilidade social do trabalhador vítima de acidente de trabalho se exacerba quando a situação de debilidade da capacidade laborativa passa a ser a causa indutora da restrição das oportunidades de trabalho, de modo que os longos períodos de desemprego passam a desencadear no trabalhador cada vez mais os sentimentos de inutilidade e fracasso.

Amélia Cohn comenta que "a condição de acidentado não é somente a de força de trabalho sucateada, mas a de cidadão sucateado ... o traço comum a todos os trabalhadores que sofreram um acidente do trabalho com lesões graves ou que foram acometidos por uma doença que os transformam em força de trabalho temporariamente desativada é o da perda da individualidade e do controle do seu destino"[17].

Nesse cenário, verifica-se que o trabalhador com sequela do acidente enfrenta diferentes interfaces de um mesmo problema, ou seja, a incapacidade decorrente do acidente de trabalho traz afetações de ordens física e psíquica, inclusive com possível dependência medicamentosa, como também restringe o mercado de trabalho, afetando financeiramente a vida do trabalhador e de seus familiares, provocando, por conseguinte, uma reorganização na estrutura familiar, seja pelo ingresso precoce de filhos menores no mercado de trabalho, seja pelo retorno ao mercado de trabalho de genitores idosos, seja pelo aprofundamento da crise financeira da família, que passa a conviver com profundo estado de miserabilidade.

Observa-se que o resgate da dignidade do trabalhador acidentado perpassa pela efetivação do direito ao trabalho, conforme preceitua o ordenamento constitucional, ou seja, rejeitando-se a figura da incapacidade e/ou inutilidade do trabalhador acidentado, deve-se considerá-lo como trabalhador produtivo com habilidade diferenciada.

Elisabete Cestari comenta que, nessa perspectiva, deve-se buscar uma nova identidade profissional para o trabalhador com restrição da sua capacidade de trabalho em razão do acidente, haja vista que "o trabalhador sente necessidade de reconstruir a própria identidade, vulnerada pela impossibilidade de realização das atividades que realizava anteriormente e pelo fato de não saber mais, exatamente, quais são seus limites e suas possibilidades. A reconstrução da identidade implica na busca de um novo sentido para a sua vida, seja através da readaptação à atividade laborativa, quando a lesão causar incapacidade apenas parcial para o trabalho, seja na busca de uma nova forma de trabalho possível, diante da incapacidade total para realização da atividade realizada antes do agravo"[18].

Na dignificação do trabalhador acidentado, portanto, torna-se essencial a implementação de mecanismos normativos que, alicerçados na valorização do trabalho humano e função social da propriedade (art. 170, da Constituição Federal), possibilitem o efetivo exercício do direito ao trabalho, seja mediante a readaptação em face da perda parcial da capacidade laborativa, seja com o desenvolvimento de novas habilidades do trabalhador acidentado, em razão da perda total da capacidade laborativa para a atividade anteriormente exercida, sendo de fundamental importância para cumprimento desses objetivos a restrição da dissolução do pacto laboral desses trabalhadores com sequelas acidentárias.

3 ACIDENTE DO TRABALHO E O NOVO VIÉS INTERPRETATIVO DO ART. 7º, INCISO I, DA CONSTITUIÇÃO FEDERAL (DIÁLOGO DAS FONTES).

A realidade fática de exclusão social dos trabalhadores acidentados, que nas palavras de Edvânia Ângela de Souza Lourenço, "expõe pessoas como 'desprezíveis' do ponto de vista da concorrência do mercado de trabalho"[19], impulsiona a busca de um novo cenário interpretativo que possibilite a utilização do instrumental normativo vigente para efetivo exercício do direito ao trabalho por meio da restrição da ruptura do pacto laboral.

---

(17) *Op. cit.*, p. 53 e 118.
(18) *Op. cit.*, p. 108.
(19) LOURENÇO, Edvânia Ângela de Souza e BERTANI, Íris Fenner Bertani. Saúde do trabalhador no SUS: desafios e perspectivas frente à precarização do trabalho. São Paulo: *Revista Brasileira de Saúde Ocupacional*, v. 32, jan/jun, 2007. p. 126.

Esse caminhar interpretativo de busca pela prevalência da dignidade do trabalhador na gestão do pacto laboral quando da análise do art. 7º, inciso I, da Constituição Federal, inicia-se pela ação que Eros Roberto Grau denomina de "desnudar a norma", ou seja, "a norma encontra-se (parcialmente) em estado de potência, invólucra no enunciado (texto ou disposição); o intérprete a desnuda ... ao interpretar os textos normativos, o intérprete toma como objeto de compreensão também a realidade em cujo contexto dá-se a interpretação, no momento histórico em que ela se dá ... por isso a norma se encontra em potência, apenas parcialmente contida no invólucro do texto"[20].

A análise do art. 7º, inciso I, da Constituição Federal, demonstra que a ordem constitucional estabelece a proteção da relação de emprego e da respectiva vedação contra a dispensa arbitrária ou sem justa causa, prevendo a regulação por lei complementar.

Nesse primeiro aspecto, cabe destacar, com muita clareza, que a especificação pelo texto constitucional "nos termos de lei complementar" não desnatura e/ou esvazia o pressuposto da garantia constitucional do reconhecimento da proteção da relação de emprego e da respectiva vedação contra a dispensa arbitrária, porém remete o intérprete a buscar as potencialidades da norma, de modo que, ao desnudá-la, retire do seu invólucro suas potencialidades, aplicando-a em consonância com as necessidades sociais como forma de se garantir a máxima efetividade do direito ao trabalho que é consagrado pela Carta Republicana de 1988 como direito fundamental (art. 6º e 7º).

A necessidade social, portanto, impulsiona a busca da solução jurídica pelo intérprete do ordenamento, inclusive Eros Roberto Grau comenta que essa situação possibilita que "uma norma social se transforme em jurídica. Isso ocorre quando a massa das consciências individuais, em determinada sociedade, admite que a reação social contra sua violação pode — e, portanto, deve — ser socialmente organizada ... a norma jurídica não é um comando imposto por uma vontade superior a uma vontade subordinada, mas um produto cultural, disciplina que assegura a permanência do grupo social"[21].

Na busca pela efetividade da norma, observa-se que Ana Paula de Barcellos, ao tratar dos princípios fundamentais e da vedação do retrocesso, estabelece "dois efeitos gerais pretendidos por tais princípios: (i) a aplicação imediata e/ou efetividade dos direitos fundamentais; e (ii) a progressiva ampliação de tais direitos fundamentais"[22], sendo que, nessa última hipótese (item ii), complementa Ana Paula de Barcellos, "esse propósito fica muito claro tanto no art. 5º, § 2º, como no *caput* do art. 7º"[23].

Seguindo essa sistemática estabelecida por Ana Paula de Barcellos, constata-se que o pilar constitucional da proteção da relação de emprego e da respectiva vedação contra a dispensa arbitrária, como direito fundamental, deve ser progressivamente aplicado por meio de mecanismos interpretativos que possibilitem a retirada do invólucro limitador e, em consonância com os anseios sociais, proporcionem a aplicação imediata e efetiva dos direitos fundamentais.

Não resta dúvida que esse desafio da progressiva aplicação do direito fundamental ao trabalho, em especial no caso do obreiro com sequela acidentária, na qual se centraliza a presente análise, tende a ser cada vez mais objeto de demandas judiciais para construção de caminho interpretativo que o torne efetivo e eficaz, pois, como comenta Luís Roberto Barroso, "é forçoso concluir que muitos direitos deixaram de se tornar efetivos por omissão dos titulares ou de seus advogados; a estes terá faltado, ao menos em certos casos, alguma dose de ousadia para submeter à tutela jurisdicional fundada diretamente no texto constitucional"[24].

---

(20) GRAU, Eros Roberto. *Ensaio e discurso sobre a interpretação/aplicação do direito*. 3. ed. São Paulo: Malheiros, 2005. p. 82/84.
(21) GRAU, Eros Roberto. *O direito posto e o direito pressuposto*. 7. ed. São Paulo: Malheiros, 2008. p. 80/81.
(22) BARCELLOS, Ana Paula de. *A eficácia jurídica dos princípios constitucionais*. Rio de Janeiro: Renovar, 2008. p. 84.
(23) *Op. cit.*, p. 84.
(24) BARROSO, Luís Roberto A. *O direito constitucional e a efetividade de suas normas — limites e possibilidades da Constituição brasileira*. Rio de Janeiro: Renovar, 2009. p. 140.

A ousadia de levar ao Poder Judiciário a aplicabilidade do direito fundamental mesmo em face da não edição da lei complementar pode ser verificada, por exemplo, no caso das aposentadorias especiais dos servidores públicos (art. 40, § 4º, da Constituição Federal) e, no caso da não edição de lei especial, pode ser verificada no exercício do direito de greve pelos servidores públicos.

No caso das aposentadorias especiais dos servidores públicos (art. 40, § 4º, da Constituição Federal), o Supremo Tribunal Federal (STF), no mandado de injunção impetrado contra o Presidente da República por servidor federal do Ministério da Saúde, como forma de dar eficácia ao direito fundamental do trabalhador à aposentadoria, reconheceu o direito do impetrante à contagem diferenciada do tempo de serviço em razão do labor insalubre mediante a utilização dos parâmetros do regime geral de previdência (Lei n. 8.213/91 — art. 57), haja vista que o art. 40, § 4º, da Constituição Federal, que trata especificamente da matéria atinente à contagem de tempo para aposentadoria de atividades exercidas em condições especiais, exige a regulamentação em lei complementar que ainda não foi editada[25].

Nessa mesma linha de entendimento, o Plenário do Supremo Tribunal Federal (STF), no dia 2.8.2010, à unanimidade, concedeu a ordem, reconhecendo aos servidores públicos a contagem diferenciada do tempo de serviço em razão do labor insalubre mediante a utilização dos parâmetros do regime geral de previdência (Lei n. 8.213/91 — art. 57), nos termos do voto do relator Ministro Marco Aurélio, nos MI n. 835/DF, MI n. 885/DF, MI n. 923/DF, MI n. 957/DF, MI n. 975/DF, MI n. 991/DF, MI n. 1.083/DF, MI n. 1.128/DF, MI n. 1.152/DF; MI n. 1.182/DF; MI n. 1.270/DF; MI n. 1.440/DF; MI n. 1.660/DF; MI n. 1.681/DF; MI n. 1.682/DF; MI n. 1.700/DF; MI n. 1.747/DF; MI n. 1.797/DF; MI n. 1.800/DF; MI n. 1.835/DF[26].

Com relação ao exercício do direito de greve por servidor público, o Supremo Tribunal Federal (STF) julgou três mandados de injunção impetrados, respectivamente, pelo Sindicato dos Servidores da Polícia Civil no Estado do Espírito Santo — SINDIPOL, pelo Sindicato dos Trabalhadores em Educação do Município de João Pessoa — SINTEM, e pelo Sindicato dos Trabalhadores do Poder Judiciário do Estado do Pará — SINJEP, em que se pretendia que fosse garantido aos seus associados o exercício do direito de greve previsto no art. 37, VII, da Constituição Federal, de modo que, o Plenário do Supremo Tribunal Federal (STF), por maioria, conheceu dos mandados de injunção e acolheu a aplicação, no que couber, da Lei n. 7.783/1989, que dispõe sobre o exercício do direito de greve na iniciativa privada (MI n. 670/ES, relator originário Ministro Maurício Corrêa, relator para o acórdão Ministro Gilmar Mendes, em 25.10.2007; MI n. 708/DF, relator Ministro Gilmar Mendes, em 25.10.2007; MI n. 712/PA, relator Ministro Eros Grau, 25.10.2007)[27].

No caso específico do art. 7º, inciso I, da Constituição Federal, que estabelece a proteção da relação de emprego e da respectiva vedação contra a dispensa arbitrária ou sem justa causa, prevendo a regulação por lei complementar, observa-se que ainda não houve apreciação em sede de mandado de injunção pelo Supremo Tribunal Federal (STF).

Analisando a temática da proteção da relação de emprego, verifica-se que, no solo constitucional, tem-se por consagrado o direito fundamental ao trabalho, a proteção da relação de emprego e da vedação contra a dispensa arbitrária, porém, para estendermos a aplicabilidade conjunta desses direitos fundamentais ao trabalhador com sequela de acidente laboral, em consonância com os anseios e as necessidades sociais, torna-se necessário estabelecer um *link* entre as fontes do direito, como a CLT e as normas internacionais, por meio dos valores constitucionais, de modo que as fontes passam a dialogar como forma de buscar a aplicação da justiça e da equidade, conforme preceitua Erik Jayme, na obra "*Identité culturelle et integration: le droit internationale privé postmoderne*"[28], que idealizou a Teoria do Diálogo das Fontes.

---

(25) Mandado de Injunção n. 998. Relatora Ministra Carmem Lúcia. Data de Julgamento: 15.4.2009.
(26) Fonte: <http://www.stf.jus.br/portal/cms/verTexto.asp?servico=jurisprudenciaOmissaoInconstitucional>. Acesso em: 10.2.2014.
(27) Fonte: <http://www.stf.jus.br/portal/cms/verTexto.asp?servico=jurisprudenciaOmissaoInconstitucional>. Acesso em: 10.2.2014.
(28) JAYME, Erik. *Identité culturelle et integration:* le droit internationale privé postmoderne. Recueil des Cours de lAcadémie de Droit International de La Haye. Haye: Nijhoff, 1995. Fonte: <http://nijhoffonline.nl/book?id=er251_er251_009-267>. Acesso em: 10.2.2014.

A Teoria do Diálogo das Fontes, desenvolvida na Alemanha pelo professor Erik Jayme, da Universidade de Heidelberg, foi trazida para o Brasil pela professora Claudia Lima Marques, da Universidade Federal do Rio Grande do Sul, que coordenou a obra coletiva, "Diálogo das Fontes — Do conflito à coordenação de normas do direito brasileiro", publicada pela Editora Revista dos Tribunais no ano de 2012.

Sobre a Teoria do Diálogo das Fontes, Claudia Lima Marques comenta que "a bela expressão do mestre de Heidelberg é semiótica e autoexplicativa: di-a-logos, duas 'lógicas', duas 'leis' a seguir e a coordenar um só encontro no 'a', uma 'coerência' necessariamente 'a restaurar' os valores deste sistema, desta 'nova' ordem das fontes, em que uma não mais 're-vo-ga' a outra (o que seria um mono-logo, pois só uma lei 'fala'), e, sim, dialogam ambas as fontes, em uma aplicação conjunta e harmoniosa guiada pelos valores constitucionais e, hoje, em especial pela luz dos direitos humanos"[29].

Na perspectiva da aplicação da Teoria do Diálogo das Fontes no novo viés interpretativo do art. 7º, inciso I, da Constituição Federal, deve-se buscar, no ordenamento pátrio e internacional, o liame entre as normas que asseguram o exercício do direito ao trabalho, bem como das normas de saúde e segurança no trabalho, estabelecendo um vínculo interpretativo a partir dos valores constitucionais.

Analisando a ordem constitucional, verifica-se que a Carta Republicana de 1988, ao fixar as garantias fundamentais, estabelece como princípios estruturantes a dignidade da pessoa humana (art. 1º, inciso III), os valores sociais do trabalho (art. 1º, inciso IV) e a promoção da igualdade de oportunidades (art. 3º, inciso IV).

Sobre a dignidade humana, Mauricio Godinho Delgado ressalta que "alçou o princípio da pessoa humana, na qualidade de princípio próprio, ao núcleo do sistema constitucional do país e ao núcleo do sistema jurídico, político e social. Passa a dignidade a ser, portanto, princípio (logo, comando jurídico regente e instigador). Mas, não só: é princípio fundamental de todo o sistema jurídico (...) A dignidade humana passa a ser, portanto, pela Constituição, fundamento da vida no país, princípio jurídico inspirador e normativo, e ainda, fim, objetivo de toda a ordem econômica"[30].

No mesmo sentido, Ana Paula de Barcellos afirma que "a partir da Constituição de 1988, é certo que a dignidade da pessoa humana tornou-se o princípio fundante da ordem jurídica e a finalidade principal do Estado, com todas as consequências hermenêuticas que esse *status* jurídico confere ao princípio" [31].

Observa-se que a elevação da dignidade humana ao patamar máximo do ordenamento fundamental proporcionou a limitação dos atos praticados pelo Estado ou por terceiros, que atentem contra a dignidade do ser humano (dimensão negativa), sendo lícito desconstituir qualquer tipo de ato praticado pelo Poder Público ou por particulares que acarrete a degradação do ser humano, ou seja, a redução do homem à condição de mero objeto.

Verifica-se também que a Constituição Federal estabeleceu como pilares estruturantes o valor social do trabalho (art. 1º, inciso IV) e a promoção da igualdade de oportunidades (art. 3º, inciso IV), de modo que esses valores devem conduzir e orientar as relações socioeconômicas como forma de assegurar "uma sociedade fraterna, pluralista e sem preconceitos, fundada na harmonia social", consoante estabelece o preâmbulo da Carta Magna.

Sobre o valor do trabalho, Ana Claudia Redcker ressalta que "ter como base o primado do trabalho significa colocar o trabalho acima de qualquer outro fator econômico, por se entender que nele o homem se realiza com dignidade. Este princípio se traduz no reconhecimento de que o trabalho constitui o fator econômico de maior relevo, entendendo-se até, por vezes, que é o único originário"[32].

---

(29) MARQUES, Cláudia Lima. O diálogo das fontes como método da nova teoria geral do direito: um tributo à Erik Jayme. In: *Diálogo das Fontes — Do conflito à coordenação de normas do direito brasileiro*. Organizado por Claudia Lima Marques. São Paulo: RT, 2012. p. 26/27.
(30) DELGADO, Mauricio Godinho. Direitos fundamentais na relação de trabalho. *In: Direitos humanos:* essência do direito do trabalho. Organizadores: Alessandro Silva, Jorge Luiz Souto Maior, Kenarik Boujikian Felippe e Marcelo Semer. São Paulo: LTr, 2007. p. 76/77.
(31) *Op. cit.*, p. 279.
(32) REDECKER, Ana Claudia. *Comentários à Constituição Federal de 1988.* Coordenadores Científicos: Paulo Bonavides, Jorge Miranda, Walber de Moura Agra. Coordenadores Editoriais: Francisco Bilac Pinto Filho, Otávio Luiz Rodrigues Junior. Rio de Janeiro: Forense, 2009. p. 2105.

Gomes Canotilho também comenta que "a Constituição erigiu o trabalho, o emprego, os direitos dos trabalhadores e a intervenção democrática dos trabalhadores em elemento constitutivo da própria ordem constitucional global e em instrumento privilegiado de realização do princípio da democracia econômica social"[33].

Ainda na ótica da integração do valor social do trabalho (art. 1º, inciso IV) e da promoção da igualdade de oportunidades (art. 3º, inciso IV), verifica-se que a relação jurídica do contrato de trabalho envolve partes economicamente desiguais, ou seja, envolve o capital e o trabalhador, porém, observando a escala da vulnerabilidade frente ao capital, verifica-se que o trabalhador com sequela acidentária possui vulnerabilidade agravada, o que restringe ainda mais suas possibilidades de pactuação laboral, de modo que, nessas situações, o valor social do trabalho apenas tende a se materializar com a adoção de ações de promoção da igualdade de oportunidades que beneficiem diretamente esses trabalhadores com sequelas acidentárias.

Esse olhar constitucional que estabelece proteção especial ao trabalhador com sequela acidentária em razão do agravamento da vulnerabilidade pode ser comparado, *mutatis mutantis*, à proteção diferenciada atribuída, de acordo com as peculiaridades, a alguns consumidores específicos, conforme estabelece o ministro Antônio Herman de Vasconcellos e Benjamin no Acórdão do REsp n. 586.316/MG/STJ:

> Ao Estado Social importam não apenas os vulneráveis, mas sobretudo os hipervulneráveis, pois são esses que, exatamente por serem minoritários e amiúde discriminados ou ignorados, mais sofrem com a massificação do consumo e a 'pasteurização' das diferenças que caracterizam e enriquecem a sociedade moderna (grifo nosso).

De acordo com Claudia Lima Marques, a inserção das garantias constitucionais nas relações sociais "trata-se de um diálogo entre valores constitucionais, de proteção de sujeitos vulneráveis nas relações privadas, a levar a uma verdadeira eficácia horizontal de direitos fundamentais *(Drittwirkung)*, humanizando ou constitucionalizando o direito privado"[34].

Estando estabelecida a estrutura principiológica constitucional, passa-se a analisar, no ordenamento pátrio e internacional, as normas que asseguram o exercício do direito ao trabalho, bem como as normas de saúde e segurança no trabalho.

O direito ao trabalho, que é consagrado no texto constitucional (arts. 6º, 7º e 193), foi reconhecido no art. 23, da Declaração Universal dos Direitos Humanos, em 1948 (Resolução n. 217 A (III) da Assembleia Geral das Nações Unidas), que estabelece: "toda pessoa tem direito ao trabalho, à livre escolha de emprego, a condições justas e favoráveis de trabalho e à proteção contra o desemprego" (inciso I).

Frente ao exercício do direito ao trabalho e a respectiva proteção contra o desemprego, consoante estabelecem o ordenamento constitucional brasileiro e a Declaração Universal dos Direitos Humanos, contrapõe-se o capital econômico que, alicerçado na retórica da meritocracia e da livre iniciativa, suscita maior liberdade para gerir o empreendimento econômico-financeiro, inclusive para poder livremente rescindir de forma unilateral o contrato de trabalho quando entender necessário, pois, consoante José Dari Krein, "os negócios se organizam, buscando viabilizar a produção com baixos custos em locais sem tradição sindical, sem proteção social e com uma condição de vida muito rebaixada, o que permite ao capital pagar salários muito baixos e oferecer precárias condições de trabalho"[35].

Antonio Baylos Grau e Joaquín Pérez Rey comentam que "a dispensa pretende situar-se no marco de uma conduta puramente econômica, a privação dos meios de renda de uma pessoa para isolar esse referente de sua repercussão em termos sociais e de acesso à participação democrática em termos de direitos.

---

[33] CANOTILHO, J. J. Gomes. *Direito constitucional e teoria da Constituição*. 7. ed. Lisboa: Almedina, 2003. p. 347.
[34] *Op. cit.*, p. 26/27.
[35] KREIN, José Dari. O capitalismo contemporâneo e a saúde do trabalho. São Paulo: *Revista Brasileira de Saúde Ocupacional*, v. 38, jul/dez, 2013. p. 194.

A segurança do trabalhador diante do trabalho, contraposto às noções de flexibilidade e adaptabilidade do trabalho prestado em regime de alienação e dependência, mede-se em termos da renda econômica que é colocada à disposição do trabalhador. A consideração monetária do ato de dispensar é que guia as chamadas 'trajetórias de emprego'. Mas, desta forma, ignora-se, conscientemente, que este ato coloca em crise os modelos culturais e sociais que regem uma forma de vida em sociedade, e o próprio elemento histórico e moral que contém todo processo de determinação do valor da força de trabalho global. A dispensa, como ato irruptivo, expulsa o trabalhador a um espaço desertizado — o não trabalho — em que se estabelece o pesadelo do sem-trabalho, ou seja, da propriedade como regra de vida, com repercussões nos vínculos afetivos, familiares e sociais"[36].

Observa-se que esse contexto de fragilidade do trabalhador frente ao capital torna-se ainda mais enfático quando o obreiro possui sequela acidentária, haja vista que nessa situação o trabalhador, dentro da sistemática economicista, não é considerado nem mesmo como excedente de mão de obra, pois o empreendimento econômico não objetiva aproveitá-lo e sim excluí-lo do mercado de trabalho por não se adequar à normalidade do sistema produtivo que pressupõe maiores lucros na uniformidade da produção e menores investimentos na adequação do meio de produção às características pessoais do trabalhador.

Os valores que envolvem e fundamentam a rescisão do contrato de trabalho, portanto, devem ser efetivamente definidos e reconhecidos pelos valores sociais, pois, do contrário, consoante estabelecem Antonio Baylos Grau e Joaquín Pérez Rey, a dispensa do empregado se manifestará como "o leviatã do poder econômico que produz um poder privado, uma relação de dominação que supõe a aplicação da força com vistas aos resultados pré-ordenados na organização técnica da produção"[37].

Nesse sentido, partindo do reconhecimento pelo ordenamento constitucional do valor social do trabalho (art. 1º, inciso I) e da função social da propriedade (art. 5º, inciso XXIII), bem como pela função social do contrato consagrada pela norma civil (art. 421), constata-se que a dissolução do pacto laboral, em especial do trabalhador com sequela decorrente de acidente laboral, constitui-se em prática de abuso de direito quando praticado de forma arbitrária ou sem justo motivo legitimado pelo interesse social.

Sobre as normas de saúde e segurança no trabalho, verifica-se que a Constituição Federal preceitua, dentre os direitos mínimos do trabalhador, a "redução dos riscos inerentes ao trabalho" (art. 7º, inciso XXII), cabendo ao Poder Público e à coletividade (trabalhadores, empregadores e a sociedade em geral) defender o ambiente do trabalho ecologicamente equilibrado (art. 225).

No plano infraconstitucional, a legislação estabelece expressamente o dever do empregador de "cumprir e fazer cumprir as normas de segurança e medicina do trabalho" (art. 157, inciso I, da CLT), de modo que o empreendimento econômico, mesmo objetivando a acumulação de capital, possui o dever de manter o ambiente de trabalho hígido e seguro.

O dever do empregador de desenvolver uma gestão humanizada com a implementação do meio ambiente do trabalho ecologicamente equilibrado, dentro dos parâmetros mínimos de saúde e segurança, proporciona também a fixação de responsabilidades em caso de ocorrência de acidente de trabalho, haja vista que o empregador assume a totalidade dos "riscos da atividade econômica", a teor do art. 2º da CLT.

Registra-se que, na ocorrência do acidente de trabalho, a responsabilidade do empregador vai além da reparação pecuniária da vítima, na medida em que a mera indenização não possui o condão de reparar a violação da dignidade do trabalhador.

No plano das normas internacionais, verifica-se que a Convenção n. 155 da OIT, sobre Segurança e Saúde dos Trabalhadores, que foi devidamente ratificada pelo Brasil (Decreto n. 1.254/94), estabelece vários pontos importantes, dentre os quais, destacam-se 2 (dois) aspectos:

---

(36) GRAU, Antonio Baylos; REY, Joaquín Pérez. *A dispensa ou a violência do poder privado*. Tradução de Luciana Caplan. São Paulo: LTr, 2009. p. 43.
(37) *Op. cit.*, p. 44.

1. O art. 20 estabelece a cooperação entre os empregadores e os trabalhadores nas ações de saúde e segurança do trabalho, de modo que trabalhadores e empregadores assumem responsabilidades conjuntas para manutenção do ambiente de trabalho saudável e seguro, na qual se pode inclusive considerar, nessa cooperação conjunta, a ação de resgate da dignidade do trabalhador acidentado com a sua reinserção na atividade profissional;

2. O art. 21 fixa que as medidas de segurança e higiene do trabalho não devem implicar em ônus financeiro para o trabalhador, de modo que o empregador deve arcar com o custo de todas as medidas coletivas e individuais de saúde e segurança no trabalho, na qual se pode considerar que esse custo, de forma ampla, engloba inclusive a reinserção dos trabalhadores acidentados na atividade profissional.

Observa-se que o liame das normas celetistas (arts. 2 e 157, inciso I, da CLT) e da Convenção n. 155 (arts. 20 e 21) da OIT, em comento, possibilita o reconhecimento da restrição da rescisão do pacto laboral do trabalhador com sequela acidentária a partir da fixação de critérios.

Ainda navegando pelo texto celetista, mais especificamente pelo "Capítulo V — Da Segurança e da Medicina do Trabalho", observa-se que o legislador, ao reconhecer a importância da manutenção do meio ambiente do trabalho hígido, saudável e seguro, estabeleceu a restrição de dispensa dos trabalhadores envolvidos na defesa do meio ambiente de trabalho, ou seja, fixou que "os trabalhadores da representação dos empregados na CIPA não poderão sofrer despedida arbitrária, entendendo-se como tal a que não se fundar em motivo disciplinar, técnico, econômico ou financeiro" (art. 165, da CLT).

Observa-se que a aplicação analógica dos requisitos de rescisão do contrato de trabalho fixados no art. 165, da CLT, aos trabalhadores com sequela acidentária, não apenas se coaduna com os princípios constitucionais fundamentais, como também é coerente com a integração das normas celetistas e da Convenção n. 155, da OIT, na medida em que atende à fixação da responsabilidade do empregador de assumir a totalidade dos riscos da atividade econômica, inclusive de manutenção do ambiente de trabalho hígido e seguro (arts. 2 e 157, inciso I, da CLT), como também assegura a cooperação entre os empregadores e os trabalhadores nas ações de saúde e segurança do trabalho, de modo que o empregador assume a totalidade do custo das medidas coletivas e individuais de saúde, inclusive com o resgate da dignidade do trabalhador acidentado mediante a sua reinserção na atividade profissional (arts. 20 e 21, da Convenção n. 155 da OIT).

Assim, alicerçando a interpretação nos princípios constitucionais estruturantes da dignidade da pessoa humana (art. 1º, inciso III), do valor social do trabalho (art. 1º, inciso IV) e da promoção da igualdade de oportunidades (art. 3º, inciso IV), bem como estabelecendo o diálogo das fontes, ou seja, o diálogo entre a legislação celetista (arts. 2º e 157, inciso I, da CLT) e Convenção n. 155 (arts. 20 e 21), adota-se novo viés interpretativo do art. 7º, inciso I, da Constituição Federal, para restringir a rescisão do pacto laboral do trabalhador com sequela acidentária aos casos em que se fundar em motivo disciplinar, técnico, econômico ou financeiro, em razão da utilização analógica dos termos do art. 165, da CLT.

4 CONCLUSÕES

No transcorrer do estudo, todas as conclusões fixadas nesse trabalho já se encontram enunciadas nos tópicos anteriores.

Nesse sentido, passa-se a reunir as seguintes conclusões:

1. A situação de fragilidade social do trabalhador vítima de acidente de trabalho se exacerba quando a situação de debilidade da capacidade laborativa passa a ser a causa indutora da restrição das oportunidades de trabalho, de modo que os longos períodos de desemprego passam a desencadear no trabalhador cada vez mais os sentimentos de inutilidade e fracasso;

2. Na escala da vulnerabilidade frente ao capital, verifica-se que o trabalhador com sequela acidentária possui vulnerabilidade agravada, o que restringe ainda mais suas possibilidades de pactuação laboral, de modo que, nessas situações, o valor social do trabalho apenas tende a se materializar com a adoção de ações de promoção da igualdade de oportunidades que beneficiem diretamente esses trabalhadores com sequelas acidentárias;

3. Na ocorrência do acidente de trabalho, a responsabilidade do empregador vai além da reparação pecuniária da vítima, na medida em que a mera indenização não possui o condão de reparar a violação da dignidade do trabalhador;

4. Alicerçando a interpretação nos princípios constitucionais estruturantes da dignidade da pessoa humana (art. 1º, inciso III), do valor social do trabalho (art. 1º, inciso IV) e da promoção da igualdade de oportunidades (art. 3º, inciso IV), bem como estabelecendo o diálogo das fontes, ou seja, o diálogo entre a legislação celetistas (arts. 2º e 157, inciso I, da CLT) e Convenção n. 155 (arts. 20 e 21), adota-se novo viés interpretativo do art. 7º, inciso I, da Constituição Federal, para restringir a rescisão do pacto laboral do trabalhador com sequela acidentária aos casos em que se fundar em motivo disciplinar, técnico, econômico ou financeiro, em razão da utilização analógica dos termos do art. 165, da CLT.

5 REFERÊNCIAS BIBLIOGRÁFICAS

ARAÚJO JUNIOR, Francisco Milton. *Doença ocupacional e acidente de trabalho*. Análise Multidisciplinar. 2. ed. São Paulo: LTr, 2013.

BARCELLOS, Ana Paula de. *A eficácia jurídica dos princípios constitucionais*. Rio de Janeiro: Renovar, 2008.

BARROSO, Luís Roberto. *O direito constitucional e a efetividade de suas normas — limites e possibilidades da Constituição brasileira*. Rio de Janeiro: Renovar, 2009.

BÍBLIA SAGRADA. *Traduzida em português por João Ferreira de Almeida*. São Paulo: King's Cross Publicações, 2006.

CANOTILHO, J. J. Gomes. *Direito constitucional e teoria da Constituição*. 7. ed. Lisboa: Almedina, 2003.

CESTARI, Elisabete; CARLOTTO, Mary Sandra. Reabilitação profissional: o que pensa o trabalhador sobre sua reinserção. Rio de Janeiro: *Revista de Estudos e Pesquisa em Psicologia*, v. 12, n. 1, 2012.

COHN, Amélia, *et alii*. *Acidentes do trabalho*. Uma forma de violência. São Paulo: Brasiliense, 1985.

DELGADO, Mauricio Godinho. *Direitos fundamentais na relação de trabalho*. Direitos humanos: essência do direito do trabalho. Organizadores: Alessandro Silva, Jorge Luiz Souto Maior, Kenarik Boujikian Felippe e Marcelo Semer. São Paulo: LTr, 2007.

DWYER, Tom. *Vida e morte no trabalho*: acidente do trabalho e a produção social do erro. Campinas: Unicamp, 2006.

FREITAS, Helcio David de. *A estabilidade acidentária e a Súmula n. 378 do Tribunal Superior do Trabalho*. Fonte: <http://www.trt9.jus.br/internet_base/pagina_geral.do?secao=31&pagina=Revista_57_n_2_2006> Acesso em: 3.2.2014.

GRAU, Eros Roberto. *Ensaio e discurso sobre a interpretação/aplicação do direito*. 3. ed. São Paulo: Malheiros, 2005.

_____ . *O direito posto e o direito pressuposto*. 7. ed. São Paulo: Malheiros, 2008.

GRAU, Antonio Baylos; REY, Joaquín Pérez. *A dispensa ou a violência do poder privado*. Tradução de Luciana Caplan. São Paulo: LTr, 2009.

JAYME, Erik. *Identité culturelle et integration: le droit internationale privé postmoderne*. Recueil des Cours de l'Académie de Droit International de La Haye. Haye: Nijhoff, 1995. Fonte: <http://nijhoffonline.nl/book?id=er251_er251_009-267> Acesso em: 10.2.2014.

KREIN, José Dari. O capitalismo contemporâneo e a saúde do trabalho. São Paulo: *Revista Brasileira de Saúde Ocupacional*, v. 38, jul/dez, 2013.

LOURENÇO, Edvânia Ângela de Souza; BERTANI, Íris Fenner. Saúde do trabalhador no SUS: desafios e perspectivas frente à precarização do trabalho. São Paulo: *Revista Brasileira de Saúde Ocupacional*, v. 32, jan/jun, 2007.

MARQUES, Cláudia Lima. O diálogo das fontes como método da nova teoria geral do direito: um tributo à Erik Jayme. In: *Diálogo das fontes* — do conflito à coordenação de normas do direito brasileiro. Organizado por Claudia Lima Marques. São Paulo: RT, 2012.

NASSAR, Rosita de Nazaré Sidrim. A garantia do mínimo existencial — trabalho digno e sustentável: o caso dos maquinistas. *Revista LTr: Legislação do Trabalho*, São Paulo, v. 77, n. 5, p. 536-544, maio 2013.

PEREIRA BINDER, M. C. e MUNIZ DE ALMEIDA, I. In: *Acidentes do trabalho*: acaso ou descaso? Patologia do trabalho. Organizado por René Mendes. v. I, 2. ed. São Paulo: Atheneu, 2005.

REDECKER, Ana Claudia. *Comentários à Constituição Federal de 1988*. Coordenadores científicos: Paulo Bonavides, Jorge Miranda, Walber de Moura Agra. Coordenadores editoriais: Francisco Bilac Pinto Filho, Otávio Luiz Rodrigues Junior. Rio de Janeiro: Forense, 2009.

ZINET, Caio. *Condições pioram, acidentes aumentam: número de acidentes de trabalho aumenta na última década, preocupa sindicatos e organismos internacionais, que culpam a forma de produção*. Fonte: <https://www.sinait.org.br/arquivos/artigos/artigoaaaf5fe5b423f847831c33897ce50c3a.pdf>. Acesso em: 3.2.2014.

ASPECTO REPRESSIVO DA TUTELA LABOR-AMBIENTAL: UM ESTUDO SOBRE O DANO MORAL COLETIVO

Tadeu Henrique Lopes da Cunha[*]

1 APONTAMENTOS INICIAIS

1. Em matéria ambiental, e no que concerne ao Direito Ambiental do Trabalho pode-se dizer o mesmo, o enfoque é dado no âmbito preventivo, porquanto a ideia mestra é a de se acautelar em relação à probabilidade de ocorrência de dano. Por isso, dois princípios são ressaltados nessa seara: a precaução e a prevenção.

O primeiro busca o afastamento do perigo, visando à proteção contra o risco e à análise do eventual ato danoso no conjunto das atividades[1], tendo como base normativa a Declaração do Rio sobre o Meio Ambiente[2].

---

[*] Bacharel, Mestre e Doutor em Direito do Trabalho pela Faculdade de Direito da Universidade de São Paulo (USP). É Procurador do Trabalho desde 2007, tendo atuado nas Procuradorias Regionais do Trabalho das 8ª, 11ª e 24ª Regiões, com lotação, atualmente, na Procuradoria Regional do Trabalho da 15ª Região.

[1] CUNHA, Tadeu Henrique Lopes da. *A efetivação dos direitos sociais por meio da atuação preventiva: a exigência de licenciamento social para instalação de indústrias*. 2013. 782 f. Tese (Doutorado em Direito do Trabalho). Faculdade de Direito, Universidade de São Paulo, 2013. p. 297; DERANI, Cristiane. *Direito ambiental econômico*. 3. ed. 2ª Tir. São Paulo: Saraiva, 2009. p. 151. *Vide*, também: MILARÉ, Edis. *Direito do ambiente*: doutrina, jurisprudência e glossário. 4. ed. rev. atual. São Paulo: Revista dos Tribunais, 2005. p. 165-167; ANTUNES, Paulo de Bessa. *Direito ambiental*. 11. ed. rev. Rio de Janeiro: Lumen Juris, 2008. p. 28-45; KISS, Alexandre e SHELTON, Dinah. *Traité de droit européen de l'environment*. Paris: Frisson-Roche, 1989. p. 41-43; FIGUEIREDO, Guilherme José Purvin de. *Direito ambiental e a saúde dos trabalhadores*. 2. ed. São Paulo: LTr, 2007. p. 60-61; ROCHA, Julio Cesar de Sá da. *Direito ambiental do trabalho*: mudanças de paradigma na tutela jurídica à saúde do trabalhador. São Paulo: LTr, 2002. p. 87; CESÁRIO, João Humberto. *Técnica processual e tutela coletiva de interesses ambientais trabalhistas*. São Paulo: LTr, 2012. p. 79-87; FERNANDES, Fábio. *Meio ambiente geral e meio ambiente do trabalho*: uma visão sistêmica. São Paulo: LTr, 2009. p. 103-106.

[2] ORGANIZAÇÃO DAS NAÇÕES UNIDAS. *Declaração do Rio sobre meio ambiente e desenvolvimento (1992)*. Disponível em: <http://www.onu.org.br/rio20/img/2012.1.rio92.pdf>. Acesso em: 20 jan. 2014, 13:02:15. *Princípio 15:* Com o fim de proteger o meio ambiente, o princípio da precaução deverá ser amplamente observado pelos Estados, de acordo com suas capacidades. Quando houver ameaça de danos graves ou irreversíveis, a ausência de certeza científica absoluta não será utilizada como razão para o adiamento de medidas economicamente viáveis para prevenir a degradação ambiental.

Atrelado ao princípio da precaução fala-se na prevenção. Eles são próximos, porém não se confundem:

O princípio da precaução diz respeito a perigo, não se sabendo exatamente se haverá o dano. Já no princípio da prevenção há conhecimento científico em relação à possibilidade de ocorrência do fato, falando-se em "dano" e não em "perigo". Ainda, em virtude do mencionado conhecimento científico, no princípio da prevenção preconiza-se a "antecipação ao que é conhecido".

Pelo princípio da prevenção alude-se a perigo concreto, por isso fala-se em "dano" e não a perigo potencial, ou, simplesmente, "perigo", como é o caso do princípio da precaução.

Além disso, na prevenção há a certeza da degradação em caso da prática de ato ou atividade, na precaução a incerteza é a marca. Enfim, na prevenção foca-se o presente e, na precaução, o futuro[3].

2. Todavia, não obstante a magnitude da abordagem sob o prisma acautelatório, casos há em que, mesmo assim, pratica-se a conduta lesiva ao meio ambiente (em geral ou do trabalho), ocasionando dano. Aqui se fala, em um primeiro momento, em princípio do poluidor-pagador.

Pelo princípio do poluidor-pagador reconhece-se a responsabilidade do agente (poluidor) em recuperar o recurso natural (retorno ao *statu quo ante*) ou, em caso de impossibilidade de fazê-lo, de indenizar o dano[4].

Nesse sentido, o art. 225, § 3º, da Constituição Federal (CF/88) prescreve a responsabilidade objetiva em relação aos agentes causadores de danos ao meio ambiente[5].

Este dispositivo recepcionou a regra então vigente, estatuída pela Lei de Política Nacional do Meio Ambiente[6]:

Art. 14. Sem prejuízo das penalidades definidas pela legislação federal, estadual e municipal, o não cumprimento das medidas necessárias à preservação ou correção dos inconvenientes e danos causados pela degradação da qualidade ambiental sujeitará os transgressores:

(...).

§ 1º Sem obstar a aplicação das penalidades previstas neste artigo, é o **poluidor** obrigado, **independentemente da existência de culpa**, a indenizar ou reparar os danos causados ao meio ambiente e a terceiros, afetados por sua atividade. O Ministério Público da União e dos Estados terá legitimidade para propor ação de responsabilidade civil e criminal, por danos causados ao meio ambiente (grifou-se).

Há, por conseguinte, sob esta perspectiva, a responsabilização do poluidor, que deve reparar o dano causado ao meio ambiente. A reparação implica a restituição ao estado anterior (*statu quo ante*), ou, em caso de impossibilidade, o pagamento de uma indenização, visando compensar os prejuízos perpetrados ao ambiente. Aliás, é o que a legislação prevê[7]:

---

(3) CUNHA, Tadeu Henrique Lopes da. *A efetivação dos direitos sociais por meio da atuação preventiva*: a exigência de licenciamento social para instalação de indústrias. Op. cit., p. 306.
(4) Ibid, p. 294; MACHADO, Paulo Affonso Leme. *Direito ambiental brasileiro*. 17. ed. rev. atual. ampl. São Paulo: Malheiros, 2009. p. 66. Vide, também: FIORILLO, Celso Antonio Pacheco. *Curso de direito ambiental brasileiro*. 10. ed. rev. atual. ampl. São Paulo: Saraiva, 2009. p. 37; MILARÉ, Edis. *Direito do ambiente*: doutrina, jurisprudência e glossário. Op. cit., p. 158-159; ANTUNES, Paulo de Bessa. *Direito ambiental*. p. 48-49; KISS, Alexandre e SHELTON, Dinah. *Traité de droit européen de l'environment*. Op. cit., p. 44; ROCHA, Julio Cesar de Sá da. *Direito ambiental do trabalho*: mudanças de paradigma na tutela jurídica à saúde do trabalhador. p. 90-91; CESÁRIO, João Humberto. *Técnica processual e tutela coletiva de interesses ambientais trabalhistas*. p. 70-74; FERNANDES, Fábio. *Meio ambiente geral e meio ambiente do trabalho*: uma visão sistêmica. Op. cit., p. 60-67.
(5) BRASIL. *Constituição (1988)*. Disponível em: <http://www.planalto.gov.br/ccivil_03/Constituicao/Constituicao.htm>. Acesso em: 21 jan. 2014, 11:44:27. Art. 225. Todos têm direito ao meio ambiente ecologicamente equilibrado, bem de uso comum do povo e essencial à sadia qualidade de vida, impondo-se ao Poder Público e à coletividade o dever de defendê-lo e preservá-lo para as presentes e futuras gerações. (...). § 3º — As condutas e atividades consideradas lesivas ao meio ambiente sujeitarão os infratores, pessoas físicas ou jurídicas, a sanções penais e administrativas, independentemente da obrigação de reparar os danos causados.
(6) BRASIL. *Lei n. 6.938, de 31 de agosto de 1981*. Dispõe sobre a Política Nacional do Meio Ambiente, seus fins e mecanismos de formulação e aplicação, e dá outras providências. Disponível em: <http://www.planalto.gov.br/ccivil_03/leis/l6938.htm>. Acesso em: 21 jan. 2014, 11:48:55.
(7) Ibid.

Art. 4º A Política Nacional do Meio Ambiente visará:

(...).

VII — à imposição, ao poluidor e ao predador, da obrigação de recuperar e/ou indenizar os danos causados e, ao usuário, da contribuição pela utilização de recursos ambientais com fins econômicos.

No entanto, impingir ao poluidor a recuperação do meio ambiente nada mais é do que uma decorrência lógica das normas de proteção ambiental. Por seu turno, a compensação quando da impossibilidade de recomposição é corolário do sistema de responsabilidade civil, que estatui a compensação quando da inviabilidade do retorno ao *statu quo ante*.

Restringir a tutela a essas duas perspectivas poderia, de um lado, implicar injustiça para com a vítima do dano e, por outro, impunidade para o agente ou o responsável pela conduta lesiva. Desse modo, ao lado dos aspectos preventivo e reparatório há de haver a tutela repressiva ou sancionatória, com o fulcro de punir o lesante pela conduta danosa ao meio ambiente, servindo, além disso, como expediente dissuasório e preventivo em relação a terceiros. É neste contexto que se insere o objeto do presente estudo, o dano moral coletivo.

2 RESPONSABILIDADE CIVIL

A) Evolução do Instituto

3. Quando se fala aqui em aspecto repressivo da tutela labor-ambiental refere-se à indenização do dano moral coletivo, sendo que esta última decorre da evolução do instituto da responsabilidade civil, que ora é estudado.

A responsabilidade civil decorre de, ao menos, quatro aspectos: (a) dever de agir em conformidade com as regras jurídicas estabelecidas; (b) efeitos maléficos de causar danos injustos às pessoas (*neminem laedere*); (c) necessidade de sancionar o agente da conduta lesiva (responsabilidade); e (d) tarefa do Direito de manter o bem-estar geral e a paz social, obrigando o agente causador de danos a repará-los (material e moralmente), e, ainda, punindo-o com sanções efetivas, tanto no aspecto civil quanto no penal[8].

Pode-se dizer que a origem do instituto da responsabilidade civil remonta à *Lex Aquilia de damno*. Essa norma jurídica, advinda do Direito Romano, adotava a ideia de reparação pecuniária, no sentido de que o patrimônio do lesante (e não o seu corpo) é que deveria suportar os ônus da reparação. Além disso, surgiu a ideia de que a responsabilidade deveria advir da culpa ou dolo[9].

4. A resposta dada pelo ordenamento jurídico (responsabilidade civil ou penal) dependerá do tipo de ação ou omissão lesiva praticada. Há a responsabilização para os ilícitos de caráter público (ofensa à ordem pública), com a sanção penal, e também a responsabilização para os ilícitos de caráter privado, com a reparação. Existe, entretanto, a possibilidade de uma mesma conduta causar perturbação social (responsabilidade penal) e prejuízos privados (responsabilidade civil)[10]. Mas, de qualquer forma, a ordem jurídica pátria estabelece a independência das responsabilidades[11].

---

(8) MEDEIROS NETO, Xisto Tiago. *Dano moral coletivo*. 2. ed. São Paulo: LTr, 2007. p. 21-22. *Vide*, também: BITTAR, Carlos Alberto. *Reparação civil por danos morais*. 3. ed. rev. atual. ampl. São Paulo: Revista dos Tribunais, 1999. p. 20-22; PEREIRA, Caio Mário da Silva. *Responsabilidade civil*. 9. ed. rev. Rio de Janeiro: Forense, 2001. p. 1-12.
(9) MEDEIROS NETO, Xisto Tiago. *Dano moral coletivo*. Op. cit., p. 23-24. *Vide* também: DIAS, José de Aguiar. *Da responsabilidade civil*. v. I. 10. ed. rev. atual. Rio de Janeiro: Forense, 1995. p. 18-20; PEREIRA, Caio Mário da Silva. *Responsabilidade civil*. Op. cit., p. 3-4; ALVES, José Carlos Moreira. *Direito romano*. v. II. 6. ed. rev. ampl. Rio de Janeiro: Forense, 1998. p. 233-236.
(10) MEDEIROS NETO, Xisto Tiago. *Dano moral coletivo*. Op. cit., p. 24-26. *Vide* também: DIAS, José de Aguiar. *Da responsabilidade civil*. v. I. Op. cit., p. 7-10.
(11) BRASIL. *Lei n. 10.406, de 10 de janeiro de 2002*. Institui o Código Civil. Disponível em: <http://www.planalto.gov.br/ccivil_03/leis/2002/l10406.htm>. Acesso em: 22 jan. 2014, 12:41:50. *Art. 935*. A responsabilidade civil é independente da criminal, não se podendo questionar mais sobre a

A responsabilidade penal não se enquadra no objeto deste estudo, não cabendo maiores considerações a respeito.

No que concerne à responsabilidade civil, ressaltam-se quatro aspectos: (a) sob o prisma social a responsabilidade civil tem um sentido de defesa da ordem constituída; (b) do ponto de vista da vítima, a responsabilidade civil apresenta-se como a reparação integral do dano, ou, em caso de impossibilidade, como a compensação dos danos sofridos; (c) em relação ao lesante, há um caráter sancionatório, com a submissão pessoal ou patrimonial para a satisfação dos danos causados; e (d) ainda, a responsabilidade civil serve como dissuasão social, desestimulando a prática do ato ilícito[12].

Na origem, como mencionado alhures, a responsabilidade civil pressupunha um ato ilícito, o dano decorrente, o nexo entre o ato e o dano, e a culpa[13]. Atualmente, citam-se como seus pressupostos a conduta (ação ou omissão) antijurídica, o dano e o nexo de causalidade, na responsabilidade objetiva, e, além dos anteriores, a culpa, no caso da responsabilidade subjetiva[14].

A.1. Pressupostos da Responsabilidade Civil

5. Primeiramente, verifica-se a conduta, que é uma ação ou uma omissão, antijurídica, o que não quer dizer que seja necessariamente ilícita. Antijurídica diz respeito à circunstância de causar um dano injusto a outrem, mesmo que a conduta não viole diretamente algum preceito legal[15].

A responsabilidade civil normalmente se dá por fato próprio[16]. No entanto, pode a lei estabelecer que alguém, ainda que não participe do ato lesivo, tenha a obrigação de reparar o dano (culpa presumida). É o caso da responsabilidade por fato de terceiro[17], de animais[18] e de coisas[19], conforme preconizam a lei e a jurisprudência[20]:

Código Civil

Art. 932. São também responsáveis pela reparação civil:

I — os pais, pelos filhos menores que estiverem sob sua autoridade e em sua companhia;

II — o tutor e o curador, pelos pupilos e curatelados, que se acharem nas mesmas condições;

III — o empregador ou comitente, por seus empregados, serviçais e prepostos, no exercício do trabalho que lhes competir, ou em razão dele;

---

existência do fato, ou sobre quem seja o seu autor, quando estas questões se acharem decididas no juízo criminal. *Vide*, também: TEPEDINO, Gustavo; BARBOZA, Heloisa Helena; e MORAES, Maria Celina Bodin de. *Código civil interpretado conforme a Constituição da República*. v. I. 2. ed. rev. atual. Rio de Janeiro e São Paulo: Renovar, 2011. p. 840-845; GOMES, Orlando. *Obrigações*. 13. ed. atual. THEODORO JÚNIOR, Humberto. Rio de Janeiro: Forense, 2000. p. 260-262.

(12) MEDEIROS NETO, Xisto Tiago. *Dano moral coletivo*. p. 28-29.
(13) Sobre as diversas teorias da culpa ao risco, *vide*: DIAS, José de Aguiar. *Da responsabilidade civil*. p. 42-83.
(14) MEDEIROS NETO, Xisto Tiago. *Dano moral coletivo*. p. 30.
(15) *Ibid., loc. cit. vide*, também: BITTAR, Carlos Alberto. *Reparação civil por danos morais*. p. 133-135; GOMES, Orlando. *Obrigações*. p. 253-260.
(16) Acerca da responsabilidade por fato próprio, *vide*: DIAS, José de Aguiar. *Da responsabilidade civil*. v. II. 10. ed. rev. atual. Rio de Janeiro: Forense, 1995. p. 373-388. *Vide*, também: BITTAR, Carlos Alberto. *Reparação civil por danos morais*. p. 144.
(17) Sobre a responsabilidade por fato de terceiro, *vide*: DIAS, José de Aguiar. *Da responsabilidade civil*. v. II. *Vide*, também: PEREIRA, Caio Mário da Silva. *Responsabilidade civil*. p. 85-100; BITTAR, Carlos Alberto. *Reparação civil por danos morais*. p. 145; GOMES, Orlando. *Obrigações*. p. 287-296.
(18) No que concerne à responsabilidade por fato de animais, *vide*: DIAS, José de Aguiar. *Da responsabilidade civil*. v. II. p. 443-448; PEREIRA, Caio Mário da Silva. *Responsabilidade civil*. p. 101-111; BITTAR, Carlos Alberto. *Reparação civil por danos morais*. p. 145-146; GOMES, Orlando. *Obrigações*. p. 296-297.
(19) No que concerne à responsabilidade por fato da coisa, *vide*: PEREIRA, Caio Mário da Silva. *Responsabilidade Civil*. Op. cit., p. 101-107 e 111-115; GOMES, Orlando. *Obrigações*. p. 300-305.
(20) BRASIL. *Lei n. 10.406, de 10 de janeiro de 2002*. Op. cit. BRASIL. Supremo Tribunal Federal. *Súmula n. 341*. Disponível em: <http://www.stf.jus.br/arquivo/cms/jurisprudenciaSumula/anexo/Sumula_do_STF__1_a__736.pdf>. Acesso em: 27 jan. 2014, 12:14:53. *Vide*, também: TEPEDINO, Gustavo; BARBOZA, Heloisa Helena; e MORAES, Maria Celina Bodin de. *Código civil interpretado conforme a Constituição da República*. v. I. p. 830-838 e 845-850.

IV — os donos de hotéis, hospedarias, casas ou estabelecimentos onde se albergue por dinheiro, mesmo para fins de educação, pelos seus hóspedes, moradores e educandos;

V — os que gratuitamente houverem participado nos produtos do crime, até a concorrente quantia.

Art. 936. O dono, ou detentor, do animal ressarcirá o dano por este causado, se não provar culpa da vítima ou força maior.

Art. 937. O dono de edifício ou construção responde pelos danos que resultarem de sua ruína, se esta provier de falta de reparos, cuja necessidade fosse manifesta.

Súmula n. 341 do STF

É presumida a culpa do patrão ou do comitente, pelo ato culposo do empregado ou preposto.

Há, também, casos em que a conduta gera o dano, mas o ordenamento jurídico afasta a responsabilidade civil. São os casos: legítima defesa, exercício regular de um direito e estado de necessidade[21]:

Art. 188. Não constituem atos ilícitos:

I — os praticados em legítima defesa ou no exercício regular de um direito reconhecido;

II — a deterioração ou destruição da coisa alheia, ou a lesão a pessoa, a fim de remover perigo iminente.

Ademais, há exclusão da causalidade quando: o dano decorrer da atuação exclusiva do próprio lesado (culpa total da vítima), força maior, ou caso fortuito[22].

6. Para que exista responsabilidade civil deve haver dano ou prejuízo. O dano pode decorrer de lesão a bens jurídicos patrimoniais ou extrapatrimoniais, dizendo-se, então, que a violação a um interesse juridicamente protegido, ainda que não patrimonial, dá ensejo à tutela reparatória[23].

O dano pode ser *atual* (dano emergente) ou *futuro* (lucro cessante). Neste sentido, estabelece o art. 402 do CC[24]:

Art. 402. Salvo as exceções expressamente previstas em lei, as perdas e danos devidas ao credor abrangem, além do que ele efetivamente perdeu, o que razoavelmente deixou de lucrar.

Além disso, o dano pode ser *individual* (envolvendo uma pessoa física ou jurídica lesada) ou *coletivo* (atinente a grupos, classes ou categorias)[25].

7. Não basta que alguém tenha praticado uma conduta antijurídica e que dela decorra um dano. Deve existir entre o ato e o prejuízo uma relação de causa e efeito, que é denominada de nexo de causalidade[26].

---

(21) BRASIL. *Lei n. 10.406, de 10 de janeiro de 2002*. *Vide*, também: TEPEDINO, Gustavo; BARBOZA, Heloisa Helena; e MORAES, Maria Celina Bodin de. *Código Civil interpretado conforme a Constituição da República*. v. I. p. 347-349.
(22) MEDEIROS NETO, Xisto Tiago. *Dano moral coletivo*. p. 31-32. BRASIL. *Lei n. 10.406, de 10 de janeiro de 2002*. Art. 393. O devedor não responde pelos prejuízos resultantes de caso fortuito ou força maior, se expressamente não se houver por eles responsabilizado. *Parágrafo único*. O caso fortuito ou de força maior verifica-se no fato necessário, cujos efeitos não era possível evitar ou impedir. *Vide*, também: TEPEDINO, Gustavo; BARBOZA, Heloisa Helena; e MORAES, Maria Celina Bodin de. *Código Civil interpretado conforme a Constituição da República*. v. I. p. 709-713.
(23) MEDEIROS NETO, Xisto Tiago. *Dano moral coletivo*. p. 32-33 e 34-35. *Vide*, também: DIAS, José de Aguiar. *Da responsabilidade civil*. v. II. p. 713-736; PEREIRA, Caio Mário da Silva. *Responsabilidade civil*. p. 37-62; BITTAR, Carlos Alberto. *Reparação civil por danos morais*. p. 135-137; TEPEDINO, Gustavo; BARBOZA, Heloisa Helena; e MORAES, Maria Celina Bodin de. *Código Civil interpretado conforme a Constituição da República*. v. I. p. 338-339; GOMES, Orlando. *Obrigações*. p. 270-273.
(24) BRASIL. *Lei n. 10.406, de 10 de janeiro de 2002*. *Vide*, também: TEPEDINO, Gustavo; BARBOZA, Heloisa Helena; e MORAES, Maria Celina Bodin de. *Código Civil interpretado conforme a Constituição da República*. v. I. p. 731-735.
(25) MEDEIROS NETO, Xisto Tiago. *Dano moral coletivo*. p. 35.
(26) *Ibid.*, p. 37-38. *Vide*, também: PEREIRA, Caio Mário da Silva. *Responsabilidade civil*. p. 75-84; BITTAR, Carlos Alberto. *Reparação civil por danos morais*. p. 137-138; GOMES, Orlando. *Obrigações*. p. 273-276.

8. Os três elementos anteriormente elencados (conduta antijurídica, dano e nexo de causalidade) são pressupostos da responsabilidade civil, ou seja, sem a presença deles não há que se falar em dever de reparação. Em alguns casos, porém, exige-se que o ato lesante tenha sido praticado com *dolo* ou *culpa*[27], que é a denominada responsabilidade subjetiva, prevista nos arts. 186 e 927, *caput*, do CC[28]:

> Art. 186. Aquele que, por ação ou omissão voluntária, negligência ou imprudência, violar direito e causar dano a outrem, ainda que exclusivamente moral, comete ato ilícito.
>
> Art. 927. Aquele que, por ato ilícito (arts. 186 e 187), causar dano a outrem, fica obrigado a repará-lo.

O dolo representa a conduta voluntária dirigida a alcançar a finalidade danosa, ou, então, o ato por meio do qual o agente assume os riscos da ocorrência de um resultado de lesão a direitos alheios (*dolo eventual*). A culpa, por sua vez, decorre da ação realizada com negligência, imprudência ou imperícia[29].

A constatação da culpa ou do dolo depende de uma aferição da conduta do agente, por isso chama-se de responsabilidade subjetiva, aquela que decorre da culpa (*lato sensu*) do sujeito[30].

O dispositivo acima transcrito repete, com pequenas alterações, o art. 159 do Código Civil de 1916. Desse modo, no início do século passado a responsabilidade subjetiva era a única vigente em termos legislativos. A doutrina e a jurisprudência, contudo, foram evoluindo no sentido da presunção de culpa em alguns casos até chegar à responsabilidade objetiva em tempos mais próximos.

A.2. Responsabilidade Objetiva

9. A insuficiência da responsabilidade baseada na culpa (subjetiva) para resolver os problemas advindos da Revolução Industrial, sobretudo os acidentes de trabalho, que acabavam obrigando o operário a provar a culpa do empregador na ocorrência do evento, o que era quase impossível, restando, então inviável e trazendo injustiça para a situação. Passou-se, destarte, a inverter o ônus da prova, cabendo ao patrão comprovar a culpa do operário no acidente[31].

Gradativamente, a ideia de culpa foi tomada pela de risco, passando-se do foco na conduta (subjetiva) para o da atividade (objetiva). Deste modo[32]:

> Segundo a nova concepção, quem quer que crie um *risco* deve suportar as consequências. Abstrai-se completamente a *culpa*. A ideia de que a produção do dano, nessas condições, deveria obrigar à sua reparação por parte de quem criou o perigo correspondia à necessidade de segurança, e, em pouco, seria consagrada legislativamente. Dissociando inteiramente a responsabilidade civil, que passou a comportar dois polos, o polo objetivo, onde reina o risco criado, e o polo subjetivo, onde triunfa a culpa, girando toda a teoria em torno desses dois polos.

---

(27) Sobre as concepções de dolo e culpa, *vide*: DIAS, José de Aguiar. *Da responsabilidade civil*. v. I. p. 108-122.
(28) MEDEIROS NETO, Xisto Tiago. *Dano moral coletivo*. p. 38-39. BRASIL. *Lei n. 10.406, de 10 de janeiro de 2002*. *Vide*, também: PEREIRA, Caio Mário da Silva. *Responsabilidade civil*. p. 27-35; TEPEDINO, Gustavo; BARBOZA, Heloisa Helena; e MORAES, Maria Celina Bodin de. *Código Civil interpretado conforme a Constituição da República*. v. I. p. 337-344 e 806-821.
(29) Sobre o dolo e a culpa, *vide*: GOMES, Orlando. *Obrigações*. p. 263-269. *Vide*, também: PEREIRA, Caio Mário da Silva. *Responsabilidade civil*. p. 63-74.
(30) TEPEDINO, Gustavo; BARBOZA, Heloisa Helena; e MORAES, Maria Celina Bodin de. *Código Civil interpretado conforme a Constituição da República*. v. I. p. 337.
(31) GOMES, Orlando. *Obrigações*. p. 279-280.
(32) *Ibid.*, p. 280. *Vide*, também: LIMA, Alvino. *Da culpa ao risco*. atual. Ovídio Rocha Barros Sandoval. São Paulo: Revista dos Tribunais, 1998; PEREIRA, Caio Mário da Silva. *Responsabilidade civil*. p. 15-24.

10. Algumas leis podem ser citadas relativamente a essa evolução apregoada anteriormente.

A primeira lei sobre acidentes do trabalho, por exemplo, tinha disposição no sentido de obrigar o empregador a pagar indenização ao operário em caso de acidente pelo fato do trabalho ou durante este, ressalvados, tão somente, os casos de força maior ou dolo da própria vítima[33].

Posteriormente, os acidentes do trabalho passaram a ser regulados por outra norma jurídica, o Decreto n. 24.637, de 10 de julho de 1934, que, determinava a obrigação de indenizar do empregador em caso de infortúnio trabalhista, salvo situações de força maior, ou de dolo da vítima ou de terceiros[34].

Dez anos depois outra norma jurídica passou a regular os acidentes de trabalho, mantendo a responsabilidade objetiva do empregador pelo evento[35].

Outras leis sobre acidentes do trabalho também foram editadas, mas contaram, sobretudo, com feição previdenciária[36].

---

(33) BRASIL. *Decreto n. 3.724, de 15 de janeiro de 1919*. Regula as obrigações resultantes dos accidentes no trabalho. Disponível em: <http://www2.camara.leg.br/legin/fed/decret/1910-1919/decreto-3724-15-janeiro-1919-571001-publicacaooriginal-94096-pl.html>. Acesso em: 17 fev. 2014, 12:44:05. *Art. 2º*. O accidente, nas condições do artigo anterior, quando occorrido pelo facto do trabalho ou durante este, obriga o patrão a pagar uma indemnização ao operario ou á sua familia, exceptuados apenas os casos de força maior ou dolo da propria victima ou de estranhos. A respeito desta lei, *vide*: MORAES FILHO, Evaristo de & MORAES, Antonio Carlos Flores de. *Introdução ao direito do trabalho*. 5. ed. rev. atual. São Paulo: LTr, 1995. p. 85; MARTINS, Milton. *Sindicalismo e relações trabalhistas*. 3. ed. rev. ampl. atual. São Paulo: LTr, 1991. p. 34; CESARINO JR., A. F. *Direito social brasileiro*. v. 1. Rio de Janeiro & São Paulo: Livraria Freitas Bastos, 1963. p. 134; VIANNA, José de Segadas. Evolução do direito do trabalho no Brasil. In: SÜSSEKIND, Arnaldo *et al*. *Instituições de direito do trabalho*. v. 1. 21. ed. atualizada por Arnaldo Süssekind e Lima Teixeira. São Paulo: LTr, 2003. p. 55; VIANNA, Luiz Werneck. *Liberalismo e sindicato no Brasil*. 3. ed. Rio de Janeiro: Paz e Terra, 1989. p. 61; MARTINS, Heloisa Helena Teixeira de Souza. *O estado e a burocratização do sindicato no Brasil*. 2. ed. São Paulo: Hucitec, 1989. p. 22-23.
(34) BRASIL. *Decreto n. 24.637, de 10 de julho de 1934*. Estabelece sob novos moldes as obrigações resultantes dos accidentes do trabalho e dá outras providências. Disponível em: <http://www2.camara.leg.br/legin/fed/decret/1930-1939/decreto-24637-10-julho-1934-505781-publicacaooriginal-1-pe.html>. Acesso em: 18 fev. 2014, 17:14:48. *Art. 2º*. Excetuados os casos de fôrça maior, ou de dolo, quer da própria vítima, quer de terceiros, por fatos estranhos ao trabalho, o acidente obriga o empregador ao pagamento de indenização ao seu empregado ou aos seus beneficiários, nos têrmos do capítulo III desta lei. Acerca dessa nova lei, *vide*: VIANNA, José de Segadas. Evolução do direito do trabalho no Brasil. In: SÜSSEKIND, Arnaldo *et al*. *Instituições de direito do trabalho*. v. 1. p. 58; MARTINS, Heloisa Helena Teixeira de Souza. *O estado e a burocratização do sindicato no Brasil*. p. 41.
(35) BRASIL. *Decreto-lei n. 7.036, de 10 de novembro de 1944*. Reforma da Lei de Acidentes do Trabalho. Disponível em: <http://www2.camara.leg.br/legin/fed/declei/1940-1949/decreto-lei-7036-10-novembro-1944-389493-publicacaooriginal-1-pe.html>. Acesso em: 18 fev. 2014, 17:43:37. *Art. 3º*. Considera-se caracterizado o acidente, ainda quando não seja êle a causa única e exclusiva da morte ou da perda ou da redução da capacidade do empregado, bastando que entre o evento e a morte ou incapacidade haja uma relação de causa e efeito. *Art. 7º*. Não é acidente do trabalho: (a) o que resultar de dolo do próprio acidentado, compreendida neste a desobediência a ordens expressas do empregador; (b) o que provier de fôrça maior, salvo o caso de ação de fenómenos naturais determinados ou agravada pelas instalações do estabelecimento ou pela natureza do serviço; (c) o que acorrer na ida do empregado para o local de sua ocupação ou na volta dali, salvo se houver condução especial fornecida pelo empregador, ou se a locomoção do empregado se fizer necessàriamente por vias e meios que ofereçam reais perigos, a que não esteja sujeito o público em geral. *Parágrafo único*. Também não são amparadas por esta lei as doenças endêmicas adquiridas por empregados habitantes das regiões em que elas se desenvolvem, exceto quando ficar comprovado que a doença resultou de uma exposição ou contato direto que a natureza do trabalho houver determinado.
(36) Doutrinariamente, *vide*: PEREIRA, Caio Mário da Silva. *Responsabilidade Civil*. p. 223-226. Além disso, *vide* as seguintes normas jurídicas: BRASIL. *Decreto-lei n. 483, de 8 de Junho de 1938*. Institue o Código Brasileiro do Ar. Disponível em: <http://www2.camara.leg.br/legin/fed/declei/1930-1939/decreto-lei-483-8-junho-1938-350803-publicacaooriginal-1-pe.html>. Acesso em: 18 fev. 2014, 18:20:31. *Art. 83*. O transportador responde por qualquer dano resultante de morte, ou lesão corporal do viajante, nos acidentes ocorridos a bordo de aeronave em vôo ou nas operações de embarque e desembarque, desde que decorram: (a) de defeito na aeronave; (b) de culpa da tripulação. *Parágrafo único*. Nos casos de transporte gratuito ou a título gracioso, a responsabilidade se limita apenas aos prejuízos resultantes de dolo ou de culpa grave. BRASIL. *Decreto-lei n. 32, de 18 de Novembro de 1966*. Institui o Código Brasileiro do Ar. Disponível em: <http://www2.camara.leg.br/legin/fed/declei/1960-1969/decreto-lei-32-18-novembro-1966-375943-publicacaooriginal-1-pe.html>. Acesso em: 18 fev. 2014, 18:23:49. *Art. 97*. O transportador responde por qualquer dano resultante de acidente relacionado com a aeronave em vôo ou na superfície, a seu bordo ou em operação de embarque ou desembarque, que causar a morte ou lesão corporal do passageiro, salvo culpa dêste, sem culpabilidade do transportador ou de seus prepostos. *Parágrafo único*. No transporte gratuito, a responsabilidade dependerá de prova, a cargo da vítima ou de seus beneficiários, de dolo ou de culpa do transportador ou de seus prepostos, ressalvado o direito à indenização do seguro contratado sem exclusão do passageiro gratuito. BRASIL. *Lei n. 7.565, de 19 de dezembro de 1986*. Dispõe sobre o Código Brasileiro de Aeronáutica. Disponível em: <http://www2.camara.leg.br/legin/fed/lei/1980-1987/lei-7565-19-dezembro-1986-368177-publicacaooriginal-1-pl.html>. Acesso em: 18 fev. 2014, 18:26:40. *Art. 256*. O transportador responde pelo dano decorrente: I — de morte ou lesão de passageiro, causada por acidente ocorrido durante a execução do contrato de transporte aéreo, a bordo de aeronave ou no curso das operações de embarque e desembarque; II — de atraso do transporte aéreo contratado. § 1º — O transportador não será responsável: (a) no caso do item I, se a morte ou lesão resultar, exclusivamente, do estado de saúde do passageiro, ou se o acidente decorrer de sua culpa exclusiva; (b) no caso do item II, se ocorrer motivo de força maior ou comprovada determinação da autoridade aeronáutica, que será responsabilizada. § 2º — A responsabilidade do transportador estende-se: (a) a seus tripulantes, diretores e empregados que viajarem na aeronave acidentada, sem prejuízo de eventual indenização por acidente de trabalho; (b) aos passageiros gratuitos, que viajarem por cortesia.

O transporte aéreo também apresentou evolução nas previsões normativas da responsabilidade subjetiva para a responsabilidade objetiva do lesante[37].

Portanto, a evolução foi no sentido da inviabilidade da demonstração da culpa em alguns casos, sobressaindo, então, a ideia do *risco* (decorrente da atividade) de causar danos a outrem, passando o dever de reparar a ser verificado a partir de fatores externos e não da presença do elemento subjetivo *culpa*[38].

11. Na responsabilidade objetiva prescinde-se do dolo ou da culpa, sendo necessários: a conduta antijurídica, o dano e o nexo de causalidade entre eles. Aquele que introduz um risco com sua atividade (não se cogitando dos benefícios auferidos) deve responder pelos danos causados, independentemente de dolo ou culpa[39].

A legislação nacional apresenta diversas normas jurídicas prevendo a responsabilidade objetiva[40]. A regra principal encontra-se no parágrafo único do art. 927 do CC[41]:

---

(37) Neste contexto, vide, por exemplo: BRASIL. *Decreto n. 4.682, de 24 de Janeiro de 1923*. Crea, em cada uma das empresas de estradas de ferro existentes no paiz, uma caixa de aposentadoria e pensões para os respectivos empregados. Disponível em: <http://www2.camara.leg.br/legin/fed/decret/1920-1929/decreto-4682-24-janeiro-1923-538815-publicacaooriginal-35523-pe.html>. Acesso em: 18 fev. 2014, 17:52:59; BRASIL. *Lei n. 5.316, de 14 de Setembro de 1967*. Integra o seguro de acidentes do trabalho na previdência social, e dá outras providências. Disponível em: <http://www2.camara.leg.br/legin/fed/lei/1960-1969/lei-5316-14-setembro-1967-359151-publicacaooriginal-35290-pl.html>. Acesso em: 18 fev. 2014, 17:54:56; BRASIL. *Lei n. 6.367, de 19 de Outubro de 1976*. Dispõe sobre o seguro de acidentes do trabalho a cargo do INPS e dá outras providências. Disponível em: <http://www2.camara.leg.br/legin/fed/lei/1970-1979/lei-6367-19-outubro-1976-357102-publicacaooriginal-1-pl.html>. Acesso em: 18 fev. 2014, 17:56:10.
(38) MEDEIROS NETO, Xisto Tiago. *Dano moral coletivo*. p. 38-42. *Vide*, também: TEPEDINO, Gustavo; BARBOZA, Heloisa Helena; e MORAES, Maria Celina Bodin de. *Código Civil interpretado conforme a Constituição da República*. v. I. p. 807-808.
(39) MEDEIROS NETO, Xisto Tiago. *Dano moral coletivo*. p. 42-46. *Vide*, também: PEREIRA, Caio Mário da Silva. *Responsabilidade civil*. p. 261-293; BITTAR, Carlos Alberto. *Reparação civil por danos morais*. p. 139-143.
(40) MEDEIROS NETO, Xisto Tiago. *Dano moral coletivo*. p. 42-46. BRASIL. *Constituição (1988)*. Emenda Constitucional n. 19, de 4 de junho de 1998. Modifica o regime e dispõe sobre princípios e normas da Administração Pública, servidores e agentes políticos, controle de despesas e finanças públicas e custeio de atividades a cargo do Distrito Federal, e dá outras providências. Disponível em: <http://www.planalto.gov.br/ccivil_03/constituicao/Emendas/Emc/emc19.htm>. Acesso em: 28 jan. 2014, 11:59:16. Emenda Constitucional n. 49, de 8 de fevereiro de 2006. Altera a redação da alínea *b* e acrescenta alínea *c* ao inciso XXIII do *caput* do art. 21 e altera a redação do inciso V do *caput* do art. 177 da Constituição Federal para excluir do monopólio da União a produção, a comercialização e a utilização de radioisótopos de meia-vida curta, para usos médicos, agrícolas e industriais. Disponível em: <http://www.planalto.gov.br/ccivil_03/constituicao/Emendas/Emc/emc49.htm>. Acesso em: 28 jan. 2014, 12:00:40. *Art. 21*. Compete à União: (...). XXIII — explorar os serviços e instalações nucleares de qualquer natureza e exercer monopólio estatal sobre a pesquisa, a lavra, o enriquecimento e reprocessamento, a industrialização e o comércio de minérios nucleares e seus derivados, atendidos os seguintes princípios e condições: (...). *(d)* a responsabilidade civil por danos nucleares independe da existência de culpa; (Incluída pela Emenda Constitucional n. 49, de 2006). *Art. 37*. A administração pública direta e indireta de qualquer dos Poderes da União, dos Estados, do Distrito Federal e dos Municípios obedecerá aos princípios de legalidade, impessoalidade, moralidade, publicidade e eficiência e, também, ao seguinte: (Redação dada pela Emenda Constitucional n. 19, de 1998). (...). § 6º — As pessoas jurídicas de direito público e as de direito privado prestadoras de serviços públicos responderão pelos danos que seus agentes, nessa qualidade, causarem a terceiros, assegurado o direito de regresso contra o responsável nos casos de dolo ou culpa. *Art. 225*. Todos têm direito ao meio ambiente ecologicamente equilibrado, bem de uso comum do povo e essencial à sadia qualidade de vida, impondo-se ao Poder Público e à coletividade o dever de defendê-lo e preservá-lo para as presentes e futuras gerações. (...). § 3º — As condutas e atividades consideradas lesivas ao meio ambiente sujeitarão os infratores, pessoas físicas ou jurídicas, a sanções penais e administrativas, independentemente da obrigação de reparar os danos causados. BRASIL. *Lei n. 6.938, de 31 de agosto de 1981*. *Art. 14*. Sem prejuízo das penalidades definidas pela legislação federal, estadual e municipal, o não cumprimento das medidas necessárias à preservação ou correção dos inconvenientes e danos causados pela degradação da qualidade ambiental sujeitará os transgressores: (...). § 1º — Sem obstar a aplicação das penalidades previstas neste artigo, é o poluidor obrigado, independentemente da existência de culpa, a indenizar ou reparar os danos causados ao meio ambiente e a terceiros, afetados por sua atividade. O Ministério Público da União e dos Estados terá legitimidade para propor ação de responsabilidade civil e criminal, por danos causados ao meio ambiente. BRASIL. *Lei n. 8.078, de 11 de setembro de 1990*. Dispõe sobre a proteção do consumidor e dá outras providências. Disponível em: <http://www.planalto.gov.br/ccivil_03/leis/l8078.htm>. Acesso em: 28 jan. 2014, 12:05:00. *Art. 12*. O fabricante, o produtor, o construtor, nacional ou estrangeiro, e o importador respondem, independentemente da existência de culpa, pela reparação dos danos causados aos consumidores por defeitos decorrentes de projeto, fabricação, construção, montagem, fórmulas, manipulação, apresentação ou acondicionamento de seus produtos, bem como por informações insuficientes ou inadequadas sobre sua utilização e riscos. BRASIL. *Lei n. 12.529, de 30 de novembro de 2011*. Estrutura o Sistema Brasileiro de Defesa da Concorrência; dispõe sobre a prevenção e repressão às infrações contra a ordem econômica; altera a Lei n. 8.137, de 27 de dezembro de 1990, o Decreto-lei n. 3.689, de 3 de outubro de 1941 — Código de Processo Penal, e a Lei n. 7.347, de 24 de julho de 1985; revoga dispositivos da Lei n. 8.884, de 11 de junho de 1994, e a Lei n. 9.781, de 19 de janeiro de 1999; e dá outras providências. Disponível em: <http://www.planalto.gov.br/ccivil_03/_Ato2011-2014/2011/Lei/L12529.htm#art127>. Acesso em: 28 jan. 2014, 12:07:40. *Art. 36*: Constituem infração da ordem econômica, independentemente de culpa, os atos sob qualquer forma manifestados, que tenham por objeto ou possam produzir os seguintes efeitos, ainda que não sejam alcançados. BRASIL. *Lei n. 10.406, de 10 de janeiro de 2002*. Op. cit. *Art. 933*. As pessoas indicadas nos incisos I a V do artigo antecedente, ainda que não haja culpa de sua parte, responderão pelos atos praticados pelos terceiros ali referidos.
(41) BRASIL. *Lei n. 10.406, de 10 de janeiro de 2002*. *Vide*, também: TEPEDINO, Gustavo; BARBOZA, Heloisa Helena; e MORAES, Maria Celina Bodin de. *Código Civil interpretado conforme a Constituição da República*. v. I. p. 806-821.

Art. 927. (...).

Parágrafo único. Haverá obrigação de reparar o dano, independentemente de culpa, nos casos especificados em lei, ou quando a atividade normalmente desenvolvida pelo autor do dano implicar, por sua natureza, risco para os direitos de outrem.

O *caput* do dispositivo acima, conforme menção alhures, concerne à responsabilidade subjetiva, mas o parágrafo único apresenta duas situações em que a responsabilidade será objetiva, ou seja, independerá de dolo ou culpa: (a) quando houver previsão legal nesse sentido, conforme as leis apontadas anteriormente, por exemplo; e (b) no caso de a atividade normalmente desenvolvida pelo autor do dano implicar, por sua natureza, risco para os direitos de outrem[42].

A I Jornada de Direito Civil enunciou uma interpretação para aludido dispositivo[43]:

Enunciado n. 38: Art. 927: A responsabilidade fundada no risco da atividade, como prevista na segunda parte do parágrafo único do art. 927 do novo Código Civil, configura-se quando a atividade normalmente desenvolvida pelo autor do dano causar a pessoa determinada um ônus maior do que aos demais membros da coletividade.

Esse, então, é o primeiro aspecto a ser ressaltado na evolução da responsabilidade civil. A previsão da responsabilidade objetiva possibilitou soluções mais justas para casos que não poderiam mais ser resolvidos com o instrumental oferecido pela responsabilidade subjetiva. Relevante, igualmente, é verificar a evolução do dano para se chegar ao tema deste trabalho.

B) Dano Moral e Reparação

B.1. Terminologia

12. Terminologicamente, o ideal seria usar o termo dano *patrimonial* ao invés de dano *material*, porque o primeiro abrange o segundo, compreendendo não somente o patrimônio corporificado, mas também o patrimônio futuro não representado no plano físico[44].

Do mesmo modo, a expressão dano *extrapatrimonial* é mais abrangente que dano *moral*. Em ambos verifica-se uma lesão a interesse jurídico sem possibilidade de quantificação em termos econômicos, mas o primeiro não se restringe a abalos expressados em dores e sentimentos, abarcando também aspectos dos direitos da personalidade e de interesses difusos e coletivos[45].

Não obstante as ressalvas anteriores, comumente a opção é pela coincidência das expressões (dano patrimonial = dano material; dano extrapatrimonial = dano moral) porque a legislação, a doutrina e a jurisprudência assim o fazem, e assim será neste artigo.

B.2. Distinção entre Dano Material e Moral

13. A definição acerca de o dano ser material ou moral depende da análise acerca dos efeitos da lesão nos interesses afetados, não se perscrutando sobre o tipo de conduta causadora da lesão e nem a índole do direito subjetivo atingido, mas sim o resultado provocado em tal direito. Assim, a lesão pode provocar da-

---

(42) *Vide*, acerca da cláusula geral de responsabilidade objetiva e da noção de atividade de risco: TEPEDINO, Gustavo; BARBOZA, Heloisa Helena; e MORAES, Maria Celina Bodin de. *Código Civil interpretado conforme a Constituição da República*. v. I. p. 809-813. Sobre a criação de risco proibido ou permitido, *vide*: FELICIANO, Guilherme Guimarães. *Teoria da imputação objetiva no direito penal ambiental brasileiro*. São Paulo: LTr, 2005. p. 112 e seguintes.
(43) *Enunciados aprovados na I Jornada de Direito Civil*. Disponível em: <http://www.stj.jus.br/publicacaoseriada/index.php/jornada/article/viewFile/2607/2685>. Acesso em: 28 jan. 2014, 12:20:06.
(44) MEDEIROS NETO, Xisto Tiago. *Dano moral coletivo*. p. 49.
(45) *Ibid.*, p. 49-51.

nos de caráter extrapatrimonial ou patrimonial, inclusive, havendo casos em que ambos os danos são dela decorrentes (casos de acumulação de danos)[46].

14. As definições de dano *moral* comumente relacionadas a componentes negativos, concebendo-se o dano moral como aquele que não traga repercussão que possa ser quantificada em termos pecuniários. Além disso, normalmente, relaciona-se o dano moral a prejuízos ocasionados a aspectos sociais (honra e reputação) ou internos (dor e sentimento)[47].

Propõe-se o seguinte conceito[48]:

> O dano moral ou extrapatrimonial consiste na lesão injusta e relevante ocasionada a determinados interesses não materiais, sem equipolência econômica, porém concebidos e assimilados pelo ordenamento como valores e bens jurídicos protegidos, integrantes do leque de projeção interna (como a intimidade, a liberdade, a privacidade, o bem-estar, o equilíbrio psíquico e a paz) ou externa (como o nome, a reputação e a consideração social) inerente à personalidade do ser humano (abrangendo todas as áreas de extensão e tutela da sua dignidade), podendo também alcançar os valores e bens extrapatrimoniais reconhecidos à pessoa jurídica ou a uma coletividade de pessoas.

B.3. Abrangência

15. Comumente, quando se estuda o dano moral, faz-se referência aos direitos da personalidade (arts. 11 a 21 do CC). E a personalidade abrange aspectos relativos a atributos de ordem física, psíquica, moral e social. Nesse contexto, os direitos da personalidade são direitos atrelados à condição do ser humano, vale dizer, à dignidade humana[49].

Considerando-se todos os atributos da personalidade anteriormente enumerados pode-se dizer que o dano moral pode ser *subjetivo*, quando atinge a subjetividade, a intimidade psíquica da pessoa, ou *objetivo*, no caso em que haja repercussão na dimensão moral da pessoa no âmbito social em que vive[50].

Foi nessa ordem de ideias que se passou a admitir o dano moral em relação à pessoa jurídica[51], inclusive na jurisprudência dos tribunais superiores[52], sendo que o art. 52 do CC estabelece que deva ser aplicada à pessoa jurídica, no que couber, a proteção dos direitos da personalidade[53].

---

(46) *Ibid.*, p. 51-53. *Vide*, também: BITTAR, Carlos Alberto. *Reparação civil por danos morais*. p. 34-37 e 242-244. Neste sentido, a Súmula n. 37 do STJ: São cumuláveis as indenizações por dano material e dano moral oriundos do mesmo fato. BRASIL. Superior Tribunal de Justiça. *Súmula n. 37*. Disponível em: <http://www.stj.jus.br/docs_internet/SumulasSTJ.pdf>. Acesso em: 28 jan. 2014, 12:51:30.
(47) MEDEIROS NETO, Xisto Tiago. *Dano moral coletivo*. p. 54-55.
(48) *Ibid.*, p. 56.
(49) *Ibid.*, p. 56-60. *Vide*, também: BITTAR, Carlos Alberto. *Reparação civil por danos morais*. p. 46-47 e 57-62; TEPEDINO, Gustavo; BARBOZA, Heloisa Helena; e MORAES, Maria Celina Bodin de. *Código Civil interpretado conforme a Constituição da República*. v. I. p. 32-65.
(50) MEDEIROS NETO, Xisto Tiago. *Dano moral coletivo*. p. 60-62. *Vide*, também: BITTAR, Carlos Alberto. *Reparação civil por danos morais*. p. 41.
(51) MEDEIROS NETO, Xisto Tiago. *Dano moral coletivo*. p. 61. Não concordando com o dano moral à pessoa jurídica, *vide*: TEPEDINO, Gustavo; BARBOZA, Heloisa Helena; e MORAES, Maria Celina Bodin de. *Código Civil interpretado conforme a Constituição da República*. v. I. p. 342-343.
(52) BRASIL. Supremo Tribunal Federal. *Agravo de Instrumento em Agravo Regimental (AIAgR) n. 244.072*, Rel. Min. Néri da Silveira, j. 2.4.2002, DJ 17.5.2002. Disponível em: <http://redir.stf.jus.br/paginadorpub/paginador.jsp?docTP=AC&docID=292563>. Acesso em: 28 jan. 2014, 13:18:46. Trecho da decisão: O acórdão bem anotou que o direito à honra 'é traduzido por uma série de expressões compreendidas como princípio de dignidade, o bom nome, a fama, o prestígio, a reputação, a estima, o decoro, a consideração, o respeito, a pontualidade, a servidade. É inegável que pessoa jurídica pode sofrer ofensa ao seu bom nome, fama, prestígio e reputação'. Noutro passo, o aresto, em ponto também acolhido no despacho agravado observa: 'Induvidosas as consequências nefastas geradas a uma empresa pelo protesto de um título, porque torna pública a impontualidade de uma obrigação, a comprometer a sua idoneidade financeira e a macular sua reputação (...)'. BRASIL. Superior Tribunal de Justiça. *Súmula n. 227*. Disponível em: <http://www.stj.jus.br/docs_internet/SumulasSTJ.pdf>. Acesso em: 28 jan. 2014, 12:51:30. *Súmula n. 227*: A pessoa jurídica pode sofrer dano moral.
(53) BRASIL. *Lei n. 10.406, de 10 de janeiro de 2002*. *Vide*, também: TEPEDINO, Gustavo; BARBOZA, Heloisa Helena; e MORAES, Maria Celina Bodin de. *Código Civil interpretado conforme a Constituição da República*. v. I. p. 133-139.

Destarte, pode-se vislumbrar a possibilidade de ocorrência de dano moral a determinadas coletividades, já que é aceito pela doutrina e jurisprudência o dano moral à pessoa jurídica[54].

B.4. Reparação: Natureza e Função

16. A reparação de danos, genericamente falando, está prevista no texto constitucional[55]:

Art. 5º Todos são iguais perante a lei, sem distinção de qualquer natureza, garantindo-se aos brasileiros e aos estrangeiros residentes no País a inviolabilidade do direito à vida, à liberdade, à igualdade, à segurança e à propriedade, nos termos seguintes:

(...).

V — é assegurado o direito de resposta, proporcional ao agravo, além da indenização por dano material, moral ou à imagem;

(...).

X — são invioláveis a intimidade, a vida privada, a honra e a imagem das pessoas, assegurado o direito a indenização pelo dano material ou moral decorrente de sua violação;

Portanto, a ordem jurídica pátria assegura o direito à reparação dos prejuízos sofridos por alguém, sejam eles patrimoniais ou extrapatrimoniais[56].

Considerando-se que a essência dos danos materiais é diferente da dos morais, há diversidade nos tipos de reparações. A reparação dos prejuízos materiais, dada a possibilidade de sua mensuração pecuniária, ocorre por meio de pagamento de indenização que visa a restabelecer o *statu quo ante*.

No caso do dano moral não há como retornar ao estado anterior, além da dificuldade em se mensurar pecuniariamente o dano moral. Entretanto, não se pode deixar de indenizá-lo[57].

Portanto, em se tratando de dano extrapatrimonial a reparação é, na verdade, uma compensação/satisfação pelo mal causado, considerando-se a impossibilidade de se mensurar ou colocar um preço na dor sofrida pela vítima da lesão[58].

O caráter compensatório está presente porque apesar de o dinheiro não poder expressar exatamente a perda moral sofrida ele pode propiciar satisfação razoável à vítima. Ademais, a indenização por dano moral também serve para que não se crie a impressão de que o ofensor foi premiado e não punido[59].

A fixação do valor da indenização dependerá do arbítrio do juiz, que deverá seguir o bom-senso e o princípio da proporcionalidade[60].

17. Fala-se em dupla função da indenização do dano moral: compensatória e punitiva.

No primeiro caso, a indenização do dano moral, como apontado anteriormente, serve para propiciar à vítima alguma satisfação depois do mal sofrido, porquanto não é concebível a reparação no sentido de restituir o patrimônio da pessoa, já que o dano moral, por sua natureza, não é passível de expressão em termos monetários[61].

---

(54) MEDEIROS NETO, Xisto Tiago. *Dano moral coletivo*. p. 61-62. *Vide*, também: BITTAR, Carlos Alberto. *Reparação civil por danos morais*. p. 51.
(55) BRASIL. *Constituição (1988)*.
(56) A respeito do debate doutrinário e jurisprudencial relativo à reparabilidade do dano moral, *vide*: BITTAR, Carlos Alberto. *Reparação civil por danos morais*. p. 76-116.
(57) MEDEIROS NETO, Xisto Tiago. *Dano moral coletivo*. p. 64-65. *Vide*, também: DIAS, José de Aguiar. *Da responsabilidade civil*. v. II. p. 751-764.
(58) MEDEIROS NETO, Xisto Tiago. *Dano moral coletivo*. p. 65-66.
(59) *Ibid.*, p. 67-68.
(60) *Ibid.*, p. 66-67.
(61) *Ibid.*, p. 70. *Vide*, também: BITTAR, Carlos Alberto. *Reparação civil por danos morais*. p. 65-69.

Entretanto, além da compensação, a indenização do dano moral tem a função de punir o ofensor da ordem jurídica, reafirmando o direito posto, além do efeito dissuasório (prevenir ou coibir outras condutas lesivas)[62]. Esta função da indenização do dano moral está aprofundada quando do estudo do dano moral coletivo.

B.5. Formas de Reparação e Fixação do Valor

18. A reparação do dano poderá ser *in natura*, quando se verificam situações em que é possível chegar a uma "situação material correspondente", explicitando um modo peculiar de resposta à lesão perpetrada. Aqui não se recorre a um expediente pecuniário, mas a uma forma natural como modo de reparação do dano. Exemplo: retratação pública do ofensor nas situações em que se denigre a imagem da vítima[63].

Além disso, a reparação pode dar-se por meio de compensação pecuniária, no caso em que haja impossibilidade de retorno ao *statu quo ante*, bem como da reparação natural, apresentando-se o dinheiro como a forma mais adequada de compensar a vítima pelo dano moral sofrido. Nessa situação, o valor da indenização será fixado pelo juiz que deverá levar em consideração a extensão do dano e a necessidade de sancionar o infrator. Ressalte-se, por oportuno, que o magistrado deve orientar-se "pela equidade e pelo bom-senso", a partir do caso concreto, a fim de proporcionar ao lesado uma compensação pela lesão sofrida[64].

A legislação não estabelece a tarifação de valores de indenização, pelo que caberá ao magistrado fixá-la[65]:

Art. 953. A indenização por injúria, difamação ou calúnia consistirá na reparação do dano que delas resulte ao ofendido.

Parágrafo único. Se o ofendido não puder provar prejuízo material, caberá ao juiz fixar, equitativamente, o valor da indenização, na conformidade das circunstâncias do caso.

Art. 954. A indenização por ofensa à liberdade pessoal consistirá no pagamento das perdas e danos que sobrevierem ao ofendido, e se este não puder provar prejuízo, tem aplicação o disposto no parágrafo único do artigo antecedente.

Os critérios a serem usados para orientar o magistrado na fixação do valor da indenização são os seguintes: "a gravidade, a natureza e a repercussão da lesão"; o nível econômico do ofensor; "a intensidade dos efeitos da lesão em face da vítima", considerando-se as suas peculiaridades pessoais; o grau da culpa ou dolo, verificando-se a conduta provocadora do dano[66].

Ademais, há outros pontos importantes: a indenização não pode ser módica ou inexpressiva, não compensando a vítima ou não sancionando o ofensor, mas também não deve ser exageradamente onerosa, com capacidade para arruinar o autor da conduta danosa[67].

Não se pode olvidar, no contexto deste estudo, que a indenização do dano moral tem um caráter compensatório (para a vítima) e um aspecto punitivo (para o ofensor), e, no último caso, também se mostra com feição preventiva ou dissuasória, procurando inibir a mesma conduta lesiva por parte de terceiros.

---

(62) MEDEIROS NETO, Xisto Tiago. *Dano moral coletivo*. p. 71-72. *Vide*, também: BITTAR, Carlos Alberto. *Reparação civil por danos morais*. p. 65-69.
(63) MEDEIROS NETO, Xisto Tiago. *Dano moral coletivo*. p. 77-78. Sobre a admissão de novas formas de reparação, *vide*: BITTAR, Carlos Alberto. *Reparação civil por danos morais*. p. 227-232.
(64) MEDEIROS NETO, Xisto Tiago. *Dano moral coletivo*. p. 78-80.
(65) BRASIL. *Lei n. 10.406, de 10 de janeiro de 2002*. *Vide*, também: TEPEDINO, Gustavo; BARBOZA, Heloisa Helena; e MORAES, Maria Celina Bodin de. *Código Civil interpretado conforme a Constituição da República*. v. I. p. 886-889.
(66) MEDEIROS NETO, Xisto Tiago. *Dano moral coletivo*. p. 80-81. *Vide*, também: BITTAR, Carlos Alberto. *Reparação civil por danos morais*. p. 221-227.
(67) MEDEIROS NETO, Xisto Tiago. *Dano moral coletivo*. p. 80-81.

Nesse contexto, a fixação do valor da indenização do ofensor em elevado valor é deveras importante como forma de puni-lo eficazmente, e, outrossim, desestimulá-lo de reincidir na conduta lesiva, além, é claro, de dissuadir terceiros no mesmo sentido, ou seja, de praticarem conduta semelhante. Trata-se, então, de um "binômio: punição/dissuasão"[68]. Esse tema será mais aprofundado adiante.

3 INTERESSES TRANSINDIVIDUAIS E SEU TRATAMENTO JURÍDICO

19. Paralelamente à evolução do instituto da responsabilidade civil, houve também progresso no que concerne à tutela do interesse jurídico. A ideia de *interesse* vincula-se à intenção de um sujeito sobre um bem da vida, tornando-se jurídico [o interesse] quando o Direito atribui a alguém a faculdade de exigir em relação a terceiros o respeito à condição do seu titular, oferecendo-lhe instrumentos para garantir tal posição[69].

A concepção de interesse jurídico tem origem no individualismo em que se propunha a necessária identificação entre o titular do direito (material) e a sua legitimidade para buscar a respectiva tutela perante o Poder Judiciário (aspecto processual)[70].

20. Mas a evolução apontou no sentido da desnecessidade de vinculação necessária entre o titular do direito [material] e a legitimidade processual. Nesse contexto, fala-se na tutela dos direitos ou interesses coletivos (*lato sensu*)[71].

Em outras palavras[72]:

Evidenciou-se, portanto, uma transformação evolutiva a partir do rompimento da esfera estritamente individualista, subjetivada, em que era visualizado o *interesse jurídico*, exsurgindo um outro conteúdo de essência inovadora, correspondente a uma proteção que se estendeu à órbita coletiva pertinente a grupos, classes, categorias de pessoas ou mesmo a toda a coletividade, sem que a definição da titularidade fosse essencial à possibilidade de tutela.

Dessa forma é que o interesse jurídico passou a existir em relação a determinados bens da vida, de conteúdo "patrimonial e extrapatrimonial", sem que lhe correspondesse o direito subjetivo atribuído a uma ou mais pessoas (físicas ou jurídicas), porém encontrando em dada coletividade a sua titularização.

A passagem do Estado Liberal para o Estado Social trouxe uma nova gama de direitos e obrigações voltados a equilibrar as relações sociais, dada a iniquidade social oriunda da Revolução Industrial. Além disso, outras transformações sociais e econômicas continuaram a ocorrer, como consumo em massa, avanço tecnológico, ascensão dos meios de comunicação, problemas de moradia etc. Essa nova sociedade apresenta conflitos e relações até então inexistentes e demanda soluções inovadoras, surgindo, nesse contexto, os interesses ou direitos coletivos[73].

21. Os interesses *transindividuais* ultrapassam (transcendem) a esfera do indivíduo, colocando-se no âmbito coletivo, sendo seu titular um grupo, classe ou categoria de pessoas, ou, ainda, toda a coletividade.

---

(68) *Ibid.*, p. 82-83.
(69) *Ibid.*, p. 99.
(70) *Ibid.*, p. 100.
(71) *Ibid.*, p. 100-101.
(72) *Ibid.*, p. 101.
(73) *Ibid.*, p. 102-105. *Vide*, também: CAPPELLETTI, Mauro e GARTH, Bryant. *Acesso à Justiça*. Trad. Ellen Gracie Northfleet. Porto Alegre: Sergio Antonio Fabris, 2002. p. 49-67; RODRIGUES, Geisa de Assis. *Ação Civil Pública e Termo de Ajustamento de Conduta*: teoria e prática. 3. ed. rev. atual. ampl. Rio de Janeiro: Forense, 2011. p. 7-57.

Tais interesses podem apresentar feição patrimonial ou *extrapatrimonial*, considerando-se as peculiaridades dos "bens e valores tutelados"[74].

Dois são os critérios de identificação dos interesses transindividuais: do ponto de vista subjetivo, fala-se na *titularidade* que transcende o indivíduo, recaindo sobre uma coletividade; sob o aspecto objetivo, verifica-se a *indivisibilidade* do seu objeto, sendo que a concretização se dá somente com a satisfação de todo o grupo afetado[75].

O art. 81 do CDC traz definições[76]:

Art. 81. A defesa dos interesses e direitos dos consumidores e das vítimas poderá ser exercida em juízo, individualmente ou a título coletivo.

Parágrafo único. A defesa coletiva será exercida quando se tratar de:

I — **interesses ou direitos difusos**, assim entendidos, para efeitos deste código, os transindividuais, de natureza indivisível, de que sejam titulares pessoas indeterminadas e ligadas por circunstâncias de fato;

II — **interesses ou direitos coletivos**, assim entendidos, para efeitos deste código, os transindividuais, de natureza indivisível de que seja titular grupo, categoria ou classe de pessoas ligadas entre si ou com a parte contrária por uma relação jurídica base;

III — **interesses ou direitos individuais homogêneos**, assim entendidos os decorrentes de origem comum (grifou-se).

Em relação aos *interesses difusos* quatro aspectos são importantes[77]:

(a) *titularidade*: indeterminação dos sujeitos titulares, porquanto eles decorrem de circunstâncias de fato; (b) *indivisibilidade do objeto*: quando ocorre a lesão ela atinge a todas as pessoas integrantes da coletividade, e, por outro lado, a resolução da questão satisfaz a todos os titulares; (c) *conflituosidade*: apresentam larga conflituosidade em virtude de não serem *titularizados* por grupos organizados, enfrentando, comumente, resistência em face de outros interesses; e (d) *situação de fato*: o elo entre os titulares é circunstancial, acidental, efêmero, decorrendo de uma ocasião fática e não de uma relação jurídica prévia entre eles.

Por seu turno, os *interesses coletivos* (*stricto sensu*) apresentam, igualmente, quatro características relevantes[78]:

(a) *transindividualidade*: a sua manifestação decorre de aspecto que transcende o indivíduo, não se reduzindo ao âmbito individual; (b) *dificuldade de determinação*: é difícil a determinação dos indivíduos abrangidos; (c) *vínculo entre os indivíduos*: existe entre os indivíduos afetados uma vinculação associativa (relação jurídica base), ou este vínculo é possibilitado pela relação com a outra parte; e (d) *indivisibilidade*: o interesse é indivisível, não

---

(74) MEDEIROS NETO, Xisto Tiago. *Dano moral coletivo*. p. 106-107.
(75) *Ibid.*, p. 107.
(76) BRASIL. *Lei n. 8.078, de 11 de setembro de 1990*. Op. cit.
(77) MEDEIROS NETO, Xisto Tiago. *Dano moral coletivo*. p. 110-112. *Vide*, também: RODRIGUES, Geisa de Assis. *Ação Civil Pública e Termo de Ajustamento de Conduta*: teoria e prática. p. 37-44; CARVALHO FILHO, José dos Santos. *Ação Civil Pública*: comentários por artigo. 8. ed. rev. ampl. atual. Rio de Janeiro: Lumen Juris, 2011. p. 127-144; DIDIER JÚNIOR, Fredie e ZANETI JÚNIOR, Hermes. *Curso de direito processual civil*. v. 4: processo coletivo. 3. ed. rev. ampl. atual. Salvador: JusPodivm, 2008. p. 75-96; MELO, Raimundo Simão de. *Ação Civil Pública na Justiça do Trabalho*. 4. ed. São Paulo: LTr, 2012. p. 28-34; MAZZILLI, Hugo Nigro. *A defesa dos interesses difusos em juízo*. 20. ed. rev. ampl. atual. São Paulo: Saraiva, 2007. p. 45-59; MANCUSO, Rodolfo de Camargo. *Ação Civil Pública*. 10. ed. rev. atual. São Paulo: Revista dos Tribunais, 2006. p. 52-64.
(78) MEDEIROS NETO, Xisto Tiago. *Dano moral coletivo*. p. 112-114. *Vide*, também: RODRIGUES, Geisa de Assis. *Ação Civil Pública e Termo de Ajustamento de Conduta*: teoria e prática. p. 37-44; CARVALHO FILHO, José dos Santos. *Ação Civil Pública*: comentários por artigo. p. 127-144; DIDIER JÚNIOR, Fredie e ZANETI JÚNIOR, Hermes. *Curso de direito processual civil*. v. 4: processo coletivo. p. 75-96; MELO, Raimundo Simão de. *Ação Civil Pública na Justiça do Trabalho*. p. 28-34; MAZZILLI, Hugo Nigro. *A defesa dos interesses difusos em juízo*. p. 45-59; MANCUSO, Rodolfo de Camargo. *Ação Civil Pública*. p. 52-64.

podendo ser fragmentado, de forma que a lesão afeta a todos os integrantes do grupo, assim como a solução para o problema contempla toda a categoria de pessoas envolvidas.

Enfim, no que concerne aos *interesses individuais homogêneos* quatro pontos são ressaltados[79]:

(a) *tutela coletiva*: tais direitos, conquanto sua natureza seja individual, apresentam tutela coletiva porque são oriundos de um fato comum; (b) *homogeneidade*: os indivíduos, que em um primeiro momento estão dispersos, acabam sendo atingidos de forma homogênea por uma conduta lesiva ou sua ameaça; (c) *divisibilidade*: os interesses são divisíveis em relação aos indivíduos, de modo que cada um pode buscar a sua satisfação individualmente sem depender dos demais; desse modo, a satisfação do interesse de um não implica a satisfação do interesse da coletividade afetada; e (d) *origem comum*: a ligação entre os indivíduos não decorre de uma relação jurídica base, mas da origem comum do direito.

Não se pode olvidar que o Ministério Público detém legitimidade para propor ação civil pública em defesa de direitos individuais homogêneos[80]:

RECURSO EXTRAORDINÁRIO. CONSTITUCIONAL. LEGITIMIDADE DO MINISTÉRIO PÚBLICO PARA PROMOVER AÇÃO CIVIL PÚBLICA EM DEFESA DOS INTERESSES DIFUSOS, COLETIVOS E HOMOGÊNEOS. MENSALIDADES ESCOLARES: CAPACIDADE POSTULATÓRIA DO *PARQUET* PARA DISCUTI-LAS EM JUÍZO. 1. A Constituição Federal confere relevo ao Ministério Público como instituição permanente, essencial à função jurisdicional do Estado, incumbindo-lhe a defesa da ordem jurídica, do regime democrático e dos interesses sociais e individuais indisponíveis (CF, art. 127). 2. Por isso mesmo detém o Ministério Público capacidade postulatória, não só para a abertura do inquérito civil, da ação penal pública e da ação civil pública para a proteção do patrimônio público e social, do meio ambiente, mas também de outros interesses difusos e coletivos (CF, art. 129, I e III). 3. Interesses difusos são aqueles que abrangem número indeterminado de pessoas unidas pelas mesmas circunstâncias de fato e coletivos aqueles pertencentes a grupos, categorias ou classes de pessoas determináveis, ligadas entre si ou com a parte contrária por uma relação jurídica base. 3.1. A indeterminidade é a característica fundamental dos interesses difusos e a determinidade a daqueles interesses que envolvem os coletivos. 4. Direitos ou interesses homogêneos são os que têm a mesma origem comum (art. 81, III, da Lei n 8.078, de 11 de setembro de 1990), constituindo-se em subespécie de direitos coletivos. 4.1. Quer se afirme interesses coletivos ou particularmente interesses homogêneos, *stricto sensu*, ambos estão cingidos a uma mesma base jurídica, sendo coletivos, explicitamente dizendo, porque são relativos a grupos, categorias ou classes de pessoas, que conquanto digam respeito às pessoas isoladamente, não se classificam como direitos individuais para o fim de ser vedada a sua defesa em ação civil pública, porque sua concepção finalística destina-se à proteção desses grupos, categorias ou classe de pessoas. 5. As chamadas mensalidades escolares, quando abusivas ou ilegais, podem ser impugnadas por via de ação civil pública, a requerimento do Órgão do Ministério Público, pois ainda que sejam interesses homogêneos de origem comum, são subespécies de interesses

---
(79) MEDEIROS NETO, Xisto Tiago. *Dano moral coletivo*. p. 114-117. *Vide*, também: RODRIGUES, Geisa de Assis. *Ação Civil Pública e Termo de Ajustamento de Conduta*: teoria e prática. p. 37-44; CARVALHO FILHO, José dos Santos. *Ação Civil Pública*: comentários por artigo. p. 127-144; DIDIER JÚNIOR, Fredie e ZANETI JÚNIOR, Hermes. *Curso de direito processual civil*. v. 4: processo coletivo. p. 75-96; MELO, Raimundo Simão de. *Ação Civil Pública na Justiça do Trabalho*. p. 28-34; MAZZILLI, Hugo Nigro. *A defesa dos interesses difusos em juízo*. p. 45-59; MANCUSO, Rodolfo de Camargo. *Ação Civil Pública*. p. 52-64.
(80) BRASIL. Supremo Tribunal Federal. *Recurso Extraordinário (RE) n. 163.231*, Rel. Min. Maurício Corrêa, j. 26.2.1997, DJ 29.6.2001. Disponível em: <http://redir.stf.jus.br/paginadorpub/paginador.jsp?docTP=AC&docID=214240>. Acesso em: 20 mar. 2014, 23:12:20. Em relação ao Ministério Público do Trabalho, *vide*: MINISTÉRIO PÚBLICO DO TRABALHO. AÇÃO CIVIL PÚBLICA. LEGITIMIDADE ATIVA *AD CAUSAM*. SUBSTITUIÇÃO PROCESSUAL. INTERESSE INDIVIDUAL HOMOGÊNEO. A SDI-I desta Corte, a partir da interpretação sistêmica dos arts. 83, III, Lei Complementar n. 75/93, 1º, 5º e 21 da Lei n. 7.347/85 e 81, III, 82, I, 91 e 92, do CDC e dos princípios constitucionais, firmou entendimento de que, havendo relevância social, o *Parquet* tem *legitimidade ativa ad causam para, mediante ação civil pública, garantir a tutela de interesses individuais homogêneos*. Precedentes. Nega-se provimento ao agravo quando o agravante não desconstitui os fundamentos contidos na decisão monocrática proferida. Agravo a que se nega provimento. (grifou-se). BRASIL. Tribunal Superior do Trabalho. *Agravo em Agravo de Instrumento em Recurso de Revista (Ag-AIRR) n. 1.562-21.2010.5.9.0195*, Rel. Min. Emmanoel Pereira, j. 18.12.2013, DEJT 7.2.2014. Disponível em: <https://aplicacao5.tst.jus.br/consultaProcessual/consultaTstNumUnica.do?consulta=Consultar&conscsjt=&numeroTst=1562&digitoTst=21&anoTst=2010&orgaoTst=5&tribunalTst=09&varaTst=0195>. Acesso em: 24 mar. 2014, 12:25:30.

coletivos, tutelados pelo Estado por esse meio processual como dispõe o art. 129, inciso III, da Constituição Federal. 5.1. Cuidando-se de tema ligado à educação, amparada constitucionalmente como dever do Estado e obrigação de todos (CF, art. 205), está o Ministério Público investido da capacidade postulatória, patente a legitimidade *ad causam*, quando o bem que se busca resguardar se insere na órbita dos interesses coletivos, em segmento de extrema delicadeza e de conteúdo social tal que, acima de tudo, recomenda-se o abrigo estatal. Recurso extraordinário conhecido e provido para, afastada a alegada ilegitimidade do Ministério Público, com vistas à defesa dos interesses de uma coletividade, determinar a remessa dos autos ao Tribunal de origem, para prosseguir no julgamento da ação.

4 DANO MORAL COLETIVO

A) Aspectos Preliminares

22. Como visto até aqui, tanto a responsabilidade civil como a tutela jurídica evoluíram.

De um lado, a responsabilidade civil é concebida como um instituto com a incumbência de "possibilitar o equilíbrio e a harmonia social", sendo um dos aspectos mais dinâmicos do Direito, haja vista a multiplicidade de situações inovadoras que aparecem ao longo da existência humana. Assim sendo, esse instituto adaptou-se às mudanças sociais na conformidade do progresso da civilização a fim de atender às novas necessidades sociais[81].

De outro, a tutela jurídica também evoluiu passando a proteger a esfera extrapatrimonial, além da material, e, igualmente, espraiando sua esfera tutelar do "campo individual para o coletivo ou social". Essa evolução atendeu a um imperativo da civilização e ao respeito à dignidade humana, porquanto com a evolução do ser humano advieram novas necessidades e interesses, justificando-se a amplitude de proteção a esses inovadores direitos[82].

A emergência de novos direitos trouxe consigo conflitos e situações até então inexistentes, invocando, por outro lado, a titularidade coletiva para o fim de reivindicar tutela jurídica adequada a esses direitos, refletindo a "vocação expansiva do sistema de responsabilidade civil"[83].

Nesse contexto, o dano, que antes era visto como peculiar a sujeitos individualmente considerados, então passou a ser reconhecido como passível de afetar uma coletividade ou grupo de pessoas, convergindo para o entendimento da tutela jurídica coletiva[84].

Esta é a linha de pensamento da jurisprudência[85]:

(...)

O dano moral coletivo não é uma teratologia, intolerável pelo ordenamento, nem se constitui em "super multa", como alega a Recorrente.

Os tempos são outros, não mais se admite que alguém fira a dignidade de uma comunidade, de um grupo de pessoas, de um bairro, de uma cidade, de um País e permaneça incólume.

---
(81) MEDEIROS NETO, Xisto Tiago. *Dano moral coletivo*. p. 119-120.
(82) *Ibid.*, p. 120-121.
(83) *Ibid.*, p. 121-122.
(84) *Ibid.*, p. 123.
(85) BRASIL. Tribunal Regional do Trabalho da 15ª Região. *Recurso Ordinário (RO) n. 22.200-28.2007-5.15.0126*, Rel. Des. Dagoberto Nishina, j. 8.4.2011, DEJT 7.4.2011. Disponível em: <http://consulta.trt15.jus.br/consulta/owa/pProcesso.wProcesso?pTipoConsulta=PROCESSOCNJ&pidproc=1748926&pdblink=>. Acesso em: 20 mar. 2014, 22:24:20.

O patrimônio moral não é unicamente individual, espraia-se e pode pertencer a grupos, tribos, comunidades restritas ou amplas, formadas por indivíduos, cujo bem-estar, a saúde e a incolumidade somam-se e podem sofrer danos abrangentes.

Este patrimônio coletivo é facilmente identificado nos objetivos constitucionais fundamentais da nossa República Federativa, precipuamente uma sociedade justa, livre, solidária, com garantia de desenvolvimento social, erradicação da pobreza, redução das desigualdades sociais, promoção do bem-estar de todos, sem preconceitos (art. 3º, da Carta Magna), com direitos fundamentais de religiosidade, intimidade, honra, imagem (art. 5º) e redução de riscos no trabalho por meio de normas de saúde, higiene e segurança (art. 7º, inciso XXIII) etc.

Não há antijuridicidade na imposição de indenização por dano moral coletivo, é absolutamente plausível e mensurável o temor, a angústia do conjunto de trabalhadores da empresa, que sofrem com a expectativa de desenvolver sintomas de contaminação ou de transmitir a seus descendentes anomalias através do legado genético.

Desse modo, de acordo com todo o itinerário estudado até aqui, o raciocínio é o seguinte: houve o reconhecimento da titularidade coletiva de direitos (direitos difusos, coletivos e individuais homogêneos); conferiu-se a tutela jurídica a grupos ou categorias de pessoas (ação civil pública para a defesa dos direitos transindividuais); se os direitos coletivos podem ser violados, pode haver dano coletivo, que, no caso, pode ser patrimonial ou extrapatrimonial; se o dano pode ser reparado (dano material) ou compensado (dano moral), o dano moral coletivo é passível de indenização; se há dano à coletividade, se o dano é indenizável, e se a ela confere-se a tutela jurídica, é possível o pleito de indenização por dano moral coletivo (ou extrapatrimonial).

B) Caracterização

23. Pode-se dizer que dois aspectos são fundamentais para o reconhecimento do dano moral (extrapatrimonial) coletivo: (a) o sistema jurídico passou a conferir "*plena proteção* aos direitos inerentes à personalidade e também relativos à dignidade humana", advindo, com isto, a aceitação da existência do "dano moral objetivo (ferimento do direito ao nome, à consideração e à reputação social)", além do reconhecimento da possibilidade de dano moral às pessoas jurídicas; e (b) o processo de "coletivização do direito", com a emergência dos direitos difusos, coletivos e individuais homogêneos, passando a ordem jurídica não somente a reconhecê-los, mas a oferecer instrumentos processuais adequados à sua tutela[86].

Ainda[87]:

É acertado dizer, assim, que certas condutas antijurídicas atingem injustamente interesses de relevância social titularizados por certas coletividades, de maneira suficiente a produzir a reação do sistema jurídico quanto à repressão e sancionamento de tais atos.

Verifica-se, desse modo, a existência de interesses e valores coletivos cuja violação ou lesão neles infligida merece a guarda do ordenamento jurídico de forma a ensejar a responsabilização do agente infrator na forma respectiva[88].

Importante ressaltar que a indenização por dano moral coletivo prescinde da demonstração de que a coletividade afetada pela lesão tenha efetivamente sofrido com a conduta, ou tenha tido algum abalo psíquico por conta dela[89].

---

(86) MEDEIROS NETO, Xisto Tiago. *Dano moral coletivo*. p. 125.
(87) *Ibid.*, p. 127.
(88) *Ibid.*, p. 128.
(89) *Ibid.*, p. 129-130.

Vale ressaltar que[90]:

> Também é importante esclarecer-se que a observação do dano moral coletivo pode decorrer da identificação ou visualização de um *padrão* de conduta da parte, com evidente alcance potencial lesivo à coletividade, em um universo de afetação difusa. Explica-se: ainda que, em determinado caso concreto, apenas imediatamente se observe que a conduta ilícita afete, de forma direta, somente uma ou mesmo poucas pessoas, nestas situações importa volver-se o olhar para a conduta do ofensor, como um *standard* comportamental, verificando-se que, a princípio vista apenas sob o ângulo individual, a violação perpetrada enseja repercussão coletiva, exatamente por atingir, indistintamente, bens e valores de toda uma coletividade de pessoas.

Assim, uma conduta eivada de grave ilicitude, a demonstrar uma linha de procedimento adotado de molde a ser reproduzido, independentemente do número de pessoas atingidas pela lesão, concretamente, em certo período, insere-se em um plano muito mais abrangente de alcance jurídico, a exigir necessária consideração para efeito de proteção e sancionamento, no âmbito da tutela de natureza coletiva.

É equivocado, portanto, nesta seara, valer-se de critério míope pautado simplesmente na verificação do quantitativo de pessoas atingidas, de maneira imediata, para eventual caracterização do dano moral coletivo e sua reparação. Posta-se em realce, em tais hipóteses, que o sujeito passivo da violação é a coletividade, de maneira a ensejar a reparação devida pela prática da conduta ilícita.

Há julgados nesse sentido. Por exemplo, o acórdão a seguir transcrito é do Tribunal Superior do Trabalho[91]:

> AGRAVO DE INSTRUMENTO. RECURSO DE REVISTA. AÇÃO CIVIL PÚBLICA. MINISTÉRIO PÚBLICO DO TRABALHO. NEGLIGÊNCIA E DESRESPEITO A NORMAS DE PROTEÇÃO À SAÚDE E SEGURANÇA DOS TRABALHADORES. SUJEIÇÃO DA COLETIVIDADE DE TRABALHADORES AO RISCO DE ACIDENTES E COMPROMETIMENTO DA INTEGRIDADE FÍSICA E PSÍQUICA, INCLUSIVE COM A OCORRÊNCIA DE ÓBITO DECORRENTE DE ACIDENTE DE TRABALHO. CARACTERIZAÇÃO DE DANO MORAL COLETIVO. QUANTUM INDENIZATÓRIO (APLICAÇÃO DOS CRITÉRIOS DA RAZOABILIDADE E PROPORCIONALIDADE). DECISÃO DENEGATÓRIA. MANUTENÇÃO. A prática adotada pela Ré — consistente em descumprir reiteradamente normas ligadas a saúde e segurança no ambiente de trabalho, inclusive expondo os empregados a um sistema de trabalho permanente em sobrejornada — contrapõe-se aos princípios basilares da nova Constituição, mormente àqueles que dizem respeito à proteção da dignidade humana e da valorização do trabalho humano (art. 1º, III e IV, da CR/88), sendo forçoso concluir pela manutenção da condenação da Ré ao pagamento de indenização por dano moral coletivo, no valor de R$ 80.000,00 (oitenta mil reais), destinado ao FNDE. Registre-se que os critérios da razoabilidade e proporcionalidade foram observados no caso em análise, em que o direito lesado se referiu ao descumprimento da legislação trabalhista no tocante às normas de proteção à saúde e segurança dos trabalhadores. Assim, não há como assegurar o processamento do recurso de revista quando o agravo de instrumento interposto não desconstitui os termos da decisão denegatória, que subsiste por seus próprios fundamentos. Agravo de instrumento desprovido.

---

(90) *Ibid.*, p. 131.
(91) BRASIL. Tribunal Superior do Trabalho. *Agravo de Instrumento em Recurso de Revista (AIRR)* n. *116600-04.2011.5.17.0008*, Rel. Min. Maurício Godinho Delgado, j. 18.12.2013, DEJT 31.1.2014. Disponível em: <https://aplicacao5.tst.jus.br/consultaProcessual/consultaTstNumUnica.do?consulta=Consultar&conscsjt=&numeroTst=116600&digitoTst=04&anoTst=2011&orgaoTst=5&tribunalTst=17&varaTst=0008>. Acesso em: 24 mar. 2014, 11:50:31. *Vide*, no mesmo sentido: BRASIL. Tribunal Superior do Trabalho. *Recurso de Revista (RR)* n. *117.500-82.2009.5.9.0653*. Rel. Min. Alexandre de Souza Agra Belmonte, j. 27.11.2013, DEJT 29.11.2013. Disponível em: <https://aplicacao5.tst.jus.br/consultaProcessual/consultaTstNumUnica.do?consulta=Consultar&conscsjt=&numeroTst=117500&digitoTst=82&anoTst=2009&orgaoTst=5&tribunalTst=09&varaTst=0653>. Acesso em: 24 mar. 2014, 11:52:53.

Outros julgados poderiam ser citados[92] [93] [94]. Em síntese, são requisitos necessários à configuração do dano moral coletivo: (a) conduta antijurídica praticada por pessoa física ou jurídica; (b) lesão a interesses jurídicos fundamentais titularizados por uma coletividade e tendo natureza extrapatrimonial; (c) o fato de a conduta apresentar-se como intolerável socialmente e em razão de sua repercussão social; e (d) o nexo de causalidade existente entre a conduta lesiva e o dano respectivo ao interesse da coletividade[95].

C) Conceito e Fundamento Legal

24. Afasta-se, primeiramente, um conceito subjetivista, que leve em conta eventual efeito negativo da conduta lesiva, tais como: "sentimento de desapreço; diminuição da estima; sensação de desvalor, de repulsa, de inferioridade, de menosprezo etc."[96].

---

(92) O TRT da 15ª Região, por sua vez, tem acórdão que expressa o dano moral coletivo: AÇÃO CIVIL PÚBLICA. LEGITIMIDADE DO MPT. PETROBRAS. ILEGALIDADE DO PROGRAMA DE RESTRIÇÃO DE ATIVIDADES NO TRABALHO. DANO MORAL COLETIVO. RECURSOS REVERTIDOS EM MEDIDAS REPARATÓRIAS E PREVENTIVAS NO ÂMBITO DO REGIONAL. I — A ação civil pública, na esfera trabalhista, é a medida adequada para questionamentos acerca de programa relacionado com a saúde e segurança dos trabalhadores duma empresa transnacional e suas prestadoras de serviços. Estando o MPT legitimado a atuar na defesa dos direitos da coletividade laboral atingida, mormente preventivamente. II — O Programa de Restrição de Atividades no Trabalho — PRAT da Petrobrás não se coaduna com os princípios da República brasileira, na medida em que relega a segundo plano a cidadania, a dignidade da pessoa humana, os valores sociais do trabalho e a própria saúde e segurança dos trabalhadores; impondo medidas restritivas à recuperação dos operários acidentados ou acometidos de doenças ocupacionais, exigindo a permanência deles no serviço, mesmo diante de desaconselhamento médico, em nome de uma suposta redução dos níveis acidentários, com vistas a contratos comerciais internacionais, frustrando direitos trabalhistas e previdenciários, enveredando pela seara da abusividade e da ilegalidade. Impondo-se as medidas impeditivas à prática de atos patronais abusivos e ilegais. III — O dano moral coletivo está deveras tipificado, porquanto sobressai a conduta antijurídica das empresas, ofendendo intoleravelmente os direitos à saúde e segurança dos trabalhadores da coletividade, causando repulsa coletiva pela sensação de desvalor e menosprezo para com os valores fundamentais da comunidade de trabalho, cuja conduta ofensiva e a lesão são socialmente repudiadas. Por isso, a reparação por danos morais coletivos merece elevação para R$ 5.000 000,00, a ser depositado em banco oficial. IV — Os recursos arrecadados com as multas e indenizações deverão ser destinados à reconstituição dos bens lesados, inclusive em programas preventivos, relacionados com a saúde e segurança dos trabalhadores, preferencialmente das empresas reclamadas, no âmbito do Regional. V — Deverá ser constituída Comissão composta pelo juiz da Vara, um membro do MPT, um representante do MTE, um representante do INSS, um representante sindical dos trabalhadores e um representante das empresas; a fim de zelar pela aplicação dos recursos destinados à reparação dos danos causados à coletividade e em programas preventivos, relacionados com a saúde e segurança dos trabalhadores; podendo firmar convênios para consecução dos objetivos referidos. BRASIL. Tribunal Regional do Trabalho da 15ª Região. *Recurso Ordinário (RO)* n. 20.700-78.2006.5.15.0087, Rel. Juiz Edison dos Santos Pelegrini, j. 28.4.2009, DJ 29.5.2009. Disponível em: <http://consulta.trt15.jus.br/consulta/owa/pProcesso.wProcesso?pTipoConsulta=PROCESSO&pidproc=1364472&pdblink=>. Acesso em: 20 mar. 2014, 22:31:26.

(93) Nesta toada, *vide* o excerto de um julgado do TRT da 18ª Região: (...). O dano moral coletivo decorre de conduta, em regra, levada a efeito por pessoa jurídica, cuja potencialidade de causar prejuízos emana efeitos que excedem a mera relação jurídica entre as partes, atingindo, ainda que indiretamente, o conjunto de cidadãos integrantes da sociedade, tendo em vista a violação, não apenas de um dispositivo legal, mas da ordem jurídica, que é o próprio esqueleto do Estado Democrático de Direito. O vértice do nosso Ordenamento Jurídico, ao mesmo tempo em que constitucionalizou inúmeros direitos sociais, consagrando a ideia de que os direitos fundamentais não se sucedem em gerações, mas se agregam em dimensões, erigiu como fundamento da República Federativa do Brasil, em um mesmo inciso, o valor social do trabalho e a livre iniciativa, reconhecendo a essencialidade do primeiro em uma sociedade capitalista democrática, que também se funda na dignidade da pessoa humana. Nessa medida, o dano desta ordem não tem como único pressuposto de existência a reiteração de conduta, prescindindo, igualmente, de prova de abalo psíquico à coletividade, bastando para sua configuração a aferição de sua potencialidade dentro do contexto vigente na sociedade. Em singelo exemplo, uma rescisão contratual pontual realizada em desrespeito à lei, seja diante da ausência de pagamento de verbas sabidamente devidas, seja em face do atraso deliberado, infringe a legislação, mas não viola, em princípio, o ordenamento jurídico em si, de modo a ferir a própria essência do direito social ao trabalho, como o faz a empresa que usa de tal conduta com habitualidade ou, noutra linha, rescinde, de uma só vez, inúmeros contratos de trabalho, exorbitando seu direito potestativo em razão do intuito implícito de enfraquecer o poder de reivindicação operário, o qual, sabidamente, somente alcança intensidade na sua versão coletiva. BRASIL. Tribunal Regional do Trabalho da 18ª Região. *Recurso Ordinário (RO)* n. 1.717-86.2012.5.18.0006, Rel. Des. Paulo Pimenta, j. 4.9.2013, DJE 6.9.2013. Disponível em: <http://sistemas.trt18.jus.br/visualizador/pages/conteudo.seam?p_tipo=2&p_grau=2&p_tab=sap290&p_id=1589901&p_num=4757&p_ano=2013&p_cid=RO&p_tipproc=RO&p_dataut=01.7.2013&p_npag=>. Acesso em: 20 mar. 2014, 22:37:07.

(94) O Superior Tribunal de Justiça também tem posicionamento neste sentido: O dano moral coletivo, assim entendido o que é transindividual e atinge uma classe específica ou não de pessoas, é passível de comprovação pela presença de prejuízo à imagem e à moral coletiva dos indivíduos enquanto síntese das individualidades percebidas como segmento, derivado de uma mesma relação jurídica-base. O dano extrapatrimonial coletivo prescinde da comprovação de dor, de sofrimento e de abalo psicológico, suscetíveis de apreciação na esfera do indivíduo, mas inaplicável aos interesses difusos e coletivos. (...) não poderia ser diferente porque as relações jurídicas caminham para uma massificação e a lesão aos interesses de massa não podem ficar sem reparação, sob pena de criar-se litigiosidade contida que levará ao fracasso do Direito como forma de prevenir e reparar os conflitos sociais. A reparação civil segue em seu processo de evolução iniciado com a negação do direito à reparação do dano moral puro para a previsão de reparação de dano a interesses difusos, coletivos e individuais homogêneos, ao lado do já consagrado direito à reparação pelo dano moral sofrido pelo indivíduo e pela pessoa jurídica (cf. Súmula n. 227/STJ). BRASIL. Superior Tribunal de Justiça. *Recurso Especial (REsp)* n. 1.057.274, Rel. Min. Eliana Calmon, j. 1º.10.2009, DJE 26.2.2010. Disponível em: <http://www.stj.jus.br/SCON/jurisprudencia/toc.jsp?tipo_visualizacao=null&livre=dano+extrapatrimonial+coletivo+prescinde+da+comprova%E7%E3o+de+dor&b=ACOR&thesaurus=JURIDICO>. Acesso em: 20 mar. 2014, 22:44:12.

(95) MEDEIROS NETO, Xisto Tiago. *Dano moral coletivo.* p. 136.
(96) *Ibid., Loc. Cit.*

Destarte, o conceito parte de aspectos objetivos, verificando-se se a conduta danosa infrigiu determinado interesse, decorrendo o dano da conduta em si, não se cogitando do abalo psicológico ou físico dela decorrente[97].

A definição do autor é a seguinte[98]:

"O *dano moral coletivo* corresponde à lesão injusta e intolerável a interesses ou direitos titularizados pela coletividade (considerada em seu todo ou em qualquer de suas expressões — grupos, classes ou categorias de pessoas), os quais possuem natureza extrapatrimonial, refletindo valores e bens fundamentais para a sociedade".

25. Pode-se dizer que no direito pátrio a lei que deu origem à tutela do interesse coletivo (*lato sensu*) foi a Lei n. 4.717/65 (lei da ação popular)[99].

No âmbito constitucional é importante ressaltar a adoção do outrora mencionado princípio da *reparação integral* (CF, art. 5º, incisos V e X) e, outrossim, a atribuição do Ministério Público para ajuizar ação civil pública para a defesa de interesses difusos e coletivos[100].

Além disso, a lei da ação civil pública, que tinha redação mais restritiva, foi modificada pelo Código de Defesa do Consumidor[101]. A redação original era a seguinte[102]:

Art. 1º Regem-se pelas disposições desta Lei, sem prejuízo da ação popular, as ações de responsabilidade por danos causados:

I — ao meio ambiente;

II — ao consumidor;

III — a bens e direitos de valor artístico, estético, histórico, turístico e paisagístico;

IV — (VETADO).

O Estatuto do Consumidor ampliou o rol de direitos abrangidos pela tutela oferecida pela lei da ação civil pública[103]:

Art. 110. Acrescente-se o seguinte inciso IV ao art. 1º da Lei n. 7.347, de 24 de julho de 1985:

IV — a **qualquer outro interesse difuso ou coletivo** (grifou-se).

---

(97) *Ibid., Loc. Cit.*
(98) *Ibid.*, p. 137.
(99) *Ibid., Loc. Cit.* BRASIL. *Lei n. 4.717, de 29 de junho de 1965.* Regula a ação popular. Disponível em: <http://www.planalto.gov.br/ccivil_03/leis/l4717.htm>. Acesso em: 3 fev. 2014, 11:52:25. BRASIL. *Lei n. 6.513, de 20 de dezembro de 1977.* Dispõe sobre a criação de Áreas Especiais e de Locais de Interesse Turístico; sobre o Inventário com finalidades turísticas dos bens de valor cultural e natural; acrescenta inciso ao art. 2º da Lei n. 4.132, de 10 de setembro de 1962; altera a redação e acrescenta dispositivo à Lei n. 4.717, de 29 de junho de 1965; e dá outras providências. Disponível em: <http://www.planalto.gov.br/ccivil_03/leis/L6513.htm#art33>. Acesso em: 3 fev. 2014, 11:55:16. *Art. 1º.* Qualquer cidadão será parte legítima para pleitear a anulação ou a declaração de nulidade de atos lesivos ao patrimônio da União, do Distrito Federal, dos Estados, dos Municípios, de entidades autárquicas, de sociedades de economia mista (Constituição, art. 141, § 38), de sociedades mútuas de seguro nas quais a União represente os segurados ausentes, de empresas públicas, de serviços sociais autônomos, de instituições ou fundações para cuja criação ou custeio o tesouro público haja concorrido ou concorra com mais de cinquenta por cento do patrimônio ou da receita ânua, de empresas incorporadas ao patrimônio da União, do Distrito Federal, dos Estados e dos Municípios, e de quaisquer pessoas jurídicas ou entidades subvencionadas pelos cofres públicos. § 1º — Consideram-se patrimônio público para os fins referidos neste artigo, os bens e direitos de valor econômico, artístico, estético, histórico ou turístico. (Redação dada pela Lei n. 6.513, de 1977).
(100) BRASIL. *Constituição (1988). Art. 129.* São funções institucionais do Ministério Público: (...). *III* — promover o inquérito civil e a ação civil pública, para a proteção do patrimônio público e social, do meio ambiente e de outros interesses difusos e coletivos.
(101) MEDEIROS NETO, Xisto Tiago. *Dano moral coletivo.* p. 140.
(102) BRASIL. *Lei n. 7.347, de 24 de julho de 1985.* Disciplina a ação civil pública de responsabilidade por danos causados ao meio ambiente, ao consumidor, a bens e direitos de valor artístico, estético, histórico e paisagístico (VETADO) e dá outras providências. Disponível em: <http://www2.camara.leg.br/legin/fed/lei/1980-1987/lei-7347-24-julho-1985-356939-publicacaooriginal-1-pl.html>. Acesso em: 3 fev. 2014, 12:53:49.
(103) BRASIL. *Lei n. 8.078, de 11 de setembro de 1990.*

Além disso, a mesma lei equiparou o consumidor a uma coletividade de pessoas, ainda que indetermináveis[104]. Prosseguindo, o consumidor tem, dentre seus direitos básicos[105]:

Art. 6º São direitos básicos do consumidor:

(...).

VI — a efetiva prevenção e reparação de danos patrimoniais e morais, individuais, coletivos e difusos;

VII — o acesso aos órgãos judiciários e administrativos com vistas à prevenção ou **reparação de danos patrimoniais e morais, individuais, coletivos ou difusos**, assegurada a proteção jurídica, administrativa e técnica aos necessitados (grifou-se).

Ainda no que tange à ação civil pública e à lei do consumidor não se pode olvidar a integração entre ambos os sistemas, o que se verifica por meio de dispositivos previstos nas respectivas leis[106], podendo-se falar em microssistema de tutela coletiva ou de processo coletivo.

Nesse contexto, a Lei Orgânica do Ministério Público da União também regula a matéria[107]:

Art. 6º Compete ao Ministério Público da União:

VII — promover o inquérito civil e a ação civil pública para:

a) a proteção dos direitos constitucionais;

b) **outros interesses individuais indisponíveis, homogêneos, sociais, difusos e coletivos** (grifou-se).

Ainda, a lei de organização dos Ministérios Públicos Estaduais trilha o mesmo caminho[108]:

Art. 25. Além das funções previstas nas Constituições Federal e Estadual, na Lei Orgânica e em outras leis, incumbe, ainda, ao Ministério Público:

IV — promover o inquérito civil e a ação civil pública, na forma da lei:

(a) para a proteção, prevenção e reparação dos danos causados ao meio ambiente, ao consumidor, aos bens e direitos de valor artístico, estético, histórico, turístico e paisagístico, e a **outros interesses difusos, coletivos e individuais indisponíveis e homogêneos** (grifou-se).

Enfim, a Lei Antitruste extirpou quaisquer dúvidas que existiam em relação à titularidade coletiva de direitos, o que implicaria, por via oblíqua, que a conduta antijurídica que lesasse tais direitos ocasionaria dano coletivo (patrimonial ou extrapatrimonial)[109]. *Vide* seu art. 88[110]:

---

(104) *Ibid. Art. 2º*. Consumidor é toda pessoa física ou jurídica que adquire ou utiliza produto ou serviço como destinatário final. *Parágrafo único*. Equipara-se a consumidor a coletividade de pessoas, ainda que indetermináveis, que haja intervindo nas relações de consumo.
(105) *Ibid.*
(106) *Ibid. Art. 90*. Aplicam-se às ações previstas neste título as normas do Código de Processo Civil e da Lei n. 7.347, de 24 de julho de 1985, inclusive no que respeita ao inquérito civil, naquilo que não contrariar suas disposições. *Art. 117*. Acrescente-se à Lei n. 7.347, de 24 de julho de 1985, o seguinte dispositivo, renumerando-se os seguintes: Art. 21. Aplicam-se à defesa dos direitos e interesses difusos, coletivos e individuais, no que for cabível, os dispositivos do Título III da lei que instituiu o Código de Defesa do Consumidor.
(107) BRASIL. *Lei Complementar n. 75, de 20 de maio de 1993*. Dispõe sobre a organização, as atribuições e o estatuto do Ministério Público da União. Disponível em: <http://www.planalto.gov.br/ccivil_03/leis/lcp/lcp75.htm>. Acesso em: 4 fev. 2014, 10:52:46.
(108) BRASIL. *Lei n. 8.625, de 12 de fevereiro de 1993*. Institui a Lei Orgânica Nacional do Ministério Público, dispõe sobre normas gerais para a organização do Ministério Público dos Estados e dá outras providências. Disponível em: <http://www.planalto.gov.br/ccivil_03/leis/l8625.htm>. Acesso em: 4 fev. 2014, 10:56:01.
(109) MEDEIROS NETO, Xisto Tiago. *Dano Moral Coletivo*. Op. cit., p. 143.
(110) BRASIL. *Lei n. 8.884, de 11 de junho de 1994*. Transforma o Conselho Administrativo de Defesa Econômica (CADE) em Autarquia, dispõe sobre a prevenção e a repressão às infrações contra a ordem econômica e dá outras providências. Disponível em: <http://www.planalto.gov.br/ccivil_03/leis/l8884.htm>. Acesso em: 4 fev. 2014, 11:08:31.

Art. 88. O art. 1º da Lei n. 7.347, de 24 de julho de 1985, passa a vigorar com a seguinte redação e a inclusão de novo inciso:

"Art. 1º Regem-se pelas disposições desta lei, sem prejuízo da ação popular, as ações de responsabilidade por **danos morais e patrimoniais causados** (grifou-se):

....

V — por infração da ordem econômica."

Ou seja, a legislação passa a admitir, expressamente, aquilo que a doutrina e a jurisprudência já aceitavam, ou seja, o dano moral (ou extrapatrimonial) causado a interesses difusos ou coletivos, mais especificamente, o dano moral coletivo.

A Lei n. 12.259/11 revogou a citada Lei Antitruste, contudo, manteve a redação acima citada[111].

D) Responsabilidade Objetiva

26. No que concerne ao dano moral coletivo, o dever de reparar advém do próprio ato lesivo, independentemente da configuração de culpa, bastando, portanto, provar o nexo de causalidade entre a conduta antijurídica e o dano perpetrado para ensejar a responsabilidade do agente ou de quem responda por sua conduta[112].

As excludentes da responsabilidade aparecem somente em ocasiões excepcionais, como o caso fortuito, a força maior, a legítima defesa, o exercício regular de um direito ou o estado de necessidade (arts. 188 e 393 do CC)[113].

E) Prova

27. O dano extrapatrimonial coletivo decorre da própria conduta lesiva (*damnum in re ipsa*) a direitos transindividuais, não se cogitando, destarte, de prova da sua configuração[114].

Em outras palavras[115]:

"A certeza do dano, anota-se, emerge objetiva e diretamente do evento causador (*ipso facto*), o que se faz compreensível nos domínios da lógica. É que não se pode pretender provar eventuais efeitos da violação (aspectos como insegurança, transtorno ou abalo coletivo), uma vez que são consequências que têm realidade apreendida a partir do senso comum".

A jurisprudência corrobora este entendimento[116]:

I — AGRAVO DE INSTRUMENTO. PROVIMENTO. TERCEIRIZAÇÃO ILÍCITA. COOPERATIVA. FRAUDE. DANO MORAL COLETIVO. CONFIGURAÇÃO. Caracterizada divergência jurisprudencial, merece processamento o recurso de revista. Agravo de instrumento conhecido e provido. II — RECURSO DE REVISTA.

---

(111) BRASIL. *Lei n. 12.529, de 30 de novembro de 2011*. Art. 117. O caput e o inciso V do art. 1º da Lei n. 7.347, de 24 de julho de 1985, passam a vigorar com a seguinte redação: Art. 1º. Regem-se pelas disposições desta Lei, sem prejuízo da ação popular, as ações de responsabilidade por danos morais e patrimoniais causados: (...). V — por infração da ordem econômica.
(112) MEDEIROS NETO, Xisto Tiago. *Dano moral coletivo*. p. 144.
(113) *Ibid.*, p. 145. *Vide*, também: DIAS, José de Aguiar. *Da responsabilidade civil*. v. II. p. 674-678 e 686-698; PEREIRA, Caio Mário da Silva. *Responsabilidade civil*. p. 295-307; TEPEDINO, Gustavo; BARBOZA, Heloisa Helena; e MORAES, Maria Celina Bodin de. *Código Civil interpretado conforme a Constituição da República*. v. I. p. 709-713 e 813-814.
(114) MEDEIROS NETO, Xisto Tiago. *Dano moral coletivo*. p. 146-147. *Vide*, também: BITTAR, Carlos Alberto. *Reparação civil por danos morais*. p. 211.
(115) MEDEIROS NETO, Xisto Tiago. *Dano moral coletivo*. p. 147. *Vide*, também: BITTAR, Carlos Alberto. *Reparação civil por danos morais*. p. 214-218.
(116) BRASIL. Tribunal Superior do Trabalho. *Recurso de Revista (RR) n. 4800-66.2009.5.2.0231*, Rel. Min. Alberto Luiz Bresciani de Fontan Pereira, j. 12.6.2013, DJE 1º.7.2013. Disponível em: <https://aplicacao5.tst.jus.br/consultaProcessual/consultaTstNumUnica.do?consulta=Consultar&conscsjt=&numeroTst=0004800&digitoTst=66&anoTst=2009&orgaoTst=5&tribunalTst=02&varaTst=0231>. Acesso em: 20 mar. 2014, 22:51:56.

TERCEIRIZAÇÃO ILÍCITA. COOPERATIVA. FRAUDE. DANO MORAL COLETIVO. CONFIGURAÇÃO. 1.1. A terceirização ilícita por meio de falsas cooperativas gera lesão a direitos individuais homogêneos, coletivos e difusos. Suas consequências extrapolam a esfera individual dos envolvidos e repercutem nos interesses extrapatrimoniais da coletividade, fazendo exsurgir o dano moral coletivo. 1.2. **O dano moral coletivo verifica-se a partir do próprio fato proibido (dano *in re ipsa*), sendo inexigível a sua comprovação.** 1.3. A indenização do dano extrapatrimonial não se confunde com a multa coercitiva para o cumprimento de obrigação de não fazer. Os institutos possuem finalidades distintas e beneficiários diversos. Devem ser utilizados como mecanismos complementares, em especial, na hipótese em que a simples fixação de obrigação de não fazer revela-se como uma resposta de fraca força persuasiva do ordenamento jurídico, de forma a impedir que o custo econômico da violação se incorpore no sistema produtivo da empresa e permita a reiteração do ilícito. Recurso de revista conhecido e provido. (grifou-se).

Outro julgado[117]:

AGRAVO DE INSTRUMENTO. AÇÃO CIVIL PÚBLICA. COMPETÊNCIA TERRITORIAL. DANO RESTRITO À ESFERA REGIONAL. A Corte de origem, ao entender que compete à Vara do Trabalho de Goiânia examinar a ação civil pública, cujo dano que se pretende ser reparado limita-se ao Estado de Goiás, decidiu em consonância com a Orientação Jurisprudencial n. 130 da SBDI-2 do TST. **CONSTITUCIONALIDADE DAS LEIS N. 7.500/95 E N. 13.415/98. COMPETÊNCIA LEGISLATIVA MUNICIPAL E ESTADUAL.** Não refoge à competência dos estados e municípios legislar sobre a adoção de medidas de segurança nas agências bancárias, especificamente, a instalação de portas giratórias, tendo em vista que os referidos entes federativos possuem competência concorrente para tanto, a teor dos arts. 24 e 25 da Constituição Federal, além de terem o dever de zelar pela segurança dos seus cidadãos (art. 144/CF). Precedentes do STF e do STJ. **DANO MORAL COLETIVO. CARACTERIZAÇÃO.** O dano moral coletivo não decorre necessariamente da repercussão de um ato no mundo físico ou psicológico, podendo a ofensa a um bem jurídico ocorrer tão somente por um incremento desproporcional do risco (*damnum in re ipsa*). Na hipótese, conforme asseverado no acórdão regional, o réu não cumpriu a legislação que o obrigava a instalar portas giratórias nas agências bancárias, o que gerou a potencialização dos riscos de roubos às agências, com grave repercussão para os empregados e a clientela, sendo cabível, portanto, a condenação ao pagamento de indenização por dano moral coletivo. **Agravo de instrumento a que se nega provimento.** (sublinhou-se).

---

(117) BRASIL. Tribunal Superior do Trabalho. *Agravo de Instrumento em Recurso de Revista (AIRR) n. 20440-52.2004.5.18.0001*, Rel. Min. Walmir Oliveira da Costa, j. 10.3.2010, DEJT 18.3.2010. Disponível em: <https://aplicacao5.tst.jus.br/consultaProcessual/consultaTstNumUnica.do?consulta=Consultar&conscsjt=&numeroTst=0020440&digitoTst=52&anoTst=2004&orgaoTst=5&tribunalTst=18&varaTst=0001>. Acesso em: 20 mar. 2014, 23:00:37. *Vide*, também: AÇÃO CIVIL PÚBLICA. MEIO AMBIENTE DO TRABALHO. PORTAS DE SEGURANÇA EM AGÊNCIAS BANCÁRIAS. DANO MORAL COLETIVO. PROCEDÊNCIA DO PEDIDO MESMO QUE CUMPRIDA A OBRIGAÇÃO EM SEDE DE ANTECIPAÇÃO DOS EFEITOS DA TUTELA. A inobservância da legislação que garante a instalação de portas de segurança em estabelecimentos bancários por mais de quinze anos gera dano moral coletivo, porque colocou em risco a vida e saúde dos trabalhadores. Nesse sentido, não há que se falar em prova do prejuízo para a configuração do dano moral coletivo. *A certeza do dano emerge objetiva e diretamente do evento causador.* Mesmo que cumprida a obrigação antes do julgamento, o pedido deve ser acolhido, sendo inapropriada a rejeição por falta de objeto. (grifou-se). BRASIL. Tribunal Regional do Trabalho da 9ª Região. *Recurso Ordinário (RO) n. 1.318-56.2011.5.9.0325*, Rel. Des. Luiz Alves, j. 14.8.2012, DEJT 26.10.2012. Disponível em: <http://www.trt9.jus.br/internet_base/processoman.do?evento=Editar&chPlc=AAAS5SABvAAHgCiAAK>. Acesso em: 20 mar. 2014, 23:05:48. O Superior Tribunal de Justiça apresenta entendimento equivalente: CIVIL. DANO MORAL. REGISTRO NO CADASTRO DE DEVEDORES DO SERASA. IRRELEVÂNCIA DA EXISTÊNCIA DE PREJUÍZO. A jurisprudência desta Corte está consolidada no sentido de que na concepção moderna da reparação do dano moral prevalece a orientação de que a responsabilização do agente se opera por força do simples fato da violação, de modo a tornar-se desnecessária a prova do prejuízo em concreto. A existência de vários registros, na mesma época, de outros débitos dos recorrentes, no cadastro de devedores do SERASA, não afasta a presunção de existência do dano moral, que decorre *in re ipsa*, vale dizer, do próprio registro de fato inexistente. Hipótese em que as instâncias locais reconheceram categoricamente que foi ilícita a conduta da recorrida em manter, indevidamente, os nomes dos recorrentes, em cadastro de devedores, mesmo após a quitação da dívida. Recurso conhecido em parte e, nessa parte, parcialmente provido. BRASIL. Superior Tribunal de Justiça. *Recurso Especial (REsp) n. 196.024*, Rel. Min. César Asfor Rocha, j. 2.3 1999, DJ 2.8.1999. Disponível em: <http://www.stj.jus.br/SCON/jurisprudencia/toc.jsp?tipo_visualizacao=null&processo=196024&b=ACOR&thesaurus=JURIDICO>. Acesso em: 20 mar. 2014, 23:15:17. Outros julgados no mesmo sentido: BRASIL. Superior Tribunal de Justiça. *Agravo Regimental (AgRg) no Agravo de Instrumento (AI) n. 470.538*, Rel. Min. Castro Filho, j. 6.11.2003, DJ 24.11.2003. Disponível em: <http://www.stj.jus.br/SCON/jurisprudencia/toc.jsp?tipo_visualizacao=null&processo=470538&b=ACOR&thesaurus=JURIDICO>. Acesso em: 20 mar. 2014, 23:19:32; BRASIL. Superior Tribunal de Justiça. *Recurso Especial (REsp) n. 442.051*, Rel. Min. Nancy Andrighi, j. 7.11.2002, DJ 17.2.2003. Disponível em: <http://www.stj.jus.br/SCON/jurisprudencia/toc.jsp?tipo_visualizacao=null&processo=442051&b=ACOR&thesaurus=JURIDICO>. Acesso em: 20 mar. 2014, 23:22:08; BRASIL. Superior Tribunal de Justiça. *Recurso Especial (REsp) n. 389.879*, Rel. Min. Sálvio de Figueiredo Teixeira, j. 16.4.2002, DJ 2.9.2002. Disponível em: <http://www.stj.jus.br/SCON/jurisprudencia/toc.jsp?tipo_visualizacao=null&processo=389879&b=ACOR&thesaurus=JURIDICO>. Acesso em: 20 mar. 2014, 23:24:20.

F) Indenização

F.1. Função

28. A Constituição Federal estabelece a proteção aos direitos transindividuais, além de preceituar a obrigatoriedade de reparação integral quando da lesão perpetrada a tais interesses (art. 5º, incisos V e X). Nesse contexto, a condenação no pagamento de indenização por dano moral (extrapatrimonial) coletivo representa uma forma de tutela dos interesses transindividuais, tendo finalidade sancionatória e também preventiva, dissuadindo terceiros de praticarem atos ilícitos semelhantes ou análogos. Então, em sede de tutela coletiva a condenação em indenização por dano moral coletivo é uma indenização punitiva e não uma reparação nos moldes da conferida na hipótese de dano individual[118].

Pode-se dizer, ainda, que a simples cessação da conduta antijurídica, sem qualquer outra consequência para o infrator da ordem jurídica, deixaria um lastro de impunidade que poderia colocar em descrédito o sistema jurídico de responsabilidade civil[119].

Mais especificamente[120]:

E mais: em tais hipóteses, a ausência ou mesmo a não admissão de uma forma própria de *reparação* representaria fator de incentivo à prática de certas condutas gravosas em que o ofensor aufere absurda e injusta vantagem pessoal e/ou econômica, diante da ilicitude perpetrada, a atingir valores e bens fundamentais da sociedade.

Essa realidade, sem dúvida, traduziria, também, um estado de indignação e descrédito da coletividade para com o sistema jurídico, e até mesmo em relação à própria organização estatal, refletindo-se prejudicialmente na esfera da segurança e da estabilidade social. É isto, por exemplo, o que se visualizaria, de maneira inolvidável, nos casos de exploração de trabalho escravo e de trabalho de crianças, de destruição ou deterioração de bem ambiental ou histórico-cultural em proveito de interesse individual, de fraude e discriminação nas relações de trabalho e de consumo.

29. Se, por um lado, no caso do dano individual a indenização tem a função reparatória ou compensatória e, secundariamente, de punição ao ofensor, por outro, em sendo dano moral coletivo a indenização tem, precipuamente, objetivo de sanção em relação ao infrator e dissuasão no que concerne a terceiros e, secundária e indiretamente, de compensação da coletividade atingida, porquanto a indenização é destinada a um fundo para a recomposição dos bens lesados[121].

Nesta senda, pode-se afirmar que[122]:

"Afigura-se evidente, nesse passo, que, diante da violação de direitos titularizados pela coletividade, faz-se impossível conceber uma reparação direta baseada no critério *compensatório*, ou seja, visando a possibilitar, para fins de composição, uma proporcional satisfação em favor da vítima do dano: primeiramente, por força da inviabilidade de se alcançar e apreender toda a dimensão e extensão da lesão ao interesse coletivo; em segundo, diante da indeterminação dos sujeitos abrangidos pela coletividade afetada, e também da essência indivisível do direito violado".

---

(118) MEDEIROS NETO, Xisto Tiago. *Dano moral coletivo*. p. 155-156.
(119) *Ibid.*, p. 156.
(120) *Ibid.*, p. 157.
(121) *Ibid.*, p. 160. BRASIL. *Lei n. 7.347, de 24 de julho de 1985. Op. cit. Art. 13*. Havendo condenação em dinheiro, a indenização pelo dano causado reverterá a um fundo gerido por um Conselho Federal ou por Conselhos Estaduais de que participarão necessariamente o Ministério Público e representantes da comunidade, sendo seus recursos destinados à reconstituição dos bens lesados.
(122) MEDEIROS NETO, Xisto Tiago. *Dano Moral Coletivo. Op. cit.*, p. 161.

Nesse contexto, vide o julgado do Tribunal Superior do Trabalho[123]:

RECURSO DE REVISTA. NULIDADE POR NEGATIVA DE PRESTAÇÃO JURISDICIONAL. O v. acórdão regional encontra-se fundamentado tendo sido entregue à parte a devida prestação jurisdicional, restando ilesos os arts. 93, IX, da CF, 832 da CLT e 458 do CPC. Recurso de revista não conhecido. DANO MORAL COLETIVO. REPARAÇÃO. POSSIBILIDADE. AÇÃO CIVIL PÚBLICA VISANDO OBRIGAÇÃO NEGATIVA. OFENSA AO VALOR SOCIAL DO TRABALHO. TERCEIRIZAÇÃO ILÍCITA DE MÃO DE OBRA PARA SERVIÇOS LIGADOS A ATIVIDADE FIM DA EMPRESA. **A reparação por dano moral coletivo visa a inibição de conduta ilícita da empresa e atua como caráter pedagógico.** A ação civil pública buscou reverter o comportamento da empresa, com o fim de coibir a contratação ilícita de mão de obra para serviços ligados a atividade-fim, por empresa interposta, no ramo da construção, exploração e pesquisa de recursos hídricos, para prevenir lesão a direitos fundamentais constitucionais, como a dignidade da pessoa humana e o valor social do trabalho, que atinge a coletividade como um todo, e possibilita a aplicação de multa a ser revertida ao FAT, com o fim de coibir a prática e reparar perante a sociedade a conduta da empresa, servindo como elemento pedagógico de punição. Recurso de revista conhecido e provido. (grifou-se).

F.2. Sobre punitive damages

30. O termo *damages* é utilizado, nos países de *Common Law*, com o sentido de expressar efeitos pecuniários advindos da prática de ato ilícito (*tort*), podendo-se traduzi-lo como *indenização*. Os damages costumam ter várias funções, dentre elas, os *compensatory* e os *punitive damages*[124]. A primeira função tem o significado de compensação conferida ao ofendido pelo dano causado pelo ofensor. A segunda, por sua vez, será objeto de uma análise mais detalhada.

A origem da indenização punitiva remonta ao Reino Unido, sendo oriunda de decisões voltadas ao direito à liberdade e ao respeito à vida privada contra atos de abusos de poder. Os casos citados são *Huckle v. Money* (1763) e *Wilkes v. Wood* (1764). Mais recentemente, na década de 60 do século passado, alude-se ao caso *Rooks v. Barnard* (1964), em que um trabalhador que fora despedido da empresa British Airways por pressão do sindicato profissional ajuizou ação em face dessa última obtendo indenização[125].

Esse foi o primeiro caso em que houve a distinção entre os *punitive damages*, com função punitiva e dissuasória (preventiva), e os *aggravated damages*, voltados à compensação da vítima pelo dano sofrido[126].

A concepção de *punitive damages* acabou sendo "exportada" para os Estados Unidos que, já no século XVIII, apresentou dois casos pertinentes: *Genay v. Norris* (1784) e *Coryell v. Colbaugh* (1791). No primeiro

---

(123) BRASIL. Tribunal Superior do Trabalho. *Recurso de Revista (RR) n. 34.000-45.2009.5.5.0002*. Rel. Min. Aloysio Corrêa da Veiga, j. 11.12.2013, DEJT 13.12.2013. Disponível em: <https://aplicacao5.tst.jus.br/consultaProcessual/consultaTstNumUnica.do?consulta=Consultar&conscsjt=&numeroTst=34000&digitoTst=45&anoTst=2009&orgaoTst=5&tribunalTst=05&varaTst=0002>. Acesso em: 24 mar. 2014, 11:55:05.
(124) SERPA, Pedro Ricardo e. *Indenização Punitiva*. 2011. 386 f. Dissertação (Mestrado em Direito Civil). Faculdade de Direito, Universidade de São Paulo, 2011. p. 24.
(125) LOURENÇO, Paula Meira. *A indemnização punitiva e os critérios para sua determinação*. p. 2. Disponível em: <http://www.stj.pt/ficheiros/coloquios/responsabilidadecivil_paulameiralourenco.pdf>. Acesso em: 6 mar. 2014, 11:22:09. *Vide* o julgado em: REINO UNIDO. United Kingdom House of Lords. *Case Rooks v. Barnard (1964)*. Disponível em: <http://www.bailii.org/uk/cases/UKHL/1964/1.html>. Acesso em: 6 mar. 2014, 11:27:45. Sobre o tema, *vide*, também: SERPA, Pedro Ricardo e. *Indenização punitiva*. p. 31-33; ULIAN, Eduardo. *Responsabilidade civil punitiva*. 2003. 121 f. Tese (Doutorado em Direito Civil). Faculdade de Direito, Universidade de São Paulo, 2003; ANDRADE, André Gustavo Corrêa de. *Indenização punitiva*. Disponível em: <http://www.tjrj.jus.br/institucional/dir_gerais/dgcon/pdf/artigos/direi_civil/indenizacao_punitiva.pdf>. Acesso em: 11 mar. 2014, 18:29:43; PARGENDLER, Mariana. *O caráter exemplar da indenização e o direito civil brasileiro*: pena privada ou *punitive damages*. Disponível em: <http://lanic.utexas.edu/project/etext/llilas/ilassa/2004/pargendler.pdf>. Acesso em: 11 mar. 2014, 18:41:10; FACCHINI NETO, Eugênio. Da responsabilidade civil no novo Código. In: *Revista do TST*, Brasília, v. 76, n. 1, jan/mar 2010. Disponível em: <http://www.tst.jus.br/documents/1295387/1312889/1.+Da+responsabilidade+civil+no+novo+c%C3%B3digo>. Acesso em: 11 mar. 2014, 18:44:20; WERTHEIMER, Ellen. *Punitive damages and strict products liability*: an essay in oxymoron. Disponível em: <http://digitalcommons.law.villanova.edu/cgi/viewcontent.cgi?article=2873&context=vlr>. Acesso em: 11 mar. 2014, 18:48:05; RODDY, Nadine E. *Punitive damages in strict products liability litigation*. Disponível em: <http://scholarship.law.wm.edu/wmlr/vol23/iss2/6>. Acesso em: 11 mar. 2014, 18:49:51; ELLIOTT, E. Donald. *Why punitive damages don't deter corporate misconduct effectively*. Disponível em: <http://digitalcommons.law.yale.edu/cgi/viewcontent.cgi?article=3203&context=fss_papers>. Acesso em: 11 mar. 2014, 18:52:02.
(126) LOURENÇO, Paula Meira. *A indemnização punitiva e os critérios para sua determinação*. p. 2.

deles, um médico ministrou, por brincadeira, uma droga inofensiva para um paciente seu, tendo-lhe causado muitas dores. No último caso, um nubente engravidou a nubente, mas quebrou a promessa de casamento, ocasionando grave ofensa às honras desta e do nascituro[127].

No século seguinte os tribunais norte-americanos passaram a conceber, expressamente, a natureza punitiva e preventiva dos *punitive damages*. Cita-se, como exemplo, o caso *Graham v. Roder* (1849), em que se menciona expressamente a função não somente de compensar o sofrimento, mas de punir o ofensor[128].

Pode-se dizer, ainda, que[129]:

> Desde 1935 que os *punitive damages* são reconhecidos em todos os EUA, excepto nos Estados de Louisiana, Massachusetts, Nebraska e Washington, sendo atribuídos em casos de negligência grosseira (*gross negligence*), responsabilidade objectiva do comitente (*vicarious liability*), responsabilidade civil do produtor (*products strict liability*), curto-circuito do contrato (*contractual bypass*) e incumprimento contratual (*breach of contract*). (itálicos originais).

31. Dois casos mais próximos da realidade atual podem ser citados.

O primeiro é o caso *Grimshaw v. Ford Motor Co.* (1981), também conhecido como *Pinto Case*. Trata-se de um automóvel fabricado pela empresa FORD, que apresentava desenho original, e que explodiu logo após colisão com um obstáculo, ocasionando a morte do seu proprietário e ferimentos graves nos passageiros[130].

O fato é que o desenho do veículo e a posição do tanque de combustível, além da qualidade inferior do material utilizado na sua fabricação, violavam regras mínimas de segurança, tendo sido as causas da explosão do automóvel. Verificou-se que a empresa FORD já havia encomendado um estudo para analisar uma forma de tornar o veículo mais seguro, mas isso implicava mudanças no seu *design* original, o que acabou não sendo feito pela empresa[131].

Quando questionada por que não havia feito as modificações sugeridas, a empresa afirmou que teria preferido pagar as indenizações por danos eventualmente causados a alterar o *design* do veículo, pois os lucros sempre seriam superiores aos valores indenizatórios. A opção feita pela empresa em detrimento da vida humana e a frieza por ela demonstrada impressionaram o júri, que utilizou o caso para passar uma mensagem [caráter dissuasório e preventivo] para outras empresas que fizessem opções análogas, fixando uma indenização compensatória (*compensatory damages*) de US$ 4,5 milhões aos lesados, além de US$ 125 milhões a título de indenização punitiva (*punitive damages*)[132].

Outro ponto interessante dos *punitive damages* é que[133]:

> Como na maioria dos países anglo-saxónicos o quantitativo de *punitive damages* é indeterminado, o lesante fica impedido de fazer cálculos económicos para apurar se o **lucro** que espera obter ultrapassa, ou não, a **indemnização** que terá de pagar ao lesado, acrescida da quantia imposta a título de *punitive damages*.

O segundo é o *Midler v. Ford Motor Co.* (1991), considerado como *contractual bypass*. Essa expressão vem sendo utilizada pela doutrina e jurisprudência dos Estados Unidos com o sentido de indicar a escolha

---

(127) *Ibid.*, p. 3; SERPA, Pedro Ricardo e. *Indenização punitiva*. p. 33-35.
(128) LOURENÇO, Paula Meira. *A indemnização punitiva e os critérios para sua determinação*. p. 3.
(129) *Ibid.*, p. 3-4.
(130) *Ibid.*, p. 4. *Vide* o julgado em: ESTADOS UNIDOS DA AMÉRICA. Court of Appeals of California. *Case Grimshaw v. Ford Motor Co. (1981)*. Disponível em: <http://law.justia.com/cases/california/calapp3d/119/757.html>. Acesso em: 10 mar. 2014, 11:50:27.
(131) LOURENÇO, Paula Meira. *A indemnização punitiva e os critérios para sua determinação*.p. 4. *Vide*, também: SERPA, Pedro Ricardo e. *Indenização punitiva*. p. 76-78.
(132) LOURENÇO, Paula Meira. *A indemnização punitiva e os critérios para sua determinação*. p. 4-5.
(133) *Ibid.*, p. 5-6.

das empresas em se sujeitarem às regras da responsabilidade civil extracontratual, ao invés de buscarem a celebração de contratos, quando é mais vantajoso, economicamente, o descumprimento da lei e o pagamento de uma indenização respectiva à vítima do que celebrar com ela um contrato[134].

Especificamente, o caso refere-se à recusa da atriz BETTIE MIDLER em participar de um comercial da empresa FORD porque lhe oferecera uma quantia reduzida em relação ao que a artista pretendia. Assim, a empresa contratou uma sósia[135].

A questão foi considerada um "curto-circuito do contrato" (*contractual bypass*), porquanto a empresa FORD optara por utilizar, de forma indevida, a imagem de uma pessoa famosa à época (e a população acreditara que era a atriz que fazia o comercial), ao invés de celebrar com ela um contrato, estimando que o lucro que obteria com o anúncio e o recrudescimento das vendas seria superior ao valor que teria de pagar com a indenização por "violação do direito à imagem"[136].

32. Nesse contexto, a fixação do valor da indenização do dano moral coletivo deve ter como fundamento a ideia de "valor de desestímulo", que tem por base essa concepção de *punitive damages* ou *exemplary damages*. A fixação da indenização em montantes elevados deve servir como forma de inibir, desestimular, ou dissuadir a reincidência na conduta lesiva, além de servir como expediente preventivo em relação à conduta de terceiros, que se sentirão intimados em realizar conduta semelhante quando souberem da medida da punição que poderão vir a sofrer.

Em outras palavras[137]:

> Em consonância com essa diretriz, a indenização por danos morais deve traduzir-se em montante que represente advertência ao lesante e à sociedade de que não se aceita o comportamento assumido, ou o evento lesivo advindo. Consubstancia-se, portanto, em importância compatível com o vulto dos interesses em conflito, refletindo-se, de modo expressivo, no patrimônio do lesante, a fim de que sinta, efetivamente, a resposta da ordem jurídica aos efeitos do resultado lesivo produzido. Deve, pois, ser quantia economicamente significativa, em razão das potencialidades do patrimônio do lesante.
>
> Ora, num momento em que crises de valores e de perspectivas assolam a humanidade, fazendo recrudescer as diferentes formas de violência, esse posicionamento constitui sólida barreira jurídica a atitudes ou a condutas incondizentes com os padrões éticos médios da sociedade. De fato, a exacerbação da sanção pecuniária é fórmula que atende às graves consequências que de atentados à moralidade individual ou social podem advir. Mister se faz que imperem o respeito humano e a consideração social, como elementos necessários para a vida em comunidade.
>
> Com essa técnica é que a jurisprudência dos países de *common law* tem contribuído, decisivamente, para a implementação efetiva de um sistema de vida fundado no pleno respeito aos direitos da personalidade humana, com sacrifícios pesados aos desvios que se têm verificado, tanto para pessoas físicas, como para pessoas jurídicas infratoras. (...).
>
> (...).
>
> Coaduna-se essa postura, ademais, com a própria índole da teoria em debate, possibilitando que se realize com maior ênfase a sua função inibidora, ou indutora de comportamentos. Com efeito, o peso do ônus financeiro é, em um mundo em que cintilam interesses econômicos, a resposta pecuniária mais adequada a lesionamentos de ordem moral.

---

(134) *Ibid.*, p. 6. *Vide* o julgado em: ESTADOS UNIDOS DA AMÉRICA. United States Court of Appeals. *Case Midler v. Ford Motor Co. (1991)*. Disponível em: <https://law.resource.org/pub/us/case/reporter/F2/944/944.F2d.909.90-55028.90-55027.html>. Acesso em: 10 mar. 2014, 12:32:35.
(135) LOURENÇO, Paula Meira. *A indemnização punitiva e os critérios para sua determinação*. p. 6.
(136) *Ibid.*, p. 7.
(137) BITTAR, Carlos Alberto. *Reparação civil por danos morais*. p. 233-234.

F.3. Condenação Pecuniária

33. O reconhecimento do dano extrapatrimonial coletivo implica a condenação do ofensor em uma indenização, ou seja, em um valor em dinheiro que tem a função de puni-lo pela conduta lesiva, fixando-se em montante que seja efetivamente uma resposta sancionatória a ele e preventiva (dissuasória) a terceiros[138].

Alguns fatores devem ser levados em consideração para a fixação do valor indenizatório[139]:

a) **a natureza, a gravidade e a repercussão da lesão:** verificação acerca da "essência e relevância" do direito violado e o seu "valor" para a sociedade, além da "irreversibilidade e gravidade do dano e da extensão dos seus efeitos";

b) **a situação econômica do infrator:** analisar a condição econômica do infrator é um dos critérios balizadores na fixação do valor da indenização, devendo utilizar-se de informações patrimoniais, fiscais, bancárias, contábeis para ter efetivo conhecimento da situação, além de se estipular valor que seja suficiente para considerá-la uma sanção eficaz, mas que, de outro lado, não leve o ofensor à insolvência;

c) **proveito auferido com a conduta antijurídica:** o valor da condenação deve "neutralizar" eventual proveito obtido pelo infrator com o ato ilícito;

d) **o grau da culpa ou do dolo, além da verificação de reincidência:** verificando-se a presença de dolo ou culpa grave o valor da indenização deverá ser incrementado, porquanto haverá maior repulsa em relação à conduta do ofensor. No caso de reincidência da conduta antijurídica também a indenização deverá ser estimada em montante superior porque o infrator demonstra, no caso, recalcitrância na prática do ilícito;

e) **nível de reprovação social do ato:** o julgador deverá analisar o ato violador do direito e cotejá-lo com a ordem de valores sociais a fim de qualificar seu nível de reprovação tendo como objetivo a estipulação do *quantum* indenizatório.

É importante ressaltar que o Supremo Tribunal Federal tem entendimento no sentido de não limitar o valor da indenização por dano moral[140]:

> INDENIZAÇÃO. Responsabilidade civil. Lei de Imprensa. Dano moral. Publicação de notícia inverídica, ofensiva à honra e à boa fama da vítima. Ato ilícito absoluto. Responsabilidade civil da empresa jornalística. **Limitação da verba devida, nos termos do art. 52 da Lei n. 5.250/67. Inadmissibilidade. Norma não recebida pelo ordenamento jurídico vigente. Interpretação do art. 5º, IV, V, IX, X, XIII e XIV, e art. 220, *caput* e § 1º, da CF de 1988.** Recurso extraordinário improvido. Toda limitação, prévia e abstrata, ao valor de indenização por dano moral, objeto de juízo de equidade, é incompatível com o alcance da indenizabilidade irrestrita assegurada pela atual Constituição da República. Por isso, já não vige o disposto no art. 52 da Lei de Imprensa, o qual não foi recebido pelo ordenamento jurídico vigente. (grifou-se).

Interessante transcrever trecho de acórdão prolatado pelo Tribunal Superior do Trabalho em relação ao valor da indenização do dano moral coletivo[141]:

> (...).
> 5. DANO MORAL COLETIVO. INDENIZAÇÃO NO VALOR DE R$ 6.000.000,00 (MATÉRIA EXCLUSIVA DO RECURSO DA REQUERIDA TIM). Quanto à pretensão principal (exclusão da condenação ao pagamento

---

(138) MEDEIROS NETO, Xisto Tiago. *Dano moral coletivo*. p. 163.
(139) *Ibid.*, p. 164-166.
(140) BRASIL. Supremo Tribunal Federal. *Recurso Extraordinário (RE) n. 447.584*, Rel. Min. César Peluso, j. 28.11.2006, DJ 16.3.2007. Disponível em: <http://redir.stf.jus.br/paginadorpub/paginador.jsp?docTP=AC&docID=409800>. Acesso em: 20 mar. 2014, 23:30:03.
(141) BRASIL. Tribunal Superior do Trabalho. *Recurso de Revista (RR) n. 110200-86.2006.5.3.0024*, Rel. Min, Rel. Fernando Eizo Ono, j. 5.6.2013, DEJT 22.11.2013. Disponível em: <https://aplicacao5.tst.jus.br/consultaProcessual/consultaTstNumUnica.do?consulta=Consultar&conscsjt=&numeroTst=110200&digitoTst=86&anoTst=2006&orgaoTst=5&tribunalTst=03&varaTst=0024>. Acesso em: 24 mar. 2014, 11:47:30.

de indenização por danos morais coletivos), o conhecimento do recurso não se viabiliza. O Tribunal Regional examinou a prova e concluiu que a Requerida TIM causou dano moral coletivo ao promover a terceirização de serviços ligados à sua atividade-fim, pois prejudicou os direitos trabalhistas dos empregados terceirizados. A decisão regional está de acordo com o entendimento desta Corte Superior, que tem decidido reiteradamente pela possibilidade de condenação de empresas ao pagamento de indenização por dano moral coletivo, em caso de prática de atos violadores da legislação trabalhista que atingem número expressivo de trabalhadores. Quanto à pretensão sucessiva (redução do valor da indenização por danos morais coletivos), o conhecimento do recurso tampouco se viabiliza. O Tribunal Regional ratificou o valor de R$ 6.000.000,00 arbitrado para a indenização por danos morais coletivos, — *diante da dimensão dos fatos e número de envolvidos, da substancial capacidade econômica da recorrente, do caráter pedagógico/preventivo que reveste a condenação-*. Considerando que o Tribunal Regional ponderou a capacidade econômica da ofensora, o grande número de trabalhadores afetados (cerca de 4 mil), bem como a necessidade de imprimir efeito pedagógico à condenação, não se pode afirmar que a importância de R$ 6.000.000,00 exceda a extensão do dano ou com ele não guarde proporcionalidade. Assim, rejeita-se a indicação de ofensa ao art. 944, *caput* e parágrafo único, do Código Civil de 2002. Recurso de revista de que não se conhece.

F.4. Destinação da Parcela

34. A indenização fixada pela prática do dano moral coletivo deverá ser revertida ao denominado Fundo de Defesa dos Direitos Difusos (FDD), que tem como objetivo a "reconstituição dos bens lesados", conforme o outrora mencionado art. 13 da Lei da Ação Civil Pública[142].

Na seara trabalhista costuma-se destinar os recursos decorrentes de condenações judiciais em ações civis públicas ao Fundo de Amparo ao Trabalhador (FAT), que é destinado ao custeio do Programa de Seguro-Desemprego, ao pagamento do abono salarial e ao financiamento de programas de educação profissional e tecnológica e de desenvolvimento econômico (art. 10 da Lei n. 7.998/90)[143].

Neste sentido, é a jurisprudência trabalhista[144]:

DANO MORAL COLETIVO. MEIO AMBIENTE DE TRABALHO. LEUCOPENIA. DESTINAÇÃO DA IMPORTÂNCIA REFERENTE AO DANO MORAL COLETIVO — FAT E INSTITUIÇÃO DE SAÚDE (LEI N. 7.347/85, Art. 13): O número de trabalhadores que adquiriu leucopenia no desenvolvimento de suas atividades na recorrida, em contato com benzeno é assustador. O local de trabalho envolve diretamente manipulação de produtos químicos contendo componente potencialmente tóxico como benzeno, que afetam precisamente a medula óssea e as células do sangue, e, por conseguinte, desenvolvem referida enfermidade (leucopenia), já reconhecida como doença profissional, incapacitando para o trabalho. Para levar a questão mais adiante, é consabido também que as empresas não aceitam mais empregados que carregam sequelas de doenças como a leucopenia. Na realidade, esses infaustos acontecimentos transcendem o direito individual e atingem em cheio uma série de interesses, cujos titulares não podemos identificar a todos desde logo, contudo inegavelmente revela a preocupação que temos que ter com o bem-estar coletivo, e o dano no sentido mais abrangente que nele resulta chama imediatamente a atenção do Estado e dos setores organizados da sociedade de que o trabalhador tem direito a uma vida saudável e produtiva. Todas as irregularidades detectadas pela segura fiscalização federal do Ministério do Trabalho apontam flagrante desrespeito às leis de proteção ao trabalhador, colocando suas vidas e saúde em iminente risco, prejudicando seriamente o ambiente de trabalho. Partindo desse cuidado com a vida e a saúde dos trabalhadores, a multireferida Constituição Federal garantiu com solidez a proteção ao meio ambiente do trabalho, ao assegurar que (art. 200) "Ao sistema único de saúde compete, além de outras atribuições, nos termos da lei: VII — colaborar na proteção do meio ambiente, nele compreendido o do trabalho". Essa preocupação segue a tendência do ainda novo direito do trabalho fundado na moderna ética de Direito de

---

(142) MEDEIROS NETO, Xisto Tiago. *Dano moral coletivo.* p. 166.
(143) BRASIL. *Lei n. 7.998, de 11 de janeiro de 1990.* Regula o Programa do Seguro-Desemprego, o Abono Salarial, institui o Fundo de Amparo ao Trabalhador (FAT), e dá outras providências. Disponível em: <http://www.planalto.gov.br/ccivil_03/leis/l7998.htm>. Acesso em: 4 fev. 2014, 11:56:31.
(144) BRASIL. Tribunal Regional do Trabalho da 2ª Região. *Recurso Ordinário (RO) n. 104.200-30.1999.5.02.0255*, Rel. Des. Valdir Florindo, j. 19.6.2007, DJ 6.7.2007. Disponível em: <http://www.trt2.jus.br/cons-acordaos-turmas>. Acesso em: 20 mar. 2014, 23:45:43.

que as questões concernentes ao seu meio ambiente ultrapassam a questão de saúde dos próprios trabalhadores, extrapolando para toda a sociedade. Assim, levando-se em conta a gravidade dos danos, pretéritos e atuais, causados ao meio ambiente do trabalho em toda a sua latitude, com suas repercussões negativas e já conhecidas à qualidade de vida e saúde dos trabalhadores e seus familiares, é de se reconhecer devida a indenização pleiteada pelo órgão ministerial, no importe de R$ 4.000.000,00 (quatro milhões de reais), com correção monetária e juros de mora, ambos a partir da propositura da ação. Nem se alegue que referido valor representaria um risco ao bom e normal funcionamento da empresa, posto que corresponde apenas a 0,16% do lucro líquido havido em 2.006, no importe de R$ 2,5 bilhões e Ebitda de R$ 4,4 bilhões, conforme informações extraídas do site oficial da própria Cosipa na *internet*. A atenção desta Justiça, indiscutivelmente, no presente caso, volta-se para o meio ambiente de trabalho, e referido valor arbitrado ao ofensor, busca indenizar/reparar/restaurar e assegurar o meio ambiente sadio e equilibrado. Aliás, a Usiminas, após adquirir a Cosipa, passou por um processo de reestruturação e, no ano passado, o Grupo "Usiminas-Cosipa" apresentou uma produção correspondente a 28,4% da produção total de aço bruto. Deve, por conseguinte, dada sua extrema importância no setor siderúrgico, assumir uma postura mais digna frente ao meio ambiente, bem como perante os trabalhadores que tornaram indigitado sucesso possível. Com efeito, deve haver a prioridade da pessoa humana sobre o capital, sob pena de se desestimular a promoção humana de todos os que trabalharam e colaboraram para a eficiência do sucesso empresarial. Considerando a condenação em dinheiro, bem como o disposto no art. 13 da Lei da Ação Civil Pública (7.347/85), que dispõe que *"Havendo condenação em dinheiro, a indenização pelo dano causado reverterá a um fundo gerido por um Conselho Federal ou por Conselhos Estaduais de que participarão necessariamente o Ministério Público e representantes da comunidade, sendo seus recursos destinados à reconstituição dos bens lesados"* (grifei), torna-se necessário estabelecer a destinação da importância, tendo presente, primordialmente, que a finalidade social da indenização é a reconstituição dos bens lesados. Determino o envio da importância de R$ 500.000,00 (quinhentos mil reais), 12,5%, ao FAT (Fundo de Amparo ao Trabalhador), instituído pela Lei n. 7.998/90 e destinado ao custeio do programa de seguro-desemprego, ao pagamento do abono salarial (PIS) e ao financiamento de programas de desenvolvimento econômico) e R$ 3.500.000,00 (três milhões e quinhentos mil reais), 87,5%, à 'Irmandade da Santa Casa de Misericórdia de Santos', objetivamente para a aquisição de equipamentos e/ou medicamentos destinados ao tratamento de pessoas portadoras de leucopenia, e, tendo presente também aqueles trabalhadores da reclamada (Companhia Siderúrgica Paulista — Cosipa), portadores da doença e seus familiares.

Em relação à violação de direitos da criança e do adolescente há previsão legal expressa[145]:

Art. 214. Os valores das multas reverterão ao fundo gerido pelo Conselho dos Direitos da Criança e do Adolescente do respectivo município.

Caso não exista tal fundo, poderá a indenização ser revertida ao Fundo Nacional para a Criança e o Adolescente[146].

F.5. Convolação ou Direcionamento da Parcela

35. É o caso de conciliação judicial em que as partes acordam, em substituição ao pagamento da indenização por dano moral coletivo, na fixação de obrigações a serem cumpridas pelo réu relacionadas, direta ou indiretamente, à "proteção e promoção dos bens jurídicos lesados", que tenham sido objeto do processo[147].

---

(145) BRASIL. *Lei n. 8.069, de 13 de julho de 1990*. Dispõe sobre o Estatuto da Criança e do Adolescente e dá outras providências. Disponível em: <http://www.planalto.gov.br/ccivil_03/leis/l8069.htm>. Acesso em: 4 fev. 2014, 12:03:35.
(146) BRASIL. *Lei n. 8.242, de 12 de outubro de 1991*. Cria o Conselho Nacional dos Direitos da Criança e do Adolescente (Conanda) e dá outras providências. Disponível em: <http://www.planalto.gov.br/ccivil_03/leis/L8242.htm>. Acesso em: 4 fev. 2014, 12:06:09. *Art. 6º*. Fica instituído o Fundo Nacional para a criança e o adolescente. *Parágrafo único*. O fundo de que trata este artigo tem como receita: *a)* contribuições ao Fundo Nacional referidas no art. 260 da Lei n. 8.069, de 13 de julho de 1990; *b)* recursos destinados ao Fundo Nacional, consignados no orçamento da União; *c)* contribuições dos governos e organismos estrangeiros e internacionais; *d)* o resultado de aplicações do governo e organismo estrangeiros e internacionais; *e)* o resultado de aplicações no mercado financeiro, observada a legislação pertinente; *f)* outros recursos que lhe forem destinados.
(147) MEDEIROS NETO, Xisto Tiago. *Dano moral coletivo*. p. 169.

Dois aspectos devem ser levados em consideração[148]:

> Evidente que, nessas hipóteses, dois aspectos deverão ser necessariamente considerados: o primeiro, atinente à correspondência ou pertinência da conduta acertada com os bens jurídicos tutelados na ação civil pública (*meio ambiente do trabalho, não discriminação nas relações laborais, proteção de crianças e adolescentes, patrimônio público e probidade administrativa, regularidade, boa-fé e equidade nos contratos trabalhistas etc.*); o segundo, respeitante à proporção e razoabilidade entre o valor antes fixado — ou, se o caso, ainda por ser arbitrado — para a reparação inerente ao dano moral coletivo, e o custo financeiro representado pela obrigação em acerto com o réu, por meio da conciliação judicial.

F.6. Sujeitos Responsáveis

36. O responsável pelo pagamento da indenização por dano moral coletivo será o agente (pessoa física, jurídica, ou entes não personalizados) que tiver praticado a conduta antijurídica causadora da lesão a direitos transindividuais. Casos, há, porém, em que, apesar de não ser o agente, a pessoa responde pelas consequências advindas da conduta de outrem (responsabilidade por ato de terceiro)[149]:

> Art. 932. São também responsáveis pela reparação civil:
>
> I — os pais, pelos filhos menores que estiverem sob sua autoridade e em sua companhia;
>
> II — o tutor e o curador, pelos pupilos e curatelados, que se acharem nas mesmas condições;
>
> III — o empregador ou comitente, por seus empregados, serviçais e prepostos, no exercício do trabalho que lhes competir, ou em razão dele;
>
> IV — os donos de hotéis, hospedarias, casas ou estabelecimentos onde se albergue por dinheiro, mesmo para fins de educação, pelos seus hóspedes, moradores e educandos;
>
> V — os que gratuitamente houverem participado nos produtos do crime, até a concorrente quantia.
>
> Art. 933. As pessoas indicadas nos incisos I a V do artigo antecedente, ainda que não haja culpa de sua parte, responderão pelos atos praticados pelos terceiros ali referidos.

A pessoa jurídica de direito público e a de direito privado prestadora de serviço público responderá objetivamente pelos danos causados pelos seus agentes (*vide* o já citado art. 37, § 6º, da CF)[150].

37. Decorrendo o dano moral coletivo da conduta de mais de um agente, todos eles responderão, solidariamente, pela reparação[151]:

---

(148) *Ibid., Loc. cit.*
(149) *Ibid.*, p. 175. BRASIL. *Lei n. 10.406, de 10 de janeiro de 2002. Op. cit. Vide*, também: TEPEDINO, Gustavo; BARBOZA, Heloisa Helena; e MORAES, Maria Celina Bodin de. *Código Civil interpretado conforme a Constituição da República*. v. I. p. 829-838.
(150) MEDEIROS NETO, Xisto Tiago. *Dano moral coletivo*. p. 175. *Vide*, também: PEREIRA, Caio Mário da Silva. *Responsabilidade civil*. p. 127-146. *Vide* o seguinte julgado do STF: CONSTITUCIONAL. ADMINISTRATIVO. CIVIL. RESPONSABILIDADE CIVIL DAS PESSOAS JURÍDICAS DE DIREITO PÚBLICO E DAS PESSOAS JURÍDICAS DE DIREITO PRIVADO PRESTADORAS DE SERVIÇO PÚBLICO. Constituição Federal, art. 37, § 6º. I. — A responsabilidade civil das pessoas jurídicas de direito público e das pessoas jurídicas de direito privado prestadoras de serviço público, responsabilidade objetiva, com base no risco administrativo, ocorre diante dos seguintes requisitos: a) do dano; b) da ação administrativa; c) e desde que haja nexo causal entre o dano e a ação administrativa. II. — Essa responsabilidade objetiva, com base no risco administrativo, admite pesquisa em torno da culpa da vítima, para o fim de abrandar ou mesmo excluir a responsabilidade da pessoa jurídica de direito público ou da pessoa jurídica de direito privado prestadora de serviço público. III. — No caso, não se comprovou culpa da vítima, certo que a ação foi julgada improcedente sobre o fundamento de não ter sido comprovada a culpa do preposto da sociedade de economia mista prestadora de serviço. Ofensa ao art. 37, par. 6., da Constituição. IV. — RE conhecido e provido. BRASIL. Supremo Tribunal Federal. *Recurso Extraordinário (RE) n. 178.806-2*, Rel. Min. Carlos Velloso, j. 8.11.1994, DJ 30.6.1995. Disponível em: <http://www.stf.jus.br/portal/jurisprudencia/listarJurisprudencia.asp?s1=%28178806%2ENUME%2E+OU+178806%2EACMS%2E%29&base=baseAcordaos&url=<http://tinyurl.com/a56n4cn>. Acesso em: 20 mar. 2014, 23:49:29.
(151) MEDEIROS NETO, Xisto Tiago. *Dano moral coletivo*. p. 181. BRASIL. *Lei n. 10.406, de 10 de janeiro de 2002. Op. cit. Vide*, também: TEPEDINO, Gustavo; BARBOZA, Heloisa Helena; e MORAES, Maria Celina Bodin de. *Código Civil interpretado conforme a Constituição da República*. v. I. p. 855-858.

Art. 942. Os bens do responsável pela ofensa ou violação do direito de outrem ficam sujeitos à reparação do dano causado; e, se a ofensa tiver mais de um autor, todos responderão solidariamente pela reparação.

Parágrafo único. São solidariamente responsáveis com os autores os coautores e as pessoas designadas no art. 932.

Há, no caso, a responsabilidade solidária, sendo o litisconsórcio passivo facultativo, segundo jurisprudência do Superior Tribunal de Justiça[152]:

> AÇÃO CIVIL PÚBLICA. RESPONSÁVEL DIRETO E INDIRETO PELO DANO CAUSADO AO MEIO AMBIENTE. SOLIDARIEDADE. HIPÓTESE EM QUE SE CONFIGURA LITISCONSÓRCIO FACULTATIVO E NÃO LITISCONSÓRCIO NECESSÁRIO. I — A ação civil pública pode ser proposta contra o responsável direto, contra o responsável indireto ou contra ambos, pelos danos causados ao meio ambiente. Trata-se de caso de responsabilidade solidária, ensejadora do litisconsórcio facultativo (CPC, art. 46, I) e não do litisconsórcio necessário (CPC, art. 47). II — Lei n. 6.898, de 31.8.91, arts. 3., IV, 14, par. 1., e 18, parágrafo único. Código Civil, arts. 896, 904 e 1.518. Aplicação. III — Recurso especial não conhecido.

F.7. Prescrição

38. A prescrição é concebida como a extinção da pretensão da pessoa titular do direito por decurso de um prazo fixado na lei para o seu exercício[153].

Aliás, é o que prescreve a legislação vigente[154]:

> Art. 189. Violado o direito, nasce para o titular a pretensão, a qual se extingue, pela prescrição, nos prazos a que aludem os arts. 205 e 206.

A esse instituto estão atreladas "a patrimonialidade e a disponibilidade" do interesse. Assim, a prescrição é instituto típico do direito privado, eivado na concepção de que o titular de um direito subjetivo deve exercê-lo em dado período de tempo, sob pena de perder a pretensão, desde que o direito seja disponível[155].

Entretanto, nos direitos transindividuais a situação é diferente pelos seguintes aspectos[156]:

a) a *"indeterminação"* dos membros da coletividade é uma de suas notas características, o que impossibilita a verificação de inércia, porquanto o titular é a coletividade e não um indivíduo isoladamente considerado. "Como, pois, poder-se-ia infligir a um grupo, categoria ou classe de pessoas a perda de uma pretensão, quando não se faz possível, no plano jurídico, assegurar a possibilidade de acesso ao Poder Judiciário, por meio de iniciativa própria e individualizada, exatamente por estar o interesse dimensionado em um universo coletivo de titularização?"

b) atrelada à aludida indeterminação há a *indivisibilidade* dos direitos transindividuais, o que impede o ajuizamento de ação individual para o exercício do direito, ou seja, não pode o indivíduo, membro da coletividade atingida, demandar, individualmente, para o exercício do direito coletivo, porquanto o titular do interesse é a coletividade, sendo ela a parte legítima a propor a respectiva ação judicial;

c) a *extrapatrimonialidade* dos direitos metaindividuais também inibe a aplicação do instituto nesta seara, visto que, conforme mencionado anteriormente, a prescrição incide em situações de caráter patrimonial;

---

(152) BRASIL. Superior Tribunal de Justiça. *Recurso Especial (REsp) n. 37.354*, Rel. Min. Antônio de Pádua Ribeiro, j. 30.8.1995, DJ 18.9.1995. Disponível em: <http://www.stj.jus.br/SCON/jurisprudencia/toc.jsp?tipo_visualizacao=null&processo=37354&b=ACOR&thesaurus=JURIDICO>. Acesso em: 20 mar. 2014, 23:57:57.
(153) MEDEIROS NETO, Xisto Tiago. *Dano moral coletivo*. p. 187.
(154) BRASIL. *Lei n. 10.406, de 10 de janeiro de 2002*. Op. cit. Vide, também: TEPEDINO, Gustavo; BARBOZA, Heloisa Helena; e MORAES, Maria Celina Bodin de. *Código Civil interpretado conforme a Constituição da República*. v. I. p. 351-361.
(155) MEDEIROS NETO, Xisto Tiago. *Dano moral coletivo*. p. 187.
(156) *Ibid.*, p. 187-189.

d) enfim, os direitos transindividuais apresentam indiscutível *fundamentalidade*, o que implica sua indisponibilidade, sendo esse mais um fator impeditivo da incidência de prescrição nessa órbita.

A jurisprudência entende que não é cabível a prescrição no caso de dano moral coletivo[157]:

I) AGRAVO DE INSTRUMENTO EM RECURSO DE REVISTA — AÇÃO CIVIL PÚBLICA — **DANO MORAL COLETIVO — PRESCRIÇÃO. Por não conterem conteúdo pecuniário, os direitos difusos e coletivos dos trabalhadores não estão sujeitos à prescrição**. II) DANO MORAL COLETIVO — CARACTERIZAÇÃO E QUANTUM INDENIZATÓRIO. 1. A reparabilidade do dano moral coletivo não pode ter as mesmas premissas do dano moral tradicional, já que este, baseado no Código Civil, é dotado de cunho meramente patrimonialista e individualista, não enxergando, assim, os valores transindividuais de um sentimento coletivo. 2. De fato, a honra coletiva tem princípios próprios que não se confundem com os interesses pessoais, na medida em que leva em conta a carga de valores de uma comunidade como um todo, corporificando-se no momento em que se atestam os objetivos, as finalidades e a identidade de uma comunidade política. 3. Nessa senda, e considerando que o Texto Constitucional afirma a soberania, a cidadania, a dignidade da pessoa humana, os valores sociais do trabalho, a livre iniciativa e o pluralismo político como sendo fundamentos do Estado Democrático de Direito, tem-se que a Empresa Ré, ao deixar de adotar medidas de proteção previstas nas normas de segurança de saúde do trabalho, mantendo trabalhadores não qualificados, sem treinamento e sem acompanhamento de profissionais habilitados em obras não planejadas de demolição, produziu uma lesão significativa a interesses extrapatrimoniais da coletividade, a ponto de ocasionar um acidente fatal, que ceifou a vida de um trabalhador. 4. De fato, o ato da Reclamada não só lesionou os princípios inerentes à dignidade da pessoa humana, comprometendo a qualidade de vida dos trabalhadores, como também violou diversos valores sociais, na medida em que a prática atingiu também, como é curial, a vida familiar, a vida comunitária e a sociedade como um todo. 5. Assim, considerando a gravidade do ato, o alto grau de culpabilidade da Ré, de se concluir que o valor indenizatório fixado, R$ 600.000,00, revertido em favor do Fundo de Amparo ao Trabalhador, mostra-se razoável à situação. 6. Logo, o recurso da Parte não merece trânsito pela via da alegada violação constitucional, visto que ileso o inciso V do art. 5º da Carta Republicana. (grifou-se).

5 CONCLUSÃO

A defesa do meio ambiente não seria completa se o ordenamento jurídico focalizasse somente a tutela preventiva. Conquanto esta seja de suma relevância, o aspecto repressivo deve existir como instrumento de punição ao ofensor e de dissuasão em relação ao próprio ofensor e a terceiros.

É neste contexto de punição que se insere o tema do dano moral coletivo. Para chegar até ele passou-se pelo estudo da responsabilidade civil, instituto que evoluiu sobremaneira ao longo dos anos.

A responsabilidade civil parte da concepção de respeito às regras jurídicas. Quando alguém viola uma norma jurídica ela afronta o Direito Positivo e o Estado, afetando, ainda que indiretamente, a sociedade. Ocasionado um dano cabe ao Direito procurar a restauração da situação anterior a fim de manter a paz e o bem-estar social.

Portanto, a responsabilidade civil tem um sentido de defesa da ordem constituída, mas também, sob a ótica da pessoa lesada, ela apresenta-se como a reparação integral do dano, ou, em caso de impossibilidade, como a compensação dos danos sofridos. Por seu turno, no que concerne ao lesante, há um caráter

---

[157] BRASIL. Tribunal Superior do Trabalho. *Agravo de Instrumento em Recurso de Revista (AIRR) n. 47.640-86.2006.5.13.0006*, Rel. Min. Maria Doralice Novaes, j. 1º.9.2010, DEJT 3.9.2010. Disponível em: <https://aplicacao5.tst.jus.br/consultaProcessual/consultaTstNumUnica.do?consulta=Consultar&conscsjt=&numeroTst=0047640&digitoTst=86&anoTst=2006&orgaoTst=5&tribunalTst=13&varaTst=0006>. Acesso em: 20 mar. 2014, 23:59:03.

sancionatório, com a submissão pessoal ou patrimonial para a satisfação dos danos causados, devendo, igualmente, servir como dissuasão social, desestimulando a prática do ato ilícito.

A evolução do instituto seguiu do dano material para o dano moral, da responsabilidade subjetiva para a objetiva. O entendimento acerca do dano moral deixou de ser meramente subjetivo (enfocado na subjetividade, na intimidade psíquica da pessoa), passando também a ter um sentido objetivo (relativo à repercussão na dimensão moral da pessoa no âmbito social em que vive). Ainda, o itinerário seguiu rumo ao dano moral causado à coletividade em contraposição à visão de outrora que o restringia ao indivíduo.

Foi desse progresso que nasceu e vem se desenvolvendo o dano moral coletivo. O presente estudo procurou trazer à baila todos os aspectos fundamentais relacionados ao dano moral coletivo, realçando-se sua função repressiva, punitiva, ou sancionatória, que tem como fundamento a coerção do lesante, violador da ordem jurídica, além de também apresentar um aspecto de prevenção geral, ou dissuasão, objetivando desestimular a prática do ilícito por terceiros. Por isso, a indenização por dano moral coletivo há de ser exemplar (*punitive damages* ou teoria do valor de desestímulo), passando a mensagem de que o Estado não transige com atos ilícitos e que pune os infratores.

6 REFERÊNCIAS BIBLIOGRÁFICAS

ALVES, José Carlos Moreira. *Direito romano*. v. II. 6. ed. Rev. Ampl. Rio de Janeiro: Forense, 1998.

ANDRADE, André Gustavo Corrêa de. *Indenização punitiva*. Disponível em: <http://www.tjrj.jus.br/institucional/dir_gerais/dgcon/pdf/artigos/direi_civil/indenizacao_punitiva.pdf>. Acesso em: 11 mar. 2014, 18:29:43.

ANTUNES, Paulo de Bessa. *Direito ambiental*. 11. ed. rev. Rio de Janeiro: Lumen Juris, 2008.

BITTAR, Carlos Alberto. *Reparação civil por danos morais*. 3. ed. rev. atual. ampl. São Paulo: Revista dos Tribunais, 1999.

CAPPELLETTI, Mauro e GARTH, Bryant. *Acesso à Justiça*. Trad. Ellen Gracie Northfleet. Porto Alegre: Sergio Antonio Fabris, 2002.

CARVALHO FILHO, José dos Santos. *Ação Civil Pública*: comentários por artigo. 8. ed. rev. ampl. atual. Rio de Janeiro: Lumen Juris, 2011.

CESARINO JR., A. F. *Direito social brasileiro*. v. 1. Rio de Janeiro & São Paulo: Livraria Freitas Bastos, 1963.

CESÁRIO, João Humberto. *Técnica processual e tutela coletiva de interesses ambientais trabalhistas*. São Paulo: LTr, 2012.

CUNHA, Tadeu Henrique Lopes da. *A efetivação dos direitos sociais por meio da atuação preventiva*: a exigência de licenciamento social para instalação de indústrias. 2013. 782 f. Tese (Doutorado em Direito do Trabalho). Faculdade de Direito, Universidade de São Paulo, 2013.

DERANI, Cristiane. *Direito ambiental econômico*. 3. ed. 2ª tir. São Paulo: Saraiva, 2009.

DIAS, José de Aguiar. *Da responsabilidade civil*. v. I. 10. ed. rev. atual. Rio de Janeiro: Forense, 1995.

DIDIER JÚNIOR, Fredie e ZANETI JÚNIOR, Hermes. *Curso de direito processual civil*. v. 4: processo coletivo. 3. ed. rev. ampl. atual. Salvador: JusPodivm, 2008.

ELLIOTT, E. Donald. *Why punitive damages don't deter corporate misconduct effectively*. Disponível em: <http://digitalcommons.law.yale.edu/cgi/viewcontent.cgi?article=3203&context=fss_papers>. Acesso em: 11 mar. 2014, 18:52:02.

FACCHINI NETO, Eugênio. da responsabilidade civil no novo Código. In: *Revista do TST*, Brasília, v. 76, n. 1, jan/mar 2010. Disponível em: <http://www.tst.jus.br/documents/1295387/1312889/1.+Da+responsabilidade+civil+no+novo+c%C3%B3digo>. Acesso em: 11 mar. 2014, 18:44:20.

FERNANDES, Fábio. *Meio ambiente geral e meio ambiente do trabalho*: uma visão sistêmica. São Paulo: LTr, 2009.

FIGUEIREDO, Guilherme José Purvin de. *Direito ambiental e a saúde dos trabalhadores*. 2. ed. São Paulo: LTr, 2007.

GOMES, Orlando. *Obrigações*. 13. ed. Rio de Janeiro: Forense, 2000.

KISS, Alexandre e SHELTON, Dinah. *Traité de droit européen de l'environment*. Paris: Frisson-Roche, 1989.

LIMA, Alvino. *Da culpa ao risco*. São Paulo: Revista dos Tribunais, 1998.

LOURENÇO, Paula Meira. *A indemnização punitiva e os critérios para sua determinação*. p. 2. Disponível em: <http://www.stj.pt/ficheiros/coloquios/responsabilidadecivil_paulameiralourenco.pdf>. Acesso em: 6 mar. 2014, 11:22:09.

MACHADO, Paulo Affonso Leme. *Direito ambiental brasileiro*. 17. ed. rev. atual. ampl. São Paulo: Malheiros, 2009.

MANCUSO, Rodolfo de Camargo. *Ação Civil Pública*. 10. ed. rev. atual. São Paulo: Revista dos Tribunais, 2006.

MARTINS, Heloisa Helena Teixeira de Souza. *O Estado e a burocratização do sindicato no Brasil*. 2. ed. São Paulo: Hucitec, 1989.

MARTINS, Milton. *Sindicalismo e relações trabalhistas*. 3. ed. rev. ampl. atual. São Paulo: LTr, 1991.

MAZZILLI, Hugo Nigro. *A defesa dos interesses difusos em juízo*. 20. ed. rev. ampl. atual. São Paulo: Saraiva, 2007.

MEDEIROS NETO, Xisto Tiago. *Dano moral coletivo*. 2. ed. São Paulo: LTr, 2007.

MILARÉ, Edis. *Direito do ambiente*: doutrina, jurisprudência e glossário. 4. ed. rev. atual. São Paulo: Revista dos Tribunais, 2005.

MORAES FILHO, Evaristo de & MORAES, Antonio Carlos Flores de. *Introdução ao direito do trabalho*. 5. ed. rev. atual. São Paulo: LTr, 1995.

ORGANIZAÇÃO DAS NAÇÕES UNIDAS. *Declaração do Rio sobre Meio Ambiente e Desenvolvimento (1992)*. Disponível em: <http://www.onu.org.br/rio20/img/2012.1.rio92.pdf>. Acesso em: 20 jan. 2014, 13:02:15.

PARGENDLER, Mariana. *O caráter exemplar da indenização e o direito civil brasileiro*: pena privada ou *punitive damages*. Disponível em: <http://lanic.utexas.edu/project/etext/llilas/ilassa/2004/pargendler.pdf>. Acesso em: 11 mar. 2014, 18:41:10.

PEREIRA, Caio Mário da Silva. *Responsabilidade civil*. 9. ed. rev. Rio de Janeiro: Forense, 2001.

ROCHA, Julio Cesar de Sá da. *Direito ambiental do trabalho*: mudanças de paradigma na tutela jurídica à saúde do trabalhador. São Paulo: LTr, 2002.

RODDY, Nadine E. *Punitive damages in strict products liability litigation*. Disponível em: <http://scholarship.law.wm.edu/wmlr/vol23/iss2/6>. Acesso em: 11 mar. 2014, 18:49:51.

RODRIGUES, Geisa de Assis. *Ação Civil Pública e termo de ajustamento de conduta*: teoria e prática. 3. ed. rev. atual. ampl. Rio de Janeiro: Forense, 2011.

SERPA, Pedro Ricardo e. *Indenização punitiva*. 2011. 386 f. Dissertação (Mestrado em Direito Civil). Faculdade de Direito, Universidade de São Paulo, 2011.

TEPEDINO, Gustavo; BARBOZA, Heloisa Helena; e MORAES, Maria Celina Bodin de. *Código Civil Interpretado Conforme a Constituição da República*. v. I, 2. ed. Rev. Atual. Rio de Janeiro e São Paulo: Renovar, 2011.

ULIAN, Eduardo. *Responsabilidade Civil Punitiva*. 2003. 121 f. Tese (Doutorado em Direito Civil). Faculdade de Direito, Universidade de São Paulo, 2003.

VIANNA, José de Segadas. Evolução do direito do trabalho no Brasil. In: SÜSSEKIND, Arnaldo *et al*. *Instituições de direito do trabalho*. v. 1. 21. ed. atualizada por Arnaldo Süssekind e Lima Teixeira. São Paulo: LTr, 2003.

VIANNA, Luiz Werneck. *Liberalismo e sindicato no Brasil*. 3. ed. Rio de Janeiro: Paz e Terra, 1989.

WERTHEIMER, Ellen. *Punitive damages and strict products liability*: an essay in oxymoron. Disponível em: <http://digitalcommons.law.villanova.edu/cgi/viewcontent.cgi?article=2873&context=vlr>. Acesso em: 11 mar. 2014, 18:48:05.

A PARTICIPAÇÃO DE CRIANÇAS E ADOLESCENTES NO *SHOW-BUSINESS:* DESAFIOS PARA A SAÚDE E O DIREITO

Sandra Regina Cavalcante[(*)]

1 INTRODUÇÃO

[pesquisadora] — "Há risco nesta atividade?"

[mãe de ator mirim] — "Sim, existe na saúde física e saúde mental: as físicas, tenho a preocupação de que primeiro, é muito cansativo, e a gente sabe que 'stress' e cansaço acaba levando a problema físico, facilidade de pegar doença, depressão etc. Emocional mais ainda, de vários ângulos, emocional do bullying que sofreu quando colegas da escola descobriram que dançava, da exposição, da experiência de sucesso com 13 anos de idade, que veio muito cedo e pode não acontecer de novo no futuro como está acontecendo agora, dessa forma. Tenho que ficar muito atenta, porque é muito sucesso para uma pessoa que não lutou nada pra conseguir e que veio fácil e a gente sabe que a vida não é assim, né? Eu acho que é uma ilusão que depois pode dar uma queda muito grande... [a vida de artista] é uma ilusão... e até, sei lá... um risco de entrar precocemente na sexualidade, riscos como contato com drogas, é uma exposição de alguém muito imaturo".

...

[atriz mirim — idade: 11 anos] — "Eu me acostumei... eu vejo criança saindo chorando do teste aí eu fico triste por causa da criança, mas pra mim tudo bem; alguns sabem como dar esta notícia e outros não, eles pensam 'coitada da criança', mas não pensam tanto 'ai, eu não posso magoar' e tal... uma vez eu fui fazer um catálogo e aí era o teste e o comercial no mesmo dia; eu fiquei o dia inteiro lá, eu saí da

---

(*) Advogada, mestre e doutoranda em Saúde Pública pela Universidade de São Paulo, autora de "Trabalho Infantil Artístico: do deslumbramento à ilegalidade" (Editora LTr, 2011). Especialista em Direito do Trabalho pela Escola Superior de Advocacia da OAB-SP e em Direito Ambiental pela Universidade de São Paulo. Radialista, professora e conciliadora. Bolsista da CAPES — Processo BEX n. 2.109/31-1.

escola e fui para lá; eles chamaram todas as crianças e falaram: 'olha, estas pessoas passaram e o resto não', e pronto; aí as pessoas saíam chorando... e eu tinha passado, aí eu ia entrando e eles iam saindo... dava dó, passavam por mim e falavam chorando 'parabéns' (....) De vez em quando eu não passo no teste e a minha mãe chora e eu não, e eu falo 'mãe pára de chorar, vai ter outra chance' ... é difícil passar."

Os trechos escolhidos para iniciar este artigo foram extraídos do estudo que ouviu artistas mirins, familiares e profissionais dos segmentos publicitário, do entretenimento e da moda[1] (Cavalcante, 2012). Essas falas contextualizam o tema e sinalizam sua complexidade. Os riscos à saúde biopsicossocial da criança e do adolescente nem sempre são aparentes a quem está fora do meio artístico, como os existentes antes mesmo da atividade, no caso dos concorridos testes e seleções, ou aqueles decorrentes de uma carreira artística de sucesso alcançada precocemente.

O assunto apresenta grande relevância para a área da Saúde Pública, já que o trabalho é um dos espaços da vida determinantes na construção e na desconstrução da saúde (Lima, 2000). Para abranger o emaranhado de fenômenos que envolvem as dimensões humanas implicadas no trabalho, a saúde deve ultrapassar a concepção de ausência de doenças, expandindo-se para os aspectos econômicos e sociais. Nessa abordagem, a saúde se confunde com bem-estar, é mais do que saúde física, é segurança para pessoas no seu curso de vida (Assunção e Lima, 2001).

A participação do artista mirim no *show-business* é um dos assuntos mais controvertidos entre os operadores do direito e órgãos que lidam com a saúde e defesa dos direitos da criança e do adolescente. Nos últimos anos, o debate começou a ganhar espaço nos meios de comunicação e na sociedade em geral. Se alguns são contrários à autorização da participação de crianças e adolescentes nesse tipo de atividade, com o argumento de que muitos artistas mirins sofrem prejuízos psicológicos e sociais no ambiente de trabalho, outros entendem que o trabalho artístico é um direito da criança e do adolescente e que pode ser exercido em conformidade com o princípio da proteção integral.

O tema apresenta importantes desafios para a saúde e para o direito; alguns aparentemente já estão resolvidos e em fase de implementação, como a mudança da competência, para a emissão dos alvarás, das Varas da infância e da juventude na Justiça estadual para a Justiça do Trabalho. Outros foram apenas assinalados, como a verificação dos riscos existentes na atividade artística, consideradas a vulnerabilidade e limitações do artista mirim, para possibilitar a criação de normas e orientar a atuação nesse segmento, com vistas à proteção da saúde e segurança de crianças e adolescentes. Importante e necessário campo, pois, para novas pesquisas científicas e produção doutrinária.

2 ASPECTOS HISTÓRICOS E NORMATIVOS

2.1 Proteção integral e proibição do trabalho infantil

A forma como a sociedade trata suas crianças e adolescentes variou no decorrer da história. De adultos em miniatura a seres frágeis que precisam de cuidados especiais, o *status* de ser humano em formação que precisa ser protegido foi alcançado graças à progressiva construção social, que envolveu descobertas científicas, alterações no comportamento da sociedade e mudanças legislativas (Ariès, 2006; Postman, 1999; La Taille, 2009).

Hoje a criança e o adolescente são "sujeitos" de direitos, com garantia à proteção integral e prioritária em muitos países. No Brasil, a Constituição Federal e o ECA (Estatuto da Criança e do Adolescente) reco-

---

(1) O termo *show-business* foi utilizado no título por razão de simplificação, porém com a intenção de abranger a participação de crianças e adolescentes nos segmentos publicitário, do entretenimento e da moda.

nhecem a vulnerabilidade da comunidade infantojuvenil e sua condição peculiar de pessoa em desenvolvimento que deve gozar de prioridade absoluta. O dever de protegê-los com prioridade não é só da família e do Estado, mas de toda a sociedade (art. 227 CF e art. 4º ECA). É o princípio da proteção integral às crianças e adolescentes, que pode ser compreendido como um desdobramento do princípio da dignidade humana (Oliva, 2006; Cavalcante, 2013).

A exploração do trabalho infantil foi proibida porque se verificou que o trabalho precoce põe em risco a educação e compromete o desenvolvimento físico e psicológico de crianças e adolescentes. Isso ocorre por meio da competição que se estabelece entre as atividades de trabalho e as atividades escolares, de esporte e lazer, essenciais para a saudável formação do indivíduo (diminuição do tempo disponível para brincar, conviver com familiares e comunidade, impossibilidade de se dedicar adequadamente às atividades educativas dentro e fora do horário escolar). A imaturidade, inexperiência, distração e curiosidade, traços comuns nesta fase da vida, somadas à menor possibilidade de defesa e reação, aumentam a vulnerabilidade do grupo aos riscos do trabalho (Asmus *et al.*, 1996; Niosh, 1997; Fisher *et al.*, 2000; Oliveira *et al.*, 2001; Galli, 2001; Fisher *et al.*, 2003; Teixeira *et al.*, 2010; Artes e Carvalho, 2010; Palmeira Sobrinho, 2010).

A legislação brasileira proíbe a realização de qualquer trabalho antes dos 16 anos de idade, exceto na condição de aprendiz, a partir de 14 anos (art. 7º, XXXIII CF). Tal limite deve ainda considerar diversas restrições: proibição de crianças e adolescentes (ou seja, antes de 18 anos) no trabalho noturno, perigoso, penoso, insalubre, prejudicial ao desenvolvimento físico, psíquico, moral ou social, bem como em locais que não permitam a frequência à escola; e vedação de atividades no subterrâneo e em estivas para trabalhadores com menos de 21 anos.

2.2 O trabalho infantil artístico

O fenômeno que passou a ser chamado de TIA — Trabalho Infantil Artístico (Oliveira, 2007; Melro, 2007; Marques, 2009; Oliva, 2010; Cavalcante, 2011) ou Trabalho Infantojuvenil Artístico é aquele realizado por criança ou adolescente antes dos 16 anos em atividade com finalidade econômica, diversa do âmbito recreacional ou escolar. Essa participação, seja como ator, cantor, apresentador, músico, artista circense, dançarino, entre outros, é parte integrante de um produto maior com valor de mercado. Mesmo que a atuação se dê em troca de roupas (comum em desfiles e fotos para catálogos) ou simplesmente pela oportunidade de exposição da imagem, visando ao reconhecimento do trabalho e possibilidade de novos contratos, o trabalho infantojuvenil artístico estará caracterizado. Afinal, o objetivo econômico muitas vezes não é do artista ou de sua família, mas de quem o contrata.

Cabe destacar que o trabalho é caracterizado por sua finalidade e não pela atividade em si (Guérin, 2001). Assim, não é o fato de ser transmitida pela televisão que transformará uma apresentação com crianças em trabalho infantil artístico, mas sim a finalidade dessa participação, ou seja, o fato de ser uma atividade subordinada, realizada sob direção de um terceiro, que cobra do artista obrigações inerentes à sua atuação, que é parte integrante do produto criado para o interesse do seu contratante. Por isso não se pode comparar atividades extracurriculares realizadas no contraturno das aulas, por crianças que ficam em período integral na escola, com as gravações vespertinas de novela por artistas mirins que frequentam a escola pela manhã.[2]

Não se deve olvidar, contudo, que a atividade artística é importante elemento na formação dos indivíduos, por agregar cultura, criatividade, sensibilidade e autopercepção (Coli, 2006; Cavalcante, 2012). A liberdade de expressão artística e acesso às fontes de cultura é direito de todos garantido constitucionalmente (art. 5º, IX), inclusive às crianças e adolescentes. O ensino da arte é, nesse sentido, componente

---

(2) Comentário espontâneo no sentido oposto foi feito por mães de artistas mirins durante observação realizada em 2010 nos bastidores de gravação de novela, relatado no Anexo 5 da dissertação de mestrado (Cavalcante, 2012).

curricular obrigatório na educação básica, segundo a Lei de Diretrizes e Bases da Educação (art. 26, § 2º da Lei n. 9.394/1996). Porém a experiência artística será positiva na infância e na adolescência se levar em conta o perfil de pessoa em desenvolvimento e respeitar suas fragilidades biológicas e psicológicas, ainda que seja no âmbito recreacional e escolar, principalmente se tal participação artística ocorrer no contexto empresarial.

Não há, na lei brasileira, dispositivos que determinem as condições necessárias para que o trabalho infantil artístico aconteça. A Lei n. 6.533/78, que com o Decreto n. 82.385/78 regulamenta as profissões de artista e de técnico em espetáculo de diversões, não faz qualquer menção à participação de crianças e adolescentes nesse segmento profissional.

O ECA não faz referência à atividade artística quando trata do trabalho do adolescente. Mas ao delimitar a competência do Juiz da Infância e da Juventude, inclui a emissão de alvarás para autorizar a participação de criança e adolescente em espetáculos públicos, seus ensaios e desfiles. O mesmo artigo de lei impõe ao juiz que, antes de autorizar, caso a caso, esta participação, verifique a adequação daquele ambiente e da natureza do espetáculo à participação infantojuvenil (art. 149, § 1º). Não fica claro, porém, se essa participação artística seria apenas para o contexto pedagógico (escolas, clubes, igrejas) ou se incluiria a atuação infantojuvenil no segmento empresarial artístico, ou seja, na indústria do entretenimento, da publicidade e da moda (Santos, 2007; Cavalcante, 2013).

A CLT (Consolidação das Leis do Trabalho), por sua vez, dispõe que alvará judicial aos adolescentes com idade entre 14 e 18 anos (art. 402) poderá autorizar o trabalho prestado em teatros de revista, cinemas, cabarés e estabelecimentos análogos, bem como em empresas circenses e outras semelhantes (art. 405, § 3º), desde que a representação tenha fim educativo ou a peça não possa ser prejudicial à sua formação moral. Outra situação prevista na lei trabalhista é aquela em que o juiz certifique-se de que a atividade artística não trará prejuízo à formação moral do adolescente e que essa ocupação seja essencial à subsistência sua e de seus familiares (art. 406, I e II). Há anos, contudo, se discute a constitucionalidade desses artigos e segundo o Ministério Público do Trabalho, os dispositivos 405 e 406 da CLT não foram recepcionados pela Constituição Federal de 1988 (Marques, 2009; Medeiros Neto e Marques, 2013).

Já a Convenção n. 138 da OIT (Organização Internacional do Trabalho), que trata da idade mínima para o trabalho e foi ratificada pelo Brasil, expressamente autoriza a situação na qual a criança e o adolescente poderiam atuar excepcionalmente no trabalho artístico, mesmo abaixo da idade mínima (art. 8º). Além de autorização judicial específica para aquela participação pontual, essa norma impõe que sejam feitas restrições quanto às condições de trabalho e duração da atividade.

Assim, a interpretação conjunta das leis nacionais e internacionais aplicáveis às participações infantojuvenis na indústria do espetáculo autoriza, caso a caso, essa atuação no Brasil, desde que exista um alvará judicial contendo restrições de proteção aos riscos da atividade (Medeiros Neto e Marques, 2013; Cavalcante, 2012; Oliva, 2010; Nascimento, 2007; Robortella e Peres, 2005).

Embora tal opinião enfrente resistência de importantes juristas, que sustentam que a situação atual da legislação brasileira não permite o trabalho infantil artístico antes dos 16 anos de idade (Oliveira, 2007; Santos, 2007; Minharro, 2003; Costa *et al.*, 2010; Silva, 2008), a questão caminha para o reconhecimento da legalidade dessas autorizações judiciais: em agosto de 2012, o Conselho Nacional do Ministério Público e o Conselho Nacional de Justiça realizaram o I Encontro Nacional sobre Trabalho Infantil para ajustar a atuação de procuradores, juízes do trabalho, juízes comuns e promotores de justiça sobre o assunto. Concluíram que não cabe autorização judicial para o trabalho antes da idade mínima prevista no art. 7º, XXXIII, da CF, salvo na hipótese do art. 8º, I da Convenção n. 138 da OIT[3]. Ou seja, a única exceção admissível antes dos 14 anos é o trabalho infantil artístico.

---

(3) Conclusões dos grupos de trabalho do Encontro Nacional sobre Trabalho Infantil. Disponível em: <http://www.tst.jus.br/documents/2237892/2362745/Conclus%C3%B5es+do+Primeiro+Encontro+Nacional+sobre+Trabalh+Infantil+-+CNJ+e+CNMP>. Acesso em: 21 fev. 2014.

Na mesma ocasião prevaleceu o entendimento de que é da Justiça do Trabalho a competência para receber tais pedidos de alvarás. Embora possa parecer evidente, para quem chega ao debate, tal constatação, principalmente ao saber que é pacífica a competência da Justiça Laboral para decidir sobre questões advindas do curso desta relação (como dano moral, acidente de trabalho, fiscalizações do Ministério do Trabalho e emprego etc.), continuava sendo violada a competência trazida pela Emenda Constitucional n. 45/2004, pois juízes das Varas de infância e juventude permaneceram recebendo os pedidos e concedendo autorizações judiciais. O próprio Superior Tribunal de Justiça se pronunciou pela competência da Justiça Estadual para receber esses pedidos de alvará, com a justificativa de que a jurisdição seria voluntária e que não haveria relação de trabalho antes da assinatura de tal autorização[4]. Porém, no caso das participações artísticas de crianças e adolescentes, há um "Termo de autorização e ajuste de condições para participação do espetáculo" que é previamente assinado pelos responsáveis e produção, cujas cláusulas configuram a existência de um contrato de trabalho firmado antes mesmo da concessão do alvará judicial.

O Tribunal Regional do Trabalho de São Paulo (TRT-2ª Região) mostrou o caminho ao criar, por meio de ato assinado em setembro de 2013, condições para que sejam processados na Justiça do Trabalho os pedidos de autorização para o trabalho infantil artístico. O ato GP 19/2013 criou o Juízo Auxiliar da Infância e Juventude no âmbito do TRT-SP e prevê o encaminhamento, caso necessário, de solicitações de diligências e medidas cabíveis às seções de atendimento psicológico e de serviço social do tribunal.

3 CARACTERIZAÇÃO: RISCOS E CONSEQUÊNCIAS

Os resultados da pesquisa qualitativa concluída em 2012 revelam que a mão de obra do artista mirim é solicitada em diferentes áreas, conforme a seguinte lista meramente exemplificativa: teatro/musicais, cinema, fotos publicitárias, filmes publicitários, programas para a TV, dublagem, espetáculos de dança, eventos corporativos, apresentações musicais (cantores e instrumentistas), desfiles de moda, apresentações circenses e programas de rádio (Cavalcante, 2012).

O estudo dos aspectos organizacionais desse segmento evidenciou que a participação infantojuvenil tem natureza de trabalho, que inexistem cuidados especiais para adaptar o processo produtivo às necessidades do artista mirim e que as relações são estabelecidas em ambiente de pressão, competição e vaidade. A lei com frequência é desrespeitada, seja por causa da falta de alvarás judiciais, seja por causa da impossibilidade de os acompanhantes responsáveis permanecerem junto ao artista mirim durante a realização de testes, gravações e apresentações.

Quando questionados sobre as consequências da atividade para a sua saúde, os artistas mirins relacionaram aspectos positivos: conhecer pessoas novas, aprender novas habilidades, receber aplausos e elogios. E negativos: dificultar convivência com família, atrapalhar relação de amizade, às vezes quer ir a um lugar e não pode porque tem gravação/teste/apresentação. Já as mães ouvidas apontaram como efeitos positivos do trabalho infantil artístico: amadurecimento, melhora de autoestima, aumento do interesse pela dança, aprendizado de novas habilidades. E negativos: filho ficou muito autocrítico, baixou a autoestima, piora na alimentação, virou motivo de gozação, tem falta de ar em razão do ambiente competitivo, não quer se dedicar ao colégio, sofreu *bullying* quando souberam que dançava.

Esses resultados confirmaram outros estudos que indicam que são diversos os fatores que influenciam no tipo de experiência, se positiva ou negativa, para determinada criança ou adolescente; depende da sua personalidade e do ambiente, bem como da frequência da participação (que não pode comprometer o tempo disponível para outros interesses da criança e do adolescente), o tipo de atividade solicitada, a idade

---

(4) Conflito de Competência n. 98.033 (julgado em 2008). Disponível em: <https://ww2.stj.jus.br/websecstj/revistaeletronica/Abre_Documento.asp?sSeq=838059&sReg=200801746969&sData=20081124&formato=PDF>. Acesso em: 21 fev. 2014.

do artista mirim e como os adultos (profissionais e pais) conduziram aquela participação: com pressão e cobrança ou apoio e cuidados (Bahia, 2008; Bahia, 2007; Melro; 2007; Lacombe, 2006).

A partir das observações e entrevistas realizadas na pesquisa de 2012, foi possível identificar quais características do trabalho infantil 'clássico' estavam presentes no trabalho infantil artístico. Seguem, pois, dois quadros, que se complementam, desenvolvidos em estudos sobre o trabalho infantil e que receberam adaptações para identificar qual característica está presente na participação artística infantojuvenil. No primeiro, baseado na lista da UNICEF (1997) para identificar o trabalho prejudicial ao desenvolvimento infantojuvenil, foi selecionada a característica e informado o local ou situação na qual, durante o trabalho de campo, tal situação foi observada ou relatada. O segundo é uma adaptação de quadro elaborado por pesquisadores brasileiros com as principais causas e consequências do trabalho infantil na saúde (Franklin *et al.*, 2001). A coluna "artista mirim" foi incluída para indicar quais causas de doenças do trabalho precoce foram encontradas nas observações e entrevistas realizadas.

Condições de trabalho prejudiciais identificadas na atividade do artista mirim a partir das observações e relatos (Cavalcante, 2012):

O trabalho é prejudicial ao desenvolvimento de crianças e adolescentes nas seguintes condições (UNICEF,1997):	Presença na atividade do artista mirim
I) aquele realizado em tempo integral, em idade muito jovem;	Não observado
II) o de longas jornadas	Gravação de comerciais, séries para televisão e filmes (criança fica à disposição enquanto resolvem problemas técnicos, pode ultrapassar 12 horas e adentrar madrugada)
III) o que conduza a situações de estresse físico, social ou psicológico;	Ensaios de musicais (esgotamento físico e estresse psicológico, decorrente de repetições sob alta exigência e competição);
	Ensaios fotográficos (manter-se estático em posições nem sempre confortáveis, até sorriso durante muitos minutos causou câimbra)
	Agências e produções não informam previamente sobre etapas da seleção ou sobre reprovação (passa os dias na expectativa de ser chamado)
IV) o que seja prejudicial ao pleno desenvolvimento psicossocial	Contatos raros e esporádicos com familiares em razão da agenda lotada ou mudança de cidade, tratamento diferenciado na escola, brincadeiras de boneca apenas no contexto de desfiles e testes, outros o tratam como a figura criada/personagem e não como ele mesmo criança/adolescente

O trabalho é prejudicial ao desenvolvimento de crianças e adolescentes nas seguintes condições (UNICEF,1997):	Presença na atividade do artista mirim
V) o exercido nas ruas em condições de risco para a saúde e a integridade física e moral das crianças	Algumas externas (gravações fora de estúdio) sem cuidados adequados (proteção solar, hidratação, alimentação); exposição ao assédio público
VI) aquele incompatível com a frequência à escola;	Gravação de comerciais (criança à disposição o dia inteiro); necessidade de viajar para gravar comerciais, filmes, séries; quando ausência foi maior do que dois meses, mãe e filho mudaram de cidade (afastamento do pai, familiares e conhecidos; mudança de escola e residência)
VII) o que exija responsabilidades excessivas para a idade	Ser protagonista de novela, ter que honrar compromisso profissional (não ficar doente, indisposto, não faltar apesar do cansaço, tempestade ou festa do amigo); ter que fazer certo (lembrar texto memorizado e movimentos em cena) senão terá que repetir e fazer todo conjunto de adultos trabalhar mais (fazer televisão, cinema e teatro é um trabalho de equipe). No teatro fica o constrangimento do errar e prejudicar o resultado final
VIII) o que comprometa e ameace a dignidade e a autoestima da criança, em particular quando relacionado com trabalho forçado e com exploração sexual	Contato com temas inadequados que podem ser traumáticos (violência, temas adultos, terror); ambiente competitivo e de vaidade exagerada (egos acentuados) pode prejudicar autoestima; amadurecimento precoce
IX) trabalhos sub-remunerados	Não observado no grupo estudado, mas relatos indicam a existência (desfiles e fotos sem cachê pelas roupas ou chance de aparecer); atuação em filmes de produção modesta, sem cachê e pela oportunidade de participar, visando divulgação para novos convites. Porém entrevistados relataram que cachê do artista mirim é de 10 a 30% o valor da remuneração do adulto com mesma carga de trabalho

Causas de doenças identificadas na atividade do artista mirim a partir das observações e relatos (Cavalcante, 2012):

Causas	Consequências	Artista mirim
Longas jornadas de trabalho Esforço físico Horários indevidos	Fadiga crônica	X
Horários inadequados de trabalho	Distúrbios do sono e/ou irritabilidade excessiva	X
Exposição a ruídos	Progressiva perda auditiva	X
Iluminação excessiva ou deficiente	Irritação ocular	X
Má postura Esforços exagerados Movimentos repetitivos	Contraturas musculares Distensões Entorses	X
Carregamento de peso Posturas inadequadas	Deformações ósseas	
Equipamentos e mobiliário inadequados	Lombalgia, cefaleia, mialgias	
Alimentação inadequada	Distúrbios digestivos	X
Esforço repetitivo dos dedos, mãos e braços	Tendinite Lesão por Esforço Repetitivo — LER	
Exposição excessiva ao sol, umidade, frio, calor, vento e poeira	Mal-estar	
Falta de proteção contra luz solar e outros agentes físicos, químicos e biológicos	Ferimentos de pele — Alergias, dermatites, furunculoses e câncer de pele	X
Inalação de poeiras e fibras. Exposição ao ar-condicionado sem manutenção	Bronquite, pneumonia, rinite e faringite	X
Inalação e fixação de partículas sólidas espalhadas na atmosfera (carvão, sílica)	Pneumoconioses	

Fonte: Franklin *et al.*, 2001 (adaptado)

4 CONSIDERAÇÕES FINAIS

Embora a atividade artística possa significar a realização plena de potencialidades e talentos natos ou desenvolvidos, quem a realiza, em muitas situações, viveu estresse, pressões e fadiga que, no caso dos artistas mirins, podem comprometer a sua saúde e formação. Os ambientes nos quais ocorrem as participações, os períodos prolongados que tomam do tempo dessas crianças e adolescentes, bem como a atração exercida por eventuais remunerações significativas ou pelo "glamour" conferido à atividade podem sujeitar essa população a situações capazes de afetar sua saúde, desenvolvimento biopsicossocial e aproveitamento escolar.

Há rotina de horários, ensaios, ritmo, exigências. O desconhecimento dos direitos, riscos e reais necessidades dos filhos levam famílias a expor a saúde e comprometer a boa formação de suas crianças e jovens.

Mesmo assim, muitas crianças inseridas nesse universo transformam determinados momentos em diversão. É preciso, pois, considerar o interesse de crianças e adolescentes e seu direito de proteção integral e prioritária a fim de se estabelecer mecanismos que cuidem para que a experiência seja positiva. A regulamentação dessa participação parece ser a melhor opção, porque estabelecerá critérios mínimos que nortearão produções, agências, pais, fiscalização, magistrados e procuradores. E que fique evidente que serão as produções que devem se organizar em função das limitações dos artistas mirins, adaptando seus horários e roteiros às crianças, e não o contrário, como vem acontecendo.

Há casos, porém, em que a proibição parece ser o único caminho possível, como a participação infantojuvenil em anúncios publicitários. As piores experiências narradas aconteceram nesse segmento: inexistência de alvarás judiciais, longos períodos de espera, falta de cuidados com a criança, falta de estrutura para comportar artistas mirins e acompanhantes nos testes (Cavalcante, 2012). Já é possível afirmar que existe um consenso, entre os que atuam no enfrentamento do trabalho infantil, de que deve ser abolida qualquer participação de crianças e adolescentes em peças publicitárias, por ser inaceitável que pessoas nessa faixa etária sejam utilizadas para vender produtos, em uma situação sem caráter artístico e voltada aos interesses do mercado[5]. O próprio Código Brasileiro de Autorregulamentação Publicitária passou a recomendar, desde 2006, que crianças e adolescentes não figurem em campanhas promovendo produtos e serviços incompatíveis com a sua condição.

O Ministério Público do Trabalho editou orientações referentes ao trabalho infantojuvenil artístico, que têm guiado as ações e dado visibilidade ao efetivo cumprimento da Proteção Integral à população infantojuvenil. Dentre os pressupostos de constituição válida e regular dessa relação excepcional, a serem observados pelas produções e incluídos nos alvarás judiciais que autorizarem o exercício de trabalho infantil artístico, está a assistência médica, odontológica e psicológica (Medeiros Neto e Marques, 2013). Porém, a pesquisa já mencionada constatou que a contratação de planos de saúde para os artistas mirins ocorre raramente e em casos de atuação prolongada e com papel fixo em algumas grandes produtoras ou emissoras de televisão. A regra praticada no mercado é pela não contratação de planos de saúde nem pelas agências, nem pelas emissoras ou produtoras. Assim, as crianças e adolescentes, se acometidos de doenças ou lesões no percurso da atividade artística, utilizam os planos privados dos pais, como dependentes, ou da saúde pública, em caso de inexistência daqueles.

Observam-se, portanto, avanços recentes nesse tema, em direção à proteção da saúde dessas crianças e adolescentes, mas ainda há muito por fazer. Que a partir de estudos, desenvolvimento e aplicação de medidas de segurança e proteção à saúde do trabalhador, a sociedade possa usufruir dos momentos de encanto e reflexão trazidos pela atuação de talentosos artistas mirins, porém com a certeza de que alguém os protege nos bastidores; afinal, não é admissível a diversão para muitos à custa da exploração de infâncias e adolescências de alguns.

5 REFERÊNCIAS BIBLIOGRÁFICAS

ARIÈS, F. *História social da criança e da família*. Rio de Janeiro: LTC, 2006.

ARTES A. C. A., Carvalho M. P. *O trabalho como fator determinante da defasagem escolar dos meninos no Brasil*: mito ou realidade? Cad. Pagu. [periódico na *internet*]. 2010 jun [acesso em: 17 nov. 2010]; 34: 41-74. Disponível em: <http://www.scielo.br/scielo.php?script=sci_arttext&pid=S0104-83332010000100004&lng=pt&nrm=iso>.

---

(5) Os limites do trabalho artístico, artigo de Fernanda Sucupira no *site* do TST. Disponível em: <http://www.tst.jus.br/web/trabalho-infantil/noticias/-/asset_publisher/RG9f/content/os-limites-do-trabalho-artistico-infantil>. Acesso em: 21 fev. 2014.

ASMUS CIRF, Barker S. L.; RUZANY M. H.; MEIRELLES Z. V. Riscos ocupacionais na infância e na adolescência: uma revisão. *J Pediatria*. 1996; 72(4): 203-8.

ASSUNÇÃO A. A., Lima F. P. A. A contribuição da ergonomia para a identificação, redução e eliminação da nocividade do trabalho. In: Mendes, R., organizador. *A patologia do trabalho*. Belo Horizonte: Ateneu, 2001.

BAHIA S, Pereira I.; MONTEIRO P. Participação em espectáculos, moda e publicidade: fama enganadora. In: J. Cadete (Org.), PETI: *10 anos de combate à exploração do trabalho infantil*. Lisboa: MTSS/PETI — Fundo Social Europeu; 2008. Disponível em: <http://repositorio.ul.pt/handle/10451/2708>. Acesso em: 20 fev. 2014.

BAHIA, S.; JANEIRO, I.; DUARTE, R. Personal and contextual factors in the construction of acting carrers. *Electronic Journal of Research in Educational Psychology;* 2007; 5(1): 57-74.

CAVALCANTE, SR. *Trabalho artístico na infância*: estudo qualitativo em saúde do trabalhador. 2012. Dissertação (Mestrado em Saúde Pública) — São Paulo: FSP/USP. Disponível em: <http:www.teses.usp.br/teses/disponiveis/6/6134/tde-2552012-141746/>. Acesso em: 20 fev. 2014.

_____ . Trabalho infantil artístico: conveniência, legalidade e limites. *Revista do Tribunal Superior do Trabalho*. 2013; (79): 139-158.

_____ . *Trabalho infantil artístico*: do deslumbramento à ilegalidade. São Paulo: LTr, 2011.

COLI, J. *O que é arte*. 15. ed. São Paulo: Brasiliense, 2006.

COSTA, K. R.; LEME, L. R.; CUSTÓDIO, A. V. O trabalho infantil em atividades artísticas: violação de normas internacionais. *Revista Ceciliana* Dez. 2010; 2(2): 38-40.

FISCHER, F. M.; OLIVEIRA, D. C.; TEIXEIRA, L. R.; TEIXEIRA, M. C.; AMARAL, M. A. Efeitos do trabalho sobre a saúde de adolescentes. *Ciência e Saúde Coletiva*. 2003; 8(4): 973-984.

_____ ; MARTINS, I. S.; OLIVEIRA, D. C. *Relatório final do projeto*: saúde, educação e trabalho nos Municípios de Monteiro Lobato e Santo Antônio do Pinhal-SP. v. III; São Paulo: Faculdade de Saúde Pública da USP; 2000.

FRANKLIN, R. N.; PINTO, E. C . M. M.; LUCAS, J. T.; LINNÉ, M.; PEIXOTO, R.; SAUER, M. T. N.; SILVA, C. H.; NADER, P. J. H. Trabalho precoce e riscos à saúde. *Revista Adolescência Latinoamericana*. 2001; 1414-7130/2:80-89.

GALLI, R. *The economic impact of child labour [discussion paper on line] 2001*. Genebra: ILO Decent Work Research Programme. Disponível em: <http://www.ilo.org/inst/publication/discussion-papers/WCMS_193680/lang--en/index.htm>. Acesso em: 20 fev. 2014.

GUÉRIN, F.; LAVILLE, A.; DANIELLOU, F.; DURAFFOURG, J.; KERGUELEN, A. *Compreender o trabalho para transformá-lo*. A prática da Ergonomia. Sznelwar L, tradutor. São Paulo: Edgard Blucher; 2001.

LACOMBE, R. *A infância dos bastidores e os bastidores da infância*: uma experiência com crianças que trabalham em televisão [Dissertação de Mestrado]. Rio de Janeiro: Faculdade de Psicologia da PUC/RJ, 2006.

LA TAILLE, Y. *Formação ética*: do tédio ao respeito de si. Porto Alegre: Artmed, 2009.

LIMA, F. P. A. A Ergonomia como instrumento de segurança e melhoria das condições de trabalho. In: *Anais do I Simpósio Brasileiro sobre Ergonomia e Segurança do Trabalho Florestal e Agrícola*. Belo Horizonte,BR. Viçosa:UFV/Fundacentro, 2000.

MARQUES, R. D. Trabalho infantil artístico: proibições, possibilidades e limites. *Revista do Ministério Público do Trabalho*. São Paulo: LTr, 2009, 19(38): 13-53.

MEDEIROS NETO, X. T.; MARQUES, R. D. *Manual de atuação do Ministério Público na prevenção e erradicação do trabalho infantil*. Brasília: Conselho Nacional do Ministério Público, 2013.

MELRO, A. L. R. *Actividades de crianças e jovens no espectáculo e no desporto*: a infância na indústria do entretenimento na contemporaneidade [dissertação de mestrado]. Portugal: Instituto de Estudos da Criança da Universidade do Minho, 2007.

MINHARRO, E. R. S. *A criança e o adolescente no direito do trabalho*. São Paulo: LTr, 2003.

NASCIMENTO, A. M. *Curso de direito do trabalho*. 22. ed. São Paulo: Saraiva, 2007.

NIOSH. *National Institute for Occupational Safety and Health*. Special hazards review — Child Labor Research Needs. Recommendations from the NIOSH child labor work team [on line]. Atlanta: CDC,1997. Disponível em: <http://www.cdc.gov/niosh/docs/97-143/>. Acesso em: 20 fev. 2014.

OLIVA, J. R. D. *O princípio da proteção integral e o trabalho da criança e do adolescente no Brasil*. São Paulo: LTr, 2006.

_____ . O trabalho infanto-juvenil artístico e a idade mínima: sobre a necessidade de regulamentação e a competência para sua autorização. *Revista da Associação dos Magistrados da Justiça do Trabalho da 15ª Região — AMATRA XV*. São Paulo: LTr, 2010; (3): 130-152.

OLIVEIRA, D. C.; SÁ, C. P.; FISCHER, F. M.; MARTINS, I. S.; TEIXEIRA, L. R. *Futuro e liberdade*: o trabalho e a instituição escolar nas representações sociais de adolescentes. Estud. Psicol. [periódico na *internet*]. Natal: 2001; 6 (2): 245-258 Disponível em: <http://www.scielo.br/scielo.php?script=sci_arttext&pid=S1413-294X2001000200012&lng=en&nrm=iso>. Acesso em: 20 fev. 2014.

OLIVEIRA, O. *Trabalho infantil artístico*. [monografia na *internet*]. Rio de Janeiro, 2007. Disponível em: <http://www.fnpeti.org.br/artigos/trabalho_artistico.pdf/view>. Acessado em: 20 jul 2009 [palestra apresentada na abertura do Seminário "Trabalho Infantil Artístico: Violação de Direitos Humanos?", organização — MPT-1ª Região].

PALMEIRA SOBRINHO, Z. O trabalho infantil: um balanço em transição. In: NOCCHI, A. S. P.; VELLOSO, G. N.; FAVA, M. N. (org). *Criança, adolescente, trabalho*. São Paulo: LTr, 2010.

POSTMAN, N. *O desaparecimento da infância*. Rio de Janeiro: Graphia, 1999.

ROBORTELA, L. C. A; PERES, A. G. Trabalho artístico da criança e do adolescente: valores constitucionais e normas de proteção. *Revista LTr*. São Paulo: 2005, 69(2): 148-157.

SANTOS, E. A. A naturalização do trabalho infantil. *Revista do Tribunal Superior do Trabalho* [periódico na *internet*] 2006, 72(3): 105-122. Disponível em: <http://www.fnpeti.org.br/artigos/art_ea2.pdf>. Acesso em: 21 jan 2010.

_____ . O trabalho artístico em face da proteção integral da criança e do adolescente. *Revista do Tribunal Regional do Trabalho da 18ª Região*. Goiás: 2007; 10(1): 110-118.

SILVA, H. B. M. *Curso de direito do trabalho aplicado*: segurança e medicina do trabalho — Trabalho da mulher e do menor. Rio de Janeiro: Elsevier, 2008.

TEIXEIRA, L. R.; LOWDEN, A.; MORENO, C. C.; TURTE, S. L.; NAGAI, R.; LATORRE, M. R. D. O.; VALENTE, D.; FISCHER, F. M. Work and excessive sleepiness among Brazilian evening school students. Effects on days-off. *International Journal of Occupational and Environmental Health*. 2010; (16): 172-177.

UNICEF. *The state of the world's children*. 1997. Disponível em: <http://www.unicef.org/sowc97/>. Acesso em: 12 out. 2011.

OS PARADOXOS DA VIOLÊNCIA NA ADMINISTRAÇÃO PÚBLICA: O ASSÉDIO MORAL NO ÂMBITO DO PODER JUDICIÁRIO

Erika Maeoka[(*)]

"Creo necesario alegar que no es tiempo de permanecer quietos mirando pasar las cosas que nos ocurren. Deseo contribuir activamente a cambiar este estado de situación."[(1)]

1 INTRODUÇÃO

O meio ambiente do trabalho sofre em razão de inúmeras circunstâncias que causam danos à saúde do trabalhador; dentre esses fatores nocivos, o local de trabalho é diuturnamente contaminado pelo fenômeno do assédio moral, que vitima milhões de indivíduos e revela-se um problema de consideráveis dimensões, visto que é tido como "a praga do século XXI nas relações de trabalho", que denuncia a envergadura da questão.

Esse fenômeno alcança tanto os trabalhadores da iniciativa privada, como os servidores públicos. O que diferencia as duas categorias é o nível de intensidade e o grau da extensão temporal da violência, pois as pesquisas destacam que o assédio afeta os trabalhadores do serviço público, numa intensidade maior e por mais tempo do que nas repartições privadas. A distinção dos contornos da violência entre os dois setores decorre das particularidades da administração pública que propiciam esse tipo de transgressão.

Por seu turno, as peculiaridades do setor público que tornam o problema do assédio moral mais robusto na esfera pública demonstram os seus contrassensos, pois a violência permeia o ambiente de trabalho travestida pela exigência do princípio da eficiência, a garantia do servidor público é transformada em causa para incitar a violência e, a questão mais paradoxal é que o próprio órgão responsável pela proteção das vítimas do assédio moral, não raras vezes, tolera esse tipo de abuso em seu próprio quadro.

(*) Doutoranda em Direito Internacional pela Faculdade de Direito da Universidade de São Paulo. Mestre em Direito Negocial pela Universidade Estadual de Londrina. Especialista em Direito do Estado, Direito Processual Civil e Direito Civil pela Universidade Estadual de Londrina e Especialista em Direito Internacional e Econômico pela Universidade Estadual de Londrina em convênio com a Universidad Rey Juan Carlos de Madrid — Espanha. Analista Judiciário do quadro do Tribunal Regional do Trabalho da 9ª Região — Estado do Paraná.
(1) SCIALPI. Diana. La violencia laboral en la administración pública argentina. In: *Revista Venezolana de Gerencia*. Año 7, n. 18, 2002. p. 216.

Com efeito, pretende-se analisar o fenômeno do assédio moral na administração pública com ênfase no Poder Judiciário, destacando os fatores que determinam a proliferação do assédio moral no meio ambiente de trabalho dos servidores públicos vinculados aos órgãos responsáveis pela proteção das vítimas de violência, com o objetivo de pontuar as dimensões paradoxais que representa o problema no âmbito do Estado Democrático de Direito.

2 OS CONTORNOS GERAIS DO FENÔMENO DO ASSÉDIO MORAL

O campo de pesquisa sobre o assédio moral ainda é recente, tendo em vista que o problema como um padrão específico de condutas que ameaçam a integridade física e psíquica do indivíduo era desconhecido pela comunidade científica.

Em momentos anteriores ao início das pesquisas, a violência psíquica não recebia a mesma atenção que a violência física. Apenas em razão dos recentes estudos que revelaram esse tipo de perversidade, como condutas abusivas específicas de acentuadas proporções, que afeta profundamente as relações laborais, cada vez mais as questões decorrentes dessa prática estão sendo desvendadas.

Destarte, analisam-se os contornos do assédio moral pela leitura dos estudos que permitiram a identificação da violência, que traz a compreensão do desencadear do fenômeno; em seguida, verificam-se as definições apresentadas pelos meios doutrinários e as características sutis que marcam esse tipo agressão, que possibilitam melhor compreender o tema e, por fim, salientam-se os motivos encontrados que dificultam a identificação do fenômeno, que constituem o maior dilema enfrentando para combater essa prática.

2.1 O Assédio Moral como um Problema no Mundo do Trabalho

O assédio moral tem sido apontado como um dos mais graves problemas que abalam as relações de trabalho e em razão de sua progressão ascendente foi denominado como *"a praga do século XXI nas relações de trabalho"*.[2] Por isso, alerta Piñuel y Zabala que "o número crescente de casos que afloram nos meios de comunicação destaca um fenômeno que não é novo, mas cuja incidência e crescimento nos últimos anos é verdadeiramente alarmante".[3]

Examina-se que "o assédio psicológico não é uma simples questão de opinião. Vários estudos demonstram que o fenômeno é sério, que está em crescimento, que ele provoca consequências penosas para as pessoas que o sofrem e que ocasiona custos importantes tanto para estes últimos quanto para as organizações e a sociedade em geral".[4]

Di Martino, Hoel e Cooper[5] atentam para a importância do reconhecimento da violência psíquica ao afirmarem que "embora a existência de violência física individual no trabalho sempre tivesse sido reconhecida, a existência de violência psicológica foi subestimada e só agora está recebendo a devida atenção. A violência psicológica é cada vez mais uma preocupação prioritária no local de trabalho".

---

(2) BARBADO, Patrícia B. *La violencia en la gestión del personal de los poderes públicos y responsabilidad del Estado empleador*. Disponível em: <http://www.justiniano.com/revista_doctrina/La_violencia.htm>. Acesso em: 18 dez 2011. (grifos no original).
(3) PIÑUEL Y ZABALA, Iñaki .*Mobbing: La nueva epidemia organizativa del siglo XXI*. Disponível em: <http://www.acosolaboral.net/articulos--acoso-laboral/pinuel-inaki-mobbing-epidemia-organizativa-siglo-XXI.html>. Acesso em: 20 dez 2011.
(...) el número creciente de casos que afloran en los medios de comunicación han puesto de moda un fenómeno que no es nuevo pero cuya incidencia y crecimiento en los últimos años es verdaderamente alarmante. (tradução livre).
(4)COMITÉ INTERMINISTÉRIEL SUR LA PRÉVENTION DU HARCÈLEMENT PSYCHOLOGIQUE ET LE SOUTIEN AUX VICTIMES. *Une stratégie de prévention du harcèlement psychologique au travail et de soutien aux victimes*. Dépôt légal — Bibliothèque nationale du Québec, 2003. p. 7. Le harcèlement psychologique n'est pas une simple question d'opinion. Plusieurs études démontrent que le phénomène est sérieux, qu'il est en croissance, qu'il entraîne des conséquences pénibles pour les personnes qui le subissent et qu'il occasionne des coûts importants tant pour ces dernières que pour les organisations et la société en général. (tradução livre).
(5) DI MARTINO, Vittorio; HOEL, Helge; COOPER, Cary L. *Preventing violence and harassment in the workplace*. Luxembourg: Office for Official Publications of the European Communities, 2003. p. 3.
While the existence of personal physical violence at the workplace has always been recognised, the existence of psychological violence has long been underestimated and is only now receiving due attention. Psychological violence is increasingly emerging as a priority concern in the workplace. (tradução livre).

O assédio moral exercido pelo grupo ao encontro de um indivíduo constitui um problema cada vez mais recorrente na Austrália, na Áustria, na Dinamarca, na Alemanha, na Suécia, no Reino Unido e nos Estados Unidos. O fato se produz quando várias pessoas aliam-se para perseguirem um determinado colega para molestá-lo, que pode se revestir das formas seguintes: fazer constantemente observações negativas sobre esta pessoa ou criticá-la constantemente, isolá-la, deixando-a sem contato social e maldizer ou difundir falsas informações sobre ela. Na Suécia estima-se que o assédio psicológico é a origem de 10 a 15% dos suicídios.[6]

Di Martino[7] observa que "o novo conceito de violência no trabalho acentua uma série de elementos que agora são aceitos mais amplamente. O primeiro é o predomínio da violência psíquica em relação à violência física. O segundo elemento é que atos menores, aparentemente sem muita relevância, quando combinados podem ter um impacto muito negativo na saúde e no bem-estar. O terceiro elemento, não vinculado ao conceito tradicional de violência no trabalho, senão a alguns tipos específicos de violência como assédio moral, refere-se à repetição dos atos de agressão por um período de tempo determinado. Nesse contexto emergem três tipos de violência: ataque ou violência física, ameaça e abuso".

A Organização Mundial do Trabalho adverte que os estudos realizados nos últimos anos demonstraram o impacto da violência psicológica e os prejuízos que causa. Essa forma de violência engloba os comportamentos tirânicos e o assédio. [8] A perseguição de um subalterno ou de um colega de trabalho é uma das formas de violência que é cada vez mais denunciada. A pessoa que se comporta desse modo procura rebaixar a outra recorrendo aos meios odiosos, cruéis, maliciosos ou humilhantes.[9]

Por seu turno, o impacto da violência gera custos para o Poder Público, para os indivíduos, para as empresas, enfim para a sociedade como um todo, o que traz inúmeras indagações sobre o problema que assola a classe dos trabalhadores indistintamente em todo o mundo. Essas reflexões levam à conclusão de que é preciso estabelecer mecanismos para conter os efeitos dessa perversidade, porque enquanto se busca os meios para tentar solucionar ou minimizar o quadro que permite ou tolera a violência no meio ambiente de trabalho, cada vez mais vítimas são afetadas e vidas são destroçadas.

Por conseguinte, dentre as inúmeras dificuldades que enfrentam as relações de trabalho, destaca-se o assédio moral como a endêmica violência que aflige milhares de trabalhadores, em todos os quadrantes do planeta, que conforme Ege[10] constitui *"un aberrazione e un abuso, che dovrebbe essere combattuto e bandito dalla nostra società"*.

2.2 O Processo de Identificação do Assédio Moral e a sua Causa

O assédio moral não é uma questão recente, mas a sua definição.[11] Apesar de o assédio moral no trabalho ser tão antigo quanto o próprio trabalho, apenas no início da década de 90 é que foi realmente definido como um fenômeno devastador do ambiente de trabalho, que reduz tanto a produtividade como favorece o absenteísmo, em razão de danos psicológicos que produz.[12]

---

(6) ORGANISATION INTERATIONALE DU TRAVAIL (OIT). *Lorsque travailler devient dangereux*. 1998. p. 2. Disponível em: <http://www.ilo.or/public/english/bureau/inf/magazine/26/violence.htm>. Acesso em: 28 dez 2011.
(7) DI MARTINO, Vittorio. *En el trabajo predomina la violencia psíquica sobre la física*. Disponível em: <http://www.porexperiencia.com/articulo.asp?num=21&pag=10&titulo=En-el trabajopredominlaviolencia-psiquica-sobre-la-fisica>. Acesso em: 21 dez 2011.El nuevo concepto de violencia en el trabajo acentúa una serie de elementos que ahora se aceptan más ampliamente. El primero es el predominio de la violencia psíquica frente a la violencia física. El segundo elemento es que actos menores, aparentemente sin una gran relevancia, cuando se combinan pueden tener un impacto muy negativo en la salud y el bienestar. El tercer elemento, no vinculado al concepto tradicional de violencia en el trabajo sino a algunos tipos específicos de violencia como el acoso moral, se refiere a la repetición de los actos de agresión por un período de tiempo determinado. En este contexto emergen tres tipos de violencia: ataque o violencia física, amenaza y abuso. (tradução livre).
(8) ORGANISATION INTERATIONALE DU TRAVAIL (OIT). *Lorsque travailler devient dangereux*. 1998. p. 2. Disponível em: <http://www.ilo.or/public/english/bureau/inf/magazine/26/violence.htm>. Acesso em: 28 dez 2011.
(9) ORGANISATION INTERATIONALE DU TRAVAIL (OIT), *op. cit*.
(10) EGE, Harold. *Mobbing*: Che cós è il terrore psicologico sul posto di lavoro. Proteo. n. 2000-2. Disponível em: <http://www.proteo.rdcub.it/article.php3?id_article=85&artsuite=0>. Acesso em: 27 jul 2012.
(11) BARBADO, Patrícia B. *La violencia en la gestión del personal de los poderes públicos y responsabilidad del Estado empleador*. Disponível em: <http://www.justiniano.com/revista_doctina/La_violencia.htm>. Acesso em: 18 dez 2001. p. 1.
(12) FREITAS, Maria Ester de. *Assédio moral e assédio sexual: faces do poder perverso nas organizações*. Disponível em: <http://www.ipea.gov.br/ouvidoria/index.php?option=com_content&view=article&id=173&Itemid=18>Acesso em: 18 jan 2012.

Conforme Oliva[13] assinala, "o conceito de *mobbing* foi desenvolvido pela psicologia do trabalho, quando se procurava nela a necessidade de exprimir o mesmo fenômeno de proximidade e das agressões que havia observado no mundo das relações interpessoais no ambiente de trabalho e que havia individualizado, por meio de um percurso reverso do fato à causa, cujos elementos acarretaram uma série de patologias psicossomáticas lamentáveis para um crescente número de trabalhadores".

As primeiras pesquisas sobre o tema foram realizadas por Leymann, por meio do estudo da organização empresarial e que revelaram a existência da proliferação da violência psicológica no meio ambiente de trabalho, que até então permanecia desconhecida. Assim, ao entrevistar diretores, representantes sindicais e médicos de empresa, de forma unânime apontaram algumas pessoas como sendo o problema que causa as perturbações nas condições e nas relações de trabalho. Esses indivíduos isolados, taxados de conflituosos, impertinentes, discutidores, teimosos, enfim pessoas difíceis, que com o seu caráter ou personalidade empobrecem o ambiente de trabalho, dificultando as relações e sob todos os ângulos são apontados como o problema.[14]

Contudo, ao pesquisar os casos minuciosamente, Leymann[15] notou que tais indivíduos com frequência não são os responsáveis pela origem dos conflitos em que estão envolvidos e que também não são responsáveis pela exclusão e isolamento que sofriam. Concluiu os estudos revelando que os comportamentos difíceis ou deslocados das pessoas não eram as causas dos embates, mas o seu resultado. As verdadeiras causas dos conflitos situavam-se nos comportamentos maliciosos de outros integrantes da empresa voltados contra a pessoa apontada como conflituosa com o objetivo de desestabilizá-la psicologicamente. Por seu turno, as reações defensivas do agredido serviam de combustível para novas agressões, para a sua gradativa estigmatização e consequente abalo psíquico. Com efeito, notou o pesquisador que não se tratavam de pessoas perturbadoras, mas vítimas de sutis, reiteradas e traiçoeiras agressões.[16]

O processo de desencadeamento das circunstâncias, que revela o fenômeno da violência psicológica, indica a dificuldade na identificação do problema. Assim, a leitura dos estudos efetuados por Leymann explica porque é possível o laudo conclusivo que investiga as causas do desequilíbrio relacional entre os componentes de um determinado ambiente de trabalho, mesmo efetuado numa repartição em que é recorrente o assédio moral, pode resultar na constatação da ausência desse tipo de conflito. Pois, a elevada capacidade dissimulativa do assediador torna imperceptível sua conduta inadequada no ambiente laboral e, somada à utilização de técnicas de torturas psicológica, leva a vítima a se comportar de modo indevido.[17]

Essa manobra que permite a adulteração dos fatos pode induzir até mesmo os responsáveis pela avaliação da situação conflitiva a concluírem, equivocadamente, que existe apenas incompatibilidade de relacionamento e, termina por apontar a própria vítima como a causadora de todos os embaraços. Quando, na realidade, as agressões psicológicas inaudíveis são o que conduz a vítima a tomar atitudes defensivas, que a fazem parecer cada vez mais néscia e com aparentes distúrbios comportamentais. Além disso, pode ainda indicar a vítima como sendo o único problema ou até mesmo reconhecer o próprio agressor[18] como sendo a única vítima, quando na verdade o comportamento desajustado das vítimas não é a causa dos conflitos, mas apenas o resultado do assédio moral.[19]

---

(13) OLIVA, Umberto. *Strumenti giuridici per la disciplina del mobbing*. Retazione al Convegno Mobbing: aspetti giuridici e psico-social del fenomeno. Modena, 2 aprile 2004.

il concetto del mobbing è stato sviluppato della psicologia del lavoro, quando si è trovata nella necessitá di esprimere quel medesimo fenomeno di accerchiamento e agressione che aveva osservato nel mondo delle relazioni inter-personali nell' ambiente di lavoro e che aveva individuato, attaverso un pecorso a ritroso dall' effetto alla causa, quale elemento scatenante di una serie di patologie psico-somatiche lamentale da un sempre maggior numero di lavoratori. (tradução livre).

(14) LEYMANN, Heinz. *La persécution au travail*. Paris: Senil, 1996, 12-13.
(15) LEYMANN, *op. cit.*, p. 13.
(16) LEYMANN, *op. cit.*, p. 13.
(17) MAEOKA, Erika. Os desafios ao diagnóstico do assédio moral. *Jornal de Londrina*, ponto de vista, p. 2 — 2, 3 ago. 2012.
(18) Nesse sentido, ver: FIELD, Tim. *El acosador se hace pasar por víctima*. Disponível em: <http://acosomoral.mforos.com/36572/587809-el-acosador-se-hace-pasar-por-victima/>. Acesso em: 27 jul 2012.
(19) MAEOKA, *op. cit.*

O fenômeno é tão sutil que nem mesmo a própria vítima, em meio à confusão psíquica em que se encontra, é capaz de identificar o problema em que está envolvida. Por isso, observa Rubio[20] que em muitas ocasiões, a vítima possui apenas consciência das agressões, mas não é capaz de verbalizar os acontecimentos e tão somente nota uma sensação desagradável. Por conseguinte, verifica-se a dificuldade que sofre a identificação do assédio moral, pois uma observação não meticulosa pode encobrir o verdadeiro cerne dos conflitos e intensificar as agressões.

Verificada, como os estudos revelaram, a existência do assédio moral, resta saber o que incentiva à prática desse tipo de violência. Segundo Guedes[21] as causas sociais que motivam o assédio moral nas relações laborais é "a nova organização do trabalho, especialmente a famosa receita da administração por estresse, que, entre nós, é exacerbada pela herança escravocrata. A falta de comunicação é corolário da primeira, pois num ambiente no qual impera o medo em lugar do respeito, as pessoas não são ouvidas e por isso mesmo não ousam dialogar. O ambiente dominado pelo silêncio autoritário é campo fértil para o abuso de poder e a manipulação perversa".

Deve-se esclarecer que o tema não está pronto e acabado, pois segundo Oliva[22] "em cada caso, deve ser relevado que na psicologia do trabalho, assim como na sociologia, o estudo dos elementos que compõem o *mobbing* ainda não se pode dizer que está definitivamente ajustado: a pesquisa empírica sobre diversas variáveis que interessam ao fenômeno em questão (sujeitos autores da prevaricação, objetivos, tempo de duração da perseguição, tipologia da conduta recorrente no *mobbing* etc.), conduzem, de fato, continuamente a novas descobertas e propostas de enquadramento do *mobbing*". Essas considerações atentam para a necessidade da continuação do desenvolvimento das investigações sobre o assunto.

2.3 A Definição Doutrinária do Assédio Moral

A doutrina apresenta várias definições de assédio moral. Leymann[23] traz a sua definição do termo *mobbing* ao mencionar que "faz referência a um processo de interação social pelo qual um indivíduo (raramente mais de um) é atacado por um ou mais (raramente mais de quatro) indivíduos, com frequência ao menos semanal e com duração de vários meses; levando a vítima a uma posição indefesa com um alto potencial de exclusão".

O mesmo autor define o modo operativo do assédio moral, *psychological terror* ou *mobbing*, ao abordar que "na vida laboral tolera uma comunicação hostil e desprovida de ética que é administrada de forma sistemática por um ou poucos indivíduos, principalmente contra um único indivíduo, que é exortado a uma situação solitária e sem defesa, prolongada, à base de ações de hostilização frequentes e persistentes (definição estatística: ao menos uma vez por semana) e ao longo de um prolongado período (definição

---

(20) RUBIO, Ana Martos. ¿Cómo detectar la violencia psicológica? *Acoso Laboral — Mobbing*. Montevideo-Uruguay. Disponível em: <http://www.acosolaboral.org.uy/articulos/violenciaPsicologica.php>. Acesso em: 22 jul 2012.

(21) GUEDES, Marcia Novaes. *Terror psicológico no trabalho*. São Paulo: LTr, 2003. p. 89.

(22) OLIVA, Umberto. *Strumenti giuridici per la disciplina del mobbing*. Retatione al Convegno Mobbing: aspetti giuridici e psico-social del fenomeno. Modena, 2 aprile 2004.

in ogni caso, deve essere rilevato che nella pscicologia del lavoro, cosi come nella sociologia, lo Studio degli elementi che compongno il *mobbing* non puó dirsi ancora definitivamente assestato: la ricerca empirica suelle diverse variabili che interessano il fenomeno in questione (soggetti autori delle prevaricazioni, obiettivi, tempi di durata delle persecuzioni, tipologie di condotte che ricorrono nel *mobbing*, ecc), conduce infatti continuamente a nuovo scoperte e propuste di inquadramento del *mobbing*. (tradução livre).

(23) LEYMANN, Heinz. The content and development of mobbing at work. In: *European Jounal of Work and Organizational Psychology*, 1996. p. 167.

(...) *mobbing* thus refers to a social interaction though which one individual (seldom more) is attacked by one or more (seldom more than four) individuals almost on a daily basis and for periods of many months, bringing the person into an almost helpless position whith potentially high risk of expulsion. (tradução livre).

estatística: ao menos durante seis meses). Como consequência da alta frequência e da larga duração dessas condutas hostis, tais maus-tratos se traduzem em enorme suplício psicológico, psicossomático e social".[24]

Para Hirigoyen[25] "o assédio moral no trabalho se define como toda conduta abusiva (gesto, palavra, comportamento, atitude) que alcança, pela repetição ou a sistematização, à dignidade ou à integridade psíquica ou física de um assalariado, colocando em perigo o seu emprego, ou degradando o ambiente de trabalho. Trata-se de excluir uma pessoa de uma comunidade retirando-se pouco a pouco sua identidade, seu papel, sua função, seu *status*, sua imagem, 'desintegrando-a socialmente', anulando-a simbolicamente".

Piñuel y Zabala[26] confere que o assédio moral ou *mobbing* significa "os continuados e deliberados maus-tratos verbais ou modais que recebe um trabalhador por parte de outro ou de outros que se comportam em relação a ele de modo cruel com vistas a lograr sua eliminação do lugar de trabalho, por diferentes vias entre as quais se encontram a destruição psicológica, a destruição de sua capacidade de trabalhar, a destruição de sua esfera de relações laborais, familiares, sociais". Esclarece ainda que "é um verdadeiro processo de destruição psicológica e social e que termina frequentemente com a saúde psicológica do indivíduo, às vezes também com a saúde física e que em uma porcentagem elevada de casos termina, lamentavelmente, também com a saída do trabalhador da instituição ou da empresa em que trabalha".[27]

Drida Michèle e Litzenberger[28] estabelecem o assédio moral como sendo "um sofrimento infligido sobre o lugar de trabalho de modo durável, repetitivo e/ou sistemático por uma ou mais pessoas em relação a outra pessoa, por todos os meios relativos às relações, à organização, aos conteúdos ou às condições do trabalho, desviando a sua finalidade, manifestando assim uma intenção consciente ou inconsciente de prejudicar e mesmo de destruir".

A definição pela perspectiva de um jurista é dada por Ravisy[29] que, sucintamente, considera que "o assédio profissional é um comportamento culpável repetido que se caracteriza como vexatório, humilhante ou atentatório à dignidade que perturba a execução do trabalho da vítima".

---

(24) LEYMANN, Heinz. The content and development of mobbing at work. In: *European Jounal of Work and Organizational Psychology*, 1996. p. 168.

(...) in working life involver hostile and unethical communication, which ins directed in a systematic way by one or a few individuals mainly towards none individual who, due to mobbing, is pushed into a helpless and defenceless position, being held there by means of continuing mobbing activities. These actions occur on a very frequent basis (statistical definition: at least once a week) and over a long period of time (statistical definition: at least six months of duration). Because of the high frequency and long duration of hostile behaviour, this maltreatment results in considerable psychological, psychosomatic, and social misery. The definition excludes temporay conflicts and focuses on a point in time where the psychosocial situation begins to result in psychiatrically or psychosomatically pathologic conditions. (tradução livre).

(25) HIRIGOYEN, Marie-France. Le harcèlement moral au travail en 2003. In: *Journal International de Victimologie*. Tome 1, numéro 3, avril 2003. p. 27-28.

(...) le harcèlement moral au travail se définit comme toute conduite abusive (geste, parole, comportement, attitude...) qui porte atteinte par as répétition ou la systématisation, à la dignité ou à l'intégrité psychique ou physique d'um salarié, mettant en péril son emploi, ou dégradant le climat de travail. Il s'agit d'exclure une personne d'une communauté en lui retirant peu à peu son identité, son rôle, sa fonction, son statut, son image, en la « désintégrant socialement », en l'annulant symboliquement. (tradução livre).

(26) PIÑUEL Y ZABALA, Iñaki. *El Mobbing se manifiesta sobre todo en las administraciones públicas*. Disponível em: <http://www.acosolaboral.net/articulos-acoso-laboral/pinuel-inaki-mobbing-administraciones-publicas.html>. Acesso em: 19 dez 2011.

un continuado y deliberado maltrato verbal o modal que recibe un trabajador por parte de otro u otros que se comportan con él cruelmente con vistas a lograr su eliminación del lugar de trabajo por diferentes vías entre las que se encuentra la destrucción psicológica, la destrucción de su capacidad de trabajar, la destrucción de su esfera de relaciones laborales, familiares, sociales. (tradução livre).

(27) PIÑUEL Y ZABALA, *op. cit.*

Es un verdadero proceso de destrucción psicológica y social y que termina muy frecuentemente con la salud psicológica del individuos, a veces también con la salud física y que en un porcentaje elevado de casos pues termina, desgraciadamente también con la saluda del trabajador de la institución o la empresa en la que trabaja. (tradução livre).

(28) DRIDA MICHÈLE, Engel E., LITZENBERGER M. *Du harcèlement ou la violence discrète des relations de travail*. Texte de la communication faite au 2ème Congrès International de Psychopathologie et Psychodynamique du Travail sur Violence et Travail à Paris le 12 Mars 1999.

(...) une souffrance infligée sur le lieu de travail de façon durable, répétitive et/ou systématique par une ou des personnes à une autre personne, par tout moyen relatifs aux relations, à l'organisation, aux contenus ou aux conditions du travail, en les détournant de leur finalité, manifestant ainsi une intention consciente ou inconsciente de nuire voire de détruire. (tradução livre).

(29) RAVISY, Philippe. Le harcèlement moral à la barre. Disponível em: <http://www. humanite.fr/node/405603+article+philippe+ravisy+harc%-C3%A8lement+moral&ct=clnk>. Acesso em: 20 dez 2011.

Por conseguinte, a doutrina aponta várias definições sobre o assédio moral nas relações laborais, que em síntese significa o exercício da violência psicológica, de modo repetitivo e de duração continuada, com o objetivo de eliminar as suas vítimas, que tem as suas raízes nos primórdios do estabelecimento das relações de trabalho, porém somente identificado e definido posteriormente.

2.4 As Características e as Particularidades do Assédio Moral

Confere-se que o assédio moral tem propriedades inerentes que o diferem de outras figuras, como estresse, conflito ou gestão por injúria,[30] que segundo Guevara Ramírez[31] compreende: a) conduta psicologicamente ofensiva; b) caráter metódico e periódico dessas condutas; c) sistematicidade e repetitividade da agressão; d) degradação das condições de trabalho; e) atentando contra a dignidade e a integridade física e moral do assediado; e g) que tem como finalidade que o assediado agregue a sua conduta aos interesses do assediador e que finalmente abandone o posto de trabalho.

A característica que marca esse tipo de violência é a sua difícil identificação e comprovação, pois em razão de sua sutileza "superficialmente, nada se vê, ou quase nada"[32], por essa razão é chamada pela doutrina de "crime limpo". Nesse sentido, Piñuel y Zabala[33] aprega que 'esse tipo de violência tem a característica diferencial sobre outro tipo de violência que se comente na empresa, de não deixar rastro, nem sinais externos, a não ser os da deterioração progressiva da vítima, que é maliciosamente atribuída a outras causas como problemas de relacionamento, caráter difícil, incompetência profissional etc. Trata-se, por isso, de um 'crime limpo', do qual não fica marca, e no qual o ônus da prova resulta complicado e custoso. Trata-se de um assassinato silencioso e limpo".

Por isso, Forte, Rzygodzki-Lionet e Masclet[34] postulam que "essas agressões ao mesmo tempo maleáveis, multiformes, dinâmicas e rotineiras são baseadas sobre um sistema paradoxal. Ao poder do abalo psíquico, opõe-se a uma ausência de violência aparente. Os limites entre o normal e o intolerável fazem-se indescritíveis. A oscilação entre consentimento e pressão reforça ainda mais a confusão".

Vale lembrar, conforme elucida Soliva[35], que "no assédio moral no trabalho o tipo de manipulação é perversa porque engana com astúcia. Nessas hipóteses a linguagem se corrompe, cada palavra oculta um

---

(30) Para compreender a diferença entre assédio moral e outras figuras, ver: HIRIGOYEN, Marie-France. *Assédio moral*: a violência perversa no cotidiano. Trad. Maria Helena Kuhner. 13. ed. Rio de Janeiro: Bertrand Brasil, 2011; LORHO, Frank ; HILP, Ulrich. *Le harcèlement moral au travail*. Luxembourg: Parlement Europeén, 2001, 1-37 ; PIÑUEL Y ZABALA, Iñaki; OÑATE CANTERO, Araceli. *Libro blanco*. Los riesgos psicosociales en la administración. la incidencia del *mobbing* y el *burnout* en la agencia estatal de la administración tributaria (aeat) y en la intervención general de la administración del estado (igae). Madrid, junio, 2004, 1-134.
(31) GUEVARA RAMÍREZ, Lydia. *Violencia moral en el trabajo*: reflexión en torno a los conceptos internacionales y una propuesta para America Latina. Disponível em: <http://www.eft.com.ar/doctrina/articulos/violencia_moral_en_el_trabajo.htm>. Acesso em: 24 jan. 2012.
(32) HIRIGOYEN, Marie-France. *Assédio moral*: a violência perversa no cotidiano. Trad. Maria Helena Kuhner. 13. ed. Rio de Janeiro: Bertrand Brasil, 2011. p. 134.
(33) PIÑUEL Y ZABALA, Iñaki. *Mobbing, la lenta y silenciosa alternativa al despido*. Disponível em: <http://www.acosolaboral.net/articulos-acoso-laboral/pinuel-inaki-mobbing-la-lenta-y-silenciosa-alternativa-al-despido.html>. Acesso em: 26 jan. 2012.

este tipo de violencia tiene la característica diferencial sobre otro tipo de violencias que se cometen en la empresa, de no dejar rastro, ni señales externas, a no ser las del deterioro progresivo de la víctima, que es maliciosamente atribuido a otras causas como problemas de relación, de personalidad, carácter difícil, incompetencia profesional, etc. Se trata por ello de un crímen limpio, del que no queda huella, y en el que la carga de la prueba suele resultar complicada y costosa. Se trata de un asesinato silencioso y limpio. (tradução livre).
(34) FORTE, M. RZYGODZKI-LIONET, N; MASCLET, G. Le harcèlement moral au travail: orchestration d'une violence sourde. In: *Journal International de Victimologie*. Tome 6, numéro 2, Janvier 2008. p. 121.

Ces agressions à la fois malléables, multiformes, dynamiques et routinières sont basées sur un système paradoxal. A la puissance de l'effraction psychique, s'oppose une absence de violence apparente. Les limites entre le normal et l'intolérable se font indicibles. L'oscillation entre consentement et contrainte renforce encore davantage la confusion.. (tradução livre).
(35) SOLIVA, Marina Parés. *Mobbing*: detección del acosador a través del lenguaje. In: *Estudos de Antropología Biológica*. v. XIII, México, 2007. p. 849-850.

en el acoso moral en el trabajo el tipo de manipulación es perversa porque engaña con insidias. En estos supuestos el lenguaje se pervierte, cada palabra oculta un malentendido que se vuelve contra la víctima elegida. No podemos olvidar que el acoso nace de forma anodina (inofensiva y se propaga insidiosamente (ardilosa). (tradução livre).

mal-entendido que se volta contra a vítima elegida. Não podemos esquecer que o assédio nasce de forma insignificante (inofensiva) e se propagada astuciosamente (ardilosa)".

Assinala-se que as condutas de modo pontual não se mostram, à primeira vista, como circunstâncias que acarretam consequências tão trágicas e monstruosas. Para aqueles expectadores que nunca vivenciaram esse tipo de violência, os seus impactos tão contundentes, como as mais variadas enfermidades enumeradas ou os índices de suicídios[36] constatados pelas pesquisas, podem parecer exagerados.[37] Todavia, como enfatiza Piñuel y Zabala,[38] quem viveu sabe muito bem qual a diferença entre as torturas decorrentes do assédio moral e as outras figuras conflituosas gestadas no ambiente de trabalho, porque embora seja uma violência oculta, tem efeitos tortuosos significativos e, em muitos casos, finais trágicos.

Verifica-se que o assédio moral é uma violência velada, que se dissemina, perversamente, no ambiente de trabalho sem deixar marcas aparentes, e gradativamente destrói as suas vítimas. Protegidos pela invisibilidade de suas condutas, os algozes, sem ao menos serem notados, executam covardemente as suas pérfidas manobras de extermínio das indefesas vítimas. Portanto, a característica que singulariza esse tipo de violência é a sua difícil identificação e comprovação, pois o assediador moral oculta as suas verdadeiras intenções em meio aos atos camuflados e astuciosos, que não deixam impressões, o que torna o ônus da prova tortuoso para as vítimas. Assim, a ausência de sinais visíveis que gera a dificuldade probatória, tem como efeito a resignação das vítimas diante das agressões, que continuam sofrendo as consequências da violência em silêncio.[39]

A dificuldade probatória inerente aos abusos, somada ao medo de retaliações, acaba inibindo a manifestação das vítimas e calando as testemunhas, que também temem as represálias.[40] Nesse sentido, esclarece Rubio Montejano[41] que "muito pouco denunciados em razão de que, na maioria de casos, em que ao não ficar vestígio aparente como no caso de maus-tratos físico, a vítima normalmente se encontra em inferiori-

---

(36) Nesse sentido, ver: VENCO, Selma; BARRETO, Margarida. O sentido social do suicídio no trabalho. In: *Revista Espaço Acadêmico*. n. 108, maio de 2010. p. 1-8.
(37) Hirigoyen enumera uma longa lista de condutas hostis que configuram o assédio moral. A primeira se dá com o propósito de deteriorar as condições de trabalho: não transmitindo mais as informações úteis à realização das tarefas; contestando sistematicamente todas as decisões; criticando o trabalho de forma injusta e exagerada; privando o acesso aos instrumentos de trabalho, como telefone, fax, computador; retirando o trabalho que normalmente lhe compete; atribuindo permanentemente novas tarefas; atribuindo proposital e sistematicamente tarefas inferiores à competência; pressionando para que não faça valer os direitos como férias, horários, prêmios; agir de modo a impedir a obtenção de promoção; determinando à vítima à revelia dela trabalho perigoso; impondo à vítima tarefas incompatíveis com sua saúde; causando danos em seu local de trabalho; impondo deliberadamente instruções impossíveis de executar; não considerando recomendações de ordem médica indicadas pelo médico do trabalho; induzir a vítima ao erro. O segundo conjunto de atos tem como objetivo o isolamento e recusa de comunicação, de modo que a vítima é interrompida constantemente; a comunicação com ela é exclusivamente por escrito; todo contato com ela é recusado, até mesmo o visual; é isolada dos outros colegas; a sua presença é ignorada e a atenção é somente dirigida aos outros; os colegas são proibidos de falarem com a vítima; e a vítima também é impedida de falar com os outros; qualquer requerimento de entrevista é recusado pela direção. O terceiro arsenal de hostilidades tem como propósito atentar contra a dignidade. Para alcançarem tal objetivo, os agressores recorrem a gestos desdenhosos para desqualificar a vítima; encenam gestos de desprezo diante dela (suspiros, olhares desdenhosos, levantar de ombros...); desacreditam a vítima diante dos colegas, superiores ou subordinados; espalham rumores a seu respeito; atribui problema psicológico (dizem que é doente mental); zombam de suas deficiências físicas ou de seu aspecto físico; intimidam ou caricaturam a vítima; criticam a sua vida privada; satirizam suas origens ou sua nacionalidade; implicam com suas crenças religiosas ou convicções políticas; atribuem-lhe tarefas humilhantes; injuriam com termos obscenos ou degradantes. Por fim, para promover a violência verbal, física ou sexual, partem para a ameaça de violência física; agridem-na fisicamente, mesmo que de leve, empurram-na, fecham-lhe a porta na cara; falam com ela aos gritos; invadem a sua vida privada com ligações telefônicas ou cartas; seguem-na na rua, é espionada diante do domicílio; fazem estragos em seu automóvel; é assediada ou agredida sexualmente (gestos ou propostas); ignoram os seus problemas de saúde. In: HIRIGOYEN, Marie-France. *Mal-estar no trabalho*: redefinindo o assédio moral. Trad. Rejane Janowitzer. 5. ed. Rio de Janeiro: Bertand Brasil, 2010. p. 108-109.
(38) PIÑUEL Y ZABALA, Iñaki. *Mobbing, la lenta y silenciosa alternativa al despido*. Disponível em: <http://www.acosolaboral.net/articulos-acoso--laboral/pinuel-inaki-mobbing-la-lenta-y-silenciosaalternativa-al-despido.html>. Acesso em: 26 jan. 2012.
(39) MAEOKA, Erika. O assédio moral: a violência oculta e a impunidade. *Jornal de Londrina*, Ponto de vista, p. 2 — 2, 10 jun. 2012.
(40) Observa Hirigoyen que: seria muito melhor, é obvio, dispor de apoios dentro da empresa, mas os colegas têm medo de manifestar simpatia, pois os traumas perversos os levam a duvidar: 'Onde há fumaça, há fogo! Se ele está sendo tratado assim, deve existir uma razão!' Eles também precisam se autoproteger, pois reconhecer que a vítima não é culpada pelo que lhe está acontecendo é reconhecer também que um outro alvo pode ser escolhido de forma aleatória. Então, por que não eles? É muito mais confortável dizer para si mesmo que essas coisas só acontecem com os outros. Mesmo que considerem injusto o tratamento dispensado ao colega, preferem omitir-se para preservar o próprio emprego. In: HIRIGOYEN, Marie-France. *Mal-estar no trabalho*: redefinindo o assédio moral. Trad. Rejane Janowitzer. 5. ed. Rio de Janeiro: Bertand Brasil, 2010. p. 239-240.
(41) RUBIO MONTEJANO, María. Etnografía del «mobbing» en un departamento de la Administración Pública. *Cuadernos de relaciones laborales*. v. 20, n. 2, 2002. p. 303-335.

Muy poco denunciados debido, en la mayoría de los casos, en que al no quedar huellas aparentes como en el caso del maltrato físico, la víctima normalmente se encuentra en inferioridad de condiciones al considerar que «no tiene pruebas evidentes», que es su palabra frente a la de un «agresor»

dade de condições ao considerar que 'não tem provas evidentes', que é sua palavra frente à de um 'agressor' geralmente com melhor situação orgânica. Por isso, na maioria dos casos, desiste de denunciar. Mas, o que não cabe a menor dúvida, é que permanecem graves sequelas para quem o tenha sofrido".

Essa situação termina por perpetuar a ausência de repreensão dos assediadores, que constitui um dos fatores que contribuem e incentivam os abusivos, pois a impunidade é o alicerce para as novas, repetidas e crônicas práticas delituosas. Destarte, verifica-se que o assédio moral é uma perversidade oculta, que se dissemina sorrateiramente no ambiente de trabalho sem deixar rastros aparentes da destruição que causa na vida dos trabalhadores, pois permite aos algozes, munidos pela invisibilidade de suas condutas, a garantia da impunidade, molestarem de modo permanente e covarde os seus alvos.[42]

3 O RESULTADO DA PESQUISA E A ANÁLISE DO ESTUDO DE CASO SOBRE O ASSÉDIO MORAL NO PODER JUDICIÁRIO

A comprovação da existência do problema na esfera dos serviços públicos do Poder Judiciário é perceptível pelos dados da pesquisa realizada no âmbito da Justiça Federal do Estado de São Paulo, que é bastante revelador do problema do assédio na esfera do Poder Judiciário. Por conseguinte, os resultados da pesquisa mostram o quadro da violência instaurada, na qual: a) a grande maioria sabe o que é assédio moral, acredita que exista assédio no Judiciário Federal e já presenciou algum tipo de assédio em seu local de trabalho; b) quem mais pratica assédio moral nos locais de trabalho é a chefia, são de ambos os sexos, predominando as mulheres; c) um terço de todos os entrevistados já sofreu algum tipo de assédio moral, sendo que entre aqueles que já presenciaram algum tipo de assédio moral nos locais de trabalho este índice é de 78%; d) as formas de assédio mais comuns são desmoralização junto aos colegas e ameaças profissionais e pessoais; e) para a maioria dos que sofrem assédio moral, o assediador tem consciência do que faz; f) aquelas que sofrem assédio moral preferem discutir o problema com amigos, familiares e colegas de trabalho. Poucos procuram o sindicato para tratar do problema; g) quando o assédio é praticado por um colega, o chefe toma conhecimento, mas não tenta resolver o problema; e h) as razões do assédio moral são conhecidas pela maioria dos que são assediados e estas razões são competição, abuso de autoridade e despreparo das chefias.[43]

Tendo em vista os resultados, Barreto[44] conclui que "toda a pesquisa é reveladora de uma realidade vivida. No caso dessa categoria poderíamos pensar, por suas características, que primasse o respeito ao outro nas relações de trabalho. Ledo engano. O que temos, apenas do tema ser conhecido de todos? Uma certeza naturalização e banalização destes atos e que, segundo as respostas, são mais praticados por mulheres em cargos hierárquicos! É surpreendente o percentual de trabalhadores e trabalhadoras que já foram vítimas desse tipo de prática". Além disso, recorda Barreto que "também é lastimável, pois o autoritarismo é a grande ferramenta daqueles que não sabem comandar, não sabem lidar, e nesse sentido, revela uma certa impotência. As mudanças emocionais dos trabalhadores certamente começam com as mudanças nas relações, especialmente quando não há reconhecimento e respeito ao esforço e trabalho desenvolvido pelo outro".

Por seu turno, os trabalhos de campo mostram os casos empíricos que descrevem as condutas dos assediadores, que são narradas pelas vítimas. É oportuno salientar esses relatos, visto que as táticas delinquentes são semelhantes em todas as repartições públicas. Assim, no estudo de caso ora analisado, foram

---

generalmente con mejor situación orgánica. Por ello, en la mayoría de los casos, desiste de denunciar. Pero, de lo que no cabe la menor duda, es que quedan graves secuelas para quien lo ha padecido. (tradução livre).
(42) MAEOKA, op. cit.
(43) SOUZA, Genilda Alves de. Pesquisa sobre o assédio moral entre os trabalhadores do Judiciário Federal de São Paulo. Relatório Geral. São Paulo: Sintrajud, 2007. p. 49.
(44) BARRETO, Margarida. O autoritarismo é a grande ferramenta daqueles que não sabem comandar. In: Jornal do Judiciário. n. 323 de 22 de agosto de 2008. p. 4.

dirigidas aos servidores as seguintes questões: a) identificação do assediador pelos servidores; b) comportamentos do assediador com os servidores; c) atitudes tomadas pelos servidores diante do assédio moral; e d) consequências do assédio moral na saúde física e psicológica dos servidores.

Destarte, um dos servidores entrevistados salienta a pressão por produtividade, de modo que o assediador tinha "apetite máximo por produtividade (...) diariamente, sem exceção (...) os servidores trabalhavam sob esse regime de cobrança além do normal, com pressões emocionais".[45]

Observa-se que tendo em vista a demanda por produtividade e o controle exagerado que alcança a privacidade das vítimas, os funcionários eram pressionados ao ponto de não conseguirem fazer valerem seus direitos. Assim, os funcionários são vítimas de vários desmandos como cumprimento de horas extras, que não são anotadas, não retirada de férias e abonos, com a alegação de que o serviço teria prioridade.[46]

Dentre as táticas de controle, relatam as vítimas que não podiam ao menos fechar as portas, mesmo com o ar-condicionado ligado e estavam sob vigilância ininterrupta, o que era permitido em razão do *layout* dos móveis e da própria sala, que foram planejados pelo assediador com a finalidade de controlá-los. Além disso, os funcionários eram coagidos a somente utilizarem o lavatório em frente à sua sala, o que permita o controle de idas e vindas e o tempo gasto no local.[47]

As reuniões eram frequentes e os funcionários eram convocados "aos berros" e os servidores tinham que deixar sua função imediatamente mesmo que estivessem atendendo o público e, relata o servidor, "caso alguém demore, (...) grita o nome de tal servidor com veemência e exasperação".[48]

Outro entrevistado destaca que o assediador tinha ânsia de tumultuar o ambiente de trabalho, em vez de objetivar a produtividade, pois "quando o servido estava em dia, ele fica irritado, ele gosta de ver o troço tumultuado". A tática para gerar a confusão, conforme o servidor entrevistado, era feita por intermédio de gritos como "fulano, cadê fulano, cadê cicrano, cadê isso, cadê aquilo?"[49]

A análise da entrevista levou os pesquisadores a concluírem que os comportamentos adotados pelo assediador são: "ânsia por produtividade; geração de conflito; controle exagerado; pressão para que a vítima não faça valer seus direitos; desvio de função; humilhações; utilização de insinuações desdenhosas para desqualificar; e reuniões diárias".[50]

O impacto na saúde dos servidores reflete-se na situação de depressão e na síndrome do pânico que desenvolveram as vítimas e nos pedidos de afastamento para fins de tratamento médico. Assim, com o objetivo de buscar um tratamento e a proteção das vítimas, nos casos mais graves o psicólogo tem recomendado a licença médica. Por outro lado, os servidores para se verem longe da situação têm recorrido aos pedidos de remoção para outras localidades.[51]

Observou-se que pesa um sentimento de impunidade entre as vítimas, visto que os entrevistados acreditam que nenhuma providência será tomada em relação ao assediador. Como providência os entrevistados pedem a aposentadoria do agressor e entendem que o assediador não pode ser removido visto que irá reproduzir as mesmas atrocidades com outros servidores.[52]

A pesquisa efetuada no âmbito do Judiciário Paulista e o estudo de caso analisado sinalizam, respectivamente, o alto índice de pessoas afetadas pela violência e o modo sinistro como essas truculências são

---

(45) CORRÊA, Alessandra Morgado Horta; CARRIERI, Alexandre de Pádua. O assédio moral degradando as relações de trabalho: um estudo de caso no Poder Judiciário. In: *Revista de Administração Pública*. v. nov-dez. Rio de Janeiro, 2004, 1077.
(46) CORRÊA; CARRIERI, *op. cit.*, p. 1078.
(47) CORRÊA; CARRIERI, *op. cit.*, p. 1077-1078.
(48) CORRÊA;CARRIERI, *op. cit.*, p. 1079.
(49) CORRÊA; CARRIERI, *op. cit.*, p. 1077.
(50) CORRÊA; CARRIERI, *op. cit.*, p. 1077.
(51) CORRÊA; CARRIERI, *op. cit.*, p. 1080.
(52) CORRÊA; CARRIERI, *op. cit.*, p. 1080.

orquestradas e o resultado das agressões em relação aos servidores molestados. Com efeito, a pesquisa estatística mostra a gravidade do problema, visto que os percentuais de vítimas alcançadas pelo assédio são significativos e propõem reflexões diante da constatação de que um terço dos servidores são vítimas de violência. Por outro lado, o estudo de caso revela como o fenômeno contamina o meio ambiente de trabalho e torna esse espaço gradativamente insustentável.

Portanto, o meio ambiente de trabalho na administração do Judiciário é permeado pelo assédio moral, o que impede os servidores de desfrutarem de um ambiente de trabalho adequado, que possibilite preservar a integralidade da sua saúde psíquica. Nesse sentido, vale lembrar que "o meio ambiente sadio e equilibrado é elementar para garantir a dignidade da pessoa e o desenvolvimento de seus atributos pessoais, morais e intelectuais, constituindo sua preservação e proteção meio para se atingir o fim que é a proteção à vida e saúde do trabalhador, referindo-se esta última ao aspecto da integridade física e psíquica, e, consequentemente, garantir a qualidade de vida de todo cidadão".[53]

4 OS PARADOXOS DO ASSÉDIO MORAL NA ADMINISTRAÇÃO PÚBLICA E O PODER JUDICIÁRIO

O uso da violência nas relações laborais, como já mencionado, está presente em todos os setores, contudo em razão dos distintos regimes jurídicos que regulamentam as relações no setor público e no setor privado, o impacto da violência acaba tomando proporções diferentes.

Os estudos apontam que as agressões no setor público têm uma incidência maior, mais intensa e mais duradoura. Fato que significa que o assédio moral no âmbito da administração pública tem um efeito nocivo maior, o que gera um desafio e uma necessidade redobrada na busca de meios que possam fortalecer a proteção dos servidores públicos frente aos abusos. Essa desestruturação advém das próprias peculiaridades que formam a estrutura da Administração Pública que enseja os pontos que facilitam a prática do assédio moral.

Por meio do comparativo entre o setor privado e o setor público, Hirigoyen[54] mostra que mesmo que o assédio moral seja praticado por todos onde o modo de organização possibilite a prática, os setores do trabalho que estão mais expostos são o da administração pública, o setor médico-social e o setor do ensino.

Com efeito, a partir dos resultados que indicam a maior incidência, intensidade e duração, que agravam o problema no setor público decorrentes da estabilidade, investigam-se os mecanismos de promoção dos abusos. Pois, somente a identificação das origens dos problemas permite o início de uma longa jornada na busca pelos meios de defesa. Por outro lado, destaca-se a contradição entre os princípios que norteiam o Estado Democrático de Direito e o uso da violência pelo aparato estatal em relação aos seus próprios servidores, que revelam os paradoxos da violência na administração pública.

4.1 A Estabilidade nos Serviços Públicos e o Assédio Moral

Verifica-se que os números são maiores, restando saber a causa que levou a tal resultado. A estabilidade no setor é apontada com um fator que desencadeia o assédio, que conforme Meirelles[55] significa "a garantia constitucional de permanência no serviço público outorgada ao servidor que, nomeado para cargo

---

(53) ALKIMIN, Maria Aparecida. *Assédio moral na relação de emprego*. Curitiba: Juruá, 2005. p. 25.
(54) HIRIGOYEN, Marie-France. Le harcèlement moral au travail en 2003. In: *Journal International de Victimologie*. Tome 1, numéro 3, avril 2003. p. 29.
(55) MEIRELLES, Hely Lopes. *Direito administrativo brasileiro*. 40. ed. São Paulo: Malheiros, 2013. p. 517. (grifos do autor).

de provimento efetivo, em virtude de concurso público, tenha transposto o estágio probatório de três anos, após ser submetido a *avaliação especial de desempenho por comissão instituída para essa finalidade*".

Nesse sentido, examina Rubio Montejano[56] a relação entre o nível de incidência do assédio moral e a estabilidade ao mencionar que o fenômeno "majoritariamente, trata-se de uma técnica de intimidação própria de empresas que não querem ou não podem proceder a despedida, por isso, em alguns estudos se indica que são precisamente as Administrações Públicas as que contam com um número maior de casos de *mobbing* detectados (...)".

Além disso, a mesma estabilidade que estimula o assédio também é um fator que determina a larga duração da perversidade e os efeitos nocivos mais contundentes. Por conseguinte, Hirigoyen[57] comenta que no setor público o assédio pode perdurar por anos, pois, a princípio, as pessoas estão protegidas pela estabilidade, por isso não podem ser mandadas embora, a não ser por uma falta muito grave. Em razão desse fator, nesses casos os métodos de assédio adquirem contornos mais perniciosos e produzem resultados dramáticos em relação à saúde, bem como sobre a personalidade das vítimas.

Corroborando tal entendimento, Barreto[58] elucida as diferenças entre o assédio moral no serviço público e no privado ao mencionar que o processo no âmbito privado tem uma duração menor, de no máximo 1 ano ou um pouco mais. Já no setor público, ao contrário, o problema se prolonga no tempo, sendo comum o trabalhador passar pela "dança das cadeiras", ou seja: "vão de um setor a outro, de uma região a outra, na esperança que o assédio se transforme em coisa do passado, o que nem sempre acontece, pois leva consigo o estigma e o assédio se repete".[59]

Piñuel y Zabala[60] infere que "os casos de assédio laboral entre funcionários são mais duros e de maior duração. É muito difícil que um funcionário 'se vá'. Lamentavelmente nas empresas privadas o assédio termina com a saída da vítima". Logo, enquanto no setor público a vítima permanece durante um longo período sob tortura, no setor privado a vítima acaba abandonando o posto de trabalho.

Comparando os setores privado e público, observa-se que "não existe um setor que seja mais perverso que o outro, mas o setor público pode ser mais nocivo em razão do tempo maior de exposição, pois as vítimas não podem escapar nem com um pedido de demissão nem com a dispensa". [61] O problema resume-se em que "o assédio moral é diretamente proporcional à estabilidade do emprego, o que converte a Administração Pública num caldo de cultura".[62] Na impossibilidade de demissão, Vacchiano[63] infere que "o gestor recorre ao assédio para passar a humilhar e sobrecarregar de tarefas inócuas, ou até mesmo a pura perseguição".

---

(56) RUBIO MONTEJANO, María. Etnografía del «mobbing» en un departamento de la Administración Pública. *Cuadernos de relaciones laborales*. v. 20, n. 2, 2002. p. 303-335.

Mayoritariamente, se trata de una técnica de intimidación propia de empresas que no quieren o no pueden proceder al despido, por ello, en algunos estudios se indica que son precisamente las Administraciones Públicas las que cuentan con un mayor número de casos de *mobbing* detectados (...). (tradução livre).

(57) HIRIGOYEN, Marie-France. *Mal-estar no trabalho*: redefinindo o assédio moral. Trad. Rejane Janowitzer. 5. ed. Rio de Janeiro: Bertand Brasil, 2010. p. 124.

(58) BARRETO, Margarida. O autoritarismo é a grande ferramenta daqueles que não sabem comandar. In: *Jornal do Judiciário*. n. 323 de 22 de agosto de 2008, p. 4.

(59) BARRETO, Margarida. O autoritarismo é a grande ferramenta daqueles que não sabem comandar. In: *Jornal do Judiciário*. n. 323 de 22 de agosto de 2008, p. 4.

(60) PIÑUEL Y ZABALA, Iñaki. *El mobbing se manifiesta sobre todo en las administraciones públicas*. Disponível em: <http://www.acosolaboral.net/articulos-acoso-laboral/pinuel-inaki-mobbing-administraciones-publicas.html>. Acesso em: 19 dez. 2011.

los casos de acoso laboral entre funcionarios suelen ser más duros y de mayor duración. Es muy difícil que un funcionario 'se vaya'. Desgraciadamente en las empresas privadas el Mobbing suele terminar con la salida de la víctima. (tradução livre).

(61) HIRIGOYEN, Marie-France. *Mal-estar no trabalho*: redefinindo o assédio moral. Trad. Rejane Janowitzer. 5. ed. Rio de Janeiro: Bertand Brasil, 2010. p. 126.

(62) VENTÍN, Eva. *El mobbing en la Administración Pública*. Disponível em: <http://www.evaventin.com/mobbing-articulos/mobbing-en-la-administracion-publica.html>. Acesso em: 20 dez 2011.

(63) VACCHIANO, Inácio. *O assédio moral no serviço público*. Disponível em: <http://www.assediomoral.org/IMG/pdf/monografia_assedio_moral_inacio_vacchiano_1_.pdf>. Acesso em: 15 dez. 2011. p. 45.

Por conseguinte, a estabilidade que foi introduzida na administração pública como garantia constitucional de permanência no quadro constitui uma das causas que acentuam o assédio moral no setor público, visto que para compensar a impossibilidade de dispensar o servidor o agressor recorre ao assédio moral para obrigar a vítima a pedir remoção ou sofrer as consequências das perseguições acirradas até onde a saúde mental do trabalhador conseguir suportar.

4.2 A Avaliação Periódica de Desempenho e o Assédio Moral

O outro fator que é indicado como motivo para intensificar o assédio moral no setor público é a avaliação periódica, que é apontada pela doutrina como um dos meios utilizados para introduzir a violência no campo da Administração Pública.

A avaliação periódica foi introduzida pela Emenda Constitucional número 19, que tem como objetivo acompanhar o desempenho do servidor durante o estágio probatório, como requisito para a obtenção da estabilidade e tem o seu fundamento no princípio da eficiência da Administração Pública.[64] Assim, esclarece Di Pietro[65] que a avaliação tem por finalidade impor "ao agente público um modo de atuar que produza resultados favoráveis à consecução dos fins que cabem ao Estado alcançar". Destarte, para atender ao princípio, dentre as medidas, foi elaborada a avaliação periódica de desempenho do servidor público.

Hirigoyen[66] atenta para o fato de que quando o assédio é promovido por um superior hierárquico direto, a primeira manifestação vem por meio da diminuição ou bloqueio da nota de avaliação. Isso se deve ao fato de que o aumento de salário não depende da competência, mas de um quadro de carreira, o que leva os servidores a se preocuparem com as notas de avaliação, que integram parte dos critérios de promoção ao nível superior. Por conseguinte, o modo de progressão no quadro de carreira, que depende de avaliação periódica do superior hierárquico, também é uma das frequentes causas que permitem o assédio.

Todavia, lembra Hirigoyen[67] que a imposição profissional não pode ser confundida com decisões legítimas relacionadas à organização do trabalho, dentre elas a avaliação, pois é comum que todo trabalho possua um grau de imposição e dependência.[68] Na esfera dos serviços públicos, observa que o sistema de notas é um tema delicado, pois o subordinado pode sentir-se lesado mesmo que não tenha acontecido algo inconfessável na nota atribuída, contudo, ocorre circunstância em que a diminuição da nota é o elemento indicativo de um assédio moral bem mais encoberto. Assim, o próprio indício dos abusos é verificável por meio da alteração infundada da avaliação, porém é necessário ter ponderação ao examinar os casos, visto que o tema é sutil.

Vacchiano[69] explica que os mecanismos de avaliação tiveram como efeito imediato acentuar o assédio moral ao mencionar que "tal instrumento fragmentou consideravelmente a solidariedade entre os servidores, ao mesmo tempo em que ofereceu aguçadas ferramentas a chefes que não têm as mínimas condições de avaliar os servidores". Com efeito, destaca que o instrumento só veio a favorecer o assediador ao considerar que "este sim foi o grande beneficiado — passou a utilizar o sistema de avaliação como instrumento de barganha e de intimidação".[70]

O caso de Neuza traduz o uso deturpado da avaliação periódica, uma vez que não tinha nenhum problema até o momento em que informou que estava grávida. A partir de então, o seu superior ficou irritado

---

(64) MEIRELLES, Hely Lopes. *Direito administrativo brasileiro*. 40. ed. São Paulo: Malheiros, 2013. p. 519.
(65) DI PIETRO, Maria Sylvia Zanella. *Direito Administrativo*. 10. ed. São Paulo: Atlas, 1999. p. 73.
(66) HIRIGOYEN, *op. cit.*, p. 126-127.
(67) HIRIGOYEN, *op. cit.*, p. 35.
(68) HIRIGOYEN, *op. cit.*, p. 34-35
(69) VACCHIANO, Inácio. *O assédio moral no serviço público*. Disponível em: <http://www.assediomoral.org/IMG/pdf/monografia_assedio_moral_inacio_vacchiano_1_.pdf>. Acesso em: 15 dez 2011. p. 45.
(70) VACCHIANO, *op. cit.*, p. 45.

e introduziu mudanças no planejamento anual, e passou a distribuir os grandes processos antes de sua licença-maternidade. No seu retorno foi proposta mudança para um setor mais tranquilo, que foi recusado pela servidora. Desse momento em diante, as suas notas anuais foram sistematicamente rebaixadas.[71]

Essa mesma realidade retratada por Hirigoyen atinge os servidores que enfrentam algum tipo de problema de saúde, na qual em vez de terem respeitado o quadro clínico que aponta a debilidade, deparam-se com a pressão e como meio de retaliação têm a sua nota de desempenho diminuída. Em outras circunstâncias, a avaliação tem a sua função deturpada quando é utilizada abusivamente com o objetivo de intimidar, de amedrontar, de humilhar, de perseguir, de coagir ou de diminuir a autoestima dos servidores.

Nesse sentido, Maia[72] infere que "o assediador aproveita este instrumento para humilhar, subjugar, diminuir 'em números' o trabalho do servidor, provando o quão distantes são as relações de poder que os cercam, mostrando, com isso, a superioridade do cargo que ocupa, em detrimento do hipossuficiente e dependente de 'pontos': servidor público".

Por seu turno, Batalha[73] salienta que o sistema de avaliação "serviu unicamente para aumentar a fragmentação na já precária unidade entre servidores, enfraquecendo a solidariedade entre eles e, principalmente, como instrumento de barganha e de intimidação nas mãos de chefes que não têm as mínimas condições de avaliar servidores".

Os meios utilizados para promover o assédio moral mostram-se similares na Administração Pública estrangeira. Sob esse aspecto, o uruguaio Abajo Olivares[74] salienta que "nos encontramos com uns manifestamente ineficazes mecanismos de promoção em que o superior hierárquico outorga a pontuação a seus inferiores e subordinados, seguindo na ocasião critérios absolutamente pessoais e subjetivos, como o único controlador — na maioria dos casos — de um recurso administrativo por parte de quem vê postergar-se um ano mais sua ascensão como consequência das qualificações. O que ainda é pior, em muitos casos é precisamente esse superior hierárquico quem obstaculiza, deliberadamente, a ascensão do agente judicial, ou quem o assedia com determinadas condutas".

Igualmente, a pesquisadora francesa Hirigoyen[75], que estuda os casos levados ao seu consultório, reconhece o uso indiscriminado da avaliação. Assim como Scialpi[76] denuncia os problemas semelhantes no contexto da Administração Pública argentina, ao mencionar que a avaliação de desempenho é uma das razões que motivam o assédio moral. De modo que o assédio moral via avaliação de desempenho não é uma particularidade da administração pública brasileira, mas um problema que ocorre em outros países.

---

(71) HIRIGOYEN, *op. cit.*, p. 127.

(72) MAIA, Derniere Temoteo Monteiro. Assédio moral aos servidores públicos do Poder Judiciário — Contornos de uma relação jurídica delicada. In: *Âmbito Jurídico*, Rio Grande, 92, 1º.9.2011 [*Internet*]. Disponível em: <http://www.ambito-juridico.com.br/site/index.php?n_link=revista_artigos_leitura&artigo _id=10211>. Acesso em: 23 jan. 2012.

Ver também:

(73) BATALHA, Lílian Ramos. *Assédio moral em face do servidor público*. 2. ed. Rio de Janeiro: Lúmen Júris, 2009. p. 45.

Além disso, menciona a autora que: através de depoimentos de servidores de diversos órgãos, pode-se comprovar como esse processo repercutiu de maneira cruel no cotidiano do trabalhador, afetando sua autoestima e motivação no trabalho e a dignidade no meio ambiente de trabalho. In: BATALHA, Lílian Ramos. *Assédio moral em face do servidor público*. 2. ed. Rio de Janeiro: Lúmen Júris, 2009. p. 45.

(74) ABAJO OLIVARES. Francisco J.. *La venda de Astrea*. Violencia laboral en la administración de justicia. Disponível em: <http://www.acosolaboral.org.uy/articulos/laVendaDeAstrea.php>. Acesso em: 26 jan. 2012.

nos encontramos con unos manifiestamente ineficaces mecanismos de promoción en los que el superior jerárquico otorga la puntuación a sus inferiores y subordinados, siguiendo en ocasiones criterios absolutamente personales y subjetivos, con el único contralor — en el mejor de los casos — de un recurso administrativo por parte de quien ve postergarse un año más su ascenso como consecuencia de las calificaciones. Lo que aún es peor, en muchas oportunidades es precisamente ese superior jerárquico quien obstaculiza, deliberadamente, el ascenso del agente judicial, o quien lo hostiga con determinadas conductas. (tradução livre).

(75) HIRIGOYEN, Marie-France. *Mal-estar no trabalho:* redefinindo o assédio moral. Trad. Rejane Janowitzer. 5. ed. Rio de Janeiro: Bertand Brasil, 2010. p. 126-127.

(76) SCIALPI. Diana. La violencia en la gestión de persona de la Administración Pública, como condición necesaria para la corrupción. In: *Revista Probidad sobre la corrupción en la Argentina*. Disponível em: <http://www.probidadorg.sv/revista>. Acesso em: 28 dez. 2011.

Deve-se recordar que essa alteração foi introduzida visando ao cumprimento do princípio da eficiência na Administração Pública, porém, decorrido algum tempo, o resultado dessa alteração mostra que ao invés de cumprir com o objetivo inicialmente proposto, tem-se patenteado mais como um problema gerador de violência, que desqualifica os servidores públicos.[77]

Salienta-se que, pela perspectiva da desqualificação, conforme Freitas[78], o assédio moral "está ligado a um esforço repetitivo de desqualificação de uma pessoa por outra, podendo conduzir ou não ao assédio sexual". Compartilhando esse entendimento, Heloani[79] explica que o assédio moral "caracteriza-se pela intencionalidade; consiste na constante e deliberada desqualificação da vítima, seguida de sua consequente fragilização, com o intuito de neutralizá-la em termos de poder".

Esse resultado, que indica a constatação de violência praticada por meio da avaliação, que desqualifica ao invés de qualificar, propõe um profundo repensar sobre o critério. Por isso, é oportuno questionar quais os limites de legitimidade do mecanismo quando afronta os direitos fundamentais à vida e à integridade física do servidor. Di Pietro[80] adverte que "a eficiência é princípio que se soma aos demais princípios impostos à Administração, não podendo sobrepor-se a nenhum deles, especialmente ao da legalidade, sob pena de sérios riscos à segurança jurídica e ao próprio Estado de Direito".

Portanto, o resultado do uso distorcido do mecanismo de avaliação de desempenho propõe um repensar sobre a eficácia de tal instrumento. Visto que, ao invés de cumprir com o seu papel de permitir a implementação e a efetividade do princípio da eficiência da administração pública, faz proliferar a violência no âmbito da administração, fato que é repudiável à luz dos princípios que norteiam os direitos fundamentais inerentes aos servidores públicos.[81]

4.3 O Estado Democrático de Direito, o Assédio Moral e a Impunidade

Os Estados Democráticos de Direito têm como princípio e dever a função de proteger os indivíduos de quaisquer tipos de abusos, mormente quando as opressões decorrem do uso da violência que afeta a integridade da pessoa humana, que em última análise é realizada pelo Poder Judiciário, que tem a importante missão institucional de zelar pela efetividade dos direitos fundamentais dos indivíduos reconhecidos pela ordem jurídica constitucional desses Estados.

As considerações de Gomes[82] remetem ao papel primordial do Estado Democrático de Direito, pois "a democracia, preocupada que está com o convívio justo e pacífico entre os seres humanos, impõe limites ao exercício do poder presente na sociedade, seja este *político, econômico ou de qualquer outra natureza*. Tais limites são abominados pelo ditador, por aquele que exerce o poder de modo autoritário enquanto busca impor aos demais sua vontade própria ao invés de governar legitimado pela defesa dos valores e interesses da coletividade que o sustenta no poder. O desejo de ultrapassar tais limites corresponde, em termos concretos, a entrar no espaço do outro, passar sobre este, desconsiderá-lo como pessoa dotada de igual dignidade, usá-lo como um objeto, descartá-la como coisa. A *domesticação do poder* é papel fundamental do Estado Democrático de Direito, na superação dos abusos típicos do autoritarismo".

---

(77) MAEOKA, Erika. A violência na administração pública e o princípio da eficiência: o assédio moral e a avaliação periódica de desempenho. In: *Revista dos Tribunais*. v. 921, Ano 101 — julho de 2012. p. 105.
(78) FREITAS, Maria Ester de. *Assédio moral e assédio sexual: faces do poder perverso nas organizações*. Disponível em: <http://www.ipea.gov.br/ouvidoria/index.php?option=comcontent&view=article&id=173&It emid=18>. Acesso em: 18 jan. 2012. p. 9.
(79) HELOANI, Roberto. Assédio moral — um ensaio sobre a expropriação da dignidade no trabalho. *RAE — eletrônica*, v. 3, n. 1, jan-jun. São Paulo: Fundação Getulio Vargas — Escola de Administração de São Paulo, 2004. p. 5.
(80) DI PIETRO, Maria Sylvia Zanella. *Direito administrativo*. 10. ed. São Paulo: Atlas, 1999. p. 74.
(81) MAEOKA, Erika. A violência na administração pública e o princípio da eficiência: o assédio moral e a avaliação periódica de desempenho. In: *Revista dos Tribunais*. v. 921, Ano 101 — julho de 2012. p. 104.
(82) GOMES, Sergio Alves. *Hermenêutica constitucional*: um contributo à construção do Estado Democrático de Direito. Curitiba: Juruá, 2008. p. 292. (grifos no original).

Por seu turno, Guedes[83] salienta a relação entre os direitos fundamentais, que o Estado Democrático de Direito tem a obrigação de proteger, e a violência psicológica, mencionando que "a relação terror psicológico e direitos fundamentais é estreita, pois nessa espécie de violência temos, em certa medida, um modelo microscópico daquilo que sucede no totalitarismo, no extermínio em massa, no genocídio praticado contra os povos e agrupamentos humanos e que, desgraçadamente, o século XX produziu com fartura". Assim, a autora compara a violência decorrente do assédio às brutalidades orquestradas pelos regimes totalitários, o que salienta a potencialidade destrutiva do abuso e enfatiza o dever do Estado de combater esse tipo de opressão.

A violência perpetrada pelo Estado tem consequência própria que é a chamada síndrome do desamparo institucional aprendido, que segundo Scialpi[84] é definida como "a progressiva mutilação do instinto de defesa, mecanismo este que possibilitaria a ação para impor limites. Os servidores públicos encobrem a violência por medo. O império do silêncio sustenta a perversão e a impunidade reinante".

Para os fins de avaliar os efeitos do terrorismo de Estado, Barbado[85] elucida que "deve-se levar em conta, ademais, que se o 'terror administrativo' é perpetrado pelo Estado empregador se produz a síndrome do 'desamparo institucional aprendido' que põe de manifesto a progressiva mutilação do instinto de defesa que experimenta o agente. De não resultar afetado este impulso primário poderia enfrentar a situação pondo limites ou atuando em consequência. Observa-se então que os empregados públicos encobrem a violência e, lamentavelmente, a perversão e a impunidade reinante encontra no medo e no silêncio os cúmplices perfeitos para permanecer despercebido pela confusão que geram".

Ademais, a impunidade prevalece em razão do tortuoso caminho que é a comprovação das sutis agressões, o que leva a vítima a recear que a sua situação seja agravada nas circunstâncias em que não obtiver êxito numa eventual demanda. A condição do servidor público em juízo é mais dramática, pois na iniciativa privada na maioria dos casos o trabalhador entra com a ação contra a empresa após o seu afastamento. Contudo, nos serviços públicos, em razão da estabilidade, poucos deixam os seus postos de trabalho, o que permite ao assediador continuar perseguindo a vítima, inclusive intensificando as suas ações durante o curso do litígio.

Além disso, depara-se com a dificuldade extrema em angariar a prova testemunhal, que muitas vezes é a única prova substancial, visto que a maioria dos colegas se recusa a depor pelo medo de se tornarem os próximos alvos. Por conseguinte, teoricamente não haveria escassez de prova testemunhal, porque a pesquisa apontou que 78% dos servidores já presenciaram cenas de assédio, porém poucos testemunham em razão das possíveis retaliações. Já na iniciativa privada a prova testemunhal é mais fácil, visto que o assediado pode contar com os colegas que também deixam os seus postos, o que dificilmente acontece nos setores públicos em razão da estabilidade.

Com efeito, o temor dos riscos de uma demanda frustrada termina inibindo a busca pela Justiça e o temor das futuras retaliações acaba desfazendo o vínculo de solidariedade entre os colegas. Desse modo, nasce para as vítimas o difícil dilema: romper o silêncio ou resignar-se? Já para as testemunhas advém ou-

---

(83) GUEDES, Marcia Novaes. *Terror psicológico no trabalho*. São Paulo: LTr, 2003. p. 97.
(84) SCIALPI. Diana. Violencia laboral y desamparo institucional aprendido. *Revista Jurisprudencia Argentina*. Número Especial: MOBBING. El acoso psicológico en el ámbito laboral. 27.4.05. p. 8.

la progresiva mutilación del instinto de defensa, mecanismo éste que posibilitaría la acción de poner límites. Los servidores públicos encubren la violencia por miedo. El imperio del silencio sostiene la perversión y la impunidad reinante. (tradução livre).

(85) BARBADO, Patrícia B. *La violencia en la gestión del personal de los poderes públicos y responsabilidad del Estado empleador*. Disponível em: <http://www.justiniano.com/revista_doctrina/La_violencia.htm>. Acesso em: 18 dez 2011.

Téngase en cuenta, además, que si el terror administrativo es perpetrado por el Estado empleador se produce el síndrome del desamparo institucional aprendido que pone de manifiesto la progresiva mutilación del instinto de defensa que experimenta el agente. De no resultar afectado este impulso primario podría enfrentar la situación poniendo límites o actuando en consecuencia. Se observa entonces que los empleados públicos encubren la violencia y, lamentablemente, la perversión y la impunidad reinante encuentran en el miedo y el silencio los cómplices perfectos para permanecer desapercibidos por la confusión que generan. (tradução livre).

tro crucial dilema: romper o silêncio ou omitir-se? Contudo, a resignação e a omissão perante os abusos, igualmente, tem as suas consequências danosas, pois acabam cimentando a impunidade e com isso incentivando ainda mais as agressões. A mais grave das consequências é a supressão de todas as perspectivas de mudanças, que serão enterradas pela renúncia e pela omissão, que culmina na tolerância e na indiferença diante dos abusos.[86]

As vítimas da iniciativa privada contam com os benefícios da Justiça do Trabalho, que tem como princípios fundamentais normas que favorecem a proteção do trabalhador. Já ao servidor público resta o heróico desafio de travar uma batalha gigantesca contra a máquina estatal, em que o Estado é réu e juiz ao mesmo tempo, sem qualquer garantia ou proteção específica que leve em consideração as particularidades da situação em que se encontram as vítimas do terrorismo de Estado. Essa circunstância de hipossuficiência das vítimas perante o Estado contribui para restringir o direito de acesso à Justiça dos servidores públicos, que constitui uns dos princípios fundamentais que legitimam o Estado Democrático de Direito e, serve de incentivo para o assediador que se vale da impunidade para continuar a prática e encoraja outros a praticarem a mesma violência em razão da visível falta de punição.

O Poder Judiciário constitui o recurso último, dentre os órgãos públicos, em que o indivíduo pode buscar a Justiça, o respeito e proteção dos seus direitos violados, razão pela qual a prática dos abusos no quadro do próprio Judiciário acaba retirando a credibilidade das instituições públicas. Comenta Barbado[87] que ainda que pareça impensável, a violência não fica à margem do âmbito laboral do Poder Judiciário, o que evidência o grau de deterioração que marca as nossas instituições. Além disso, salienta a autora que se existe a preocupação de devolver credibilidade à Justiça, um dos temas que necessariamente tem que ser enfrentado é o da erradicação da violência como método de gestão dos seus recursos humanos. A situação é paradoxal, pois o mesmo Estado que, a princípio, é o encarregado de zelar pela integridade do indivíduo, que é o responsável pela investigação, pelo processamento e pelas eventuais sanções dos responsáveis pelos atos de barbárie, ao mesmo tempo permite dentro dos seus quadros as mesmas atrocidades.

As vítimas do assédio moral do setor privado possuem como recurso último para denunciarem as agressões o Poder Judiciário Trabalhista. Assim, milhares de casos de violência psicológica são levados à apreciação na Justiça do Trabalho. Contudo, verifica-se que o Judiciário, que exerce o papel primordial de proteger as vítimas do assédio moral decorrente do setor privado, mantém em seu quadro a mesma violência na qual, segundo os dados estatísticos, representam 30% dos servidores que são permanentemente vítimas dessa atrocidade. Essa circunstância reflete a contradição mais contundente da violência na Administração Pública, visto que o próprio órgão responsável pela repressão da violência específica decorrente do assédio moral tolera o uso dessa mesma violência contra os seus próprios servidores.

A construção do Estado Democrático de Direito não pode admitir a perpetuação da violência no seu próprio seio. Esse fato leva a reflexões sobre o alcance dos efeitos que gera o assédio moral quando praticado pelo próprio Estado, visto que é uma questão que vai muito além de um problema entre administração pública e servidor público, mas põe em dúvida o próprio papel e a legitimidade do Estado, o que, por sua vez, reflete a gravidade da questão.[88]

5　CONSIDERAÇÕES FINAIS

A violência gerada na esfera da Administração Pública pelo assédio moral, segundo os dados estatísticos, predomina em relação ao setor privado, o seu impacto é mais intenso e atinge um terço dos servidores.

---

(86) MAEOKA, Erika. *Assédio moral: romper o silêncio ou resignar-se?* 2012 (Blog Assediados).
(87) BARBADO, *op. cit.*
(88) MAEOKA, Erika. A violência na Administração Pública e o princípio da eficiência: o assédio moral e a avaliação periódica de desempenho. In: *Revista dos Tribunais*. v. 921, Ano 101 — julho de 2012. p. 106.

Diante desse quadro de abusos, recorda-se que o Estado Democrático de Direito tem como princípio maior a promoção do respeito à dignidade da pessoa humana. A preservação desse princípio inclui a luta pela erradicação da violência, que é um dever inerente ao Estado.

Contudo, constata-se que nos próprios meandros da Administração Pública a opressão é disseminada pela prática do assédio moral, o que acaba interferindo na qualidade dos serviços prestados pelo Estado, lesando os cofres públicos e causando danos à saúde dos servidores. Assim, verifica-se uma contradição, pois o Estado, que é o encarregado de combater os abusos, é desacreditado porque o terrorismo psicológico é perpetuado em seu próprio seio, que termina por abalar a própria razão de ser do Estado Democrático de Direito.

O assédio moral tem efeitos mais significativos e de longa duração no setor público, quando comparado com o setor privado, por causa da estabilidade no serviço público. Observa-se que a estabilidade, que foi inserida como uma garantia do servidor público no desempenho de suas atribuições, contraditoriamente, transformou-se num motivo que aumenta os percentuais da prática do assédio moral no setor público. A motivação para promover o assédio se dá em razão justamente de o servidor não poder ser despedido sem um motivo grave. Então, na impossibilidade de dispensá-lo, resta ao assediador apenas torturá-lo por meio do assédio.

A avaliação do desempenho, que a princípio foi instituída visando promover o princípio da eficiência da administração pública, igualmente, tomou conotações paradoxais, visto que ao invés de contribuir como um instrumento para alcançar a eficiência da administração, tem sido utilizado, diuturnamente, como um meio de promoção do assédio moral. Pois, a avaliação é usada pelos assediadores como mecanismo de coação, humilhação, retaliação ou intimidação do servidor, razão pela qual teve a sua função inicial deturpada. Desse modo, termina, inversamente, desqualificando ao invés de qualificar o servidor.

Assim sendo, nota-se que a administração pública transformou-se num verdadeiro caldo de cultura do assédio moral, que inclusive alcança o Poder Judiciário, que, paradoxalmente, constitui o órgão último na proteção das vítimas de violência. Quando a violência afeta os servidores da Justiça do Trabalho, que são os encarregados de zelar pelos casos de assédio moral dos trabalhadores vítimas desses abusos, oriundas do setor privado, a incoerência torna-se ainda mais flagrante.

Essa contradição entre a violência na Administração Pública e o papel do Estado Democrático de Direito leva às reflexões sobre a necessidade de políticas públicas consistentes por parte de cada um dos órgãos da administração, objetivando inserir mecanismos de combate ao assédio moral, com a devida punição dos assediadores e, principalmente, uma assídua campanha de conscientização e de prevenção, sob pena de, gradativamente, mais pessoas serem vítimas e terem a sua integridade física e psíquica destruída, sob o manto da impunidade, da injustiça, da indiferença e do silêncio.

6 REFERÊNCIAS BIBLIOGRÁFICAS

ABAJO OLIVARES, Francisco J. *La venda de Astrea*. Violencia laboral en la administración de justicia. Disponível em: <http://www.acosolaboral.org.uy/articulos/laVendaDeAstrea.php>. Acesso em: 26 jan. 2012.

ALKIMIN, Maria Aparecida. *Assédio moral na relação de emprego*. Curitiba: Juruá, 2005.

BARBADO, Patrícia B. *La violencia en la gestión del personal de los poderes públicos y responsabilidad del Estado empleador*. Disponível em: <http://www.justiniano.com/revista_doctina/La_violencia.htm>. Acesso em: 18 dez. 2011.

BARRETO, Margarida. O autoritarismo é a grande ferramenta daqueles que não sabem comandar. In: *Jornal do Judiciário*. n. 323 de 22 de agosto de 2008, p. 4.

BATALHA, Lílian Ramos. *Assédio moral em face do servidor público*. 2. ed. Rio de Janeiro: Lúmen Júris, 2009.

COMITÉ INTERMINISTÉRIEL SUR LA PRÉVENTION DU HARCÈLEMENT PSYCHOLOGIQUE ET LE SOUTIEN AUX VICTIMES. *Une stratégie de prévention du harcèlement psychologique au travail et de soutien aux victimes*. Dépôt légal — Bibliothèque Nationale du Québec, 2003.

CORRÊA, Alessandra Morgado Horta; CARRIERI, Alexandre de Pádua. O assédio moral degradando as relações de trabalho: um estudo de caso no Poder Judiciário. In: *Revista de Administração Pública*. v. nov-dez. Rio de Janeiro, 2004, p. 1065-1083.

DI MARTINO, Vittorio. *En el trabajo predomina la violencia psíquica sobre la física*. Disponível em: <http://www.porexperiencia.com/articulo.asp?num=21&pag=10& titulo=-el-trabajo-predominalaviole ncia-psiquica-sobre-la-fisica>. Acesso em: 21 dez 2011.

DI MARTINO, Vittorio; HOEL, Helge; COOPER, Cary L. *Preventing violence and harassment in the workplace*. Luxembourg: Office for Official Publications of the European Communities, 2003.

DI PIETRO, Maria Sylvia Zanella. *Direito administrativo*. 10. ed. São Paulo: Atlas, 1999.

DRIDA MICHÈLE, Engel E., LITZENBERGER M. *Du harcèlement ou la violence discrète des relations de travail*. Texte de la communication faite au 2ème Congrès International de Psychopathologie et Psychodynamique du Travail sur Violence et Travail à Paris le 12 Mars 1999.

EGE, Harold. *Mobbing:* Che cós è il terrore psicologico sul posto di lavoro. *Proteo*. n. 2000-2. Disponível em: <http://www.proteo.rdbcub.it/article.php3?id_article=85&arts uite=0>. Acesso em: 27 jul 2012.

FIELD, Tim. *El acosador se hace pasar por víctima*. Disponível em: <http://acosom oral.mforos.com/365 72/587809-el-acosador-se-hace-pasar-porvictima/> Acesso em: 27 jul 2012.

FREITAS, Maria Ester de. *Assédio moral e assédio sexual: faces do poder perverso nas organizações*. Disponível em: <http://www.ipea.gov.br/ouvidoria/index.php?option=comcontent&view=article&id=173&Itemid=18 >Acesso em: 18 jan 2012.

FORTE, M. RZYGODZKI-LIONET, N; MASCLET, G. Le harcèlement moral au travail: Orchestration d'une violence sourde. In: *Journal International de Victimologie*. Tome 6, numéro 2, Janvier 2008, p. 117-122.

GOMES, Sergio Alves. *Hermenêutica constitucional:* um contributo à construção do Estado Democrático de Direito. Curitiba: Juruá, 2008.

GUEDES, Marcia Novaes. *Terror psicológico no trabalho*. São Paulo: LTr, 2003.

GUEVARA RAMÍREZ, Lydia. *Violencia moral en el trabajo:* reflexión en torno a los conceptos internacionales y una propuesta para America Latina. Disponível em: <http://www.eft.com.ar/doctrina/articulos/violencia_moral_en_el_trabajo.htm>. Acesso em: 24 jan 2012.

HELOANI, Roberto. Assédio moral — um ensaio sobre a expropriação da dignidade no trabalho. *RAE — eletrônica*, v. 3, n. 1, jan-jun. São Paulo: Fundação Getulio Vargas — Escola de Administração de São Paulo, 2004, p. 1-8.

HIRIGOYEN, Marie-France. Le harcèlement moral au travail en 2003. *Journal International de Victimologie*. Tome 1, numéro 3, avril 2003, p. 26-36.

_____ . *Assédio moral*: a violência perversa no cotidiano. Trad. Maria Helena Kuhner. 13. ed., Rio de Janeiro: Bertrand Brasil, 2011.

_____ . *Mal-estar no trabalho:* redefinindo o assédio moral. Trad. Rejane Janowitzer. 5. ed. Rio de Janeiro: Bertand Brasil, 2010.

LEYMANN, Heinz. *La persécution au travail*. Paris: Senil, 1996.

_____ . The content and development of mobbing at work. In: *European Journal of Work and Organizational Psychology*, 1996, p. 165-184.

LORHO, Frank ; HILP, Ulrich. *Le harcèlement moral au travail*. Luxembourg: Parlement Europeén, 2001.

MAEOKA, Erika. A violência na Administração Pública e o princípio da eficiência: o assédio moral e a avaliação periódica de desempenho. In: *Revista dos Tribunais*. v. 921, Ano 101 — julho de 2012, p. 81-117.

_____ . *Assédio moral: romper o silêncio ou resignar-se*? 2012 (Blog Assediados).

_____ . O assédio moral: a violência oculta e a impunidade. *Jornal de Londrina*, Ponto de vista, p. 2-2, 10 jun. 2012.

_____ . Os desafios ao diagnóstico do assédio moral. *Jornal de Londrina*, Ponto de vista, p. 2-2, 3 ago. 2012.

MAIA, Derniere Temoteo Monteiro. Assédio moral aos servidores públicos do Poder Judiciário — Contornos de uma relação jurídica delicada. In: *Âmbito Jurídico*, Rio Grande, 92, 1º.9.2011 [*Internet*]. Disponível em: <http://www.ambito--juridico.com.br/site/index.php?n_link=revista_artigos_leitura&artigo_id=10211>. Acesso em: 23 jan. 2012.

MEIRELLES, Hely Lopes. *Direito administrativo brasileiro*. 40. ed. São Paulo: Malheiros, 2013.

OLIVA, Umberto. *Strumenti giuridici per la disciplina del mobbing*. Retazione al Convegno "Mobbing: aspetti giuridici e psico-social del fenomeno". Modena, 2 aprile 2004.

ORGANISATION INTERATIONALE DU TRAVAIL (OIT). *Lorsque travailler devient dangereux*. 1998. Disponível em: <http://www.ilo.or/public/english/bureau/inf/magazine/26/violence.htm>. Acesso em: 28 dez 2011.

PIÑUEL Y ZABALA, Iñaki. *El mobbing se manifiesta sobre todo en las administraciones públicas*. Disponível em: <http://www.acosolaboral.net/articulos-acoso-laboral/pinuel-inaki-mobbing-administraciones-publicas.html>. Acesso em: 19 dez. 2011.

_____ . *Mobbing: La nueva epidemia organizativa del siglo XXI*. Disponível em: <http://www.acosolaboral.net/articulos-acoso-laboral/pinuel-inaki-mobbing-epidemia-organizativa-siglo-XXI.html>. Acesso em: 20 dez. 2011.

_____ . *Mobbing, la lenta y silenciosa alternativa al despido*. Disponível em: <http://www.acosolaboral.net/articulos--acoso-laboral/pinuelinaki-mobbing-lalentaysilencios a-alternativa-al-despido.html>. Acesso em: 26 jan. 2012.

PIÑUEL Y ZABALA, Iñaki; OÑATE CANTERO, Araceli. *Libro blanco*. Los riesgos psicosociales en la administración. La incidencia del *mobbing* y el *burnout* en la agencia estatal de la administración tributaria (aeat) y en la intervención general de la administración del Estado (igae). Madrid, junio, 2004, 1-134.

RAVISY, Philippe. *Le harcèlement moral à la barre*. Disponível em: <http://www.humanite.fr/node/405603+article+philippe+ravisy+harc%C3%A8lement+moral&ct=clnk> Acesso em: 20 dez. 2011.

RUBIO, Ana Martos. ¿Cómo detectar la violencia psicológica? *Acoso Laboral — Mobbing*. Montevideo-Uruguay. Disponível em: <http://www.acosolaboral.org.uy/articulos/violenciaPsicologica.php>. Acesso em: 22 jul. 2012.

RUBIO MONTEJANO, María. Etnografía del "mobbing" en un departamento de la Administración Pública. *Cuadernos de relaciones laborales*. v. 20, n. 2, 2002, p. 303-335.

SCIALPI. Diana. La violencia en la gestión de persona de la Administración Pública, como condición necesaria para la corrupción. In: *Revista Probidad sobre la Corrupción en la Argentina*. Disponível em: <http://www.probidadorg.sv/revista>. Acesso em: 28 dez. 2011.

_____ . La violencia laboral en la administración pública argentina. In: *Revista Venezolana de Gerencia*. Año 7, n. 18, 2002, p. 196-219.

_____ . Violencia laboral y desamparo institucional aprendido. *REVISTA JURISPRUDENCIA ARGENTINA*. Número Especial: *Mobbing*. El acoso psicológico en el ámbito laboral 27.4.2005, p. 1-24.

SOLIVA, Marina Parés. *Mobbing:* detección del acosador a través del lenguaje. In: *Estudios de Antropología Biológica*. v. XIII, México, 2007.

SOUZA, Genilda Alves de. *Pesquisa sobre o assédio moral entre os trabalhadores do Judiciário Federal de São Paulo*. Relatório Geral. São Paulo: Sintrajud. 2007.

VACCHIANO, Inácio. *O assédio moral no serviço público*. Disponível em: <http://www.assediomoral.org/IMG/pdf/monografia_assedio_moral_inacio_vacchiano_1_.pdf>. Acesso em: 15 dez 2011.

VENCO, Selma; BARRETO, Margarida. O sentido social do suicídio no trabalho. In: *Revista Espaço Acadêmico*. n. 108, maio de 2010, p. 1-8.

NOTAS SOBRE O SISTEMA JURÍDICO VIGENTE E A NECESSIDADE DE UMA REFLEXÃO SOBRE A PROTEÇÃO DO MEIO AMBIENTE DE TRABALHO

Jouberto de Quadros Pessoa Cavalcante[*]
Francisco Ferreira Jorge Neto[**]

1 INTRODUÇÃO

Com o presente estudo, pretendemos fazer alguns apontamentos sobre o sistema jurídico vigente e a necessidade de uma reflexão sobre as novas demandas que envolvem a proteção do trabalhador diretamente relacionadas ao meio ambiente de trabalho.

Somente a partir dessa percepção e compreensão dessas novas demandas, é que todos os cientistas, dos mais diversos ramos do conhecimento humano, podem se voltar para a proteção da vida.

É necessário identificarmos as novas demandas e a limitação do direito tutelar do trabalho para esses novos desafios.

Certamente a reflexão sobre novos mecanismos de proteção não podem se limitar ao direito tutelar do trabalho, pois se faz necessário um diálogo com vários outros ramos do conhecimento humano e a integração de diversos níveis da Administração Pública.

(*) Professor da Faculdade de Direito Mackenzie. Doutorando em Direito do Trabalho pela Faculdade de Direito da USP. (Ex) Vice-Coordenador Acadêmico do Curso de Pós-Graduação em Direito Material e Processual do Trabalho Damásio de Jesus. (Ex)Procurador Chefe no Município de Mauá. Professor convidado no Curso de Pós-Graduação *Lato Sensu* PUC/PR. Mestre em Direito Político e Econômico pela Universidade Presbiteriana Mackenzie. Mestre em Integração da América Latina pela Universidade de São Paulo (USP/PROLAM). Membro da Academia Paulista de Letras Jurídicas.
(**) Desembargador Federal do Trabalho (TRT 2ª Região). Professor convidado no Curso de Pós-graduação *Lato Sensu* da Escola Paulista de Direito. Mestre em Direito das Relações Sociais — Direito do Trabalho pela PUC/SP.

2 APONTAMENTOS SOBRE O MEIO AMBIENTE DE TRABALHO E SUA NORMATIZAÇÃO VIGENTE

2.1 Conceito de direito ambiental

Para Maria Helena Diniz,[1] Direito Ambiental é o *"conjunto de normas que reconhecem e tornam efetivo ao ser humano o direito a um ambiente são, tutelando-o na medida de seus interesses, sem prejudicar a defesa dos interesses gerais pelas entidades públicas e associações particulares"*.

Nas palavras de Paulo de Bessa Antunes,[2] o Direito Ambiental *"é, portanto, a norma que, baseada no fato ambiental e no valor ético ambiental, estabelece os mecanismos normativos capazes de disciplinar as atividades humanas em relação ao meio ambiente"*. E pode ser definido, *"como o direito que tem por finalidade regular a apropriação econômica dos bens ambientais, de forma que ela se faça levando em consideração a sustentabilidade dos recursos, o desenvolvimento econômico e social, assegurando aos interessados a participação nas diretrizes a serem adotadas, bem como padrões adequados de saúde e renda"*.[3]

Os objetivos do Direito Ambiental são: *"Assegurar não só a efetividade do direito a um meio ambiente ecologicamente equilibrado, preservando-o e defendendo-o, vedando práticas contra sua degradação e obrigando a recuperação do ambiente degradado, conforme soluções técnicas exigidas pelo órgão público competente, mas também o patrimônio genético, estabelecendo, ainda, diretrizes e punições às condutas lesivas ao meio ambiente; fixar os limites máximos de poluição; limitar administrativamente o uso da propriedade privada, impedindo dano causado pela poluição ambiental etc."*[4]

A base constitucional do Direito Ambiental Brasileiro encontra-se no art. 225, CF/88, no Capítulo VI — Do Meio Ambiente.

O art. 225, *caput*, CF, estabelece que todos têm direito ao meio ambiente ecologicamente equilibrado, bem de uso comum do povo e essencial à sadia qualidade de vida, impondo-se ao Poder Público e à coletividade o dever de defendê-lo e preservá-lo para as presentes e futuras gerações.

Da leitura do dispositivo constitucional, Celso Antonio Pacheco Fiorillo[5] estabelece 3 concepções fundamentais para o Direito Ambiental: *"Indica o direito ao meio ambiente ecologicamente equilibrado como direito de todos; estabelece a natureza jurídica dos bens ambientais, como sendo de uso comum do povo e essencial à sadia qualidade de vida; e impõe, tanto ao poder público como à coletividade, o dever de defender e preservar os bens ambientais para as presentes e futuras gerações"*.

A Constituição estabelece o meio ambiente ecologicamente equilibrado como direito de todos, reputando um bem de uso comum do povo, cabendo ao poder público e à coletividade a sua defesa.

O titular do meio ambiente sadio e equilibrado é o povo, logo, reputa-se um direito transindividual — interesse difuso.[6]

Nesse sentido, Maria José S. C. Pereira do Vale[7] aduz: *"O estabelecimento do meio ambiente como um direito de todos deve ser visto como um importante marco na construção de uma sociedade democrática e participativa, na medida em que é conferido à sociedade organizada em associações e sindicatos o encargo da preservação do meio ambiente. Continuando na análise do referido dispositivo (art. 225, caput, CF), passamos*

---

(1) DINIZ, Maria Helena. *Dicionário jurídico*, v. 2. São Paulo: Saraiva, 1998. p. 141.
(2) ANTUNES, Paulo de Bessa. *Direito ambiental*. 14. ed. São Paulo: Atlas, 2012. p. 6.
(3) ANTUNES, Paulo de Bessa. Ob. cit., p. 11.
(4) DINIZ, Maria Helena. Ob. cit., p. 141.
(5) FIORILLO, Celso Antonio Pacheco. Fundamentos constitucionais da política nacional do meio ambiente: comentários ao art. 1º da Lei n. 6.938/1981. *Revista do Programa de Pós-Graduação em Direito PUC/SP*, n. 2. p. 97.
(6) Interesses ou direitos difusos são os direitos transindividuais, de natureza indivisível, de quem sejam titulares pessoas indeterminadas e ligadas por circunstâncias de fato (art. 81, parágrafo único, I, Lei n. 8.078/1990).
(7) VALE, Maria José S. C. Pereira do. Responsabilidade civil e o meio ambiente do trabalho. *Revista do Ministério Público do Trabalho em São Paulo*. 2ª Região, n. 2, 1998. p. 194.

à natureza jurídica do bem ambiental, objeto do Direito Ambiental, para afirmar que se trata de direito difuso, já que transindividual, de natureza indivisível, de que são titulares pessoas indeterminadas e ligadas entre si por circunstâncias de fato (art. 81, parágrafo único, I, da Lei n. 8.078/1990), tanto como titulares do direito ao meio ambiente equilibrado como titulares do direito de defender e preservar o meio ambiente (nesse passo tanto o poder público quanto a sociedade civil gozam dessa prerrogativa)".

2.2 Conceito de meio ambiente

A expressão "meio ambiente" possui vários significados: *"1. Habitat, ou seja, lugar onde se vive sob influência das leis físico-naturais, cuja fauna e flora devem ser preservadas, devendo-se para tanto combater a poluição e as práticas que possam ser lesivas a elas, sob pena de responsabilidade civil e penal. 2. É a interação do conjunto de elementos naturais, artificiais e culturais que propiciam o desenvolvimento equilibrado da vida humana (José Afonso da Silva)".*[8]

Do ponto de vista legal, meio ambiente é o conjunto de condições, leis, influências e interações de ordem física, química e biológica, que permite, abriga e rege a vida em todas as suas formas (art. 3º, I, Lei n. 6.938/81).

José Afonso da Silva[9] aponta três tipos de meio ambiente: *"I — Meio ambiente artificial, constituído pelo espaço urbano construído, consubstanciado no conjunto de edificações (espaço urbano fechado) e dos equipamentos públicos (ruas, praças, áreas verdes, espaços livres em geral: espaço urbano aberto); II — Meio ambiente cultural, integrado pelo patrimônio histórico, artístico, arqueológico, paisagístico, turístico que, embora artificial, em regra, como obra do homem, difere do anterior (que também é cultural) pelo sentido do valor especial que adquiriu ou de que se impregnou; III — Meio ambiente natural ou físico, constituído pelo solo, água, ar atmosférico, flora, enfim, pela interação dos seres vivos e seu meio, onde se dá a correlação recíproca entre as espécies e as relações destas com o ambiente físico que ocupam".*

Para José Afonso da Silva, o meio ambiente do trabalho deve ser inserido no meio ambiente artificial, inclusive indicando que é digno de um tratamento especial na CF/88. O art. 200, VIII, ao tratar das competências do Sistema Único de Saúde, estabelece: *"Colaborar na proteção do meio ambiente, nele compreendido o do trabalho".*

Há outros autores que destacam o meio ambiente do trabalho como um tipo de meio ambiente, como é o caso de Celso Antonio Pacheco Fiorillo e Marcelo Abelha Rodrigues. Para esses autores, meio ambiente do trabalho é o *"limite físico do local do trabalho, onde se deve tutelar a saúde e a segurança do trabalhador, protegendo-se o meio ambiente do trabalho de poluições".*[10]

O meio ambiente de trabalho *"representa todos os elementos, inter-relações e condições que influenciam o trabalhador em sua saúde física e mental, comportamento e valores reunidos no* locus *do trabalho".*[11]

A CLT não trata do meio ambiente do trabalho; todavia, nos seus arts. 154 a 201, a consolidação estabeleceu uma série de regras pertinentes à temática da Segurança e Medicina do Trabalho.

2.3 Medicina e segurança do trabalho

Os direitos sociais envolvem as questões relativas à educação, à saúde, à alimentação, ao trabalho, à moradia, ao lazer, à segurança, à Previdência Social, à proteção à maternidade e à infância e à assistência aos desamparados (art. 6º, CF).

---

(8) DINIZ, Maria Helena. Ob. cit., v. 3. p. 245.
(9) SILVA, José Afonso da. *Direito ambiental constitucional*. 2. ed. São Paulo: Malheiros, 1995. p. 3.
(10) FIORILLO, Celso Antonio Pacheco; RODRIGUES, Marcelo Abelha. *Manual de direito ambiental e legislação aplicável*. São Paulo: Max Limonad, 1997. p. 64.
(11) ROCHA, Julio Cesar de Sá da. *Direito ambiental do trabalho:* mudanças de paradigma na tutela jurídica à saúde do trabalhador. 2. ed. São Paulo: Atlas, 2013. p. 99.

O art. 7º, CF, estabelece quais são os direitos dos trabalhadores urbanos e rurais, além de outros que visem à melhoria de sua condição social.

No elenco destses direitos, temos: *"redução dos riscos inerentes ao trabalho, por meio de normas de saúde, higiene e segurança"* (art. 7º, XXII).

Todo empregador é obrigado a zelar pela segurança, saúde e higiene de seus trabalhadores, propiciando as condições necessárias para tanto, bem como zelando para o cumprimento dos dispositivos legais atinentes à medicina e segurança do trabalho.

A medicina e segurança do trabalho são matérias inseridas no Direito Tutelar do Trabalho, pois o seu intuito é zelar pela vida do trabalhador, evitando acidentes, preservando a saúde, bem como propiciando a humanização do trabalho.

As disposições inseridas na legislação, e que são pertinentes à saúde, higiene e segurança, possuem a titulação de medicina e segurança do trabalho.

Segurança do trabalho representa *"a ausência de risco propiciador da incolumidade psicossomática do trabalhador"*.[12]

Medicina do trabalho *"compreende o estudo de todas as formas de proteção da saúde do trabalhador enquanto no exercício do trabalho, principalmente com o caráter de prevenção das doenças profissionais e de melhoramento das aptidões laborais em tudo quanto concerne às suas condições físicas, mentais e ambientais"*.[13]

A temática da medicina e segurança do trabalho é tratada nos arts. 154 e segs., CLT, os quais se encontram divididos em três partes: (a) condições de segurança; (b) condições de salubridade; (c) outras condições tendentes a assegurar o conforto do trabalhador.

O legislador delegou à autoridade administrativa a regulação pormenorizada desses institutos, os quais são encontráveis na Portaria n. 3.214/78.

As condições de segurança são alusivas às edificações, às instalações elétricas; à movimentação, armazenagem e manuseio de materiais, às máquinas e equipamentos, às caldeiras, fornos e recipientes sob pressão.

As medidas de proteção são relativas: a levantamento, transporte e descarga de materiais; em obras de construção, demolição e reparos; concernentes a trabalho a céu aberto; contra incêndio, à sinalização e aos resíduos industriais.

As condições salubres são as favoráveis à incolumidade física do trabalhador, respeitando-se o bem-estar físico, o social e o mental.

A Portaria n. 3.214 estabelece quais são os agentes que justificam o deferimento da insalubridade — NR 15 e seus anexos —, além de determinar as condições e os limites de exposição toleráveis aos agentes insalubres. Além disso, também são pormenorizadas as situações que justificam o deferimento da periculosidade (NR 16).

Em linhas gerais, a insalubridade deriva de agentes nocivos à saúde, tais como: temperatura excessiva, umidade, pressão, radiações, vibrações, fumaças, vapores, atmosfera impura, vírus, bactérias etc. Não basta haver a existência do agente nocivo à saúde para justificar o deferimento do adicional de insalubridade. É necessário que o mesmo esteja previsto na legislação como fator a justificar o pagamento do referido adicional. Dentro da NR 15, são os seguintes os agentes: ruídos, ruídos de impacto, calor, radiações ionizantes, vibrações, frio, umidade, exposição aos agentes químicos, contato com agentes biológicos, esgotos e lixos urbanos.

---

(12) Cesarino Junior *apud* MAGANO, Octavio Bueno. *Manual de direito do trabalho*: direito tutelar do trabalho. v. 3. São Paulo: LTr, 1992, 2. ed. p. 155.
(13) Cesarino Junior *apud* MAGANO, Octavio Bueno. Ob. cit., p. 155.

A eliminação da insalubridade pode ocorrer pela adoção de medidas que visem à manutenção das condições de trabalho dentro dos padrões de tolerância aos agentes nocivos e pela utilização dos equipamentos de proteção. Não basta a simples entrega dos equipamentos de proteção. Deve haver a sua utilização, substituição e fiscalização pelo empregador (Súmula n. 289, TST). O empregado que não usa o EPI fica sujeito à medida disciplinar (arts. 157 e segs., da CLT).

O adicional de periculosidade, calculado à base de 30% sobre o salário do trabalhador, é justificável pela exposição (atividades/operações perigosas) a (na forma da regulamentação aprovada pelo Ministério do Trabalho e Emprego): (a) inflamáveis; (b) explosivos; (c) energia elétrica; (d) roubos ou outras espécies de violência física nas atividades profissionais de segurança pessoal ou patrimonial (art. 193, CLT, com a redação dada pela Lei n. 12.740/2012); (e) contato com radiação ionizante ou substância radioativa (OJ n. 345, SDI-I).

As normas de segurança e medicina do trabalho são de ordem pública e aderem ao contrato individual de trabalho, integrando o Direito Tutelar do Trabalho.[14]

Pelo fato de que tais normas integram o contrato de trabalho, José Luiz Dias Campos e Adelina Bitelli Dias Campos[15] enfatizam: *"Sustentamos, sem margem de erro, que o contrato de trabalho contém, implicitamente, cláusula assecuratória das condições de segurança e saúde do trabalhador de modo que a sua inexistência caracteriza inadimplemento de obrigação contratual ensejadora de reparação penal e civil, havendo acidente do trabalho dela decorrente. Nestas circunstâncias o infortúnio laboral ocorreu não pelo risco da atividade laborativa para a qual foi contratado o laborista, mas por inexecução de uma obrigação que compete ao empregador. Acidente de trabalho decorrente de não cumprimento de normas de segurança e de saúde do trabalhador não é singelo acidente do trabalho, como pode parecer para alguns, mas também um ato ilícito, de natureza contratual, com todas as consequências previstas no Código Civil Brasileiro, notadamente a reparação do dano além da tipificação penal"*.

A saúde e a incolumidade física do trabalho são fatores integrantes do próprio direito à vida. A vida humana possui um valor inestimável e deve ser protegida por todos os meios. A medicina e segurança do trabalho são matérias de grande valia, como instrumental técnico-jurídico, a valorizar e dignificar a vida humana, além do patrimônio jurídico do trabalhador, o qual é representado pela sua força de trabalho.

A obrigação de reparar o acidente de trabalho e demais situações a ele equiparadas deve ser valorizada, como forma de se evitar a ocorrência de milhares e milhares de acidentes que ocorrem em nosso país. A responsabilidade não possui somente desdobramento na área previdenciária (INSS). Deve também, em nosso entendimento, incidir em outros campos, tais como a responsabilidade criminal e civil.

Aliás, o art. 7º, XXVIII, CF, assim enuncia: *"seguro contra acidentes de trabalho, a cargo do empregador, sem excluir a indenização a que este está obrigado, quando incorrer em dolo ou culpa"*.

É importante salientar também que o Brasil ratificou diversas Convenções da OIT, dentre as quais destacamos: (a) 119, Proteção das Máquinas no Ambiente de Trabalho; (b) 120, Higiene no Comércio e nos Escritórios; (c) 136, Proteção contra os Riscos da Intoxicação pelo Benzeno; (d) 139, Prevenção e Controle de Riscos Profissionais causados por Substâncias ou Agentes Cancerígenos; (e) 148, Contaminação do Ar, Ruídos e Vibrações; (f) 152, Segurança e Higiene dos Trabalhos Portuários; (g) 155, Segurança e Saúde dos Trabalhadores; (h) 161, Serviços de Saúde do Trabalho; (i) 167, Segurança e Saúde nas Minas; (j) 162, Utilização do Asbesto com Segurança; (k) 163, Proteção da Saúde e Assistência Médica aos Trabalhadores Marítimos; (l) 167, (Segurança e Saúde na Construção; (m) 170, Segurança na Utilização de Produtos

---

(14) Direito Tutelar do Trabalho é a parte do Direito do Trabalho composta de regras que podem implicar direitos e obrigações entre empregados e empregadores, mas nas quais predominam deveres dos últimos e, excepcionalmente, dos primeiros, perante o Estado (MAGANO, Octavio Bueno. Ob. cit., p. 10). Pode ser dividido em regras concernentes: à duração do trabalho, de certas profissões especializadas, da higiene e segurança do trabalho e do trabalho de menores e mulheres.
(15) CAMPOS, José Luiz Dias; CAMPOS, Adelina Bitelli Dias. *Acidentes do trabalho, prevenção e reparação*. 3. ed. São Paulo: LTr, 1996. p. 42.

Químicos no Trabalho; (n) 174, Prevenção de Acidentes Industriais Maiores; (o) 176, Segurança e Saúde nas Minas; (p) 178, Condições de Vida e de Trabalho dos Trabalhadores Marítimos.

2.3.1 Regras gerais

A observância, em todos os locais de trabalho, das regras relativas à Segurança e Medicina do Trabalho não desobriga as empresas do cumprimento de outras disposições que, com relação à matéria, sejam incluídas em códigos de obras ou regulamentos sanitários dos Estados ou Municípios em que se situem os respectivos estabelecimentos, bem como daquelas oriundas de convenções coletivas de trabalho (art. 154, CLT).

Compete à Secretaria de Segurança e Saúde do Trabalho: (a) estabelecer, nos limites de sua competência, normas sobre a aplicação dos preceitos da Segurança e Medicina do Trabalho, especialmente os referidos no art. 200; (b) coordenar, orientar, controlar e supervisionar a fiscalização e as demais atividades relacionadas com a segurança e a medicina do trabalho em todo território nacional, inclusive a Campanha Nacional de Prevenção de Acidentes do Trabalho; (c) conhecer, em última instância, dos recursos, voluntários ou de ofício, das decisões proferidas pelas Superintendências Regionais do Trabalho e Emprego (SRTE) em matéria de segurança e medicina do trabalho (art. 155, I a III).

Compete especialmente às SRTEs, no limite de sua jurisdição: (a) promover a fiscalização do cumprimento das normas de segurança e medicina do trabalho; (b) adotar as medidas que se tornem exigíveis, em virtude das disposições da segurança e medicina do trabalho, determinando as obras e reparos que, em qualquer local de trabalho, se façam necessárias; (c) impor as penalidades cabíveis por descumprimento das normas constantes do Capítulo V da CLT — Da Segurança e da Medicina do Trabalho, na forma do art. 201 (art. 156, I a III).

As empresas têm como obrigações: (a) cumprir e fazer cumprir as normas de segurança e medicina do trabalho; (b) instruir os empregados, por meio de ordens de serviço, quanto às precauções a tomar no sentido de evitar acidentes do trabalho ou doenças ocupacionais; (c) adotar as medidas que lhes sejam determinadas pelo órgão regional competente; (d) facilitar o exercício da fiscalização pela autoridade competente (art. 157, I a IV).

Os empregados têm como obrigações: (a) observar as normas de segurança e medicina do trabalho e as instruções emanadas do empregador nos termos do art. 157, II; (b) colaborar com a empresa na aplicação dos dispositivos relativos à Segurança e Medicina do Trabalho (art. 158, I e II).

Constitui ato faltoso do empregado a recusa injustificada: (a) à observância das instruções expedidas pelo empregador na forma do art. 157, II; (b) ao uso dos equipamentos de proteção individual fornecidos pela empresa (art. 158, parágrafo único).

Por intermédio de convênios autorizados pelo Ministério do Trabalho, poderão ser delegadas a outros órgãos federais, estaduais ou municipais atribuições de fiscalização ou orientação às empresas quanto ao cumprimento das disposições relativas à Segurança e Medicina do Trabalho (art. 159).

2.3.2 Inspeção prévia e do embargo ou interdição

Nenhum estabelecimento poderá iniciar suas atividades sem prévia inspeção e aprovação das respectivas instalações pela autoridade regional competente em matéria de segurança e medicina do trabalho (art. 160, *caput*, CLT).

Nova inspeção deverá ser feita quando ocorrer modificação substancial nas instalações, inclusive equipamentos, que a empresa fica obrigada a comunicar, prontamente, à SRTE (art. 160, § 1º).

É facultado à empresa solicitar prévia aprovação, pela SRTE, dos projetos de construção e respectivas instalações (art. 160, § 2º).

O Superintendente Regional do Trabalho e Emprego, à vista do laudo técnico do serviço competente que demonstre grave e iminente risco para o trabalhador, poderá interditar estabelecimento, setor de serviço, máquina ou equipamento, ou embargar obra, indicando na decisão, tomada com a brevidade que a ocorrência exigir, as providências que deverão ser adotadas para prevenção de infortúnios de trabalho (art. 161, *caput*).

As autoridades federais, estaduais e municipais darão imediato apoio às medidas determinadas pelo Superintendente Regional do Trabalho e Emprego (art. 161, § 1º).

A interdição[16] ou embargo[17] poderá ser requerido pelo serviço competente da SRTE, e, ainda, por agente da inspeção do trabalho ou por entidade sindical (art. 161, § 2º).

Durante a paralisação dos serviços, em decorrência da interdição ou embargo, os empregados receberão os salários como se estivessem em efetivo exercício (art. 161, § 6º).

A Portaria MTE n. 40, de 14.1.2011, regulamenta os procedimentos relativos aos embargos e interdições.

2.3.3 Medidas preventivas de medicina do trabalho

Será obrigatório exame médico, por conta do empregador, nas condições estabelecidas neste artigo e nas instruções complementares a serem expedidas pelo MTE: (a) na admissão; (b) na demissão; (c) periodicamente (art. 168, *caput*, I a III, CLT).

Outros exames complementares poderão ser exigidos, a critério médico, para apuração da capacidade ou aptidão física e mental do empregado para a função que deva exercer (art. 168, § 2º).

O MTE estabelecerá, de acordo com o risco da atividade e o tempo de exposição, a periodicidade dos exames médicos (art. 168, § 3º).

O empregador manterá, no estabelecimento, o material necessário à prestação de primeiros socorros médicos, de acordo com o risco da atividade (art. 168, § 4º).

O resultado dos exames médicos, inclusive o exame complementar, será comunicado ao trabalhador, observados os preceitos da ética médica (art. 168, § 5º).

Será obrigatória a notificação ao INSS das doenças profissionais e das produzidas em virtude de condições especiais de trabalho, comprovadas ou objeto de suspeita, de conformidade com as instruções expedidas pelo MTE (art. 169).

2.3.4 Condições de segurança

Os arts. 170 a 187, 198 e 199, CLT, estabelecem uma série de medidas que devem ser observadas nos locais de trabalho, com o intuito de prevenção dos acidentes e doenças profissionais.

O art. 200 atribui ao MTE a formulação e a expedição de Normas Regulamentadoras (NRs) que atendam às peculiaridades de cada atividade ou setor de trabalho.

Por intermédio da Portaria n. 3.214, o Ministro do Trabalho expediu as NRs, as quais já sofreram diversas modificações ou alterações.

---

(16) A interdição representa a paralisação total ou parcial do estabelecimento, setor de serviço, máquina ou equipamento (item 3.2, NR 3, Portaria n. 3.214/78).

(17) Embargo é a paralisação total ou parcial da obra (item 3.3, NR 3, Portaria n. 3.214). Considera-se como obra todo e qualquer serviço de engenharia de construção, montagem, instalação, manutenção e reforma (item 3.3.1).

3 QUESTÕES AMBIENTAIS QUE DESAFIAM OS LIMITES DA MEDICINA E SEGURANÇA DO TRABALHO

Apesar de um regramento jurídico trabalhista detalhista e extenso, o mesmo não tem se mostrado capaz de preservar a integridade física e mental dos trabalhadores nos mais diversos ambientes de trabalho.

Dentre os vários riscos a que são expostos os trabalhadores no seu dia a dia, aquele que mais tem nos chamado a atenção diz respeito à contaminação do solo sobre o qual está instalada a empresa. Trata-se de um risco silencioso, o qual, não raras vezes, somente se revela após anos de exposição.

O primeiro caso de contaminação de solo de grande repercussão envolveu aproximadamente 1.200 empregados e as empresas Raízen (antiga Shell) e Basf em Paulínia, interior de São Paulo. No final da década de 70, a Shell instalou uma indústria química nas adjacências do bairro Recanto dos Pássaros, em Paulínia. Na década de 90, por uma consultoria ambiental internacional, constatou-se a existência de contaminação do solo e dos lençóis freáticos por produtos como aldrin, endrin e dieldrin (compostos por substâncias altamente cancerígenas) e por cromo, vanádio, zinco e óleo mineral em quantidades significativas. Em 2000, a Cyanamid foi adquirida pela Basf, que assumiu integralmente as atividades no complexo industrial de Paulínia e manteve a exposição dos trabalhadores aos riscos de contaminação até 2002, quando os auditores fiscais do Ministério do Trabalho e Emprego (MTE) interditaram o local. Em 2005, o Ministério da Saúde concluiu a avaliação das informações sobre a exposição dos trabalhadores das empresas Shell, Cyanamid e Basf a compostos químicos em Paulínia. O relatório final indicou o risco adicional de desenvolvimento de diversos tipos de doenças.

Outro caso que ocupou os noticiários do País envolveu a administração do Shopping Center Norte em São Paulo, os lojistas e seus empregados. Apesar dos problemas serem conhecidos pela Companhia Ambiental do Estado de São Paulo (CETESB) desde 2003, em setembro de 2011, a Prefeitura de São Paulo interditou o Shopping Center Norte, considerando a existência do risco de explosão por gás metano encontrado na estrutura de concreto, o qual foi produzido por resíduos de um antigo depósito de lixo sobre o qual ocorreu a construção.

Um último caso de grande repercussão envolve a interdição do *campus* da Universidade de São Paulo na zona Leste de São Paulo ("USP Zona Leste"). A unidade tem cerca de 5 mil alunos de dez cursos de graduação e de sete pós-graduações, além de 500 professores e funcionários. Por problemas semelhantes aos casos anteriores, a interdição decorreu de problemas de contaminação do solo, decorrentes do despejo de drenagem do Rio Tietê e sua construção ser erguida sobre uma área que funcionava anteriormente como um aterro de lixo orgânico. A USP Leste sofre com problemas ambientais desde sua inauguração em 2005. Por esse problema, o *campus* foi interditado no final de 2013.

4 CONCLUSÃO

Diante do sistema jurídico apresentado e dos casos de contaminação do solo narrados, verificamos que as normas de proteção da saúde do trabalhador, como exames periódicos, laudos sobre os riscos do ambiente do trabalho etc., atuação da CIPA e do SESMT, não foram capazes de impedir a exposição dos trabalhadores ao risco iminente de contaminação e risco de vida.

Somente com auxílio de outras áreas do conhecimento humano, foi possível constatar os riscos a que os trabalhadores e outras pessoas estavam expostas no local de trabalho.

A partir dessa percepção desses novos problemas, em especial contaminação do solo, que envolvem o ambiente de trabalho, será necessária uma reflexão sobre novos mecanismos de proteção do trabalhador, não apenas a partir do direito tutelar do trabalho e suas autoridades responsáveis, mas com a participação intensa da comunidade científica de diversos ramos do conhecimento humano.

5 REFERÊNCIAS BIBLIOGRÁFICAS

ANTUNES, Paulo de Bessa. *Direito ambiental*. 14. ed. São Paulo: Atlas, 2012.

CAMPOS, José Luiz Dias; CAMPOS, Adelina Bitelli Dias. *Acidentes do trabalho, prevenção e reparação*. São Paulo: LTr, 1996.

DINIZ, Maria Helena. *Dicionário jurídico*, v. 2. São Paulo: Saraiva, 1998.

FIORILLO, Celso Antonio Pacheco. Fundamentos constitucionais da política nacional do meio ambiente: comentários ao art. 1º da Lei n. 6.938/1981. *Revista do Programa de Pós-Graduação em Direito PUC/SP*, n. 2, p. 97.

FIORILLO, Celso Antonio Pacheco; RODRIGUES, Marcelo Abelha. *Manual de direito ambiental e legislação aplicável*. São Paulo: Max Limonad, 1997.

JORGE NETO, Francisco Ferreira; CAVALCANTE, Jouberto de Quadros Pessoa. *Direito do trabalho*. 7. ed. São Paulo: Altas, 2013.

MAGANO, Octavio Bueno. *Manual de direito do trabalho*: direito tutelar do trabalho. v. 3. 2. ed. São Paulo, LTr, 1992.

ROCHA, Julio Cesar de Sá da. *Direito ambiental do trabalho:* mudanças de paradigma na tutela jurídica à saúde do trabalhador. 2. ed. São Paulo: Atlas, 2013.

SILVA, José Afonso da. *Direito ambiental constitucional*. 2. ed. São Paulo: Malheiros, 1995.

VALE, Maria José S. C. Pereira do. Responsabilidade civil e o meio ambiente do trabalho. *Revista do Ministério Público do Trabalho em São Paulo*. 2ª Região, n. 2.

SUSTENTABILIDADE HUMANA: ESTUDO ZETÉTICO E DOGMÁTICO DO MEIO AMBIENTE DO TRABALHO COM ENFOQUE ESPECIAL NA CONSTRUÇÃO CIVIL

Lorena de Mello Rezende Colnago[(*)]

1 INTRODUÇÃO

O enfoque deste pequeno estudo é a análise de diversos aspectos do direito ambiental, enquanto um direito fundamental, analisando se o meio ambiente do trabalho insere-se nesse conceito, mas também de quem seria a competência para a edição de normas sobre prevenção e proteção ao meio ambiente, considerando posteriormente o enfoque no caso especial da construção civil.

A pesquisa bibliográfica, documental e o estudo de casos foram utilizados para a coleta de dados, sendo utilizado como marco teórico para o estudo zetético a teoria do discurso de Robert Alexy. Para responder às indagações propostas, foram utilizados como método de pesquisa: a dedução, para se inferir o conceito de direito fundamental e verificar se o meio ambiente do trabalho encontra-se nele inserido; o estudo zetético de uma decisão da Corte Constitucional, na tentativa de explicitar e reconstruir os argumentos nela contidos; a descrição, por meio de um estudo mais dogmático, para a observação da normatização nacional e internacional quanto ao meio ambiente do trabalho da construção civil. Nesses termos, estruturamos o artigo em três partes.

A primeira dela visa ao estudo acerca da análise do meio ambiente do trabalho enquanto direito fundamental. A segunda refere-se à competência para promulgar normas preventivas e de proteção/regulamentação do meio ambiente. E a terceira parte, e capítulo final, visa ao estudo das normas relacionadas à construção civil, existentes no ordenamento jurídico pátrio, com especial enfoque na NR-18 do Ministério do Trabalho e Emprego e sua importância.

(*) Mestre em Processo (UFES, 2008). Pós-Graduada em Direito do Trabalho, Processo do Trabalho e Direito Previdenciário (UNIVES, 2005). Professora. Juíza do Trabalho da 9ª Região. Email: lor.colnago@gmail.com.

2 O MEIO AMBIENTE

Muito antes de a Constituição de 1988 inaugurar a expressão "meio ambiente" como "um bem coletivo de desfrute individual e geral ao mesmo tempo, merecendo a qualificação de direito fundamental da pessoa"[1], o Estatuto da Terra (Lei n. 4.504/64) já destacava a importância de se observar o uso sustentável para propriedade, de modo a preservar os recursos naturais, como se observa no art. 2º, § 1º, alínea *c*: a propriedade da terra desempenha integralmente a sua função social quando, simultaneamente, entre outras possibilidades assegura a conservação dos recursos naturais.

Além disso, a própria Organização Internacional do Trabalho promulgou diversas Convenções com a preocupação específica com a preservação do meio ambiente do trabalho, sendo uma das mais importantes a Convenção n. 155 de 1988, promulgada pelo Decreto n. 1.254/1994. A própria Consolidação das Leis do Trabalho, desde a década de 70, preocupa-se com o meio ambiente do trabalho no Capítulo V — Da Segurança e Medicina do Trabalho (inserido pela Lei n. 6.514, de 22.12.1977).

A conquista do atual conteúdo dos direitos humanos foi marcada pela evolução da ideia de Estado e da resistência do homem a toda forma de subjugação humana. A ideia do valor a ser protegido pelo direito, gravado como humano, surge primeiramente num plano abstrato de resistência ao poder. Assim, necessário se faz um estudo sobre a evolução dos direitos, todavia, substituindo o termo "geração" por "dimensão" que reflete uma ideia de evolução dinâmica, porque "[...] o vocábulo "dimensão" substitui, com vantagem lógica e qualitativa, o termo "geração", caso este último venha a traduzir apenas sucessão cronológica e, portanto, suposta caducidade dos direitos das gerações antecedentes, o que não é verdade [...]". Ao longo da história da humanidade foram agregados diversos valores aos direitos humanos que confluíram para a ideia contemporânea de complementaridade do rol desses direitos: inviolabilidade da vida; liberdade; trabalho digno; meio ambiente sadio; dentre outros. [2]

Nesses termos, o conteúdo essencial dos direitos fundamentais está intimamente relacionado às condições necessárias à viabilização do respeito ao indivíduo que se insere num contexto social. Assim, os direitos fundamentais estão vinculados ao necessário reconhecimento e positivação dos direitos humanos por um ordenamento jurídico, em especial em sua Constituição, lei fundamental. Portanto, para que os direitos conferidos ao homem (direito à vida, à liberdade, à expressão, à propriedade, à dignidade, ao meio ambiente sadio etc.) sejam tuteláveis, é necessário que o Estado os reconheça, garantindo ao cidadão todo um instrumental de proteção jurídica. Ao longo da história o homem sempre tentou positivar em leis o regramento social considerado importante para a vida em grupo. A escolha do conteúdo desse regramento social esteve, em todos os tempos, relacionada com os valores culturais de determinada comunidade. [3]

---

(1) COLNAGO, Elizabeth de Mello Rezende. Sustentabilidade ambiental e suas dimensões social, econômica e jurídica. In COLNAGO, Lorena de Mello Rezende; ALVARENGA, Rúbia Zanotelli de. *Direitos humanos e direito do trabalho*. São Paulo: LTr, 2013, cap. 8. p. 152.
(2) Cf. MARTÍNEZ, Gregório Peces-Barba. *Curso de derechos fundamentales*: teoría general. Madrid: Universidade Carlos III de Madrid, 1999. p. 22-24.
(3) Na Antiguidade, o direito comum aos homens esteve baseado em leis naturais, que consideravam apenas os cidadãos de uma determinada cidade como sujeitos de direitos, uma vez que o estrangeiro, em especial aquele que fosse capturado nas grandes batalhas, estaria relegado à condição de escravo. Na passagem do séc. XV a.n.e., as comunidades micênicas, sob influência de fatores internos e externos, originaram uma sociedade crescentemente organizada sob a posse individual e privada sobre a terra, superando a organização aldeã-familiar. Assim, em virtude da alteração do modo de produção, os estrangeiros capturados nas grandes batalhas eram reduzidos à condição de escravo (doro/doera) — termo derivado da raiz indo-europeia *dos* (do-e-lo), que tinha o sentido de estrangeiro, inimigo, servidor. Essa categoria social apresentava-se sob duas formas: *teojo doero* (escravo divino) e *doero tout cout* (escravo privado). Na Grécia Micênica havia mais escravos divinos, que escravos privados, no entanto, os escravos privados constituíam a categoria social que mais se aproxima da estrutura social vivenciada pela escravidão patriarcal greco-romana. (MAESTRI, Mário. *Breve história da escravidão*. Porto Alegre: Mercado Aberto, 1986. p. 12-13). Mais adiante na história, encontramos a desigualdade como fundamento característico da Roma Antiga, pois os direitos existentes eram distribuídos de forma diferenciada entre patrícios e plebeus. Também podemos encontrar na sociedade romana o instituto da escravidão que foi uma das marcas de dominação utilizadas pelo Império Romano. (RODRIGUES, Eder Bomfim. Da igualdade na Antiguidade clássica à igualdade e as ações afirmativas no Estado Democrático de Direito. *Jus Navigandi*, Teresina, ano 10, n. 870, 20 nov. 2005. Disponível em: <http://jus2.uol.com.br/doutrina/texto.asp?id=7610>. Acesso em: 27 abr. 2007. É interessante observar que nesse mesmo período histórico, em que um grande contingente social composto por mulheres e estrangeiros esteve relegado à margem dos direitos, foram desenvolvidos alguns estudos sobre liberdade e igualdade dos homens. Especula-se que o primeiro conjunto de leis a consagrar direitos comuns a todos os homens foi o Código de Hamurábi da Babilônia, no séc. XVIII a.C. Ainda na Antiguidade, há na Grécia uma

Interessante observar que dentro da teoria evolutiva dos direitos humanos, com matriz em Bobbio e Bonavides[4], o meio ambiente encontra-se na terceira dimensão, marcada por agregar direitos com características positivas ou prestacionais e ao mesmo tempo direitos com características abstencionistas.

A primeira dimensão é constituída pela consagração dos valores liberdade e igualdade formal, ou igualdade perante a lei; a segunda dimensão consagra a igualdade efetiva de todos, sem privilégios, e, com as devidas distinções legais para as pessoas consideradas diferentes, o valor social da propriedade e a dignificação do trabalho humano; por fim, a terceira dimensão se refere aos direitos de solidariedade e de inclusão social das minorias. É importante destacar que no Estado Democrático de Direito os direitos fundamentais englobam as três dimensões: os direitos civis e políticos; os direitos econômicos, culturais e sociais; bem como, os direitos ou interesses metaindividuais. À função social da propriedade é agregada à função ambiental, ou seja, além do dever de uso da propriedade privada para a promoção da dignidade humana e dos direitos fundamentais, enquanto um direito constitucional fundamental. [5]

Atualmente, o meio ambiente do trabalho está contido expressamente no art. 200, inciso VIII da Constituição da República de 1988, sendo a concretização desse direito uma necessidade não só por sua fundamentalidade, mas porque o meio ambiente sadio evita acidentes de trabalho e incapacidade da força humana, sendo um complemento à concretização do direito à saúde, que toda pessoa tem.

3 COMPETÊNCIA PARA AS NORMAS REFERENTES À PREVENÇÃO DO MEIO AMBIENTE DO TRABALHO

Nesse ponto, analisaremos a ADI n. 1.893-9/RJ julgada pela Corte Constitucional brasileira, na tentativa de reconstruir a argumentação utilizada pelo Ministro Carlos Velloso por meio da teoria do discurso jurídico[6]. A partir dessa perspectiva, destaca-se que há limitações para uma argumentação jurídica, quais sejam: 1) o interesse pessoal das partes em lugar da busca da verdade; 2) a participação involuntária do acusado; 3) o tempo; e, 4) a limitação existente para a busca da verdade de um modo geral[7].

Feitas essas considerações, procuraremos primeiramente reconstruir as premissas utilizadas para a construção do silogismo jurídico do "case", justificação interna.[8] Em seguida, a verificação da correção das premissas utilizadas no "case", justificação externa[9]. Segundo Alexy, a justificação externa, realizada por meio de regras de análise da argumentação, pode ser classificada em seis grupos: 1) interpretação; 2) argumentação dogmática; 3) uso de precedentes; 4) argumentação geral prática; 5) argumentação empírica; e, 6) formas especiais de argumentação jurídica, que significam a análise da metodologia jurídica empregada, como o uso de analogia[10].

---

profusão de vários estudos filosóficos acerca da liberdade e igualdade do homem como um direito natural anterior às leis escritas. Os povos antigos deixaram como herança cultural a ideia de valorização da pessoa humana em seus costumes e instituições sociais. (HERKENHOFF, João Batista. *Gênese dos direitos humanos*. 2. ed. São Paulo: Santuário, 2002. p. 43-44). Por influência de Aristóteles, a palavra igualdade era considerada, primariamente, como igualdade geométrica (se bem que sem excluir, dentro da igualdade geométrica, uma igualdade aritmética, pois entre os integrantes do *demos* em especial entre os *aristoi*, ou seja, os melhores, é possível concebê-la, assim como entre os escravos também é possível concebermos uma igualdade aritmética). Então, a *polis* é concebida como a harmonia de desiguais.(GALUPPO, Marcelo Campos. *Igualdade e diferença*: Estado democrático de direito a partir do pensamento de Habermas. Belo Horizonte: Mandamentos, 2002. p. 48)

(4) Cf. BOBBIO, Norberto. *A era dos direitos*. Trad. Carlos Nelson Coutinho. 16 tir. Rio de Janeiro: Campus, 1992. Cf. BONAVIDES, Paulo. *Curso de direito constitucional*. 13. ed. ver. e atual. São Paulo: Malheiros, 2003.

(5) Cf. BOBBIO, Norberto. *A era dos direitos*. Trad. Carlos Nelson Coutinho. 16 tir. Rio de Janeiro: Campus, 1992; BONAVIDES, Paulo. *Curso de direito constitucional*. 13. ed. rev. e atual. São Paulo: Malheiros, 2003. p. 571-572; TEPEDINO, Gustavo. A nova propriedade: o seu conteúdo mínimo entre o Código Civil, a legislação ordinária e a Constituição. *Revista Forense*, v. 306. p. 73-78, maio/jun./jul. 1989. p. 75-76; e, MARTINS, Adriano Vidigal. O licenciamento ambiental sob a ótica do federalismo cooperativo. *Revista de Direito e Política*. São Paulo, ano IV, v. XII, p. 179-203, jan./mar. 2007. p. 180.

(6) ALEXY, Robert. Teoria da argumentação jurídica: a teoria do discurso racional como teoria da justificação jurídica. Trad. Zilda Hutchinson Shild Silva. São Paulo: Landy, 2001.

(7) *Ibid*, p. 212-216.

(8) *Idem*, p. 218-224.

(9) *Idem*, p. 225-267.

(10) *Ibid*.

Dentro da primeira regra de justificação externa criada por Alexy, utilizaremos as observações de Dworkin[11] e de Tércio Sampaio [12] para complementação da análise.

3.1 O resumo da decisão

A Confederação Nacional das Indústrias — CNI, com fundamento no art. 103, X, da Constituição Federal, propôs à Corte Constitucional uma ação direta de inconstitucionalidade da Lei n. 2.702 de 25 de março de 1997 do Estado do Rio de Janeiro, que estabeleceu a política estadual ambiental de qualidade ambiental ocupacional e de proteção à saúde do trabalhador.

Os argumentos utilizados para o pedido de declaração de inconstitucionalidade foram: 1) a violação do art. 22, inciso I da Constituição Federal, que estabelece a competência exclusiva da União para legislar sobre direito do trabalho; 2) a violação do art. 21, XXIV, da Constituição Federal, que estabelece a competência da União para organizar, manter e executar a inspeção do trabalho; 3) o excesso na colaboração da proteção do meio ambiente do trabalho previsto no art. 200, VIII, da Constituição Federal; e, 4) a não observância do precedente ADI MC n. 953/DF, que fixou ser privativa da União a competência para dispor mediante lei sobre a inspeção do trabalho.

Assim, diante das argumentações do Ministro Relator Carlos Velloso, o processo foi julgado procedente à unanimidade para declarar a inconstitucionalidade da Lei n. 2.702 de 25 de março de 1997 do Estado do Rio de Janeiro.

Os argumentos alegados pela CNI foram julgados verdadeiros, acrescentando-se a eles a justificação do parecer do Procurador Geral da República, Geraldo Brindeiro, que opinou pelo equívoco do constituinte estadual ao interpretar o art. 24, inciso XII, da Constituição Federal, para ampliar o conceito de colaboração com as normas de saúde, nela inserindo a saúde no meio ambiente do trabalho. Outro argumento é o de que a colaboração com a saúde do ente federado, como participante do SUS, art. 200, inciso III da Constituição Federal tem como condição a existência de uma lei, conforme o art. 197, e a Lei existente, n. 8.080/90, não confere competência aos Estados para legislar sobre meio ambiente do trabalho e sua fiscalização.

3.2 Da justificação interna

Reconstruindo as premissas utilizadas no julgamento da ADI n. 1.893-9/RJ temos dois grupos de conclusão: meio ambiente do trabalho é matéria de direito do trabalho cuja regulamentação é da competência privativa da União e inspeção do meio ambiente do trabalho é atividade cuja regulamentação é da competência da União.

Premissas argumentativas da primeira conclusão (**meio ambiente do trabalho é matéria de direito do trabalho cuja competência legislativa é privativa da União**) organizadas em um silogismo lógico jurídico:

Art. 22, inciso I, da Constituição Federal: compete privativamente à União legislar sobre direito do trabalho.

Art. 200, inciso VIII, da Constituição Federal: ao Sistema Único de Saúde compete, além de outras atribuições, nos termos da lei colaborar na proteção do meio ambiente, nele compreendido o do trabalho.

O meio ambiente do trabalho faz parte do direito do trabalho.

O direito do trabalho é de competência legislativa privativa da União.

O meio ambiente do trabalho é de competência legislativa privativa da União.

---
(11) DWORKIN, Ronald. *O império do direito*. Trad. Jefferson Luiz Camargo. São Paulo: Martins Fontes, 1999. p. 55-108.
(12) FERRAZ JR., Tércio Sampaio. *Introdução ao estudo do direito*: técnica, decisão, dominação. 4. ed. São Paulo: Atlas, 2003. p. 31-51.

Premissas argumentativas da segunda conclusão (**inspeção do meio ambiente do trabalho é atividade cuja competência legislativa e regulamentadora é da União**) organizadas em um silogismo lógico jurídico:

1. Art. 21, inciso XXIV, da Constituição Federal: compete à União organizar, manter e executar a inspeção do trabalho;

2. Art. 200, inciso III, da Constituição Federal: ao Sistema Único de Saúde compete, além de outras atribuições, nos termos da lei ordenar a formação de recursos humanos na área de saúde;

3. Art. 197 da Constituição Federal: são de relevância pública as ações e serviços de saúde, cabendo ao Poder Público dispor, nos termos da lei, sobre sua regulamentação, fiscalização e controle, devendo sua execução ser feita diretamente ou por meio de terceiros e, também, por pessoa física ou jurídica de direito privado.

4. A Lei n. 8.080 de 19 de setembro de 1990 que regulamenta o art. 197 da Constituição Federal não prevê competência legislativa para os Estados.

5. O precedente da ADI MC 953 DF fixou ser privativa da União a competência para dispor mediante lei sobre a inspeção do trabalho.

6. A inspeção do trabalho compõe o sistema do SUS.

7. A competência complementar dos Estados para legislar sobre inspeção do trabalho depende de lei complementar.

8. Não há lei complementar prevendo a competência legislativa dos Estados. Há um precedente jurisprudencial atribuindo competência legislativa privativa para a União.

9. O Estado não pode legislar sobre inspeção do trabalho.

Efetuada a justificação interna utilizada no julgamento da decisão proferida pela Corte Constitucional resta verificar a correção dos argumentos escolhidos, mediante justificação externa.

3.3 Da justificação externa

Feitas as considerações acerca da reconstrução do silogismo jurídico utilizado no acórdão e utilizando ainda a teoria da argumentação prática, jurídica, de Alexy, passamos à análise da correção das premissas no caso concreto, a partir de seis critérios de verificação da argumentação propostos por Alexy: 1) interpretação; 2) argumentação dogmática; 3) uso de precedentes; 4) argumentação geral prática; 5) argumentação empírica; e, 6) formas especiais de argumentação jurídica, que significam a análise da metodologia jurídica empregada, como o uso de analogia; temos a seguinte justificação externa do caso concreto.

É importante ressaltar que, no quesito interpretação, Alexy toma emprestado o conceito dos chamados cânones jurídicos[13] que seriam classificados em seis grupos de interpretação: a) semântica; b) genética; c) histórica; d) comparativa; e) sistemática; e, f) teleológica. E é a esses quesitos que incluímos as considerações de Tércio Sampaio acerca da interpretação jurídica por meio de uma reconstrução da linguagem, com critérios provenientes do convencionalismo, utilizando os âmbitos da semântica, da sintática e da pragmática[14].

No âmbito da pragmática, utilizaremos os conhecimentos de Dworkin para decifrar os propósitos ou intenções da Corte Constitucional na argumentação da demanda[15].

---
[13] ALEXY, Robert. *Teoria da argumentação jurídica*: a teoria do discurso racional como teoria da justificação jurídica. Trad. Zilda Hutchinson Shild Silva. São Paulo: Landy, 2001. p. 227-228.
[14] FERRAZ JR., Tércio Sampaio. *Introdução ao estudo do direito*: técnica, decisão, dominação. 4. ed. São Paulo: Atlas, 2003. p. 34-39.
[15] DWORKIN, Ronald. *O império do direito*. Trad. Jefferson Luiz Camargo. São Paulo: Martins Fontes, 1999. p. 60-84.

3.3.1 O silogismo "meio ambiente do trabalho é matéria de direito do trabalho cuja competência legislativa é privativa da União"

No primeiro silogismo extraído, o Ministro Carlos Velloso entendeu que o meio ambiente do trabalho faz parte do direito do trabalho, sem dizer o que significa, ou seja, desconsiderando o paradigma da argumentação empírica, que toma emprestado os conceitos de outros ramos do saber, no caso, das ciências naturais para fixar o conceito de meio ambiente do trabalho para o mundo jurídico.

Assim, a premissa *meio ambiente do trabalho faz parte do direito do trabalho* foi construída por meio de interpretação.

3.3.2 O silogismo "inspeção do meio ambiente do trabalho é atividade cuja competência legislativa e regulamentadora é da União"

A argumentação prática geral requer a universalização dos argumentos utilizados no "case" para as demais situações[16] (Alexy, 2001, p. 266). No caso em exame, o Ministro Carlos Velloso escolheu como ponto universalizável o fato de que nenhum Estado da federação pode regulamentar a inspeção do trabalho, nem ao menos atribuir conceitos ao que vem a ser meio ambiente do trabalho, como forma de universalização das regras para toda a federação, evitando a insegurança jurídica para as empresas que atuarem em diversos Estados da federação.

Assim, utilizando a aplicação de formas especiais do argumento jurídico, a analogia foi utilizada na importação de uma fundamentação de outra decisão, o ADI MC 953 DF, que culminou com o entendimento de que a competência para versar sobre a inspeção do trabalho é privativa da União.

4 COMPETÊNCIA PRIVATIVA DA UNIÃO E AS NORMAS REGULAMENTARES DO TRABALHO

Os arts. 155 e 200 da Consolidação das Leis do Trabalho, recepcionados pela Constituição da República de 1988, conferem à União — Ministério do Trabalho e Emprego competência para estabelecer normas pertinentes à prevenção de doenças e acidentes do trabalho.[17]

Nesse ínterim, o Ministério do Trabalho e Emprego editou várias normas regulamentares, a partir de uma comissão técnica, visando prevenir os acidentes de trabalho, que são uma das maiores causas de incapacitação de pessoas no ambiente de trabalho.

Especificamente sobre a construção civil, temos a NR-18 do MTE publicada pela Portaria GM n. 3.214, de 8 de junho de 1978, com alterações posteriores, que traz indicações de como o meio ambiente do trabalho deve ser estruturado desde a área de convivência, número de bebedouros e banheiros necessários por trabalhadores, até áreas de escavações, parte elétrica, locais confinados e proteção necessária em cada momento da obra, uma vez que os acidentes na construção civil costumam ser fatais ou com grave risco, por causa das condições encontradas nas obras, como altura, manuseio de materiais perfurocortantes, dentre outros.

---
(16) ALEXY, Robert. *Teoria da argumentação jurídica*: a teoria do discurso racional como teoria da justificação jurídica. Trad. Zilda Hutchinson Shild Silva. São Paulo: Landy, 2001. p. 266.
(17) No mesmo sentido DALLEGRAVE NETO, José Affonso. *A força vinculante das Normas Regulamentadoras do Ministério do Trabalho e Emprego (NRs do MTE) e o Anexo II da NR-17*. Disponível em: <http://portal2.trtrio.gov.br:7777/pls/portal/docs/PAGE/GRPPORTALTRT/PAGINA PRINCIPAL/JURISPRUDENCIA_NOVA/REVISTAS%20TRT-RJ/48/16_REVTRT48_JOSE%20AFFONSO.PDF>. Acesso em: mar. 2014.

A Organização Internacional do Trabalho, em 1988 (Genebra), preocupada com a situação especial da construção civil editou a Convenção n. 167 e a Recomendação n. 175 sobre as normas de proteção ao meio ambiente na construção civil. Essa norma internacional foi ratificada pelo Brasil entrando em vigor em novembro de 2007, por meio do Decreto n. 6.271.[18]

Interessante destacar a abrangência da norma internacional, aplicável a qualquer tipo de obra, seja pública ou privada, e as referências realizadas quanto aos conceitos de "construção", coincidentes com a norma regulamentar brasileira (NR-18 do MTE). Vejamos:

(a) a expressão "construção" abrange:

i) a edificação, incluídas as escavações e a construção, as transformações estruturais, a renovação, o reparo, a manutenção (incluindo os trabalhos de limpeza e pintura) e a demolição de todo tipo de edifícios e estruturas;

ii) as obras públicas, inclusive os trabalhos de escavações e a construção, transformação estrutural, reparo, manutenção e demolição de, por exemplo, aeroportos, embarcadouros, portos, canais, reservatórios, obras de prevenção contra as águas fluviais e marítimas e avalanches, estradas e auto-estradas e ferrovias, pontes, túneis, viadutos e obras relacionadas com a prestação de serviços, como comunicações, captação de águas pluviais, esgotos e fornecimentos de água e energia;

iii) a montagem e o desmonte de edifícios e estruturas à base de elementos pré-fabricados, bem como a fabricação desses elementos nas obras ou nas suas imediações;

(b) a expressão "obras" designa qualquer lugar onde sejam realizados quaisquer dos trabalhos ou operações descritos no item (a), anterior;

(c) a expressão "local de trabalho" designa todos os sítios onde os trabalhadores devem estar ou para onde devam se dirigir em virtude do seu trabalho e que se encontrem sob o controle de um empregador no sentido do item (e);

(d) a expressão "trabalhador" designa qualquer pessoa empregada na construção;

(e) a expressão "empregador" designa:

i) qualquer pessoa física ou jurídica que emprega um ou vários trabalhadores em uma obra; e

ii) segundo for o caso, o empreiteiro principal, o empreiteiro e o subempreiteiro;

(f) a expressão "pessoa competente" designa a pessoa possuidora de qualificações adequadas, tais como formação apropriada e conhecimentos, experiência e aptidões suficientes para executar funções específicas em condições de segurança. As autoridades competentes poderão definir os critérios para a designação dessas pessoas e determinar as obrigações que devam ser a elas atribuídas;

(g) a expressão "andaimes" designa toda estrutura provisória fixa, suspensa ou móvel, e os componentes em que ela se apoie, a qual sirva de suporte para os trabalhadores e materiais ou permita o acesso a essa estrutura, excluindo-se os aparelhos elevadores definidos no item (h);

(h) a expressão "aparelho elevador" designa todos os aparelhos, fixos ou móveis, utilizados para içar ou descer pessoas ou cargas;

(i) a expressão "acessório de içamento" designa todo mecanismo ou equipamento por meio do qual seja possível segurar uma carga ou um aparelho elevador, mas que não seja parte integrante do aparelho nem da carga.[19]

Sendo a preocupação com os atos preventivos uma realidade internacional, como se pode observar do art. 9º da Convenção n. 167 da OIT, que determina a prevenção "o mais rapidamente possível" dos riscos

---

[18] BRASIL. Planalto. Decreto n. 6.271, de 22 de novembro de 2007. Disponível em: <http://www.planalto.gov.br/ccivil_03/_Ato2007-2010/2007/Decreto/D6271.htm>. Acesso em: mar.2014.
[19] BRASIL. Planalto. Decreto n. 6.271, de 22 de novembro de 2007. Disponível em: <http://www.planalto.gov.br/ccivil_03/_Ato2007-2010/2007/Decreto/D6271.htm>. Acesso em: mar.2014.

passíveis de surgir no local de trabalho, a necessidade de evitar-se posições e movimentos excessiva e desnecessariamente extenuantes, por meio de organização das tarefas levando em conta a segurança e saúde dos trabalhadores, com utilização adequada dentro das normas de segurança quanto aos materiais e produtos utilizados, adoção de métodos de trabalho que visem à proteção do trabalhador contra efeitos nocivos dos agentes físicos, químicos e biológicos.

Todos esses itens constantes na norma internacional foram minuciosamente desenvolvidos na NR-18 do MTE, muito antes da Convenção n. 167 da OIT ser promulgada, como se observa nos itens 18.1.1 e 18.1.3:

> **18.1.1** Esta Norma Regulamentadora — NR estabelece diretrizes de ordem administrativa, de planejamento e de organização, que objetivam a implementação de medidas de controle e sistemas preventivos de segurança nos processos, nas condições e no meio ambiente de trabalho na Indústria da Construção.
>
> (...)
>
> **18.1.3** É vedado o ingresso ou a permanência de trabalhadores no canteiro de obras, sem que estejam assegurados pelas medidas previstas nesta NR e compatíveis com a fase da obra.[20]

Dentro dessa perspectiva é necessário que o dono da obra ou construtor, antes mesmo de iniciá-la comunique sua intenção às autoridades da Superintendência do Trabalho e Emprego (item 18.2.1 da NR-18 MTE), não só por causa da fiscalização, mas também para fins de melhor orientação das instalações e formas de prevenção de acidentes, destaca-se novamente, em cada fase da obra, sendo obrigatória a apresentação e efetiva execução de um plano de prevenção (PCMAT, item 18.3 da NR-18 do MTE).

Como se pode observar da simples leitura da norma regulamentar, em razão da alta periculosidade do meio ambiente da construção civil, extremamente hostil para a vida humana, qualquer falha do empregador em cada fase pode custar a vida do empregado, e, por essa razão, esse é um dos meio ambiente de trabalho mais preocupantes, inclusive pela baixa escolaridade dos trabalhadores que se ativam no canteiro de obras.

Apenas a título de exemplificação citamos alguns itens de prevenção contidos na NR-18: a necessidade de que as escavações com mais de 1,25m (um metro e vinte e cinco centímetros) de profundidade devam dispor de escadas ou rampas, colocadas próximas aos postos de trabalho, a fim de permitir, em caso de emergência, a saída rápida dos trabalhadores; na operação de desmonte de rocha a fogo, fogacho ou mista, deve haver um *blaster*, responsável pelo armazenamento, preparação das cargas, carregamento das minas, ordem de fogo, detonação e retirada das que não explodiram, destinação adequada das sobras de explosivos e pelos dispositivos elétricos necessários às detonações; as lâmpadas de iluminação da carpintaria devem estar protegidas contra impactos provenientes da projeção de partículas e o piso deve ser resistente, nivelado e antiderrapante, com cobertura capaz de proteger os trabalhadores contra quedas de materiais e intempérie; é proibida a existência de pontas verticais de vergalhões de aço desprotegidas; é obrigatória a instalação de rampa ou escada provisória de uso coletivo para transposição de níveis como meio de circulação de trabalhadores; os vãos de acesso às caixas dos elevadores devem ter fechamento provisório de, no mínimo, 1,20m (um metro e vinte centímetros) de altura, constituído de material resistente e seguramente fixado à estrutura, até a colocação definitiva das portas, dentre outras.

Como se pode observar, essas são medidas simples que, quando rigorosamente observadas, protegem a vida do trabalhador.

Em síntese, o meio ambiente do trabalho faz parte do meio ambiente enquanto direito fundamental (art. 200, VIII, CF), que deve ser protegido até mesmo por dever contratual (art. 2º e 157, inciso I, da CLT), sendo pertencente a um ou mais empregadores o meio ambiente da construção/obra/canteiro, esta atrai a

---

(20) BRASIL. Ministério do Trabalho e Emprego. Norma Regulamentar n. 18. Disponível em: <http://portal.mte.gov.br/data/files/8A7C-812D3226A41101323B2D85655895/nr_18.pdf>. Acesso em: mar.2014.

responsabilidade objetiva em dois aspectos jurídicos: por eventualmente poluir (art. 225, § 3º, da CF) e pelo desenvolvimento de atividade normalmente arriscada ou sujeita a risco (Convenção n. 167, art. 8º, I, da OIT, ratificada pelo Brasil, arts. 2º e 155 e seguintes da CLT e art. 927, parágrafo único, CC) com emprego de pessoas ou utilização de prestadores de serviços, ainda que de modo indireto, com utilização de empresas interpostas.

5 CONSIDERAÇÕES FINAIS

O meio ambiente do trabalho é um direito fundamental de terceira dimensão, inserto na Constituição da República de 1988, no art. 200, inciso VIII, mas mesmo antes da lei fundamental de 1988, o meio ambiente do trabalho já era uma preocupação do Estado Brasileiro, como se pode observar no Estatuto da Terra (1964) e na própria Consolidação do Trabalho (a partir da década de 70).

Dentro da teoria argumentativa de Robert Alexy demonstramos que a decisão da Corte Constitucional acerca da competência privativa da União para editar normas sobre o meio ambiente do trabalho tendo como ponto universalizável o fato de que nenhum Estado da federação pode regulamentar a inspeção do trabalho, nem ao menos atribuir conceitos ao que vem a ser meio ambiente do trabalho, como forma de universalização das regras para toda a federação, evitando a insegurança jurídica para as empresas que atuarem em diversos Estados da federação.

Além disso, dentro da construção civil houve a necessidade de regulamentação das normas de prevenção de acidentes, o que foi realizado em 1978 (NR-18) pelo Ministério do Trabalho e Emprego, com sua comissão especializada de peritos, autorizada nos termos do art. 200 da CLT, com redação dada pela Lei n. 6.514, de 22.12.1977 e recepcionada pela Constituição da República de 1988. E mesmo depois dessa regulamentação, no plano internacional há toda uma preocupação com o ambiente de trabalho da construção civil, o que culminou na promulgação da Convenção n. 167 da OIT, ratificada pelo Brasil e promulgada no plano interno em novembro de 2007, por meio do Decreto n. 6.271.

Por fim, e levando em consideração toda a argumentação exposta, concluímos que a responsabilidade pelo meio ambiente de trabalho da construção civil é objetiva com base no art. 225, § 3º, da Constituição da República de 1988, mas também com fundamento no fato de a atividade ser classificada como de risco normal, e nesse caso, ainda, acentuado (art. 927 do CC, parágrafo único).

6 REFERÊNCIAS BIBLIOGRÁFICAS

ALEXY, Robert. *Teoria da argumentação jurídica:* a teoria do discurso racional como teoria da justificação jurídica. Trad. Zilda Hutchinson Shild Silva. São Paulo: Landy, 2001.

ATIENZA, Manuel. *As razões do direito: teorias da argumentação jurídica (Perelman, Toulmin, Mac Cormick, Alexy e outros).* Trad. Maria Cristina Guimarães Cupertino. São Paulo: Landy, 2000.

BOBBIO, Norberto. *A era dos direitos.* Trad. Carlos Nelson Coutinho. 16 tir. Rio de Janeiro: Campus, 1992.

BONAVIDES, Paulo. *Curso de direito constitucional.* 13 ed., ver. e atual. São Paulo: Malheiros, 2003.

BRASIL. Planalto. *Decreto n. 6.271, de 22 de novembro de 2007.* Disponível em: <http://www.planalto.gov.br/ccivil_03/_Ato2007-2010/2007/Decreto/D6271.htm>. Acesso em: mar.2014.

BRASIL. Ministério do Trabalho e Emprego. *Norma Regulamentar n. 18.* Disponível em: <http://portal.mte.gov.br/data/files/8A7C812D3226A41101323B2D85655895/nr_18.pdf>. Acesso em: mar. 2014.

COLNAGO, Elizabeth de Mello Rezende. Sustentabilidade ambiental e suas dimensões social, econômica e jurídica. In: COLNAGO, Lorena de Mello Rezende; ALVARENGA, Rúbia Zanotelli de. *Direitos humanos e direito do trabalho.* cap. 8, São Paulo: LTr, 2013.

DALLEGRAVE NETO, José Affonso. *A força vinculante das Normas Regulamentadoras do Ministério do Trabalho e Emprego (NRs do MTE) e o Anexo II da NR-17*. Disponível em: <http://portal2.trtrio.gov.br:7777/pls/portal/docs/PAGE/GRPPORTALTRT/PAGINAPRINCIPAL/JURISPRUDENCIA_NOVA/REVISTAS%20TRT-RJ/48/16_REVTRT48_JOSE%20AFFONSO.PDF>. Acesso em: mar. 2014.

DWORKIN, Ronald. *O império do direito*. Trad. Jefferson Luiz Camargo. São Paulo: Martins Fontes, 1999.

FERRAZ JR., Tércio Sampaio. *Introdução ao estudo do direito*: técnica, decisão, dominação. 4 ed. São Paulo: Atlas, 2003.

GALUPPO, Marcelo Campos. *Igualdade e diferença*: Estado Democrático de Direito a partir do pensamento de Habermas. Belo Horizonte: Mandamentos, 2002.

HERKENHOFF, João Batista. *Gênese dos direitos humanos*. 2. ed. São Paulo: Santuário, 2002.

MAESTRI, Mário. *Breve história da escravidão*. Porto Alegre: Mercado Aberto, 1986.

MARTÍNEZ, Gregório Peces-Barba. *Curso de derechos fundamentales:* teoría general. Madrid: Universidade Carlos III de Madrid, 1999.

MARTINS, Adriano Vidigal. O licenciamento ambiental sob a ótica do federalismo cooperativo. *Revista de Direito e Política*. São Paulo, ano IV, v. XII, p. 179-203, jan./mar. 2007.

PERELMAN, Chaim. *Ética e direito*. Trad. Maria Ermantina Galvão. São Paulo: Martins Fontes, 2000.

_____. *Retórica*. Trad. Maria Ermantina Galvão. São Paulo: Martins Fontes, 1999.

_____. *Tratado da argumentação:* a nova retórica. Trad. Maria Ermantina Galvão. 1. ed. São Paulo: Martins Fontes, 2000.

RODRIGUES, Eder Bomfim. Da igualdade na Antiguidade clássica à igualdade e as ações afirmativas no Estado Democrático de Direito. *Jus Navigandi*, Teresina, ano 10, n. 870, 20 nov. 2005. Disponível em: <http://jus2.uol.com.br/doutrina/texto.asp?id=7610>. Acesso em: 27 abr. 2007.

TEPEDINO, Gustavo. A nova propriedade: o seu conteúdo mínimo entre o Código Civil, a legislação ordinária e a Constituição. *Revista Forense*, v. 306, p. 73-78, maio/jun./jul. 1989, p.75-76.

A REGULAMENTAÇÃO DO ESTRESSE RELACIONADO AO TRABALHO NA ITÁLIA[(*)]

Lorenzo Fantini[(**)]

1. VALORAÇÃO DOS RISCOS E ESTRESSE RELACIONADO AO TRABALHO NO "TEXTO ÚNICO" DA SAÚDE E SEGURANÇA DO TRABALHO

O estresse relacionado com o trabalho é o segundo problema mais frequente de saúde ligado à atividade laboral na União Europeia; se estima que, em 2005, mais de 20% dos trabalhadores dos 25 Estados-membros da União Europeia acreditam que estão com a saúde em risco por causa do estresse no trabalho[(1)].

As previsões para o futuro são ainda piores, uma vez que o número de pessoas que sofrem com o estresse ligado à atividade laboral deve aumentar; além disso, a Organização Mundial de Saúde considera que, até 2020, a depressão se tornará a principal causa de incapacidade para o trabalho[(2)].

Em relação a esse grande 'impacto' sobre o mundo do trabalho em temas ligados à prevenção ou à eliminação (ou redução, se for impossível tal eliminação) do estresse, da organização do trabalho a União Europeia interveio mediante um instrumento jurídico diferente da Diretiva, fonte usual em matéria de segurança do trabalho, favorecendo a adoção — ocorrida em 8 de outubro de 2004, por meio do acordo sindical europeu sobre estresse relacionado ao trabalho e deixando a cada um dos Estados-membros da União Europeia a escolha, seja do instrumento (lei, provimento administrativo, acordo sindical), seja da modalidade de atuação das previsões contidas em tal documento.

A Itália optou por uma atuação do conteúdo do acordo europeu sobre estresse relacionado ao trabalho, de 8 de outubro de 2004, por meio de um ato com força de lei, qual seja, o Decreto Legislativo n. 81, de

---
(*) Tradução livre realizada por Valdete Souto Severo, juíza do trabalho do TRT-4 (RS).
(**) Avvocato giuslavorista, Dirigente delle divisioni salute e sicurezza del Ministero del lavoro e delle politiche sociali negli anni 2003-2013, più volte rappresentante italiano in comitati e commissioni a livello europeo ed internazionale.
(1) Cfr. Fundação Europeia para a melhoria das condições de vida e de trabalho, *Fourth European Working Conditions Survey,* Luxemburgo, 2007, disponível no site <http://osha.europa.eu>.
(2) Cfr. Comunicação da Comissão ao Parlamento Europeu, ao Conselho, ao Comitê Econômico e Social e ao Comitê das Regiões, *Migliorare la qualità e la produttività sul luogo di lavoro: strategia comunitaria 2007-2012 per la salute e la sicurezza sul luogo di lavoro,* consultabili sul sito <http://osha.europa.eu>.

9 de abril de 2008, e sucessivas modificações e integrações, a seguir indicados como 'texto único' da saúde e segurança do trabalho ou DL n. 81/2008. Essa escolha, muito significativa, conquista ainda maior importância, se considerarmos que a regulamentação sobre estresse relacionado ao trabalho está intimamente conectada com a mais importante das atividades de prevenção previstas no 'texto único': a avaliação dos riscos do trabalho.

Essa obrigação é considerada de tal forma relevante no ordenamento jurídico italiano que o legislador italiano previu expressamente o que corresponde à sua violação — como expressamente estabelece o art. 17 do DL n. 81/2008, que qualifica tal incumbência como "indelegável" pelo empregador a outro sujeito — ou seja, responde unicamente, em termos jurídicos e sancionatórios, o empregador.

Na verdade, a avaliação dos riscos já no DL n. 626/1994 constituía, em alguma medida, o *prius* de todas as incumbências em relação às quais o mesmo empregador (e com ele os outros sujeitos que participam do programa de prevenção na empresa, *in primis* o Responsável pelo Serviço de Prevenção e Proteção e o Médico Competente) se via obrigado, ao **representar o programa de todas as iniciativas que devem ser adotadas numa ótica de redução/minimização dos riscos ali situados.** Em plena continuidade com tal normativa, o DL n. 81/2008 define em seu art. 2º, § 1º, letra *q*, a "avaliação dos riscos" como segue: "avaliação global e documentada de todos os riscos para a saúde e segurança dos trabalhadores incluídos no âmbito da organização na qual realizam sua atividade (...)". Desse modo, a escolha por uma consideração 'onicompreensiva' dos riscos da avaliação na empresa parece, portanto, ser eficazmente reafirmada e, como se dizia, normativamente reforçada pelo uso de posteriores adjetivos (a avaliação é definida como "global" e "documentada"), que parecem evidentemente militar em favor de uma abordagem de avaliação penetrante e extensa[3].

Então, o art. 28 reproduz o princípio — que não tolera limitações (por exemplo, interpretações, que a seguir serão expostas, relativas ao alcance das obrigações do empregador em matéria de saúde e segurança do trabalho) — da **necessidade de avaliar todos os riscos que podem surgir no desenvolvimento da atividade empresarial, qualquer que seja o tipo do risco, com a condição exclusiva de que esse risco seja relacionado à atividade que se desenvolve (ou se desenvolverá) no contexto laboral.**

A respeito disso, vai novamente sublinhado como o art. 28, § 1º, última parte, do DL n. 81/2008 dispõe que a avaliação dos riscos (e a respectiva documentação disso) devem considerar **'todos os riscos'** presentes no ambiente de trabalho. Com tal expressão, o Legislador pretendeu reafirmar que a atividade de avaliação dos riscos deve compreender cada fator de perigo para a saúde e segurança do trabalho do 'trabalhador', tal qual definido no art. 2º do DL n. 81/2008, incluindo os riscos denominados 'emergentes'[4], como tais compreendidos os riscos ligados à organização do trabalho e às incidências dessa mesma organização sobre a saúde e segurança dos trabalhadores. Realmente, com o objetivo de evidenciar a antes referida 'onicompreensão' da avaliação dos riscos, o art. 28, § 1º, do 'texto único' individualiza alguns fatores de risco que devem ser necessariamente observados e eliminados pelo empregador, dando, ao mesmo tempo, evidência e incluindo expressamente no referido documento, o risco do estresse ligado ao trabalho.

Tal individualização só pode ser indicativa da necessidade — puramente prática — de dar evidência nos documentos de avaliação dos riscos pelos empregadores públicos e privados a determinados fatores de risco até agora pouco considerados pelas empresas e pelas administrações públicas italianas, mantendo a

---

(3) Sobre o significado dos adjetivos *globale* e *documentata* cfr. P. PASCUCCI, *3 agosto 2007 — 3 agosto 2009*, 176.
(4) Como argumenta A. ANTONUCCI, *Il rischio da stress lavoro-correlato*, il *Il nuovo testo unico di salute e sicurezza sul lavoro*, a cura di M. TIRABOSCHI e L. FANTINI, Giuffrè, 2009, define-se risco emergente qualquer risco profissional novo ou majorado. Um risco novo é um *rischio non esisteva in precedenza oppure che un aspetto già noto da tempo viene ora considerato un rischio alla luce delle nuove acquisizioni scientifiche o delle percezioni dell'opinione pubblica*. Um risco se diz majorado quando *il numero dei pericoli che conducono al rischio è in aumento oppure è in aumento la probabilità dell'esposizione oppure l'effetto del pericolo sulla salute dei lavoratori si sta aggravando* (cfr. Agenzia Europea per la sicurezza e la salute sul lavoro, Facts n. 84, *Le previsioni degli esperti sui rischi chimici emergenti relativi alla sicurezza e alla salute sul lavoro*; Facts n. 74, *Le previsioni degli esperti sui rischi psicosociali emergenti relativi alla sicurezza e alla salute sul lavoro*; Facts n. 68 *Le previsioni degli esperti sui rischi biologici emergenti per la salute e la sicurezza sul lavoro* e Facts n. 60 *La previsione degli esperti sui rischi fisici emergenti per la sicurezza e la salute sul lavoro*, disponível em: <http://osha.europa.eu>).

cargo do empregador a obrigação de avaliar — em observância das disposições contidas no art. 2.087 do Código Civil[5] — sem nenhuma exceção e em relação a todos os trabalhadores, todos os riscos do trabalho[6].

De fato, a jurisprudência — tanto cível quanto penal — aplica em matéria de saúde e segurança o conhecido princípio da 'máxima segurança tecnologicamente possível', entendido como objetivo a que o empregador deve constantemente mirar e que — pela natureza 'elástica' da norma referida (o citado art. 2.087 do Código Civil), considerada por isso mesmo uma 'cláusula pétrea' do ordenamento contra infortunística do trabalho — impõe ao empregador a realização de todas as medidas que, mesmo não sendo expressamente previstas e contempladas na lei ou nos atos normativos secundários, sejam de qualquer modo necessárias para garantir a segurança e a saúde dos trabalhadores[7].

Desse modo, unicamente para citar uma recente decisão (mas, se repete, a orientação deve ser considerada pacífica na jurisprudência), assinala-se a sentença da Corte de Cassação Trabalhista n. 2626, de 5 de fevereiro de 2004[8]. Nela, consta o que segue: *"La sentenza impugnata risulta rispettosa dei principi più volte affermati in materia da questa S.C. e dal giudice delle leggi (C.Cost. n. 399\96), secondo cui seppure è vero che l'art. 2087 c.c. non introduce una responsabilità oggettiva del datore di lavoro, è altrettanto vero che, per la sua natura di **norma di chiusura del sistema di sicurezza**, esso obbliga il datore di lavoro non solo al rispetto delle particolari misure imposte da leggi e regolamenti in materia anti infortunistica, ma anche all'adozione di tutte le altre misure che risultino, secondo la particolarità del lavoro, l'esperienza e la tecnica, necessarie a tutelare l'integrità fisica dei lavoratore (...) (ex plurimis, Cass. n. 19494\09, Cass. n. 3786\09)".*

É reconhecido que o art. 28, § 1º, do DL n. 81/2008 — que, se repete, inclui o estresse ligado ao trabalho expressamente entre os fatores de risco laboral a serem avaliados pelo empregador — fez surgir, entretanto, em um primeiro momento, diversos problemas interpretativos e aplicativos, determinados principalmente pelo fato de que, tanto o acordo europeu de 8 de outubro de 2004, quanto o acordo interconfederativo italiano de 9 de junho de 2008, fornecem critérios e parâmetros muito genéricos para poderem determinar a necessidade de uma obrigação sancionada penalmente (conforme art. 55 do 'texto único'). Isso, seja com relação às indicações metodológicas operativas, necessárias à atividade de avaliação dos riscos do estresse, seja no que concerne às medidas destinadas a prevenir, reduzir e eliminar os problemas de estresse no trabalho.

Essas são as razões que induziram o legislador a procrastinar a vigência da obrigação prevista, inicialmente para 16 de maio de 2009[9] e, então, para 1º de agosto de 2010, e que fizeram com que, ao final, fosse previsto um posterior adiamento do prazo para 31 de dezembro de 2010, inicialmente com o DL n. 78, de 31 de maio de 2010, com referência somente à administração pública e, enfim, com a Lei n. 122/2010, em que foi convertido o citado DL, relativamente a toda a realidade produtiva, pública ou privada.

2 AS INDICAÇÕES DA COMISSÃO CONSULTIVA SOBRE O ESTRESSE LIGADO AO TRABALHO

Para resolver tais problemáticas interpretativas e de aplicação, o DL n. 106/2009 (chamado 'corretivo' ao DL n. 81/2008), reconhecendo o contexto de uma discussão mais ampla sobre o assunto entre os parcei-

---

(5) O qual estabelece: *L'imprenditore e tenuto ad adottare nell'esercizio dell'impresa le misure che, secondo la particolarità del lavoro, l'esperienza e la tecnica, sono necessarie a tutelare l'integrità fisica e la personalità morale dei prestatori di lavoro.*
(6) Cass., 2 maggio 2000, n. 5491, in *LG*, 2000. p. 830, com nota de NUNIN, citada por GUARDAVILLA-FRIGERI, *Le indicazioni della Commissione consultiva sulla valutazione del rischio da stress lavoro-correlato — Considerazioni metodologiche e giurisprudenza della Cassazione in materia*, in www.amblav.it., ed *ivi* ulteriori riferimenti giurisprudenziali.
(7) Assim, dentre tantas, Cass. Pen., sez. IV, 11 agosto 2010, n. 31679; Cass. Pen., sez. IV, 12 febbraio 2009, n. 6195; Cass. Pen., sez. IV, 8 ottobre 2008, n. 39888; pelo mérito e por tudo: Trib. Milano, 14 aprile 2011.
(8) Disponível em: Olympus.uniurb.it. Cfr., no mesmo *site* e apenas entre as mais recentes, Cass. civ., 20 maggio 2013, n. 12244, e Cass. pen., sez. IV, 28 gennaio 2013, n. 4206.
(9) A disposição legislativa que fez retardar a vigência dessa obrigação a 16 de maio de 2009 é o art. 32, § 2º, do DL n. 30 dicembre 2008, n. 207, convertido na Lei n. 27 febbraio 2009, n. 14. Entretanto, anota-se que o art. 4, § 2-*bis*, do DL n. 3 giugno 2008, n. 97 já tinha postergado a vigência da obrigação para 1º de janeiro de 2009.

ros sociais durante o ano de 2009, confiou expressamente à Comissão consultiva permanente para a saúde e segurança do trabalho, prevista no art. 6 do DL n. 81/2008, a incumbência de 'elaborar as indicações necessárias para a avaliação do risco do estresse relacionado ao trabalho" (nesse sentido o art. 6, § 8º, letra "m-*quarter*" do 'texto único'), cuja observância garante o correto adimplemento da obrigação em questão.

A entrada em vigor da avaliação do risco do estresse ligado ao trabalho decorreu "da elaboração das referidas indicações e, portanto, também em razão de tal elaboração, que entrará em vigor em 1º de agosto de 2010" (art. 28, § 1-bis, do DL n. 81/2008, modificado pelo DL n. 106/2009). Período já definitivamente transcorrido em 31 de dezembro de 2010, com a consequente plena operacionalidade da normativa.

A comissão consultiva para a saúde e segurança do trabalho realizou — por meio de um grupo *ad hoc* (que se reuniu várias vezes no curso do ano de 2010) — a discussão e a elaboração do documento previsto no citado art. 28, § 1-bis, do 'texto único', observando, em particular, a proposta pedagógica das Regiões e do ISPESL (ente hoje partícipe da INAIL), em grande medida influenciado pela experiência inglesa[10].

Deve ser sublinhado, entretanto, que os trabalhos da Comissão foram sobretudo dirigidos, mais do que a individualizar as orientações científicas mais recorrentes, a permitir aos sujeitos obrigados a terem a sua disposição um "guia prático" seguro e simples, que lhes indicasse o que é necessário fazer para respeitar as previsões vigentes e não incorrer em possíveis sanções.

Antes mesmo da entrada em vigor da lei (o que ocorreu, como se disse, em 31 de dezembro de 2010), após ampla e articulada discussão sobre o tema, a **Comissão consultiva para a saúde e segurança do trabalho aprovou, em 17 de novembro de 2010, as indicações exigidas pela lei.** Essas indicações foram imediatamente divulgadas[11] pelo Ministério do Trabalho e a notícia da aprovação das indicações foi também publicada pelo 'Diário Oficial', em 30 de dezembro de 2010. Desse modo, foi fornecida uma atuação pontual em relação ao que dispõe o art. 28, § 1-bis, do 'texto único'; por consequência, a aplicação, embora efetiva e sem prazo de carência, importa, **quando impõe ao empregador a adoção de medidas coerentes com as indicações da Comissão consultiva, o respeito aos deveres previstos na Lei, relativos à obrigação de avaliar o estresse no ambiente de trabalho.**

Sem pretender fazer uma análise aprofundada, obviamente impossível no âmbito deste estudo, do conteúdo do documento, parece oportuno operar um sintético resumo de alguns de seus elementos fundamentais, do ponto de vista jurídico, com o objetivo de desenvolver algumas breves considerações sobre a atuação dos indicativos e sobre as perspectivas de desenvolvimento da avaliação do estresse relacionado ao trabalho na Itália.

Em particular, se sublinha que:

a) a avaliação do estresse relacionado ao trabalho alcança todas as empresas, sem limites dimensionais e sem exceções ligadas à natureza (por exemplo, pública ou privada) ou à tipologia da atividade empresarial. Tal circunstância, óbvia se se considera que a obrigação de avaliação dos riscos alcança todas as empresas, fez com que a Comissão individualizasse um procedimento particularmente simples, destinado a uma utilização ampla e direcionado mesmo às empresas que não estão necessariamente munidas de uma estrutura que tenha específica competência sobre o tema. **Se trata, portanto, de uma metodologia aplicável a todas as formas de organização de trabalho**, independentemente de sua dimensão, e que tem o objetivo de permitir um primeiro reconhecimento dos indicadores e dos fatores de risco do estresse relacionado ao trabalho em todos os locais de trabalho. Realmente, como se lê nas indicações metodológicas, "*la valutazione del rischio da stress lavoro-correlato è parte integrante della valutazione dei rischi e viene effettuata*

---

(10) <www.ispesl.it>.
(11) O Ministério do Trabalho e da Política Social recebeu as indicações em carta circular e a publicou no próprio site <www.lavoro.gov.it>, na sessão *sicurezza nel lavoro*, já em 18 de novembro de 2010.

(come per tutti gli altri fattori di rischio) dal datore di lavoro avvalendosi del Responsabile del Servizio di Prevenzione e Protezione (RSPP) con il coinvolgimento del medico competente, ove nominato, e previa consultazione del Rappresentante dei Lavoratori per la Sicurezza (RLS/RLST)". Portanto, se confirma integralmente o acerto da regra de prevenção nos ambientes de trabalho, não se configurando, em particular, a possibilidade de uma consulta sindical *ad hoc* sobre o estresse relacionado ao trabalho, nem a ampliação do campo de aplicação dos princípios da vigilância sanitária, a qual permanece delimitada à aplicação dos princípios previstos no art. 41 do 'texto único' de saúde e segurança do trabalho.

Assim, se confirma integralmente o planejamento existente na prevenção dos ambientes de trabalho, não se configurando, em particular, a possibilidade de uma consulta sindical *ad hoc* sobre o estresse causado pelo trabalho, nem a ampliação do campo de aplicação da vigilância sanitária, o qual permanece delimitado à aplicação dos princípios do art. 41 do 'texto único' sobre saúde e segurança do trabalho.

a) A avaliação diz respeito — como, aliás, previsto literalmente no art. 28, § 1º, do DL n. 81/2008 — a um "grupos de trabalhadores" exposto, de forma homogênea, ao estresse relacionado ao trabalho, e não ao trabalhador individualmente considerado, o qual poderia ter uma particular percepção das condições de trabalho. Daí deriva que a primeira atividade do empregador (e de qualquer um que com ele colabore) será a de identificar — considerando as atividades que se desenvolvem em concreto no ambiente de trabalho — um ou mais grupos de trabalhadores, em relação aos quais possa aplicar a metodologia escolhida. Essa individualização, reservada à escolha do empregador, poderá ser simples[12] ou não[13], conforme haja exposição mais ou menos "homogênea" dos trabalhadores aos mesmos riscos de trabalho. Nesse contexto, a situação individual de sofrimento, que não decorre da organização do trabalho, mas sim de fatores individuais (problemas de um indivíduo trabalhador, relacionados ao trabalho) não é objeto de avaliação de riscos, impondo, caso seja necessário, conforme dispõe o art. 2.087 do Código Civil, uma intervenção específica de iniciativa do empregador ou da própria empresa. Isso é plenamente coerente com o que impõe o acordo europeu que distingue expressamente o estresse relacionado ao trabalho das situações de um isolado desajuste laboral, e, em particular, do *mobbing* (assédio moral).

b) O documento da Comissão consultiva prevê uma "fase preliminar", que deve ser necessariamente realizada em todas as realidades laborais, a qual pode concluir pela identificação de uma situação do risco irrelevante ou abaixo do estresse relacionado ao trabalho, circunstância diante da qual nenhuma intervenção corretiva é, obviamente, exigida do empregador, sendo ele obrigado unicamente a referir, no documento de avaliação dos riscos e a prever a monitoração de tal risco, da mesma forma como deve agir em relação a qualquer outro risco de trabalho. Em sentido contrário, quando da análise empreendida na fase preliminar dos indicadores dos grupos I, II e III transpareça um risco significativo ou elevado de estresse relacionado ao trabalho, o documento opera uma precisa escolha de campo, privilegiando a necessidade de que o empregador proceda imediatamente à correção da situação crítica que transparece da avaliação. Assim, as indicações impõem, realmente, ao empregador, empreender *"ao planejamento e atuação das oportunas intervenções corretivas (por exemplo, intervenções organizativas, técnicas, procedimentais, comunicativas, etc.)"*. A precisa escolha de campo operada a partir das indicações — as quais não foram limitadas à modalidade de intervenção do empregador em caso de problemas organizativos legais constatados, relacionados ao estresse causado pelo trabalho — constitui uma das mais impor-

---

(12) Pode-se pensar, por exemplo, em uma empresa que tenha apenas empregados burocráticos e que poderá então identificar apenas um grupo de trabalhadores, identificado como empregados de escritório.

(13) Imagine-se, por exemplo, uma empresa de transporte, que poderá identificar dois grupos homogêneos de trabalhadores, um para a atividade de escritório, e um para a de transporte, ou, ainda, diversos grupos homogêneos, um para atividade de escritório, um para atividade de transporte e um para a de movimentação manual de cargas e assim por diante.

tantes interrogações relativas à eficácia da metodologia individualizada pela Comissão consultiva. Realmente, se de um lado a "liberdade" deixada aos operadores constitui uma assunção de responsabilidade (por omissão de intervenção) por que, apesar de perceber evidências ligadas ao estresse no ambiente de trabalho objeto de análise, não intervem ou não intervem de modo adequado, de outro lado permite apenas criar hipóteses de prevalência de algumas soluções no lugar de outras. Desse modo, informações preciosas podem emergir do monitoramento do "impacto" das indicações sobre avaliação dos riscos, previsto — ao final de 48 meses da entrada em vigor das indicações — expressamente da Comissão consultiva e, entretanto, no momento, ainda não iniciada.

c) As indicações preveem que, se apesar da tentativa de correção operada, o êxito da sucessiva (e necessária) verificação, não revelar ter havido o efeito positivo esperado, o empregador deve ativar a fase assim chamada "eventual", a qual corresponde a uma metodologia de maior complexidade em relação à primeira e que: *"prevede la valutazione della percezione soggettiva dei lavoratori, ad esempio attraverso differenti strumenti quali questionari, focus group, interviste semi-strutturate, sulle famiglie di fattori/indicatori"* do risco, sempre tendo em vista um grupo homogêneo de trabalhadores. Nesta segunda fase, considerando que se trata de aprofundar a "percepção" que o grupo homogêneo tem no ambiente de trabalho, pode ser mais que oportuno o suporte de uma figura (ex. psicóloga/o), com capacidade de utilizar corretamente, seja os instrumentos de referência (devemos pensar, sobretudo nos questionários), sejam os resultados que se extraem desses instrumentos[14].

É, de outro lado, opinião do autor que a utilização das metodologias que as indicações reservam à fase 'eventual' da avaliação do risco do estresse relacionado ao trabalho, pode ser decidida pelo empregador, inclusive em relação à fase chamada 'preliminar' dessa mesma avaliação; isso, é de compreender-se não apenas permitido mas mesmo aconselhável, na medida em que os resultados da avaliação "preliminar" e as tentativas de tomar as medidas corretivas, não são adequadamente claros e eficazes em termos de prevenção do estresse relacionado com o trabalho. Nesse sentido, se pronunciou a Comissão ministerial, em resposta a um quesito dos questionamentos em matéria de saúde e segurança do trabalho, constituída e operante, em atuação do que dispõe o art. 12 do 'texto único' de saúde e segurança do trabalho, junto ao Ministério do Trabalho e das políticas sociais.

3 BREVES OBSERVAÇÕES JURÍDICAS SOBRE A OBRIGAÇÃO DE AVALIAR E PREVENIR O ESTRESSE LIGADO AO TRABALHO NA ITÁLIA

Em relação a essa ampla discussão doutrinária[15] que se seguiu à aprovação das indicações sobre o estresse relacionado ao trabalho, por parte da Comissão consultiva, parece oportuno realizar algumas breves reflexões, seja em relação à relevância da inovação introduzida do 'texto único', seja em relação às possíveis futuras consequências. Antes de tudo, tendo em vista a generalizada tendência a discutir conjuntamente os temas (embora evidentemente conexos) diversos entre eles, entre os quais o estresse, os riscos psicossociais e o assédio moral, é sublinhado, como objeto de comentário, que o texto único diz unicamente com a avaliação do estresse relacionado ao trabalho, que o legislador considerou — por uma precisa escolha de polí-

---
(14) Nesse sentido, parece interessante a tentativa do documento de detalhar os procedimentos a serem utilizados na segunda fase em relação às empresas que possuem até cinco empregados, os quais podem escolher modalidades de avaliação diversas (ou seja, simplicadas) das usuais — entre as quais, especialmente reuniões diretamente com os trabalhadores — desde que garantam *"il coinvolgimento diretto dei lavoratori nella ricerca delle soluzioni e nella verifica della loro efficacia"*.

(15) Por todos, remete-se a P. LAMBERTUCCI, *Sicurezza sul lavoro e rischi psico-sociali: profili giuridici*, in Diritti Lavori Mercati, 2010, 347 ss.; C. FRASCHERI, *Il rischio da stress lavoro-correlato*, Roma, 2011; F. MALZANI, *Le nuove frontiere del danno alla salute: il rischio da stress lavoro-correlato*, in *Note informative*, n. 51, 2011, 1 ss.. Também sinalam-se os atos do *Convegno Stress e lavoro; correlazioni, attualità, problematiche e prospettive future* junto à Università La Sapienza di Roma, em 7-8 de junho de 2011, publicadas no MGL, n. 1/2012.

tica legislativa — como merecedora de um tratamento particular (art. 28, § 1º, do Decreto-lei n. 81/2008) prevendo um procedimento específico de avaliação, individualizado por indicações metodológicas da Comissão Consultiva, a qual determina a presunção do respeito à obrigação de avaliação do risco *in parte qua*.

Tal circunstância é ulteriormente confirmada pela inequívoca expressão contida no ponto 2 do Acordo Europeu sobre estresse relacionado ao trabalho[16] no qual consta: *"Pur riconoscendo che le molestie psicologiche nei posti di lavoro sono potenziali elementi di stress legati al lavoro e che le parti sociali dell'UE, nel programma di lavoro 2003-2005 del dialogo sociale, esploreranno la possibilità di negoziare uno speciale accordo su tali temi, questo accordo non tratta di violenza, mobbing e stress post-traumatico"*; disso se extrai que por enquanto nenhuma remissão expressa existe no "texto único", em relação à avaliação do risco de mobbing, violência no trabalho, riscos psicossociais ou comportamentais similares. Portanto, não existem dados normativos pelos quais se possa dizer que a avaliação dos riscos do trabalho deva necessariamente considerar tais *fattispecie*, as quais — por outro lado — bem dificilmente poderiam na realidade ser objeto de reconhecimento e avaliação eficaz (de acordo com a lógica da análise e da ação consequente, típica das diretivas europeias sobre saúde e segurança e do "texto único") em face das dificuldades que continuam mesmo na mesma definição precisa dos fenômenos relacionados a cada um dos citados contextos[17].

Portanto, **a violação da obrigação de considerar o estresse relacionado ao trabalho a partir da avaliação dos demais riscos revela exatamente como é falha ou incompleta a consideração de qualquer outro fator de risco** (pense-se, por exemplo, no risco pelo uso de produtos químicos ou pelo uso constante de computadores), de acordo com o disposto no art. 55 do "texto único" sobre saúde e segurança no trabalho.

Do mesmo modo, se da omissão ou incompleta avaliação de risco derivar uma patologia no empregado, ele pode pretender o relacionamento da doença com o trabalho realizado, para que lhe seja reconhecido o direito ao tratamento, no caso de doença profissional. No entanto, sobre isso temos de concluir que atuam a esse respeito as regras "ordinárias" para o reconhecimento da doença profissional e, no caso de reconhecimento da própria doença como causalmente ligada à violação pelo empregador de regras imperativas relativas a saúde e segurança (tais como os relacionados com a avaliação de risco), o INAIL pode agir mediante direito de regresso, contra o empregador[18].

Talvez menos previsíveis são, afinal, as consequências que poderiam, sobretudo do ponto de vista da prática jurisprudencial, surgir como resultado da entrada em vigor das disposições sobre o estresse relacionado ao trabalho, em relação aos pedidos de indenização feitos pelo empregado, por violação do art. 2.087 do Código Civil[19].

A partir desse argumento, em particular, não é de admirar se a introdução, nas disposições legais italianas relacionadas com a avaliação de risco de estresse relacionado ao trabalho, acabarem por acarretar uma retomada do debate sobre a possibilidade de cobrar do empregador as consequências negativas produzidas sobre a pessoa do trabalhador, a partir da fórmula de "organização cogente", em observância à fórmula introduzida pela Circular INAIL 71/2003, anulada pelo jurisprudência administrativa[20].

---

(16) O qual, repita-se, tem ainda valor normativo na Itália, tendo sido muitas vezes citado, com base no parágrafo primeiro do art. 28 do texto único.
(17) Emblemática, sobre isso, a nota sobre a qualificação e a relevância jurídica do *mobbing*, em relação à qual remete-se, por todos, a R. SCOGNAMIGLIO, *Mobbing, profili civilistici e lavoristici*, in *MGL*, 2006, 2; G. PROIA, *Alcune considerazioni sul cosiddetto mobbing*, in *ADL*, 2005, 87; P. TOSI, *Il mobbing: una fattispecie in cerca di autore*, in *ADL*, 2003, 651. In giurisprudenza, tra le tante in materia, si vedano Cass. pen., sez. VI, 13 gennaio 2011, n. 685; Cass., 17 giugno 2011, n. 13356 e Cass., 8 aprile 2011, n. 8058, tutte in <www.olympusuniurb.it>, sezione giurisprudenza.
(18) O direito de regresso (art. 11, DPR n. 1.124/1965) é a ação que permite ao INAIL obter do empregador a responsabilidade penal pelo evento infortunístico e o reembolso das prestações pagas ao empregado que sofreu o infortúnio. É condição necessária à subsistência de uma responsabilidade penal do empregador ou de pessoa pela qual ele responde, em razão de um fato que se qualifica como crime. O objeto da ação de regresso é o valor integral das prestações pagas ao trabalhador, pelo Instituto, inclusive o valor constituído em capital, além das prestações já pagas.
(19) O qual, conforme jurisprudência majoritária, em matéria de saúde e segurança do trabalho completa e integra as normas específicas sobre a matéria, impondo ao empregador a adoção inclusive de medidas que, embora não previstas expressamente em lei ou atos normativos (inclusive secundários), sejam entretanto necessárias para garantir a segurança e a saúde dos trabalhadores; nesse sentido, entre tantas, Cass. pen., sez. IV, 27 dicembre 2010, n. 45358, in *NGL*, 2011, 187 ss.; Cass. pen., sez. IV, 11 agosto 2010, n. 31.679, in *NGL*, 2010, 560 ss.; Cass. pen., sez. IV, 14 ottobre 2008, n. 38.819.
(20) T.A.R. Lazio, sez. Roma, 4 luglio 2005, n. 5454, e C. Stato, 17 marzo 2009, n. 1576, in *RIDL*, 2009, 1032, con nota di G. LUDOVICO, *L'INAIL e il mobbing: per il Consiglio di Stato la parola spetta al legislatore*. Nesse caso, o Conselho de Estado, confirmando a decisão do T.A.R. anulou a tabela

Na opinião de quem escreve, o cenário mais plausível (e também mais consistente com o quadro legal que até aqui procurou-se descrever) será o de **um alargamento da responsabilidade potencial do empregador, ao abrigo do art. 2.087 do Código Civil**, provavelmente em virtude da maior facilidade dos trabalhadores para demonstrar, em termos de ônus da prova, a responsabilidade do empregador por não ter promovido, uma vez reconhecido o nível de criticidade de avaliação de risco, a remoção das condições organizacionais prejudiciais ao trabalhador. Não obstante o entendimento de que ao trabalhador compete provar que a condição organizacional de referência (por exemplo, o horário de trabalho muito pesado) não foi avaliada (ou o foi de forma incompleta) e, acima de tudo, que da falta de avaliação tenha-se originado um prejuízo reparável[21], de acordo com diretrizes estabelecidas em matéria de danos à pessoa[22].

4 REFERÊNCIAS BIBLIOGRÁFICAS

ANTONUCCI, *Il rischio da stress lavoro-correlato*, il *Il nuovo testo unico di salute e sicurezza sul lavoro*, a cura di M. TIRABOSCHI e L. FANTINI, Giuffrè, 2009.

C. FRASCHERI, *Il rischio da stress lavoro-correlato*, Roma, 2011; F. MALZANI, *Le nuove frontiere del danno alla salute: il rischio da stress lavoro-correlato*, in *Note informative*, n. 51, 2011.

Comunicação da Comissão ao Parlamento Europeu, ao Conselho, ao Comitê Econômico e Social e ao Comitê das Regiões, *Migliorare la qualità e la produttività sul luogo di lavoro: strategia comunitaria 2007-2012 per la salute e la sicurezza sul luogo di lavoro*, consultabili sul sito <http://osha.europa.eu>.

Fundação Europeia para a melhoria das condições de vida e de trabalho, *Fourth European Working Conditions Survey*, Lussemburgo, 2007, disponível no *site* <http://osha.europa.eu>.

G. PROIA, *Alcune considerazioni sul cosiddetto mobbing*, in ADL, 2005.

GUARDAVILLA-FRIGERI, *Le indicazioni della Commissione consultiva sulla valutazione del rischio da stress lavoro-correlato — Considerazioni metodologiche e giurisprudenza della Cassazione in materia*, in <www.amblav.it>.

P. LAMBERTUCCI, *Sicurezza sul lavoro e rischi psico-sociali: profili giuridici*, in *Diritti Lavori Mercati*, 2010.

R. SCOGNAMIGLIO, *Mobbing, profili civilistici e lavoristici*, in MGL, 2006.

P. TOSI, *Il mobbing: una fattispecie in cerca di autore*, in ADL, 2003, 651.

---

anexa ao D.M. 27 aprile 2004 na parte em que incluía entre as doenças que exigem a comunicação, nos termos do art. 139 do D.P.R. n. 1.124/1965, as patologias psíquicas e psicossomáticas.

(21) Nesse sentido, considere-se que, sempre no âmbito do referido sistema misto para o reconhecimento da doença profissional (e sempre considerando que as disposições relativas às doenças profissionais são aquelas já mencionadas), as doenças psíquicas e psicossomáticas resultantes da disfunção da organização do trabalho estão inseridas na lista II (que individualiza as doenças com limitada probabilidade de ocorrência) do D.M. 27 aprile 2004, seguido do D.M. 14 gennaio 2008.

(22) Cass., Sez. Un., 11 novembre 2008, n. 26792, 26794 e 26975.

ASSÉDIO MORAL VIRTUAL E AS SUAS CONSEQUÊNCIAS SOBRE O MEIO AMBIENTE DO TRABALHO

Christiane de Fátima Aparecida Souza De Sicco[*]

1 INTRODUÇÃO

O presente artigo pretende desenvolver alguns assuntos relacionados ao assédio moral no ambiente virtual. Trazendo alguns conceitos importantes como a privacidade e o poder diretivo do empregador, além da necessidade de preservação da dignidade da pessoa do trabalhador.

Nesse sentido dividimos o artigo em dois capítulos que tratarão dos Direitos da Personalidade e do Assédio Moral.

No capítulo 1 abordaremos os aspectos dos direitos da personalidade com conceitos dos direitos fundamentais e direitos à reparação dos danos acarretados à personalidade, bem como, do poder diretivo e suas limitações.

No capítulo 2 abordaremos o conceito do assédio moral e suas consequências sobre a saúde do trabalhador, bem como a responsabilidade pela manutenção de um ambiente de trabalho salvaguardado do assédio. Abordaremos o novo conceito de assédio com base em reportagens já divulgadas pela mídia acerca do assédio virtual. Trataremos do conceito de meio ambiente de trabalho.

2 DOS DIREITOS DA PERSONALIDADE

Não existe qualquer dúvida que estamos diante de uma nova realidade, cheia de surpreendentes descobertas, na qual a sociedade desperta a cada dia com um número inenarrável de informações. Vivemos,

---

(*) Advogada, formada pela Faculdade de Direito de São Bernardo do Campo, pós-graduada em Direito do Trabalho pelas FMU — Faculdades Metropolitanas Unidas, mestre em Direito na Sociedade da Informação pelas FMU — Faculdades Metropolitanas Unidas, Presidente da Comissão de Direito na Sociedade da Informação da Subsecção da OAB-Itaquera, Árbitra da TACESP — Tribunal Arbitral Conciliador e Mediador do Estado de São Paulo, professora universitária.

sim, uma revolução, dessas que mudam os rumos da história, que no futuro será alvo de estudos, servirá como um marco histórico dividindo a sociedade pós-modernidade; David Lyon[1], baseando-se no conceito de Alvin Toffler de "terceira onda", esclarece que a primeira onda foi a agrícola, a segunda, a industrial e a terceira há de ser da Sociedade da Informação.

O problema que se tem enfrentado é que a tecnologia melhora e avança a cada minuto, mas não é na mesma proporção que se modificam os costumes, as leis, a jurisprudência, enfim, por mais que se tente acompanhar as mudanças não é possível atingi-las todas.

Para alguns é desnecessária a reforma ou a edição de novas leis posto que as existentes servem para solucionar conflitos e dúvidas existentes acerca das questões relacionadas a esse novo panorama social, a chamada sociedade da informação.

Porém, no panorama atual nem sempre as leis que existem abrigam os conflitos que insistem em aparecer em novas formas de socialização do ser. É fato que a *internet* trouxe formas de interação muito diferentes daquelas que existiam até sua criação. Antigamente, as pessoas se relacionavam pessoalmente, a interações eram sempre por meio do "olho no olho", quando muito por meio de correspondências que levavam muito tempo para chegarem ao destino final. Com a invenção do telefone as comunicações passaram a ser mais rápidas, mas, ainda assim, não substituiu as formas de socialização.

O homem é detentor de direitos característicos de sua essência a partir de seu nascimento, direitos que dizem respeito apenas a si; os chamados direitos personalíssimos, que se não observados devem sofrer reparações, conforme preceitua o art. 927 do Código Civil. Porém, o próprio conceito de direito personalismo está eivado de dúvidas e discussões doutrinárias[2]. Castan Tobeñas denomina como "direitos essenciais da pessoa ou direitos subjetivos essenciais"; já autores mais modernos como Adriano De Cupis, Orlando Gomes, Limongi França, Antonio Chaves, Orozimbo Nonato e Anacleto de Oliveira Faria, por exemplo, denominam como "direitos da personalidade ou fundamentais da pessoa ou, ainda, essenciais"[3], denominação que tem sido utilizada com maior prevalência sobre as demais denominações como "direitos personalíssimos" utilizada por Plugliati e Rotondi; ou ainda, "direitos pessoais" utilizado por Kohler e Gareis[4].

Fato é que, independentemente da denominação que se escolha, o homem, cercado de proteção jurídica, vem sofrendo agressões ao seu direito à medida em que a tecnologia avança. Especialmente, o direito à privacidade. Em todos os lugares vivemos o chamado *big brother*, conforme a obra de George Orwel[5] descreve em seu livro 1984. Basta sair às ruas ou em locais fechados para sermos cercados de câmeras, em razão da necessidade de segurança.

Não obstante, atualmente, a maioria das pessoas sente-se obrigada a fazer parte de uma realidade virtual, isto é, fazer parte de grupos sociais virtuais. Esses grupos acabam por expor o homem em suas atividades mais cotidianas, expondo também sua vida privada, seus familiares, seus filhos, seus bens, enfim tudo aquilo que deixa triste ou alegre. Essa ideia de grupo virtual é tão difundida que aqueles que não querem fazer parte de nenhum grupo são vistos pelos demais como *pessoas fora de seu tempo*.

A partir desse momento, a privacidade passa por uma séria crise de identidade do ponto de vista jurídico, há discussões sobre as reparações de danos no campo virtual, posto que acredita-se que a partir do momento em que algo se torna público pela vontade do próprio titular da conta virtual os comentários daqueles que frequentam sua página são algo esperado e, muitas vezes, desejado. É certo que aquele que posta suas conquistas e fotografias de seus momentos diversos quer ser notado, quer ser olhado.

---
(1) SIMÃO FILHO. Adalberto; PAESANI, Liliana Minardi (coord). *O direito na sociedade da informação*. São Paulo: Atlas, 2007.
(2) BITTAR. Carlos Alberto. *Os direitos da personalidade*. 7. ed. Rio de Janeiro: Forense Universitária, 2008.
(3) *Idem*.
(4) *Idem, ibidem* p. 2.
(5) ORWEL, George. *1984*. São Paulo: Companhia das Letras. Edição Digital.

Nesse contexto, a curiosidade torna-se a mola precursora da invasão, do desrespeito aos direitos da personalidade; a sociedade tecnológica, ou simplesmente a sociedade da informação, por meio da produção em massa das informações absorve o indivíduo de tal maneira que inexiste a reivindicação da preservação da "liberdade interior"[6].

Nesse sentido, o direito deve buscar uma metodologia para dirimir conflitos, não podendo se afirmar que os direitos da personalidade deixaram de existir em razão de que se lançou mão da mesma para fazer parte da nova realidade virtual.

Para Thomas Hobbes[7] o ser humano não consegue viver isolado, sem comunicar-se, ou melhor dizendo, o ser vivo não deixa de se comunicar, estudos comprovam que toda e espécie de vida se comunica, sendo a *internet* um novo meio de comunicação, todos os domínios da vida social estão sendo modificados pelo uso disseminado da *internet*[8]. A *internet* é mais um meio de comunicação eletrônica, não apenas formada por uma rede mundial de computadores e sim por uma rede mundial de indivíduos[9], o que significa dizer que as pessoas dos mais variados lugares, com as mais diversas realidades, experiências, situações socioeconômicas terão acesso às informações, especialmente aquelas que são disponibilizadas pelo próprio usuário, que poderá se ver em situação de desrespeito à sua privacidade.

Os direitos da personalidade são absolutos, extrapatrimoniais, intransmissíveis, imprescritíveis, impenhoráveis, vitalícios e necessários; que devem se opor *erga omnes*[10], não é possível abandonar os direitos da personalidade em razão da rede de computadores. Não deve haver prevalência do público ao privado, somente em casos previstos no ordenamento jurídico, para atender ao bem-estar social.

Paulo José Costa Junior, que nomeia a privacidade como privatividade, diz que frequentemente se argui que a privatividade é incompatível com a vida moderna[11], isso por todas as razões já explicitadas, principalmente porque o homem tornou-se um ser visível, alvo de olhares constantes da sociedade.

Podemos fazer um pequeno exercício em nosso dia a dia, ao sairmos de casa pela manhã somos monitorados pelas câmaras de segurança instaladas em prédios e casas com o intuito de preservar o patrimônio e a vida humana, tanto aqueles que saem em seus veículos como aqueles que pegam transportes públicos estão vigiados por câmaras da CET ou câmaras no interior dos ônibus ou trens; em nosso trabalho mais câmaras, isso sem contar os celulares, computadores portáteis, rastreamento de satélite, enfim, nunca estamos completamente sozinhos; podemos ser encontrados em qualquer lugar, a qualquer hora.

No ambiente de trabalho também está presente o monitoramento e os trabalhadores também fazem parte do mundo virtual por meio de grupos sociais. Não raro os trabalhadores trocam mensagens de trabalho por meio de grupos criados para os trabalhadores em ambientes como *facebook*, *instagram* e outros. Trocam, ali, informações, mensagens e coisas do dia a dia da empresa. Por meio dessas redes pode ser experimentado, também, assédio moral que além de se tornar público do grupo de trabalho, pode ser acessado por outros amigos e contatos do trabalhador.

2.1 Do direito à privacidade

Estudaremos um tema que ganha maior vulto a partir do avanço das tecnologias, muito embora o direito à intimidade tenha sido tratado apenas com a promulgação da Constituição Federal de 1988, posto que anteriormente não havia menção a resguardar direitos à privacidade como a inviolabilidade da intimi-

---

(6) COSTA JUNIOR. Paulo José. *Agressões à intimidade*. O episódio Lady Di. São Paulo: Malheiros. 1997.
(7) HOBBES, Thomas. *O Leviatã*.
(8) CASTELLS, Manuel. *A galáxia da internet*: reflexões sobre a *internet*, os negócios e a sociedade.
(9) PINHEIRO, Patrícia Peck. Direito digital. 2. ed. São Paulo: Saraiva, 2008. *passim. op. cit.*
(10) GOMES, Orlando. *Introdução ao direito civil*. 14. ed. Rio de Janeiro: Forense, 1999.
(11) *Op. cit.*

dade, da vida privada, da honra e da imagem das pessoas, fato que se deu em razão da devassa ocorrida na vida privada e na intimidade das pessoas.[12]

Em razão das discussões acerca do direito à privacidade e *internet*, pode-se afirmar que aqueles que utilizam a rede deixam a condição de anônimos para se tornarem pessoas públicas, ainda que para um número reduzido de pessoas, o que se admite apenas como hipótese vez que, hoje, incalculável o número de pessoas que acessam a rede.

A ideia, e o ideal propalado, é ser notado, tanto que de tempos em tempos novos *sites* são desenvolvidos com outros potenciais de exposição de possibilidades de comunicação a fim de permitir não só a troca de informações e a diminuição dos distanciamentos, como também, de permitir que as pessoas se mostrem, deixando de lado questões acerca da privacidade por mera opção na maioria dos casos.

A privacidade que "em bom vernáculo, é privatividade, que vem de privativo. E não privacidade que é péssimo português e bom anglicismo, vem de privacy"[13], vem sofrendo agressões cada vez maiores por seus próprios protagonistas, que como já observado se despendem do "direito de estar só", expondo fatos de sua vida cotidiana e privativa, não só sua como também de sua família.

A ordem é mostrar-se, aparecer, tornar público o que deixávamos, em passado não muito distante, preservado; em apologia à solidão Ibsen, em "Inimigo do Povo", põe na boca do herói da peça no final: "O homem feliz, o homem forte, o grande homem; é o homem que está só"[14].

É nesse cenário que se encontra o mercado de trabalho, não podendo se furtar a essa nova realidade é que a relação entre capital e trabalho, que desde os primórdios tenta equacionar o desequilíbrio, vêm tentando diminuir as dúvidas e conflitos; "a nova tecnologia da informação está redefinindo os processos de trabalho e os trabalhadores e, portanto, o emprego e a estrutura ocupacional".[15]

Com todo esse aparato tecnológico, que não nos deixa sós, é que impera a discussão sobre a possibilidade de monitorar correspondências eletrônicas de domínio da empresa acirra-se em razão do direito à intimidade, porque se de um lado o empregador tem o direito à fiscalização em razão de seu poder diretivo, assunto que trataremos mais adiante, o trabalhador tem assegurado constitucionalmente o direito à intimidade.

A liberdade de expressão é um direito humano fundamental e como tal se torna um obstáculo no problema do monitoramento das correspondências eletrônicas dos empregados e trabalhadores da empresa; para Marcelo Oliveira Rocha "*a liberdade de expressão é um direito humano fundamental e constitui uma verdadeira pedra angular da democracia*".[16]

Para Sérgio Pinto Martins "não se pode dizer que haveria violação da privacidade do empregado quando o empregador exerce fiscalização sobre equipamentos de computador que lhe pertencem". [17]

Por outro lado a liberdade é um direito natural, ou pelo menos o que se busca incessantemente, posto que em seu nascimento o homem é livre, porém, as regras sociais, políticas, jurídicas, enfim o convívio em sociedade como ser passível de direitos e obrigações o torna preso a amarras. Kant havia racionalmente reduzido os direitos, chamados por ele de inatos, a apenas um: a liberdade[18].

Uma das questões mais difíceis e com diversas interpretações é acerca do que seja a liberdade, alguns diriam que a liberdade é o direito de fazer ou deixar de fazer aquilo que se quer, quando quiser, se quiser,

---
(12) PINTO FERREIRA *apud* TEIXEIRA, Tarcisio. *Direito eletrônico*. São Paulo: Juarez de Oliveira, 2007.
(13) COSTA JUNIOR. Paulo José. *Op. cit.*
(14) *Idem, ibidem.*
(15) CASTELLS. Manuel. *A sociedade em rede. A era da informação*: economia, sociedade e cultura. 6. ed. São Paulo: Paz e Terra. 1999. v. I.
(16) ROCHA, Marcelo Oliveira. *Direito do trabalho e internet*. Aspectos das novas tendências das relações de trabalho na era informatizada. São Paulo: LEUD, 2005.
(17) MARTINS, Sergio Pinto. *Direito do trabalho*. 22. ed. São Paulo: Atlas, 2006.
(18) BOBBIO, Norberto. *A era dos direitos*. Trad. Carlos Nelson Coutinho. 7. ed. Rio de Janeiro: Elsevier, 2004.

da forma que melhor aprouver sem qualquer restrição; já outros teriam um conceito mais voltado à coletividade; alegando inexistir liberdade ampla e irrestrita, o ser humano, cidadão deve observar as regras de conduta e as leis, dentro desse limite tudo será possível.

Teríamos, ainda, aqueles que defendem que liberdade é um estado de espírito, o homem é livre em suas ideias, em seus sonhos. Seguindo tal conceito o homem está sim adstrito a regras que melhoram a convivência social, sobretudo com o intuito de evitar ferir a liberdade de outrem.

Norberto Bobbio, em simpósio promovido pelo *Institut Internacional de Philosophie* sobre o "Fundamento dos Direitos do Homem", disse claramente que o problema não consistia em fundamentar os direitos do homem, e sim em protegê-los[19]. Realmente, a cada minuto torna-se mais e mais difícil proteger os direitos do homem por uma série de razões, especialmente o fato de que o coletivo, indubitavelmente, hoje vem se sobrepondo sobre o privado, o individual, como defendia Aristóteles "o homem é um ser social"[20].

Destarte, com a tecnologia da informação o homem passou a ser mais invadido em suas questões privadas, o seu mundo deixou de ser pequeno para tornar-se gigante, cheio de possibilidades mas também de armadilhas quanto à sua privacidade. Existe um paradoxo entre a facilidade que a era digital trouxe para a humanidade e os riscos de que a sua vida e sua liberdade se tornem cada vez mais suscetíveis em razão justamente desse novo universo de possibilidades.

Não há como negar os benefícios trazidos com o desenvolvimento que encontra-se em constante mudança, novas descobertas, novas tecnologias fazem com que o indivíduo nunca esteja sozinho, possa em qualquer lugar, hora e situação ser encontrado, dificilmente há o isolamento. Ao contrário, lugares onde a "nova onda" ainda não fora implantada tornaram-se alvo de estudos e preocupações, inclusive de novas promessas, com a busca pela inclusão nesse mundo novo.

Contudo, não há como deixar de visualizar, nesse arcabouço tecnológico, as constantes agressões que o ser sofre em seu mundo privado, evidentemente a "possibilidade da vida social requer certa solidariedade entre as pessoas e que o direito deve ter regras fundamentadas no princípio da solidariedade"[21], mas no caso dos direitos da personalidade não há como ser aplicado tal princípio[22]. Nesse contexto, Cunha Gonçalves[23], diz que o direito como conjunto de normas voltado para o exterior, isto é, para a convivência humana, tem como fim a vida social do homem.

Adriano De Cupis[24] chama de direito ao resguardo pessoal a esfera íntima da pessoa, é a exclusão do conhecimento pelos outros daquilo que se refere só a ela; compreendendo resguardo em sentido estrito e o segredo.

O segredo é a inacessibilidade ao conhecimento de terceiros de certas manifestações da personalidade, sendo vedado não apenas divulgá-las como, também delas ter conhecimento[25], sendo que para Pontes de Miranda[26] "cada um tem o direito de se resguardar dos sentidos alheios, principalmente da vista e dos ouvidos dos outros.

---

(19) *Op. cit.*
(20) *Apud* BORGES, Roxana Cardoso Brasileiro. *Direitos da personalidade e autonomia privada*. 2. ed. São Paulo: Saraiva, 2007.
(21) *Idem, ibidem.*
(22) *Idem.*
(23) CUNHA GONÇLAVES, Luiz da. *Tratado de direito civil*. 2. ed. atual e aum. 1. ed. brasileira. *Apud* BORGES, Roxana Cardoso Brasileiro, *idem*.
(24) DE CUPIS, Adriano. *Os direitos da personalidade*. Lisboa: Livraria e Editora Morais, 1961, *apud* BELMONTE, Alexander Agra. *O monitoramento da correspondência eletrônica nas relações de trabalho*. São Paulo: LTr, 2004.
(25) *Idem.*
(26) PONTES DE MIRANDA, F. C. *Tratado de direito privado*. Parte Especial. Tomo VII. Campinas: Bookseller, 2000.

Todos têm o direito de manter-se em reserva, de velar a sua intimidade, não deixando que se lhes devasse a vida privada, de fechar o seu lar à curiosidade pública"[27], mas por outro lado se há o consentimento em que a esfera da vida privada seja revelado não há, portanto, qualquer agressão, o "consentimento atuou como excludente"[28].

Há que se analisar, segundo entendimento de Pontes de Miranda, vários aspectos acerca da intimidade, como a relevância de um bem jurídico maior, em razão da prática de um crime, buscando-se preservar a coletividade deixando-se a questão da intimidade em plano de inferioridade em decorrência da punibilidade ou ainda em razão do consentimento, que são fatos que modificam a relevância do direito à intimidade[29].

No caso de consentimento, há que se analisar as circunstâncias que esse se deu, como o objeto de nosso estudo consiste na violação da intimidade do empregado ou trabalhador, muito importante analisar tal consentimento que será alvo de estudo mais adiante.

Silvio Rodrigues[30] diz que ao prejudicado com relação à sua intimidade assiste a prerrogativa de pleitear que cesse o ato abusivo ou ilegal, como também terá o direito a perceber indenização de ordem material ou moral que tenha experimentado, tratando-se de direito inviolável, muito mais ainda após a promulgação da Constituição Federal de 5 de outubro de 1988.

Conforme Resolução n. 428 do Conselho de Europa, de 23 de janeiro de 1970, parágrafo c, números 2 e 3: "O direito ao respeito da vida privada consiste essencialmente em poder se levar sua vida como se entende, com o mínimo de ingerências".[31]

Costa Junior entende ser o direito à intimidade um prolongamento do direito à honra, porque ambos os direitos têm por objetivo proteger e tutelar o prestígio da pessoa na sociedade[32]. Na verdade, o direito à intimidade precede à proteção da honra, pura e simplesmente.

A honra, se atingida, sem sombra de dúvidas acarretará um grande desconforto para o atingido, contudo, a proteção da intimidade nem sempre é relacionada com a proteção à honra. Muitas vezes atitudes ou segredos sobre nossas ideias, sobre os nossos posicionamentos acerca de assuntos como religião, política, escolhas de vida, se alcançadas pela coletividade não ferirá a honra mas agridirá a intimidade. Liberdade da expressão do pensamento, conforme Pontes de Miranda[33], liberdade de que se tem em comunicar ou não comunicar seu próprio pensamento, bem como em fazer ou não fazer alguma coisa, quando achar conveniente. "A liberdade de expressão é um direito humano fundamental e constitui uma verdadeira pedra angular da democracia"[34].

Hoje a *internet* é o meio mais eficaz para a transmissão de informações. Porém, a concorrência econômica e a natureza de continuidade perene do jornalismo por meio da *internet* também contribuem para o sensacionalismo e a intriga, difundindo-se notícias, quebrando sigilo da vida privada do homem, por mera especulação.

A *internet*, embora seja uma tecnologia largamente utilizada, a par de suas benesses, trouxe consigo problemas como as constantes agressões à vida íntima das pessoas[35].

---

(27) *Idem, ibidem.*
(28) *Idem.*
(29) *Idem.*
(30) RODRIGUES, Silvio. *Direito civil.* Parte Geral. 25. ed. São Paulo: Saraiva, 1995.
(31) <www.europa.eu.in/eur-lex/pt>, consultado em 20.2.2003, *apud* BELMONTE, Alexander Agra. *O monitoramento da correspondência eletrônica nas relações de trabalho.* São Paulo: LTr, 2004.
(32) COSTA JUNIOR, Paulo José da. *O direito de estar só*: tutela penal da intimidade. São Paulo: RT. 1970.
(33) *Op. cit.*, p. 160.
(34) ROCHA, Marcelo Oliveira. *Direito do trabalho e internet.* Aspectos das novas tendências das relações e trabalho na era informatizada. São Paulo: LEUD. 2005.
(35) As facilidades com que se expõem ideias e imagens e sua rápida, ou porque não dizer instantânea transmissão, implica em consequências tanto negativas como positivas, no desenvolvimento psicológico, moral e social das pessoas, na estrutura e no funcionamento da sociedade, na partilha de uma cultura com outra, na percepção e na transmissão dos valores, nas percepções do mundo, nas ideologias e nas convicções religiosas. *In:* FOLEY, John P. Ética nas comunicações sociais: Pontifício Conselho para as Comunicações Sociais. Transcrição feita do *Jornal L'Osservatore Romano* ou do *site* do Vaticano, edição português de Portugal. Disponível em: <http://www.cleofas.com.br/html/igreja catolica/jubileu2000/comunicacoessenciais.htm>.

A recente revolução pela qual o mundo passou e continua passando, diminuiu as distâncias e de maneira a ser fácil afirmar que as notícias circulam em todos os lugares, a todo o tipo de público; a *internet* é um mercado global sem limites.

Paulo Bonavides[36] diz que a vinculação essencial dos direitos fundamentais à liberdade e à dignidade da pessoa humana, enquanto valores históricos e filosóficos conduz ao significado de universalidade inerente a esses direitos como ideal da pessoa humana.

Por outro lado, não apenas a tecnologia contribuiu para a invasão da vida privada, reduzindo limites de afirmação da individualidade, como também a própria explosão demográfica[37], que fez com que o ser humano disponibilizasse de um espaço reduzido, as moradias nos tempos atuais estão se tornando cada vez mais verticais, ou seja, onde morariam dez, moram duzentos.

Segundo René Ariel Dotti[38], a intimidade caracteriza-se como a esfera secreta da vida do indivíduo na qual este tem o poder legal de evitar os demais". A doutrina sempre lembra que o Juiz Cooly, em 1873 identificou a privacidade como o direito de ser deixado tranquilo, em paz, de estar só: *right to be alone*[39],direito que a pessoa tem de tomar sozinha as decisões acerca de sua vida privada.

Torna-se, pois, a privacidade como "o conjunto de informação acerca do indivíduo que ele pode decidir manter sob seu exclusivo controle, ou comunicar, decidindo a quem, quando, onde e em que condições, sem a isso poder ser legalmente sujeito"[40].

O direito à intimidade guarda consigo o conceito da dignidade, que trata-se de um conceito que vem sendo elaborado no decorrer da história e chegou ao início do século XXI como um valor supremo, construído pela razão jurídica[41].

Diante de todos os conceitos e ideias acerca do que seja o direito à intimidade temos que enfocar tal direito nas relações de trabalho, buscando traçar um limite ao poder diretivo e fiscalizador do empregador, assunto que trataremos mais adiante.

A intimidade não faz parte do contrato de trabalho, não podendo ser franqueada seja a que título for; contudo, diante da situação econômica mundial, o empregado se vê obrigado a fazer certas concessões para poder manter seu emprego ou mesmo para poder consegui-lo.

O direito à intimidade decorre da dignidade da pessoa humana, não há como desrespeitar os limites impostos não em decorrência da lei como também de outras questões sociais, as agressões à intimidade trazem reflexos sociais e comportamentais ao homem.

O homem em sua trajetória de vida mantem relações comerciais, econômicas e sociais muitas vezes dissociadas de sua vida privada. Em sua intimidade tenta se manter impenetrável a olhares e comentários alheios.

Em seu local de trabalho, embora viva em coletividade e esteja subordinado a poder de comando de seu empregador, não perde a sua intimidade, sua vida privada, seus assuntos íntimos ainda lhe pertencem, independentemente de onde esteja.

Evidentemente que em seu local de trabalho assuntos atenientes à sua vida privada não fazem parte do cotidiano, mas isto não quer dizer que em certas situações não seja instado a solucionar problemas ou mesmo ter conhecimento do que ocorre em seu universo privado.

---
(36) BONAVIDES, Paulo. *Curso de direito constitucional*. 22. ed. São Paulo: Malheiros, 2008.
(37) SOUZA, Nelson Oscar. *Manual de direito constitucional*.
(38) DOTTI, René Ariel. *Proteção da vida privada e liberdade de informação*. p. 69; DE CUPIS, Adriano. Diritto a riservatezza e segretto. In: *Novissimo Digesto Italiano*, p. 115, *apud*, BONAVIDES, Paulo. *Op. cit.*, p. 101.
(39)José Afonso da. *Comentário contextual à Constituição*. 5. ed. São Paulo: Malheiros. 2007.
(40) PEREIRA, J. Matos. *Direito à informação*. Apud, SILVA, José Afonso da. *Idem*.
(41) NUNES, Luiz Antonio Rizzato. *O princípio constitucional da dignidade da pessoa humana*. São Paulo: Saraiva, 2007.

A intimidade deve ser preservada sobre todos os demais interesses, desde que tais assuntos não sejam ilegais ou impertinentes ao ambiente de trabalho.

Não obstante, a intimidade sofrer agressões constantes em razão de a sociedade cada vez mais se preocupar com a vitrine virtual, o direito de preservação existe e deve ser observado.

Contudo, pelo conceito do Judiciário alemão nasce o direito à "autodeterminação da informação"[42], isto é, o poder de acessar e controlar os próprios dados pessoais e o direito de selecionar o que cada indivíduo quer expor de si mesmo.

Mas, mesmo assim, com relevância ao consentimento da informação, no caso da intimidade do empregado o problema se torna mais sério e complexo para abrandar os conflitos, posto que analisando-se a questão sobre a possibilidade de abdicar da intimidade, o empregado muitas vezes se vê compelido a fazê-lo para manter sua condição de empregado, como já dito.

Para Stuart Mill[43] é desejável que, nas coisas que não dizem respeito primeiramente a outros, faça-se valer a individualidade. É o risco que se corre ao permitir a ingerência do empregador à vida privada do empregado em razão da utilização do domínio para a comunicação.

A Constituição Federal, ao proteger a vida privada, está se referindo à vida interior, que, para Limongi França[44], "é conjunto do modo de ser e viver, como direito de o indivíduo viver a própria vida".

Nada obsta que, em face de um direito de monitoramento das comunicações por *e-mail* corporativo, o empregador exerça uma espécie de especulação acerca da vida privada do empregado, uma vez que as comunicações monitoradas são as enviadas e as recebidas, sendo essas últimas não controladas pelo destinatário.

No âmbito da empresa, o empregador deverá assegurar o segredo e as liberdades que dizem respeito à privacidade do empregado[45], ao contrário, estar-se-ia diante de inúmeras possibilidades de violação à privacidade e intimidade do empregado, sob pretexto de supervisão do rendimento ou produtividade do trabalhador[46].

A tecnologia, com a inserção de mecanismos cada vez mais sofisticados de fixação e de difusão de sons, escritos e imagens — inclusive via satélite — contribui para um estreitamento crescente do circuito privado, na medida em que possibilita, até a longa distância, a penetração na intimidade da pessoa e do lar[47].

Com o desenvolvimento da informática iniciou-se uma séria crise no conceito de privacidade, e, a partir dos anos 80 passamos a ter um novo conceito de privacidade sobre as próprias informações mesmo quando disponíveis em bancos de dados. A liberdade de preservar ou não a própria intimidade é um direito do cidadão, confirmado por preceito constitucional, cabendo ao Estado a função de tutelar esse direito.

Com a crescente escalada da violência o Poder Público tem captado informações e dados privados por meio de métodos eletrônicos sofisticados, sendo respaldado pela doutrina que entende que, diante dos fins visados, é possível a ação interceptora, sacrificando-se os direitos individuais em prol do bem comum.

Ainda Carlos Alberto Bittar[48] diz:

"... Mas o perigo desses avanços pode conduzir a um domínio tecnológico do ser pelo aparato estatal, com consequências sociais e políticas imprevisíveis. Daí por que somos contrários a esse uso, a menos que existam

---

(42) PAESANI, Liliana Minardi. *Direito e internet*. 3. ed. São Paulo: Atlas. 2006.
(43) MILL, John Stuart. *A liberdade*. Utilitarismo. São Paulo: Martins Fontes. 2000.
(44) *Apud* BELMONTE, Alexandre Agra. *O monitoramento da correspondência eletrônica nas relações de trabalho*. São Paulo: LTr. 2004.
(45) BARROS, Alice Monteiro de. *Curso de direito do trabalho*. 5. ed. São Paulo: LTr. 2009.
(46) *Idem*.
(47) BITTAR, Carlos Alberto. *Os direitos da personalidade*. 7. ed. Rio de Janeiro: Forense Universitária. 2008.
(48) *Idem, ibidem*.

provas contundentes da participação da pessoa visada nessas ações ilícitas. À cautela da autoridade — que deve ser judicial — cabe conduzir a investigação, responsabilizando-se o agente por eventual abuso, nos termos da legislação própria (na Constituição: art. 5º, inciso XII)."

A privacidade torna-se, portanto, "o conjunto de informação acerca do indivíduo que ele pode decidir manter sob seu exclusivo controle, ou comunicar, decidindo a quem, quando, onde e em que condições, sem a isso poder ser legalmente sujeito".[49]

No caso do monitoramento da correspondência do empregado, correspondência essa que encontra outro meio de circular, o meio eletrônico, por *e-mail* com o domínio da empresa; há uma interceptação da comunicação.

Alice Monteiro de Barros denomina a interceptação: "significa escutar, registrar ou tomar, voluntariamente, conhecimento de uma comunicação e de seu conteúdo"[50]. O art. 5º, XII, da Constituição Federal traz a conclusão de que é vedada a interceptação telegráfica ou de dados, excetuando-se os casos de decisão judicial ou por meio de lei com o intuito de investigação de crimes ou instrução processual.[51]

As crescentes mudanças das tecnologias estão mudando o conceito da vida social e da privacidade, criaram meios poderosos de "bisbilhotar".[52]

Os direitos da personalidade, com exceção das hipóteses previstas em lei, não poderá sofrer limitação voluntária[53], isso significa dizer que os direitos da personalidade, sendo neles contido o direito à intimidade não pode sofrer agressões a não ser em virtude de lei.

Para Tércio Sampaio Ferraz Junior[54], "a privacidade é o que diz respeito somente a um indivíduo: refere-se a sua vida familiar, seu íntimo, que deve ser guardado por ele discricionariamente".

A intimidade consiste em fatos da mais profunda intimidade, revestida de caráter muito sigiloso, sendo direito de seu detentor não vê-los revelados a terceiros, o que difere da vida privada, que se trata da esfera menos íntima não sendo extremamente reservada.[55]

José Cretela Junior[56] pondera que a intimidade é o *status* daquilo que é íntimo, isolado, sozinho, pois há uma liberdade ou um direito de não ser importunado, de estar só, não sendo visto por estranhos.

Na verdade a intimidade acaba por se confundir com a privacidade, sendo que José Afonso da Silva[57] considera que a locução "direito à privacidade", *lato sensu*, abarca todas as manifestações da esfera íntima, privada e da personalidade que o art. 5º, X, da Constituição Federal trata.

A tecnologia da informação, principalmente a rede de computadores *internet*, em razão do seu alcance, da sua rapidez, da facilidade em que as informações circulam, penetra em todos os setores da vida social.[58]

---

(49) PEREIRA, J. Matos. *Direito de informação*. *Apud* SILVA, José Afonso. *Comentário contextual à Constituição*. 5. ed. São Paulo: Malheiros. 2008.
(50) *Op. cit.*, p. 604.
(51) *Idem.*
(52) THOMPSON, John B. *A nova visibilidade. In:* Matrizes, n. 2. São Paulo: USP, abr. 2008. Disponível em: <http://www.matrizes.usp.br/ojs/index.php/matrizes/article/viewFile/40/pdf_22>.
(53) DINIZ, Maria Helena. *In:* FIUZA, Ricardo (coord.). *Novo Código Civil comentado*. 5. ed. São Paulo: Saraiva. 2006.
(54) FERRAZ JUNIOR, Tércio Sampaio. *Direito de informação*. Lisboa: Associação Portuguesa de Informática, edição do autor, 1980 *apud* SILVA, José Afonso da. *Curso de direito constitucional positivo*. 13. ed. São Paulo: Malheiros. 1997, *apud* TEIXERA, Tarcisio. *Direito eletrônico*. São Paulo: Juarez de Oliveira. 2007.
(55) VIEIRA, Sonia Aguiar do Amaral. *Inviolabilidade da vida privada e da intimidade pelos meios eletrônicos*. São Paulo: Juarez de Oliveira, 2002 *apud* TEIXEIRA, Tarcisio. *Direito eletrônico*. São Paulo: Juarez de Oliveira. 2007.
(56) CRETELA JUNIOR, José. *Comentários à Constituição Federal de 1988*. Rio de Janeiro: Forense Universitária, 1990 *apud* TEIXEIRA, Tarcisio. *Direito eletrônico*. São Paulo: Juarez de Oliveira, 2007.
(57) SILVA, José Afonso. *Curso de direito constitucional positivo*. *Apud* TEIXEIRA, Tarcisio. *Direito eletrônico*. São Paulo: Juarez de Oliveira, 2007.
(58) MONTORO, André Franco. *Estudos de filosofia do direito*. 2. ed. São Paulo: Saraiva, 1995 *apud* TEIXEIRA, Tarcisio. *Direito eletrônico*. São Paulo: Juarez de Oliveira, 2007.

As possibilidades de atingir o âmbito íntimo das pessoas são reais e praticadas em larga escala. Desde os primórdios da civilização, os desrespeitos à intimidade e à privacidade dos indivíduos são preocupação posta de tempos em tempos. As agressões acarretam sérios problemas na vida privada do afetado, que, ao olhar da sociedade, pode parecer até mesmo insignificante. Santo Agostinho, no *De vera religione*[59], mencionou que "no interior do homem reside a verdade"(*in interiore hominis habitat veritas*).

Dessa maneira, o Judiciário deve estar atento às agressões, para que o agredido possa ser ressarcido de alguma forma para poder compor-se, seguir adiante.

2.2 Reparação de danos à personalidade

O art. 5º, X, da Constituição Federal[60] prevê a inviolabilidade da intimidade, da vida privada, da honra e imagem das pessoas, sendo assegurado o direito a uma indenização; em se tratando de uma garantia constitucional. A lei, segundo Plutarco[61], é a rainha de todos, mortais e imortais. As leis, em sentido lato, são as relações necessárias que derivam da natureza das coisas; nesse sentido, todos os seres têm suas leis.[62]

Contudo, filosoficamente seria desnecessária a criação de leis que previssem a garantia da intimidade e privacidade dos seres, bem como da reparação em caso de inobservância; mas houve a positivação de tal direito evitando-se maiores delongas acerca do direito à privacidade e à intimidade.

Hobbes[63], em sua obra *De cive*, diz que o homem em estado de natureza vivia em ininterrupto estado de guerra entre si, entendendo o homem como sendo lobo do homem, *homo hominis lupus*[64].

Por outro lado, em frontal oposição ao pensamento de Hobbes, Montesquieu[65] alega que o homem somente após o início da vida em sociedade é que passou a viver em estado de guerra.

Talvez a privacidade seja incompatível com a vida moderna[66] e daí a busca por sanar questões que possam gerar conflitos, invasão à intimidade e outros problemas, por meio da lei, prevendo a possibilidade de ressarcir os danos ocasionados pela conduta; agora tipificada em Constituição Federal.[67]

Impor os limites que devem ser obedecidos para o ressarcimento é que tem sido muito difícil pois a prática de ofensa à intimidade ou privacidade produz um dano que somente o agredido terá condições de valorar, tudo dependerá da ação danosa, da vida do agredido, suas crenças, seu histórico de vida, seu posicionamento diante da vida, isto é, o agente externo dificilmente atingirá o subjetivo do ser.

Mas, a questão fundamental que deve ser tratada é a quantificação da dor. Será que todas as dores têm um preço, podem realmente ser valoradas em pecúnia? E se puderem, é o bastante para o ofendido? Dúvidas que residem em todos, não raro verifica-se que ofendidos muitas vezes buscam retratação, reconhecimento perante a sociedade acerca do erro, só isso basta.

Existem dois aspectos da vida privada das pessoas que serão valorados de forma distinta, às condutas encobertas corresponde o "eu privado", já às condutas abertas o "eu social", que transita na esfera individual.[68]

---

(59) COSTA JUNIOR, Paulo José. *Agressões à intimidade:* o episódio Lady Di. São Paulo: Malheiros. 1997.
(60) Constituição Federal de 1988.
(61) MONTESQUIEU, Charles-Louis de Secondat. Tradução: BINI, Eduardo. *Do espírito das leis*. São Paulo: EDIPRO. 2004.
(62) *Idem*.
(63) *Idem, ibidem*.
(64) *Idem*.
(65) *Idem*.
(66) COSTA JUNIOR, Paulo José da. *Agressões à intimidade:* episódio Lady Di. São Paulo: Malheiros. 1997.
(67) Se hoje esses direitos parecem já pacíficos na codificação política, em verdade semoveram em cada país constitucional em um processo dinâmico e ascendente, entrecortado não raro de eventuais recuos, conforme a natureza do respectivo modelo de sociedade, mas permitindo visualizar a cada passo uma trajetória que parte com frequência do mero reconhecimento formal para concretizações parciais e progressivas, até ganhar a máxima amplitude nos quadros consensuais de efetivação democrática do poder. In: BONAVIDES, Paulo. *Curso de direito constitucional*. 22. ed. São Paulo: Malheiros. 2008.
(68) *Op. cit.*, p. 24.

Com o avanço tecnológico, especialmente no campo da informação a sociedade se viu em um mar de informações trazidas de todos os lugares, o que antes demorava imensamente para se ter conhecimento, em poucos minutos pode ser acessado por um sem número de pessoas, de povos, de nações; indubitavelmente essa transformação fez as pessoas ligarem-se a redes de computadores, à *internet*, transmitindo toda sorte de informações. Celulares, computadores de mão, aparelhos sonoros, rádios, MP3, GPS, enfim, as pessoas a todo instante podem ser localizadas, ou quando não possuem informações imediatas acerca de todos os acontecimentos mundiais. A sociedade da informação deve necessariamente enfrentar questões éticas, vez que a técnica não pode ficar solta, desprovida de valores[69].

Mas, a ética, tão discutida e estudada nos dias atuais, não tem sido a pauta das relações, o que se observa diuturnamente é a falta dela[70].

Consequentemente, cresce a cada dia o número de demandas acerca de indenizações para ressarcir danos morais e materiais; mas o que se verifica é que as ações para ressarcir os danos morais ainda têm sido maiores.

Nas relações de trabalho as queixas recorrentes dizem respeito a faltas contra a dignidade da pessoa humana por parte do empregador, ofensas, exigências muito além da capacidade laboral tornam a, já tão difícil, relação entre patrão e empregado mais e mais complicada.

O direito do trabalho, assim como os demais campos de direito, é regido também por princípios que têm a função informadora e inspiram o legislador fundamentando o ordenamento jurídico[71], são linhas diretrizes ou postulados básicos da tarefa interpretativa que inspiram o sentido das normas trabalhistas[72].

Portanto, à luz dos princípios do direito do trabalho é que se deve refletir as decisões. É cediço que vige no direito do trabalho o princípio da proteção do trabalhador, resultante de normas imperativas e de ordem pública, que caracterizam a intervenção básica do Estado nas relações de trabalho[73]. As normas cogentes formam a base do contrato de trabalho[74], que por razões óbvias contém regras imutáveis, irrenunciáveis que visam proteger o trabalhador, que nem sempre, ou quase nunca, está em situação de igualdade com o seu empregador[75].

Para Kaskel[76] as normas jurídicas públicas e as privadas coexistem nesse ramo de direito, "reforçando-se reciprocamente; ambas baseadas no princípio protetor do direito social como ponto de partida e elemento diretor para o desenvolvimento e interpretação[77].

---

(69) SIQUEIRA JUNIOR, Paulo Hamilton. *Teoria do direito*. São Paulo: Saraiva. 2009.
(70) A ética deve estar presente inclusive nas ciências exatas, segundo o físico Robert Oppenheimer, um dos idealizadores da bomba atômica, em conferência no Instituto de Tecnologia de Massachussets, em 1947, dois anos após o emblemático caso de Hiroshima e Nagasaki, sob o título descompromissado 'A física no mundo contemporâneo: apesar da visão e da sabedoria clarividente de nossos estadistas na época da guerra, os físicos sentiram uma responsabilidade particularmente íntima por sugerir, apoiar e, enfim, em grande parte, conseguir desenvolver armas atômicas. Tampouco podemos esquecer que essas armas, por terem sido de fato utilizadas, dramatizaram impiedosamente a desumanidade e maldade da guerra moderna. Falando cruamente, de um modo que nenhuma vulgaridade, nenhuma hipérbole é capaz de suprimir, os físicos conheceram o pecado; e esse é um conhecimento que não podem esquecer. In GARCIA, Maria. Limites da ciência: a dignidade da pessoa humana: a ética da responsabilidade. São Paulo: Revista dos Tribunais, 2004 apud SIQUEIRA JUNIOR, Paulo Hamilton. *Teoria do direito*. São Paulo: Saraiva. 2009.
(71) MARTINS, Adalberto. *Manual didático de direito do trabalho*. 3. ed. São Paulo: Malheiros. 2009.
(72) GARCIA, Manuel Alonso. Curso de derecho del trabajo. 8. ed. *apud* MARTINS, Adalberto. *Manual didático de direito do trabalho*. 3. ed. São Paulo: Malheiros. 2009.
(73) SÜSSEKIND, Arnaldo. *Direito constitucional do trabalho*. 3. ed. Rio de Janeiro: Renovar. 2004.
(74) *Idem*.
(75) O Direito do Trabalho é um direito especial, que se distingue do direito comum, especialmente porque, enquanto o segundo supõe a igualdade das partes, o primeiro pressupõe uma situação de desigualdade que ele tende a corrigir com outras desigualdades. *In*: DEVEALI, Lineamientos del derecho del trabajo. 3. ed. Buenos Aires: Editora Argentina, 1956 *apud* SÜSSEKIND, Arnaldo. *Direito constitucional do trabalho*. 3. ed. Rio de Janeiro: Renovar, 2004.
(76) *Op. cit.*, p. 69.
(77) KASKEL, Walter. Derecho de Trabajo. (Tradução) 5. ed. Buenos Aires: Depalma, 1961. *Apud* SÜSSEKIND, Arnaldo. *Direito Constitucional do trabalho*. 3. ed. Rio de Janeiro: Renovar, 2004.

Não obstante, na esfera trabalhista o que se busca é a realidade dos fatos, não que os outros ramos queiram se distanciar do real, porém, provas documentais por si só, no processo trabalhista, não servem de base única para apreciação e valoração da prova. O princípio da primazia da realidade significa que em havendo qualquer divergência entre a documentação que comprova a ocorrência de um contrato de trabalho e suas especificidades, e os fatos ocorridos na prática, prevalece o que realmente ocorre no dia a dia do contrato.

Não raro ocorrem fatos que, via de regra, não são comprovados por meio de documentação. Hoje é comum os processos trabalhistas apresentarem pedidos de indenizações por danos morais, sendo vários os motivos ensejadores de tais pedidos; o maior deles diz respeito ao assédio moral.

2.3 Dignidade do trabalhador na relação de trabalho

Em dezembro de 1948 foi celebrada a Declaração Universal dos Direitos do Homem, que trouxe alguns direitos aos trabalhadores, como a limitação da jornada de trabalho, férias remuneradas, repouso semanal, entre outros. A referida Declaração trouxe como ponto máximo do direito a dignidade humana, além, é claro, de direitos como à vida e à saúde. Nesse sentido, o homem passou a ser o centro de todo o ordenamento jurídico; o Estado deveria preocupar-se com o seu bem-estar e proteger sua dignidade.

Entenda-se por dignidade humana todo e qualquer tema que envolva a vida, mas não qualquer vida, e sim vida com dignidade.

Com o neoliberalismo, as contratações e os salários passaram a ser regulados conforme o mercado e sem maior intervenção estatal. O Estado limita-se, apenas, a trazer o mínimo para evitar a escravidão, por exemplo. A partir de então surge a teoria de separação entre o econômico e o social, conforme depreendida na Constituição Federal do Brasil que trata dos dois temas de forma separada, trazendo um Estado com pouca ou quase nenhuma participação nas relações entre pessoas.

Somente com a valorização do homem como indivíduo, que deve possuir seus direitos econômicos e sociais assegurados, pode-se criar uma sociedade justa, com a proteção do indivíduo e do meio ambiente de trabalho.

O trabalho é um dos maiores pilares no desenvolvimento de uma sociedade, e dele depende a ordem econômica e social de um país. Os direitos dos trabalhadores estão elencados a partir do art. 7º da Constituição Federal e podemos destacar como principal regra a igualdade. É importante salientar que conforme o art. 5º todos são iguais perante a lei, contudo, essa igualdade deve ser tratada pela lei de forma desigual. Melhor explicando, para que exista igualdade há que se igualar aqueles que estão em situação desigual, ou seja, o art. 7º traz uma série de direitos mínimos ao contrato de trabalho; isso significa, que os trabalhadores devem ter assegurado um mínimo constitucional para evitar a precarização da mão de obra. Não significa dizer que o Estado está intervindo nas relações de trabalho, que são relações privadas, e, sim, trazendo para o mesmo patamar os trabalhadores e o poder capital. Somente a partir de um mínimo é que se assegura a igualdade.

Alexandre de Moraes[78] menciona que:

> Direitos sociais são direitos fundamentais do homem, caracterizando-se como verdadeiras liberdades positivas, de observância obrigatória em um Estado social de Direito, tendo por finalidade a melhoria de condições de vida aos hipossuficientes, visando à concretização da igualdade social, e são consagrados como fundamentos do Estado democrático, pelo art. 1º, IV, da Constituição Federal.

---
(78) MORAES, Alexandre de. *Direitos humanos fundamentais*. Teoria geral. 10. ed. São Paulo: Atlas, 2013.

A dignidade do trabalhador como pessoa humana é ponto fundante do nosso estudo, posto que a busca da igualdade propalada nos organismos internacionais e na própria Constituição do Brasil, fica aquém do que se pretende caso não se discutisse da necessidade de ambiente saudável de trabalho. Para o próprio empregador é necessário a manutenção de um ambiente de trabalho saudável, uma vez que trabalhador feliz é motivado a produzir com maiores resultados.

Pode-se concluir que o trabalho é inerente ao homem pois, por meio dele há a possibilidade de coexistência. A dignidade do trabalhador corresponde à consciência moral e autonomia individual para agir de acordo com as normas morais, valores e princípios éticos costumeiros dentro do âmbito social.[79]

Alexandre de Moraes[80] define a dignidade como sendo valor espiritual e moral que é inerente à pessoa, manifestando-se na autodeterminação da própria vida e traz consigo a necessidade de respeito pelas demais pessoas.

Já Luiz Antonio Rizzatto Nunes[81] defende que a dignidade é um princípio absoluto, pleno; não pode sofrer arranhões, nem ser vitimado por argumentos que o coloque num estado de relativismo.

3 ASSÉDIO MORAL VIRTUAL

3.1 *Poder diretivo* versus *direito à privacidade do trabalhador*

O empregado é um trabalhador e, como tal, é sujeito ao poder de direção de seu empregador, posto que uma das características primordiais do contrato de trabalho é a assunção do risco do negócio, conforme preconiza o art. 2º da Consolidação das Leis do Trabalho. Nesse sentido, é do empregador o poder de comando de seu negócio, de direção do trabalho executado.

Sérgio Pinto Martins[82] menciona que este poder é limitado por meio da lei e dos próprios direitos fundamentais da pessoa, nesse sentido o poder de direção limita-se ao poder de organização do trabalho, controle e disciplina do trabalho. Já Amauri Mascaro Nascimento[83] preconiza o poder de direção como faculdade do empregador em determinar o modo como a sua atividade será desenvolvida.

O poder de direção encerra em seu conceito tanto o poder de organização, como o poder de controle, quanto o poder disciplinar. A subordinação decorre do poder de comando do empregador, que dirige a atividade do trabalhador. Nesse sentido, cabe a este também a manutenção do um ambiente de trabalho saudável.

É de conhecimento geral que o mercado econômico, regulador da atividade, exige por parte das empresas investimentos e qualidade de produtos e serviços prestados, sendo certo que por esse motivo os trabalhadores acabam por serem condicionados a prestar serviços e produzir com cada vez mais técnica e precisão.

Dessa forma a subordinação vem do poder de comando de quem dirige a prestação de serviços. Durante o horário de trabalho, o trabalhador está à disposição do empregador e pode ser fiscalizado por este. O empregado pode ser advertido ou suspenso, podendo ser demitido.

Contudo, o empregador não pode impedir a manifestação de pensamento do empregado, mas deve manter o ambiente livre de assediadores. Não pode submeter o empregado a tortura ou a tratamento desumano ou denegrir a imagem do trabalhador.

---

(79) CARVALHO.
(80) *Op. cit.*
(81) *Op. cit.*
(82) *Op. cit.*
(83) *Op. cit.*

Muito embora durante a jornada de trabalho o empregado esteja à disposição do empregador, não compete a este invadir a privacidade de seu empregado que deve ter assegurado o direito à sua dignidade.

Há portanto, um limite ao poder diretivo do empregador previsto, inclusive, em vários artigos da Consolidação das Leis do Trabalho, bem como previsão constitucional.

3.2 Assédio moral e o meio ambiente de trabalho

Assédio moral pode ser entendido como um conjunto de ações que, de forma repetida e intencional, visam punir, manipular e/ou expor trabalhadores a situações de humilhação, desconforto e ridículo durante a jornada de trabalho, podendo ser estendido além dos muros da empresa. Para que seja reconhecido, a jurisprudência tem exigido a configuração de condutas intencionais e de forma reiterada.

Importante expor que o assédio pode se dar por omissão por parte do empregador, uma vez que conhecendo a situação de assédio não toma qualquer providência no sentido de evitar a contaminação do ambiente de trabalho. Muito pelo contrário, muitas vezes o próprio empregador estimula a prática para criar uma disputa dentro do ambiente de trabalho.

De acordo com Marie-France Hirigoyen[84], o assédio moral pode ser definido como:

> Toda e qualquer conduta abusiva (gesto, palavra, comportamento, atitude...) que atente, por sua repetição ou sistematização, contra a dignidade ou a integridade psíquica ou física de uma pessoa, ameaçando seu emprego ou degradando o clima de trabalho.

O assédio moral visa denegrir, atacar, conturbar o psicológico da vítima, vez que as agressões não físicas podem acarretar muito mais prejuízo do que agressões físicas. Os atos de assédio podem ser observados desde a tenra infância e possuem como termo técnico descritivo o nome de *bullying*. Etimologicamente *bully* traduz a figura do valentão, do homem rústico, remetendo à virilidade de um touro, portanto, *bullying* seria o modo de agir de um touro (*Bull*). O *bullying* pode ser considerado como uma patologia social. Trata-se de um sofrimento intencional em relação de desigualdade.

As atitudes de *bullying* são uma forma de assédio. J. Reid Meloy — citado por Vicente Garrido[85], assevera que: "O assédio compreende diferentes comportamentos de perseguição ao longo do tempo; esta perseguição é vivida pela vítima como uma ameaça, e é potencialmente perigosa".

Já o art. 483, g, da Consolidação das Leis do Trabalho assegura o direito de rescisão via indireta caso haja mácula à honra e à imagem do empregado e de seus familiares tanto por parte do empregador como por parte dos superiores hierárquicos e colegas de trabalho.

Dentro da literatura da psicologia da saúde e da psiquiatria, existem sérias consequências na prática do assédio moral, sendo grande o número de consequências trazidas pela prática ao trabalhador. Atinge não somente o trabalhador mas a sociedade como um todo.

As inúmeras repercussões nocivas à saúde do trabalhador são notórias, sendo que Mago Graciano de Rocha Pacheco[86] assegura que:

> O assédio moral pode ter repercussões negativas difíceis de contabilizar. Pode originar na vítima danos irreversíveis e, em casos extremos, poderá, inclusivamente, levar ao cometimento ao suicídio. As consequências podem ser extremamente nefastas, com possíveis reflexos ao nível da saúde, física ou psíquica do assediado, influindo

---
(84) HIRIGOYEN, Marie-France. Assédio moral: a violência perversa no cotidiano. 5. ed. Rio de Janeiro: Bertrand Brasil, 2002.
(85) GARRIDO, Vicente. Amores que matam: assédio e violência contra as mulheres. Lisboa: Principia, 2002.
(86) PACHECO, Mago Graciano de Rocha. O assédio moral no trabalho: o elo mais fraco. Coimbra: Almedina, 2007.

negativamente na sua própria família tal como nas relações sociais. Os seus efeitos nocivos poderão estender-se mesmo à própria empresa que permite este fenômeno, mas, por fim, repercutir-se-ão sempre sobre a sociedade.

Portanto, o assédio moral traz consequências à saúde da vítima, não sendo incomuns os relatos de fatos que se possam assemelhar ao assédio moral em outros locais que não sejam, especificamente, o ambiente de trabalho.

O assédio moral ofende o meio ambiente de trabalho uma vez que macula as relações estabelecidas no ambiente da empresa. O art. 225 da Constituição Federal prevê que todos têm direito ao meio ambiente saudável e protegido pelo Poder Público ou a coletividade, que possuem o dever de preservação.

Por meio ambiente de trabalho Fiorillo[87] entende:

> O local onde as pessoas desempenham suas atividades laborais, sejam remuneradas ou não, cujo equilíbrio está baseado na salubridade do meio e na ausência de agentes que comprometem a incolumidade físico-psíquica dos trabalhadores, independentemente da condição que ostentem (homens ou mulheres, maiores ou menores de idade, celetistas, servidores públicos, autônomos etc.).

O assédio moral acarreta uma séria repercussão negativa para o ambiente de trabalho uma vez que o trabalho desenvolvido pelos funcionários fluirá com um terror instituído, muitas vezes pela omissão do empregador.

Cumpre salientar que o próprio empregador, na maior parte dos casos, estimula as ações assediadoras pois não se preocupa em ouvir os comentários dos funcionários.

3.3 Assédio moral virtual e suas consequências sobre o meio ambiente de trabalho

Diante de tudo que já fora exposto, não pretendendo esgotar o tema, surge uma nova modalidade de assédio, o assédio moral virtual.

O assédio moral virtual pode acarretar lesão tão ou mais grave que o assédio moral tradicional, uma vez que pela via tradicional o assédio fica limitado a poucas pessoas, já pela via virtual essa limitação praticamente não existe.

É certo que nem sempre os assuntos de trabalho permanecem apenas no local de trabalho, conversamos sobre eles em vários locais como nossas residências, nossos locais de lazer e agora nos ambientes virtuais por meio das páginas dos grupos de relacionamento.

Tornou-se um campo fértil para a disseminação do assédio moral. Já foram alvo de reclamações por parte de funcionários que se sentiram assediados moralmente por meio de suas páginas virtuais, mensagens deixadas por colegas que mencionaram a baixa nota em avaliações pessoais.

Tudo isso é estimulado pela própria empresa que cria ambientes cada vez mais competitivos e hostis entre os empregados.

O assédio moral virtual tem como conceito o assédio moral tradicional, porém, a ferramenta do referido assédio é diferente. Trata-se de uma ferramenta poderosa pois extrapola, como já dito, os muros da empresa.

Nesse sentido, inclusive, é cediço que várias empresas estão se utilizando dos grupos sociais virtuais nos processos de seleção, o que poderá acarretar mais prejuízos do que o imaginado para o trabalhador.

---
(87) FIORILLO, Celso Antonio Pacheco. *Curso de direito ambiental brasileiro*. 14. ed. São Paulo: Saraiva. 2013.

Nesse ambiente de exposição contínua e aberta há a possibilidade de uma séria e importante repercussão daquilo que deveria ficar em âmbito institucional. Sendo certo que no ambiente virtual as pessoas conseguem expressar seus pensamentos mais livremente sob a proteção da tela do computador.

Por esse escopo é responsabilidade da empresa a manutenção do ambiente de trabalho dentro e fora dos limites da empresa. Essa nova modalidade de assédio vem se tornando comum e acarretando sérios problemas de relacionamento da vítima com seus colegas, com seus superiores, com seu empregador, com seus familiares e nos meios sociais onde vive.

O meio ambiente virtual trata-se de um espaço que é a extensão do meio ambiente de trabalho, uma vez que as pessoas transportam os acontecimentos cotidianos da vida para o ambiente virtual. Por óbvio que o meio ambiente virtual não se presta apenas ao ambiente de trabalho, mas um espaço virtual onde pode ser inserido qualquer tipo de informação e comunicação. Nesse sentido, podemos dizer que os estímulos para o assédio são feitos em ambiente físico sendo apenas transportados para o ambiente virtual.

4 CONCLUSÃO

Pelo presente estudo concluímos que é uma realidade a utilização dos meios virtuais no ambiente de trabalho, consistindo em responsabilidade do empregador a manutenção do ambiente de trabalho saudável para o empregado.

Um ambiente de trabalho saudável não enseja piadas, mensagens com características de assédio para o ambiente virtual, incluindo-se as páginas sociais do empregado.

Um ambiente saudável se irradia além dos muros da empresa bem como o contrário. Uma empresa que não preserva a salubridade psíquica e psicológica de seu ambiente, deve ser responsabilizada pelas atitudes de seus funcionários em redes sociais. Podendo acarretar até a demissão por justa causa daquele que insiste em manter uma conduta assediadora no ambiente virtual.

A empresa deve estimular os trabalhadores a manterem um ambiente de trabalho sem qualquer tipo de mácula.

5 REFERÊNCIAS BIBLIOGRÁFICAS

ASCENSÃO, José de Oliveira. Direito da *internet* e da sociedade da informação. Rio de Janeiro: Forense, 2002.

_____ . Estudos sobre direito da *internet* e da sociedade da informação. Coimbra: Almedina, 2001.

BARROS, Alice Monteiro. *Curso de direito do trabalho*. 5. ed. São Paulo: LTr, 2009.

_____ . *Proteção à intimidade do empregado*. 2. ed. São Paulo: LTr, 2009.

BELMONTE, Alexandre Agra. *O monitoramento da correspondência eletrônica nas relações de trabalho*. São Paulo: LTr, 2004.

BITTAR, Carlos Alberto. *Os direitos da personalidade*. 7. ed. Rio de Janeiro: Forense Universtária, 2008.

BITTAR, Eduardo C. B.; CHINELATO, Silmara Juny (coords.). *Estudos de direito de autor, direito da personalidade, direito do consumidor e danos morais*. Rio de Janeiro: Forense Universitária, 2002.

BONAVIDES, Paulo. *Curso de direito constitucional*. 22. ed. São Paulo: Malheiros, 2008.

BOBBIO, Norberto. *A era dos direitos*. Tradução: Carlos Nelson Coutinho. Rio de Janeiro: Elsevier, 2004.

BORGES, Roxana Cardoso Brasileiro. *Direito de personalidade e autonomia privada*. 2. ed. São Paulo: Saraiva, 2007.

CARRION, Valentin. *Comentários à Consolidação das Leis do Trabalho*. 31. ed. São Paulo: Saraiva, 2006.

CASTELLS, Manuel. *A sociedade em rede*. A era da informação: economia, sociedade e cultura. 10. ed. São Paulo: Paz e Terra, 1999. v. 1.

_____. *A galáxia da internet*. Reflexões sobre a *internet*, os negócios e a sociedade. Tradução: Maria Luiza X. de A. Borges. Rio de Janeiro: Jorge Zahar, 2003.

COSTA JR., Paulo José da. *Agressões à intimidade*: o episódio Lady Di. São Paulo: Malheiros, 1997.

CUNHA, Maria Inês Moura S. A. *Direito do trabalho*. 4. ed. São Paulo: Saraiva, 2007.

CUPIS, Adriano de. Tradução: Afonso Celso Furtado Rezende. *Os direitos da personalidade*. São Paulo: Romana, 2004.

DELGADO, Mauricio Godinho. *Curso de direito do trabalho*. 8. ed. São Paulo: LTr, 2009.

DE LUCCA, Newton. SIMÃO FILHO, Adalberto (coords.). *Direito & internet*. Aspectos jurídicos relevantes. v. II. São Paulo: Quartier Latin, 2008.

_____. *Direito & internet*. Aspectos jurídicos relevantes. 2. ed. São Paulo: Quartier Latin, 2005.

DINIZ, Maria Helena. *Curso de direito civil brasileiro*. Teoria geral do direito civil. 12. ed. São Paulo: Saraiva, 1996.

FAORO, Raymundo. *Os donos do poder*. Formação do patronato político brasileiro. 4. ed. São Paulo: Globo, 2008.

FARIA, José Eduardo. *O direito na economia globalizada*. São Paulo: Malheiros, 2004.

FERRIGOLO, Noemi Mendes Siqueira. *Liberdade de expressão*. Direito na sociedade da informação. Mídia, globalização e regulação. São Paulo: Pillares, 2005.

FIORILLO, Celso Antonio Pacheco. *Curso de direito ambiental brasileiro*. 14. ed. São Paulo: Saraiva, 2013.

FIUZA, Ricardo (coord.). *Novo Código Civil comentado*. 5. ed. São Paulo: Saraiva, 2006.

GARRIDO, Vicente. *Amores que matam*: assédio e violência contra as mulheres. Lisboa: Principia, 2002.

GEERTZ, Clifford. *Nova luz sobre a antropologia*. Tradução: Vera Ribeiro. Rio de Janeiro: Jorge Zahar, 2001.

GODOY, Arnaldo Sampaio de Moraes. *A história do direito entre foices, martelos e togas*: Brasil — 1935 — 1965. São Paulo: Quartier Latin, 2008.

GOMES, Orlando. *Introdução ao direito civil*. 14. ed. Rio de Janeiro: Forense, 1999.

HIRIGOYEN, Marie-France. *Assédio moral:* a violência perversa no cotidiano. 5. ed. Rio de Janeiro: Bertrand Brasil, 2002.

LEVENHAGEN, Antonio José e Souza. *Código civil*: parte geral. Comentários didáticos. São Paulo: Atlas, 1984.

LIMA, Roberto Kant (coord.). *Ensaios de antropologia e de direito*. Rio de Janeiro: Lumen Juris, 2008.

MARQUES, André Luiz. *O homem de rua*. Aspectos jurídicos e sociais. São Paulo: Quatier Latin, 2008.

MARTINS, Adalberto. *Manual didático de direito do trabalho*. 3 ed. São Paulo: Malheiros, 2009.

MARTINS, Ives Gandra da Silva; JOBIM, Eduardo (coords.). *O processo na Constituição*. São Paulo: Quartier Latin, 2008.

_____. e PEREIRA JR., Antonio Jorge (coords.) *Direito à privacidade*. São Paulo: Ideais & Letras, 2005.

MARTINS, Sergio Pinto. *Direito do trabalho*. 22. ed. São Paulo: Atlas, 2006.

MILL, John Stuart. *A liberdade. Utilitarismo*. Tradução: Eunice Ostrensky. São Paulo: Martins Fontes, 2000.

MIRANDA, Pontes de. *Tratado de direito privado*. São Paulo: Bookseller, 2000.

MONTESQUIEU, Charles-Louis de Secondat. Tradução: Edson Bini. *O espírito das leis*. São Paulo: EDIPRO, 2004.

MORAES, Alexandre de. *Direitos humanos fundamentais*. Teoria Geral. 10. ed. São Paulo: Atlas, 2013.

NASCIMENTO, Amauri Mascaro. *Curso de direito do trabalho*. 21. ed. São Paulo: Saraiva, 2006.

NUNES, Luiz Antonio Rizzato Nunes. *O princípio constitucional da dignidade da pessoa humana*. São Paulo: Saraiva, 2007.

OLSEN, Ana Carolina Lopes. *Direitos fundamentais sociais*. Efetividade frente à reserva do possível. Curitiba: Juruá, 2008.

PACHECO, Mago Graciano de Rocha. *O assédio moral no trabalho*: o elo mais fraco. Coimbra: Almedina 2007.

PAESANI, Liliana Minardi (coord.). *O direito na sociedade da informação*. São Paulo: Atlas Jurídico, 2007.

_____. *Direito e internet*. Liberdade de informação, privacidade e responsabilidade civil. 3. ed. São Paulo: Atlas Jurídico. 2006.

PINHEIRO, Patrícia Peck. *Direito digital*. 2. ed. São Paulo: Saraiva, 2008.

ROCHA, Marcelo Oliveira. *Direito do trabalho e internet*.Aspectos das novas tendências das Relações de Trabalho na "Era Informatizada". São Paulo: Livraria e Editora Universitária de Direito, 2005.

RODRIGUES, Silvio. *Direito civil*. v. 1. Parte Geral. 25. ed. São Paulo: Saraiva, 1995.

RUGGIERO, Roberto de. Tradução: Paulo Roberto Benasse. *Instituições de direito civil*. v. 1. São Paulo: Bookseller, 1999.

SANTOS, Milton. *Por uma outra globalização*: do pensamento único à consciência universal. Rio de Janeiro: Record, 2008.

SARAIVA, Renato. *Curso de direito processual do trabalho*. 5. ed. São Paulo: Método, 2008.

SARTORI, Giovanni. (trad.) ANGONESE, Antonio. *Homo videns televisão e pós-pensamento*. Bauru: EDUSC, 2001.

SILVA NETO, Amaro Moraes. *Privacidade na internet*. Um enfoque jurídico. São Paulo: EDIPRO, 2001.

SILVA, José Afonso. *Comentário contextual à Constituição*. 5. ed. São Paulo: Malheiros, 2008.

SIQUEIRA JR., Paulo Hamilton. *Teoria do direito*. São Paulo: Saraiva, 2009.

SÜSSEKIND, Arnaldo. *Direito constitucional do trabalho*. 3 ed. Rio de Janeiro: Renovar, 2004.

SZANIAWSKI, Elimar. *Direitos de personalidade e sua tutela*. 2. ed. São Paulo: Revista dos Tribunais, 2005.

TAVARES, André Ramos. *Curso de direito constitucional*. 6. ed. São Paulo: Saraiva, 2008.

TEIXEIRA, Tarcisio. *Direito eletrônico*. São Paulo: Juarez de Oliveira, 2007.

THEODORO JR., Humberto. *Dano moral*. 6. ed. São Paulo: Juarez de Oliveira, 2009.

TOMPSON, John B. *A nova visibilidade. In:* Matrizes, n. 2. São Paulo: USP, abr. 2008. Disponível em: <http://www.matrizes.usp.br/ojs/index.php/matrizes/article/viewFile/40/pdf_22>.

TOBEÑAS, Jose Castan. *Los derechos del hombre*. 4 ed. Madrid: REUS, 1992.

ZAINAGHI, Domingos Sávio (coord.). *CLT interpretada*: artigo por artigo, parágrafo por parágrafo. São Paulo: Manole, 2007.

OS FATORES PSICOSSOCIAIS E A CARACTERIZAÇÃO DO TRATAMENTO DESUMANO E DEGRADANTE[*]

Laís de Oliveira Penido[**]

Este estudo tem o propósito de demonstrar os fundamentos filosóficos e ideológicos dos motivos pelos quais alguns agentes etiológicos de natureza ocupacional ou fatores de risco psicossociais presentes no ambiente de trabalho podem desencadear algumas circunstâncias que são enquadráveis no conceito de tratamento desumano ou degradante desenvolvido pelo direito internacional, circunstâncias estas que podem caracterizar ofensa à integridade psíquica do trabalhador.

O enfoque adotado para a reflexão científica sobre esse tema é voltado para a promoção da saúde dos trabalhadores e a abordagem preventiva da gestão dos riscos psicossociais, optando-se pela análise transversal e holística desse objeto e pela inserção desses problemas na gestão da saúde e segurança no trabalho.

1 OS FATORES DE RISCO PSICOSSOCIAIS

A nossa primeira incumbência será elucidar o que sejam os fatores psicossociais. Consistem os fatores psicossociais no trabalho as interações entre o trabalho, o seu meio ambiente, a satisfação no trabalho e as condições de organização de um lado e, do outro lado, **as capacidades** do trabalhador, suas necessidades, sua cultura e a sua situação pessoal fora do trabalho. Todas essas inter-relações, por meio de mecanismos psicofisiológicos desencadeados pelas percepções e experiências do trabalhador, podem influir na saúde, no rendimento e na satisfação que o trabalhador tem em realizar o trabalho.

Esses fatores também foram definidos como aspectos da concepção, organização e gestão do trabalho, assim como de seu contexto social e ambiental, que tem a potencialidade de causar danos físicos, psíquicos ou sociais aos trabalhadores.

(*) Conferência proferida no 5º Congresso Internacional sobre Saúde Mental no Trabalho, em 2012.
(**) European Label em Autonomia individual e autonomia coletiva pela Universidade Tor Vergata em Roma, Especialista em Direito Processual Civil e Direito do Trabalho e Processo do Trabalho pela Universidade Federal de Goiás.

Com relação especificamente ao nosso tema, o primordial é que esses fatores fazem referência às condições presentes no entorno laboral e diretamente relacionadas com as **condições ambientais**: a organização, os procedimentos e métodos de trabalho, a realização das atividades que, por meio de mecanismos psicológicos e fisiológicos, podem afetar tanto a saúde do trabalhador como o desempenho de seu trabalho.[1] O desempenho está estreitamente relacionado com a capacidade para o trabalho.

A capacidade que o trabalhador tem para executar suas funções está relacionada com seu estado de saúde e com suas capacidades físicas e mentais. É um processo dinâmico entre recursos do indivíduo em relação ao seu trabalho, sofrendo, portanto, influência de diversos fatores, como aspectos sociodemográficos, estilo de vida. Entre os diversos fatores, a saúde é considerada como um dos principais determinantes da capacidade para o trabalho, isto é, quanto melhor a qualidade de saúde, melhor a condição da capacidade para o trabalho. A força dessa associação aponta a relevância da saúde em sua integralidade, condicionando a qualidade da capacidade para o trabalho.

As questões e os problemas psicossociais estão estreitamente vinculados aos direitos de personalidade do trabalhador. Logo, para compreendermos a dimensão real e integral dessas questões e problemas, temos que abordar, mesmo que sucintamente, o que sejam os direitos de personalidade e a personalidade do trabalhador e em que bases filosóficas e ideológicas esses institutos foram incorporados e regulados no ordenamento jurídico.

2 OS DIREITOS DA PERSONALIDADE

A relevância jurídica dos aspectos da personalidade é um campo de investigação novo no direito. Em nosso país, ela apareceu tipificada no Código Civil de 2002, no capítulo II, do Livro I. Ao regular a personalidade e a capacidade das pessoas naturais, o código institui os direitos da personalidade.

O código anterior, de 1916, no Livro I, tratava das pessoas, dividindo-as no capítulo I — das pessoas naturais e no capítulo II — das pessoas jurídicas. Não estavam previstos expressamente no texto daquele código os direitos da personalidade, mas sim no art. 4º estava especificado o começo da personalidade civil.

Com esse arcabouço legislativo, a doutrina do Código de 1916 não considerava a personalidade um direito, mas sim um conceito sobre o qual se apoiavam os direitos a ela inerentes. Dela se irradiavam os direitos, era o ponto de apoio de todos os direitos e obrigações. Tanto é assim que o prof. Clovis Bevilaqua conceituava personalidade como "a aptidão reconhecida pela ordem jurídica a alguém, para exercer direitos e contrair obrigações." (1949, p. 180).

A razão de ser para tão profunda transformação, isto é, para que a personalidade passasse a ser considerada um direito, foi para que o Código Civil de 2002 se adequasse ao paradigma dogmático trazido pela Constituição Federal de 1988. Qual seria? O fundamento que norteia a República Federativa do Brasil: a dignidade da pessoa humana.

Ainda que não tenha sido esta a primeira Constituição a mencionar a dignidade da pessoa humana em seu texto, foi a primeira a ter se apoiado nesse fundamento, atribuindo-lhe o sentido jurídico de "qualidade intrínseca e distintiva reconhecida em cada ser humano que o faz merecedor do mesmo respeito e consideração por parte do Estado e da comunidade implicando, nesse sentido, **um complexo de direitos e deveres fundamentais que assegurem a pessoa tanto contra todo e qualquer ato de cunho degradante e desumano,** como venham a lhe garantir as condições existenciais mínimas para uma vida saudável, além de propiciar e promover sua **participação ativa e corresponsável nos destinos da própria existência** e da

---

[1] OIT — *Factores psicosociales*. Outros fatores potencialmente negativos são a má utilização das habilidades, a sobrecarga de trabalho, a falta de controle, o conflito de autoridade, a desigualdade no trabalho, a falta de segurança no trabalho, os problemas nas relações de trabalho, o trabalho por turnos e o perigo físico.

vida em comum com os demais seres humanos". [2] Essa fundamentação subverteu a dinâmica valorativa incorporada na CF, conferindo primazia ao ser humano, senão vejamos.

A Constituição de 1946, em seu capítulo II — os direitos e garantias individuais —, título V, que, regulava a ordem econômica e social, prescrevia (art. 145) que a ordem econômica deveria ser organizada conforme os princípios da justiça social, conciliando a liberdade de iniciativa com a **valorização do trabalho** humano. O parágrafo único do mesmo artigo prescrevia que a todos era assegurado um trabalho que possibilitasse uma existência digna.

Já na Constituição de 1967 no Título III — da ordem econômica e social — o inciso II do art. 157 previa que a ordem econômica tinha por fim realizar a justiça social, com base no princípio **de valorização do trabalho** como condição da dignidade humana.

Nessas duas Constituições (1946 e 1967), o foco era a valorização do trabalho, contudo a pedra de toque da CF de 88 é o ser humano e isso muda toda a regulação dessas relações.

Retomando o tema dos direitos de personalidade passaremos a explicar o surgimento e desenvolvimento desse direito e as diferenças filosóficas ideológicas que fundamentavam essas relações.

O Código Civil de 1916 foi influenciado pelo Código napoleônico, que, por sua vez, teve por base o Direito Romano.

No Direito Romano clássico, o pilar fundamental de todo o sistema centrava-se **no direito de propriedade** e a regulação das relações patrimoniais privadas, e a tutela do patrimônio era colocada no centro nevrálgico de todo o sistema jurídico. O direito de propriedade definia em grande parte a divisão social de classes, determinando o poder econômico e político para quem detivesse o poder jurídico de dispor sobre a propriedade.

A responsabilidade civil não era outra coisa senão uma das formas de proteção da propriedade privada. Foi por meio dos direitos subjetivos e da fórmula dano-reparação que houve a patrimonialização ou a não patrimonialização dos prejuízos na órbita civil.

Com o advento dos códigos liberais o sistema continuou o mesmo,[3] pois a propriedade no seu sentido material foi um dos atributos máximos da codificação napoleônica. Dois terços desse código reservados para regular a propriedade e o terço restante dedicado à regulação das relações familiares. Ademais, o Código de 1791 instituiu o voto censitário diferenciando os **cidadãos entre ativos** e passivos, somente podendo votar os primeiros, que tinham propriedades ou bens. Portanto, era considerado cidadão o indivíduo junto com as suas propriedades.

Aqui cabe uma observação: Napoleão Bonaparte[4] em 1793 restabeleceu a escravidão[5] no Haiti[6] e a família continuou uma organização patriarcal sendo resgatados a "*Patria potesta*" e o "*pater familie*".[7] Para uma sociedade que tinha por lema a liberdade, igualdade e fraternidade, ela não foi muito fiel a essa ideologia.

A sociedade burguesa e capitalista também foi fundada sobre o direito de propriedade. O Direito Civil continuou tendo uma concepção patrimonialista. A transcendência jurídica orbitava sobre os bens e o

---
(2) SARLET, I. W. (org.) 2003. p. 37.
(3) A concepção de propriedade privada adotada pela Revolução Francesa teve por base a noção de propriedade do direito romano.
(4) Apesar de ter entrado para a história como general e imperador francês, Napoleão Bonaparte nasceu na Córsega, ilha do mar Mediterrâneo, um ano após essa ilha ter se tornado domínio da França. Daí, sua primeira língua ter sido o italiano, o que não o impediu de aprender o francês, embora jamais tenha perdido o sotaque de sua terra natal.
(5) A Revolução Francesa aboliu a escravidão. Na introdução do que seria denominada declaração dos direitos do homem e do cidadão foram sintetizados três princípios, liberdade, igualdade e fraternidade.
(6) Foi uma colônia francesa.
(7) Napoleão era um férreo defensor da autoridade paterna e da herança dos filhos legítimos, ele supervisionou a transição jurídica da autoridade do patriarca feudal para o *pater* família burguesa.

patrimônio que o sujeito possuía, vigendo uma concepção materialista e patrimonialista do direito, reduzindo a sua positivação a uma mera coordenação dos interesses econômicos individuais, sem imiscuir-se muito na proteção da pessoa humana em si considerada. O indivíduo era desprovido de recursos porque os institutos do direito civil foram originariamente concebidos com a finalidade de proteger as situações patrimoniais e não as situações existenciais. Desta regulação jurídica, resultou a péssima situação do proletariado nos primórdios do liberalismo[8] e a dureza das condições de trabalho, durante a Revolução Industrial, revelando **que os dogmas revolucionários: o direito absoluto da propriedade privada e a** liberdade dos contratantes poderiam ser tão ou mais perigosos que o Estado Absolutista para as liberdades, à integridade psicofísica e à dignidade das pessoas.

Dessa forma, diante dessa situação de violência e dando uma resposta às turbulências sociais daí resultantes, surgiram as primeiras normas relativizando o direito de propriedade.

Os direitos de personalidade surgiram por meio de um projeto político de despatrimonialização do direito e da necessidade de uma nova forma de conceber e tutelar o ser humano, arquitetada por meio de uma nova sensibilidade surgida após a Segunda Grande Guerra que teve por base o reconhecimento da pessoa humana.

O art. 6º da Declaração Universal dos Direitos do Homem reconhece que "todo ser humano tem o direito de ser, em todos os lugares, reconhecido como pessoa perante a lei".

O reconhecimento legal do direito de personalidade de todos não aconteceu por acaso. Durante a Segunda Guerra Mundial, houve seres humanos que não eram reconhecidos como pessoas perante a lei.

Surgiram, nos anos 20 e 30 do século XX, vários regimes totalitários, os quais suprimiram totalmente os direitos e garantias constitucionais, fundamentando-se no conceito do positivismo jurídico que sanciona ser válido e de cumprimento obrigatório, independentemente do seu conteúdo, todo o Direito positivo e, em particular, toda norma jurídica emanada do Poder Estatal. Essa conjuntura doutrinária facilitou a institucionalização da ideologia nacional-socialista e de suas implicações: as barbaridades perpetradas contra os Direitos Humanos, e principalmente os direitos de personalidade, pelo Terceiro Reich. Essa situação demonstrou inequivocamente a necessidade de uma fundamentação mais estável e consistente da positivação nacional dos direitos humanos, cuja finalidade era proteger o ser humano desses mesmos regimes totalitários.

A defesa de todos os juristas alemães julgados em Nuremberg foi "Eu estava obedecendo à lei". Mas mesmo assim eles foram condenados por crimes contra a humanidade.[9] O Terceiro Reich era um Estado de Direito.

Depois da Segunda Guerra Mundial, alentados pelo propósito de impedir no futuro a repetição "do desprezo e do desrespeito pelos direitos humanos que resultaram em atos bárbaros que ultrajaram a consciência da Humanidade," [10] sendo esses atos realizados em um estado. Sendo assim, houve o desenvolvimento da doutrina dos direitos da personalidade.

O que são os direitos de personalidade? Carlos Alberto Bittar argumenta que direitos de personalidade são "os direitos **reconhecidos à pessoa humana tomada em si mesma e em suas projeções na sociedade, previstos no ordenamento jurídico exatamente para a defesa de** valores inatos nos homem, como a vida, a higidez física, a intimidade, a honra, a intelectualidade e outros tantos". (grifo nosso) (1995, 1)

---

(8) Esse novo modelo de vida socioeconômica traduz-se no estabelecimento de péssimas condições de trabalho — jornadas extenuantes e salários de fome, impostas pelos empresários a uma população trabalhadora abundante e desunida, causando uma deterioração econômica de tal magnitude do proletariado que provocou, como decorrência, um fenômeno de reação — medidas de defesa — frente a esse estado de coisas.
(9) A definição do que se entende por crime contra a humanidade (ou crime de lesa-humanidade) foi dada, pela primeira vez, pelos Princípios de Nuremberg (de 1950).
(10) Preâmbulo da Declaração Universal dos Direitos Humanos

Eleito o ser humano como valor supremo estabelecido desse novo paradigma valorativo, ele foi posicionado na cúspide do escalonamento hierárquico axiológico, tornando-se o valor fundamental do ordenamento jurídico, à luz do qual deve todo ele ser pautado. Sendo assim, os institutos jurídicos de formação teleológica estrutural, delineada a tutela de situações jurídicas em que predomina uma lógica patrimonialista, são insuficientes para ser conferida a tutela integral ao ser humano. Em razão disso, surgem os direitos de personalidade para exatamente preencherem essas lacunas.

A personalidade é identificada no "ser" e não no "ter", daí a lei reconheceu a peculiaridade da estrutura da personalidade, sendo esse direito classificado dentro do esquema dos direitos subjetivos e, portanto, plasmado dentro do ordenamento jurídico. Passam, dessa forma, a ser protegidas a autonomia e a integridade não somente na dimensão do "ter", mas também na do "ser", havendo uma profunda transformação de qual o bem jurídico que seria tutelado.

A relação do ser humano com o trabalho "estabelece um *status* social que não se restringe ao ambiente físico do trabalho. Pelo contrário, a atividade profissional é parte inseparável do universo individual e social de cada um, podendo ser traduzida tanto como meio de equilíbrio e de desenvolvimento quanto como fator diretamente responsável por danos à saúde".[11] Com base nessa perspectiva, fica evidente que o trabalho em condições adversas pode afetar a saúde psíquica das pessoas e explicar ocorrências endêmicas de certas alterações.

As implicações psíquicas das sequelas que essas doenças causam no ser humano representam um impacto em um traço de identidade [12] de grande significação do ser humano, pelo valor simbólico atribuído ao trabalho hoje em dia.[13] Não conseguir realizar uma exigência da norma identificadora estabelece um conflito subjetivo que pode levar ao sofrimento psíquico, julgando seu desempenho como fora do normal, abaixo do normal ou anormal.

A personalidade humana se insere na função geral da capacidade do homem para conhecer e avaliar como nós seres humanos podemos nos desenvolver e existir. Essa capacidade está intimamente vinculada à capacidade do indivíduo de julgar-se a si mesmo e de segmentar seus comportamentos, assim como também está umbilicalmente relacionada com o profundo significado ético e existencial de nossa própria vida e do respeito à vida de outrem.

O espaço íntimo individual, composto por emoções, sentimentos e pensamentos, pode ser alterado pela exposição do ser humano a ambientes desfavoráveis que o tornem suscetível quando da sua interação nos grupos sociais. Essas interações deixam marcas profundas na personalidade. Por meio desse espaço interno — da nossa subjetividade — é que construímos o espaço relacional, o qual permite que nos relacionemos com os outros indivíduos.

3 O TRATAMENTO CRUEL, DESUMANO OU DEGRADANTE

A proibição de imposição de um tratamento cruel, desumano ou degradante apenas surge com o processo de internacionalização dos direitos humanos, que tem como marco emblemático a Declaração Universal dos Direitos Humanos, em 1948. Em seu art. 5º, textualmente, afirma que: "Ninguém será submetido à tortura nem a penas ou tratamentos cruéis, desumanos ou degradantes". Entretanto, não se definiu, do ponto de vista jurídico, o que constitui "tortura" nem "tratamentos ou penas cruéis".

---

(11) ANSALONI, J. A. *As relações entre trabalho e saúde mental.* Disponível em: <http://www.nutline.enut.ufop.br/artigos/artigo12/artigo12.html>. Acesso: 13 maio 2004.
(12) A subjetividade do indivíduo é atingida no sofrimento mental relacionado ao trabalho e em suas expressões mórbidas. A subjetividade de cada ser humano é construída ao longo das suas experiências sociais. SELIGMANN-SILVA, E. Psicopatologia e saúde mental no trabalho. *In:* MENDES, R. *Patologia do trabalho.* São Paulo: Atheneu, 2003. p. 1.141-82.
"...llegamos a la definición de trabajo como *constructo de la subjetividad humana*, matriz facilitadora de realización del deseo no cancelada en la satisfacción, sino en el desplazamiento de los objetos que propician su realización y que produce un sujeto creador (productor) que se reconoce en el producto creado". SAUAYA, D. *Salud mental y trabajo*: un dispositivo psicosocial. Buenos Aires: Lugar, 2003. p. 8.
(13) No contexto contemporâneo, a identidade psicológica tem no traço do identitário trabalhador um dos seus mais fortes esteios COSTA, J. *ob. cit.*

Essa proibição foi agasalhada pelos sistemas regionais de proteção de direitos humanos que historicamente se sucederam à criação da ONU, enquanto sistema mundial de proteção dos direitos humanos. O direito a um tratamento humano, em qualquer relação, está prescrito principalmente no art. I, da Declaração Americana e no art. 5º da Convenção Americana.

A Convenção para Prevenir e Sancionar a Tortura também não delimitou o sentido de tratamento inumano e degradante e muito menos a diferença deles em relação à tortura. Sem embargo, podem-se compreender seus princípios pela jurisprudência da Corte Europeia e da Comissão Interamericana.

O primeiro órgão internacional a enfrentar o desafio de definir o crime de tortura, diferenciando-o dos demais tratamentos cruéis, desumanos e degradantes foi a Comissão Europeia de Direitos Humanos — CEDH quando decidia sobre o Caso Grego (*Greek Case*).[14] Nesse caso, a CEDH entendeu que tortura é um tipo agravado de tratamento desumano, infligido a alguém com um intuito específico (obter confissão, informação etc.). Tratamento desumano, por sua vez, abrange o tratamento degradante. Segundo a CEDH, tratamento degradante consiste naquele que humilha a pessoa perante os demais ou que a leva a agir contra a sua vontade ou a sua consciência. Já o tratamento desumano é o que causa severo sofrimento ou atenta gravemente contra a integridade e/ou a saúde física ou mental. A CEDH procurou primeiro definir o significado de tratamento desumano, o que exceder em grau de sofrimento constitui tortura, e o que faltar constitui tratamento degradante.

Em 1975, acolhendo o entendimento emitido pela CEDH, a ONU adotou a Resolução n. 3452 (XXX) que explicitou consistir a tortura "uma forma agravada e deliberada de pena ou tratamento cruel, desumano e degradante". Posteriormente, a Convenção das Nações Unidas contra a Tortura e outros Tratamentos ou Penas Cruéis, Desumanos e Degradantes plasmou o conceito internacional de tortura: qualquer ato ou omissão pelo qual se inflige intenso sofrimento físico ou mental, com um propósito, seja este obter confissão ou informação, castigar, intimidar, em razão de discriminação, quando o responsável for agente público.

Ao analisar a violação do direito a ser respeitada a integridade pessoal[15], a Comissão Interamericana usou como subsídio as decisões da Comissão Europeia de Direitos Humanos que estabeleceram **tratamento desumano** como aquele que deliberadamente causar sofrimento mental ou psicológico injustificado e **tratamento degradante** quando alguém for gravemente humilhado diante de outrem.[16]

O texto constitucional de 1988 trouxe, pela primeira vez, a condenação formal à prática da tortura, do tratamento desumano ou degradante.[17] O texto não menciona o adjetivo "cruel", como os textos internacionais.

Todas essas relações que acabo de descrever são relações violentas. E o que pode ser considerado violência no trabalho?

4 VIOLÊNCIA NO TRABALHO

A OIT entende violência no lugar de trabalho como "toda ação, episódio ou comportamento que se distancia do que seja razoável e mediante o qual uma pessoa é agredida, ameaçada, humilhada ou maltratada por outra no exercício da sua atividade profissional".[18]

A violência caracteriza-se pela ação baseada na ira, que não tenta nem busca convencer o outro, mas simplesmente o agride. O termo "violência" deve ser entendido, aqui, em um sentido amplo, abarcando

---

(14) Comisión Europea de Derechos Humanos, el caso Griego, 1969, *12 Y.B. Eur. Conv. on H.R.* 12, 186.
(15) Art. 5º da Convenção Americana sobre Direitos Humanos.
(16) Caso 10.832, Informe 35/96, Luis Lizardo Cabrera (República Domenicana), Informe Anual da CIDH 1997, párr. 77, citando a Comição Europeia de Direitos Humanos, no caso Griego, 1969, 12 Y.B. Eur. Conv. on H.R. 12, 186.
(17) CF. Art. 5º, III.
(18) OIT. *Repertorio de recomendaciones prácticas sobre la violencia en el lugar de trabajo en el sector de los servicios y medidas para combatirla*. Disponível em: <http://www.oit.org/public/spanish/standards/relm/gb/docs/gb288/pdf/mevsws-11.pdf>. Acesso em: 2 nov. 2007.

qualquer tipo de comportamento no qual um trabalhador seja agredido, ameaçado, humilhado ou insultado, sendo esses comportamentos suscetíveis de causar um dano ou que possa desencadear uma doença psicofísica a quem os receba.

A violência no trabalho abarca uma ampla variedade de comportamentos, nos interessa o maltrato psicológico. Tratamentos tais como: rejeição, depreciação, indiferença, discriminação, desrespeito, punições exageradas podem ser considerados tipos de violência grave. Essas atitudes, muitas vezes não deixam marcas visíveis no indivíduo, mas podem levar a estados graves de patologias psicológicas e emocionais. Alguns desses estados podem tornar-se irrecuperáveis em um indivíduo anteriormente saudável. Qualquer tipo de assédio pode configurar violência no trabalho, seja assédio moral, sexual ou a intimidação. Esse problema deve ser abordado em três aspectos fundamentais: um problema de trabalho, de direitos humanos e de saúde e segurança no trabalho.

Um dado relevante é que no Brasil foram "abolidos os açoites, a tortura, a marca de ferro quente, e todas as demais penas cruéis e que a infâmia do réu não fosse transmitida aos parentes" [19] somente em 1824, quando Dom Pedro I outorgou a Constituição do Império depois da Independência do Brasil. E com a Constituição da República em 1891 foram abolidos "a pena de galé e a de banimento judicial". [20]

Outro fato relevante foi a abolição da escravatura pela Princesa Isabel[21] em 1888. O empregado era o escravo e isso não faz muito tempo, tão somente 126 anos. Como é público e notório, nessa época, o amo tinha o poder de vida e morte sobre o seu "empregado", ainda hoje existe na cultura brasileira o ranço escravocrata dessa relação de "onipotência". A sociedade brasileira era,[22] e continua sendo, uma sociedade violenta, quando se trata da relação de trabalho. Hoje não há mais a violência física dos castigos corporais, mas ainda há a violência psicológica em alto índice.

Além do mais, retomando o conceito elaborado pela jurisprudência internacional, tratamento degradante é o destinado a criar na vítima um sentimento de temor, angústia e inferioridade, cuja finalidade é humilhar, desdenhar e rebaixar a pessoa assediada para quebrar-lhe a resistência moral e o tratamento desumano é o que causa um intenso sofrimento mental nas vítimas.

Abarcando o conceito de assédio moral, a exposição de qualquer empregado a situações humilhantes e constrangedoras, cujo fito é o de aniquilá-lo, desestabilizá-lo, esse tratamento tipifica-se como tratamento degradante. Além disso, o assédio moral gera na vítima sentimentos de menos-valia, angústia, insegurança, desânimo e desespero, em outras palavras, "um intenso sofrimento psíquico", logo, também se tipifica como tratamento desumano.

O assediador, no assédio sexual, em uma manifestação de relações de poder, tenta subjugar a assediada, mediante chantagem, ao seu interesse sexual,[23] conduta que cria um ambiente de trabalho intimidador, hostil e humilhante para quem a recebe.

Para Weber, dominação compreende uma situação de fato, em que uma vontade manifesta do dominador quer influenciar as ações de outras pessoas[24] e a probabilidade de encontrar obediência a uma ordem.[25]

---

(19) BRASIL. *Constituição Política do Império do Brazil*, 1824, Art. 179, num. 19 e 20.
(20) Art. 72, § 20.
(21) Brasil. Lei Aurea, n. 3.353, de 13 de maio de 1888. Art. 1º — É declarada extinta desde a data desta Lei a escravidão no Brasil.
(22) Nenhuma casa-grande do tempo da escravidão quis para si a glória de conservar filhos maricas ou donzelos. O que sempre se apreciou foi o menino que cedo estivesse metido com raparigas. Rapariguero, como ainda se diz. Femeeiro. Deflorador de mocinhas. E que não tardasse em emprenhar negras, aumentando o rebanho e capital paternos. GILBERTO FREYRE, em Casa-Grande & Senzala.
(23) "o controle sexual dos homens sobre as mulheres é muito mais do que uma característica incidental da vida social moderna. À medida que esse controle começa a falhar, observamos mais claramente revelado o caráter compulsivo da sexualidade masculina — e este controle em declínio gera também um fluxo crescente da violência masculina sobre as mulheres". GIDDENS, A. *A transformação da intimidade: sexualidade, amor e erotismo nas sociedades modernas*. São Paulo: Universidade Estadual Paulista, 1993. p. 11.
(24) Poder significa toda a probabilidade de impor sua vontade numa relação social, mesmo contra a resistência, seja qual for o fundamento dessa probabilidade. Dominação é a probabilidade de encontrar obediência a uma ordem de determinado conteúdo, entre determinadas pessoas indicáveis". WEBER, M. *Economia e sociedade: fundamentos da sociologia compreensiva*. Brasília: Universidade de Brasília, 1999. p. 33.
(25) *Ibidem*, p. 191.

Esse problema tem relação com a assinação de róis atribuídos aos homens e às mulheres na vida social e econômica que, por sua vez, direta ou indiretamente, afeta a situação das mulheres no mercado de trabalho. A empregada é obrigada a escolher entre assentir a uma demanda sexual ou perder algum benefício ou a algo que lhe corresponderia pelo trabalho, até mesmo o próprio emprego. Dado que isso só pode ocorrer em uma relação em que alguém tenha o poder de dar ou retirar esse benefício derivado do trabalho,[26] caracteriza-se abuso de autoridade por parte do empregador.

O assediador, por meio da chantagem, tenta extorquir vantagens de alguém sob a promessa de algo ou a ameaça da perda de algo nessa situação de dominação e de submissão, isso porque se passa em uma relação de poder. Subjugar tem a finalidade de quebrar a resistência, a negativa da vítima, logo pode ser tipificado como tratamento degradante. Insta frisar que normalmente, nessa relação, ocorre também o assédio moral.

Assédio sexual provoca na vítima: insegurança, culpa, depressão, problemas sexuais e de relacionamento íntimo, baixa autoestima, vergonha, fobias, tristeza, revolta, indignação, ansiedade, desmotivação. Podem ocorrer também, nos casos mais graves, tendências suicidas e, em um elevado número de casos, o *stress* pós-traumático; isso nos avaliza a tipificar esses sentimentos como "um intenso sofrimento mental", por conseguinte, um comportamento desumano.

5 OS DIREITOS DE PERSONALIDADE DO TRABALHADOR E O PODER DE DIREÇÃO DO EMPREGADOR

O conceito de Estado Liberal de Direito cede espaço ao conceito de Estado Social de Direito, implicando recortes, limitações e intervenções no âmbito da propriedade privada. Trata-se da socialização da propriedade, o que constituiu a perda de seu significado de direito ilimitado, sobretudo se é cotejado com as exigências do bem comum e do interesse social. A propriedade passa a ter que cumprir uma função social[27] e há a necessidade da progressiva elaboração doutrinária dos direitos da personalidade.

A relação jurídica entabulada entre o empregado e o empregador é marcada por um intenso conteúdo disciplinar que se manifesta por meio do poder de direção do empregador na empresa. Tal prerrogativa se subdivide no poder de organizar e controlar o processo produtivo e no poder disciplinar do empregador. O poder de direção é fundado sobre o direito de propriedade.

Essa reflexão só adquire importância para o nosso tema a partir do momento em que o empregador, no uso do poder de direção e disciplinar, ameace ou lesione, intencionalmente ou não, os direitos de personalidade do empregado.

A integridade psicofísica do empregado é um dos pilares de seus direitos da personalidade no bojo da relação de trabalho. Não raras vezes, observa-se que o direito à saúde e à integridade psicofísica do empregado terminam sendo violados, em decorrência do exercício abusivo do poder diretivo dos empregadores.

Alguns tipos de gestão e de organização do trabalho podem determinar processos de adoecimento do ambiente humano de trabalho. Hoje, metaforicamente, já se alude a um meio ambiente humano de trabalho insalubre. A tradicional gestão do trabalho é fundamentada no pensamento mecanicista e focaliza o sucesso da ação e da reação tendo por base as técnicas de produção e a sua remuneração econômica. Essa relação foi regulada em uma lógica patrimonialista e assentada no direito de propriedade. Esse enfoque já

---
(26) Esse assédio denomina-se *quid pro quo*.
(27) O direito de propriedade, na teoria do direito função, tem sido entendido explicitamente limitado, afirmando-se que a propriedade implica obrigações, bem como o dever de ser utilizada e usufruída a serviço do interesse geral, o que dista muito do conceito de propriedade como direito "inviolável e sagrado" enunciado e sacralizado no art. 17 da Declaração Francesa, de 1789, e depois reiterado nos Códigos Civis do século XIX.

é reducionista, pois é totalmente dependente e tem como objetivo a produtividade, o máximo rendimento possível e a sua retribuição monetária, não levando em consideração a saúde humana. As organizações, com base nesses modelos, se fundamentam em adequar suas estruturas operacionais às estratégias para atingir só a eficácia produtiva. O direito do trabalho ainda não se libertou das amarras que o prendem ao passado centrado no patrimônio, tornando essas relações mais violentas, porque ignoram totalmente o trabalhador como ser humano.

Já existe outro modelo que procura o benefício mútuo e o respeito em suas interações. Na organização empresarial, esse modelo é conhecido como antropológico ou institucional e busca catalisar tanto as técnicas como os sistemas de gestão. Nele o desafio consiste em aplicar e executar as estratégias, os princípios e a cooperação na gestão da organização do trabalho. Esse delineamento tem por base atos que propiciam não só a manutenção da unidade e eficiência organizativa, mas também aportam importantes fatores que buscam conseguir a qualidade nas relações humanas, não excluindo os vários prismas que devem ser por ele integrados: as habilidades formais, as psicossociais e as éticas, mantendo relações de interdependência. É necessário tanto estruturar, controlar e planificar a execução dessas estratégias como melhorar as habilidades dos diretivos em gestão humana sustentável.

Para a obtenção desse objetivo deve haver uma mudança de paradigma e ser implantada uma visão globalizante de sustentabilidade empresarial, ampliando, assim, as perspectivas para a melhoria da qualidade humana ambiental e das condições de vida no trabalho.

Dessa forma, verifica-se que a metodologia cunhada pela dogmática clássica e que ainda permeia o espírito do direito do trabalho (poder de direção e disciplinar) deve ser revista caso tenha como finalidade dar plena efetividade ao mandamento constitucional, que por meio da tutela da personalidade, colocou a pessoa humana como pedra angular de todo o ordenamento jurídico brasileiro e detentora de uma personalidade cujas manifestações são dignas de total e efetiva proteção, segundo a tábua axiológica esculpida na CF.

6 INTEGRAR OS PROBLEMAS PSICOSSOCIAIS DENTRO DAS PREOCUPAÇÕES COM A SAÚDE E SEGURANÇA NO TRABALHO

O comitê Misto OIT/OMS definiu saúde e segurança no trabalho como "a conquista e a manutenção do maior nível de bem-estar físico, mental e social dos trabalhadores, a prevenção do deterioro da saúde pelas condições de trabalho, a proteção dos trabalhadores no lugar de trabalho contra os riscos produzidos pelos agentes nocivos e a manutenção de um meio ambiente de trabalho adaptado a suas características fisiológicas e psicológicas. Resumindo, a adaptação do trabalho ao homem e de cada homem ao seu trabalho".[28]

Os fatores psicossociais têm fundamental importância à hora de avaliar e implantar uma política em matéria de medicina e segurança no trabalho, pois indigitados fatores podem influir de maneira decisiva no bem-estar físico e mental do trabalhador,[29] **já que o trabalhador não pode ser considerado como uma máquina constituída por músculos e nervos ou uma pilha disforme de células.**

De todo exposto, pode-se concluir que a Saúde e Segurança no Trabalho abarcam também: a proteção contra todos os riscos e agentes nocivos à saúde no ambiente de trabalho, sejam eles físicos, químicos, biológicos, ergonômicos ou psicossociais; o ingresso e a manutenção dos trabalhadores em um ambiente de trabalho adaptado às suas características fisiológicas e psicológicas.

---

(28) OIT. Enciclopedia de Salud y Seguridad en el Trabajo, edición española, Ministerio de Trabajo y Asuntos Sociales: Madrid, 23.30, 1998.
(29) "La interacción negativa entre condiciones de trabajo y los factores humanos del trabajador pueden conducir a perturbaciones emocionales, problemas del comportamiento y cambio bioquímicos neurohormonales que presentan riesgos adicionales de enfermedades mentales y físicas". OIT. *Factores psicosociales en el trabajo: naturaleza, incidencia y prevención.* p. 4.

7 CONCLUSÃO

A principal forma de tutela dos riscos psicossociais não deve ser mais o direito à indenização do dano em favor de quem tenha sofrido as consequências de um comportamento considerado ilícito. Os fatores psicossociais no trabalho devem ser integrados à gestão da medicina e segurança no trabalho. Essa gestão deve estar voltada para a promoção da saúde dos trabalhadores e para a abordagem preventiva da gestão dos riscos psicossociais, optando-se pela análise transversal e holística desses problemas.

As políticas e gestão da saúde e da medicina do trabalho devem ser centradas no ser humano, isso porque alguns desses fatores de risco podem ocasionar uma diminuição do nível de saúde do trabalhador, bem como a qualidade das relações humanas na empresa. Todos eles interatuam e repercutem sobre o clima psicossocial da empresa e sobre a saúde física e mental dos trabalhadores. Os fatores psicossociais estão relacionados com os resultados econômicos das empresas, pois afetam a qualidade e a produtividade das empresas. Além disso, respeitar os direitos de personalidade dos trabalhadores forma parte da obrigação legal no atual ordenamento jurídico.

Por outro lado, esses fatores de risco nunca se apresentam isoladamente, vários fatores se interatuam ao mesmo tempo no entorno do meio ambiente laboral, de forma a potencializar os efeitos nocivos. As inúmeras doenças relacionadas à organização, aos processos e ambientes de trabalho apresentam graves riscos à integridade e à saúde física e mental dos trabalhadores.

Dada a importância dos impactos positivos e negativos dos riscos psicossociais na saúde dos empregados e como esses impactos podem contribuir para a conquista de um ambiente de trabalho harmonioso, torna-se necessário que as relações entre seus membros se fundamentem em condições dignas e justas de trabalho, no respeito e na dignidade das pessoas.

O ser humano atualmente é o valor supremo e a pedra angular de todo o ordenamento jurídico brasileiro, posicionando-se na cúspide do seu escalonamento hierárquico axiológico constitucional. Ele é o centro de gravidade de todo o direito, a pessoa humana é detentora de uma personalidade cujas manifestações são dignas de total e efetiva proteção segundo a tábua axiológica esculpida na CF, surgindo assim a relevância da tutela de determinados bens atinentes à esfera da personalidade e às circunstâncias existenciais havendo, deste momento em diante, a necessidade de institucionalizar uma diversidade de graduações para a efetiva proteção desse direito, aparecendo então os "atributos da personalidade" com um bem jurídico protegido pela lei.

Aparece, assim, a tutela da integridade psicofísica, nos aspectos: moral, biológico e existencial como hipóteses de proteção contra um comportamento lesivo à saúde do ser humano dentro ou fora do ambiente de trabalho. Atualmente, não é possível fazer uma análise apropriada dos direitos da personalidade desvinculada de um exame da proteção integral do ser humano e dos direitos a ela correlatos.

Não há como sustentar e a essa altura, uma visão privatista de direitos da personalidade desvinculada dos direitos humanos fundamentais em toda a sua amplitude. Dessa forma, verifica-se que a metodologia criada pela dogmática clássica e que ainda permeia o espírito do direito do trabalho no poder de direção e disciplina deve ser revista para dar plena efetividade ao mandamento constitucional. Assim, as metodologias utilizadas pela doutrina clássica, por obedecer à lógica do ter, estão assentadas na tutela das situações patrimoniais, não tendo predominância sobre as circunstâncias existenciais e não concedendo uma efetiva e integral proteção da pessoa humana e a tutela de todas as possíveis manifestações da personalidade.

O quadro valorativo da Constituição subverteu essa dinâmica mediante a despatrimonialização dos institutos do direito do trabalho, pois, ao conferir primazia às situações nas quais estão em jogo os interesses da pessoa humana, passou a transitar na órbita do ser.

As mudanças no mundo do trabalho, caracterizadas pela reestruturação do modo de produção de bens e serviços, das relações trabalhistas e do próprio mercado de trabalho, tornaram, então, mais complexos os problemas psicossociais no ambiente de trabalho, surgindo a necessidade da intervenção preventiva nesse campo, porque esses ambientes podem favorecer o aparecimento de um grande número de doenças, além de mutilações e mortes que, de acordo com expertos, poderiam causar a incapacidade para o trabalho de várias ordens e graus.

Trabalho digno implica um trabalho seguro, realizado em um ambiente onde todas as normas de direitos fundamentais e de medicina e segurança no trabalho sejam respeitadas, portanto, trabalho digno é também o realizado em um ambiente de trabalho onde a integridade psíquica e emocional do empregado é resguardada.

8 REFERÊNCIAS BIBLIOGRÁFICAS

ANSALONI, J. A. *As relações entre trabalho e saúde mental*. Disponível em: <http://www.nutline.enut.ufop.br/artigos/artigo12/artigo12.html>. Acesso: 13 maio 2004.

GIDDENS, A. *A transformação da intimidade: sexualidade, amor e erotismo nas sociedades modernas*. São Paulo: Universidade Estadual Paulista, 1993.

OIT. Enciclopedia de Salud y Seguridad en el Trabajo, edición española, Ministerio de Trabajo y Asuntos Sociales: Madrid, 23.30, 1998.

SAUAYA, D. *Salud mental y trabajo*: un dispositivo psicosocial. Buenos Aires: Lugar, 2003.

SELIGMANN-SILVA. E. *Psicopatologia e saúde mental no trabalho*. In: MENDES. R. *Patología do trabalho*. São Paulo: Atheneu, 2003.

WEBER, M. *Economia e sociedade: fundamentos da sociologia compreensiva*. Brasília: Universidade de Brasília, 1999.

O TRABALHO DO CORTADOR DE CANA-DE-AÇÚCAR SOB A LENTE DO DIREITO AMBIENTAL DO TRABALHO

Mariana Benevides da Costa[*]
Sílvia Codelo Nascimento[**]

"O branco açúcar que adoçará meu café
nesta manhã de Ipanema
não foi produzido por mim
nem surgiu dentro do açucareiro por milagre.

(...)

Este açúcar era cana
e veio dos canaviais extensos
que não nascem por acaso
no regaço do vale.

Em lugares distantes, onde não há hospital
nem escola,
homens que não sabem ler e morrem de fome
aos 27 anos
plantaram e colheram a cana
que viraria açúcar.

---

[*] Aluna do curso de Especialização em Direito do Trabalho da Faculdade de Direito da USP. Pesquisadora integrante do grupo "Trabalho e Capital" — USP.
[**] Analista processual do Ministério Público Federal — Mestranda em Direito do Trabalho e Seguridade Social da Faculdade de Direito da USP — Aluna do curso de Especialização em Direito Aplicado ao MPU da Escola Superior do Ministério Público da União — Especialista em Direito da Seguridade Social pela EPDS — Especialista em Direitos Humanos pela Faculdade de Direito da USP — Especialista em Direito do Trabalho pela PUC/SP. Bacharel em Direito pela Faculdade de Direito da USP.

*Em usinas escuras,
homens de vida amarga
e dura
produziram este açúcar
branco e puro
com que adoço meu café esta manhã em Ipanema.*

("O açúcar" Ferreira Gullar)[1]

1 INTRODUÇÃO

Não, este artigo não está sendo escrito em uma manhã tranquila, em frente à praia de Ipanema. Não foi tranquilo escrevê-lo, pois a vida de quem trabalha, estuda, possui família não é tranquila. A sensação é de extenuação, de exaustão. Contudo, seria uma heresia tentar equiparar o cansaço físico e mental causado pelo exercício profissional jurídico ou pelos estudos acadêmicos que o acompanham à exaustão laborativa enfrentada pelo cortador de cana-de-açúcar.

Este artigo tem por objetivo tratar de um trabalhador que vive um paradoxo: sua força de trabalho é o fundamento de uma atividade econômica que enriqueceu e enriquece o Brasil, mas que não o enriquece.

A cana-de-açúcar é um dos produtos que proporcionaram o interesse pela colonização do Brasil e, de modo constante, esteve entre suas principais *comodities*. O uso da cana-de-açúcar para a fabricação de etanol — combustível ambientalmente menos poluente — traz perspectivas animadoras quanto ao futuro econômico brasileiro, nação maior produtora de açúcar e de álcool. De outro lado, as condições de trabalho do cortador de cana-de-açúcar infirmam qualquer tentativa de relacionar essa atividade econômica com o propalado conceito de desenvolvimento sustentável.

Se o relatório Nosso Futuro Comum — conhecido como relatório *Brundland* — reconhece a relação entre a questão ambiental e a questão social ao enfatizar que o desenvolvimento sustentável inclui o combate à pobreza[2], o cotidiano do cortador de cana-de-açúcar revela pouco ou quase nada de algo que se possa considerar como tal.

Esse trabalhador alimenta e é o esteio de uma atividade econômica que, além de não o alimentar devidamente, leva-o a passos céleres ao encontro com a morte. Encontro aparentemente marcado pelo trabalhador, a cada talhada na cana, a cada tentativa de se superar, de cortar mais, de ganhar mais. Contudo, os responsáveis por esse encontro estão bem longe dos canaviais.

Este artigo tem por influência as lições da vanguardista disciplina "Saúde, Ambiente e Trabalho: novos rumos da regulamentação jurídica do trabalho I"[3]/[4] e se refere, convém frisar, ao cortador de cana-de-açúcar e não ao trabalhador do setor sucroalcooleiro. A realidade que se buscará abordar é a do trabalhador que se ativa no canavial, sob forte calor e insolação, que não possui instalações sanitárias adequadas (ou qualquer instalação sanitária), que bebe água quente e come boia-fria.

---

(1) *Dentro da noite veloz.* 3. ed. São Paulo: José Olympio, 1998.
(2) (...) *Concurs with the Commission that the critical objectives for environment and development policies which follow from the need for sustainable development must include preserving peace, reviving growth and changing its quality, remedying the problems of poverty and satisfying human needs, addressing the problems of population growth and of conserving and enhancing the resource base, reorienting technology and managing risk, and merging environment and economics in decision-making*; <http://www.un.org/documents/ga/res/42/ares42-187.htm>. Acesso em: 4.4.2014.
(3) Ministrada no programa de pós-graduação *stricto sensu* da Faculdade de Direito da Universidade de São Paulo, sob a cátedra do Professor Doutor Guilherme Guimarães Feliciano.
(4) O Brasil, a nosso ver e *data maxima venia*, carece de organização regulamentar da saúde do trabalho, espargida por microssistemas legais diversos, de maneira que a disciplina acadêmica sob comento contribui para a construção de uma cultura articulada nesse entorno material.

Para tal fim, far-se-á um breve histórico do cultivo da cana-de-açúcar no Brasil. Após, abordar-se-á a poluição atmosférica causada pelas queimadas nos canaviais, um dos impactos que o modo de produção de cana-de-açúcar causa no meio ambiente e por consequência, no meio ambiente do trabalho do rurícola que labora nessa atividade econômica. Serão traçadas as condições de trabalho enfrentadas por esse obreiro, com destaque para o salário por produção, um dos fatores que mais contribuem à nocividade da atividade, levando o trabalhador, não raramente à morte por exaustão (*karoshi*). Por derradeiro, a axial e inevitável conclusão: a atividade desenvolvida pelo cortador de cana-de-açúcar, manifestamente penosa e insalubre, sob uma concepção gestáltica do meio ambiente, que preconiza a aplicabilidade, ao meio ambiente do trabalho, da tutela jurídica ambiental genérica[5], não se coaduna com a garantia de um meio ambiente ecologicamente equilibrado.

2 CONTEXTUALIZAÇÃO SÓCIO-HISTORIOGRÁFICA

No Brasil, independentemente do recorte abordado, sempre que se fale da atividade canavieira, cumpre reportagem à correspondente historiografia, cujos registros assentes deixam entrever que, desde sua ocupação, no início do século XVI, o país tem figurado, no cenário internacional, como engrenagem mercantilista, fornecedora de cana-de-açúcar e de seus produtos derivados. Noutras palavras, o que se quer dizer é que a cana-de-açúcar foi o produto reitor da posse e colonização do país.

Durante quase três séculos e meio, de 1500 a 1822, o Brasil foi uma colônia de exploração, da qual, sob regime de monopólio mercantil, extraíam-se riquezas direcionadas à metrópole colonizadora. A primeira riqueza explorada comercialmente foi o pau-de-tinta, também chamado de pau-brasil, o qual, inclusive, deu origem à denominação do país. Esse produto, de pequena significância no mercado, não motivou a ocupação do território, sendo a madeira extraída pelos indígenas, com base no cunhadismo, conforme esclarece Darcy Ribeiro[6]:

> "A instituição social que possibilitou a formação do povo brasileiro foi o cunhadismo, velho uso indígena de incorporar estranhos à sua comunidade. Consistia em lhes dar uma moça índia como esposa. Assim que ele a assumisse, estabelecia, automaticamente, mil laços que o aparentavam com todos os membros do grupo. [...] Assim, é que, aceitando a moça, o estranho passava a ter nela sua temericó e, em todos os seus parentes da geração dos pais, outros tantos pais ou sogros. [...]
>
> A importância era enorme e decorria que daquele adventício passava a contar com uma multidão de parentes, que podia pôr a seu serviço, seja para o conforto pessoal, seja para a produção de mercadorias.
>
> Cada europeu posto na costa podia fazer muitíssimos desses casamentos, a instituição funcionava como uma forma vasta e eficaz de recrutamento de mão de obra para os trabalhos pesados de cortar paus-de-tinta, transportar e carregar para os navios, caçar e amestrar papagaios e soíns".

Questionado especialmente pela França, quanto aos respectivos direitos sobre a colônia americana desocupada, Portugal enfrentou o problema político, com a implantação da agricultura canavieira. Contou, para tanto, com o *know-how* adquirido na experiência das Ilhas Madeira e Canárias. Nesse processo, dividiu o território brasileiro em capitanias hereditárias, isto é, em grandes lotes concedidos à fidalguia portuguesa, a efetiva responsável pela povoação e pela produção econômica da cana-de-açúcar, em regime de monocultura, ou *plantation*. O primeiro grande engenho foi o de São Jorge dos Erasmos, situado na Capitania de

---

(5) A saber, tanto a tutela prevista na Constituição Federal (arts. 1º, III e 3º, IV, c/c arts. 7º, XXII, 170, *caput* e incisos III e VI e 225, *caput*), quanto na Lei n. 6.938/1981.
(6) RIBEIRO, Darcy — *O povo brasileiro: a formação e o sentido do Brasil*. 3. ed. São Paulo: Companhia das Letras, 1995. p. 72/73.

São Vicente e também denominado de Engenho d'O Governador, pois pertencente a Tomé de Souza, seus familiares e sócios.

Nesse tempo, segundo historiadores, Portugal não possuía contingente populacional bastante, nem para a ocupação do Brasil, nem para o trabalho em suas terras, de maneira que os portugueses recorreram à escravidão, ou seja, a um doloroso regime de trabalho, em que o ser humano é, violentamente, submetido ao trabalho gratuito em prol de outrem, alienado de tudo, dos meios de produção, de sua personalidade jurídica, de sua origem, de sua liberdade[7]. Na ocasião, a par de valores éticos, a escravidão era tratada sob viés meramente econômico, vista como necessidade, conforme deixa entrever, por exemplo, Caio Prado Júnior[8].

Os primeiros escravos brasileiros foram os índios, gradativamente abandonados, para tais fins, até meados do século XVIII[9]. Fixou-se, depois, majoritariamente[10], a escravidão do negro africano, isso porque o tráfico negreiro, em si, também era negócio altamente lucrativo, livre e legalmente desenvolvido, no Brasil, até 1831[11]. Aliás, da elevada lucratividade auferida com o comércio de africanos, nasceram as propagandas, a um, da inaptidão indígena para a escravidão; a dois, da docilidade do negro e, do mesmo modo, o racismo contra o mesmo, com consequente inferiorização sociocultural, além da desculpa histórica atinente a sua elevada resistência para trabalhos de natureza rude.

Assim, em razão do baixo custo da mão de obra, quando comparados aos índios e brancos, bem como graças aos elevadíssimos ganhos do tráfico correspondente, os negros foram escravizados e, portanto, reduzidos à condição de *res*, ou de meras ferramentas do modo de produção mercantilista. Como tais, não participavam de relações sociais, mas, sim, de relações de poder, em que eram o objeto. Não tinham personalidade jurídica, individualidade, vontade própria; eram coisas semoventes, assim como os animais, na atualidade. Eis o *status* de que gozavam naquela ordem sócio-político-econômica, a qual, inclusive, reconhecia e legitimava juridicamente dito estado de escravidão, já que, como dito, os negros escravos eram apenas reses.

Trazidos das costas leste e oeste da África, de países como Sudão, Moçambique, Serra Leoa, Nigéria, Guiné Bissau, e Angola, por exemplo, os negros foram responsáveis por todo trabalho realizado nessa parte do Novo Mundo. Entre outros misteres, foram responsáveis por toda produção agroexportadora, pela produção de alimentos para a subsistência própria e de seus senhores, pela construção e manutenção dos meios de produção e das residências senhoriais, pelo transporte de carga e por todo serviço doméstico.

Entre eles, apesar da igualdade da cor e da condição de escravos, os negros, por estratégia senhorial, que objetivava evitar fugas e rebeliões, eles não apresentavam homogeneidade étnica, ou religiosa, sendo, algumas vezes, egressos de tribos rivais na África. Por isso, ingressavam mais passivamente ao universo colonial, nada obstante haja registros de fugas, motins, suicídios e adoecimentos gerados pela insatisfação com a nova realidade. A esse respeito, ensina Ribeiro[12] que:

---

(7) FELINA, Vera Lúcia Amaral. *A civilização do açúcar*. Coleção Tudo é História, v. 88, São Paulo: Brasiliense, 1998.
(8) PRADO JÚNIOR, Caio. *História econômica do Brasil*. 43. ed. São Paulo: Brasiliense, 2012. p. 34. "[...] *A escravidão torna-se assim uma necessidade* [...]".
(9) Nos anos de 1570, 1595 e 1609, Portugal editou leis contra a escravidão dos índios, para os quais, os jesuítas exigiam tratamento humanizado.
(10) A propósito, Eric Williams relata que "o trabalho forçado no Novo Mundo foi vermelho, branco, preto e amarelo; católico, protestante e pagão. O primeiro caso de tráfico e trabalho escravos que se desenvolveu no Novo Mundo dizia respeito, em termos raciais, não ao negro, mas ao índio. [...] Acostumados a uma vida de liberdade, a constituição física e o temperamento dos índios não se adaptavam bem aos rigores da escravidão nas fazendas [*plantations*] [...] O sucessor imediato do índio, porém, não foi o negro, e sim o branco pobre. Esses trabalhadores brancos eram de vários tipos. Alguns eram engajados (*indentured servants*), assim chamados porque, antes de sair da terra de origem, assinavam um termo de engajamento reconhecido por lei, pelo qual se obrigavam a prestar serviço por determinado tempo para custear o preço da passagem. Outros, chamados "quitadores" (*redemptioners*), combinavam com o capitão do navio que pagariam a passagem na chegada ou dentro de determinado prazo, a contar da chegada; se não cumprissem o acordado, o capitão os venderia em hasta pública. Outros ainda eram criminosos condenados, enviados por política deliberada do governo para trabalhar por um período de tempo estipulado". (WILLIAMS, Eric. *Capitalismo e escravidão*. Tradução Denise Bottmann; prefácio Rafael de Bivar Marquese. 1. ed. São Paulo: Companhia das Letras, 2012. p. 37/38).
(11) Segundo BENEDITO, Mouzar, na obra *Luiz Gama o libertador de escravos e sua mãe libertária*, (Luíza Mahin, — São Paulo: Expressão Popular), entre 1831 e 1888, o tráfico negreiro ocorria de forma ilegal, havendo, ao longo da costa brasileira, diversos portos clandestinos especializados na recepção do "produto", como, por exemplo, o Porto de Galinhas, em Pernambuco.
(12) *Op. cit.*, p. 103.

A diversidade linguística e cultural dos contingentes negros introduzidos no Brasil, somadas a essas hostilidades recíprocas que eles traziam da África e à política de evitar a concentração de escravos oriundos de uma mesma etnia, nas mesmas propriedades, e até nos mesmos navios negreiros, impediu a formação de núcleos solidários que retivessem o patrimônio cultural africano.

No dia a dia, eram sujeitos a jornadas estafantes e conscritos nas senzalas, desagasalhados e alimentados como bichos. Enfrentavam cotidiano violento, surrados preventivamente contra eventuais escapatórias, em vida útil que durava cerca de dez anos. A morte natural, não raro, advinha da extenuação física. A propósito, ainda em Darcy Ribeiro[13], um retrato do cotidiano no cativeiro:

> Sem amor de ninguém, sem família, sem sexo que não fosse a masturbação, sem nenhuma identificação com ninguém — seu capataz podia ser um negro, seus companheiros de infortúnio, inimigos — <u>maltrapilho e sujo, feio e fedido, perebento e enfermo, sem qualquer gozo ou orgulho do corpo, vivia sua rotina. Esta era sofrer todo dia o castigo diário das chicotadas soltas, para trabalhar atento e tenso.</u> Semanalmente, vinha um castigo preventivo, pedagógico para não pensar em fuga e, quando chamava atenção, recaía sobre ele um castigo exemplar, na forma de mutilações de dedos, de furo de seios, de queimaduras com tição, de ter todos os dentes quebrados criteriosamente, ou dos açoites no pelourinho, sob trezentas chicotadas de uma vez, para matar, ou cinquenta chicotadas diárias, para sobreviver. Se fugia e era apanhado, podia ser marcado com ferro em brasa, tendo um tendão cortado, viver peado com uma bola de ferro, ser queimado vivo, em dias de agonia, na boca da fornalha ou, de uma só vez, jogado nela, para arder como um graveto oleoso. (g.n.)

Quanto ao tráfico negreiro, este consistia em lucrativo comércio para os europeus, por meio do qual, homens, mulheres e crianças negras eram capturados em diferentes regiões da África, trazidos forçadamente para a América e vendidos para o trabalho forçado nas diversas lavouras locais, tais como, tabaco, algodão e cana-de-açúcar. O tráfico negreiro, ensina Williams[14], "não era um meio atendendo a um: era também um fim em si mesmo".

De igual modo, Boris Fausto[15]:

> [...] o comércio internacional de escravos, trazidos da costa africana, era em si mesmo um negócio tentador, que acabou se transformando no grande negócio da Colônia. Portugueses, holandeses e brasileiros, estes na fase final da Colônia, disputaram o controle dessa área. O tráfico representava, pois, uma fonte potencial de acumulação de riqueza e não apenas um meio de prover de braços a grande lavoura de exportação.

O tráfico negreiro foi iniciado pelos portugueses, seguidos, depois, por holandeses e ingleses, que obtiveram elevadas taxas de acumulação primitiva de capital, de forma a permitir, tempos depois, o desenvolvimento da Revolução Industrial.

Ademais, referido comércio se processava com a encomenda de negros, por parte dos fazendeiros brancos aos traficantes, que se dirigiam às distintas feitorias existentes ao longo da costa africana, seja no Oceano Atlântico, seja no Oceano Índico, onde, mediante escambo de aguardente ou bugigangas, adquiriam os prisioneiros das guerras tribais, ou negros capturados especificamente para a escravidão. De regra, com lucros em torno de trezentos por cento garantidos, o traficante comprava cinquenta por cento mais negros do que o encomendado na América, em razão das perdas do trajeto, causadas por doenças, má alimentação, revoltas e suicídios, por exemplo[16].

---

(13) *Op. cit.*, p. 65.
(14) *Op. cit.*, p. 66.
(15) FAUSTO, Boris. *História concisa do Brasil*. 14. ed. São Paulo: Universidade de São Paulo, 2012. p. 32.
(16) WILLIAMS, Eric. *Idem*.

Na feitoria, os negros eram divididos em lotes e embarcados nos navios negreiros, isto, nas seguintes condições:

> O espaço destinado a cada escravo na travessia do Atlântico era de 1,65 metro de comprimento por quarenta centímetros de largura. Comprimidos como 'fila de livros em prateleiras', como disse Clarckson, acorrentados aos pares, a perna direita de um à perna esquerda do outro, a mão direita de um à mão esquerda do outro, cada escravo tinha menos espaço do que um homem num caixão. Era como um transporte de gado negro — e, de fato, quando não havia negros suficientes, embarcavam-se cabeças de gado. O objetivo do comerciante era o lucro, não o conforto de suas vítimas, [...] (WILLIAMS[17])

Após três séculos de economia colonial, cerca de metade da população brasileira era constituída por negros.

Na América canavieira, os africanos eram encaminhados à propriedade característica da mencionada cultura agrícola, a saber, os engenhos de açúcar, que eram as unidades produtivas do sistema de monocultura mercantil implantado. Na verdade, tratava-se de grandes fazendas, onde, em efetiva linha de produção, a cana era cultivada e o açúcar, fabricado. Com variação de tamanho e de importância econômica, os engenhos eram formados pela casa grande (habitação dos senhores), senzala (habitação dos escravos), canavial, moinho, moenda, casa das caldeiras, casa de purgar e capela.

Ao mesmo tempo em que eram unidades de produção econômica, eram também entidades de reprodução político-sócio-cultural, as quais forjaram o país e sua organização material, considerando que, no seu interior, a partir da superioridade hierárquica reconhecida ao proprietário e senhor do engenho, entabulavam-se as mesmas relações permeadas por toda a sociedade brasileira. A propósito, Stuart. B. Schwartz[18]:

> Essas fazendas se transformaram no espelho e na metáfora da sociedade brasileira: os brancos nas mais altas posições, os negros (ou índios) na mais baixa, e as pessoas de raças misturadas, no meio. Gradações bem parecidas, aliás, com as da produção do açúcar: o branco como o mais valorizado; o de panela, escuro, e de menor valor; e o marrom, mascavo, no meio.

Sem alterações sociotecnológicas significativas, os engenhos existiram do século XVI ao XIX, quando, ao final dessa última centúria, como rescaldo da segunda Revolução Industrial, evoluíram e se transformaram nas usinas, usinas essas que, primeiro, foram movidas pelo vapor das fornalhas, depois, pelo vapor das caldeiras. No entanto, apesar das diferenças tecnológicas existentes entre o engenho e a usina, a segunda, sob uma ótica sócio-político-econômica, sempre repetiu os valores senhorialistas inerentes ao primeiro.

Quanto ao cultivo em si, a historiografia nacional relata que, sempre prestigiado pela Economia, o plantio da cana-de-açúcar atravessou o período colonial, o período imperial, adentrando República afora, para, a partir dos anos 30 do século XX, graças à opção política industrial da chamada Era Vargas, ganhar o impulso da modernidade.

Entrementes, de 1530 a 1620, a produção açucareira cresceu de forma rápida, com diminuição dos lucros a partir daí. Em 1640, nada obstante a concorrência do açúcar das Antilhas, os preços do produto voltaram a subir, verificando-se maior vigor nesse reaquecimento do mercado nos anos de 1680 a 1700. "[...] Até no ápice da mineração do ouro no século XVIII, o valor da produção agrícola sempre excedeu o do garimpo"[19], em cenário que se manteve até o chamado ciclo do café, durante o Império e a Primeira República.

---

(17) *Op. cit.*, p. 69.
(18) SCHWARTZ, Stuart. B. Doce lucro. *Revista de História da Biblioteca Nacional*, ano oito, n. 94, edição de julho 2013. p. 23. Disponível em: <http://www.revistadehistoria.com.br/secao/capa/doce-lucro>.
(19) SCHWARTZ. *Op. cit.*, p. 24.

Mais tarde, por volta de 1930, porque preteridas pela política do café com leite, as oligarquias canavieiras nordestinas se aliaram ao gaúcho Getúlio Vargas, que, após chegar à Presidência da República, criou, em 1933, o IAA — Instituto do Açúcar e do Álcool e estabeleceu um regime de cotas para a produção da cana-de-açúcar, visando evitar a diminuição dos preços de seus produtos derivados. Nessa época, como medida de reserva de mercado, tornou obrigatória a mistura de cinco por cento de álcool nacional a toda e qualquer gasolina importada, fazendo com que o álcool, de produto secundário, começasse a ganhar importância.

Durante a Segunda Guerra Mundial, com a escassez de gasolina ocorrida no Brasil, a indústria sucroalcooleira foi considerada de interesse nacional. Aliás, nesse período, ela começou a se deslocar do Nordeste para o Centro-Sul e, já na década de 50, a produção canavieira de São Paulo ultrapassou a nordestina.

Em 1973, a crise do petróleo fez com que o Presidente Ernesto Geisel criasse o Proálcool, com o objetivo de substituir os derivados do petróleo pelo etanol, que, a partir de então, se tornou altamente competitivo no mercado internacional. Nos anos 90, o Presidente Fernando Collor de Mello, eleito com público apoio dos usineiros, implementou reformas neoliberais no setor, extinguindo o IAA — Instituto do Açúcar e do Álcool e desregulamentando a distribuição, venda, preços e, sobretudo, os salários pagos nesse ramo de atividade, de forma a submeter todos os aspectos pertinentes às leis de mercado, exceto o percentual de álcool na gasolina, que, paradoxalmente, em nítido caráter intervencionista, foi majorado, por ele mesmo, Presidente Collor, para vinte e dois por cento.

Hoje, a cana-de-açúcar é plantada nos Estados de São Paulo, Paraná, Mato Grosso, Goiás, Alagoas, Bahia, Sergipe, Pernambuco, Paraíba e Rio Grande do Norte, constituindo produto relevante na economia nacional, como, também, na economia de cada qual dessas unidades federativas em particular, com oscilação de importância, a depender da localidade. A agroindústria canavieira emprega mais de um milhão de brasileiros e sua cadeia produtiva envolve desde o trabalhador rural (plantador e cortador da cana), até o executivo, que comercializa o produto final no mercado internacional, além de diferentes áreas técnicas, como, por exemplo, laboratoristas, químicos e biólogos.

Entretanto, ainda chama a atenção que mais de oitenta por cento da cana-de-açúcar seja cortada à mão, com acentuada carga de reminiscências escravistas, nada obstante os produtos dela decorrentes sejam utilizados em divisões tecnológicas avançadas, como a geração de energia e a fabricação de combustíveis, setores químico e farmacêutico, entre outros.

E, por completude, a informação de que, no Estado de São Paulo, a Lei n. 11.241/2002 e o protocolo firmado entre o respectivo Governo Estadual e a ÚNICA — União da Indústria Canavieira preveem extinção tanto da queimada, a partir deste ano, quanto da colheita manual, nos terrenos planos, a partir de 2017, colheita essa que deverá ser inteiramente mecanizada.

3 MEIO AMBIENTE E A COLHEITA DA CANA-DE-AÇÚCAR: POLUIÇÃO ATMOSFÉRICA CAUSADA PELAS QUEIMADAS

A Constituição da República Federativa do Brasil, promulgada em 1988, destacou a relevância da questão ambiental ao estabelecer, em seu art. 225, que "Todos têm direito ao meio ambiente ecologicamente equilibrado, bem de uso comum do povo e essencial à sadia qualidade de vida, impondo-se ao Poder Público e à coletividade o dever de defendê-lo e preservá-lo para as presentes e futuras gerações".

A par das discussões sobre o pleonasmo contido na expressão "meio ambiente"[20], o legislador brasileiro estabelece que se entende por "meio ambiente, o conjunto de condições, leis, influências e interações de ordem física, química e biológica, que permite, abriga e rege a vida em todas as suas formas" (art. 3, I, da Lei n. 6.938/1981). Paulo Affonso Leme Machado[21] assevera que "a definição federal é ampla, pois vai atingir tudo aquilo que permite a vida, que a abriga e a rege".

Nesse contexto, a produção do açúcar e do etanol, como ocorre com outras atividades humanas, especialmente as desenvolvidas para a elaboração de bens econômicos, impacta o meio ambiente de diversas formas.

As atividades de plantio e colheita da cana-de-açúcar no Estado de São Paulo por muito tempo envolveram a prática de queimadas, seja como forma de eliminação da vegetação existente para dar lugar aos campos de plantação, seja como método de retirar a palha da cana para facilitar a colheita.

Tal prática, conquanto possa reduzir as dificuldades da colheita de cana-de-açúcar, causa severos impactos à saúde humana e, consequentemente, ao meio ambiente. Segundo análise do professor Dr. Paulo Hilário Nascimento Saldiva[22]

> No Estado de São Paulo a atual prática de queima da palha da cana para fins de colheita tem sido associada a aumentos de morbidade por doenças respiratórias em adultos e crianças e cardiovasculares em adultos. Os efeitos à saúde parecem depender fortemente da fração particulada das emissões, e possuem magnitude suficiente para constituir-se em um problema significativa de saúde pública para as populações expostas.

Em estudo sobre os impactos da indústria canavieira no Brasil, realizado pela plataforma BNDES e divulgado pelo Instituto Brasileiro de Análises Sociais e Econômicas — IBASE —, adverte Sonia Corina Hesser[23]:

> Diversos estudos experimentais e observacionais apresentados por pesquisadores brasileiros da área médica, têm apresentado evidências consistentes sobre os efeitos da poluição do ar, especialmente do material particulado fino, no adoecimento e mortalidade por doenças cardiovasculares (cardíacas, arteriais e cerebrovasculares), sendo que, tanto efeitos agudos (aumento de internações e de mortes por arritmia, doença isquêmica do miocárdio e cerebral), como crônicos, por exposição em longo prazo (aumento de mortalidade por doenças cerebrovasculares e cardíacas) têm sido relatados. Revelam ainda os referidos estudos, o aumento do risco de mortalidade relacionado à poluição do ar, que variou de 8% a 18%, para diversos tipos de doenças cardíacas (Cançado *et al*, 2006; Cendon *et al*, 2006; Martins *et al*, 2006).

---

(20) Segundo Paulo Affonso Leme Machado: "Acentuam autores portugueses que a expressão 'meio ambiente' embora seja 'bem soante', não é, contudo, a mais correta, isto porque envolve em si mesma um pleonasmo. O que acontece é que 'ambiente' e 'meio' são sinônimos, porque meio 'é precisamente aquilo que envolve, ou seja, o ambiente'. A questão contudo 'tem reduzido interesse, pois que é mais formal do que de conteúdo" *in Direito ambiental brasileiro* 18. ed. São Paulo: Malheiros Editores, 2010. p. 51.
José Afonso da Silva, após destacar que "A palavra 'ambiente' indica a esfera, o círculo, o âmbito que nos cerca, em que vivemos. Em certo sentido, portanto, nela já se contém o sentido da palavra 'meio'. Por isso, até se pode reconhecer que na expressão 'meio ambiente' se denota certa redundância (..)". observa que a "necessidade de reforçar o sentido significante de determinados termos, em expressões compostas, é uma prática que deriva do fato de o termo reforçado ter sofrido enfraquecimento no sentido a destacar, ou então, porque sua expressividade é mais ampla ou mais difusa, de sorte a não satisfazer mais, psicologicamente, a ideia que a linguagem quer expressar. Esse fenômeno influencia o legislador, que sente a imperiosa necessidade de dar aos textos legislativos a maior precisão significativa possível; daí porque a legislação brasileira, incluindo normas constitucionais, também vem empregando a expressão 'meio ambiente', em vez de 'ambiente', apenas". (g. n.). *In: Direito ambiental constitucional* 8. ed. São Paulo: Malheiros, 2010. p. 17/18.
(21) *Direito ambiental brasileiro*. 18. ed. São Paulo: Malheiros, 2010. p. 55.
(22) *In Etanol e saúde humana — uma abordagem a partir das emissões atmosféricas*. O documento consta, dentre outros, do *site* da Única — União da Indústria da Cana de Açúcar, como exemplo da poluição atmosférica causada por fontes de energia não renováveis como o petróleo, a salientar as vantagens do etanol. <http://www.unica.com.br/documentos/documentos/pag=6>.
(23) "Impactos da queima da cana-de-açúcar sobre a saúde". *In: Impactos da indústria canavieira no Brasil: poluição atmosférica, ameaça a recursos hídricos, riscos para a produção de alimentos, relações de trabalho atrasadas e proteção insuficiente de trabalhadores*. Disponível em: <http://www.ibase.br/pt/wp-content/uploads/2011.6.extr-impactos-da-ind%C3%BAstria-canavieira-no-brasil-plataforma-bndes-2008.pdf>.

Os dados acima colocam em evidência que a exposição dos cortadores de cana a materiais particulados gerados durante o processo de queima da cana-de-açúcar, constitui um importante fator de risco a ser considerado na análise e associação das possíveis causas da morte súbita de alguns destes trabalhadores. (g. n.)

De um processo de queimada ao ar livre, como o aplicado à palha da cana-de-açúcar decorrem emissões de monóxido de carbono, de fuligem (matéria particulada), além de compostos de alta toxicidade, como relatam Helena Ribeiro e João Vicente de Assunção[24]:

Queimada é uma combustão incompleta ao ar livre, e depende do tipo de matéria vegetal que está sendo queimada, de sua densidade, umidade etc., além de condições ambientais, em especial a velocidade do vento. Por ser uma combustão incompleta, as emissões resultantes constituem-se inicialmente em monóxido de carbono (CO) e matéria particulada (fuligem), além de cinza de granulometria variada. Resultam também dessa combustão compostos orgânicos simples e complexos representados pelos hidrocarbonetos (HC) [25], entre outros compostos orgânicos voláteis e semivoláteis, como matéria orgânica policíclica — hidrocarbonetos policíclicos aromáticos, dioxinas e furanos, compostos de grande interesse em termos de saúde pública, pelas características de alta toxicidade de vários deles. Como nas queimadas a combustão se processa com a participação do ar atmosférico, há também emissões de óxidos de nitrogênio (NOx), em especial o óxido nítrico (NO) e o dióxido de nitrogênio (NO2), formados pelo processo térmico e pela oxidação do nitrogênio presente no vegetal.

Além das emissões diretas (poluentes primários), ocorrem na atmosfera reações entre essas emissões e vários outros compostos presentes no ar, como as reações fotoquímicas com importante participação da radiação ultravioleta do sol, resultando em compostos que podem ser mais tóxicos que os seus precursores: o ozônio (O3), os peroxiacil nitratos (PAN) e os aldeídos.

Dióxido de enxofre também é emitido, pois apesar de que em quantidades muito pequenas, os vegetais contêm enxofre.

(...)

Nas queimadas são emitidos vários poluentes clássicos, entre eles NOx, CO, HC e material particulado, além de substâncias altamente tóxicas. O efeito agudo à saúde da população em geral fica restrito àquelas pessoas mais próximas à área da queimada, em especial as que estejam atuando no seu combate. O efeito pode ir de intoxicação até a morte por asfixia, pela redução da concentração de oxigênio em níveis críticos e pela elevação no nível de monóxido de carbono, que compete com o oxigênio na sua ligação com a hemoglobina. Por outro lado as concentrações dos poluentes clássicos, exceto material particulado, não têm atingido níveis que excedam os limites recomendados pela Organização Mundial da Saúde e aqueles adotados no Brasil como padrões de qualidade do ar. Os níveis registrados mostram elevação da concentração de *background* na região, mas frequentemente essas concentrações têm sido medidas bem acima do nível do solo, portanto, longe da zona respiratória da população. A quantidade de calor gerada nas queimadas faz com que a densidade dos gases se torne menor do que a do ar, causando a elevação dos gases resultantes e de partículas, que atingem alturas consideráveis durante o processo de dispersão da fumaça na atmosfera.

Não obstante o estudo acima destacado assevere que as concentrações de poluentes clássicos, à exceção do material particulado, não ultrapassem os limites preconizados pela Organização Mundial de Saúde, é de se notar que o artigo em análise foi elaborado no ano de 2002, antes que a OMS publicasse o Relatório *Air Quality Guidelines* que propõe novos paradigmas para a avaliação da poluição atmosférica. Tais critérios,

---

(24) *Efeitos das queimadas na saúde humana*. Estudos avançados p. v. 16, n. 44, São Paulo, jan./apr. 2002. Acesso <http://www.scielo.br/scielo.php?pid=S0103-40142002000100008&script=sci_arttext>.
(25) Agente químico cuja manipulação, em determinadas atividades, gera o direito a adicional de insalubridade como prevê o anexo 13 da NR-15. Documento disponível em: <http://portal.mte.gov.br/data/files/8A7C812D3F9B201201407CE4F9BC105D/Anexo%20n.%C2%BA%2011_%20 Agentes%20Qu%C3%ADmicos%20-%20Toler%C3%A2ncia.pdf>.

ao que parece, ainda não foram observados pelo órgão ambiental responsável pela avaliação da qualidade do ar no Estado de São Paulo, como assevera Evangelina Vormittagg[26]:

> Em 2006, a Organização Mundial de Saúde (OMS) publicou o Relatório Air Quality Guidelines, an Update 2005 (Guia de Qualidade do Ar), um esforço mundial e estudo extenso que sugere novos padrões de ar a serem utilizados (WHO, 2006). A forma mais precisa de se mensurar o impacto de concentrações de poluentes no ar ambiente em saúde é a condução de estudos epidemiológicos, estabelecidos através de funções dose-resposta e sua correlação com indicadores de morbidade e mortalidade na população susceptível. Mesmo assim, segundo o Relatório, não há níveis seguros de concentração de poluentes para a saúde humana.
>
> Atualmente, no Estado de São Paulo, os dados sobre a qualidade do ar são coletados e disponibilizados pela Cia. Tecnologia de Saneamento Ambiental da Secretária do Estado de São Paulo — Cetesb. Entretanto, existem insuficientes redes de monitoramento no território paulista, dada a sua extensão geográfica, o que determina resultados generalizados, devido ao pequeno número de amostras. Realizar o monitoramento da qualidade do ar proporciona retratos da situação atual das cidades, das regiões metropolitanas e do Estado, e podem gerar, posteriormente, diagnósticos regionais e locais que apontem tendências históricas dos indicadores de qualidade ambiental (Cetesb, 2012). **Além disso, a qualidade do ar é definida mediante um padrão estabelecido pela União nos anos 90, baseado em dados científicos da década de 80, e que, portanto, estão desatualizados há 35 anos, em face do enorme avanço dos estudos científicos.** Através da Portaria Normativa n. 348, de 14.3.1990, o Ibama estabeleceu os padrões nacionais de qualidade do ar e os respectivos métodos de referência, ampliando o número de parâmetros anteriormente regulamentados através da Portaria GM n. 231, de 27.4.1976. Os padrões estabelecidos foram submetidos ao Conama em 28.6.1990 e transformados na Resolução Conama n. 3/90. (Conama, 1990) (g. n.)

Com base no estudo realizado no ano de 2002 por Helena Ribeiro e João Vicente de Assunção, e à luz das observações de Evangelina Vormitagg, pode-se concluir que a nocividade das queimadas de cana-de-açúcar ainda está longe de ser precisamente dimensionada.

Aos efeitos deletérios à saúde humana, somam-se outras repercussões ambientalmente negativas, como a interferência nos ecossistemas da região em que realizada a queimada, haja vista a redução/eliminação da vegetação nativa e o afugentamento de espécimes da fauna.

Por tais razões, tanto em São Paulo como em outros Estados da federação, foram propostas diversas ações civis públicas destinadas a combater os efeitos nefastos causados pelas queimadas nos canaviais mediante a exigência de prévio estudo de impacto ambiental.

Em 13.4.2014, no *site* do Sistema Integrado de Gestão Ambiental do Estado de São Paulo[27], a Companhia Ambiental do Estado de São Paulo — CETESB — noticiava decisões proferidas em 11 (onze) ações civis públicas propostas com o objetivo de anular autorizações administrativas de queimadas em canaviais. Em 10 (dez) dessas ações, o Judiciário reconheceu a imprescindibilidade de prévio estudo de impacto ambiental, dada a repercussão ambiental da prática das queimadas. <u>Todas as ações foram propostas pelo Ministério Público</u>; algumas mediante litisconsórcio entre o Ministério Público Federal e o Ministério Público do Estado de São Paulo[28]; outras foram propostas pelo Ministério Público Federal[29]; duas foram

---

(26) *Avaliação do impacto da poluição atmosférica no Estado de São Paulo sob a visão da saúde. Instituto Saúde e Sustentabilidade.* <http://www.saudeesustentabilidade.org.br/site/wp-content/uploads/2013.9.Documentofinaldapesquisapadrao_2409-FINAL-sitev1.pdf>.
(27) <http://www.sigam.ambiente.sp.gov.br/sigam2/default.aspx?idPagina=123>.
(28) ACP n. 2.615-76.2007.403.6117 — Subseção Judiciária de Jaú; ACP n. 768-78.2008.403.6125 — Subseção Judiciária de Ourinhos; ACP n. 26.406.2011.403.6113 — subseção judiciária de Franca.
(29) ACP n. 2.693-21.2012.4.3.6109 — Subseção Judiciária de Piracicaba; ACP n. 2008.61.20.011027-5 — Subseção Judiciária de Araraquara; ACP n. 1.151-20.2012.4.3.6124 — Subseção Judiciária de Jales.

propostas pelo Ministério Público do Estado de São Paulo[30] e uma demanda coletiva originou de litisconsórcio entre o Ministério Público Federal e o Ministério Público do Trabalho[31].

O tema é comentado por Marcia Dieguez Leuzinger e Sandra Cureau[32]:

> Inúmeras ações civis públicas estão em curso no país, visando a submeter a queima de palha de cana-de-açúcar a prévio estudo de impacto ambiental, ou mesmo substituí-la por equipamentos mecânicos, que não causem dano à saúde da população, nem à fauna e à flora da região. Entre outras, pode-se citar aquelas ajuizadas pelo Ministério Público Federal nos municípios de Jacarezinho (PR) e São Carlos (SP) e pelos Ministérios Públicos Federal e Estadual no município de Jaú (SP).
>
> Nas ações civis públicas, o Ministério Público postula o cumprimento do art. 225, § 1º, IV da Constituição Federal; da Resolução Conama n. 1/1986, que condiciona a validade do próprio licenciamento ambiental à apresentação do EIA/RIMA para todas as atividades 'modificadoras do meio ambiente', especialmente daquelas que figuram no rol exemplificativo de seu art. 2º e da Resolução n. 237/1997 do Conama, que continuou a exigir a elaboração do EIA/RIMA no procedimento de Licenciamento Ambiental, sempre que haja risco de produção de significativa degradação.

Cumpre lembrar que, com fundamento na competência constitucional concorrente sobre a proteção ambiental[33], alguns Estados e municípios editaram leis com o propósito de eliminar a prática das queimadas nos canaviais. Nesse contexto, vale ser mencionado o município de Paulínia que editou a Lei n. 1.952, de 20.12.1995, norma que proibiu o emprego de fogo para o plantio e colheita da cana e de outras culturas[34]. A lei editada foi objeto de Ação Direta de Inconstitucionalidade promovida pelo Sindicato da Indústria da Fabricação do Álcool do Estado de São Paulo e pelo Sindicato da Indústria da Fabricação de Açúcar no Estado de São Paulo perante o Tribunal de Justiça do Estado de São Paulo que afastou qualquer inconstitucionalidade da norma e em louvável decisão asseverou:

> Não basta produzir etanol, combustível verde e obtido a partir de fontes renováveis, se ele chegar ao mercado do mundo civilizado eticamente contaminado pela fuligem das queimadas ou obscurecido pela acusação de que o setor sucroalcooleiro dos países emergentes ainda se utiliza de mão de obra análoga à de patamares inferiores aos das conquistas laborais do século XX.[35]

Referida decisão ensejou o Recurso Extraordinário n. 586.224, cuja repercussão geral foi reconhecida pelo Supremo Tribunal Federal que, para auferir subsídios para o julgamento do recurso, realizou audiência pública sobre o tema em 22 de abril de 2013. É de se mencionar que, conquanto a questão esteja pendente de julgamento no STF, o Superior Tribunal de Justiça já reconheceu os danos ambientais causados por queimadas em canaviais.[36]

---

(30) ACP n. 5.311-2002-002100-3 — comarca de Santa Adélia e ACP n. 5.110-34.2010.8.26.0097 — comarca de Buritama.
(31) ACP n. 1.195-08.2008.403.6115 — Subseção Judiciária de São Carlos.
(32) *Direito ambiental*. Rio de Janeiro: Elsevier, 2013. p. 210/211.
(33) Art. 24. Compete à União, aos Estados e ao Distrito Federal legislar concorrentemente sobre:
(...)
VI — florestas, caça, pesca, fauna, conservação da natureza, defesa do solo e dos recursos naturais, proteção do meio ambiente e controle da poluição;
(...)
VIII — responsabilidade por dano ao meio ambiente, ao consumidor, a bens e direitos de valor artístico, estético, histórico, turístico e paisagístico.
(34) Art. 1º Fica proibido, sob qualquer forma, o emprego de fogo para fins de limpeza e preparo do solo no Município de Paulínia, inclusive para o preparo do plantio e para a colheita de cana-de-açúcar e de outras culturas.
(35) Trecho da ementa do acórdão relatado pelo Desembargador Renato Nalini (voto 13.161) na ADI n. 126.780.0/8-00 (Processo n. 9.026.879-18.2005.8.26.0000 (994.5.006736-8)) Data de julgamento 24.10.2007 Publicado no DJE 16.1.2008 p. 1 Disponível em: <http://esaj.tjsp.jus.br/cpo/sg/search.do?conversationId=&paginaConsulta=1&localPesquisa.cdLocal=-1&cbPesquisa=NUMPROC&tipoNuProcesso=SAJ&numeroDigitoAnoUnificado=&foroNumeroUnificado=&dePesquisaNuUnificado=&dePesquisaNuAntigo=9026879-18.2005.8.26.0000>.
(36) Nesse sentido, os arestos proferidos no Recurso Especial n. 1.285.463-SP (2011/0190433-2) Rel. Ministro Humberto Martins DJe 6.3.2012; Recurso Especial n. 965.078-SP (2006/0263624-3) Rel. Ministro Herman Benjamin DJe 27.4.2011; Embargos de divergência em REsp n. 418.565-SP (2009/0043549-3) Rel. Min. Teori Albino Zavascki DJe 13.10.2010. Disponíveis em: <https://ww2.stj.jus.br/processo/pesquisa/?aplicacao=processos.ea>.

A poluição atmosférica causada pela combustão da palha da cana-de-açúcar, combatida pelo Ministério Público e reconhecida pelo Poder Judiciário, revela-se aceleradora de problemas respiratórios e cardíacos à população, especialmente à classe trabalhadora que labora nos canaviais. Se são notórios os malefícios causados por um meio ambiente laboral infestado por fumaça de cigarros e similares, não será difícil deduzir os prejuízos causados pela aspiração direta dos compostos nocivos e matéria particulada. Está construída parte do cenário tóxico em que inserido o cortador de cana-de-açúcar.

De todo modo, o acórdão prolatado pelo Tribunal de Justiça de São Paulo revela que a atividade básica do setor sucroalcooleiro — plantio e colheita da cana-de-açúcar — além de sujeita à poluição ambiental atmosférica causada pelas queimadas também se mostra socialmente precária[37].

No âmbito da Justiça do Trabalho, em razão da constatação de que a fuligem contém agente nocivo (hidrocarboneto), aliado ao fato de que as queimadas elevam substancialmente a temperatura ambiente, os seguintes julgados reconheceram a insalubridade das condições de trabalho:

RECURSO DE REVISTA. 1. ADICIONAL DE INSALUBRIDADE. TRABALHADOR RURAL. EXPOSIÇÃO À FULIGEM DA QUEIMA DE CANA-DE-AÇÚCAR. CONTATO COM AGENTES QUÍMICOS. HIDROCARBONETOS AROMÁTICOS. A exposição do empregado à fuligem decorrente da queima da cana-de-açúcar submete o trabalhador aos hidrocarbonetos aromáticos, que são considerados agentes cancerígenos e indutores de insalubridade, hipótese enquadrada no Anexo 13 da NR-15 da Portaria n. 3.214/78 do MTb. Precedentes desta Corte. Recurso de revista conhecido e provido, no aspecto. 2. HORAS — IN ITINERE-. POSSIBILIDADES E LIMITES DA REGRA COLETIVA NEGOCIADA (CCTs e ACTs). Segundo a jurisprudência dominante nesta Turma e no TST é possível à negociação coletiva estipular um montante estimativo de horas diárias, semanais ou mensais, pacificando a controvérsia, principalmente em virtude de o próprio legislador ter instituído poderes maiores à negociação coletiva neste específico tema (§ 3º do art. 58 da CLT, acrescido pela LC n. 123/2006). A SDI-I assentou, ainda, que eventual diferença entre o número de horas fixas e aquelas efetivamente despendidas no trajeto pode ser tolerada, desde que respeitado o limite ditado pela proporcionalidade e pela razoabilidade na definição do número fixo de horas a serem pagas, com o fim de não desbordar para a supressão do direito do empregado, quando a norma coletiva resulta na fixação de uma quantidade de horas inferior a 50% do tempo real despendido no percurso. Recurso de revista conhecido e provido, no aspecto. 3. *QUANTUM*. INDENIZAÇÃO POR DANOS MORAIS. O recurso de revista não preenche os requisitos previstos no art. 896 da CLT, pelo que inviável o seu conhecimento. Recurso de revista não conhecido quanto ao tema. (TST Processo: RR n. 23-39.2011.5.9.0242 Data de Julgamento: 18.12.2013, Relator Ministro: Mauricio Godinho Delgado, 3ª Turma, Data de Publicação: DEJT 31.1.2014)

RECURSO DE REVISTA. CORTADOR DE CANA-DE-AÇÚCAR. ADICIONAL DE INSALUBRIDADE DEVIDO.

A jurisprudência iterativa, notória e atual desta Corte Superior firmou-se no sentido de reconhecer a insalubridade na atividade de corte de cana-de-açúcar, em decorrência da elevada temperatura em que o labor é exercido, normalmente após a queima da plantação (fator que ainda incrementa a temperatura ambiente e do solo). De modo que o adicional de insalubridade, nesse caso, é devido não apenas pela exposição ao calor excessivo, mas, também, pelas características peculiares da referida atividade. Incontroverso o labor da reclamante com corte de cana-de-açúcar, a decisão recorrida finda por traduzir consonância com a Orientação Jurisprudencial n. 173, item II, da SBDI-1, segundo o qual "tem direito ao adicional de insalubridade o trabalhador que exerce atividade exposto ao calor acima dos limites de tolerância, inclusive em ambiente externo com carga solar, nas condições previstas no Anexo 3 da NR 15 da Portaria n. 3.214/78 do MTE". Precedentes. Incidência da Súmula n. 333 do TST como óbice à revisão pretendida.

Recurso de revista de que não se conhece.

---

(37) A intensificar essa precariedade, impõe destacar as alterações trazidas pela Lei n. 12. 865/2013 que revogaram os arts. 23 e 36 da Lei n. 4.870/1965, reduzindo obrigações de produtores do setor em aplicar recursos na oferta de serviços de saúde(médicos, hospitalares, farmacêuticos) e assistenciais ao trabalhador.

TST Processo: RR n. 141-20.2010.5.15.0133 Data de Julgamento: 11.12.2013, Relator Ministro: Walmir Oliveira da Costa, 1ª Turma, Data de Publicação: DEJT 13.12.2013.

As decisões acima aludidas corroboram o conceito de que o meio ambiente é integrado não somente pelos conhecidos meio ambiente natural, cultural e construído, mas, também, pelo o meio ambiente do trabalho, ao qual alude o inciso VIII do art. 200 da Constituição da República Federativa do Brasil[38] e consoante as lições de Guilherme José Purvin de Figueiredo[39]:

> Meio ambiente, porém, não é constituído apenas pela biota (solo, água, ar atmosférico, fauna e flora) — o aspecto que se convencionou chamar de meio ambiente natural — mas, também, pelo meio ambiente cultural (patrimônio histórico, cultural, turístico e paisagístico), pelo meio ambiente construído (urbano e rural) e pelo meio ambiente do trabalho.

4 A ATIVIDADE DO CORTADOR E O SALÁRIO POR PRODUÇÃO

De fato, algumas das condições laborais vivenciadas pelo cortador de cana se identificam com patamares anteriores às conquistas obtidas pela classe trabalhadora no século XX. Aliás, certas características da produção canavieira do período colonial brasileiro ainda se encontram na atualidade do setor, máxime junto à atividade da colheita, a revelar, enfatize-se, reminiscência viva da escravidão de outrora.

A demonstrá-lo, mencionem-se, entre outros fatores, a persistente preferência pelo trabalhador negro para o corte da cana, ainda apontado como mais resistente; o uso de táticas de estranhamento entre os trabalhadores e de desmobilização coletiva, tais como, o estabelecimento de metas e distribuição de prêmios para os mais produtivos; a migração com arregimentação de trabalho e transporte realizado por "gatos", sob condições perversas, inseguras e desconfortáveis e a diminuição do preço da força de trabalho, mediante o pagamento por produtividade.

Apenas pelos fatores acima relacionados — que, frise-se, não exaurem as condições nocivas a que é submetido o cortador de cana-de-açúcar já — tornam poluído o meio ambiente de trabalho em que esse obreiro se ativa, de modo a suscitar inquietudes e demandar soluções da comunidade científica, interdisciplinarmente considerada. A novidade, porém, quanto à matéria, é que correntes teóricas na vanguarda do trato da saúde do trabalhador atribuem ao salário por produção caráter de agente poluidor labor-ambiental, passível, inclusive, de vedação.

Senão vejamos.

O salário por produção, bem se sabe, é modalidade de contraprestação pecuniária, segundo a qual o trabalhador percebe seu ganho, de acordo não com o tempo que disponibiliza a seu empregador, mas, sim, pela quantidade de produtividade aferida. Assim, mediante direta proporção, quanto mais o trabalhador produz, mais ganha. Cuida-se de antiga forma de remuneração, cujo uso, no entanto, foi recrudescido com a chamada reorganização gerencial encetada na última década do século XX. Contudo, para algumas categorias de trabalhadores, como os rurícolas, a prática ainda remanesce.

O caráter perverso dessa modalidade de remuneração pode ser facilmente percebido pelas "conveniências e desvantagens" descritas por José Martins Catharino[40]:

---

(38) Art. 200. Ao sistema único de saúde compete, além de outras atribuições, nos termos da lei:
VIII — colaborar na proteção do *meio ambiente, nele compreendido o do trabalho*. (g.n.).
(39) *Direito Ambiental e a Saúde dos Trabalhadores*. 2. ed. São Paulo: LTr, 2007. p. 39.
(40) *Tratado jurídico do salário*. Edição fac similada. São Paulo: LTr, 1994. p. 154.

Entre as vantagens da retribuição por peça, citam-se: faz aumentar a produção, diminui a necessidade de uma fiscalização intensiva, reduzindo os gastos do empregador com o pessoal; é modo natural de distinção entre bons e maus trabalhadores; torna mais preciso o cálculo de cada produto e da produção em geral.

Muitos inconvenientes podem ser referidos. Induz o operário a produzir mais do que normalmente seria capaz, prejudicando-lhe a saúde, inconveniente que geralmente é relativo por força das normas sobre duração do trabalho. Determina a baixa do nível de qualidade da produção. Torna mais difícil e custosa a determinação do salário. Pode, em certos casos, ocasionar oscilações no *quantum* da remuneração por motivos alheios à vontade e a capacidade do obreiro. A maior desvantagem do salário por unidade de obra decorre da possibilidade de ser fixado um preço tal, por peça ou unidade, que exija do operário uma capacidade produtiva excepcional para ganhar um salário razoável, equivalente ao que perceberia um operário remunerado por tempo.

Do ponto de vista da proteção à saúde do trabalhador, torna-se difícil distinguir as conveniências da adoção desse tipo de remuneração.

Por sua vez, como observa Francisco Alves[41], esse modo de remuneração era objeto de críticas tanto de Karl Marx, como de Adam Smith:

> Adam Smith e Karl Marx criticavam essa forma de pagamento, chamando-a de perversa e desumana, analisando apenas as formas de pagamento por produção em situações em que os trabalhadores controlavam seu processo de trabalho e tinham, ao final do dia, pleno conhecimento do quanto tinham auferido em salário, pois multiplicavam a quantidade produzida pelo valor da unidade.

Frente a esse panorama, a criticidade de atuais estudos acadêmicos[42] aponta que o salário por produção, por comprometer o trabalhador com o próprio ganho, compromete-o, também, com o empreendimento do patrão, tendo em vista a razão direta — como alhures mencionado — entre remuneração e produção encetada. Na linha esboçada em tradicionais compêndios trabalhistas, ditos estudos levam ainda à conclusão de que o salário por produção é forma de pagamento favorável apenas ao empregador, que, adotando-o, finda por compartilhar com o empregado os riscos de seu empreendimento.

Assim, além das pressões labor-ambientais externas e advindas do patrão, o próprio obreiro passa a pressionar a si próprio, desrespeitando seu ritmo de trabalho e os descansos intra e interjornada, como, também, suportando cansaço e afecções físicas, tudo, porque precisa produzir. Disso resulta que o salário por produção, nada obstante espécie salarial, ele deixa de ser fator de remissão/libertação do trabalhador, já que perde essa função, ao se transformar em causa de opressão e de adoecimento físico e psíquico do trabalhador, ou seja, ao se transformar em autêntico fator de poluição labor-ambiental[43] e, por corolário, fonte de prejuízos à saúde, à segurança e ao bem-estar do obreiro (art. 3º, III, *a*, da Lei n. 6.938, de 31 de agosto de 1981)[44].

A esse respeito, inclusive, emblemática e recente decisão do Tribunal Regional do Trabalho da 15ª Região, segundo a qual, referida modalidade de pagamento salarial deve ser vedada na atividade profissional sob comento (corte manual da cana-de-açúcar), em face de suas referências aos abusos perpetrados na

---

(41) Por que morrem os cortadores de cana? *Saúde e sociedade*, v. 15, n. 3. p. 90-98, Set/Dez 2006.
(42) GUANAIS, Juliana Biondi. *Quanto mais se corta mais se ganha. Uma análise sobre a funcionalidade do salário por produção para a agroindústria canavieira.* In: ANTUNES, Ricardo (org.) *Riqueza e miséria do trabalho no Brasil v. II.* São Paulo: Boitempo, 2013, p-305-323.
(43) Poluição labor-ambiental é todo e qualquer fator que desarmonize o meio ambiente de trabalho e que ofenda a saúde, a segurança e a integridade física do trabalhador. Cuida-se de conceito que amplia a noção dos agentes de lesividade laboral, os quais deixam de se limitar à insalubridade, periculosidade e penosidade e passam a compreender, em decorrência de cláusula normativa de conteúdo aberto, diversos outros aspectos do cotidiano do trabalho, como, por exemplo, a própria organização do trabalho, a cadência mecânica do mesmo, constrangimentos psíquicos, morais ou sexuais, e, até, a contraprestação pecuniária do trabalhador, quando esta, tal como se dá com o salário por produção, provocar desgastes excessivos, acidentes e mortes.
(44) Art. 3º Para os fins previstos nesta Lei, entende-se por: [...] III — poluição, a degradação da qualidade ambiental resultante das atividades que direta ou indiretamente: prejudiquem a saúde, a segurança e o bem-estar da população; [...] (art. 3º, III, *a*, da Lei n. 6.938, de 31 de agosto de 1981). (g. n).

Primeira Revolução Industrial. A caminho do encerramento de secular exploração do trabalhador rural canavieiro, diz o texto sentencial citado, *ad litteram*:

> AÇÃO COLETIVA. INTERESSE INDIVIDUAL HOMOGÊNEO. LEGITIMIDADE ATIVA DO MINISTÉRIO PÚBLICO DO TRABALHO. CORTADOR DE CANA. PAGAMENTO POR PRODUÇÃO. PROIBIÇÃO. SINGULARIDADE DA ATIVIDADE. POSSIBILIDADE. RESPEITO À DIGNIDADE DA PESSOA HUMANA E AO VALOR SOCIAL DO TRABALHO. 1. O Ministério Público do Trabalho, como é cediço, possui legitimidade para tutelar interesses individuais homogêneos, além, obviamente, dos difusos e dos coletivos. 2. *In casu*, não há de se falar em interesse individual heterogêneo, tal como pretende a reclamada. O fato de todos os trabalhadores serem cortadores de cana e receberem por produção configura, indubitavelmente, a origem comum apta a ensejar a aplicação do art. 81, parágrafo único, inciso III, do Código de Defesa do Consumidor. O que se pretende, na verdade, é conferir nova nomenclatura a instituto já definido pelo referido dispositivo legal. 3. A proibição do pagamento por produção, no caso específico dos cortadores de cana, é medida impeditiva de retrocesso social. Como é sabido, nesse caso existe um estímulo financeiro capaz de levar o trabalhador aos seus limites físicos e mentais para que, mesmo assim, aufira salário mensal aviltante e incapaz de suprir as necessidades básicas próprias e as de sua família. 4. Não se deve concluir pela proibição do pagamento por produção para todas as profissões, <u>mas tão somente para aquelas cujas peculiaridades as tornem penosas, degradantes e degenerativas do ser humano. É o caso dos cortadores de cana, embora não exclusivamente.</u> 5. Deve-se entender, de uma vez por todas, que o cortador de cana remunerado por produção não trabalha a mais porque assim deseja. Muito pelo contrário: ele trabalha a mais, chegando a morrer nos canaviais, unicamente porque precisa. Sua liberdade de escolha, aqui, é flagrantemente tolhida pela sua necessidade de sobreviver e prover sua família. 6. A dignidade da pessoa humana e o valor social do trabalho, Fundamentos da República Federativa do Brasil, devem impedir a manutenção de uma situação que remonta aos abusos cometidos durante a 1ª Revolução Industrial, de modo que a coisificação do ser humano que trabalha nos canaviais é realidade que não se admite há muito tempo. (TRT 15, 6.ª Turma, 11ª Câmara. Processo n. 1.117-52.2011.0081-15, Rel. Des. Hélio Grasselli Acórdão disponibilizado no DJEletrônico de 22.10. 2013). (g. n.)[45]

Cumpre destacar trecho do voto proferido no aresto acima ementado:

> <u>Justamente porque a atividade realizada pelo cortador de cana é diferenciada (haja vista sua insalubridade inerente e, obviamente, sua penosidade inconteste) remuneração desses trabalhadores por critério de produção deve ser proibida.</u>

Não se pode ignorar que a reformulação da OJ SDI 1 n. 235[46] procedida pelo Tribunal Superior do Trabalho no ano de 2012 prenuncia, de certa forma, a especificidade das condições em que labora o trabalhador rural cortador de cana-de-açúcar. A alteração foi benvinda e certamente inspirada em um dos enunciados aprovados na 1ª Jornada de Direito Material e Processual na Justiça do Trabalho[47], realizada em 23.11.2007, embora a modificação da jurisprudência consolidada não tenha contemplado outros trabalhadores rurais. Entretanto, é oportuno salientar quão desaconselhável é a compensação monetária frente a bens inalienáveis como a saúde e a vida humanas.

---

[45] Disponível em: <www.trt15.jus.br>.
[46] OJ-SDI1-235 HORAS EXTRAS. SALÁRIO POR PRODUÇÃO (redação alterada na sessão do Tribunal Pleno realizada em 16.4.2012) — Res. 182/2012, DEJT divulgado em 19, 20 e 23.4.2012) O empregado que recebe salário por produção e trabalha em sobrejornada tem direito à percepção apenas do adicional de horas extras, exceto no caso do empregado cortador de cana, a quem é devido o pagamento das horas extras e do adicional respectivo. Disponível em: <http://www.tst.jus.br/livro-de-sumulas-ojs-e-pns>.
[47] Enunciado 20. RURÍCOLA. PAGAMENTO INTEGRAL DAS HORAS EXTRAS. NÃO INCIDÊNCIA DA SÚMULA 340 DO TST. É devida a remuneração integral das horas extras prestadas pelo trabalhador rurícola, inclusive com o adicional de, no mínimo, 50%, independentemente de ser convencionado regime de "remuneração por produção". Inteligência dos arts. 1º, incisos III e IV e 3º, 7º, XIII, XVI e XXIII, da CF/88. Não incidência da Súmula n. 340 do C. TST, uma vez que as condições de trabalho rural são bastante distintas das condições dos trabalhadores comissionados internos ou externos e a produção durante o labor extraordinário é manifestamente inferior àquela da jornada normal, base de cálculo de horas extras para qualquer tipo de trabalhador. Disponível em: <http://siabi.trt4.jus.br/biblioteca/acervo/Biblioteca/Confer%C3%AAncias,%20 Palestras,%20etc/1%20Jornada%20JT.pdf>.

5. A MORTE POR EXAUSTÃO: *KAROSHI*

Como acima explanado, o meio ambiente em que labora o cortador de cana-de-açúcar mostra-se extremamente prejudicial à sua saúde pela mera existência de certos fatores atinentes ao modo de produção (realização de queimadas como método de eliminar a palha da cana-de-açúcar) e remuneração do trabalho (salário por produção).

Essa constatação já mostraria, por si só, a gravidade da situação. Contudo, a realidade vivenciada pelo cortador de cana-de-açúcar revela outros fatores agressivos à sua saúde, os quais, em interação aos abordados nos itens anteriores, não raramente levam o trabalhador ao óbito.

De fato, a atividade realizada pelo cortador de cana, como a de outros trabalhadores rurais brasileiros[48], insere-se em um meio ambiente caracterizado pelo descaso do explorador da mão de obra com cuidados mínimos relacionados à saúde e higiene das condições de trabalho. Infelizmente são frequentes situações em que o trabalho é realizado em localidades sem acesso a água potável, sanitários, proteção mínima em face de répteis e animais peçonhentos existentes na zona de cultivo.

No entanto, a típica atividade do cortador de cana-de-açúcar, por si só, revela-se, em comparação a outros trabalhadores rurais, extremamente penosa, como se conclui do relato de Maria da Graça Bonança Barbosa[49] sobre a rotina diária de um cortador de cana:

Os cortadores de cana se levantam às 4h para preparar a comida que será levada para o trabalho, a conhecida 'boia fria'. Às 5h, em média, já estão nos pontos, aguardando o ônibus que os levará até a usina. Começam o trabalho às 7h, no eito, cortando, juntando, amarrando e carregando o caminhão de cana durante toda a jornada. Param alguns minutos para consumir a "boia' em cima de um monte de cana. Trabalham sob o sol, o calor e respiram fumaça, fuligem das queimadas. Terminam a jornada por volta das 17h, quando pegam o ônibus de volta para o alojamento.

Esclarecedor a descrição formulada por Francisco Alves[50]:

"Um trabalhador que corta 12 toneladas de cana, em média, por dia de trabalho realiza as seguintes atividades no dia:

- Caminha 8.800 metros.
- Despende 133.332 golpes de podão.
- Carrega 12 toneladas de cana em montes de 15 kg, em média; portanto, faz 800 trajetos e 800 flexões, levando 15 kg nos braços por uma distância de 1,5 a 3 metros.
- Faz aproximadamente 36.630 flexões e entorses torácicos para golpear a cana.
- Perde, em média, 8 litros de água por dia, por realizar toda esta atividade sob sol forte do interior de São Paulo, sob os efeitos da poeira, da fuligem expelida pela cana queimada, trajando uma indumentária que o protege da cana, mas aumenta sua temperatura corporal.

(...)

O trabalhador para cortar a cana, tem de se abaixar, abraçar o feixe, posicionar o podão bem rente ao solo, levantando-se em seguida, arremessando a cana cortada a um monte e retomando a posição para um novo corte.

---

(48) Oportuno refletir sobre os motivos pelos quais o Brasil ainda não ratificou a Convenção n. 129 da OIT relativa à inspeção do trabalho na agricultura. <http://www.oitbrasil.org.br/content/relativa-%C3%A0-inspec%C3%A7%C3%A3o-do-trabalho-na-agricultura>.
(49) O salário por produção e as ações coletivas — velha e nova realidade do trabalho rural. *In*: MELO FILHO, Hugo Cavalcanti; AZEVEDO NETO, Platon Teixeira (coord.) *Temas de direito coletivo do trabalho*. São Paulo: LTr, 2010. p. 182.
(50) Por que morrem os cortadores de cana? *Saúde e sociedade*, v. 15, n. 3. p. 90-98, Set/Dez 2006.

José Agnaldo Gomes[51], ex-cortador de cana-de-açúcar e atualmente doutor em psicologia, também relata:

> Os trabalhadores sempre preferiram medir o seu trabalho por metro e não por quantidade de cana cortada, porque o metro é possível de ser aferido por qualquer um. Qualquer pessoa tem noção de distância e pode, utilizando-se de suas pernas e braços, medir com relativa precisão qualquer distância. A medição de peso é sempre mais complicada, pois depende de uma balança bem aferida para que não haja grandes variações na quantidade. Como são grandes quantidades de cana, são necessárias balanças grandes, que não podem ser levadas ao campo, portanto a medida da quantidade fica restrita ao deslocamento da carga a ser pesada até a balança, que está localizada na usina. Para cortar 6 toneladas de cana em um dia, considerando uma cana de primeiro corte, de crescimento ereto, o comprimento do eito deve ser de aproximadamente 200 metros. Isso significa que a área total desse eito é de 1.200 m² (200 m de comprimento por 6 m de largura); nele o trabalhador realiza as seguintes atividades:
>
> Corta a cana rente ao solo, desprendendo as varas das raízes.
> - Corta a ponteira da cana, que é a parte de cima, onde estão as folhas verdes, que não têm sacarose e, portanto, não servem para as usinas.
> - Transporta a cana cortada em cada rua para a rua central.
> - Arruma a cana em montes ou esteirada na rua central.

Como revela José Agnaldo Gomes[52], um grande "problema" (para os exploradores da atividade econômica, diga-se) para a mecanização no corte da cana-de-açúcar é o aproveitamento "inferior ao desejado" do produto. Além de a máquina não conseguir atingir todo tipo topológico de terreno, o corte manual proporciona "maior rentabilidade" já que há menor desperdício de cana-de-açúcar.

Ao esforço físico extenuante acima relatado, acrescentem-se as agravantes de o trabalho ser realizado a céu aberto, em localidades notoriamente caracterizadas por altas temperaturas, em meio à vegetação densa, mas incapaz de lhe proporcionar sombra e frescor, com a possibilidade de se deparar com répteis e animais peçonhentos.

Ante a radiação solar a que é exposto, bem como em razão do potencial ataque desses animais, além do perigo do corte das folhas que o circundam, esse trabalhador não tem alternativas senão cobrir todo o seu corpo. Isso, repita-se, em regiões marcadas por altas temperaturas. Outrossim, a ausência/insuficiência de recursos oferecidos pelo explorador da mão de obra, exemplificadas pela inexistência ou precariedade de instalações sanitárias, escassez de água potável em temperatura adequada, locais inapropriados ou simplesmente inexistentes para descanso/alimentação, ocasionam consequências nefastas à saúde do trabalhador, tais como as relacionadas por Maria da Graça Bonança Barbosa[53], a seguir abordadas:

— lesões decorrentes do grande esforço de flexão da coluna em razão dos movimentos repetitivos dos braços, pernas e ombros a fim de possibilitar o corte;

— desidratação: estudos do Ministério apontam que um cortador de cana perde cerca de 8 litros de água em um dia de trabalho;

— "birola": quadro de mal-estar caracterizado por tonturas, desmaios, cãibras e convulsões, causado, possivelmente, pela alimentação precária, gasto calórico excessivamente desproporcional à ingestão de alimentos, perda quantitativa de potássio em razão da desidratação, hipoglicemia;

---
(51) *Do trabalho penoso à dignidade do trabalho — o itinerário de canavieiros no enfoque da psicologia do trabalho*. Aparecida. São Paulo: Ideias & Letras, 2012.
(52) *Op. cit.*, p. 27.
(53) *Op. cit.*, p. 185.

— refúgio em drogas e no álcool: submetido a condições de trabalho e de vida penosas e sem esperança de melhoria, esse trabalhador, não raramente, encontra nas drogas e no álcool a solução paliativa para o seu desespero. Tal fato é agravado pela localização dos canaviais, distantemente situados da fiscalização policial. Nesse contexto, é frequente o uso de crack, droga de baixo custo e com extremo potencial viciante;

— tiques nervosos, ocasionados pela dificuldade de desprendimento da rotina laboral. A realização de movimentos repetitivos durante a maior parte do dia, potencializada pela necessidade de que esses se façam cada vez mais rapidamente (fomentado pelo salário por produção, como ressaltado), repercute no organismo desse trabalhador após o encerramento da jornada. Os espasmos — reflexos dos movimentos realizados no corte da cana — repetem-se durante a noite e indicam a ausência de um sono tranquilo e reparador. O cotidiano desse trabalhador está tão intimamente ligado ao canavial que, para ele, "não há vida fora dali";

— incapacidade laborativa precoce. Segundo pesquisa desenvolvida por Maria Aparecida de Moraes Silva[54], em razão do extremo esforço físico exigido, a capacidade laborativa do cortador finda-se após 12 anos de trabalho. O cotejo com a realidade vivenciada pelos escravos, cuja capacidade laborativa se findava após 10/12 anos de trabalho, não se pode negar que as condições enfrentadas pelo cortador de cana-de-açúcar se mostram análogas às da escravidão. Cumpre salientar que, embora as condições enfrentadas por esse trabalhador antecipem o momento da incapacidade laborativa, a informalidade das relações de trabalho em que inserido frequentemente o alijam do Regime Geral de Previdência Social. Ademais, a visão de incapacidade laborativa da perícia médica do Instituto Nacional do Seguro Social — INSS — ainda se mostra pouco afeta à possibilidade de determinada pessoa conseguir se reinserir no mercado de trabalho, dada a repercussão psicológica de uma doença. Assim é que, mesmo aqueles trabalhadores com situação previdenciária regular, qual seja, manutenção da qualidade de segurado, ainda que incapazes para o trabalho até então desenvolvido, são considerados aptos para o desempenho de "outras atividades", o que os impede de usufruir da proteção previdenciária ao segurado incapaz para o trabalho. O encaminhamento ao procedimento de reabilitação é raro e, quando existente, é quase certo que esse trabalhador não logrará êxito em obter nova colocação profissional, porquanto a vida extenuante dos canaviais não propicia condições para que esse trabalhador continue os estudos ou desenvolva outra qualificação profissional. Nesse contexto, a história de José Agnaldo Gomes, ex-cortador de cana-de-açúcar e hoje doutor em Psicologia, se revela apenas a exceção que confirma a regra;

— mortes súbitas (*karoshi*). O esforço físico extremado, potencializado pela forma de remuneração adotada (salário por produção), realizado em meio ambiente maciçamente afetado por agentes nocivos (poluição atmosférica, altas temperaturas etc.) ocasiona, não raro, o óbito do trabalhador por exaustão laborativa. Trata-se do fenômeno denominado *karoshi*, termo cunhado pelo médico psiquiatra japonês Tetsunojo Uehata[55], que significa, literalmente, morte por excesso do trabalho (*karo*= excesso de trabalho; *shi* = morte). O histórico da identificação do fenômeno é relatado por Líbia Martins Carreiro[56]:

> O *Karoshi* é descrito na literatura sociomédica como um quadro clínico extremo (ligado ao estresse ocupacional) com morte súbita por patologia coronária isquêmica ou cerebrovascular. O primeiro caso de morte súbita registrado ocorreu em 1969, no Japão, quando um trabalhador de 29 anos, empregado da área de distribuição de jornais da maior empresa japonesa do ramo, morreu por infarto.
>
> Esse novo fenômeno foi rapidamente rotulado *Karoshi* e foi imediatamente visto como uma nova e grave ameaça à força de trabalho.

---
(54) *Apud* Maria das Graças Bonança Barbosa: "O esforço físico exigido no corte manual da cana tem encurtado a vida útil desses trabalhadores que ficam precocemente incapacitados pra o trabalho. Nas décadas de 80 e 90 o tempo em que o trabalhador do setor ficava na atividade era de 15 anos, a partir de 2000 caiu para 12 anos. Inevitável a comparação com os escravos que também tinham vida útil de 10 a 12 anos". p. 185.
(55) Cf. OLIVEIRA, Sebastião Geraldo. *Proteção jurídica à saúde do trabalhador*. 6. ed. São Paulo: LTr, 2011. p. 210.
(56) Morte por excesso de trabalho (karoshi). *Rev. Trib. Reg. Trab. 3ª Reg.*, Belo Horizonte, v. 46, n. 76, p. 131-141, jul./dez. 2007.

Em 1987, como a preocupação pública aumentou, o Ministério do Trabalho japonês começou a publicar estatísticas sobre *Karoshi* e, em 1991, anúncios sobre *Karoshi* apareceram em jornais estrangeiros.

Inicialmente identificado no Japão, e atribuído, por vezes, a razões culturais[57], o *karoshi* tornou-se internacionalmente mais conhecido em decorrência do caso "Kenichi Uchino", empregado da Toyota, morto em 2002, aos 30 anos de idade, após acumular mais de oitenta horas extras em cada um de seus últimos seis meses de vida. Sua viúva, Srª Hiroko Uchino, relatou à revista "The Economist" que, na semana em que faleceu, seu marido comentara que "O momento em que era mais feliz era quando podia dormir". Rejeitado pelo Ministério do Trabalho do Japão como uma situação de *Karoshi* (o que implicaria o pagamento de indenização e benefícios à família do trabalhador falecido) a Corte de Nagoya reconheceu que o excesso de trabalho ocasionou o óbito de Kenichi Uchino[58].

Realizar mais de oitenta horas extras mensais durante seis meses motivou o falecimento de Kenichi Uchino, como reconheceu a Corte japonesa. Infelizmente, um número de horas extras mensais como esse não é desconhecido de muitos brasileiros. Em muitas Varas do Trabalho, diariamente, há inúmeras sentenças reconhecendo a realização de duas, três horas extras por dia, além daquelas decorrentes de intervalos não usufruídos e descansos semanais remunerados não concedidos.

A se pensar em um número significativo de horas extras realizado em ambiente marcado por poluição atmosférica (geradora de problemas cardiovasculares e pulmonares), por altas temperaturas, ausência de equipamentos de proteção individuais adequados, tudo "energizado" pela remuneração por produção, é fácil identificar nas mortes súbitas ocorridas entre os cortadores de cana-de-açúcar o fenômeno do *karoshi*.

Maria da Graça Bonança[59] cita o caso de Antonio Moreira, de 55 anos, que caiu morto no meio do canavial em dia que já tinha cortado 16 toneladas de cana. Cita, ainda, o caso de Juraci Barbosa que morreu aos 39 anos após trabalhar 70 dias sem folga no período que antecedeu o óbito, cuja certidão consignou "causa desconhecida".

Essa potencialidade de óbito é evidenciada por dados da Previdência Social. No ano de 2011[60], no setor canavieiro (CNAE 2.0, Seção A, Divisão 1, Grupo 01.1, Classe 01-13-0), registraram-se taxas de mortalidade (óbitos decorrentes de acidente de trabalho e número médio anual de vínculos) correspondente a 11,05 e de letalidade (número de óbitos decorrentes de acidente de trabalho e número total de acidentes de trabalho) correspondente a 4,08 no Estado de São Paulo. Já no cultivo de laranja (CNAE 2.0, Seção A, Divisão 1, Grupo 01.3, Classe 01-31-8), a taxa de mortalidade correspondente a 2,36. No Estado de Pernambuco, no ano de 2010[61], a taxa de mortalidade foi de 34,41.

Embora esses números sejam questionáveis, pois não há como garantir que retratem a verdade real dos fatos, refletem as condições altamente insalubres da atividade.

6 CONCLUSÃO

Emerge do relato que se fez que as condições de trabalho a que se submete o cortador de cana-de--açúcar podem ser consideradas, sob certo ponto de vista, não análogas, mas piores do que aquelas às quais

---

(57) HARATANI, Takashi *Karoshi: Death from overwork* <http://www.ilo.org/oshenc/part-i/mental-health/mood-and-affect/item/270-karoshi--death-from-overwork.>
(58) "Jobs for life". *In: The economist.* ed. dec. 22 2007. Disponível em: <http://www.economist.com/node/10329261>.
MC CURRY, Justin — Senior Toyota engineer died of overwork. *In: The Guardian.* 2008 jul. 10 Disponível em: <http://www.theguardian.com/world/2008/jul.10.japan.japan>.
(59) *Op.cit.* p. 186.
(60) <http://www.previdencia.gov.br/arquivos/office/1_130129-095049-870.pdf.>
(61) <http://www.previdencia.gov.br/arquivos/office/1_130129-095044-057.pdf>.

os escravos eram submetidos, pois a esses eram deferidos os cuidados tidos em relação à propriedade. Diversamente, o trabalhador rural que se ativa no corte de cana é tratado como peça descartável, de fácil e pouco custosa reposição.

O meio ambiente em que se ativa esse trabalhador é manifestamente marcado por agentes nocivos à saúde e fatores de poluição, tanto os tradicionalmente assim considerados (poluição atmosférica), como os contemporaneamente compreendidos como poluidores (salário por produção). Tais condições pavimentam a estrada para a precoce incapacidade laborativa, na qual esse trabalhador raramente encontrará a proteção previdenciária necessária. Por sua vez, essas condições também podem conduzi-lo ao falecimento repentino em razão de excesso de trabalho (*karoshi*).

Em 1975, quando Ferreira Gullar tomava tranquilamente seu açucarado café em Ipanema, a questão ambiental não integrava de forma significativa as preocupações da sociedade brasileira. As questões trabalhistas, por seu turno, já integravam o debate social, ainda que enfraquecidas pelas condições políticas então existentes.

Hoje em dia, em que o direito ao meio ambiente laboral saudável e equilibrado se funda em mandamento constitucional, parece que a vida amarga e dura constatada pelo poeta se evidencia ainda mais amarga e dura, pois embora a tecnologia tenha proporcionado avanços em todas as esferas de conhecimento, inclusive no ambiente agroindustrial, há relutância em se propiciar condições de trabalho dignas ao cortador de cana-de-açúcar.

Nesse panorama, nocivamente potencializado pelo fator "salário de produção", mostra-se louvável a decisão proferida pelo Tribunal Regional do Trabalho da 15ª Região, pois expressa ser inaceitável que uma forma de remuneração incentive o trabalhador a estender sua permanência em um ambiente manifestamente insalubre.

7 REFERÊNCIAS BIBLIOGRÁFICAS

ALVES, Francisco. Por que morrem os cortadores de cana? *Saúde e Sociedade*, v. 15, n. 3, p. 90-98, set/dez 2006.

ASSUNÇÃO, João Vicente; RIBEIRO, Helena. *Efeitos das queimadas na saúde humana Estudos avançados*. p. v. 16 n. 44, São Paulo, jan./apr. 2002. Disponível no link: <http://www.scielo.br/scielo.php?pid=S0103-40142002000100008&script=sci_arttext.>

BARBOSA, Maria da Graça Bonança. *O salário por produção e as ações coletivas — velha e nova realidade do trabalho rural*. In: MELO FILHO, Hugo Cavalcanti, AZEVEDO NETO, Platon Teixeira (coord.). *Temas de direito coletivo do trabalho*. São Paulo: LTr, 2010. p. 178-205.

CARREIRO, Líbia Martins. Morte por excesso de trabalho (karoshi); *Rev. Trib. Reg. Trab. 3ª Reg.*, Belo Horizonte, v.46, n. 76, p.131-141, jul./dez. 2007.

CATHARINO, José Martins *Tratado jurídico do salário*. Edição fac similada 2ª tiragem São Paulo: LTr, 1997.

FAUSTO, Boris. *História concisa do Brasil*. 14. ed. São Paulo: Universidade de São Paulo, 2012.

FELICIANO, Guilherme Guimarães. *Teoria da imputação objetiva no direito penal ambiental brasileiro*. São Paulo: LTr, 2005.

FERLINI, Vera Lúcia Amaral. A civilização do açúcar. *Coleção Tudo é História*, v. 88. São Paulo: Brasiliense, 1998.

FIGUEIREDO, Guilherme José Purvin de. *Direito ambiental e a saúde dos trabalhadores*. 2. ed. São Paulo: LTr, 2007.

GOMES, José Agnaldo. *Do trabalho penoso à dignidade do trabalho — o itinerário de canavieiros no enfoque da psicologia do trabalho*. Aparecida, SP: Ideias & Letras, 2012.

GUANAIS, Juliana Biondi; ANTUNES, Ricardo (org.). *Riqueza e miséria do trabalho no Brasil*. v. II. São Paulo: Boitempo, 2013.

GULLAR, Ferreira. *Dentro da noite veloz*. 3. ed. Rio de Janeiro: José Olympio, 1998.

HARATANI, Takashi Karoshi. *Death from overwork*. Disponível em: <http://www.ilo.org/oshenc/part-i/mental-health/mood-and-affect/item/270-karoshi-death-from-overwork>.

HESSER, Sonia Corina. "Impactos da queima da cana-de-açúcar sobre a saúde". *In: Impactos da indústria canavieira no Brasil: poluição atmosférica, ameaça a recursos hídricos, riscos para a produção de alimentos, relações de trabalho atrasadas e proteção insuficiente de trabalhadores.* Disponível em: <http://www.ibase.br/pt/wp-content/uploads/2011.6.extr-impactos-da-ind%C3%BAstria-canavieira-no-brasil-plataforma-bndes-2008.pdf>.

LEUZINGER, Márcia Dieguez; CUREAU, Sandra. *Direito ambiental*. Rio de Janeiro: Elsevier, 2013.

MACHADO, Paulo Affonso Leme. *Direito ambiental brasileiro*. 18. ed. São Paulo: Malheiros, 2010.

OLIVEIRA, Sebastião Geraldo. *Proteção jurídica à saúde do trabalhador*. 6. ed. São Paulo: LTr, 2011. p. 210.

PRADO JÚNIOR, Caio. *História econômica do Brasil*. 43. ed. São Paulo: Brasiliense, 2012.

RIBEIRO, Darcy. *O povo brasileiro: a formação e o sentido do Brasil*. São Paulo: Companhia das Letras.

SALDIVAL, Paulo Hilário Nascimento et al. *Etanol e saúde humana — uma abordagem a partir das emissões atmosféricas.* Estudo. Disponível em: <http://www.unica.com.br/documentos/documentos/pag=6>.

SILVA, José Afonso. *Direito ambiental constitucional*. 8. ed. São Paulo: Malheiros, 2010.

SCHWARTZ, Stuart. B. *Doce lucro. Revista de História da Biblioteca Nacional*, Ano oito, n. 94, edição de julho 2013, p. 23. Disponível em: <http://www.revistadehistoria.com.br/secao/capa/doce-lucro>.

VORMITAGG, Evangelina. Avaliação do impacto da poluição atmosférica no Estado de São Paulo sob a visão da saúde. *Instituto Saúde e Sustentabilidade.* Disponível em: <http://www.saudeesustentabilidade.org.br/site/wp-content/uploads/2013.9.Documentofinaldapesquisapadrao_2409-FINAL-sitev1.pdf>.

WILLIAMS, Eric. *Capitalismo e escravidão*. Trad. Denise Bottmann. São Paulo: Companhia das Letras, 2012.

PACTO FEDERATIVO DE COOPERAÇÃO AMBIENTAL E PROTEÇÃO DO MEIO AMBIENTE DO TRABALHO: O PAPEL DAS ASSOCIAÇÕES LOCAIS DE MAGISTRADOS TRABALHISTAS NO ÂMBITO DO PODER PÚBLICO MUNICIPAL

Flávio Leme Gonçalves[(*)]
Guilherme Guimarães Feliciano[(**)]
Ney Maranhão[(***)]

> "Estudar o direito é, assim, uma atividade difícil, que exige não só acuidade, inteligência, preparo, mas também encantamento, intuição, espontaneidade. Para compreendê-lo é preciso, pois, saber e amar. Só o homem que sabe pode ter-lhe o domínio. Mas só quem o ama é capaz de dominá-lo rendendo-se a ele"
>
> *Tércio Sampaio Ferraz Jr.*[(1)]

Dispõe a Constituição Federal brasileira que "todos têm direito ao meio ambiente ecologicamente equilibrado, bem de uso comum do povo e essencial à sadia qualidade de vida, impondo-se ao Poder Público e à coletividade o dever de defendê-lo e preservá-lo para as presentes e futuras gerações" (art. 225, *caput*),

---

(*) Advogado do escritório AeG Advogados Associados. Pós-graduando em Direito e Processo do Trabalho pela Faculdade de Direito da Universidade de São Paulo. Especialista em Direito Constitucional Tributário pela Pontifícia Universidade Católica de São Paulo (PUC-SP). Professor Universitário.
(**) Juiz Titular da 1ª Vara do Trabalho de Taubaté/SP. Doutor em Direito Penal e Livre-Docente em Direito do Trabalho pela Faculdade de Direito da Universidade de São Paulo. Professor Associado do Departamento de Direito do Trabalho e da Seguridade Social da Universidade de São Paulo. Ex-Presidente da Associação dos Magistrados da Justiça do Trabalho da 15ª Região (AMATRA XV) (gestão 2011-2013). Vice-presidente de Prerrogativas da Associação Nacional dos Magistrados da Justiça do Trabalho (ANAMATRA) (gestão 2013-2015).
(***) Juiz Titular da Vara do Trabalho de Itaituba (PA). Doutorando em Direito do Trabalho e da Seguridade Social pela USP. Mestre em Direitos Humanos pela UFPA. Especialista em Direito Material e Processual do Trabalho pela Università di Roma — La Sapienza (Itália). Professor Universitário (graduação e pós-graduação).
(1) FERRAZ JR., Tércio Sampaio. *Introdução ao estudo do direito — técnica, decisão, dominação*. 2. ed. São Paulo: Atlas, 1994. p. 21.

reconhecendo-se, ainda, expressamente, no próprio texto constitucional, a específica faceta *laborativa* do meio ambiente humano, quando determina ao SUS que colabore na proteção do meio ambiente, "nele compreendido o do trabalho" (art. 200, VIII).

No tocante à relação entre o *poder privado patronal* e o meio ambiente de trabalho, afigura-se mesmo iniludível, no bojo constitucional, o específico dever fundamental do tomador dos serviços quanto à "redução dos riscos inerentes ao trabalho, por meio de normas de saúde, higiene e segurança" (art. 7º, XXII).

Quanto à relação entre o *poder público* e o meio ambiente, incluindo o do trabalho, exsurge de nossa Carta Constitucional um verdadeiro **pacto federativo de cooperação ambiental**. Com efeito, fixou-se como competência *comum* da **União**, dos **Estados**, do **Distrito Federal** e dos **Municípios** "**proteger o meio ambiente e combater a poluição em qualquer de suas formas**" (art. 23, *caput* e inciso VI — grifamos), destacando-se que "leis complementares fixarão normas para a **cooperação** entre a União e os Estados, o Distrito Federal e os Municípios, tendo em vista o equilíbrio do desenvolvimento e do bem-estar em âmbito nacional" (art. 23, parágrafo único — grifamos).

Ainda nesse intrincado terreno constitucional de fixação de competências aos entes federativos, estabeleceu-se competir privativamente à *União* legislar sobre direito do trabalho (art. 22, I), atribuindo-se à **União**, aos **Estados** e ao **Distrito Federal**, por outro lado, competência *concorrente* para legislador sobre "proteção do meio ambiente e controle da poluição" (art. 24, VI), ficando de fora, portanto, nesse particular, os *Municípios*.

Entretanto, a Carta Constitucional conferiu expressa competência aos Municípios para "*suplementar* a legislação federal e a estadual no que couber" (art. 30, II — grifamos), daí se podendo entrever, portanto, a possibilidade de também os Municípios legislarem, em alguma medida, ainda que em caráter meramente suplementar, assunto tipicamente ambiental.

De todo modo, a própria Constituição Federal também estabelece competir aos Municípios "legislar sobre assuntos de **interesse local**" (art. 30, I — grifamos). E, aqui, a nosso sentir, vão duas anotações relevantes para uma boa exegese desse dispositivo: **i) não se vê mencionado, ali, que tal interesse deva ser** *exclusivamente* local; **ii)** esse interesse há de ser aferido não como um específico assunto, isoladamente considerado, mas, sim, de acordo com o interesse da comunidade local, contextualmente considerado.

Mais recentemente, veio à baila a **Lei Complementar n. 140/2011**, concretizando o princípio da cooperação mencionado no parágrafo único do referido art. 23 da Carta Magna. Ali, ficou estabelecido, por exemplo, que "constituem objetivos fundamentais da União, dos Estados, do Distrito Federal **e dos Municípios**, no exercício da competência comum a que se refere esta Lei Complementar: I — proteger, defender e conservar o **meio ambiente ecologicamente equilibrado, promovendo gestão descentralizada, democrática e eficiente**; II — garantir o equilíbrio do desenvolvimento socioeconômico **com a proteção do meio ambiente**, observando a **dignidade da pessoa humana**, a erradicação da pobreza e a redução das desigualdades sociais e regionais (...)" (art. 3º, I e II — grifamos).

Essa Lei Complementar estabeleceu ainda que "os entes federativos podem valer-se, entre outros, dos seguintes **instrumentos de cooperação institucional** [tratando-se, para nós, de um rol exemplificativo]: I — **consórcios públicos** (...); II — **convênios, acordos de cooperação técnica** e outros instrumentos similares como órgãos e entidades do Poder Público (...); (...) IV — **fundos públicos e privados e outros instrumentos econômicos**; (...) VI — **delegação da execução de ações administrativas de um ente federativo a outro**, respeitados os requisitos previstos nesta Lei Complementar" (art. 4º, I, II, IV e VI — grifamos).

Fixou-se, também, nessa mesma Lei Complementar, serem "**ações administrativas dos Municípios** [em rol igualmente *numerus apertus*]: (...) VI — promover o desenvolvimento de **estudos e pesquisas direcionados à proteção e à gestão ambiental**, divulgando os resultados obtidos; (...) XI — promover e orientar a **educação ambiental em todos os níveis de ensino e a conscientização pública para a proteção do meio ambiente**; XII — controlar a produção, a comercialização e o emprego de **técnicas, métodos e substâncias que comportem risco para a vida, a qualidade de vida e o meio ambiente**, na forma da lei; XIII — **exercer o controle e fiscalizar as atividades e empreendimentos cuja atribuição para licenciar ou autorizar, ambientalmente, for cometida ao Município**" (art. 9º, VI, XI, XII e XIII — grifamos).

Aí está, portanto, um cenário de esplendorosa ampliação de competências e atribuições municipais no tocante à temática ambiental — o que decerto inclui assuntos labor-ambientais —, à luz de um alvissareiro pacto federativo de cooperação ambiental cujos contornos se tornaram mais concretos e ampliados por meio da citada Lei Complementar n. 140/2011.

Nesse contexto, emerge às **associações locais de magistrados trabalhistas** — entes integrantes da sociedade civil organizada e compostos por profissionais dotados de alta qualificação técnica — a rica possibilidade de fomentar junto ao Poder Público municipal a execução de diversas medidas tendentes à máxima proteção do meio ambiente laboral, tais como a produção de enunciados legais, a elaboração de diretivas administrativas ou mesmo o firmamento de convênios e acordos de cooperação técnica e educação ambiental, até mesmo em face do dever fundamental que igualmente sobre ambos recai, no que se refere à defesa e proteção do meio ambiente (CF, art. 225, *caput*), nele incluído o do trabalho (CF, art. 200, VIII).

Essa é uma experiência que vivenciamos de perto e com grande êxito na ocasião em que, a convite da **Câmara Municipal de Campinas (SP)**, tivemos oportunidade de ofertar preciosas considerações técnicas à *Comissão Especial de Estudos para a Segurança na Construção Civil*, sob a presidência do Vereador *Carlinhos Camelô* e cujos trabalhos rapidamente redundaram no atual **Projeto de Lei Complementar n. 34/2013**, que por ali tramita. Naquele ensejo, foram ouvidos os principais atores sociais envolvidos na questão da segurança dos trabalhadores no meio ambiente laboral da indústria da construção civil campineira: a academia, os sindicatos, o Ministério Público do Trabalho, a Justiça do Trabalho e diversos representantes da sociedade civil organizada.

O referido Projeto de Lei Complementar insere no Código de Obras do Município a necessidade de cumprimento da NR-18 pelas empresas de construção civil em atividade na cidade de Campinas (SP). Com essa alteração legislativa, o Município também passa a ter competência para fiscalizar o integral cumprimento da NR-18, podendo até cassar o alvará de obra que esteja notoriamente colocando em risco a saúde dos trabalhadores.

A iniciativa se deve à grande quantidade de trabalhadores mortos nos últimos anos em acidentes de trabalho na construção civil de Campinas (SP), o que foi compreendido como relevante interesse de cunho local a merecer urgente tratamento pelas autoridades públicas integrantes do Poder Legislativo municipal[2].

Infelizmente, temos a firme convicção de que essa mesma fatídica realidade, atinente a acidentes e doenças surgidos no meio ambiente de trabalho, repete-se em inúmeros outros municípios brasileiros, de sorte que a força motriz de iniciativas semelhantes, diante do Poder Público municipal, bem que poderia partir de associações locais de magistrados trabalhistas — diante do comprovado *conhecimento* e do presumível *amor* à causa.

Daí o porquê desta proposta, cuja ideia, vale ressaltar, foi recentemente aprovada em formato de *tese* por ampla maioria junto ao plenário do **XVII Congresso Nacional dos Magistrados da Justiça do Trabalho**

---

[2] Para mais detalhes sobre o assunto, confira-se: FELICIANO, Guilherme Guimarães; MARANHÃO, Ney; GONÇALVES, Flávio Leme. A construção civil e a construção da paz na sociedade civil. *Jus Navigandi*, Teresina, ano 19, n. 3899, 5 mar. 2014. Disponível em: <http://jus.com.br/artigos/26834>. Acesso em: 8.3.2014.

(**CONAMAT**), realizado de 29 de abril a 2 de maio de 2014 na cidade de Gramado (RS)[3]. Agora, o que nos cabe é a máxima propagação desse constructo, estimulando novas ações e monitorando novas experiências.

Por isso, mãos à obra!

1 REFERÊNCIAS BIBLIOGRÁFICAS

FELICIANO, Guilherme Guimarães; MARANHÃO, Ney; GONÇALVES, Flávio Leme. A construção civil e a construção da paz na sociedade civil. *Jus Navigandi*, Teresina, ano 19, n. 3899, 5 mar. 2014. Disponível em: <http://jus.com.br/artigos/26834>. Acesso em: 8.3.2014.

FERRAZ JR., Tércio Sampaio. *Introdução ao estudo do direito — técnica, decisão, dominação*. 2. ed. São Paulo: Atlas, 1994.

---

[3] A tese foi subscrita por *Guilherme Guimarães Feliciano* e *Ney Maranhão*, magistrados trabalhistas, sendo que o advogado *Flávio Leme Gonçalves* compareceu ao evento como coautor externo à magistratura, fato inédito nesse tipo de evento.

O COMBATE AO TRABALHO ANÁLOGO AO DE ESCRAVO E A TUTELA LABOR-AMBIENTAL

Márcia Cunha Teixeira[*]

1 INTRODUÇÃO

O tema ora proposto visa trazer à luz a infâmia da exploração do trabalho análogo ao de escravo, exploração do homem pelo seu semelhante, ignorada pela maioria e que persiste nos dias de hoje, não somente nos rincões mais distantes do Brasil, como também na Capital do Estado de São Paulo, o mais rico do país.

Em que pese a escravidão ter sido abolida como instituto jurídico no século XX, esse aviltamento aos direitos humanos é praticado e o Estado ainda não conseguiu desenvolver mecanismos para combate eficaz, de forma a erradicar essa ignomínia.

Essa chaga humana continua aberta, tanto que a Campanha da Fraternidade, que é realizada todos os anos pela Igreja Católica, traz como tema no ano de seu cinquentenário — comemorado em 2014 — o tráfico humano. Essa desonra extrema, praticada pelo homem contra seus semelhantes, tem pelo menos quatro modalidades, de acordo com o presidente da Conferência Nacional dos Bispos do Brasil: a primeira é a exploração sexual, que atinge principalmente as mulheres, inclusive crianças e adolescentes; a segunda, é a exploração do trabalho escravo; a terceira modalidade do tráfico humano é voltada à extração de órgãos para transplantes e a quarta, o tráfico de crianças e adolescentes para fins de adoção ilegal ou para exploração no trabalho.

No que tange à segunda modalidade, as vítimas são, em sua maioria, homens. De acordo com dados da Comissão Pastoral da Terra, entre 2003 e 2012, foram registrados 62.802 casos de trabalho escravo ou análogo a escravo. Em pleno século XXI esse atentado contra a dignidade da pessoa humana e aos direitos fundamentais continua a ser praticado não somente nos lugares mais distantes do planeta, como também

---

(*) Doutora e Mestre em Direito pela Universidade de São Paulo. Assessora do Tribunal Regional do Trabalho da 2ª Região.

no nosso país, no Estado de São Paulo e na Capital, a pouca distância do marco zero, da Praça e da própria Catedral da Sé.

De acordo com avaliação da Organização Internacional do Trabalho — OIT, efetuada por meio do Projeto de Combate ao Trabalho Escravo no Brasil, nos últimos dois anos o Brasil evoluiu nas ações de combate a esse crime, mas determinados setores não acompanharam essa evolução, como, por exemplo, o setor sucroalcooleiro.

E o que se verifica quando há exploração da mão de obra de forma análoga ao trabalho escravo, é que há uma somatória de ofensas aos preceitos constitucionais e legais: há desrespeito à inviolabilidade do direito à liberdade e mesmo do direito à vida; ocorre violação ao preceito de que ninguém será submetido à tortura nem a tratamento desumano ou degradante; há infringência ao princípio de que a ordem econômica e social é fundada na valorização do trabalho humano, preceitos esses ínsitos na Constituição Federal.

A submissão do trabalhador a regime análogo ao de escravo concretiza-se com a supressão de direitos trabalhistas e com sua exposição a ambiente laboral degradante; nessa esteira, o trabalho forçado é exercido em condições degradantes, em locais sem as garantias mínimas de saúde e segurança, onde também há falta de higiene, tanto em relação à moradia, quanto à alimentação.

Saliente-se aqui que o meio ambiente do trabalho está inserido no meio ambiente geral (art. 200, VIII, da Constituição da República), de modo que é impossível alcançar qualidade de vida sem ter qualidade de trabalho, nem se pode atingir meio ambiente equilibrado e sustentável, ignorando o meio ambiente do trabalho.

Para modificarmos a realidade atual, de forma que os trabalhadores brasileiros exerçam seu labor em condições dignas, em um meio ambiente de trabalho equilibrado e saudável, é preciso que haja atuação preventiva para a consecução da tutela labor-ambiental; nesse ponto, cumpre registrar que a fiscalização é insuficiente, pois historicamente não houve priorização por parte do poder público quanto à prevenção dos riscos laborais. E no que tange à dimensão repressiva da tutela labor-ambiental, no que respeita à atuação na esfera administrativa, severas críticas são efetuadas, inclusive por integrantes do próprio corpo técnico do Ministério do Trabalho e Emprego.

De todo modo, é mister destacar o esforço de vários órgãos, nas variadas esferas de atuação, como se verá ao longo deste texto, tanto no combate ao trabalho análogo ao de escravo, quanto na repressão ao desrespeito ao direito fundamental a um ambiente do trabalho saudável e equilibrado.

Em que pese o dispêndio de recursos públicos destinados à repressão dessas violações legais e da atuação de integrantes de órgãos públicos, como os auditores do Ministério do Trabalho e Emprego; policiais, integrantes da Polícia Federal; procuradores do Ministério Público do Trabalho, bem como magistrados da Justiça do Trabalho, é intolerável que em pleno século XXI ainda estejamos a buscar não prejudicar ninguém, máxima meramente negativa, como nos ensina Kant. Ideal seria seguir o filósofo: "tratar a humanidade como um fim em si implica o dever de favorecer, tanto quanto possível, o fim de outrem".

2 ENFOQUE HISTÓRICO

Ainda que atualmente a palavra de ordem e os debates empreendidos nos meios acadêmicos ou nas rodas de conversa sejam as novas tecnologias e seus contínuos avanços; e que a mídia explore temas que discorram sobre se os robôs realizarão tarefas complexas a ponto de substituir o homem, a velha escravidão clássica, a exploração braçal e brutal de milhões de seres humanos não somente persiste, como é maior hoje do que em qualquer outra época da história humana.

E mesmo que no Brasil esse problema atávico esteja longe de ser extirpado, no mundo todo essa infâmia assume dimensões assustadoras: na Índia, eram 10 milhões; na África, como pode se observar pelo índice *slavery prevalence*, no sítio da *Walk Free Foundation*, essa forma de exploração humana é maior nos países da Ásia, como Tailândia, Laos, Paquistão e Índia, e no continente africano, nos países como Gabão, Etiópia, Mauritânia, Senegal, Guiné e Costa do Marfim.

Nesse cenário, uma das formas mais aviltantes de exploração humana é a submissão da criança ao regime de trabalho forçado; estima-se que, ainda hoje, 5,5 milhões de crianças encontram-se nessa situação em todo o mundo, de acordo com a Organização Internacional do Trabalho (OIT).

Exemplo dessa tragédia é a trajetória de vida do garoto paquistanês Iqbal Masih, que foi oferecido por sua mãe como garantia em um empréstimo junto ao dono de uma fábrica de tapetes quando tinha apenas 4 anos e aos 6 anos, quando sua mãe não pode saldar o débito, Iqbal viu-se em regime de escravidão por dívida. Por anos, suportou uma jornada de 12 a 14 horas de trabalho, seis dias por semana, e uma rotina de maus-tratos; e mesmo a declaração da ilegalidade da escravidão por dívida não serviu para poupar o garoto das atrocidades, quando tentou denunciar a situação à polícia: policiais corruptos preferiram o suborno oferecido pelo dono da fábrica de tapetes e devolveram o menino a ele. Iqbal só conquistou a liberdade aos 12 anos, com o apoio do sindicato dos pedreiros, passando então a atuar junto à Frente de Libertação do Trabalho Forçado, ajudando a libertar mais de 3 mil crianças paquistanesas em regime de escravidão.

A exploração do trabalho escravo no Brasil remonta aos tempos da chegada dos portugueses às terras de "Vera Cruz"; a administração portuguesa optou pelo início da formação de lavouras de cana-de-açúcar na região do litoral brasileiro, nas capitanias de São Vicente e de Pernambuco. Iniciou-se então a economia de *plantation* na colônia, com montagem de dois engenhos de açúcar com mão de obra mista de escravos africanos e índios. As *plantations* são formas específicas de organizar a produção agrícola para fins comerciais; no Brasil tornaram-se grandes produtoras nas últimas décadas do Século XVI.

Das origens da formação desta nação e até os dias de hoje, convivemos com essa chaga social, com a exploração ilegal do trabalho humano, que migra da monocultura lucrativa com o abastecimento do mercado europeu para as confecções improvisadas no bairro do Pari, capital de São Paulo, feição atual da exploração de mão de obra escrava no mercado globalizado.

De acordo com o historiador britânico Robin Blackburn, "os estados modernos tiveram uma parcela de responsabilidade pela crueldade do tráfico transatlântico de escravos e pelo posterior funcionamento impiedoso e desumano dos sistemas de escravidão. Os monarcas portugueses promoveram e licenciaram o comércio de escravos na África desde meados do século XV. (...)".

Não há consenso entre os historiadores quanto ao número de africanos trazidos para o Brasil. "As estimativas variam de 3 a 3,6 milhões (Roberto Simonsen, Afonso Taunay, Philip Curtin, Sérgio Buarque de Holanda e Maurício Goulart); entre 6 e 7 milhões (Caio Prado Jr., Mircea Buescu); 8 milhões (Pedro Calmon) ou 13,5 milhões (Pandiá Calógeras)". Número próximo desse último é mencionado por Blackburn, quando afirma que "a aquisição de cerca de doze milhões de cativos na costa da África entre 1500 e 1870 contribuiu para possibilitar a construção de um dos maiores sistemas de escravidão da história humana".

Dentre todos os países das Américas que receberam pessoas por meio do tráfico transatlântico para serem escravizadas, o que recebeu o maior contingente foi o Brasil.

O tráfico de escravos foi um dos principais fatores de acumulação de capitais que permitiu a eclosão do capitalismo industrial no Ocidente europeu e no dizer de Comparato, as Américas conheceram o mais vasto sistema de escravidão jamais organizado em toda a História.

A repressão ao tráfico somente teve início no século XIX; no Brasil, o regime escravocrata passa a ser mais combatido depois da independência, ocorrida em 1822; nessa esteira, em 1826 é celebrada com a Inglaterra convenção estabelecendo que tráfico praticado três anos após as ratificações seria equiparado à pirataria. Como o Brasil reiteradamente descumpria as proibições, o parlamento britânico vota em 1845 o *bill Aberdeen*, e assim os cruzadores ingleses estavam autorizados a apresar os navios negreiros brasileiros, mesmo em alto mar e submetê-los a julgamento. Em decorrência dessas pressões internacionais, a Assembleia Geral do Rio de Janeiro votou a Lei Euzébio de Queiroz, proibindo o tráfico negreiro e estabelecendo severas punições aos infratores.

Em seguida, dá-se a abolição legal da escravatura nas Américas. No Brasil deu-se por meio da Lei Áurea, a Lei n. 3.353, de 13 de maio de 1888, que do ponto de vista político foi positiva, porém, do ponto de vista social pouco alterou a realidade dos trabalhadores escravizados.

Assim como os índios, os negros não tiveram a oportunidade de, na prática, gozarem do benefício da liberdade, com o simples advento da abolição formal. Índios e negros, por meio da opressão colonizadora e da escravidão, foram arrancados de suas terras, perderam sua identidade, cultura, língua, costumes, tradições, religião, não tinham possibilidade de voltar às suas origens ou de conquistar um espaço digno para viver.

Por esse motivo muitos continuaram nas fazendas de seus antigos donos, como escravos, por falta de opção de trabalho, de qualificação profissional e preconceito racial até que lhe sobreviesse o fim de seus dias de vida.

A Assembleia da Liga das Nações aprova em 25 de setembro de 1926 convenção sobre a escravidão e o tráfico de escravos com vistas a "completar e desenvolver obra realizada pelo Ato de Bruxelas". Em Genebra, em 1930, foi adotada, durante a 14ª Conferência Internacional do Trabalho, a Convenção n. 29, sobre a abolição do trabalho forçado.

3 TERMINOLOGIA E CONCEITUAÇÃO

Escravidão é o regime social no qual há sujeição do homem, e sua força de trabalho é entendida como propriedade privada de outrem. É a primeira forma da sociedade dividida entre dominados e dominadores. A origem da escravidão perde-se nos tempos e coincide com o início da civilização. Antes, os prisioneiros feitos nas guerras eram mortos. A descoberta de que podiam ser poupados e colocados para trabalhar teve importância semelhante à domesticação dos animais. Nas sociedades antigas, onde não havia ainda clara separação entre propriedade pública e propriedade privada, os escravos eram usados nos trabalhos desenvolvidos numa economia patriarcal, ao lado dos seus senhores ou eram propriedade do Estado ou dos templos.

A terminologia utilizada para denominar "trabalho escravo" varia na doutrina; são utilizadas as expressões "trabalho análogo à condição de escravo"; "trabalho forçado", ou "trabalho escravo contemporâneo"; "escravidão por dívidas", "trabalho obrigatório", "redução à condição análoga à de escravo". Como nos ensina o Prof. Ronaldo Lima dos Santos, "independentemente da denominação adotada, (...), em todas as hipóteses levantadas, constatamos flagrantemente a sempre presença de vícios de vontade, desde a arregimentação do trabalhador para a prestação dos serviços. Os mais diversos métodos de coação, simulação, fraude, dolo, indução a erro, são empregados para cercear a vontade do empregado e obrigá-lo à prestação de serviços contra a sua vontade".

Jairo Lins de Albuquerque Sento-Sé considera mais apropriada a expressão "trabalho escravo contemporâneo." Esse autor conceitua o trabalho escravo contemporâneo como sendo:

> Aquele em que o empregador sujeita o empregado a condições de trabalho degradantes, inclusive quanto ao meio ambiente em que irá realizar a sua atividade laboral, submetendo-o, em geral, a constrangimento físico e moral, que vai desde a deformação do seu consentimento ao celebrar o vínculo empregatício, passando pela proibição imposta ao obreiro de resilir o vínculo quando bem entender, tudo motivado pelo interesse mesquinho de ampliar os lucros às custas da exploração do trabalhador.

3.1 Trabalho escravo. Trabalho degradante. Trabalho forçado

Trabalho realizado em condição análoga à de escravo é o mesmo que dizer que o trabalho é forçado, conforme a proteção legal internacional, como se vê pelas disposições da Convenção n. 29 da Organização Internacional do Trabalho — OIT.

Nesse passo, o fator determinante para caracterizar trabalho análogo ao de escravo é o cerceamento de liberdade. O trabalhador escravo sofre três modos de coação, a saber: a) econômica; b) moral/psíquica; c) física. Tal exploração retira do ser humano a cidadania, e infringe os princípios constitucionais da dignidade da pessoa humana e do valor social do trabalho.

Trabalho degradante é o trabalho humilhante. Deriva do verbo degradar; decorre de ato ou fato que provoca degradação. Significa privar o trabalhador do seu *status* de cidadão, negar direitos inerentes à cidadania, rebaixar sua condição humana.

Na conceituação de trabalho escravo utilizada pela OIT, toda a forma de trabalho escravo é trabalho degradante, mas o recíproco nem sempre é verdadeiro. O que diferencia um conceito do outro é a liberdade. Quando falamos de trabalho escravo, tratamos da prática de um delito que cerceia a liberdade dos trabalhadores, por meio de quatro fatores: apreensão de documentos, presença de guardas armados e "gatos" de comportamento ameaçador, por dívidas ilegalmente impostas ou pelas características geográficas do local, que impedem a fuga.

Cabe distinguir os conceitos anteriormente citados, do trabalho penoso. O trabalho penoso não retrata cerceamento do direito à liberdade; este não se caracteriza pela arregimentação de trabalhadores, mas pela natureza ou condição e execução da atividade de trabalho.

Por fim, o trabalho forçado caracteriza-se pela presença dos seguintes elementos, de forma concomitante, entre outros: aliciamento de mão de obra por "gatos"; servidão por dívida e cerceamento do direito à liberdade, conforme será detalhado a seguir.

4 DO TRABALHO ESCRAVO CONTEMPORÂNEO

4.1 Os atuais escravocratas

As razões do trabalho forçado, em particular na zona rural, na visão do procurador Jairo Lins de Albuquerque Sento-Sé estão lastreadas nas distorções econômicas:

> (...) a mola propulsora da existência do trabalho escravo na zona rural do Brasil é a sua estreita relação com o interesse econômico. Vale dizer, o trabalho escravo é utilizado como instrumento para ampliar os lucros dos empresários rurais à custa da exploração gananciosa do trabalhador campesino. Nesse diapasão, aponta-se o aproveitamento das crianças na atividade laboral rural como um exemplo típico desta cruel realidade.

Os setores que mais escravizam atualmente são: siderurgia, agricultura, pecuária, as carvoarias e extração de minérios. Para ilustrar como se dá a utilização da exploração do trabalho escravo na cadeia produtiva, citamos as carvoarias da Amazônia, que são controladas por 13 siderúrgicas com sede nos Estados do Maranhão e do Pará. Algumas siderúrgicas são de propriedade de gigantes da economia, com atuação em quase todo o território nacional e também no exterior; alguns desses grupos são acusados pelo Ministério Público do Trabalho de explorarem mão de obra escrava em carvoarias ilegais. Esse carvão é utilizado na produção do ferro gusa exportado aos Estados Unidos para a produção do aço, que por sua vez é matéria-prima de automóveis e diversos outros produtos.

4.2 Os trabalhadores escravos contemporâneos

Durante o Fórum Social Mundial de 2003, realizou-se a Oficina "Trabalho Escravo — Uma chaga aberta", na qual foram efetuadas exposições que se mantêm atuais, como a de Marinalva Cardoso Dantas, Auditora Fiscal do Trabalho, representante do Sindicato Nacional dos Auditores Fiscais do Trabalho — SINAIT. A auditora, trazendo a experiência da Inspeção do Trabalho, do Grupo Especial de Fiscalização Móvel, no resgate dos trabalhadores escravizados, deu o seguinte depoimento:

> Os escravos são vítimas principalmente da fome. E, no perfil dessas pessoas, vemos que elas pertencem todas a grupos muito vulneráveis, mas não dependem mais da cor, obviamente, mas sim da pobreza. São vítimas desse tipo de escravidão: mulheres, crianças, pessoas de todas as etnias, como índios, ex-garimpeiros, prostitutas, nordestinos e, principalmente, o maior número de escravos que nós retiramos são nordestinos. (...)

Nessa mesma Oficina, declarou o Procurador do Ministério Público do Trabalho, Loris Rocha Pereira Júnior: "O trabalhador escravo é o produto da desigualdade, da distribuição de renda, é o produto da desigualdade até mesmo na distribuição de terras neste país. Ele é também o resultado da ineficácia, da ineficiência dos nossos poderes constituídos, do Ministério Público, do Poder Judiciário, e do Poder Executivo".

4.3 A relação entre o "gato", o rurícola e o proprietário rural

Como nos ensina Jairo Lins de Albuquerque Sento-Sé, particularmente no meio rural o aliciamento da mão de obra ocorre por meio do suposto empreiteiro, chamado "gato", que atua em geral em lugares distantes da prestação de serviço, promete aos trabalhadores um salário digno, carteira assinada, enfim, um futuro melhor, para eles e suas famílias. O "gato", em geral, é o único referencial que os trabalhadores têm na região onde vão trabalhar, bem como é a referência isolada para as famílias que permanecem na terra de origem; normalmente não lhe são fornecidas notícias sobre o seu paradeiro. Há relatos documentados de ameaças dirigidas aos familiares que insistem na busca de notícias dos trabalhadores, por intermédio do "gato".

Sento-Sé afirma que "na quase totalidade dos casos, o 'gato' não passa de um simples intermediário do dono da terra, seu capataz e preposto, falando em seu nome e na defesa de seus interesses. Em geral, não tem idoneidade financeira e econômica para celebrar tantas relações jurídicas de emprego quantos são os obreiros contratados. Ao contrário, goza de uma condição de miserabilidade que pouco se distancia daquela vivida pelos rurícolas. O objetivo é justamente escamotear a realidade, impedindo a identificação de uma relação de emprego entre o proprietário rural e os diversos campesinos." Explicita tal autor que o mascaramento da realidade se dá com a contratação por empreitada, contrato de natureza civil, visando eximir o proprietário rural da obrigação do pagamento dos direitos trabalhistas e sociais oriundos da relação de emprego, regida pela CLT.

4.4 Escravidão por dívida (servidão por dívida, truck system ou sistema de barracão)

Preleciona o professor Ronaldo Lima dos Santos que a escravidão por dívidas é instituto há muito conhecido na história da humanidade e é o modo peculiar e mais conhecido de forma escravizatória no Brasil contemporâneo.

Aliciados pelos "gatos", iludidos com a promessa de emprego, com o pagamento de salário digno, embarcam os trabalhadores, para laborar em local distante de suas regiões de origem. Seus documentos são retidos assim que chegam ao lugar de prestação de serviços; o arregimentador adianta quantia em dinheiro para os trabalhadores fazerem frente às suas necessidades básicas e às de sua família; esta será sua primeira dívida perante o empregador. Os pagamentos não são efetuados em dinheiro, e sim quase todos *in natura*, por meio de alimentos, vestuários adquiridos no armazém do proprietário.

Diz Jairo Lins de Albuquerque Sento-Sé que esta é uma prática conhecida como *truck-system* ou sistema de barracão, pois é no barracão que são vendidos aos trabalhadores os diversos produtos úteis, incluindo ferramentas que serão utilizadas no trabalho, bem como remédios e materiais de higiene e limpeza. O endividamento prossegue, pois os trabalhadores estão em local ermo, tolhidos da liberdade de ir e vir; o empregador entrega os bens *in natura*, por meio de vales ou "borós", a serem descontados do salário no final do mês. Observe-se que os produtos são vendidos por preço acima dos de mercado, acentuando-se a expoliação.

Além da prática ilícita do trabalho forçado, ensina Ronaldo Lima dos Santos que a escravidão por dívidas fere os princípios da intangilibilidade salarial (art. 462, *caput*, da CLT), da irredutibilidade do salário (art. 7º, inciso VI da Constituição Federal); e infringe a vedação à prática do *truck system* (art. 462, §§ 2º e 3º, CLT), bem como a determinação do pagamento da prestação em espécie do salário em moeda corrente (art. 463 da CLT). Há ainda violação aos dispositivos reguladores do trabalho rural, contidos na Lei n. 5.889, de 8.6.1973. As condutas tipificam os crimes definidos no Código Penal, entre outros, o da redução de alguém à condição análoga à de escravo, nos termos do art. 149 desse diploma legal, conforme será tratado em tópico específico.

E a prática da escravidão por dívida é combatida no Direito Internacional do Trabalho, conforme preceitua o art. 7º, itens 1 e 2 da Convenção n. 95 da OIT.

4.5 Escravidão urbana do imigrante irregular. O sweating system no contexto brasileiro

Quando se fala no trabalho escravo no Brasil, é comum associar tal exploração com regiões longínquas do país. No entanto, em uma praça chamada Padre Bento, rebatizada de Kantuta, aos domingos milhares de bolivianos reúnem-se para matar as saudades da terra natal. A Kantuta fica no bairro do Pari, a menos de dez quilômetros da Praça da Sé — marco zero da cidade de São Paulo, capital do Estado mais desenvolvido do país e maior centro financeiro da América Latina — e é hoje um dos maiores entrepostos de trabalho escravo no mundo. Segundo estimativas da Organização das Nações Unidas — ONU, 700 mil pessoas são traficadas anualmente e o mercado clandestino de trabalhadores é a terceira principal atividade criminosa no mundo, movimentando US$ 12 bilhões/ano, atrás apenas dos tráficos de drogas e de armas. Com o crescimento do desemprego e a globalização da miséria, especialmente a partir da última década do século passado, a expectativa é que o tráfico de armas seja rapidamente ultrapassado pelo tráfico de trabalho escravo.

O *sweating system* é desenvolvido em local que de forma promíscua mescla o âmbito residencial e a oficina de trabalho, melhor dizendo, a oficina de trabalho é a extensão do estabelecimento fabril, sem as condições de controle e proteção da planta industrial, posto ser uma continuação da própria residência do trabalhador.

Na capital do Estado de São Paulo os latino-americanos ilegais, principalmente bolivianos, trabalham em situação degradante, em oficinas de costuras ilegais, geralmente para outros estrangeiros, em porões e locais fechados, em cômodos apertados, divididos por paredes de compensado para não se relacionarem com outros trabalhadores. Os locais não têm higiene e as refeições são descontadas do salário a receber, assim como outras despesas básicas com água, luz e moradia. Os patrões retêm seus documentos e ameaçam entregá-los à Polícia Federal.

Aqui, além da exploração do trabalho forçado, temos o problema da ilegalidade da imigração. O Estatuto do Estrangeiro não autoriza a atividade para o estrangeiro com visto de turista, de trânsito ou temporário. Os ilegais não podem exercer atividade remunerada. Então, quando libertos, não recebem qualquer direito trabalhista e não podem fazer reivindicações. Para buscar solução para todos os embaraços encontrados, o Ministério Público do Trabalho da 2ª Região — PRT-2, após discussões realizadas, propôs criar um grupo de estudos para viabilizar juridicamente a possibilidade de concessão de autorização de trabalho e visto aos trabalhadores estrangeiros em situação irregular que denunciarem/testemunharem o trabalho escravo, até o trânsito em julgado da ação penal, visando à necessidade de obtenção de colaboração à persecução criminal por parte das vítimas do trabalho escravo, além de outras medidas.

5 REGIME JURÍDICO DE PROTEÇÃO AO TRABALHO E FORMAS DE COMBATE À ESCRAVIDÃO CONTEMPORÂNEA

Com a abolição formal da escravidão em 1888, a abolição do instituto jurídico vai sendo consolidada no século XX. O Brasil é signatário dos seguintes tratados e convenções internacionais, conforme elencamos a seguir:

- Declaração Universal dos Direitos do Homem, Nações Unidas, 1948 — "ninguém será mantido em escravidão ou servidão; a escravidão e o tráfico de escravos serão proibidos em todas as suas formas" (artigo IV); e ainda, "toda pessoa tem direito ao trabalho, à livre escolha de emprego, a condições justas e favoráveis de trabalho" (art. XXIII);
- Convenção das Nações Unidas sobre Escravatura, 1926, emendada pelo Protocolo de 1953 e Convenção Suplementar sobre a Abolição da Escravatura, de 1956;
- Convenção n. 29 da OIT, de 1930 — ratificada pelo Brasil em 1957, com vigência no território nacional em 1958. Trata-se do primeiro instrumento normativo a conceituar "trabalho forçado ou obrigatório", como aquele que é "exigido de um indivíduo sob ameaça de qualquer penalidade e para o qual ele não se ofereceu de espontânea vontade." (art. 2);
- Convenção n. 105 da OIT, de 1957, com vigência nacional de 1966 — sobre a Abolição do Trabalho Forçado, que dispõe, no seu art. 1º: "Os signatários obrigam-se a suprimir o trabalho forçado ou obrigatório."
- Declaração Sociolaboral do Mercosul, de 1998, que prevê no seu art. 5º o compromisso dos países signatários com a eliminação do trabalho forçado.

E no plano interno, destacamos que na Constituição Federal de 1988, a dignidade humana é erigida como um dos princípios fundamentais da República, conforme art. 1º, inciso III. E à luz dessa ordem constitucional, para Ronaldo Lima dos Santos, escravizar é:

(...) violar direitos fundamentais e difusos da sociedade, consagrados na Constituição Federal de 1988, entre os quais se destacam: a proteção à dignidade humana (art. 1º, III); os valores sociais do trabalho e da livre iniciativa (art. 1º, IV); a inviolabilidade do direito à vida, à liberdade, à igualdade, à segurança (art. 5º, *caput*); a construção de uma sociedade livre, justa e solidária (art. 3º, I); o princípio da legalidade (art. 5º, II); não submissão à tortura ou tratamento desumano ou degradante (art. 5º, III); a inviolabilidade da intimidade; da vida privada, da honra e da imagem (art. 5º, X); a liberdade de exercício de trabalho, ofício ou profissão (art. 5º, XIII); a liberdade de locomoção (art. 5º, XV); a função social da propriedade (art. 5º, XXIII); a proibição de imposição de pena de trabalhos forçados e cruéis (art. 5º, XLVI); a proibição de prisão civil por dívida (art. 5º, LXVII).

Na legislação trabalhista, a escravidão é coibida pela Consolidação das Leis do Trabalho — CLT, em diversos dispositivos, como pela ausência de registro em carteira de trabalho, com violação aos dispositivos da CLT: art. 41, *caput*; arts. 13 e 29, *caput*.

Na área da segurança e higiene do trabalhador rural, usualmente são constatados descumprimentos ao preceito contido no inciso XXII do art. 7º da Constituição Federal, às disposições contidas no Capítulo

V da CLT, arts. 154 e seguintes, bem como às Normas Regulamentadoras da Portaria n. 3.214/78 do MTE. É comum não haver fornecimento de água potável; as condições de moradia são precárias, sem as mínimas condições de higiene; muitas vezes é fornecida alimentação deteriorada.

E no que tange à jornada de trabalho cumprida pelo trabalhador escravizado, há total desrespeito quanto à limitação das 8 horas diárias e 44 horas semanais, determinada pelo art. 7º, XIII, CF.

A coibição ao trabalho escravo também é prevista em demais leis ordinárias, como na Lei n. 9.777, de 29.12.1998, que alterou o Código Penal e estabelece coibições à exploração do trabalho forçado; bem como em várias instruções normativas, decretos e portarias, como elenca Luciana Aparecida Lotto.

6 DIMENSÕES PREVENTIVA E REPRESSIVA NA TUTELA LABOR-AMBIENTAL

6.1 Fiscalização. Atuação do Ministério do Trabalho e Emprego

De início, cumpre salientar a atuação da fiscalização, a cargo do Ministério do Trabalho e Emprego — MTE; todas as fiscalizações realizadas por esse Ministério têm suas informações armazenadas a partir do Sistema Federal de Inspeção do Trabalho (SFIT), desde 1995.

De acordo com Vitor Araújo Filgueiras, historicamente a fiscalização do trabalho no Brasil tem adotado, em geral, uma postura conciliatória com os empregadores que cometem ilicitudes. Flagrados descumprindo a legislação, os empresários têm oportunidade de regularizar sua conduta sem qualquer perda financeira imposta pelos auditores fiscais. Segundo Filgueiras, a partir do final da primeira década de 2000 o padrão de atuação da fiscalização começou a se alterar, registrando elevação significativa de ações impositivas sobre os infratores. Essa mudança, recrudescida ano após ano, tem provocado fortes reações dos interesses empresariais, dentro e fora do MTE, que atingiram seu ápice no ano de 2013.

6.2 Atuação do Ministério do Trabalho e Emprego na repressão ao trabalho escravo. Grupo Móvel — Constituição e dinâmica

O Grupo Executivo de Repressão ao Trabalho Forçado — GERTRAF foi criado por meio do Decreto n. 1.538, de 27.6.1995. Atualmente, o Grupo de Fiscalização Móvel, denominado Grupo Móvel é constituído por auditores fiscais de diversas regiões, membros da Polícia Federal (delegados e agentes) e de membros do Ministério Público do Trabalho. As denúncias normalmente são feitas pela Comissão Pastoral da Terra ou diretamente pelo Ministério do Trabalho e Emprego.

Encontrada a situação de trabalho escravo, o Grupo Móvel toma as seguintes providências: rescinde os contratos de trabalho, com imediata paralisação das atividades; providencia a regularização dos contratos, com o pagamento dos direitos trabalhistas rescisórios, anotação na CTPS e pagamento de valores do FGTS. Os trabalhadores são retornados às suas regiões de origem, sendo concomitantemente lavradas as multas administrativas cabíveis.

Com a Lei n. 10.608/2002, com o intuito de se evitar novo aliciamento dos trabalhadores libertos, foi estendido a estes o direito ao seguro-desemprego; a lei prevê que o trabalhador deve ser encaminhado para qualificação profissional e recolocação no mercado de trabalho, por meio do Sistema Nacional de Emprego.

Em 2004, por meio da Portaria n. 540 do MTE, foi criado o "Cadastro de empregadores que tenham mantido trabalhadores em condições análogas à de escravo", conhecido como "Lista Suja". A inclusão na lista suja inviabiliza a obtenção de financiamentos e empréstimos junto aos órgãos públicos e entidades privadas. No sítio do Ministério do Trabalho e Emprego consta a atualização semestral, efetuada em 30.12.2013, da lista de empregadores envolvidos em trabalho escravo. Foram incluídos os nomes de 108 novos empregadores, bem como foram reincluídos outros dois em razão de determinação judicial. Na nova versão, foram excluídos 17 empregadores em decorrência do cumprimento dos requisitos administrativos. Atualmente o cadastro possui 579 nomes de empregadores, pessoas físicas ou jurídicas, flagrados na prática de submeter trabalhadores a condições análogas à de escravo.

A Portaria n. 1.150 do Ministério da Integração Social busca produzir abalo da imagem da empresa do explorador junto ao público consumidor de seus bens e serviços, bem como daqueles que com ela mantenham relação econômica, adquirindo suas matérias-primas.

No Quadro Geral das operações de fiscalização para erradicação do trabalho escravo — SIT/SRTE, de 1995 a 2010, consta que foram realizadas: 953 operações, 2.555 estabelecimentos inspecionados, 36.759 trabalhadores resgatados e 27.897 autos de infração lavrados.

6.3 Ações coletivas no combate ao trabalho em condição análoga à de escravo

6.3.1 O Inquérito Civil Público e o Termo de Ajuste de Conduta no combate ao trabalho escravo firmado perante o Ministério Público do Trabalho

O inquérito civil é procedimento administrativo de investigação, com natureza inquisitiva, instaurado e presidido pelo Ministério Público, conforme art. 129, III, da Constituição Federal e art. 6º, VII, da Lei Complementar n. 75/93. É suscitado por meio de denúncia de qualquer pessoa ou instaurado de ofício por qualquer dos integrantes do MPT, por meio de notícias da imprensa ou por qualquer outra fonte que lhe permita tomar conhecimento do ocorrido.

Com a criação do Termo de Ajustamento de Conduta (TAC), o inquérito civil passou a ter dupla função: a obtenção de elementos de convicção para o ajuizamento da Ação Civil Pública; e a busca de assinatura de ajuste de conduta, com extraordinário e rápido benefício para a coletividade.

6.3.2 Ação Civil Pública

A ação civil pública (ACP) é ajuizada quando não se consegue a erradicação do trabalho escravo por meio da fiscalização realizada pelos agentes e membros dos órgãos elencados no tópico anterior, ou por meio dos TACs, tomados pelo MPT. Tal ação tem por finalidade proteger os direitos e interesses metaindividuais, difusos, coletivos e individuais homogêneos de ameaças e lesões, direitos esses que constituem interesse público primário da sociedade. Permite a tutela de direitos de massas, que não encontravam proteção nos mecanismos processuais do direito individual.

Seu objeto está contido nas disposições do art. 1º, I a V da Lei n. 7.347/85. Luís Antônio Camargo de Melo propõe uma ampliação do objeto da ação civil pública (ou ação coletiva), quando ajuizada na defesa de direitos ou interesses individuais homogêneos, principalmente quando os bens tutelados são a liberdade, a saúde e a vida de cidadãos reduzidos à condição análoga à de escravo. Assim, ao lado das obrigações de fazer e de não fazer, e do dano moral coletivo, estaria também o dano moral individual (entre as pretensões de caráter individual homogêneo). Diga-se que a discussão em torno do cabimento do dano moral individual na ação coletiva ou mesmo sua previsão em TAC é recente no Ministério Público do Trabalho, sobretudo nos casos de trabalho análogo ao de escravo, quando há dificuldade individual de acesso ao Judiciário.

De acordo com Raimundo Simão de Melo, os pedidos contidos nas ACP's em face dos réus podem ser os seguintes: a) reconhecimento da relação de emprego entre os trabalhadores e o tomador de serviços, nos termos do art. 29 da CLT; b) abstenção de exigir trabalho forçado e/ou degradante; c) abstenção de coagir ou induzir os trabalhadores a utilizarem armazéns ou serviços mantidos pelo patrão, tomador de serviços ou por pessoas outras por estes indicadas; d) abstenção de impor sanção aos trabalhadores em razão da dívida acumulada; e) bloqueio de dinheiro nas contas bancárias em nome dos réus, para garantir a execução final da decisão a ser proferida; f) indisponibilidade de bens móveis e imóveis dos réus; g) cumprimento das normas de segurança, medicina e higiene do trabalho; h) rescisão indireta dos contratos de trabalho, com pagamento das verbas rescisórias, quando desaconselhável a continuidade das relações de trabalho; i) pagamento das despesas da viagem de retorno dos trabalhadores às suas origens; j) condenação por dano moral coletivo etc.

A competência para julgar as ações de combate ao trabalho escravo é da Justiça do Trabalho, salvo as questões penais, cuja competência é da Justiça Federal, conforme entendimento do Supremo Tribunal Federal (STF), nos termos do art. 109, inciso VI, da Constituição Federal. Tal definição pôs fim ao impasse existente, entre a Justiça Estadual e a Federal.

O foro competente é o do local onde ocorreu ou deverá ocorrer o dano; havendo mais de uma Comarca, será competente qualquer uma delas, de acordo com a prevenção. A esse respeito, há a Orientação Jurisprudencial n. 130, da SDI-II do TST.

No que tange à legitimidade ativa, em princípio o Ministério Público era o único legitimado para a defesa dos interesses coletivos da sociedade, como ocorria com a Lei de Política Nacional do Meio Ambiente (Lei n. 6.938/81, art. 14, § 1º). O legislador reforçou a possibilidade dessa defesa, ampliando e autorizando outros legitimados a atuarem em prol da sociedade, conforme prevê o art. 5º da Lei n. 7.347/85, vigente antes da entrada em vigor da Constituição Federal de 1988. Tal legitimação está hoje consagrada pela Carta Maior, no art. 129, § 1º, pela Lei n. 7.347/85 (art. 5º) e pelo Código de Proteção e Defesa do Consumidor (art. 82, inciso IV).

Observe-se, no entanto, que no caso do combate ao trabalho escravo, não está configurado o interesse de grupo ou categoria, e sim interesses cujos titulares são indeterminados, anônimos, dispersos e o bem jurídico interessa a toda a sociedade. É admitido litisconsórcio facultativo entre os Ministérios Públicos da União, do Distrito Federal e dos Estados, conforme disposição contida no Código de Defesa do Consumidor.

Há ainda posição doutrinária no sentido de que a Defensoria Pública pode propor ação civil pública apenas como assistente jurídica da parte e não como substituta da parte.

E no tocante à imputação da responsabilidade, nos casos da exploração do trabalho em condição análoga à de escravo, a responsabilização deve ser imputada sob a inspiração do direito ambiental. Ressalte-se aqui que o meio ambiente de trabalho integra conceitual e normativamente o meio ambiente em geral. E, à luz do direito ambiental, lastreamo-nos no princípio do poluidor-pagador, do qual decorrem aspectos importantes para o aplicador do direito ambiental, como a responsabilidade civil objetiva, que já era prevista na Lei de Política Nacional do Meio Ambiente — Lei n. 6.938/1981, e foi recepcionada pela Constituição Federal de 1988 — aquele que não evita o dano responde objetivamente pelos prejuízos causados, conforme § 3º do art. 225 da Carta.

E pela definição legal contida no art. 3º da Lei de Política Nacional do Meio Ambiente, o conceito de poluição é plenamente aplicável ao meio ambiente do trabalho. Assim, quando o trabalho é exercido em um meio ambiente degradado ou poluído, resta configurado que o empregador não cumpriu o papel social reservado à empresa, de acordo com os preceitos constitucionais; quando a empresa deixa de zelar pela segurança e saúde dos trabalhadores, descumpre obrigação determinada pela Constituição Federal, bem como viola exigência legal, desrespeitando seu papel social.

E, embora no direito ambiental vigore o princípio da responsabilidade civil, não podemos reduzir o princípio do poluidor-pagador à reparação do dano, pois as sanções civis têm efeito preventivo, diante da probabilidade de ocorrência de um dano ao meio ambiente e, principalmente, porque as atividades poluidoras se apresentam lucrativas, seja pela possibilidade de não pagamento, seja pelo lucro líquido auferido com a atividade, ainda que seja determinada a obrigação de indenizar.

Sabe-se que, de acordo com a teoria do risco criado, quem empreende alguma atividade, lucrativa ou não, responde pelos danos causados a outrem. No entanto, cabe ponderar aqui que em determinadas condições laborais perversas a que é submetido o trabalhador, com exigência de níveis anormais de desgaste humano, de esforço físico ou psíquico desmesurado, hipótese da exploração do trabalho análogo ao de escravo, o agente cria um risco em nível superior ao permitido, caracterizando-se o risco proibido ou um incremento do risco permitido. Nessas hipóteses, não se fala em relação de causalidade, e sim em imputação objetiva, à luz do ensinamento de Guilherme Guimarães Feliciano.

Saliente-se que no Direito do Trabalho tem sido aplicada a "teoria do avestruz" ou da cegueira deliberada (*willful blindness* ou *conscious avoidance doctrine*), que propugna que a ignorância deliberada equivale ao dolo eventual, não se confundindo com a mera negligência. Nesse passo, imputa-se a responsabilidade a um determinado beneficiário de uma cadeia produtiva (estrutura reticular), que fecha os olhos diante da precarização do trabalho. Há aqui a conduta omissa do tomador dos serviços, em nítida fraude aos preceitos trabalhistas; busca-se, com a aplicação dessa teoria, a vedação ao locupletamento ilícito, o chamado "lucro injusto".

Exemplo marcante desse tipo de conduta, que vem sendo combatido pelo Ministério Público do Trabalho da 2ª Região, é a cadeia criminosa concentrada no setor têxtil, em que a exploração da mão de obra análoga à de escravo tem sido recentemente exposta na mídia.

Os casos de flagrantes em oficinas de costura improvisadas, onde se explora mão de obra análoga à de escravo são reiterados. No dia 13 de novembro de 2013 um casal de bolivianos foi encontrado, segundo o Ministério Público do Trabalho, em condições degradantes de moradia e trabalho, no centro da capital paulista, em uma oficina clandestina para a confecção de peças da marca M.Officer. O local e as condições de produção não obedeciam às normas de saúde e segurança. Lá foram encontrados tecidos, modelagens, peças finalizadas, notas fiscais e pedidos de serviços da empresa M5 Indústria e Comércio, detentora da M.Officer. Os trabalhadores bolivianos lá encontrados afirmaram que trabalhavam há sete meses no local sem qualquer tipo de registro. O Ministério Público do Trabalho entrou com ação no Tribunal Regional do Trabalho da 2ª Região após a empresa se recusar a firmar um termo de ajuste de conduta. Em primeira instância, o TRT-2 bloqueou R$ 100 mil da M5 para garantir os direitos dos trabalhadores imigrantes.

6.3.3 *Conversão em obrigação de fazer, da imposição do recolhimento ao FAT*

Por meio da ACP é possível postular, a teor do art. 3º da Lei n. 7.347/85, a condenação do explorador em dinheiro ou no cumprimento da obrigação de fazer ou de não fazer. A condenação em dinheiro, no caso, deve se destinar à recomposição do bem jurídico lesado. A obrigação de fazer ou não fazer engloba todas as medidas e providências tendentes a devolver a dignidade do trabalhador.

Diante de questionamentos existentes e inexistência de controles acerca da efetiva reversão dos valores das condenações por dano moral coletivo nas ações civis públicas ou TACs para o Fundo de Amparo ao Trabalhador (FAT), o Ministério Público do Trabalho tem optado pela conversão do recolhimento ao FAT às obrigações de fazer, como: instalação de posto de saúde na propriedade, com capacidade para atendimento ambulatorial e primeiros socorros aos empregados; aquisição de ambulâncias para serviços junto aos postos de saúde; aquisição de ônibus para o transporte escolar, ou construção de moradias para os trabalhadores e suas famílias.

6.4 *Atuação da Vara Itinerante de Combate ao Trabalho Escravo do Tribunal Regional do Trabalho da Segunda Região — TRT/SP*

Avulta salientar que o Poder Judiciário também tem atuado, por meio do Tribunal Regional do Trabalho da Segunda Região — TRT/SP, ao lado do Ministério Público do Trabalho, do Ministério do Trabalho e Emprego, bem como da Defensoria Pública da União e da Secretaria da Justiça e da Defesa da Cidadania do Estado de São Paulo, dentre outros órgãos, no combate ao trabalho escravo na sua jurisdição.

Para tanto, o TRT/SP criou a Vara Itinerante de Combate ao Trabalho Escravo por meio do Ato GP n. 9/12, publicado em 27.7.2012, priorizando a autuação e a distribuição de feitos atinentes ao combate ao trabalho escravo, em regime de plantão, para pedidos urgentes. Em agosto/2012 houve a primeira diligência da Vara com o MTE e MPT. Foram fiscalizadas oficinas em São Paulo, Capital, para identificação de irregularidades, sendo encontrados trabalhadores sem CTPS, com jornada exaustiva, péssimas condições de higiene e segurança do trabalho.

As integrantes dessa Vara Itinerante dirigem-se ao estabelecimento do tomador e as Juízas atuam como mediadoras e informadoras das implicações legais. Ilustre-se aqui a atuação empreendida em junho de 2013, quando foram encontrados em oficina de costura 28 trabalhadores, que foram resgatados; dentre eles, eram 10 mulheres, sendo que uma delas uma adolescente de 16 anos.

O meio ambiente de trabalho nessas oficinas clandestinas de costura onde se explora o trabalho análogo ao de escravo, no mais das vezes, apresenta condições degradantes de trabalho e de vida dos trabalhadores: as instalações não atendem às normas de segurança e higiene do trabalho: é comum encontrar extintores de incêndio vencidos, oficinas servindo de alojamento onde não há espaço para circulação adequado, há fiação exposta, potencializando os riscos de choques elétricos e de incêndio, particularmente em ambiente com farto material inflamável. Além disso, é comum a constatação de que esses trabalhadores se alimentam de forma inadequada, é usual encontrar alimentos deteriorados e armazenados inadequadamente. Em muitos desses locais de trabalho improvisados as instalações sanitárias são precárias e insuficientes.

Em muitas ocasiões, ao lado dos trabalhadores maiores, ativam-se menores de idade e lá também permanecem crianças, filhos dos obreiros, respirando desde essa tenra idade um ar saturado de aerodispersóides com partículas de tecidos, em locais sem ventilação.

Some-se a essas condições indignas o cumprimento de jornada exaustiva, a falta de anotação do contrato na CTPS, além da situação irregular de permanência no país, de boa parte desses trabalhadores, que são estrangeiros e aqui chegam aliciados, de forma irregular. Clandestinos, são ainda mais subjugados à sanha dos exploradores, submetem-se a parcos ganhos, de cerca de R$ 3,00 por peça. E se, porventura, exaustos, venham a cometer qualquer falha que danifique a peça, a dívida aumenta, pois são obrigados a assumir o prejuízo equivalente ao valor da vestimenta na vitrine da loja.

Cabe aqui mencionar a concessão de liminar expedida em ação cautelar inominada, ajuizada pelo Ministério Público do Trabalho — Procuradoria Regional da 2ª Região, em face de construtora, por manter cerca de 80 trabalhadores alojados em condições muito precárias, na periferia de Guarulhos — SP, obreiros esses que foram trazidos de outros Estados para trabalhar nas obras de ampliação do Aeroporto de Cumbica. De acordo com a fundamentação exarada pelo Juízo itinerante de plantão (Ato GP n. 15/13), foram inúmeras as irregularidades constatadas, inclusive:

> (...) manutenção dos trabalhadores nos alojamentos interditados pelo SRTE, em total desobediência à ordem legal vigente; g) que os trabalhadores relatam FOME e coação psicológica, e desespero, em total afronta ao princípio da dignidade da pessoa humana; h) restrição ao direito de ir e vir, pois permanecem aguardando chamado em similar sistema de sobreaviso de um contrato de trabalho; i) no início das diligências, havia cerca de 80 trabalhadores nestas situações e o número cresceu até o momento para 160, e há outras denúncias que englobam inúmeros trabalhadores em situação semelhante, envolvendo as Requeridas. (...)

6.5. A repressão penal ao trabalho escravo contemporâneo no direito brasileiro. O crime de redução à condição análoga à de escravo — Art. 149 do Código Penal.

Trata-se de dispositivo inserido no capítulo definidor dos crimes contra a liberdade individual. Na concepção advinda da redação do art. 149, anterior à Lei n. 10.803/2003, prevalecia entendimento restritivo, conectado à visão reducionista do trabalho escravo como caracterizado apenas pela limitação da liberdade. Com a ampliação da concepção do dispositivo, após a edição da Lei n. 10.803/2003, há vinculação da condição análoga à de escravo ao trabalho forçado e àquele realizado em condições degradantes. Assim, a teleologia da nova redação do art. 149 é tutelar todos os aspectos relacionados ao bem maior do trabalhador, isto é, sua dignidade, ante a violação de um conjunto mínimo de direitos que a OIT convencionou denominar trabalho decente.

O trabalho em condições análogas à de escravo é gênero, do qual são espécies o trabalho forçado e o trabalho em condições degradantes. O trabalho forçado, conforme Convenção n. 29 da OIT, é o exigido de um indivíduo sob ameaça de qualquer penalidade e para o qual ele não se ofereceu de espontânea vontade. Desse modo, há ausência de liberdade do trabalhador, para aceitar o trabalho e para permanecer no trabalho.

A materialidade do trabalho forçado é verificada quando ocorre: apreensão de documentos; presença de guardas armados e "gatos" de comportamento ameaçador; imposição de dívidas ilegais; deslocamento de trabalhadores para locais de difícil acesso.

A competência para processamento das ações penais relativas ao delito de redução à condição análoga à de escravo é da Justiça Federal, conforme decisão exarada em julgamento do Recurso Extraordinário n. 398.041 no STF, cuja relatoria coube ao Ministro Joaquim Barbosa em julgamento havido em 30.11.2006. Necessário destacar que não se trata de entendimento pacificado no Supremo Tribunal Federal, pois o Ministro Cezar Peluso externou entendimento de que a competência para o julgamento das ações penais atinentes a tal delito é da Justiça Estadual.

7 ACOMPANHAMENTO E DIREITOS PÓS-RESGATE DOS TRABALHADORES E SUA EFICÁCIA

As principais medidas de coerção do chamado pós-resgate estão inseridas em contextos extrajudiciais, de caráter legal, mas vinculados a medidas administrativas, como: inclusão no cadastro nacional de empregadores a que alude a Portaria n. 540/04 do Ministério do Trabalho, a chamada "Lista Suja" e atuação do Ministério Público do Trabalho, na celebração dos Termos de Ajustamento de Conduta.

Principal medida de natureza judicial é a condenação por dano moral coletivo. A maior condenação de que se tem notícia foi de R$ 5.000.000,00 (cinco milhões de reais). Os recursos decorrentes são aplicados no FAT e por determinação legal (art. 10 da Lei n. 7.998/90) destinam-se ao pagamento do abono salarial, ao financiamento de programas de desenvolvimento econômico e ao custeio do Programa de Seguro-Desemprego. Como já dito, questiona-se a eficácia da destinação das condenações ao FAT, haja vista não serem destinadas de forma direta à reinserção das vítimas do trabalho em condições análogas à de escravo.

8 CONCLUSÃO

Pensamos que vários fatores concorrem para que esse verdadeiro cancro social, o trabalho escravo contemporâneo, não tenha sido ainda extirpado: as grandes estruturas econômicas, cujo norte é produzir em larga escala para obter lucro; somadas aos mecanismos repressivos ainda insuficientes; à carência de uma rede de benefícios sociais mais abrangentes; às distorções sociais, a fome e a miséria, ainda existentes em nosso país, e, principalmente, como causa estrutural, a não consecução de efetiva reforma agrária, fazem com que este intolerável problema ainda persista.

Grandes latifúndios, muitas vezes equivalentes à extensão de um país, são mantidos improdutivos, na mão de poucos. A divisão da terra, com a consecução do princípio constitucional do seu valor social, possibilitaria a fixação do homem ao campo, onde poderia produzir com sua família, para sua subsistência, bem como para auferir ganho. Uma política agrária justa viabilizaria aos trabalhadores brasileiros uma vida digna. Urge que tal realidade se concretize, para que o trabalhador não continue sendo presa fácil dos "gatos" e do trabalho escravo.

Além do inestimável esforço do Ministério Público do Trabalho, do Ministério do Trabalho e Emprego e do Poder Judiciário, impõe-se que demais medidas entrem em vigor, como a contida na PEC n. 438/2001, que estabelece pena de perdimento da gleba onde for constatada a exploração de trabalho escravo. Nesse caso, trata-se de medida repressiva e punitiva aos que exploram mão de obra escrava no meio rural.

No meio urbano, em especial em relação à escravidão na área têxtil, no chamado *sweating system*, a estratégia de combate é começar de cima para baixo, fazendo com que as grandes grifes não subsidiem esse tipo de conduta, provocando a quebra de toda a cadeia. As tomadoras, em geral grandes empresas, sempre afirmam que desconhecem as práticas adotadas por suas parcerias. Nessa esteira, correta a adoção da denominada "teoria da Cegueira Deliberada", também conhecida como teoria do avestruz, segundo a qual o maior beneficiado, embora não tenha um contato direto com a conduta ilegal, faz vistas grossas a um fato conhecido no ramo, que não teria como ser ignorado em razão dos preços bem baixos pagos pelas peças têxteis encomendadas, o que evidencia que do outro lado só pode haver uma parte sendo prejudicada, qual seja, o trabalhador.

Sabemos que para a solução do problema não basta somente a libertação dos trabalhadores escravizados. O trabalhador sem escolaridade, sem qualificação profissional, sem emprego, moradia digna, voltará a ser vítima da exploração.

Para que tal desonra não mais ocorra, é preciso vontade política do Estado, mas também vontade social, pois a responsabilidade para curar essa chaga não é somente do Estado. A exploração do trabalho de forma análoga à de escravo é uma vergonha que macula a honra de todos os cidadãos brasileiros. Cumpre a todos, por todos os meios, contribuir para que esta ignomínia tenha um fim.

9 REFERÊNCIAS BIBLIOGRÁFICAS

BLACKBURN, Robin. *A construção do escravismo no Novo Mundo*. Rio de Janeiro: Record, 2003.

CESÁRIO, João Humberto. Breve estudo sobre o cadastro de empregadores que tenham mantido trabalhadores em condições análogas à de escravo (Lista Suja): aspectos processuais e materiais. In: *Trabalho escravo contemporâneo*: o desafio de superar a negação. VELLOSO, Gabriel; FAVA, Marcos Neves. Coordenadores. São Paulo: LTr, 2006.

COMPARATO, Fábio Konder. *A afirmação histórica dos direitos humanos*. São Paulo: Saraiva, 2003.

DECLARAÇÃO SOCIOLABORAL DO MERCOSUL.

DECLARAÇÃO UNIVERSAL DOS DIREITOS DO HOMEM. Nações Unidas, 1948.

FÁVERO FILHO, Nicanor. Trabalho escravo: vilipêndio à dignidade humana. In: *Direitos humanos e direito do trabalho*. PIOVESAN, Flávia e CARVALHO, Luciana Paula Vaz de, coordenadoras. São Paulo: Atlas, 2010.

FELICIANO, Guilherme Guimarães. *Teoria da imputação objetiva no direito penal ambiental brasileiro*. São Paulo: LTr, 2005.

FILGUEIRAS, Vitor Araújo. *Estado e direito do trabalho no Brasil*: regulação do emprego entre 1988 e 2008. Salvador, UFBA, 2012.

FILGUEIRAS, Vitor Araújo. *Padrão de atuação da fiscalização do trabalho no Brasil*: mudanças e reações. Disponível em: <http://indicadoresderegulacaodoemprego.blogspot.com.br/>.

FOLHA DE SÃO PAULO. *Os escravos*, in: "Ilustrada", 25.2.2014.

FÓRUM SOCIAL MUNDIAL 2003. *Anais da oficina trabalho escravo*: uma chaga aberta. Brasília: OIT, 2003.

GRANDE ENCICLOPÉDIA LAROUSSE CULTURAL. São Paulo: Larousse 1995, Nova Cultural 1998.

GUANZIROLI, Carlos E. Agricultura familiar e reforma agrária no século XXI. Rio de Janeiro: Garamond, FAO, UNICAMP, UFF, INCRA e *Min. Desenvolvimento Agrário*, 2001.

LOTTO, Luciana Aparecida. *Ação civil pública trabalhista contra o trabalho escravo no Brasil*. São Paulo: LTr, 2008.

MARQUES, Christiani. *A proteção ao trabalho penoso*. São Paulo: LTr, 2007.

MELO, Raimundo Simão de. *Ação civil pública na Justiça do Trabalho*. São Paulo: LTr, 2008.

MENDES, Almara Nogueira. Nova forma de escravidão urbana: trabalho de imigrantes. *Revista do Ministério Público do Trabalho*. São Paulo: LTr, 2003. Ano XIII, n. 26.

PRADO, Erlan José Peixoto do. A Ação Civil Pública e sua eficácia no combate ao trabalho em condições análogas à de escravo: o dano moral coletivo. *In: trabalho escravo contemporâneo*: o desafio de superar a negação. VELLOSO, Gabriel. FAVA, Marcos Neves. Coord. São Paulo: LTr, 2006.

REVISTA DO BRASIL. *Crime amargo*. São Paulo: Atitude, n. 44, fev. 2010.

REVISTA DA CUT. *Trabalho escravo*. Crônicas da infâmia. São Paulo: CUT, Ano I, n. 2, mar. 2004.

REVISTA ÉPOCA. *Seu trabalho tem futuro?* São Paulo: Globo, 24.2.2014, n. 821.

SANTOS, Ronaldo Lima dos. *Sindicatos e ações coletivas*: acesso à Justiça, jurisdição coletiva e tutela dos interesses difusos, coletivos e individuais homogêneos. São Paulo: LTr, 2003.

_____. A escravidão por dívidas nas relações de trabalho no Brasil contemporâneo. *Revista do Ministério Público do Trabalho*. São Paulo: LTr, 2003. Ano XIII, n. 26.

SENTO-SÉ, Jairo Lins de Albuquerque. *Trabalho escravo no Brasil*. São Paulo: LTr, 2001.

SIMÓN, Sandra Lia; MELO, Luís Antonio Camargo de. Produção, consumo e escravidão — restrições econômicas e fiscais. Lista suja, certificados e selos de garantia de respeito às leis ambientais trabalhistas na cadeia produtiva. In: *Trabalho escravo contemporâneo*: o desafio de superar a negação. VELLOSO, Gabriel; FAVA, Marcos Neves. Coord. São Paulo: LTr, 2006.

SOARES, Evanna. Meios coadjuvantes de combate ao trabalho escravo pelo Ministério Público do Trabalho. *Revista do Ministério Público do Trabalho*. São Paulo: LTr, 2003. Ano XIII, n. 26.

SÜSSEKIND, Arnaldo. *Convenções da OIT*. São Paulo: LTr, 1998.

TEIXEIRA, Márcia Cunha. "Trabalho penoso: da aplicação dos princípios ambientais para a reparação social dos danos". Tese de doutorado em direito. Faculdade de Direito da Universidade de São Paulo, defendida em maio de 2013.

Sítios acessados:

<http://www.anpt.org.br>.
<http://www.camara.gov.br>.
<http://www.cartaforense.com.br/conteudo/out_site/coordenadoria-de-erradicacao-de-trabalho-escravo--ministerio-publico-do-trabalho-2a-regiao/10803)>.
<http://www.conjur.com.br.>.
<http://www.direito.usp.br>.
<http://www.globalslaveryindex.org>.
<http://www.ilo.org>.
<http://indicadoresderegulacaodoemprego.blogspot.com.br/>.
<http://www.mte.gov.br>.
<http://www.observatoriosocial.org.br>.
<http://www.oitbrasil.org.br>.
<http://www.reporterbrasil.com.br>.
<http://www.trtsp.jus.br>.
<http://www.tst.jus.br>.
<http://www.stf.jus.br

O TRABALHO ESTRESSANTE E OS IMPACTOS ADVERSOS NA SAÚDE DO TRABALHADOR

Ana Luiza Leitão Martins[*]
Juliana Ramalho Lousas Cesarini[**]
Taissa Luizari Fontoura da Silva de Almeida[***]

1 INTRODUÇÃO

Diante da evolução tecnológica crescente num mundo cada vez mais globalizado com a expansão do setor de serviços, a especialização e a competição no mundo corporativo, a sobrecarga de informações e obrigação de desenvolvimento de inúmeras atividades de forma concomitante têm repercutido na saúde do trabalhador.

Em decorrência de tantas mudanças, observa-se um aumento na quantidade de pessoas que apresentam algum tipo de estresse vinculado ao mundo do trabalho, que ocasiona problemas médicos, psicológicos e comportamentais. Para a empresa, os problemas geram desinteresse de seus empregados, falta de estímulo, absenteísmo, afastamentos médicos e aumento de custos com pessoal, bem como queda da produção.

O artigo visa apresentar alguns dos problemas decorrentes do meio ambiente do trabalho moderno na saúde do trabalhador, os impactos do estresse nas relações trabalhistas na era da informação.

(*) Advogada. Mestre em Direito do Trabalho pela Universidade de São Paulo — USP. Especialista em Processo do Trabalho pela Fundação Getúlio Vargas — FGVLaw. Especialista em Direito do Trabalho pela Escola Paulista de Direito.
(**) Advogada. Mestranda em Direito do Trabalho pela Universidade de São Paulo — USP. Especialista em Direito Civil pela Escola Paulista de Direito.
(***) Advogada. Doutoranda em Direito do Trabalho pela Universidade de São Paulo (USP). Mestre e Especialista em Direito e Processo do Trabalho pela Pontifícia Universidade Católica de São Paulo (PUC/SP). Especialista em Direito do Trabalho pela Universidade Cândido Mendes (UCAM). Especialista em Direito Público pela Escola Paulista de Direito (EPD).

2 SOBRE O ESTRESSE

2.1 Conceito e delimitação do tema

Buscando a compreensão mais precisa do conceito de estresse, importante se faz explanar a diferença entre estresse e pressão. Pressão refere-se ao conjunto de exigências colocadas sobre uma pessoa, podendo ser físicas ou psicológicas, bem como podendo ser negativas ou positivas. Referido fenômeno pode levar ao estresse, mas não necessariamente.

Define-se estresse como o estado de tensão de um organismo submetido a qualquer tipo de agressão, como dor, frio, fome, estados tóxicos ou infecciosos ou qualquer outro 'agente estressor', incluindo, por extensão, as influências psicológicas. Dos elementos estressógenos — de natureza psicológica — mais estudados, destacam-se (Melo Filho, 1978):

- As tarefas de responsabilidade;
- As reações a eventos inesperados;
- As situações de expectativa e de contato com o novo.[1]

Vale ressaltar que o estresse é uma reação natural do organismo a situações que demandam adaptação a algo novo.

Em sua origem, o termo *stress*, que veio da Física, refere-se ao grau de deformidade que uma estrutura sofre quando é submetida a uma sobrecarga. O termo foi introduzido na medicina para nomear o conjunto de reações que o organismo desenvolve ao ser submetido a uma situação que exige um esforço adaptativo. Assim, o conceito de estresse está intimamente ligado à noção de adaptação.[2]

Outro conceito emprestado da Física e que se relaciona à nova forma de organização do trabalho é resiliência. Esse termo define a possibilidade de um ser humano passar por momentos de estresse e se recuperar sem danos a saúde.[3]

A avaliação de uma situação como mais estressante ou menos estressante varia, portanto, de acordo com:

- A personalidade do indivíduo;
- A magnitude, intensidade, frequência, duração e previsibilidade da situação estressante;
- A experiência anterior do indivíduo com situações semelhantes.[4]

Assim, cada pessoa reage de uma forma ao estresse, incluindo o vinculado ao trabalho, ou seja, algumas pessoas podem, eventualmente, desenvolver neuroses, psicoses ou depressões, outras saem da situação estressante sem danos.

A fim de estabelecer alguns problemas decorrentes do estresse, Christophe Dejours, já em 1949, em seu trabalho intitulado "A Loucura do Trabalho — Estudo de Psicopatologia do Trabalho" afirmava que "Toda descompensação psiconeurótica traduz-se, provavelmente, por uma queda no desempenho produtivo. Assim, as neuroses e psicoses descompensadas são imediatamente detectadas através dos critérios

---
(1) MARTINS, Antônio Nogueira. *Residência médica — estresse e crescimento*. 1. ed. São Paulo: Casa do Psicólogo. 2005. p. 39.
(2) MARTINS, Antônio Nogueira. *Residência médica — estresse e crescimento*. 1. ed. São Paulo: Casa do Psicólogo. 2005. p. 41.
(3) Resiliência — conceito da Física que explica porque algumas pessoas conseguem lidar/suportar com situações causadoras de estresse e outras não. Significado de Resiliência s.f. Física. Característica mecânica que define a resistência aos choques de materiais. Física. Particularidade apresentada por certos corpos, quando estes voltam à sua forma original, depois de terem sofrido deformação elástica. Figurado. Habilidade de se adaptar com facilidade às intempéries, às alterações ou aos infortúnios. (Etm. do latim: resilientia) — <http://www.dicio.com.br/resiliencia/>. 24.3.2014.
(4) MARTINS, Antônio Nogueira. *Residência médica — estresse e crescimento*. 1. ed. São Paulo: Casa do Psicólogo. 2005. p. 40.

de rendimento na produção, frequentemente os primeiros que aparecem, num quadro psicopatológico. A punição sistemática é a exclusão imediata do trabalho".[5]

Além disso, a fadiga sem vínculo com excessiva carga de trabalho que ainda não é considerada como uma fisiopatologia pode ser considerada uma outra reação do organismo ao estresse.

> Não há nenhuma necessidade, na realidade, de se ter um desempenho físico excessivo para justificar a sensação de fadiga. Quando a organização do trabalho entra em choque com a economia psicossomática, o trabalhador deve desenvolver todos os recursos de que dispõe para compensar o estreitamento — pela organização do trabalho — de todos os canais comportamentais, caracteriais e mentais, para sua energia pulsional.[6]

2.2 O trabalho estressante na visão da medicina

Atualmente, o trabalho possui um significado especial na vida em sociedade, superando a antiga visão de servir exclusivamente ao sustento, passando a se relacionar com o autoconhecimento e a busca por um lugar dentro do seio social, buscando uma maior amplitude representativa perante seus semelhantes.

Porém, como anteriormente dito, para uma importante parcela dos seres humanos, o trabalho gera uma angustia muito intensa que só finaliza quando da aposentadoria, mas esse sentimento de ter perdido os melhores anos da vida trabalhando não terminam abruptamente da noite para o dia.

Além disso, importantes decisões referentes à busca de maior qualificação profissional, reestruturação e planejamento da carreira ou mesmo uma alteração radical na natureza do trabalho desenvolvido, envolvem uma carga de complexidade elevada ante às angústias e incertezas que permeiam o meio ambiente do trabalho e o próprio histórico pessoal de cada trabalhador. Com efeito,

> A organização do trabalho é causa de uma fragilização somática, na medida em que ela pode bloquear os esforços do trabalhador para adequar o modo operário às necessidades de sua estrutura mental. É provável que uma parte não negligenciável da morbidade somática observada entre os trabalhadores tenham sua origem numa organização do trabalho inadequada.[7]

Assim, em razão da grande influência que o trabalho possui nos seres humanos, a psiquiatria e a psicologia estudam o tema há 30 anos, tendo sido iniciada tal pesquisa pelo psiquiatra Freudenberger que conclui pela existência de uma síndrome intitulada *burnout*.

> Essa síndrome é ocasionada pelo estado crônico do *stress* ocupacional e se traduz pela presença de três fatores: exaustão emocional, desumanização e redução da realização pessoal.[8]

O *burnout* atinge todas os profissionais em qualquer categoria ocupacional, não apenas as pessoas que possuem atividades ligadas ao atendimento ao público ou com alta ou baixa responsabilidade.

O médico Hans Selye estabeleceu uma teoria que propõe três estágios para o desenvolvimento do estresse no organismo: alerta, resistência e exaustão.[9]

---

(5) Tradução Ana Isabel Paraguay e Lúcia Leal Ferreira. 5. ed. São Paulo: Cortez. 1980. p. 120.
(6) DEJOURS, Christophe. *A loucura do trabalho — estudo de psicopatologia do trabalho*. Tradução Ana Isabel Paraguay e Lúcia Leal Ferreira. 5. ed. São Paulo: Cortez. 1980. p. 130.
(7) DEJOURS, Christophe. *A loucura do trabalho — estudo de psicopatologia do trabalho*. Tradução Ana isabel Paraguay e Lúcia Leal Ferreira. 5. ed. São Paulo: Cortez. 1980. p. 128.
(8) BENEVIDES-PEREIRA, Ana Maria T. Burnout: uma tão desconhecida síndrome. In: A Síndrome de Burnout *em professores do ensino regular: pesquisa, reflexões e enfrentamento*. Rio de Janeiro: Cognitiva, 2010. p. 11.
(9) GHERARDI-DONATO, Edilaine C. S., LUIS, Margarida A. V., CORRADI-WEBSTER, Clarissa M. A relação estresse, uso de álcool e trabalho. In: *Stress e qualidade de vida no trabalho — stress social — enfrentamento e prevenção*. Org. Ana Maria Rossi, Pamela L. Perrewé e James A. Meurs. São Paulo: Atlas, 2011. p. 42.

Segundo a teoria na fase de alerta o organismo se prepara para a reação de luta ou fuga, para a preservação da vida. Caso o estresse permaneça por tempo indeterminado, inicia-se a fase de resistência, quando o organismo busca adaptar-se (na sua tendência a manter a homeostase interna), surge então uma sensação de desgaste e cansaço. A permanência do estressor de forma contínua num organismo sem estratégia para lidar com o estresse gerado exaure as reservas de energia adaptativa, desencadeando a fase de exaustão, período esse no qual podem aparecer doenças graves.[10]

Importante ressaltar que *burnout, stress* e depressão são sentimentos diferentes. O estresse pode ser positivo (*eustresse*) ou negativo (*distresse*). Já o *burnout* tem sempre uma conotação negativa, trata-se de uma emoção desagradável, além de estar vinculado sempre à atividade laboral. No tocante à depressão, esta refere-se a todos os aspectos da vida, "maior letargia, sentimento de culpa e derrota".[11]

O indivíduo pode não dar conta de enfrentar, apenas com recursos psicológicos, fenômenos associados ao trabalho, que é eminentemente uma categoria sócio-histórica e cultural. O psicológico diante dessa complexidade pode tornar-se frágil e ser capturado e usado pelos modos de produção, o que pode resultar em diversas patologias sociais, que levam à alienação dos trabalhadores e ao adoecimento.[12]

Portanto, houve a necessidade de criação de diversas regras internacionais e nacionais, bem como órgãos responsáveis pela fiscalização de referidas regras com o fito de se evitar que mais pessoas desenvolvessem distúrbios psicológicos decorrentes do labor, ou de ao menos possibilitar que a qualidade de vida no trabalho passasse a ser respeitada em um ambiente em que sempre prevaleceu, historicamente, a exploração econômica da força de trabalho.

3 NORMATIZAÇÃO

a) Mundo

A ONU insiste na ideia de que "o trabalho é feito para o homem e não o contrário. Todo trabalhador tem o direito — que se supõe uma obrigação correlativa do Estado — de ser tratado como um ser humano e não como instrumento de produção".[13]

Diante dessa realidade e para demonstrar a importância do tema, foram promulgadas normas com o intuito de proteger os trabalhadores no âmbito das Nações Unidas.

O Pacto Internacional sobre os Direitos Econômicos, Sociais e Culturais, em seu art. 7º[14] estabelece um padrão mínimo de condições laborais:

Art. 7º Os Estados-Partes do presente Pacto reconhecem o direito de toda pessoa de gozar de condições de trabalho justas e favoráveis, que assegurem especialmente:

a) Uma remuneração que proporcione, no mínimo, a todos os trabalhadores:

i) Um salário equitativo e uma remuneração igual por um trabalho de igual valor, sem qualquer distinção; em particular, as mulheres deverão ter a garantia de condições de trabalho não inferiores às dos homens e perceber a mesma remuneração que eles por trabalho igual;

---

(10) GHERARDI-DONATO, Ediláine C. S.; LUIS, Margarida A. V.; CORRADI-WEBSTER, Clarissa M. A relação estresse, uso de álcool e trabalho. In: *Stress e qualidade de vida no trabalho — stress social — enfrentamento e prevenção*. Org. Ana Maria Rossi, Pamela L. Perrewé e James A. Meurs. São Paulo: Atlas, 2011. p. 43.
(11) BENEVIDES-PEREIRA, Ana Maria T. Burnout: uma tão desconhecida síndrome. In: *A Síndrome de Burnout em professores do ensino regular*: pesquisa, reflexões e enfrentamento. Rio de Janeiro: Cognitiva, 2010. p. 16/17.
(12) MENDES, Ana Magnólia. A organização do trabalho como produto da cultura e a prevenção do estresse ocupacional: o olhar da psicodinâmica do trabalho. In: *Estresse e cultura organizacional*. Organizado por Álvaro Tamayo. São Paulo: Casa do Psicólogo e All Books, 2008. p. 164.
(13) SERVAIS, Jean-Michel. *Elementos de direito internacional e comparado do trabalho*. São Paulo: LTr, 2001. p. 83.
(14) Disponível em: <http://www.planalto.gov.br/ccivil_03/decreto/1990-1994/D0591.htm>. Acesso em: 24 de março de 2014.

ii) Uma existência decente para eles e suas famílias, em conformidade com as disposições do presente Pacto;

b) A segurança e a higiene no trabalho;

c) Igual oportunidade para todos de serem promovidos, em seu trabalho, à categoria superior que lhes corresponda, sem outras considerações que as de tempo de trabalho e capacidade;

d) O descanso, o lazer, a limitação razoável das horas de trabalho e férias periódicas remuneradas, assim como a remuneração dos feriados.

Já a Organização Internacional do Trabalho, órgão internacional responsável pela elaboração das regras de Direito do Trabalho, expediu as seguintes normas, dentre outras que também tratam, de forma direta ou indireta sobre a saúde e meio ambiente do trabalho: Convenção n. 155 e Recomendação n. 164 de 1981 — Segurança e Saúde dos Trabalhadores; Convenção n. 161 e Recomendação n. 171 de 1985 — Serviços de Saúde no Trabalho; Convenção n. 176 e Recomendação n. 183 de 1995 — Convenção sobre segurança e saúde nas minas; Convenção n. 148 e Recomendação n. 156 de 1977 — Meio Ambiente de Trabalho (ruído e vibrações).

Destaque-se que as referidas regras internacionais foram ratificadas pelo Brasil, devendo ser respeitadas pelo ordenamento jurídico pátrio, servindo, ainda, de parâmetro de validade para a legislação interna sobre o tema.

b) Brasil

A Carta Magna de 1988 regulamenta o meio ambiente do trabalho em diversos dispositivos, dentre os quais merecem destaque: os arts. 1º[15], 6º[16], 7º, inciso XXVIII[17], 170[18], 196[19], 225[20]; e art. 10, inciso II, letra *a*, do Ato das Disposições Constitucionais Transitórias[21].

Partindo do regramento constitucional da matéria, o ordenamento infraconstitucional traz maior especificidade sobre a questão da necessidade de um meio ambiente salutar, concretizando os preceitos trazidos pela Carta Magna.

A regra mais ampla sobre meio ambiente é a Lei de Política nacional do Meio ambiente (Lei n. 6.938/81). Em seu art. 3º, incisos II e IV[22] trata, especificamente, de saúde e de responsabilidade pela degradação ambiental.

Art. 3º Para os fins previstos nesta Lei, entende-se por:

III — poluição, a degradação da qualidade ambiental resultante de atividades que direta ou indiretamente:

(a) prejudiquem a saúde, a segurança e o bem-estar da população;

---

[15] Art. 1º A República Federativa do Brasil, formada pela união indissolúvel dos Estados e Municípios e do Distrito Federal, constitui-se em Estado Democrático de Direito e tem como fundamentos: (...) IV — os valores sociais do trabalho e da livre iniciativa.
[16] Art. 6º São direitos sociais a educação, a saúde, a alimentação, o trabalho, a moradia, o lazer, a segurança, a previdência social, a proteção à maternidade e à infância, a assistência aos desamparados, na forma desta Constituição.
[17] Art. 7º São direitos dos trabalhadores urbanos e rurais, além de outros que visem à melhoria de sua condição social: (...) XXVIII — seguro contra acidentes de trabalho, a cargo do empregador, sem excluir a indenização a que este está obrigado, quando incorrer em dolo ou culpa.
[18] Art. 170. A ordem econômica, fundada na valorização do trabalho humano e na livre iniciativa, tem por fim assegurar a todos existência digna, conforme os ditames da justiça social, observados os seguintes princípios: (...) VI — defesa do meio ambiente, inclusive mediante tratamento diferenciado conforme o impacto ambiental dos produtos e serviços e de seus processos de elaboração e prestação; (...) VIII — busca do pleno emprego.
[19] Art. 196. A saúde é direito de todos e dever do Estado, garantido mediante políticas sociais e econômicas que visem à redução do risco de doença e de outros agravos e ao acesso universal e igualitário às ações e serviços para sua promoção, proteção e recuperação.
[20] Art. 225. Todos têm direito ao meio ambiente ecologicamente equilibrado, bem de uso comum do povo e essencial à sadia qualidade de vida, impondo-se ao Poder Público e à coletividade o dever de defendê-lo e preservá-lo para as presentes e futuras gerações.
§ 1º Para assegurar a efetividade desse direito, incumbe ao Poder Público:
V — controlar a produção, a comercialização e o emprego de técnicas, métodos e substâncias que comportem risco para a vida, a qualidade de vida e o meio ambiente.
[21] Art. 10. Até que seja promulgada a lei complementar a que se refere o art. 7º, I, da Constituição (...) II — fica vedada a dispensa arbitrária ou sem justa causa: a) do empregado eleito para cargo de direção de comissões internas de prevenção de acidentes, desde o registro de sua candidatura até um ano após o final de seu mandato; <http://www.planalto.gov.br/ccivil_03/constituicao/constituicao.htm>. Acesso em: 24 de março de 2014.
[22] Disponível em: <http://www.planalto.gov.br/ccivil_03/leis/L6938compilada.htm>. Acesso em: 24 de março de 2014.

(b) criem condições adversas às atividades sociais e econômicas;

(c) afetem desfavoravelmente a biota;

(d) afetem as condições estéticas ou sanitárias do meio ambiente;

(e) lancem matérias ou energia em desacordo com os padrões ambientais estabelecidos;

IV — poluidor, a pessoa física ou jurídica, de direito público ou privado, responsável, direta ou indiretamente, por atividade causadora de degradação ambiental.

A Consolidação das Leis do Trabalho traz um capítulo dedicado especificamente à Segurança e Medicina do Trabalho, Capítulo V, no qual estão definidas as regras a serem obedecidas, o órgão que deve fiscalizar essa obediência, suas formas de fiscalização e eventual punição aos infratores.

No âmbito administrativo, o Ministério do Trabalho e Emprego edita as Normas Reguladoras que tratam de meio ambiente do trabalho, bem como descreve as atividades e as doenças que podem decorrer da prestação de serviços. Portaria n. 3.214/77.

De outra monta, a Síndrome do *Burnout* e outras doenças mentais referentes ao labor, constam nas regras da Previdência Social no anexo que trata dos Transtornos Mentais e do Comportamento relacionados ao trabalho, do Decreto n. 3.048/1999[23]:

TRANSTORNOS MENTAIS E DO COMPORTAMENTO
RELACIONADOS COM O TRABALHO (Grupo V da CID-10)

DOENÇAS	AGENTES ETIOLÓGICOS OU FATORES DE RISCO DE NATUREZA OCUPACIONAL
I — Demência em outras doenças específicas classificadas em outros locais (F02.8)	1. Manganês X49.-; Z57.5) (Quadro XV)
	2. Substâncias asfixiantes: CO, H_2S etc. (sequela) (X47.-; Z57.5) (Quadro XVII)
	3. Sulfeto de Carbono (X49.-; Z57.5) (Quadro XIX)
II — Delirium, não sobreposto a demência, como descrita (F05.0)	1. Brometo de Metila (X46.-; Z57.4 e Z57.5) (Quadro XIII)
	2. Sulfeto de Carbono (X49.-; Z57.5) (Quadro XIX)
III — Outros transtornos mentais decorrentes de lesão e disfunção cerebrais e de doença física (F06.-): Transtorno Cognitivo Leve (F06.7)	1. Tolueno e outros solventes aromáticos neurotóxicos (X46.-; Z57.5) (Quadro III)
	2. Chumbo ou seus compostos tóxicos (X49.-; Z57.5) (Quadro VIII)
	3. Tricloroetileno, Tetracloroetileno, Tricloroetano e outros solventes orgânicos halogenados neurotóxicos (X46.-; Z57.5) (Quadro XIII)
	4. Brometo de Metila (X46.-; Z57.4 e Z57.5) (Quadro XIII)
	5. Manganês e seus compostos tóxicos (X49.-; Z57.5) (Quadro XV)

---

(23) Disponível em: <http://www.planalto.gov.br/ccivil_03/decreto/d3048compilado.htm>. Acesso em: 24 de março de 2014.

DOENÇAS	AGENTES ETIOLÓGICOS OU FATORES DE RISCO DE NATUREZA OCUPACIONAL
(continuação) III — Outros transtornos mentais decorrentes de lesão e disfunção cerebrais e de doença física (F06.-): Transtorno Cognitivo Leve (F06.7)	6. Mercúrio e seus compostos tóxicos (X49.-; Z57.4 e Z57.5) (Quadro XVI) 7. Sulfeto de Carbono (X49.-; Z57.5) (Quadro XIX) 8. Outros solventes orgânicos neurotóxicos (X46.-; X49.-; Z57.5)
IV — Transtornos de personalidade e de comportamento decorrentes de doença, lesão e de disfunção de personalidade (F07.-): Transtorno Orgânico de Personalidade (F07.0); Outros transtornos de personalidade e de comportamento decorrentes de doença, lesão ou disfunção cerebral (F07.8)	1. Tolueno e outros solventes aromáticos neurotóxicos (X46.-; Z57.5) (Quadro III) 2. Tricloroetileno, Tetracloroetileno, Tricloroetano e outros solventes orgânicos halogenados neurotóxicos (X46.-; Z57.5) (Quadro XIII) 3. Brometo de Metila (X46.-; Z57.4 e Z57.5) (Quadro XIII) 4. Manganês e seus compostos tóxicos (X49.-; Z57.5) (Quadro XV) 5. Mercúrio e seus compostos tóxicos (X49.-; Z57.4 e Z57.5) (Quadro XVI) 6. Sulfeto de Carbono (X49.-; Z57.5) (Quadro XIX) 7. Outros solventes orgânicos neurotóxicos (X46.-; X49.-; Z57.5)
V — Transtorno Mental Orgânico ou Sintomático não especificado (F09.-)	1. Tolueno e outros solventes aromáticos neurotóxicos (X46.-; Z57.5) (Quadro III) 2. Tricloroetileno, Tetracloroetileno, Tricloroetano e outros solventes orgânicos halogenados neurotóxicos (X46.-; Z57.5) (Quadro XIII) '3. Brometo de Metila (X46.-; Z57.5) (Quadro XIII) 4. Manganês e seus compostos tóxicos (X49.-; Z57.5) (Quadro XV) 5. Mercúrio e seus compostos tóxicos (X49.-; Z57.4 e Z57.5) (Quadro XVI) 6. Sulfeto de Carbono (X49.-; Z57.5) (Quadro XIX) 7. Outros solventes orgânicos neurotóxicos (X46.-; X49.-; Z57.5)
VI — Transtornos mentais e comportamentais devidos ao uso do álcool: Alcoolismo Crônico (Relacionado com o Trabalho) (F10.2)	1. Problemas relacionados com o emprego e com o desemprego: Condições difíceis de trabalho (Z56.5) 2. Circunstância relativa às condições de trabalho (Y96)
VII — Episódios Depressivos (F32.-)	1. Tolueno e outros solventes aromáticos neurotóxicos (X46.-; Z57.5) (Quadro III) 2. Tricloroetileno, Tetracloroetileno, Tricloroetano e outros solventes orgânicos halogenados neurotóxicos (X46.-; Z57.5) (Quadro XIII) 3. Brometo de Metila (X46.-; Z57.4 e Z57.5) (Quadro XIII)

DOENÇAS	AGENTES ETIOLÓGICOS OU FATORES DE RISCO DE NATUREZA OCUPACIONAL
(continuação) VII — Episódios Depressivos (F32.-)	4. Manganês e seus compostos tóxicos (X49.-; Z57.5) (Quadro XV) 5. Mercúrio e seus compostos tóxicos (X49.-; Z57.4 e Z57.5) (Quadro XVI) 6. Sulfeto de Carbono (X49.-; Z57.5)(Quadro XIX) 7. Outros solventes orgânicos neurotóxicos (X46.-; X49.-; Z57.5)
VIII — Reações ao "Stress" Grave e Transtornos de Adaptação (F43.-): Estado de "Stress" Pós-Traumático (F43.1)	1. Outras dificuldades físicas e mentais relacionadas com o trabalho: reação após acidente do trabalho grave ou catastrófico, ou após assalto no trabalho (Z56.6) 2. Circunstância relativa às condições de trabalho (Y96)
IX — Neurastenia (Inclui "Síndrome de Fadiga") (F48.0)	1. Tolueno e outros solventes aromáticos neurotóxicos (X46.-; Z57.5) (Quadro III) 2. Tricloroetileno, Tetracloroetileno, Tricloroetano e outros solventes orgânicos halogenados (X46.-; Z57.5) (Quadro XIII) 3. Brometo de Metila (X46.-; Z57.4 e Z57.5) (Quadro XIII) 4. Manganês e seus compostos tóxicos (X49.-; Z57.5) (Quadro XV) 5. Mercúrio e seus compostos tóxicos (X49.-; Z57.4 e Z57.5) (Quadro XVI) 6. Sulfeto de Carbono (X49.-; Z57.5) (Quadro XIX) 7. Outros solventes orgânicos neurotóxicos (X46.-; X49.-; Z57.5)
X — Outros transtornos neuróticos especificados (Inclui "Neurose Profissional") (F48.8)	Problemas relacionados com o emprego e com o desemprego (Z56.-): Desemprego (Z56.0); Mudança de emprego (Z56.1); Ameaça de perda de emprego (Z56.2); Ritmo de trabalho penoso (Z56.3); Desacordo com patrão e colegas de trabalho (Condições difíceis de trabalho) (Z56.5); Outras dificuldades físicas e mentais relacionadas com o trabalho (Z56.6)
XI — Transtorno do Ciclo Vigília-Sono Devido a Fatores Não Orgânicos (F51.2)	1. Problemas relacionados com o emprego e com o desemprego: má adaptação à organização do horário de trabalho (Trabalho em Turnos ou Trabalho Noturno) (Z56.6) 2. Circunstância relativa às condições de trabalho (Y96)

DOENÇAS	AGENTES ETIOLÓGICOS OU FATORES DE RISCO DE NATUREZA OCUPACIONAL
XII — Sensação de Estar Acabado ("Síndrome de *Burn-Out*", "Síndrome do Esgotamento Profissional") (Z73.0)	1. Ritmo de trabalho penoso (Z56.3)
	2. Outras dificuldades físicas e mentais relacionadas com o trabalho (Z56.6)

Percebe-se, pois, que o Brasil possui as regras e leis necessárias para defender um meio ambiente laboral salutar, basta que as empresas respeitem referidas regras e os trabalhadores recebam o tratamento correto quando diagnosticados com algum dos males que podem surgir no ambiente do trabalho, sendo indispensável, para tanto, a fiscalização presente dos órgãos responsáveis a fim de preservar a qualidade de vida em um ambiente que deve preservar a saúde do trabalhador.

4 AGENTES CAUSADORES

A modernização das relações de trabalho onde as empresas estabelecem sistemas produtivos baseados na alta competitividade, metas escorchantes, chefias rigorosas e ritmos acentuados de trabalho trazem, como consequência, uma nova configuração às doenças ocupacionais: deixam de ter caráter eminentemente físico para afetar o sistema nervoso-emocional do trabalhador.

Sebastião Geraldo de Oliveira distingue e classifica o estresse ocupacional em duas modalidades: a) o estresse de subutilização ou de monotonia e b) o estresse de sobrecarga.[24]

É caso de estresse causado por subutilização, dentre outros, "o trabalho monótono, rotineiro, parcelado, de vigilância, de ciclo repetitivo ou que utiliza um único segmento corporal. Pode ocorrer, também, quando o trabalhador qualificado e habituado a maior exigência intelectual se aposenta ou assume tarefas singelas".[25]

Por outro lado, o estresse de sobrecarga "ocorrerá quando o grau de exigência estiver acima das potencialidades físicas ou mentais do trabalhador. Atualmente, os trabalhadores, sobretudo os que ocupam postos de comando, tomam várias decisões em curto espaço de tempo, aumentando o desgaste pela densidade da carga laborativa".[26]

Situações estressantes podem ser detectadas ao se analisar os grupos ou equipes de trabalhos nas empresas e também as organizações como um todo.

Da análise dos grupos, verificam-se como situações estressantes: (i) competição não saudável; (ii) politicagem; (iii) comportamento hostil com as pessoas; (iii) perda de tempo com discussões inúteis; (iv) pouca contribuição ao trabalho; (v) membros trabalham isoladamente; (vi) problemas comuns não são compartilhados; (vii) alto nível de insegurança e (viii) grande dependência do líder.

Ao se observar as organizações, denotam-se as seguintes características desencadeadoras de estresse nos indivíduos: (i) greves, (ii) atrasos constantes nos prazos, (iii) ociosidade; (iv) sabotagem; (v) absenteísmo; (vi) alta rotatividade de funcionários; (vii) altas taxas de doenças; (viii) baixo nível de esforço; (ix) vínculos empobrecidos; (x) relacionamento entre os funcionários caracterizado por rivalidade, desconfiança, desrespeito e desqualificação.[27]

---

(24) OLIVEIRA, Sebastião Geraldo. *Proteção jurídica à saúde do trabalhador*. 6. ed. São Paulo: LTr, 2011. p. 218.
(25) *Ibidem*, p. 218.
(26) *Ibidem*, p. 219.
(27) LIMONGI FRANÇA, Ana Cristina; RODRIGUES, Avelino Luiz. *Stress e trabalho*: guia com abordagem psicossomática. 1. ed. São Paulo: Atlas, 1996. p. 38-39.

A Organização Mundial de Saúde, em estudo publicado em 2004[28], definiu como fatores desencadeadores do estresse ocupacional os trabalhos monótonos, desagradáveis, invariáveis ou ainda os que demandam ritmo excessivo ou com prazos muito curtos para sua realização.

São fatores de risco, também, os trabalhos realizados em jornadas móveis, turnos mal concebidos ou jornadas muito extensas.

A empresa apresenta sua participação no processo de configuração do estresse ao manter-se inerte aos problemas vivenciados pelos seus empregados, supervisão inadequada, ausência de políticas para o bom relacionamento entre os trabalhadores, intimidação, descaso e violência, além de falta de comunicação e dos sistemas de avaliação injustos ou com métricas pouco claras.

A NIOSH, em seu estudo sobre o estresse nos locais de trabalho, publicado no ano de 2007[29], confirma as causas supracitadas como condições propícias ao desenvolvimento do estresse nos trabalhadores submetidos a tais situações.

Pressão e estresse são palavras que possuem significados próximos, mas são termos distintos entre si.

As pressões são o conjunto de exigências colocadas sobre o ser humano. Podem ser físicas, como as aplicadas a um atleta para superar seu próprio tempo em uma corrida, ou psicológicas, no caso de um vendedor que tenha condicionada sua promoção à realização de uma única e específica venda. Já o estresse é a resposta a um nível de pressão inadequado, conforme se depreende do gráfico abaixo:[30]

Alta pressão	S	Conflitante	impróprio
	T	Tensa	
	R	Pronta	ótimo
	E	Energizada	
	S	Chata	impróprio
Baixa pressão	S	Sonolenta	

O estresse, seja ele sadio ou negativo, tem sempre uma fonte que é responsável pelo aparecimento e desenvolvimento. O que diferencia um do outro é a intensidade, a frequência, a duração à sua exposição e o mais relevante, a falta de controle sobre a condição estressante.[31]

O estresse desenvolvido pelo trabalhador é influenciado pela cultura organizacional onde o labor é desenvolvido, bem como o estilo de gestão aplicada.

O modelo de organização no qual o trabalhador não é ouvido, consultado e ainda excluído de processos decisórios, é considerado estressante. A exclusão do empregado mostra estreita relação com problemas relacionados à baixa autoestima, insatisfação como o trabalho e problemas gerais de saúde física e mental.

Por outro lado, estudos demonstram que a participação do trabalhador na tomada de decisões que envolvem seu dia a dia leva à maior satisfação com o trabalho, menor rotatividade, melhores relações entre chefia-subordinado e aumento da produtividade.[32]

---

[28] STAVROULA LEKA, Prof Amanda; GRIFFITHS, Prof Tom Cox. *La organización del trabajo y el estrés. Serie protección de la salud de los trabajadores n. 3.* Organización Mundial de la Salud, 2004. Disponível em: <http://www.who.int/occupational_health/publications/stress/es/>. Acesso em: 14.3.2014.
[29] Disponível em: <http://www.cdc.gov/niosh/topics/stress/>Acesso em: 14.3.2014.
[30] LIMONGI FRANÇA, Ana Cristina; RODRIGUES, Avelino Luiz. *Op. cit.*, p. 12-13.
[31] TAMAYO, Alvaro. *Estresse e cultura organizacional.* São Paulo: Casa do Psicólogo: All Books, 2008. p. 334.
[32] HURREL Jr, JOSEPH J.; SAUTER, Steven L. Stress ocupacional: causas consequencias, prevenção e intervenção. *In:* ROSSI, Ana Maria; PERREWÉ, Pamela L.; MEURS, James A. (Orgs.). *Stress e qualidade de vida no trabalho — stress social — enfrentamento e prevenção.* São Paulo: Atlas, 2011. p. 217.

A integração do trabalhador ao seu meio ambiente de trabalho de modo a que seja parte deste e não uma figura alienígena ao local de trabalho, onde passa a maior parte de sua vida, é fundamental para que se minimize o desgaste e se equilibrem as situações conflitantes e tensas que surgem no cotidiano laboral.

5 CONSEQUÊNCIAS NA VIDA SOCIAL

O estresse psicológico influencia direta ou indiretamente a ocorrência de processos fisiológicos e de doenças.

As influências diretas que expõem o trabalhador aos agentes estressores ocupacionais se traduzem nos efeitos físicos adversos à saúde, tais quais as alterações do sistema neuro-hormonal (eixo hipófise-adrenocortical) do sistema nervoso autônomo e do sistema imune. Por outro lado, entende-se por vias indiretas a vinculação dos agentes estressores a comportamentos de riscos, tais como o uso de álcool, drogas e tabaco.[33]

As situações estressantes, já mencionadas no item anterior, favorecem a ocorrência de doenças cardíacas ou gatilhos para o infarto agudo do miocárdio, aumento da pressão e da frequência cardíaca. Quando crônico o estresse causa desequilíbrio autonômico, mudanças neuro-hormonais, bem como aumenta a suscetibilidade a vários agentes infecciosos e a incidência de linfomas, tumores ovarianos e pulmonares.[34]

Fatores estressantes que incidem de maneira constante sobre o trabalhador são causa inconteste de inúmeras doenças.

A Niosh[35] expõe que os primeiros sintomas do estresse são de fácil reconhecimento e estão relacionados à ocorrência de dores de cabeça frequentes, distúrbios do sono, dificuldade de concentração, períodos de depressão, dor de estômago, falta de paciência e insatisfação com o trabalho.

Contudo, os efeitos do estresse crônico são mais difíceis de detectar, pois as doenças crônicas, como problemas cardiovasculares e desordens musculo-esqueléticas, demoram tempo para se desenvolver e podem ser influenciadas por outros fatores além do estresse.

Ana Cristina Limongi França e Avelino Luiz Rodrigues expõem que:

> Observando a intensidade com que as manifestações de *stress* e queixas psicossomáticas ocorrem nas empresas, especialmente em momentos de maior tensão, como cortes, mudanças de chefias, novas tecnologias e formas de trabalhar, podemos descobrir interessantes relações entre stress, queixas psicossomáticas, saúde e trabalho.
>
> Quando existem departamentos com grande número de queixas no serviço médico da empresa, alguma coisa anda mal: excesso de trabalho, excessiva pressão de trabalho, chefias autoritárias, administração na base da ameaça e do medo.
>
> Muitas vezes, as pessoas vão até a enfermaria para desabafar ou tomar um remédio, mas o melhor remédio seria mudar a chefia ou o grupo de trabalho.[36]

Além das doenças psicossomáticas, o estresse é causa das doenças invisíveis, ligadas ao sofrimento psíquico.

---

(33) *Ibidem*, p. 222.
(34) *Ibidem*, p. 222.
(35) Disponível em: <http://www.cdc.gov/niosh/docs/99-101/> Acesso em: 17 mar. 2014.
(36) LIMONGI FRANÇA, Ana Cristina; RODRIGUES, Avelino Luiz. *Op. cit.*, p. 81.

O trabalhador quando submetido a cargas excessivas de trabalho, jornadas extensas, metas inatingíveis, chefias despreparadas, ambiente de trabalho desequilibrado carregado de cobranças, falta de respaldo, mudanças constantes de procedimentos, barulho excessivo ou falta de perspectiva na carreira está mais propenso a desenvolver doenças mentais, que vão desde depressão aos transtornos de personalidade.

A infelicidade causada pelo trabalho, do qual o trabalhador não pode se desvincular, no mais das vezes, por questões de sobrevivência, apresenta reflexos em sua vida familiar e pessoal.

O trabalhador se isola dos amigos e das relações familiares, buscando fuga no álcool e nas drogas. A consequência é a desestruturação da entidade familiar, culminando, não raro, em suicídio.

Se mantido sob estresse durante longos períodos, o efeito obtido é o esgotamento ou exaustão, também conhecido como síndrome de *burnout*.

A síndrome de *burnout* é considerada como doença do trabalho, nos termos do Decreto n 3.048/1999. São seus agentes etiológicos os ritmos de trabalho penosos e outras dificuldades físicas e mentais relacionadas com o trabalho.

Segundo Sebastião Geraldo de Oliveira, o trabalhador prestes a atingir o estágio do esgotamento total, apresenta sintomas marcantes como a alteração do sono, sensação de fadiga, em que o trabalhador já acorda fatigado e assim permanece todo o dia. Mãos frias e suadas, sensação de abafamento, opressão, acompanhada de uma sensação de o coração bater forte e disparado. Atividades que antes eram agradáveis se tornam penosas.[37]

São considerados sintomas que configuram a síndrome do esgotamento profissional, segundo o Ministério da Saúde[38]:

- história de grande envolvimento subjetivo com o trabalho, função, profissão ou empreendimento assumido, que muitas vezes ganha o caráter de missão;
- sentimentos de desgaste emocional e esvaziamento afetivo (exaustão emocional);
- queixa de reação negativa, insensibilidade ou afastamento excessivo do público que deveria receber os serviços ou cuidados do paciente (despersonalização);
- queixa de sentimento de diminuição da competência e do sucesso no trabalho.

Geralmente, estão presentes sintomas inespecíficos associados, como insônia, fadiga, irritabilidade, tristeza, desinteresse, apatia, angústia, tremores e inquietação, caracterizando síndrome depressiva e/ou ansiosa.

De toda a forma, as doenças causadas por estresssse podem ensejar responsabilidade do empregador que não zelar pela saúde do trabalhador e o meio ambiente de trabalho equilibrado.

6 PREVENÇÃO

A higidez do meio ambiente do trabalho, e em especial a higidez mental do trabalhador, baseiam-se no princípio da melhoria contínua, ou seja, todos os esforços devem ser dispensados continuamente a fim de buscar a forma mais adequada de prevenir os danos à saúde física e mental do trabalhador.

O princípio da melhoria contínua, de acordo com as palavras do professor Guilherme Guimarães Feliciano[39], porém, "*não é mais do que um desdobramento específico do princípio da prevenção*". A propósito,

---

(37) OLIVEIRA, Sebastião Geraldo. *Proteção jurídica à saúde do trabalhador*. 6. ed. São Paulo: LTr, 2011. p. 227-228.
(38) Doenças relacionadas ao trabalho: manual de procedimentos para os serviços de saúde. Ministério da Saúde do Brasil. p. 192. Disponível em: <http://dtr2001.saude.gov.br/editora/produtos/livros/pdf/02_0388_M1.pdf>. Acesso em: 17.3.2014.
(39) *Tópicos avançados de direito material do trabalho: atualidades forenses*. v. 1. São Paulo: Quartier Latin, 2006. p. 132.

na perspectiva moderna, o mais importante para a proteção e a dignidade do ser humano é a prevenção dos riscos e perigos no ambiente laboral, em respeito à integridade física e psíquica do trabalhador. Por sua vez, o empregador tem o dever legal de prevenção dos riscos e perigos no seu empreendimento, zelando adequadamente pela segurança e pela saúde do trabalhador e garantindo uma sadia qualidade de vida.

A conduta exigida do empregador vai muito além daquela exigida do homem médio nos atos da vida civil, uma vez que a empresa tem o dever legal de adotar as medidas preventivas cabíveis para afastar os riscos inerentes ao trabalho, aplicando os conhecimentos técnicos e teóricos até então disponíveis para eliminar as possibilidades de acidentes ou doenças ocupacionais.

Ainda, é oportuno registrar que prevenção e precaução são dois princípios jurídicos cujos conceitos não se equivalem, embora sejam complementares.

A conceituada professora Teresa Ancona Lopez[40], com maestria ensina que "*o princípio da precaução é conteúdo daquele da prevenção, e o da prudência é continente de ambos*".

A noção de princípio da prevenção está relacionada à ideia de cautela em casos de riscos previamente conhecidos. Já o princípio da precaução contém a ideia de prevenção de riscos não conhecidos. Todavia, os dois princípios têm como fundamento principal a ética da prudência, a solidariedade social e a segurança geral.

Segundo as lições da professora Teresa Ancona Lopez[41]:

> O princípio da precaução, que contém a ideia de prevenção de riscos não definidos, não avaliáveis de maneira precisa pela comunidade científica, riscos que são hipotéticos, mas que podem vir a acontecer, apareceu para proteger a natureza de seus desastres; porém, sua tendência é servir de direção em todos os ramos do direito que lidem com perigos.

Ela continua explicitando que:

> Assim, tanto a precaução quanto a prevenção constituem medidas antecipatórias que tentam evitar o dano; projetam-se para o futuro (...). A diferença entre elas vem da diferença entre risco potencial e risco provado. A precaução diz respeito aos riscos potenciais, como, por exemplo, riscos à saúde com o consumo de alimentos geneticamente modificados; a prevenção a riscos constatados, como aqueles que vêm das instalações nucleares. Esses últimos são conhecidos e provados[42].

Nesse ínterim, a melhor doutrina considera que tais princípios tentam realizar, na prática, os valores da prudência e da segurança, e estabelecer diretrizes normativas no sentido de evitar ou minimizar os danos individuais e/ou coletivos, cumprindo, assim, a justiça social.

O princípio da prevenção está sendo adotado, na categoria de megaprincípio do Direito Ambiental e, consequentemente, do Direito Ambiental do Trabalho, desde a Conferência de Estocolmo de 1972.

A maioria dos doutrinadores entende que a melhor definição do princípio da precaução está positivada no ordenamento jurídico interno, a saber, no art. 15 da Declaração do Rio de 1992, qual seja, "*diante de certos riscos particularmente graves ou irreversíveis, a ausência de certeza científica sobre seu entendimento ou sua realização não deve conduzir à inação, mas legitima medidas, mesmo drásticas, de prevenção*".

---

(40) *Princípio da precaução e evolução da responsabilidade civil.* São Paulo: Quartier Latin, 2011. p. 1001.
(41) *Ibidem*, p. 87.
(42) *Ibidem*, p. 101.

Para Norma Sueli Padilha[43]:

> Portanto, podemos concluir que o Direito Ambiental orientado, fundamentalmente, pelo princípio da prevenção, impõe uma nova visão dos meios e instrumentos de proteção do próprio meio ambiente do trabalho, uma vez que prioriza medidas que evitem o nascimento de atentados ao meio ambiente.

Quanto ao Brasil, na legislação federal, o regramento positivo contido no Capítulo V, do Título II da CLT (arts. 154 a 201) traz a disciplina geral para a segurança e a medicina do trabalho. Essas normas, próprias do Direito Tutelar do Trabalho, têm natureza eminentemente preventiva.

Internacionalmente, a Convenção n. 187 da OIT — Convenção sobre a Estrutura de Promoção da Segurança e Saúde no Trabalho, com entrada em vigor em 20.2.2009[44], preceitua que:

> Art. 1º: Para os efeitos da presente Convenção:
>
> (d) a expressão **cultura nacional de prevenção em segurança e saúde** refere-se a uma cultura na qual o direito a um meio ambiente de trabalho seguro e saudável seja respeitado em todos os níveis, e que o governo, os empregadores e os trabalhadores participem ativamente para garantir um meio ambiente de trabalho seguro e saudável mediante um sistema de direitos, responsabilidades e obrigações bem definidos, e o **princípio de prevenção** receba a mais alta prioridade.

A referida Convenção n. 187 da OIT é um documento bastante moderno e é também chamada de convenção da cultura de prevenção. Os seus arts. 2º e 3º também mencionam expressamente o princípio da prevenção.

Além da Convenção n. 187, a OIT também possui a Convenção n. 155, de 1981, sobre a Segurança e a Saúde dos Trabalhadores, bem como a Recomendação n. 164, também de 1981, sobre a Segurança e a Saúde dos Trabalhadores, as quais continuam em vigor. E, ainda, a OIT elaborou um manual específico sobre estresse no ambiente de trabalho, denominado "*Stress Prevention at Work Checkpoints*"[45].

A proteção dos trabalhadores contra as doenças, sejam elas ou não profissionais, e contra os acidentes de trabalho é um dos objetivos fundamentais da OIT, estabelecidos em sua Constituição. A Organização Internacional do Trabalho recomenda e apoia a gestão de riscos no ambiente de trabalho com o fito de reduzir tanto os problemas humanos quanto econômicos acarretados pelos acidentes e doenças relacionadas com o trabalho.

No que diz respeito ao tema da higidez mental, já é cientificamente comprovado que a fadiga mental do trabalhador acaba por comprometer a qualidade e a produtividade do seu trabalho e, concomitantemente, predispõe este indivíduo ao acidente de trabalho ou ao desenvolvimento de doenças psíquicas ou psicossomáticas. A prevenção é o caminho mais eficaz para evitar o adoecimento do trabalhador.

Vincent de Gaulejac[46] explica que, no mundo moderno, "*as organizações exigem sempre mais dos seus empregados, que têm o sentimento de jamais estarem à altura*"[47]. Diante disso, a obrigação do empregador em proporcionar aos seus trabalhadores um ambiente laboral hígido se torna cada vez mais patente.

A literatura cita três formas de abordagem de prevenção do estresse no ambiente de trabalho, classificadas como intervenção primária, secundária e terciária. Joseph J. Hurrell Jr. e Steven L. Sauter[48], explicam que "*o objetivo da intervenção primária é reduzir os fatores de risco dos estressores ocupacionais. O objetivo da intervenção secundária do estresse ocupacional é alterar a maneira com que os indivíduos respondem aos riscos ou estressores ocupacionais. E o objetivo da intervenção terciária é curar aqueles que foram traumatizados*".

---

(43) *Do meio ambiente do trabalho equilibrado*. São Paulo: LTr, 2002. p. 99.
(44) Disponível em: <www.ilo.org>.
(45) ILO — International Labour Office. Stress prevention at work checkpoints. Disponível em: <http://www.ilo.org/wcmsp5/groups/public/---dgreports/---dcomm/---publ/documents/publication/wcms_168053.pdf >. Acesso em: 2 mar. 2014.
(46) *Travail, les raisons de la colère*. 2011. p. 307.
(47) "*Les organisations exigent toujours plus de leurs employés, qui ont le sentiment de n'être jamais à la hauteur*".
(48) *In: Stress e qualidade de vida no trabalho: stress social — enfrentamento e prevenção*. 2011. p. 223.

As intervenções de prevenção primária são consideradas as mais efetivas para lidar com o estresse ocupacional e podem ser caracterizadas como psicossociais ou como sociotécnicas. As intervenções psicossociais abordam principalmente os processos humanos e os aspectos psicossociais do ambiente de trabalho e visam reduzir o estresse modificando as percepções dos trabalhadores sobre o seu ambiente de trabalho. Elas podem também abranger modificações objetivas das condições de trabalho. Por sua vez, as intervenções sociotécnicas focam principalmente nas modificações das condições objetivas de trabalho. Algumas intervenções englobam elementos de ambas as abordagens acima mencionadas.

Já as intervenções de prevenção secundária geralmente procuram alterar a relação entre estressores e tensões, tanto por meio do aumento da resiliência individual ao estresse, por exemplo, pela promoção da saúde, bem como pelo ensino de técnicas específicas para enfrentar os sintomas da tensão, por exemplo, por meio do treinamento para controle do estresse.

Por fim, as intervenções de prevenção terciária estão direcionadas ao tratamento das consequências físicas, psicológicas ou comportamentais da exposição aos agentes estressores do trabalho.

Ana Cristina Limongi França e Avelino Luiz Rodrigues[49] afirmam que, "*para avaliar o grau de satisfação da qualidade de vida no trabalho, pode ser utilizada a escala de Walton, com base em oito critérios que o autor propõe*". São eles:

(1) compensação justa e adequada;

(2) condições de trabalho;

(3) uso e desenvolvimento das capacidades pessoais;

(4) oportunidade de crescimento e segurança;

(5) integração social na organização;

(6) cidadania;

(7) trabalho e espaço total de vida; e

(8) relevância social do trabalho.

Assim, além da redefinição dos processos de trabalho, redesenho dos postos de emprego, controle das tarefas e do horário de trabalho, treinamento de aptidões e habilidades congnitivo-comportamentais, apoio da alta gerência, capacitação das lideranças e processos participativos, a implementação de outras medidas de prevenção comprovadamente produzem efeitos benéficos sobre a saúde e o bem-estar dos trabalhadores, embora ainda exista uma enorme lacuna entre o nosso conhecimento sobre o estresse ocupacional e os meios mais eficazes e econômicos para preveni-lo e tratar suas consequências no local de trabalho.

Na prática, a única forma que as organizações podem ter para prevenir e/ou reduzir os riscos do estresse ocupacional e os custos organizacionais decorrentes do adoecimento dos trabalhadores é a implantação efetiva de programas direcionados à intervenção primária (redução dos fatores de risco), à intervenção secundária (proteção ou correção) e à intervenção terciária (tratamento).

Também se faz necessário, segundo as palavras de Lúcia E. Novaes Malagris[50], "*que seja incentivada no ambiente de trabalho a promoção dos valores humanos, adotando-se valores mais direcionados para a coletividade do que para o indivíduo isoladamente*".

E Olivier Tirmarche[51], por sua vez, afirma que "*o clima social é também uma variável importante*"[52].

---

(49) Stress e trabalho: uma abordagem psicossomática. 2002. p. 161.
(50) In: A síndrome de burnout em professores do ensino regular: pesquisa, reflexões e enfrentamento. 2010. p. 129.
(51) Au-delà de la souffrance au travail: clés pour un autre management. 2010. p. 260.
(52) "Le climat social est aussi une variable importante".

Em razão disso, como uma forma de prevenção dos quadros de doença mental aguda, algumas empresas mais conscientes de sua responsabilidade social têm adequado a sua infraestrutura, a sua rotina e os seus procedimentos para um melhor gerenciamento do estresse e promoção da saúde, a fim de tornar o ambiente de trabalho mais saudável e mais confortável sob diversos aspectos, como do ponto de vista auditivo, visual, comunitário e até cultural, por meio da adoção de medidas objetivas de prevenção não específicas, como a contratação de professores de ginástica laboral (alongamento e relaxamento), professores de ioga, meditação ou outros meios espirituais, musicoterapeutas, esteticistas, nutricionistas, massagistas, médicos, psicólogos, fisioterapeutas, entre outros profissionais, para atender os empregados nos horários de trabalho ou de pausa.

Johannes Siegrist[53], ao tratar sobre a prevenção do estresse no ambiente de trabalho, menciona que *"uma alternativa é a aplicação de terapias comportamentais ou psicodinâmicas que sejam modificadas de acordo com orientações teóricas e finalidades práticas"*.

Consoante os ensinamentos do professor Arnaldo Süssekind[54]:

> Instalam-se as modernas fábricas com requintes de conforto, com a cooperação até de decoradores para que o meio ambiente se torne menos agressivo; a música funcional não é mais apenas aquele "fundo musical" tranquilizante porque em certos casos comprovou-se que isso acarretava consequências negativas, e as fábricas de concepção técnica mais avançada encomendam a programadores especializados a feitura de fitas magnéticas apropriadas ao tipo de trabalho em cujo recinto elas são reproduzidas, tendo algumas mesmo introduzido, em determinados intervalos, trechos musicais que quebrem a monotonia (...). Procura-se, para quebrar a monotonia que leva à fadiga mental, alternar até mesmo os sistemas de trabalho, adotando algumas empresas horários facultativos para certos setores, atendendo-se à vontade da maioria que os integra. É também a chamada "autonomia de tarefas" que vem sendo experimentada para o trabalho em determinadas máquinas ou grupo de máquinas, fazendo com que o operário e o técnico se sintam mais realizados e vejam sua atribuição dignificada, ao invés de serem meros repetidores de gestos, apertando parafusos, calcando botões, olhando painéis.

Como um exemplo prático, podemos citar o Google. De acordo com a reportagem intitulada "Por dentro do Google, a melhor empresa para trabalhar do ano", da Revista Você S/A[55], toda a infraestrutura oferecida pela empresa contribui para que ela ocupe o primeiro lugar na lista da Você S/A de melhores empresas para se trabalhar em 2013. O ambiente moderno e saudável da empresa também foi retratado no filme "Os Estagiários", um filme de comédia estadunidense, dirigido por Shawn Levy e escrito por Vince Vaughn e Jared Stern.

O índice de felicidade no trabalho referente à empresa Google ficou em 90,7, sendo que a nota do funcionário (referente à qualidade no ambiente de trabalho) foi de 89,8 e a nota da empresa (referente à qualidade na gestão de pessoas) foi de 92,8.

A sede da empresa em São Paulo possui diversos ambientes, com decorações modernas e arrojadas, para integração e descontração dos *googlers*, como são chamados os seus colaboradores. Na área de lazer é possível jogar sinuca e produzir em ambientes de descontração. Há também um estúdio musical e os empregados têm verba de aproximadamente 16 mil reais para estudar e 20% pode ser destinado a qualquer curso, como violão. Os cafés e as *micro kitchens*, localizados nas várias áreas de convivência do Google, foram planejados para os colaboradores fazerem reuniões ou mesmo pararem para respirar durante o expediente, e contam com alimentos que ficam disponíveis para o consumo ilimitado e gratuito dos trabalhadores durante todo o dia. Uma das microcozinhas do escritório, a Micro Kitchen Feira Livre, é um espaço que

---

(53) *In: Stress e qualidade de vida no trabalho: stress social — enfrentamento e prevenção*, 2011. p. 68.
(54) *Instituições de direito do trabalho*. v. 2, 1997. p. 892.
(55) Por Luísa Melo, de Exame.com, em 9.9.2013. Disponível em: <http://exame.abril.com.br/negocios/album-de-fotos/por-dentro-do-google-a--melhor-empresa-para-se-trabalhar>.

imita feiras livres paulistanas e oferece frutas para funcionários durante o dia todo, para serem consumidas livremente.

Além do convívio na empresa, há uma verba destinada para os funcionários saírem juntos após o trabalho. Nas salas de descanso, equipadas com redes, pufes e almofadas, *googlers* podem dar uma pausa nas atividades para relaxar durante o horário de trabalho, sendo possível até mesmo tirar um cochilo durante o expediente.

O ambiente laboral proporcionado no Google está de acordo com as palavras de Ana Magnólia Mendes[56]:

> A prevenção do estresse passa pelo prazer como um dos sentidos possíveis do trabalho. Para evitar e enfrentar o estresse ocupacional considera-se fundamental a elaboração de ações organizacionais, que expressem na organização do trabalho, voltadas para o desenvolvimento do prazer, seja de modo direto, quando a organização do trabalho oferece condições para satisfação das necessidades, aspirações e desejos do trabalhador, seja pela ressignificação do sofrimento, resultante da utilização de mobilização coletiva que transforma o contexto de trabalho.

Outro exemplo prático é a empresa Wine, uma loja de comercialização de vinhos pela *Internet* (*e-commerce*). Segundo a reportagem intitulada "A cultura Wine"[57], na sede da empresa em Vila Velha, no Espírito Santo, os *wineanos*, empregados da empresa, podem trabalhar descalços e contam até com uma sapateira na entrada da empresa para quem quiser tirar os sapatos. A intenção é fazer com que as pessoas se sintam confortáveis e relaxadas, em um ambiente informal, como se estivessem em suas próprias casas. Além disso, os ambientes de trabalho são descontraídos e decorados com pufes, onde as pessoas podem se reunir e se sentar para brindarem com vinho durante o expediente.

Ainda, a empresa criou um departamento de cultura e pessoal da Wine, que é bem mais do que um mero RH convencional. A cultura é levada a sério, com muito cuidado e carinho para que a velocidade das mudanças do mundo moderno e dos sistemas de produção não afetem a forma de trabalhar e a higidez do ambiente de trabalho.

Por derradeiro, convém citar o ensinamento do professor Sebastião Geraldo de Oliveira[58]:

> Cumpre registrar, no entanto, que o trabalho não representa uma degradação compulsória, um desprazer inevitável, uma condenação social dos deserdados; ao contrário, está demonstrado que também pode ser fonte de realização e que a ociosidade ou a subutilização provoca efeitos danosos, levando o trabalhador ao estresse da monotonia. O grande desafio, então, é fazer do ambiente de trabalho um local psicologicamente saudável, para que o trabalhador possa continuar sadio, adaptando-se às exigências do serviço, porém de modo a resguardar o seu bem-estar físico e mental.

7 CONCLUSÃO

Diante de tudo o que foi exposto, restou claro que as repercussões do trabalho estressante na saúde do trabalhador são relevantes e não devem ser, de forma alguma, ignoradas, uma vez que fatores estressantes, que incidem de maneira constante sobre o trabalhador, são causa inconteste de inúmeras doenças.

Os impactos das rápidas mudanças e das constantes evoluções, presentes no mundo moderno, refletiram diretamente na higidez dos ambientes laborais, aumentando a quantidade de pessoas que apresentam algum tipo de estresse vinculado ao mundo do trabalho. O referido estresse acaba por ocasionar problemas

---

(56) *In: Estresse e cultura organizacional*, 2008. p. 181.
(57) Por Natália Goldring, de Wine.com.br. Disponível em: Revista Wine.com.br, ano 5, n. 50, fevereiro de 2014. p. 60 e 61.
(58) *Proteção jurídica à saúde do trabalhador*, 2011. p. 221.

médicos, psicológicos e comportamentais, além de inúmeras consequências negativas para a empresa e para o próprio trabalhador.

Por sua vez, a empresa não pode manter-se inerte diante de um problema que ocasiona tão graves consequências. Dessa forma, a empresa tem o dever legal de adotar as medidas preventivas cabíveis para afastar os riscos inerentes ao trabalho, devendo dispensar todos os seus esforços na busca da forma mais adequada de prevenir os danos à saúde física e mental do trabalhador, pois a prevenção é, sem dúvida, o caminho mais eficaz para evitar o adoecimento do trabalhador.

De acordo com o professor Sebastião Geraldo de Oliveira[59]:

> É mais inteligente, ético e econômico adotar programas de prevenção, de higiene mental, de qualidade de vida no trabalho e garantir ambiente saudável com alta produtividade, do que enfrentar constantes insatisfações profissionais, com volume crescente de ações judiciais com pedidos de indenizações por danos diversos, inclusive por danos decorrentes do estresse (...).

Considerando a vertente da saúde mental do trabalhador, fato é que o empregado do mundo moderno tem o direito de laborar em um ambiente psicologicamente saudável e com condições de trabalho perfeitamente adaptadas às suas características psicofisiológicas. Portanto, é responsabilidade do empregador adotar as medidas de prevenção para garantir tal direito, o que já está sendo feito, na prática, por algumas empresas mais conscientes de sua responsabilidade social.

8 REFERÊNCIAS BIBLIOGRÁFICAS

ARROBA, Tanya; JAMES, Kim. *Pressão no trabalho: stress: um guia de sobrevivência*. São Paulo: McGraw-Hill, 1988.

BENEVIDES-PEREIRA, Ana Maria T. *Burnout:* uma tão desconhecida síndrome. *In: A Síndrome de Burnout em professores do ensino regular: pesquisa, reflexões e enfrentamento*. Rio de Janeiro: Cognitiva, 2010.

BRASIL. MINISTÉRIO DA SAÚDE. *Doenças relacionadas ao trabalho: manual de procedimentos para os serviços de saúde*. DIAS, Elizabeth Costa (orgs.). Brasília, 2001. Disponível em: <http://dtr2001.saude.gov.br/editora/produtos/livros/pdf/02_0388_M1.pdf>. Acesso em: 17.mar.2014.

CATALDI, Maria José Giannella. Stress *no meio ambiente de trabalho*. 2. ed. São Paulo: LTr, 2011.

COOPER, Cary L.; PAYNE, Roy. *Current concerns in occupational* stress. Great Britain: British Library Cataloguing in Publication Data, 1980.

DEJOURS, Christophe. A loucura do trabalho — estudo de psicopatologia do trabalho. Tradução Ana Isabel Paraguay e Lúcia Leal Ferreira. 5. ed. São Paulo: Cortez, 1980.

ESTADOS UNIDOS. NIOSH. Stress *at work*. Disponível em: <www.cdc.gov/niosh/topics/stress/>. Acesso em: 14. mar. 2014.

ESTADOS UNIDOS. NIOSH. *DHHS (NIOSH) Publication Number 99-101*. Disponível em: <http://www.cdc.gov/niosh/docs/99-101/>. Acesso em: 17. mar. 2014.

FRANÇA, Ana Cristina Limongi; RODRIGUES, Avelino Luiz. Stress *e trabalho:* uma abordagem psicossomática. 3. ed. São Paulo: Atlas, 2002.

FELICIANO, Guilherme Guimarães. *Tópicos avançados de direito material do trabalho:* atualidades forenses. v. 1. São Paulo: Damásio de Jesus, 2006.

---

(59) *Ibidem*, p. 251.

FERNANDES, Fábio. *Meio ambiente geral e meio ambiente do trabalho:* uma visão sistêmica. São Paulo: LTr, 2009.

GAULEJAC, Vincent de. *Travail, les raisons de la colère*. Paris: Seuil, 2011.

GHERARDI-DONATO, Edilaine C. S.; LUIS, Margarida A. V.; CORRADI-WEBSTER, Clarissa M. A relação estresse, uso de álcool e trabalho. In: Stress *e qualidade de vida no trabalho — stress social — enfrentamento e prevenção.* Org. Ana Maria Rossi, Pamela L. Perrewé e James A. Meurs. São Paulo: Atlas, 2011.

HURREL Jr, JOSEPH J.; SAUTER, Steven L. *Stress* ocupacional: causas consequências, prevenção e intervenção. ROSSI, Ana Maria; PERREWÉ, Pamela L.; MEURS, James A. (Orgs.). Stress *e qualidade de vida no trabalho — stress social — enfrentamento e prevenção*. São Paulo: Atlas, 2011.

ILO — International Labour Office. *Stress prevention at work checkpoints*. Disponível em: <http://www.ilo.org/wcmsp5/groups/public/---dgreports/---dcomm/---publ/documents/publication/wcms_168053.pdf >. Acesso em: 2 mar. 2014.

LEDUN, Marin. *No limite.* São Paulo: Tordesilhas, 2013.

LEVY, Gisele Cristine Tenório de Machado; SOBRINHO, Francisco de Paula Nunes (organizadores). *A síndrome de burnout em professores do ensino regular: pesquisa, reflexões e enfrentamento*. Rio de Janeiro: Cognitiva, 2010.

LOPEZ, Teresa Ancona. *Princípio da precaução e evolução da responsabilidade civil*. São Paulo: Quartier Latin, 2011.

MARTINS, Antônio Nogueira. *Residência médica — estresse e crescimento*. 1. ed. São Paulo: Casa do Psicólogo, 2005.

MENDES, Ana Magnólia. A organização do trabalho como produto da cultura e a prevenção do estresse ocupacional: o olhar da psicodinâmica do trabalho. In: *Estresse e cultura organizacional*. Organizado por Álvaro Tamayo. São Paulo: Casa do Psicólogo e All Books, 2008.

OLIVEIRA, Sebastião Geraldo de. *Proteção jurídica à saúde do trabalhador*. 6. ed. São Paulo: LTr, 2011.

PADILHA, Norma Sueli. *Do meio ambiente do trabalho equilibrado*. São Paulo: LTr, 2002.

ROSSI, Ana Maria; PERREWÉ, Pamela L.; MEURS, James A. (organizadores). Stress *e qualidade de vida no trabalho:* stress *social — enfrentamento e prevenção*. São Paulo: Atlas, 2011.

ROSSI, Ana Maria; PERREWÉ, Pamela L.; MEURS, James A. (organizadores). *Stress and quality of working life: coping and prevention*. Charlotte: IAP, 2012.

SERVAIS, Jean-Michel. *Elementos de direito internacional e comparado do trabalho*. São Paulo: LTr, 2001.

SÜSSEKIND, Arnaldo; MARANHÃO, Délio; VIANNA, Segadas; TEIXEIRA Lima. *Instituições de direito do trabalho*. v. 1 e 2., 16. ed. São Paulo: LTr, 1997.

STAVROULA LEKA, Prof. Amanda; GRIFFITHS, Prof. Tom Cox. *La organización del trabajo y el estrés. Serie protección de la salud de los trabajadores n. 3*. Organización Mundial de la Salud, 2004. Disponível em: <http://www.who.int/occupational_health/publications/stress/es/>. Acesso em: 14 mar. 2014.

TAMAYO, Álvaro (organizador). *Estresse e cultura organizacional*. São Paulo: Casa do Psicólogo e All Books, 2008.

TEIXEIRA, Sueli. A depressão no meio ambiente do trabalho e sua caracterização como doença do trabalho. *Revista LTr:* ano/v. 73, n. 5, maio 2009, p. 527-536.

TIRMARCHE, Olivier. *Au-delà de la souffrance au travail: clés pour un autre management*. Paris: Odile Jacob, 2010.

Sítios:

Planalto

<http://www.planalto.gov.br/ccivil_03/decreto/1990-1994/D0591.htm>

<http://www.planalto.gov.br/ccivil_03/decreto/d3048compilado.htm>.

<http://www.planalto.gov.br/ccivil_03/constituicao/constituicao.htm>.

<http://www.planalto.gov.br/ccivil_03/leis/L6938compilada.htm>.

A PRESUNÇÃO *JURIS TANTUM* DOS LIMITES DE TOLERÂNCIA FIXADOS NA NR-15. O CASO EMBLEMÁTICO DO MERCÚRIO

Paulo Roberto Lemgruber Ebert[(*)]

1 INTRODUÇÃO

Pretende-se no presente artigo avaliar se os limites de tolerância às substâncias químicas elencados no Anexo 11 da NR-15 significam, no contexto do ordenamento pátrio e da hermenêutica jurídica contemporânea, indicativos a presumirem de modo absoluto a inofensividade daqueles elementos tóxicos quando presentes em proporção igual ou inferior aos quantitativos permitidos pelo referido diploma regulamentar.

De modo complementar, o presente artigo analisará a viabilidade jurídica quanto à reinterpretação dos limites de tolerância constantes do Anexo 11 da NR-15, de modo a permitir a ruptura de tal presunção de inofensividade nas hipóteses em que a exposição ocupacional prolongada dos trabalhadores a concentrações inferiores aos quantitativos regulamentares, sob certas circunstâncias, tiverem o condão de ocasionar prejuízos à sua integridade psicofísica.

A fim de mais bem ilustrar a questão aqui analisada, trabalhar-se-á nos tópicos subsequentes com os limites de tolerância ao mercúrio, não só pela vasta utilização histórica desse elemento como matéria-prima na fabricação de vários produtos (*v. g.*: lâmpadas, termômetros, barômetros, amálgamas dentários, cosméticos, baterias etc.), mas também pelo rico acervo de estudos científicos a demonstrarem sua lesividade em concentrações significativamente inferiores ao quantitativo de 0,04 mg/m³ admitido pelo Anexo 11 da NR-15.

(*) Advogado. Doutorando em Direito do Trabalho e da Seguridade Social na Faculdade de Direito da Universidade de São Paulo — USP. Especialista em Direito Constitucional pela Universidade de Brasília — UnB. Especialista em Direito e Processo do Trabalho pelo Centro Universitário de Brasília — UniCEUB. Integrante da Assessoria Jurídica da Associação dos Expostos e Intoxicados por Mercúrio Metálico — AEIMM.

2. A PROTEÇÃO DOS TRABALHADORES EM FACE DOS ELEMENTOS INSALUBRES. DOS CÓDIGOS SANITÁRIOS LOCAIS AO ANEXO 11 DA NR-15

Ao contrário da ideia-comum amplamente divulgada, a propalar que as Normas Regulamentares do Ministério do Trabalho e Emprego teriam sido os primeiros marcos normatizadores da exposição ocupacional dos trabalhadores a agentes químicos perigosos e insalubres, o fato é que muito antes de sua edição original em 1978 o ordenamento jurídico pátrio contava com diplomas que estabeleciam medidas concretas destinadas à proteção da integridade psicofísica dos obreiros em face daqueles elementos nocivos, aí incluídos os gases e vapores.

Especificamente no Estado de São Paulo, tal tutela já constava expressamente do Código Sanitário editado no ano de 1894 (Decreto n. 233/1894), especialmente em seus arts. 120 e 157, bem assim no Decreto Estadual n. 3.876, de 11.7.1925. Esse último estabelecia de forma preclara em seu art. 135 que os ambientes industriais sujeitos a altas temperaturas e à emanação de gases tóxicos deveriam estar equipados com mecanismos de exaustão e ventilação aptos a afastar os riscos inerentes a tais fatores.[1]

De modo complementar, os arts. 140 e 141 do Decreto Estadual n. 3.826/25 determinava que as fábricas onde havia a dispersão de vapores perigosos — tal como o mercúrio em forma gasosa — deveriam possuir, necessariamente, equipamentos de aspiração, encapsulamento e filtragem aptos a evitar o contato dos operários com tais elementos químicos. Ainda nesse sentido, o art. 157 da referida norma determinava que os locais de trabalho deveriam ser mantidos em perfeita higiene, de modo que a limpeza diária dos pisos dos ambientes industriais sujeitos a riscos deveria ser realizada ou por aspiração, ou por processo úmido, vedando-se expressamente a varredura a seco.[2]

Saliente-se que o retromencionado art. 157 do Decreto Estadual n. 3.826/25 é de notória importância para os locais onde o mercúrio era manuseado, pois o asseio dos pisos com o uso isolado de vassouras implica na suspensão das partículas daquele material depositadas nas superfícies durante o processo produtivo.

No que diz respeito aos equipamentos de proteção individual, o art. 161 do sobredito decreto impunha expressamente a utilização de máscaras ou respiradores naqueles processos produtivos onde havia o risco de aspiração de materiais perigosos, tal como o mercúrio, cuja absorção pelo organismo pudesse ocasionar a contração de doenças ocupacionais. E, para além disso, não apenas o Decreto Estadual n. 3.876/25 impunha em seus arts. 165 e 166 a notificação obrigatória das doenças ocasionadas pela aspiração de mercúrio, como também o Decreto-lei Federal n. 4.449, de 9.7.1942 assim o fazia em seus arts. 1º, *b* e 2º, mesmo naquelas hipóteses em que havia mera suspeita de contaminação.[3]

---

(1) "Decreto Estadual n. 233/1894 — Art. 120. As salas de trabalho deverão ser arejadas e bem illuminadas e as suas dimensões proporcionaes ao numero de operarios. Regulará o assumpto o que for estabelecido para as salas de trabalho dos operarios nas fabricas.
(...)
Art. 157. Em todas as fabricas deverão ser cuidadosamente adoptados meios adequados que protejam não só os operarios, como a população, da acção das poeiras, gazes e vapores prejudiciaes".
(...)
"Decreto Estadual n. 3.826/25 — Art. 135. Sempre que a ventilação natural for insufficiente e em casos de excesso de temperatura, demasiada humidade e producção de poeiras, gazes ou vapores originados do processo de trabalho, será obrigatoria a installação de apparelhos ou dispositivos especiaes de ventilação artificial ou mecanica, para a renvação e refrigeração do ar. Empregar-se-ão para este effeito ventiladores geraes ou locaes, exhaustores ou propulsores de ar ou outros quaesquer dispositivos de typo approvado pelo Serviço Sanitario".
(2) "Art. 140. Quando dos processos industriaes resultar producção de poeira, fuligem, gazes ou vapores, será obrigatoria a installação de apparelhos de aspiração, de typo approvado pelo Serviço Sanitario, ou de outros dispositivos para encapotar as machinas. As poeiras se depositarão em locaes apropriados ou camaras humidificadoras, ou serão retidas por meio de filtros e periodicamente afastadas do local de trabalho.
Art. 141. Os gazes, fumos e vapores resultantes dos processos industriaes, serão colhidos ns pontos de producção, por meio de cupulas e encaminhados, por chaminés de tiragem sufficiente, para a atmosphera exterior. Nesta, não serão lançados, sem previo tratamento, quando n. civos ou incommodos aos operarios e á visinhança".
(...)
"Art. 157. Todos os locaes de trabalho e dependencias serão mantidos em perfeito estado de hygiene; pelo men.s uma vez ao dia, será feita completa limpeza, afastando-se as poeiras, por meio de aspiradores mecanicos ou varredura humida, e removendo-se todos os detrictos. A varredura a secco não será permittida".
(3) "Decreto Estadual n. 3.826/25 — Art. 161. Será obrigatorio o uso de luvas de borracha ou material congenere, de oculos protectores e de mascaras ou respiradores, de typo approvado pelo Serviço Sanitario, em todos os estabelecimentos em que os processos de trabalho expuzerem mãos, olhos e apparelho respiratorio de operarios a riscos de irritação, accidentes, intoxicação ou quaesquer molestias".

Já no antigo Distrito Federal (Rio de Janeiro), o Decreto Federal n. 5.156, de 8.3.1904, ao regulamentar a fiscalização sanitária naquela unidade federativa, concedeu aos respectivos inspetores, no art. 124 § 5º, a prerrogativa de determinar às fábricas a alteração de seus processos produtivos quando esses últimos resultassem lesivos aos operários.[4]

Alguns anos mais tarde, o Decreto Federal n. 14.354, de 15.9.1920, seguindo a metodologia já presente na legislação paulista de 1894, impôs expressamente aos estabelecimentos industriais do antigo Distrito Federal, em seu art. 808, a obrigação de fornecer aos seus operários equipamentos individuais e coletivos de proteção, principalmente naquelas atividades que envolvessem a dispersão de poeiras, gases e vapores, tal como ocorre nos processos produtivos a utilizarem o mercúrio como matéria-prima.[5]

Com a promulgação da Consolidação das Leis do Trabalho por intermédio do Decreto-lei n. 5.452, de 1º.5.1943, a coincidir com o fortalecimento do processo de industrialização nos maiores aglomerados urbanos do País — especialmente São Paulo e o antigo Distrito Federal — as diretrizes gerais pertinentes à saúde e à segurança do trabalho foram sintetizadas em seu Capítulo V, sem implicar na revogação das determinações constantes dos códigos ou regulamentos sanitários locais, conforme assentado expressamente no art. 155 do referido diploma em sua redação original.[6]

Veja-se, a propósito, que a CLT, na redação original de seu art. 185, impunha, a exemplo das legislações estaduais, a implementação de medidas individuais e coletivas aptas à aspiração de gases e vapores por parte dos estabelecimentos considerados perigosos ou insalubres. E antes mesmo do advento da Consolidação das normas obreiras, mais precisamente em 1941, o Decreto-lei n. 3.616, de 13.9.1941 já classificava

---

(...)
"Art. 165. Quando o medico do estabelecimento ou outro qualquer facultativo, encontrar no empregado signaes de intoxicação ou molestia evidente ou presumivelmente resultante do processo do trabalho, a communicará á autoridade sanitaria e á direcção do estabelecimento, aconselhando esta a transferir o empregado para outra secção, ou afastal-o até se restabelecer".
"Art. 166. São consideradas de notificação obrigatoria para os effeitos do art. anterior, as seguintes molestias: deformações osseas ou articulares de origem profissional; dermatoses produzidas por substancias toxicas ou irritantes; pneumoconioses, affecções broncho-pulmonares, produzidas pela inhalação de vapores ou de poeiras; intoxicação pelo chumbo, mercurio, arsenico, zinco, cadmio, nickel, phosphoro, sulphureto de carbono, hydrocarburetos derivados da hulha, petroleo e outros productos chimicos; syphilis, tuberculose e lepra, em caso de contagio profissional; carbunculo cutaneo (entre os açougueiros e manipuladores de couro e derivados) ; mormo ; ancylostcmose; molestia produzida por ar comprimido (molestia de caixões); caimbras profissionaes e, a juizo da autoridade sanitaria, outras molestias".
(...)
"Decreto-lei Federal n. 4.449/42 — Art. 1º É obrigatória a notificação das doenças profissionais, produzidas por:
(...)
b) mercúrio e seus compostos".
(...)
Art. 2º Incumbe a notificação:
a) ao médico assistente ou em conferência, mesmo à simples suspeição;
b) a todo aquele que tiver a seu encargo estabelecimento industrial ou comercial em que o caso se registe".
(4) "Art. 124. Com relação ás fabricas, officinas e estabelecimentos congeneres, o inspector sanitario verificará si são insalubres por suas condições materiaes de installação, perigosos á saúde dos moradores visinhos ou simplesmente incommodos.
(...)
§ 5º Quando em qualquer fabrica ou officina a autoridade sanitaria verificar que os processos industriaes empregados não são os mais convenientes para a saude dos operarios, ordenará os que devam ser adoptados, marcando prazo razoavel para sua substituição".
(5) "Art. 808. Em todas as operações industriaes ou commerciaes, nas que se produzam, levantem ou disseminem pós ou poeiras, gazes toxicos ou irritantes, os responsaveis por essas operações são obrigados a adoptar as precauções adequadas, modificar as installações e assentar e usar apparelhos convenientes para proteger os operarios contra a acção malefica dos mesmos pós ou poeiras, de accôrdo com o Departamento Nacional de Saude Publica.
§ 1º Conforme a natureza das operações industriaes ou commerciaes de que trata este artigo e a qualidade e quantidade dos referidos pós ou poeiras, a obediencia ao exigido no mesmo artigo se fará por uma das seguintes maneiras ou por algumas ou todas combinadas:
1. ventilar sufficientemente o ambiente do trabalho;
2. impedir a produção dos pós ou poeiras;
3. impedir a dispersão dos pós ou poeiras;
4. colher e afastar os pós ou poeiras n. proprio logar e á média da sua produção;
5. proteger individualmente cada operario contra a acção malefica dos pós ou poeiras".
§ 2º Nos locaes em que se realizem as operações industriaes ou commerciaes de que trata o presente artigo, a cada operario deve corresponder um volume minimo de quinze metros cubicos".
(6) " Art. 155. A observância do disposto neste capítulo não desobriga os empregadores do cumprimento de outras disposições que, com relação à higiene ou à segurança e levando-se em conta as circunstâncias regionais, sejam incluídas em códigos de obras ou regulamentos sanitários dos Estados ou municípios em que existam as empresas e os respectivos estabelecimentos".

expressamente o "*trabalho com mercúrio e seus compostos*" dentre as atividades passíveis de lesar a integridade física dos operários.[7]

A despeito dos questionamentos em juízo formulados nas décadas que sucederam a promulgação da Consolidação das Leis do Trabalho, principalmente em face da legislação sanitária do Estado de São Paulo, o Supremo Tribunal Federal chancelou em sucessivas oportunidades a subsistência das legislações locais, reconhecendo aos entes federativos a competência para legislar supletivamente em matéria de segurança e saúde ocupacionais.[8]

À medida que a indústria foi ganhando espaço na composição do Produto Interno Bruto nacional, ampliaram-se as pressões em torno da uniformização e do maior detalhamento das medidas de prevenção ao risco ocupacional, especialmente naqueles estabelecimentos classificados como "perigosos ou insalubres", a incluirem, como visto, as instalações que se valiam do mercúrio como matéria-prima. Como resultado de tal movimento, a Lei n. 6.514, de 22.12.1977 alterou a redação dos arts. 155 e 200 da CLT, delegando ao então Ministério do Trabalho a incumbência de estabelecer os regulamentos pertinentes à segurança, saúde e medicina do trabalho.

Já no ano seguinte, o Ministro do Trabalho, por intermédio da Portaria n. 3.214, de 8.6.1978, consolidou a versão original das vinte e oito primeiras Normas Regulamentares, dentre elas a NR-15, destinada às "atividades e operações insalubres". Naquela edição original, seu Anexo 11 inseriu o mercúrio metálico dentre os elementos sujeitos a "limites de tolerância", tendo este último sido ali fixado em 0,04 mg/m^3, mantendo-se até hoje — trinta e seis anos depois — tal quantitativo de concentração atmosférica.

Com a fixação do limite de tolerância para o mercúrio e para os demais elementos considerados insalubres pelo Anexo 11 da NR-15, ganhou força a linha argumentativa a propalar que a submissão dos trabalhadores a concentrações atmosféricas em níveis iguais ou menores do que aqueles quantitativos regulamentares seria francamente facultada pelo ordenamento jurídico. Segundo tal entendimento, os quantitativos fixados em 1978 pelo Ministério do Trabalho serviriam como o marco legal a presumir de modo absoluto a legalidade das condutas empresariais a envolverem a exposição de seus obreiros a certos elementos químicos e, principalmente, a conferir às indústrias a tão decantada "segurança jurídica" em matéria de saúde e segurança do trabalho.

Tal entendimento, contudo, não reúne condições de subsistir na atual quadra principiológica em que se encontra inserido o ordenamento normativo pátrio e nem tampouco no estágio hodierno a caracterizar a hermenêutica jurídica. Por essa razão, procurar-se-á, nas presentes linhas, formular a reinterpretação dos limites de tolerância fixados no Anexo 11 da NR-15, a fim de conferir-lhes um sentido e alcance mais condizentes com tais pautas contemporâneas e de resgatá-los daquela compreensão tacanha e pedestre que surpreendentemente ainda logra considerável adesão.

3 A REINTERPRETAÇÃO DOS LIMITES DE TOLERÂNCIA À LUZ DOS PRINCÍPIOS DO MEIO AMBIENTE DO TRABALHO E DA ORDEM ECONÔMICA

A fixação normativa dos limites de tolerância às substâncias insalubres listadas no Anexo 11 da NR-15, a despeito das justificativas científicas apresentadas quando de sua edição no passado, vem sendo utilizada

---

[7] FARIA. Edmundo Bento de. *Dos acidentes do trabalho e doenças profissionais*. 2. ed. Rio de Janeiro: Freitas Bastos, 1944. p. 242.

[8] *Vide*, nesse sentido:
"Recurso Extraordinário. Cabe aos estados legislar supletivamente a respeito da higiene do trabalho". (Destacou-se). BRASIL: SUPREMO TRIBUNAL FEDERAL. RECURSO EXTRAORDINÁRIO N. 40.748/SP. RELATOR: Min. Ari Franco. 1ª Turma. DJ: 7.3.1960. p. 579.
(...)
"Multa por infração do código sanitário do estado — o estado-membro pode legislar supletivamente sobre condição de higiene local do trabalho". BRASIL: SUPREMO TRIBUNAL FEDERAL. RECURSO EXTRAORDINÁRIO N. 44.942/SP. RELATOR: Min. Cândido Motta. 1ª Turma. DJ: 21.8.1961. p. 280.

pelas empresas ao longo das últimas décadas como um fator de reprodução do vetusto discurso a preconizar a necessidade quanto à existência de normas pré-estabelecidas, previsíveis e objetivas a respeito das condutas a serem por elas empreendidas no desempenho de suas atividades econômicas e, mais especificamente, na gestão do ambiente de trabalho e da mão de obra.

Segundo tal discurso, os limites de tolerância fixados na NR-15 conferiram aos empresários a exata noção acerca das concentrações permitidas para certas substâncias químicas, dentro das quais eles não seriam responsabilizados pelo eventual adoecimento de seus trabalhadores. Ter-se-ia, nesses termos, uma verdadeira presunção absoluta de inofensividade de tais elementos acaso estes permanecessem abaixo dos níveis estabelecidos naquela normativa, de modo a prover os empregadores da tão almejada segurança jurídica, a caracterizar os anseios capitalistas desde o advento do liberalismo e da codificação do direito.[9]

No entanto, tal lógica formalista somente lograria se manter íntegra em um contexto no qual as ficções normativas possuíssem preponderância absoluta, mesmo diante das constatações acerca da evolução do conhecimento científico a respeito dos limites de exposição a certas substâncias. Tal cenário, originalmente vislumbrado como ideal pelo liberalismo clássico, já não encontra nos dias atuais condições de subsistência, porquanto o próprio direito positivo apercebeu-se de sua falibilidade enquanto sistema destinado à regulamentação dos fatos da vida, o que conduziu a hermenêutica jurídica a evoluir em direção à superação daquele tecnicismo positivista inflexível de outrora.[10]

3.1 Enquadramento da exposição ocupacional ao mercúrio como desequilíbrio labor-ambiental

"Meio ambiente" é um conceito unitário, pois engloba todos os elementos naturais e artificiais que circundam os seres humanos e que são essenciais para a manutenção de sua integridade física e psíquica (ou seja, de sua "dignidade"). Por essa singela razão, as diretrizes principiológicas que norteiam a "Política Nacional do Meio-Ambiente" aplicam-se de forma plena a todas as subdivisões do "meio ambiente" (cultural, digital, do trabalho, urbano, rural, etc.).

Sendo o meio ambiente do trabalho uma parte desse amplo conjunto, é natural que as diretrizes em referência a ele se apliquem integralmente. Desse modo, as questões atinentes à organização das condições de trabalho, à disposição do maquinário, à gestão de recursos humanos, dentre outras — tradicionalmente afetas à "autonomia privada" e à "livre iniciativa" — deverão se pautar pelos princípios estabelecidos na Constituição Federal e na Lei n. 6.938/81, notoriamente àqueles concernentes ao "meio ambiente equilibrado"(art. 225, *caput*, da CF), à redução dos riscos laborais (art. 7º, XXII, da CF) e à dignidade humana como condicionante da ordem econômica (art. 170 da CF).[11]

---

(9) Segundo Alysson Mascaro Nascimento:
"O nascimento do capitalismo é também, para o direito, o nascimento da plenitude da técnica. A técnica anglo-saxônica, a *common law*, fez do direito o resultado da previsibilidade dos julgamentos repetidos pelos tribunais, de tal sorte que o burguês inglês sabia como proceder juridicamente em seus negócios porque conhecia a praxe de seus juízes. A técnica da Europa continental, a *civil law*, é técnica como constrangimento legislativo das possibilidades do julgamento, por meio da prévia promulgação das leis. A burguesia francesa comercia porque as leis sacramentam o contrato, e não há imprevisto na transação comercial que já não esteja previamente albergado em categorias jurídicas.
(...)
Esse movimento de crescente planificação e tecnicidade do direito conforme o crescimento da atividade capitalista, atinge seu ápice com o fenômeno de positivação do direito que, majoritariamente a partir do Século XIX, fez confundir direito com normas positivadas pelo Estado. Nesse momento, pode-se dizer, o direito já tem condições de traçar uma teoria geral, na qual só seja compreendido a partir da norma jurídica.
(...)
O direito moderno é técnico porque se quer impessoal e sempre previsível; no fundo, o capitalismo se quer como lógica da reprodução econômica impessoal e previsível. O domínio, a exploração e a reprodução da natureza, que são a técnica moderna, são a fortuna dos nossos tempos, enquanto o acaso parecia ser a fortuna dos antigos. Lá, direito era dádiva, aqui é técnica". NASCIMENTO. Alysson Mascaro. *Crítica da legalidade e do direito brasileiro*. 2. ed. São Paulo: Quartier Latin, 2008. p. 42-45.
(10) *Vide*, a propósito:
NETTO, Menelick de Carvalho; SCOTTI, Guilherme. *Os direitos fundamentais e a (in)certeza do direito. A produtividade das tensões principiológicas e a superação do sistema de regras*. Belo Horizonte: Fórum, 2011. p. 45-55.
(11) *Vide*, nesse sentido:
FORGIONI, Paula. *A evolução do direito comercial brasileiro. Da mercancia ao mercado*. 2. ed. São Paulo: Revista dos Tribunais, 2012. p. 183-185.

Desse modo, a expressão constitucional "meio ambiente equilibrado" quando aplicada aos locais de trabalho aponta para a existência de um dever, por parte dos empregadores, atinente à manutenção de condições de higiene, espaços e maquinários que não coloquem em risco a integridade psicofísica dos trabalhadores, sob pena de gerar a figura da "poluição", conceituada de forma objetiva no ordenamento jurídicio pátrio, mais precisamente na Lei n. 6.938/81.

De fato, a "Política Nacional do Meio Ambiente" definida na Constituição Federal e na Lei n. 6.938/81 tem como figura central o conceito de "poluição" que, na definição em abstrato do art. 3º, III, deste último diploma legal, compreende "*a degradação da qualidade ambiental resultante de atividades*" que, dentre outros fatores, "*prejudiquem a saúde, a segurança e o bem-estar da população*", "*criem condições adversas às atividades sociais e econômicas*" e "*afetem as condições estéticas e sanitárias do meio ambiente*".

E, naturalmente, se há a "poluição", há o "poluidor", que, na acepção do art. 3º, IV, da Lei n. 6.938/81, adjetiva "*a pessoa física ou jurídica, de direito público ou privado, responsável, direta ou indiretamente, por atividade causadora de degradação ambiental*", quais sejam, aquelas que venham a ocasionar desequilíbrio nas condições existenciais necessárias à vida e à integridade física dos indivíduos.

Se o conceito de meio ambiente é um todo, a ter como uma de suas partes integrantes o "meio ambiente do trabalho", é evidente que as definições legais de "poluição" e de "poluidor" estender-se-ão aos desequilíbrios nos locais de trabalho ocasionados pelos empregadores ou, em geral, por aqueles que organizam os fatores de produção e submetem a eles os trabalhadores (aqui compreendidos de maneira ampla, sejam os empregados, os terceirizados, os autônomos, as "pessoas jurídicas individuais", os falsos cooperados etc.).

Tais desequilíbrios que caracterizam a poluição labor-ambiental compreendem, justamente, as condições de risco à integridade psíquica e física inerentes aos locais de trabalho a que são submetidos os obreiros. É importante destacar, desde já, que as ameaças inseridas no conceito ora formulado não são limitadas àquelas hipóteses descritas de modo detalhado na legislação, havendo de se falar também em poluição labor-ambiental nas situações em que as condições de trabalho envolverem grau de periculosidade, insalubridade, nocividade ou penosidade aptas a comprometerem substancialmente a vida e a saúde dos obreiros.[12]

É exatamente em tal categoria que se enquadra a exposição ocupacional ao mercúrio, independentemente das concentrações atmosféricas de tal elemento, pois a ciência médica já demonstrou, há muito, a inexistência de limites seguros de exposição para aquele metal, haja vista, justamente, sua alta volatilidade, sua capacidade de impregnação em pisos, paredes e roupas, bem assim sua notória acumulação nos tecidos do corpo humano, principalmente no sistema nervoso central.[13]

Nesse sentido, o médico ucraniano I.M. Trakhtenberg — no estudo de 1975 intitulado *Chronic Effects of Mercury on Organisms* — constatou a presença dos sintomas característicos do hidrargirismo em trabalhadores expostos a concentrações de mercúrio que variavam entre 0,01 mg/m³ e 0,05mg/m³, divididos em

---

(12) *Vide*, nesse sentido:

FELICIANO, Guilherme Guimarães. *Tópicos avançados de direito material do trabalho. Atualidades forenses.* v. 1. São Paulo: Damásio de Jesus, 2006. p. 137-138.

(13) O hidrargirismo ou mercurialismo metálico crônico ocupacional, é a designação técnica para a síndrome decorrente da exposição prolongada aos vapores de mercúrio.

Tal síndrome compreende, segundo a relação elaborada pela agência governamental norte-americana de saúde ocupacional (*OSHA — Occupational Safety & Health Administration*) os seguintes sintomas: tosses, dispneia (falta de ar), dores no peito, bronquite, pneumonia, tremores, insônia, irritabilidade, instabilidade emocional, distúrbios cognitivos e de memória, desordens na fala, timidez excessiva (síndrome de eretismo), elevada temperatura corporal, dores de cabeça, fadiga, fraqueza, perda de reflexos, inflamação e descoloração das gengivas (linha azul), perda de dentes, estomatite, salivação, anorexia, vômitos, diarreia, perda de peso, proteinuria e irritações nos olhos e na pele.

Vide, nesse sentido:

<https://www.osha.gov/dts/chemicalsampling/data/CH_250510.html>. Acesso em: 2.4.2014.

três grupos, a saber: (i) obreiros lotados nas indústrias de manufatura elétrica, montagem de termômetros e cloro-soda, (ii) dentistas e profissionais da área de saúde e (iii) empregados das áreas administrativas de empresas que utilizam o mercúrio como matéria-prima.[14]

Ao cabo do referido estudo, o Prof. Trakhtenberg atestou a presença de sintomas específicos do hidrargirismo não apenas nos dois primeiros grupos, mas também naquele terceiro coletivo de trabalhadores, que estavam expostos, segundo ele próprio constatou, a concentrações de mercúrio no ar inferiores a 0,01 mg/m³, ou seja, a um quarto dos limites tolerados pela NR-15.[15]

Alguns anos depois — mais precisamente em 1983 — o higienista norte-americano R.F Fawer coordenou estudo com trabalhadores da indústria que mantinham contato com mercúrio metálico na forma de vapor, intitulado *"Measurement of hand tremor inducted by industrial exposure to metallic mercury"*. Como resultado, o referido especialista constatou a presença de sintomas do hidrargirismo — especialmente de tremores nas mãos — nos referidos trabalhadores, confirmando, ao fim e ao cabo, a hipótese de que o mercúrio, mesmo em concentrações atmosféricas inferiores a 0,05 mg/m³, tem o condão de se acumular no sistema nervoso central e de lesionar este último.[16]

Nesse mesmo sentido, o médico italiano Roberto Lucchini realizou amplo estudo de coorte com trabalhadores nas indústrias do ramo químico, do cloro-álcali, de termômetros e da manufatura de lâmpadas fluorescentes, intutulado *"Neurotoxic effect of exposure to low doses of mercury"* chegando igualmente à conclusão de que a exposição ocupacional dos trabalhadores a níveis mais baixos até mesmo do que aqueles considerados pela literatura mais atualizada lesionaria o sistema nervoso central, de modo a ocasionar o hidrargirismo. Note-se, por oportuno, que os níveis de mercúrio encontrados na urina dos trabalhadores examinados por Lucchini e sua equipe apresentaram resultados significativamente inferiores ao valor-limite consagrado no Quadro 1 da NR-7 (a saber: 35 µg/g de creatinina).[17]

De igual modo, a publicação da Organização Mundial da Saúde intitulada *"Elemental mercury and inorganic mercury compounds: human health aspects"*, publicada em 2003, faz menção às pesquisas dos especialistas Piiviki e Tolonen que verificaram a presença de severas alterações neurológicas em trabalhadores dos setores de cloro-álcali expostos a concentrações de mercúrio no ar próximas a 0,02 mg/m³, ou seja, à metade do "limite de tolerância" assumido pela NR-15[18]

Não obstante os estudos apontarem os danos neurológicos ocasionados pelas baixas concentrações atmosféricas de mercúrio, há de se fazer menção, igualmente, às pesquisas compiladas no Relatório enviado pela Agência de Proteção Ambiental dos Estados Unidos da América (*Environmental Protect Agency*) ao Congresso Nacional norte-americano sobre os riscos sanitários inerentes ao mercúrio (*Mercury Studies Report to Congress, v. V — Health Effects of Mercury and Mercury Compounds*).[19]

O sobredito relatório faz menção às pesquisas dos professores W. Stewart[20] e L. Barregard[21], que atestam, respectivamente, a ocorrência de lesões renais em trabalhadores das indústrias de cloro-álcali e de laboratórios expostos a concentrações de mercúrio no ar nas proporções de 0,002 mg/m³ e de 0,01 mg/m³ a 0,05 mg/m³, respectivamente. Há ali, igualmente, referência aos estudos de coorte implementados pelos

---

(14) TRAKHTENBERG. I. M. *Chronic effects of mercury on organisms*. U. S. Department of Health, Education, and Welfare, Public Health Service. National Institutes of Health, DHEW Publication No. (NIH) 74-473.
(15) *Idem*.
(16) FAWER. R. F. *et alii*. Measurement of hand tremor induced by industrial exposure to metallic mercury. *British Journal of Industrial Medicine*. 1983; 40: 204-208.
(17) LUCCHINI. Roberto *et alii*. *Neurotoxic effect of exposure to low doses of mercury*. Disponível em: <http://www.ncbi.nlm.nih.gov/pubmed/12197270>. Acesso em: 11.12.2013.
(18) WORLD HEALTH ORGANIZATION: *Elemental mercury and inorganic mercury compounds: human health aspects*. Disponível em: <https://extranet.who.int/iris/restricted/bitstream/10665/42607/1/9241530502.pdf>. Acesso em: 11.12.2013.
(19) Disponível em: <http://www.epa.gov/ttn/oarpg/t3/reports/volume5.pdf>. Acesso em: 11.12.2013.
(20) STEWART. W. *et alii*. 1977. Urinary mercury excretion and proteinuria in pathology laboratory staff. *Br. J. Ind. Med*. 34:26-31.
(21) BARREGARD. L. *et alii*. 1988. Enzymuria in workers exposed to inorganic mercury. *Int. Arch. Occup. Environ. Health*. 61(1-2):65-69.

professores O. Wada[22] e R. Tubbs[23] a comprovarem a ocorrência de danos gastrointestinais e imunológicos em obreiros submetidos a concentrações inferiores a 0,01 mg/m³.

Justamente por conta desses dados, colhidos por meio de inúmeros estudos, a Organização Mundial da Saúde concluiu em 2012, no bojo de sua Nota Descritiva n. 361/2012, que o mercúrio, mesmo em pequenas quantidades, pode ocasionar danos à saúde e que os trabalhadores a exercerem suas atividades próximos a fontes de vapor de mercúrio integram grupo de risco elevado de contaminação, recomendando-se, por isso mesmo, a progressiva eliminação da utilização de tal elemento como matéria-prima na produção de itens não essenciais, dentre eles as lâmpadas a base de vapor de mercúrio, nos seguintes termos:

O mercúrio é um elemento que está presente de forma natural no ar, na água e nos solos.

A exposição ao mercúrio (inclusive em pequenas quantidades) pode causar graves problemas de saúde, e é perigosa para o desenvolvimento da vida intrauterina nas primeiras etapas.

O mercúrio pode ser tóxico para os sistemas nervoso e imunitário, para o sistema digestivo, para a pele, pulmões, rins e olhos. Para a OMS, o mercúrio é um dos dez produtos ou grupos de produtos químicos que trazem especiais problemas de saúde pública.

(...)

Ainda que as pessoas possam se expor a qualquer das formas de mercúrio em diversas circunstâncias, as principais vias de exposição são o consumo de peixes e mariscos contaminados com metilmercúrio e a inalação, por certos trabalhadores, de vapores de mercúrio desprendidos em processos industriais. O fato de cozinhar os alimentos não elimina o mercúrio presente neles.

(...)

Há várias formas de prevenir os efeitos prejudiciais para a saúde, por exemplo fomentar as energias limpas, deixar de utilizar mercúrio nas minas de ouro, acabar com a mineração do mercúrio ou eliminar progressivamente produtos não essenciais que contêm mercúrio.

(...)

Eliminar progressivamente o uso de produtos não essenciais que contenham mercúrio e implantar métodos seguros de manipulação, uso e eliminação dos restantes produtos com mercúrio.

O mercúrio está presente em muitos produtos, dentre eles os seguintes:

— pilhas;

— instrumentos de medida como termômetros e barômetros;

— interruptores e relês elétricos em diversos aparatos;

— lâmpadas (inclusive em certos tipos de bulbos);

— amálgamas dentais;

— produtos para aclaramento da pele e outros cosméticos;

— produtos farmacêuticos.[24]

---

(22) WADA. O. *et alii*. 1969. Response to a low concentration of mercury vapor: Relation to human porphyrin metabolism. *Arch. Environ. Health.* 19:485-488.
(23) TUBBS. R. *et alii*. 1982. Membranous glomerulonephritis associated with industrial mercury exposure — Study of pathogenic mechanisms. *Am. J. Clin. Pathol.* 77:409-413.
(24) No original:
"Mercury is a naturally occurring element that is found in air, water and soil. Exposure to mercury — even small amounts — may cause serious health problems, and is a threat to the development of the child in utero and early in life. Mercury may have toxic effects on the nervous, digestive and immune systems, and on lungs, kidneys, skin and eyes. Mercury is considered by WHO as one of the top ten chemicals or groups of chemicals of major public health concern.
(...)
People may be exposed to mercury in any of its forms under different circumstances. However, exposure mainly occurs through consumption of fish and shellfish contaminated with methylmercury and through worker inhalation of elemental mercury vapours during industrial processes. Cooking does not eliminate mercury".

Diante das evidências carreadas nas presentes linhas, não restam dúvidas de que o mercúrio, em qualquer concentração atmosférica, é um fator de desequilíbrio labor-ambiental, de modo a carrear riscos para a integridade psicofísica dos trabalhadores, mesmo naquelas situações em que suas quantidades lançadas no ar estejam abaixo dos limites fixados no Anexo 11 da NR-15.

3.2 *A necessária releitura dos limites de tolerância da NR-15 apenas como presunção* juris tantum

Conforme visto alhures, diversos estudos científicos levados a cabo por especialistas em toxologia das mais diversas nacionalidades atestam de forma peremptória que baixas concentrações de mercúrio no ambiente laboral ocasionam danos ao sistema nervoso central dos trabalhadores e que, por tal razão, os riscos inerentes ao hidrargirismo subsistem mesmo quando são observadas as condições estabelecidas pelo item 15.1.5 da NR-15 c/c o item 7 e quadro anexo de seu Anexo 11, a respeito dos limites de tolerância ao mercúrio.

Tal constatação, aliada ao arcabouço principiológico que subjaz ao ordenamento jurídico pátrio, principalmente após a promulgação da Constituição Federal de 1988 e após a ratificação da Convenção n. 155 da OIT pelo Brasil em 1994, impõem ao aplicador do direito a adoção de novos parâmetros interpretativos para as normas regulamentares que estabelecem os limites de tolerância a determinadas substâncias reconhecidamente tóxicas. Por essa singela razão, já não cabe mais supor que os preceitos consagrados na NR-15 contêm em si mesmos a presunção de legalidade apta a afastar, de *per se*, os avanços técnicos a trazerem a lume novos fatores de risco inerentes aos elementos químicos.

Dito de forma mais precisa, quando a ciência logra demonstrar de maneira peremptória a subsistência de riscos para os indivíduos mesmo em concentrações abaixo dos limites legais para uma determinada substância, não é lícito supor que as empresas estejam autorizadas a ignorar tais evidências sob a assertiva de que o texto da NR-15 está sendo por elas observado. Em tais circunstâncias, chegar-se-ia ao extremo de sobrepor abstratamente o primado da legalidade estrita — em seu viés positivista clássico — aos princípios humanitários mais caros ao constitucionalismo moderno, o que, evidentemente, não faria qualquer sentido no contexto hermenêutico em que se insere a Carta de 1988.

Por essa singela razão, o imperativo constante do item 15.1.5 da NR-15 e do item 7 de seu Anexo 11, no sentido de que inexistirão riscos aos trabalhadores quando as concentrações de elementos químicos se situarem abaixo dos limites de tolerância ali estabelecidos, não poderá ter outro valor jurídico senão o de uma presunção relativa, ou *juris tantum*, cuja elisão ocorrerá quando as circunstâncias dos casos concretos atestarem o contrário.

Tal fenômeno a permear o confronto entre o texto da norma e a realidade fática, bem assim a relatividade dos conceitos legais quando superados pelos avanços científicos e a consequente presunção *juris tantum* de tais normativas, fora percebido e relatado por juristas do quilate de Francesco Ferrara e Jean Cruet já na década de 1930, senão veja-se:

> A variedade inexaurível das questões práticas frequentemente revela problemas novos, ou novos lados de problemas jurídicos e abre novos campos de estudo à dogmática. Às vezes um caso jurídico mostra experimental-

---

(...)
"There are several ways to prevent adverse health effects, including promoting clean energy, stopping the use of mercury in gold mining, eliminating the mining of mercury and phasing out non-essential mercury-containing products.
(...)
Phase out use of non-essential mercury-containing products and implement safe handling, use and disposal of remaining mercury-containing products.
Mercury is contained in many products, including: batteries, measuring devices, such as thermometers and barometers, electric switches and relays in equipment lamps (including some types of light bulbs),dental amalgam, skin-lightening products and other cosmetics, pharmaceuticals". Disponível em: <http://www.who.int/mediacentre/factsheets/fs361/en/index.html>. Acesso em: 11 dez. 2013.

mente que uma teoria é errada ou unilateral, e por isso desmorona ao contato dos factos o edifício fadigiosamente levantado pelas abstracções dos teóricos.

Entre a teoria e a prática deve existir um enlaçamento, um intercâmbio de produtos espirituais, um fluxo e refluxo de ideias. A prática deve erguer-se do empirismo e da intuição instintiva do direito até uma aplicação consciente dos princípios; mas a teoria deve retemperar os seus teoremas no banho da vida real, dos fenómenos económicos, das situações que suscitam e são apreciadas pela jurisprudência quotidiana.[25]

(...)

A evolução não consiste no desenrolar ininterrupto e retilíneo de transformações uma da outra procedentes pela virtude occulta de um principio interno; as legislações não evoluem por evoluir, evoluem para se adaptarem, e o progresso resulta de uma pressão exterior, do choque inesperado de uma invenção vindo a produzir-se na ordem material, intelectual ou moral.

(...)

Se é verdade que a evolução social é feita das mil revoluções trazidas pela invenção ao meio econômico, intellectual ou moral, concebe-se facilmente não só a incerteza das previsões históricas, mas também, por consequencia, a vaidade das antecipações legislativas.

O Estado não é o senhor do progresso jurídico, porque não tem o monopólio do espírito de invenção, se é que delle é dotado em algum grau; e o futuro permanece-lhe desconhecido porque a evolução não é uma curva regular de que seja possível, senão fácil, imaginar por um simples fragmento a figura completa, mas uma linha quebrada cuja direcção variável obedece a leis ainda mysteriosas.

Temos mostrado no decurso desta obra como muitas regras do Código Civil se foram encontrando pouco a pouco estranhas á realidade: phenomeno absolutamente normal! Os redactores do Código Civil foram, segundo o parecer geral, excellentes observadores dos costumes de seu tempo, mas podiam ser também bons prophetas?

(...)

A lei marca uma paragem do direito; ora, se o direito pára, é necessariamente excedido, porque emquanto o legislador repousa sobre um código, a sociedade vai trabalhando sempre.[26]

Não se pode presumir de maneira absoluta, portanto, que toda e qualquer exposição ao mercúrio em concentrações inferiores a 0,04 mg/m³, tal como pressuposto na NR-15, deixará de oferecer riscos à saúde e à integridade psicofísica dos trabalhadores empregados nas indústrias que utilizam aquele metal como matéria-prima.

As nuances dos casos concretos, analisadas à luz dos princípios a eles aplicáveis, é que permitirão avaliar se as medições configuram, de *per se*, um indicativo real de inexistência de ameaças ou se outros fatores aliados a ela denotam a potencialidade lesiva do ambiente de trabalho, conforme se infere do magistério de Eros Roberto Grau e de Gustavo Zagrebelsky acerca dos cânones hermenêuticos contemporâneos:

A tensão entre princípios é própria ao sistema jurídico, sempre, desde sempre tem sido assim. O que torna complexa a compreensão dessa circunstância é o fato de o pensamento tradicional ensinar que o direito é dotado de uma universalidade plena (ele é abstrato e geral), na qual não cabem exceções.

Mas é precisamente o inverso disso que se dá. A inserção do direito no mundo da vida, mediante a sua interpretação/aplicação, opera-se em plano que não se pode particularizar senão mediante a exceção caso a caso.

(...)

Inexiste no sistema qualquer regra ou princípio a orientar o intérprete a propósito de qual dos princípios, no conflito entre eles estabelecido, deve ser privilegiado, qual deve ser desprezado.

---

[25] FERRARA, Francesco. Trad.: ANDRADE. Manuel A.D de. *Interpretação e aplicação das leis*. São Paulo: Livraria Académica, 1934. p. 99-100.
[26] CRUET, Jean. *A vida do direito e a inutilidade das leis*. Lisboa: Editorial Ibero-americana, 1938. p. 168-171.

Isso somente se pode saber no contexto do caso, de cada caso, no âmbito do qual se verifique o conflito. Em cada caso, pois, em cada situação, a dimensão do peso ou importância dos princípios há de ser ponderada. A atribuição de peso maior a um — e não a outro — não é, porém, discricionária.

(...)

Perece a força normativa do direito quando ele já não corresponde à natureza singular do presente. Opera-se então a frustração material da finalidade dos seus textos que estejam em conflito com a realidade, e ele se transforma em obstáculo ao pleno desenvolvimento das forças sociais. (...) Ao intérprete incumbe, então, sob o manto dos princípios, atualizá-lo.

(...)

É do presente, na vida real, que se tomam as forças que lhe conferem vida. E a realidade social é o presente; o presente é a vida — e vida é movimento. Assim, o significado válido dos textos é variável no tempo e no espaço, histórica e culturalmente. A interpretação do direito não é mera dedução, mas sim processo de contínua adaptação de seus textos normativos à realidade e seus conflitos.[27]

(...)

Os princípios (...) não impõem uma ação de acordo com pressupostos normativos, tal como ocorre com as regras, senão uma 'tomada de posição' conforme seu 'ethos' em todas as eventualidades concretas da vida não presumíveis, nas quais se pode presumir uma 'questão de princípios'. Os princípios, por isso, não esgotam em absoluto sua eficácia como apoio às regras jurídicas, possuindo, além disso, uma razão autônoma de ser frente à realidade.

A realidade, ao colocar-se em contato com os princípios, se vivifica, por assim dizer e adquire valor. Ao invés de se apresentar como matéria inerte, objeto meramente passivo da aplicação de regras, caso concreto a enquadrar no suposto de fato normativo previsto na regra — segundo a lógica do positivismo jurídico —, a realidade iluminada pelos princípios aparece revestida de qualidades jurídicas próprias. O valor se incorpora ao fato e impõe a adoção de 'tomadas de posição' jurídicas conformes com ele. (...) Ainda que não se estabeleça expressamente, em todos os princípios sobreentende-se o imperativo: 'tomará posição frente à realidade de acordo com o que eu proclamo'.[28]

Para além disso, não se pode admitir como válida a interpretação meramente literal, pedestre e isolada do sobredito item 15.1.5 da NR-15 e do item 7 de seu Anexo 11, no sentido de que a singela observância aos limites de tolerância ali estabelecidos pressuporia a inexistência de riscos labor-ambientais e a licitude das condutas dos empregadores.

Como já advertira Eros Roberto Grau *"não se interpreta o direito em tiras"*, impondo-se ao intérprete, em quaisquer circunstâncias a envolver a aplicação de preceitos do ordenamento jurídico, *"o caminhar pelo percurso que se projeta a partir dele — do texto — até a Constituição, [pois] um texto de direito isolado, destacado, desprendido do sistema jurídico, não expressa significado normativo algum"*.[29]

Pois bem. Partindo-se desse percurso sinalizado por Eros Roberto Grau, a compreensão plena do sentido e do alcance subjacentes ao item 15.1.5 da NR-15 e do item 7 de seu Anexo 11 não prescinde

---

[27] GRAU, Eros Roberto. *Ensaio e discurso sobre a interpretação/aplicação do direito.* 4. ed. São Paulo: Malheiros, 2006. p. 52-59.
[28] No original:

Los princípios (...) no imponen una acción conforme con el supuesto normativo, como ocurre con las reglas, sino una <toma de posición>> conforme con su ethos en todas las no precisadas ni predecibles eventualidades concretas de la vida en las que se puede plantear, precisamente, una <cuestión de principio>>. Los princípios, por ello, no agotan en absoluto su eficacia como apoyo de las reglas jurídicas, sino que poseen una autonoma razón de ser frente a la realidad.

La realidad, al ponerse en contacto con el principio, se vivifica, por así decirlo, y adquiere valor. En lugar de presentarese como matéria inerte, objecto meramente pasivo de la aplicación de reglas, caso concreto a encuadrar en el supuesto de hecho normativo previsto en la regla — como razona el positivismo jurídico —, la realidad iluminada por los princípios aparece revestida de cualidades jurídicas propias. El valor se incorpora al hecho y impone la adopción *de* <tomas de posición>> jurídicas conformes con él. (...) Aunque no se establezca expresamente, en todo princípio se sobreentiende el imperativo: <tomarás posición frente a la realidad conforme a lo que proclamo.>> ZAGREBELSKY, Gustavo. Trad.: GASCÓN. Marina. *El derecho dúctil.* Madrid: Trotta, 2005. p. 127-129.

[29] GRAU, Eros Roberto. *Ensaio e discurso sobre a interpretação/aplicação do direito.* 4. ed. São Paulo: Malheiros, 2006. p. 44.

do seu cotejo com a diretriz emanada dos itens 9.1.1 e 9.5.2 da NR-9, a estabelecer, para os empregadores, a obrigação de antecipação e prevenção de <u>todos os riscos existentes ou potencialmente existentes</u> no local de trabalho, bem assim a informação aos obreiros das medidas disponíveis para a redução ou neutralização de tais ameaças.[30]

De igual modo, o art. 9º da Lei n. 6.938/81 impõe aos empregadores a instalação de equipamentos e a absorção de tecnologia apta a promover a neutralização dos riscos labor-ambientais. Nesse mesmo sentido, o art. 4º, item 2 da Convenção n. 155 da OIT — ratificada pelo Brasil por meio do Decreto n. 1.254, de 29.9.1994 — estabelece para os Estados-membros o dever de buscar a redução ao mínimo possível, de tais ameaças.[31]

E, por fim, no plano constitucional, o texto magno não apenas assegura à generalidade dos cidadãos, em seus arts. 6º e 225, *caput*, os direitos fundamentais à saúde e ao meio ambiente equilibrado, aí incluído o laboral, como também impõe aos empregadores, nos termos de seu art. 7º, XXII, a redução dos riscos inerentes ao trabalho, sempre com vistas à melhoria contínua de sua condição social, conforme já visto.

Os dispositivos normativos, legais, convencionais e constitucionais em referência, analisados à luz das situações concretas de exposição laboral ao mercúrio, não facultam de forma alguma às empresas que o utilizam como matéria-prima a acomodação nos níveis de exposição equivalentes aos limites estabelecidos na NR 15 e nem tampouco permitem a elas prescindir da aquisição do maquinário e das técnicas mais modernas voltadas para a progressiva neutralização do referido risco disponíveis no mercado.

De fato, a postura exigida das referidas empresas pelo ordenamento jurídico pátrio é pautada, há muito, pela busca incessante da neutralização dos riscos inerentes ao local de trabalho, seja pela aquisição do maquinário mais moderno, seja pela implementação das medidas de proteção individual e coletiva mais atualizadas, ou, na insuficiência de tais providências, pela eliminação dos fatores a envolverem ameaças à integridade psicofísica de seus trabalhadores, mormente porque há muito tempo se sabe que não existem níveis seguros para a exposição ao mercúrio.

Sendo assim, quando os empregadores se acomodam com o limite de 0,04 mg/m³ previsto na NR-15 e deixam de adotar medidas voltadas para a eliminação dos riscos inerentes à exposição de seus trabalhadores ao mercúrio, se está diante de claro malferimento às diretrizes emanadas dos arts. 6º, 7º, XXI e 225, *caput*, da Constituição Federal, do art. 4º, item 2 da Convenção n. 155 da OIT, do art. 9º, V, da Lei n. 6.938/81, do art. 11, I, II e, finalmente, dos itens 9.1.1 e 9.5.2 da NR-15, conforme se infere do magistério de Guilherme Guimarães Feliciano:

> Se é obrigação do empregador adotar e executar todas as medidas adequadas de higiene e segurança para proteger a vida e a integridade dos trabalhadores (...), obriga-se, precisamente, a: a) construir, adaptar, instalar e

---

[30] "9.1.1 Esta Norma Regulamentadora — NR estabelece a obrigatoriedade da elaboração e implementação, por parte de todos os empregadores e instituições que admitam trabalhadores como empregados, do Programa de Prevenção de Riscos Ambientais — PPRA, visando à preservação da saúde e da integridade dos trabalhadores, através da antecipação, reconhecimento, avaliação e consequente controle da ocorrência de riscos ambientais existentes ou que venham a existir no ambiente de trabalho, tendo em consideração a proteção do meio ambiente e dos recursos naturais".
(...)
"9.5.2 Os empregadores deverão informar os trabalhadores de maneira apropriada e suficiente sobre os riscos ambientais que possam originar-se nos locais de trabalho e sobre os meios disponíveis para prevenir ou limitar tais riscos e para proteger-se dos mesmos".
[31] Lei n. 6.938/81 — Art. 9º São instrumentos da Política Nacional do Meio Ambiente:
(...)
V — os incentivos à produção e instalação de equipamentos e a criação ou absorção de tecnologia, voltados para a melhoria da qualidade ambiental.
(...)
CONVENÇÃO N. 155 DA OIT — Art. 4º.
1. Todo Membro deverá, mediante consulta com as organizações mais representativas de empregadores e de trabalhadores interessadas e tendo em conta as condições e prática nacionais, formular, pôr em prática e reexaminar periodicamente uma política nacional coerente em matéria de segurança e saúde dos trabalhadores e meio ambiente de trabalho.
2. Esta política terá por objetivo prevenir os acidentes e os danos para a saúde que sejam consequência do trabalho, guardem relação com a atividade de trabalho ou sobrevenham durante o trabalho, reduzindo ao mínimo, na medida em que seja razoável e factível, as causas dos riscos inerentes ao meio ambiente de trabalho.

equipar os edifícios e locais de trabalho com condições ambientais e sanitárias adequadas; b) instalar, na exata medida da necessidade labor-ambiental, os equipamentos de proteção coletiva, atendendo à melhor técnica; c) disponibilizar, na exata medida da necessidade labor-ambiental, os equipamentos de proteção individual, atendendo à melhor técnica; d) monitorar as operações e processos de trabalho, prevenindo contextos de inadequação ergonômica e/ou fadiga mental (valendo-se, para tanto, do PCMSO e do PPRA); (...) f) manter em bom estado de conservação, utilização e funcionamento máquinas, instalações e ferramentas de trabalho, instalações elétricas, sanitárias e serviços de água potável; g) instalar dispositivos necessários para o combate a incêndio ou outros sinistros (a depender do tipo de atividade) e para a renovação do ar e a eliminação de gases, vapores e demais impurezas produzidas pela atividade laboral (janelas, exaustores, claraboias etc.) (...) j) depositar e armazenar substâncias perigosas com o cuidado necessário e em condições de segurança; (...) n) promover a capacitação de pessoal em matéria de higiene e segurança do trabalho, particularmente quanto à prevenção dos riscos específicos de cada atividade.

(...)

Esse rol condensa as principais obrigações do empregador em face de suas responsabilidades ambientais e se ajusta perfeitamente à legislação brasileira, de modo que a inobservância de quaisquer dessas obrigações, derivadas do dever fundamental de garantir a higidez psicossomática do trabalhador, pode ensejar reprimenda administrativa e medidas judiciais.[32]

Vê-se, diante de todo o exposto, que a subsistência de valores inferiores a de 0,04 mg/m^3 estabelecido para o mercúrio na NR-15 não pode ter outro significado senão o de presunção *juris tantum* de legalidade, a admitir a comprovação em contrário quando a exposição prolongada a tais concentrações em uma determinada empresa, sob certas circunstâncias, tiver o condão de ocasionar prejuízos à integridade psicofísica dos trabalhadores.

4 CONCLUSÃO

As considerações acima formuladas — a escancararem a falácia da pretensa presução absoluta de inofensividade das concentrações atmosféricas de mercúrio iguais ou menores do que o limite de 0,04 mg/m^3 previsto na NR-15 diante das evidências científicas obtidas nas últimas décadas — indicam de forma cristalina a incompatibilidade de tal entendimento com as diretrizes principiológicas a nortearem o ordenamento pátrio e com a hermenêutica jurídica contemporânea.

Do contrário, seria admitir que a descrição fática cristalizada nos textos legais têm, só por isso, o condão de prevalecer sobre os fatos em si, mesmos quando estes teimarem em apontar para a direção oposta àquela sinalizada pela norma. Tal comportamento, fundado em uma ideia perfunctória de segurança jurídica, seria risível se não carreasse, muitas vezes, consequências trágicas para os destinatários de tais preceitos.

Tal visão excessivamente formalista (e fetichista) acerca dos textos legais, principalmente daqueles a tratarem de questões delicadíssimas como a integridade psicossocial dos indivíduos no exercício de suas atividades profissionais, não encontra espaço para subsistir em um ordenamento jurídico de cunho democrático e solidarista que condiciona a atividade econômica ao respeito à dignidade humana e à função social da propriedade, a englobar, necessariamente, a sanidade do meio ambiente laboral.

Sendo assim, diante da constatação em concreto da lesividade de um determinado elemento danoso aos trabalhadores, mesmo em concentrações compatíveis com os limites previstos no Anexo 11 da NR-15, ter-se-á, aí mesmo em tais hipóteses, a materialização da figura da poluição labor-ambiental, com todas as suas consequências jurídicas.

---

(32) FELICIANO, Guilherme Guimarães. *Tópicos avançados de direito material do trabalho. Atualidades forenses.* v. 1. São Paulo: Damásio de Oliveira, 2006. p. 160.

Dúvidas não restam, portanto, de que o único valor passível de ser conferido atualmente aos indicativos previstos no Anexo 11 da NR-15 é o de uma presunção *juris tantum*, seja para as concentrações atmosféricas de mercúrio, ou para qualquer um dos elementos ali elencados. Somente assim poderá a referida norma conviver logicamente com a notável e cada vez mais rápida evolução científica a respeito do que se entende por "limites de tolerância" na seara ocupacional.

5 REFERÊNCIAS BIBLIOGRÁFICAS

BARREGARD. L. *et alii*. 1988. Enzymuria in workers exposed to inorganic mercury. *Int. Arch. Occup. Environ. Health*. 61(1-2):65-69.

BRASIL: SUPREMO TRIBUNAL FEDERAL. RECURSO EXTRAORDINÁRIO N. 40.748/SP. RELATOR: Min. Ari Franco. 1ª Turma. DJ: 7.3.1960, p. 579.

BRASIL: SUPREMO TRIBUNAL FEDERAL. RECURSO EXTRAORDINÁRIO N. 44.942/SP. RELATOR: Min. Cândido Motta. 1ª Turma. DJ: 21.8.1961, p. 280.

CRUET, Jean. *A vida do direito e a inutilidade das leis*. Lisboa: Editorial Ibero-americana, 1938.

FARIA, Edmundo Bento de. *Dos acidentes do trabalho e doenças profissionais*. 2. ed. Rio de Janeiro: Freitas Bastos, 1944.

FAWER, R. F. *et alii*. Measurement of hand tremor induced by industrial exposure to metallic mercury. *British Journal of Industrial Medicine*. 1983; 40: 204-208.

FELICIANO, Guilherme Guimarães. *Tópicos avançados de direito material do trabalho. Atualidades forenses*. v. 1. São Paulo: Damásio de Jesus, 2006.

FERRARA, Francesco. Trad.: ANDRADE. Manuel A. D de. *Interpretação e aplicação das leis*. São Paulo: Livraria Acadêmica, 1934.

FORGIONI, Paula. *A evolução do direito comercial brasileiro. Da mercancia ao mercado*. 2. ed. São Paulo: Revista dos Tribunais, 2012.

GRAU, Eros Roberto. *Ensaio e discurso sobre a interpretação/aplicação do direito*. 4. ed. São Paulo: Malheiros, 2006.

LUCCHINI, Roberto *et alii*. Neurotoxic effect of exposure to low doses of mercury. Disponível em: <http://www.ncbi.nlm.nih.gov/pubmed/12197270>.

NASCIMENTO, Alysson Mascaro. *Crítica da legalidade e do direito brasileiro*. 2. ed. São Paulo: Quartier Latin, 2008.

NETTO, Menelick de Carvalho; SCOTTI, Guilherme. *Os direitos fundamentais e a (in)certeza do direito. A produtividade das tensões principiológicas e a superação do sistema de regras*. Belo Horizonte: Fórum, 2011.

STEWART, W. *et alii*. 1977. Urinary mercury excretion and proteinuria in pathology laboratory staff. *Br. J. Ind. Med.* 34:26-31.

TRAKHTENBERG, I. M. Chronic effects of mercury on organisms. *U. S. Department of Health, Education, and Welfare, Public Health Service. National Institutes of Health, DHEW Publication No*. (NIH) 74-473.

TUBBS, R. *et alii*. 1982. Membranous glomerulonephritis associated with industrial mercury exposure — Study of pathogenic mechanisms. *Am. J. Clin. Pathol.* 77:409-413.

UNITED STATES OF AMERICA: Environmental Protect Agency. *Mercury Studies Report to Congress, v. V — Health Effects of Mercury and Mercury Compounds*. Disponível em: <http://www.epa.gov/ttn/oarpg/t3/reports/volume5.pdf>.

UNITED STATES OF AMERICA: Occupational Safety & Health Administration. *Mercury (Vapor) (as Hg)*. Disponível em: <https://www.osha.gov/dts/chemicalsampling/data/CH_250510.html>.

WADA, O. *et alii*. 1969. Response to a low concentration of mercury vapor: Relation to human porphyrin metabolism. *Arch. Environ. Health*. 19:485-488.

WORLD HEALTH ORGANIZATION: *Elemental mercury and inorganic mercury compounds: human health aspects*. Disponível em: <https://extranet.who.int/iris/restricted/bitstream/10665/42607/1/9241530502.pdf>.

ZAGREBELSKY, Gustavo. Trad.: GASCÓN. Marina. *El derecho dúctil*. Madrid: Trotta, 2005.

SEÇÃO 5

DIMENSÃO REPARATÓRIA DA TUTELA LABOR-AMBIENTAL

DIREITO FUNDAMENTAL AO MEIO AMBIENTE DO TRABALHO HÍGIDO: RESPONSABILIDADE CIVIL DO EMPREGADOR

Gustavo Filipe Barbosa Garcia[(*)]

1 INTRODUÇÃO

1.1 Direito do Trabalho no contexto dos direitos humanos fundamentais

Os *direitos humanos fundamentais* podem ser entendidos como prerrogativas essenciais à garantia da dignidade da pessoa humana.

Historicamente, podem ser mencionados, com certa generalização, três momentos de conscientização dos direitos humanos fundamentais. Nesse sentido, é possível distinguir-se três "dimensões" de direitos humanos fundamentais[(1)], conforme teoria lançada por Karel Vazak, "em Conferência proferida no Instituto Internacional de Direitos Humanos no ano de 1979"[(2)].

A "primeira dimensão" corresponde à consagração dos chamados direitos individuais, civis e políticos[(3)]. Assim, nas Declarações de Direito do século XVIII, ganham destaque os direitos de "liberdade", no sentido de que o Estado deve abster-se de interferir na conduta dos indivíduos.

A "segunda dimensão" corresponde aos direitos econômicos, sociais e culturais, envolvendo uma prestação positiva do Estado[(4)], como o direito ao trabalho, à educação, à saúde, trabalhistas e previdenciá-

---

(*) Livre-Docente pela Faculdade de Direito da Universidade de São Paulo. Doutor em Direito pela Faculdade de Direito da Universidade de São Paulo. Pós-Doutorado em Direito. Especialista em Direito pela Universidade de Sevilla. Professor Universitário em Cursos de Graduação e Pós-Graduação em Direito. Membro Pesquisador do IBDSCJ. Membro da Academia Brasileira de Direito do Trabalho, Titular da Cadeira n. 27. Procurador do Trabalho do Ministério Público da União. Ex-Juiz do Trabalho das 2ª, 8ª e 24ª Regiões. Ex-Auditor Fiscal do Trabalho.
(1) Cf. SARLET, Ingo Wolfgang. *A eficácia dos direitos fundamentais*. 7. ed. São Paulo: Livraria do Advogado, 2007. p. 54: "não há como negar que o reconhecimento progressivo de novos direitos fundamentais tem o caráter de um processo cumulativo, de complementaridade, e não de alternância, de sorte que o uso da expressão 'gerações' pode ensejar a falsa impressão da substituição gradativa de uma geração por outra, razão pela qual há quem prefira o termo 'dimensões' dos direitos fundamentais".
(2) RAMOS, André de Carvalho. *Teoria geral dos direitos humanos na ordem internacional*. Rio de Janeiro: Renovar, 2005. p. 82.
(3) Cf. ARAUJO, Luiz Alberto David; NUNES JÚNIOR, Vidal Serrano. *Curso de direito constitucional*. 10. ed. São Paulo: Saraiva, 2006. p. 116.
(4) Cf. FERREIRA FILHO, Manoel Gonçalves. *Direitos humanos fundamentais*. 7. ed. São Paulo: Saraiva, 2005. p. 49-50.

rios, enfatizados no início do século XX[5]. Objetiva-se corrigir as desigualdades sociais e econômicas, procurando solucionar os graves problemas da chamada "questão social", surgida com a Revolução Industrial. O Estado, assim, passa a intervir no domínio econômico-social[6].

A "terceira dimensão" refere-se aos direitos de solidariedade, pertinentes ao desenvolvimento, ao patrimônio comum da humanidade, à autodeterminação dos povos, à paz, à comunicação e à *preservação do meio ambiente*[7].

Cabe registrar a existência de autores que fazem menção a uma "quarta geração" (ou dimensão), referente aos direitos ligados à biogenética e ao patrimônio genético[8], ou à participação democrática, à informação e ao pluralismo[9].

O fundamento dos direitos fundamentais relaciona-se com o valor jurídico supremo da *dignidade da pessoa humana*. Nesse sentido, a previsão do art. 1º, inciso III, da Constituição Federal de 1988.

Como se pode notar, o "meio ambiente" pode ser visto justamente entre os chamados direitos fundamentais de "terceira dimensão".

Ao mesmo tempo, importantes direitos trabalhistas, diretamente relacionados à *segurança e medicina do trabalho*, fazem parte dos *direitos sociais*, os quais também figuram como *direitos humanos fundamentais*, normalmente conhecidos como de "segunda dimensão" ou "família"[10].

Assim, observa-se nítida interdependência entre o *meio ambiente do trabalho*, a *segurança e medicina do trabalho*, o Direito do Trabalho, os direitos sociais, os direitos fundamentais e o próprio Direito Constitucional[11].

Nesse tema, cabe destacar, ainda, o mandamento constitucional de "redução dos riscos inerentes ao trabalho, por meio de normas de saúde, higiene e segurança" (art. 7º, inciso XXII, da CRFB/1988).

Observa-se, assim, a existência de *sistema jurídico de tutela do meio ambiente do trabalho*, reconhecido pela Constituição da República, em seu art. 200, inciso VIII, e que integra o próprio meio ambiente em sentido global (art. 225 da CRFB/1988); a par disso, estão incluídas no importante rol dos *direitos humanos fundamentais* (art. 5º, § 2º, da CRFB/1988)[12].

2 MEIO AMBIENTE DO TRABALHO E SUA INSERÇÃO NO MEIO AMBIENTE COMO UM TODO

A *proteção ao meio ambiente* é questão de grande relevância na atualidade, tendo em vista que a sociedade moderna, apesar dos avanços e desenvolvimentos alcançados, muitas vezes acaba por acarretar a degradação ambiental[13].

Justamente em razão disso, a Constituição Federal de 1988, no art. 225, assegura a todos o direito ao *meio ambiente ecologicamente equilibrado*, considerado "bem de uso comum do povo e essencial à sadia qualidade de vida", impondo ao Poder Público e à coletividade "o dever de defendê-lo e preservá-lo para as presentes e futuras gerações".

---

(5) Cf. COMPARATO, Fábio Konder. *A afirmação histórica dos direitos humanos*. 3. ed. São Paulo: Saraiva, 2004. p. 52-54.
(6) Cf. FERREIRA FILHO, Manoel Gonçalves. *Curso de direito constitucional*. 22. ed. São Paulo: Saraiva, 1995. p. 249-251.
(7) Cf. ARAUJO, Luiz Alberto David; NUNES JÚNIOR, Vidal Serrano. *Curso de direito constitucional*, cit., p. 117-118; REZEK, José Francisco. *Direito internacional público*: curso elementar. 5. ed. São Paulo: Saraiva, 1995. p. 225.
(8) Cf. BOBBIO, Norberto. *A era dos direitos*. Trad. Carlos Nelson Coutinho. Rio de Janeiro: Campus, 1992. p. 6.
(9) Cf. BONAVIDES, Paulo. *Curso de direito constitucional*. 7. ed. São Paulo: Malheiros, 1997. p. 525.
(10) Cf. ROMITA, Arion Sayão. *Direitos fundamentais nas relações de trabalho*. 2. ed. São Paulo: LTr, 2007. p. 104-105.
(11) Cf. GARCIA, Gustavo Filipe Barbosa. *Meio ambiente do trabalho*: direito, segurança e medicina do trabalho. 2. ed. São Paulo: Método, 2009.
(12) Cf. MELO, Raimundo Simão de. *Direito ambiental do trabalho e saúde do trabalhador*: responsabilidades legais, dano material, dano moral, dano estético. São Paulo: LTr, 2004. p. 31: "O meio ambiente do trabalho adequado e seguro é um direito fundamental do cidadão trabalhador (*lato sensu*)".
(13) Cf. ARAUJO, Luiz Alberto David; NUNES JÚNIOR, Vidal Serrano. *Curso de direito constitucional*, cit., p. 506.

O *meio ambiente* é a interação do conjunto de elementos naturais, artificiais e culturais, possibilitando o desenvolvimento equilibrado da vida[14].

A Lei n. 6.938, de 31 de agosto de 1981, dispõe sobre a Política Nacional do Meio Ambiente. De acordo com o seu art. 3º, inciso I, entende-se por meio ambiente: "o conjunto de condições, leis, influências e interações de ordem física, química e biológica, que permite, abriga e rege a vida em todas as suas formas".

O Direito Ambiental, assim, estabelece as normas jurídicas que disciplinam a conduta humana em relação ao meio ambiente, com o fim de preservá-lo e protegê-lo.

O meio ambiente pode ser classificado nas seguintes espécies[15]:

— *meio ambiente natural* ou físico: constituído pelo solo, água, ar atmosférico, flora e fauna.

— *meio ambiente cultural*: valores históricos, ou seja, o patrimônio histórico, artístico, arqueológico, paisagístico e turístico existentes em determinado país.

— *meio ambiente artificial*: espaço urbano construído pelo ser humano, englobando o conjunto de edificações e espaços urbanos públicos.

— *meio ambiente do trabalho*: local de realização da atividade laboral.

As condutas e atividades consideradas lesivas ao meio ambiente sujeitarão os infratores, pessoas físicas ou jurídicas, a sanções penais e administrativas, independentemente da obrigação de reparar os danos causados (art. 225, § 3º, da CRFB/1988).

Nesse sentido, adotando a responsabilidade objetiva em matéria de responsabilidade civil por danos ao meio ambiente, de acordo com o art. 14, § 1º, da Lei n. 6.938/1981, o poluidor é obrigado, *independentemente da existência de culpa*, a indenizar ou reparar os danos causados ao meio ambiente e a terceiros, afetados por sua atividade.

Quanto ao *meio ambiente cultural*, de acordo com o art. 216 da Constituição Federal de 1988, constituem *patrimônio cultural brasileiro* os bens de natureza material e imaterial, tomados individualmente ou em conjunto, portadores de referência à identidade, à ação, à memória dos diferentes grupos formadores da sociedade brasileira.

Quanto ao *meio ambiente artificial*, incide na disciplina da propriedade urbana e rural[16].

O *meio ambiente do trabalho* também conta com previsão constitucional, conforme art. 200, inciso VIII, da Constituição Federal, destacando-se, ainda, o art. 7º, incisos XXII e XXIII, os quais preveem os seguintes direitos: redução dos riscos inerentes ao trabalho, por meio de normas de saúde, higiene e segurança; adicional de remuneração para as atividades penosas, insalubres ou perigosas, na forma da lei.

O meio ambiente como um todo está inserido no âmbito dos direitos humanos fundamentais[17], apresentando-se como um direito difuso ou coletivo, a ser tutelado por meio da ação civil pública[18].

Desse modo, o art. 129, inciso III, da Constituição Federal de 1988, estabelece ser função institucional do Ministério Público "promover o inquérito civil e a ação civil pública, para a proteção do patrimônio público e social, do meio ambiente e de outros interesses difusos e coletivos".

---

(14) SILVA, José Afonso da. *Direito ambiental constitucional*. 2. ed. São Paulo: Malheiros, 1995. p. 2.
(15) Cf. ARAUJO, Luiz Alberto David; NUNES JÚNIOR, Vidal Serrano. *Curso de direito constitucional*, cit., p. 506; MELO, Raimundo Simão de. *Direito ambiental do trabalho e a saúde do trabalhador*, cit., p. 28-29.
(16) Cf. ARAUJO, Luiz Alberto David; NUNES JÚNIOR, Vidal Serrano. *Curso de direito constitucional*, cit., p. 509.
(17) Cf. FERREIRA FILHO, Manoel Gonçalves. *Direitos humanos fundamentais*, cit., p. 62; ARAUJO, Luiz Alberto David; NUNES JÚNIOR, Vidal Serrano. *Curso de direito constitucional*, cit., p. 117-118; REZEK, José Francisco. *Direito internacional público*: curso elementar, cit., p. 225.
(18) Cf. MAZZILLI, Hugo Nigro. *A defesa dos interesses difusos em juízo*: meio ambiente, consumidor, patrimônio cultural, patrimônio público e outros interesses. 19. ed. São Paulo: Saraiva, 2006. p. 148.

A Lei n. 7.347, de 24 de julho de 1985, disciplina a ação civil pública, indicando os entes legitimados para o seu ajuizamento (art. 5º).

Destaca-se, ainda, o cabimento da ação popular também com o objetivo de defesa do meio ambiente, conforme prevê o art. 5º, inciso LXXIII, da Constituição Federal de 1988, no sentido de que "qualquer cidadão é parte legítima para propor ação popular que vise a anular ato lesivo ao patrimônio público ou de entidade de que o Estado participe, à moralidade administrativa, ao meio ambiente e ao patrimônio histórico e cultural, ficando o autor, salvo comprovada má-fé, isento de custas judiciais e do ônus da sucumbência".

O meio ambiente, como um bem jurídico essencial para a vida humana, é objeto de disciplina por diversos ramos do Direito, estando presente, assim, no Direito Constitucional, no Direito Administrativo, no Direito Penal, no Direito Civil, no Direito do Trabalho e no Direito Processual.

3 PRINCÍPIOS DE DIREITO AMBIENTAL E O MEIO AMBIENTE DO TRABALHO

Podem ser destacados os seguintes princípios ambientais, ou seja, pertinentes ao Direito Ambiental[19]:

— *princípio da prevenção*: no sentido de se evitar qualquer perigo de dano ou prejuízo ao meio ambiente.

De acordo com o princípio 15 da "Declaração sobre Meio Ambiente e Desenvolvimento", aprovada pela Conferência das Nações Unidas sobre meio ambiente e desenvolvimento, tendo-se reunido no Rio de Janeiro, de 3 a 21 de junho de 1992: "De modo a proteger o meio ambiente, o *princípio da precaução* deve ser amplamente observado pelos Estados, de acordo com suas capacidades. Quando houver ameaça de danos sérios ou irreversíveis, a ausência de absoluta certeza científica não deve ser utilizada como razão para postergar medidas eficazes e economicamente viáveis para prevenir a degradação ambiental".

— *princípio do desenvolvimento sustentável*: no sentido de que o desenvolvimento econômico deve levar em conta a necessidade de defesa e preservação do meio ambiente, como prevê o art. 170, inciso VI, da Constituição Federal de 1988.

Dessa forma, de acordo com o art. 4º, inciso I, da Lei n. 6.938/1981, a Política Nacional do Meio Ambiente visará a tornar compatível "o desenvolvimento econômico-social com a preservação da qualidade do meio ambiente e do equilíbrio ecológico".

— *princípio do poluidor-pagador*: o poluidor deve, em princípio, arcar com o custo decorrente da poluição que causou (princípio 16 da "Declaração sobre Meio Ambiente e Desenvolvimento", Rio de Janeiro, 1992).

Como já mencionado, em matéria ambiental, o mandamento principal é no sentido de prevenir qualquer dano ao meio ambiente. Mesmo assim caso ocorra algum dano a este bem jurídico, torna-se devida a reparação integral do dano causado (art. 225, § 3º, da CRFB/1988, art. 14, § 1º, da Lei n. 6.938/1981, o qual adota a teoria da responsabilidade civil objetiva).

Nessa linha, conforme o art. 4º, inciso VII, da Lei n. 6.938/1981, a Política Nacional do Meio Ambiente visará "à imposição, ao poluidor e ao predador, da obrigação de recuperar e/ou indenizar os danos causados e, ao usuário, da contribuição pela utilização de recursos ambientais com fins econômicos".

— *princípio da participação*: no sentido de que a defesa e a preservação do meio ambiente são deveres tanto do Poder Público como da coletividade (art. 225, *caput*, da CRFB/1988).

Como dispõe o art. 4º, inciso V, da Lei n. 6.938/1981, a Política Nacional do Meio Ambiente visará "à difusão de tecnologias de manejo do meio ambiente, à divulgação de dados e informações ambientais e

---

(19) Cf. MELO, Raimundo Simão de. *Direito ambiental do trabalho e a saúde do trabalhador*, cit., p. 48-55.

à *formação de uma consciência pública sobre a necessidade de preservação da qualidade ambiental e do equilíbrio ecológico*" (destaquei).

— *princípio da ubiquidade*: tendo em vista que toda a sociedade e todos os povos devem se empenhar na preservação e na proteção do meio ambiente.

De acordo com a parte inicial do princípio 7 da "Declaração sobre Meio Ambiente e Desenvolvimento" (Rio de Janeiro, 1992): "Os Estados devem cooperar, em um espírito de parceria global, para a conservação, proteção e restauração da saúde e da integridade do ecossistema terrestre".

4 RESPONSABILIDADE CIVIL DO EMPREGADOR E DANOS AMBIENTAIS

Observados os aspectos acima, cabe analisar a temática da responsabilidade civil do empregador quanto a danos causados a seus empregados, com especial destaque para as hipóteses de acidente de trabalho e doenças ocupacionais.

No aspecto processual, merece destaque a atual redação do art. 114, incisos I e VI, da Constituição da República, incluindo-se na competência da Justiça do Trabalho a "ação de indenização por danos morais e patrimoniais decorrentes de acidente do trabalho, proposta pelo empregado em face de seu (ex-)empregador", conforme interpretação do Pleno do Supremo Tribunal Federal, ao decidir o Conflito de Competência n. 7.204/MG (j. 29.6.2005, Rel. Min. Carlos Ayres Britto).

Dano pode ser entendido como o prejuízo causado à pessoa, ou seja, a lesão a bem ou interesse jurídico, podendo ser de ordem material ou moral[20].

Pode-se conceituar o *dano moral* como a lesão a direitos extrapatrimoniais da pessoa, violando a honra, a dignidade, a intimidade, a imagem ou outros *direitos da personalidade*, ou mesmo *direitos fundamentais* que preservem a *dignidade da pessoa humana*.

Parte da doutrina prefere a expressão "dano pessoal", pois "exprime com mais fidelidade o que é efetivamente lesado pelo dano: os direitos da pessoa humana"[21], ou seja, os direitos da personalidade, "em suas diversas integridades psicofísica, intelectual e moral"[22].

Dano material, por sua vez, refere-se à violação de direitos patrimoniais (pecuniários)[23].

Por dano moral trabalhista entenda-se aquele ocorrido no âmbito do contrato de trabalho, no seu bojo e em razão da sua existência, envolvendo os dois polos desta relação jurídica (de emprego), ou seja, o empregador e o empregado[24]. Normalmente, este se apresenta como o lesado e aquele como o sujeito ativo, embora nada impeça que essas posições se invertam. Aliás, ressalte-se que a jurisprudência já se pacificou quanto à possibilidade de a pessoa jurídica sofrer dano moral[25]. Nessa linha, dispõe o art. 52 do CC/2002 que é aplicável "às pessoas jurídicas, no que couber, a proteção dos direitos da personalidade".

Cabe fazer menção, ainda, ao *dano estético*, o qual resulta da lesão da integridade física, especialmente quanto ao direito à imagem, o qual é direito da personalidade.

Entende-se que o dano estético é abrangido pelo conceito de dano moral, embora mereça, conforme o entendimento majoritário da jurisprudência (inclusive do STJ), uma indenização diferenciada e separada (a ser cumulada com a indenização pelo dano moral em si), em razão do direito de personalidade especifica-

---

(20) Cf. DINIZ, Maria Helena. *Curso de direito civil brasileiro:* responsabilidade civil. 9. ed. São Paulo: Saraiva, 1995. v. 7. p. 48.
(21) OLIVEIRA, Paulo Eduardo Vieira de. *O dano pessoal no direito do trabalho*. São Paulo: LTr, 2002. p. 18.
(22) *Idem, ibidem*, p. 35.
(23) Cf. BITTAR, Carlos Alberto. *Curso de direito civil*. Rio de Janeiro: Forense Universitária, 1994. v. 1. p. 570.
(24) Cf. GARCIA, Gustavo Filipe Barbosa. *Curso de direito do trabalho*. 7. ed. Rio de Janeiro: Forense, 2013. p. 173-196.
(25) Súmula n. 227 do STJ: "A pessoa jurídica pode sofrer dano moral".

mente violado, como quando são verificadas sequelas, mutilações ou deformações físicas[26], o que encontra fundamento na parte final do art. 949 do Código Civil de 2002.

A *responsabilidade civil*, por sua vez, é a obrigação de responder pelas consequências jurídicas decorrentes do ato ilícito praticado, reparando o prejuízo causado.

Essa responsabilidade pode ser contratual ou extracontratual. A primeira decorre do descumprimento de dever contratual. A segunda refere-se à violação de preceito jurídico-legal, sem se reportar a uma norma contratual.

No caso em estudo, defende-se que esses danos estão inseridos no contexto mais amplo da relação jurídica de emprego, de natureza contratual.

Não há como negar que um dos principais deveres do empregador, sempre presente no contrato de trabalho, é a *preservação da dignidade da pessoa humana do empregado, bem como de seus direitos da personalidade e seus direitos fundamentais.*

Havendo a afronta a tal dever substancial, inerente ao contrato de emprego, surge o dano moral e material, a ser indenizado pelo empregador justamente por ter descumprido o referido dever contratual trabalhista[27].

A relevância prática dessa conclusão é evidente, pois "na responsabilidade civil aquiliana a culpa deve ser sempre provada pela vítima, enquanto na responsabilidade contratual, ela é, de regra, presumida, invertendo-se o ônus da prova, cabendo à vítima provar, apenas, que a obrigação não foi cumprida, restando ao devedor o *onus probandi*, por exemplo, de que não agiu com culpa ou que ocorreu alguma causa excludente do elo de causalidade"[28].

Por isso, tendo em vista a conclusão de que a responsabilidade do empregador por danos morais e materiais (inclusive quando decorrentes de acidente do trabalho e doença ocupacional) é modalidade de *responsabilidade contratual*, a culpa é presumida, invertendo-se o ônus da prova em favor da vítima (no caso, o trabalhador). Nesse sentido, cabe destacar o Enunciado 41, aprovado na "1ª Jornada de Direito Material e Processual na Justiça do Trabalho", ocorrida no TST, em Brasília, em 23.11.2007:

RESPONSABILIDADE CIVIL. ACIDENTE DO TRABALHO. ÔNUS DA PROVA. Cabe a inversão do ônus da prova em favor da vítima nas ações indenizatórias por acidente do trabalho.

No caso de danos morais e materiais decorrentes de acidente do trabalho, a que a Lei n. 8.213/1991 (art. 20) equiparou a doença profissional e a doença do trabalho[29], deve-se destacar que a ocorrência, em si, de acidente do trabalho ou doença ocupacional, não é propriamente o que gera ao empregado o direito a reparações civis por danos morais contra o empregador, pois estes decorrem, na verdade, de *lesões aos direitos da personalidade, aos direitos fundamentais e à dignidade da pessoa humana.*

Na jurisprudência, há decisão do Tribunal Superior do Trabalho, analisando pretensão de dano moral decorrente de doença profissional, que assim decidiu:

A existência de Lesão por Esforços Repetitivos (LER), por si só, não gera necessariamente um sofrimento psíquico de modo a autorizar sempre e indistintamente uma condenação por dano moral. Deve-se analisar caso a caso

---

(26) Cf. OLIVEIRA, Sebastião Geraldo de. *Indenizações por acidente do trabalho ou doença ocupacional*. 2. ed. São Paulo: LTr, 2006. p. 199: "mesmo estando o dano estético compreendido no gênero dano moral, a doutrina e a jurisprudência evoluíram para definir indenizações distintas quando esses danos forem passíveis de apuração em separado, com causas inconfundíveis".
(27) Cf. o Enunciado 39, aprovado na "1ª Jornada de Direito Material e Processual na Justiça do Trabalho", ocorrida no TST, em Brasília, em 23.11.2007: "**MEIO AMBIENTE DE TRABALHO. SAÚDE MENTAL. DEVER DO EMPREGADOR.** É dever do empregador e do tomador dos serviços zelar por um ambiente de trabalho saudável também do ponto de vista da saúde mental, coibindo práticas tendentes ou aptas a gerar danos de natureza moral ou emocional aos seus trabalhadores, passíveis de indenização".
(28) GAGLIANO, Pablo Stolze; PAMPLONA FILHO, Rodolfo. *Novo curso de direito civil*: responsabilidade civil. 3. ed. v. 3. São Paulo: Saraiva, 2005. p. 20.
(29) Cf. GARCIA, Gustavo Filipe Barbosa. *Acidentes do trabalho, doenças ocupacionais e nexo técnico epidemiológico*. 2. ed. São Paulo: Método, 2008. p. 18-19.

e verificar se, efetivamente, decorreu do dano físico alguma consequência psíquica relevante, a ponto de merecer indenização. (TST, SBDI-I, E-RR n. 483.206/98.4, Rel. p/o Acórdão Min. Vantuil Abdala, DJ 17.10.2003).

Na realidade, o que não se exige é a demonstração (ou seja, a prova) de eventual sofrimento, aflição ou outro sentimento intimamente padecido pela vítima, pois é do fato da violação do referido direito da personalidade, ou da lesão a direito fundamental, preservando a dignidade da pessoa humana, que surge, automaticamente, o prejuízo de ordem moral[30].

A Constituição Federal, no art. 7º, inciso XXVIII, segunda parte, ao versar sobre o acidente de trabalho, assegura o direito à indenização a que está obrigado o empregador, "quando incorrer em dolo ou culpa". O benefício previdenciário acidentário, previsto na lei de seguridade social, é que se rege pela responsabilidade objetiva, fundada no risco social (art. 7º, inciso XXVIII, primeira parte, da CRFB/1988).

Apesar dessa previsão, cabe analisar os casos em que a atividade desenvolvida pelo empregador é prevista em lei como hipótese de responsabilidade objetiva, ou mesmo quando a atividade normalmente desenvolvida pelo empregador implique, por sua natureza, risco para os direitos de outrem (art. 927, parágrafo único, do CC/2002).

Nessas hipóteses, ocorrendo lesões patrimoniais e/ou morais ao empregado, decorrentes de acidente do trabalho ou doença profissional, é necessário saber se a responsabilidade do empregador é subjetiva ou objetiva.

Nos casos em questão, evoluindo na compreensão da matéria, o correto é entender que prevalece a nova disposição, mais favorável, do Código Civil em vigor, ao prever a *responsabilidade objetiva* nos casos previstos em lei, ou quando a atividade desenvolvida seja de risco[31].

Nessa linha, seria um paradoxo que o terceiro lesado possa obter a reparação civil independentemente de culpa, mas, quanto a danos sofridos pelo empregado, exija-se a sua presença[32]. Nesse sentido, transcreve-se o seguinte julgado oriundo do Tribunal Superior do Trabalho:

RECURSO DE REVISTA — DANO MORAL — ACIDENTE DE TRABALHO — RESPONSABILIDADE OBJETIVA DO EMPREGADOR — Art. 927, PARÁGRAFO ÚNICO, DO CÓDIGO CIVIL — CONCEITO DE ATIVIDADE HABITUALMENTE DESENVOLVIDA — DIREITO DO CONSUMIDOR — DIREITO DO TRABALHO — PRINCÍPIO CONSTITUCIONAL SOLIDARISTA — INCIDÊNCIA. O sistema de responsabilidade civil adotado pelo ordenamento jurídico é um dos reflexos da preocupação do legislador com a tutela dos direitos pertencentes àqueles que não podem negociar, em condições de igualdade, os seus interesses com a outra parte da relação contratual. Nesse passo, o Código Civil, em seu art. 927, parágrafo único, estabelece que será objetiva a responsabilidade daquele que, em face do desenvolvimento normal de sua atividade, puder causar dano a outrem. Atividade, no sentido utilizado pela norma, deve ser entendida como a conduta habitualmente desempenhada, de maneira comercial ou empresarial, para a realização dos fins econômicos visados pelo autor do dano. Entretanto, dado o caráter excepcional de que se reveste a responsabilidade objetiva em nosso ordenamento jurídico (já que a regra é a de que somente haverá a imputação de conduta lesiva a alguém se provada a sua atuação culposa), somente nos casos em que os produtos e serviços fornecidos pelo causador do dano apresentarem perigo anormal e imprevisível ao sujeito que deles se utiliza haverá espaço para a incidência do citado diploma legal. Ressalte-se, ainda, que o Código Civil, por força dos arts. 8º, parágrafo único, da CLT e 7º do CDC ostenta a condição de norma geral em termos de responsabilidade civil, motivo pelo qual a sua aplicação

---

(30) Cf. LISBOA, Roberto Senise. *Manual de direito civil*: obrigações e responsabilidade civil. 3. ed. São Paulo: RT, 2004. v. 2. p. 503: "A responsabilidade de agente causador do dano moral advém da violação, ou seja, trata-se de responsabilidade *ex facto*, bastando a demonstração dos acontecimentos causadores do dano. A prova do dano moral decorre, destarte, da mera demonstração dos fatos (*damnum in re ipsa*). [...] A presunção da existência do dano no próprio fato violador é absoluta (presunção *iure et de iure*), tornando-se prescindível a prova do dano moral".
(31) Cf. OLIVEIRA, Sebastião Geraldo de. *Indenizações por acidente do trabalho ou doença ocupacional*, cit., p. 103-105.
(32) Cf. PAMPLONA FILHO, Rodolfo. Responsabilidade civil nas relações de trabalho e o novo Código Civil brasileiro. *Revista de Direito do Trabalho*, São Paulo, RT, ano 29, n. 111. p. 173, jul.-set. 2003.

aos demais ramos do direito depende da inexistência de legislação específica sobre o assunto, assim como de sua compatibilidade com os princípios inerentes à parcela do direito a que se visa a inserção da aludida regra geral. No direito do consumidor, a responsabilidade do fornecedor pelos defeitos dos produtos e serviços despejados no mercado é objetiva, independentemente da atividade por ele normalmente desenvolvida apresentar risco a direito de outrem. Assim, desnecessária a aplicação da norma civil às relações de consumo, dado o caráter mais benéfico desta. No direito do trabalho, entretanto, o art. 7º, XXVIII, determina, tão somente, que o empregador responderá pelos danos morais e materiais causados aos seus empregados, desde que comprovada a culpa daquele que suporta os riscos da atividade produtiva. A Constituição Federal, como se percebe, não faz menção à possibilidade de se responsabilizar objetivamente o empregador pelos aludidos danos. Apesar disso, tendo em vista o disposto no *caput* do aludido dispositivo constitucional e o princípio da norma mais benéfica, a outra conclusão não se pode chegar, senão a de que não se vedou a criação de um sistema de responsabilidade mais favorável ao empregado, ainda que fora da legislação especificamente destinada a reger as relações laborais, mormente se considerarmos que o trabalhador, premido pela necessidade de auferir meios para a sua sobrevivência, apresenta-se, em relação ao seu empregador, na posição mais desigual dentre aquelas que se pode conceber nas interações humanas. Dessa forma, a fim de evitar o paradoxo de se responsabilizar o mesmo indivíduo (ora na condição de empregador, ora na condição de fornecedor) de forma diversa (objetiva ou subjetivamente) em face do mesmo evento danoso, somente pelo fato das suas consequências terem atingidos vítimas em diferentes estágios da atividade produtiva, necessária se faz a aplicação do art. 927, parágrafo único, do Código Civil ao direito do trabalho, desde que, no momento do acidente, o empregado esteja inserido na atividade empresarialmente desenvolvida pelo seu empregador. A adoção de tal entendimento confere plena eficácia ao princípio constitucional solidarista, segundo o qual a reparação da vítima afigura-se mais importante do que a individualização de um culpado pelo evento danoso. Na hipótese dos autos, restam presentes os elementos necessários à incidência do dispositivo civilista, motivo pelo qual merece acolhida a pretensão esposada pelo obreiro em sua petição inicial. Recurso de revista conhecido e provido. Processo: RR n. 946/2006-025-12-00.0 Data de Julgamento: 17.12.2008, Relator Ministro: Walmir Oliveira da Costa, 1ª Turma, Data de Divulgação: DEJT 20.2.2009.

Entretanto, cabe registrar a existência de decisões do Tribunal Superior do Trabalho em sentido diverso:

RECURSO DE REVISTA. INDENIZAÇÃO POR DANOS PROVENIENTES DE INFORTÚNIOS DO TRABALHO. RESPONSABILIDADE SUBJETIVA DO EMPREGADOR DE QUE TRATA O Art. 7º, INCISO XXVII DA CONSTITUIÇÃO EM DETRIMENTO DA RESPONSABILIDADE OBJETIVA CONSAGRADA NO PARÁGRAFO ÚNICO DO Art. 927 DO CÓDIGO CIVIL DE 2002. SUPREMACIA DA NORMA CONSTITUCIONAL. INAPLICABILIDADE DA REGRA DE DIREITO INTERTEMPORAL DO § 1º DO ART. 2º DA LICC. I — É sabido que o acidente de trabalho e a moléstia profissional são infortúnios intimamente relacionados ao contrato de emprego, e por isso só os empregados é que têm direito aos benefícios acidentários, daí ser impondo a conclusão de a indenização prevista no art. 7º, inciso XXVIII da Constituição se caracterizar como direito genuinamente trabalhista. II — Essa conclusão não é infirmável pela versão de a indenização prevista na norma constitucional achar-se vinculada à responsabilidade civil do empregador. Isso nem tanto pela evidência de ela reportar-se, na realidade, ao art. 7º, inciso XXVIII, da Constituição, mas sobretudo pela constatação de a pretensão indenizatória provir não da culpa aquiliana, mas da culpa contratual do empregador, extraída da não observância dos deveres contidos no art. 157 da CLT. III — Sendo assim, havendo previsão na Constituição da República sobre o direito à indenização por danos material e moral, provenientes de infortúnios do trabalho, na qual se adotou a teoria da responsabilidade subjetiva do empregador, não cabe trazer à colação a responsabilidade objetiva de que trata o parágrafo único do art. 927 do Código Civil de 2002. IV — Isso em razão da supremacia da norma constitucional, ainda que oriunda do Poder Constituinte Derivado, sobre a norma infraconstitucional, segundo se constata do art. 59 da Constituição, pelo que não se pode absolutamente cogitar da revogação do art. 7º, inciso XXVIII, da Constituição, a partir da superveniência da norma do parágrafo único do art. 927 do Código Civil de 2002, não se aplicando, evidentemente, a regra de Direito Intertemporal do § 1º do art. 2º da LICC. Recurso conhecido e desprovido. Processo: RR n. 1.832/2006-026-12-00.4 Data de

Julgamento: 15.10.2008, Relator Ministro: Antônio José de Barros Levenhagen, 4ª Turma, Data de Divulgação: DEJT 24.10.2008.

I) AGRAVO DE INSTRUMENTO — DIVERGÊNCIA JURISPRUDENCIAL — CARACTERIZAÇÃO. Demonstrado no agravo de instrumento que a revista oferecia divergência jurisprudencial válida e específica em relação à não aplicação da responsabilidade objetiva para a condenação à indenização por danos morais decorrente de acidente de trabalho, o apelo merece ser provido. Agravo de instrumento provido. II) RECURSO DE REVISTA — INDENIZAÇÃO POR DANOS MORAIS — INEXISTÊNCIA DE CULPA OU DOLO DA RECLAMADA — RESPONSABILIDADE OBJETIVA — IMPOSSIBILIDADE. 1. Para a existência do dever de reparar o dano causado, alguns pressupostos devem estar presentes, sem os quais o próprio instituto da responsabilidade se torna inaplicável à hipótese, quais sejam, o dano experimentado pelo ofendido, a ação ou a omissão do causador, o nexo de causalidade e a culpa ou o dolo do agente. Trata-se do estabelecimento do nexo causal entre lesão e conduta omissiva ou comissiva do empregador, sabendo-se que o direito trabalhista brasileiro alberga tão somente a teoria da responsabilidade subjetiva, derivada de culpa ou dolo do agente da lesão em matéria trabalhista (CF, art. 7º, XXVIII). 2. *In casu* —, o Regional confirmou a sentença condenatória de pagamento de indenização por danos morais decorrente de acidente de trabalho, sob o fundamento de que, independentemente de culpa da Reclamada, a sua responsabilização seria objetiva, na forma do art. 927, parágrafo único, do CC, na medida em que desempenha atividade empresarial intrinsecamente perigosa (laminação de madeira). 3. Se, por um lado, a norma civil não alcança a esfera trabalhista, iluminada pelo comando constitucional do art. 7º, XXVIII, por outro, nenhuma atividade laboral está infensa a riscos de acidente (no próprio dizer de Guimarães Rosa, em sua epopeia — Grande Sertão: Veredas —, viver é muito perigoso-), mas a CLT somente admite o adicional de periculosidade para as atividades de risco acentuado, ínsito ao manuseio de explosivos, inflamáveis (art. 193) e energia elétrica (Lei n. 7.369/85, art. 1º), o que descartaria, em tese, a invocação da responsabilidade objetiva por risco em relação ao setor de laminação de madeira, que é a hipótese dos autos. 4. Assim, não há como se atribuir responsabilidade à Empregadora pelos danos morais decorrentes de acidente de trabalho que resultou na amputação parcial do 2º quirodáctilo da mão direita do Reclamante apenas considerando a teoria da responsabilidade objetiva. Recurso de revista provido. Processo: RR n. 995/2007-120-08-40.7 Data de Julgamento: 27.5.2009, Relator Ministro: Ives Gandra Martins Filho, 7ª Turma, Data de Divulgação: DEJT 29.5.2009.

AGRAVO DE INSTRUMENTO. Ante a provável ofensa ao art. 7º, inciso XXVIII, da Constituição da República, dá-se provimento ao Agravo de Instrumento para determinar o processamento do Recurso de Revista. RECURSO DE REVISTA INDENIZAÇÃO POR DANO MORAL. ACIDENTE DE TRABALHO. RESPONSABILIDADE DO EMPREGADOR. A Constituição da República incluiu entre os direitos do empregado o seguro contra acidentes de trabalho, a cargo do empregador, sem excluir a indenização a que este está obrigado, quando incorrer em dolo ou culpa (art. 7º, inciso XXVIII). Assim, constata-se que a Constituição da República, quanto à indenização por danos material e moral, provenientes de infortúnios do trabalho, adotou a teoria da responsabilidade subjetiva do empregador. Na hipótese dos autos, a responsabilidade objetiva da reclamada pela indenização por danos decorrentes do acidente de trabalho foi declarada pelo Tribunal Regional, ao atestar que — nossa linha de reflexão segue a doutrina mais autorizada da objetivação da culpa, em tais hipóteses — (fls. 102). Dessa forma, consoante o quadro expresso pelo Tribunal Regional, não tendo sido demonstrada a ocorrência de culpa da reclamada para o surgimento do dever de indenizar, deve ser afastada a condenação ao pagamento de indenização por danos morais. Recurso de Revista de que se conhece e a que se dá provimento. Processo: RR n. 1.376/2005-002-19-40.8 Data de Julgamento: 24.9.2008, Relator Ministro: João Batista Brito Pereira, 5ª Turma, Data de Divulgação: DEJT 10.10.2008.

Apesar da controvérsia na jurisprudência sobre o tema, tendo em vista a incidência do princípio da norma mais benéfica, decorrente do princípio protetor, inerente ao Direito do Trabalho e de hierarquia constitucional[33], o mais coerente é concluir que a aplicação da regra do art. 927, parágrafo único, do Código Civil de 2002, torna possível assegurar aos empregados a incidência de direitos trabalhistas superiores ao patamar legislativo mínimo, com vistas à melhoria de sua condição social (art. 7º, *caput*, da CRFB/1988).

---

(33) Cf. DALLEGRAVE NETO, José Affonso. *Inovações na legislação trabalhista*. São Paulo: LTr, 2000. p. 55: "Não é ocioso lembrar que o princípio da norma mais benéfica está estampado no *caput* do art. 7º da Constituição Federal".

Nesse sentido, a regra geral da exigência de culpa para a responsabilização do empregador por danos decorrentes de acidente do trabalho seria apenas um *patamar mínimo* (art. 7º, inciso XXVIII, parte final da CRFB/1988), o qual pode (e deve) ser *ampliado e aperfeiçoado em benefício dos trabalhadores e da melhoria de sua condição social* (art. 7º, *caput*, da CRFB/1988), por meio de outras disposições, ainda que infraconstitucionais, estabelecendo a incidência da responsabilidade objetiva[34].

Em razão da interpretação sistemática (do ordenamento jurídico como um todo) e teleológica dos princípios da proteção e da aplicação da norma mais favorável no âmbito trabalhista, evoluiu-se, aqui, para o entendimento de que a incidência da responsabilidade objetiva também é uma forma legítima e válida de *melhoria da condição social do trabalhador*. Torna-se viável, desse modo, o efetivo recebimento da devida indenização por danos morais e materiais, mesmo quando decorrente de acidente do trabalho, em plena e total conformidade com o *caput* do art. 7º da Constituição Federal de 1988.

Nesse sentido, de acordo com o Enunciado 37, aprovado na "1ª Jornada de Direito Material e Processual na Justiça do Trabalho", ocorrida no TST (Brasília, 23.11.2007):

RESPONSABILIDADE CIVIL OBJETIVA NO ACIDENTE DE TRABALHO. ATIVIDADE DE RISCO. Aplica-se o art. 927, parágrafo único, do Código Civil nos acidentes do trabalho. O art. 7º, XXVIII, da Constituição da República, não constitui óbice à aplicação desse dispositivo legal, visto que seu *caput* garante a inclusão de outros direitos que visem à melhoria da condição social dos trabalhadores.

Além disso, cabe registrar a hipótese em que as doenças ocupacionais (profissionais e do trabalho) e os acidentes do trabalho se consubstanciem, na realidade, em lesões ao chamado *meio ambiente do trabalho*, o qual faz parte do meio ambiente como um todo (art. 200, inciso VIII, da CRFB/88).

Nessa situação especial, as referidas doenças e infortúnios "decorrem, na verdade, dos danos maiores ao meio ambiente do trabalho". Por isso, assim ocorrendo, defende-se que a responsabilidade civil, nesses casos, também é de natureza *objetiva*, com fundamento no art. 225, § 3º, da Constituição Federal de 1988 e art. 14, § 1º, da Lei n. 6.938/1981 (Lei de Política Nacional do Meio Ambiente)[35].

Em conformidade com o Enunciado n. 38, também aprovado na "1ª Jornada de Direito Material e Processual na Justiça do Trabalho":

RESPONSABILIDADE CIVIL. DOENÇAS OCUPACIONAIS DECORRENTES DOS DANOS AO MEIO AMBIENTE DO TRABALHO. Nas doenças ocupacionais decorrentes dos danos ao meio ambiente do trabalho, a responsabilidade do empregador é objetiva. Interpretação sistemática dos arts. 7º, XXVIII, 200, VIII, 225, § 3º, da Constituição Federal e do art. 14, § 1º, da Lei n. 6.938/81.

Vejamos, ainda, a hipótese em que servidor público, de pessoa jurídica de direito público ou de direito privado prestadora de serviços públicos, regido pela legislação trabalhista (empregado público), sofre acidente do trabalho ou doença profissional.

O art. 37, § 6º, da Constituição da República estabelece a responsabilidade dos referidos entes públicos "pelos danos que seus agentes, nessa qualidade, causarem a terceiros, assegurado o direito de regresso contra o responsável nos casos de dolo ou culpa".

---

[34] No caso, por exemplo, o art. 927, parágrafo único, do CC-2002: "Haverá obrigação de reparar o dano, independentemente de culpa, nos casos especificados em lei, ou quando a atividade normalmente desenvolvida pelo autor do dano implicar, por sua natureza, risco para os direitos de outrem". Cf. ainda o art. 225, § 3º, da CRFB/1988 e art. 14, § 1º, da Lei n. 6.938/1981 (Lei de Política Nacional do Meio Ambiente), que preveem a responsabilidade civil objetiva nas lesões ao meio ambiente, o qual inclui o meio ambiente de trabalho (art. 200, inciso VIII, da CRFB/1988).
[35] Cf. MELO, Raimundo Simão de. *Direito ambiental do trabalho e a saúde do trabalhador*, cit., p. 278-282.

Como se nota, trata-se de responsabilidade objetiva da Administração Pública (tendo adotado a teoria do risco administrativo),[36] que se dirige às reparações civis de danos causados pelos agentes públicos a terceiros. Mesmo assim, de acordo com o Enunciado 40, também aprovado na 1ª Jornada de Direito Material e Processual na Justiça do Trabalho:

> RESPONSABILIDADE CIVIL. ACIDENTE DO TRABALHO. EMPREGADO PÚBLICO. A responsabilidade civil nos acidentes do trabalho envolvendo empregados de pessoas jurídicas de Direito Público interno é objetiva. Inteligência do art. 37, § 6º da Constituição Federal e do art. 43 do Código Civil.

Se o empregador exerce atividade nuclear, ainda que sob o regime de concessão ou permissão (art. 21, inciso XXIII, da CRFB/1988), e ocorre acidente do trabalho, de acordo com o art. 21, inciso XXIII, *d*, da Constituição da República (com redação determinada pela Emenda Constitucional 49/2006), a responsabilidade civil por danos nucleares independe da existência de culpa, tratando-se de caso específico de responsabilidade objetiva, mais especificamente de "responsabilidade civil por risco exacerbado"[37].

Desse modo, a reparação civil decorrente de dano nuclear não exige a culpa. No entanto, registre-se que se o acidente do trabalho ou a doença profissional não decorrerem do fato em questão (dano nuclear), não há como incidir essa disposição constitucional para a reparação civil em favor do empregado. Ainda assim, podem ser aplicadas as previsões do art. 927, parágrafo único, do Código Civil de 2002, c/c art. 7º, *caput*, da Constituição Federal de 1988 (por se tratar de atividade de risco), ou mesmo do art. 225, § 3º, da Constituição da República e do art. 14, § 1º, da Lei n. 6.938/1981 (Lei de Política Nacional do Meio Ambiente), que preveem a responsabilidade civil objetiva nas lesões ao meio ambiente, o qual inclui o meio ambiente de trabalho (art. 200, inciso VIII, da CRFB/1988).

5 CONCLUSÃO

O fundamento e a evolução dos direitos humanos fundamentais revelam que os direitos sociais e trabalhistas também estão neles inseridos[38].

Da mesma forma, o meio ambiente do trabalho, inserido no meio ambiente como um todo, também apresenta natureza de direito humano fundamental, tendo como essência a garantia da dignidade da pessoa humana.

Tratando-se de responsabilidade civil decorrente de acidente do trabalho, a Constituição Federal de 1988, à primeira vista, pode parecer que se exige a culpa (*lato sensu*) para a responsabilização do empregador (art. 7º, inciso XXVIII, parte final).

No entanto, após exame mais aprofundado e sistemático da matéria, evoluiu-se no sentido da aplicação da *responsabilidade objetiva*, prevista no Código Civil de 2002, na hipótese de atividade normalmente desenvolvida pelo autor do dano que implique, por sua natureza, *risco* para os direitos de outrem (art. 927, parágrafo único, parte final).

Da mesma forma, em se tratando de acidente do trabalho ou principalmente doença ocupacional decorrente de lesão ao *meio ambiente do trabalho* (art. 200, inciso VIII, da CRFB/1988), incidem as regras que impõem a *responsabilidade objetiva*, conforme art. 225, § 3º, da Constituição da República e art. 14, § 1º, da Lei n. 6.938/1981 (Lei de Política Nacional do Meio Ambiente).

---

(36) MEIRELLES, Hely Lopes. *Direito administrativo brasileiro*. 26. ed. atualizada por Eurico de Andrade Azevedo, Délcio Balestero Aleixo e José Emmanuel Burle Filho. São Paulo: Malheiros, 2001. p. 614.
(37) LISBOA, Roberto Senise. *Manual de direito civil*: obrigações e responsabilidade civil, cit., p. 643.
(38) Cf. GARCIA, Gustavo Filipe Barbosa. *Direitos fundamentais e relação de emprego*: trabalho, Constituição e processo. São Paulo: Método, 2008. p. 18-44.

6 REFERÊNCIAS BIBLIOGRÁFICAS

ARAUJO, Luiz Alberto David; NUNES JÚNIOR, Vidal Serrano. *Curso de direito constitucional*. 10. ed. São Paulo: Saraiva, 2006.

BITTAR, Carlos Alberto. *Curso de direito civil*. v. 1. Rio de Janeiro: Forense Universitária, 1994.

BOBBIO, Norberto. *A era dos direitos*. Trad. Carlos Nelson Coutinho. Rio de Janeiro: Campus, 1992.

BONAVIDES, Paulo. *Curso de direito constitucional*. 7. ed. São Paulo: Malheiros, 1997.

COMPARATO, Fábio Konder. *A afirmação histórica dos direitos humanos*. 3. ed. São Paulo: Saraiva, 2004.

DALLEGRAVE NETO, José Affonso. *Inovações na legislação trabalhista*. São Paulo: LTr, 2000.

DINIZ, Maria Helena. *Curso de direito civil brasileiro*: responsabilidade civil. 9. ed. v. 7. São Paulo: Saraiva, 1995.

FERREIRA FILHO, Manoel Gonçalves. *Curso de direito constitucional*. 22. ed. São Paulo: Saraiva, 1995.

_____. *Direitos humanos fundamentais*. 7. ed. São Paulo: Saraiva, 2005.

GARCIA, Gustavo Filipe Barbosa. *Acidentes do trabalho, doenças ocupacionais e nexo técnico epidemiológico*. 2. ed. São Paulo: Método, 2008.

_____. *Curso de direito do trabalho*. 7. ed. Rio de Janeiro: Forense, 2013.

_____. *Direitos fundamentais e relação de emprego*: trabalho, Constituição e processo. São Paulo: Método, 2008.

_____. *Meio ambiente do trabalho*: direito, segurança e medicina do trabalho. 2. ed. São Paulo: Método, 2009.

LISBOA, Roberto Senise. *Manual de direito civil*: obrigações e responsabilidade civil. 3. ed. São Paulo: RT, 2004. v. 2.

MAZZILLI, Hugo Nigro. *A defesa dos interesses difusos em juízo*: meio ambiente, consumidor, patrimônio cultural, patrimônio público e outros interesses. 19. ed. São Paulo: Saraiva, 2006.

MELO, Raimundo Simão de. *Direito ambiental do trabalho e saúde do trabalhador*: responsabilidades legais, dano material, dano moral, dano estético. São Paulo: LTr, 2004.

MEIRELLES, Hely Lopes. *Direito administrativo brasileiro*. 26. ed. atualizada por Eurico de Andrade Azevedo, Délcio Balestero Aleixo e José Emmanuel Burle Filho. São Paulo: Malheiros, 2001.

OLIVEIRA, Paulo Eduardo Vieira de. *O dano pessoal no direito do trabalho*. São Paulo: LTr, 2002.

OLIVEIRA, Sebastião Geraldo de. *Indenizações por acidente do trabalho ou doença ocupacional*. 2. ed. São Paulo: LTr, 2006.

PAMPLONA FILHO, Rodolfo. Responsabilidade civil nas relações de trabalho e o novo Código Civil brasileiro. *Revista de Direito do Trabalho*, São Paulo, RT, ano 29, n. 111, p. 173, jul.-set. 2003.

RAMOS, André de Carvalho. *Teoria geral dos direitos humanos na ordem internacional*. Rio de Janeiro: Renovar, 2005.

REZEK, José Francisco. *Direito internacional público*: curso elementar. 5. ed. São Paulo: Saraiva, 1995.

ROMITA, Arion Sayão. *Direitos fundamentais nas relações de trabalho*. 2. ed. São Paulo: LTr, 2007.

SARLET, Ingo Wolfgang. *A eficácia dos direitos fundamentais*. 7. ed. São Paulo: Livraria do Advogado, 2007.

SILVA, José Afonso da. *Direito ambiental constitucional*. 2. ed. São Paulo: Malheiros, 1995.

A RESPONSABILIDADE PATRONAL DIANTE DAS DOENÇAS OCUPACIONAIS

Carolina Masotti Monteiro[*]

1. INTRODUÇÃO

Segundo dados da OIT, estima-se que 2,34 milhões de pessoas morrem todos os anos em virtude de acidentes e doenças relacionados com o trabalho, sendo que aproximadamente 2,02 milhões morrem por doenças ocupacionais.

As estatísticas traduzem que, diariamente, das 6.300 mortes estimadas, 5.500 estão relacionadas com o trabalho e que, anualmente, ocorrem 160 milhões de casos de doenças não mortais ligadas à atividade profissional.

Apenas a título de exemplificação, em 2010, a China notificou um total de 27.240 casos de doenças profissionais, das quais 23.812 foram causadas por exposição a poeiras no local de trabalho e, em 2011, o US Bureau of Labour Statistics (Gabinete norte-americano da informação estatística do trabalho) relatou que 207.500 trabalhadores contraíram doenças profissionais não mortais, destacando-se, dentre elas, as doenças da pele, a perda de audição e as doenças respiratórias.

Além das vidas ceifadas ou debilitadas diante desse quadro, as doenças profissionais acarretam custos enormes, vez que os trabalhadores não conseguem sua recolocação no mercado profissional diante da redução de sua produtividade e da sua capacidade de trabalho, agravando também drasticamente os gastos em cuidados de saúde, levando-os, juntamente com suas famílias, à pobreza e à piora de sua condição social.

Ainda segundo documento sobre prevenção de doenças ocupacionais publicado pela OIT no dia 28 de abril de 2013, estima-se que os acidentes de trabalho e as doenças profissionais resultam numa perda anual

---

(*) Advogada graduada pela Pontifícia Universidade Católica de Campinas, aluna do Curso de Pós-Graduação em Direito e Processo do Trabalho pela Universidade de São Paulo, Membro pesquisador do Grupo de Pesquisa Trabalho e Capital — Faculdade de Direito da USP, sob coordenação do professor Jorge Luiz Souto Maior.

de 4% no produto interno bruto (PIB) mundial, ou seja, cerca de 2,8 bilhões de dólares, em custos diretos e indiretos com lesões e doenças[1].

Diante desses dados tão alarmantes, o presente artigo tem por escopo a análise do conceito de doença ocupacional, seus mecanismos de detecção, as formas de proteção do empregado em face deste quadro, o papel do empregador na prevenção e sua responsabilização diante do acometimento dessa pelo trabalhador.

2 DOENÇA OCUPACIONAL

Para a Organização Internacional do Trabalho:

As doenças profissionais são doenças contraídas em resultado de uma exposição a fatores de risco subjacentes a uma atividade profissional. O reconhecimento da origem profissional de uma doença, ao nível individual, exige que se estabeleça uma relação causal entre a doença e a exposição do trabalhador a determinados agentes perigosos no local de trabalho. Esta relação é normalmente determinada com base em dados clínicos e patológicos, aliados ao historial ocupacional (*anamnese*) e à análise das funções profissionais, à identificação e avaliação dos riscos profissionais, e também à verificação da exposição. Quando uma doença é clinicamente diagnosticada e se estabelece uma relação causal, a doença é então reconhecida como profissional.[2]

No ordenamento jurídico brasileiro, as doenças ocupacionais são subdivididas em doenças profissionais e do trabalho.

Para o presente trabalho, utilizaremos as doenças ocupacionais como gênero em que são espécies as profissionais e as do trabalho.

O art. 20 da Lei n. 8.213/91 conceitua a doença profissional como aquela produzida ou desencadeada pelo exercício do trabalho peculiar a determinada atividade e constante da respectiva relação elaborada pelo Ministério do Trabalho e da Previdência Social e a doença do trabalho como a adquirida ou desencadeada em função de condições especiais em que o trabalho é realizado e com ele se relacione diretamente.

Embora as doenças ocupacionais sejam anualmente responsáveis pela morte de seis vezes mais pessoas do que os acidentes de trabalho, a dificuldade em se detectá-las, na prática, ou comprovar o nexo de causalidade entre elas e o trabalho desempenhado, torna-as quase que invisíveis, sendo consideradas, inclusive "epidemias ocultas".

Tal epíteto é atribuído pelo fato de que muitas das doenças ocupacionais, como as pneumoconioses, estão associadas a longos períodos de latência, de modo que muitas vezes sequer chegam a ser diagnosticadas, tampouco relacionadas ao trabalho desenvolvido.

Não obstante, estas doenças associadas às pneumoconioses, como a doença pulmonar obstrutiva crônica, silicotuberculose e cancros causados pela sílica e pelo amianto provocam frequentemente incapacidade permanente ou morte prematura[3].

---

(1) Segundo o artigo The prevent os occupational diseases, disponível em <http://www.ilo.org/wcmsp5/groups/public/---ed_protect/---protrav/---safework/documents/publication/wcms_208226.pdf>. Acessado em: 23 de março de 2014, na União Europeia estimou-se que o custo das doenças profissionais é, no mínimo, de 145 mil milhões de euros por ano. O Governo francês estima que o custo das indemnizações por doenças relacionadas com o amianto (DRA), para o período entre 2001 e 2020, situar-se-á entre 27 e 30 mil milhões de euros, o que equivale a 1,3 a 1,9 mil milhões de euros por ano. Nos Estados Unidos, fontes indicam que as seguradoras pagaram 21,6 mil milhões de dólares em casos de exposição ao amianto no período entre 1990 e 2000, adicionalmente aos 32 mil milhões de dólares pagos em indemnizações pelas empresas alvo de processos judiciais. Na República da Coreia, o custo económico total das doenças músculo-esqueléticas foi de 6,89 mil milhões de dólares, o que corresponde a 0,7 % do produto interno bruto do país em 2011. Estima-se que, na Nova Zelândia, estas mesmas doenças tenham custado ao serviço de saúde mais de 4,71 mil milhões de dólares por ano, o que representa cerca de um quarto do total de gastos anuais em cuidados de saúde.
(2) Idem.
(3) Segundo dados alarmantes da OIT, na Índia, cerca de 10 milhões de trabalhadores do setor mineiro e da construção, entre outros, estão expostos a poeiras de sílica; alguns estudos revelam que as taxas de prevalência de silicose são de 54,6 % nos trabalhadores de fábricas de lápis de ardósia e 35,2

Para agravar ainda mais o panorama, as mudanças tecnológicas e sociais, aliadas às condições da economia mundial, podem trazer novos tipos de doenças ocupacionais, ou agravar as já existentes.

Nesse contexto pode-se inserir o estresse relacionado ao trabalho como doença ocupacional típica do século XXI, vez que a característica marcante do capitalismo é a obtenção do lucro e, diante do quadro de mundialização deste e a consequente concorrência cada vez mais acirrada entre os países, as empresas exigem cada vez mais de seus trabalhadores.

Acrescenta-se a isto os casos de assédio moral, sexual e outras formas de violência, cada vez mais corriqueiros.

Segundo dados trazidos pela OIT no dia 28 de abril de 2013, foram identificadas relações entre o estresse e doenças musculoesqueléticas, cardíacas e do sistema digestivo, aptas a gerar quadro de depressão e distúrbios mentais nos casos mais graves, que podem levar, inclusive, ao cometimento de suicídio, lembrando do caso envolvendo diversos trabalhadores da Foxxconn da China diante das condições de trabalho e da pressão a que eram submetidos.

Não obstante, matérias-primas hoje consideradas inofensivas ao ser humano podem ser detectadas posteriormente como letais, de modo que o trabalhador pode contrair a doença em atividades que envolvam exposição a substâncias ainda não identificadas como perigosas.

A veracidade de tal afirmação pode ser comprovada citando o amianto que, até à década de 1970, foi um material de uso generalizado em diversos países no processo de isolamento de tubagens, caldeiras e embarcações, no reforço de cimentos, para conferir resistência ao fogo a muitos materiais, entre outras funções industriais.

Todavia, posteriormente, foi descoberto que os indivíduos que entraram em contato com esse material desde aquela época, encontram-se agora em risco de contrair doenças como a asbestose e o cancro de pulmão vez que, após a exposição, há um lapso geralmente entre 10 e 40 anos para a manifestação da doença.

Dessa forma, ainda que tenha sido proibida a utilização do amianto em diversos países, os casos de doenças decorrentes do contato com essa substância poderão ocorrer pelas próximas décadas.

As estatísticas revelam que seis países da Europa Ocidental (França, Alemanha, Itália, Países Baixos, Suíça e Reino Unido) esperam 200.000 mortes no período entre 1995 até 2029 por mesotelioma e cerca de 500.000 mortes por cancro relacionado com o amianto, para esse mesmo período.[4]

Não obstante, as novas tecnologias, como biotecnologias e a nanotecnologia, aplaudidas como sinônimo de progresso e desenvolvimento possuem uma face oculta apta a suscitar perigos novos e desconhecidos ao trabalhador em seu local de trabalho, destacando-se entre esses a exposição à radiação eletromagnética.

Nesse diapasão, as perturbações musculoesqueléticas e mentais despontam no cenário como doenças ocupacionais em níveis alarmantes.

Na União Europeia, as perturbações musculoesqueléticas, como a síndrome do túnel do carpo, constituem o mais comum problema de saúde relacionado com a atividade profissional.

Segundo dados da OIT trazidos pelo 28 de abril de 2013, na República da Coreia, as perturbações musculoesqueléticas registaram um aumento drástico de 1.634 para 5.502, de 2001para 2010 e, na Grã--Bretanha, elas representavam cerca de 40 % de todos os casos de doenças relacionadas com o trabalho entre os anos de 2011 e 2012.

% nos talhadores de pedra, enquanto a taxa de prevalência de pneumoconiose dos trabalhadores do carvão é de 18,8 %. No Vietnã, a pneumoconiose é a causa de 75,7 % de todas as doenças profissionais alvo de indemnização. No Brasil, estima-se que 6,6 milhões de trabalhadores estão expostos a poeiras de sílica. Estudos realizados na América Latina revelaram uma taxa de prevalência de silicose nos mineiros de 37 %, subindo para 50 % se a idade for superior a 50 anos. Estudos epidemiológicos em países em vias de desenvolvimento revelam que entre 30 e 50 % dos trabalhadores no setor primário e em atividades de alto risco poderão contrair silicose e outras pneumoconioses.

(4) The prevent of occupational diseases disponível em <http://www.ilo.org/wcmsp5/groups/public/---ed_protect/---protrav/---safework/documents/publication/wcms_208226.pdf>. Acessado em: 23 de março de 2014.

Diante da magnitude do tema, verificar-se-á a proteção jurídica dada ao empregado em face das doenças ocupacionais.

3 PROTEÇÃO JURÍDICA DO EMPREGADO EM FACE DAS DOENÇAS OCUPACIONAIS

A Constituição Federal trouxe no inciso XXII do art. 7º a redução dos riscos inerentes ao trabalho por meio de normas de saúde, higiene e segurança.

Além disso, o art. 225 da Constituição Federal traz como um direito de todos o meio ambiente ecologicamente equilibrado, bem de uso comum do povo e essencial à sadia qualidade de vida, impondo-se ao Poder Público e à coletividade o dever de defendê-lo e preservá-lo para as presentes e futuras gerações, imputando ao infrator a responsabilidade objetiva pelos danos a ele causados, incluindo neste, o meio ambiente de trabalho.

No ordenamento jurídico trabalhista, a norma traz mecanismos de proteção à saúde e segurança do trabalhador no âmbito da CLT e na Portaria MTb n. 3.214/1978.

A Lei n. 6.514/77 reestruturou os arts. 154 a 201 da CLT, sendo fruto da união entre trabalhadores e a classe patronal, que vislumbravam a saúde e segurança do trabalhador como mecanismo necessário ao desenvolvimento do capitalismo.

Contudo, coube à Fundacentro, órgão de pesquisa vinculado ao Ministério do Trabalho e Emprego, a regulamentação, a qual entrou em vigor em 1978, por meio da Portaria MTb n. 3.214.

Essa portaria trouxe 28 normas regulamentadoras (NRs) concentradas e organizadas cientificamente, embora tenham sido acrescentadas outras ao longo do tempo.

A título de exemplificação, o item 1.1. da Norma Regulamentar 1 preceitua a obrigatoriedade da aplicabilidade pelas empresas privadas e públicas e pelos órgãos públicos da administração direta e indireta, bem como pelos órgãos dos Poderes Legislativo e Judiciário, que possuam empregados regidos pela Consolidação das Leis do Trabalho — CLT.

Já a NR-2 trata da inspeção prévia dos estabelecimentos, antes do início das atividades e, em complemento, a NR-3 trouxe a hipótese de embargo e interdição ao caracterizar risco grave e iminente ao trabalhador.

As NR-4 e 7, trazem, respectivamente, o SESMT e o PCMSO, com a finalidade de promover a saúde, proteger e preservar a integridade do trabalhador no local de trabalho.

Por sua vez, a NR-5 consagra a CIPA com o intuito de prevenção de acidentes e doenças decorrentes do trabalho.

A NR-6 preza pela utilização do EPI quando as medidas de ordem geral não foram aptas a neutralizar os riscos.

Além disso, esta Norma Regulamentadora, no item 6.5 traz a competência do Serviço Especializado em Engenharia de Segurança e em Medicina do Trabalho — SESMT, ouvida a Comissão Interna de Prevenção de Acidentes — CIPA e trabalhadores usuários, para a recomendação ao empregador do EPI adequado ao risco existente em determinada atividade.

O Programa de Prevenção de Riscos Ambientais (PPRA) está previsto na NR-9, sendo este responsável por avaliações que antecipem e reconheçam a ocorrência de riscos ambientais existentes ou que venham a existir no ambiente de trabalho.

Há que se ressaltar que essas NRs deveriam ter sido atualizadas a cada dois anos, para acompanhar as evoluções científicas sobre saúde e segurança, o que não ocorreu.

Apesar de seu caráter obrigatório, por se tratar de normas de saúde e segurança, tendo inclusive aparato constitucional, há desrespeito reiterado e latente a essas normas.

Acrescido a isso, em caso de violação às Normas Regulamentadoras, não há remédio jurídico para recorrer, vez que o TST entende que a ação rescisória por violação a lei cabe para ações ordinárias, mas não para normas coletivas, portarias e decretos.

Não obstante, o que se vê, na prática, é a aplicação formal dessas NRs, mas sem impactos na melhoria da saúde e segurança do empregado, visto que, caso fossem aplicadas, não haveria estatística tão alarmante sobre a incidência de doenças ocupacionais e acidentes de trabalho.

Sendo assim, considerando que a responsabilização pelo desrespeito ao meio ambiente, inserido nesse o ambiente de trabalho é objetiva, e que o acidente de trabalho ou a doença ocupacional é hipótese de infração direta ao constitucionalmente disposto, trata-se de hipótese de responsabilização objetiva do empregador diante da incidência dessas duas hipóteses.

Dessa forma, caberia ao empregador, e não ao empregado, a comprovação do respeito a todas as normas relativas à saúde e segurança e que não houve qualquer nexo de causalidade entre a doença acometida e o trabalho realizado.

Frisa-se que a preocupação com os acidentes de trabalho tipo e doenças ocupacionais é mundial, existindo inúmeras Convenções Internacionais da Organização Internacional do Trabalho (OIT) nesse sentido, sendo muitas delas ratificadas pelo Brasil, destacando-se dentre estas a Convenção n. 155 sobre Segurança e Saúde dos Trabalhadores e o Meio Ambiente de Trabalho, concluída em Genebra, em 22 de junho de 1981, em vigor desde 29 de setembro de 1994, pelo Decreto n. 1254/94, a qual traz ações em nível nacional, com a participação do Estado, e de Empresa, com a cooperação dos trabalhadores, para garantir um meio ambiente de trabalho saudável e que respeite a saúde e segurança.

4 A RESPONSABILIDADE DO EMPREGADOR DIANTE DAS DOENÇAS OCUPACIONAIS

Segundo Raimundo Simão de Melo, *"a responsabilidade civil constitui uma resposta ao ato ilícito pela reparação do direito lesado"*.[5]

O conceito de ato ilícito é trazido pelo art. 186 do Código Civil o qual preceitua que aquele que, por ação ou omissão voluntária, negligência ou imprudência, violar direito e causar dano a outrem, ainda que exclusivamente moral, comete ato ilícito.

O art. 187 do mesmo diploma traz que é hipótese de ato ilícito o titular de um direito que, ao exercê-lo, excede manifestamente os limites impostos pelo seu fim econômico ou social, pela boa-fé ou pelos bons costumes.

O art. 927 do Código Civil preceitua que aquele que, por ato ilícito (arts. 186 e 187), causar dano a outrem, fica obrigado a repará-lo.

Sabe-se que o objetivo da responsabilização civil é o retorno ao *status quo ante*.

Todavia, nas hipóteses em que isso não é possível, busca-se o caráter compensatório pelo dano sofrido por meio da indenização.

Considerando a proteção jurídica, quer no âmbito nacional (constitucional e infraconstitucional), quer no âmbito internacional ao meio ambiente de trabalho e à saúde e segurança do trabalhador, ocorrendo hipótese de doença ocupacional, o empregador, ao deixar de zelar pelos direitos fundamentais acima elencados, excede manifestamente os limites impostos pelo seu fim econômico ou social, pela boa-fé ou pelos bons costumes, de modo que surge a responsabilidade e o dever de indenizar o trabalhador.

---

(5) MELO, Raimundo Simão. *Direito ambiental do trabalho e a saúde do trabalhador*. São Paulo: LTr, 2004. p. 172.

Há discussões sobre a responsabilização ser objetiva e subjetiva nas hipóteses de doença ocupacional, vez que esta é equiparada ao acidente de trabalho para fins previdenciários e trabalhistas e há entendimento majoritário no sentido de que para esta ser imputada ao empregador, exige-se comprovação de culpa.

Todavia, não concordamos com esse entendimento, vez que, com a impossibilidade de a vítima demonstrar a culpa do agente, sendo esta, inclusive, prova diabólica, com a evolução da sociedade e o atual estágio do Direito na perspectiva Social, a responsabilidade civil passou a ser analisada de outra forma.

Assim, *"ao invés de manifestar preocupação de vincular a indenização ao ato ilícito, passou-se a priorizar o ressarcimento do dano: a vítima, antes colocada num plano secundário, sendo dela, inclusive, o ônus da prova da culpa, passa a ser vista pelo Direito como sujeito prioritariamente tutelado. O dever de indenizar, em face da nova teoria do risco, independe da prova ou da existência de culpa do agente. De consequência, rompe-se o dogma positivista segundo o qual somente é indenizável o dano causado pela culpa demonstrada pelo ofensor"*.[6]

Seguindo essa linha de raciocínio, em 2002, a Lei n. 10.406 que instituiu o Novo Código Civil trouxe o parágrafo único do art. 927, o art. 932, inciso III e o art. 933, os quais foram os responsáveis pela normatização da responsabilização objetiva quando a atividade normalmente desenvolvida pelo autor do dano implicar, por sua natureza, risco para os direitos de outrem, e a discussão sobre a aplicabilidade desse instituto nos casos de acidente de trabalho.

Nesse diapasão, a Responsabilidade Objetiva veio ao encontro das necessidades de acompanhamento das transformações sociais, diante da intensa atividade econômica, que se tornou ainda mais agressiva com o fenômeno da globalização, e a necessidade de responsabilizar o causador pelo dano por meio de ato ilícito ou em decorrência de atividade desempenhada, ainda que sem culpa.

Para a Responsabilidade Objetiva, há a isenção da comprovação da culpa do agente, bastando demonstrar o nexo de causalidade, sendo este *"o vínculo entre a conduta e o resultado"*[7].

A doutrina apresenta, além das hipóteses expressas em lei, o risco como fundamento do dever de indenizar objetivamente, trazendo como espécies de responsabilidade objetiva: o risco integral, o risco proveito, o risco criado, o risco profissional e social e o risco da atividade econômica.

A teoria do risco integral propõe que o *"agente deve suportar integralmente os riscos, devendo indenizar o prejuízo ocorrido, independentemente da investigação de culpa, bastando a vinculação objetiva do dano a determinado fato"*.[8]

A teoria do risco proveito ocorre pela responsabilização *"de todo aquele que tira proveito ou vantagem do fato causador"*[9].

Paulo Emílio Vilhena, citado por José Affonso Dallegrave Neto, *"bem observa que o princípio da responsabilidade pelo risco proveito aplica-se para fins de relação de emprego. Não se olvide ser esse o sentido do art. 2º da CLT quando faz menção à assunção do risco pelo empregador em relação aos riscos da atividade econômica. (....) Os defensores desta corrente, na tentativa de afastar as objeções, sustentam que não precisa haver lucro efetivo na atividade, mas 'eventualidade de ganho'"*.[10]

A teoria do risco criado, por sua vez, consiste na responsabilização diante do desenvolvimento de atividades lícitas, embora perigosas.

Ela difere da Responsabilidade Subjetiva tendo em vista que *"enquanto esta se funda no desenvolvimento de uma ação ilícita, aquela se perfaz com desenvolvimento de uma ação lícita, porém perigosa ou de risco físico"*.[11]

---

(6) DALLEGRAVE NETO, José Affonso. *Responsabilidade civil no direito do trabalho*. São Paulo: LTr, 2008. p. 90.
(7) Rui STOCO. *Tratado de responsabilidade civil*, p. 150.
(8) *Idem*, 2008. p. 93.
(9) *Idem*.
(10) *Idem*.
(11) *Idem*, p. 95.

A teoria do risco criado é a contemplada pelo parágrafo único do art. 927 do Código Civil.

A teoria do risco profissional "é mais ampla que a do risco criado, pois enquanto esta se limita às atividades empresariais perigosas, a do risco profissional se estende a todo empregador"[12], sendo o risco sempre suportado pela empresa.

Essa teoria, inspirada na obra de Raymond Saleilles, em 1897, "*parte da lógica que o empregador, ao obter lucros por intermédio de suas atividades, deve também suportar os prejuízos daí advindos. Quem tem o bônus, há que ter também o ônus! Mais uma vez invoca-se a parêmia latina:* ubi emolumentum, ibi onus".[13]

Segundo José Affonso Dallegrave Neto, "*a teoria do risco profissional serviu para embasar a teoria da responsabilidade civil objetiva, máxime as ações reparatórias de acidentes de trabalho, dando novos rumos às pesquisas e seguindo, a partir daí, com regras próprias, distantes das normas de direito comum*".[14]

A teoria do risco da atividade econômica encontra respaldo no art. 2º da CLT, que traz expressamente o conceito de empregador como a empresa, individual ou coletiva, que, assumindo os riscos da atividade econômica, admite, assalaria e dirige a prestação pessoal de serviço.

Sendo assim, "*a CLT está adotando a teoria objetiva, não para a responsabilidade proveniente de qualquer inexecução do contrato de trabalho, mas para a responsabilidade concernente aos danos sofridos pelo empregado em razão de mera execução regular do contrato de trabalho. Destarte, o empregado não pode sofrer qualquer dano pelo simples fato de executar o contrato de trabalho*".[15]

Entendemos como sendo aplicável essa teoria em quaisquer hipóteses de atentado à vida do trabalhador, decorrente do desempenho de suas atividades laborais, quer no acidente típico, quer nas chamadas doenças ocupacionais em sentido genérico.

Isso porque as doenças ocupacionais são consequências da degradação do meio ambiente, decorrendo dos danos maiores ao meio ambiente de trabalho, de modo que o empregador deve ser responsabilizado objetivamente, com base no § 3º do art. 225 da Constituição e § 1º do art. 14 da Lei n. 6.938/81.

Tal solução coaduna com a principiologia do direito do trabalho, pautado no princípio protetor da figura hipossuficiente do trabalhador, que vende sua força de trabalho em busca da melhoria de sua condição social e da justiça social, cuja principal função é a de corrigir as distorções originadas pelo capitalismo à classe trabalhadora.

Contudo, a principal dificuldade em imputar a responsabilidade ao empregador pela doença ocupacional está em demonstrar o nexo causal em diversas hipóteses.

Isso porque as atividades podem envolver a exposição a substâncias ou fatores ainda não identificados como prejudiciais à saúde do trabalhador.

O art. 21-A da Lei n. 8.213/91 dispõe que a perícia médica do INSS considerará caracterizada a natureza acidentária da incapacidade quando constatar ocorrência de nexo técnico epidemiológico (NTEP) entre o trabalho e o agravo, decorrente da relação entre a atividade da empresa e a entidade mórbida motivadora da incapacidade elencada na Classificação Internacional de Doenças (CID), em conformidade com o que dispuser o regulamento.

Dessa forma, a doença ocupacional decorrente de NTEP é aquela que tem sua incidência estatística e epidemiológica resultante do cruzamento da CID (Classificação Internacional de Doenças) com a atividade da empresa CNAE (Classificação Nacional de Atividades Econômicas), o que gera presunção relativa de acometimento de doença ocupacional pelo trabalhador.

---

(12) *Idem.*
(13) *Idem.*
(14) *Idem.*
(15) DALLEGRAVE NETO, José Affonso. *Responsabilidade Civil no Direito do Trabalho*. São Paulo: LTr, 2008. p. 104 e 105.

Neste sentido é o acórdão julgado pelo TRT15, cujos trechos mais importantes pedimos licença para transcrever:

> No entanto, cumpre ressaltar que, a partir do advento do Nexo Técnico Epidemiológico Previdenciário (NTEP), nos moldes da Lei n. 11.430/2006, a caracterização da natureza acidentária da doença adquirida poderá ocorrer a partir da relação entre a atividade da empresa e a entidade mórbida motivadora da incapacidade. Ou seja, a partir dessa nova disposição legal, uma vez caracterizado o NTEP, a doença do trabalhador passa a ser declarada ocupacional, presumindo-se a existência de nexo causal entre ela e a execução do trabalho no empregador. Trata-se, porém, de presunção do tipo relativa (*juris tantum*), a qual admite a produção de prova em sentido contrário.
>
> Com relação à matéria em questão, Paulo Rogério Albuquerque de Oliveira leciona que "Nos tempo atuais — na complexidade organizacional, psíquica e ambiental em que se desenvolvem as atividades produtivas — dada a natureza multideterminada dos agravos, torna-se praticamente impossível fazer os diagnósticos diferenciais sob a ótica clínica individual, caso-a-caso, isoladamente. Mais ainda quando se considerar a situação de comorbidade.
>
> Soma-se a isso a multifatoriedade que tem no ambiente do trabalho um fator determinante ou condicionante sempre a ser considerado, mas muitas vezes negligenciado exatamente pela falta de uma população de controle que sirva de base comparativa de um método consistente e que abarque demais variáveis socioeconômicas, não apenas anatomoclínicas. Comparece então a epidemiologia como instrumental imprescindível ao deslinde ao considerar cada um dos fatores que contribuem para o desfecho clínico sob investigação. Desfechos esses muitas vezes desconhecidos, ausentes dos compêndios da medicina, pelo simples fato de que tais fatores são decorrentes de tecnologia, matéria-prima ou novos modos de produção ou ainda substâncias inéditas, que estão associados a denominações inespecíficas como deficiência, transtorno ou síndrome. (grifo nosso).
>
> E continua, mais adiante, dizendo que "A abordagem coletiva, epidemiológica, complementa a abordagem individual da clínica, em matéria de saúde do trabalhador, porque integra as variáveis socioeconômicas (epidemiologia social) sintetizadas pela CNAE" (Classificação Nacional das Atividades Econômicas) "àquelas patológicas da epidemiologia clínica, baseadas na CID" (Classificação Internacional da Doença) "e com isso tende a se aproximar mais da realidade".
>
> Destarte, "ao se acrescentar o epidemiológico ao nexo técnico, assumindo que a perspectiva coletiva das múltiplas dimensões em que está inserido o trabalhador é forte suficiente para estimar o quão doentio ou saudável é um ambiente de trabalho, um processo produtivo ou uma forma organizacional de uma empresa, compartilhados pela CNAE. O novo olhar que intitula esta tese decorre exatamente dessa perspectiva coletiva que se sobrepõe à individual, sem desconsiderá-la.
>
> Não importa o desequilíbrio fisiológico, orgânico, funcional ou psíquico do ser humano trabalhador segundo a patogênese, fisiopatologia, anatomoclínica, propedêutica e semiologia médica, ao ponto de fazer um diagnóstico CID, mas, principalmente, o quão desequilibrado, e susceptível a produzir agravos à saúde, está o meio ambiente do trabalho em suas dimensões e interveniências sociais, econômicas, entre outras, representadas sinteticamente pela CNAE e cotejamento com a variável analítica CID."
>
> Nessa esteira, não bastasse a conclusão pericial levada a efeito, o próprio NTEP, supra aludido, que é resultante, basicamente, do cruzamento entre os múltiplos diagnósticos apurados no país e as diversas atividades profissionais em que envolvidas as vítimas, pressupõe que o ambiente bancário de trabalho seja estressante ou caracterizado por grande pressão por metas e resultados. (Processo n. 296-20.2012.5.15.0079 — RTOrd, TRT 15, AUTOR: ADJAIR TREVIZANI RÉU: BANCO BRADESCO S.A. JULGAMENTO: 28.11.2013, às 17h).

Contudo, o que fazer para os casos inovadores em que as doenças não são imputadas ao trabalho, lembrando que estas são diagnosticadas por médicos e, para que a sua origem profissional seja reconhecida, o diagnóstico de doenças profissionais exige conhecimentos e experiência específicos, nem sempre disponíveis em muitos países em vias de desenvolvimento?

Solução encontrada é a aplicação da teoria da concausa, a qual vem sendo amplamente aceita pela jurisprudência, indo ao encontro do princípio da restituição integral.

Segundo entendimento do TST, desde a edição do Decreto n. 7.036/44, o ordenamento jurídico pátrio admite a teoria da concausa prevista, expressamente, na atual legislação, no art. 21, inciso I, da Lei n. 8.213/91.

Desse modo, se as condições de trabalho, a que se submete o trabalhador, embora não sendo a causa única, contribuirem diretamente para a redução ou perda da sua capacidade laborativa, deve-lhe ser assegurada a indenização pelos danos sofridos.

Isso porque, embora as doenças ocupacionais possam advir de causas múltiplas, nem por isso perdem o enquadramento de doença ocupacional, conforme prevê o artigo supracitado, de modo que, para a responsabilização do empregador, nos casos envolvendo danos morais em virtude daquela, o nexo concausal é suficiente para configurar o dever de indenizar.

Nesse sentido vem se manifestando a jurisprudência:

> RECURSO DE REVISTA — ACIDENTE DO TRABALHO — NEXO DE CONCAUSALIDADE. Segundo a previsão do art. 21, I, da Lei n. 8.213/91, equipara-se ao acidente do trabalho o acidente ligado ao trabalho que, embora não tenha sido a causa única, haja contribuído diretamente para a morte do segurado, para a redução ou perda da sua capacidade para o trabalho, ou produzido lesão que exija atenção médica para a sua recuperação. Não obstante o Tribunal *a quo* sustentar que, *in casu*, não restou demonstrado o nexo causal — uma vez que a autora era portadora de doença preexistente —, da leitura dos autos verifica-se facilmente que as atividades desenvolvidas pela reclamante funcionaram como concausa do acidente de trabalho. Como expressamente consignado pelas instâncias inferiores, a perícia demonstrou o agravamento da lesão preexistente (escoliose) pela atividade laboral de caixa, que exige movimento de rotação de tronco (coluna) sob seu eixo, e que a reclamante não possui o biótipo adequado para a função de caixa de supermercado. Recurso de revista conhecido e provido. (Processo: RR n. 23.300-32.2007.5.14.0001 Data de Julgamento: 7.12.2011, Relator Ministro: Luiz Philippe Vieira de Mello Filho, 1ª Turma, Data de Publicação: DEJT 16.12.2011).
>
> AGRAVO EM AGRAVO DE INSTRUMENTO EM RECURSO DE REVISTA. DOENÇA DEGENERATIVA. ACIDENTE DE TRABALHO. CONCAUSA. A doença degenerativa não deve ser analisada de forma estanque, mas aliada às condições de trabalho, com o fito de se evidenciar a existência de concausa, como no caso presente, o que faz com que a hipótese fática se subsuma ao contido no art. 21, I, da Lei n. 8.213/91. O empregado tem direito à estabilidade provisória, segundo o disposto no art. 118 da citada legislação. MULTA DO Art. 475-J DO CPC. A matéria não foi prequestionada no acórdão regional. Incidência da Súmula n. 297 do TST. Agravo a que se nega provimento.(TST — AgR-AIRR ns. 1247007520085200005 e 124700-75.2008.5.20.0005, Relator: Pedro Paulo Manus, Data de Julgamento: 6.2.2013, 7ª Turma, Data de Publicação: DEJT 15.2.2013).

Não obstante, é aplicável ainda a inversão do ônus quanto à prova do nexo causal, cabendo ao empregador a comprovação de que não houve qualquer relação entre a atividade desempenhada e a doença adquirida.

Tal fato é consequência direta do princípio da isonomia substancial e da proteção, características essenciais do Direito do Trabalho, também consagrado pelo Código de Defesa do Consumidor, no art. 6º, VIII, que traz, diante da hipossuficiência, a figura da inversão do ônus da prova.

Esses dois ordenamentos, ramos do Direito Social, contemplam o Direito como um instrumento de Justiça Social e, como tal:

> Quando se fala em direito, que fora especificamente criado, com o objetivo de inibir as injustiças provocadas pela desigualdade negocial entre trabalhadores e empresários, como ocorreu com o Direito do Trabalho, a própria sobrevivência deste direito como ramo jurídico autônomo está condicionada à preservação de seu princípio básico, qual seja a preocupação com a Justiça Social. Um direito do trabalho que, na aplicação concreta, produza resultados injustos, perde, plenamente o seu sentido[16].

---

(16) SOUTO MAIOR, Jorge Luiz. *Curso de direito do trabalho* — teoria geral do direito do trabalho. v. I, Parte I. São Paulo: LTr, 2011. p. 558.

Jorge Luiz Souto Maior defende que o Direito Social pode ser compreendido como "*a ordem social que se contrapõe à ordem econômica que é imposta pelas relações de poder capitalistas*".[17]

Nas lições de François Ewald, citado por Souto Maior:

> Uma característica do direito social é o procurar inverter o raciocínio jurídico: não pensar uma situação em função das categorias jurídicas abstratas do direito civil, mas em função das suas características concretas. Tirar, de algum modo, o direito do facto. O sujeito de direito cede o seu lugar ao assalariado, ao consumidor, ao profissional.[18]

Por todo o exposto, o Direito do Trabalho deve ser visto sob o aspecto do trabalhador como parte hipossuficiente da relação jurídica, do princípio da vedação ao retrocesso e da busca da justiça social.

Sendo assim, pauta-se o presente trabalho pela aplicabilidade do princípio da proteção ao trabalhador, sendo imputada a responsabilização patronal objetiva nas hipóteses de doença ocupacional e a inversão do ônus da prova para comprovação do nexo de causalidade, cabendo ao empregador demonstrar que não houve relação entre a atividade desempenhada e a doença adquirida, como forma de garantir o Direito Social e afastar injustiças e quimeras criadas pelo próprio sistema.

A interpretação em sentido contrário, além de dificultar a prova nas mesas de audiência, sendo prejudicial ao empregado, parte hipossuficiente da relação jurídica, nega o Direito Social e a principal função do direito do trabalho em promover a justiça social e a melhoria da condição social do empregado, que a obtém mediante a venda de sua força de trabalho, esperando obter, além do salário, um respaldo do Estado e do Direito quanto à sua saúde, segurança e integridade física e psíquica.

Para Rodolfo Pamplona Filho, citado por Jorge Luiz Souto Maior:

> É inexplicável admitir a situação de um sujeito que, por força de lei, assume os riscos da atividade econômica e por exercer uma determinada atividade (que implica, por sua própria natureza, em risco para os direitos de outrem), responde objetivamente pelos danos causados. Ainda assim, em relação aos seus empregados, tenha o direito subjetivo de somente responder, pelo seus atos, se os hipossuficientes provarem culpa. A aceitar tal posicionamento, vemo-nos obrigados a reconhecer o seguinte paradoxo: o empregador, pela atividade exercida, responderia objetivamente pelos danos por si causados, mas, em relação a seus empregados, por causa de danos causados justamente pelo exercício da mesma atividade que atraiu a responsabilidade objetiva, teria um direito a responder subjetivamente. Desculpe-nos, mas é 'muito para o nosso fígado'.[19]

5 CONCLUSÃO

O Direito do Trabalho, como braço do Direito Social, tem como pilares o princípio da vedação ao retrocesso, a melhoria da condição social do trabalhador e a aplicação da norma mais benéfica, de modo que possa oferecer ao trabalhador todo o aparato apto a aplicar concretamente essa principiologia, em especial, no que se refere às doenças ocupacionais, hábil a conceder uma resposta efetiva ao combate destas e a erradicação desses números tão alarmantes.

---

(17) *Idem*, p. 561.
(18) *Idem*, p. 560.
(19) PAMPLONA FILHO, Rodolfo. Responsabilidade civil nas relações de trabalho e no novo Código Civil Brasileiro, *Revista do Tribunal Superior do Trabalho*, jan/jun 2004. p. 115, citado por SOUTO MAIOR, Jorge Luiz. *Curso de direito do trabalho* — teoria geral do direito do trabalho. v. I, Parte I. São Paulo: LTr, 2011. p. 683.

O empregador ao admitir o empregado insere-o em seu modo de produção e usufrui da sua força de trabalho, em troca apenas da contraprestação salarial, submetendo-o ao seu poder de direção, objetivando incremento na produção e, dessa forma, o lucro.

Partindo da premissa de que quem tem o bônus tem o ônus, caso seja desenvolvida doença ocupacional diante da atividade exercida, é de sua inteira responsabilidade indenizar esse trabalhador, sem que haja discussão se incorreu em dolo ou culpa, se foi hipótese de ato inseguro do empregado, ou que lhe seja imputada a comprovação do nexo causal, por ser considerada essa, prova diabólica.

Não se trata de adotar uma postura subversiva, mas de adotar as ferramentas disponibilizadas pelo próprio sistema, o qual evoluiu, trazendo sistematizado e normatizado o instituto da responsabilidade objetiva e o da inversão do ônus da prova, sendo esses compatíveis com a principiologia do direito trabalhista e, como tal, perfeitamente aplicáveis.

Além disso, o Direito do Trabalho como Direito Social, deve ser analisado sob a ótica do empregado, parte hipossuficiente, de modo que, por meio dele, se possa garantir a concessão dos direitos trabalhistas pelos meios jurídicos adequados, priorizando a principiologia desse ramo especializado ao privilegiar o trabalhador em detrimento do capital, nunca se esquecendo dos fatos históricos que encetaram a criação dessa Justiça especializada.

6 REFERÊNCIAS BIBLIOGRÁFICAS

CAMPOS, Flávio de; MIRANDA, Renan Garcia. *A escrita da história*. São Paulo: Escala Educacional, 2005.

DALLEGRAVE NETO, José Affonso. *Responsabilidade civil no direito do trabalho*. 3. ed. São Paulo: LTr, 2008.

DINIZ, Maria Helena. *Curso de direito civil brasileiro*. v. VII. 17. ed. São Paulo: Saraiva. 2003.

Elementos para uma nova cultura em segurança e saúde do trabalho, disponível em <http://www.scielo.br/pdf/rbso/v32n115/14.pdf>. Acessado em: 15 mar. 2014.

GONÇALVES, Carlos Roberto. *Responsabilidade civil*. 6. ed. São Paulo: Saraiva, 1995.

HUBERMAN, Leo. *História da riqueza do homem*. 21. ed. São Paulo: LTC, 1986.

MELO, Raimundo Simão. *Direito ambiental do trabalho e a saúde do trabalhador*. São Paulo: LTr, 2004.

OLIVEIRA, Sebastião Geraldo. *Proteção jurídica à saúde do trabalhador*. 6. ed. São Paulo: LTr, 2011.

SAFETY AND HEALTH AT WORK from OIT. Disponível em: <http://www.ilo.org/global/topics/safety-and-health-at-work/lang--en/index.htm>. Acessado em: 18 mar. 2014.

Segurança e medicina do trabalho — Legislação. 4. ed. rev., atual. e ampl./[organizador] Gustavo Filipe Barbosa Garcia. Rio de Janeiro: Forense; São Paulo: Método, 2012.

SILVA, Homero Batista Mateus da. *Direito do trabalho aplicado*. v. 3: *segurança e medicina do trabalho, trabalho da mulher e do menor*. Rio de Janeiro: Elsevier, 2009.

SOUTO MAIOR, Jorge Luiz. *Curso de direito do trabalho*, v. 1 parte 1. São Paulo: LTr, 2011.

STOCO, Rui. *Tratado de responsabilidade civil*. 7. ed. São Paulo: Revista dos Tribunais, 2007.

VENOSA, Sílvio de Salvo. *Direito civil*. v. I. 2. ed. São Paulo: Atlas, 2002.

_____ . *Direito civil*. v. IV. 2. ed. São Paulo: Atlas, 2002.

RESPONSABILIDADE DO EMPREGADOR PELOS ACIDENTES DE TRABALHO — EVOLUÇÃO HISTÓRICA E LEGISLATIVA

Raimundo Simão de Melo[(*)]

1. INTRODUÇÃO

O nosso objetivo com esse breve artigo doutrinário é fazer algumas reflexões e análise sobre a evolução da responsabilidade civil do empregador nos acidentes de trabalho no Brasil.

De acordo com o art. 114 da Constituição Federal (*caput* e inciso VI), Súmula n. 736 do STF e decisão proferida no Conflito de Competência n. 7.204, pelo STF, a competência para julgar as questões envolvendo a prevenção e reparações por danos ao meio ambiente e por acidentes do trabalho passou para a Justiça do Trabalho. Em 2011 o C. TST desencadeou importante campanha pelo trabalho seguro em todo o Brasil, envolvendo juízes, advogados, Ministério Público, outros órgãos públicos, trabalhadores, empregadores, sindicatos e demais interessados no assunto. Em razão disso, avolumou-se o interesse nessa área sobre as responsabilidades do empregador pelos danos ao meio ambiente e à saúde dos trabalhadores.

Por isso, no presente trabalho será feita uma breve abordagem a respeito dessas e de outras questões, as quais passaram a aflorar diariamente nas lides coletivas e individuais perante a Justiça do Trabalho no Brasil.

2. TUTELA CONSTITUCIONAL DO MEIO AMBIENTE DO TRABALHO E DA SAÚDE DOS TRABALHADORES

A Constituição Federal de 1988, no *caput* do art. 225, buscou tutelar todos os aspectos do meio ambiente (natural, artificial, cultural e do trabalho), afirmando que:

(*) Consultor Jurídico e Advogado. Procurador Regional do Trabalho aposentado. Doutor e Mestre em Direito das relações sociais pela PUC/SP. Professor de Direito e de Processo do Trabalho. Membro da Academia Nacional de Direito do Trabalho. Autor de livros jurídicos, entre eles, "Direito ambiental do trabalho e a saúde do trabalhador" e "Ações acidentárias na Justiça do Trabalho".

Todos têm direito ao meio ambiente ecologicamente equilibrado, bem de uso comum do povo e essencial à sadia qualidade de vida, impondo-se ao Poder Público e à coletividade o dever de defendê-lo e preservá-lo para as presentes e futuras gerações.

Dois são os objetos de tutela ambiental constantes da nossa Lei Maior: a qualidade do meio ambiente em todos os seus aspectos e a saúde, segurança e bem-estar do cidadão, expressos nos conceitos *vida em todas as suas formas* (Lei n. 6.938/81, art. 3º, inciso I) e *qualidade de vida* (CF, art. 225, *caput*)[1].

O meio ambiente do trabalho é o local onde as pessoas desempenham suas atividades laborais, sejam remuneradas ou não, cujo equilíbrio está baseado na salubridade do meio e na ausência de agentes que comprometam a incolumidade física e mental dos trabalhadores, independentemente da condição que ostentem (sejam homens ou mulheres, maiores ou menores de idade, empregados regidos pela CLT, servidores públicos, trabalhadores autônomos, empregados domésticos etc.).

O meio ambiente do trabalho adequado e seguro é um dos mais importantes e fundamentais direitos do cidadão trabalhador, o qual, se desrespeitado, provoca agressão a toda a sociedade, que, finalmente, comporta as suas nefastas consequências.

A Constituição Federal de 1988 priorizou e incentivou a prevenção dos riscos nos ambientes do trabalho e dos consequentes riscos de acidentes de trabalho, dizendo (art. 7º, inciso XXII) que:

É direito do trabalhador urbano e rural, a redução dos riscos inerentes ao trabalho, por meio de normas de saúde, higiene e segurança.

O objetivo da Lei Maior é obrigar o empregador a cumprir as normas de saúde, segurança e higiene do trabalho, prevenir os riscos e evitar os males para a saúde e integridade física e psíquica dos trabalhadores.

Nessa ótica insere-se um novo contexto em que se prioriza a prevenção em detrimento das reparações de caráter individual, que, por mais vantajosas que sejam, jamais ressarcirão os prejuízos decorrentes dos acidentes de trabalho que, inexoravelmente, atingem os trabalhadores nos aspectos humanos, sociais e econômicos; atingem as empresas financeiramente, e o próprio Estado, que responde, finalmente, pelas mazelas sociais decorrentes.

A prevenção dos riscos nos ambinetes de trabalho visa precipuamente à tutela da vida e da dignidade humana dos trabalhadores. Nesse sentido, estabelece a Constituição Federal de 1988 (arts. 1º e 170), como fundamentos do Estado Democrático de Direito e da ordem econômica os *valores sociais do trabalho, a dignidade da pessoa humana* e *o respeito ao meio ambiente*. Desrespeitado esse bem, fixa a Carta Maior a obrigação de reparação em todos os seus aspectos administrativos, penais e civis, além dos de índole estritamente trabalhista, como previsto em outros dispositivos constitucionais e legais. Essa responsabilidade, como estabelecem os arts. 225, § 3º da Constituição e 14, § 1º da Lei n. 6.938/81 (Lei de Política Nacional do Meio Ambiente), é de natureza objetiva e solidária, como será examinado no decorrer deste trabalho.

Não obstante a existência de todo um arcabouço jurídico protetivo, ainda é preocupante a situação brasileira em termos de proteção da saúde dos trabalhadores, haja vista os altos índices de acidentes de trabalho registrados pela Previdência Social (em 2010, mais de 700 mil acidentes de trabalho, mais de 80 mil trabalhadores mutilados, mais de 2.500 mortes).

Considerando esses graves fatos, o Tribunal Superior do Trabalho lançou no ano de 2011 uma campanha de prevenção de acidentes de trabalho, que tem propiciado a discussão sobre o tema envolvendo vários parceiros públicos e privados e despertado a opinião pública para a grave questão dos acidentes de trabalho e as nefastas consequências jurídicas, humanas, sociais e econômicas decorrentes. Por conta dessa

---

(1) *In*: nosso *Direito ambiental do trabalho e a saúde do trabalhador — responsabilidades*. 3. ed. São Paulo: LTr, 2008. p. 14.

campanha o tema da prevenção dos acidentes de trabalho vem sendo discutido no Brasil inteiro e certamente em algum tempo produzirá seus efeitos positivos com a diminuição dos acidentes de trabalho, que é o seu objetivo maior.

3 RESPONSABILIDADE DO EMPREGADOR PELOS DANOS AO MEIO AMBIENTE DO TRABALHO

Visando à proteção dos ambientes de trabalho seguros e da saúde dos trabalhadores, a Constituição de 1988 estabeleceu responsabilidades compartilhadas entre a sociedade e o Poder Público na proteção e tutela do meio ambiente, nele incluído o do trabalho. Assim, a responsabilidade pelos danos ao meio ambiente do trabalho e à saúde do trabalhador é solidária de todos aqueles que fazem parte da cadeia produtiva, como ocorre nas relações de consumo.

Depois da Constituição Federal, um dos mais importantes instrumentos de tutela do meio ambiente é a Lei n. 6.938/81, que, ao lado de outros dispositivos constitucionais e legais (CLT e Portaria n. 3.214/77 do MTE), forma o arcabouço de proteção ao meio ambiente do trabalho e à saúde dos trabalhadores.

Quanto aos danos ambientais propriamente ditos, o entendimento predominante, com apoio na lei (CF, art. 225, § 3º e Lei n. 6.938/81, art.14, § 1º), é de que a responsabilidade do empregador é objetiva e solidária.

Com efeito, a Lei n. 6.938/81 estabeleceu no art. 14, § 1º, que:

"Sem obstar a aplicação das penalidades previstas neste artigo, é o poluidor obrigado, independentemente da existência de culpa, a indenizar ou reparar os danos causados ao meio ambiente e a terceiros, afetados por sua atividade" (grifados).

A Constituição de 1988, quanto ao sistema de responsabilidade civil ambiental, preconiza no § 3º do art. 225 a responsabilidade objetiva:

"As condutas e atividades consideradas lesivas ao meio ambiente sujeitarão os infratores, pessoas físicas ou jurídicas, a sanções penais e administrativas, independentemente da obrigação de reparar os danos causados".

1. A responsabilidade civil ambiental é, pois, objetiva e se baseia na teoria do risco integral, pela qual o agente responde pelos danos decorrentes da sua atividade, independentemente de ser ela lícita ou ilícita, autorizada ou não pelos Poderes Públicos. Ou seja, quem causar dano ao meio ambiente responde, sempre, objetivamente, porque o bem protegido é a vida ou a sadia qualidade de vida (CF, art. 225 e Lei n. 6.938/81, art. 3º), como reconhecem a doutrina e a jurisprudência.

4 RESPONSABILIDADE DO EMPREGADOR PELOS DANOS À SAÚDE DOS TRABALHADORES NOS ACIDENTES DE TRABALHO

Se para os danos causados ao meio ambiente, nele incluído o do trabalho (CF, art. 200, inciso VII), a responsabilidade civil é objetiva, diferentemente ocorre em relação aos danos à saúde dos trabalhadores decorrentes dos acidentes de trabalho, imperando a responsabilidade subjetiva, baseada na culpa do agente, o que vem desde as suas origens no nosso direito.

2. Foi o Decreto n. 7.036/1944 (art. 31) que inaugurou a responsabilidade civil do empregador nos acidentes de trabalho, mas somente para o caso de dolo. A jurisprudência, com apoio na doutrina, marchando adiante dos códigos legais, levou à edição, pelo STF, em 1963, da Súmula n. 229, com o seguinte teor:

3. "A indenização acidentária não exclui a do direito comum, em caso de dolo ou culpa grave do empregador".

4. Houve um abrandamento com a inclusão da culpa grave, uma vez que não era fácil provar o dolo do empregador.

5. Mas mesmo assim, também era tarefa difícil provar a culpa grave do empregador, razão pela qual a Constituição Federal de 1988, evoluindo sobre o tema, reconheceu no art. 7º que:

6. "São direitos dos trabalhadores urbanos e rurais, além de outros que visem à melhoria de sua condição social: ... XXVIII — seguro contra acidentes de trabalho, a cargo do empregador, sem excluir a indenização a que este está obrigado, quando incorrer em dolo ou culpa" (grifados).

7. Pelo inciso XXVIII do art. 7º, a responsabilidade do empregador nos acidentes de trabalho existe em qualquer situação de culpa, mesmo a mais leve (negligência, imperícia e imprudência), embora continue, em regra, subjetiva, como reconhece a jurisprudência dominante (Processo TRT2 n. 1.748-2007-482-02-00-7, AC n. 20081048844; 4ª Turma).

Todavia, a regra da responsabilidade civil subjetiva do empregador vem sendo abrandada com o reconhecimento de importantes exceções pela doutrina e pela jurisprudência, especialmente a do TST. A base dessa flexibilização está nos fundamentos modernos da responsabilidade civil, entre os quais a proteção da vítima (e não mais do causador do dano, como nos tempos passados), a proteção da dignidade humana (CF, art. 1º), a valorização do trabalho (CF, art. 170) e a sua finalidade exemplar, pedagógica, punitiva e preventiva.

Nessa nova ótica, visando à melhoria da condição social do trabalhador, à responsabilidade civil decorrente de acidente do trabalho, quanto ao fundamento, aplicam-se, além do inciso XXVIII do art. 7º da Constituição Federal outras disposições legais, reconhecendo-se, pois, casos de responsabilidade objetiva.

1. Duas correntes procuram interpretar o inciso XXVIII do art. 7º da Constituição sobre a responsabilidade civil nos acidentes de trabalho.

2. A primeira faz uma interpretação gramatical do referido dispositivo constitucional e conclui que a responsabilidade civil do empregador é somente subjetiva.

A segunda, ao contrário, faz uma interpretação sistemática e teleológica do inciso XXVIII e acolhe hipóteses de responsabilidade objetiva do empregador.

3. De acordo com essa segunda corrente, são casos de responsabilidade civil objetiva nos acidentes de trabalho, entre outros, aqueles nas atividades de risco (Código Civil, art. 927, parágrafo único), nas doenças ocupacionais decorrentes dos danos ao meio ambiente (§ 3º, do art. 225, da CF e art. 14, § 1º, da Lei n. 6.938/81), no transporte fornecido pelo empregador, no serviço público e nos acidentes decorrentes de ato de terceiro (terceirizações).

4.1 Nas atividades de risco

De acordo com o atual Código Civil brasileiro há duas espécies de responsabilidade civil: a subjetiva e a objetiva. A primeira tem como principal pressuposto a culpa, considerada pelo art. 186 do CC no sentido *lato sensu* (imprudência, imperícia e negligência) e dolo. A segunda, a objetiva, é aquela em que não se exige o pressuposto da culpa e está prevista no parágrafo único do art. 927 do Código Civil, que assim estabelece:

Haverá obrigação de reparar o dano, independentemente de culpa, nos casos especificados em lei, ou quando a atividade normalmente desenvolvida pelo autor do dano implicar, por sua natureza, risco para os direitos de outrem.

Duas questões decorrem do novo enunciado do parágrafo único do art. 927 do Código Civil em relação aos acidentes de trabalho em atividades de risco: se esse novo mandamento se aplica na Justiça do Trabalho, nas ações acidentárias de responsabilidade civil, e o que são atividades de risco.

Na I Jornada de Direito e Processo do Trabalho, promovida pelo TST e pela Anamatra em 2007, foi aprovado o Enunciado n. 37, que assim dispõe sobre o assunto:

RESPONSABILIDADE CIVIL OBJETIVA NO ACIDENTE DE TRABALHO. ATIVIDADE DE RISCO. Aplica-se o art. 927, parágrafo único, do Código Civil nos acidentes do trabalho. O art. 7º, XXVIII, da Constituição da República, não constitui óbice à aplicação desse dispositivo legal, visto que seu *caput* garante a inclusão de outros direitos que visem à melhoria da condição social dos trabalhadores.

Esse entendimento decorre de uma interpretação sistemática e teleológica do *caput* do art. 7º com os dispositivos *supra*, os quais reconhecem a responsabilidade sem culpa. É que o art. 7º diz que "São direitos dos trabalhadores urbanos e rurais, além de outros que visem à melhoria de sua condição social: ... XXVIII — seguro contra acidentes de trabalho, a cargo do empregador, sem excluir a indenização a que este está obrigado, quando incorrer em dolo ou culpa".

Quer dizer que o inciso XXVIII criou um direito mínimo, o qual pode ser alterado ou complementado por outra norma legal, desde que de maneira mais favorável aos trabalhadores, no caso, as vítimas de acidentes de trabalho.

A responsabilidade objetiva, na espécie, fundamenta-se, sobretudo, no primado da proteção da incolumidade da pessoa humana, como nesse sentido vaticinou Pontes de Miranda[2], com as seguintes palavras:

Quando se observa o mundo, em que se acham as esferas jurídicas das pessoas, e se pretende o ideal de justiça baseado na incolumidade de cada uma delas, objetivamente, entende-se que todo o dano deve ser reparado, toda lesão indenizada, ainda que nenhuma culpa tenha o agente.

Trata-se o parágrafo único do art. 927 do CC de importante novidade, adotando expressamente a teoria do risco como fundamento da responsabilidade objetiva, paralelamente à teoria subjetivista.

Essa nova disposição legal, no nosso entendimento, deve ser aplicada nas ações acidentárias, como vem reconhecendo em parte majoritária da jurisprudência trabalhista, especialmente do TST, como se vê do acórdão a seguir ementado:

EMENTA: "DANO MORAL. RESPONSABILIDADE CIVIL DO EMPREGADOR. ACIDENTE DO TRABALHO. 1. O novo Código Civil Brasileiro manteve, como regra, a teoria da responsabilidade civil subjetiva, calcada na culpa. Inovando, porém, em relação ao Código Civil de 1916, ampliou as hipóteses de responsabilidade civil objetiva, acrescendo aquela fundada no risco da atividade empresarial, consoante previsão inserta no parágrafo único do art. 927. Tal acréscimo apenas veio a coroar o entendimento de que os danos sofridos pelo trabalhador, decorrentes de acidente do trabalho, conduzem à responsabilidade objetiva do empregador. 2. A atividade desenvolvida pelo reclamante — teste de pneus — por sua natureza, gera risco para o trabalhador, podendo a qualquer momento o obreiro vir a lesionar-se, o que autoriza a aplicação da teoria objetiva, assim como o fato de o dano sofrido pelo reclamante decorrer de acidente de trabalho. Inquestionável, em situações tais, a responsabilidade objetiva do Empregador" (Processo TST — RR n. 422/2004-011-05-00; Primeira Turma; DJ 20.3.2009; Rel. Min. Lélio Bentes Corrêa).

---

(2) *Tratado de direito privado*, v. 2. p. 385.

Reconhecida a aplicação do parágrafo único do art. 927 nas ações acidentárias, resta a tarefa de enquadrar cada caso concreto como atividade de risco, que é da jurisprudência, com auxílio da doutrina.

A atividade de risco pressupõe maiores probabilidades de danos para as pessoas, o que normalmente já é reconhecido por estatísticas. Os danos são esperados e podem causar prejuízo a alguém, sendo que a natureza da atividade é a peculiaridade que vai caracterizar o risco capaz de ocasionar os acidentes de trabalho.

A atividade de risco é aquela que tem, pela sua característica e natureza, uma peculiaridade que desde já pressupõe a ocorrência de danos para as pessoas. É a atividade que tem, intrinsecamente ao seu conteúdo, um perigo potencialmente causador de dano. O exercício de atividade que possa oferecer algum perigo representa um risco, que o agente assume, de ser obrigado a ressarcir os danos que venham a resultar a terceiros.

Aqui não se trata de qualquer risco, mas, do risco acentuado, que decorre da própria atividade ou da forma como o trabalho é desenvolvido, cujo exemplo é a atividade perigosa descrita no art. 193 da CLT, que diz:

> São consideradas atividades ou operações perigosas, na forma da regulamentação aprovada pelo Ministério do Trabalho e Emprego, aquelas que, por sua natureza ou métodos de trabalho, impliquem **risco acentuado** em virtude de exposição permanente do trabalhador a: ... (grifados).

A atividade de risco, como afirma Cláudio Brandão[3], enquadra-se no risco específico, que se agrava em razão da natureza do trabalho. Assim, o que configura a responsabilidade objetiva pelo risco da atividade nos termos do parágrafo único do art. 927 do novo Código Civil brasileiro não é um risco qualquer, específico, normal e inerente a qualquer atividade produtiva, mas a atividade cujo risco específico, acentuado e agravado em razão da natureza do trabalho, a ela inerente, é excepcional e incomum, embora previsível.

A natureza potencialmente perigosa da atividade de risco é a peculiaridade que a diferencia das outras atividades para caracterizar o risco capaz de ocasionar acidentes e provocar prejuízos indenizáveis, com base na responsabilidade objetiva aludida no art. 927 do Código Civil.

Trata-se, portanto, do risco-probabilidade e não do risco-possibilidade. É o caso, por exemplo, do trabalho no setor de transporte de passageiros e de cargas, porque estatisticamente está provado que essa atividade, pela pontencialidade dos riscos a ela inerentes, provoca altos índices de acidentes de trabalho, inclusive com gravidade para as vítimas (trabalhadores e demais pessoas envolvidas). As probabilidades de o trabalhador no transporte sofrer acidentes de trabalho, como é público e notório, é muito maior do que de um outro trabalhador que não se expõe aos mesmos riscos. Então, se se trata de uma atividade de risco, a responsabilidade do empregador independe de culpa, o qual, para se exonerar da obrigação de indenizar, deverá provar que o acidente ou doença adquirida pelo trabalhador teve outra causa que não o risco da atividade desenvolvida.

A conclusão é que em qualquer situação o empregador tem a obrigação de adotar medidas e cuidados para eliminar os riscos para a saúde e segurança dos trabalhadores, enquanto que nas atividades de risco essa obrigação é maior ainda, diante do risco acentuado e agravado. A única forma de se exonerar da responsabilidade é comprovar que tudo fez e que o acidente ou a doença ocorreu não pelo risco em si da atividade, mas, por culpa exclusiva da vítima.

São nesse sentido as decisões seguintes do C. TST:

EMENTA: "Indenização por danos morais. Motorista carreteiro. Assalto com sequelas físicas e incapacidade para o trabalho. Ação de terceiros. Embora hoje haja verdadeira controvérsia na doutrina e na jurisprudência com o

---

(3) *Acidente do trabalho e responsabilidade civil do empregador.* p. 284 e 357.

fim de afastar a responsabilidade do empregador, por fato de terceiro, ainda que em atividade de risco, a matéria merece uma reflexão mais cuidadosa, na medida em que tal afastamento decorre da possibilidade de o autor vir a ajuizar ação de regresso ao terceiro, causador do dano. Tal entendimento, todavia, no direito do trabalho, não pode ser recepcionado, quando é certo que a responsabilidade pela atividade econômica é do empregador, e não do empregado. A leitura a ser feita da norma inscrita no art. 2º da CLT c/c art. 927, parágrafo único, do CC, em conjunção com os princípios que regem a relação jurídica trabalhista, é no sentido de que a indenização é devida ao empregado e que, eventual ação de regresso, a ser intentada, deverá ser feita pelo empregador, contra aquele cuja conduta ensejou a sua responsabilidade na reparação do dano (TST-RR n. 143.100-77.2008.5.15.0070; Rel. Min. Aloysio Corrêa da Veiga)".

EMENTA: RECURSO DE REVISTA. ACIDENTE DE TRABALHO. DANO MORAL. INDENIZAÇÃO E PENSÃO. A CARACTERIZAÇÃO DE RESPONSABILIDADE OBJETIVA DEPENDE DO ENQUADRAMENTO TÉCNICO DA ATIVIDADE EMPREENDIDA COMO SENDO PERIGOSA. Art. 927, PARÁGRAFO ÚNICO, DO CÓDIGO CIVIL. MOTORISTA DE VIAGEM. 1.1. Condenação ao pagamento de indenização por dano moral e de pensão mensal, baseada na aplicação da responsabilidade objetiva, pressupõe o enquadramento técnico da atividade empreendida como sendo perigosa. 1.2. Os motoristas profissionais, aplicados ao transporte rodoviário enfrentam, cotidianamente, grandes riscos com a falta de estrutura da malha rodoviária brasileira. O perigo de acidentes é constante, na medida em que o trabalhador se submete, sempre, a fatores de risco superiores àqueles a que estão sujeitos o homem médio. Nesse contexto, revela-se inafastável o enquadramento da atividade de motorista de viagem como de risco, o que autoriza o deferimento dos títulos postulados com arrimo na aplicação da responsabilidade objetiva prevista no Código Civil (TST-RR n. 148.100-16.2009.5.12.0035, 16.2.2011, Alberto Luiz Bresciani de Fontan Pereira, Ministro Relator).

No entender do ministro Alberto Luiz Bresciani de Fontan Pereira, relator da decisão *supra*, "a prática de direção de veículo automotivo é exercida rotineiramente pela população em geral e, por sua natureza, não representa inerente risco de vida, ainda que exercida em estradas interestaduais". Contudo, ressaltou a grande probabilidade de ocorrer esse tipo de acidente no caso do motorista profissional, por sua exposição constante ao perigo. Segundo o ministro, os motoristas profissionais "enfrentam, cotidianamente, grandes riscos com a falta de estrutura da malha rodoviária brasileira", elencando fatores de risco como "a existência de curvas perigosas, buracos na pista, pisos irregulares, sinalização inexistente ou insuficiente, falta de acostamento, animais soltos nas estradas e imprudência de outros motoristas". Nesse contexto, entendeu ser devido o enquadramento da atividade de motorista de viagem como de risco.

EMENTA: RECURSO DE REVISTA — DANOS MORAIS — RESPONSABILIDADE OBJETIVA — ATIVIDADE DE RISCO. Aplica-se a responsabilidade civil objetiva quando a atividade do trabalhador é de risco, como no caso dos autos, em que o Autor era vigilante de carro-forte e foi alvejado durante tentativa de assalto. Precedentes da SBDI-I. Recurso de Revista não conhecido (Processo TST-RR n. 400-16.2008.5.3.0134; 9.2.2011, Maria Cristina Irigoyen Peduzzi, Ministra Relatora).

EMENTA: AGRAVO DE INSTRUMENTO. DANO MORAL. TRANSPORTE COLETIVO URBANO. COBRADOR. EXPEDIENTE NOTURNO. ASSALTOS REITERADOS. RESPONSABILIDADE CIVIL OBJETIVA DO EMPREGADOR (DECRETO 2.681, DE 1912). VALOR DA INDENIZAÇÃO. DECISÃO DENEGATÓRIA. MANUTENÇÃO. O novo CC/2002, em seu art. 927, parágrafo único, suscitou uma nova leitura no que tange à responsabilidade civil no âmbito laboral, à luz do art. 7º, *caput*, da CF, porquanto, tratando-se de atividade empresarial, ou de dinâmica laborativa (independentemente da atividade da empresa), fixadoras de risco especialmente acentuado para os trabalhadores envolvidos, desponta a exceção ressaltada pelo dispositivo, tornando objetiva a responsabilidade empresarial por danos acidentários (responsabilidade em face do risco). Todavia, preserva-se a compreensão de ser incabível a responsabilidade objetiva do empregador quando se tratar de acidente submetido ao Código Civil/1916. O caso dos autos trata de acidente de trabalho verificado antes da vigência do Código Civil de 2002, marco geral em que foi inserida expressamente a hipótese de responsabilidade objetiva, conforme explicitado. No entanto, o dano relatado na presente demanda não se insere nas disposições comuns retratadas no Código Civil de 1916, por se tratar de acidente sofrido por cobrador de empresa de transporte coletivo no exercício de suas funções. Na hipótese, é aplicável a Súmula n. 187/STF, segundo a qual "a responsabilidade contratual do transportador, pelo acidente com o passageiro, não é elidida por culpa de terceiro, contra o qual tem ação regressiva". Com efeito, o acidente de trabalho retratado atrai a <u>responsabilidade civil objetiva do transportador rodoviário</u>, a qual prescinde da comprovação de culpa, por força do art. 17 do Decreto n. 2.681, de 7 de dezembro de 1912, aplicável à época do acidente (Processo TST-AIRR n. 1.191.740-19.2007.5.11.0013, 24 de agosto de 2011, Mauricio Godinho Delgado, Ministro Relator).

Nesse último processo discutiu-se o pagamento de indenizações acidentárias a uma cobradora de ônibus assaltada oito vezes enquanto exercia as suas atividades em favor da empregadora, uma empresa de ônibus. Como os fatos ocorreram antes do atual Código Civil, não podendo usar as suas disposições, o TST aplicou, por analogia, a responsabilidade objetiva do transportador, que já era reconhecida em nosso ordenamento jurídico.

Agora, com base no novo diploma civilista, a tendência das Cortes trabalhistas é aplicar a responsabilidade objetiva, independentemente de culpa do empregador, nos casos de assaltos no transporte, que são previsíveis diante da respectiva atividade econômica desenvolvida. Segundo tem sido argumentado, o fato de a segurança pública ser atribuição dos Poderes Públicos, não se pode afastar a responsabilidade da empresa para com seus empregados, porque, na medida em que o empregador aufere lucro em uma atividade que possa causar riscos aos seus empregados, não se sustenta a tese de que a segurança é assunto do Estado, tendo aplicação ainda o art. 2º da CLT, que impõe o risco da atividade a quem o empreende, que é, no caso, o empregador (Processo n. 1.397-64.2011.5.4.0231).

Na decisão seguinte a SDI-I do TST sinalizou com importante precedente da Corte para o futuro a aplicação da responsabilidade objetiva nas atividades de risco, abrindo caminho a ser adotado pela jurisprudência trabalhista nas demais instâncias, que têm a tarefa de enquadrar cada caso no disposto no parágrafo único do art. 927 do Código Civil, sendo exemplos o trabalho em minas, na construção civil, com energia elétrica, em alturas, no transporte (pelo risco da própria atividade e pelo risco que a ela se agrega, como os assaltos no transporte de cigarros, pela procura da mercadoria, e de passageiros, pela busca do dinheiro em poder do cobrador e de carro forte, pelo transporte de altas quantias.

EMENTA: RECURSO DE REVISTA. ACIDENTE DE TRABALHO. DANO MORAL E MATERIAL. RESPONSABILIDADE DA EMPRESA. LER/DORT. CULPA PRESUMIDA. É da teoria do risco da atividade econômica, por força do art. 2º da CLT, que se extrai a responsabilidade do empregador, pois é do trabalho e do risco a ele inerente que o empregado se coloca na situação de sofrer danos, quando apenas cumpre sua obrigação contratual. É incontroverso nos autos que o acidente de trabalho ocorre em razão de atividade de risco, trabalho em máquina em que o autor teve o dedo cortado e, posteriormente, reimplantado. Logo, a culpa empresarial se presume. Existindo nexo de causalidade entre ação e dano, o ônus de demonstrar ausência absoluta de culpa e a culpa exclusiva da vítima, compete à empresa. Recurso de revista conhecido e provido (Processo TST-RR n. 154.785-83.2007.5.15.0016 — SDI-1 — Rel. Min. Aloysio Corrêa da Veiga).

4.2 Nos acidentes em transporte fornecido pelo empregador

Quanto aos acidentes no transporte fornecido pelo empregador o TST reconheceu a responsabilidade objetiva do empregador, aplicando por analogia os arts. 934 e seguintes do Código Civil, que regem a responsabilidade civil do transportador, aqui, não em si na atividade de empregador, mas, como transportador, pois, como afirmado na decisão, se no transporte até as bagagens são protegidas pela responsabilidade objetiva, diferentemente não poderia se dar em relação ao trabalhador, o qual é levado para o serviço em transporte fornecido pelo empregador para prestar serviços em benefício deste.

EMENTA: ACIDENTE DE TRAJETO. TRANSPORTE FORNECIDO PELO EMPREGADOR. RESPONSABILIDADE OBJETIVA. O empregador que assume o transporte do empregado ao local de trabalho, à luz dos arts. 734, 735 e 736 do CC, aplicáveis ao Direito do Trabalho por força do art. 8º da CLT, é responsável objetivamente por eventual acidente ocorrido no trajeto, ainda que por culpa de terceiro. Apesar de aparentemente gratuito, o transporte dos empregados pelo empregador atende a interesse do negócio, ao viabilizar a presença da mão-de-obra no local de serviço, com pontualidade e regularidade, não ensejando qualquer razão para modificar a responsabilidade do transportador. Gustavo Tepedino, Heloisa Helena Barboza e Maria Celina de Moraes lecionam que somente deve ser considerado transporte gratuito (ou benévolo) aquele totalmente desinteressado, não ensejando qualquer retribuição pecuniária, fundado na amizade ou cortesia, sem que haja qualquer prestação correspondente (Código Civil Interpretado, v. II, Ed. Renovar, 2006, pg. 535). Enfocando o art. 734 do Código Civil tem-se que até bagagens são protegidas pela responsabilidade objetiva do transportador, quiçá um trabalhador que é transportado para o local onde prestará sua mão-de-obra, em benefício do empregador, que pelo art. 2º da CLT, assume os riscos do empreendimento (TST-RR n. 9/2006-102-18-00; 15.5.2009; Rel. Min. Rosa Maria Weber Candiota da Rosa).

4.3 Nas doenças ocupacionais

Como visto antes, pelos danos causados ao meio ambiente, incluído o do trabalho, a responsabilidade é sempre objetiva. Assim, não parece lógico que para os danos causados a terceiros, como no caso dos trabalhadores, essa responsabilidade não seja também objetiva, como assegura o art. 14º, § 1º, da Lei n. 6.938/81.

Acolhendo esse entendimento, foi aprovado o Enunciado n. 38 da I Jornada de Direito e Processo do Trabalho, promovida pela AMATRA e pelo TST, com o seguinte teor:

RESPONSABILIDADE CIVIL. DOENÇAS OCUPACIONAIS DECORRENTES DOS DANOS AO MEIO AMBIENTE DO TRABALHO. Nas doenças ocupacionais decorrentes dos danos ao meio ambiente do trabalho, a responsabilidade do empregador é objetiva. Interpretação sistemática dos arts. 7º, XXVIII, 200, VIII, 225, § 3º, da Constituição Federal e do art. 14, § 1º, da Lei n. 6.938/81.

Esse entendimento decorreu do mandamento do *caput* do art. 7º da Constituição Federal, que assegura como direito mínimo dos trabalhadores a responsabilidade subjetiva nos acidentes de trabalho, além de outros direitos que visem à sua melhoria, como, na espécie, a responsabilidade objetiva prevista em lei.

4.4 Nos acidentes de trabalho no serviço público

Estabelece a Constituição Federal no art. 39, § 3º, que "aplica-se aos servidores ocupantes de cargo público o disposto no art. 7º, IV, VII, VIII, IX, XII, XIII, XV, XVI, XVII, XVIII, XIX, XX, XXII e XXX, podendo a lei estabelecer requisitos diferenciados de admissão quando a natureza do cargo o exigir".

Nos direitos mencionados acima não se inclui o inciso XXVIII do art. 7º da Constituição, que preconiza a responsabilidade civil subjetiva nos acidentes de trabalho para os demais trabalhadores.

Assim, a regra a ser aplicada aos servidores públicos quanto à responsabilidade civil nos acidentes de trabalho é a do art. 37, § 6º, que assegura a responsabilidade objetiva dos entes públicos, ao dizer que "as pessoas jurídicas de direito público e as de direito privado prestadoras de serviços públicos responderão pelos danos que seus agentes, nessa qualidade, causarem a terceiros, assegurado o direito de regresso contra o responsável nos casos de dolo ou culpa".

Essa forma de responsabilização civil nos acidentes de trabalho para os servidores públicos já vinha sendo acolhida pela Justiça Comum, como ilustra a decisão seguinte.

EMENTA: "Acidente do trabalho. Indenização pelo direito comum. Teoria do risco administrativo. Art. 37, 6º, da CF. 2. Em face do disposto no art. 37, 6º, da CF, que adotou a teoria do risco administrativo, a obrigação da municipalidade indenizar o dano causado a seu funcionário independe da prova de culpa daquela. Somente a culpa exclusiva da vítima ou força maior eximiriam a administração pública da aludida obrigação, o que não ocorreu na espécie, onde, ademais, restou amplamente demonstrada a sua culpa" (TA do Paraná; Ap. Cível n. 124.761.200; 2ª Câm. Cível; AC n. 10.634; Rel. Juiz Pilde Pugliese, DJ-PR de 27.11.1998).

Esse também foi o entendimento aprovado na I Jornada de Direito do Trabalho:

ENUNCIADO N. 40 — RESPONSABILIDADE CIVIL. ACIDENTE DO TRABALHO. EMPREGADO PÚBLICO. A responsabilidade civil nos acidentes do trabalho envolvendo empregados de pessoas jurídicas de Direito Público interno é objetiva. Inteligência do art. 37, § 6º, da Constituição Federal e do art. 43 do Código Civil.

A conclusão, portanto, é de que nos acidentes de trabalho envolvendo servidores públicos a responsabilidade civil das pessoas jurídicas de direito público e das de direito privado prestadoras de serviços públicos é objetiva (STF-RE n. 591.874; Rel. Min. Ricardo Lewandowski; DJ de 18.12.2009).

4.5 Nos acidentes de trabalhadores terceirizados

A terceirização de serviços é uma realidade no cenário jurídico internacional e também aqui no Brasil, onde não há lei que a regulamente, suprindo essa lacuna a Súmula n. 331/TST, que reconhece a responsabilidade subsidiária do tomador de serviços nas terceirizações, quando este tiver agido com culpa *in eligendo* e *in vigilando*. O caso, na forma da lei civil, é de responsabilidade por ato de terceiro.

A orientação jurisprudencial do TST encontra arrimo no Código Civil de 1916, que regulava a responsabilidade por ato de terceiro nos arts. 1.521, 1.522 e 1.523, dizendo esse último que "Excetuadas as do art. 1.521, V, só serão responsáveis as pessoas enumeradas nesse e no art. 1.522, provando-se que elas concorreram para o dano por culpa, ou negligência de sua parte".

Mas o que muitos não observaram ainda é que o novo Código Civil de 2002 cuidou da responsabilidade por ato de terceiro, de forma totalmente diferente, nos artigos a seguir transcritos:

Art. 932. São também responsáveis pela reparação civil: ... III — o empregador ou comitente, por seus empregados, serviçais e prepostos, no exercício do trabalho que lhes competir, ou em razão dele.

Art. 933. As pessoas indicadas nos incisos I a V do artigo antecedente, ainda que não haja culpa de sua parte, responderão pelos atos praticados pelos terceiros ali referidos.

Art. 942. Os bens do responsável pela ofensa ou violação do direito de outrem ficam sujeitos à reparação do dano causado; e, se a ofensa tiver mais de um autor, todos responderão solidariamente pela reparação.

Enquanto o Código Civil anterior assegurava a responsabilidade subjetiva do empregador ou comitente, o atual estabelece as responsabilidades objetiva (art. 933) e solidária (art. 942).

Nova tendência da jurisprudência sobre o assunto no tocante especificamente aos acidentes de trabalho começa a surgir, como ilustra a decisão seguinte:

EMENTA: "RESPONSABILIDADE CIVIL — TOMADOR DE SERVIÇOS — DOENÇA PROFISSIONAL — A apuração da existência de responsabilidade civil por doença profissional adquirida, liga-se diretamente ao preceito constitucional de proteção dos trabalhadores contra os riscos inerentes ao trabalho (art. 7º, XXII, CR/88). Trata-se de normas de saúde, higiene e segurança do trabalho, indisponíveis aos empregados, sendo de observância obrigatória tanto dos empregadores quanto daqueles que se beneficiam do trabalho obreiro, como o tomador de serviços" (Processo TRT3 n. 1.212-2005-060-03-00-4; 2ª T. Rel. Des. Jorge Berg de Mendonça; DOE 4.5.2007).

O tema foi tratado na I Jornada de Direito e Processo do Trabalho, *in verbis:*

ENUNCIADO N. 44 — RESPONSABILIDADE CIVIL. ACIDENTE DO TRABALHO. TERCEIRIZAÇÃO. SOLIDARIEDADE. Em caso de terceirização de serviços, o tomador e o prestador respondem solidariamente pelos danos causados à saúde dos trabalhadores. Inteligência dos arts. 932, III, 933 e 942, parágrafo único, do Código Civil e da Norma Regulamentadora 4 (Portaria n. 3.214/77 do Ministério do Trabalho e Emprego).

5 CONCLUSÕES

No Brasil os índices de acidentes de trabalhos ainda são altos e preocupantes, porque, além das atividades perigosas, com riscos acentuados, muitos empregadores não estão adotando ainda as medidas de prevenção dos riscos, como exigem a lei e o bom-senso, acarretando incalculáveis prejuízos e consequências de todas as ordens para as vítimas, a sociedade e para as próprias empresas.

Talvez por isso vem-se alargando o entendimento de que à responsabilidade pelos danos causados à saúde e integridade física e psíquica dos trabalhadores, quanto ao fundamento, aplicam-se não só o inciso XXVIII do art. 7º da Constituição, que estabelece a responsabilidade civil subjetiva, mas também outros dispositivos legais e constitucionais, com o reconhecimento de importantes casos de responsabilidade civil objetiva, como demonstrado neste trabalho doutrinário, inclusive com a jurisprudência recente do C. TST.

A evolução do tema visando à proteção das vítimas de acidentes de trabalho tem sido grande e rápida, especialmente depois que as ações acidentárias passaram a ser julgadas pelos Juízes do Trabalho, os quais vivem mais de perto o dia a dia dos ambientes de trabalho ruins e das suas consequências nefastas para os trabalhadores, para a sociedade e para as próprias empresas.

6 REFERÊNCIAS BIBLIOGRÁFICAS

ALVES, Cleber Francisco. *O princípio constitucional da dignidade da pessoa humana*: o enfoque da doutrina social da Igreja. Rio de Janeiro: Renovar, 2001.
BRANDÃO, Cláudio. *Acidente do trabalho e responsabilidade civil do empregador.* 3. ed. São Paulo: LTr, 2009.
BRANDÃO, Mônica de Amorim Torres. *Responsabilidade civil do empregador no acidente do trabalho.* São Paulo: LTr, 2007.
FLORINDO, Valdir. *Dano moral e o direito do trabalho.* 3. ed. São Paulo: LTr, 1999.
JÚNIOR, José Cairo. *O acidente do trabalho e a responsabilidade civil do empregador.* 4. ed. São Paulo: LTr, 2008.
MARTINS, João Vianey Nogueira. *O dano moral e as lesões por esforços repetitivos.* São Paulo: LTr, 2003.
MELO, Raimundo Simão. *Direito ambiental do trabalho e a saúde do trabalhador.* 5. ed. São Paulo: LTr, 2013.
_____ . *Ações acidentárias na Justiça do Trabalho.* 2. ed. São Paulo: LTr, 2012.
PADILHA, Norma Sueli. *Do meio ambiente do trabalho equilibrado.* São Paulo: LTr, 2002.
OLIVEIRA, Sebastião Geraldo de. *Proteção jurídica à saúde do trabalhador.* 2. ed. São Paulo: LTr, 1998.

ATO INSEGURO, CULPABILIZAÇÃO DAS VÍTIMAS E O PAPEL DO NEXO DE CAUSALIDADE NA RESPONSABILIDADE POR ACIDENTES DO TRABALHO

Alessandro da Silva[*]

1. INTRODUÇÃO

As mortes de operários ocorridas em obras de estádios que serão utilizados na Copa do Mundo de 2014 explicitam o quanto a culpabilização da vítima persiste como o método predominante de análise de acidentes em nosso país[1]. Em regra o evento é atribuído a alguma ação negligente cometida pelo acidentado, motivo pelo qual ele próprio deveria arcar com todos os ônus daí decorrentes.

Trata-se de uma análise superficial fundada na teoria do ato inseguro, que ignora os métodos mais modernos de abordagem de acidentes, impede que sejam tomadas ações efetivas de prevenção e retira a responsabilidade daqueles que deveriam responder pelos danos. Um caso de violência social tolerado, senão invisível, que desafia toda a sociedade brasileira, mas em particular aqueles que lidam com essa problemática em seu cotidiano profissional.

Como essa verdadeira cultura da impunidade se consolidou em nosso país, tanto nos meios técnicos como na consciência dos próprios trabalhadores? Quais os instrumentos utilizados nessa empreitada e quais os atores que os disseminaram? Com que mecanismos jurídicos é levado a cabo o processo de responsabilização da própria vítima?

O presente artigo busca responder a essas perguntas e apontar caminhos para a construção de uma abordagem com fundamentos técnicos e que atenda de forma mais efetiva aos imperativos de justiça na análise dos acidentes do trabalho em nosso país.

(*) Juiz do Trabalho em Santa Catarina, mestrando em Direito do Trabalho na Faculdade de Direito da USP, pesquisador do Grupo Trabalho e Capital, vinculado ao Departamento do Direito do Trabalho e Seguridade Social da FADUSP.
(1) No dia seguinte à morte de mais um trabalhador nas obras da Arena Corinthians, o delegado que investiga o caso já deu seu veredito: "Delegado diz que negligência com segurança causou acidente no Itaquerão". Disponível em: <http://copadomundo.uol.com.br/noticias/redacao/2014.3.30/delegado-diz-que-negligencia-com-seguranca-causou-acidente-no-itaquerao.htm>. Acesso em: 30.3.2014.

2 A FUNDACENTRO E A POLÍTICA DO REGIME MILITAR EM SAÚDE E SEGURANÇA DO TRABALHO

Nossa primeira Lei de Acidentes do Trabalho foi o Decreto-legislativo n. 3.724/1919, fruto da grande mobilização dos trabalhadores da época, que acolheu a tese da teoria do risco profissional, estabelecendo uma responsabilidade do empregador de indenizar o acidente do trabalho, sem avaliação da culpa.

A matéria voltou a ser objeto de nova regulação em 1934[2] e em 1944[3], em normas que estabeleceram a obrigatoriedade do seguro contra acidentes do trabalho e reconheceram a existência das doenças ocupacionais.

O regime instituído a partir do golpe de 1964 promoveu várias alterações na legislação relativa à reparação dos acidentes e à questão da segurança, medicina e higiene do trabalho, dentre as quais destaca-se a Lei n. 5.161 de 21 de outubro de 1966, que autorizou a instituição da Fundação Centro Nacional de Segurança, Higiene e Medicina do Trabalho (Fundacentro), com duas incumbências efetivas: **assessorar tecnicamente o governo na elaboração da legislação infortunística e formar profissionais especializados na área para anteder o que demandavam os preceitos legais.**

Logo em seguida o governo militar desonerou as empresas dos custos com os acidentes do trabalho, por meio da Lei n. 5.316/67, que estatizou o seguro e repassou seu custeio para toda a sociedade por meio da Previdência Social. Em 1976 a Lei n. 6.367 reduziu o valor dos benefícios e excluiu a reparação de alguns casos de acidentes e da maior parte das doenças ocupacionais. Essas alterações revelam que o regime estava comprometido em aumentar as taxas de lucro das empresas e não em promover a saúde e segurança no trabalho. Tanto é assim que essas normas não eram fiscalizadas pelo Poder Público e tampouco pelo movimento sindical, que havia sofrido forte intervenção, com perseguição, prisão e execução dos dirigentes mais atuantes.

O discurso oficial difundia ainda a ideia de que a industrialização acelerada seria uma das principais causas do grande número de acidentes, em razão da cultura ainda rural dos trabalhadores empregados na indústria, não acostumados a lidar com a complexa maquinaria.

Assim o problema era atribuído ao "despreparo" e à "desinformação" do trabalhador[4], quadro que somente seria alterado com a **educação da força de trabalho**. Também havia uma naturalização do perigo, pois os acidentes eram considerados uma fatalidade inerente ao próprio trabalho.

Nesse contexto, coube à Fundacentro legitimar o discurso oficial na área de saúde e segurança no trabalho, por meio de argumentos supostamente técnicos, em particular a **teoria do ato inseguro.**

3 A TEORIA DO ATO INSEGURO E OS MODERNOS MÉTODOS DE ANÁLISE DE ACIDENTES

Os técnicos da Fundacentro foram buscar em estudos desenvolvidos por Herbert Heinrich nos anos 30, a teoria do **ato inseguro**, sobre a qual foram estabelecidos os fundamentos da política que colocava a educação do trabalhador como solução para prevenir os acidentes do trabalho.

Fábio de Oliveira relata que:

Para Heinrich o acidente seria causado por uma cadeia linear de fatores, como uma sequência de dominós justapostos, que culminaria na lesão. A primeira peça do dominó seria os "fatores sociais e ambientais prévios"

---
(2) Decreto-lei n. 24.637/34.
(3) Decreto-lei n. 7.036/44.
(4) SANTOS, Laurita Andrade Sant'anna dos. *O trabalhador imprevidente*: estudo do discurso da Fundacentro sobre o acidente de trabalho. Dissertação de Mestrado em Ciências Sociais — Programa de Pós-Graduação em Ciências Sociais, Pontifícia Universidade Católica de São Paulo, São Paulo. 1991. p. 73.

responsáveis pela formação do caráter dos operários. A segunda peça, os comportamentos inadequados dos trabalhadores, frutos de características herdadas ou adquiridas. Esses comportamentos inadequados poderiam vir a constituir-se em atos inseguros, isto é, em comportamentos de risco que, juntamente com a presença de condições inseguras (atos e condições inseguros são a terceira peça do dominó), levariam à ocorrência do acidente e, por fim, à lesão (respectivamente a quarta e a quinta peças da sequência de dominós).[5]

Segundo essa teoria, 80% dos acidentes ocorrem por falha humana, ou seja, decorrem do comportamento dos trabalhadores em ações ou omissões imediatamente anteriores à ocorrência do acidente. O restante, cerca de 20%, ocorreriam por defeitos na organização do trabalho, conhecidos por condições inseguras.

A concepção de ato inseguro parte do pressuposto de que existe uma forma certa ou segura de realizar certa ação, que seria do conhecimento prévio do operador, e a inobservância dessa forma seria fruto de uma escolha consciente do trabalhador, originada em particularidades do próprio indivíduo, e quiçá, de sua personalidade descuidada, indisciplinada ou negligente.[6]

Vilela, Iguti e Almeida delineiam um panorama desse quadro:

Inicialmente, pode-se afirmar que predomina, no Brasil e no mundo, a compreensão de que o acidente é um evento simples, com origens em uma ou poucas causas, encadeadas de modo linear e determinístico. Sua abordagem privilegia a ideia de que os acidentes decorrem de falhas dos operadores (ações ou omissões), de intervenções em que ocorre desrespeito à norma ou prescrição de segurança, enfim, "atos inseguros" originados em aspectos psicológicos dos trabalhadores. Os comportamentos são considerados como frutos de escolhas livres e conscientes por parte dos operadores, ensejando responsabilidade do indivíduo.

(...)

Merece destaque o uso da ideia de ato inseguro para configuração sistemática da culpa da vítima nos casos de acidentes do trabalho. Construiu-se então um modelo conveniente e útil para a descaracterização da culpa do empregador ou de seus prepostos, mantendo-se deste modo um clima de impunidade em relação aos acidentes do trabalho.

(...)

Do ponto de vista da prevenção, as conclusões emitidas reforçam a ideia e a cultura em vigor de que as medidas cabíveis para se evitar novas ocorrências devem ser centradas na mudança do comportamento dos trabalhadores, para que estes prestem mais atenção, tomem cuidado etc., permanecendo intocadas as condições, processos de trabalho, atividades e meios produtivos que são assim naturalizados — assumidos como perigosos.[7]

Portanto, o treinamento e a instrução dos trabalhadores era o caminho apontado como mais efetivo para a prevenção. Essa abordagem de análise dos acidentes do trabalho norteou a educação prevencionista difundida pela Fundacentro desde o início de suas atividades até os anos 80 e foi reproduzida por meio dos milhares de profissionais da área que foram formados pela instituição.

O cartaz abaixo bem revela que atualmente a política de prevenção ainda é embasada na concepção de que o comportamento do trabalhador é a principal causa dos acidentes, o que demonstra que a teoria do ato inseguro continua predominante nessas análises:

---

(5) OLIVEIRA, Fábio de. A persistência da noção de ato inseguro e a construção da culpa: os discursos sobre os acidentes de trabalho em uma indústria metalúrgica. *Revista Brasileira de Saúde Ocupacional*. São Paulo, 32 (115): 19-27, 2007. p. 20.
(6) ALMEIDA, Ildeberto Muniz de; JACKSON FILHO, José Marçal. Acidentes e sua prevenção. *Revista Brasileira de Saúde Ocupacional*, São Paulo, 32 (115): 7-18, 2007. p. 8.
(7) VILELA, Rodolfo Andrade Gouveia; IGUTI, Aparecida Maria; ALMEIDA, Ildeberto Muniz. *Culpa da vítima*: um modelo para perpetuar a impunidade nos acidentes do trabalho. *Cad. Saúde Pública*, Rio de Janeiro, 20(2):570-579, mar-abr, 2004. p. 571-2.

Na prática, a política prevencionista disseminada pela Fundacentro não dava resultados efetivos na prevenção, pois em 1970 foram registrados 1.220.111 acidentes e em 1980 já eram 1.464.211, conforme dados do Ministério da Previdência Social.

Como bem apontou Laurita Andrade Sant'anna dos Santos, em verdade, o foco na educação dos trabalhadores procurava formatá-los técnica e ideologicamente, para o novo capitalismo industrial que o regime autoritário queria implantar no país. De quebra, aumentava-se o poder de controle do empregador sobre os trabalhadores, afastando-os ainda mais do domínio sobre o processo de produção.[8]

Ao denunciar as deficiências do método tradicional de análise, Fábio de Oliveira destaca que o acidente de trabalho "é produto da ação humana sobre o mundo, isto é, ele ocorre a partir de relações sociais e condições materiais determinadas. Por outro lado, o fenômeno do acidente de trabalho também é uma construção discursiva, na medida em que é objeto de interpretação e precisa ser explicado"[9].

A interpretação do acidente, por meio da qual será realizada sua construção discursiva, é objeto da visão social daquele que analisa o evento, embora normalmente esses elementos particulares de compreensão fiquem ocultos, por vezes até mesmo do próprio analista. "A própria ideia da existência de uma determinada concepção de acidente associada a cada proposta de análise pode causar estranheza tal é a frequência com que essas propostas são enunciadas como técnicas assépticas ou neutras. O que é o acidente? Como ele é descrito em cada uma das diferentes concepções ou `escolas de pensamento' existentes?"[10].

Atualmente são vários os métodos de abordagem de acidentes que demonstram o equívoco do modelo explicativo monocausal, centrado na culpa da vítima, segundo revelam Vilela, Iguti e Almeida:

> Reason classifica duas concepções de acidentes como sendo "*da engenharia*" e a "*organizacional*". A concepção da engenharia enfatiza a quantificação da probabilidade de eventos ou aspectos associados, e as falhas de concepção ensejando o surgimento de propostas de sistemas de gestão de segurança e da saúde no trabalho e de melhoria das interfaces de troca de informações. Abordagens de confiabilidade que privilegiam cálculos de probabilidade são apontadas como exemplos desse enfoque. (...)

---

(8) Laurita Andrade Sant'anna dos. *Op. cit.*, p. 169.
(9) OLIVEIRA, Fábio de. *Op. cit.*, p. 20.
(10) VILELA, Rodolfo Andrade Gouveia, *et alii*. *Op. cit.*, p. 571.

Na concepção organizacional, Reason considera que o erro é muito mais consequência do que causa e que suas origens estariam em condições latentes, incubadas na história do sistema.

(...)

A técnica de análise de acidentes dita "árvore de causas" adota como um de seus principais pilares de sustentação o conceito de variação, apresentado de modo muito próximo dessa visão, apesar da ênfase que dá ao fato de que a definição de variações deve basear-se na noção de trabalho real, e não em normas, regras ou prescrições. Aliás, é essa característica que permite sua utilização e interpretação de modo diferente deste, ou seja, como ponto de partida para demanda de análises complementares que sirvam de lastro, por exemplo, para a compreensão de comportamentos humanos aparentemente irracionais ou inusitados quando olhados sem a "perspectiva do nativo", ou seja, a compreensão daqueles que vivem o cotidiano do sistema.

(...)

Uma perspectiva que também associa aspectos de diferentes escolas é apresentada por Llory. Seu modelo psico-organizacional de acidentes não perde de vista a importância da compreensão de aspectos técnicos presentes em acidentes, mas ressalta sua insuficiência para a compreensão desses eventos. O acidente é apontado como potencialmente revelador de aspectos da história da organização, sobretudo daqueles relacionados às suas origens, que estavam incubados ou adormecidos. A dimensão subjetiva é reconhecida tanto em nível individual, quanto no das relações horizontais e verticais estabelecidas historicamente nas situações de trabalho. Ou seja, ressalta-se a necessidade de explorar tanto aspectos conjunturais, ditos sincrônicos, como aqueles construídos ao longo da história de vida das pessoas e da organização, ditos diacrônicos.[11]

Percebe-se que as verdadeiras causas dos acidentes, em regra, não estão na conduta do trabalhador e sim na deficiente concepção ou organização do trabalho, áreas cuja responsabilidade é do empregador e nas quais o trabalhador pouco pode interferir, conclusão que já encontra guarida em nossa doutrina jurídica, conforme a lição de Sebastião Geraldo de Oliveira:

> No modelo de prevenção atual, o empregador deve analisar cuidadosamente as causas dos incidentes ou quase acidentes, para implementar medidas que possam prevenir efetivamente os acidentes humanos. Em vez de centralizar a política na gestão comportamental das pessoas, como ocorre na abordagem tradicional, o foco estará voltado para a gestão do risco, promovendo sua eliminação ou colocando barreiras adequadas para que as situações de risco estejam sob controle.[12]

4 A CULPABILIZAÇÃO DA VÍTIMA: EXCLUDENTE DE NEXO CAUSAL

A teoria do ato inseguro atribui a existência do acidente a uma ação ou omissão do próprio acidentado e, por consequência, retira do empregador a obrigação de reparar os danos daí decorrentes, mas qual a natureza jurídica desse excludente de responsabilidade?

O sistema de responsabilidade civil construído nos ordenamentos jurídicos ocidentais repousa sobre três pilares: o dano, o nexo causal e a culpa. Nas últimas décadas, mesmo no âmbito do direito civil, temos assistido àquilo que Anderson Schreiber[13] apontou como a "erosão dos filtros da reparação", denominação que revela a tendência crescente de atribuir responsabilidade pela reparação mesmo na ausência dos pressupostos referidos. Nesse sentido, é amplamente aceita a responsabilidade objetiva[14] (sem culpa) e se

---

(11) Idem., p. 572-3.
(12) OLIVEIRA, Sebastião Geraldo. *Proteção jurídica à saúde do trabalhador*. 6. ed. São Paulo: LTr, 2011. p. 168-9.
(13) SCHREIBER, Anderson. *Os novos paradigmas da responsabilidade civil*: da erosão dos filtros de reparação à diluição dos danos. São Paulo: Atlas, 2007.
(14) Vide o parágrafo único do art. 927 do Código Civil: "Haverá obrigação de reparar o dano, independentemente de culpa, nos casos especificados em lei, ou quando a atividade normalmente desenvolvida pelo autor do dano implicar, por sua natureza, risco para os direitos de outrem".

consolidam teorias que presumem a existência do nexo de causalidade[15], sempre em busca da integral reparação do dano. A responsabilidade civil passou a ter como foco "a pessoa do ofendido e não a do ofensor; a extensão do prejuízo, para a graduação do *quantum* reparador, e não culpa do autor"[16].

Como regra, as ações da própria vítima que contribuíram ou mesmo determinaram a ocorrência do dano por ela suportado são consideradas na distribuição dos ônus decorrentes da reparação. Não há no Código Civil nenhuma referência expressa à possibilidade de excluir a responsabilidade de um agente em razão da conduta da própria vítima[17].

Apesar de a denominação "culpa exclusiva da vítima" ser corrente na doutrina e na jurisprudência, trata-se, na verdade, de ato ou fato exclusivo da vítima, conforme esclarece José de Aguiar Dias:

> Admite-se como causa de isenção de responsabilidade o que se chama de culpa exclusiva da vítima. Com isso, na realidade, se alude a ato ou fato exclusivo da vítima, pelo qual fica eliminada a causalidade em relação ao terceiro interveniente no ato danoso. É fácil de ver a vantagem que resulta de tal concepção, mais ampla que a da simples culpa, mediante um simples exemplo. Não responde, decerto, uma empresa de transportes urbanos, pela morte do indivíduo que se atira voluntariamente sob as rodas do ônibus. Aí, é possível a menção à culpa da vítima. Suponhamos, entretanto, que esse indivíduo é louco. Não se pode cogitar de culpa de louco. Mas, por isso, responderá a empresa, quando o fato foi de todo estranho à sua atividade? Claro que não.[18]

Portanto, o ato ou fato da vítima é um excludente do nexo de causalidade, pois sua ação ou omissão teria sido o elemento causador do dano e não a conduta do agente apontado como responsável.

Nesse momento é que entra a teoria do ato inseguro, ao induzir o examinador à conclusão de que o trabalhador tem pleno controle sobre as ações executadas durante a jornada de trabalho, de sorte que caberia a ele evitar aquelas que redundem em acidentes ou doenças. Nesse sentido, são comuns laudos periciais[19] e decisões judiciais[20] que se concentram na conduta do acidentado e lhe atribuem a responsabilidade pelo infortúnio, mesmo diante do descumprimento de inúmeras normas que determinam a obrigação do empregador de eliminar os riscos.

O conceito de nexo causal não é natural, mas jurídico, de maneira que nem sempre o agente responsável pela reparação do dano é aquele que executou a ação ou incidiu em omissão imediatamente anterior ao infortúnio. Para o mesmo evento conflui uma série de atos executados por vários indivíduos, considerados condições para a existência do dano. No entanto, para o direito somente é considerada causa a condição juridicamente relevante[21], conforme esclarece Maria Celina Bodin de Moraes:

---

(15) MULLHOLLAND, Caitlin Sampaio. *A responsabilidade civil por presunção de causalidade*. Rio de Janeiro: GZ, 2010.

(16) SILVA, Wilson Melo da. *O dano moral e sua reparação*. 3. ed. Rio de Janeiro: Forense, 1983. p. 573.

(17) Há previsão, contudo, no Código do Consumidor, cujo art. 14, § 3º, II estabelece: "O fornecedor de serviços só não será responsabilizado quando provar: (...); II — a culpa exclusiva do consumidor ou de terceiro". O Código Civil prevê expressamente a figura da culpa concorrente, no art. 945: "Se a vítima tiver concorrido culposamente para o evento danoso, a sua indenização será fixada tendo-se em conta a gravidade de sua culpa em confronto com a do autor do dano".

(18) AGUIAR DIAS, José de. *Da responsabilidade civil*. 12. ed. Rio de Janeiro: Lumen Juris, 2012. p. 797-8.

(19) A título de exemplo vale citar laudo pericial produzido na RT n. 3.506/2012, que tramitou na 2ª Vara do Trabalho de São José/SC, na qual foi objeto de análise um acidente em que o empregado teve amputada parte dos dedos de uma das mãos pelas engrenagens de uma máquina de impressão, no qual, ignorando as determinações de isolamento das partes móveis de máquinas e equipamentos (NR-12), o perito concluiu que "O Autor sofreu acidente de trabalho por realizar manobra não prevista nos procedimentos e normas de trabalho da empresa. Cometeu um ato inseguro determinante para sua ocorrência: limpar a máquina em movimento. O ato foi desencadeado por percepções inadequadas dos riscos a que estava submetido, resultando em falha individual, no procedimento operacional de limpeza da máquina. Assim, o ato inseguro em si, é o determinante do acidente".

(20) RESPONSABILIDADE CIVIL. INDENIZAÇÃO POR DANO MORAL, MATERIAL E ESTÉTICO. CULPA EXCLUSIVA DA VÍTIMA. A prática de ato inseguro pelo empregado, responsável pelo acidente sofrido durante o desempenho das atividades laborais em desatenção ao disposto em Norma Regulamentadora, bem como em norma interna da empresa e, ainda, em norma coletiva, afasta a responsabilidade do empregador pelo dever de indenizar, porque caracterizada a culpa exclusiva da vítima. (RO n. 1.001-2009-038-12-85-8, Publicado no TRTSC/DOE em 14.3.2013).

(21) "*Condições* são todos os fatores que estão na origem de um dano, são todos os elementos sem os quais ele não teria sido produzido, são todas as circunstâncias de que não se pode abstrair, sem mudar o resultado danoso. *Causas* do dano são apenas aquelas condições consideradas como efetivamente determinantes desse resultado". NORONHA, Fernando. *Direito das obrigações*. 3. ed. São Paulo: Saraiva, 2010. p. 613.

As origens deste problema [...] encontram-se em um equívoco histórico e repetidamente cometido: a crença de que nexo causal é uma questão de fato, e não de direito. Sem dúvida, qualquer análise se inicia pela investigação material da cadeia de eventos geradora do resultado danoso, e esta é evidentemente fatual. Mas esta análise produz uma simples indicação das condições que levam ao dano, que deve conduzir em seguida à indicação da condição do dano que gera a obrigação de indenizar, seja ela a necessária, a eficiente, a preponderante ou a adequada. E esta indicação não é material, mas jurídica, pois se refere à seleção daquele a quem será atribuída a obrigação jurídica de indenizar.[22]

Dessa forma, a investigação da relação de causalidade não é uma operação simples restrita aos fatos imediatamente anteriores ao evento, conforme prega a teoria do ato inseguro, mas uma avaliação complexa que abrange fatores muitas vezes ocultos à primeira vista.

Nossa doutrina já aponta de modo preciso as fragilidades dessa abordagem atomizada, como pode ser observado da lição de Júlio César de Sá da Rocha:

De outra forma, há quem coloque como exemplo recorrente nas situações de infortúnio no meio ambiente de trabalho a existência do "erro humano". Aqui importa salientar que, da noção inicial de que *errare humanun est*, passou-se, atualmente, ao entendimento de que um erro revela que algo não está bem na organização do trabalho. As ocorrências de "erros" são perceptíveis e associadas a defeitos de concepção das máquinas, dificuldades de comunicação e falhas humanas de uma forma geral. Por isso mesmo, a atitude preventiva constitui a única prática segura existente. (...) Na realidade não se trata tão somente de compreender essa situação como originária do erro humano, mas como algo diretamente vinculado à exposição ao risco, produzido e engendrado por uma determinada lógica de produção, de consumo e de padrão de vida imposto na atualidade".[23]

De fato, como já exposto, os atuais métodos de análise de acidentes buscam na concepção e organização do trabalho as causas do evento e não em um ato isolado do trabalhador. Cabe ao empregador adotar medidas visando eliminar ou ao menos reduzir os agentes de risco no ambiente de trabalho. Isso porque o empregado nada determina no modo de execução da atividade, cabendo ao empregador estabelecer o local de trabalho, os métodos de produção, a estrutura organizacional, o mobiliário, as ferramentas que serão utilizadas, o ritmo da produção, as horas extras etc., conforme esclarece Sebastião Geraldo de Oliveira:

Está sedimentado o entendimento de que os acidentes do trabalho ocorrem em razão de uma rede de fatores causais, cujas variáveis são controladas, em sua maior parte, exclusivamente pelo empregador. (...)

Ora, se todos adotássemos permanentemente um nível extraordinário de atenção, praticamente não ocorreriam acidentes do trabalho ou mesmo acidentes de trânsito. Nenhum planejamento sério pode considerar o empregado como se fosse uma figura robótica que nunca comete deslize, distante de sua natureza humana e falível.[24]

Nossa jurisprudência também já dá mostras de que a teoria do ato inseguro começa a ser superada:

ACIDENTE DO TRABALHO. CULPA EXCLUSIVA DA VÍTIMA. NÃO CONFIGURAÇÃO. Não pode o empregador pretender eximir-se da responsabilidade em indenizar o empregado que sofreu lesão decorrente de acidente do trabalho em face da adoção de procedimento inadequado quando resta patente nos autos a sua inexperiência para a realização da atividade, bem como a ausência de treinamento específico e suficiente. Na lição de Rodolfo Andrade Gouveia Vilela Machado, em seu trabalho referente à teoria da culpa nos acidentes de trabalho, com respaldo em Machado & Minayo-Gomez, a atribuição da culpa do acidente de trabalho ao vitimado está assentada na concepção de recursos humanos do Taylorismo e Fordismo, que preconizam o "homem certo no

---

[22] BODIN DE MORAES, Maria Celina. Prefácio à obra MULHOLLAND, Caitlin Sampaio. *Responsabilidade civil por presunção de causalidade*. Rio de Janeiro: GZ, 2010. p. X.
[23] ROCHA, Júlio César de Sá da. *Direito ambiental e meio ambiente do trabalho*: dano, prevenção e proteção jurídica. São Paulo: LTr, 1997. p. 139.
[24] OLIVEIRA, Sebastião Geraldo de. *Indenizações por acidente do trabalho ou doença ocupacional*. 4. ed. São Paulo: LTr, 2008. p. 184.

lugar certo", numa explícita adaptação do homem ao risco. [...] "Investigações que atribuem a ocorrência do acidente a comportamentos inadequados do trabalhador ("descuido", "negligência", "imprudência", "desatenção" etc.), evoluem para recomendações centradas em mudanças de comportamento: "prestar mais atenção", "tomar mais cuidado", "reforçar o treinamento"... Tais recomendações pressupõem que os trabalhadores são capazes de manter elevado grau de vigília durante toda a jornada de trabalho, o que é incompatível com as características bio-psico-fisiológicas humanas. Em consequência, a integridade física dos trabalhadores fica na dependência quase exclusiva de seu desempenho na execução das tarefas (Hale & Glendon, 1987). Conforme ainda refere o autor, o contraponto ao "ato inseguro", que constitui a "visão sistêmica do fenômeno acidente", incorpora a noção de que "a prevenção parte da compreensão das limitações biológicas, fisiológicas e psicológicas do ser humano, ou seja, quando os processos de trabalho são concebidos, projetados e executados de modo a suportar, como naturais, as falhas humanas". (RO n. 1.003-2012-048-12-00-7, Relatora Desembargadora do Trabalho Viviane Colucci — Publicado no TRTSC/DOE em 15.7.2013).

INDENIZAÇÃO POR DANO MORAL. ATO INSEGURO. O empregador deve tomar todas as medidas preventivas para evitar a ocorrência de acidente do trabalho, seja treinando, fiscalizando ou adotando mecanismos eficientes e suficientes nas máquinas e equipamentos, antecipando-se a qualquer ato do trabalhador que possa redundar em sinistro. Os riscos do empreendimento são do empregador e a absoluta falta de responsabilidade deste, por prática de ato inseguro, pelo empregado, somente deve ser aceita como hipótese derradeira, sob pena de incentivar o desleixo pela saúde e segurança dos trabalhadores em gênero. A tese da culpa exclusiva da vítima (ato inseguro do empregado) é responsável, com respeito às vozes contrárias, pela colocação do Brasil no ápice estatístico dos acidentes do trabalho. (RO n. 424-83.2013.5.12.0048, Relator Desembargador do Trabalho José Ernesto Manzi — Publicado no TRTSC/DOE em 28.3.2014).

5 O NEXO CAUSAL NOS ACIDENTES DO TRABALHO: UM CASO DE IMPUTAÇÃO LEGAL DA CAUSALIDADE

Apesar da precisão das críticas da doutrina e da jurisprudência à teoria do ato inseguro, elas partem da premissa de que a responsabilidade do empregador pode ser excluída se comprovada a existência de fato da vítima a romper o nexo de casualidade. Todavia, é de se indagar se esse instituto jurídico da responsabilidade civil clássica pode ser transposto de forma integral para a responsabilidade por acidente do trabalho e doenças ocupacionais, sem ter em conta a advertência de Jorge Luiz Souto Maior:

Mas, tradicionalmente, o acidente do trabalho não foi cuidado na perspectiva do Direito Civil. No caso brasileiro, por exemplo, embora o acidente do trabalho possa até ser considerado um "instituto jurídico", pois que tratado expressamente em diversas passagens legislativas, não possui uma menção sequer em todos os vários artigos do Código Civil. A questão é que o acidente do trabalho é tratado na perspectiva do Direito Social, até porque foi o fato histórico que lhe deu origem.[25]

Nossa doutrina, contudo, admite a aplicação dos excludentes de nexo causal, em especial da culpa da vítima, sem maiores questionamentos, conforme se verifica na posição de Sebastião Geraldo de Oliveira:

Quando o acidente do trabalho acontece por culpa exclusiva da vítima não cabe qualquer reparação civil, em razão da inexistência de nexo causal do evento com o desenvolvimento da atividade da empresa ou com a conduta do empregador.[26]

---

(25) SOUTO MAIOR, Jorge Luiz. *Curso de direito do trabalho*: teoria geral do direito do trabalho. v. I. Parte I. São Paulo: LTr, 2011. p. 681.
(26) OLIVEIRA, Sebastião Geraldo de. *Indenizações (...)*. p. 144. No mesmo sentido: CAIRO JÚNIOR, José. *O acidente do trabalho e a responsabilidade civil do empregador*. 6. ed. São Paulo: LTr, 2013. p. 144. DALLEGRAVE NETO, José Affonso. *Responsabilidade civil no direito do trabalho*: dano moral e material, acidente e doença do trabalho, dano pré e pós-contratual, responsabilidade subjetiva e objetiva, dano causado pelo empregado, assédio moral e sexual. São Paulo: LTr, 2005. p. 153. MELO, Raimundo Simão de. *Direito ambiental do trabalho e a saúde do trabalhador*: responsabilidade legais, dano material, dano moral, dano estético, indenização pela perda de uma chance, prescrição. 5. ed. São Paulo: LTr, 2013. p. 388.

Ocorre que analisando a evolução da matéria na legislação acidentária é possível inferir que essa conclusão está equivocada.

O Decreto-legislativo n. 3.724/1919 a par de estabelecer um conceito bastante restrito de acidente do trabalho[27], determinava no art. 2º que "O accidente, nas condições do artigo anterior, quando occorrido pelo facto do trabalho ou durante este, obriga o patrão a pagar uma indemnização ao operario ou á sua família, exceptuados apenas os casos de força maior ou dolo da propria victima ou de estranhos"[28].

Percebe-se que somente se admitiam como excludentes de causalidade a força maior e o dolo, e não a mera culpa, da vítima ou de terceiro.

O art. 2º do Decreto-lei n. 24.367/1934 restringiu ainda mais as hipóteses de admissão das excludentes de casualidade ao determinar que "Excetuados os casos de fôrça maior, ou de dolo, quer da própria vítima, quer de terceiros, por fatos estranhos ao trabalho, o acidente obriga o empregador ao pagamento de indenização ao seu empregado ou aos seus beneficiários, nos têrmos do capítulo III desta lei".

Além de haver dolo da vítima ou de terceiro, o empregador somente se eximia da responsabilidade se o ato decorresse de "fatos estranhos ao trabalho".

O Decreto-lei n. 7.036/44 trouxe várias inovações em matéria de causalidade. Desde logo foram acolhidas as concausas[29] e vários outros casos em que os acidentes ocorriam em situações que geravam dúvidas de enquadramento durante a regulamentação anterior, conforme se verifica nos arts. 5º e 6º, *in verbis*:

> Art. 5º Incluem-se entre os acidentes do trabalho por que responde o empregador, de conformidade com o disposto nos artigos anteriores, todos os sofridos pelo empregado no local e durante o trabalho, em consequência de:
>
> a) atos de sabotagem ou terrorismo levados a efeito por terceiros, inclusive companheiros de trabalho;
>
> b) ofensas físicas intencionais, causadas por companheiros de trabalho do empregado, ou não, em virtude de disputas relacionadas com o trabalho;
>
> c) qualquer ato de imprudência, de negligência ou brincadeiras de terceiros, inclusive companheiros de trabalho;
>
> d) atos de terceiros privados do uso da razão;
>
> e) desabamentos, inundações ou incêndios, respeitado o disposto na letra *b* do art. 7º.
>
> Art. 6º Ficam igualmente abrangidos por esta lei, considerados como produzidos pelo exercício do trabalho ou em consequência dêle, embora ocorridos fora do local e do horário do trabalho, os acidentes sofridos pelo empregado:
>
> a) na execução de ordens ou realização de serviços sob a autoridade do empregador;
>
> b) pela prestação espontânea de qualquer serviço ao empregador com o fim de lhe evitar prejuízos ou de lhe proporcionar proveito econômico;
>
> c) em viagem a serviço do empregador, seja qual fôr o meio de locomoção utilizado, inclusive veículo de sua propriedade.
>
> *Parágrafo único.* No período de tempo destinado às refeições, ao descanso ou na satisfação de outras necessidades fisiológicas, no local ou durante o trabalho, é o empregado considerado, para os efeitos desta lei, como a serviço do empregador.

---

(27) Art. 1º Consideram-se accidentes no trabalho, para os fins da presente lei: Ia) o produzido por uma causa subita, violenta, externa e involuntaria no exercicio do trabalho, determinado lesões corporaes ou perturbações funccionaes, que constituam a causa unica da morte ou perda total, ou parcial, permanente ou temporaria, da capacidade para o trabalho; I b) a molestia contrahida exclusivamente pelo exercicio do trabalho, quando este fôr de natureza a só por si causal-a, e desde que determine a morte do operario, ou perda total, ou parcial, permanente ou temporaria, da capacidade para o trabalho.

(28) Serão mantidas as regras gramaticais da época de publicação das normas citadas.

(29) Art. 3º Considera-se caracterizado o acidente, ainda quando não seja êle a causa única e exclusiva da morte ou da perda ou redução da capacidade do empregado, bastando que entre o evento e a morte ou incapacidade haja uma relação de causa e efeito.

A nova normatização demonstra que mesmo os danos decorrentes de atos dolosos de terceiro, ainda quando por fatos estranhos ao trabalho, como terrorismo ou sabotagem, passaram a ser considerados acidentes do trabalho e cabia ao empregador pagar a respectiva indenização.

A conduta do empregado somente poderia excluir a responsabilidade quando o acidente resultasse de "dolo do próprio acidentado, compreendida neste a desobediência a ordens expressas do empregador" (art. 7º, alínea *a*). Essa ressalva ao descumprimento de ordens expressas do empregador pode ser considerada como a semeadura do campo no qual fecundaria e posteriormente se disseminaria como praga a teoria do ato inseguro. Isso porque a interpretação ardilosa desse dispositivo legal permitia atribuir à conduta dos trabalhadores a causa dos acidentes, enquanto que os empregadores se limitavam a estabelecer regras de comportamento, em vez de eliminar os riscos.

De todo modo, foram mantidas as restrições às excludentes de causalidade e ampliadas as hipóteses de situações consideradas como acidentes do trabalho.

O Decreto-lei n. 293/1967 teve curta vigência e manteve a regulação da matéria estabelecida no Decreto-lei n. 7.036/1944.

Já a Lei n. 5.316/1967 novamente ampliou as hipóteses que caracterizavam acidentes do trabalho que passaram a abranger também "outros casos fortuitos ou decorrentes de força maior" (art. 3º, inciso I, alínea "f") e os acidentes de trajeto (art. 3º, inciso II, alínea *d*). Por outro lado, essa lei promoveu alteração significativa na matéria, pois retirou dos empregadores a obrigação do seguro obrigatório de acidentes do trabalho e o transferiu para a previdência social.

A responsabilização do empregador ficou restrita à hipótese estabelecida na Súmula n. 229 do Supremo Tribunal Federal (STF), segundo a qual "A indenização acidentária não exclui a do direito comum, em caso de dolo ou culpa grave do empregador"[30].

A Súmula claramente estabelecia que além da indenização tarifada prevista na legislação acidentária, também seria cabível o pagamento de outros prejuízos suportados pela vítima, quando constata a existência de dolo ou culpa grave do empregador.

Portanto, a partir da Lei n. 5.316/67 a indenização acidentária passou a ser responsabilidade da previdência social e a de direito comum continuou a cargo do empregador, restrita aos casos de dolo ou culpa grave.

Ocorre que a referência ao "direito comum" não permite concluir que toda a evolução legal, doutrinária e jurisprudencial acerca do próprio conceito de acidente do trabalho, e das hipóteses que o caracterizam, devesse ser olvidada na apreciação da responsabilidade do empregador.

Em verdade, a única diferença entre a responsabilidade fundada no seguro acidentário e a responsabilidade do empregador estava restrita ao nexo de imputação, visto que a primeira tinha natureza objetiva e a segunda era de natureza subjetiva (dolo ou culpa grave). O nexo causal continuou a ser regulado pela legislação acidentária, visto que a relação de causalidade é essencial para o próprio conceito de acidente de trabalho.

Desde então tivemos uma significativa evolução legal quanto ao nexo de imputação na responsabilidade do empregador por acidentes do trabalho, pois a Constituição Federal de 1988 superou o entendimento consubstanciado na Súmula n. 229 do STF ao determinar que são direitos dos trabalhadores "seguro contra acidentes de trabalho, a cargo do empregador, sem excluir a indenização a que este está obrigado, quando incorrer em dolo ou culpa" (art. 7º, inciso XXVIII). Dessa forma, estava superada a exigência de culpa grave, bastando a mera culpa.

---

(30) A Súmula n. 229 data de 1963 e representou evolução jurisprudencial no âmbito de proteção ao trabalhador acidentado, visto que nessa época vigia o art. 31 do Decreto-lei n. 7.036/44, segundo o qual "O pagamento da indenização estabelecida pela presente lei exonera o empregador de qualquer outra indenização de direito comum, relativa ao mesmo acidente, a menos que êste resulte de dolo seu ou de seus prepostos".

O advento do Código Civil de 2002, cujo art. 927, parágrafo único, estabeleceu uma cláusula geral de responsabilidade civil objetiva, teria completado essa evolução rumo à melhoria das condições sociais dos trabalhadores[31].

Todavia, no campo de nexo de causalidade a matéria continuou a ser regulada pelas leis acidentárias, sendo que a Lei n. 6.367/1976 e a atualmente vigente Lei n. 8.213/1991 mantiveram e até ampliaram as hipóteses que caracterizam acidentes do trabalho, o que inclui aqueles decorrentes de caso fortuito ou força maior, clássicos excludentes de causalidade na responsabilidade civil tradicional.

Conquanto a partir da Lei n. 5.316/1967 as leis acidentárias não mais tenham disposição expressa a respeito, toda a evolução relatada conduz à constatação de que, assim como o caso fortuito e a força maior, também os atos da vítima ou de terceiro, a não ser quando dolosos, não excluem a relação de causalidade. Em suma, a culpa da vítima não pode ser utilizada como fundamento para excluir a existência do nexo causal e nem para minorar eventual indenização devida.

Registre-se que, uma vez superada a análise do nexo causal, a existência de responsabilidade deverá passar pela avaliação do nexo de imputação, que pode ser o dolo/culpa na responsabilidade subjetiva, ou o risco na responsabilidade objetiva.

Portanto, a relação de causalidade na responsabilidade por acidentes do trabalho é um caso de imputação legal, ou seja, o nexo causal é determinado pela lei. Essa conclusão está escudada na interpretação histórico-sistemática acima exposta e no texto do inciso XXVIII do art. 7º da Constituição de 1988, pois ele estabelece que nos acidentes de trabalho o empregador estará obrigado a uma indenização quando incorrer em dolo ou culpa. Acidentes de trabalho é um instituto jurídico, cujo conceito é dado pela legislação, no qual estão incluídos os prejuízos determinados por caso fortuito, força maior, atos da própria vítima ou de terceiros.

Negar essa constatação seria defender que em pleno Século XXI nosso ordenamento jurídico trata a responsabilidade por acidentes do trabalho nos mesmos termos que o fazia antes do advento do Decreto-legislativo n. 3.724/1919. Isso porque alterações levadas a cabo na Lei n. 8.213/1991 extinguiram benefícios acidentários típicos, de sorte que a incapacidade por acidentes é tratada da mesma forma que aquelas decorrentes de outras causas. Caso o empregador pudesse excluir sua responsabilidade com argumentos como culpa da vítima ou de terceiro, o trabalhador teria menos garantias do que tinha com o referido Decreto-legislativo, pois ele somente excluía a responsabilidade do empregador em caso de dolo da vítima ou de terceiro.

6 CONCLUSÃO

O modelo explicativo monocausal, fundado no ato inseguro e culpabilização da vítima, ainda é predominante em nosso país, cultura que foi construída com o apoio técnico da Fundacentro durante a ditadura que se instalou no país a partir de 1964. A persistência no equívoco impede que sejam tomadas medidas efetivas de prevenção e se mostra conveniente para ocultar as verdadeiras causas dos acidentes do trabalho.

Várias pesquisas já demonstraram a fragilidade dessa abordagem, vez que os acidentes são eventos complexos para os quais conflui uma série de atos executados por vários indivíduos. Cabe ao direito identificar dentre essas condições aquela que é juridicamente relevante e, por consequência, pode ser caracterizada como causa no sentido jurídico do termo.

---

(31) Cf. MARANHÃO, Ney Stany Morais. *Responsabilidade civil objetiva pelo risco da atividade*: uma perspectiva civil-constitucional. Rio de Janeiro: Forense, São Paulo: Método, 2010. SILVA, José Antonio Ribeiro de Oliveira. *Acidente do trabalho*: responsabilidade objetiva do empregador. São Paulo: LTr, 2008.

Em regra, as causas não estão nas ações ou omissões executadas no período imediatamente anterior ao acidente, como prega a teoria do ato inseguro, mas na concepção e organização equivocados do ambiente de trabalho, atribuição que cabe ao empregador.

O foco na educação teve por objetivo formatar os trabalhadores ao moderno capitalismo industrial, acirrando o poder diretivo do empregador e afastando-os do controle sobre o processo de produção.

A atribuição da responsabilidade às próprias vítimas, e consequente desoneração dos empregadores, também se deu por instrumentos jurídicos como o excludente de causalidade, aplicado de maneira que ignora toda a evolução legislativa e doutrinária em matéria de infortunística. O nexo causal entre o dano e o trabalho é inerente à própria definição de acidente do trabalho, sendo que nossa legislação determinou ser essa a condição juridicamente relevante, mesmo quando presentes o caso fortuito, força maior, atos de terceiros ou da própria vítima. Portanto, nessas situações não há fundamento jurídico para excluir a responsabilidade do empregador em razão da inexistência de nexo de causalidade, visto que o nexo já foi estabelecido pela própria lei.

O combate à teoria do ato inseguro é fundamental para atribuir a responsabilidade a quem tem a obrigação de eliminar os riscos existentes no ambiente de trabalho e prevenir os acidentes. Além disso, e não menos importante, esse combate se faz necessário como incentivo à conscientização política dos trabalhadores para que evitem a introjeção da culpa e exijam seus direitos em matéria de saúde e segurança do trabalho, já amplamente declarados em nossa legislação.

7 REFERÊNCIAS BIBLIOGRÁFICAS

AGUIAR DIAS, José de. *Da responsabilidade civil*. 12. ed. Rio de Janeiro: Lumen Juris, 2012.

ALMEIDA, Ildeberto Muniz de; JACKSON FILHO, José Marçal. Acidentes e sua prevenção. *Revista Brasileira de Saúde Ocupacional*, São Paulo, 32 (115): 7-18, 2007.

BODIN DE MORAES, Maria Celina. Prefácio à obra MULHOLLAND, Caitlin Sampaio. *Responsabilidade civil por presunção de causalidade*. Rio de Janeiro: GZ, 2010.

CAIRO JÚNIOR, José. *O acidente do trabalho e a responsabilidade civil do empregador*. 6. ed. São Paulo: LTr, 2013.

DALLEGRAVE NETO, José Affonso. *Responsabilidade civil no direito do trabalho*: dano moral e material, acidente e doença do trabalho, do pré e pós-contratual, responsabilidade subjetiva e objetiva, dano causado pelo empregado, assédio moral e sexual. São Paulo: LTr, 2005.

MARANHÃO, Ney Stany Morais. *Responsabilidade civil objetiva pelo risco da atividade*: uma perspectiva civil-constitucional. Rio de Janeiro: Forense, São Paulo: Método, 2010.

MELO, Raimundo Simão de. *Direito ambiental do trabalho e a saúde do trabalhador*: responsabilidade legais, dano material, dano moral, dano estético, indenização pela perda de uma chance, prescrição. 5. ed. São Paulo: LTr, 2013.

MULLHOLLAND, Caitlin Sampaio. *A responsabilidade civil por presunção de causalidade*. Rio de Janeiro: GZ Editora, 2010.

NORONHA, Fernando. *Direito das obrigações*. 3. ed. São Paulo: Saraiva, 2010.

OLIVEIRA, Fábio de. A persistência da noção de ato inseguro e a construção da culpa: os discursos sobre os acidentes de trabalho em uma indústria metalúrgica. *Revista Brasileira de Saúde Ocupacional*, São Paulo, 32 (115): 19-27, 2007.

OLIVEIRA, Sebastião Geraldo de. *Indenizações por acidente do trabalho ou doença ocupacional*. 4. ed. São Paulo: LTr, 2008.

_____ . *Proteção jurídica à saúde do trabalhador*. 6. ed. São Paulo: LTr, 2011.

ROCHA, Júlio César de Sá da. *Direito ambiental e meio ambiente do trabalho*: dano, prevenção e proteção jurídica. São Paulo: LTr, 1997.

SANTOS, Laurita Andrade Sant'anna dos. *O trabalhador imprevidente:* estudo do discurso da Fundacentro sobre o acidente de trabalho. Dissertação de Mestrado em Ciências Sociais — Programa de Pós-Graduação em Ciências Sociais, Pontifícia Universidade Católica de São Paulo, São Paulo, 1991.

SCHREIBER, Anderson. *Os novos paradigmas da responsabilidade civil:* da erosão dos filtros de reparação à diluição dos danos. São Paulo: Atlas, 2007.

SILVA, José Antonio Ribeiro de Oliveira. *Acidente do trabalho*: responsabilidade objetiva do empregador. São Paulo: LTr, 2008.

SILVA, Wilson Melo da. *O dano moral e sua reparação*. 3. ed. Rio de Janeiro: Forense, 1983.

SOUTO MAIOR, Jorge Luiz. *Curso de direito do trabalho:* teoria geral do direito do trabalho. v. I, parte I. São Paulo: LTr, 2011.

VILELA, Rodolfo Andrade Gouveia; IGUTI, Aparecida Maria; ALMEIDA, Ildeberto Muniz. Culpa da vítima: um modelo para perpetuar a impunidade nos acidentes do trabalho. *Cad. Saúde Pública*, Rio de Janeiro, 20(2):570-579, mar-abr, 2004.

SEÇÃO 6

AS CONEXÕES DO DIREITO AMBIENTAL DO TRABALHO COM AS CIÊNCIAS AFINS

MEIO AMBIENTE DO TRABALHO E PRINCÍPIOS DA GESTÃO ECOLÓGICA

Elizabeth de Mello Rezende Colnago(*)

1 INTRODUÇÃO

O tema "Sustentabilidade" tem sido na atualidade objeto de inúmeros debates. A conscientização e a percepção da crise ecológica, estabelecida mundialmente, aconteceram ainda nos anos 60, expandindo nos anos 70 e nas últimas décadas. Com isso, a conservação do meio ambiente vem sofrendo alterações significativas impondo ao Poder Público e à coletividade o dever de defendê-la face à complexidade dos conflitos surgidos. Analisar e refletir sobre os principais questionamentos que envolvem o meio ambiente, a sustentabilidade e a proteção da pessoa do operário — como uma nova forma de ação do Estado capitalista em favor de um projeto de sociedade sustentável — têm por fim demonstrar a necessidade de adoção da sustentabilidade nas normas de segurança e medicina do trabalho.

A evolução histórica das questões ambientais e o ritmo da contínua expansão dos problemas ambientais exigem um desenvolvimento eficaz, dando-se particular ênfase à sustentabilidade em face da relação de protocooperação entre a proteção da pessoa humana e a proteção do meio ambiente. Esse desenvolvimento tem por desafio proporcionar a realização de vida digna dos homens e preservação dos ecossistemas da Terra. E a relação entre o operário e o fator técnico exige a observação de princípios e normas ambientais.

Embora os homens tenham consciência de que a pessoa humana tem direitos fundamentais, cujo respeito é indispensável para a sobrevivência do indivíduo em condições dignas e compatíveis com sua natureza, à fruição de um meio ambiente saudável e ecologicamente equilibrado, foi erigido em direito fundamental pela ordem jurídica constitucional em vigor que, sem dúvida, revela um campo complexo para a construção de um sistema de proteção ao Meio Ambiente estabelecendo a adequada mediação entre o fato científico e o fato jurídico, e que ela faz a interseção entre as normas de natureza econômica e aquelas destinadas à proteção dos direitos individuais, prontas a uma sistematização e harmonização[1].

(*) Advogada e Administradora de Empresas, especialista em Direito Processual Civil, Mestre em Ciências Sociais pela PUC-SP/UVV.
(1) ANTUNES, Paulo de Bessa. *Direito ambiental*. 12. ed. Rio de Janeiro: Lúmen Júris, 2010. p. 63/64.

Em sede constitucional, muitos são os artigos que contemplam normas de natureza processual, penal, econômica, sanitária, tributária, tutelar administrativa, e ainda normas de repartição de competência legislativa e administrativa relacionadas com o meio ambiente.

E não é diferente com a área trabalhista, já que não se admite sacrifício de vidas humanas pela simples necessidade de aumentar a produção. O operário precisa atuar em local apropriado, com condições específicas de instalação a serem observadas pelas empresas, visando à garantia do trabalhador em prol da segurança do trabalho.

Portanto, a proteção do meio ambiente é reconhecida como uma evolução dos direitos humanos e, não se diz que direitos humanos são outorgados ou mesmo reconhecidos, acredita-se que eles sejam conquistados numa clara afirmação de que eles preexistem a todas as instituições políticas e sociais, não podendo, assim, ser retirados ou restringidos por essas instituições.

É evidente que as instituições governamentais devem proteger os referidos direitos contra qualquer ofensa e cada pessoa, portanto, deve ter a possibilidade de exigir que a sociedade e todas as demais pessoas respeitem sua dignidade com a garantia de um desenvolvimento sustentável dos meios de atendimento das suas necessidades básicas, nos lindes de um processo contínuo de planejamento, atendendo-se adequadamente às exigências do meio ambiente, bem como a de seu desenvolvimento, ao observar suas inter-relações particulares a cada contexto sociocultural, político, econômico e ecológico, numa dimensão tempo/espaço[2]. O que corrobora com uma abrangência global, ilimitada, capaz de atingir todo o Planeta e não determinadas regiões e países, e por ainda atingir as presentes, e as futuras gerações.

2 CONSIDERAÇÕES INICIAIS

A primeira formulação do desenvolvimento sustentável, chamada de eco-desenvolvimento teve seu marco no ano de 1972, em Estocolmo, feita por Ignacy Sachs [3], em questões levantadas na Conferencia das Nações Unidas sobre Meio Ambiente Humano, capitaneada pelo Secretário-Geral Maurice Strong.

O relatório oficial "Nosso futuro comum" da comissão Brundtland, efetivou a universalização do conceito de desenvolvimento sustentável como: "aquele que atende às necessidades do presente sem comprometer a possibilidade de as gerações futuras atenderem a suas próprias necessidades".

Mas foi em 1992 que a Conferência das Nações Unidas sobre Meio Ambiente e Desenvolvimento, denominada de ECO n. 92, na cidade do Rio de Janeiro, no Brasil, aprovou um programa global, a Agenda 21, que passou a regulamentar o processo de desenvolvimento com base em princípios sustentáveis, com 27 princípios.

Princípio de suma importância para demonstrar a preocupação com o meio ambiente, é o de número 15, que, em sua redação, utiliza as expressões "precaução e ameaça de danos sérios e irreversíveis" vejamos:

> De modo a proteger o meio ambiente, o princípio da precaução deve ser amplamente observado pelos Estados, de acordo com suas capacidades. Quando houver ameaça de danos sérios ou irreversíveis, a ausência de absoluta certeza científica não deve ser utilizada como razão para postergar medidas eficazes e economicamente viáveis para prevenir a degradação ambiental[4].

O conceito de sustentabilidade surgiu quando a racionalidade econômica deixou de considerar a natureza da esfera da produção, gerando uma crise ambiental e a sua conscientização aconteceu, ainda nos

---
(2) THEODORO, Suzi Huff; BATISTA Roberto Carlos; ZANETI, Izabel (Coords.). *Direito ambiental e desenvolvimento sustentável*. Rio de Janeiro: Lúmen Júris, 2008. p. 58.
(3) THEODORO, p. 58.
(4) MACHADO, Paulo Affonso Leme. *Direito ambiental brasileiro*. 19. ed. São Paulo: Malheiros, 2011. p. 76.

anos 60, com a Primavera Silenciosa de Rachel Carson. Se expandiu nos anos 70 com a Conferência das Nações Unidas sobre o Meio Ambiente Humano, e então o alicerce dos limites da racionalidade econômica e os desafios da degradação ambiental ao projeto civilizatório da modernidade, converte-se numa escassez global que já não mais resolvia o progresso técnico, pela substituição de recursos escassos por outros mais abundantes ou pelo aproveitamento de espaços não saturados para o depósito dos rejeitos gerados pelo crescimento desenfreado da produção. [5]

E na percepção da crise ecológica estabelecida, pela reconstrução e pela necessidade de se fundar novos modos de produção e estilos de vida nas condições e potencialidades ecológicas de cada região, assim como na diversidade ética e na autoconfiança das populações para a gestão participativa dos recursos é que o relatório da comissão Brundtland, em 1972, efetivou a universalização do conceito de desenvolvimento sustentável, que suplantou o discurso do ecodesenvolvimento crítico.

O discurso da "sustentabilidade" leva, portanto, a lutar por um crescimento sustentado, sem uma justificação rigorosa da capacidade do sistema econômico de internalizar as condições ecológicas e sociais (de sustentabilidade, equidade, justiça e democracia) desse processo, e com base nisso, o referido informativo Bruntland ofereceu uma perspectiva renovada à discussão da problemática ambiental e do desenvolvimento, em que foi elaborado um programa global, citado acima e conhecido como Agenda 21, que regulamentou então o desenvolvimento com base em princípios de sustentabilidade [6].

Com isso, abriu-se espaço e imprimiram-se novos rumos e conteúdos ao debate sobre a democratização do Estado na gestão ambiental para a efetividade da participação.

Assim a Agenda 21 precisou ser renovada para que o debate sobre *sustentabilidade* pudesse prosseguir em seu desenvolvimento, e, dessa forma, outro grandioso e recente evento sobre o desenvolvimento sustentável aconteceu no Rio de Janeiro, reunindo mais de 100 países-membros das Nações Unidas, dando continuidade ao processo de negociação, iniciado sobre questões do futuro da humanidade, relativas à sobrevivência humana e do planeta, a "Rio + 20".

O objetivo maior do evento "Rio+20" foi a elaboração de um documento, denominado "O futuro que queremos", com a intenção de definir novos desafios emergentes, cujo rascunho foi apresentado pelo Brasil e aprovado pelos países que participaram, propondo o lançamento de um processo para se chegar a um acordo sobre os objetivos do desenvolvimento sustentável, que provavelmente vão se basear e se sobrepor à atual rodada de objetivos conhecidos como metas de desenvolvimento do milênio, que membros da ONU concordaram em buscar até, pelo menos, 2015.

Portanto, há também uma crescente preocupação com o meio ambiente do trabalho. A lei que disciplina a ação civil pública faz eco no tocante à responsabilidade por danos causados ao meio ambiente, integrando o ambiente do trabalho, que é o conjunto de condições regidas pela legislação trabalhista, nominada de segurança e medicina do trabalho, dispostas na CLT (arts. 154 a 200).

3 O PRINCÍPIO DA SOLIDARIEDADE ÉTICA

A Constituição de 1988 inaugurou a expressão "meio ambiente" que é um bem coletivo de desfrute individual e geral ao mesmo tempo, merecendo a qualificação de direito fundamental da pessoa. Não é a sua fruição, mas a sua conservação que é um fato inteiramente ligado à coletividade, o que corrobora um direito subjetivo de titularidade coletiva, transindividual, ou seja, pulverização de sujeitos, e da categoria "interesse difuso" que se traduz em coletividade indeterminada.

---

(5) LEFF, Enrique. *Saber ambiental: sustentabilidade, racionalidade, complexidade, poder.* 7. ed. Rio de Janeiro: Vozes, 2009. p. 16,17.
(6) LEFF, 2009. p. 20.

Destarte, dispõe o art. 225 da Constituição Federal de 1988, que:

> Todos têm direito ao meio ambiente ecologicamente equilibrado, bem de uso comum do povo e essencial à sadia qualidade de vida, impondo-se ao Poder Público e à coletividade o dever de defendê-lo e preservá-lo para as presentes e futuras gerações.

É cediço que o artigo em comento tem relevância para o Direito Ambiental, bem como ao Direito do Trabalho e ao interpretar o referido artigo, encontramos as diretrizes que determinam em primeiro momento a titularidade do direito de "todos" ao meio ambiente ecologicamente equilibrado.

A melhoria das condições de vida deve ser obtida sem aumento do consumo supérfluo para suprir as necessidades atuais dos seres humanos, mudando-se o paradigma dominante, para não comprometer as próximas gerações.

Ao "Ambiente Ecologicamente Equilibrado", segundo Norberto Bobbio [7], é o direito de viver num ambiente não poluído, num ecossistema conservado, e este se refere a um típico direito de terceira geração, reivindicado pelos movimentos ecológicos.

Seria essa a "terceira onda de ambientalismo", como um fenômeno próprio à modernidade, com reflexão na ideia de risco, sociabilidade e moral no entendimento de Sergio Tavolaro, que afirma ser primordial a reaproximação do homem em relação à natureza, como pressuposto da ética ambiental (da natureza como objeto de direitos à natureza como sujeito de direitos).

Para Tavolaro a preocupação não é com fases de evolução cronológica de movimentos ambientalistas, e sim analisar e compreender o "ambientalismo" como um fenômeno próprio à modernidade avançada para avaliar como a moralidade moderna é equacionada pelo movimento ambientalista para absorver o mundo natural numa ética ambiental [8].

Tavolaro dispõe que é preciso reconhecer a centralidade em torno do problema da "separação do homem em relação à natureza" e a possibilidade de sua reaproximação, mas não em um retrocesso como pensam algumas organizações ambientalistas e sim em relação a uma moralidade em face à natureza, da postura ética que associações possam adotar diante dela.

É dever pensar nessa reaproximação, já que o sistema ecológico ou ecossistema está inseparavelmente ligado e interage entre si, sendo que a unidade funcional básica inclui tanto organismos (comunidades bióticas) como o ambiente abiótico, cada um deles influenciando as propriedades do outro, sendo ambos necessários para a conservação da vida tal como existe na Terra [9].

Não é recente esse pensamento. Podem encontrar-se na história escrita alusões à ideia de ligação "à unidade do homem e da natureza" como conceito de ecossistema que é amplo e sua principal função no pensamento ecológico é dar realce às relações obrigatórias, à interdependência e às relações causais. O homem ligado à natureza, e dela é inseparável.

E, no momento seguinte, o legislador constituinte concedeu, portanto, a esse meio ambiente, a categoria de bem de uso comum do povo, como condição essencial para uma existência com qualidade e, após, delimitou a responsabilidade pela manutenção desse "bem ambiental" ao Poder Público e ao próprio povo que a ele tem direito.

A bem de uso comum do povo, não é só dizer dos bens públicos, mas como também os particulares que aos seus proprietários podem ser fixadas obrigações para que os mesmos possam assegurar a fruição por todos dos aspectos ambientais de bens da sua propriedade, ou seja, não degradar as características

---

(7) BOBBIO, Norberto. *A era dos direitos*. Rio de Janeiro: Campus, 1992. p. 101 e 102.
(8) TAVOLARO, Sergio Barreira de Faria. *Movimento ambientalista e modernidade: sociabilidade, risco e moral*. São Paulo: Annablume/Fapesp, 2001. p. 18, 19.
(9) ODUM, Eugene. *Fundamentos de ecologia*. 7. ed. Lisboa: Fundação Calouste Gulbenkian, 2004. p. 12.

ecológicas, que estas sim são de uso comum, como, por exemplo, a beleza cênica, a produção de oxigênio, o equilíbrio térmico, refúgio de animais. O Poder Público passa a figurar não como proprietário dos bens ambientais — água, ar e solo, fauna e floresta, patrimônio histórico — mas como um gestor, que administra bens que não são dele[10].

Quanto à essencial e sadia qualidade de vida, não diz respeito apenas "direito à vida", mas "direito à qualidade de vida", vida plena em todas as suas acepções, sendo justo buscar e consegui-la, por meio de pelo menos três fatores medidos pela Organização das Nações Unidas — ONU, tais como saúde, educação e produto interno bruto, não mais expressa quantitativamente como "nível de vida". A qualidade de vida é um elemento finalista do Poder Público, segundo Paulo Affonso Leme Machado.

A saúde dos seres humanos não existe somente numa contraposição a não ter doenças diagnosticadas no presente. Leva-se em conta o estado dos elementos da Natureza — águas, solo, ar, flora e paisagem — para se aquilatar se esses elementos estão em estado de sanidade e de seu uso advenham saúde ou doenças e incômodos para os seres humanos [11].

E, finalizou vinculando a obrigatoriedade da defesa e preservação desse direito ao conceito de desenvolvimento sustentável, ao dispor que o meio ambiente ecologicamente equilibrado será preservado para presentes e futuras gerações. Dessa forma, são corresponsáveis o Poder Público e a sociedade pela tutela da natureza para o presente e para as gerações futuras.

E como destinatárias da defesa e da preservação do meio ambiente, uma geração deve tentar ser solidária entre todos os que a compõem, como fosse uma cadeia de elos sucessivos, para que a solidariedade não fique represada na mesma geração, levando em conta as próximas gerações, a que chamamos de "equidade intergeracional" que se baseia, ainda, num modelo de confiança e fidúcia. Como parceiras da Terra, cada geração tem a responsabilidade de preservar os recursos naturais e a herança humana pelo menos no patamar que recebeu de seus antepassados[12].

Esse tema também está relacionado a uma tributação ambiental, isto é, as gerações devem ter responsabilidades entre si que não ocorra uma crise de sacrifícios da geração presente (obedecendo limites) para legar às gerações futuras um ambiente sustentável. [13]

E segundo Da Silva Rosa, a noção de ética respeitosa em relação aos limites da natureza e ao direito à vida dos seres vivos, parte de uma perspectiva transitória rumo a uma sociedade ecologicamente sustentável, que:

> Se efetivará através da reivindicação de meios alternativos capazes de nos pôr em ralação com a natureza de uma maneira bem mais justa. Essa ética nos convoca a assumirmos valores, tais como *a responsabilidade, a solidariedade, a precaução e a participação* [14].

Esse termo está ainda diretamente relacionado ao desenvolvimento econômico e material em respeito à capacidade do meio ambiente em se regenerar. Daí ser necessário o uso de recursos naturais de forma inteligente para que eles se mantenham no futuro.

A Constituição em vigor consagrou como obrigação do Poder Público, a defesa, preservação e garantia do direito fundamental ao meio ambiente ecologicamente equilibrado, bem de uso comum do povo e essencial à sadia qualidade de vida.

---

(10) MACHADO, Paulo Affonso Leme. *Direito ambiental brasileiro*. 19. ed. São Paulo: Malheiros, 2011. p. 115, 116.
(11) MACHADO, 2011. p. 65, 66.
(12) THEODORO, 2008. p. 59.
(13) ALOCHIO, Luiz Henrique Antunes. *Do solo criado (outorga onerosa do direito de construir): instrumento de tributação para a ordenação do ambiente urbano*. Rio de Janeiro: Lúmen Júris, 2005. p. 175.
(14) DA SILVA-ROSA, Teresa . VEIGA, José Eli da. (organizador) *Economia socioambiental*. São Paulo: SENAC, 2009. p. 34 e 35.

E dentre os princípios gerais do Direito Ambiental, a sua obrigação e finalidade, não é como proprietário dos bens ambientais — assim como também não diga respeito só à sociedade civil (poluidor e vítimas da poluição) — está atrelado à figura de um gestor, que tem a tarefa de planificar, administrar e controlar a utilização dos recursos naturais e seus estoques, explicando convincentemente sua gestão, a cada contexto sociocultural, político, econômico e ecológico, numa dimensão tempo/espaço.

Destarte, mister salientar que como um de seus instrumentos, a política nacional do meio ambiente pode e deve sustentar-se na gestão racional dos recursos naturais, os quais constituem a sua base material.

A natureza não é um intocável santuário, e assim precisa gerar riquezas para enfrentar os desafios da mudança social (simbolizada no crescimento da população e na pobreza estrutural). Não é crescimento a qualquer preço, é preciso crescer de forma planejada e sustentável, para assegurar a compatibilização do desenvolvimento econômico-social com a proteção da produção da qualidade ambiental.

Destarte, a natureza passa ser objeto de direitos, em consonância com direitos civis, políticos e sociais, ampliando-se a ideia de cidadania, de passar a ser sujeito de direitos, ou seja, ganha-se uma "tonalidade verde" [15] que sugere a luta do ambientalismo para adicionar aos direitos humanos o direito a um ambiente seguro e saudável, de maneira a incluí-lo numa lista de conquistas formalmente estabelecidas. Ela é parte de nossa existência legal, política e moral.

Está aqui incluída a *infortunística*, ou seja, *a* proteção jurídica à vida, à saúde e à integridade física do trabalhador (acidentes de trabalho e doenças profissionais), e, ainda, a defesa do meio ambiente do trabalho (segurança e medicina do trabalho), que ao serem violadas geram responsabilidade pelos danos causados, de todos aqueles que estão na incumbência de velar pela segurança e medicina do trabalho.

4 O PRINCIPIO "FORESTIANO" E A VALORIZAÇÃO DO TRABALHO HUMANO

Ao dar continuidade às declarações onusianas, verifica-se que a sustentabilidade não está determinada somente nas conferências das Nações Unidas e em nível constitucional como acima citado. Ela está determinada também em nível infraconstitucional, em leis esparsas, e na interpretação da própria CLT, no capítulo que dispõe sobre a segurança e medicina do trabalho, como modo de mais bem tratar as questões ambientais.

Após essa assertiva, a presença crescente dos temas ambientais no cotidiano de cada cidadão advém de uma série de fatos e eventos que demonstram a necessidade de uma alteração significativa no modo de vida da humanidade. A principal ameaça tem sido a possibilidade da irreversibilidade dos danos ambientais, com a assunção de custos econômicos, sociais e humanos significativos. E nas questões da proteção da pessoa do operário não pode e nem deve ser diferente.

A Sustentabilidade é um termo usado para definir ações e atividades humanas que visam suprir as necessidades atuais dos seres humanos, sem comprometer o futuro das próximas gerações. Ou seja, a sustentabilidade está diretamente relacionada ao desenvolvimento econômico e material sem agredir o meio ambiente, usando os recursos naturais de forma inteligente para que eles se mantenham no futuro. Seguindo esses parâmetros, a humanidade pode garantir o desenvolvimento sustentável.

É de fundamental conscientização que o equilíbrio ecológico não será concretizado com a participação igualitária entre todos os seres vivos na imensa roda da unidade funcional básica, a que se nomina ecossistema, pois inclui tanto os organismos quanto o ambiente abiótico e cada um desses fatores influenciará as propriedades do outro e cada um é necessário para a manutenção da vida na Terra. Como já mencionado, os organismos vivos e o seu ambiente não vivo estão inseparavelmente inter-relacionados e interagem entre si[16].

---

(15) TAVOLARO, 2001. p. 180.
(16) ANTUNES, Paulo de Bessa. *Direito ambiental.* 12. ed. Rio de Janeiro: Lúmen Júris, 2010. p. 77.

E na desigualdade de papéis se encontra a diversidade, e nesse desequilíbrio, que é salutar, se encontrará a estabilidade tão almejada do sistema, que poderá sentir os efeitos benéficos na condução do processo histórico na evolução da matéria, para que então se possa falar concretamente em desenvolvimento sustentado.

É cediço reconectar natureza, homem, mundo industrial e social, inserindo-os na existência legal, política e moral, internalizando-os e integrando-os a outra ordem, como no princípio foerstiano *order from noise*[17] que vai se aplicar a toda criação, a todo desenvolvimento, a toda evolução[18] (degeneratividade e geratividade para manter a ordem viva).

"É Viver de morte, morrer de vida" — utiliza-se deste pensamento dialético, antagônico, para explicar o paradoxo do êxito da vida que depende de sua própria mortalidade — viver de vida para não viver de morte, ou seja, a organização do comportamento.

A Lei maior em vigor fundada no contrato social, e que hodiernamente abarca um novo pacto, o "contrato natural" [19], tácito, determina que a defesa do meio ambiente não seja questão de vontade.

É uma questão de ordem mandamental que passa a fazer parte do desenvolvimento nacional. Isto é, conforme o disposto nos arts. 3º (objetivos da República) e 170 (princípios gerais da atividade econômica), ou seja, um desenvolvimento social e econômico, harmonizados, que integrados, possam libertar a humanidade da fome e da carência por meio da erradicação de todas as formas de pobreza e conflito.

As sociedades devem ser justas, isonômicas e inclusivas, para uma maior estabilidade econômica e crescimento pulverizado, para que possa ser falado em desenvolvimento sustentado. Eis aí a formulação constante para gestão adequada da propriedade privada e da propriedade pública. É preciso prever com responsabilidade ética.

Quando se fala em sustentabilidade econômica, devemos pensar num modelo para viabilizar uma alocação e uma gestão mais eficiente dos recursos e condicioná-la à superação de situações negativas hoje existentes, como a desigualdade nas relações econômicas entre o norte e o sul, afetadas pelo serviço da dívida, relações de troca adversas, protecionismo e barreiras tecnológicas[20].

Sendo a sustentabilidade econômica a capacidade de produção, distribuição e utilização equitativa das riquezas produzidas pelo homem, esta vai se relacionar com os demais conceitos que definem desenvolvimento sustentável como sustentabilidade ambiental, social e política.

A sustentabilidade social está relacionada a um processo de desenvolvimento orientado pelo objetivo de construir outro tipo de sociedade, reduzindo as desigualdades sociais e abrangendo as necessidades materiais e não materiais.

E essa sempre será a temática do desenvolvimento sustentável, que surgiu ancorada na percepção de que o homem estava interferindo de forma degradante nos processos naturais. Ela evoluiu do simples protecionismo e não interferência nos sistemas naturais, para uma visão que contempla a inclusão social e econômica.

E, nesse sentido, o componente social se impõe pela urgência da melhoria da qualidade de vida e do setor econômico, pela necessidade de se viabilizar um novo modelo de desenvolvimento.

Portanto, podemos definir "Desenvolvimento Sustentável" como um modelo econômico, político, social, cultural e ambiental equilibrado, que satisfaça as necessidades das gerações atuais, sem comprometer a capacidade das gerações futuras de satisfazer suas próprias necessidades, com previsão e responsabilidade ética pautadas na valorização humana e da natureza.

---

(17) MORIN, Edgar. *Ciência com consciência*. Trad. Maria D. Alexandre e Maria Alice S. Dória. 13. ed. Rio de Janeiro: Bertrand Brasil, 2010. p. 298.
(18) MORIN, 2010. p. 298 e 304.
(19) O novo contrato natural de Michel Serres propõe um contrato de simbiose que se define por um novo tipo de reciprocidade: "o que a natureza dá ao homem é o que ele deve restituir a ela, transformada em sujeito de direito".
(20) THEODORO, 2008. p. 59, 60.

Essa concepção começa a se formar e difundir junto com o questionamento do estilo de desenvolvimento adotado, quando se constata que esse é ecologicamente predatório na utilização dos recursos naturais.

É socialmente perverso com geração de pobreza e extrema desigualdade social. Politicamente injusto com concentração e abuso de poder. E culturalmente alienado em relação aos seus próprios valores e eticamente censurável no respeito aos direitos humanos e aos das demais espécies.

Destarte, é preciso haver uma mutação, a constituição de uma ordem superior, organizadora do comportamento, quer dos sujeitos individualizados, quer pulverizados, "inclusive em relação ao direito coletivo do trabalho que se ocupa das relações jurídicas nas quais os seus titulares atuam, em regra, na qualidade de representantes de grupos sociais e econômicos"[21], como ocorre nas relações de consumo.

A "molecularização de sujeitos"[22], aliados a um Poder Público efetivo e eficiente, pode e deve potencializar três entendimentos viabilizadores para o referido desenvolvimento que são:

- Convivência respeitosa entre meio ambiente e seres humanos.
- Desenvolver, consumir, descartar, com o menor prejuízo ao meio ambiente.
- A sustentabilidade é interesse público a ser protegido pelo Estado.

A sustentabilidade é um conceito sistêmico, como já citado, relacionado com a continuidade dos aspectos econômicos, sociais, culturais e ambientais da sociedade humana.

É um meio de configurar a civilização e atividade humanas, de tal forma que os sujeitos pulverizados e as suas economias possam preencher as suas necessidades. Expressar o seu maior potencial no presente, e ao mesmo tempo preservar e prevenir o meio ambiente para futuras gerações, pelo binômio constitucional para atingir pró-eficiência na manutenção indefinida desses ideais.

A sustentabilidade abrange vários níveis de organização da diversidade, é uma complexidade que guarda noções de ordem e desordem para superar a visão unitária e fragmentada para atingir uma visão mais abrangente sobre o meio que se vive, posto que não há certeza absoluta e pensar sobre a complexidade da realidade física, biológica e humana, é respeitar a evolução constante na vida e na história da humanidade.

Um sistema organizado para ser sustentável tem de ter qualidades e propriedades do todo, tendo em vista um princípio lógico flexível conforme as lições de Edgar Morin[23].

Dessa forma, a sociedade moderna, caracterizada pelo capitalismo como a industrialização e a tecnologia, proporciona uma gama enorme de produtos, bens e serviços, e essas externalidades do processo produtivo contribuem para uma degradação ambiental ímpar, comprometendo a vida do homem e do próprio planeta que é o seu *habitat*.

Partindo dessa observação, a participação democrática entre Estado e sociedade civil se potencializou nos últimos anos, e a crescente participação democrática surge a partir de ações desses atores, no sentido de pressionar as administrações públicas para fortalecer processos de cooperação e cogestão no público[24].

É uma tendência de atuação sociopolítica a que chama de *governabilidade participativa*[25]. É acesso à cidadania fundada na constituição do Estado Democrático de Direito (art. 1º, I, da CF/88).

---

(21) LEITE, Carlos Henrique Bezerra. *Curso de direito do trabalho coletivo e direito internacional do trabalho*. 3. ed. v. 2. Curitiba: Juruá,. 2000. p. 19.
(22) É pensar de maneira coletivizada, o que não deve ser atomizado para o processo do desenvolvimento sustentável ante as motivações sociológicas, nelas identificamos as crescentes conflituosidades das relações em massa, decorrentes das novas complexidades sociais no período pós-industrial. O direito às demandas individuais não fazia mais frente à nova realidade complexa da sociedade.
(23) MORIN, Edgar. *Ciência com consciência*. 13. ed. Rio de Janeiro: Bertand Brasil, 2010. p. 292, 301, 302.
(24) WANDERLEY, L. E. Gestão pública das cidades. In: _____, RAICHELIS, R. (orgs.). *A cidade de São Paulo*: relações internacionais e gestão pública. São Paulo: EDUC, 2009. p. 53-154.
(25) WANDERLEY, 2009. p. 154.

Deve-se agir contrariamente, com precaução e preservação deste meio conforme os ditames da norma constitucional e dos tratados e convenções internacionais em que a República Federativa do Brasil seja parte (art. 5º, § 2º).

Portanto, é preciso uma fiscalização mais rigorosa de órgãos públicos, inclusive do local de trabalho, como forma de precaução, para evitar acidentes ou doenças ocupacionais. O processo produtivo, no caso dos bens ambientais, não se atribui um preço de utilização, nem a compensação de custos, ocorrendo então um desprezo aos efeitos externos negativos das atividades produtivas, em que o poluidor transfere para a sociedade um custo que deveria ser privado, gerando um custo social não pago, nem compensado.

O que se quer demonstrar é que, na economia, se faz necessária uma mudança de velhos processos no setor empresarial, abandonando a linearidade de extrair, produzir, vender e descartar, para o sistema vivo, produzir, reciclar e regenerar. Induvidosamente renderá vantagens competitivas na regulamentação dos novos processos produtivos.

Ao processo de desenvolvimento sustentável, as atenções devem estar sempre voltadas à "precaução", como forma de proteção ao meio ambiente e aos seres humanos, e deve estar voltada para postergar medidas eficazes e economicamente viáveis para prevenir a degradação ambiental, posto que, "em vez de o desenvolvimento depender de crescimento econômico — como nos últimos dez mil anos — ele passará a requerer o inverso, o decrescimento"[26].

O decrescimento é baseado nas teses do economista Nicholas Georgescu-Roegen, citado por Cechin e Veiga, em que os recursos naturais são limitados e, logo, não existe crescimento infinito. A melhoria das condições de vida deve, portanto, ser obtida sem aumento do consumo supérfluo para suprir as necessidades atuais dos seres humanos, mudando-se o paradigma dominante, para não comprometer as próximas gerações.

Com essa nova perspectiva, passa-se a reconstruir e reproduzir os sistemas ecológicos, na condução de políticas públicas destinadas à promoção dos ajustes necessários entre economia e meio ambiente do trabalho. Novos conceitos, novos métodos, novos princípios e novos instrumentos farão bases estruturantes dessa relação.

O Estado é um dos atores na efetivação de um projeto a uma sociedade sustentável, com padrão de excelência e qualidade ambiental, visando, ainda, à operosidade de sua atuação.

A fiscalização por meio dos órgãos públicos do exercício do trabalho é vital na prevenção de acidentes de trabalho e na defesa da saúde do trabalhador, evitando o sofrimento e o desperdício econômico lesivo às empresas e ao próprio País. Irá remediar os efeitos negativos externos por meio da segurança e medicina do trabalho.

E esse mesmo Estado é responsável por uma movimentação considerável de recursos naturais, considerando os processos de extração ou fabricação, utilização e descarte dos produtos e matérias-primas. Como consumidor ou empreendedor, possui papel estratégico na revisão de padrões de consumo e na adoção de novos paradigmas.

A tomada de consciência nas questões ambientais exige sempre do Estado uma nova postura no planejamento de suas ações, em que se tem ainda um modelo de insustentabilidade, o que permitiu repensar o planejamento por meio do sistema jurídico, com enfoque constitucional, em seu art. 174, pressuposto para a organização institucional. Mas ainda são deixados de lado vários instrumentos jurídicos que o direito comparado tem aplicado. [27]

---

(26) CECHIN, A. *A natureza como limite da economia*: a contribuição de Georgescu-Roegen. São Paulo: SENAC/EDUSP, 2010. p. 210.
(27) ALOCHIO, Luiz Henrique Antunes. *Plano diretor urbano e estatuto da cidade*: medidas cautelares e moratórias urbanísticas. Belo Horizonte: Forum, 2010. p. 20.

Assim, seguindo a meta do desenvolvimento nacional, a ordem econômica, determinada pelo art. 170, será fundada na valorização do trabalho humano e na livre iniciativa. Tem por finalidade assegurar a todos existência digna, conforme os ditames da justiça social, observados os princípios da defesa do meio ambiente, inclusive mediante tratamento diferenciado conforme o impacto ambiental dos produtos e serviços e de seus processos de elaboração e prestação[28].

5 MEIO AMBIENTE DO TRABALHO E O DESENVOLVIMENTO SUSTENTÁVEL

Os instrumentos para o planejamento, como os contidos no comando constitucional do art. 225, incisos III, IV e V, trata da instituição dos espaços territoriais a serem protegidos, bem como a exigência de estudo prévio do impacto ambiental para instalação de obra ou atividade poluidora em potencial que degrade o meio ambiente e o controle da produção, da comercialização e do emprego de técnicas, métodos e substâncias que comportem risco para a vida e a qualidade do meio ambiente.

Estão inclusas nesse planejamento, as questões ambientais adequadas, no disposto do comando do art. 154 e seguintes da Consolidação das Leis Trabalhistas, de observação obrigatória, em todos os locais de trabalho, não desobrigando as empresas do cumprimento de normas e outras disposições relacionadas com a segurança e medicina, nas relações trabalhistas.

Isto é, o direito ambiental do trabalho está relacionado ao local onde as pessoas desempenham suas atividades laborais, sejam remuneradas ou não, cujo equilíbrio está baseado na salubridade do meio e na ausência de agentes que comprometam a incolumidade físico-psíquica dos trabalhadores, independentemente da condição que ostentem (homens ou mulheres, maiores ou menores de idade, celetistas, servidores públicos, autônomos etc.).[29]

A Constituição Federal de 1988, em seu art. 225, já citado, como em seus arts. 7º, 196 e 200, também acolhe todos os trabalhadores que exercem suas atividades laborativas no campo ou na cidade, celetista ou não, empregado público ou trabalhador sem remuneração, para que os mesmos sejam protegidos em um ambiente de trabalho adequadamente seguro à essencial e sadia qualidade de vida, o que não se traduz apenas como "direito à vida", mas "direito à qualidade de vida". Vida plena em todas as suas acepções, inclusive sendo justo buscar e consegui-la no exercício de suas atividades laborativas, com segurança.

O Estado condutor dessa proteção ao meio ambiente do trabalho, por meio do Ministério do Trabalho e Emprego e outros órgãos do governo, ao estabelecer normas de higiene, segurança e medicina do trabalho, com devida fiscalização, passa a configurar a sustentabilidade pretendida no meio ambiente do trabalho, já que se trata de direito difuso fundamental, considerado pela doutrina, como direito social.

Destarte, ao se interpretar a Lei da Política Nacional do Meio Ambiente, Lei n. 6.938/81, esta foi recepcionada pela Constituição de 1988, e embora não mencione especificamente o meio ambiente do trabalho, define a degradação ambiental. Essa se traduz em poluição que resulte de qualquer atividade que prejudique a saúde, a segurança e o bem-estar da população, o que induvidosamente contém o meio ambiente do trabalho. É poluidor tanto a pessoa física como a jurídica, de direito público ou de direito privado.

Dessa forma, essas pessoas serão responsabilizadas pelos danos causados, e isso já configura uma definição que compreenderá um desenvolvimento sustentável no meio ambiente do trabalho. É a interpretação que se faz do art. 157, II, da CLT, que é claro em determinar que as empresas observem o princípio da precaução, quanto à instrução de seus empregados, no sentido de evitar acidentes do trabalho ou doenças

---

(28) MEDAUAR, O. (org.). *Coletânea de legislação administrativa e Constituição Federal*. 12. ed. rev. ampl. e atual. São Paulo: RT, 2012. p. 23.
(29) MELO, Raimundo Simão. *Direto ambiental do trabalho e a saúde do trabalhador*. 3. ed. São Paulo: LTr, 2008. p. 26 e 27.

ocupacionais. Isso inclui o meio ambiente adequado ao trabalhador quer estatutário, celetista ou empregado público.

Deve haver o incentivo à adoção de mecanismos de planejamento, regulação e fiscalização das normas de segurança e medicina do trabalho, buscando-se a cooperação entre a empresa e os seus empregados. Deve haver a colaboração mútua.

E quanto à salubridade e a periculosidade relativas ao direito do trabalho, sabemos que é preciso maior conscientização do empregador-poluidor, apesar do caráter trabalhista, para que danos sejam evitados pelo uso regular e tolerante dos respectivos agentes, bem como equipamentos e tecnologias adequadas, para que efetivamente possa ser alcançada a sustentabilidade desejada em qualquer trabalho adequado e seguro.

Segundo Raimundo Melo, quando a Constituição fala em *dignidade humana*, em *valor social do trabalho*, em *pleno emprego* e em *defesa do meio ambiente*, está afirmando categoricamente que não basta qualquer trabalho, mas *trabalho decente, trabalho adequado, trabalho seguro*, como forma de preservar a saúde do trabalhador, como mais importante bem de que dispõe, considerado, outrossim, como bem supremo. [30]

É o alcance da sustentabilidade com base na tríade *trabalho decente/trabalho adequado/trabalho seguro*, observados prioritariamente em normas regulamentadoras pelo empregador, para que o meio ambiente do trabalho seja preservado.

A Consolidação das Leis do Trabalho, recepcionada pela Constituição Federal de 1988, em seu capítulo V, traz importantes e necessárias disposições sobre o meio ambiente do trabalho, travestido em medicina e segurança do trabalho, representando grande avanço em sua proteção, impondo às empresas, a obrigatoriedade do cumprimento dessas normas com aplicação de penalidades pelo seu descumprimento.

6 APLICAÇÃO DAS NORMAS TRABALHISTAS À LUZ DOS PRINCÍPIOS DA PREVENÇÃO E PRECAUÇÃO

A Constituição brasileira em vigor consagrou como obrigação do Poder Público a defesa, preservação e garantia do direito fundamental ao meio ambiente ecologicamente equilibrado, a partir do "esgotamento do modelo de desenvolvimento perpetrado pela sociedade industrial" [31]. A sociedade contemporânea experimenta novos contornos da tutela jurídica, face a intensas transformações sociais, políticas, econômicas, culturais, ambientais e trabalhistas.

Partindo do conceito de sustentabilidade, que é o de suprir as necessidades atuais dos seres humanos, sem comprometer o futuro das próximas gerações, sabemos que "a participação cívica na conservação do meio ambiente não é um processo político já terminado. Os fundamentos foram bem-lançados em todo o mundo, mas o edifício da participação tem muitos setores para serem concluídos" [32].

O Estado como um dos atores de governança ambiental deve integrar em todas as suas atividades critérios econômicos, sociais e ambientais, como exemplo a ser seguido, na construção do edifício da participação, para garantir o melhor benefício possível ao meio ambiente.

E para garantir o melhor benefício do meio ambiente, foi recepcionada a Lei de Política Nacional do Meio Ambiente publicada em 1981, importante marco da sistematização da tutela ambiental. Proporcionou o nascimento do direito ambiental como ciência autônoma, antes mesmo da promulgação da Constituição Federal em 1988 e da Conferência da ONU de 1992.

---

(30) MELO, 2008. p. 151.
(31) FIGUEIREDO, G. J. P.; MACHADO, P. A. L. (coords.). Meio ambiente, saúde e desenvolvimento econômico (I). *Rev. de Direitos Difusos*. v. 43, jul.-set. 2007. p. 78.
(32) MACHADO, Paulo Afonso Leme. *Direito ambiental brasileiro*. 19. ed. São Paulo: Malheiros, 2011. p. 109.

Referida lei preocupou-se em efetivar o desenvolvimento sustentável por meio da preservação, melhoria e recuperação da qualidade ambiental propícia à vida, visando a assegurar, no País, condições ao desenvolvimento socioeconômico, aos interesses da segurança nacional e à proteção da dignidade da vida humana. A mudança não se restringe ao seu campo de origem, não se reduz a novos direitos e garantias.

A expansão do conceito de sustentabilidade e a contínua preocupação, em nosso País, com o meio ambiente saudável, determina a aplicação dos princípios da "gestão ecológica", tais como precaução, prevenção, solidariedade e responsabilidade. Nesse contexto se inclui o meio ambiente do trabalho, ou seja, a relação entre o homem e o fator técnico, que passou a ser uma preocupação dos juristas.

O art. 225 vinculou a obrigatoriedade da defesa e preservação desse direito ao conceito de desenvolvimento sustentável, ao dispor que o meio ambiente ecologicamente equilibrado será preservado para presentes e futuras gerações. Dessa forma, são corresponsáveis tanto o Poder Público como a sociedade pela tutela da natureza para o presente e para as gerações futuras.

Como destinatárias da defesa e da preservação do meio ambiente, uma geração deve tentar ser solidária entre todos os que a compõem. Como se fosse uma cadeia de elos sucessivos, a solidariedade não fique represada na mesma geração. Por isso:

> Leva em conta as próximas gerações, a que chamamos de 'solidariedade temporal' ou 'equidade intergeracional', que se baseia, ainda, num modelo de confiança e fidúcia. Como parceiras da Terra, cada geração tem a responsabilidade de preservar os recursos naturais e a herança humana pelo menos no patamar que recebeu de seus antepassados [33].

Não é outro o entendimento para Da-Silva-Rosa, na reflexão sobre a noção de "solidariedade temporal e espacial" ou "equidade das espécies viventes", ao considerar a sustentabilidade do desenvolvimento quando "[...] a ideia de geração se estenderia a todos os outros seres vivos: àqueles que participam conosco o momento presente e àqueles que ainda vão aparecer. As gerações se sentiriam ligadas quanto aos *interesses comuns: a realização da vida* [34].

E o seu pensamento ainda vai além, quando a solidariedade se destaca e passa a ocupar um lugar primordial, no quesito responsabilidade para com as próximas gerações, ou seja, responsabilidade do que está para ser feito:

> [...] é o fundamento ético da ação que pretende ser ecologicamente sustentável, solidária e responsável [...] a solidariedade, como princípio passa a ocupar um lugar primordial [...] na procura de estratégias possíveis em favor de ações sustentáveis, a adoção das noções de "suficiência" e de "eficácia" [...] nos parece bem válida e útil [...] julgamos que essas noções venham tornar mais clara e factível a prática da solidariedade através de políticas públicas que visem à *diminuição da exploração da natureza*[35].

Transpondo essa ideia para a concepção clássica de Durkheim, que trabalhou elementos de autonomia e de dependência dos indivíduos tendo em vista o desenvolvimento da divisão do trabalho, na passagem da sociedade tradicional para a sociedade moderna. Diferencia a solidariedade:

> Em *mecânica* (sociedade tradicional em que os indivíduos pouco se diferenciam e partilham os mesmos sentimentos e aderem aos mesmos valores) e em *orgânica* (sociedade moderna em que os laços sociais são dados pela interdependência das funções, conferindo suas diferenças e posição social precisa)[36].

---

[33] THEODORO, *et al*, 2008. p. 59.
[34] DA-SILVA-ROSA & VEIGA, 2009. p. 40.
[35] DA-SILVA-ROSA & VEIGA, 2009. p. 39, 41.
[36] WANDERLEY, 2010. p. 97.

E, como sabemos, para a realização dos fins maiores que a consecução dos interesses das partes em litígio, o direito fixa condições mínimas a serem observadas pelas empresas quanto ao meio ambiente do trabalho e a Consolidação das Leis do Trabalho dispõe sobre os órgãos aos quais incumbe velar pela segurança e medicina do trabalho [37].

Ao tutelar a saúde, a integridade física e a vida do trabalhador, a referida lei, estabelece de forma prioritária a adoção de medidas coletivas de prevenção e precaução dos riscos ambientais. E os empregados devem cumprir as normas que previnem e protegem a sua saúde e o meio ambiente nos locais onde exercem a atividade laborativa.

Outras interpretações, além dos arts. 5º e 7º e incisos, da Constituição Federal de 1988, constam em leis infraconstitucionais, leis da Seguridade Social, normas internacionais da OIT, Normas Regulamentares (NRs), Código Penal e Lei de Crimes Ambientais. A regulação social se dará por meio da formação de uma nova educação e disciplina. Empresas, coletividade e Poder Público têm o dever constitucional de proteger e preservar o meio ambiente do trabalho, pela imposição da responsabilidade, ou seja, responsabilidade do que está para ser feito.

Tais normas estão diretamente relacionadas com o meio ambiente do trabalho nas atividades penosas e insalubres a que diversos trabalhadores são expostos no exercício de sua atividade laborativa e, ao Estado e ao Ministério do Trabalho é imperioso a sua prevenção e precaução.

O princípio da precaução aponta para a adoção de condutas acautelatórias gerais, considerando o risco abstrato e potencial [38]. Estabelece a vedação de intervenções no meio ambiente do trabalho, salvo se houver a certeza de que as alterações não causem reações adversas, já que nem sempre a ciência pode oferecer à sociedade e aos trabalhadores respostas conclusivas sobre a inocuidade de determinados agentes e atividades, a que se exponha o trabalhador em sua atividade laboral.

É exigência constitucional e infraconstitucional que busque avaliar os efeitos e a viabilidade de implementação de determinados agentes e atividades nocivas, dentre outras que possam causar alguma implicação ambiental no ambiente do trabalho.

E, o princípio da prevenção no meio ambiente do trabalho tem o escopo de evitar determinados riscos[39]. Diz respeito à disponibilização de certos agentes nocivos à saúde do trabalhador, por muitas vezes criticada pelos vários segmentos sociais, pelo próprio Poder Público, e pelo setor privado.

Portanto, os princípios da prevenção e da precaução, semelhantes entre si, mas que não se confundem, devem ser observados. Embora tenham a mesma finalidade, que é a de "evitar danos ao meio ambiente", cada um é aplicado nos casos em que os impactos ambientais no meio ambiente do trabalho já são conhecidos, ou que causaram danos à saúde do trabalhador, restando certo a obrigatoriedade de reparar o dano.

E como meio de reparar danos, um dos mais antigos instrumentos processuais é a ação popular, que tem como objetivo a defesa do povo, pelo cidadão, em gozo de suas obrigações políticas. Para a plausível tutela do meio ambiente do trabalho, a ação popular, prevista no art. 5º, inciso LXXIII, da CF/88 e na Lei n. 4.717/65, e o Mandado de Segurança Coletivo, no inciso LXX, são importantes instrumentos à disposição do cidadão.

Tais instrumentos consistem em tutelar imediata e diretamente o ato omissivo e comissivo, o ato ilegal e abusivo praticado por autoridade pública com ameaça de lesão ao direito líquido certo, quer em empresa pública, empresa de economia mista ou de qualquer outro ente público ou pessoa subvencionada pelos cofres públicos, na qualidade de empregador-poluidor do meio ambiente laboral ou em face de atos por eles praticados ou não praticados, a respeito de suas atribuições como órgãos fiscalizadores ou detentores do poder de polícia ambiental"[40].

---
(37) NASCIMENTO, Amauri Mascaro. *Iniciação ao direito do trabalho*. 36. ed. São Paulo: LTr, 2011. p. 120.
(38) MACHADO, Paulo Afonso Leme. *Direito ambiental brasileiro*. 19. ed. São Paulo: Malheiros, 2011. p. 65 e ss.
(39) MACHADO, 2011. p. 65 e ss.
(40) MELO, Raimundo Simão. *Direto ambiental do trabalho e a saúde do trabalhador*. 3.ed. São Paulo: LTr, 2008. p. 135.

E como instrumento de participação no pertinente controle, tutela, prevenção e atuação para defesa da ordem jurídica trabalhista e tutela do meio ambiente do trabalho, o Ministério Público tem a sua disposição o Inquérito Civil, a Ação Civil Pública (arts. 129, III, da CF, 83, III e 84, II, da LC n. 75/930) o Termo de Ajustamento de Conduta (§ 6º do art. 5º da Lei n. 7.347/85), a Audiência Pública e a expedição de Recomendações visando à adoção de medidas preventivas (art. 6º, inciso XX, da LC n. 75/93), entre outros.[41]

Nesse enfoque, é dever do Estado e da sociedade civil, observar o princípio da precaução, que tem relação direta com o impedimento de uma ação que visa causar um impacto indesejável, e tem a ver com a ideia de "antecipação", pois está inserida na tomada de decisão, motivada, após um instrumento legal.

Destarte, os principais questionamentos que envolvem a sustentabilidade do meio ambiente do trabalho corroboram com o desafio para proporcionar a realização de vida digna de qualquer trabalhador em seu local de trabalho. A aplicação da responsabilidade por danos ambientais adquirem novos meios e direitos de tutela, ante o surgimento de novos pressupostos e novos instrumentos.

7 A ÉTICA DO CUIDADO COMO PRECURSORA DA SUSTENTABILIDADE A PARTIR DA INTERAÇÃO COM O AMBIENTE DO TRABALHO

O Estado, assim como os cidadãos brasileiros, está submetido a um regime político, ou seja, a democracia, que comporta a autolimitação do poder estatal pela separação dos poderes, a garantia dos direitos individuais e a proteção da vida privada, que segundo Morin é mais que um regime político; é a regeneração contínua de uma cadeia complexa e retroativa: os cidadãos produzem a democracia que produz cidadãos[42].

Dessa forma, os indivíduos, atuando em conjunto, formam a sociedade e essa coletividade retroage sobre os mesmos que são nada menos que produtos de um processo reprodutor da espécie humana, produzindo-se a cada geração, inseparáveis e ao mesmo tempo meio e fim de cada um.

Morin afirma que os elementos da tríade *indivíduo/sociedade/espécie* não podem ser entendidos como dissociados e no seio dessa tríade complexa emerge a consciência[43].

Com a emergência desta consciência, a antropo-ética, poderemos assumir nossa condição humana, na complexidade do nosso ser, para alcançar a humanidade em nós mesmos, em nossa consciência pessoal, assumindo o destino humano em suas antinomias e plenitude que nos fará assumir a missão antropológica do milênio.

E nessa missão antropológica do milênio, como se assumindo nosso "carma", devemos, segundo Morin, trabalhar para tornar a hominização mais humanizada, em uma via dupla na passagem planetária, que é obedecer a vida e guiá-la, para que possamos alcançar a unidade planetária na diversidade, o que requer respeito à diferença e à identidade quanto a si mesmo, com o desenvolvimento da ética da solidariedade, da compreensão, e ensinar a ética do gênero humano, com ênfase no meio ambiente do trabalho.

É quando Abdruschin fala da "ética do cuidado", ainda como precursora da "sustentabilidade", em que cada pessoa se insere num determinado contexto e se constrói a partir da interação com o ambiente que lhe é peculiar. É esse éthos sua morada, sua habitação. É a partir daí que a pessoa se faz como tal, e portanto é a partir daí que precisa ser compreendida. Nesse sentido, cuidar significa ler nas entrelinhas do contexto sociocultural. A partir desse olhar, como vimos anteriormente, o que está pronto no mundo presta-se à transformação, e transformando o mundo o homem se transforma e se cuida também.[44]

---

(41) MELO, 2008. p. 108.
(42) MORIN, Edgar. *Os sete saberes necessários à educação do futuro*. 6. ed. São Paulo: Cortez, Brasília, DF: UNESCO, 2002. p. 107.
(43) MORIN, 2002. p. 106.
(44) ROCHA, Abdruschi Schaeffer. *Hermenêutica do cuidado pastoral: lendo textos e pessoas num mundo paradoxal*. São Leopoldo: Sinodal/EST, 2012. p. 197.

Apostar no incerto, é consciência individual além da individualidade, é um circuito indivíduo/sociedade em que a democracia favorece a relação rica e complexa, em que os dois podem se ajudar, se desenvolver, se regular e controlarem-se mutuamente.

É ordem, desordem, tolerando e nutrindo endemicamente, às vezes explosivamente, de conflitos que lhe conferem vitalidade. Vive da pluralidade, até mesmo na cúpula do Estado (divisão dos poderes Executivo, Legislativo, Judiciário), e deve conservar a pluralidade para conservar-se a si própria[45].

Por fim, teremos um longo discurso pela frente até que o processo multidimensional consiga traçar as possibilidades do desenvolvimento das complexidades ou dimensões políticas, econômicas, sociais e jurídicas que "nutre os avanços da individualidade que se afirma nos direitos do homem e do cidadão, adquire liberdades existenciais, no sentido da realização da Humanidade; ou seja, a permanência integrada dos indivíduos no desenvolvimento mútuo dos termos da tríade *indivíduo/sociedade/espécie* para a tão almejada comunidade planetária organizada, sustentável, com a finalidade precípua da busca da hominização na humanização, pelo acesso à cidadania terrena" [46].

Portanto, cabe às empresas, aos empregados e ao órgão de âmbito nacional competente em matéria de segurança e medicina do trabalho interpretar as condições regidas pela Constituição e pela legislação trabalhista, em observância à sustentabilidade do desenvolvimento em relação ao direito do meio ambiente do trabalho.

E nessa linha de interpretações, podemos nos apropriar de um conceito de Giorgio Agamben de que "[...] ser contemporâneo é fixar o olhar no seu tempo para dele perceber não as luzes, mas o escuro" [47]. E perceber o escuro do seu tempo como algo que lhe concerne, "é não cessar de interpretá-lo". [48]

Portanto, há limites da natureza, e, ao direito à vida dos seres vivos, rumo a uma sociedade ecologicamente sustentável. A sustentabilidade como paradigma na construção do Estado contemporâneo e da sociedade civil na contemporaneidade deve ser efetivada por meio da reinvindicação de meios alternativos e éticos, capazes de nos pôr em relação com a natureza de uma maneira bem mais justa.

8 CONCLUSÃO

A insustentabilidade do desenvolvimento surgiu quando a racionalidade econômica deixou de considerar a natureza como elemento na esfera da produção, gerando uma crise ambiental. Em outras palavras, nesse momento foram assinalados os limites da racionalidade econômica e os desafios da degradação ambiental ao projeto civilizatório da modernidade. A partir de então, a conscientização e a percepção da crise ecológica se estabelecem mundialmente ainda nos anos 60, expandindo-se nos anos 70 até os dias de hoje.

A conservação do meio ambiente vem demandando alterações significativas nos usos dos recursos naturais, impondo ao Poder Público e à coletividade o dever de defendê-la face à complexidade dos conflitos surgidos.

A popularização e a universalização do conceito de desenvolvimento sustentável foram oficializadas no relatório "Nosso futuro comum" da Comissão Brundtland, efetivando-o como sendo aquele que atende às necessidades do presente sem comprometer a possibilidade de as gerações futuras atenderem a suas próprias necessidades. Em 1992, a Conferência das Nações Unidas sobre Meio Ambiente e Desenvolvimento — ECO 92 — Rio de Janeiro — Brasil — aprovou um programa global, denominado de Agenda 21, que passou a regulamentar o processo de desenvolvimento com base em princípios sustentáveis.

Essa Conferência das Nações Unidas deu prosseguimento à discussão iniciada anteriormente, estabelecendo uma nova e equitativa parceria mundial por meio da criação de novos níveis de cooperação entre

---

(45) MORIN, Edgar. *Os sete saberes necessários à educação do futuro*. 6. ed. São Paulo: Cortez; Brasília, DF: UNESCO, 2002. p. 109.
(46) MORIN, 2002. p. 115.
(47) AGAMBEN, Giorgio. *O que é ser contemporâneo e outros ensaios*. Trad. Vinicius Nicastro Honesko. SC: ARGOS, Chapecó, 2009. p. 63 e 64.
(48) AGAMBEN, 2009. p. 63 e 64.

os Estados, os setores-chave das sociedades e os povos. Ela ratificou acordos internacionais em respeito aos interesses de todos, com a proteção e a integridade do sistema global de meio ambiente e desenvolvimento. Ainda, reconheceu a natureza integral e interdependente da Terra e que somente assim seria alcançado um desenvolvimento capaz de dar conta da sustentabilidade ecológica das atividades humanas.

E para dar continuidade ao processo de negociação, iniciado sobre questões do futuro da humanidade, relativas à sobrevivência humana e do planeta, a "Rio + 20", teve como objetivo maior a elaboração de um documento denominado "O futuro que queremos", com a intenção de definir novos desafios emergentes.

Dessa forma, a proteção ao meio ambiente é reconhecida como uma evolução dos direitos humanos, resultado da conscientização ocorrida desde a metade do século XX quando passa a demandar uma nova maneira de se relacionar com a natureza. Em seu caráter fundamental, os direitos humanos têm por escopo a realização da sustentabilidade e de uma ordem social justa, inseridos como elemento fundante da ordem econômica ao Poder Público e não só à coletividade.

Portanto, o meio ambiente natural sendo objeto maior a ser protegido vai surgir no art. 225 da Constituição Federal de 1988, como norma jurídica impositiva, que visa proporcionar, para presentes e futuras gerações, as garantias de preservação da qualidade de vida, em qualquer forma que esta se apresente, inclusive o local de trabalho.

Ao conciliar elementos econômicos, sociais e ecológicos, a legislação brasileira evolui de acordo com a ideia da sustentabilidade do desenvolvimento, cuja concretização vai proporcionar uma mudança dos valores éticos, pautados na solidariedade, responsabilidade, participação e precaução, o que particulariza os padrões de consumo às características das sociedades.

Destarte, para se compreender também a crescente preocupação com o meio ambiente do trabalho, deve ser observada a lei que disciplina a ação civil pública, que faz eco no tocante à responsabilidade por danos caudados ao meio ambiente. É nesse contexto, que passa a integrar o ambiente do trabalho, em seu conjunto de condições regidas pela legislação trabalhista, nominada de segurança e medicina do trabalho.

O meio ambiente do trabalho deve ter por meta novas estratégias para o processo de desenvolvimento sustentável, e as atenções devem estar sempre voltadas à "precaução", como forma de proteção ao local onde os trabalhadores exercem suas atividades laborativas.

A fiscalização por meio dos órgãos públicos do exercício do trabalho é vital na prevenção de acidentes de trabalho e na defesa da saúde do trabalhador, evitando o sofrimento e o desperdício econômico lesivo às empresas e ao próprio País. Irá remediar os efeitos negativos externos por meio da segurança e medicina do trabalho, e isso requer o enfrentamento de desafios novos e emergentes a fim de alcançar um justo equilíbrio entre as necessidades econômica, social e meio ambiente das gerações de trabalhadores presentes e futuras.

Deve haver o incentivo à adoção de mecanismos de planejamento, regulação e fiscalização das normas de segurança e medicina do trabalho, buscando-se a cooperação entre a empresa e os seus empregados. Deve haver a colaboração mútua.

É preciso maior conscientização do empregador-poluidor, apesar do caráter trabalhista, para que danos sejam evitados pelo uso regular e tolerante dos respectivos agentes, bem como equipamentos e tecnologias adequadas, para que efetivamente possa ser alcançada a sustentabilidade desejada em qualquer trabalho adequado e seguro. E os empregados devem cumprir as normas que previnem e protegem a sua saúde e o meio ambiente nos locais onde exercem a atividade laborativa.

Portanto, para tutelar a saúde, a integridade física e a vida do trabalhador, a Lei de Ação Civil Pública estabelece de forma prioritária a adoção de medidas coletivas de prevenção e precaução dos riscos ambientais.

E essa regulação social se dará por meio da formação de uma nova educação e disciplina. Empresas, coletividade e Poder Público têm o dever constitucional de proteger e preservar o meio ambiente do trabalho, pela imposição da responsabilidade, ou seja, a responsabilidade do que está para ser feito.

A aplicação da responsabilidade por danos ambientais adquire novos meios e direitos de tutela, ante o surgimento de novos pressupostos e novos instrumentos.

A missão antropológica do milênio é uma via dupla na passagem planetária, que é obedecer à vida e guiá-la, para que possamos alcançar a unidade planetária na diversidade, o que requer respeito à diferença e à identidade quanto a si mesmo, com o desenvolvimento da ética da solidariedade, da compreensão e ensinar a ética do gênero humano, com ênfase no meio ambiente do trabalho.

Por fim, deve ser observada a "ética do cuidado", como precursora da "sustentabilidade", em que cada pessoa se insere num determinado contexto e se constrói a partir da interação com o ambiente que lhe é peculiar. É esse éthos sua morada, sua habitação. É a partir desse pensamento que o meio ambiente do trabalho deve ser compreendido, ou seja, o local do trabalho também faz parte desse habitat. Nesse sentido, cuidar significa ler nas entrelinhas do contexto sociocultural. E a partir desse olhar, como vimos anteriormente, o que está pronto no mundo presta-se à transformação, e transformando o mundo o homem se transforma e se cuida também.

Portanto, caberá às empresas, aos empregados e ao órgão de âmbito nacional competente, em matéria de segurança e medicina do trabalho, interpretar as condições regidas pela Constituição e pela legislação trabalhista, em observância ao desenvolvimento sustentável em relação ao direito do meio ambiente do trabalho, fixando o olhar no seu tempo para dele perceber não as luzes, mas o "escuro", e perceber o escuro do seu tempo como algo que lhe concerne "é não cessar de interpretá-lo".

9 REFERÊNCIAS BIBLIOGRÁFICAS

ALOCHIO, Luiz Henrique Antunes. *Do solo criado (outorga onerosa do direito de construir): instrumento de tributação para a ordenação do ambiente urbano*. Rio de Janeiro: Lúmen Júris, 2005.

_____. *Plano diretor urbano e estatuto da cidade. Medidas cautelares e moratórias urbanísticas*. Belo Horizonte: Forum.

ANTUNES, Paulo de Bessa. *Direito ambiental*. 12. ed. Rio de Janeiro: Lúmen Júris, 2010.

BOBBIO, Norberto. *A era dos direitos*. Rio de Janeiro: Campus, 1992.

CECHIN, André. *A natureza como limite da economia: a contribuição de Georgescu-Roegen*. São Paulo: SENAC/EDUSP, 2010.

FIGUEIREDO, Guilherme José Purvin. MACHADO, Paulo Affonso Leme (coords.). *Revista de Direitos Difusos*. v. 43. Meio Ambiente, Saúde e Desenvolvimento Econômico (I). julho-setembro/2007.

LEFF, Enrique. Saber ambiental: *sustentabilidade, racionalidade, complexidade, poder*. 7. ed. Rio de Janeiro: Vozes, 2009.

MACHADO, Paulo Affonso Leme. *Direito ambiental brasileiro*. 19 ed. São Paulo: Malheiros, 2011.

MEDAUAR, O. (org.). *Coletânea de legislação administrativa e Constituição Federal*. 12. ed. rev. ampl. e atual. São Paulo: RT, 2012.

MELO, Raimundo Simão de. *Direto ambiental do trabalho e a saúde do trabalhador*. 3. ed. São Paulo: LTr, 2008.

MORIN, Edgar. *Ciência com consciência*. Trad. Maria D. Alexandre e Maria Alice S. Dória. 13. ed. Rio de Janeiro: Bertrand Brasil, 2010.

_____. *Os sete saberes necessários à educação do futuro*. 6. ed. São Paulo: Cortez, Brasília, DF: UNESCO, 2002.

NASCIMENTO, Amauri Mascaro. *Iniciação ao direito do trabalho*. 36. ed. São Paulo: LTr, 2011.

ODUM, Eugene. *Fundamentos de ecologia*. 7. ed. Lisboa: Fundação Calouste Gulbenkian, 2004.

ROCHA, Abdruschi Schaeffer. *Hermenêutica do cuidado pastoral: lendo textos e pessoas num mundo paradoxal*. São Leopoldo: Sinodal/EST, 2012.

TAVOLARO, Sergio Barreira de Faria. *Movimento ambientalista e modernidade: sociabilidade, risco e moral*. São Paulo: Annablume/Fapesp, 2001.

THEODORO, Suzi Huff; BATISTA, Roberto Carlos. ZANETI, Izabel (Coords.). *Direito ambiental e desenvolvimento sustentável*. Rio de Janeiro: Lúmen Júris, 2008.

WANDERLEY, L. E. Gestão pública das cidades. In: _____, Raichelis, R. (orgs.). *A cidade de São Paulo*: relações internacionais e gestão pública. São Paulo: EDUC, 2009.

SAÚDE MENTAL NO TRABALHO: ESCLARECIMENTOS METODOLÓGICOS PARA JURISTAS

Laís de Oliveira Penido[(*)]
Giancarlo Perone[(**)]

1 INTRODUÇÃO

O propósito desse trabalho é abordar a temática da saúde mental no trabalho sob a perspectiva de esclarecer aos juristas as diretrizes adotadas por outras disciplinas que não a jurídica. Isto é, analisar quais são os enfoques metodológicos adotados pela medicina, pela filosofia e pela psicologia para a compreensão e a proteção dos riscos psicossociais relacionados ao trabalho.

2 ESCLARECIMENTOS METODOLÓGICOS

A primeira incumbência metodológica a ser efetuada deve ser a de explicitar o que seja saúde mental e o que são os agentes etiológicos ou fatores de risco psicossociais.

Saúde Mental no Trabalho **é um campo de conhecimento** cujo propósito é o estudo da dinâmica, da organização e dos processos do trabalho, visando à promoção da saúde mental do trabalhador, por meio de **ações diagnósticas, preventivas** e **terapêuticas** eficazes,[(1)] sendo o *estresse* o transtorno do estresse

---

(*) PhD — European Label em Autonomia individual e autonomia coletiva pela Universidade Tor Vergata em Roma, Especialista em Direito Processual Civil e Direito do Trabalho e Processo do Trabalho pela Universidade Federal de Goiás.
(**) Professor aposentado de Direito do Trabalho e Diretor do Mestrado em Direito do Trabalho, Sindical e Previdência Social da Universidade Tor Vergata em Roma e Advogado na Itália.
(1) *Vid.* GUIMARÃES, T.A; NADER, R. M. & RAMAGEM, S.P. Avaliação de desempenho de pessoal: Uma metodologia integrada ao planejamento e à avaliação organizacionais. *Revista de Administração Pública*, Rio de Janeiro, 32 (6): 43-61, Nov./Dez. 1998.
"O estudo das conexões saúde mental e trabalho não é novo. Entretanto, os desenvolvimentos teóricos e metodológicos sobre o tema, bem como a nitidez cada vez maior dos seus significados políticos, econômicos e socioculturais, assumem tal intensidade e abrangência, que se torna possível falar de surgimento de um novo campo de estudo marcado pela interdisciplinaridade. Neste campo, passam a ser examinados os processos Saúde/Doença vinculados, em suas determinações ou desenvolvimentos, à vida laboral, através de uma ótica profundamente distinta das anteriormente adotadas, tanto pelo enriquecimento dos eixos de análise quanto pela fixação de uma perspectiva em que as finalidades das investigações assumem diretrizes éticas. O que significa que princípios que ultrapassam a busca da produtividade são adotados, na medida em que os estudos se voltam para identificar todos os aspectos 'adoecedores', inclusive aqueles que possam estar servindo simultaneamente aos interesses da produção". SELIGMANN-SILVA, E. *O desgaste mental no trabalho dominado.* Cortez/UFRJ, 1994. p. 50.

pós-traumático, a depressão, os transtornos de adaptação, o assédio moral, o assédio sexual, o *burnout*[2] suicídio relacionado ao trabalho, "Karojisatsu"[3] etc. **espécies de manifestações de transtornos mentais e comportamentais relacionados com a má adaptação do ser humano ao trabalho por ele realizado.**[4] Trata-se, nesse caso, dos agentes etiológicos ou fatores de risco psicossociais[5] de natureza ocupacional.

O campo da saúde mental no trabalho, por sua própria natureza, é multidisciplinar. Em razão da sua complexidade e de que o seu conteúdo normativo depende de conceitos explicativos que provêm de outras disciplinas, o seu estudo não pode ser limitado a uma só dimensão, visto que a sua análise por meio de disciplinas isoladas não abarca uma compreensão plena das relações estabelecidas entre o ser humano, a saúde e o trabalho. Assim sendo, algumas considerações prévias de outras disciplinas são necessárias nesse contexto.

O Prof. Antonio Damásio,[6] no livro "*O erro de Descartes*", abre uma janela para a importância das emoções no controle do comportamento humano e a sua indispensabilidade para a vida racional.[7] Argumenta que a natureza e a extensão do repertório e das respostas emocionais humanas não dependem exclusivamente do cérebro humano, mas da sua interação com o corpo e das próprias percepções desse corpo. O que se passa no cérebro — as operações mentais — influencia o corpo e vice-versa, concluindo que a mente humana é fruto do cérebro. Dessa forma, ele contrapõe o dualismo cartesiano que separa mente e corpo. Aponta como sendo um erro de Descartes a compreensão de que a alma — razão pura — seria independente do corpo e das emoções, não ocupando lugar no espaço. A dualidade cartesiana tem influenciado o pensamento filosófico ocidental e a pesquisa científica desde então.

Questiona, também, o professor Damásio, a metodologia de estudo[8] proposta por Descartes, defendendo uma fusão do estudo neurobiológico com a investigação psicológica numa abordagem interativa das emoções e da razão.

Analisando a matéria sob outro enfoque, Bento de Espinosa rejeitou enfaticamente a afirmação de que a razão pode dominar a emoção. De forma antagônica ele defendeu que uma emoção pode ser ultrapassada apenas por uma emoção maior. A distinção crucial no seu pensamento foi entre as emoções ativas e passivas, sendo as primeiras aquelas compreendidas racionalmente e as outras as que não o são.[9] A sua grande

---

(2) "O *Burnout* é uma síndrome caracterizada pelo esgotamento físico, psíquico e emocional, em decorrência de trabalho estressante e excessivo. É um quadro clínico resultante da má adaptação do homem ao seu trabalho". FRANÇA, H. H. A síndrome do *burnout*. *Revista Brasileira de Medicina*, 44, 8, 1987, 197-199.

(3) Os primeiros relatos de casos ocorreram no Japão.

(4) Os transtornos mentais e comportamentais possuem etiologia variada, indo desde os fatores orgânicos aos essencialmente psicológicos. Uma das características dessas doenças, principalmente na sua relação com o trabalho, é a invisibilidade. Esse processo de invisibilidade ocorre porque os problemas mentais não aparecem em exames e radiografias como a hipertenção arterial, a diabetes, a úlcera gástrica etc. Grande parte das alterações psíquicas envolve processos crônicos, cumulativos e multicausais os quais podem ser somatizados ou não.

(5) "Consistem fatores psicossociais no trabalho as interações entre o trabalho, seu meio ambiente, a satisfação no trabalho e as condições de organização, por uma parte, e, por outra, as capacidades do trabalhador, suas necessidades, sua cultura, sua situação pessoal fora do trabalho, tudo isso, através de percepções e experiências, pode influir na saúde, rendimento e na satisfação pelo trabalho". OIT. *Factores psicosociales*. ob cit., p. 3.

(6) António Rosa Damásio é um neurologista português que trabalha na pesquisa sobre o cérebro e as emoções humanas. Estudioso de neurobiologia do comportamento humano e nas áreas cerebrais responsáveis pela tomada de decisões e conduta. Os seus estudos debruçam-se sobre o campo da ciência cognitiva, área decisiva para o conhecimento e a compreensão das bases cerebrais da linguagem e da memória. Atualmente é professor de Neuroscencia na University of Southern California. Publicou os livros: *O Erro de Descartes — Emoção, Razão e Cérebro Humano*, em 1995; *The Feeling of What Happens: Body and Emotion in the Making of Consciousness*, Harvest Books, em 2000.

(7) É interessante notar que etimologicamente a palavra Psicopatologia deriva dos termos gregos Psykhé + Pathos + Logos, isto é, o estudo das doenças da alma. Uma das características das pessoas que padecem de psicopatologias são a frieza e a ausência de sentimentos, são seres incapazes de sentir emoções genuínas por outros seres humanos. Sentimentos calorosos, tais como o amor, compaixão, altruísmo, generosidade, humildade e pena estão ausentes na área emocional do psicopata. Os especialistas concluem que o cérebro desses indivíduos responde de forma diferente da maioria das pessoas consideradas "normais". São indivíduos muito mais racionais que emocionais. A emoção, via de regra, vem do cérebro, assim como todos os sentimentos e pensamentos. Quando o cérebro está danificado ou com algum tipo de prejuízo nas áreas responsáveis pelas emoções, a capacidade de sentir emoções fica prejudicada, assim como a capacidade racional. É comum, entre psicopatas, uma explicação racional do que é certo ou errado, entretanto, por mais que racionalizem isso, eles não conseguem sentir os sentimentos de certo e errado. Eles pensam e sabem o que está certo ou errado, mas não conseguem senti-lo.

(8) Descartes, no livro *Discurso do Método*, propôs a pesquisa de um fenômeno subdividindo-o nas menores partes possíveis, com o fito de compreender cada uma das partes separadamente.

(9) ESPINOSA, *Ética*. Parte I, VI, 1998.

DAMÁSIO, A. *Looking for Spinoza: joy, sorrow, and the feeling brain*, Harvest Books, 2003. CHAUI, M., *Espinoza, uma filosofia da liberdade*. São Paulo: Moderna, 1995. *A Nervura do real. Imanência e liberdade em Espinoza*. São Paulo: Cia. das Letras, 1999. *Política em Espinoza*, São Paulo: Cia. das Letras, 2003.

inovação foi no sentido de que a razão não se opõe aos afetos. Pelo contrário, argumenta que a própria razão é um afeto, uma aspiração de encontrar ou criar as oportunidades de alegria na vida e de evitar ou desfazer as circunstâncias que causam tristeza ao máximo.

A metodologia de pesquisa apregoada por Descartes é extremamente válida quando da investigação dos sistemas fechados. No entanto, o ser humano é um sistema aberto,[10] em constante interação com o seu meio ambiente, portanto atua sobre esse meio e sofre influência dele. O homem tem uma tendência natural a um estado interno de desordem, vinculado às etapas de mudança, de experimentação do novo e da adaptação do seu organismo em busca do reequilíbrio. Essa tendência denomina-se entropia[11]. Esse não é um processo estático, mas sim um processo dinâmico dos sistemas socioculturais, muito diferente do equilíbrio fixo para o movimento na física que é a inércia.

Os fatores psicossociais têm o potencial de influir de maneira decisiva no bem-estar físico e mental do trabalhador, pois podem ocasionar uma diminuição do nível de saúde do ser humano trabalhador.[12]

Esses fatores de risco nunca se apresentam no entorno do meio ambiente laboral isoladamente, mas se interatuam de forma a potencializar os efeitos nocivos. As inúmeras doenças relacionadas à organização, aos processos e ambientes de trabalho apresentam graves riscos à integridade e à saúde física e mental dos trabalhadores.[13]

O espaço íntimo individual, composto por emoções, sentimentos e pensamentos, pode ser alterado pela exposição do ser humano a ambientes desfavoráveis que o tornem suscetível quando da sua interação nos grupos sociais. Isso se dá porque as reações de uma pessoa aos problemas apresentados pela vida são determinadas por hábitos adquiridos, pelos conhecimentos aprendidos na convivência social; construindo as crenças e valores compartilhados na dimensão cultural, assim como construindo as experiências históricas e coletivas dos grupos: a identidade individual e de um povo.

Essas interações deixam marcas profundas na personalidade. Através desse espaço interno — da nossa subjetividade — é que construímos o espaço relacional, o qual permite que nos relacionemos com os outros indivíduos.

Além disto, uma parcela da doutrina jurídica argumenta que essas **definições são muito genéricas, com uma conotação subjetiva muito grande**.

Hans Selye,[14] o primeiro investigador a estudar o estresse, era um endocrinologista, isto é, um médico. Portanto o conceito de estresse que ele formulou está amalgamado de conhecimentos médicos, que para ser entendido por completo necessita de conhecimentos prévios de medicina, que o jurista não tem.[15]

---

(10) O modelo de sistema aberto é sempre um complexo de elementos em interação e intercâmbio contínuo com o ambiente.

(11) Palavra de origem grega que determina uma grandeza geralmente associada ao grau de desordem de um sistema. Trata-se de um processo natural e saudável, contudo quando a entropia aumenta até alcançar níveis insuportáveis o indivíduo adoece e morre.

(12) Dentre eles compreende "aspectos físicos e certos aspetos de organização e sistema de trabalho, assim como a qualidade das relações humanas na empresa. Todos estes fatores interatuam e repercutem sobre o clima psicossocial da empresa e sobre a saúde física e mental dos trabalhadores". Outros fatores potencialmente negativos são "a má utilização das habilidades, a sobrecarga de trabalho, a falta de controle, o conflito de autoridade, a desigualdade no trabalho, a falta de segurança no trabalho, os problemas nas relações de trabalho, o trabalho por turnos e o perigo físico". OIT. *psicosociales en el trabajo: naturaleza, incidencia y prevención*. Ob. cit., p. 1-2 e 5.

(13) "La interacción negativa entre condiciones de trabajo y los factores humanos del trabajador pueden conducir a perturbaciones emocionales, problemas del comportamiento y cambios bioquímicos neurohormonales que presentan riesgos adicionales de enfermedades mentales y físicas". OIT. *Factores psicosociales en el trabajo: naturaleza, incidencia y prevención*. Ob. cit., p. 4.

(14) O termo estresse foi empregado por Selye em um sentido neutro — não tendo uma conotação nem positiva nem negativa. Ele definiu o estresse como "reação não específica do corpo a qualquer tipo de exigência". A partir dessa definição o professor diferencia dois tipos de estresse: o *eustress* que denota um situação em que o indivíduo possui os meios, sejam físicos ou psíquicos, para lidar com essa situação, e o *distress* que esboça uma situação em que a exigência é maior do que os meios para enfrentá-la. SEYLE, H. *Stress in health and disease*. Boston: Butterworth. 1976.

(15) Quando um paciente chega ao consultório médico, a primeira pergunta que um médico faz é: qual foi o motivo que trouxe o senhor até mim? Começa-se a anamnese. O paciente narra ao médico as suas queixas. Seria por exemplo mais ou menos assim: — Doutor, eu vim aqui porque tenho um cansaço que não tem motivo. Durmo a noite inteira e amanheço cansado (ou não consigo dormir — insônia — uma disfunção física e também pode ser uma disfunção psicológica). Levantar da cama pela manha é um sacrifício, até escolher a roupa que vou vestir é uma decisão complicada (disfunção psicológica). Não tenho vontade de fazer nada, às vezes sinto vontade de colocar o dedo na tomada para ver se eu recarrego, (apatia — disfunção psicológica). Eu choro por qualquer motivo (disfunção psicológica). Não tenho vontade de comer, é como se tivesse um nó na minha garganta

Se pegarmos, por exemplo, o conceito de estresse[16] adotado pelo o acordo-quadro europeu e o analisarmos concomitantemente com o conceito de saúde mental, pode-se concluir que não se trata de um conceito genérico. Sendo o estresse[17] "um estado acompanhado de queixas ou disfunções físicas, psicológicas ou sociais e que resulta de os indivíduos se sentirem inaptos para corresponderem às exigências ou às expectativas que lhes são exigidas."[18] Trata-se, sim, do diagnóstico da sintomatologia de uma disfunção, realizado esse diagnóstico mediante a narrativa dos sentimentos, sensações e/ou disfunções físicas ou psíquicas do paciente no exame de anamnese.[19] Esses sentimentos, sensações ou disfunções, mesmo que seus efeitos sejam invisíveis a olho nu ou para um leigo —, eles são uma evidência para o médico do não preenchimento dos requisitos que o conceito de saúde mental delimita para que se reconheça que uma pessoa esteja saudável.

O paciente narra ao médico uma série de sentimentos, sensações e disfunções físicas ou psicológicas que descrevem uma patologia que o médico já conhece. Então ele — médico — é que diagnostica que esse paciente chegou ao seu consultório "com uma série de queixas" que demonstram que esse paciente não consegue realizar as suas atividades normais de maneira satisfatória, e nem trabalhar de forma produtiva e frutífera. Ele, paciente, se sente inapto para corresponder às exigências ou às expectativas que lhes são exigidas no dia a dia. Esse é o diagnostico médico. Um médico compreende perfeitamente esse conceito. Essa é a linguagem deles, que os juristas desconhecem completamente.

Para os juristas o significado de subjetivo abarca o que é próprio de um ou de mais sujeitos, <u>mas não é válido para todos,</u> podendo ser <u>aparente</u> ou <u>ilusório</u>, ou mesmo sendo <u>passivo de interpretação pessoal</u>.

Todavia, para o médico os sintomas descritos pelo paciente, mesmo que <u>sentidos subjetivamente</u> pelo paciente, esses mesmos sintomas valem para todas as pessoas que padecem da enfermidade por ele diagnosticada, é um sintoma da doença em si, e não da subjetividade do paciente no sentido que o jurista entende. Os sintomas que ele narra não são aparentes ou uma ilusão do paciente, são muito reais e destruidores da sua saúde. Não há na narrativa do paciente nenhuma interpretação pessoal, mas tão somente a descrição literal dos sentimentos, sensações e disfunções físicas e/ou psicológicas que o afligem naquele momento.

Ademais, a subjetividade, na psicologia,[20] é compreendida como o espaço íntimo do ser humano com o qual ele forma as suas relações com o universo social. É a relação do mundo interior — composto de emoções, sentimentos e pensamentos — com o mundo externo. Essas relações nos causam marcas individuais profundas quando da formação da nossa subjetividade, bem como na construção dos valores e das crenças

---

(inapetência — disfunção física). Tenho muita dor de cabeça (cefaleia — disfunção física). — Doutor, eu não sentia isso antes. Não sei o que está acontecendo comigo. Quando eu chego ao trabalho tudo me irrita, eu explodo por qualquer motivo (disfunção psicológica). **Às vezes eu leio um texto e não entendo o que li** (disfunção cognitiva). Não consigo mais trabalhar direito e assim por diante...
(16) Na teoria original de Seyle ele denomina a Síndrome de "Síndrome geral de adaptação", na qual o organismo reage à percepção de um estressor com uma reação de adaptação que gera uma momentânea elevação da resistência do organismo. Depois da fase de tensão o organismo deve experimentar um estado de relaxamento, para manter-se em equilíbrio. Essa alternância entre relaxamento e excitação é necessária para a manutenção da saúde. Contudo se o organismo continuar sendo exposto a mais estressores, não poderá retornar ao estágio de relaxamento, o que, a longo prazo, pode gerar problemas de saúde. Esse processo atravessa três fases: reação de alarme; estágio de resistência e o estágio de esgotamento.
(17) Trata-se da soma de respostas físicas e mentais causadas por determinados estímulos externos denominados "estressores", que exige do indivíduo uma reação adaptativa à nova situação, permitindo-o superar determinadas exigências do meio ambiente, assim como o desgaste físico e mental causado por esse processo. Tais reações podem ser funcionais ou disfuncionais, conforme cumpram ou não sua função na superação da situação na adaptação a ela e dependendo do grau de sua nocividade e do tempo necessário para o processo de adaptação.
(18) Esse conceito, na realidade consubstancia-se o 3ª estágio do estresse. Nesse estágio denominado de esgotamento ou exaustão as doenças ocorrem com mais frequência, tanto na seara psicológica: depressão, ansiedade, impossibilidade de tomar decisões, vontade de fugir de tudo etc.; quanto na física: hipertensão arterial, úlceras gástricas, retração de gengivas, psoríase, vitiligo e até diabete. LIPP, M. N. e MALAGRIS, L. N. *Manejo do estresse*. In: RANGÉ, B. *Psicoterapia comportamental e cognitiva: pesquisa, prática, aplicações e problemas.* Campinas: PSY, 1995.
(19) São as informações prestadas pelo paciente acerca do princípio e da evolução de uma doença até a primeira observação do médico.
(20) O indivíduo histórico-social é também um ser biológico, se constitui por meio da rede de inter-relações sociais. Cada indivíduo pode ser considerado como um nó em uma extensa rede de inter-relações em movimento. O ser humano desenvolve por meio dessas relações, um "eu" ou pessoa (self) isto é, um auto controle egóico que é um aspecto do eu no qual o indivíduo se controla pela auto-instrução falada de acordo com sua auto-imagem ou imagem de si próprio" BONIN, L. F. R. Indivíduo, cultura e sociedade. In: STREY, M. N. *et al. Psicologia contemporânea — livro texto.* Petrópolis, RJ: Vozes, 1998. p. 59. *Vide* ademais: RESENDE, A. C. Azevedo. Subjetividade em tempo de reificação: um tema para a psicologia social. Estudos: *Revista da Universidade Católica de Goiás.* v. 28, n. 4. p. 511-538. Jul. Ago. 2001. MORIN, E. *A noção do sujeito.* In: SCHNITMAN, D. F. (org). *Novos paradigmas, cultura e subjetividade.* Porto Alegre: Artes Médicas, 1996. TAVARES, J. *Uma sociedade que aprende e se desenvolve — relações interpessoais.* Portugal: Porto, 1996.

vigentes em uma cultura, construindo assim a experiência histórica e coletiva compartilhada pelos grupos humanos.

Não se pode negar que a temática da subjetividade se apresenta em voga na atualidade em vários campos do conhecimento: da psicologia, da sociologia, da antropologia, da medicina, do direito e da história,[21] de maneira contundente e aparentemente nova. A retomada dessa temática pode ser explicada, porque na história das ciências humanas em geral muitas foram as explicações teóricas que rejeitaram a possibilidade de tratar a realidade objetiva humana como expressão da subjetividade e a subjetividade como objetivamente constituída.[22]

Todos os conceitos supramencionados cristalizam o entendimento de que "a saúde mental e a saúde física são dois elementos da vida estreitamente entrelaçados e profundamente interdependentes. Avanços na neurociência e na medicina do comportamento já mostraram que, como muitas doenças físicas, as perturbações mentais e comportamentais resultam de uma complexa interação de fatores biológicos, psicológicos e sociais."[23] Consequentemente, os fatores de risco decorrentes da atividade laboral não são naturais ou inevitáveis, não são fruto da sorte ou do azar, muito pelo contrário, a saúde laboral é um processo em permanente desenvolvimento, pode-se ir ganhando ou perdendo, em virtude dos elementos e do conjunto de variáveis que rodeiam o trabalhador, podendo causar-lhes danos ao bem-estar físico, mental e social.[24]

Além do mais, os ordenamentos jurídicos não oferecem o mesmo tratamento e as mesmas garantias para a proteção dos efeitos adversos provocados pelos transtornos mentais e de comportamento àqueles oferecidos às doenças profissionais e aos acidentes produzidos por causas físicas, por natureza mecânica ou por agentes químicos, biológicos ou cancerígenos. A norma aborda a temática da saúde mental em textos e normas esparsas, regulando cada agente etiológico ou fator de risco psicossocial separadamente. A falta de assimilação de disposições relativas à saúde mental dentro de um corpo normativo coeso de disposições sistematizadas pode responder a vários motivos, senão vejamos.

Um dos motivos pode ser encontrado no que foi observado pela doutrina como uma cultura cujo interesse preponderante esteja orientado apenas para a proteção da integridade física do empregado.[25]

Outro motivo pode estar em que nessa matéria há a necessidade de uma transformação profunda no pensamento humano, isto é, de um novo paradigma. O ser humano tem uma resistência psicológica em aceitar e incorporar as ideias diferentes da sua. Existe uma dificuldade em abandonar as ideias arraigadas.[26] Esse fenômeno é denominado na psicologia de **dissonância cognitiva**.[27]

Outra possível resposta para a pouca relevância jurídica dada à saúde mental no trabalho pode estar na estigmatização[28] dos transtornos mentais pela população em geral.

---

(21) A Psicologia estuda o indivíduo na sua singularidade, a Sociologia estuda os fenômenos sociais, tentando explicá-los, analisando os homens em suas relações de interdependência e a Antropologia estuda o homem e a humanidade de maneira totalizante, isto é, abrangendo todas as suas dimensões.
(22) ADORNO, T. e HORKHEIMER M. *Temas básicos de sociologia*. São Paulo: Cultrix, s/d.
(23) OMS: RELATÓRIO MUNDIAL DA SAÚDE, *Saúde mental*: nova concepção, nova esperança, 1. ed. Lisboa, abril de 2002. p. XX.
(24) O respeito à saúde mental consiste em transformar sistemas, atitudes e possibilidades.
(25) *Vide* MONTUSCHI, L. Ambiente di lavoro e tutela della malattia psichica. *Rivista Italiana di Diritto del Lavoro*, Milano, A. 6, n. 1 (Gennaio — Marzo 1987), p. 3-16.
(26) "Estar certo provoca uma sensação de superioridade, ao passo que estar errado ocasiona uma sensação de inferioridade. Portanto, qualquer coisa que sugira que estamos errados é irritante e ocasiona mal-estar; é uma ameaça à nossa autoestima". Quando se reconhece um erro, torna-se imprescindível aceitar um conhecimento novo, nesse processo o ego inevitavelmente sai ferido. A dissonância cognitiva sempre surge quando um raciocínio não se enquadra no padrão aprendido ao longo da vida. Ela surge no subconsciente humano toda vez que alguém é criticado por algo a que se sente ligado ou é desafiado sobre o que considera verdadeiro. A dissonância consegue anular completamente o desejo humano de verdade. Se alguém 'investiu tudo numa compra', se fez um grande investimento em certo produto, crença ou ideia, então qualquer sugestão de que o investimento foi ruim tem grande probabilidade de ser ignorada, mesmo se for verdadeira". ROBINSON G. e STEINMAN, M.: *A prova evidente*. São Paulo: Colel, 1996. p. 15, 16, 17.
(27) Descreve uma tensão psíquica que provoca uma sensação de desconforto, efeito resultante do conflito entre cognições incompatíveis entre si, ou que estejam em conflito com crenças de nível mais primário.
(28) No discurso sociológico, o conceito de estigma assume quase sempre o significado que Erving Goffman (1922-82) lhe atribuiu na obra *Stigma — notes on the management of spoiled identity*, de 1963. O termo estigma, entre os antigos gregos, designava "sinais corporais com os quais se procurava

A pesquisa sobre a estigmatização da doença mental é escassa, em todas as áreas, nada obstante tem sido efetivada uma investigação apenas descritiva, abrangendo o estudo das atitudes públicas ou da constatação da relação doença mental e violência na mídia nos campos da medicina e da psicologia.[29]

A estigmatização ligada à doença mental está presente na maior parte das sociedades. Ela, estigmatização[30], tem componentes cognitivos e comportamentais, isto é, pode abranger questões relativas ao conhecimento — a ignorância ou a desinformação; questões referentes à postura dos indivíduos — preconceito; bem como questões pertinentes ao comportamento das pessoas — por meio da discriminação.[31] Todos esses componentes estão fortemente entrelaçados ao sofrimento humano, às inaptidões totais ou parciais e às perdas econômicas em todos os âmbitos, representando um importante fardo para a sociedade como um todo. Assim, a desestigmatização das pessoas com transtornos mentais é prioritária para toda a sociedade.[32]

O estigma produz uma série de alterações nos sentimentos, nas posturas e no comportamento da pessoa afetada — baixa autoestima, pouco cuidado consigo mesmo e retraimento social — assim como também atinge os familiares do doente.[33] Eliminar ou reduzir a estigmatização implica, sobretudo, adotar medidas educativas para mudar crenças e atitudes das pessoas em geral, enquanto para impedir a discriminação necessita-se de ações no âmbito legislativo, judiciário e educacional.

Os transtornos mentais são problemas de saúde considerados na Classificação Estatística Internacional de Doenças e Problemas Relacionados à Saúde como "Transtornos mentais e do comportamento"[34] em virtude disso a estigmatização é inaceitável.

---

evidenciar alguma coisa de extraordinário ou de mau acerca do estatuto moral de quem os apresentava"; tratava-se de marcas corporais, feitas com cortes ou com fogo, que identificavam de imediato um escravo ou um criminoso, por exemplo. O conceito actual é mais amplo; considera-se estigmatizante qualquer característica, não necessariamente física ou visível, que não se coaduna com o quadro de expectativas sociais acerca de determinado indivíduo. Todas as sociedades definem categorias acerca dos atributos considerados naturais, normais e comuns do ser humano — o que Goffman designa por identidade social virtual. O indivíduo estigmatizado é aquele cuja identidade social real inclui um qualquer atributo que frustra as expectativas de normalidade. Goffman distingue três tipos de estigma: as deformações físicas (deficiências motoras, auditivas, visuais, desfigurações do rosto etc.), os desvios de carácter (distúrbios mentais, vícios, toxicodependências, doenças associadas ao comportamento sexual, reclusão prisional etc.) e estigmas tribais (relacionados com a pertença a uma raça, nação ou religião).

Do ponto de vista da Sociologia, e particularmente da corrente interaccionista simbólica, interessa sobretudo analisar as relações que se estabelecem entre os estigmatizados e os "normais". Os contactos sociais com o portador de um estigma tendem a enfermar de insegurança e dificuldades de diverso cariz — por exemplo, não saber como reagir, se olhar ou não directamente para o defeito visível, se auxiliar ou não a pessoa, se contar ou não uma anedota acerca desse "tipo" de pessoa. Qualquer que seja a conduta adaoptada, por ambas as partes, haverá, muitas vezes, a sensação de que o outro é capaz de ler significados não intencionais nas nossas acções. Esta é uma das razões que levam a que os indivíduos estigmatizados desenvolvam estratégias de encobrimento, por forma a garantir ao máximo uma vida normal".Estigma (sociologia). In: *Infopédia* [Em linha]. Porto: Porto Editora, 2003-2010. [Consult. 2010-06-28]. Disponível na www: <URL: <http://www.infopedia.pt/$ estigma-(sociologia)>.

(29) KADRI, N.; MANOUDI, F.; BERRADA, S.; MOUSSAOUI, D. Stigma impact on Moroccan families of patients with schizophrenia. *Can J Psychiatry*, n. 49. p. 625-629, 2004. RITSHER, J.B.; PHELAN, J.C. Internalized stigma predicts erosion of morale among psychiatric out patients. *Psychiatry Res*, n. 129. p. 257-265, 2004.

(30) É uma característica frequente no ser humano, sendo invasora, sutil e difícil de combate na ausência de estratégias claras e elaboradas para esse fim.

(31) HINSHAW, S. *The mark of shame*. Oxford: Oxford University Press, 2007. LINK, B.G.; PHELAN, J.C. Conceptualizing stigma. *Ann Rev Sociol*, n. 27. p. 363-385, 2001.

(32) O relatório do Cirurgião Geral dos Estados Unidos sobre a Saúde Mental, *Carlos Augusto de Mendonça Lima*, Diretor do Centro Colaborador da OMS para a Psiquiatria da Pessoa Idosa — Universidade de Lausanne, publicado em 1999, descreve do seguinte modo o impacto da estigmatização: "A estigmatização provoca a erosão da confiança de que os transtornos mentais sejam afecções que podem ser tratadas. Tem por consequência limitar a socialização das pessoas com transtorno mental, em particular ao recusar-lhes oportunidades de emprego, de trabalho ou de moradia. A estigmatização dissuade o público a pagar pelos cuidados e, assim, reduz o acesso dos usuários aos recursos e às possibilidades de tratamento e de apoio social. A dificuldade ou a impossibilidade para obter um tratamento reforça as atitudes de diminuição da autoestima, de isolamento e de desespero. A estigmatização despoja tragicamente a pessoa de sua dignidade e interfere em sua participação ativa na sociedade". In: *Redução da estigmatização e da discriminação das pessoas idosas com transtornos mentais: uma declaração técnica de consenso*. <http://www.hcnet.usp.br/ipq/revista/vol34/n1/39.html, acessado em: 1º/julho de 2010.

(33) THORNICROFT, G. *Shunned: discrimination against people with mental illness*. Oxford: Oxford University Press, 2006. WEISS, M.G.; JADHAV, S.; RAGURAM, R.; VAUNATSOU, P.; LITTLEWOOD, L. Psychiatric stigma across cultures: local validation in Bangalore and London. *Anthropol Med*, n. 8. p. 71-87, 2001.

RUSCH, N.; ANGERMEYER, M. C.; CORRIGAN, P. W. The stigma of mental illness: concepts, forms, and consequences. *Psychiatr Prax*, n. 32. p. 221-232, 2005. SARTORIUS, N.; SCHULZE, H. *Reducing the stigma of mental illness*: a report from a global association. Cambridge: Cambridge University Press, 2005a.

SCAMBLER, G. Stigma and disease: changing paradigms. *Lancet*, n. 352. p. 10541055, 1998.

(34) CID-10, capítulo V, OMS.

3 CONCLUSÃO

A saúde atualmente é compreendida como um sistema que abarca múltiplas variáveis em cada situação analisada. Os estudiosos sistêmicos da higidez do ser humano propõem um novo e complexo paradigma, advogam por uma reflexão sobre os fundamentos da epistemologia dessa ciência. Entre as implicações desse novo paradigma está a superação das tendências reducionistas do ser humano. Trata-se de uma visão holística no processo de humanização do ambiente humano do trabalho, em sendo assim, o conceito de saúde mental deve envolver o homem no seu todo biopsicossocial e no contexto psicossocial em que está inserido.

De todo o exposto, pode-se concluir que a Saúde e Segurança no Trabalho abarcam: 1. A conquista e a manutenção do mais elevado nível de saúde física, mental e social das pessoas no ambiente de trabalho; 2. A prevenção do adoecimento dos empregados, causado por condições adversas de trabalho; 3. A proteção contra todos os riscos e agentes nocivos à saúde no ambiente de trabalho, sejam eles físicos, químicos, biológicos, ergonômicos ou psicossociais; 4. O ingresso e a manutenção dos trabalhadores em um ambiente de trabalho adaptado às suas características fisiológicas e psicológicas.

Como se pode verificar, a matéria comporta uma análise mais ampla e detalhada do que aquela que vem sendo feita pelo ordenamento jurídico, sendo necessária a utilização de outra metodologia de aproximação, mais adequada ao objeto de investigação de sistemas abertos como nós seres humanos.

A saúde mental no trabalho requer uma aproximação metodológica de investigação mais adequada e pertinente aos sistemas abertos, devendo ser realizada por meio de um critério de investigação mais holístico, devendo ser a inserção das conclusões obtidas por meio desse conhecimento integrada no ordenamento jurídico italiano de forma mais orgânica e coerente.

A estigmatização e a discriminação contra as pessoas com transtornos mentais estão muito difundidas na sociedade atual e as suas consequências são devastadoras não só para quem padece a enfermidade, mas também para a família do doente.

A saúde ou doença é um equilíbrio dinâmico da interatuação entre o potencial genético, a capacidade de adaptabilidade e os agressores e riscos ambientais. Por conseguinte a saúde engloba aspectos subjetivos, objetivos e psicossociais, os quais deveriam ser **todos** levados em conta quando da regulação da proteção da saúde e segurança no trabalho.

O trabalho ocupa um lugar fundamental como constitutivo de modos de ser e de viver e no âmbito cognitivo, ao permitir a expressão e utilização de habilidades psíquicas. A atividade profissional é parte intrínseca do universo individual e social de cada um, podendo ser traduzida tanto como meio de equilíbrio e de desenvolvimento como um fator desencadeante de distúrbios psíquicos.

A redução do bem-estar e a sensação de ameaça provocada pelos estressores no local de trabalho põem em marcha um processo de adoecimento que pode desencadear uma sequência de incidentes que, se não for impedida a sua ocorrência, as reações que originalmente eram transitórias tornam-se permanentes, e o estresse antes ocasional pode evoluir para um transtorno mais grave: a depressão ou o *burnout*.

O trabalho, de acordo com a ética atual, seria autêntico, no sentido heideggeriano, isto é, somente se estaria trabalhando se esse trabalho oferecesse ao sujeito a motivação para exprimir a própria personalidade.[35]

---

(35) TOTARO, F., *Non di solo lavoro. Ontologia della persona ed etica del lavoro nel passaggio di civiltà*. Milano: Vita e Pensiero, 1998.

4 REFERÊNCIAS BIBLIOGRÁFICAS

ADORNO, T. e HORKHEIMER M. *Temas básicos de sociologia.* São Paulo: Cultrix, s/d.

BONIN, L. F. R. *Indivíduo, cultura e sociedade.* In: STREY, M. N. et.al. Psicologia contemporânea — livro texto. Petrópolis, RJ:Vozes,1998.

CHAUI, M. *Espinoza, uma filosofia da liberdade:* São Paulo: Moderna, 1995.

DAMÁSIO, A. *Looking for Spinoza: joy, sorrow, and the feeling brain.* Harvest Books, 2003.

FRANÇA, H. H. A síndrome do *burnout. Revista Brasileira de Medicina*, 44, 8, 1987.

GUIMARÃES, T. A.; NADER, R. M. & RAMAGEM, S. P. Avaliação de desempenho de pessoal: uma metodologia integrada ao planejamento e à avaliação organizacionais. *Revista de Administração Pública.* Rio de Janeiro, 32 (6): 43-61, nov./dez. 1998.

HINSHAW, S. *The mark of shame.* Oxford: Oxford University Press, 2007.

KADRI, N.; MANOUDI, F.; BERRADA, S.; MOUSSAOUI, D. Stigma impact on Moroccan families of patients with schizophrenia. *Can J Psychiatry*, n. 49, p. 625-629, 2004.

LINK, B. G.; PHELAN, J. C. Conceptualizing stigma. *Ann Rev Sociol.* n. 27, p. 363-385, 2001.

LIPP, M. N. e MALAGRIS, L. N. *Manejo do estresse. In*: RANGÉ, B. *Psicoterapia comportamental e cognitiva: pesquisa, prática, aplicações e problemas.* Campinas: PSY, 1995.

MONTUSCHI, L. Ambiente di lavoro e tutela della malattia psichica. *Rivista Italiana di Diritto del Lavoro*, Milano, A. 6, n. 1 (Gennaio — Marzo 1987).

MORIN, E. A noção do sujeito. In: SCHNITMAN, D. F. (org). *Novos paradigmas, cultura e subjetividade.* Porto Alegre: Artes Médicas, 1996.

OMS: RELATÓRIO MUNDIAL DA SAÚDE. Saúde mental: nova concepção, nova esperança. 1. ed. Lisboa, abril de 2002.

RESENDE, A. C. Azevedo. Subjetividade em tempo de reificação: um tema para a psicologia social. Estudos: *Revista da Universidade Católica de Goiás.* v. 28, n. 4, p. 511-538. Jul. Ago. 2001.

RITSHER, J. B.; PHELAN, J. C. Internalized stigma predicts erosion of morale among psychiatric out patients. *Psychiatry Res*, n. 129, p. 257-265, 2004.

ROBINSON G.; STEINMAN, M. *A prova evidente.* São Paulo: Colel, 1996.

RUSCH, N.; ANGERMEYER, M. C.; CORRIGAN, P. W. The stigma of mental illness: concepts, forms, and consequences. *Psychiatr Prax*, n. 32, p. 221-232, 2005.

SARTORIUS, N.; SCHULZE, H. *Reducing the stigma of mental illness:* a report from a global association. Cambridge: Cambridge University Press, 2005a.

SCAMBLER, G. Stigma and disease: changing paradigms. *Lancet*, n. 352, p. 10541055, 1998.

SELIGMANN-SILVA, E. *O desgaste mental no trabalho dominado.* Cortez/UFRJ, 1994.

SEYLE, H. *Stress in health and disease.* Boston: Butterworth, 1976.

TAVARES, J. *Uma sociedade que aprende e se desenvolve — relações interpessoais.* Portugal: Porto, 1996.

THORNICROFT, G. *Shunned: discrimination against people with mental illness.* Oxford: Oxford University Press, 2006.

TOTARO, F. *Non di solo lavoro. Ontologia della persona ed etica del lavoro nel passaggio di civiltà.* Milano: Vita e Pensiero, 1998.

WEISS, M. G.; JADHAV, S.; RAGURAM, R.; VAUNATSOU, P.; LITTLEWOOD, L. Psychiatric stigma across cultures: local validation in Bangalore and London. *Anthropol Med*, n. 8, p. 71-87, 2001.

AS RELAÇÕES CONTEMPORÂNEAS ENTRE MEIO AMBIENTE, TRABALHO E SAÚDE MENTAL

Edith Seligmann-Silva(*)
Marcelo Figueiredo(**)
Tânia Franco(***)

"O transtorno mental é uma condição de não liberdade, é uma falta de liberdade psicológica ao não conseguir dispor de si, porém também é uma concretíssima falta de possibilidade de escolha" (Giovanni Jervis, 1977)

1 INTRODUÇÃO

O presente capítulo aborda, numa perspectiva voltada à ética, as relações contemporâneas entre meio ambiente, trabalho e saúde, buscando concentrar o olhar em determinadas facetas do contexto brasileiro atual, com o objetivo de elaborar algumas reflexões que possam iluminar políticas públicas voltadas ao enfrentamento dos desafios colocados pelos estudos. Focalizaremos especialmente a saúde mental dos traba-

---

(*) Médica com graduação pela Universidade Federal do Pará. Psiquiatra e psicoterapeuta com especialização em Saúde Pública (USP). Doutoramento pela FMUSP. Criou e ministrou a disciplina de pós-graduação "Saúde Mental e Trabalho" no Departamento de Medicina Preventiva da FMUSP, onde lecionou durante 25 anos, até 1996. Foi professora-adjunta pela EAESP/FGV (Escola de Administração de Empresas de São Paulo/Fundação Getúlio Vargas), de 1992 a 2006. Desenvolveu, com apoio do CNPq., linhas de pesquisa em Aspectos Psicoculturais na Saúde (anos 71-73), Organização de Serviços de Saúde Mental (anos 73-77) e em Saúde Mental Relacionada ao Trabalho e ao Desemprego (de 1980 em diante). Exerceu atividade clínica e funções de coordenação e supervisão em diferentes serviços de Saúde Mental dos Estados do Pará e de São Paulo a partir de 1966. Consultoria em diferentes pesquisas acadêmicas e sindicais. Autora de aproximadamente 70 textos publicados, entre artigos, ensaios e capítulos de livro. Livro mais recente: *Trabalho e Desgaste Mental* — o direito de ser dono de si mesmo (Cortez Editora, São Paulo, 2011 — 1ª reimpressão em 2012).
(**) Professor do Curso de Engenharia de Produção da Universidade Federal Fluminense (UFF). Doutor em Engenharia de Produção/Ergonomia pela COPPE/UFRJ, com estágio doutoral em Ergonomia Cognitiva (Grupo Aramiihs — Université de Toulouse III/França). Pós-doutor em Psicologia Social/Psicologia do Trabalho e Organizacional pela UERJ. Atualmente cursando Pós-doutorado em Psicologia do Trabalho na Universidade do Porto (Portugal).
(***) Doutora em Ciências Sociais, com graduação em Economia, Medicina e Mestrado em Ciências Sociais pela UFBA. Pesquisadora aposentada do Centro de Estudos e Pesquisas em Humanidades da Faculdade de Filosofia e Ciências Humanas da Universidade Federal da Bahia (CRH/FFCH/UFBA).

lhadores, mas não só, uma vez que existem danos à saúde geral e mental deles e de todos os que são atingidos pela destruição da natureza e pelo que é lançado no meio ambiente por fábricas, plataformas marítimas e outras fontes de nocividade.

2 MEIO AMBIENTE, SAÚDE E TRABALHO

As sociedades capitalistas urbano-industriais intensificaram e aprofundaram as relações entre as atividades humanas e o meio ambiente a tal ponto que, hoje, é praticamente impossível divisar separadamente as dimensões da saúde, do trabalho e do meio ambiente. Ao contrário, estão amalgamadas e — nos atuais padrões de produção, circulação e consumo — o mundo do *trabalho* e a *natureza* encontram-se numa *simbiose autodestrutiva e espoliativa*, que se expressa em vários elementos e fatos dentre os quais se destacam:

- o uso de fontes de energia predominantemente fósseis, mediante recursos naturais finitos, não renováveis e poluentes, como o petróleo;
- a extração espoliativa de recursos naturais, renováveis e não renováveis, principalmente minerais e água;
- a geração de resíduos tóxicos em escala inédita;
- a crescente mobilidade de substâncias e produtos nocivos através de oleodutos, gasodutos e meios de transporte diversos — terrestres, marítimos, fluviais — e das emissões previstas e/ou fugitivas das plantas industriais ao redor do planeta;
- a disposição inadequada de lixo tóxico[1];
- a difusão, no trabalho e na vida cotidiana, de inúmeras substâncias neurotóxicas, cancerígenas, teratogênicas e mutagênicas — a exemplo dos agrotóxicos;
- a expansão do raio de ação de poluentes nas dimensões de *tempo* — alcançando gerações futuras — e de *espaço* ao ultrapassar os muros dos empreendimentos industriais;
- a ampliação das populações expostas aos riscos, para além dos trabalhadores;
- a transferência de indústrias poluentes entre e intrapaíses, para regiões com "vantagens locacionais" — providas de fartos recursos naturais, fontes de energia barata, baixos salários, desprovidas de estruturas institucionais eficazes para o controle ambiental e trabalhista, populações vulneráveis social e politicamente;
- novos problemas de saúde decorrentes de contaminações lentas ou de acidentes industriais que atingem espaços extrafabris[2], mais evidentes a partir da década de 1970.

---

(1) Territórios de vários países têm sido transformados em depósitos clandestinos, ou legais, de resíduos tóxicos, tornando-os impróprios como fonte de alimentação e subsistência pela contaminação de solos, subsolos, águas superficiais e subterrâneas, etc. (Altvater, 1995; Passet, 2002). Convém mencionar as toneladas de lixo eletro-eletrônico (monitores, baterias, etc.) depositadas de forma inadequada, levando à contaminação por chumbo, cádmio, mercúrio, arsênio, etc. (emblemáticos são os casos China e Lagos/Nigéria).

(2) Casos emblemáticos de contaminação lenta e adoecimento grave de populações como Minamata/Japão (1950), Love Canal/NY/EUA (década de 1970), Casale Monferrato/Itália (contaminação por amianto, 2.969 mortes, das quais 2.272 em Casale), e, em curso, Cubatão/SP e Camaçari/Bahia/Brasil (química e petroquímica), Minaçu/Goiás/Brasil (contaminação por amianto), Amazônia/Brasil (contaminação de mercúrio e metais pesados nas atividades de mineração) e Nápoles/Itália (2014: região do Triângulo da Morte contaminada por toneladas de lixo tóxico). Destacamos alguns acidentes industriais com graves impactos ambientais: Flixborough/Inglaterra (1974: indústria química, 28 mortos, 53 feridos, danos em 2 mil casas); Seveso/Itália (1976: 220 mil pessoas atingidas por nuvem tóxica de acidente industrial, 37 mil sob vigilância epidemiológica em face do potencial cancerígeno, dermatites, queimaduras; morte da vegetação, animais); Pojuca/Bahia/Brasil (1983: transporte ferroviário de produtos de refinaria de petróleo, tombamento de carga, vazamento, explosões, registro oficial de 99 mortes em sua maioria crianças e adolescentes, 100 feridos, casas destruídas); Vila Socó/Cubatão/SP/Brasil (1984: explosão em oleoduto, incêndio, 508 mortos); San Juan Ixhuatepec/México (1984, vazamento GLP, explosão, incêndio, 550 mortes registradas); Bhopal/India (1984: vazamento 41 ton. metilisocianato em tanque de armazenamento, 2.500 óbitos imediatos, 20 mil lesionados com disfunção pulmonar, população exposta e afetada estimada de 100 mil a 200 mil pessoas); Alasca (1989: vazamento do navio petroleiro Exxon Valdez, desastre ambiental persiste ainda hoje). Acidentes nucleares classe 7, de maior gravidade: Chernobyl/Ucrânia (1986) e Fukushima/Japão (2011): milhares de mortes imediatas e a longo prazo por cânceres. Em Fukushima, pesquisas documentam a evacuação de milhares de pessoas e mortes por exposição radioativa e pelas condições de evacuação com desgaste físico e mental (comparável às mortes por terremoto/tsunami), além do aumento do risco de câncer em crianças. Grande raio de contaminação de solo, águas, ar e ecossistemas e dispersão mundial de elementos radioativos. É necessário mencionar também os acidentes em plataformas marítimas de petróleo no Brasil — que

- a transformação contínua de conhecimento científico em força produtiva — potencializando tecnologias intensivas em capital e em recursos naturais;
- a crescente concentração e centralização de capital, incrementando o poder político e a influência das grandes corporações no cenário mundial;
- a expansão da capacidade de produção e de destruição em grande escala.

Não sem razão surgiram grandes desafios e problemas que apontam para a destruição das condições de vida no planeta por meio da geração de *escassez ecológica* — pela exaustão e envenenamento dos elementos da natureza — e da extinção de diversas espécies. Assiste-se em dimensão planetária à crescente migração ambiental humana e animal — em busca de meios de subsistência em decorrência da contaminação dos seus meios de sobrevivência ou dos violentos conflitos pela apropriação de terras, água, recursos minerais, dentre outros. Ao lado da ameaça à biodiversidade, reforça-se o milenar problema da fome em sociedades de alta tecnologia (Boff, 2010; Rattner, 2005; Seoane e Tadei, 2010; Altvater, 1995; Passet, 2002).

A questão da subsistência não pode ser isolada do tema aqui enfocado. E para falar de subsistência é imprescindível lembrar o direito humano à alimentação como direito fundamental. Seria, porém, um desafio incompatível com a dimensão deste capítulo examinar as diferentes interfaces entre a questão alimentar (segurança alimentar), a degradação ambiental e a precarização entrelaçada do trabalho e da saúde humana. Inclusive nos aspectos que dizem respeito à saúde mental. Alguns problemas atuais da questão da segurança alimentar que emergem nas cidades e nas áreas rurais são marcados pelo desamparo, pela incerteza e, muitas vezes, pelo desespero e pela perda de esperança que podem conduzir ao suicídio (Ziegler, 2013).

Sem dúvida é uma civilização caracterizada por imenso desenvolvimento tecnológico — por meio de contínuas revoluções industriais — que, contudo, tem o seu lado predatório e destrutivo. A sucessão de acidentes ampliados, desastres ambientais e adoecimentos — cânceres, TMRT (Transtornos Mentais Relacionados ao Trabalho), dentre outros — expressam o lado sombrio desse tipo de crescimento econômico. Na contramão da sustentabilidade socioambiental[3], acumulam-se os danos à saúde e ao meio ambiente.

Até meados do século XX tornaram-se evidentes a gravidade e a alta frequência dos problemas de saúde do trabalhador *restritos ao espaço intrafabril*, ou seja, dos acidentes e doenças gerados e contidos no espaço intramuros das empresas. Socialmente tornou-se inevitável o reconhecimento dos limites biopsicossociais e da nocividade de diversos agentes no ambiente laboral (físicos, químicos, biológicos e organizacionais) que foram incorporados às legislações protetoras da saúde do ser humano no ambiente de trabalho, ainda que de forma pálida e controversa ao longo dos três últimos séculos.

A partir da segunda metade do século XX tornou-se mais visível o padrão poluente em que mergulharam as sociedades urbano-industriais ao longo das três revoluções industriais, assentado em fontes de energia fósseis e resíduos tóxicos em escala inédita e consolidado pelo contínuo desenvolvimento das indústrias químicas, petroquímicas, nuclear, dentre outras. Os acidentes e contaminações relacionados ao trabalho passaram a apresentar um traço distintivo, qual seja, ultrapassar os muros dos ambientes de trabalho. A ampliação do alcance e do leque de agentes agressivos demonstram que os riscos industriais não mais estão confinados ao espaço intrafabril e podem impactar fortemente os espaços extrafabris, circunvizinhos ou distantes.

Nessa forma de civilização industrial capitalista é necessário reconstruir os elos entre o espaço social intrafabril e o extrafabril, demonstrando a origem comum dos problemas nos planos, aparentemente distintos, da saúde do trabalhador e do meio ambiente — assim como as interligações entre as esferas, aparentemente separadas, da produção, circulação e consumo. Os "acidentes de trabalho" se converteram

---

serão abordados num item específico sobre acidentes ampliados deste capítulo — e no exterior (a exemplo da China e do Golfo do México/EUA em 2010). Ver Capra (1982), Sevá (1988), Castleman (1996), Freitas, (1996), Franco (2003), Jobin (2006), Thébaud-Mony (2007), Domingos (2009), Rossi (2010), Figueiredo (2012), The New York Times (2014).
(3) Quanto às diferentes formulações de desenvolvimento sustentável, ver especialmente Rigotto (2008). Sobre os problemas ambientais globais, Rattner (2005).

em acidentes industriais ampliados, conforme a conceituação de Freitas (1996), Freitas, Porto e Machado (2000), Figueiredo (2012). Sob a perspectiva das relações da humanidade com a natureza, é uma civilização que constrói uma "segunda natureza" (Kurz, 1997, 1992; Mészaros, 2006) antropocêntrica e sob o predomínio, até então, de teorias e práticas marcadas pela ignorância e desrespeito absoluto aos limites físico-químico-biológicos da natureza e biopsicossociais dos seres humanos.

Mas não são necessários acidentes industriais ampliados para que a vida e os mecanismos reguladores da natureza — os ciclos de carbono, das águas, etc. — sejam ameaçados. O próprio padrão de industrialização — de produção, consumo e circulação — já representa uma ameaça por simplesmente existir na configuração conhecida, isto é, por adentrar o subsolo e águas profundas para extração — sem limites — de recursos naturais. E, ainda, por gerar continuamente efluentes líquidos, sólidos e gasosos poluentes e contaminantes, além de depositar e transportar materiais perigosos ao redor do planeta, ocasionando uma descontrolada migração dos riscos industriais. Os acidentes ampliados evidenciam, num evento agudo, a eclosão da destrutividade latente desse padrão de produção e consumo, ao tempo em que revelam seu potencial de contaminação crônica, antes invisível ou encoberta.

Os acidentes ampliados evidenciam, num evento agudo, o potencial de destruição crônica deste padrão de produção e consumo.

Tais características apontam para a necessidade de divisar os acidentes e ambientes de trabalho sob a perspectiva da articulação entre saúde, trabalho e meio ambiente. Trata-se aqui de um tipo específico de sociedade industrial, devotada ao mercado capitalista, altamente poluente, assentada em fontes de energia não renováveis e no trabalho alienado.

3 ALIENAÇÃO E ESPOLIAÇÃO DA NATUREZA

Por alienação compreende-se:

"No sentido que lhe é dado por Marx, a ação pela qual (ou estado no qual) um indivíduo, um grupo, uma instituição ou uma sociedade se tornam (ou permanecem) alheios, estranhos, enfim, alienados [1] aos resultados ou produtos de sua própria atividade (e à atividade ela mesma), e/ou [2] à natureza na qual vivem, e/ou [3] a outros seres humanos, e — além de, e através de [1], [2] e [3] — também [4] a si mesmos (às suas possibilidades humanas constituídas historicamente)". Bottomore (2001:5).

Tais atributos de sociedade e trabalho alienado configuram os processos de *despertencimento social* e de *desenraizamento em relação à natureza* que são aprofundados e radicalizados no novo ciclo de *mundialização* capitalista intensificado na década de 1990 (Chesnais,1996; Bourdieu, 1998; 2001). Para Harvey, configura o regime de *acumulação flexível* (Harvey, 1992) caracterizado pela *financeirização*[4] da economia, pela *desregulamentação* e *flexibilização* da produção e do trabalho e pela *acumulação via espoliação*.

Os *bens comuns da natureza* — águas, ar, terras — origem das fontes de energia e de recursos naturais, indispensáveis ao capital, são tragados pela apropriação desenfreada sob a ótica do lucro a curto prazo que impõe tempos acelerados e metas implacáveis no mundo do trabalho/produção.

---

(4) "A forte onda de financialização (financeirização), *domínio pelo capital financeiro*, que se estabeleceu a partir de 1973 foi em tudo espetacular por seu estilo especulativo e predatório. Valorizações fraudulentas de ações, falsos esquemas de enriquecimento imediato, a destruição estruturada de ativos por meio da inflação, a dilapidação de ativos mediante fusões e aquisições e a promoção de níveis de encargos de dívida que reduzem populações inteiras, mesmo nos países capitalistas avançados, a prisioneiros da dívida, para não dizer nada da fraude corporativa e do desvio de fundos (a dilapidação de recursos de fundos de pensão e sua dizimação por colapsos de ações e corporações) decorrente de manipulações do crédito e das ações — tudo isso são características centrais da face do capitalismo contemporâneo" (Harvey, 2004:122-123, grifos nossos).

Instaura-se "uma nova onda de expropriação" com novos mecanismos de acumulação por espoliação Harvey (2004:123); "A biopirataria campeia e a pilhagem do estoque mundial de recursos genéticos caminha muito bem em benefício de umas poucas grandes companhias farmacêuticas". Consolidam-se formas de produção intensivas em capital na produção extrativa, pecuária, madeireira, de mineração, agrícola (com uso indiscriminado de agrotóxicos), dentre outras. Intensificam-se, principalmente no Brasil, as indústrias petrolífera, petroquímica, química, nuclear, além das hidrelétricas/barragens. Tais vias têm conduzido a uma escalada na dilapidação dos recursos ambientais globais — terra, ar, água, em especial minerais, biodiversidade, além dos genéticos — e à destruição de *habitats*, etnias, *ethos* e povos. Em suma, é um caminho que agrava e acelera o desequilíbrio da vida no planeta.

Os padrões de produção, circulação e consumo atuais (inclusive de transporte urbano), baseados em fontes de energia não renováveis, com alto teor de carbono e poluentes (Altvater, 1995) e em grandes empreendimentos com fortes impactos ambientais, convertem o planeta em meio ambiente do trabalho alienado. Por outro lado, a incorporação acrítica dos avanços tecnológicos e a financeirização da economia têm conduzido a uma aceleração insana dos tempos sociais — regidos pelos tempos de retorno do capital — favorecendo a aceleração patogênica dos tempos de trabalho e dos tempos de espoliação dos recursos naturais.

Assim, os tempos sociais se contrapõem tanto aos tempos e modos de autorregulação da fisiologia humana quanto aos tempos e mecanismos de regulação da natureza favorecendo, por um lado, danos à saúde humana — transtornos mentais, distúrbios musculoesqueléticos, dentre os quais Lesões por Esforços Repetitivos/Distúrbios Osteomusculares Relacionados ao Trabalho (LER/DORT) etc. — e, por outro, desequilíbrios e danos ao meio ambiente — rupturas dos ciclos das águas, do carbono, ameaças à cadeia alimentar, degradação da fertilidade dos solos e das condições de regeneração dos ecossistemas naturais, predação da biodiversidade.

A espoliação dos recursos naturais e a contaminação crônica de águas e de terras outrora férteis — doravante envenenadas, salinizadas, desertificadas, transformadas em depósitos de lixo tóxico e/ou efluentes industriais, tornando-se improdutivas para o cultivo/pesca e impróprias para a alimentação humana — levam à escassez ecológica por meio da destruição dos recursos naturais que viabilizam a vida no planeta. As sociedades capitalistas contemporâneas, além de trilharem o caminho da *escassez social* produzida por um sistema econômico assentado na apropriação voraz dos meios de vida (e dos bens comuns a todos) e na distribuição desigual dos frutos do trabalho, passam a trilhar o caminho da "escassez ecológica" (Pádua, 1991).

Esses processos tendem a agravar os problemas globais da fome e da escassez de água no planeta. Paradoxalmente são sociedades que dispõem de conhecimentos e meios tecnológicos suficientes para dizimar o problema da fome no mundo, mas permanecem aprisionadas em padrões de produção/consumo que destroem diretamente — de forma crônica no cotidiano da produção (industrial poluente, hidrelétricas) e aguda nos acidentes ampliados — as condições de vida e de sobrevivência em vastas regiões do planeta, condenando povos e etnias à migração climática e/ou ao genocídio insidioso, disfarçado de descompasso ou não adaptação à cultura contemporânea dominante, que implica na perda de *ethos* e dos vínculos sociais de origem, a exemplo das populações indígenas (Ziegler, 2013).

Contudo, é necessário referirmo-nos não apenas aos desastres ambientais decorrentes de acidentes industriais ampliados e das contaminações crônicas, mas, também, às catástrofes "naturais" — como enchentes, secas, desertificação, tempestades etc. Essas tendem a se tornar mais frequentes por força do acelerado aquecimento do planeta, que favorece mudanças climáticas ao provocar alterações de temperatura e umidade atmosféricas, o derretimento das geleiras e a elevação do nível do mar. O aquecimento global tem sido alimentado, pelo menos em parte, pelo aumento contínuo das emissões de gás carbônico — um dos gases de efeito estufa (GEE) cuja chegada à atmosfera provem, principalmente, dos padrões de produção e consumo com alto teor de carbono (petróleo, gás natural, carvão) e dos desmatamentos. Ademais, é necessário considerar as consequências dessas emissões nos *oceanos*, que têm provocado a acidificação veloz das águas com efeitos deletérios para a vida marinha e rupturas na cadeia alimentar, favorecendo a escassez ecológica.

As populações com maior vulnerabilidade socioeconômica e política (Porto, 2000) têm sido mais afetadas por todos esses processos que dilapidam o cotidiano, o trabalho, a saúde e também a vida mental, ao trazerem desamparo, desespero e insegurança que abalam fortemente a esperança. São processos globais que, tendencialmente, se não revertidos, poderão se ampliar atingindo populações indistintamente — a exemplo da seca severa e escassez de água potável na Califórnia/EUA ou das inundações do Rio Madeira/Rondônia/Brasil em 2014, dentre muitos casos em curso.

Devemos atentar para o fato de que a *acumulação via espoliação* — a apropriação privada dos *bens comuns sociais* (serviços e empresas antes público-estatais) e dos *bens comuns da natureza* (Seoani; Taddei, 2010) — é um dos traços marcantes da globalização capitalista que traz — inerente e simultaneamente — um processo de *flexibilização* dos estatutos regulatórios de proteção tanto do *meio ambiente* quanto do *trabalho* — conquistados arduamente ao longo dos séculos XIX e XX. O afrouxamento dessas proteções tem se dado com a complacência dos estados/governos por meio da fragilização das instituições de regulação e da desestruturação dos corpos de leis protetoras, com restrições à atuação dos agentes públicos voltadas para o cumprimento das legislações e punição dos agentes econômicos infratores[5] — tais como a insuficiência de quadros técnicos; a restrição da autoridade de fiscais do trabalho para embargo e interdição de situações de perigo iminente à vida, à saúde e à segurança dos trabalhadores; corrupção e suborno etc. A *flexibilização* desses marcos regulatórios traz, sem dúvida, grande liberdade para o capital investir, espoliar a natureza e explorar o trabalho. Ao mesmo tempo golpeia os indivíduos, cotidianamente, disseminando a insegurança, o medo e a desesperança na vida social e nas instituições públicas.

4 PRECARIZAÇÃO SOCIAL, DO TRABALHO E DA SAÚDE

Aspectos do contexto político e das relações de poder

A face política da trajetória histórica que culminou na implantação do neoliberalismo na América Latina foi analisada por Antunes (2011), em estudo no qual comparou os percursos de diferentes países latino-americanos nessa trajetória. O autor citado mostra como a ideologia neoliberal foi imposta e se tornou hegemônica na cultura política desses países. Vale recordar que os regimes militares estabelecidos em países sul-americanos na segunda metade do século XX contribuíram para uma cultura de restrição da liberdade que, ao se espraiar na sociedade, também penetrou poderosamente no interior das empresas privadas e públicas. Resquícios muitas vezes fortes dessa cultura permaneceram vivos em muitas dessas organizações mesmo após o fim dos regimes militares. O amadurecimento das democracias é processo sabidamente lento e complexo, e possivelmente mais difícil onde ambiguidades estiveram presentes nas transições de regime político. Com o advento hegemônico das diretrizes neoliberais voltadas à maximização de competitividade ocorreu reativação do medo e da submissão — o que, em alguns contextos nacionais foi facilitado pela fragilização das organizações dos trabalhadores — sindicatos e outras — como bem esclarece Antunes (2011), que captou a dinâmica na qual arrefeceram as resistências dos trabalhadores e de suas organizações à precarização do trabalho. Assim, submissão silenciosa voltou a caracterizar o cotidiano dentro das organizações — instituições públicas e privadas e seus locais de trabalho.

Em países nos quais, como no Brasil, subsistiam traços fortes de uma herança colonial e escravagista, além da memória de períodos ditatoriais, a sujeição silenciosa, permeada pelo medo, foi potencializada, dificultando a emergência de resistências. Dessa forma, foi facilitada a maximização da exploração e, portanto, também do desgaste dos trabalhadores.

A partir desse panorama se torna possível perscrutar as ressonâncias trazidas pela instauração do neoliberalismo no mundo do trabalho, considerando de modo integrado os impactos na sociabilidade e na

---

[5] Sobre a trajetória e dinâmica recente do padrão de fiscalização do trabalho no Brasil, ver em especial Filgueiras (2014).

saúde.[6] Aqui a *sociabilidade* precisa ser contemplada em seus múltiplos laços relacionais entre pessoas, níveis hierárquicos e diferentes coletivos no trabalho e fora dele. Para não tornar a análise genérica, o grande desafio tem sido estudar as formas particularizadas que essas ressonâncias assumem nos âmbitos de diferentes tipos de produção e *situações de trabalho*. No caso da *saúde*, isso corresponde a identificar diferentes processos de constituição e evolução do desgaste geral e mental.

Por outro lado, em muitos contextos, os processos que degradam o meio ambiente se tornaram indissociáveis dos que atingem a saúde e a vida social. Especialmente nas comunidades de regiões em que os modos de viver e de trabalhar foram estilhaçados por transformações devastadoras feitas em nome do progresso mas, em verdade, perpetradas para gerar lucros extraordinários. Nessas áreas, a correlação de forças capital-trabalho tem desfavorecido de forma bastante visível as populações tradicionais e, de modo especial, os trabalhadores — que perdem, de modo muitas vezes abrupto, seus meios tradicionais de trabalhar e garantir subsistência, quando não perdem, também, por desapropriação ou expulsão arbitrária, as casas em que viviam.

Este foi o caso de muitos dos moradores de áreas rurais em que foram instaladas hidrelétricas ou indústrias. É também o caso da Amazônia brasileira.

Premidos pela necessidade — ou seduzidos pela conclamação a ingressar na modernidade — esses trabalhadores aceitam ser absorvidos nos canteiros de obras dos chamados grandes projetos da Amazônia, e em atividades industriais estranhas às suas experiências prévias, em diferentes regiões do Brasil. Essa mudança de atividade se deu, para muitos, sem que recebessem preparo nem proteção para enfrentamento dos riscos consideráveis, com frequência, presentes nessas novas situações de trabalho. No final dos anos 80, Diana Antonaz (1995) realizou um impressionante estudo sobre esse aspecto, ao acompanhar, em pesquisa pioneira, a implantação de uma indústria de alumínio no interior do Estado do Pará. Os trabalhadores eram egressos das culturas de subsistência da região. Vivendo o choque cultural de uma grande mudança, despreparados e desprotegidos, realizavam as atividades em condições de trabalho inadequadas e perigosas. Resultou, na época, elevado número de acidentes e adoecimentos (Antonaz, 1995).[7] Essa empresa, que se tornou uma das maiores potências econômicas da região, nos anos 2010 e 2012, foi condenada a pagar multas por danos ambientais comunitários, além de danos morais a moradores[8]. Quanto aos impactos sobre a saúde dos empregados, um estudo recente de Nogueira (2011) revela que, articulado a acidentes e diferentes tipos de adoecimento, existe um sofrimento mental intenso associado à organização do trabalho e à forma pela qual ocorre a gestão de segurança na mesma empresa. A autora se detém na análise da negação desse sofrimento por parte da empresa, inclusive de seus profissionais de saúde e do Estado. (Nogueira, 2011).

Os impactos ambientais dos grandes projetos foram extensamente analisados e, em alguns estudos, contemplados integradamente os impactos sociais e, em especial, aqueles associados ao advento do emprego:

> Praticamente todos os projetos provocaram uma grande mobilização de mão de obra durante a sua implantação. Contudo, economizaram trabalhadores na fase de funcionamento. Na fase de negociação, foram previstos 100.000 empregos na mineração e na metalurgia, mas, após a implantação foram gerados somente 2.000 pela Alunorte e Albrás e 8.000 pelo Projeto Ferro-Carajás. Alguns projetos tiveram efeitos piores para as famílias que antes viviam em Barcarena, onde foram construídas as fábricas dos projetos metalúrgicos e na região que foi inundada pelo lago da represa de Tucuruí, provocando a desapropriação de cerca de 10.000 famílias de pequenos agricultores e o deslocamento de povos indígenas, como os Pacuruí e os Parakanã (Castro, 2009).

---

(6) **Consideramos aqui a *saúde* em sua integralidade — que inclui a saúde mental.**
(7) "Para o camponês ou o pescador — nova *chair à machine* para a indústria devoradora — são destinadas as tarefas primárias comparáveis às do 'operário-macaco adestrado' de Taylor, que obrigam a repetir infindavelmente os movimentos de um trabalho brutal e grosseiro que exaure a força e consome corpo e espírito em poucos anos". Antonaz (1995: 235)
(8) Publicado em 2 de março 2012 em <http://barcarenademaosdadas.blogspot.com.br/2012.3.albras-ameaca-fechar-as-portas.html>. Acesso em: 14 de abril 2014.

Observamos o contraste existente entre esses aspectos revelados por estudos críticos e os objetivos oficialmente fixados para a instauração dos chamados Grandes Projetos que deveriam levar a Amazônia a um desenvolvimento econômico sustentável também do ponto de vista ambiental e social. Clara Pandolfo (1994) menciona que, no II Plano de Desenvolvimento da Amazônia (1975-1979), a Sudam (Superintendência do Desenvolvimento da Amazônia) "já enfatizava a questão ecológica, inclusive propondo os princípios fundamentais para uma política florestal regionalizada para a Amazônia" (Pandolfo, 1994. p. 87). O mesmo plano considerava a viabilidade de definir um zoneamento em que 10% da floresta pudesse servir a atividades em que a exploração dos recursos naturais estaria submetida a critérios ecológicos, orientação técnica e controle para que práticas de silvicultura adequadas permitissem "um processo contínuo, não só de reconstituição, mas de valorização da floresta original" (p. 164). Dessa forma, evitando desmatamento extenso, a natureza seria preservada e habitantes teriam trabalho digno que poderia oferecer não apenas ganhos de subsistência mas também abrir caminho para uma cidadania plena com melhores condições de vida. A mesma autora, que atuou intensamente no estudo e planejamento de atividades de manejo florestal, descreve que empecilhos burocráticos e um conjunto de razões de ordem política e, em especial, a "falta de consciência do que as florestas realmente representam" determinaram que o II Plano e várias outros não tenham alcançado os objetivos ecológicos, econômicos e sociais que haviam sido esperados quando foram formulados (Pandolfo, 1994).

A mesma autora salienta, a propósito das numerosas pesquisas florestais que se desenvolvem na Amazonia desde 1960, a falta de aplicação prática de resultados obtidos nas pesquisas, que foram se acumulando sem que surgissem iniciativas para sua aplicação em modalidades inovadoras de manejo florestal. Vinte anos depois da publicação desse livro de Clara Pandolfo, parece renascer a esperança de que a ampliação de experiências ainda pontuais de manejo responsável e tecnicamente bem monitorado possa ser favorável à Natureza e, simultaneamente, à vida e às atividades produtivas da população local e regional. Entretanto, também agora persiste a oposição poderosa de interesses políticos e econômicos — como, por exemplo, daqueles que desejam expandir a pecuária, o plantio de soja e outras modalidades de agronegócio em áreas da Amazônia — em uma forma de expansão da economia que, atendendo a interesses dos grandes detentores do capital internacional, vem alterar profundamente os espaços de vida e trabalho de populações locais — conforme esclarecido por Milton Santos (Santos, 2000).

5 A FLEXIBILIZAÇÃO QUE MOVE A PRECARIZAÇÃO SOCIAL E DO TRABALHO

Outro pilar fundamental das sociedades urbano-industriais atuais — além dos bens comuns da natureza — é o *trabalho*, dimensão que passa a sofrer mais constrangimentos ainda no contexto da globalização capitalista com a reestruturação produtiva e as políticas que alavancam a competitividade e a maximização dos lucros apoiados na *desregulamentação e na flexibilização da produção e do trabalho*. Essas liberam o capital de amarras regulatórias e da rigidez da produção fordista, agilizando, assim, sua dinâmica e deslocamento mundial em face das flutuações do mercado financeiro, da demanda e dos custos de produção (salários menores e permissividade ambiental em países mais pobres).

No mundo do trabalho, a *flexibilização* avança por *dentro* das empresas — na organização do trabalho, enxugando quadros e estoques, implodindo a noção de posto fixo de trabalho e plano de carreira com a adoção da multifuncionalidade (*polivalência*), longas jornadas e intensificação do trabalho — e, externamente, nas *relações interempresas* e fornecedores por meio das redes de *terceirização*.

Essas relações interempresas permitem que a contratante transfira custos e encargos trabalhistas para as terceiras, mediante contratos temporários, e, com frequência, as atividades mais penosas, desgastantes e insalubres. A flexibilização agiliza a gestão da produção e fragiliza os vínculos e contratos dos trabalhadores. Abre brechas para o descumprimento de direitos e de acordos trabalhistas e para a manipulação tanto de trabalhadores quanto de empresas terceirizadas (pela instabilidade, competição, pelo medo de perder o trabalho ou contrato).

Ao mesmo tempo, dissemina-se uma autoritária imposição de *excelência* que já nos anos 90 havia assumido um cunho ideológico (Seligmann-Silva, 2001). Na França, àquela altura, o psiquiatra Michel Monroy publica um livro cujo título resume as observações que fez durante os anos em que trabalhou em uma grande empresa: "A Violência da Excelência"[9] (Monroy, 2000).

A desregulamentação não atinge unicamente as relações sociais de trabalho. Torna-se mais ampla ao penetrar no Estado Previdência em países de desenvolvimento avançado (Rosanvallon,1995; Castel, 1998; 2003; 2009; Boschetti, 2012) e no Sistema de Seguridade Social do Brasil, onde o tripé Previdência, Assistência Social e Saúde vem sendo atingido — mais notadamente no âmbito da primeira (Ivo, 2008).

Assim, desde as décadas de 1980/90 — de modo heterogêneo e com maior ou menor intensidade —, as sociedades contemporâneas têm passado por importantes *retrocessos sociais* decorrentes da flexibilização que desregulamenta e desestabiliza o mundo do trabalho, precarizando a inserção dos trabalhadores e fragilizando o sentimento de pertencimento social. É assim que a flexibilização gera a perspectiva/percepção de desfiliação social no indivíduo e de "*vulnerabilidade de massa*" (Castel, 1998) ao esgarçar importantes laços e vínculos do tecido social. Opera-se a "*dupla institucionalização da instabilidade*" por meio da *precarização* tanto econômica quanto da proteção social, conforme Appay e Thébaud-Mony (1997), Druck (2013).

Inúmeros estudos[10] têm demonstrado que o processo de flexibilização agrava o desrespeito aos limites humanos no mundo do trabalho e ameaça, sem trégua, os referenciais de dignidade e ética na vida social pela erosão de direitos sociais e trabalhistas ou pelo afrouxamento em seu cumprimento. Produz-se uma generalizada insegurança social, seja no *ambiente do trabalho* (medo do desemprego, da desqualificação profissional, de perda dos meios de sobrevivência, de desqualificação social etc.), seja na *vida extratrabalho* perpassada, hoje, por inúmeras formas de violência social. A insegurança e o medo atuam como acicate de submissão ao trabalho dominado, muitas vezes sob condições aviltantes e humilhantes, com sérias consequências para a saúde (física e mental).

A precarização do trabalho tem sido operacionalizada por meio da criação de trabalho com baixíssimos níveis salariais — em cascatas de terceirização com diversas modalidades de inserção, com tempo parcial, por tempo determinado etc. — em detrimento do emprego com melhores contratos, com planos de carreira, melhores salários, direitos e proteção social. Assim, têm proliferado no mercado de trabalho postos com vínculos precários, regidos pelos mais variados tipos de contrato que envolvem uma multiplicidade de estatutos de assalariados nas empresas. Sob diversas denominações — parceiros, associados, colaboradores, cooperados, prestadores de serviços — os trabalhadores estão envoltos em redes de terceirização que diluem o eixo capital/trabalho das empresas, camuflando, na verdade, as figuras do empregador e do empregado, dificultando sobremaneira a aplicação e o cumprimento da legislação trabalhista, a atribuição das responsabilidades nos acidentes, adoecimentos e danos ambientais, bem como o registro adequado das ocorrências. A flexibilização das relações sociais e a desregulamentação do mercado caminham *pari passu* com a precarização do trabalho e social.

Trata-se de um processo que fragiliza econômica e politicamente, além de reduzir os segmentos de trabalhadores "estáveis com corolário de proteção social", ao tempo em que amplia os segmentos de trabalhadores instáveis — com vínculos precários, que vivem o desemprego intermitente ou são lançados no desemprego prolongado (Seligmann-Silva, 2001; 2011). No Brasil houve o crescimento do trabalho precário em todos os setores — privado, público e nas empresas estatais nas duas últimas décadas. Vale salientar que predominam baixíssimos níveis salariais nos recentes aumentos de postos de trabalho registrados.

Sucintamente, destacamos alguns aspectos do processo da precarização essenciais para a compreensão dos elos entre trabalho e saúde mental[11]:

---

(9) No original: *La violence de l'excellence.*
(10) Castel (2009, 1998); Harvey (1992); Appay e Thébaud-Mony (1997); Bourdieu (2001, 1998, 1997); Hirata e Préteceille (2002); Antunes (2002, 2000); Antunes e Braga (2009); Druck (1999); Franco (1997, 2011); Druck e Franco (2007); Franco, Druck e Seligmann-Silva (2010).
(11) Essas dimensões da precarização do trabalho foram tratadas mais detidamente em Franco, Druck e Seligmann-Silva (2010).

i) *precarização dos vínculos e relações contratuais*: compreende as perdas salariais, o não cumprimento de direitos trabalhistas — descanso remunerado, férias anuais, respeito à duração da jornada de trabalho normal e horas extras etc. — o não cumprimento de acordos coletivos e a perda de benefícios indiretos;

ii) *precarização da organização e das condições de trabalho*: remete às metas intermináveis, às pressões, exigências de excelência, à manipulação do medo como instrumento de gestão, aos ritmos intensos, à auto-aceleração, às jornadas prolongadas sem hora extra, à multifuncionalidade, dentre outros. Favorecem o sequestro da subjetividade, a múltipla e intensa exposição aos agentes agressivos do trabalho e o desgaste humano (Glina e Rocha, 2010; Heloani e Barreto, 2010; Seligmann-Silva 2011; Palmeira Sobrinho, 2008);

iii) *precarização da saúde e segurança no trabalho*: envolve a intensificação da pressão e tempos acelerados que exacerbam o desgaste humano e favorecem os acidentes — a exemplo de jornadas de trabalho incompatíveis com a fisiologia humana que levam à privação de sono[12]; os treinamentos insuficientes e inadequados; as restrições de acesso às informações sobre os riscos; a imposição de metas absurdas; a ênfase nos EPIs (equipamentos de proteção individual) em detrimento da proteção coletiva; as manobras para aumentar a produtividade, contrárias às normas de segurança industrial[13];

iv) *fragilização na construção das identidades individual e coletiva*: advém da inserção instável, do uso do medo (do desemprego) pela gestão, da falta de perspectiva de carreira e horizontes profissionais. Afetando a autoestima, fragilizam a constituição de identidade, a valorização simbólica e o reconhecimento social, levando ao sentimento de desfiliação social. A precarização atinge, assim, a dimensão ética e a dignidade humana no trabalho (Seligmann-Silva, 2011; 2012);

v) *fragilização da representação e organização sindical*: a divisão dos trabalhadores em diversas categorias, com práticas discriminatórias e estímulo à competição corroem os laços de solidariedade, fragmentam as representações, acirram as disputas por bases sindicais, favorecendo maior sujeição e menor resistência à perda e/ou não cumprimento de direitos trabalhistas e sociais.

Essas diversas faces da precarização favorecem os acidentes, os adoecimentos e diversos tipos de violência social. O desgaste e o sofrimento mental, gerados ou exacerbados na precarização, tornam-se mediações importantes nos processos de adoecimento e na gênese dos ressentimentos; conflitos e ódios que conduzem à degradação da sociabilidade e à violência. Entre as perdas socialmente significativas, temos, portanto: a perda da noção de jornada compatível com os biorritmos e a fisiologia humana, da sociabilidade e dos referenciais de ética e dignidade no trabalho.

Nos conglomerados e grandes empresas, acreditou-se que a *flexibilização* — como *princípio geral* — serviria para alcançar o objetivo empresarial maior do ponto de vista neoliberal — maximizar a *competitividade*.

A *flexibilização* se estendeu a numerosos aspectos no interior das empresas, imprimindo variações sucessivas ao que antes era conhecido por todos e parecia consolidado. Estrutura e regulamentos internos, horários, critérios de promoção e salários — tudo se tornou flexível e transitório. E foi exatamente a *transitoriedade* que veio alimentar a insegurança e a incerteza das pessoas, pois essa transitoriedade passou a marcar mudanças cada vez mais rápidas, tanto nas estruturas hierárquicas e divisões de poder, quanto nas atribuições e no volume e intensidade do trabalho exigido. As injunções passaram a ser para um crescimento continuado e maximizado da produtividade. Em muitas empresas as invectivas passaram a ser: "as metas de produtividade não são fixadas — elas devem alcançar o infinito das possibilidades de cada um".

A *desregulamentação* consistiu na ruptura de sistemas que regulavam as relações de trabalho, por meio da qual "flexibilizou" formas de contratação, salários, a dimensão temporal do trabalho, critérios de

---

[12] Casos emblemáticos de acidentes industriais ampliados e destruição ambiental tais como o vazamento de petróleo no Alasca (Exxon Valdez) e o acidente nuclear em Chernobyl (Ucrânia/Rússia) na década de 1980, de acordo com Moreno, Fischer e Rotemberg (2008).
[13] Como no acidente da plataforma de petróleo no Golfo do México, ocorrido em abril de 2010, que resultou na morte de 11 trabalhadores e em desastre ambiental. Ver Figueiredo (2012), que aborda em profundidade as questões de trabalho e saúde na indústria petrolífera.

avaliação e promoção, entre outros aspectos organizacionais relevantes para a segurança no emprego e para a saúde. Assim, em nome da flexibilidade, estabeleceram-se os bancos de horas, a polivalência, a variabilidade e ampliação de atribuições e responsabilidades. Aliada ao engajamento, a *flexibilidade* dos assalariados deveria garantir, também, o alcance de metas cada vez maiores de produtividade — mesmo sem ampliação dos recursos materiais e mesmo no encolhimento do contingente pelo *downsizing* — um dos paradigmas da reestruturação produtiva (Dedecca, 1999; Franco, 2003). Ao mesmo tempo, as mudanças organizacionais trouxeram esvaziamento do próprio *sentido* do trabalho juntamente com o apagamento de sua razão social (Antunes, 1999; Druck e Franco, 2007).

Os relacionamentos passaram a ser instáveis, acompanhando a desregulamentação das relações sociais de trabalho e o correspondente aumento da rotatividade. Os laços sociais se fragilizaram, ao mesmo tempo, sob a pressão do incentivo à competição formulado pelo discurso empresarial. A supervalorização das competições internas — entre pessoas e entre equipes — concorreu decisivamente para romper vínculos, criar rivalidades, dissolver confiança, incrementar o individualismo, solapar a qualidade do convívio e assim prejudicar a qualidade da comunicação e a possibilidade de verdadeira colaboração — ingredientes essenciais do trabalho bem feito e da consecução da segurança.

O tipo de gerenciamento adoecedor que suscita essa desagregação entre os atores do trabalho corresponde aos paradigmas adotados pela gestão pautada nos conceitos e valores do novo liberalismo. Consubstancia o que tem sido denominado *gestão perversa*, numa expressão que se tornou consensual entre os que têm analisado com perspicácia crítica as transformações organizacionais. O que evoca a perversidade sistêmica tão bem conceituada e analisada por Milton Santos (Santos, 2000) e a ideia de gerenciamento adoecedor (Seligmann-Silva, 2011). Essa perversidade sistêmica, entre outros reflexos, afeta a saúde dos assalariados.

A Organização Internacional do Trabalho apresentou em 2012 um informe contundente sobre a questão dos agravos à saúde no contexto da crise internacional, no qual um foco de luz foi lançado sobre as questões de saúde mental, incluindo os suicídios[14].

A precarização atual, pela via da flexibilização do trabalho e da desregulamentação social, transformou o mundo do trabalho num terreno ainda mais movediço para os direitos trabalhistas, tornando-o refratário à proteção social. Não sem razão, a judicialização dos problemas relacionados ao trabalho passou a ganhar importância crescente como meio de enfrentamento social em face da fragilização política das representações em defesa dos trabalhadores e das ameaças e desrespeito persistente aos direitos sociais.

Saúde mental relacionada ao trabalho (SMRT)[15]

Esse é o campo multidisciplinar que estuda a *interface* entre a vida psíquica e o mundo do trabalho em suas implicações para a saúde mental. Procura examinar as metamorfoses interarticuladas de várias instâncias macro e microssociais para se deter no desgaste mental que abrange o estresse e o sofrimento psíquico gerados nas situações de trabalho e desemprego. As análises, necessariamente, são feitas de forma sempre contextualizada.

---

(14) "Aproximadamente 35 empregados da France Telecom se suicidaram entre 2008 e 2009. Vários deles deixaram notas com queixas sobre a pressão que sofriam no trabalho. Um informe governamental de 2010 disse que a empresa havia ignorado o alerta dado por médicos sobre o impacto das políticas de reestruturação sobre a saúde mental dos trabalhadores. Na maioria dos países, o custo total dos acidentes e doenças relacionadas ao trabalho, inclusive os associados ao estresse, é muito alto. Por exemplo, na União Europeia estima-se entre 2,6 e 3,8 por cento do PIB. Os estudos também sugerem que o estresse é a causa, entre 50 e 60%, de todas as jornadas de trabalho perdidas, um enorme custo em termos de aflição humana, assim como de perda econômica" (OIT, 2012).

(15) Os processos de desgaste e adoecimento mental relacionados ao trabalho não podem ser isolados daqueles que dizem respeito ao desemprego intermitente ou prolongado — e à precariedade ou precarização das situações de trabalho. É o que justifica a pertinência da designação Saúde Mental Relacionada ao Trabalho (SMRT) como denominação preferencial para esse campo de conhecimento e práticas que outros autores têm designado como *Saúde Mental e Trabalho* (SMeT) entre outras denominações. A proposta é buscar entender os processos psíquicos e relacionais da atualidade, em interação com as pressões advindas das rápidas mudanças dos contextos e situações específicas de trabalho (Seligmann-Silva, 2011).

Em suma, a SMRT exige "considerar o trabalho humano em suas relações com os processos sociais, biológicos e psicológicos que transitam nos percursos entre saúde e doença, mantendo o foco naqueles que envolvem a *vida mental* em seus aspectos cognitivos e psicoafetivos" (Seligmann-Silva, 2013. p. 1054). As dimensões políticas e econômicas não podem ser isoladas desses enfoques. Nesse campo, têm sido realizados estudos teóricos e empíricos, tanto voltados a aspectos coletivos quanto a individuais. Nos estudos de caso, uma premissa é visualizar a integridade corpo/vida mental, evitando a dissociação arbitrária entre corpo e mente, outrora dominante nos estudos de medicina do trabalho. Os aspectos do Meio Ambiente em suas articulações com o mundo do trabalho e com as questões de saúde que nele emergem, constituem uma vertente nova e necessária aos estudos desse campo. A saúde *mental* ocupa um lugar de destaque nas dinâmicas que se processam nessa vertente. No entanto, perscrutar a amplitude dessas interações ainda é um desafio, pois envolve uma rede complexa, de muitas malhas — algumas ainda mal iluminadas pelos conhecimentos atuais.

No presente capítulo, examinaremos algumas das interfaces em que os estudos já realizaram constatações importantes. Procuramos focalizar os que apresentam maior interesse para o caso brasileiro. Antes dessa focalização, entretanto, torna-se pertinente apreciar, de forma sucinta, alguns aspectos conceituais sobre o desgaste mental relacionado ao trabalho e as formas pelas quais o enlaçamento entre saúde mental e trabalho tem sido considerado no panorama internacional e no Brasil.

6 DESGASTE MENTAL RELACIONADO AO TRABALHO

O conceito de desgaste foi desenvolvido no México, pela médica e socióloga Asa Cristina Laurell. O *desgaste* é visualizado como *produto* de uma correlação desigual das forças que interagem no processo biopsicossocial saúde/doença. A autora, fundamentada no materialismo histórico, analisou em profundidade a correlação de forças em que o assalariado é o perdedor e sua saúde expressa essas perdas. Duas ideias são centrais, na perspectiva baseada nesse conceito: a primeira é a do **consumo do trabalhador** inserido como instrumento no processo de produção. A segunda é a *ideia de perda.* Laurell estudou as *perdas efetivas e as perdas potenciais — orgânicas, funcionais e psíquicas*[16] *— que atingem os trabalhadores no sistema capitalista* (Laurell e Noriega, 1989).

Determinações de ordem sociopolítica e econômica atuam nas intersecções entre processo saúde/doença e processo de trabalho. Assim, nas situações de trabalho dominado, a desvantagem faz com que o *corpo* e os *potenciais psíquicos* do empregado sejam *consumidos* pelo processo de trabalho. Resulta o *desgaste*, que se torna tanto mais grave quanto maiores forem a carga de trabalho e a precariedade das condições de trabalho, segundo Laurell. O desgaste também pode se concretizar como *deformação* — perda de uma forma anteriormente existente (Laurell e Noriega, 1989).

A noção de *corrosão* contribui para o entendimento dos processos de desgaste mental, como é mostrado por Sennett, em seu livro "*A corrosão do caráter*" (Sennett, 2006).

A atividade mental é a dominante em grande parte do trabalho contemporâneo, o que foi desconsiderado durante muito tempo pela Medicina do Trabalho. Assim, o cansaço mental do trabalho intelectual intensificado foi ignorado, da mesma forma que a exaustão emocional, pela maioria dos planejadores e administradores/gestores do trabalho ao longo das sucessivas reestruturações organizacionais. Essas foram desencadeadas em nome de um princípio ideológico do neoliberalismo que logo se expandiu sob forma da crença que foi imposta a partir dos anos 80: para buscar sobrevivência em uma "globalização inexorável" era necessário *vencer* os concorrentes. Para ganhar poder e vencer, seria essencial ganhar o máximo de

---
(16) Os potenciais psíquicos correspondem ao conjunto dos potenciais concernentes à inteligência e aos sentimentos — que costumam se efetivar interativamente.

competitividade — e isso deveria ser conseguido maximizando produtividade e lucros no menor tempo possível e com os menores custos possíveis. Nessa verdadeira *guerra* competitiva, a dimensão humana e o meio ambiente foram sacrificados.

O desgaste mental relacionado ao trabalho é identificado em três formas[17]:

a) desgaste *literal* — corresponde ao dano *estrutural* do cérebro e às vezes, também, de outras estruturas do sistema nervoso central. Exemplos: i) no caso de um acidente do trabalho em que houve dano cerebral; ii) ação destrutiva de neurotóxicos nos neurônios e diferentes estruturas do sistema nervoso central.

b) o desgaste *psicofisiológico* — que é funcional e prejudica as funções mentais. Afeta simultaneamente as atividades intelectuais (cognitivas) e a esfera psicoafetiva (dos sentimentos, impulsos e autocontrole emocional). Inclui os fenômenos da *fadiga* e do *estresse*. Esse tipo de desgaste se manifesta também por meio de cansaço, distúrbios do sono, impaciência, irritabilidade fácil (nervosismo), diminuição de iniciativa, sentimentos de insegurança e na tensão do medo de cometer falhas, com possibilidade de conduzir, por um lado, a alterações psicossomáticas (hipertensão arterial e distúrbios digestivos, por exemplo) e, pelo outro, a angústia, descontrole emocional e conflitos interpessoais.

Uma dinâmica complexa explica as perdas vivenciadas na vigência da fadiga, por força das imposições e exigências de *excelência* e produtividade no trabalho. Nessas circunstâncias, tais injunções contribuem para a vivência de desânimo ou mesmo sensação de impotência e fracasso. Assim, a fadiga se torna *existencial*, impede o prazer e ao mesmo tempo obscurece o sentido da própria existência — facilitando a passagem para uma depressão. A fadiga é, muitas vezes, uma importante *mediação* nos processos de desgaste que culminam em quadros depressivos. Em outras palavras, a fadiga, nesses casos, suscita uma *fragilização do todo psico-orgânico (mente/corpo)* que impede o indivíduo de manter a continuidade de esforços maximizados para atender, por um lado, às exigências da empresa, e, pelo outro, às suas próprias expectativas de realização.

c) o desgaste *simbólico,* advindo da percepção de *perdas* as mais diversas: do projeto pessoal de desenvolvimento profissional; dos laços de confiança e de reconhecimento, das oportunidades de desenvolvimento profissional — cuja vivência acarreta sofrimento mental. O desgaste da auto--estima e da autoimagem favorece manifestações depressivas, especialmente quando caminham junto com o desgaste da esperança. Quando esta parece perdida, a gravidade é maior e a ideação suicida pode se tornar significativa.

O desgaste *ético* corresponde à precarização ética. Tem sido estudado no Brasil e na Europa, onde foi identificado por Davezies (1997) no núcleo dos fenômenos de precarização da saúde física e mental constatados nos ambientes de trabalho. O autor compara a atualidade e o passado, quando predominavam coletivos solidários de trabalhadores. Na atualidade, Davezies identifica a *ameaça de degradação* que paira sobre essas forças coletivas que cultivavam a confiança, o respeito entre companheiros de ofício e os cuidados voltados à segurança de todos (Davezies, 1997; Franco, Druck e Seligmann-Silva, 2010).

7 FONTES LABORAIS DOS DANOS AO ORGANISMO E DO DESGASTE MENTAL

O meio ambiente interno de trabalho e o externo encontram-se fortemente inter-relacionados. Do mesmo modo, a organização do trabalho, em cada instituição — pública ou privada — está em íntima relação com o contexto político, ecológico, socioeconômico e cultural configurado em cada momento histórico.

---

(17) Essa sistematização de desgaste mental foi proposta, no Brasil, em 1994 (Seligmann-Silva, 1994).

O assinalamento preliminar acima feito nos parece essencial para o entendimento das variações que definem — no *local de trabalho* — em cada contexto e em cada conjuntura, as fontes de desgaste que iremos abordar.

(a) Condições do local de trabalho: ambiente físico, químico e biológico. As fontes de danos ao organismo que foram tradicionalmente consideradas nas condições do ambiente (local) de trabalho — físicas, químicas e biológicas — estão presentes em diferentes situações de trabalho. Muitas delas determinam também, diretamente, danos ao sistema nervoso e distúrbios mentais, enquanto, em certas situações, a repercussão mental será indireta e poderá contribuir para o desgaste mental — que poderá ou não derivar para um quadro clínico psiquiátrico. Destacam-se, aqui, os efeitos neurotóxicos de diferentes metais pesados e de uma vasta gama de substâncias que, especialmente por inalação, podem levar a danos do sistema nervoso central.

Temperaturas elevadas no ambiente de trabalho ocasionam fadiga e limitam a capacidade de concentrar a atenção — o que pode contribuir para acidentes de trabalho, especialmente se as pausas de descanso não forem adequadas. Existem também diferentes estudos sobre a contribuição da exposição a ruído para quadros de ansiedade e irritabilidade que favorecem acidentes de trabalho. A trepidação continuada, do mesmo modo, é potencialmente desgastante — tanto para o corpo como para a esfera mental (Mendes, 2013).

A concomitância de múltiplos componentes ambientais nocivos ao organismo humano tem sido verificada ao analisar as repercussões das condições de trabalho na área psíquica. Os danos mentais podem ser *produzidos* ou *agravados* por ações ou pelas interações dos fatores ambientais tradicionalmente estudados como fatores de risco de natureza física, química ou biológica que são prejudiciais ao organismo, e, até os anos 1950, praticamente não eram considerados quanto à nocividade para a saúde mental.

Convém notar que *nem sempre existe um local fixo de trabalho*. Pois devem ser lembradas as atividades dos que se deslocam permanentemente, seja na área de transportes — terrestre, marítimo e aéreo, seja em outras atividades em que o trabalho se faz externamente — muitas delas da esfera pública — como o dos bombeiros; o dos carteiros; o dos oficiais de justiça; o de todos os que atuam em serviços de limpeza urbana e na manutenção de serviços públicos de telefonia; abastecimento de água; gás; eletricidade; entre outros. Assim como no policiamento; no controle de trânsito (os "amarelinhos") e outros mais. Em várias dessas atividades, os trabalhadores estão expostos simultaneamente à violência urbana — assaltos e acidentes de trânsito, além daquela que pode advir das agressões do meio ambiente, como a poluição, as temperaturas extremas, as intempéries e suas consequências — raios, alagamentos, quedas de árvores. A exposição a assaltos tem merecido especial preocupação no caso dos motoristas e cobradores de ônibus, mas também carteiros e outros agentes públicos têm se tornado vítimas em crescente frequência. Os motociclistas — incluindo os motoboys que trabalham em entregas — apresentam elevada incidência de acidentes fatais ou causadores de invalidez. Os traumas físicos e psíquicos ocasionados por essas ocorrências violentas no trabalho em transportes terrestres têm originado agravos mentais estudados em vários países e também no Brasil (Jardim, 1994; Seligmann-Silva, Delía e Sato, 1986; Moraes, 2008; Oliveira, 2003; Pinto, 2002).

Por outro lado, ocorrem interações de condições do ambiente com aspectos da organização do trabalho que levam a danos psíquicos ou agravam aqueles danos diretamente gerados pela exposição a fatores como ruído ou substâncias neurotóxicas. Os aspectos organizacionais (confinamento; duração e qualidade das pausas; duração da exposição; intensidade dos ritmos; entre outros) influem na magnitude e na gravidade assumida pelos danos provocados à saúde mental por esses fatores. Glina (2001) constatou diferenças importantes entre essas repercussões ao comparar dois contextos organizacionais em que havia exposição ao mercúrio, num estudo efetivado em São Paulo.

(b) Organização do trabalho (OT) e gerenciamento: para o entendimento das relações entre OT e SMRT podem ser destacados: *a estruturação hierárquica, a organização temporal do trabalho, o controle, a avaliação, a divisão e o conteúdo das atividades, as relações interpessoais e intergrupais*, além de tudo o que diz respeito à qualidade da *comunicação* e seus fluxos na organização. Tais aspectos não estão dissociados. Na prática estão sempre interarticulados e necessitam ser apreciados como um todo inserido em determinado contexto social e histórico.

Na interface atuam *mediações* de ordem política e gerencial, decorrentes de ideários (ideologias políticas) e linhas de pensamento (teorias) administrativas, atualmente majoritariamente próximas das diretrizes neoliberais. A retórica adotada pelo discurso empresarial é veiculada em diferentes espaços e insufla injunções que pressionam valores e sentimentos. A manipulação dos sentimentos constitui uma prática que assume grande poder na fabricação de falsos consensos, alienação e uma *submissão forçada* que alguns confundem com *servidão voluntária*.

As principais fontes de desgaste mental laboral são, portanto, aquelas representadas por formas de administrar e organizar o trabalho. Essas embutiram tecnologias gerenciais e, ao mesmo tempo, sistemas sofisticados de vigilância, informatização e automação que tornam o controle extremamente poderoso, intenso e continuado. Tais práticas administrativas, na atualidade, cada vez mais têm por objetivo estabelecer *controle total* — dos processos, das atividades e, notadamente, dos homens e mulheres que as executam (Monroy, 2000). Gestos, ritmos, comunicações transmitidas por voz ou computador — tudo passou a estar sob vigilância permanente. Para esse controle contribuem, especialmente, novas tecnologias de vigilância, comunicação e automação, entre outras (microeletrônicas e de outros tipos). Associadas, elas intensificam radicalmente a produção do *consumo humano*. Consideram-se aí formas de dominação em que o gerenciamento adquire papel relevante na produção do desgaste dos que trabalham. Primeiro, ao desrespeitar as características fisiológicas da condição humana — que variam segundo contextos de vida e trabalho. Em segundo lugar, por menosprezar características históricas e culturais — modos de ser e pensar —, ferindo *valores* profundamente significativos.

Um considerável acúmulo de conhecimentos sobre a nocividade dos aspectos acima descritos criou consenso na comunidade internacional dos pesquisadores que se dedicam ao tema de forma contextualizadora e adotam uma perspectiva interdisciplinar. Entretanto, a distância entre o conhecimento existente e sua aplicação persiste e o que se tornou consenso, internacionalmente, entre pesquisadores do tema SMRT ainda está longe de alcançar as políticas e as práticas de gestão da maioria das empresas, inclusive no Brasil e, notadamente, na precarização que marca a atualidade.[18]

Uma corrente vinculada à linha teórica do estresse se ampliou na área da psicologia organizacional e se tornou dominante nas áreas empresariais de Recursos Humanos ou Divisões de Pessoal — entre outras denominações desses setores voltados "à gestão de pessoas". Os filiados a essa corrente consideram a existência de um conjunto de *fatores psicossociais* como sendo os *estressores* que representam as *fontes* do estresse laboral. Em consonância a essa concepção, são realizadas avaliações dos empregados e tentativas de redução dos efeitos nocivos desses fatores[19], que visam, mais frequentemente, a obter redução de danos a partir de consecução de *melhor adaptação* dos assalariados à organização do trabalho instituída na empresa — e só muito raramente, alterando a organização temporal e, praticamente jamais, os *dispositivos de controle* anteriormente implantados pela direção.

Visão crítica — A crítica às concepções e práticas ao entendimento acima exposto foi assumida por diferentes estudiosos do assunto. Destacamos as objeções colocadas por um pesquisador cujas obras vêm merecendo crescente atenção na França e também no Brasil: Yves Clot. Esse autor desenvolveu a Clínica

---

(18) Impossível mencionar todos os que têm constatado isso, mas lembramos alguns autores e obras que abordam o assunto, dentre os quais destacam-se vários brasileiros que consideram a interface meio ambiente/trabalho/saúde mental: (Thébaud-Mony, 2007); (Appay e Thébaud-Mony,1997); (Clot, 2010a e 2010b); (Druck e Franco, 2007); (Rego, 2011); (Mendes, 2013); (Glina e Rocha, 2010); (Sant'ana, Carmo e Lourenço, 2011); (Figueiredo, 2012); (Pignati e Machado, 2001); (Pires, Caldas e Recnem, 2005); (Rigotto, 2001, 2008); (Lourenço, Navarro, Bertani, Silva e Sant'ana, 2010).

(19) As avaliações utilizam instrumentos — questionários e escalas, entre outros — e técnicas para avaliação de estresse, realizada geralmente de forma individual junto a cada empregado. Na mesma perspectiva, esses profissionais se voltam a realizar prevenção tendo por alvo a redução dos efeitos nocivos desses *fatores psicossociais de risco* — o que é buscado por diferentes meios.

da Atividade — uma nova vertente nos estudos e abordagens práticas voltados a transformar participativamente o trabalho adoecedor em trabalho saudável. Ele denuncia a falácia das teorizações centradas na descrição de fatores psicossociais equalizados a "fatores de risco" que necessariamente configurariam exposição dos assalariados a estresse, sofrimento ou adoecimento mental. Argumenta que tal concepção pressupõe a passividade dos trabalhadores na exposição submissa a tais fatores — o que não corresponderia à realidade. Pois os trabalhadores reagem e agem em face desses fatores, ao mesmo tempo em que *inventam, criam* formas de *lidar* com os mesmos nas situações concretas do trabalho real. Essa realidade, segundo Clot, é totalmente desconsiderada pelos especialistas filiados à linha teórica dos riscos psicossociais — que muitas vezes são *experts* do mercado de consultorias empresariais. Clot, em conjunção a essa crítica, aponta resistências a favor da saúde que brotam da preservação do poder de pensar e agir dos trabalhadores diante da nocividade de condições do ambiente e da organização do trabalho. Esse poder aciona mobilizações solidárias e criativas rumo a transformações da organização do trabalho que sejam favorecedoras da saúde (Clot, 2010a e 2010b). A visão crítica de Yves Clot se fundamenta em um sólido embasamento filosófico e integra conceitos de uma linha avançada da Ergonomia.

Cabe aqui um esclarecimento. A *Ergonomia* é a disciplina que tem por objetivo a adequação do trabalho ao ser humano, nas mais diferentes situações. Nesse sentido, pode-se afirmar que propõe a inversão da lógica taylorista predominante de adequar as pessoas ao trabalho. Para Wisner (1994) seria importante apreendê-la em uma perspectiva que ele denominou de antropotecnológica, estando em consonância com os contextos geográficos, sociais e culturais. No caso da *ergonomia da atividade*, dentre suas principais contribuições, merece destaque aquela em que se evidencia a irredutível defasagem entre trabalho prescrito (vinculado ao registro das regras, procedimentos e objetivos fixados pela organização) e trabalho real (associado àquilo que é efetivamente realizado, já que no curso da atividade cabe aos trabalhadores fazer regulações, ajustes, desvios em relação às prescrições, mesmo que ínfimos, como no caso de tarefas extremamente repetitivas)[20]. Inadequações de ordem ergonômica também geram mal-estar, fadiga, desgaste e sofrimento mental. A ergonomia tem sido extremamente valiosa para fornecer subsídios ao desenvolvimento dos conhecimentos no campo da SMRT.

Servidão ou submissão aparente e resiliente? Autores que estudam os fenômenos psíquicos e comportamentos dos assalariados na atualidade têm identificado o surgimento e expansão da *servidão voluntária* dos trabalhadores no bojo da reestruturação produtiva e de práticas de gestão que criaram a sujeição e anularam o desejo de autonomia dos assalariados. Com a servidão voluntária, o neoliberalismo teria alcançado o objetivo de controle total do capital sobre o trabalho. Na discussão dessa concepção, vale lembrar que os sistemas organizacionais, assim como as pessoas, apresentam *resistências* importantes para preservar suas identidades (Morgan, 1996). Diante das ameaças à sobrevivência, entretanto, ambos podem (ou não) ceder às pressões deformadoras ou mesmo violentadoras — tendendo (ou não) a encaminhar-se, para a degradação — organizacional ou individual, deixando assim ruir os valores que constituíam alicerces do sentido de suas existências. Mas existe um interessante e importante fenômeno: a *resiliência*, no qual organização ou pessoas cedem em aspectos visíveis, mantendo, entretanto *preservados, em seu íntimo, seus valores básicos.*

A QUESTÃO DA LIBERDADE — Na primeira metade do século XX, à sombra da grande depressão econômica, Adam Heinrich Muller havia escrito: "Escravidão financeira, o tipo de escravidão reinante no momento, é o pior tipo porque está associada a sentimentos mentirosos de suposta liberdade"[21].

Atualmente, a perda da liberdade sobressai por sua importância quando se retiram os disfarces discursivos e midiáticos que exaltam as *empresas ágeis e enxutas onde reina a excelência.* Doray (1981) em seu estudo crítico sobre o taylorismo, já havia identificado a expropriação da subjetividade.

---

(20) Convém deixar claro que existe plena convergência entre a Ergonomia da Atividade e o que se denomina por Ergonomia Situada. **Essa última analisa as atividades integradamente aos diferentes aspectos da *situação de trabalho* e às interações existentes entre esses aspectos.**
(21) MULLER, Adam Heinrich. *apud* Márcio Seligmann-Silva, 2013.

Nas entrevistas aprofundadas das pesquisas voltadas à saúde mental dos trabalhadores, a escuta dos autores deste capítulo captou invariavelmente esse aspecto.[22] A perda de liberdade, mesmo se não percebida conscientemente, faz conjunção com a experiência de *ataques à dignidade* que suscitam sofrimento psíquico e desgaste. Essa conjunção originou contundentes *agravos de ordem ética*. Para muitos, o que é mencionado nas entrevistas é a vivência de uma transformação, uma espécie de perda de si mesmo: "não sou mais o mesmo"; "nem sei onde está a pessoa que eu era e tudo o que eu achava que podia fazer". A ameaça de uma perda de si mesmo parece pairar. A percepção de perda de liberdade é um aspecto que se desenvolve cada vez mais nas situações de trabalho. Os bloqueios impostos à liberdade, ao impedirem o acionamento dos próprios desejos, capacidades e potenciais — em geral constituem um denominador comum presente em todas as formas de desgaste mental que culminam em transtorno psíquico. É quando surge a percepção de impedimentos ao *uso de si*, na expressão cunhada por Schwartz (Schwartz e Durive, 2010). Em suma, o indivíduo sente que deixa de ser dono de si mesmo. As possibilidades de enfrentamento de tais bloqueios costumam ser decisivas para que a progressão do desgaste conduza ou não a um transtorno mental ou psicossomático.[23]

Mariane Frankenhauser (1981) pesquisou experimentalmente e descreveu o estado de *entorpecimento* que se estabelece sob um controle exacerbado em situação de trabalho. Na atualidade, a simultaneidade entre a vivência do entorpecimento individual e o apagamento da consciência social é um tema que exige novas reflexões e pesquisas. Pois a expansão massiva da alienação levanta graves preocupações quanto à constituição de terreno fértil para a emergência de novos totalitarismos. Pois na alienação, o embotamento do pensamento crítico se processa associadamente ao da memória histórica — alicerce da consciência social.

A perda da liberdade que apaga o sentido e participa na produção do desgaste — Entre outros ingredientes, pesam consideravelmente na constituição dos processos de desgaste, as barreiras e impedimentos à livre expressão do pensamento, à mobilidade e à própria vida e convívio social fora do trabalho. Contribuem para isso, a partir das injunções temporais impostas pelo trabalho, a compressão e mesmo o sequestro dos tempos de vida própria, convívio familiar e participação social. Dessa forma se estabelece o isolamento dos indivíduos. A fadiga e a necessidade imperiosa de repouso e sono contribuem de modo importante para esse isolamento. Além do envolvimento pelo discurso ideológico, que pressiona identidade, valores e sentimentos. A introjeção do discurso ideológico e das normas empresariais às vezes tem o poder de apagar o sentido que nutria os potenciais criativos da vida mental. Como bem afirmou Yves Schwartz: "Ser determinado completamente pelas normas, pelas imposições de um meio exterior, não é viver, é, ao contrário, algo profundamente patológico. A vida é sempre tentativa de criar-se (...) como centro de um meio e não como algo produzido por um meio" (Schwartz, 2010: 190).

A ideologia que corrói a liberdade e agride a Natureza — As políticas empresariais norteadas pela ideologia neoliberal formulam diretrizes centradas no objetivo dos ganhos de competitividade e maximização de lucro a curto prazo. As instâncias normativas do Estado que teriam a função de controle e regulação das práticas referentes ao trabalho e ao meio ambiente foram também penetradas pela mesma ideologia (Santos, 2000). Tanto os limites humanos quanto os ambientais estão excluídos, portanto, dos horizontes das políticas de empresa em que os "*recursos humanos*" de fato são vistos como meros *recursos* instrumentais. Para os dirigentes e grande parte dos executivos, as duas esferas — a da dimensão biopsicossocial dos trabalhadores e a dos limites da Natureza — representam meros *custos* impostos por dispositivos legais cujo *cumprimento* se resume, frequentemente, a um mínimo e à manutenção de aparências que assegurem escapar de sanções das autoridades. Darão ênfase à desregulamentação/flexibilização das relações sociais de

---

(22) SELIGMANN-Silva, 1994; 2001 e 2013; Figueiredo, 2012; Figueiredo e Alvarez, 2011; Franco, 1997; Druck e Franco, 2007.
(23) "A questão da liberdade humana não pode ser dissociada das trajetórias do desejo. Pois existe necessidade de liberdade para buscar tanto a realização de si quanto a sublimação — na qual o trabalho é historicamente o meio por excelência, ou melhor, o mediador que abre a possibilidade da sublimação. Assim, na medida em que a dominação se infiltra na subjetividade, as distorções se processam. Hochschild — desde seu livro *The managed heart*! (*O coração gerenciado*, em tradução literal) denominou isto como expropriação dos sentimentos e seria possível, também, falar de expropriação do desejo (Hochschild, 1983)" (Seligmann-Silva, 2012. p. 92).

trabalho e irão *acirrar a competição* entre equipes e pessoas, *flexibilizando* jornadas, atribuições e salários. Laços de confiança e reciprocidade serão assim esgarçados ou rompidos. Essas e outras mediações definirão níveis diferentes de autonomia e respeito aos indivíduos, tecendo formas de gestão e de sociabilidade cuja importância será decisiva para a saúde mental e para a própria segurança dos ambientes de trabalho.

O *espaço de autonomia* apresenta conotação *positiva* para a saúde, conforme o consenso que pode ser claramente identificado ao rever a literatura sobre o assunto. Em correspondência a isso, *a perda da liberdade* exerce efeito contrário (Clot, 2010a; 2010b; Davezies, 1997; Seligmann-Silva, 1994; 2011).

8 OS DANOS

A fadiga e os itinerários do desgaste. Os transtornos mentais relacionados ao trabalho

Fadiga — no desgaste, nos processos geradores do adoecimento (psicopatogenia) e como parte integrante de transtornos mentais relacionados ao trabalho. Fadiga existencial.

A fadiga pode ser predominantemente física ou mental — mas o cansaço físico e o mental são inseparáveis. A fadiga é inerente a atividades que exigem esforços intensos e/ou continuados e não provoca agravo à saúde quando existem tempos suficientes de repouso, sono e vida social extratrabalho. Por outro lado, quando faltam o sono necessário, o tempo de descanso e o tempo de viver a própria vida, a fadiga pode se tornar extremamente desgastante e nociva à saúde dos trabalhadores.

A intensificação dos ritmos de trabalho resultou do fato de a *rapidez* ser um dos paradigmas adotados pelo produtivismo neoliberal. Portanto, foi injetado na reestruturação produtiva como uma das chaves para obtenção de ganhos de competitividade e lucratividade (Seligmann-Silva, 2001).

A fadiga desfavorece a saúde, principalmente, quando se apresenta:

a) Como *sintoma* que perturba de modo intermitente a vida cotidiana — no trabalho e fora dele — sem configurar um quadro clínico.
b) Como *mediação* no processo de produção do desgaste e dos agravos mentais.
c) Como forma de mal-estar que passa a fazer parte do existir (*fadiga existencial*).
d) Como componente no processo causal de acidentes de trabalho.

Vejamos como isso pode acontecer:

a) Fadiga como *sintoma dominante*. Papel relevante na sintomatologia e mesmo manifestação central em alguns transtornos mentais relacionados ao trabalho, conforme mencionaremos adiante.
b) Fadiga que participa na *produção* do desgaste mental e de alguns transtornos mentais relacionados ao trabalho gerados a partir das pressões e da violência organizacional. Em outras palavras: a fadiga se torna na *mediação* encontrada em processos de desgaste que muitas vezes culminam em transtornos mentais.
c) Fadiga *existencial*. Uma dinâmica complexa e bastante marcante explica as perdas vivenciadas na vigência da fadiga, por força das imposições e exigências de *excelência* e produtividade. Nessas circunstâncias, tais injunções contribuem para a vivência de desânimo ou mesmo sensação de impotência e fracasso. Assim a fadiga se torna *existencial*, impede o prazer e ao mesmo tempo obscurece o sentido da própria existência — facilitando a passagem para uma depressão evidente ou *mascarada* por alterações de conduta ou manifestações de ordem psicossomática. É esse tipo de fadiga que, após manter um sofrimento sufocado por muito tempo, pode culminar em um momento de esgotamento (*burnout*) que eclode por ocasião de uma nova imposição ou injustiça que se torne a "gota d'água" que faz transbordar o copo.
d) A fadiga que precipita a ocorrência de acidentes ou é mediação no processo causal dos mesmos (acidentes típicos e acidentes de trajeto).

Fadiga Patológica. Faz parte da *Lista brasileira de transtornos mentais relacionados ao trabalho* e na CID-10 consta como *Síndrome da Fadiga Crônica (Fadiga Patológica, Fadiga Industrial)* — *(f. 48.0)*

A *fadiga acumulada* caracteriza esse quadro clínico. Jornadas prolongadas, ritmos intensos e/ou o regime de trabalho em turnos alternados contribui de modo importante para a produção desse transtorno. No Brasil, foi constatada a importância da simultaneidade de diferentes condições nocivas do ambiente físico e químico do trabalho na gênese desse tipo de agravo mental, em trabalhadores siderúrgicos e de outras indústrias de base (Seligmann-Silva, 1980, 1983, 1994). Às vezes, ocorre comorbidade[24], pela associação de quadros depressivos. Outras vezes, quando o trabalho se realiza em turnos alternados ou é trabalho noturno fixo, pode ser notada superposição entre esse quadro clínico e outro, o denominado *Transtorno do ciclo vigília-sono devido a fatores não orgânicos (f 51.2)* na CID-10, em que a fadiga e os distúrbios do sono dominam o quadro clínico, geralmente em concomitância a forte irritabilidade — que em geral é descrita pelos trabalhadores como "nervoso" ou "ficar sem paciência"; "estourar por uma coisinha à tôa" ou "ficar de pavio curto". Esse transtorno também faz parte da Lista brasileira definida pela portaria MS 1.339/1999. (BRASIL, 2001) Nos casos analisados em estudo brasileiro do início dos anos 80, foi nítida a contribuição das condições desfavoráveis do meio ambiente de trabalho para a eclosão da sintomatologia. (Seligmann Silva, 1980, 1983, 1994)

9 A PRECARIZAÇÃO ÉTICA

A dissolução da confiança e a escalada da desconfiança na sociedade e nos ambientes de trabalho

A *degradação da ética* fez parte da exacerbação da *competição generalizada*, e ambas formaram o solo onde brotou, qual erva daninha, uma desconfiança que se alastrou corroendo os vínculos humanos em toda parte — e também em todos os níveis das estruturas do mundo do trabalho.

No plano individual, a *desconfiança* ofende a dignidade e geralmente *humilha*. Por exemplo, ao *presumir*, a princípio e sem qualquer fundamento objetivo, desonestidade ou falsidade por parte do trabalhador. A dor psíquica da humilhação possui muitos desdobramentos no *metabolismo* dos sentimentos e das interações humanas (Barreto, 2000). No plano da administração, a desconfiança incrementa formas de controle que também podem assumir características humilhantes — de várias maneiras, como ao registrarem conversas particulares ou imagens de aspectos íntimos, por exemplo, por meio de câmaras de vídeo instaladas em banheiros.

Mas o sofrimento mental, assim como outros tipos de ataque à saúde, pode ainda derivar de muitas formas de desvio ético que passam pela desconfiança sistemática. Um exemplo, infelizmente comum, é o representado pela desconfiança em relação às queixas de quem refere dores e outras manifestações de lesões por esforços repetitivos (LER/DORT), em que a *ofensa à dignidade* se faz por meio do menosprezo com que muitas vezes se *desqualifica* essas queixas (Borges, 1999).

10 VIOLÊNCIA SOCIAL E VIOLÊNCIA PSICOLÓGICA NOS AMBIENTES DE TRABALHO

O assédio moral e o assédio organizacional

No Brasil têm sido descritas diferentes formas de violência psicológica: o assédio tem sido a forma mais constatada, mas também são assinaladas a difamação, a humilhação, a denúncia caluniosa, a demissão

---

[24] Comorbidade: associação de dois ou mais quadros clínicos em uma mesma pessoa.

forçada e a despedida injuriosa — que em alguns casos podem também configurar assédio. É o que esclarecem Freitas, Heloani e Barreto (2008), afirmando que o *dano psíquico* se faz presente em muitos desses casos. Os mesmos autores enfatizam que *qualquer violência psicológica que ocasione dano psíquico constitui dano moral, mesmo que não configure assédio.* Por outro lado, deve ficar claro que, mesmo que o assédio não determine um quadro clínico de distúrbio mental, constitui, em geral, uma razão de desgaste e sofrimento mental. Dentre os distúrbios que acarreta, o mais frequente é o esgotamento profissional (*burnout*), que, em geral é acompanhado por quadros de depressão ou de ansiedade. Outras vezes, entretanto, a síndrome de *burnout* não chega a se estabelecer e, na continuidade do assédio, ocorre a instalação progressiva de quadros depressivos.

Tanto as manifestações de ansiedade quanto as depressivas, ao prejudicar inevitavelmente o desempenho, servirão para acirrar as demonstrações de menosprezo. Os sintomas que expressam o desgaste e o sofrimento — insônia, cansaço, irritabilidade, dores de cabeça, palpitações, diarreias nervosas e outras alterações do tipo psicossomático — são as contidas nas queixas que os empregados levam com mais frequência aos profissionais de saúde, muitas vezes sem expor a situação vivenciada no trabalho.

Assédio moral apenas se configura quando a dignidade de alguém é atacada de modo repetitivo, sistemático e deliberado com objetivo de desestabilizar emocionalmente e/ou desqualificar/desmoralizar essa pessoa, muitas vezes objetivando isolar e mesmo excluir definitivamente o/a assalariado/a do seu cargo, função ou emprego.

Assédio organizacional — A necessidade de contextualização tornou-se imperativa para analisar casos de assédio, assim como para as demais situações de violência. O grave equívoco de generalizar a concepção de que em todo assédio deve ser buscada uma pessoa responsável pelo mesmo — que costuma ser, na maior parte das vezes um gerente, um supervisor ou outro superior hierárquico — *esconde* a responsabilidade da empresa, de seus dirigentes e da política de pessoal que definiram para a organização. Araújo (2012) comprovou, em amplo estudo, que uma imensa maioria dos casos de assédio, no Brasil, possui caráter coletivo e não individual e é configurada a partir da estratégia organizacional adotada para obter a submissão às imposições de maximização da produtividade. Trata-se do que já havia sido identificado como *assédio organizacional* na Europa (Pezé, 2002) e no Brasil por Sobol (2008). Cabe, portanto, atenção para que esse tipo de assédio seja reconhecido e não erroneamente reduzido a uma situação de perversidade pontual e individual, geralmente atribuída a um gerente — agente visível da perseguição.

A questão fica bem objetivada na seguinte observação de Maranhão (2011:275) "quando uma empresa permite, tácita ou expressamente, que um sórdido *ambiente de assédio* se instale em suas dependências, a estruturação jurídica daí advinda deixa de cumprir sua finalidade social, desborda das balizas éticossociais que lhe foram constitucionalmente impostas, seja por ofensa direta à dignidade de um ou de alguns trabalhadores específicos — vítimas do assédio —, seja por ofensa indireta à própria sociedade — que, ali, naquele "microcosmos" faticossocial, vê frustrado o intento constitucional de garantir o bem de todos".

Os transtornos mentais decorrentes da violência psicológica

A violência psicológica também pode estar associada à de ordem física — como em casos de agressões físicas em assaltos sofridos no trabalho. A violência nas situações de trabalho tem sido identificada por meio de numerosos estudos e principalmente de pesquisas qualitativas. Nos desdobramentos da violência laboral é possível identificar diferentes quadros clínicos. Em estudo anterior[25], estes foram analisados em suas relações com o trabalho e assim categorizados:

- Depressões de diferentes categorias incluídas na Classificação Internacional de Doenças (CID-10)
- Transtornos de estresse pós-traumático (TEPT)

---

(25) Categorização apresentada em Seligmann-Silva (2011).

- *Paranoia situacional*[26]
- Esgotamento profissional *(burnout)*
- Dependência de bebidas alcoólicas ou drogas, relacionada ao trabalho.

Mais raramente, principalmente no agravamento do TEPT e da *paranoia situacional*, podem ocorrer quadros de psicose (Seligmann-Silva, 2011 e 2013).

A seguir, nos deteremos em aspectos do Transtorno de estresse pós-traumático, o distúrbio mais estudado em correlação às violências humanas, grandes acidentes e catástrofes ambientais.

Quadros pós-traumáticos: o Transtorno de estresse pós-traumático

A Classificação Internacional de Doenças (CID-10) define da seguinte maneira o transtorno do estresse pós-traumático:

> O *Transtorno de Estresse Pós-traumático* caracteriza-se como uma resposta tardia e/ou protraída e geralmente prolongada, a um evento ou situação estressante (de curta ou longa duração) de natureza excepcionalmente ameaçadora ou catastrófica, a qual reconhecidamente causaria extrema angústia em qualquer pessoa, como por exemplo os desastres naturais ou produzidos pelo homem, acidentes graves, testemunhar a morte violenta de outra(s) pessoa(s), ser vítima de tortura, estupro, terrorismo ou outro crime. A pessoa experimentou, testemunhou ou foi confrontada com um evento ou eventos que implicaram morte ou ameaça de morte ou de lesão grave, ou ameaça da integridade física do paciente ou de outros (OMS, 1992).

O transtorno de estresse pós-traumático (TEPT) faz parte do grupo F43, que reúne as *Reações ao estresse severo e distúrbios da adaptação*, da Classificação **Internacional** de Doenças (CID-10).[27] Procuramos apresentar, a seguir, os critérios necessários ao diagnóstico e alguns desafios que se colocam, na prática, diante dos caminhos e dos impasses vividos por esses trabalhadores no interior do Sistema de Seguridade Social, nas instâncias do sistema judiciário e perante as políticas de pessoal das empresas. Algumas categorias profissionais estão mais expostas a eventos traumáticos: bombeiros; policiais; trabalhadores da mineração e de outras áreas sujeitas a grandes acidentes, como desmoronamentos e quedas de grandes estruturas. O atual aumento da violência urbana leva diferentes tipos de trabalhadores a ficar especialmente expostos a assaltos nas cidades, como é o caso de vigilantes; carteiros; motoristas e cobradores de ônibus, taxistas e todos os que conduzem ou trabalham no transporte de valores.

Para estabelecer o diagnóstico de TEPT é imprescindível que tenha ocorrido um evento traumático, no qual a pessoa tenha sentido medo intenso e vivenciado impotência e desamparo — seja ante a ameaça à própria vida, seja perante fatos de violência ou acidente testemunhados.[28] Um período de latência entre o evento e o surgimento da sintomatologia é descrito nos numerosos estudos existentes, havendo grande variação na duração desse período: desde o mínimo de um mês até vários meses ou mesmo, em casos mais raros, de anos, até que três grupos de sintomas se manifestem.

1. Manifestações de rememoração e revivescência involuntárias do episódio traumático. Existem lembranças intrusivas do evento, que se impõem à mente e causam grande ansiedade.

---

(26) A "paranoia situacional" foi descrita por Marie Pezé (2008) que a apresentou como quadro com sintomatologia similar à paranoia, mas caracterizada por eclodir em empregados que desenvolveram ideias de perseguição em situações de trabalho nos quais as formas de gerenciamento haviam assumido, de modo continuado, aspectos efetivamente ameaçadores e persecutórios.

(27) O TEPT corresponde ao código 43.1 e integra a lista de 12 distúrbios psíquicos reconhecidos como relacionados ao trabalho pela Portaria do Ministério da Saúde 1.339 de 1999. Os *agentes etiológicos ou fatores de risco de natureza ocupacional* considerados oficialmente para este código são: *Outras dificuldades físicas e mentais relacionadas ao trabalho; reação após acidentes grave ou catastrófico; ou após assalto no trabalho Z-56.6 . Circunstância relativa às condições de trabalho* — Y-96 (Ministério da Saúde, 2001).

(28) Freud observou também a vivência de experiências traumáticas sucessivas no processo causal desse tipo de transtorno mental, nos casos de neurose de guerra — após militares terem vivido o horror em uma sequência de batalhas e outros embates violentos. A mesma explicação cabe aos casos em que o TEPT se manifesta depois de uma sucessão de ataques à dignidade, na trajetória de situações de assédio (Glina, 2010).

Surgem também ***manifestações de revivescência*** — em que o indivíduo *revive mentalmente* as cenas traumáticas, seja em sensações, seja por meio de pesadelos ou em visões das cenas do evento traumático (*flash-backs*) — que são percebidos "como se fossem filmes onde tudo acontece novamente" (Tudo, no caso, é a cena do acidente, catástrofe ou agressão sofrida).

2. Comportamento de evitação: consiste no seguinte: a pessoa se sente compelida a fugir, evitar contato ou aproximação de tudo o que possa lembrar o episódio traumático, pois a evocação é extremamente penosa e desperta medo intenso e a dolorosa revivescência do episódio traumático. Assim, na *evitação*, o indivíduo busca escapar, a todo custo, de qualquer contacto com ambiente, pessoa ou aspecto relacionado ao evento — pois sua sensação é de que o fato "vai acontecer de novo". Por exemplo, o caso de um trabalhador que testemunhou um acidente fatal, ao se aproximar do local onde ocorreu o trauma (acidente, agressão ou outro), o medo intenso inibe seus passos, ao mesmo tempo em que sobrevém profundo mal-estar psicológico e físico — decorrente da lembrança traumática que o atinge e como que o fulmina, desencadeando às vezes fortes reações como tremores, suores profusos, e/ou outros sintomas — náuseas, taquicardia (batimentos cardíacos acelerados), cólicas abdominais ou impressão de desmaio iminente. Muitas vezes existe forte inibição para falar do evento, o que pode retardar o diagnóstico médico ou psicológico e mesmo prejudicar uma perícia correta — já que o trabalhador fala dos sintomas mas não relata ao profissional de saúde o fato traumático ocorrido anteriormente. Por isso mesmo, se tornam essenciais para esse diagnóstico o tempo de consulta suficiente e a possibilidade de que se estabeleça um grau de confiança que permita o relato. O mesmo desafio se coloca ao perito previdenciário ou de outra instituição.

3. Hipervigilância: um estado de tensão no qual a pessoa fica em alerta permanente, sempre *em guarda* contra um ataque ou calamidade súbita. O trabalhador tem perturbações do sono, se sobressalta com facilidade e também se irrita amiúde — o que leva frequentemente a conflitos e até suscita demissões que, na ausência de reconhecimento da patologia, se dão "por justa causa".

No plano dos sentimentos a perturbação costuma ser profunda: a autoacusação é frequente e vem com sentimento de culpa principalmente quando outras vítimas não sobreviveram à violência do acidente, ataque criminoso ou catástrofe da natureza.

Na situação de empregados que se tornaram alvo de assédio, os traumas de ofensas e humilhações repetidas podem gerar quadro de TEPT e, nesses casos, às vezes o assalariado acusa a si mesmo por não ter conseguido evitar ser desprestigiado e ter chegado a uma situação de ser desrespeitado a tal ponto. Nessas situações, e em outras nas quais a autoestima fica profundamente abalada, podem surgir manifestações de grande desânimo e outras características depressivas. Nos casos de maior gravidade, a ideação suicida aparece e tentativas de autoeliminação não são raras (Floen e Elkit, 2007).

Repercussões mentais dos acidentes de trabalho: o dano orgânico e o dano psíquico convivem, em geral, naqueles que sofreram acidentes de trabalho, especialmente nos casos graves que resultaram em mutilação ou em limitação funcional considerável. O TCE (traumatismo crâneo-encefálico) pode acarretar dano cerebral do qual resulte, por exemplo, um déficit cognitivo importante e/ou alterações psicoafetivas, destacando-se os vários transtornos mentais pós-traumáticos, dos quais o mais preocupante é o TEPT, pela gravidade e dificuldade de tratamento. A reação aguda ao estresse é o transtorno mais frequente no período imediato após o trauma e tem em geral curta duração — alguns dias ou poucas semanas. A experiência traumática do acidente, em muitos casos, é seguida pelo desenvolvimento de depressões, que podem acometer inclusive familiares próximos das vítimas (Moulin e Minayo-Gomez, 2008).[29] Na experiência clínica, são constatados casos em que as dificuldades encontradas para reconhecimento do nexo causal e obtenção dos

---

(29) Movidos pelo desespero, na ânsia de encontrar alívio ao sofrimento representado pelo medo e pelas constantes revivências dos fatos traumáticos, muitos portadores de TEPT buscam as bebidas alcoólicas e, às vezes, drogas ilegais. Dessa forma, não raro, na evolução deste distúrbio, acontece o desenvolvimento de dependências, que também podem ocorrer em relação ao uso mal orientado de tranquilizantes, soníferos e antidepressivos.

correspondentes benefícios previdenciários contribuíram fortemente para a produção do quadro depressivo. Foi observado que as barreiras à reabilitação profissional e à volta ao mercado de trabalho levaram alguns à mesma decorrência (Seligmann-Silva, 2011; Pezé, 2002).

11 O TRAUMA SECUNDÁRIO DE QUEM RESGATA E CUIDA: TEPT SECUNDÁRIO

O *transtorno de estresse pós-traumático secundário* diz respeito ao aparecimento do quadro de TEPT em profissionais ou pessoas que sofreram o impacto emocional traumático a partir do contato com as vítimas de violência resultante de catástrofes naturais, acidentes ou violência humana (Yoder, 2006), seja por ocasião das situações de emergência (nas ações de resgate, por ex.), seja no acompanhamento e prestação de cuidados posterior à catástrofe, acidente ou agressão.

Assistentes sociais, enfermeiras, bombeiros, outros agentes do serviço público e também voluntários da população civil que permanecem longo período nos locais das tragédias (terremotos, enchentes, desabamentos de prédios, quedas de barreiras e outras) necessitam proteção especial, pois estão sujeitos ao denominado *trauma secundário* — que se apresenta muitas vezes com as características clínicas do TEPT (Yoder, 2006; Stam, 1999). A recomendação de apoio e supervisão é medida preventiva que se impõe para evitar a eclosão dos traumas secundários. Ao mesmo tempo, horários que permitam períodos de descanso e sono se tornam essenciais nessa prevenção (Yoder, 2006).

No âmbito jurídico existem estudos mostrando a ocorrência de trauma secundário em advogadas que defendem os direitos de mulheres vítimas de violência doméstica (Slattery, 2010). Da mesma forma, existem constatações de que outros profissionais de saúde — inclusive psicoterapeutas — que realizam atendimento de pessoas vítimas de violência podem apresentar o quadro clínico do TEPT — o que torna a supervisão psicológica, também aqui, uma medida preventiva altamente recomendável.

Caso ilustrativo da longa duração dos sintomas pós-traumáticos é o do acidente radioativo com Césio-137, ocorrido em Goiânia no ano de 1987. As centenas de vítimas foram todas contaminadas a partir de radiações emitidas por uma única cápsula que continha césio-137. Foram efetuadas pesquisas para avaliar a duração dos impactos pós-traumáticos, com os seguintes resultados: após três anos do acidente, a maior parte dos radioacidentados apresentava sequelas psíquicas e avaliava que o acidente não seria jamais superado. Após quinze anos, nova pesquisa verificou, por meio dos depoimentos, a permanência de efeitos da experiência traumática "nas vidas das pessoas radioacidentadas" (Miranda, 1993; Miranda e cols., 2009)[30].

12 UM OLHAR PARA A SAÚDE MENTAL NAS CATÁSTROFES: PLANOS EMERGENCIAIS

Questão desafiante é a necessidade de estabelecer planos emergenciais para reduzir os impactos à vida humana em situações de "catástrofes naturais". Inserir a atenção à saúde mental nesses planos é essencial (Vieira Netto e Vieira, 2005; Yoder, 2006). O governo brasileiro anunciou em 2013 a estrutura e as ações previstas em um plano voltado a esses objetivos. Em outros países existem órgãos e estruturas governamentais cuja função específica é a prevenção e tomada de providências em situações emergenciais como catástrofes naturais. Um exemplo é o de Portugal [31] — onde o Plano Nacional de Emergências de Proteção

---

(30) Conclui-se "que os efeitos dos acidentes radioativos na saúde geral podem ser estruturados, apresentando componentes agudos que podem desaparecer com o término do evento, ou crônicos, que tendem a se prolongar mesmo após a sua resolução". No segundo maior acidente radioativo do planeta, "mesmo após quinze anos, a dor do césio-137 não decresce. Para muitos radioacidentados, ao contrário, ela está cada vez mais forte. O tempo não cura" (Miranda e cols., 2005).

(31) Em Portugal, a Autoridade Nacional de Proteção Civil (ANPC) é um serviço central de natureza operacional, da administração direta do Estado, dotado de autonomia administrativa e financeira e patrimônio próprio, na dependência do Ministro da Administração Interna. A ANPC

Civil (PNEPC) prevê as ações de assistência imediata (emergenciais) e uma logística que envolve órgãos nacionais, distritais e locais nas ações de resgate das vítimas, triagem e assistência médica e psicológica. Além do apoio psicológico imediato (emergencial) existe avaliação da indicação de encaminhamento para atenção psicológica continuada, preferencialmente efetivada na estrutura dos serviços municipais — o que constitui importante prevenção quanto ao desenvolvimento de sequelas psíquicas pós-traumáticas. O mesmo Plano emergencial distingue as necessidades de atenção psicológica a três grupos distintos de vítimas: as primárias — diretamente atingidas pelo acidente; as secundárias — que são os familiares das vítimas primárias e, por fim, as vítimas terciárias — que são os agentes operacionais da Proteção Civil e das entidades envolvidas nas operações — todas pessoas expostas, portanto, a traumas secundários (Ministério Interno de Portugal, 2012).

Vale salientar que os voluntários que se envolvem nas ações emergenciais — retirada de escombros, busca de vítimas vivas ou mortas e prestação de ajuda de todo tipo — apresentam muitas vezes agravos psíquicos, com diferentes manifestações pós-traumáticas, na sequência das ações emergenciais (Yoder, 2005). Em muitos desses casos, caracteriza-se transtorno pós-traumático secundário. Foi o que se verificou, no Brasil, tanto após o incêndio da boite *Kiss*, em Santa Maria, como já acontecera antes, em 2011, por ocasião das tempestades e enxurradas que devastaram a região serrana do Rio de Janeiro.

13 A ESFERA SUBJETIVA E AS INTERPRETAÇÕES GERENCIAIS DOS SINTOMAS

O espaço da subjetividade não é, como se afirmou por muito tempo, uma "caixa preta" cujos processos são inacessíveis à análise. Por outro lado, esses processos não são, de fato, nem imediatamente visíveis, como seria uma lesão da pele, nem objetiváveis em sua inteireza por intermédio de quaisquer equipamentos diagnósticos. Eles se expressam de maneiras peculiares e diversificadas, de modo a exigir uma "leitura" bastante especial. Podem, evidentemente, expressar-se pelos sintomas e síndromes classicamente reconhecidos pela Psiquiatria. Esta, em sua prática, pesquisa as alterações das diferentes funções cognitivas e afetivas para fundamentar a construção de diagnósticos. Vale, entretanto, ressaltar que, no cotidiano de trabalho, muitas vezes essa alterações não aparecem como expressões do mal-estar vivenciado por meio de mudanças de humor ou de *comportamento* tipificados nos tratados de Psiquiatria. Pois são reveladas, no ambiente de trabalho, assumindo peculiaridades que correspondem às formas de vivenciar, tentar controlar, suportar, fugir; reagir; negar; buscar refúgio interior ou compensações aparentemente prazerosas (bebidas alcoólicas; drogas); ou outros modos de "blindar" o sofrimento gerado pelas vicissitudes do cotidiano laboral. Muitas vezes o distúrbio só é notado quando cai a produtividade ou ocorrem falhas de desempenho do assalariado, ou, ainda, quando o descontrole emocional leva a conflitos no local de trabalho.

Outro aspecto precisa ser entendido: dentro do senso comum estabelecido, a ideia de "distúrbio mental" é geralmente associada à de uma perda de capacidade laborativa. Mas nem sempre isso acontece durante os desenvolvimentos, por assim dizer, "silenciosos" e "invisíveis" de determinadas patologias. Pois, de modo paradoxal, existem processos mórbidos cuja exterioridade, durante etapas por vezes bastante prolongadas de sua evolução, é de desempenhos rigorosamente corretos e desacompanhados de quaisquer queixas de fadiga ou mal-estar — as denominadas normopatias ou alexitimias como a *depressão essencial* descrita por Pierre Marty, (1968) entre outras apontadas pela revisão da bibliografia sobre o assunto (Seligmann--Silva, 2004; 2011).

Outras vezes, os "quadros psiquiátricos típicos" se instalam gradualmente, podendo eclodir de forma aguda por mudanças organizacionais inesperadas que, de modo abrupto, abalam uma estabilidade emocional já prejudicada pela sucessão de mudanças que, de forma ininterrupta, cria sentimentos de insegurança

---

tem por missão planejar, coordenar e executar a Política de proteção civil, designadamente na prevenção e reação a acidentes graves e catástrofes, de proteção e socorro de populações e de superintendência da atividade dos bombeiros. <http://www.proteccaocivil.pt/Documents/PNEPC_CP_2012.pdf>.

nos que atuam em empresas que vivem ininterrupta "reestruturação inovadora" (Metzeger, 2011). Especialmente quando as mudanças incluem uma diminuição dos efetivos ou conduzem a conflitos interpessoais e "quebras de disciplina", as manifestações comportamentais originadas pelo sofrimento mental e pelo cansaço chegam a ser interpretadas como propositais, destinadas a causar perturbação ao bom andamento do trabalho ou modo de atacar/provocar a chefia imediata.

Os superiores hierárquicos, por desconhecimento ou limitação decorrente da cultura (mentalidade) gerencial dominante, em geral, não conseguem perceber que estão diante de perturbações de saúde derivadas do próprio trabalho. Dessa forma, as alterações de conduta que prejudicam a ordem e o desempenho, frequentemente, são interpretadas a partir de uma *lógica pejorativa* como expressando negligência, indisciplina, irresponsabilidade ou despreparo profissional. Pelo que costuma haver demissão "por justa causa" sem oportunidade para que se estabeleça um diagnóstico médico. O que resulta em aumento do contingente de desempregados ou precarizados condenados — conforme a gravidade de seu estado de saúde — ao desemprego permanente ou às sucessivas alternâncias entre emprego e desemprego (Seligmann-Silva, 2011 e 2012).

A questão do reconhecimento do nexo causal deu margem a extensos debates no Brasil mas a incorporação do critério de Nexo Técnico Epidemiológico (NTEp) pela Previdência Social brasileira, em 2007, passou a dar maior visibilidade à crescente prevalência dos transtornos mentais relacionados com o trabalho e dos direitos a benefícios acidentários (categoria B91) (Maeno, 2011; Paparelli e Maeno, 2013; Franco, Druck e Seligmann-Silva, 2010).

A interface trabalho-família padece de fortes pressões e muitas vezes repercussões negativas se fazem sentir na vida familiar dos trabalhadores, atingindo desde os relacionamentos dos casais até a formação (estudo e cultura) dos filhos. Os tempos de convívio familiar são sacrificados pelas jornadas que invadem o ambiente doméstico; pelo trabalho noturno ou em turnos alternados; pelo cansaço que prejudica o diálogo e o lazer conjunto, entre outros aspectos que têm sido bastante estudados. As condições do meio ambiente externo podem agravar essas repercussões negativas ao limitar os espaços de lazer e a qualidade de vida (Seligmann-Silva, 2011; Guérin, Laville e Daniellou *et al*, 1971 e 1997).

14 ACIDENTES AMPLIADOS E O CASO DA INDÚSTRIA PETROLÍFERA *OFFSHORE*

Os acidentes ampliados ou maiores, já mencionados anteriormente, são eventos cujos impactos podem adquirir grande magnitude, atingindo, por vezes, além dos trabalhadores mais diretamente envolvidos no processo, os funcionários administrativos e até mesmo a população habitante das regiões circunvizinhas. Em certos casos podem assumir dimensões catastróficas, fazendo centenas, ou até mesmo milhares de vítimas, provocando perda total das instalações, além de danos irreparáveis ao meio ambiente. O pior dos cenários consiste na conjugação extremada dessas três dimensões, como se deu de forma emblemática nos acidentes de Bhopal (1984), na Índia, e Chernobyl (1986), na ex-URSS. Mais recentemente, e em uma outra medida, embora também com consequências assaz deletérias, tiveram enorme repercussão os casos da plataforma Deepwater Horizon (2010), no Golfo do México, e o da usina nuclear de Fukushima (2011), no Japão. Esse último, ainda com seus complexos e graves desdobramentos sendo objeto de divulgação sistemática pela mídia internacional.

No presente texto, também já se fez menção a alguns dos eventos ocorridos em nosso país, e que se alinham a essa modalidade. Mesmo sem retrocedermos muito no tempo (últimos 15 anos), a lista também é ampla e diversificada, se considerarmos casos tais como: o vazamento de óleo na Baía de Guanabara, com sérios danos ambientais para a região (Rio de Janeiro, RJ, 2000); a explosão seguida de naufrágio da plataforma P-36, deixando ainda 11 petroleiros mortos (Bacia de Campos, RJ, 2001); o adernamento da plataforma P-34, com sérias avarias na unidade e com 25 trabalhadores lançando-se ao mar (Bacia de Campos, RJ, 2002); o acidente com o veículo lançador de foguete, ocasionando a morte de 21 técnicos ligados àquele

Projeto (em Alcântara, MA, 2003); os dois casos da aviação aérea envolvendo as aeronaves da GOL e da TAM, os piores do setor aéreo brasileiro, o primeiro contabilizando 154 vítimas fatais (Serra do Cachimbo, MT, 2006) e o segundo 199 (São Paulo, 2007); o incêndio na casa noturna (boate) Kiss, causando a morte de 242 pessoas e ferimentos em outras 123, em sua maioria jovens universitários (Santa Maria, RS, 2013)[32].

Cabe ressaltar, desde já, tal como nos lembra Almeida (2011), que em acidentes de proporções catastróficas a "dimensão jurídica" tende a ganhar destaque, no que concerne, em especial, à exploração dos desdobramentos jurídicos de tais eventos nas esferas de responsabilidade civil e criminal. Segundo ele, nos casos dos acidentes aéreos citados, tal dimensão ganhou destaque, por exemplo, em ações de atores políticos, em especial de integrantes da Comissão Parlamentar de Inquérito (CPI do "apagão aéreo") e autoridades tanto do governo federal como policiais presentes nas discussões a partir de iniciativas do próprio Presidente da República.

Não obstante o enorme impacto de todos os sinistros enumerados há pouco, no âmbito de seus respectivos setores, julgamos que seria oportuno neste espaço nos determos ao setor petrolífero, em função da sua relevância atual[33] e das suas perspectivas de crescimento no contexto industrial brasileiro, sobretudo em função do advento da exploração das jazidas de petróleo na área denominada "pré-sal", colocando em realce aqui a exploração e produção petrolífera *offshore*. O "pré-sal" poderia ser encarado como "um novo paradigma geológico e a mais importante fronteira de exploração na indústria petrolífera mundial" (Tolmasquim; Pinto Jr. *et al*, 2011. p. 5, 289).

Nessa direção, vale observar que a discussão em torno dos acidentes ampliados nesse processo produtivo implica levar em conta, obrigatoriamente, o entendimento de algumas das suas características, com um cuidadoso olhar voltado para a atividade daqueles que nele atuam[34].

Ao descrever a atividade dos petroleiros em refinarias e terminais marítimos, Ferreira e Iguti (2003) procuram detalhar quatro das principais especificidades desse trabalho: o perigo, a complexidade, o caráter contínuo e a dimensão coletiva. A nosso ver, essas também são características marcantes no trabalho dos petroleiros em plataformas *offshore*. Não que consideremos uma plataforma semelhante a uma refinaria em alto-mar, visão que remonta ao início das operações na Bacia de Campos — "aos primórdios" na fala de alguns petroleiros —, mas por constatarmos que tais aspectos aparecem de modo pronunciado em estudos como os de Choueri (1991), Pessanha (1994), Rodrigues (2001) e Leite (2009), por exemplo.

As autoras citadas anteriormente iniciam a discussão sobre esse tema pelo aspecto relacionado ao perigo que envolve essa atividade, ao alto risco a que estão expostos os trabalhadores. Não são raros os depoimentos de petroleiros que associam refinarias e plataformas a "bombas" ou "barris de pólvora" que podem explodir a qualquer momento, a "vulcões" que podem entrar em erupção repentinamente etc.

O perigo é, inclusive, reconhecido legalmente[35] pela NR-16 e referendado, recentemente, com a publicação, em maio de 2010, do anexo II (Plataforma e Instalações de Apoio) da NR-30 (Segurança e Saúde no Trabalho Aquaviário)[36]. A primeira (NR-16) prevê em seu Anexo 2 o pagamento de adicional de peri-

---

(32) É considerado o terceiro maior desastre em casas noturnas no mundo. A respeito de uma análise desse desastre, ver Trivelato (2013).

(33) Inclusive no quesito saúde e segurança, tal como atestam, por exemplo, os indicadores de óbitos relacionados a acidentes de trabalho. De acordo com levantamento da Federação Única dos Petroleiros (FUP), desde 1995, ocorreram 330 mortes por acidentes de trabalho no Sistema Petrobras (Petrobras controladora e subsidiárias/controladas), sendo 266 de trabalhadores terceirizados (FUP, 2014). Na Bacia de Campos, malgrado as subnotificações de acidentes (casos não registrados, ou registrados parcialmente) que ainda se verificam, o Departamento de Saúde do Sindipetro-NF registrou em 2013 o recebimento de um total de 1563 Comunicações de Acidentes de Trabalho (CATs) (capturado em <http://www.sindipetronf.org.br/TabId/105/NoticiaId/4642/Default.aspx>).

(34) Para uma descrição detalhada acerca do trabalho nessa indústria, e sua relação com a saúde e segurança, ver Figueiredo (2012).

(35) Aqui, vale sublinhar que, na esfera da legislação trabalhista, os trabalhadores da indústria do petróleo são submetidos à CLT, à Lei n. 5.811, de 11 de outubro de 1972 — que regulamentou o "regime de trabalho dos empregados nas atividades de exploração, perfuração, produção e refinação de petróleo, industrialização do xisto, indústria petroquímica e transporte de petróleo e seus derivados por meio de dutos" — e às alterações introduzidas pela Constituição Federal de 1988. O conteúdo desse arcabouço jurídico-legal também já sofreu alterações oriundas de medidas provisórias e de decisões do Tribunal Superior do Trabalho.

(36) É digno de nota que, em maio de 2013, foi disponibilizado para consulta pública o texto técnico básico de criação de uma nova NR — Norma Regulamentadora sobre Segurança e Saúde em Plataformas de Petróleo — especificamente voltada para essa atividade.

culosidade[37] (no valor de 30% do salário-base correspondente) aos trabalhadores que se dedicam a "atividades ou operações perigosas com inflamáveis"; e a segunda (anexo II da NR-30) "estabelece os requisitos mínimos de segurança e saúde no trabalho a bordo de plataformas e instalações de apoio empregadas com a finalidade de exploração e produção de petróleo e gás do subsolo marinho". Note-se que antes de sua vigência não havia nenhuma regulamentação específica para as atividades realizadas a bordo das plataformas, recorrendo-se a uma adaptação das normas existentes para as condições das unidades marítimas. O conteúdo desse anexo (II) se aplica ao trabalho em todas as plataformas em operação no Brasil, nacionais ou estrangeiras. E tal normalização específica facilita o trabalho dos auditores, à medida em que estes ficam instrumentalizados para uma fiscalização melhor direcionada. São abordados desde questões como o dimensionamento dos Sesmts e a implantação de Cipa por plataforma — o que não se configurava como obrigatoriedade até então —, passando por conteúdos tais como PPRA e Condições de vivência a bordo, até tópicos como o que está no centro de nossa discussão neste item, os acidentes ampliados[38].

Nessa diretriz, concordamos com Sevá Filho (1997a) quando este afirma em epígrafe que "o risco é inerente" à indústria do petróleo com seus sistemas complexos, verdadeiras materializações de tecnologias de alto risco: "o risco técnico é algo intrínseco, e muito característico da indústria do petróleo" (Sevá Filho, 1997a). São riscos intrínsecos e variados que, conforme o autor acrescenta, são cada vez mais coletivos, haja vista que os efeitos deletérios da atividade petrolífera tendem a se ampliar, como é próprio dos riscos de acidentes maiores ou ampliados aqui em foco.

No caso das plataformas *offshore*, certamente a noção de perigo é consensual, ou se preferirem, o risco também é algo inerente, com o agravante de que nessa situação o profissional encontra-se confinado e isolado.

Com efeito, em se tratando do trabalho *offshore*, acrescentaríamos, às quatro características apontadas acima por Ferreria e Iguti (2003), mais duas, bastante singulares: os regimes de confinamento e isolamento. Confinamento, porque durante 14 dias seguidos, ao término do turno diário de 12 horas, os trabalhadores não retornam às suas residências, permanecendo na própria plataforma. O local de trabalho passa a ser o local de moradia. Ficam, então, expostos ao risco 24 horas por dia, ao longo de todo o período em que estão embarcados. E isolamento, porque as plataformas estão situadas em alto-mar, distância que pode chegar a 300 km da costa em unidades do "pré-sal", dificultando a remoção das pessoas quando há acidentes, distúrbios ou anomalias que demandem um atendimento em terra e, até mesmo, o abandono do local, na hipótese mais remota de ocorrência de acidentes ampliados, como o de Enchova em 1984. Esse acidente vitimou 37 trabalhadores nessa plataforma (PCE-1), durante o procedimento de abandono, conforme descrito adiante. Portanto, os fatores associados ao confinamento e ao isolamento, próprios do trabalho *offshore*, terminam funcionando como agravantes do risco que é inerente à atividade daqueles que trabalham com o petróleo.

Ressalte-se que algo ainda não superado, e que efetivamente agrava a condição de trabalho dos terceirizados, diz respeito ao regime de embarque diferenciado: 14x21 para funcionários próprios (efetivos) da Petrobras e 14x14 para aqueles de empresas terceirizadas. Ademais, atualmente, ainda é bastante expressiva a quantidade daqueles, oriundos de outras regiões (ou mesmo de outros países), que consomem até mais de dois dias de seu período de descanso nesses percursos, já que nem todos podem usufruir de transporte aéreo no trajeto de ida para a residência e de retorno à plataforma (Rodrigues, 2001; Leite, 2009). Nesse sentido, ficam mais expostos ao risco de acidentes nas estradas pelas quais trafegam. Risco que também está presente, de modo preocupante, no trecho entre Campos e Macaé, que já acarretou a morte e vitimou gravemente inúmeros trabalhadores, inclusive aqueles que não atuam embarcados, mas que realizam esse trajeto diariamente por residirem em Campos e estarem lotados nas bases de terra em Macaé.

---

(37) Sem jamais perder de vista que o pagamento de adicionais desse tipo seja passível de inúmeras críticas, julgamos oportuno sublinhar, não obstante, a existência de algum tipo de reconhecimento formal em relação ao perigo embutido nessa atividade.
(38) Ver o item no referido Anexo (II) intitulado "Da prevenção e controle de acidentes maiores"; Sesmt (Serviço Especializado em Segurança e Medicina do Trabalho); Cipa (Comissão Interna de Prevenção de Acidentes); PPRA (Programa de Prevenção de Riscos Ambientais).

A longa lista de fatores de risco citada por Rundmo (1992, 1996) é a constatação de que o trabalho em plataformas — e na indústria do petróleo em sentido mais amplo — combina altíssima periculosidade e elevada insalubridade, pois além dos riscos de incêndios, explosões e vazamentos, que possuem maior notoriedade nesse tipo de processo produtivo, existe uma extensa e variada gama de outros agentes, elencados pelo autor, potencialmente deletérios à saúde humana.

Na mesma direção, a Organização Internacional do Trabalho (OIT), após as catástrofes ocorridas no *offshore* mundial na década de 1980 (ver a lista de acidentes a seguir), nos alertava que a presença de todos esses fatores confere às plataformas de petróleo uma condição peculiar: a de conjugarem de forma única riscos bastante variados, típicos de muitas atividades de produção e manutenção industriais de refinaria; tratamento e unidades de produção de energia, com outros próprios das tarefas relacionadas com a exploração de petróleo e gás, como a perfuração de poços e a extração de óleo; o mergulho raso e, sobretudo, o profundo; o transporte de pessoas por helicópteros, entre outros (OIT, 1993). Temos, rigorosamente, a presença de riscos no ar, na superfície e no fundo do mar.

Por isso, a exploração de petróleo em águas profundas é uma das atividades mais arriscadas do mundo. É realizada em ambientes remotos e hostis, onde o potencial de exposição a certos riscos para a saúde dos trabalhadores, para a segurança das instalações e para o meio ambiente é sensivelmente elevado. O banco de dados *Worldwide Offshore Accident Databank* (WOAD), *Statistical Report* (de 2007), produzido pela empresa norueguesa DNV (*Det Norske Veritas*) — que reúne informações sobre os acidentes na indústria *offshore* em todo o mundo, no período de 1970 a 2007 —, mostrou números que deixam claro o grau de risco envolto nessa atividade.[39] Foram registrados 553 acidentes com mortes, que resultaram em 2.171 óbitos, sendo que 646 desses em eventos com helicópteros. Houve perda total de 171 unidades de diversos tipos que operavam no mar e 145 helicópteros. No que tange ao total de acidentes/incidentes[40] registrados, só tivemos acesso às informações do mesmo banco de dados para o período compreendido entre 1970 e 1997. Ocorreram 3.431 eventos correlacionados a atividades diversas (perfuração, completação, produção etc.), com 3.196 de tais eventos ligados às unidades fixas e flutuantes (móveis).

É importante não perder de vista que os riscos de acidentes variam conforme o tipo de instalação e de atividade, além de outras variáveis. Por exemplo, tomando por referência os dados do levantamento compreendido pelo período de 1970 a 1997, do total de 3.431 acidentes/incidentes registrados, a atividade de produção foi responsável por 48%, a grande maioria desses (93%) em unidades fixas. Todavia, em se tratando da exploração e produção em águas profundas, onde não temos a presença desse tipo de instalação (unidade fixa), constata-se que os funcionários de empresas de petróleo e gás que operam na perfuração estariam mais suscetíveis a sofrer acidentes em comparação aos que atuam em outras atividades do setor. Para um total de 1.281 eventos ocorridos em unidades flutuantes, a perfuração foi responsável por 53% deles. Em uma acepção simplificada, pode-se dizer que as plataformas de perfuração destinam-se a encontrar o óleo em poços ainda não explorados, enquanto as de produção são aquelas que efetivamente extraem o petróleo localizado no fundo do mar (nos reservatórios), trazendo-o à superfície.

Ressalte-se, também, que o relatório *Accident Statistics for Offshore Units on the United Kingdom Continental Shelf (UKCS)*, de 2009,[41] mesmo tratando somente da plataforma continental do Reino Unido, e considerando um período diferente do WOAD (1990-2007, ao invés de 1970-1997), indica que a atividade de perfuração é a que apresenta o maior número de acidentes para o segmento das plataformas flutuantes (móveis).

Importante salientar que não é nossa intenção chegar a uma quantificação do risco nas plataformas de petróleo. Isso por si só justificaria a elaboração de um outro texto, à luz de uma perspectiva teórico-metodológica que não foi a que pautou o desenrolar de nossa proposta. De todo modo, o elevado grau de

---

(39) As informações do banco de dados WOAD para o período assinalado (1970-2007) constam do Risk Assessment Data Directory (OGP, 2010).
(40) Aqui empregado com a acepção de evento com potencial para gerar um acidente com lesão, que poderia ter resultado em dano à pessoa. Daí alguns o definirem como acidente não acompanhado de lesão física. Outros o definem simplesmente como quase acidente, ou seja, um acidente que esteve na iminência de ocorrer. Em situações mais críticas também utiliza-se o termo incidente crítico.
(41) Disponível em: <http://www.oilandgasuk.co.uk/cmsfiles/modules/publications/pdfs/EHS30.pdf>.

risco a que nos referimos anteriormente não há como ser questionado. É, inclusive, assumido abertamente, há longa data, pela alta direção de algumas multinacionais do petróleo e pode ser ilustrado pela fala do então vice-presidente executivo e chefe de operações da *Zapata Corporation*, Sr. Thomas McIntosh, quando este afirmou: "duvido que haja outra indústria que tenha uma porcentagem mais alta de seus trabalhadores submetida a risco" (*Oil and Gas Journal*, 1983, *apud* Choueri Jr., 1991).

Pode-se passar das declarações aos fatos para dar maior concretude a essas questões. Citaremos 15 grandes acidentes, ocorridos entre 1979 e 2010 (dois destes no Brasil), a maioria com várias vítimas fatais e alguns com graves danos ao meio ambiente, que não deixam dúvida sobre o peso da conta que paira sobre essa indústria, se observarmos as catástrofes que se sucederam. Essa lista foi elaborada inicialmente por Sevá Filho (1998), destacando os eventos até 1991 com base, principalmente, nos dados da OIT (1993). Buscamos complementá-la e, posteriormente, expandi-la até o período recente[42] (2010). Neste espaço, esta lista apresenta-se agrupada e um pouco resumida com base em duas modalidades principais, que poderiam ser vistas como causas imediatas relevantes, vinculadas a cada um dos sinistros:

(a) Acidentes ligados a intempéries de maior intensidade

- em 1979, na China, na plataforma autoelevatória de Bohai II, foram vítimas 72 trabalhadores, com naufrágio da unidade;
- em 1980, na Noruega, na plataforma Alexander Kielland, o saldo foi de 123 mortos, dos 212, com adernamento e naufrágio da embarcação em 20 minutos;
- em 1982, no Canadá, na plataforma Ocean Ranger sucumbiram todos os 84 embarcados, em função do naufrágio da plataforma;
- em 1983, na Indonésia, adernamento e posterior naufrágio do navio-sonda Glomar Java Sea, em que foram vítimas fatais todos os 81 embarcados;
- em 1989, na Tailândia, o navio-sonda Seacrest naufragou, fazendo 91 vítimas fatais;
- em 2007, no Golfo do México (México), na plataforma de perfuração Usumacinta, morte de 22 trabalhadores.

(b) Acidentes ligados a explosões/incêndios/vazamentos de gás

em 1979, no México (Golfo do México), uma erupção acompanhada de incêndio de um poço de petróleo, na plataforma mexicana Ixtoc-I, ocasionou o derramamento de 500 mil toneladas de petróleo. Pode ser considerado o maior desastre ecológico em termos de volume de óleo derramado, se levarmos em conta que o vazamento ocorrido no Golfo Pérsico, em janeiro de 1991, foi ocasionado deliberadamente pela abertura das válvulas de poços de petróleo e oleodutos pelas tropas iraquianas ao se retirarem do Kuwait, na Guerra do Golfo;

- em 1980, na Arábia Saudita, durante uma perfuração na plataforma autoelevatória Ron Tappmeyer houve uma erupção de gás sulfídrico, causando a morte de 19 trabalhadores;
- em 1984, na Bacia de Campos (litoral norte do Rio de Janeiro), na plataforma de Enchova foram 37 os trabalhadores mortos no acidente com a embarcação de abandono (baleeira), após um *blow out* (erupção proveniente do poço);
- em 1988, no Mar do Norte (setor britânico), foi a vez da plataforma Piper Alpha, causando a morte de 167 trabalhadores após seguidas explosões, incêndio e destruição total da unidade;
- em 2001, novamente na Bacia de Campos (RJ), ocorreram duas explosões em uma das colunas da plataforma P-36[43], a maior plataforma de produção de petróleo do mundo na ocasião, que provocaram a morte de 11 trabalhadores, além de seu próprio afundamento;

---

(42) Para tanto, valemo-nos, principalmente, da tabela que consta do RADD Majors Accidents (OGP, 2010) e de informações complementares obtidas em busca na *internet*.

(43) Registre-se que mesmo em um acidente desse vulto, a incorporação de um representante sindical à Comissão de Sindicância designada para a investigação procedente só aconteceu mediante a expedição de uma liminar judicial. Frise-se que tal postura não mais se verifica no presente, em

- em 2005, na costa ocidental da Índia, um grande incêndio na plataforma Mumbai High North levou ao óbito 22 de seus ocupantes;
- em 2010, no Golfo do México (EUA), o aumento da pressão do petróleo provocou uma explosão na plataforma de petróleo Deepwater Horizon, da Transocean, a serviço da British Petroleum (BP), ocasionando a morte de 11 pessoas e o seu próprio afundamento dois dias após a explosão.

Esse último merece nossa atenção especial, pois além das 11 mortes (e dos 17 feridos) e do naufrágio da embarcação em chamas, provocou o derramamento de milhões de barris de petróleo no mar, fato que o levou a ser considerado um dos maiores desastres ambientais da história da indústria petrolífera. Logo, vale lembrar que a BP é resultado da fusão (em 1998) da British Petroleum com a Amoco, e que o acidente com um superpetroleiro desta última (o Amoco Cadiz), em março de 1978, na Bretanha (costa noroeste da França), figura entre os piores vazamentos petrolíferos de todos os tempos (223 mil toneladas). E, ao falarmos do Amoco Cadiz, não poderíamos deixar de mencionar o acidente com o seu "navio gêmeo", o também superpetroleiro M T Haven,[44] que explodiu e naufragou, em abril de 1991, próximo da costa de Gênova, matando seis tripulantes e despejando 144 mil toneladas de óleo na costa mediterrânea da Itália e da França. E o histórico de acidentes envolvendo a Amoco e a BP não para por aí. Em 23.3.2005, cinco anos antes do acidente com a Deepwater Horizon, uma grande explosão ocorreu na refinaria Texas City, da mesma BP, resultante de uma detonação no escapamento de um caminhão que atingiu acidentalmente uma nuvem de vapor inflamável (Juhasz, 2009). Foi o pior acidente do país em local de trabalho em um intervalo de 15 anos e acarretou a morte de 15 trabalhadores, deixando ainda 180 feridos. O relatório da U. S. Chemical Safety Board (a agência federal independente), referenciado por Juhasz (2009. p. 196), proferiu pesadas acusações contra a BP e a Amoco, proprietária da refinaria antes de sua fusão com a primeira. O documento constatou que o "desastre da Texas City foi provocado pelas deficiências organizacionais e de segurança, em todos os níveis, da BP Corporation". Prossegue afirmando que "a combinação entre corte de custos, pressões sobre a produção e falta de investimentos causou uma deterioração progressiva da segurança da refinaria", práticas iniciadas pela Amoco nos anos 1990 e que "deixaram a refinaria Texas City vulnerável a uma catástrofe". A BP teria dado continuidade a esse processo, visando cortes de 25% no orçamento em 1999 e novamente em 2005, "ainda que a maior parte da infraestrutura e dos equipamentos de processo da refinaria estivesse em mau estado de conservação". O relatório ainda aponta críticas à empresa (BP) pelo *downsizing* da equipe operacional e pelo treinamento que lhe era ministrado. Para Llory e Montmayeul (2010. p. 60), esse acidente, "anunciado e evitável", seria uma "trágica ilustração" que nos permite colocar em relevo, entre outras questões, notadamente aquela vinculada ao "papel da gestão" como elemento decisivo para a ocorrência de eventos dessa natureza.

Julgamos oportunas as informações adicionais sobre esse caso, para dar ao leitor uma rápida noção das graves lacunas organizacionais presentes na BP, no que tange a aspectos com implicações na área de segurança no período que antecede o desastre com a *Deepwater Horizon*, para os quais reivindicamos a devida visibilidade[45].

Com base nessa trajetória, causa-nos certa perplexidade a postura de alguns membros ligados à Gerência de Segurança, Meio Ambiente e Saúde (SMS) da Bacia de Campos, à época dos piores acidentes na empresa (final dos anos 1990 e início da década seguinte). Aqueles, via de regra, insistiam em análises causais que costumavam se limitar aos fatores mais diretos e imediatos, não desvelando a multiplicidade e as inter-relações entre os diversos fatores que propiciam a ocorrência desses eventos (Vidal, 1989; Paté-

---

função de uma cláusula conquistada pelos petroleiros em Acordo Coletivo de Trabalho (ACT), obrigando a empresa a incorporar como integrante em tais Comissões um representante formal dos trabalhadores.

(44) De propriedade da mesma Amoco, esse navio foi atingido por mísseis Exocet, em 1987, no Golfo Pérsico, durante a guerra Irã-Iraque, e em vez de ser desativado passou por uma ampla reforma em Cingapura e foi recolocado em funcionamento com sua operação alugada à Troodos Frete (capturado em <http://wapedia.mobi/en/MT_Haven>).

(45) De acordo com Sherife (2010:16-17): "No último 20 de abril, os trabalhos de instalação da plataforma Deepwater Horizon estavam quase concluídos, à exceção de um poço que ainda necessitava ser perfurado. Diante do custo diário da plataforma, os gerentes da BP (British Petroleum, empresa contratante) decidiram ignorar os procedimentos de segurança da Transocean. Embora estivessem conscientes dos problemas que o sistema antiexplosão apresentava, perseguiram um único objetivo: perfurar a qualquer custo".

Cornell, 1993; Wisner, 1994; Freitas *et al*, 2000; Pavard *et al*, 2009; Llory et Montmayeul, 2010; Daniellou *et al*, 2010), principalmente os aspectos da organização do trabalho e as práticas gerenciais, pois há o receio de dar visibilidade ao papel real da média e da alta gerência na gênese dos acidentes pelas possíveis sanções que possam advir (Llory, 1999). O mesmo autor complementa em recente publicação:

> O erro humano é regularmente invocado para explicar os acidentes industriais. Uma leitura simplista que não permite apreender as causas profundas das catástrofes, organizacionais e institucionais. Sob o risco de fazê-las perdurar... A história se repete. As lições dos acidentes são tiradas apenas parcialmente... ou são esquecidas. (Llory, 2014. p. 26, 27).

No que concerne à análise de algumas catástrofes, Wisner (1994) sugere que se vá ainda mais longe:

> Assim, passamos do registro das responsabilidades funcionais dos operadores e de seus dirigentes ao do pessoal que concebe e instala o dispositivo técnico e, depois, ao registro das responsabilidades dos que determinam as condições econômicas e sociais — ou até políticas — nas quais o dispositivo perigoso foi concebido, instalado e explorado. (Wisner, 1994. p. 54)

Em suma, em âmbito mundial, constata-se que os acidentes de maior projeção ocorridos na década de 1980, e a repercussão que tiveram junto à sociedade obrigaram a indústria petrolífera *offshore* a rever seus padrões de segurança no decorrer dos anos 1990. Entendemos, no entanto, que os avanços verificados terminaram sendo, em boa medida, comprometidos pelo ritmo galopante da reestruturação produtiva e suas pressões em prol da redução de custos, que teve como um de seus alvos prioritários o rebaixamento do custo do trabalho e do investimento criterioso em prevenção.

É oportuno ainda salientar, por um lado, que a aprovação do Anexo II (Plataformas e Instalações de Apoio) da Norma Regulamentadora n. 30 (NR-30), em maio de 2010, se apresenta como um instrumento importante na luta dos petroleiros pela melhoria das condições de trabalho no *offshore* brasileiro. E, de outro lado, que o acidente ocorrido com a plataforma Deepwater Horizon, no Golfo do México, ao qual já fizemos menção há pouco, dá fortes indícios de que essa luta ainda está longe de acabar, considerando o horizonte que se descortina em nosso país com a exploração do petróleo da camada pré-sal. O vazamento de quase três mil barris de óleo, ocorrido em novembro de 2011, no campo de Frade (na Bacia de Campos), operado pela Chevron, serve como mais um forte alerta nessa direção, assim como os inúmeros casos de interdição de plataformas pelos órgãos competentes (MTE e ANP), por razões de segurança[46]. Em tais circunstâncias as empresas se veem obrigadas a solucionar os problemas e pendências identificados para que possam recolocar as unidades em operação.

Em nossa avaliação, uma alteração substantiva do contexto atual demanda a instauração de um amplo debate entre as grandes empresas petrolíferas (que atuam na Bacia de Campos, com nítido destaque para a Petrobras), os trabalhadores e o Poder Público. O desafio é de grande envergadura, sobretudo se considerarmos que com a entrada em operação de diversas unidades na área do "pré-sal", a Petrobras planeja dobrar seu volume diário de produção até 2020, necessitando do aumento de seu contingente embarcado em meio às vicissitudes e condições adversas da atividade *offshore*.

15 A DOMINAÇÃO INVISIBILIZADA, A CONSCIÊNCIA BLINDADA E A ALIENAÇÃO SOCIAL

A dominação foi extremamente intensificada no trabalho contemporâneo, ao mesmo tempo em que se tornou muitas vezes sutil — o que dificulta sua percepção. Assim, essa percepção da dominação é impe-

---
[46] Com a interdição da plataforma P-62, em março de 2014, já são 18 unidades interditadas ou que foram alvo de medidas cautelares. No segundo contexto (de medidas cautelares) a Petrobras tende a se antecipar, suspendendo a produção e colocando a plataforma em parada de manutenção.

dida de alcançar a consciência de muitos assalariados, o que é ainda coadjuvado pela fadiga e pelo sequestro do tempo de pensar. Sequestro que elimina a possibilidade de reflexão crítica. A blindagem da consciência tornou-se ainda mais poderosa pelo discurso neoliberal que impera na comunicação interna da empresa e na mídia. Discurso esse cuja retórica glorifica a hiperatividade ao colocá-la como atributo de uma excelência que se torna sinônimo de perfeição idealizada — na qual o trabalhador *excelente* jamais cansa nem adoece (Seligmann-Silva, 1994 e 2011). Outro processo de abafamento da consciência aparece quando o trabalhador se torna *déspota de si mesmo*. De que modo é possível tal fenômeno? Hamraoui explica que uma transição espantosa foi identificada por Barkat: a passagem da Organização Científica do Trabalho (OCT) tayloriana — que o Estado de Direito regulava — à *dominação total* da própria vida — em que a subjetividade do trabalhador é sequestrada ao *interiorizar* os valores e objetivos da empresa. E o Estado de Direito perde a possibilidade de qualquer regulação sobre esse despotismo interiorizado (Hamraoui, 2013).

O território do pensar é tomado do sujeito ao mesmo tempo em que outros territórios vão sendo ocupados — os espaços do convívio e do lazer nas comunidades e nas grandes cidades. Assim, o território interno (vida mental) e o externo — mesmo o ambiente/território de um país podem ser submetidos, ocupados pelo que é estranho. Porém existem outras possibilidades, quando a consciência pessoal e social são despertada e adquirem potenciais transformadores dos espaços e vidas *locais*[47].

16 RESISTÊNCIAS CRIATIVAS — UMA ESPERANÇA

Milton Santos, o geógrafo brasileiro que problematiza o conceito de meio ambiente utilizado pelas instituições que regem a geopolítica e a economia mundial, formulou um conceito novo de território: "O território de um país é um fenômeno dinâmico que tanto pode ser usado a serviço das grandes empresas como em benefício da população (...) O território é um organismo vivo." (Santos e Silveira, 2001). A resistência ao que denomina "globalização perversa", também foi percebida por Milton Santos nas manifestações que, a partir de diferentes locais, expressam afinidades, convergem e formam redes de solidariedade que se expandem cada vez mais, recusam a imposição neoliberal da dominação e se unem com força crescente na afirmação da dignidade humana (Santos, 1994).

Esses focos convergentes de uma resistência voltada à recusa e superação do neoliberalismo, que Milton Santos desvendou no âmbito macro da geopolítica e dos territórios nacionais, encontra ressonâncias e correspondência no mundo do trabalho. A própria resistência individual ao adoecimento passa pela resistência constituída em coletivos de trabalhadores que transformam e *recriam continuadamente* as formas de executar as atividades (Clot, 2010a).

Perder a possibilidade de reconhecer a si mesmo no trabalho é uma fonte de mal-estar que tem repercussões negativas na saúde — e é o que acontece cada vez mais na área de prestação de serviços públicos como Educação, Serviço Social, Saúde e mesmo no âmbito da Justiça (Clot, 2010a). Quando inexiste o mínimo de liberdade que permita tal inventividade transformadora, os desgastes da saúde geral e mental podem ser intensificados — a não ser que a indignação e consciência da exploração conduzam a enfrentamentos que tornem possíveis transformações da organização e dos modos de trabalhar desenvolvidas pelos próprios trabalhadores. Perrilleux e Cultiaux (2009) convergem em relação a Clot nesse aspecto, quando afirmam que a crítica não pode se limitar à denúncia, pois para que um conhecimento adquira um caráter emancipatório, essa crítica deverá estar vinculada à práxis dos atores sociais envolvidos — no caso os próprios trabalhadores.

---

[47] Partimos aqui do pensamento de Milton Santos, para quem "o lugar é o palpável", que recebe os impactos do mundo. O lugar é controlado remotamente pelo mundo. Mas esse mesmo lugar é também o espaço da existência e da coexistência. No *lugar*, portanto, reside a única possibilidade de resistência aos processos perversos do mundo, dada a possibilidade real e efetiva da comunicação, da troca de informação e da construção política, em suma, da desalienação social.
Os lugares também podem se unir horizontalmente, reconstruindo aquela base de vida comum susceptível de criar normas locais, normas regionais (Santos, 1994).

Lembrando, ainda, que os territórios do ambiente de trabalho e do meio ambiente externo são cada vez mais confluentes, o que leva a importantes implicações de ordem jurídica:

> O meio ambiente do trabalho não é uma espécie do meio ambiente em geral? Sim, claro. Por consequência, naquilo que for possível e adequado, todo o sistema protetivo que impera no Direito Ambiental pode ser aplicado também no Direito do Trabalho. Ora, se nós estamos, de forma muito justa, correta e adequada, preocupados com as árvores, com os animais, com os rios, mais preocupados devemos estar com a saúde da pessoa humana, inclusive quando imersa no específico papel social de *trabalhador*. Quando o meio ambiente de trabalho é agressivo, seja à dimensão física, seja à dimensão emocional, seja à dimensão social do trabalhador, estamos, sem qualquer sombra de dúvida, diante de um ambiente *degradado*, e essa importantíssima percepção ainda não foi assimilada por muitos intérpretes da Constituição Federal (Maranhão, 2011).

17 À GUISA DE CONCLUSÃO

Ao final desta exposição, diante dos estudos e das constatações apontadas, torna-se bastante espantoso que não seja tomado em consideração, por grande parte das empresas, o produto das descobertas dos últimos 30 anos sobre o *potencial adoecedor* de práticas organizacionais que vêm se expandindo. É enigmático e também surpreendente que o conhecimento existente praticamente não esteja sendo transmitido[48] nem aplicado na Prevenção ou integrado ao planejamento do trabalho e à gestão de pessoas. Qual a explicação para a desconsideração de tantos estudos e evidências? Desconhecimento ou negação deliberada, mantida pela adesão a princípios que já se mostraram equivocados?

Existem muitas teorias para explicar o fenômeno de *resistência à mudança*. Não houve possibilidade de examiná-las neste espaço, porém vale mencionar que as reflexões sobre o assunto têm encontrado luzes no campo das Ciências Sociais e da Psicologia. Aspectos culturais e mentalidades cristalizadas dos donos do capital, de altos executivos e de acionistas, explicariam em parte a resistência à mudança. Os conflitos de interesses, nos quais os mais poderosos acabam por impor o que lhes pareça exigir menos dispêndios imediatos, mesmo que em detrimento de direitos sociais e ambientais, fundamenta uma explicação de ordem política e sociológica. Por fim, explicações mais complexas de ordem psicológica e mesmo psicanalítica podem ser lembradas. Como as defesas psicológicas geradas pelo medo de perda de poder, com destaque para os mecanismos de negação — no caso, do significado potencialmente perigoso que a *paralisia* psíquica dos empregados assume para a segurança e rentabilidade da própria empresa. Para a explicação, pode ainda ser evocada uma das descobertas da Psicanálise — a existência dos impulsos inconscientes (pulsões) de autodestruição — dos próprios detentores do capital. (Freud, 1930 [49]/2014).

Vimos que a incorporação continuada de tecnologias avançadas exige intensa mobilização da atividade mental de cada um e forte coesão das equipes para que a segurança seja preservada, inclusive nos momentos de emergência, nas chamadas situações incidentais ou acidentais, especialmente nas indústrias de alto risco como a de petróleo, química e nuclear, dentre outras. As dimensões subjetivas e intersubjetivas estão implicadas (conjuntamente) nessa necessidade. Conforme foi relatado, a propósito das plataformas marítimas, ambas as dimensões se encontravam abaladas em acidentes cujos danos se estenderam ao meio ambiente.

Esses exemplos apontam para um dos desafios maiores colocados aos gestores responsáveis pela organização do trabalho.

Como também foi visto, o alastramento de diferentes tipos de violência no mundo laboral vem tendo reflexos cada vez mais evidentes na escalada dos transtornos mentais relacionados ao trabalho — tanto nas cidades quanto nas áreas rurais. Mas, assim como a crescente violência que atinge e dizima a natureza, essa

---

(48) Em algumas Universidades, nas áreas de Psicologia, existem cursos de pós-graduação voltados ao tema. Na Universidade Federal do Ceará, a formação em Educação Ambiental integrou conhecimentos voltados à saúde mental relacionada ao trabalho (Rigotto, 2001).
(49) Ano da publicação original.

expansão é alvo de uma retórica poderosa cujo desígnio é obscurecer o entendimento. Trata-se de uma retórica que, a partir dos interesses imediatistas de detentores do poder político e econômico, flui pelo universo dos meios de comunicação, negando evidências sólidas e confundindo a opinião pública por meio de interpretações enganosas, como a *naturalização* dos adoecimentos dos trabalhadores, dos acidentes "inevitáveis", das catástrofes ambientais e das mudanças climáticas. Dessa forma, uma persuasão mistificadora é disseminada na tentativa de evitar o desenvolvimento de reflexões críticas sobre a gênese de tais problemas no seio do capitalismo globalizado, e de favorecer a *desresponsabilização* dos agentes econômicos e políticos em relação à escalada dos danos ambientais e humanos focalizados neste capítulo.

Não obstante, tornou-se cada vez mais difícil esconder as evidências e a inescapável constatação de que a violência que destrói a saúde dos trabalhadores possui a mesma raiz da que destrói a natureza — a ensandecida sede de acumulação máxima de lucros na maior rapidez possível (Harvey, 2011; Santos, 2000). Essa dupla violência expressa um profundo processo de desenraizamento em relação à natureza e à própria espécie humana, duas faces contundentes da alienação nas sociedades contemporâneas (Franco, 2003).

Esperamos que essas evidências não se acentuem mais ainda, até que se estabeleçam consciência e consenso sobre as mudanças que precisam ser implementadas em vários âmbitos. Torna-se premente uma mudança ampla de mentalidade, isto é, da cultura que impregna a política e a economia — superando a hegemonia da ideologia neoliberal e de uma espécie de tradição conciliadora sem emancipações efetivas que infligem danos à saúde e destroem a natureza.

Dentre as transformações que se tornam urgentes, tentamos ressaltar neste capítulo a importância da esfera do trabalho contemporâneo e sua indissociabilidade da degradação da saúde e do meio ambiente. Nessa esfera, a organização do trabalho e a necessidade de humanizar as formas de gerenciar pessoas foram colocadas como um ponto central na implementação da prevenção de danos humanos, sociais e ambientais. Essa humanização inclui, necessariamente, a escuta e a participação dos trabalhadores nos processos decisórios de mudança da organização do trabalho. Tornam-se inadmissíveis as formas de administrar organizações que persistam desconsiderando a natureza e as pessoas — em especial as que estão imersas no mundo do trabalho.

Cabe ressaltar, por fim, que a análise aqui empreendida, ao afirmar de modo incisivo a gravidade do contexto atual em torno das relações entre meio ambiente, trabalho e saúde, não deve ser interpretada como descrente na capacidade de reversão desse cenário. Sobre esse ponto, certa cautela é fundamental para não endossarmos a visão de que as subjetividades no trabalho estariam capturadas por completo, que nessa esfera estaria "tudo dominado", como afirma a canção popular. Se o esforço a ser empreendido para tal intento é indubitavelmente de enorme envergadura, talvez poderia ser dito que aqui temos um genuíno desafio, que para alguns estaria no registro das utopias, mas que preferimos encarar como uma das "grandes tarefas", daquelas que justificam nossa existência.

Nota de agradecimento: Os autores desejam consignar profundo agradecimento a Lucineide Santiago de Souza pela inestimável ajuda prestada à organização da listagem bibliográfica.

18 REFERÊNCIAS BIBLIOGRÁFICAS

ALMEIDA, I. Acidentes de trabalho e a repolitização da agenda da saúde do trabalhador. In: MINAYO GOMES, C.; MACHADO, J.; PENA, P. (Orgs.). *Saúde do trabalhador na sociedade brasileira contemporânea*. Rio de Janeiro: Fiocruz, 2011.

ALTVATER, E. *O preço da riqueza*. São Paulo: Universidade Estadual Paulista, 1995.

ANTONAZ, D. *Na escola dos grandes projetos*: a formação do trabalhador industrial na Amazônia. 1995. Dissertação (Mestrado) — Museu Nacional — Programa de Pós-graduação em Antropologia Social/Universidade do Rio de Janeiro, Rio de Janeiro, 1995.

ANTUNES, R. *O continente do labor*. São Paulo: Tempo Editorial, 2011.

_____. *Os sentidos do trabalho*. Ensaio sobre a afirmação e a negação do trabalho. 2. ed. São Paulo: Boitempo, 2000.

ANTUNES, R.; BRAGA, R. *Infoproletários*: degradação real do trabalho virtual. São Paulo: Boitempo, 2009.

APPAY, B.; THÉBAUD-MONY, A. *Précarisation sociale, travail et santé*. Paris: IRESCO, 1997.

ARAÚJO, A. R. de. *O assédio moral organizacional*. São Paulo: LTr, 2012.

ARAÚJO JÚNIOR, F. M.; MARANHÃO, N. S. M. Responsabilidade civil e violência urbana: considerações sobre a responsabilidade objetiva e solidária do Estado por danos decorrentes de acidentes laborais diretamente vinculados à insegurança pública. In: VELLOSO, G.; MARANHÃO, N. (Coords.). *Contemporaneidade e trabalho*. São Paulo: LTr, 2011.

ASSOCIAÇÃO BRASILEIRA DE PÓS-GRADUAÇÃO EM SAÚDE COLETIVA (ABRASCO). Dossiê: Um alerta sobre os impactos dos agrotóxicos na saúde. Parte I — Agrotóxicos, segurança alimentar e nutricional e saúde. *Ciência & Saúde Coletiva*, Rio de Janeiro, 2012.

BADURA, B.; SCHRÖDER, H. et al. *Fehlzeiten Report*: arbeit und psychische belastungen reduzieren. Berlin: Springer Verlag, 2009.

BARATA, R. B. Epidemiologia social. *Revista Brasileira de Epidemiologia*. v. 8, São Paulo, mar. 2005.

BARKAT, S. M.; HAMRAOUI, E. Résister dans le contexte du nouveau rapport de travail. In: LHUILIER, D.; ROCHE, P. (Orgs.). La resistance créatrice. *Nouvelle Revue de Psychosociologie*. Toulouse, 2009, n. 7, p. 199-210.

BARRETO, M. M. S. *Uma jornada de humilhações*. 2000. São Paulo, dissertação (mestrado em Psicologia Social) — PUC/SP, 2000.

BERMANN, S. *Trabajo precario y salud mental*. Córdoba: Narvaja Editor, 1995.

BORGES, L. H. *Sociabilidade, sofrimento psíquico e lesões por esforços repetitivos em processos de trabalho*: estudo de caixas bancários. 1999. Tese (Doutorado) — Instituto de Psiquiatria, Universidade Federal do Rio de Janeiro, Rio de Janeiro, 1999.

BOSCHETTI, I. A insidiosa corrosão dos sistemas de proteção social europeus. *Serviço Social e Sociedade*, out./dez. 2012, n. 112, p. 754-803.

BOTTOMORE, T. *Dicionário do pensamento marxista*. Rio de Janeiro: Jorge Zahar, 2001.

BOURDIEU, P. *Contrafogos 2*: por um movimento social europeu. Rio de Janeiro: Jorge Zahar, 2001.

_____. *Contrafogos*: táticas para enfrentar a invasão neoliberal. Rio de Janeiro: Jorge Zahar, 1998.

BRASIL. Portaria/MS n. 1.339, de 18 de novembro de 1999. In: BRASIL. Ministério da Saúde. *Doenças relacionadas ao trabalho*: Manual de Procedimentos para os Serviços de Saúde. Brasília, 2001. p. 535.

BROMET, E. J.; PARKINSON, D.; SHULBERG, H.; DUNN, L.; GONDECK, P. C. Mental health findings of residents near the Three Mile Island reactor: a comparative study of selected groups. *Journal of Preventive Psychiatry*, 1982, v. 1, p. 225-276.

BROMET, E. J. The nature and effects of technological failures. In: GIST, R.; LUBIN, B. (Orgs.). *Psychosocial aspects of disaster*. New York: John Wiley & Sons, 1988.

_____. Psychological effects of the radiation accident at Three Miles Island (TMI). In: RIEKS, R. C.; BERGER, M. E.; O'HARA JR. F. M. (Orgs.). *The medical basis for radiation-accident preparedness III*: the psychological perspective. New York: Elsevier Science Publishing Co., Inc.,1991.

CAPRA, F. *O ponto de mutação*. São Paulo: Cultrix, 1982.

CASTEL, R. *As metamorfoses da questão social*: uma crônica do salário. Petrópolis: Vozes, 1998.

_____. *L'insecurité sociale. Qu'est-ce qu'être protegé?* Paris: Seuil, 2003.

_____. *La montée des incertitudes*. Paris: Seuil, 2009.

CASTLEMAN, B. A migração de riscos industriais. *Caderno CRH*, Salvador, 1996, n. 24/25, p. 41-67.

CASTRO, L. Amazônia torna-se uma Região — Programa. Disponível em: <http://parahistorico.blogspot.com.br/2009.2.grandes-projetos-desenvolvimento-e.html> Acesso em: 10 abr. 2014.

CHESNAIS, F. *A mundialização do capital*. São Paulo: Xamã, 1996.

CHOUERI JR., N. *Equipes de perfuração marítima*: uma análise das relações sociais, das condições de trabalho e de produtividade. 1991. Dissertação (Mestrado) — Universidade Estadual de Campinas, Campinas, 1991.

CLOT, Y. *Trabalho e poder de agir*. Belo Horizonte: Fabrefactum, 2010a.

_____. *Le Travail à coeur — pour en finir les risques psychosociaux*. Paris: La Découverte, 2010b.

DANIELLOU, F.; SIMARD, M.; BOISSIÈRES, I. Fatores humanos e organizacionais da segurança industrial: um estado de arte. *Cadernos da Segurança Industrial*, ICSI, Toulouse, 2013, n. 7.

DAVEZIES, P. Processus de précarisation, organisation du travail, santé mentale. In: APPAY, B.; THÉBAUD-MONY, A. *Précarisation sociale, travail et santé*. Paris: IRESCO, 1997. p. 37-46. Disponível em: <http://www.scielo.br/scielo.php?script=sci_arttext&pid=S1415-790X2005000100002>. Acesso em: 27 mar.2014.

DOMINGOS, F. X. V. Contaminação da biota por mercúrio e metais pesados. In: *Anais da 61ª Reunião Anual da SBPC*; 2009, Manaus. Disponível em: <http://www.sbpcnet.org.br/livro/61ra/simposios/si_fabioladomingos.pdf>. Acesso em: 21 mar.2014.

DORAY, B. *La dignité*. Paris: La Dispute, 2006.

_____. *Le taylorisme, une folie rationelle?* Paris: Bordas, 1981.

_____. Résistance, science humaine active. In: LHUILIER, D.; ROCHE, P. (Orgs.). *Nouvelle Revue de Psychosociologie*, 2009, v. 7, p. 199-210.

DRUCK, G. Precarização social do trabalho. In: IVO, A. B. L. (Coord.). *Dicionário temático desenvolvimento e questão social*: 81 problemáticas contemporâneas. São Paulo: Annablume; Brasília: CNPq; Salvador: Fapesb, 2013. p. 373-381.

_____. *Terceirização — (des)fordizando a fábrica:* um estudo do complexo petroquímico. São Paulo: Boitempo, 1999.

DRUCK, G; FRANCO, T. *A perda da razão social do trabalho:* terceirização e precarização do trabalho. São Paulo: Boitempo, 2007.

FEDERAÇÃO ÚNICA DOS PETROLEIROS (FUP). *Óbitos por acidentes de trabalho típicos nos órgãos operacionais da Petrobras*. Rio de Janeiro: Assessoria de Imprensa da FUP, 2014.

FERREIRA, L.; IGUTI, A. *O trabalho dos petroleiros:* perigoso, complexo, contínuo e coletivo. São Paulo: Fundacentro, 2003.

FIGUEIREDO, M.; ALVAREZ, D. Gestão do trabalho na perfuração de poços de petróleo: usos de si e "a vida por toda a vida". *Revista Trabalho, Educação e Saúde*, Rio de Janeiro, 2011, v. 9, supl.1, p. 299-326.

FIGUEIREDO, M. *A face oculta do ouro negro*: trabalho, saúde e segurança na indústria petrolífera *offshore* da Bacia de Campos. Niterói: UFF, 2012.

FILGUEIRAS, V. A. Padrão de atuação da fiscalização do trabalho no Brasil, mudanças e reações. 2014. Disponível em: <http//indicadoresderegulacaodoemprego.blogspot.com.br>. Acesso em: 21 mar. 2014.

FLOEN, S. K.; ELKIT, A. Psychiatric diagnoses, trauma and suicidiality. *Ann.Gen.Psychiatry*, 2007. Disponível em: <http://www.pubmedcentral.nih.gov/articlerender.fcgi?artid=1858696>. Acesso em: 25 mar. 2014.

FRANCO, T. (Org.). *Trabalho, riscos industriais e meio ambiente:* rumo ao desenvolvimento sustentável ? Salvador: EdUFBA, 1997.

_____. *Trabalho alienado*: habitus & danos à saúde humana e ambientais (O trabalho entre o céu, a terra e a história). 2003. Tese (Doutorado). Salvador: UFBA, 2003.

FRANCO, T.; DRUCK, G.; SELIGMANN-SILVA, E. As novas relações de trabalho, o desgaste mental do trabalhador e os transtornos mentais no trabalho precarizado. *Revista Brasileira de Saúde Ocupacional*, São Paulo, jul./dez. 2010, v. 35, n. 122, p. 229-248.

FREITAS, C. M. *Acidentes químicos ampliados*: incorporando a dimensão social nas análises de riscos. 1996. Tese (Doutorado) — Escola Nacional de Saúde Pública/Fundação Oswaldo Cruz, Rio de Janeiro, 1996.

FREITAS, C. M.; PORTO, M. F. S.; MACHADO, J. M. H. *Acidentes industriais ampliados:* desafios e perspectivas para o controle e prevenção. Rio de Janeiro: FIOCRUZ, 2000.

FREUD, S. *O mal-estar na cultura(1930)*. Tradução de Renato Zwiock. Porto Alegre: L&PM, 2009.

FREUDENBERGER, H. J. *L'épuisement professionnel:* "la brûlure interne". Otawa: Gaëtan Morin Ed., 1987.

GILBERTI, M. V.; WALD, N. The Pittsburgh radiation accident: twenty-three-year follow-up of clinical and psychological aspects. In: RIEKS, R. C.; BERGER, M. E.; O'HARA JR., F. M. (Orgs.). *The medical basis for radiation-accident preparedness III:* the psychological perspective. New York: Elsevier Science Publishing Co., Inc., 1991.

GLINA, D. M. R. Da possibilidade de enfrentamento do risco ocupacional: a produção de sentido do trabalho exposto ao mercúrio metálico. In: GLINA, D. M. R.; ROCHA, L. E. (Orgs.). *Saúde mental no trabalho*: soluções e desafios. São Paulo: VK, 2001.

_____. Assédio moral no trabalho. In: GLINA, D. M. R.; ROCHA, L. E. (Orgs.). *Saúde mental no trabalho*: da teoria à prática. São Paulo: Roca, 2010.

GLINA, D. M. R.; ROCHA, L. E. *Saúde mental no trabalho:* da teoria à prática. São Paulo: Roca, 2010.

GUERIN, F.; LAVILLE, A.; DANIELLOU, F. et al. *Comprendre le travail pour le transformer:* la pratique de l'ergonomie. Montrouge: Ed Anact, 1991. Publicação brasileira com o título *Compreender o trabalho para transformá-lo:* a prática da ergonomia. Tradução de Giliane M. J. Ingratta e Marcos Maffei. São Paulo: Edgard Blucher, 1997.

HAMRAOUI, E. Trabalho vivo, subjetividade e cooperação: aspectos filosóficos e institucionais. In: MERLO, A. R. C.; MENDES, A. M.; MORAES, R. D. (Orgs.). *Trabalho, sofrimento, subjetividade.* Curitiba: Juruá, 2014 (prelo).

HARVEY, D. *A condição pós-moderna*. São Paulo: Loyola, 1992.

_____. *O novo imperialismo*. São Paulo: Loyola, 2004.

_____. *O enigma do capital*. São Paulo: Boitempo, 2011.

HELOANI, R.; BARRETO, M. Aspectos do trabalho relacionados à saúde mental: assédio moral e violência psicológica. In: GLINA, D. M. R.; ROCHA, L. E. *Saúde mental no trabalho:* da teoria à prática. São Paulo: Roca, 2010.

HIRATA, H; PRETÉCEILLE, E. Trabalho, exclusão e precarização socioeconômica: o debate das ciências sociais na França. *Caderno CRH*. Salvador, jul/dez. 2002. n. 37, p. 47-80.

HOCHSCHILD, A. *The managed heart*. Berkeley: Berkeley University Press, 1983.

INTERNATIONAL ASSOCIATION OF OIL & GAS PRODUCERS (OGP). *Risk Assessment Data Directory (RADD)*: report n. 434-17: majors accidents. Mar. 2010. Disponível em: <http://www.ogp.org.uk/pubs/434-17.pdf>. Acesso em: 5 nov. 2011.

IVO, A. B. L. *Viver por um fio:* pobreza e política social. São Paulo: Annablume, 2008.

JARDIM, S. *Processo de trabalho e sofrimento psíquico*: o caso dos pilotos do metrô carioca. 1994. Tese (doutorado) — IPUB/UFRJ, Rio de Janeiro, 1994.

_____. Ética e saúde mental do trabalhador a legitimidade dos transtornos mentais relacionados ao trabalho. In: MORAES, T. de (Org.). Ética e psiquiatria forense. Rio de Janeiro: Edições IPUB-Cuca, 2001.

JERVIS, G. *Manual crítico de psiquiatria*. Barcelona: Anagrama, 1977.

JOBIN, P. *Maladies industrielles et renouveau syndical au Japon*. Paris: École des Hautes Études en Sciences Sociales, 2006.

JUHASZ, A. *A tirania do petróleo:* a mais poderosa indústria do mundo e o que pode ser feito para detê-la. São Paulo: Ediouro, 2009.

KRIEGER, N.; WATERMAN, P. D.; HARTMAN. C.; BATES, L. M.; STODDARD, A. M.; QUINN, M. M. et al. Social hazards on the job: workplace abuse, sexual harassment and racial discrimination — a study of black, latino, and white low-income women and men workers (US). *Int. J. Health Services*, 2006, n. 36, p. 51-85.

KRIEGER, N.; KADDOUR A.; KOENEN, K.; KOSHELEVA; A., CHEN, J. T.; WATERMAN, P. D. et al. Occupational, social, and relationship hazards and psychological distress among low-income workers: implications of the "inverse hazard law". *J Epidemiol. Community Health*, 2011, n. 65, p. 260-272.

KURZ, R. *O colapso da modernização*: da derrocada do socialismo de caserna à crise da economia mundial. Rio de Janeiro: Paz e Terra, 1992.

_____. *Os últimos combates*. 4. ed. Petrópolis-RJ: Vozes, 1997.

LAURELL, A. C.; NORIEGA, M. *Processo de produção e saúde*. São Paulo: Hucitec, 1989.

LEITE, R. *Bandeirantes do mar:* a identidade dos trabalhadores das plataformas de petróleo. Niterói: Intertexto, 2009.

LLORY, M. *Acidentes industriais:* o custo do silêncio. Rio de Janeiro: MultiMais, 1999.

_____. La face cachée des catastrophes industrielles. *Revista Santé & Travail*, jan. 2014, n. 85, p. 26-27.

LLORY, M.; MONTMAYEUL, R. *L'accident et l'organisation*. Bordeaux: Préventique, 2010.

LOURENÇO, E. A. de; BERTANI, I. F. Degradação da saúde: determinantes sociais para a saúde dos trabalhadores da indústria agrocanavieira. In: LOURENÇO, E. A.; NAVARRO, V.; BERTANI, I.; SIKLVA, J. F; SANT'ANA, R. S. (Orgs.). *O avesso do trabalho II*: trabalho, precarização e saúde do trabalhador. São Paulo: Expressão Popular/FAPESP, 2010.

MAENO, M. Ser médico. In: VIZZACARO-AMARAL, A.; MOTA, D. P.; ALVES, G. (Orgs.). *Trabalho e saúde:* a precarização do trabalhador e a saúde dos trabalhadores no século XXI. São Paulo: LTr, 2011.

MAENO, M.; PAPARELLI, R. O trabalho como ele é e a saúde mental do trabalhador. In: SILVEIRA, M. *et al.* (Orgs.). *Inovação para desenvolvimento de Organizações Sustentáveis*: trabalho, fatores psicossociais e ambiente saudável. Campinas: CTI/Centro de Tecnologia e Informação Renato Archer, 2013.

MARANHÃO, N. Dignidade humana e assédio moral: a delicada questão da saúde mental do trabalhador. In: RAMOS FILHO, W. (Org.). *Trabalho e regulação*: as lutas sociais e as condições materiais da democracia. v. 1. Belo Horizonte: Fórum, 2012.

MARTY, P. La dépression essentielle. *Revue Française de Psychanalyse*, 1968, v. 32, n. 3, p. 595-598.

MENDES, R. *Patologia do trabalho*. 3. ed. São Paulo: Atheneu, 2013.

MÉSZÁROS, I. *A teoria da alienação em Marx*. São Paulo: Boitempo, 2006.

METZGER, J. L. Mudança permanente: fonte de penosidade no trabalho? *Revista Brasileira de Saúde Ocupacional*, São Paulo, jan./jul. 2011, v. 36, n. 123, p. 12-24.

MIRANDA, F. J. Acidente radioativo de Goiânia: avaliação do acidente, modos de enfrentamento do problema e saúde mental. 1993. Dissertação (mestrado), Universidade de Brasília, Brasília, 1993.

MIRANDA, F. J. e cols. Acidente radioativo de Goiânia: "O tempo cura todos os males"? *Arq. bras. psicol.* Rio de Janeiro, jun. 2005, v. 57, n. 1. Disponível em: <http://pepsic.bvsalud.org/scielo.php?pid=S1809>. Acesso em: 18 maio 2014.

MONROY, M. *La violence de l'excellence*: pressions et contraintes en entreprise. Paris: Hommes et Perspectives/Martin Media, 2000.

MONTEIRO, S. H. *Resíduos de agrotóxicos nos alimentos*. São Paulo: Instituto Biológico/Centro de P&D de Proteção Ambiental, 2013. Disponível em: <<http://www.biologico.sp.gov.br/artigos_ok.php?id_artigo=125>. Acesso em: 23 mar. 2014.

MORAIS, M. do S. A.; ASSIS, P. R. de; OLIVEIRA, J. W. de. O acidente radioativo de Goiânia: considerações da equipe médica. In: *Lições do acidente com o césio-137 em Goiânia*. Goiânia: Fundação Leide das Neves Ferreira, SUDS, 1990.

MORAES, R. D. de. *Prazer-sofrimento no trabalho com automação*: estudo em empresas japonesas no Pólo Industrial de Manaus. Manaus: Universidade Federal do Amazonas, 2010.

MORENO, C. R. C.; FISCHER, F. M.; ROTEMBERG, L. A sociedade 24 horas. *Mente e cérebro — Scientific American Brasil*, ed., 180. Jan. 2008. Disponível em: <http://www2.uol.com.br/vivermente/artigos/a_sociedade_24_horas_8.html>. Acesso em: 27 mar. 2014.

MOULIN M. G. B.; MINAYO-GOMEZ, C. Pedra sobre vidas: vítimas e viúvas na indústria de mármore em Itaóca (ES). *Ciência & Saúde Coletiva*, Rio de Janeiro, ago.2008, v. 13, n. 4.

MÜLLER, H. apud Márcio Seligmann-Silva. A vocação para a Amnésia, 2014. . Disponível em: <http://www.unicamp.br/unicamp/ju/592/vocacao-para-amnesia>. Acesso em: 18/4/2014.

NOGUEIRA, L. S. M. *O sofrimento negado*: trabalho, saúde, doença, prazer e sofrimento dos trabalhadores do alumínio no Pará — Brasil. 2011. Tese (Doutorado) — NAEA (Núcleo de Altos Estudos da Amazônia), Universidade Federal do Pará, Belém, 2011.

OLIVEIRA, C. S.; FERREIRA, A. P. Perfil epidemiológico das ações de vigilância em saúde das populações expostas aos agrotóxicos. *Revista de Saúde, Meio Ambiente e Sustentabilidade*, 2012, v. 7, n. 1. Disponível em: <http://www3.sp.senac.br/hotsites/blogs/InterfacEHS/wp-content/uploads/2013.8.3_ARTIGOS_vol7n1.pdf>. Acesso em: 14 abr. 2014.

ORGANIZAÇÃO DAS NAÇÕES UNIDAS (ONU). *OMS lança iniciativa para eliminação do uso do mercúrio*. Disponível em: <http://www.onu.org.br/oms-lanca-iniciativa-para-eliminacao-do-uso-de-mercurio-de-dispositivos-medicos--ate-2020/>. Acesso em: 23 mar. 2014.

ORGANIZAÇÃO INTERNACIONAL DO TRABALHO (OIT). *Informe final*: reunião tripartite sobre segurança do trabalho em instalações petrolíferas *offshore* e assuntos conexos. Genebra, 1993.

PÁDUA, J. A. Espaço público, interesses privados e políticas ambientais. *Bahia: análises e dados*, Salvador, 1991, v. 1, n. 1, p. 58-60.

PALMEIRA SOBRINHO, Z. *Terceirização e reestruturação produtiva*. São Paulo: LTr, 2008.

PANDOLFO, C. *Amazônia brasileira*: ocupação, desenvolvimento e perspectivas. Belém: Cejup, 1994.

PASSET, R. *A ilusão neoliberal*. Rio de Janeiro: Record, 2002.

PATÉ-CORNELL, M. Learning from the Piper Alpha Accident: a postmortem analysis of technical and organizational factors. *Risk Analysis*, 1993, v. 13, n. 2, p. 215-232.

PAVARD, B. *et al.* Conception de systemes socio-techniques robustes. In: TERSSAC. G.; BOISSIERES, I.; GAILLARD, I. (Orgs.). *La securité en action*. Toulouse: Octarès Editions, 2009.

PEREIRA, J. C. A. Condição camponesa e migração. In: NOVAES, J. R.; ALVES, F. (Orgs.). *Migrantes*: trabalho e trabalhadores no Complexo Agroindustrial Canavieiro (os heróis do agronegócio brasileiro). São Carlos: EDUFSCAR, 2007.

PERILLEUX, T.; CULTIAUX, J. *Destins politiques de la souffrance*: intervention sociale, justice, travail. Toulouse: Érès, 2009.

PESSANHA, R. *O trabalho* offshore: inovação tecnológica, organização do trabalho e qualificação do operador de produção na Bacia de Campos. 1994. Dissertação (Mestrado) — COPPE, Universidade Federal do Rio de Janeiro, Rio de Janeiro, 1994.

PEZÉ, M. *Le deuxième corps*. Paris: La Dispute, 2002.

_____ . *Ils ne mouraient pas tous, mais tous étaient frappés*. Paris: Pearson, 2008.

PIGNATI, W. A.; MACHADO, J. M. H. O agronegócio e seu impacto na saúde dos trabalhadores e da população do Estado de Mato Grosso. In: GOMEZ, C. M.; MACHADO, J. M. H.; PENA, P. (Orgs.). *Saúde do trabalhador na sociedade brasileira contemporânea*. Rio de Janeiro: FIOCRUZ, 2011.

PINTO, F. M. Trabalho e saúde mental: um estudo com motoristas de ônibus de João Pessoa. 2002. Dissertação (mestrado) — Programa de Pós-Graduação (Psicologia), Universidade, Federal da Paraíba, 2002.

PIRES, D. X.; CALDAS, E. D.; RECENA, M. C. P. Uso de agrotóxicos e suicídios no Estado do Mato Grosso do Sul, Brasil. *Cadernos de Saúde Pública*, mar./abr. 2005, v. 21, n. 2,. Disponível em: <http://www.scielosp.rg/scielo.php.pid=SO102-311X20050002000>. Acesso em: 10 abr. 2010.

PORTO, M. F. S. Considerações sobre a dinâmica de regulação dos riscos industriais e a vulnerabilidade da sociedade brasileira. In: HERCULANO, S.; PORTO, M. F. de S.; FREITAS, C. M. de (Orgs.). *Qualidade de vida e riscos ambientais*. Niterói: UFF, 2000.

RATTNER, H. *O resgate da utopia*: cultura, política e sociedade. São Paulo: Palas Athena, 2005.

REGO, V. B. *Adoecimento psíquico no trabalho bancário*: da prestação de serviços à (de)pressão por vendas. Brasília/DF: Ex-Libris, 2011.

_____ . *Repercussões do trabalho na saúde mental de trabalhadores industriais-Relatórios de pesquisa ao CNPq*. São Paulo, 1980-1983.

RIGOTTO, R. (Org.). As tramas da (In)sustentabilidade: trabalho, meio ambiente e saúde no Ceará. Fortaleza: Inesp, 2001.

_____ . Contando a história (feliz) do Curso de Especialização em Saúde, Trabalho e Meio Ambiente para Desenvolvimento Sustentável. In: RIGOTTO, R. (Org.). *As tramas da (in) sustentabilidade: Trabalho, meio ambiente e saúde no Ceará*. Fortaleza: Inesp, 2001.

_____ . *Desenvolvimento, ambiente e saúde*: implicações da (des)localização industrial. Rio de Janeiro: FIOCRUZ, 2008.

RODRIGUES, V. *O trabalho offshore em unidades de perfuração marítima com ênfase no trabalho em turnos*. 2001. Dissertação (Mestrado) — Universidade Federal de Alfenas, Alfenas (MG), 2001.

ROSANVALLON, P. *La nueva cuestión social*: repensar el Estado Providencia. Buenos Aires: Manatial, 1995.

ROSSI, G. *A lã da salamandra*: a verdadeira história da catástrofe do amianto em Casale Monferrato. São Paulo: ANPT, 2010.

RUNDMO, T. Risk perception and safety on offshore petroleum platforms: part. I: perception of risk. *Safety Science*, 1992, v. 17, p. 39-52.

_____ . Associations between risk perception and safety. *Safety Science*, 1996, v. 24, n. 3, p. 197-209.

SANT'ANA, R. S.; CARMO, O. A do; LOURENÇO, E. A de S. (Orgs). *Questão agrária e saúde dos trabalhadores*: desafios para o século XXI. França: Cultura Acadêmica/UNESP, 2011.

SANTOS, J. C. Paradoxos do desenvolvimento: agricultura química e suicídios. *Campo Mourão*, jul./dez. 2013, v. 5, n. 9, p. 105-118.

SANTOS, M. *Por uma outra globalização:* do pensamento único à consciência universal. 3. ed. Rio de Janeiro: Record, 2000.

SCHWARTZ, Y.; DURRIVE, L. *Trabalho & ergologia*: conversas sobre a atividade humana. 2. ed. rev. e aum. BRITO, J.; ATHAYDE, M. (Orgs. da edição brasileira). Niterói: UFF, 2010.

SELIGMANN-SILVA, E.; DELÍA, A. A.; SATO, L. Trabalho e saúde mental dos bancários. Relatório de Pesquisa, São Paulo: DIESAT, 1985, 190p. (mimeo).

_____. A saúde na área operativa do metrô de São Paulo; São Paulo: Diesat/Sindicato dos Metroviários ; 1986 ; 319 p. (mimeo)

_____. SELIGMANN-SILVA, E. *Desgaste mental no trabalho dominado*. São Paulo: coord. Cortez/UFRJ, 1994.

_____. Os riscos da insensibilidade. In: ARAÚJO, A.; ALBERTO, M. F.; NEVES, M. Y.; ATHAYDE, M. (Orgs.). *Cenários do trabalho*. Rio de Janeiro: DP&A, 2004. Publicado originalmente In: FURTADO, T. (Org.). *A falência psicológica das organizações*. Rio de Janeiro: Editoração, 1995.

_____. A interface desemprego prolongado e saúde psicossocial. In: SILVA FILHO, J. F. da; JARDIM, S. (Orgs.). *A danação do trabalho*: organização do trabalho e sofrimento psíquico. Rio de Janeiro: Te Corá, 1997.

_____. Desemprego e psicopatologia da recessão. In: BORGES, L. H.; MOULIN, M. G. B.; ARAUJO, M. D. (Orgs.). *Organização do trabalho e saúde*. Vitória: CCHN/Universidade Federal do Espírito Santo, 2001.

_____. Transtorno de estresse pós-traumático: um caso de TEPT em motorista de ônibus urbano. In: GLINA, D. M. R.; ROCHA, L. (Orgs.). *Saúde mental no trabalho*: da teoria à prática. São Paulo: Roca, 2010.

_____. *Trabalho e desgaste mental*: o direito de ser dono de si mesmo. São Paulo: Cortez, 2011.

_____. A precarização contemporânea: a saúde mental no trabalho precarizado. In: VIZZACARO-AMARAL, A.; MOTA, D. P.; ALVES, G. (Orgs.). *Trabalho e estranhamento*: saúde e precarização do homem que trabalha. São Paulo: LTr, 2012.

_____. Psicopatologia e saúde mental no trabalho. In: MENDES, R. *Patologia do trabalho*. 3. ed. v. 2. São Paulo: Atheneu, 2013.

SENNETT, R. *A Corrosão do caráter*: consequências pessoais do trabalho no novo capitalismo. Rio de Janeiro: Record, 1999.

SEOANI, J.; TADDEI, E. *Recolonización, bienes comunes de la naturaleza y alternativas desde los pueblos*. Diálogo de los pueblos y grupo de estudios sobre América Latina y El Caribe (GEAL). 2010, 106p. Disponível em: <www.dialogodelospueblos.org>. Acesso em: 27 mar. 2014.

SEVÁ FILHO, A. O. Nos limites dos riscos e da dominação — a politização dos investimentos industriais de grande porte. Tese (Livre Docência) — DPCT/UNICAMP, Campinas, mimeo. 1988.

_____. Riscos técnicos coletivos e desorganização do trabalho: alarmes e emergências na indústria petrolífera brasileira em seu transe de mundialização. Relatório de pesquisa (Pós-doutorado) — COPPE, Universidade Federal do Rio de Janeiro, Rio de Janeiro, 1997a.

_____. Resumo e comentário do depoimento do superintendente de mergulho da StoltComex sobre o acidente fatal com o mergulhador Homero Higino e outras situações nos contratos de mergulho com a Petrobras na região Norte Fluminense (Texto 3). Subsídios para o relatório da CPI sobre acidentes nas plataformas de petróleo no Rio de Janeiro. Rio de Janeiro, 1997b.

_____. *Acidentes de grande repercussão na indústria do petróleo e gás, em vários países, de 1947 a 1992*. Rio de Janeiro: UFRJ, 1998.

SHERIFE, K. A impunidade das petroleiras. *Le Monde Diplomatique Brasil*, Ano 3, n. 36, p. 16-17, jul. 2010.

SLATTERY, S. M. *Contributors to secondary traumatic stress and burnout among domestic violence advocates*: an ecological approach. (Dissertation) — Boston College, Boston, 2003. Disponível em: <http://escholarship.bc.edu/dissertatio/AA130322/>. Acesso em: 20 dez. 2010.

SOBOLL, L. A. P. Assédio moral no Brasil: a ampliação conceitual e suas repercussões; In: SOBOLL, L. A. P. (Org.). *Violência psicológica e assédio moral no trabalho*. São Paulo: Casa do Psicólogo, 2008.

STAM, B. *Secondary traumatic stress*: self-care issues for clinicians, researchers & educators. 2nd ed., Lutherville/Maryland: Sidran Press, 1999.

THE NEW YORK TIMES International Weekly (em colaboração com A Tarde). *Tendências mundiais*. Salvador, 10 fev. 2014. p. 2-3.

THÉBAUD-MONY, A. *Travailler peut nuire gravement à votre santé*. Paris: La Découverte, 2007.

TOLMASQUIM, M.; PINTO JR. *et al*. Marcos regulatórios da indústria mundial do petróleo. Rio de Janeiro: Synergia/EPE, 2011.

TRIVELATO, G. Compreender para prevenir: tragédia na boate Kiss em Santa Maria é analisada para evitar ocorrências similares. *Revista Proteção* (RS), Novo Hamburgo, abr. 2013, v. 26, n. 256, p. 70-76.

VIDAL, M. Evolução conceitual da noção de acidentes do trabalho e consequências metodológicas sobre o diagnóstico de segurança. *Cadernos do DEP*, São Carlos: UFSCar, 1989, v. 5, n. 3.

VIEIRA NETTO, O.; VIEIRA, C. M. S. *Transtorno de estresse pós-traumático*. São Paulo: Vetor, 2005.

WISNER, A. *A inteligência no trabalho*: textos selecionados de ergonomia. São Paulo: Fundacentro, 1994.

WLOSKO, M. Malestar y sufrimiento en el trabajo: de la fragilización a la catástrofe psíquica. In: MERLO, A. R. C.; MENDES, A. M; MORAIS, R. D. (Orgs). *O Sujeito no trabalho*: entre a saúde e a patologia. Curitiba: Juruá, 2013.

YODER, C. *The little book of trauma healing*. Good Books, s.l., 2006.

ZIEGLER, J. *Destruição em massa:* geopolítica da fome. São Paulo: Cortez, 2013.

Sites *eletrônicos visitados (principais):*

www.ilo.org>.

www.onu.org.br>.

www.abrasco.org.br>.

www.mma.gov.br>.

<http://www.onu.org.br/oms-lanca-iniciativa-para-eliminacao-do-uso-de-mercurio-de-dispositivos-medicos-ate-2020/>.

<http://www.ufrrj.br/institutos/it/de/acidentes/vene5.htm>.

<http://jornadaagroecologia.com.br/node/313>.

<http://www.biologico.sp.gov.br/artigos_ok.php?id>.

ESTILOS DE GESTÃO DE PESSOAS E SOFRIMENTO PSÍQUICO: A IMPORTÂNCIA DA SOCIODINÂMICA DO TRABALHO[*]

Hilda M. R. Alevato[**]

A preocupação com a relação entre o trabalho e o processo saúde/doença não é recente. É possível dizer que sempre existiu, embora iniciativas mais efetivas voltadas à proteção da saúde dos trabalhadores sejam relativamente recentes.

Nas últimas décadas, porém, o campo da saúde e da segurança no trabalho (SST) vem enfrentando o desafio de reinventar-se diante da constatação de que os tradicionais riscos físicos, químicos e biológicos não esgotam o conjunto das ameaças às quais a vida laboral expõe seus sujeitos. O paradigma normativo hegemônico — fortemente influenciado pelas perspectivas da engenharia e da administração científica — se vê impactado diante daquilo que enquadra genericamente na rubrica "fatores humanos" na qual pouco avança, inclusive pela dificuldade de superar uma abordagem que foca prioritariamente a relação homem/máquina, deixando à relação homem/trabalho um espaço periférico.

Conforme se constata, a tradicional abordagem teórica e metodológica estabelecida para o trato com as questões de SST não consegue atender à complexidade das situações de trabalho na atualidade: flexibilização, intensificação, precarização, dominação, reestruturação produtiva, busca insana pela excelência e desemprego estrutural são alguns dos descritores de um cenário de multicausalidades que cobra o diálogo e a contribuição entre diferentes disciplinas e ciências para ser enfrentado.

Estamos diante de uma incrível carga de exigências nos ambientes laborais, perpassados por crises sócio-históricas, políticas e econômicas de abrangência mundial. Os conhecimentos e técnicas acumulados pela medicina do trabalho, pela higiene ocupacional e pela engenharia de segurança têm se mostrado insuficientes e lacunosos, em especial no trato com a organização do trabalho, terreno no qual as ameaças

---

(*) Artigo adaptado a partir da palestra da autora no I Congresso Internacional de Saúde Mental e Trabalho, promovido pelo Instituto Goiano de Direito do Trabalho, IGT, em 2004. O texto original, "Gestão de pessoas e saúde mental: a importância do estilo de direção na sociodinâmica do trabalho", reproduzido em grande parte aqui, foi publicado no livro "Saúde Mental e Trabalho: coletânea do fórum de saúde e segurança no trabalho do Estado de Goiás". Coordenação geral, Januário Justino Ferreira; coordenação científica, Laís de Oliveira Penido. Goiânia: Cir Gráfica, 2013. p. 559-586.
(**) Doutora em Educação, com formação em Psicanálise Clínica. Coordena o Núcleo de Educação e Saúde no Trabalho (NEST). Professora aposentada pela Universidade Federal Fluminense.

psicossociais se alimentam predominantemente. Transtornos como depressão, síndrome do pânico, *burnout* e outros figuram entre as causas mais frequentes de afastamento do trabalho, segundo dados de 2013 do Instituto Nacional do Seguro Social (INSS).

No bojo do contexto contemporâneo, portanto, destacam-se especialmente as questões relativas aos transtornos mentais e comportamentais e às ameaças psicossociais, que integram o campo da Saúde Mental Relacionada ao Trabalho (SMRT). O primeiro desafio para o enfrentamento de tais questões talvez seja dissociar a expressão "saúde mental" e a representação social da loucura (Wachelke, 2005), que assusta grande parte das pessoas e contribui para que muitos duvidem dos nexos entre a saúde mental e o trabalho, a despeito tanto das evidências quanto do reconhecimento legal[1] já estabelecido.

Diante desse quadro, ainda que de modo não excludente, destaca-se a relevância da reflexão sobre as práticas administrativas e de gestão de pessoas — a sociodinâmica do trabalho — na abordagem da SMRT. No momento em que as empresas tanto valorizam a chamada *resiliência*[2] e centram suas baterias na mobilização subjetiva do assalariado e suas chefias imediatas, é possível afirmar que a violência de natureza psicológica[3] encontra-se no epicentro do processo saúde/doença, contribuindo, inclusive, para o aumento da quantidade de acidentes de trabalho.

Neste capítulo, então, vamos discutir a relação entre alguns estilos de direção ou gestão de pessoas e o as ameaças psicossociais. Baseamos a análise em duas faces da sociodinâmica do trabalho: liderança e autoridade, cuja presença/ausência no cotidiano administrativo nos ajudou a estabelecer diferenciações entre os estilos.

Vale observar que não estamos trabalhando aqui com diferenciações entre os conceitos de gestão, gerenciamento, direção, administração, chefia e outros que perpassam o mundo corporativo e humano. Acompanhando as denominações adotadas pela organização do I Congresso Internacional sobre a Saúde Mental no Trabalho, nos referimos mais frequentemente à *direção*, não como um cargo, mas guardando sempre a intenção de focar o *papel social* daqueles que têm como uma de suas responsabilidades a saúde e a segurança de outras pessoas nos ambientes laborais.

1 SAÚDE MENTAL E TRABALHO: OUTROS DOENTES, OUTROS RISCOS

Estamos, sem dúvida, diante de um enorme desafio. Os dados levantados em pesquisas internacionais sobre a saúde no trabalho[4] nas últimas décadas não deixam dúvidas sobre a relevância do sofrimento psíquico e suas consequências[5].

Há pouco mais de 10 anos, o relatório *"Safety in numbers: pointers for a global safety culture at work"*, publicado pela Organização Internacional do Trabalho (ILO)[6], em 2003, não abria espaço para hesitações quando afirmava que "a maior causa de acidentes e doenças do trabalho é o estresse" (p. 10). Eram cerca de

---

(1) Por exemplo, a Portaria n. 1.339, Ministério da Saúde, de novembro/1999 e o Decreto n. 3.048, de maio/1999, Ministério da Previdência Social.
(2) Resiliência, nesse contexto, refere-se fundamentalmente à capacidade de suportar excessos de toda ordem e adaptar-se a condições de trabalho abusivas.
(3) Conforme Dejours (1992), "A organização do trabalho exerce sobre o homem uma ação específica, cujo impacto é o aparelho psíquico. Em certas condições emerge um sofrimento que pode ser atribuído ao choque entre uma história individual, portadora de projetos, de esperanças e de desejos e uma organização do trabalho que os ignora".
(4) Estaremos nos referindo à saúde no trabalho com o sentido de saúde nos ambientes de emprego. Conforme sabemos, o conceito de trabalho é bem mais amplo que a simples relação de emprego ou de dependência econômico-financeira de um assalariado. Entretanto, em razão do uso popularizado durante o século XX, optamos aqui pela expressão "saúde no trabalho". Também optamos por não utilizar a expressão "saúde do trabalhador", diante da constatação de que as ameaças psicossociais atingem não apenas os trabalhadores, mas também aqueles que os chefiam. É importante ressaltar que o sofrimento e o adoecimento psíquico dessas chefias aumenta muito a carga de ameaças sobre os assalariados.
(5) Há inúmeros documentos da Organização Mundial de Saúde e da Organização Internacional do Trabalho sobre o tema. Ver, em especial: <u>Mental Health and Work: Impact, Issues and Good Practices</u>. Geneva, 2000. Disponível *online*, na *home page*: <www.who.org>.
(6) <www.ilo.org/publns>.

270 milhões de acidentes de trabalho por ano, no mundo, dos quais, cerca de 75% (aproximadamente 200 milhões) poderiam ter sido evitados com os conhecimentos disponíveis. Segundo o mesmo relatório, naquela época o trabalho matava, por ano, aproximadamente 2 milhões de pessoas nos países industrializados, sendo possível imaginar que essa quantidade crescesse bastante se fossem levantados também os dados de países economicamente desfavorecidos. Calculava-se que tais mortes, acidentes e doenças consumiam mais de 4 % do PIB mundial. Já eram mais de 1.250.000 milhões de dólares desperdiçados, em especial nos países que mais necessitavam de recursos. Nesses países, como o Brasil, calculava-se que o custo da desatenção com a SST estivesse próximo de atingir 10% do PIB[7].

Dados mais recentes do Ministério da Previdência Social mostram que o cenário não mudou. Nos últimos anos têm sido registrados mais de 700.000 acidentes de trabalho anuais no Brasil, sem contabilizar as ocorrências vividas por profissionais autônomos, empregadas domésticas, funcionários públicos e muitas outras ocupações nas quais a notificação não é praticada. Mais de 300.000 acidentes/ano levam os trabalhadores a mais de 15 dias de afastamento. Conforme o *link* "Saúde e segurança ocupacional", disponível no *site* oficial do Ministério da Previdência Social, morreu, em média, um trabalhador brasileiro a cada três horas e meia, em 2009. Em termos de gastos públicos, tal cenário de mortes e acidentes de trabalho representava uma despesa de mais de 1 bilhão de reais por semana naquele ano, considerando apenas os custos financeiros e oficiais dos grupos contabilizados.

Esses dados, ao lado de tantos outros levantados por instituições como a OMS (Organização Mundial de Saúde) e a OIT (Organização Internacional do Trabalho), trazem à pauta implicações que precisam ir muito além da indignação. São aposentadorias precoces, absenteísmo (em alguns setores atinge a marca de 10% dos trabalhadores/dia), redução na empregabilidade, empobrecimento da família (pela sobrecarga gerada pela doença e pela queda no rendimento familiar), dentre outras graves consequências para as empresas, para os trabalhadores e suas famílias, para a sociedade.

Ao mesmo tempo, para a economia do país, a quantidade de acidentes e doenças do trabalho está diretamente relacionada à produtividade. Os países mais competitivos são aqueles que apresentam taxas mais baixas de acidentes[8].

Entretanto, mais do que qualquer preocupação com o enfoque meramente particular, financeiro ou empresarial o que esses dados nos revelam é a urgência com que precisamos mudar a abordagem com que temos focado a saúde e a segurança no trabalho, no Brasil. Precisamos avançar do debate circular que impede o enfrentamento de algumas questões, restringindo a participação séria de alguns setores em iniciativas mais propositivas. Precisamos avançar, libertando-nos da atitude meramente denunciativa.

Entre nós, a dicotomia mau patrão/bom empregado aparece frequentemente como a única geradora de adoecimento e morte, quando sabemos que a complexidade das relações de emprego/desemprego — especialmente nas grandes cidades — não comporta uma análise tão reducionista. Ainda que mereça atenção especialíssima o fato de não termos superado situações inaceitáveis como o absurdo do trabalho de caráter escravo ou o trabalho infantil, há indicadores bastante sérios que vêm recebendo atenção insuficiente.

Como se sabe, o campo do sofrimento psíquico no trabalho talvez seja hoje um dos mais desafiadores, em termos de pesquisa, comprovação, prevenção e intervenção. Além de não se prestar a soluções de caráter simplista — como a recomendação do uso de um equipamento individual de segurança ou a construção de uma parede de isolamento, por exemplo — a mente humana ainda representa um enigma, especialmente quando o assunto é a consciência (Damásio, 2002). Não é possível entender um fenômeno como o estresse laboral sem considerar a complexidade das interrelações que o próprio atingido elabora em suas vivências.

---

(7) Inter-American Development Bank, 20.6.2002. <www.iadb.org/exr/prensa/2000/cp11900e.htm>.
(8) International Institute for Management and Development. Ver: <www02.imd.ch/wcy/>.

Conforme apontamos em outra oportunidade (Alevato, 1999), as características dos ambientes de trabalho contemporâneos nos trouxeram o desafio de ampliar o rol de adoecidos e mortos pelo trabalho. Antes, eram exclusivamente os mais pobres, os excluídos da escolarização e do acesso aos bens da humanidade, aqueles que sofriam e morriam com o trabalhar. Seu sofrimento e suas mortes levaram ao movimento pela prevenção, refletido em normas regulamentadoras e equipamentos de segurança — individual e coletiva —, que vêm sendo aprimorados desde meados do Século XX.

Nos campos físico, químico e biológico dos riscos à saúde no trabalho muito já se avançou. Há muita informação disponível e, em muitos casos, apenas a existência da miséria e da ganância sem limites é capaz de submeter um ser humano à cena vivida por Chaplin, em seu famoso "Tempos Modernos". Isso significa dizer que a exposição de trabalhadores a riscos nesses campos é fruto mais da perversa situação social de excludência e exploração criminosa praticada por alguns, do que das possibilidades de proteção contra condições oportunizadas pela própria atividade.

Tais considerações nos levam à primeira reflexão sobre as mudanças necessárias ao entendimento do que hoje chamamos de riscos à saúde do trabalhador. Certamente, ao novo entendimento dessa espécie de "mapa de riscos", cabe outro tipo de iniciativa de "prevenção". O que fazer diante de milhões de excluídos e miseráveis que clamam por condições mais dignas de vida em nosso país? Quais os caminhos necessários para "prevenir" que um homem precise se submeter à escravidão? Como conter a exposição criminosa de trabalhadores a condições de trabalho penosas e até indignas?

A segunda reflexão vem a reboque da primeira. Se é verdadeira a afirmação da Organização Internacional do Trabalho, *"occupational accidents are all caused by preventable factors within the workplace"* (Safety in numbers, 2003. p. 9), por que muitas empresas, instituições e governos ainda não agem de forma a mudar um cenário tão devastador, de mortes, mutilações e adoecimentos? Na mesma linha de raciocínio, se fosse apenas uma questão financeira, por que não implantar medidas que tornem os empregados mais produtivos, além de evitar gastos desnecessários? Também aqui é possível perceber que a ideia de "prevenção" exige um ajuste de enfoque e de encaminhamentos, além de novos e diferentes fóruns e metodologias de investigação e ação.

Há, porém, uma terceira reflexão na qual pretendemos nos deter mais cuidadosamente. Falar em doença do trabalho há algumas décadas era falar do Outro, falar pelo Outro, protegê-lo, atendê-lo. Hoje, falamos de todos nós. Falar de doença do trabalho há algumas décadas era falar de riscos restritos a determinados grupos, diferenciados por ocupação. Hoje, falamos de um risco de natureza socioambiental, que atinge de forma generalizada, adoecendo direta e indiretamente, inclusive por agravar a ameaça dos demais riscos ao atingir as relações de poder — aqueles ocupantes de cargos e posições de domínio — e interferir na disposição, na atenção, na vontade de trabalhar.

Atualmente, vemo-nos em cada uma das situações de estresse descritas tanto em reportagens de jornal quanto na literatura mais especializada. Todos — inclusive os mais escolarizados, os menos atingidos pelas condições agressivas dos fatores físicos, químicos e biológicos, os mais politizados — vivem o risco cotidiano do estresse, da violência, da sobrecarga de apelos e demandas gerada pela revolução tecnológica e pelo modelo econômico dominante.

Portanto, sem desconsiderar que o trabalhador mais explorado vive a necessidade inadiável de iniciativas que contribuam para erradicar as condições criminosas às quais é submetido em muitos ambientes de trabalho, é preciso não esquecer que os riscos socioambientais à saúde no trabalho não escolhem suas vítimas. "Democraticamente", os tempos aos quais alguns chamam de "pós-modernos" ampliaram bastante o rol daqueles que morrem e adoecem pelo trabalho ou pela falta dele.

Entretanto, ao atingirem não apenas os empregados, mas também seus chefes, seus gerentes, seus diretores, os juízes, os médicos, os professores, e outros, as doenças dos novos tempos colocam a situação de todos em risco de agravamento. São pessoas adoecidas e investidas de poder[9], assediando ou agindo de maneira inadequada e até violenta, o que nos impõe a necessidade de vencer as explicações mais óbvias e usuais. É preciso atenção para não banalizar olhares e enfoques.

Dessa maneira, queremos destacar essa terceira reflexão, à qual chamamos de "nova" geração de doenças e doentes do trabalho. São processos de adoecimento com diferentes mapas sintomáticos, vividos por ocupantes de cargos e funções de diferentes naturezas, numa dinâmica progressiva de sofrimento patológico de difícil enfrentamento. Suas causas são múltiplas e os estressores próprios da sociodinâmica do trabalho tendem a se realimentar, expandindo os quadros de adoecimento e os índices de acidentes e mortes em todos os segmentos profissionais.

Três cuidados básicos merecem atenção: o primeiro diz respeito à facilidade com que desprezamos nossos primeiros sinais de sofrimento psíquico e/ou de adoecimento. São familiares e colegas que nos "diagnosticam" por meio da conhecida explicação *"você não tem nada, isso é só psicológico"*, confundindo a dimensão psicológica com imaginação, fantasia, desacreditando das queixas e recomendando um descanso ou um passeio de final de semana como "tratamento".

Há também o fato de outros colegas viverem sintomas semelhantes e por isso contribuírem para o falso entendimento de que *"se está todo mundo com o mesmo sintoma, as mesmas queixas, deve ser assim mesmo"*. A alegação comum é que estamos *apenas* "estressados", no sentido popular do termo: se *"está todo mundo estressado"*, é assim mesmo que tem que ser, não há alternativa. Essa perspectiva leva a um grave descaso com a clara evidência de um processo saúde-doença que tende a ser vivido sem a necessária atenção, contribuindo para que o agravamento da situação provoque doenças sérias, mutilações e até mortes.

O segundo cuidado se refere à diferenciação entre o adoecimento de uma pessoa por condições que se originam em sua vida particular (por causas genéticas, perdas sociais, conflitos na vida familiar etc.) e as ameaças psicossociais que atingem um diversificado universo de pessoas, no mesmo ambiente laboral. São inúmeras pistas[10], evidenciadas por discursos, atitudes e queixas que perpassam o cotidiano e contagiam o ambiente, exigindo ações voltadas mais à sociodinâmica do trabalho do que às expressões de sofrimento.

Dentre tais expressões, situa-se aquilo que alguns identificam como "desmotivação", refletindo um entendimento gerado numa curiosa e improvável situação de coincidência: tantas pessoas desmotivadas, no mesmo lugar, ao mesmo tempo. Como se percebe na literatura especializada, a ideia de uma "desmotivação" de caráter generalizado é bastante discutível. Além de ser fenômeno de características individualizadas, as ações humanas são sempre motivadas, inclusive quando as pessoas mostram desinteresse pelo que está sendo proposto.

Para Freud (1995, XVIII):

> O fato é que a percepção dos sinais de um estado emocional é automaticamente talhada para despertar a mesma emoção na pessoa que os percebe. Quanto maior for o número de pessoas em que a mesma emoção possa ser simultaneamente observada, mais intensamente cresce essa compulsão automática. O indivíduo perde seu poder de crítica e deixa-se deslizar para a mesma emoção. Mas, ao assim proceder, aumenta a excitação das outras pessoas que produziram esse resultado nele, e assim a carga emocional dos indivíduos se intensifica por interação mútua. Acha-se inequivocamente em ação algo da natureza de uma compulsão a fazer o mesmo que outros, a permanecer em harmonia com a maioria. Quanto mais grosseiros e simples são os impulsos emocionais, mais aptos se encontram a propagar-se dessa maneira através de um grupo. (p. 95)

---

(9) Para um aprofundamento desse enfoque, ver o trabalho do psiquiatra Otto Kernberg (2000), especialmente p. 85ss.
(10) Para melhor entendimento dessas pistas, ver Alevato, 1999. p. 126 ss.

Assim, um cenário avaliado como composto por várias pessoas "desmotivadas" está sendo alvo de um equivocado diagnóstico que tende a se desdobrar em intervenções inadequadas e provocadoras de mais sofrimento em quem precisa passar grande parte de seu dia diante de obrigações e circunstâncias que agridem sua saúde. Onde se vê pessoas que não se motivam pelo que está sendo proposto, a melhor iniciativa não é a que parte de "conscientizações", palestras motivacionais ou esforços por transformações "comportamentais", mas sim a que se volta para a revisão das próprias propostas, das relações, da organização sociodinâmica do trabalho.

Em síntese, esse segundo cuidado nos ajuda a responder uma questão que frequentemente é colocada por nossos interlocutores nos debates sobre o sofrimento psíquico no trabalho. Eles tendem a entender o complexo fenômeno do sofrimento psíquico como exclusivamente particular, ressaltando a dificuldade em determinar a relação entre o que acontece no ambiente de trabalho e o adoecimento. Podemos dizer, de maneira muito simplificada aqui, que um dos critérios que pode ser incorporado à avaliação dessa relação (trabalho/sofrimento psíquico) é justamente o fato de que o risco socioambiental, quando presente, tende a aumentar os índices de adoecimentos diversos, acidentes, queda na produtividade e absenteísmo, num cenário propício a atitudes identificadas no senso comum como uma "desmotivação" coletiva.

O terceiro cuidado tem relação com o conceito de saúde mental do trabalhador. Quando falamos em saúde mental, não podemos restringir a leitura às vítimas tradicionais das doenças do trabalho. Conforme dissemos, há muitos chefes, diretores e profissionais que não se enquadram na definição de "trabalhador" *stricto sensu* — médicos, juízes, engenheiros, etc. — mas que hoje são vitimados pelas ameaças psicossociais e capazes, portanto, de agravar o sofrimento de todos pelo processo de deterioração da própria saúde mental.

A tendência a atribuir as atitudes defensivas, neurotizadas e muitas vezes violentas, de pessoas investidas de poder às características oriundas de uma personalidade impermeável, sem vínculos ou deformada, leva a equívocos nas intervenções e na atenção que os grupos por eles comandados demandam. Ainda que não se ignore o fato de que o sofrimento psíquico de caráter patológico tenha relação com características individuais — como acontece com qualquer doença —, é necessário atentar para outros indicadores presentes no cotidiano e na vivência intra e extragrupal, para avaliar a situação e combater a ameaça dos fatores socioambientais de risco nas experiências laborais de todos. Conforme explica Pichon-Rivière (1998) é *preciso "trabalhar o grupo como totalidade e a doença como um emergente dessa totalidade"*, já que o *"emergente mental está em relação direta com o surgimento de determinadas tensões no grupo"* (p. 8).

Assim, conforme estamos vendo, a relação entre o conjunto de competências exigidas na atividade de gestão de pessoas e a qualidade de vida nos ambientes de trabalho é bastante estreita e intensa. Nesses ambientes, chamam a atenção, em especial, as especificidades da formação grupal, fenômeno que chamamos de grupalidade, conforme veremos a seguir.

2 GRUPOS HUMANOS E GRUPALIDADE

Sem apelar para a já superada discussão acerca de um homem com "instinto gregário", podemos dizer que não é possível imaginar um ser humano fora de sua rede social. Tal rede, histórica, cultural, é a base na qual se constrói a consciência humana — sua prática social — por meio de um processo radicalmente interativo, num universo simbólico de grande complexidade. No cotidiano, durante toda sua vida, esse ser vai desenvolvendo suas funções mentais superiores em aprendizagens vividas nas diferentes situações.

É a esses grupos que se lançam demandas pulsionais de vida e morte, numa ilusão de extensão do eu, que os transforma — aos grupos — em objetos de pulsões. Num complexo processo de natureza homeostática, para o qual concorrem equilíbrios instáveis em permanente realinhamento, os grupos vão se formando, reorganizando, transformando, morrendo. É na economia particular/coletivo, renovação/

conservação, nós/eles etc., que se mantém a ideia de grupo, diferenciando-o de um coletivo de pessoas ou da ideia de massa. Como define Baremblitt (1986), *"em seu sentido empírico, grupo é um conjunto de indivíduos associados em torno de um objetivo comum durante um período de tempo prolongado"* (p. 2).

Se esse objetivo comum — sua tarefa, conforme a psicanálise — se perde, a tendência é o esvaziamento e o desmanche grupal. Num exemplo simples, é possível imaginar um grupo de amigos adolescentes que se reúne para jogar bola. Com o passar do tempo, a vida adulta e a entrada em cena de outros interesses e demandas, os membros vão abandonando os encontros, afastando-se e buscando novos caminhos. Podem manter amizades pessoais, mas o espírito de grupo deixa de justificar-se.

Um grupo humano, portanto, existe com base nessa tarefa comum, nesse *plus* que transforma os indivíduos em pessoas em relação, numa busca partilhada por algo que se acha na própria relação. Um conjunto de indivíduos num ônibus urbano, nessa perspectiva, não chega a formar um grupo, porque ainda que tenham um objetivo semelhante — chegar a algum ponto da cidade — não dependem uns dos outros para atingi-lo, não estabelecem suas regras em acordo, não criam, não produzem, não têm, enfim, uma tarefa comum.

A formação de um grupo é um processo que tem como momento fundante a decisão dessa tarefa, em torno da qual as pessoas se agregam, criando suas normatizações, seus compromissos, suas obrigações, suas formas próprias de interagir, seu prazer e seu sofrimento. Há um sentido único, conhecido e partilhado pelos membros do grupo. Esse sentido embute a interdependência, ou seja, sozinho nenhum membro consegue ou mesmo deseja realizá-lo.

De uma maneira geral, a participação em grupos é espontânea, conquistada ou desenvolvida, comportando a liberdade de escolha de companheiros, de novas associações e de desligamento. Mesmo que possamos visualizar inúmeras nuances no movimento dos grupos humanos, além de outras classificações possíveis, precisamos concordar que nossa sociedade é permeada por esse tipo de formação, podendo-se encontrar grupos em torno de tarefas de diferentes naturezas: religiosa, esportiva, lúdica, afetiva, musical, terapêutica etc. Entretanto, mesmo nos grupos de caráter terapêutico como os conduzidos por Bion, um grande estudioso dos grupos, a presença dessa tarefa fundante é clara, assim como a participação baseada no livre-arbítrio.

Entretanto, num ambiente de trabalho, os chamados grupos têm características totalmente diferenciadas. É um fenômeno exclusivo do modelo econômico contemporâneo, com especificidades focadas por poucos. Nossas pesquisas sobre a sociodinâmica do trabalho vêm se dedicando intensivamente a esse estudo. Dentre outros pontos, já identificamos três particularidades dessa forma de associação que chamamos de "grupalidade" (Alevato, 2004b): a compulsoriedade, a aleatoriedade e a transitoriedade.

Tais particularidades se originam no próprio processo de filiação, quando as pessoas se empregam. Nesse momento, elas são levadas a aceitar a presença de outros, os quais geralmente desconhecem. Não trabalham juntas porque querem, e raramente com colegas de sua escolha pessoal. Também não as une um desejo comum, como acontece com aqueles que se aproximam para jogar ou formar um conjunto musical. Algumas ali estão porque viram um anúncio no jornal, outras porque um amigo indicou, outras porque não havia opção diferente. Buscam a sobrevivência: atender a necessidades individuais e desejos que não coincidem com os produtos finais de suas atuações. O sentido de estar ali não se realiza ali.

Ao empregarem-se, as pessoas são obrigadas a passar a maior parte de seus dias convivendo, sem alternativa, com desconhecidos com quem dividem o espaço laboral e o resultado de seu esforço pessoal. Não podem simplesmente decidir não comparecer a um encontro, não podem sequer decidir quando e se se encontrarão. Geralmente a convivência com os colegas de trabalho é mais frequente e intensa do que com as pessoas a quem amam e escolheram para partilhar a vida.

Entretanto, apesar dessa intensa carga de relacionamento diário, a grupalidade traz implícita a provisoriedade de uma filiação que se funda na esperança da realização de objetivos privados, fora daquele ambiente. A sensação predominante entre os empregados de uma organização não é de que a tarefa grupal lhes diga respeito: trabalham para alguém, não para si. Ao mesmo tempo, estar ali não depende apenas de sua dedicação, de seus esforços ou de seu "comprometimento", visto que as reestruturações, o mercado e a lógica do capital comandam as decisões sobre demissões.

Todos esses pontos, dentre outros que caracterizam os coletivos humanos nos ambientes de trabalho, são muitas vezes desconsiderados quando se pensa na formação daqueles que os coordenarão no dia a dia. O fenômeno da grupalidade — cuja compreensão se mostra tão fundamental para a qualidade de vida das pessoas e para o resultado empresarial — é vivido em processo e precisa ser administrado cotidianamente. Talvez seja correto afirmar que o maior desafio da direção, do gerenciamento de pessoas, seja fundar e contribuir para manter aceso o espírito de grupo[11].

De certa forma, e guardadas as devidas ressalvas, as características da grupalidade tendem a sobrevalorizar a importância da tarefa, exigindo uma atitude de permanente explicitação do sentido do estar ali. Há uma demanda por uma *"força de interdependência capaz de unir os participantes, explicando a todos e a cada um o valor de cada esforço"* (Alevato, 1999. p. 33).

Assim, podemos dizer que a melhor chefia é a que consegue manter aceso o desejo de "fazer parte", numa trama comum. Isso acontece por meio da construção, do compartilhamento e da solidariedade em torno do objetivo comum, daquilo que justifica o sentido e o esforço por "estar ali", tornando menos penoso o sacrifício cotidiano que o trabalhar implica.

Freud (XVIII, p. 99ss) chama essa força de interdependência de libido (outros já haviam denominado de contágio, imitação, sugestão, etc.). Para ele, a ideia de libido contempla duas exigências: a) a união das pessoas passa por uma espécie de poder; e b) a união envolve uma necessidade de harmonia, de permissão para que outros o influenciem. Ao tornar-se membro de um grupo, aceitar a ideia de um "nós", o indivíduo encontra o limite do amor narcisista, vendo-se para além do lucro objetivo e imediato da colaboração com outros.

É uma espécie de identificação com outros que nos permite entender o "nós": ser igual ou ver outros como iguais, não sentindo aversão por eles, nem por si mesmo. Freud explica que essa identificação pode surgir com *"qualquer nova percepção de uma qualidade comum partilhada com alguma outra pessoa que não é objeto de instinto sexual"*, sendo essa qualidade emocional comum apoiada *"na natureza do laço com o líder"* (*idem*, p. 117). Ele — o líder — nos retrata, ele nos representa, ele nos protege, amando *"todos os indivíduos do grupo com um amor igual"* (*idem*, p. 105/6).

Essa imagem de "pai" com que Freud descreve o líder tem sido bastante discutida ao longo dos anos. Mas, apesar de todos os questionamentos que a obra de Freud tem atraído, desde os primórdios dos estudos de administração as teses sobre a influência da liderança sobre o comportamento das pessoas só vem se confirmando.

Kernberg (2000) deixa evidente que:

Independentemente dos desafios propostos às instituições pela realidade externa ou mesmo por crises que afetam sua própria existência, os bons líderes podem de fato ajudar as organizações a sobreviver e a funcionar sem uma severa regressão paranogênica. (p. 147)

Conforme explica Fiedler (1967) *"a experiência tem mostrado que o líder é, provavelmente, o fator isolado mais importante para influenciar a realização da equipe"* (p. 731). Especialmente nos momentos de crise, conforme nossas pesquisas vêm confirmando, a presença dessa referência, com suas características, é capaz de diferenciar o rumo dos acontecimentos.

---

(11) Alguns autores têm trabalhado na diferenciação entre grupo e equipe, como destacam Albuquerque e Puente-Palacios (2014). Aqui, no entanto, defendemos que o fenômeno da grupalidade é bem mais característico dos ambientes de trabalho e antecede as formações nomeadas como grupos.

No caso dos ambientes de trabalho, todas as observações genéricas sobre os grupos humanos precisam ser potencializadas, já que além das demandas próprias de qualquer grupo, acresce-se a própria exigência de fundação e superação das características da grupalidade. Essa exigência coloca aquele que trabalha coordenando pessoas, gerenciando, dirigindo, diante das duas faces mais relevantes de sua função: autoridade e liderança.

Dizendo de outra forma, ao lado da demanda interna por liderança, os ambientes de trabalho guardam especificidades que exigem também autoridade daquele a quem se atribuiu a função de dirigir pessoas. No Brasil, autoridade é um conceito bastante confundido com autoritarismo, tema do qual muitos querem se esquivar. No entanto, é necessário enfrentar o desafio de compreender melhor o sentido moral de autoridade, inclusive por sua importância no desenvolvimento da autonomia. A seguir, vamos apresentar algumas breves considerações sobre cada uma dessas faces da gestão de pessoas nos ambientes de trabalho: liderança e autoridade.

3 GRUPALIDADE E LIDERANÇA

O que seria um bom líder? Haveria alguma forma de descrever um bom líder ou de identificar "traços pessoais" capazes de indicar alguém ao posto de liderança?

Essas questões têm ocupado o tempo de uma série de pesquisadores há muitas décadas, mas, efetivamente, não há nenhuma evidência de que alguma característica possa ser associada a qualquer espécie de personalidade típica de liderança. Apesar da abundância de publicações sobre o assunto, ainda que se possa dizer que existe um fenômeno ao qual chamamos de liderança, *"'líder' é apenas aquele que em determinada situação melhor contribui para manter e/ou reencaminhar os membros de um grupo em direção àquilo que justifica sua união"* (Alevato, 2004a. p. 141).

O papel de líder é, portanto, fundamental para o grupo que representa — ou que se vê representado nele — na medida em que ao diferenciar sua ação da ação dos membros em geral pode favorecer a realização da tarefa de todos. Sua ausência ou seu exercício equivocado tendem a fragilizar principalmente as relações do grupo com seu entorno: a imagem pública do grupo, a forma como o grupo é visto e tratado por aqueles que não fazem parte dele. Isso dificulta o estabelecimento interno do "nós": uma espécie de "sensação" de pertencimento, de vontade de "fazer parte".

É interessante perceber que nos melhores momentos da grupalidade, a figura de uma liderança flutuante, ou seja, a presença de lideranças esporádicas e situacionais é um emergente gerador de oxigenação e criatividade. Em geral, em sua melhor forma, o grupo preserva uma liderança básica, uma espécie de referência, que aparentemente se oculta diante de lideranças eventuais, mantendo a segurança que favorece as diferentes manifestações sem que isso represente ameaça. Debatem-se os problemas e respeitam-se opiniões diversas.

Por que a divergência e o conflito não são sinais de ameaça nesse caso? Porque nos melhores momentos da grupalidade, os membros são levados a buscar o mesmo fim, um fim comum, um objetivo desejado, que se realiza pelo esforço de todos. A existência desse fundamento do "nós", dispensa os esforços pelo assemelhamento discursivo. Muitas vezes os membros brigam, discordam entre si, às vezes até dos caminhos decididos, mas aceitam examiná-los e segui-los, porque todos acreditam querer a mesma coisa.

Assim, nem sempre é o mesmo guia que luta por todos. Emergem diferentes forças orientadoras não só porque parece claro para os participantes que precisam estar juntos para atingir o que todos desejam, mas também porque sabem que por trás desse guia eventual está alguém que ajuda a reafirmar a confiança no sentido do esforço coletivo.

No caso dos ambientes de trabalho, porém, a pessoa que vive o cargo ou a função de coordenação de um conjunto de pessoas muitas vezes não parece, ela mesma, ter confiança no sentido daquilo que propõe: propõe porque algum superior hierárquico decidiu que seria assim. Isso acontece frequentemente com os chamados "chefes-sanduíche"[12], aqueles que estão em níveis intermediários da estrutura organizacional, distantes dos grandes centros de poder e decisão empresarial. Vivem a contradição de ser porta-vozes e muitas vezes até aderir à lógica do capital, apesar de nada decidirem e de constituírem, eles mesmos, assalariados descartáveis numa estrutura corporativa que não se compromete, ainda que cobre comprometimento.

Na medida em que a grupalidade se fragiliza, mais tende a demandar uma presença explícita de liderança, nesse caso *mágica*: forte para enfrentar quaisquer ameaças, capaz de determinar caminhos e guiar os membros em direção à saída do *labirinto*. Nesses casos, aumenta o risco de uma liderança disfuncional, seja pelas próprias fragilidades grupais, seja pelas tensões vinculares sobre uma subjetividade marcada por pressões patológicas e fragmentações, seja pelo fato de que também o líder pode ser atingido por transtornos mentais e comportamentais.

Portanto, num cenário de desemprego e competição, as contradições internas não ameaçam apenas o sucesso da tarefa ou a saúde e segurança dos trabalhadores, mas também a pessoa que oficialmente deveria cuidar para que tudo acontecesse da melhor forma para todos. Um fracasso na tarefa tende a representar um fracasso pessoal de seu responsável e um risco ao vínculo empregatício.

Ao mesmo tempo, como a função de chefia muitas vezes é oferecida como prêmio pelo bom desempenho profissional e/ou como uma espécie de promoção na "carreira", o fantasma do fracasso privado ocupa mais as preocupações do que o sucesso da tarefa, levando para o campo das interações e relações pessoais as diferenças e ajustes do cotidiano. Qualquer crítica, nesses momentos, tende a ser traduzida como ofensa, provocando reações de defesa egóica impróprias à solidariedade e à busca pelo objetivo coletivo. Desenvolvem-se mecanismos de amenização das críticas, cuidados excepcionais e contraproducentes, silenciamentos generalizados, que em nada ajudam na busca por melhores condições de trabalho e maior realização pessoal.

Não podemos dizer que a relação entre o sucesso da tarefa e a competência da chefia seja simples e direta. Da mesma forma, o fracasso do produto do esforço coletivo não pode ser atribuído exclusivamente às falhas da chefia. Porém, a qualidade da liderança pode ser relacionada diretamente ao espírito de grupo, à qualidade de vida dos profissionais, à imagem pública do coletivo, à qualidade das relações, à solidariedade e muito mais, o que, obviamente, contribui para o sucesso ou o fracasso da tarefa em seu sentido amplo.

Como estamos vendo, a fragilização da grupalidade, a inexistência do espírito de grupo ou o processo de desmanche grupal, são situações muito dolorosas tanto para quem trabalha quanto para aquele que tem responsabilidades na gestão das pessoas. O comportamento disfuncional de um líder, portanto, *"pode originar-se das características da própria estrutura organizacional, e não de sua própria personalidade"*, como esclarece Kernberg (2000. p. 83).

Essa disfuncionalidade nem sempre é agressiva, mas geralmente é autoritária. Um excessivo amor pelo líder, uma excessiva dependência, uma excessiva idealização, são também exemplos interessantes de uma espécie de relação de autoritarismo camuflado. Como nossa sociedade tende a associar autoritarismo à grosseria e à violência explícita, é difícil perceber o autoritarismo embutido em atitudes aparentemente carregadas de afeto e receptivas às participações, cuja única manifestação possível, entretanto, é aquela que confirma a vontade do líder ou da estrutura de poder a qual ele é obrigado a representar.

Muito se poderia dizer ainda sobre o fenômeno da liderança, tema fascinante e, sem dúvida, desafiador. Entretanto, para nossos propósitos cabe apenas sintetizar alguns aspectos dentre tantos que poderiam ser destacados.

---

[12] A metáfora do "sanduíche" vem do fato de esses chefes situarem-se entre a base — o corpo de assalariados e suas demandas — e as esferas de poder efetivo da organização, que impõem suas decisões. Cabe a eles, também assalariados, mediar essas duas partes e seus interesses.

Primeiramente, a importância da liderança na vida coletiva nos ambientes de trabalho. Se concordamos que um grupo é mais do que um conjunto de pessoas obrigadas a conviver diariamente e o reconhecemos como a ilusão de uma espécie de potência do eu, aquele algo mais que une as pessoas em torno de uma tarefa, podemos aceitar que trabalhar na gestão de pessoas exige competências específicas. Isso acontece pelas próprias características do fenômeno da grupalidade — aleatoriedade, transitoriedade e compulsoriedade, às quais já nos referimos anteriormente —, que demandam iniciativas que contribuam para sua superação em direção à constituição de um fenômeno mais tipicamente grupal.

Outro ponto importante é a impossibilidade de fixar características pessoais que permitam identificar uma personalidade mais ou menos indicada à função de liderança. Isso nos leva a diferenciar o que estamos discutindo da tendência a atribuir o sucesso na gestão de pessoas às características de personalidade de alguém.

O que as pesquisas têm apontado é algo bastante diferente disso, fundado na prática social e no desenvolvimento de conhecimentos e técnicas que se mostram ainda mais importantes quando as circunstâncias contextuais ameaçam a saúde e a segurança de todos. Pode ser possível identificar alguém que desconheça o que está por trás da vida coletiva nos ambientes de trabalho e que venha acertando em suas iniciativas, mas, certamente, poucos são os que advogam a favor do acaso quando a vida das pessoas está em jogo. Sabemos que um preparo adequado para a função representa bem menos risco para todos do que deixar a tarefa entregue aos acertos e erros da espontaneidade de alguém. Boa parte das ameaças psicossociais se agrava diante de equívocos praticados por pessoas mal preparadas para assumir os grandes desafios das funções gerenciais.

A seguir, é relevante destacar a vivência grupal como um movimento incessante em busca de um equilíbrio que não existe por si só, demandando atenção e cuidados dependentes do trabalho e das características da liderança. Tal qual acontece com a saúde, que é um ideal a ser permanentemente cultivado — sono adequado, atividade, alimentação etc. — também a vida coletiva demanda atenção e cuidados que envolvem competência e administração cotidiana. Não se avalia um bom gestor de pessoas pelos momentos de exceção, pelas atitudes nas emergências. Um bom gestor de pessoas é aquele que consegue manter viva a chama do grupo no cotidiano, na rotina.

Finalmente, um dos mais relevantes pontos: de tudo que sabemos sobre a grupalidade e a liderança, podemos deduzir que nenhuma liderança pode ser pensada no isolamento, fora da vivência grupal e do contexto histórico, socioeconômico e cultural no qual se insere. Dizendo de outra forma, é fundamental compreender que o fenômeno da liderança se manifesta em situação, ou seja, há um cenário, um ambiente, uma circunstância na qual essa liderança pode ser analisada, de tal forma que sua qualidade — da liderança — só se mostra apropriada quando avaliada sob determinadas condições. Um excelente líder para um grupo pode ser péssimo em outro, especialmente se não souber exatamente por que sua atitude de sucesso no grupo anterior foi possível.

Muitas vezes, inclusive, a ação da liderança é adequada às demandas grupais, mas fundada na intuição, na imitação de outros, no ensaio e erro. Esse quarteto de letrinhas (*i-intuição; i-imitação; e-ensaio; e-erro*) frequentemente está por trás das ações gerenciais de pessoas que assumem suas posições na hierarquia corporativa sem a devida atenção ao fato de que o exercício de funções de liderança de pessoas se funda num conjunto de competências diferentes daquelas necessárias ao exercício de suas antigas ocupações.

É importante lembrar que nos momentos em que o produto do esforço coletivo é bem sucedido, ou há tranquilidade no contexto socioeconômico, a administração dos coletivos humanos tende a ser amenizada pelo clima emocional positivo e pela possibilidade individual de busca de outras oportunidades, caso o que ali se vivencie não atenda ao esperado pelo sujeito. A carga de exigências sobre a gestão de pessoas é bem menos pesada quando existe a chance de optar por outros locais, outros trabalhos, outras condições e/ou outras relações, se aquelas que lhes são propostas desagradam por algum motivo ou prejudicam sua saúde. A tendência é que permaneçam no conjunto apenas aqueles que se disponibilizem para estar ali.

Num cenário de desemprego estrutural e disseminação de modelos corporativos alicerçados em valores de mercado, no entanto, a possibilidade de encontrar novas oportunidades de emprego se reduz, gerando a sensação de inescapabilidade que desencadeia ansiedades e tensões que interferem na possibilidade de realização pelo trabalho. Ao mesmo tempo, considerando-se que hoje também os chefes, diretores, gerentes e administradores são empregados de grandes corporações e, portanto, em grande maioria, assalariados que dependem de seus patrões, a carga de ansiedades e tensões não é apenas oriunda do grupo, mas também de si mesmos, de suas contradições e da precariedade de seus vínculos profissionais.

Conforme explica o grande psiquiatra argentino Pichon-Rivière (1991):

> *ao fator insegurança frente à sua tarefa, acrescenta-se a incerteza diante das mudanças políticas, sendo ambos sentimentos que repercutem no contexto familiar, onde a privação tende a se globalizar. O sujeito se vê impotente no manejo de seu papel, e isto cria um baixo limite de tolerância às frustrações, em relação ao seu nível de aspirações. [...] Essa depressão neurótica ou neurose de fracasso submerge o sujeito num processo regressivo para posições infantis.* (p. 5)

Ao mesmo tempo, como já foi dito, resultados coletivos ruins são quase sempre traduzidos como indicadores da incompetência de seus gerentes, o que acaba se transformando numa armadilha em cascata, invisível e poderosa, capaz de desorientar muitos daqueles de quem se espera equilíbrio emocional para mediar questões de outros. Nesses casos, novamente, apenas um adequado apoio a esse contingente de gerentes, chefes e administradores — em especial nos níveis menos prestigiados da hierarquia organizacional — seria capaz de contribuir para uma liderança mais segura, com menor carga de tensionamentos e menor risco à saúde e segurança de todos.

Essas considerações que aqui estamos destacando se mostram fundamentais porque percebemos que sua negligência é um equívoco frequente no processo de escolha daqueles que terão sob sua responsabilidade a gestão de pessoas, a grupalidade. Ao desconsiderar a importância do apoio organizacional e da formação requisitada desses profissionais, as empresas tendem a aumentar o potencial de ameaças psicossociais às quais expõem seus sujeitos.

Favorecer a convivência de um conjunto de pessoas estranhas entre si e diferentes em hábitos, desejos, visões de mundo; contribuir para que seus interesses sejam atendidos de forma a manter o envolvimento e a participação necessários à satisfação pessoal; contribuir para que todos encontrem ali, no cotidiano, o sentido do trabalho, aquilo que justifica seus esforços; estimular a solidariedade; representar esse coletivo e ser aceito como seu representante nas instâncias que o circundam: essas são as principais tarefas da face liderança na sociodinâmica do trabalho.

4 GRUPALIDADE E AUTORIDADE

Falar das pessoas em seus ambientes de trabalho, porém, não é falar apenas de seus interesses, de seus propósitos, da tarefa que elas próprias se atribuem. A análise da grupalidade, especialmente no que se refere à vivência profissional, envolve também interesses externos que ajudam a justificar a existência do grupo.

Nesse ponto, mais do que aquilo que levou as pessoas a procurar aquele trabalho, é importante pensar naquilo que levou a tarefa a procurar seus sujeitos, se podemos nos expressar dessa maneira. Ou seja, precisamos pensar naquilo que levou à necessidade de formação de um coletivo de pessoas trabalhando juntas.

Essa perspectiva externa, que no caso dos coletivos nos ambientes profissionais subverte a formação habitual do grupo (que se inicia pela identificação com uma tarefa comum, conforme foi dito), traz com destaque a força do controle, representado pela autoridade, sobre os esforços de cada membro a favor do todo.

É interessante perceber o quanto aqui o movimento de formação de grupos estudado pela maioria dos teóricos deixa sem resposta a questão de uma grupalidade cuja origem podemos chamar de "extrínseca", na qual a identificação dos membros só se mostra positiva pela via da tarefa, do objetivo, do sentido comum, a ser descoberto depois de estarem juntos.

A possível e às vezes até frequente substituição dos membros (sua transitoriedade), a convivência compulsória e a exterioridade da tarefa (aleatoriedade) são exemplos de inversões na formação dessa espécie de grupo. Em geral, segue-se o pressuposto de formação grupal sob o qual as pessoas se encontrariam na busca por um objetivo que partilham e/ou na busca de compensações afetivas e/ou simbólicas. Mas isso não é verdadeiro na absoluta maioria das situações de trabalho.

É interessante lembrar novamente que ao subverter a lógica fundante, os conjuntos de pessoas em situação de emprego ou trabalho acabam por enfrentar uma demanda interminável por justificativas para estar ali. Contra a lógica grupal, também o sistema econômico abre espaço de sucesso para poucos, estimulando competições e desempenhos diferenciados, ao mesmo tempo em que cobra, contraditoriamente, parcerias e vivências em equipe. Essa particularidade dos conjuntos humanos nos ambientes profissionais torna mais violentas as demandas por controle, típicas da convivência humana, conforme Kernberg (2000). Para ele, a partir dessa perspectiva, cada sistema — indivíduo, grupo, instituição, sociedade — precisaria:

incluir uma função de controle que lhe permita analisar o ambiente, a realidade interna do sistema e a organização executiva da realização de tarefas dentro dessa realidade externa e interna. (p. 26)

Dentro desse modelo, como explica o psiquiatra americano,

a psicopatologia pode ser compreendida como um colapso da função de controle, uma falha na execução de uma tarefa primária ou uma ameaça à sobrevivência do sistema. (idem, p. 27)

No plano individual, essa função de controle pode ser representada pelo ego, responsável pela tarefa primária de mediação de necessidades instintuais e sociais. Num grupo, a cobrança por essa função acaba contribuindo para a demanda por alguém que coordene, que assuma as mediações, identificado à função de controle, respondendo pela tarefa primária de possibilitar a realização daquilo que tenha determinado sua existência. Esse lado das competências exigidas do administrador, gerente, diretor etc. nos ambientes de trabalho, constitui o que chamamos de face da autoridade da função.

É possível associar a ideia dessa força de controle ao desenvolvimento da moralidade, na perspectiva apresentada pelo biólogo suíço Jean Piaget (1994) e explorada por inúmeros outros filósofos e pesquisadores. Nosso conjunto de valores, de regras sociais, de limites à ação, não vem predeterminado geneticamente no nascimento. Vamos aprendendo, controlando aos poucos nossas necessidades pessoais — inclusive as mais básicas como a excreção, o sono, a fome etc. — em função dos padrões adotados por nossos contemporâneos, enquanto desenvolvemos os conceitos de tempo e espaço.

Ao nascermos, dormimos e acordamos quando o organismo pede, independentemente de estarmos na cama, à noite, ou diante de um juiz, durante uma audiência. Nossos pais e os mais velhos vão nos informando sobre a necessidade de *descobrirmos* o tempo (a hora de dormir, o momento adequado para ter fome, o passeio no final de semana, o doce depois do almoço) e o espaço (o lugar certo para correr, onde guardar os brinquedos, a atitude conveniente na sala de aula), adequando nossas vontades e atitudes ao que a sociedade determina como ideal para cada situação em seu tempo/espaço. Aos poucos, essas primeiras referências vão se tornando mais complexas e preparando-se para as grandes abstrações, como a consciência histórica, o pensamento político, a noção de justiça e outras, que alguns de nós nunca chegam a desenvolver plenamente.

As primeiras orientações encontram um novo ser em estado que Piaget denomina de anomia, ou seja, ausência, ignorância dessas regulações externas. De uma forma muito simplificada, podemos dizer que o carinho, o aconchego, o amor de nossos pais vai nos convencendo a nos submeter a suas imposições, numa complexa troca que se dá a partir do nascimento, ensinando-nos o que é a autoridade. Em alguns casos, essa carga afetiva é substituída pela violência — física, moral e/ou simbólica — que nos apresenta o medo do semelhante.

Dessa fase, passamos para outra, denominada por Piaget de heteronomia, na qual já identificamos as regras, mas as associamos àqueles que nos determinam que as cumpramos. É o momento em que não saímos com colegas porque o pai não deixa, ou não comemos o doce porque a mãe não quer. Fazemos o trabalho de casa porque a professora mandou e não esquecemos os brinquedos no meio da sala porque senão a mãe briga. Ou seja, nossos comportamentos são regulados por outrem, a quem associamos a ideia de autoridade, obedecendo-lhe por reconhecer nele o direito de dar ordens, por amá-lo e/ou por temê-lo.

O caminho para a autonomia é longo. Terceira fase do desenvolvimento moral nesse enfoque, a autonomia seria o ideal desejável daqueles que regulam seus comportamentos com base na autoridade dos valores internalizados, dispensando controles externos. Suas relações com outros tendem ao que o senso comum chama de *amadurecimento*, associando-se a eles por afeto e parceria, não por submissão ou dependência.

Ao contrário do que supõe o senso comum, porém, para Piaget e outros, a autonomia não é uma condição de liberdade absoluta, mas de forte autocrítica e autocontrole. Encontra-se a autonomia nas pessoas que têm dentro de si as convicções necessárias para regular seus próprios instintos, desejos, atitudes e comportamentos, submetendo-se aos limites sociais, aos valores e à moralidade que aceitaram para si. Não se trata de uma condição fixa, mas dinâmica, plástica, passível de retrocessos e regressões, para a qual concorrem as interações radicais que o humano desenvolve com seu meio sociocultural e histórico.

A autonomia é, portanto, uma busca permanente, uma aprendizagem eterna, um estado de autovigilância que tem na perspectiva da vida em sociedade seu ideal, sendo verdadeira a recíproca, ou seja, é a atitude ideal para a vida em sociedade. Essa aprendizagem, essa busca, acontece em qualquer espaço humano, inclusive nos ambientes de trabalho. Considerando-se que a maioria de nós passa nos ambientes de trabalho a maior parte de sua vida produtiva, esses são ambientes privilegiados para a educação para a autonomia.

Assim, podemos dizer que a autoridade é a face da administração ou da gestão humana capaz de contribuir para a superação da atitude heterônoma, regulada pelo outro, na medida em que trabalhe para favorecer a emergência de visões autocríticas, orientadas para a vida em comunidade, voltadas para o objetivo comum, para valores como a vida, a ecologia, o respeito ao outro.

Nos momentos de sucesso grupal, novamente desejamos frisar, esse processo passa nas entrelinhas da convivência, facilitado pela autoestima, pela autoimagem positivada, pela solidariedade. No entanto, quando as dificuldades próprias do modelo econômico e da precariedade no atendimento ao nível de exigências do processo de grupalidade/grupo se apresentam, os modelos heterônomos prevalecem.

De uma maneira geral, podemos dizer que o mundo adulto conhece bem o fenômeno. Conforme dissemos, uma das características da vida adulta é a predominância da autonomia, ou seja, da orientação da conduta fundada em valores e princípios morais internalizados. Entretanto, quando alguém vê seu repertório de respostas às demandas da vida adulta fracassar, a tendência é a regressão a modelos experimentados em outras fases do desenvolvimento, realimentando padrões comportamentais heterônomos, dependentes de controle externo, geralmente esperado da pessoa que exerce a função de representante da autoridade, seja ela de que natureza for.

Como explica Kernberg (2000), é possível entender as atitudes regressivas, utilizando o conceito de *"relações objetais internalizadas que antecedem a constância objetal e a consolidação do ego, do superego e do id*" (p. 18). Independentemente da maturidade do indivíduo, as evidências clínicas têm mostrado que sob determinadas condições há uma tendência a ativar níveis psicológicos primitivos.

Impulsos fantasiosos, conflituados na disputa pelo amor que justificaria a submissão àquela figura externa de autoridade, emergem no vácuo do fracasso do modelo adulto, fracasso esse alimentado pelas imposições da lógica capitalista e empresarial dominante. A ilusão de fortalecimento do *self* pela presença de um *Outro*, assemelhado em suas demandas, é elemento reforçador da pressão do coletivo pelas explicações mais simplistas, típicas do padrão infantil, num modelo de causa e efeito que identifica culpas, lamentos e súplicas por ajuda de alguma força poderosa. As concordâncias e falas uníssonas desestimulam as transgressões, silenciam saídas criativas e aprisionam todos num modelo repetitivo, apesar de esgotado em sua potencialidade transformadora.

A presença de uma autoridade externa, que substitua os valores morais internalizados — no caso de pessoas adultas que experimentam o fracasso de suas tentativas particulares/coletivas de autoajustamento — é quase uma exigência. Muitas vezes, a burocracia, as regras escritas, as prescrições, as tentativas de acordo em relação às limitações a serem aceitas incondicionalmente ganham excessivo destaque, aparecendo como grandes justificativas morais para critérios de justiça de padrão infantil. É o caso de ambientes de trabalho em que alguns usam o argumento da conduta equivocada de outro para justificar seus próprios deslizes: *"se ele pode chegar atrasado, eu também posso"*, *"se fulano nunca vem às reuniões e não acontece nada, eu também vou deixar de vir"*, por exemplo. É o caso também dos ambientes de trabalho nos quais o poder de agir aparece amputado (Clot, 2010), sabotado por tempos e movimentos regulados por outros, sem espaço para que a função psicológica da atividade humana se realize plenamente.

Essa espécie de colapso na função de controle egóico é típica do estado de ruptura e desmanche grupal que deixa aflorar, em muitos casos, um eixo persecutório de agressividade, intolerância, moralidade primitiva, sadismo etc. Em outros casos, é o eixo narcisista, hedonista, autocentrado e *laissez-faire*, de desprezo pela vida e pela sorte do Outro, que predomina. Ambos — dentre outros — são igualmente ameaçadores, igualmente difíceis, igualmente confundidos com características permanentes de personalidades individuais, gerando antipatias e acusações estereotipadas e preconceituosas.

A saída de caráter precário, encontrada em muitas dessas situações, é também o esforço por mostrar uma ideologia compartilhada, uma semelhança entre os membros do grupo. Porém, ao mesmo tempo em que essa identidade discursiva parece prevenir uma violência potencial entre os indivíduos, tende a engessar qualquer iniciativa diferenciada. Evoca-se a necessidade que *"cada um faça a sua parte"*, como se uma corrente se compusesse da soma de elos fechados em si mesmos. Raramente se vê a fala apelativa ao *"cada um fazer sua parte"* quando os grupos estão em seus melhores momentos. Essa expressão é um dos mais claros indicadores que o conjunto de pessoas está vivendo problemas.

Esse jogo cotidiano de muitas *nuances* expõe os membros do coletivo a um nível de estresse continuado de difícil sustentação, com prejuízo da qualidade de vida, da saúde e da segurança no trabalho. São muitas horas, diariamente, sob esforço defensivo, em estado de alerta permanente, que geram estresse, esgotamento, desequilibração metabólica, além de processos psicológicos e emocionais de difícil suportação, com comprometimento da saúde.

São situações em que *"os nervos parecem à flor da pele"*, nas quais as relações ficam prejudicadas pelo tensionamento e alterações de humor. Qualquer comentário pode desencadear uma longa discussão, infértil e repetitiva. Como acontece com indivíduos neuróticos, a volta ao mesmo ponto de debate parece ser a única alternativa, gerando cansaço e a sensação de que nenhuma saída diferenciada é possível (Alevato, 1999).

Nessas circunstâncias, a tendência é oferecer o controle superegóico às dimensões burocráticas e pessoalizadas, aumentando *a "dependência subjetiva do indivíduo em relação à avaliação que dele faz a instituição"* (Kernberg, 2000. p. 51). Conforme o autor, essa dependência *diminui a capacidade pessoal de fiar-se em seu próprio sistema de valores e oferece um gatilho para a contaminação por correntes ideológicas, rumores e regressões para ansiedades primitivas de caráter depressivo e persecutório* (*ibidem*)

Sob o ponto de vista da saúde física, Botsaris (2003) destaca que a falta de uma válvula de escape suficiente para a quantidade de mediadores do estresse liberados no corpo *"resulta num aumento progressivo da pressão arterial ao longo da vida do indivíduo, o que em geral culmina com um acidente vascular cerebral, infarto do miocárdio ou, num número menor de pessoas, uma insuficiência renal ou cardíaca"* (p. 111).

No plano das relações profissionais, vemos a carga de energia centrada na dimensão do privado, muitas vezes dirigidas a alvos fora daquele contexto, com uma espécie de compensação das culpas restrita à dimensão discursiva, racionalizada. De uma maneira geral, as justificativas para o não envolvimento com a tarefa comum são bem articuladas, politicamente corretas, permeadas por conceitos emblemáticos, mas acompanhadas de uma inércia sempre perdoada pela desesperança no sucesso de qualquer esforço.

Por outro lado, o modelo econômico centrado no mercado, as profundas desigualdades sociais, dentre outras perversas circunstâncias do mundo do trabalho contemporâneo, expõem muitos assalariados a situações alienantes e até indignas que contribuem para o desenvolvimento de defesas coletivas, muitas delas equivocadamente avaliadas como sinônimos de falta de disposição e "corpo mole".

Como se vê, a falha na dimensão autoridade na gestão de pessoas se manifesta também na incompetência para trabalhar a favor da vivência da autonomia. A resposta frequente é a do controle heterônomo, que acaba gerando uma sobrecarga bastante difícil de suportar, pelo nível de exigências e pelo estado de permanente vigilância que daí se desdobra. É uma estrutura sustentada por *"capatazes de capatazes"*, como disse Rafael Echiverría, em palestra no Instituto Ethos, em 2004.

A presença dessa resposta — exigida nesse tom pela própria deformação do sistema ou lacuna da competência administrativa — é realimentadora de uma carga absurda de sofrimento patológico, num nível de exigência certamente potencializado pelo cenário socioeconômico que o mundo vive nesse momento de sua história.

5 ESTILOS DE DIREÇÃO

A partir da relação entre liderança e autoridade que, conforme nos referimos anteriormente neste texto, caracterizam duas faces da sociodinâmica do trabalho, identificamos quatro estilos administrativos principais: solidário, repressivo, *laissez-faire* e generativo. Certamente em nenhum ambiente humano encontramos uma realidade que reflita puramente quaisquer dos quatro estilos de gerenciamento que estamos destacando aqui. Podemos falar em predominâncias, em tendências, mas, de qualquer forma, a descrição desses estilos e de suas características mais frequentes pode ajudar a encontrar caminhos para o aprimoramento da prática de administradores, coordenadores, gerentes, diretores e outros profissionais que têm um conjunto de pessoas, seu desempenho e sua qualidade de vida sob sua responsabilidade.

O primeiro deles, que denominamos "solidário", caracteriza-se pela presença acentuada de traços de liderança, mas frágil e equivocado no que diz respeito à autoridade. Trata-se de uma gestão na qual se vê o poder centrado nas relações afetivas, nas quais o atendimento aos interesses particulares dos membros do grupo tende a ser mais importante do que o sentido agregador. Há um forte apelo à mobilização subjetiva, permeando atividades, discussões e decisões, em geral com tons de favor pessoal. O controle aparece de modo sutil, fantasiado de camaradagem.

Nesse estilo encontramos a predominância de um discurso reivindicativo, no qual se materializa a suposição de um ser poderoso, externo, estranho ao grupo, a quem caberia a culpa pelos problemas e a obrigação de atender a solicitações e resolver as queixas. O gestor solidário tende a se posicionar como uma espécie de *irmão*, exercendo suas funções do lugar social de quem vive as mesmas circunstâncias, dúvidas e/ou entendimentos de mundo daqueles a quem lidera. Compreende seus apelos, justifica suas falhas e, por isso, reforça os deslizes ao explicar as próprias limitações pela dependência de forças externas.

Cria-se uma dinâmica política pseudodemocrática, na qual se entende que as vontades precisam prevalecer sobre qualquer coisa, inclusive a tarefa grupal, desde que satisfaçam ao líder. Geralmente, encontramos uma moral heterônoma nesses grupos, nos quais a regulação das ações é atribuída a uma força maior que o grupo, externa, a quem se culpa por qualquer problema e de quem se cobram soluções. Esse estilo de direção tem as iniciativas prejudicadas pela dependência de decisões de outrem, já que por não exercer a autoridade, a liderança atua mais de forma responsiva, imediatista, de dentro para fora, sem a necessária interlocução com as forças que circundam o coletivo.

O segundo estilo, que denominamos "repressivo", ao contrário do anterior, sustenta-se na presença de uma autoridade de natureza heterônoma, desprezando as possibilidades da face liderança, na administração das pessoas. Seu discurso é permeado de esforços de controle, exercendo o poder com base no amedrontamento e na ameaça.

A dinâmica política é predominantemente autoritária, com imposições e determinações sem preocupação com o *Outro*, sua inteligência e sua situação. O poder — ameaçador ou sedutor — de alguém é o substituto do sentido agregador, trazendo para a esfera pessoal, ou seja, para a própria pessoa do administrador, a responsabilidade por manter as pessoas em torno da mesma tarefa, cumprindo metas, por exemplo, a despeito de qualquer coisa.

Ao mesmo tempo, a vivência de uma moral de natureza heterônoma é reforçada pela entrega relativamente confortável das decisões e consequentemente das responsabilidades e culpas pelos fracassos a quem manda, quem decide. O estilo repressivo de direção contribui para a manifestação de comportamentos acomodados, indiferentes, ao lado de burlas de toda ordem: *"quando o gato não está, o rato passeia"*, seria a metáfora mais adequada a esse cenário. Quanto mais repressão, mais possibilidade de criação de defesas contra esse controle.

O terceiro estilo, que chamamos *"laissez-faire"* é vivido pelo apagamento. Não há preocupação maior nem com a dimensão liderança, nem com a dimensão autoridade da administração, transformando o lugar social do diretor, do chefe, do gerente, do coordenador, numa espécie de *lugar vazio*, com atribuições meramente burocráticas.

A indiferença é a marca discursiva mais forte nesse estilo, ressaltando a perspectiva individualista e autocentrada dos membros do coletivo. O exercício do poder se fragmenta em inúmeras disputas internas, deixando às iniciativas privadas, ou melhor, aos desejos privados, o encaminhamento do cotidiano. Tudo é vivido ao sabor do momento, numa dinâmica de impotências camufladas por um jogo de aparências e favorecimentos conquistados de modo particular, que descarta qualquer esforço que não aponte diretamente para o próprio eu.

Há um desinvestimento na moralidade, já que existe a tendência a viver o descaso para com as regras comuns, deixando todos soltos, entregues cada um à sua própria vontade e decisão. Nessas situações — aparentemente favoráveis ao desenvolvimento da criatividade e das iniciativas — as sensações de desproteção, de insegurança e de abandono tendem a levar as pessoas à inércia e ao desconforto, jogando as melhores energias em interesses estranhos à tarefa do coletivo. Nos momentos de crise na grupalidade, esse tende a ser o estilo mais prejudicial, sendo menos nocivo quando os resultados do esforço coletivo são bem recompensados.

O quarto estilo identificado em nossa pesquisa, "generativo", tende ao equilíbrio entre liderança e autoridade. É interessante destacar que esse equilíbrio instável provoca um efeito diferente da soma ou da alternância entre as duas faces. Não é uma via de mão dupla, de dentro para fora, na face liderança, e de fora para dentro, na face autoridade. É um canal mediador em que permanentemente se visa a comunicação intra/extra coletivo, realimentando a clareza da tarefa comum, enquanto se cuida para que as condições de sua realização estejam garantidas. O respeito pelo *Outro* e a preocupação com o desenvolvimento da autonomia são marcas representativas desse estilo.

Trata-se de uma força gerada pela presença de ambas as faces que, simultaneamente, representam os interesses do grupo em nome de seu sentido maior, regulando, portanto, as vontades privadas em nome da realização da vontade comum. É um estilo que se mostra discursivamente propositivo, já que o foco no sentido do coletivo serve como mediador nas decisões, nos planejamentos, nos investimentos e, muito especialmente, no exercício do poder.

A orientação pelo sentido coletivo não depende da vontade da maioria como se poderia supor. Não se trata de um processo em que decisões dependentes de vontades vão sendo tomadas a cada passo. A ideia do sentido coletivo, agregador, geral, é permanente, sustentada por valores, e é para esse sentido que apontam as decisões.

Um exemplo do que está sendo dito foi registrado em um de nossos diários de campo, durante uma etapa da pesquisa. O diretor de uma escola ouviu de um dos alunos representantes que os professores não estavam respeitando a vontade da maioria. Em resumo, o caso começou quando a comissão de alunos votou por não ter aulas aos sábados. A conversa desse representante com o diretor fluiu sempre em torno da importância do que faziam ali, da relevância de ter mais oportunidades para aprender, da necessidade de tempo para isso e da dedicação dos profissionais ao sucesso dos alunos. Em nenhum momento ele se referiu a obrigações de caráter legal, a fiscalizações da secretaria de educação ou a punições caso não se cumprisse o determinado. Ao contrário, perguntou aos alunos se eles haviam pensado em alternativas, destacando — como um educador para a autonomia — que quando fazemos propostas precisamos pensar em suas consequências e em assumir nossas responsabilidades. Sua fala — que convenceu os alunos e alguns professores, que torciam para que as aulas aos sábados acabassem... — mostrou liderança, quando destacou o empenho de seus profissionais, e autoridade, quando lembrou, a todos, que a escola existia para um trabalho de educação bem sucedido e que, para isso, era necessário partilhar responsabilidades.

Como mostra o exemplo acima, a vivência democrática fica facilitada porque as participações são bem-vindas. Tais participações não são incentivadas a expressarem-se em benefício privado, mas em favor do sentido do coletivo, do porquê de as pessoas estarem constituindo um grupo. Há um motivo maior, um foco ampliado.

Perceba-se que não se trata de dividir responsabilidades, mas de partilhá-las. O estilo generativo funciona como uma ponte mediadora entre o interno ao grupo, suas demandas, seus interesses e necessidades para a realização de sua tarefa, e seu entorno, seu lado externo, a fonte de sua existência, aqueles com quem o coletivo, como um todo, como um único, se relaciona.

6 GESTÃO DE PESSOAS E SOFRIMENTO PSÍQUICO: CONSIDERAÇÕES FINAIS

É sempre um grande risco tratar de um tema da complexidade do que temos em mãos, num texto de poucas páginas. Haveria muito ainda a explorar e, paradoxalmente, muitos pecados a evitar. São anos de pesquisa e inúmeras dúvidas. Entretanto, conforme entendemos, o processo coletivo de construção do conhecimento humano precisa desses pecados, porque é também por meio deles que vamos conquistando interlocuções, aprimorando nossos esforços e superando situações que a dignidade humana não pode continuar ignorando.

Muitos de nossos antigos conceitos têm que ser revisitados e reformados nesse momento de nossa existência. Um deles, que destacamos nesse texto, é o de doença do trabalho. Não se trata, como entendemos hoje, de uma ameaça restrita a alguns, nem de um estado de perda ou falta de saúde. Saúde é um bem pelo qual se busca permanentemente, na conquista e esforço diário, envolvendo mais do que um somatório de partes físicas funcionando bem. Envolve qualidade de vida e isso passa pelas experiências de trabalho. Se atentarmos para a quantidade de horas que uma pessoa dedica a seu emprego, no ambiente de trabalho e fora dele, é fácil perceber a relevância de tal vínculo.

Nossas pesquisas vêm mostrando que, isoladamente, a variável capaz de influir mais decisivamente na qualidade de vida e no sofrimento psíquico no trabalho é a que aqui estamos chamando de direção, de gestão de pessoas. Conforme acreditamos, essa importância está associada aos desafios da grupalidade, em especial nos momentos de maior exigência, como os que são vividos atualmente: crise social, modelo econômico excludente e profundas transformações tecnológicas.

Como numa orquestra, um grupo não se constitui de pessoas sentadas lado a lado, ainda que tocando a mesma música. Há todo um esforço na direção de compor um arranjo que harmonize os instrumentos, sua afinação, sua participação, seu silêncio, num movimento que todos sabem que só terá êxito com a força dessa coordenação geral, já que nenhum dos participantes da orquestra acredita ser bem sucedido sozinho. Por mais virtuosos que os músicos possam ser, o sucesso não está em suas exibições particulares. Não é isso que buscam quando se reúnem numa orquestra. A tarefa é coletiva, o grupo existe no momento em que cada um está convencido de que sua participação é fundamental, mas que o sucesso é coletivo.

Na maioria dos ambientes de trabalho, porém, antes do desafio dessa harmonização, está a lacuna da visão de orquestra. Poucos se filiam profissionalmente pensando no sentido da orquestra que passarão a compôr. Frequentemente, sequer sabem que comporão uma orquestra. O diretor, o chefe, o administrador precisa saber fundar um porquê, transformá-lo em desejo para cada um, antes de apresentar a partitura ou de afinar os instrumentos.

Apesar disso, cada gerente, da mesma forma que cada maestro, sozinho, não responde pelo resultado do conjunto. É capaz, no entanto, de contribuir para grandes diferenciações. Observando uma grande empresa, na qual a estrutura hierárquica e funcional se apresenta de forma semelhante em todos os setores, sediados no mesmo território, sob condições sociais, econômicas e culturais semelhantes, vamos encontrar as equipes de trabalho vivendo rotinas emocionais bastante diferenciadas e isso se deve, na maioria das vezes, à ação gerencial. Alguns estudiosos desconsideram a importância dessa dinâmica intragrupal, inclusive mediante de críticas à metodologia de pesquisa dedicada ao espaço microssociológico.

No entanto, é nas interações micro/macro, é na presença materializada desse universo macrossocial no microespaço cotidiano — fractal — que a realidade se constitui. Não há uma força maior, determinante, que condiciona respostas semelhantes de indivíduos passivos. Há movimento, invenção, criação, assim como há resistências, defesas, isolamentos, repetições. Tais diferenças — capazes de representar a transformação, a superação, o adoecimento, a submissão, a luta — se estruturam e se manifestam nas interações radicais que acontecem todo o tempo.

É nesse contexto que as características assumidas no processo social, próprio do humano, destacam a importância do estilo de gerenciamento, de direção, de gestão das pessoas. Todos nós somos capazes de dar exemplos de chefias solidárias, repressivas, *laissez-faire* ou generativas. Se atentarmos mais criticamente para nossos próprios olhares, porém, vamos perceber que tendemos a entregar às qualidades pessoais de chefes e empregados a responsabilidade pelo sucesso ou fracasso da tarefa grupal. Raramente nos damos conta que a função gerencial exige apoio, informação, conhecimentos, habilidades e técnicas, mais do que talentos ou vocações.

É importante não esquecer que todas essas considerações só podem ser válidas quando o empresário valoriza o esforço da orquestra. Lamentavelmente, o cenário atual mostra que muitas vezes valoriza-se apenas o lucro que se pode obter, independentemente dos sacrifícios humanos que o modelo oportuniza.

Assim, quando nos deparamos com casos de sucesso, o fator sorte às vezes aparece, dividindo algumas cenas com os tais talentos ou vocações. Nos insucessos, o diagnóstico aponta predominantemente para as desmotivações. *"As pessoas não querem nada..."*, *"estão fazendo corpo mole..."*, dizem alguns. Entretanto, queremos terminar esse trabalho com a provocativa observação de Drucker (citado por Maslow, 2000). O renomado autor questiona: *Quando os funcionários foram contratados por sua empresa eram desinteressados, adoentados, fracassados?*

Ele mesmo responde: se a resposta for sim, o processo seletivo da empresa está equivocado. Se a resposta for não, a empresa precisa rever o que fez para estragar o ânimo, a saúde e o desempenho dessas pessoas!

Ou seja, de uma forma ou de outra, o desafio maior está na sociodinâmica do trabalho, nas mãos de sua direção. Considerando aquelas situações em que a vida é um valor, destaca-se a importância de investir em ações que deem sustentação às atividades próprias da gestão de pessoas, inclusive pela própria condição humana desses sujeitos gestores.

7 REFERÊNCIAS BIBLIOGRÁFICAS

ALEVATO, H. *Trabalho e neurose: enfrentando a tortura de um ambiente em crise*. Rio de Janeiro: Quartet, 1999.

_____ . *Diferentes estressores: diferentes formas de controle*. Anais do IV Congresso de *Stress* da ISMA e VI Fórum Internacional de Qualidade de Vida no Trabalho. POA: 2004a. Disponível no *site*: <www.ismabrasil.com.br>.

_____ . *Pessoas no trabalho: nem grupo, nem equipe. O fenômeno da grupalidade e suas exigências*. Rio de Janeiro: ISEP, 2004b (*mimeo*).

BAREMBLITT, Gregório. (org.) *Grupos: teoria e técnica*. Rio de Janeiro: Edições Graal, 1986.

BION, W. R. *Experiências com grupos*. Rio de Janeiro: Imago, São Paulo: Universidade de São Paulo, 1975.

BOTSARIS, A. *O complexo de Atlas*. Rio de Janeiro: Objetiva, 2003.

CLOT, Y. *A função psicológica do trabalho*. Petrópolis: Vozes, 2010.

DAMÁSIO, A. *O mistério da consciência*. São Paulo: Companhia das Letras, 2002.

DEJOURS, C. *A loucura do trabalho; estudo de psicopatologia do trabalho*. São Paulo: Cortez/Oboré, 1992.

FIEDLER, F. A. A distância psicológica do líder e a eficiência do grupo. In: CARTWRIGHT, D. & ZANDER, A. (ed.) *Dinâmica de grupo*, v. 1. São Paulo: Herder, 1967.

FREUD, S. *Obras completas*. ed. Standard Brasileira. Rio de Janeiro: Imago, 1995.

KERNBERG, O. *Ideologia, conflito e liderança em grupos e organizações*. POA: Artes Médicas Sul, 2000.

MASLOW, A. *Maslow no gerenciamento*. Rio de Janeiro: Qualitymark, 2000.

PIAGET, Jean. *O juízo moral da criança*. São Paulo: Summus Editorial, 1994.

PICHON-RIVIÈRE, E. *O processo grupal*. São Paulo: Martins Fontes, 1991.

_____ . *Teoria do vínculo*. São Paulo: Martins Fontes, 1998.

PUENTE-PALACIOS, K. & ALBUQUERQUE, F. J. B. Grupos e equipes de trabalho nas organizações. In: ZANELLI, J. C.; BORGES-ANDRADE, J.; BASTOS, A. V. B. (org.) *Psicologia, organizações e trabalho no Brasil*. 2. ed. Porto Alegre: Artmed, 2014.

WACHELKE, J. F. R. O vácuo no contexto das representações sociais: uma hipótese explicativa para a representação social da loucura. *Estudos de Psicologia* 2005, 10(2), 313-320.

FATORES PSICOSSOCIAIS DE RISCO NO TRABALHO: ATUALIZAÇÕES

Liliana Andolpho Magalhães Guimarães[*]

1 ANTECEDENTES

A preocupação com os fatores psicossociais de risco no trabalho (FPRT) não é nova e começa a ser mais bem sistematizada na década de 1970 quando a *World Health Organization* realiza um fórum interdisciplinar em Estolcomo para discutir a influencia dos fatores psicossociais na saúde, formular medidas e propor políticas de saúde, inclusive baseadas nesses fatores (Who, 1976). Já na década de 1980 a Organização Internacional do Trabalho e a OMS publicam um documento chamando a atenção sobre os efeitos adversos dos fatores psicossociais relacionados ao trabalho (Ilo, 1986).

No documento, havia concordância das duas organizações sobre o crescimento e progresso econômico não dependerem apensa da produção, mas também das condições de vida e trabalho, saúde e bem-estar dos trabalhadores e os seus, afirmando que não apenas os riscos de natureza física, química e biológica tinham importância, mas vários fatores psicossociais de risco no trabalho.

Desde então, houve um avanço significativo no conhecimento científico, sobre as influências das interações entre esses elementos e os efeitos da saúde. Nas duas últimas décadas, pesquisas sobre fatores psicossociais de risco no ambiente de trabalho têm produzido um grande corpo de pesquisa empírica e teórica (Theorell, 1998).

---

[*] Psicóloga, Mestre em Psicologia da Saúde, Doutora em Saúde Mental pela UNICAMP, Pós-doutora em Medicina do Estresse pelo Instituto Karolinska, Estolcomo, Suécia e pela UNICAMP, em Saúde Mental e Trabalho. Atualmente, Profa Dra. Titular do curso de Mestrado e Doutorado em Psicologia, da Universidade Católica Dom Bosco — UCDB/MS, pesquisadora sênior do SAMPO, IPq, FMUSP, ex-docente do Departamento de Psicologia Médica e Psiquiatria da Faculdade de Ciências Médicas da UNICAMP; pesquisadora associada da New South Wales University; representante da seção de Psiquiatria Ocupacional da WPA, para a Austrália e o Brasil; organizadora da Série Saúde Mental e Trabalho em seu volume 4 e de outros livros. Autora de artigos nacionais e internacionais em Saúde Mental do Trabalhador. Áreas de interesse: Psicologia da Saúde Ocupacional, Saúde psíquica do trabalhador. Temas: estresse ocupacional, síndrome de *burnout*, assédio psicológico, qualidade de vida, entre outros.

2 DEFINIÇÕES

A Organização Internacional do Trabalho (OIT) (Ilo, 1986) definiu risco psicossocial em termos da interação entre conteúdo do trabalho, organização do trabalho e gerenciamento, e outras condições ambientais e organizacionais, por um lado, e competências e necessidades dos empregados, de outro. Para a OIT, os Fatores Psicossociais do Trabalho compreendem os aspectos do trabalho em si e do ambiente, tais como: o clima ou cultura da organização; as funções laborais; as relações interpessoais no trabalho; a forma e o conteúdo das tarefas (variedade, alcance, caráter repetitivo, significado) (Sauter *et al.*, 1998). Além disso, compreendem também o ambiente externo à organização (*e. g.*, situações domésticas) e os aspectos do indivíduo (*e. g.*, personalidade e atitudes).

Cox e Griffiths (1995. p. 23) afirmam que os riscos psicossociais no trabalho podem ser definidos como "todos aqueles aspectos do desenho e gerenciamento do trabalho e os contextos social e organizacional que têm potencial para causar dano físico ou psicológico".

Segundo Guimarães (2013), os Fatores Psicossociais de Risco no Trabalho (FPRT) podem ser entendidos como aquelas características do trabalho que são "estressoras", isto é, que implicam em grande exigência e são combinadas com recursos insuficientes para seu enfrentamento. Para a autora também podem ser entendidos como as percepções subjetivas dos fatores de organização do trabalho, resultantes das características físicas da carga, da personalidade do indivíduo, das experiências anteriores e da situação social do trabalho.

No Manual da Isastur [s.d.] os fatores psicossociais podem ser definidos como:

> [...] aquelas características das condições de trabalho e, sobretudo, da sua organização que afetam a saúde das pessoas através de mecanismos psicológicos e fisiológicos a que também chamamos de *stress*. (Método Istas21 *apud* Manual da Isastur, [s. d.], [*online*]).

O ambiente psicossocial no trabalho engloba a organização do trabalho e as relações sociais de trabalho. Fatores psicossociais no trabalho são aqueles que se referem à interação entre e no meio ambiente de trabalho, conteúdo do trabalho, condições organizacionais e habilidades do trabalhador, necessidades, cultura, causas pessoais, extratrabalho que podem, por meio de percepções e experiências, influenciar a saúde, o desempenho e a satisfação no trabalho (OIT, 1984).

Para o *National Institut of Occupational and Safety Health* (Niosh, 1988), os FRPT podem também ser definidos como aquelas características do trabalho que funcionam como "estressores", ou seja, implicam em grandes exigências no trabalho, combinadas com recursos insuficientes para o enfrentamento das mesmas.

Nesse contexto, o conceito de fatores psicossociais do trabalho introduz aspectos subjetivos na gestão dos riscos ocupacionais, em contrapartida aos aspectos considerados objetivos, com os quais os profissionais da segurança e da saúde ocupacional estão naturalmente mais familiarizados.

Os fatores psicossociais podem ser definidos como os fatores que derivam da psicologia do indivíduo, da estrutura e da função da organização do trabalho e influenciam a saúde e o bem-estar do indivíduo e do grupo (Rodrigues, 2012).

Os FRPT provocam tanto danos psicológicos no indivíduo, *e. g.*, diminuição da motivação para o trabalho, irritabilidade, estresse, *burnout* etc., como consequências negativas nas organizações, *e. g.*, diminuição do rendimento, absenteísmo e acidentes de trabalho, da rotatividade, aumento de custos diretos e indiretos, deterioração da imagem institucional, mau ambiente psicológico nos locais de trabalho, aumento das situações de conflito, greves e agressões, entre outras.

Guimarães (2013) afirma que os fatores psicossociais de risco caracterizados pela urgência de maior produtividade, redução de contingente de trabalhadores, pressão do tempo e complexidade das tarefas, aliados a expectativas irrealizáveis e relações de trabalho tensas e precárias, podem gerar tensão, fadiga e esgotamento profissional, constituindo-se em fatores responsáveis por situações de estresse relacionado ao trabalho e consequente prejuízo na saúde mental.

Os riscos acima são riscos emergentes porque (i) aumenta cada vez mais o número de pessoas expostas (frequência); (ii) são cada vez mais graves as suas consequências: (para os indivíduos, para as organizações e para a sociedade), (iii) é cada vez maior a percepção social pública para esse tipo de risco.

Embora ainda não estejam completamente estabelecidos os fatores psicossociais de risco no trabalho e os fatores de proteção para a saúde psíquica do trabalhador, já existe uma ampla literatura relacionando fatores da organização do trabalho com a etiologia dos agravos psicoemocionais relacionados ao trabalho (Moon, 1999).

Existem diversas classificações e significados dos riscos psicossociais (Peiró, 1999) que podem ser categorizados em dois tipos:

(1) **estressores ou demandas laborais** (grifo nosso) — entendidos como aspectos físicos, sociais e organizacionais que requerem manutenção do esforço e estão associados a certos custos fisiológicos e psicológicos (*e. g.,* esgotamento). Algumas exigências psicossociais são a sobrecarga quantitativa (*e. g.,* ter sobrecarga de trabalho a ser feito num período de tempo determinado) ou o conflito de papéis (*e. g.,* ter que responder a demandas que são incompatíveis entre si);

(2) **(falta de) recursos pessoais e laborais** (grifo nosso) — são aspectos físicos, psicológicos, sociais e organizacionais que são funcionais na consecução das metas: reduzem as demandas laborais e estimulam o crescimento e desenvolvimento pessoal e profissional.

Guimarães (2006) aponta dois tipos de recursos: os pessoais e os laborais. Com relação ao primeiro aspecto, os mesmos se referem às características individuais, como a autoeficácia profissional ao segundo aspecto. Os segundos são, entre outros, o nível de autonomia no trabalho, a retroalimentação sobre as tarefas realizadas e a formação que a organização proporciona ao trabalhador. Cita alguns principais exemplos de riscos psicossociais, conforme o Quadro 1 a seguir:

QUADRO 1 — Fatores Psicossociais de Risco no Trabalho

O conteúdo do trabalho	A falta de variedade ou ciclos de trabalho curtos, trabalho fragmentado ou sem sentido, baixo uso de habilidades, elevada incerteza, exposição contínua a pessoas por meio do trabalho
Carga de trabalho e ritmo de trabalho	Sobrecarga de trabalho ou sobcarga, ritmo de máquina, altos níveis de pressão de tempo, continuamente sujeito a prazos
Agenda de trabalho	Turno de trabalho, trabalho noturno, horários de trabalho inflexíveis, horas imprevisíveis, longas horas ou horas que não permitem socialização
Controle	Baixa participação na tomada de decisões, falta de controle, sobrecarga de trabalho, ritmo, turno de trabalho etc.
Ambiente & Equipamento	Disponibilidade de equipamento inadequado, adequação ou manutenção; condições ambientais pobres, tais como a falta de espaço, falta de iluminação, excesso de ruído

Cultura & Função organizacional	Uma comunicação deficiente, baixos níveis de suporte para resolução de problemas e desenvolvimento pessoal, a falta de definição de, ou acordo sobre, objetivos organizacionais
Relações interpessoais no trabalho	Isolamento social ou físico, pobres relações com os superiores, conflito interpessoal, falta de apoio social
Papel na organização	Ambiguidade de papel, conflito de papéis e responsabilidade para as pessoas
Desenvolvimento da carreira	Estagnação da carreira e incerteza, sob a promoção ou sobre a promoção, salários baixos, insegurança no trabalho, baixo valor social do trabalho
Interface do trabalho doméstico	Demandas conflitantes entre trabalho e lar, baixo apoio em casa, duplos problemas de carreira

Fonte: Adaptado de Leka, Griffiths e Cox (2003 *apud* Guimarães, 2006.

O Manual da Isastu, [S.D.] traz uma importante contribuição no que se refere aos FPRT, segundo diferentes facetas do trabalho, expostas a seguir:

1) COM A TAREFA

Conteúdo e significado do trabalho: o trabalhador sente que a tarefa desenvolvida não é útil para a sociedade em geral nem lhe oferece a possibilidade de aplicar e desenvolver os seus conhecimentos e capacidades.

Carga de trabalho: as exigências do trabalho superam a capacidade do sujeito para responder às mesmas (sobrecarga), ou, pelo contrário, a realização das tarefas apresenta poucas exigências ao trabalhador (infracarga).

Autonomia: a falta de autonomia (ex.: impossibilidade de controlar a duração e distribuição das pausas, impossibilidade de influir na ordem das tarefas etc.) traz menor envolvimento do trabalhador na organização, afetando a sua motivação, gerando insatisfação e reduzindo o seu rendimento no trabalho.

Grau de automatização: na maioria dos processos automatizados, a organização e o ritmo de trabalho dependem do equipamento, limitando a tarefa do trabalhador a uma série de operações rotineiras e repetitivas. Pode ocorrer igualmente um empobrecimento das relações pessoais e das possibilidades de comunicação com outros trabalhadores, aparecendo o risco de isolamento.

2) COM A ORGANIZAÇÃO DO TEMPO DE TRABALHO

Duração e distribuição do horário de trabalho: Impossibilidade de recuperação física e mental do organismo humano, decorrente da realização de um horário de trabalho contínuo e excessivo (superior a 8 horas diárias).

Horário por turnos: As mudanças de horário provocam uma série de consequências relacionadas com a redução da atividade mental e da capacidade de atenção/reação, e com o equilíbrio nervoso e a fadiga, juntamente com alterações do sono, repercutindo em nível familiar e social.

Descansos e pausas: A distribuição das pausas está relacionada com o tipo de horário, a possibilidade de flexibilidade do mesmo e, sobretudo, com o tipo de tarefa realizada. Na organização do período de trabalho, deve-se promover a realização de intervalos para descanso, de duração não inferior a uma hora nem superior a duas, de modo que o trabalhador não preste mais de cinco horas de trabalho consecutivo.

3) COM A ESTRUTURA DA ORGANIZAÇÃO

Definição da tarefa: A incerteza/ambiguidade/indefinição do modo de realização das tarefas associadas a determinado posto de trabalho podem colocar o trabalhador em situações contraditórias ou de indecisão e geradoras de estresse.

Estrutura da hierarquia: Conhecer a estrutura da empresa e o lugar que cada um ocupa na mesma é importante para o desenvolvimento, tanto dos trabalhadores como da própria empresa.

Canais de informação e comunicação: A informação que o trabalhador precisa conhecer, tanto para desempenhar adequadamente o seu trabalho, como para trabalhar sem riscos para a sua segurança e saúde, deve ser transmitida de forma clara e simples e deve chegar a todo o pessoal.

Relações entre departamentos e trabalhadores: As boas relações entre os diferentes departamentos da empresa e entre os próprios trabalhadores contribuem para a melhoria do ambiente de trabalho e da produtividade.

Desenvolvimento profissional: A falta de possibilidades de promoção pode provocar a perda de interesse por tudo aquilo não relacionado com a rotina diária e, por outro lado, uma formação inadequada para o desempenho dos trabalhos constitui fonte de estresse.

Sistema de recompensas ou compensações: A interação entre um esforço elevado e um baixo nível de recompensas (instabilidade profissional, falta de perspetivas de promoção, falta de respeito e reconhecimento etc.), a longo prazo, representa a situação de maior risco para a saúde.

4) OUTROS FATORES PSICOSSOCIAIS

Imagem social: uma boa imagem social gera nos trabalhadores maior identificação com a empresa, e isso influi no ambiente de trabalho, no rendimento e na satisfação no trabalho.

Localização: a deslocação a outras cidades, a distância entre o local de trabalho e a morada e locais de lazer, e a influência de um espaço natural circundante, incidem diretamente na qualidade de vida dos trabalhadores.

Atividade: a atividade da empresa pode gerar "conflito de função" se o trabalhador realizar uma tarefa não conforme aos seus interesses ou valores, e pode chegar a envergonhar-se do trabalho quando este entra em conflito com os interesses ou valores da sociedade, tornando-se uma fonte de insatisfação.

Futuro inseguro no emprego: Quando existe incerteza acerca do futuro no posto de trabalho (despedimento, transferência forçada, promoção), qualquer questão é percebida como uma ameaça, aumentando o nível de estresse e a insatisfação.

Contexto físico perigoso: quando a tarefa a ser realizada é perigosa, geram ansiedade e sentimento de ameaça no trabalhador. Nesses casos, ganham especial importância a informação e a formação dada ao trabalhador sobre a identificação dos riscos e as medidas a adotar para evitá-los.

O conflito trabalho-casa: demandas conflitantes do trabalho, baixo apoio em casa e problemas de carreira.

QUADRO 2. Modelos de riscos psicossociais

FONTES DE RISCO	RISCOS E CONSEQUÊNCIAS		MEDIDAS/ BARREIRAS	
		Preventivas	Atenuadoras	Corretivas
Falta de definição de metas organizacionais e/ou	Na organização	Liderança clara:	Espaço de ação	Adaptação do trabalho
	Erros	Responsabilidade	Informações	Reabilitação
	Incidentes de perigo	Poder	Reuniões de trabalho	Apoio em crises
	Acidentes de trabalho	Limites claros		
	Problemas de cooperação	Metas claras	Influência sobre o planejamento	
Conflito de papéis	Conflitos	Informações	Apoio	
	Procura de bodes expiatórios	Atitude	Comunicação de supervisão	
		Normas		
e/ou	Perturbação da produção	Regras	Oportunidade de consultar a administração	
	Aumento da rotatividade de pessoal	Fatos		
	Perda de competência	Comentários construtivos	Experiência/ competência	
A ambiguidade de papéis	Para o indivíduo	Diálogo com o trabalhador	Orientação	
	Sintomas de estresse			
	Acidentes de trabalho	Apresentação	Formação	
	Doença	Gestão competente	Recuperação	
	Síndrome de esgotamento			
	Perda de emprego			

Um modelo de riscos psicossociais é oferecido pelo Instituto Superior de Ciências do Trabalho e da Empresa — ISCTE (2012).

Fonte: ISCTE (2012).

REPERCUSSÕES DOS FRPT

Os riscos psicossociais têm sua origem no âmbito da organização do trabalho e, embora suas consequências negativas não sejam tão evidentes como as dos acidentes de trabalho, são geradoras de absenteísmo, rotatividade, problemas de qualidade no desenvolvimento do trabalho ou estresse, que representam importantes custos econômicos e de pessoal para as empresas (Manual da Isastur, [s.d.]) e são parte da segurança ocupacional e importantes riscos para a saúde. No ambiente de trabalho incluem a violência, o *mobbing* (assédio psicológico) e o assédio sexual e podem afetar a resposta psicológica dos trabalhadores e as condições do ambiente de trabalho. Portanto, os aspectos ou fatores psicossociais no trabalho, relativos ao conteúdo e significado do trabalho e às relações sociais de trabalho, podem ser considerados tão ou mais importantes que os demais (características dos postos de trabalho, ambientes, máquinas e equipamentos), isoladamente ou a estes associados, em seus agravos à saúde e ao bem-estar.

Os fatores psicossociais afetam o comportamento de distintas maneiras:

- Pessoas frustradas ou irritadas são muito mais passíveis de usar uma grande força mecânica desnecessária ao executar uma tarefa, ao invés de trabalhar pacientemente de uma forma mecanicamente mais fácil na execução da tarefa.
- Pessoas mais controladas podem utilizar esforço intelectual para encontrar formas mecanicamente mais fáceis de executar tarefas. Em tarefas repetitivas, a diferença pode ser o desenvolvimento de um FRPT entre aqueles que fazem uma análise do movimento para desenvolver maneiras ergonômicas corretas de executar a tarefa, e aqueles que não.
- Novas habilidades ou participação em decisões da organização podem ser fatores específicos de risco psicossocial que incluem as dimensões de controle no trabalho.
- Ambiente de sobrecarga de trabalho, ambiente e demandas conflitivas são fatores de risco específicos da dimensão demandas de trabalho.

Nessa direção, para que melhor se compreenda o que no processo de trabalho produz fatores psicossociais de risco para a doença, quando a vida ocupacional é analisada, é necessário também verificar as condições de vida fora do ambiente laboral, do contexto.

Ala-Mursula *et al* (2002) encontraram um efeito independente dos seguintes fatores de risco psicossocial específicos: controle do tempo na execução de tarefas sobre saúde autorreferida e absenteísmo por doença. Segundo Barnett; Davidson; Marshal (1991), continuando uma rica tradição de estudos sobre gênero, trabalho doméstico e estressores, encontraram: controle de tempo precário no trabalho com um efeito independente na saúde de mulheres trabalhadoras estudadas, mas não em homens. Diferenças de gênero relativas ao cumprimento de tarefas domésticas podem explicar, segundo os autores, esses resultados.

No caso dos valores para os limites de exposição ocupacional, a natureza particular dos fatores de risco psicossocial implica em maiores dificuldades para o estabelecimento de valores de referência (Hansson, 1998). Umas dessas limitações, talvez a mais relevante seja a dificuldade de mensurar o ambiente psicossocial do trabalho por meio de características externas ao trabalho (Stansfeld; North; White *et al*, 1995) independentemente da percepção autorreferida (Muntaner *et al* 1993).

As características do ambiente psicossocial do trabalho são mais de ordem estrutural do que individual. Entretanto, a mensuração dos fatores de risco psicossocial é usualmente realizada por meio de questionários referentes aos processos que são diretamente observados por pesquisadores, mas referidos pelos próprios trabalhadores. Esse fato pode introduzir uma enorme variabilidade nas estimativas, porque os fatores psicossociais de risco são medidos com base nas atitudes (Greiner; Ragland; Krause *et al*, 1997). A variabilidade não é sinônimo de subjetividade porque, como Kristensen (1998) tem pontuado, os fatores psicossociais podem também ser estimados por métodos objetivos, não obstante o investigador e de acordo com regras prévias e explícitas. Muntaner *et al* (1993) referem que autorrelatos sobre o ambiente psicossocial do trabalho tendem a apresentar altas correlações com avaliações feitas por observadores das mesmas profissões e análise fatorial confirmatória dessas escalas, segundo a variância do método utilizado, produzir uma estrutura fatorial para predizer a demanda e o controle (Muntaner; Schoenbach; 1994).

Os riscos psicossociais caminham em paralelo com a experiência de estresse relacionado ao trabalho. Segundo a OMS (2008), estudos longitudinais e revisões (sistemáticas) têm indicado que o estresse no trabalho está associado com doença cardíaca, depressão e lesões musculoesqueléticas e há evidências consistentes de que altas demandas de trabalho, baixo controle e desequilíbrio esforço-recompensa são fatores de risco para a saúde física e mental, levando a uma maior pressão sobre os gastos públicos e aumento dos custos de saúde. Quando ocorre um desequilíbrio entre as interações de, por um lado, o trabalho, o seu ambiente, a satisfação no trabalho e as condições da sua organização e, por outro lado, a capacidade do trabalhador, as necessidades do trabalhador, sua cultura e a situação pessoal fora do trabalho, aparece o risco de origem psicossocial (Guimarães, 2013).

Cabe destacar que as mudanças significativas que ocorreram no mundo laboral nas últimas décadas resultaram em riscos emergentes no campo da segurança e saúde no trabalho e levaram — além de riscos físicos, químicos e biológicos — ao surgimento de riscos psicossociais. De fato, a insegurança no emprego, a necessidade de ter vários empregos e a intensificação do trabalho podem gerar estresse profissional e colocar em risco a saúde dos trabalhadores.

Guimarães (2006) descreve algumas características do trabalho que expõem os trabalhadores aos riscos psicossociais:

- Trabalhos que exigem pouco controle sobre o trabalhador e os métodos de trabalho (incluindo-se o trabalho em turnos);
- Trabalhos que não fazem pleno uso das potencialidades do trabalhador para a execução das tarefas;
- Trabalhos cujo papel não envolve tomada de decisões;
- Trabalhos que envolvem somente tarefas repetitivas e monótonas;
- Trabalhos de operação de maquinários (que podem ser monitorados de forma inapropriada);
- Trabalhos cujas exigências são percebidas como excessivas;
- Sistema de pagamento vinculado à execução da tarefa com rapidez ou sem pausas;
- Sistema de trabalho que limita as oportunidades para interação social;
- Altos níveis de esforço que não são equilibrados com recompensas suficientes (recursos, remuneração, autoestima, *status* etc.).

3 OS FATORES PSICOSSOCIAIS DE RISCO E O ESTRESSOR OCUPACIONAL

Os riscos psicossociais e o estresse relacionado com o trabalho são as questões que maiores desafios apresentam em matéria de segurança e saúde no trabalho.

Têm um impacto significativo na saúde de pessoas, organizações e economias nacionais. Cerca de metade dos trabalhadores europeus considera o estresse uma situação comum no local de trabalho, que contribui para cerca de 50% dos dias de trabalho perdidos. À semelhança de muitas outras questões relacionadas com a saúde mental, o estresse é frequentemente objeto de incompreensão e estigmatização. No entanto, se forem abordados enquanto problema organizacional e não falha individual, os riscos psicossociais e o estresse podem ser controlados da mesma maneira que qualquer outro risco de saúde e segurança no local de trabalho.

Entre as consequências cabe assinalar o *burnout* (ou síndrome de estar queimado pelo trabalho) (Gil-Monte; Peiró, 1999; Peiró, 1993). Também a falta de motivação para o trabalho, o aumento dos níveis de ansiedade e depressão relacionados ao trabalho, o absenteísmo, a diminuição do desempenho etc.

O estresse ocupacional pode ser considerado como um processo no qual intervêm estressores ou demandas laborais de diversos tipos, consequências do estresse (ou tensão), e também recursos tanto da pessoa como do trabalho e sua ausência podem converter-se em um estressor a mais, e sua presença pode amortecer os efeitos danosos dos estressores e tem o potencial de afetar negativamente a saúde psicológica e física de um indivíduo, bem como a eficácia de uma organização. Portanto, é reconhecido mundialmente como um grande desafio para a saúde dos trabalhadores e para a saúde de suas organizações. Para muitas pessoas que trabalham é muito frequente que o ambiente de trabalho seja onde eles passam a maior parte de suas horas de vigília. De acordo com o número de inquéritos, muitos realizam atividades que eles percebem como exigentes, constrangedoras, e de outra forma estressante.

Schaufelli *et al* (2002) postulam por uma tipologia centrada no próprio processo do estresse ocupacional. Para os autores, os trabalhadores sofrem de estresse quando as exigências inerentes à função excedem a sua capacidade de lhes dar resposta. Além de problemas de saúde mental, os trabalhadores afetados por estresse prolongado podem acabar por desenvolver graves problemas de saúde física, como doenças cardiovasculares ou lesões musculoesqueléticas.

Para a organização, os efeitos negativos incluem um fraco desempenho geral da empresa, aumento do absenteísmo, "presenteísmo" (trabalhadores que se apresentam doentes ao trabalho e são incapazes de funcionar de maneira eficaz) e subida das taxas de acidentes e lesões. Os períodos de absenteísmo tendem a ser mais longos do que os decorrentes de outras causas e o estresse relacionado com o trabalho pode contribuir para um aumento da taxa de reforma antecipada, em particular entre trabalhadores administrativos. Os custos estimados para as empresas e para a sociedade são significativos e chegam aos milhares de milhões de euros a nível nacional (Rodrigues, 2012).

Uma pesquisa de Âmbito Europeu Conduzida Pela Eu-Osha (Osha, 2012) concluiu que mais de metade dos trabalhadores considerava o estresse como uma situação comum no local de trabalho. As causas mais comuns do estresse relacionado ao trabalho referidas foram a reorganização do trabalho e a insegurança de emprego (indicadas por cerca de 7 em cada 10 inquiridos), acréscimo das horas de trabalho, carga de trabalho excessiva, assédio ou intimidação no local de trabalho (cerca de 6 em cada 10 inquiridos). A mesma sondagem demonstrou que cerca de 4 em cada 10 trabalhadores consideram que o estresse não é tratado de forma adequada no local de trabalho.

No mais abrangente Inquérito Europeu às Empresas sobre Riscos Novos e Emergentes (Esener) (Osha, 2012), cerca de 8 em cada 10 dirigentes europeus manifestaram preocupação com o estresse nos respectivos locais de trabalho; todavia, menos de 30% admitiram ter implementado procedimentos para lidar com os riscos psicossociais. O inquérito também concluiu que quase metade das entidades empregadoras considera que os riscos psicossociais são mais difíceis de gerir do que os riscos "tradicionais" ou mais óbvios, gerenciados pela segurança e saúde no trabalho.

Ainda que existam algumas iniciativas importantes com relação à avaliação e valorização dos riscos psicossociais, há muito que ser feito e essas atuações supõem um período de tempo para que se chegue a um objetivo comum: o de melhorar a saúde e a qualidade de vida no trabalho.

4 PREVENÇÃO DE RISCOS PSICOSSOCIAIS

Sobre o assunto, o *National Institut of Occupational Safety and Health* (NIOSH) (1999, 2007) recomenda que seja privilegiada

> [...] a prevenção primária dos fatores de riscos psicossociais no trabalho (FRPT), o estudo dos fatores pessoais, organizacionais e da interface indivíduo-organização, que influem na saúde ocupacional, as repercussões sociais e econômicas e a implantação de programas (de assistência ao empregado e à família-trabalho, entre outros). (*apud* Borges, Guimarães e Silva, 2013. p. 606)

Apesar das evidências disponíveis, a prevenção e a gestão de riscos psicossociais não são devidamente consideradas nas agendas políticas.

Sob uma ótica prevencionista, é necessário realizar uma adequada avaliação desses riscos psicossociais, para poder corrigi-los ou preveni-los nas organizações. Não obstante a falta de instrumentos de avaliação válidos e confiáveis em nosso meio seja bastante significativa.

A avaliação de riscos refere-se basicamente à identificação e ao estabelecimento de limites e perigos (*e. g.*: características da situação de trabalho que podem causar dano), apesar de que a valoração de riscos se refira à estimativa do risco em comparação a certas normas. Como os fatores de risco físico, os riscos psicossociais são mais bem compreendidos e manejados com o envolvimento de consultores e da força de trabalho.

No caso do estresse ocupacional, a avaliação de riscos e sua valoração pertencem principalmente a fatores psicossociais do trabalho. Existem vários métodos de avaliação dos riscos psicossociais, porém em nosso país são raramente utilizados, com exceção do Modelo de Karasek (1976). Outros modelos disponíveis são: O Método COPSOQ — *Kopenhagen Psychosocial Questionnaire*[1], o método WOCCQ — *Working Conditions and control Questionnaire*[2], FPSICO — *Cuestionario de evaluación de riesgos psicosociales*[3] e o Modelos HSE *Indicator Tool*[4] (2004).

A gestão dos fatores psicossociais de risco constitui não só uma obrigação moral e um bom investimento para as entidades empregadoras, que pode ser reforçada por acordos com os parceiros sociais. Reconhecer a mutação das solicitações e a intensificação das pressões no local de trabalho e incentivar as entidades empregadoras a implementar medidas voluntárias suplementares para a promoção do bem-estar mental.

Embora as entidades empregadoras tenham a responsabilidade legal de assegurar a avaliação e o controle adequados dos riscos no local de trabalho, é essencial garantir também o envolvimento dos trabalhadores. Os trabalhadores e os respectivos representantes têm uma melhor percepção dos problemas que podem ocorrer no local de trabalho. A sua participação garantirá que as medidas aplicadas sejam adequadas e eficazes.

Uma campanha de inspeção sobre as questões psicossociais, que já é feita na União Europeia (ISLE, 2012) poderia, em nosso meio, ser direcionada ao setor da saúde, (instituições públicas, privadas, cooperativas, instituições particulares de solidariedade social, centros de reabilitação hospitalar e unidades de cuidados continuados), com internamento e com objetivo de promover a avaliação dos riscos psicossociais nos locais de trabalho, e incrementar a melhoria da qualidade das avaliações de riscos existentes.

Nesse sentido o Comitê dos Altos Responsáveis da Inspeção do Trabalho (SLIC, 2012), com o apoio da União Europeia (UE) recomenda centrar as análises nas condições psicossociais de trabalho, ter por base um enfoque mais coletivo do que individual, envolver a participação de todos (trabalhadores e gestão) e desenvolver e aplicar metodologia e técnicas específicas. Assim sendo, o referido comitê desenvolveu alguns instrumentos, visando aos objetivos acima e que podem ser acessados em português[5].

As mudanças requeridas nos ambientes de trabalho ao longo do tempo e do lugar, mais a heterogeneidade dos ambientes psicossociais do trabalho para as diferentes ocupações são um objetivo almejado.

A Osha (2012) refere como medidas que as empresas têm empreendido para lidar com os riscos psicossociais, em porcentagem: ações de formação (58%), alterações na forma como o trabalho é organizado (40%), remodelação da área de trabalho, alterações às disposições do horário de trabalho, aconselhamento confidencial para trabalhadores, implementação de um procedimento para resolução de conflitos. Pode-se observar, no entanto, que as medidas mais tomadas não dependem de modificações na estrutura da organização do trabalho.

---

(1) <http://www.arbnejdsmilijoforskning.dk/.>
(2) <http://www.woccq.be>.
(3) <http://www.insht.es/>.
(4) <http://www.hse.gov.uk.stress/standards/downloads.htm>.
(5) Comitê dos Altos Responsáveis da Inspecção do Trabalho (SLIC). <www.av.se/slic2012>.

É necessário monitorar e melhorar constantemente os ambientes de trabalho em nível psicossocial, a fim de criar empregos de qualidade e assegurar o bem-estar dos trabalhadores. Ao desenvolver um modelo integrado de monitoramento de riscos psicossociais, vários critérios devem ser levados em conta:

> Identificar os indicadores de exposição (*e. g.,* fatores de riscos psicossociais) resultados de ações preventivas intervenções);
>
> Ilustrar o processo cíclico da gestão de riscos psicossociais;
>
> Identificação das lacunas entre os indicadores disponíveis, que são considerados necessários para o monitoramento de riscos psicossociais no trabalho, e o processo de gestão de riscos psicossociais.

O modelo de indicador de riscos psicossociais no trabalho relacionado à ação preventiva e intervenções denominado PRIMA-EF (2011) (apresentado na Figura 1), atende a todos os critérios elencados acima:

FIGURA 1. *Modelo PRIMA-EF de indicadores de riscos psicossociais no trabalho*

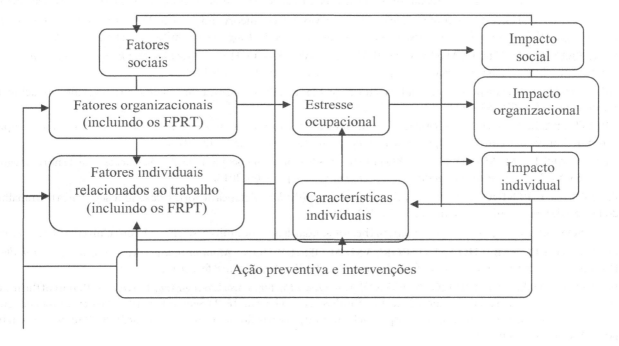

Fonte: PRIMA-EF (2011)

Problemas de saúde mental e outros distúrbios relacionados ao estresse são reconhecidos para estar entre as principais causas de aposentadoria mais cedo do trabalho, as altas taxas de ausência, deterioração geral da saúde e baixa produtividade organizacional. Uma boa gestão e uma boa organização do trabalho são as melhores formas de prevenção do estresse.

Com a abordagem correta, os riscos psicossociais e o estresse relacionado ao trabalho podem ser prevenidos e geridos com sucesso, independentemente da dimensão ou tipo de empresa. Nesse sentido, talvez possam ser tratados da mesma forma lógica e sistemática que outros riscos de saúde e segurança no local de trabalho.

Cabe acrescentar que essa mesma tarefa não foi fácil para os fatores de risco físico-químicos (Kauppinen; Toikkanen, 1996) e também, não será para os fatores psicossociais de risco. Além disso, pesquisa realizada pela Osha (2012) reafirma que é mais difícil lidar com fatores psicossociais de risco do que os demais.

Os riscos psicossociais relacionados com o trabalho são considerados como um dos grandes desafios contemporâneos para a saúde e a segurança dos trabalhadores.

5 REFERÊNCIAS BIBLIOGRÁFICAS

ALA-MURSULA, L.; VAHTERA, J.; KIVIMÄKI, M.; KEVIN, M. V.; PENTTI, J. Employee control over working times: associations with subjective health and sickness absences. *J Epidemiol Community Health*. Apr; 56(4):272-8, 2002.

BARBOSA-BRANCO, A.; OLIVEIRA, P. R. A. de. *Anos potencias de trabalho perdidos entre a população trabalhadora segurada pelo INSS no Brasil, 2003-2004*. In: 11º Congresso Mundial de Saúde Pública. 8º Congresso Brasileiro de Saúde Coletiva. Rio de Janeiro, 2006.

BARNETT, R. C., DAVIDSON, H.; MARSHALL, N. L. Physical symptoms and the interplay of work and family roles. *Health Psychology*, 10, 94-101, 1991.

BORGES, L. O.; GUIMARÃES, L. A. M.; SILVA, S. S. Diagnóstico e promoção da saúde psíquica no trabalho. In: BORGES, L. de O.; MOURÃO, L. (orgs). *O trabalho e as organizações:* atuações a partir da psicologia. Porto Alegre: Artmed, 2013.

COX, T.; GRIFFITHS, A. The nature and measurement of work stress: theory and practice. In: WILSON, J. R.; CORLETT, E. N. (Orgs.). *Evaluation of human work: a practical ergonomics methodology*. London: Taylor & Francis, 1995.

EUROPEAN AGENCY FOR SAFETY AND HEALTH AT WORK — OSHA — *Psychosocial risks and stress at work*. Disponível em: <https://osha.europa.eu/en/topics/stress>. Acesso em: 10 mar. 2014.

GIL-MONTE, P. R., & PEIRÓ, J. M. Validez factorial del Maslach Burnout Inventory en una muestra multiocupacional. *Psicothema, 11* (3), 679-89, 1999.

GREINER BA, RAGLAND DR, KRAUSE N, *et al*. Objective measurement of occupational stress factors — an example with San Francisco urban transit operators. *J Occup Health Psychol*;2 (4):325-42, 1997.

GUIMARÃES, L.A.M.; MARTINS, D.A.; BOTELHO, A.S.B. Contribuições para a avaliação psicossocial da norma reguladora 33 (nr-33). *Perspectivas de gestão & conhecimento*. vol 3. p. 57-66, 2013.

FERREIRA, J. J.; PENIDO, L. O. (coords). *Saúde mental no trabalho*: coletânea do fórum de saúde e segurança no trabalho do Estado de Goiás, Goiás: Cir Gráfica, p. 273-282, 2013.

HANSSON, S. O. *Setting the Limit*: occupational health standards and the limits of science. Oxford University Press, 1998.

INSTITUTO DO TRABALHO, SAÚDE E ORGANIZAÇÕES (I-WHO) — *Monitorando os riscos psicossociais do trabalho*. Disponível em: <http://www.prima-ef.orgDocuments/08.pdf>. Acesso em: 8 fev. 2014.

INTERNATIONAL LABOUR ORGANIZATION. *Psychosocial factors at work: recognition and control*. Report of the Joint ILO/WHO Committee on Occupaional Health. Ninth Session, Geneva, 18-24 September, 1984, Geneva. 1986. (Occupational Safety and Health Series, 56). Disponível em: <http://www.ilo.org;public/libdoc/ilo/1986/86B09_301_engli.pdf>. Acesso em: 1º jun. 2014.

ISASTUR. *Manual de seguridad e instrucciones de trabajo*. Chile, 2010. Disponível em: <http://www.grupoisastur.com/manual_isastur/data/es/1/1_9.htm>. Acesso em: 8 fev. 2014.

INSTITUTO SUPERIOR DE CIÊNCIAS DO TRABALHO E DA EMPRESA — ISCTE — Disponível em: <http://www.iscte-iul.pt/home.aspx>. Acesso em: 15 jun 2014.

KARASEK RA & THEÖRELL T. *Healthy work-stress, productivity, and the reconstruction of working life*. ed. Basic Books, Nova York, 1990.

KAUPPINEN T; TOIKKANEN, J. Health and hazard surveillance — needs and perspectives. *Scand J Work Environ Health* 25 suppl 4:61-6, 1999.

KRISTENSEN TS The demand-control-support model: methodological challenges for future research. *Stress Medicine* 11:17-26. 1995.

LEKA, S. Guidance on the European Framework for Psychosological Risk Management. Geneva: Prima-EF, OMS, 2008. Disponível em: <http://www.prima-ef.org>. Acesso em: fev. 2014.

MOON, S. D. A psychosocial view of cumulative trauma disorders: implications for occupational health and prevention. In: MOON, S. D.; SAUTER, S. L. (Org.). *Beyond biomechanics: psychosocial aspects of musculoskeletal disorders in office work.* London: Taylor & Francis. p. 123-137, 1996.

MUNTANER. C. *et al.*, Work-environment and schizophrenia — an extension of the arousal hypothesis to occupational self-selection, *Social psychiatry and psychiatric epidemiology*, 28(5), p. 231-238, 1993.

MUNTANER, C.; OCAMPO, P.J. A critical-appraisal of the demand control model of the psychosocial work-environment — epistemological, social, behavioral and class consideration, *Social science & medicine*, 36(11), p. 1509-1517, 1993.

NATIONAL INSTITUTE FOR OCCUPATIONAL SAFETY AND HEALTH. *Stress at work,* 22p, 1999.

NATIONAL INSTITUTE FOR OCCUPATIONAL SAFETY AND HEALTH. *Exposure to stress:* Occupational hazards in hospitals. 20p, 2007.

ORGANIZAÇÃO INTERNACIONAL DO TRABALHO. *Riesgos emergentes y nuevos modelos de prevención em un mundo de trabajo en transformación.* 2010. Disponível em: <http://www.ilo.org/wcmsp5/groups/public/---ed_protect/---protrav/---safework/documents/publication/wcms_124341.pdf>. Acesso em: 17 set. 2013.

ORGANIZACIÓN MUNDIAL DE LA SALUD. *Sensibilizando sobre el estrés laboral en los países en desarrollo. Un riesgo moderno en un ambiente tradicional de trabajo: consejos para empleadores y representantes de los trabajadores.* México, 2008, 50p.

PEIRÓ, J.M. *Desencadeantes del estrés laboral.* Salamana: Endema, 1993.

PRIMA-EF SITE. Disponível em: <http//www.prima-ef-org>. Acesso em: 8 fev. 2014.

RODRIGUES, C.G. *Campanha europeia de riscos psicossociais.* In: V Encontro Ibérico sobre Riscos Psicossociais no Âmbito do Trabalho, Lisboa, 2012.

SAUTER, S.L. *et al.* Factores psicosociales y de organización. In: Organización Internacional del Trabajo (OIT). *Enciclopedia de salud y seguridad en el trabajo*, Genebra: OIT, v. 2, 1998.

SCHAUFELI, W.B., SALANOVA, M., GONZÁLEZ-ROMÁ, V.; BAKKER, A. B. The measurement of engagement and burnout: a confirmative analytic approach. *Journal of Happiness Studies*, 3, 71-9, 2002.

STANSFELD, S.A., NORTH, F.M.; WHITE, I. & MARMOT, M.G. Work characteristics and psychiatric disorder in civil servants in London. *Journal of Epidemiology and Community Health*, 49:48-531, 1995.

THEÖRELL, T. *et al.* Changes in job strain in relation to changes in physiological state. A longitudinal study. *Scandinavian Journal of Work, Environment and Health*, v. 14, n. 3, p. 189-196, 1988.

THEÖRELL, T.; KARASEK, R. A. Current issue relating to psychosocial job strain and cardiovascular disease research. *Journal of Occupational Health Psychology*, v. 1, n. 1, p. 9-26, 1996.

WORLD HEALH ORGANIZATION. *Report of the fisrt WHO interdisciplinary workshop on psychosocial factors and health.* Stockholm, 11-15 October. Geneva; 1976.

Produção Gráfica e Editoração Eletrônica: GRAPHIEN DIAGRAMAÇÃO E ARTE
Projeto de Capa: FABIO GIGLIO
Impressão: BARTIRA GRÁFICA E EDITORA